ISBN 978-1-5283-5545-2
PIBN 10924548

JOURNAL

DES

ÉCONOMISTES

REVUE

DE LA SCIENCE ÉCONOMIQUE

ET DE LA STATISTIQUE

44e ANNÉE DE LA FONDATION

4e SÉRIE. — 8e ANNÉE

TOME VINGT-NEUVIÈME

(JANVIER A MARS 1885)

PARIS

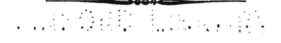

LIBRAIRIE GUILLAUMIN ET Ce, ÉDITEURS

de la Collection des principaux Économistes, des Économistes et Publicistes contemporains, de la Bibliothèque des sciences morales et politiques, du Dictionnaire de l'Économie politique, du Dictionnaire universel du Commerce et de la Navigation, etc.

14, RUE RICHELIEU, 14

1885

AVIS DES ÉDITEURS

Le *Journal des Économistes* a achevé, avec le numéro de décembre 1884, sa quarante-troisième année, la septième de sa QUATRIÈME SÉRIE DUODÉCENNALE.

Nous reproduisons, comme nous le faisons chaque année, quelques indications bibliographiques sur la collection du *Journal*, devenue de plus en plus importante par le nombre croissant de ses volumes, autant que par la multiplicité des questions qui y sont traitées à diverses reprises, sous divers aspects et par des auteurs différents, en même temps que la direction et la rédaction sont toujours restées fidèles au drapeau de la science, au milieu de tant d'événements de toute sorte.

La *première série duodécennale* se compose de 153 livraisons ou numéros, de décembre 1841 à décembre 1853, formant 37 volumes et quatre périodes triennales, terminées chacune par une table alphabétique raisonnée des matières et des auteurs qui ont concouru à la Revue.

Les 153 livraisons formant les 37 volumes de cette première période duodécennale, ou *première série*, sont distribuées comme suit :

9	volumes,	numéros	1 à 36,	décembre	1841 à	novembre	1844
9	—	—	37 à 72,	—	1844 à	—	1847
9	—	—	73 à 116,	—	1847 à	—	1850
10	—	—	117 à 153,	—	1850 à	—	1853

Les livraisons ont été mensuelles jusqu'en mars 1848. Après les événements de février, le *Journal*, pour suivre la rapidité des faits économiques, parut deux fois par mois jusqu'à la fin de l'année; il reprit, en 1849, sa périodicité ordinaire pour la conserver jusqu'en mai 1852, époque à laquelle la nouvelle législation sur la presse nécessita, pendant quelques mois, la réunion de deux livraisons en une seule, pour éviter la maculature et les frais du timbre.

A partir de janvier 1853, par suite de nouvelles dispositions, les numéros eurent au moins 10 feuilles, afin d'échapper au fisc, et ils n'ont plus cessé d'être mensuels.

La *deuxième série duodécennale* a commencé en janvier 1854. Les 12 livraisons ont dès lors correspondu aux 12 mois de l'année. C'est aussi à partir de cette époque qu'au titre de *Journal des Économistes* a été ajouté le sous-titre « Revue de la science économique et de la statistique », qui précise encore mieux l'objet de la publication.

Cette deuxième série se compose donc de 144 livraisons mensuelles, soit de 48 volumes, à raison de 4 volumes par an, distribués, à cause des Tables, en deux périodes quinquennales et une période biennale, qui présentent les divisions suivantes :

20 volumes,	numéros	1 à 60,	janvier	1854 à	décembre	1858
20 —	—	61 à 120,	—	1859 à	—	1863
8	—	121 à 144,	—	1864 à	—	1865

La *troisième série duodécennale* a commencé en janvier 1866 et comprend également 144 livraisons et 48 volumes. Les *Tables*, redevenues triennales, partagent cette série en quatre périodes :

12 volumes,	numéros	1 à 36,	janvier	1866 à	décembre	1868
12 —	—	37 à 72,	—	1869 à	—	1871
12	—	73 à 108,	—	1872 à	—	1874
12	—	109 à 144,	—	1875 à	—	1877

La *quatrième série duodécennale* a commencé en janvier 1878. Elle comprend déjà :

28 volumes, numéros 1 à 84, janvier 1878 à décembre 1884.

Depuis 1875, l'année est terminée par une *Table* sommaire des articles et des auteurs.

En résumé, la COLLECTION COMPLÈTE du *Journal des Économistes* comprend en ce moment, au début de la 44e année de son existence, *trois séries* de *douze* années chacune, et 28 volumes de sa IVe série, soit un total de 525 numéros ou livraisons formant 161 volumes.

La Table générale des 24 premières années (1841-1865) a paru en janvier 1883. Elle est complétée par six Tables triennales, de janvier 1866 à décembre 1883.

JOURNAL

DES

ÉCONOMISTES

L'ANNÉE 1884

Des armées colossales qui menacent la sécurité publique qu'elles ont pour objet d'assurer, une bureaucratie pullulante dont l'excroissance malsaine est provoquée par les empiètements systématiques des gouvernements sur le domaine de l'activité privée, et comme conséquences une augmentation croissante des dépenses publiques et un ralentissement de la production de la richesse, en dépit des inventions et découvertes de la science appliquée à l'industrie, des crises désastreuses aggravées, sinon provoquées, par une législation prétendue protectrice et en réalité perturbatrice, un renchérissement de plus en plus général de la vie et un malaise universel, voilà le triste et dangereux héritage que l'année 1884 lègue à l'année 1885, et auquel, selon toute apparence, celle-ci ajoutera encore un supplément de charges et de misères. On nous reprochera peut-être de voir les choses en noir et de manquer de confiance dans l'avenir; on nous dira qu'il existe heureusement une *vis medicatrix naturæ* qui répare des fautes des hommes et fait succéder les années de prospérité aux années de crise. Sans doute, mais il ne faudrait pas trop s'y fier. La nature est quelquefois bien lente à réparer les fautes des hommes, surtout quand ils y persistent et, au moment où nous sommes, nous ne voyons encore apparaître aucun signe de réaction contre les faux systèmes politiques et économiques qui ont produit l'état de trouble et de malaise dont nous souffrons. Au contraire! Ces faux systèmes gouvernementalistes, protectionnistes et socialistes sont plus que jamais en crédit, et c'est à eux que l'on demande les panacées destinées à guérir le mal qu'ils ont fait. Nous assistons par exemple en France à une recrudescence du protectionnisme et nous devons nous attendre à voir rétablir, avant peu, les droits sur les premières nécessités de la vie, le pain et la viande, après avoir vu relever, lors du renouvellement des traités de commerce, les droits sur la plupart des produits industriels, rétablir le système suranné des primes à la marine marchande, et exhausser en dernier lieu les droits et les primes sur le sucre. On ira, selon toute apparence, jusqu'au bout dans cette voie ou, pour mieux dire, dans cette impasse, et l'Europe continentale, à l'exception peut-être de la Hollande et de la Belgique, retournera à la protection jusqu'au jour où l'épuisement de ses forces et l'aggravation de ses maux dissiperont ses illusions sur la vertu de cette panacée de charlatans.

Aujourd'hui, ces illusions sont dans toute leur force. Les agriculteurs ployant sous le faix des charges combinées de l'État, du département et de la commune, dont M. Pouyer-Quertier évaluait dernièrement le total à 950 millions, demandent des *droits compensateurs* qui rejettent sur d'autres épaules ce fardeau devenu trop lourd. Mais sur quelles épaules? Sur celles du producteur étranger?. Ce serait assurément agréable et commode. Si nous pouvions nous faire rembourser une partie de nos impôts par les producteurs de blé du *Far West*, de l'Inde et de l'Australie, sans oublier les éleveurs de bétail de l'Italie et de la Hongrie, nous devrions bénir la science financière des protectionnistes. Le gouvernement pourrait se dispenser de demander de nouveaux impôts reconnus, hélas! nécessaires, à nos contribuables déjà surchargés. Malheureusement rien n'oblige les producteurs étrangers à nous apporter leur blé et leur viande; ils ont d'autres marchés et, en particulier, le marché anglais où ils n'ont pas le moindre droit d'entrée à payer. Ils ne viendront combler les déficits de notre récolte de blé et de notre stock de bétail qu'à la condition de trouver sur notre marché un « prix compensateur » des droits qu'on leur fera payer à l'importation. Il nous faut donc renoncer au doux espoir de rejeter sur les épaules des agriculteurs du dehors même la plus faible parcelle des 950 millions qui grèvent les nôtres. Qui donc payera les *droits compensateurs?* S'ils ne sont pas payés par les producteurs étrangers, il faudra bien qu'ils le soient par les consommateurs français. Or, on ne doit pas oublier que la moitié environ de la population de la France est occupée aux différentes branches de l'industrie agricole, d'où il résulte que la moitié du produit des droits compensateurs établis en faveur de l'agriculture sera fournie par les agriculteurs. A la vérité, l'autre moitié, 500 millions plus ou moins selon le taux des droits compensateurs, sera prélevée sur l'ensemble des autres industries dont elle augmentera d'autant les prix de revient. Mais que résultera-t-il de là? C'est que l'augmentation du prix des articles du vêtement, du logement, etc., en diminuera la consommation à l'intérieur et plus encore à l'extérieur. Nous avons exporté dans les bonnes années pour près de deux milliards de produits manufacturés et quoique notre exportation soit aujourd'hui en décroissance, elle s'élève encore à 15 ou 1600 millions. Que « les droits compensateurs » accordés à l'agriculture viennent s'ajouter aux prix de revient de l'industrie, nos produits pourront-ils encore soutenir sur les marchés tiers la concurrence anglaise, belge, allemande, suisse, qui nous serre déjà de si près? Et si notre exportation de produits industriels vient à diminuer encore, les patrons et les ouvriers qui en vivent ne seront-ils pas, les uns appauvris, les autres réduits à la misère? Ne seront-ils pas obligés de restreindre leurs consommations, de boire moins de vin, de se priver de viande et, après avoir mangé le pain blanc du libre échange, de revenir au pain noir de la protection? Les éleveurs de bétail et les producteurs de froment s'apercevront alors un peu tard que les « droits compensateurs » n'ont rien compensé et que l'orviétan protectionniste a aggravé les maux qu'il devait guérir.

Sera-ce la « politique coloniale » qui nous ouvrira les débouchés nécessaires pour compenser la perte de ceux que la politique protectionniste est en train de nous fermer? Cette politique, en retard de trois siècles, est une autre panacée, dont la France, l'Allemagne, l'Italie se sont engouées. En France, elle a déterminé le rétablissement, par voie de simples décrets, du régime des droits différentiels dans nos colonies des Antilles et de la Cochinchine. Quel sera le résultat de ce retour aux saines traditions de la politique coloniale? Ce sera de ralentir le développement de nos établissements coloniaux et, par conséquent, d'alourdir le poids des sacrifices qu'ils imposent aux contribuables de la métropole; ce sera encore de fournir aux protectionnistes des colonies un motif plausible de réclamer, à titre de compensation, des droits différentiels au profit de leurs cafés, de leur sucre, de leur riz et de leurs autres productions, aux dépens des consommateurs français. Cependant, ce n'est là que la moindre partie des méfaits de la politique coloniale. Elle a engagé la France dans les coûteuses aventures de Madagascar et du Tonkin; elle l'entraîne actuellement dans une guerre injuste et peut-être désastreuse avec la Chine; que rapportera-t-elle en échange des flots de sang qu'elle aura fait verser et des centaines de millions qu'elle aura coûtés? Elle rendra la France odieuse aux populations de l'Extrême-Orient, et ce ne sera point assurément à l'avantage de son commerce. D'autres nations, l'Allemagne en tête, s'engagent dans la même voie, tant les mauvais exemples sont contagieux, et nous assistons en ce moment à un spectacle qui serait comique, s'il ne nous préparait plus d'une sanglante tragédie : celui de la plantation d'une foule de drapeaux allemands, italiens et autres, sur les côtes et jusque dans l'intérieur à peine exploré de l'Afrique, à la Nouvelle-Guinée et dans les petits archipels de l'Océanie. Les planteurs de drapeaux ne tiennent bien entendu aucun compte des droits de propriété des indigènes; est-ce que le monde n'appartient pas à la race blanche ? Au besoin, on achète de quelque chef nègre, au prix d'un baril d'eau-de-vie et d'une paire d'épaulettes de général, un territoire grand comme la France, et malheur à qui s'aviserait de mettre en doute la validité d'un pareil contrat! A Berlin, une conférence de personnages officiels, chamarrés de cordons et de plaques décoratives, est gravement occupée, sous la présidence de M. de Bismarck, à décider des destinées des populations africaines, à régler le régime de leurs fleuves et de leurs douanes. Cette conférence, dans laquelle les représentants des États protectionnistes sont en majorité, a reconnu même que la liberté commerciale, qui est mauvaise pour les blancs, est excellente pour les nègres, et qu'il n'y a pas lieu d'établir des droits protecteurs sur les bords du Niger et du Congo. Cette comédie coloniale, disons-nous, serait risible si elle ne devait avoir pour résultat certain de faire couler à pleins bords le sang et l'argent des contribuables blancs, noirs ou jaunes. Les planteurs de drapeaux ne manqueront pas de se quereller, au sujet de leurs « droits de propriété »; ils se querellent déjà, les colons australiens protestent contre l'occupation de la côte de la Nouvelle-Guinee par les Allemands, de l'archipel des Nouvelles-Hébrides par les Français, et vienne l'émancipation des colonies australiennes, on verra les patriotes de l'hémisphère austral, prenant pour devise : « l'Océanie aux Océaniens », renvoyer à coups de canon les puissances colonisatrices dans l'hémisphère boréal. En tous cas, voilà quelques bonnes guerres de plus en préparation pour le XXe siècle.

Le retour offensif du choléra en Europe, quoique ce fléau ait perdu la plus grande partie de sa puissance de propagation, a fourni encore à l'esprit protectionniste et réglementaire une occasion favorable de sévir. A peine l'apparition de la maladie à Toulon et à Marseille était-elle signalée par les reporters des journaux à sensation, autrement bruyants que les fameuses trompettes de la Renommée, que les gouvernements s'empressaient de barrer leurs frontières et d'enfermer les voyageurs dans des lazarets infects. L'Italie et l'Espagne se sont particulièrement distinguées dans cette campagne protectionniste et sanitaire, sans réussir néanmoins à empêcher le choléra de décimer la ville de Naples et de franchir les Pyrenees. Dans les républiques de la Plata et au Brésil, les autorites sanitaires ont fait mieux : elles ont repoussé du rivage des navires chargés d'émigrants, sans vouloir même autoriser les médecins à les visiter.

Et voilà où en est la civilisation du nouveau monde et de l'ancien à la fin du XIXe siècle !

Dieu nous garde, cependant, de nous laisser aller au pessimisme. Nous achevons, en ce moment, de faire l'expérience des vieux systèmes fondés sur l'antagonisme des intérêts et des races, qui ont jusqu'à présent gouverné le monde. Et peut-être le développement soudain et merveilleux des moyens de communication, en augmentant la pression incommode mais bienfaisante de la concurrence internationale, qui rend le progrès nécessaire sous peine de décadence et de ruine finale, a-t-il contribué à la recrudescence de ces systèmes surannés. Les propriétaires fonciers et les entrepreneurs d'industrie, dont le marché était protégé à la fois par l'obstacle naturel des distances et l'obstacle artificiel de la douane, et qui voyaient, sous ce double abri, croître leurs rentes et leurs profits sans avoir à se préoccuper d'améliorer leurs terres et de perfectionner leur outillage, menacés maintenant par la destruction de la première et de la plus efficace de ces barrières, s'efforcent de relever la seconde et de compenser la diminution de l'obstacle des distances par l'augmentation de l'obstacle de la douane. Mais c'est en vain qu'ils cherchent à se dérober à une lutte inévitable ; les chemins de fer se multiplient ; les États-Unis en possédaient 194.247 kilomètres le 31 décembre 1883, et ils en avaient construit dans cette seule année 10.804 kilomètres ; l'Europe, en retard, grâce à l'intervention paralysante des gouvernements, en avait cependant 183.188 kilomètres, dont 4.933 construits dans le courant de l'année ; en 1884, ce contingent a continué de s'accroître ; il convient de signaler particulièrement le percement du tunnel et l'inauguration de la ligne de l'Arlberg, qui relie le réseau autrichien aux lignes suisses et françaises ; les lignes télégraphiques et téléphoniques achèvent de compléter l'œuvre de l'annihilation des distances et de la suppression des frontières. Les protectionnistes auront beau essayer de nous ramener en arrière, ils ne réussiront pas à « compenser » les progrès que réalisent tous les jours les inventeurs et les ingénieurs. Ils seront battus et distancés par la vapeur et l'électricité.

G. DE M.

LA POLITIQUE COLONIALE

I. Les affirmations. — II. Étendue des colonies françaises. — III. « L'expansion de la race française ». — IV. Le climat torride. — V. La population française dans les colonies françaises du climat torride. — VI. La population française dans les colonies du climat chaud. — VII. L'émigration horizontale et l'émigration verticale. — VIII. Les « débouchés à notre industrie ». — IX. Le prix de revient. — X. Au profit des concurrents. — XI. Le pacte colonial. — XII. « Pas de débouchés ni de marine sans colonies ». — XIII. « Notre mission civilisatrice » — XIV. Conclusions.

I. — Sous ce vocable : *la Politique coloniale*, les hommes d'État. la presse, le public, entassent des affirmations, des phrases toutes faites, des sentences dogmatiques ; je me propose, dans les pages suivantes, de les remplacer par des faits.

On dit : « La politique coloniale est indispensable à l'expansion de la race française ». C'est possible, mais on a tort de croire que cette simple déclaration soit suffisante pour résoudre la question.

On dit : « La politique coloniale est indispensable pour ouvrir des débouchés à notre commerce. » C'est possible : mais quels débouchés lui a-t-elle ouverts? Jusqu'ici, à qui a profité cette politique? A nous ou à nos concurrents?

On dit : « Elles doivent être une source de richesses pour la France ». On n'indique pas leur prix de revient ni leur produit.

On dit : « La politique coloniale nous incombe comme un devoir, au nom de la mission civilisatrice des races supérieures à l'égard des races inférieures. » Soit; mais qui nous a donné cette mission? Où est notre mandat? Quelle est la nature de ce mandat? De quelle manière avons-nous compris, jusqu'à présent, notre « mission civilisatrice » ? Quels résultats les races inférieures ont-elles obtenus de leur contact avec les races supérieures?

On dit : « La politique coloniale fait partie de nos traditions nationales; elle est indispensable à la grandeur de notre patrie, à notre considération dans le monde ». C'est possible ; l'histoire doit nous donner sans doute quelques renseignements sur ce point. Il n'est donc pas inutile d'examiner si les faits sont en rapport avec cette affirmation.

Enfin, par ce mot « la politique coloniale », on entend en France la prise de possession d'un coin quelconque d'un territoire quelconque par la France, avec coups de canon, batailles et toutes les conséquences de la guerre; une occupation directe avec un gouverneur, soit civil, soit militaire, des soldats, des vaisseaux, des fonctionnaires, un budget greffé sur celui de la mère-patrie. Il s'agit de savoir si tous les peuples ont prêté le même sens à ces mots « la politique coloniale »; si l'acception que nos gouvernants, la presse, l'opinion publique, nous en donnent est la bonne; s'il n'y en a pas d'autres, et si la véritable politique coloniale ne consisterait pas à faire précisément le contraire de tout ce qu'on a fait et de ce qu'on fait à présent sous ce titre.

Tels sont les divers points que nous allons passer rapidement en revue.

II. — Quelle est d'abord la superficie de nos colonies?

Les établissements français dans l'Inde, réunis, comprennent une superficie de 49.000 hectares, équivalant à la surface du département de la Seine qui, comme étendue, est de beaucoup le plus petit des départements français. Il ne faudrait pas juger de l'importance de Pondichéry et de Chandernagor par la longueur et la sonorité de ces noms. Nous avons à Calicut « une loge occupée par un gardien ». De même à Surate, et ailleurs.

La Cochinchine compte 5.900.000 hectares, la plupart marécageux, représentant environ l'étendue de neuf départements français. Le Cambodge, sur lequel nous exerçons un protectorat plus ou moins réel, compte pour 8.000.000 d'hectares. Les partisans de l'expédition du Tonkin disent qu'il a 17 millions d'hectares, seulement il s'agit de les occuper. Voilà notre empire colonial en Asie,

En Afrique, nous avons, à l'orient, l'île de la Réunion, de 251.000 hectares, moins que le tiers de la superficie de la Corse, qui est de 874.000 hectares; Sainte-Marie de Madagascar, de 15.500 hectares, un peu moins que l'arrondissement de Sceaux; Nossi-Bé, de 13.600 hectares; Mayotte, de 30.000 hectares; Obock, qui n'est qu'un point.

Sur la côte occidentale, les annexions de M. de Brazza sont encore à l'état vague; au Gabon, le chef Louis nous céda, en 1842, une partie du territoire sur la rive droite du fleuve de ce nom; on estimait la superficie de cet établissement, avec celui de la Côte-d'Or, à 20.000 hectares; les optimistes donnent 25 millions d'hectares au Sénégal; l'*Annuaire du Bureau des longitudes* ne lui donne que 3 millions d'hectares; sa limite à l'intérieur de l'Afrique manque de précision. Il en est de même pour l'Algérie : le Tell compte environ 14 millions d'hectares; ensuite on peut étendre sa frontière méridionale jusqu'à El Goléah. Les chiffres officiels donnent une superficie de 41 millions 800 mille hectares, les quatre cinquièmes de celle de la France qui a 52 millions 800 mille hectares : seulement, on vient de condamner récemment en police correctionnelle pour escroquerie un M. M..., qui s'était avisé d'offrir à des gogos les mirages du Sahara. La Tunisie compte une douzaine de millions d'hectares avec des incertitudes analogues.

Tel est notre empire colonial en Afrique. Aux Antilles, la Martinique a la surface de l'arrondissement de Fougères, 98.702 hectares ; la Guadeloupe, 82.000 hectares ; ses dépendances, 23.000 hectares.

En Amérique, la Guyane a une longueur de 500 kilomètres de côtes ; la profondeur en est indéterminée : les documents officiels lui donnent 7.700.000 hectares.

Dans l'Océanie, notre plus grande colonie est la Nouvelle-Calédonie, que des imprudents comparent à l'Australie : celle-ci a une superficie égale aux 4/5es de celle de l'Europe ; la Nouvelle-Calédonie a 1.600.000 hectares, un peu moins que la superficie des trois départements réunis : le Finistère, le Morbihan et les Côtes-du-Nord.

Les îles Marquises comprennent onze îlots représentant 12.400 hectares ; la superficie de Taïti est de 104.000 hectares, ce qui représente a peu près la superficie de l'arrondissement de Calvi, quelque chose comme le sixième de la Corse.

En groupant l'Algérie, la Tunisie, le Sénégal, la Guyane, la Cochinchine, le Cambodge, en leur donnant les plus larges limites, on arrive à 800 mille kilomètres, 900 mille si vous voulez, moins du double de la France.

La surface des terres des cinq parties du globe est de 136 millions de kilomètres carrés ; la superficie de la France et de ses colonies est petite, surtout quand nous comparons ses possessions à celles du Royaume-Uni qui n'a lui-même que 314.000 kilomètres carrés, mais dont les colonies ou les protectorats s'étendent sur une surface de plus de 22 millions de kilomètres carrés. Cette grandeur nous humilie. Nous nous trouvons à l'égard de l'Angleterre dans la situation d'un petit propriétaire à l'égard d'un grand. Nous sommes jaloux de ce vaste domaine, et nous voulons en avoir un semblable à lui opposer, à tout prix. Nous ne calculons plus, nous n'écoutons que la passion. Nous aspirons à des annexions, dont nous examinons seulement l'étendue, sans nous inquiéter de la qualité. Nous négligeons, en même temps, d'examiner les conditions spéciales qui ont fait de l'Angleterre la plus grande puissance coloniale du globe. Nous ne savons pas distinguer les côtés positifs et les côtés factices de cette puissance ; nous croyons que toutes ses colonies sont un débouché pour sa population et que, sans elles, elle n'aurait pas de commerce.

Nous jugeons toutes ces choses d'après nos sentiments, d'après des idées préconçues, et non après examen.

III. — Les partisans de la « politique coloniale » déclarent que son principal but est de multiplier les Français sur tous les points du globe, et avec eux, la langue française, les idées françaises, la civilisation française. « Que deviendra la France, dans un siècle, si elle n'a pas essaimé au dehors ? Les Anglo-Saxons couvrent le globe. Ils seront bientôt cent millions. Nous, resterons-nous avec 36 millions de Français sur nos 52 millions d'hectares ? Nous tomberons au rang d'une puissance de second ordre, nous deviendrons une espèce de Suisse. Enfin, en expédiant au dehors une partie de notre population, nous faisons le vide en France, et comme la nature a horreur du vide, il sera immédiatement rempli ».

Voilà l'argument dans toute sa force. Il s'appelle « l'expansion de la race française ».

Les auteurs et les vulgarisateurs de cette locution comprennent sous ce titre « la race française », tous les gens vivant entre Hendaye et Dunkerque, Vintimille et Brest, si différents qu'ils puissent être, non seulement d'origine, mais encore de mœurs, de caractère, d'intellect. Qu'importe ! J'accepte leur expression dans ce sens, sans m'occuper autrement de sa précision. Nous avons eu un « empire colonial » dont on parle tant ; nous en possédons encore des débris ; quel est le nombre des Français qui s'y sont conservés, répandus, développés ?

IV. — Prenez la carte des climats que le Dr Rochard a publiée [1] et qui est devenue classique. Il donne pour limites Nord et Sud du climat torride les deux lignes isothermes + 25 ; au climat chaud les deux lignes isothermes de + 25 à + 15 ; au climat tempéré les deux lignes + 15 à + 5 ; au climat froid de + 5 à — 5 ; au climat glacial les sommets des deux pôles.

Des cinq parties du monde, seule l'Europe est préservée du climat torride. En Asie, il couvre l'Arabie jusqu'au nord de Médine, la Perse au sud de Chiraz, le Bélouchistan, l'Hindoustan, l'Indo-Chine, le Tonkin. En Afrique, à l'occident, la Sénégambie, la Guinée, le Congo ; au centre, le Sahara, le Fezzan et le Soudan ; à l'est, la région qui s'étend du tropique du Cancer, 26 degrés latitude nord, à l'embouchure du Zambèse, y compris Madagascar et les îles voisines, y sont soumis.

Dans l'Amérique du nord, il s'étend sur le Mexique, l'Amérique

[1] *Dict. encyclopédique des sciences médicales*, 1868, art. Climat.

centrale, les Antilles; dans l'Amérique du sud sur la Colombie, les Guyanes, le nord de la Bolivie et une partie du Brésil.

En Océanie, il comprend les îles de la Sonde, les Philippines, les Célèbes, les Moluques, le nord de l'Australie, les archipels des Carolines, des Navigateurs, les îles de la Société, les Marquises.

Le climat torride est surtout remarquable par la constance et l'uniformité des influences atmosphériques. Il compte deux saisons, la saison des pluies ou hivernale et la saison sèche ou belle saison. Dans le *cloud ring* des Anglais, le « pot-au-noir » des marins français, les alizés accumulent toutes les vapeurs recueillies à la surface de l'Océan ; elles se condensent dans les hautes régions et, se déplacent à la suite du soleil; c'est lorsque le soleil est au zénith, c'est-à-dire en été, que ces nuées crèvent en ondées torrentielles qui donnent au pluviomètre jusqu'à $0^m,28$ et plus en une heure, et comme moyenne annuelle dans l'Inde, deux à trois mètres, à la Réunion plus de quatre mètres, tandis qu'à Paris, de 1851 à 1881, cette moyenne n'a pas dépassé 521 millimètres.

Alors sous l'ardeur du soleil, l'air se sature de vapeur d'eau ; cette humidité, divisée en molécules à l'infini, pénètre partout, s'oppose à l'évaporation des sécrétions de la peau, envahit les voies pulmonaires.

C'est le moment le plus redoutable où s'abattent sur l'indigène, mais surtout sur l'européen, les fièvres de toutes natures, devenant de suite pernicieuses avec toutes leurs séries d'accidents. Après les fièvres, la dysenterie permanente, la colique sèche. L'européen n'échappe jamais aux maladies de foie. Souvent il est atteint d'hématurie. Il tombe dans l'anémie, devient irritable, incapable de tout travail intellectuel et perd la mémoire. S'il est prédisposé à la phthisie, elle prend aussitôt une forme galopante. Des maladies de peau de toutes sortes appartiennent au climat torride ; il produit aussi la mouche hominivore et quelques insectes qui peuvent vous tuer, sans compter ses serpents venimeux et ses animaux féroces.

Tous ces fléaux sont peu de chose auprès du choléra à l'état endémique et de la fièvre jaune [1].

Or, toutes nos colonies, sauf l'Algérie et la Nouvelle-Calédonie, sont situées dans le climat torride. Nous allons examiner comment « la race française » a résisté à son influence [2].

---

[1] V. Proust. *Traité d'hygiène*. — Dr Bordier. *La colonisation scientifique. Géographie médicale*. — Lombard. *La climatologie*. — Nielly. *Hygiène des Européens dans les pays intertropicaux* — Dr Jousset. *De l'acclimatement*. 1884. Voir aussi les *Archives de médecine navale*.

[2] La plupart des chiffres que je cite sont empruntés aux *Tableaux de la population* etc. publication officielle.

V. — Nous occupons Pondichéry depuis deux siècles ; le total de la population est de 273.000 habitants, sur lesquels il n'y a que 1.660 européens, dont il faut déduire les fonctionnaires et les soldats ; et qui dit européen ne dit pas Français. De 1856 à 1864, on y a constaté un excédent de 300 naissances pour 246 décès ; dans les autres périodes on trouve 34 décès pour 28 naissances.

A Karikal, de 1849 à 1856, la population blanche a donné 15 naissances pour 22 décès.

Notre première intervention en Cochinchine date de 1779 ; elle compte actuellement une population de 1.825 Français et de 139 étrangers, de 1.483.000 indigènes et de 64.027 asiatiques étrangers. D'après le Dr Thorel, aucune localité de la basse Cochinchine n'est exempte de l'infection palustre qui ne disparaît que vers 2.000 mètres d'altitude.

Le Dr Morice, qui est mort victime de ce climat, le Dr Mondière, constatent que la mortalité des troupes y est de neuf à dix pour cent; elle est due dans la proportion des trois cinquièmes à la dysenterie.

La femme européenne succombe presque toujours dans ses couches. Le nombre des mariages à Saïgon, en 1880, s'est élevé à sept pour les européens : il y a eu 46 naissances et 102 décès [1]. Le Dr Maget considère que les européens ne doivent pas séjourner plus de deux ans au Tonkin [2].

Ces faits indiquent que nos établissements d'Asie ne peuvent pas contribuer beaucoup à « l'expansion de la race française ».

La Réunion est occupée, d'une manière à peu près constante, par les Français, depuis 1638.

En 1872, la population était de 193.000 habitants ; en 1882, elle n'est plus que de 170.518 habitants : différence, près de 23.000.

Pour la moyenne quinquennale de 1877 à 1881, le nombre des naissances a été de 4.492, celui des décès de 6.378, différence 1.886. Cette différence a un peu diminué en 1882, le nombre des décès a été seulement de 5.351, le nombre des naissances de 4.647 : différence, 694.

Sainte-Marie-de-Madagascar compte 7.189 habitants, sur lesquels une centaine de blancs. En 1722, Carpeau de Saussay la surnommait le « cimetière des Français, parce qu'il n'y a aucun navire qui n'y laisse bon nombre de personnes pour peu de séjour qu'il y fasse ».

Nossi-Bé compte une centaine d'européens ; en quarante ans, les

---

[1] *Les colonies françaises en* 1883, 2e édit., 1884 (publication officielle).

[2] *Archives de médecine navale*, mai 1881.

fonctions de chef de service de santé ont été remplies par trente-neuf médecins.

La population européenne de Mayotte, en 1881, comptait 4 naissances et 22 décès.

En 1872, le Sénégal avait une population de 210.000 habitants; en 1873, il y avait une augmentation de 3.368 et une diminution de 14.537 : perte, 11.169. Les renseignements pour 1880 donnent 191.000 habitants; différence sur le chiffre de 1872, 20.000; ceux de 1882 accusent encore une nouvelle diminution : 189.000, avec un excédent de décès sur les naissances de 525.

Mais ce serait une grande erreur de croire que ces chiffres représentent la population colonisatrice; ils ne représentent que les indigènes, auxquels il faut ajouter une population de 2.000 individus, fonctionnaires et soldats. Cependant on comptait, paraît-il, en 1872, 655 colons, tant Portugais qu'Anglais et Français. Le Dr Corre estime qu'à Saint-Louis il y a 280 créoles blancs qui résisteraient, mais sans se reproduire. En 1881, il y avait 6.600 électeurs inscrits; mais quelles sont leurs origines diverses? Les documents officiels sont muets.

La mortalité y est, pour les fonctionnaires, de 7.7 0/0; pour les médecins, de 18.5 0/0. Les Turcos ne résistent même pas au climat. Les statistiques de 1843 à 1847 donnent pour les européens 391 décès pour 100 naissances. Pour l'ensemble de la population, la statistique de 1882 donne 573 naissances, 1.098 décès; différence, 525.

Tous les médecins qui ont fait des monographies sur le Sénégal, le Dr Gestin, le Dr Bérenger-Féraud, déclarent qu'il ne s'y trouve pas un seul européen qui ne souffre de l'hypochondre droit. Un fonctionnaire, observant les conditions hygiéniques les plus strictes, ne peut pas résister plus de trois ans dans l'intérieur du pays; à Saint-Louis, quatre, cinq, huit ans au grand maximum.

En dehors de l'impaludisme, de la dysenterie, de l'hépatite, la fièvre jaune vient de temps en temps frapper les européens dans une effrayante proportion; deux fois, dans ces dernières années, en 1878 et en 1881, elle s'est abattue sur le Sénégal. Les européens ont été atteints dans la proportion de 80 0/0; la mortalité a été de 46 0/0.

Le climat de la côte de Guinée est si terrible qu'il a mauvaise réputation au Sénégal; à Lagos, en six ans, sur 80 blancs on compte 48 décès.

Au Gabon, le chiffre de la population indigène n'est pas connu; le document officiel dit simplement : « Sur le littoral occupé par l'élément européen, la population s'élève à environ 200 têtes, presque tous Portugais. »

La moitié des européens qui ont fait partie de l'expédition Brazza (mars 1883-avril 1884) subiront toute leur vie les conséquences de leur séjour à l'Ogooué. Ils ont laissé cinq morts derrière eux ; mais ils ont contracté cette langueur énervante si caractéristique qu'elle a reçu le nom « d'anémie du Gabon ». Ces renseignements n'indiquent pas que ces colonies d'Afrique doivent plus contribuer que nos colonies d'Asie à « l'expansion de la race française ».

La Martinique comprend 166.988 habitants; les statistiques ne distinguent pas entre les blancs, les mulâtres et les nègres; mais Rochoux prétend qu'il n'y a pas de créole de la neuvième génération de père et de mère sans croisement avec du sang européen. Pendant tout le dix-huitième siècle, les colons ne se sont maintenus que par l'immigration. Malgré cette précaution, en 1848, ils n'étaient plus qu'au nombre de 9.500. La population de couleur augmentait, au contraire, par une natalité de 37 pour 1000. Les Drs Nielly et Rey, en raison de l'expérience du passé et de leur expérience personnelle, disent que « la population de couleur seule augmente par les naissances ». Il suffirait d'une épidémie de fièvre jaune pour mettre en question l'existence même de notre race[1].

Dans les cinq années de 1877 à 1881, la moyenne des décès a été de 4.591 et la moyenne des naissances de 5.493, donnant un excédent de naissances de 902; il est vrai qu'en 1882, il y a eu un excédent de décès de 193. Mais cet excédent des naissances, fût-il beaucoup plus considérable, ne contribuerait pas à « l'expansion de la race française », à moins qu'on étende aux nègres ce mot si élastique.

A la Guadeloupe, autant qu'on peut le savoir, les nègres sont dans la proportion de 32 0/0; les métis dans la proportion de 62 0/0 ; mais la population de couleur ne peut même pas s'y acclimater. Le chiffre de la population a augmenté de 136.000 en 1878 à 159.715 en 1882, mais par l'immigration et non par la natalité : car l'excédent des décès est constant.

La moyenne annuelle pour les cinq années 1877-1881 a été de : naissances, 4.361; décès, 5.003; excédent des décès, 642. En 1882, il a été de 636.

Quant à la Guyane, elle a une réputation sinistre parfaitement justifiée; le docteur Crevaux, parlant de cette région, disait que « la vie végétale y tuait la vie animale ». Le docteur Orgéas, dans une monographie qui a obtenu le prix de médecine navale en 1881,

[1] Dr Maurice Nielly. *Hygiène des Européens dans les pays intertropicaux*, 1881. — Dr Rey. *Études sur la Martinique*, 1881.

donne des chiffres effrayants : de 1852 à 1857, il y a des pénitenciers, comme Saint-Augustin, où la mortalité s'est élevée jusqu'à 44,1 0/0. La mortalité annuelle fut de 16,62; dans les plus mauvais pénitenciers de France et de Corse, elle n'arrive pas à 6.

On essaya des mariages administratifs entre convicts et femmes expédiées *ad hoc* par les sœurs de Saint-Joseph; la natalité, mort-nés compris, ne fut que de 0,96 0/0, tandis qu'elle est de près de 3 en France. Sur 379 enfants, nés depuis le mois d'avril 1861 jusqu'au 17 janvier 1882, 238 sont morts : c'est une proportion de 62,79 0/0. Le docteur Orgéas conclut : « Un enfant né en France a plus de chance d'arriver à l'âge de trente ans qu'un enfant né au Maroni n'a de chance d'arriver à l'âge de deux ans ».

Ces faits prouvent que les Antilles et la Guyane ne semblent pas devoir jouer un rôle fort utile pour « l'expansion de la race française. »

En Océanie, Taïti et Moorea contiennent 974 Français, 591 Européens; les Marquises, 71 Français et 60 Européens.

Ces faits prouvent que le Français ne peut ni s'acclimater ni se reproduire dans le climat torride. Comment donc les colonies que nous y établissons pourraient-elles contribuer à « l'expansion de la race française »? Elles n'ont jusqu'à présent servi que de cimetières à nos soldats et à nos marins. — Mais les Anglais ? — Eh bien ! les Anglais sont comme les Français. Ils ne peuvent pas plus s'acclimater dans l'Inde et en Afrique que les autres Européens.

D'après le recensement de 1881, la population totale de l'Inde est de 253.891.000 personnes; sur ce chiffre, 85.444 personnes, dont 75.456 du sexe masculin et 12.088 du sexe féminin, sont d'origine anglaise ; 56.646 sont des soldats; il reste donc moins de 20.000 Anglais civils. Si on ajoute à ce chiffre les autres Européens nés dans l'Inde, on arrive au total de 142.612. Le chiffre des Européens est à celui des indigènes comme 1 est à 1.770. Les Anglais ont essayé de faire des mariages entre leurs soldats et des femmes anglaises. Le résultat a été aussi nul que ceux qui ont été tentés au Maroni. « On n'a jamais pu, dit le major général Bagnold, élever assez d'enfants mâles pour recruter le corps des tambours et des fifres. »

Les Hollandais ne se reproduisent pas plus à Java.

Au point de vue de « l'expansion de la race française », il faut donc considérer comme des non-valeurs toutes nos colonies situées dans le climat torride; et elles le sont toutes, sauf l'Algérie et la Nouvelle-Calédonie, qui sont situées dans le climat chaud.

VI. — Cette dernière ne pourra jamais offrir à l'émigration française un large débouché. Les trois départements de France dont elle égale la superficie comptent 1.600.000 habitants. La Nouvelle-Calédonie serait saturée avec un million. En attendant, sa population civile compte 2.500 'personnes; les officiers, employés et leurs familles forment un total de 1.040; les libérés sont au nombre de 2.300; les transportés, de 7.000. Il y a 30 ou 40.000 Canaques qu'on refoule et qui disparaissent.

Reste donc l'Algérie. Elle est à moins de quarante heures de Marseille. Sa proximité semblait devoir opérer une telle attraction qu'en 1832, le gouvernement craignait que toute la France ne s'y déversât et prenait une décision « pour empêcher une immigration trop nombreuse et spontanée ». Depuis, il a été si complètement rassuré sur ce danger, qu'il a essayé par toutes sortes de moyens d'organiser et de provoquer cette immigration.

En 1848, le *Moniteur* déclare que « l'Algérie était destinée à résoudre le problème social; qu'il suffisait d'en frapper le sol du pied pour en faire sortir les moissons, les herbes potagères et les arbres à récolte, vignes, oliviers, mûriers ». On prit 50 millions aux contribuables français pour en doter 12.000 privilégiés ; mais le ministre de la guerre avouait que le chiffre de 2.500 fr., que représentait ce partage, n'était pas exact et qu'en réalité chaque colon revenait à 8.000 fr.

Les ouvriers naïfs qui, sur la foi du *Moniteur*, s'imaginaient que les moissons en Algérie poussaient sans travail et instantanément, éprouvèrent une amère déception en constatant le contraire. La désertion et la mutinerie dévorèrent les villages; une commission d'enquête les visita et, sans oser tracer le véritable tableau de la situation dans laquelle elle les avait trouvés, en revint avec cette conclusion : « qu'à l'avenir il ne serait plus fondé de villages agricoles en Algérie ».

On continua cependant à essayer de pousser à l'immigration par d'autres moyens. En 1857, selon le colonel Ribourt, on accorda 80.000 passages gratuits : il y eut 70.000 retours. En 1871, l'Assemblée nationale crut presque compenser la perte de l'Alsace et de la Lorraine en attribuant aux Alsaciens-Lorrains 100.000 hectares. Sur 159.000 optants, 3.261 seulement s'embarquèrent pour l'Algérie ; les 155.000 autres avaient une méfiance justifiée.

L'installation des 900 familles qui s'étaient laissé séduire coûtait 6 millions de francs, soit 6.888 fr. par famille pour les maisons et l'assistance, sans compter beaucoup d'autres faux frais.

Ces ouvriers de fabrique, habitués à la vie des villes, à la bière, à la forte nourriture, ne s'acclimatèrent pas. Les documents officiels n'enregistrent jamais les insuccès. Mais M. Guynemer, visitant les villages deux ans après, n'y trouvait plus que 2.000 habitants. La plupart, dès le premier jour, avaient mangé leurs poules et leurs brebis, s'étaient servi des portes et des fenêtres en guise de bois de chauffage. Les plus tenaces empruntèrent sur leur concession, la firent cultiver par des Arabes et, au bout des cinq ans exigés pour qu'ils en devinssent propriétaires, la vendirent et disparurent [1].

M. d'Haussonville, dans une étude sur la *Colonisation officielle*, a opposé à cet échec les succès obtenus par la Société dont il était le président. Malheureusement, ses succès n'ont pas été beaucoup plus brillants ; à d'Haussonvillers, c'est presque la misère.

« Au village d'Aïn-Yagout, sur vingt-huit lots donnés, il reste trois familles comprenant en tout quatre habitants. A Fontaine-Claude, sur vingt-neuf lots, il reste trois familles comprenant en tout huit habitants ; une seule maison a été construite. A Aïn-Mazuéla, il reste quatre familles comprenant six habitants, et il n'y a pas une seule maison construite. A Aïn-Yzar, livré à la colonisation en 1830 et qui comporte dix lots, il n'y a pas encore un seul habitant. De même à Beni-Addi, sur la route de Constantine à Biskra, se trouve un de ces villages dont il ne reste plus que des ruines [2] ».

M. Tirman constatait dans son *État de l'Algérie au* 31 *décembre* 1882 que, depuis 1871, le nombre des familles installées sur les 12.270 lots établis lors de la création des centres, a été de 10.030. De ces 10.000 familles, il n'y en a plus que 5.000 à résider sur leurs concessions. Le fameux projet des 50 millions fondait 300 centres qu'il partageait mathématiquement en deux portions égales : 150 sur les territoires possédés, 150 sur les territoires expropriés ; chaque centre devait avoir 50 feux.

Cette symétrie est admirable sur le papier. Mais tous les villages étaient-ils également propres à la culture ? Pouvaient-ils tous être impunément habités par des Français ?

Il faut le dire : l'administration a commis des crimes en donnant certaines concessions. Le malheureux arrive de Bourgogne ou du Limousin avec sa femme, ses enfants, ses épargnes ; on l'expédie prendre possession du lot qu'il a obtenu par faveur, et il se trouve entre deux alternatives : ou sa concession a de l'eau, alors il a la fièvre ; ou sa concession n'a pas d'eau, alors il meurt de faim.

J'ai vu de ces villages abandonnés par leurs habitants ruinés, laissant souvent derrière eux la tombe de leur femme et de leurs en-

---

[1] *L'Algérie et les questions algériennes*, par Ernest Mercier. In-8, 1883.

[2] Procès-verbaux du conseil supérieur de l'Algérie.

fants. Quelques-uns s'entêtent, s'obstinent, ne sachant où aller, tombés dans le fatalisme musulman et livrant leur vie à un hasard providentiel.

L'épouvante a revêtu certains de ces lieux maudits de noms sinistres. Sur la ligne de Constantine à Bône, on vous montre avec effroi : Cayenne ! Ceux où la fièvre s'abat sur vous et vous étreint ne sont pas les pires ; on peut la combattre avec le sulfate de quinine ; les défrichements terminés, les arbres grandis, elle s'évanouit peu à peu ; mais les villages, brûlés par le soleil, sans une source pour les rafraîchir, sont condamnés à la misère implacable.

On répète partout que, d'après le recensement de 1881, le chiffre de la population française est en Algérie de 233.100 têtes ; mais on oublie de déduire de ce chiffre l'armée de terre, 41.626 hommes ; l'armée de mer, 581 hommes (chiffres du recensement).

En réalité, tous ces efforts multipliés n'ont abouti qu'à amener 195.000 Français en Algérie. Sur ces 195.000 Français, les fonctionnaires, agents et employés de tout ordre, payés par l'État, les départements et les communes, avec leurs familles, arrivent au chiffre de 35.113. Nous n'avons pas le détail du clergé européen. Il faut ajouter les pensionnés et retraités réfugiés à la solde de l'État, 7.465. Les chemins de fer ne sont établis qu'avec les subsides de la métropole. Leurs employés sont en réalité des employés payés par les contribuables français. Ce ne sont pas des colons. Ce personnel monte à 16.260.

Ces 60.000 individus n'ont pas fait de l'émigration gratuite et spontanée. Restent donc 135.000 Français dont il faudrait déduire les médecins de colonisation et un certain nombre de professions analogues.

Sur ces 135.000 Français, 29.455 sont des concessionnaires qui ont coûté à l'État 59.836.000 francs, soit 2.031 francs par tête [1].

Parmi les commissionnaires et marchands en gros, beaucoup sont entrepreneurs de transports pour l'armée, fournisseurs militaires : parasites indirects du budget de l'État.

S'il n'y avait pas 50.000 hommes de troupes en Algérie, la moitié des hôteliers et cafetiers, qui comptent un personnel de 29.509 personnes, disparaîtrait.

En nous enfermant dans les limites les plus modestes, nous pouvons retrancher des 105.060 Français, non subventionnés directement ou indirectement par le gouvernement, un chiffre de 5.000 enfants assistés, mendiants, vagabonds, filles publiques, etc.

---

[1] Exposé de la situation de l'Algérie au 31 décembre 1882, par M. Tirman.

Restent donc moins de 100.000 Français habitant l'Algérie, avec leurs propres ressources, à leurs frais et vivant de leur propre travail et de leur propre initiative.

En divisant par 4, chiffre d'une famille peu prolifique, vous aboutissez à ce résultat : 25.000 Français producteurs.

Le chiffre de l'effectif des troupes de terre donne : 1875, 60.000 hommes ; 1879, 55.937 ; 1880, 52.762 ; 1881, 81.250. Le jour du recensement seulement il a été inférieur à 50.000. Prenons ce dernier chiffre comme moyenne.

Supposez une gravure représentant un laboureur gardé par deux soldats, un à chaque bout de son sillon. Vous riez et vous criez : « C'est une caricature ! » Pas du tout : c'est le tableau exact de l'Algérie. Le chiffre 25.000 colons, multiplié par celui de 2 soldats, égale 50.000 !

Bastiat était au-dessous de la vérité quand il représentait chaque colon gardé par un soldat.

L'Algérie, dans ces conditions, a-t-elle profité « à l'expansion de la race française ? » Combien de soldats tués, blessés, morts de la fièvre, anémiés pour la vie, rhumatisants, devenus des non-valeurs en rentrant dans la vie civile, de 1830 à 1884 ? Nous n'en aurons jamais le compte exact.

Quoique l'Algérie ne soit pas sous le climat torride, la mortalité y est pour les Français de 29 pour 1.000, tandis qu'elle n'est en France que de 22.

La natalité des Français, quoique plus forte qu'en France (33.3 pour 1.000 au lieu de 26), est moindre que celle des Israélites, qui est de 53 ; moindre que celle des Espagnols, qui est de 39 ; moindre que celle des Maltais et des Italiens.

Si la natalité des Français est plus considérable qu'en France, la mortalité des enfants compense cette différence. Pour 1.000 survivants à chaque âge, voici le nombre des décès annuels :

		En Algérie.	En France.
De 0 à 1 an :	Garçons........	234	192.7
—	Filles..........	189	164.7
De 1 à 2 ans :	Garçons........	115	60
—	Filles..........	103	50.2

Dans la première année, la différence est déjà considérable ; mais, pour la seconde année, les chances de mortalité de l'enfant français né et élevé en Algérie sont presque du double de celle du petit Français né et élevé en France[1]. (Dr Ricoux.)

[1] *Annales de démographie*, mars 1882. *Démographie de l'Algérie*, 1880.

Nous avons enfoui dans ce sol plus de 10 milliards; son soleil a fondu des armées, et nous sommes arrivés à ce résultat que la population européenne étrangère y égale la population française : 190.000 contre 195.000 !

Sur ce chiffre, les Espagnols comptent pour 112.000, les Italiens pour 31.000, les Anglo-Maltais pour 15.400. Par la faute, probablement, de notre législation, il n'y a en moyenne que 280 naturalisations par an, moins de 2 pour 1.000.

Une expression a caractérisé cette situation : l'Algérie aux étrangers !

L'histoire de l'Algérie a prouvé l'impuissance des séductions de l'émigration officielle. Tout l'effort s'est porté vers le refoulement des indigènes; ils ont résisté ; leur population, au lieu de diminuer, s'accroît : 2.842.500 en 1881 contre 2.172.000 en 1872 et 2.416.000 en 1876. Les théoriciens et les praticiens de la politique coloniale présentaient l'Algérie comme une colonie de peuplement pour les Français : elle est devenue une colonie de peuplement pour les Kabyles et les Arabes, les Espagnols, les Italiens et les Anglo-Maltais.

VII. — Tel est le résultat de la politique coloniale au point de vue de « l'expansion de la race française ». De 1862 à 1867, une somme de 430.000 francs était inscrite au budget des colonies pour le passage des émigrants; elle est tombée à 59.000 francs, faute d'emploi. Le ministère de l'intérieur donne aussi des passages gratuits pour l'Algérie; une somme de 1.171.300 francs est proposée au budget de 1885 pour la création de nouveaux centres en Algérie. Malgré toutes ces incitations et ces encouragements, le Français se montre réfractaire. Il ne veut pas émigrer. Il faut bien avouer qu'il a raison de ne pas se laisser séduire par les incitations du gouvernement, de la presse officieuse, des ouvrages subventionnés; au lieu du paradis terrestre promis, il trouverait le cimetière. Quant à l'Algérie, il a de la méfiance, et il a encore raison. S'il n'est pas du Midi, il ne s'y acclimatera pas, n'y fera pas souche. Comme l'a très bien montré le Dr Bertillon [1], l'homme n'est pas si aisément cosmopolite qu'on l'imagine. Il n'est susceptible que du petit acclimatement, surtout lorsque du Nord il descend vers les pays chauds.

Les publicistes et les hommes d'État qui parlent de l'expansion de la race anglo-saxonne oublient de remarquer que son accroissement se fait dans des pays ayant à peu près les mêmes conditions

[1] Art. Acclimatement. *Dict. encycl. des sciences médicales.*

climatériques que la nation mère. La plus grande partie des États-Unis et du Canada sont compris entre les isothermes + 15 et + 5, le climat tempéré. Le Nord seul de l'Australie est placé sous le climat torride; la Tasmanie, la Nouvelle-Zélande sont placées sous le climat tempéré.

En un mot, il faut distinguer entre les courants que suit l'émigration : si l'émigration s'étend entre les mêmes isothermes, elle peut faire le tour du globe, sans autre limite que son point de départ; si l'émigration a lieu perpendiculairement à l'équateur, elle ne peut se faire que pas à pas, par étapes rapprochées; encore, jusqu'à présent, l'européen ne peut-il s'acclimater au delà du 20e degré de latitude nord ou sud [1]. Nous avons choisi l'émigration verticale, tandis que les Anglo-Saxons choisissaient l'émigration horizontale. Voilà pourquoi ils se répandent dans le monde par les États-Unis, le Canada, l'Australie, et pourquoi nous dépérissons dans nos colonies.

Les gens ne vont pas fonder des colonies de peuplement sans motifs d'émigration : persécutions, misère, excès de population. Quand le Palatinat, qui compte 137 habitants par kilomètre carré, a une émigration de 6,4 pour 1.000, il est tout naturel que la France, qui ne compte pas 70 habitants par kilomètre carré, ne fournisse qu'un émigrant. Les fanatiques de la politique coloniale se plaignent qu'en France la population augmente trop lentement, et ils demandent en même temps qu'elle s'en aille à l'étranger. N'y a-t-il pas là une contradiction?

Ils invoquent, pour la justifier, la formule que Guillard appelait : l'équation des subsistances. Elle repose sur cette vieille idée que la nature a horreur du vide. Un vide se fait dans la population, aussitôt pères et mères n'ont plus qu'une préoccupation : le remplir. D'après cette théorie, rien ne serait utile à l'augmentation de la population comme un bon choléra et une bonne guerre. Un de ces jours, nous entendrons des protectionnistes qui déclareront qu'il est nécessaire de faucher les hommes, comme on coupe les cheveux pour les faire repousser.

Tandis que le gouvernement fait tant d'efforts pour jeter les Français hors de France, il leur défend d'en sortir avant l'âge de 40 ans sous peine d'être considérés comme déserteurs. C'est un peu tard.

VIII. — Quels débouchés « la politique coloniale » a-t-elle ouverts et est-elle susceptible d'ouvrir à notre commerce?

---

[1] Voir pour le développement des civilisations dans le sens de la latitude, le remarquable ouvrage de M. Paul Mougeolle, *la Statique des civilisations*.

Je prends le *Tableau du commerce en* 1883, le dernier paru : les chiffres officiels donnent pour l'ensemble du commerce spécial 8.256 millions, dont 4.804 millions d'importation et 3.451 millions d'exportation. Voici, suivant l'ordre d'importance, les principaux pays de destination :

	millions.		millions.
Angleterre..........	903	Italie...............	176
Belgique............	471	Espagne............	171
États-Unis..........	950	République argentine.	105
Allemagne..........	326	Brésil...............	66
Suisse.............	229	Turquie............	46

Voici, suivant l'ordre d'importance, le chiffre un peu majoré de nos exportations dans nos diverses colonies :

Algérie..............................	154.500.000
Martinique..........................	13.700.000
Guadeloupe.........................	12.400.000
Sénégal............................	8.600.000
Réunion............................	7.800.000
Cochinchine........................	7.200.000
Guyane française..................	5.000.000
Saint-Pierre et Miquelon..........	4.100.000
Nouvelle-Calédonie, Taïti et Nouka-Hiva.	6.000.000
Côte occidentale d'Afrique.........	2.500.000
Possessions françaises dans l'Inde......	500.000
Mayotte, Nosi-Bé, Madagascar.........	300.000
Total..........	222.600.000

Sur un total d'exportation de 3.500 millions, en chiffres ronds, 222 millions !

Quand nous vendons pour 1 franc à nos colonies, nous vendons pour 15 francs aux autres pays du globe ; quand nous vendons pour 1 franc à nos colonies, nous vendons pour près de 5 francs en Angleterre ; quand nous vendons pour 1 franc à nos colonies, nous vendons pour plus de 2 francs à la petite Belgique ; quand nous vendons pour 1 franc à nos colonies, nous vendons pour un chiffre supérieur à la Suisse.

IX. — Pour avoir le compte exact du bénéfice que rapportent à la mère-patrie les colonies, il faut voir ce qu'elles ont coûté et ce qu'elles coûtent tous les jours.

Nous ne parlons pas des guerres auxquelles elles ont servi de prétextes dans le passé : le décompte en serait effroyable.

Nous ne parlons même pas des guerres qui ont servi à leur établissement ; le total des importations de France en Algérie serait loin de représenter l'intérêt des milliards qui y ont été engloutis, sans compter la valeur des vies humaines qui y ont été consommées.

Mais, actuellement, les « Algériens » disent que l'Algérie se suffit à peu près à elle-même. Ne chicanons pas sur les détails. Tous reconnaissent également que les frais de force armée doivent rester à la charge de la mère-patrie. Or, nous entretenons en Algérie 50.000 hommes, qui représentent une dépense de 50 millions par an.

Pour quelle part comptent, dans la consommation des 154 millions d'importation, ces 50.000 hommes et tous les fonctionnaires, agents, concessionnaires, qui n'ont qu'une vie factice aux dépens des contribuables de la mère-patrie ! Il y a des rails, des machines importées de France en Algérie : mais n'est-ce pas grâce aux garanties d'intérêts de la France ? Le mouvement de la navigation n'est-il pas entretenu à l'aide d'une subvention ? Quand on veut avoir le chiffre des bénéfices que les colonies peuvent rapporter à la métropole, il faut examiner un à un tous ces artifices de comptabilité. Pour les autres colonies, c'est encore pis.

Le Sénégal importe pour 7 millions de marchandises ; au budget ordinaire, il coûte 3.610.000 francs, sans compter le service pénitentiaire, la solde et les frais de passage de la garnison et des fonctionnaires, la subvention aux Messageries maritimes. Ces importations sont destinées à l'armée et aux fonctionnaires. Il faut ajouter 4.760.000 francs d'avances à la Compagnie du chemin de fer de Dakar à Saint-Louis ; 3.110.000 francs pour le haut Sénégal. Le budget est plus élevé que le commerce et nous sommes encore bien heureux d'en être quittes à ce prix : l'amiral Jauréguiberry avait demandé, en 1880, 120 millions pour le chemin de fer.

La Cochinchine est la plus prospère de nos colonies, elle subvient à toutes les dépenses de la justice, des troupes indigènes qui, dans les autres possessions, sont supportées par la métropole : elle verse au budget une subvention de deux millions. Mais elle est inscrite au ministère de la marine pour une somme de 4.798.000 francs, non compris la solde et les frais de passage de la garnison et d'un certain nombre de fonctionnaires, la subvention des Messageries maritimes. Elle a importé, en 1882, pour 5 millions de francs ; en 1883, pour 8.900.000 francs de marchandises françaises. Comparez maintenant le bénéfice au prix de revient; et je ne parle pas de toutes les expéditions qu'elle a coûtées, et de la guerre du Tonkin et de la guerre de Chine qu'elle nous a values !

Le budget ordinaire des colonies, Algérie non comprise, est de 26 millions, de 34 millions avec le service pénitentiaire; les troupes d'infanterie et d'artillerie de marine, entretenues en vue des colonies, comptent 26.000 hommes, total : 60 millions. Les importations totales de la France dans les colonies, Algérie déduite, sont de 68 millions !

Mais ce budget ordinaire est toujours complété par des crédits supplémentaires et un budget extraordinaire.

Nos colonies sont un débouché, non pas pour notre industrie et notre commerce, mais pour l'argent des contribuables.

Le gouvernement, toujours prévoyant, fait des colonies pour ouvrir des débouchés à nos produits; mais, avec la logique qui le caractérise, il les ferme aussitôt. Au Gabon, les indigènes demandent de la poudre et des fusils; le gouvernement interdit de leur en vendre. Puis il dit à nos fabricants, à nos commerçants : Voilà un débouché. De quoi? Des soieries de Lyon? mais ces gens vont tout nus. Des draps d'Elbœuf? ils étoufferaient. De nos porcelaines? ils se contentent de la moitié d'une noix de coco. De nos rails, de nos locomotives? Oui, avec l'argent de la France.

De deux choses l'une : Quand vous allez fonder une colonie quelque part, vous vous trouvez — ou en face d'un peuple d'une civilisation développée; alors il faut le conquérir, l'assujettir, et cette colonie ne sert de débouché qu'à la vie de nos soldats, de nos marins, à nos arsenaux et à notre argent; — ou en face de peuples comme les Canaques ou les nègres du Sénégal et du Congo; ils n'ont pas besoin de nos produits, et en auraient-ils besoin, ils n'ont pas un pouvoir d'achat suffisant pour se les procurer.

X. — Il y a un autre point : c'est que toutes les colonies que nous pourrons établir à grands renforts de millions et de morts d'hommes, ouvriront toujours un débouché à l'Angleterre, à la Suisse, à l'Allemagne, supérieur à celui qu'il nous procurera.

Les colons que nous faisons à si grands frais, les administrateurs, les fonctionnaires qui forment notre principale population coloniale, achètent les produits étrangers qui leur sont livrés à meilleur compte. Quand nous fabriquons péniblement des colonies et des protectorats, c'est au profit du commerce de nos concurrents les plus acharnés, non au nôtre. Les faits le constatent.

Nous sommes ici obligé de prendre les chiffres de 1882, les derniers publiés pour toutes nos colonies, sauf les îles du Pacifique, la Cochinchine et l'Algérie.

Importations de France	51.300.000
— des colonies françaises	8.500.000
— de l'étranger	65.500 000
Exportations pour la France	121.300.000
— pour les colonies	8.600.000
— pour l'étranger	42.300.000

Le sous-secrétariat du ministère des colonies vient de publier, avec une hâte qui ne lui est pas habituelle, le tableau du commerce de la Cochinchine en 1883.

Le chiffre de nos importations en Cochinchine était de 5 millions de francs en 1882; il s'est élevé à 8.300.000 francs en 1883. Il est probable que les dépenses faites par la France pour l'expédition du Tonkin n'ont pas été étrangères à cette augmentation. Les exportations de la colonie en France ont été de 1.600.000 francs. Les importations de l'étranger en Cochinchine ont été de 65.800.000 francs. Les exportations de la Cochinchine à l'étranger ont été de 78 millions de francs.

Des chiffres concernant les premières colonies, il résulte que les exportations sont plus considérables des colonies en France qu'à l'étranger, mais que les importations de France dans les colonies sont moins considérables que celles de l'étranger. Pour les partisans de la balance du commerce, cet argument devrait être décisif : ce sont cependant eux qui sont, en général, partisans de la politique coloniale.

Des chiffres concernant la Cochinchine, il résulte qu'elle achète pour 8 francs à l'étranger quand elle achète pour 1 franc à la France; qu'elle vend pour 50 francs à l'étranger quand elle vend pour 1 franc à la France.

Voici la situation du commerce de l'Algérie, par rapport à la France et à l'étranger :

1882. Importation totale	255.800.000
— de la France	165.500.000
— de l'étranger	90.400.000
Exportation totale	177.000.000
— pour la France	97.600.000
— pour l'étranger	79.600.000

L'étranger n'a pas eu les frais de conquête et n'a pas les frais de colonisation et de garde de l'Algérie ; son bénéfice est clair ; le nôtre ne l'est pas.

Nous nous sommes donné beaucoup de mal en 1860 pour ouvrir la porte de la Chine. On la représentait pompeusement, dans les discours officiels, comme un marché de 400 millions d'hommes, qui allaient absorber des quantités considérables de nos marchandises.

En 1882, au bout de 22 ans, elle nous achetait pour 2.900.000 francs. En revanche, elle nous vendait pour 88 millions de marchandises. La guerre, qui devait donner un débouché à nos produits, avait eu pour unique résultat de donner un débouché aux produits chinois.

Je cite ce fait parce qu'il va nous indiquer le résultat fatal auquel doit aboutir pour nous toute notre « politique coloniale ».

Rappelons ce principe d'économie politique : les produits s'échangent contre des produits.

Donc, il est impossible à une nation d'acheter 88 millions de marchandises avec 2 millions. Les Chinois, si naïfs qu'ils soient, ne sont pas disposés à faire un pareil marché de dupe. Comment ce résultat peut-il donc se produire ?

Voyez, d'un autre côté, le commerce de l'Angleterre avec la France en 1883 : Importations de l'Angleterre en France : 696 millions; exportations de France en Angleterre : 903 millions. Nous ne sommes pas assez naïfs non plus pour donner à l'Angleterre 200 millions de marchandises de plus qu'elle ne nous en donne.

Voici comment se fait la balance. D'abord elle s'effectue, dans une certaine mesure, par des retours qui proviennent des placements de capitaux anglais en France.

Puis, l'Angleterre importe en Chine, soit directement, soit de Hong-Kong, soit des Indes ou de ses autres possessions, pour 480 millions de francs; elle paye la différence qui existe entre ses importations et ses exportations dans son commerce européen avec nous, en faisant pour nous en Orient des achats et des transports. En d'autres termes : je vends pour 100.000 francs à John Bull, mais je n'ai besoin en retour que de 75.000 francs de marchandises qu'il peut me donner. Comment se fera le solde ? En numéraire? En intérêt de prêt antérieur? Peut-être pour une petite proportion; mais pour la plus grande partie, voici comment notre compte s'établit : si je n'ai besoin que pour 75.000 francs des marchandises de John Bull, en revanche j'ai encore besoin pour 20.000 francs de la soie que vend un Chinois; lui ne veut pas de mes produits, mais il a besoin de trois choses que John Bull peut lui fournir : de l'opium, des cotonnades à meilleur marché que les miennes, des armes de guerre que je ne peux pas fabriquer librement.

Alors je dis à John Bull : — Achetez de la soie au Chinois pour les

20.000 francs que je vous dois, et comme vous transportez plus rapidement et à meilleur marché que je ne pourrais le faire, apportez-la moi.

L'opération faite, notre compte se balance, et si une seule opération ne suffit pas, nous la répétons.

D'où cette conclusion :

Si nous ne pouvons pas offrir aux consommateurs étrangers, acquis de gré ou de force, à nos colons expédiés et entretenus à grands frais, les objets dont ils ont besoin à meilleur marché que nos concurrents, c'est à ceux-ci et non à nous-mêmes que nos expéditions et nos colonies ouvrent des débouchés.

XI. — Il n'y a qu'un seul moyen d'empêcher ce résultat, c'est le retour au vieux système du pacte colonial : pour les produits coloniaux, privilèges sur le marché français et obligation d'y être conduits ; pour les produits français, monopole sur le marché colonial ; exclusion de tout pavillon étranger pour les transports entre les colonies et la mère-patrie et *vice versa*. La loi de 1861 brisa le vieux régime ; le sénatus-consulte de 1866 donna au conseil général de chaque colonie la faculté d'établir les tarifs des taxes et contributions de toute nature, nécessaires à l'acquittement des dépenses des colonies ; les tarifs d'octroi de mer sur les objets de toute provenance ; les tarifs de douane sur les produits étrangers.

Les protectionnistes déclarent que ce sénatus-consulte est l'abomination de la désolation et demandent le retour à l'ancien régime [1]. Ils n'oublient que ceci : en ruinant les colonies, ils n'augmenteraient pas nos débouchés, puisqu'ils détruiraient leur pouvoir d'achat ; ils n'enrichiraient que les contrebandiers. Ils provoqueraient aussi chez les colons un vif désir d'abandonner une mère-patrie qui les traiterait de cette manière et de se déclarer indépendants ou de se mettre sous la protection d'une puissance qui leur laisserait leur autonomie.

Ce serait une singulière manière de développer « notre empire colonial » !

XII. — « Sans colonies, il n'y a pas de débouchés. » Voilà l'affirmation. Voici les faits :

La Suisse est un petit peuple dont la population équivaut à celle du département de la Seine. Il n'a ni richesses minérales, ni ports. Une partie de son sol est remplie de montagnes inhabitables, à tra-

---

[1] *Enquête sur le régime commercial des colonies françaises*, 1877.

vers lesquelles il est obligé de se frayer des passages pénibles. Les tableaux de douane ne donnent que les quantités; mais M. René Lavollée, dans une étude qu'il vient de communiquer à l'Académie des sciences morales et politiques, estime à 960 millions la valeur annuelle de ses exportations, tandis que la France n'a qu'une exportation de 3.500 millions. La différence de la population entre les deux pays est de 13, la différence de l'exportation est de moins de 3!

Pour que le taux des exportations françaises et suisses, relativement à la population, fût égal, la France devrait exporter 11 milliards et demi au lieu de 3 milliards et demi.

Dira-t-on que ce sont ses colonies qui ont ouvert ces débouchés à la Suisse? Elle n'en a pas une.

Seulement, au lieu de payer 90 fr. d'impôts, chacun de ses habitants paye 17 fr.; au lieu de se donner le luxe de guerres européennes, d'expéditions en Asie, en Afrique, en Océanie, de coups d'États, d'insurrections, de révolutions, d'une administration centralisée et payée fort cher pour empêcher quiconque de faire quoi que ce soit sans autorisation de l'autorité, la Suisse est en république depuis un certain nombre de siècles, est une fédération de petits États autonomes, est en possession de la liberté de la presse, de réunion, d'association, de la liberté économique; toutes choses dont la plupart nous ont manqué jusqu'à ces derniers temps, dont certaines nous manquent encore.

Mais la marine? Oui. Nous reconnaissons que la Suisse ne brille pas par là. Sa puissance navale n'est guère connue que par l'amiral suisse de *la Vie parisienne*.

Mais il y a un autre petit peuple qui n'a pas de colonies et qui, cependant, a une marine: c'est la Norvège, qui compte moins de 2 millions d'habitants, moins que Paris. Sa marine à voiles a un tonnage nominal de 1.459.000 tonneaux, tandis que celle de la France, en dépit de ses primes, n'a un tonnage que de 642.000 tonnes. Sa marine à vapeur compte pour 95.000 tonneaux; celle de la France, avec toutes les subventions données sous divers prétextes aux compagnies de navigation à vapeur, a seulement 278.000 tonneaux. Le pouvoir de transport de la marine norvégienne est de 1.730.000 tonnes; celui de la marine française est de 2.032.000. Le pouvoir de transport de la Norvège est de 95 tonnes pour 100 habitants, celui de la France est de 5. Relativement à l'ensemble des marines de tous les pays du globe, le pouvoir de transport de la Norvège est de 4 pour 0/0, celui de la France seulement de 4,7.

Dira-t-on que ce sont les colonies de la Norvège qui ont fait sa marine? Elle n'en a pas. Elle a une puissante marine, parce qu'elle navigue à bon marché. Tout est là.

Un peuple ne peut avoir de débouchés qu'à une condition: c'est de fabriquer à meilleur marché que ses concurrents les objets qui sont demandés par les consommateurs.

Un peuple ne peut avoir de marine qu'à la condition de faire des transports moins chers, plus sûrs, plus réguliers et plus rapides que ses concurrents.

En un mot, la puissance d'expansion des produits d'un pays se mesure à l'intensité et au bon marché de sa production intérieure.

D'où cette conclusion: c'est que la «politique coloniale» étant très onéreuse et chargeant la production d'un pays de lourds frais et de graves risques, aboutit à un résultat diamétralement opposé au but qu'elle prétend poursuivre: au lieu d'ouvrir des débouchés, elle les ferme.

XIII. — « Notre mission civilisatrice? » Ceux qui en parlent le plus haut s'indignent contre le mot « classes dirigeantes ». Ils n'admettent aucune aristocratie à l'intérieur; mais ils affirment qu'il y a des peuples aristocrates qui sont chargés de gouverner de gré ou de force les autres.

Les « peuples les plus avancés en évolution » font d'abord sentir aux autres les bienfaits de la civilisation à coups de canon et de fusil. Après leur avoir montré leur supériorité à l'aide de ces moyens persuasifs, ils leur prouvent leur justice en les dépossédant, en prenant leurs biens, leurs fruits, leurs troupeaux et leurs femmes. Dans cette lutte, ce n'est pas l'homme supérieur qui élève l'homme inférieur; c'est l'homme inférieur qui ramène l'autre à un type plus bas.

L'Algérie a surtout enseigné à notre armée l'art de faire des razzias, de brûler les récoltes et les oliviers, de marcher à l'aventure, sans se garder, et de se faire battre par la Prusse.

En revanche, le rapport de M. Étienne pour le budget de 1885 constate que sur les 2.800.000 indigènes qui occupent l'Algérie, 2.000 enfants seulement fréquentent les écoles françaises. Le vainqueur et le vaincu vivent côte à côte dans une haine réciproque: le premier trouvant qu'il n'a jamais assez dépouillé le second; celui-ci entretenu dans sa haine du passé par les injustices présentes et les menaces constantes pour l'avenir. Le projet des 50 millions rejetait 10.000 Kabyles, hommes des montagnes, véritables auvergnats, dans le Sahara. La commission des centres ne dissimulait pas qu'une telle mesure provoquerait une insurrection. Les Algériens prudents demandaient pour exécuter le projet qu'on ajoutât 30.000 hommes de troupes aux 50.000 existant. Ces faits suffisent pour montrer de quelle manière la civilisation profite de notre présence en Algérie. En profite-t-elle beaucoup plus au Sénégal et au Gabon? Le général Millot disait, devant la commission de la Chambre des députés, que « depuis 1874, le Tonkin était ruiné ». Or, 1874 est précisément la date du traité qui lui a imposé notre protectorat!

XIV. — Je résume cette étude par les conclusions suivantes:

1° Au point de vue de l'émigration. Les Français ne veulent pas émigrer dans nos colonies et ils ont raison. Toutes, sauf l'Algérie et la Nouvelle-Calédonie, sont situées dans le climat torride où l'Européen ne peut ni s'acclimater ni se reproduire.

2° Au lieu d'essayer de provoquer des courants d'émigration factice, il faut les laisser à eux-mêmes. Les Basques et les Français du Sud-Ouest n'ont pas eu besoin des encouragements du gouvernement français pour aller à la Plata fonder un noyau de plus de 100.000 de nos compatriotes.

3° La France ne peut fonder des colonies de peuplement, parce que sa population n'est pas assez dense pour avoir une puissance de rayonnement; parce que les territoires qu'elle possède n'y sont pas propres, soit parce qu'ils sont déjà occupés par une population indigène nombreuse, comme l'Algérie, soit parçe que leur climat est fatal aux Européens.

4° Comme débouchés au commerce français, nos colonies sont loin de rapporter non seulement les intérêts de leur prix de revient antérieur, mais même leur coût annuel.

5° Il faut en revenir au système que les Portugais établirent sur la côte d'Afrique; ils n'essayèrent ni de peupler, ni de conquérir; ils fondèrent des comptoirs qui servent encore de jalons aux Européens.

Dans l'Inde, malgré les conseils d'un de leurs vice-rois, ils voulurent devenir conquérants, ils furent perdus.

Les Hollandais faisaient des contrats avec des marchands indigènes sans établir de dispendieuses factoreries.

Quand sir Thomas Broë fut envoyé en ambassade auprès du grand Mogol, en 1613, il disait aux Anglais: « N'ayez pas de port, ne quittez pas la mer. » S'ils avaient suivi cette politique, ils auraient économisé beaucoup d'hommes et d'argent.

6° Le commerce extérieur d'une nation est en raison du bon marché et de l'intensité de sa production intérieure. Exemple: la Suisse.

La seule manière de développer notre commerce extérieur est non pas de gaspiller des millions et des armées dans des aventures coloniales, mais de pratiquer la politique du bon marché et du libre-échange.

7° Si le libre-échange existait, les peuples européens ne se disputeraient pas la possession du reste du globe et s'entendraient pour établir la sécurité de comptoirs commerciaux internationaux. Avec le libre-échange et une juridiction assurant la sécurité des contrats, il est à peu près indifférent qu'une terre appartienne à tel ou tel groupe ethnique, parlant telle ou telle langue.

Le groupe ethnique doit s'améliorer par métissage et instruction et, dans aucun cas, ne doit être détruit.

Les peuples européens se sont entendus pour supprimer la traite ; pourquoi ne s'entendraient-ils pas pour suivre à l'égard des peuples autochtones des autres parties du monde une politique internationale n'ayant qu'un seul but : établir des moyens de circulation et la sécurité des Européens au milieu d'eux ?

Ces lignes étaient écrites quand nous avons appris que la Conférence africaine, tenue dans le pays protectionniste qui s'appelle l'Allemagne, a déclaré la liberté complète du commerce sur les territoires du Congo et du Niger, occupés par la Commission internationale ; la liberté de navigation sur ces deux fleuves ; la neutralisation de ces territoires[1]. C'est là un acte international de premier ordre. Nous n'avons qu'un regret, c'est que la France n'en ait pas pris l'initiative. Cette initiative lui aurait rendu en honneur et en influence européenne une partie de ce que les colonies lui ont coûté. L'Angleterre a adhéré pour les territoires qu'elle possède à ces conventions. En sa qualité de pays libre-échangiste, elle eût dû faire mieux : elle eût dû être la promotrice de cette nouvelle manière, pour les peuples européens, d'étendre leurs rapports réciproques dans les autres continents.

La conquête pacifique du globe est la seule possible pour les 150 ou 200 millions d'hommes qui se prétendent à la tête de la civilisation. Auraient-ils la prétention d'exterminer lés 12 ou 1300 millions restants qu'ils n'y parviendraient pas. Les Indiens, les Arabes ont prouvé leur force de resistance. La Perse et l'Egypte ont devore successivement tous leurs conquérants.

Aux procédes d'extermination, il faut substituer le croisement et la fusion. Dans toute la zone torride, les metis seuls reussissent. D'après le Dr Jourdanet, au Mexique, sur huit millions d'habitants, six sont des metis d'Espagnols et de femmes indiennes. Juarez ap-

[1] *Le Temps*, 3 décembre 1884.

partenait à cette race. A la Martinique, le sang mêlé, en dehors du pur noir, seul résiste et se reproduit.

Dans la question coloniale, il est utile de tenir compte de ce facteur qu'on néglige trop en matière sociale : le temps. Au lieu de procéder par conquêtes, à grand fracas, il faut procéder lentement, par infiltration.

C'est la manière de surmonter toutes les difficultés avec les populations autochtones. N'avons-nous pas l'exemple de Penn? Il conclut, en 1621, avec les Peaux rouges, un traité qui dura plus d'un demi-siècle et fut rompu non par leur faute, mais par celle des Anglo-Saxons.

Cet exemple ne suffit-il pas pour prouver que nous pouvons vivre en paix avec les indigènes, mais à une condition : c'est qu'au lieu de leur montrer dans chaque occasion notre mépris, notre haine, notre brutalité, notre rapacité, nous fassions comme les quakers et leur enseignions la douceur, l'urbanité, la politesse et leur apportions la sécurité de cette chose après laquelle, depuis que l'homme est un animal sociable, il ne cesse de clamer : la justice!

« La politique coloniale », telle que l'entendent les hommes d'Etat, est une des formes du protectionnisme : elle met à la disposition de quelques individus l'argent des contribuables, le sang des marins et des soldats, l'ensemble des forces nationales qui ne doivent être employées qu'à la sécurité de la patrie. L'expérience du passé nous prouve que ces privilégiés ont le plus souvent été ruinés, quand ils n'ont pas été tués par leurs privilèges.

L'ironie perpétuelle de la politique protectionniste est d'aboutir toujours au résultat opposé à celui qu'elle se propose. Notre politique coloniale en est une des manifestations. Il est donc logique qu'elle ait les mêmes effets. Elle allume un feu d'artifice pour cuire un œuf; et au milieu de toutes ses flammes, de tous ses soleils, de tous ses éblouissements, de sa fumée, elle casse l'œuf, sans le cuire.

YVES GUYOT.

PROJET D'ÉMANCIPATION DES ESCLAVES AU BRÉSIL [1]

La loi du 28 septembre 1871, en déclarant libres les enfants d'esclaves nés à dater du jour de sa promulgation, a commencé l'œuvre de l'abolition de l'esclavage au Brésil. Quelles que soient les divergences d'opinion sur le système à suivre pour achever cette œuvre d'humanité et de civilisation, tout le monde est d'avis qu'elle doit être achevée dans le plus bref délai possible.

[1] Ce projet a été formulé en vue de satisfaire aux vœux des abolitionnistes sans porter atteinte aux intérêts menacés par les solutions anti-économiques de la question de l'esclavage, qui paraissent actuellement en faveur dans les régions officielles du Brésil. Ainsi que l'auteur l'exposait dans le *Journal des Débats* du 27 septembre dernier, depuis quelques années, le progrès économique s'est sensiblement ralenti dans ce pays, le plus vaste et le plus riche en ressources naturelles de l'Amérique du Sud; la production et le commerce y demeurent stationnaires, les finances publiques sont embarrassées. La culture du café, le principal article d'exportation du Brésil, est en pleine crise. Nous lisons dans le *Messager du Brésil* que le prix de la terre vierge propre à cette culture a baissé de moitié dans la province de Saint-Paul et que le pied de café en bon état, qui valait de 2 fr. à 2 fr. 50 en 1880, ne trouve plus d'acheteur aujourd'hui à 1 fr. 25 et même à 75 c.

C'est la question toujours pendante de l'abolition de l'esclavage qui cause ces embarras économiques et par contre-coup les difficultés financières et politiques du Brésil. Une loi du 28 septembre 1871 a déclaré libres tous les enfants d'eclaves nés à dater du jour de sa promulgation. On comptait alors environ 1.600.000 esclaves au Brésil; on n'en compte plus aujourd'hui que 1.200.000 et ce nombre va diminuant dans une progression de plus en plus rapide. Ce qui diminue encore plus vite, c'est la quantité de travail que ces esclaves en vieillissant peuvent fournir. De là une crise économique qui s'est compliquée dans ces derniers temps d'une crise politique. Les deux partis qui se disputent le pouvoir au Brésil, sous les dénominations plus ou moins exactes de conservateurs et de libéraux, n'ont pas manqué de s'emparer de la question de l'esclavage, mais sans faire aucun effort sérieux pour la résoudre. Les conservateurs en possession de la direction des affaires maintenaient prudemment le *statu quo*, lorsque, au commencement du mois de juin dernier, l'opinion publique, alarmée de l'aggravation continue de la situation, a donné la majorité aux libéraux. Un ministère libéral, présidé par le sénateur Manoël Pinto de Souza Dantas, a succédé au ministère conservateur, avec la mission de résoudre cette terrible et brûlante question de l'esclavage. Dans ses plate-formes électorales, M. Dantas s'était déclaré « franchement abolitionniste ». On s'attendait donc à ce qu'il proposât quelque mesure radicale, telle que l'émancipation plus ou moins

Il ne s'agit donc plus que de chercher le mode d'émancipation, à la fois le plus avantageux pour les propriétaires d'esclaves, aussi bien que pour les esclaves eux-mêmes, et le moins coûteux pour le gouvernement brésilien.

Si nous consultons l'histoire de l'émancipation, nous trouvons que l'esclavage a été aboli, tantôt par voie d'insurrection et de guerre, comme à Haïti et aux États-Unis, et que cette solution violente d'un problème d'humanité a entraîné la ruine des propriétaires, sans élever sensiblement la condition matérielle et le niveau moral de la population émancipée; tantôt par voie de rachat, comme dans les colonies anglaises et françaises, et que cette seconde solution, quoique bien préférable à la première, est loin cependant d'avoir répondu aux espérances des économistes et des amis de l'humanité. Malgré les sacrifices onéreux qu'elle a imposés aux contribuables des métropoles, elle a entraîné le déclin des cultures et l'appauvrissement, sinon la ruine de la grande majorité des propriétaires, tout en réduisant les anciens esclaves à une condition si précaire que, dans plusieurs colonies, la race nègre a diminué en nombre et menace de s'éteindre.

Il importe de tenir compte de ces expériences et de profiter des

---

prochaine, sinon immédiate. Mais les propriétaires d'esclaves n'appartiennent pas tous au parti conservateur; ils constituent aussi un appoint notable du parti libéral. Il fallait les ménager sous peine de provoquer une scission dans la majorité. En conséquence, M. Dantas s'est contenté de proposer une série de demi-mesures, telles que l'affranchissement des esclaves âgés de plus de soixante ans, l'interdiction du trafic des esclaves de province à province et l'augmentation du fonds d'émancipation, créé en 1871, afin de racheter chaque année un certain nombre d'esclaves. Ces demi-mesures n'ont satisfait ni les partisans du *statu quo* ni les abolitionnistes. Dans sa séance du 28 juillet, la chambre des députés a adopté, à une majorité de 59 voix contre 52, une motion spécifiant « qu'elle réprouvait le projet du gouvernement sur l'élément servile et lui retirait sa confiance ». A la suite de ce vote, le ministère a donné sa démission et l'empereur a dissous la chambre.

Quelle que soit l'issue de cette crise politique, il est douteux qu'elle mette fin à la crise économique en amenant une solution satisfaisante de la question de l'esclavage. Si les conservateurs l'emportent, ce sera la continuation d'un *statu quo* de moins en moins tolérable. Si les libéraux ont le dessus, l'adoption du projet de M. Dantas, tout en aggravant la difficulté que les propriétaires éprouvent à se procurer des bras, n'améliorera point sensiblement le sort des esclaves. On peut se demander même si, en débarrassant les propriétaires de l'obligation d'entretenir leurs vieux serviteurs, incapables pour la plupart de gagner leur vie, il ne rendra pas pire la situation de ces malheureux. Est-ce bien la peine d'affranchir des esclaves pour en faire des mendiants ?

leçons qu'elles contiennent, en se gardant de commettre des fautes qui étaient peut-être inévitables au début de l'émancipation, mais qui peuvent aujourd'hui aisément être évitées.

Trois intérêts sont à considérer dans l'œuvre qu'il s'agit de mener à bonne fin : 1° l'intérêt des propriétaires d'esclaves; 2° l'intérêt des esclaves; 3° l'intérêt du pays. Examinons rapidement en quoi ils consistent et ce qu'ils demandent.

I. *L'intérêt des propriétaires d'esclaves.* L'intérêt des propriétaires de plantations n'est attaché au régime de l'esclavage qu'autant qu'il leur procure la quantité de travail nécessaire à leurs cultures, avec plus de régularité et à meilleur marché que ne le ferait le régime de la liberté du travail. Si ces avantages économiques n'existaient point, ils auraient au contraire des raisons déterminantes de préférer les ouvriers libres aux esclaves. Ils sont obligés d'acheter ou d'élever, d'entretenir, de surveiller, de gouverner leurs esclaves, et cette tutelle, sans parler du danger des révoltes et des pertes causées par les esclaves marrons, leur cause des frais, des embarras et des soucis de tous genres. Ils n'ont au contraire à s'occuper d'aucune manière de l'existence des ouvriers libres; leurs obligations envers eux se réduisent au payement exact du salaire convenu. Ils n'ont pas à s'inquiéter de la façon dont l'ouvrier dépense son salaire et gouverne son existence. C'est son affaire, ce n'est plus la leur.

Pourquoi donc les propriétaires de plantations dans le nouveau monde, et principalement dans les régions tropicales, ont-ils consenti à faire les frais de l'achat ou de l'élève des esclaves et à subir les embarras, les soucis et les dangers qu'entraîne le gouvernement d'un troupeau d'hommes à peine sortis de l'état sauvage, au lieu de recourir à des ouvriers libres? Tout simplement parce qu'ils ne pouvaient se procurer en nombre suffisant des ouvriers libres, propres aux cultures tropicales. Dans les régions tempérées du nouveau monde, l'esclavage n'a été qu'un fait accidentel et exceptionnel : aussitôt que les émigrants libres de race blanche ont pu arriver en Amérique et s'y multiplier assez pour répondre à la demande de travail, l'esclavage a été abandonné. Pourquoi? Parce que l'expérience ne tardait pas à démontrer que, dans ces conditions, le travail esclave revient plus cher que le travail libre. Mais il en était autrement dans les régions chaudes, où les ouvriers de race blanche ne pouvaient s'acclimater, ou, pour mieux dire, ne pouvaient s'adapter aux cultures. A moins de renoncer à exploiter ces régions, les plus fertiles du globe, il fallait se procurer des travailleurs qui pussent s'y acclimater et s'y multiplier sans dégénérer. Ces travailleurs, que l'on ne trouvait pas en Europe, on les demanda à l'Afrique. Mais en Afrique, on ne pouvait se procurer que des esclaves. Les hommes libres, vivant de chasse ou de pillage, ne se seraient point décidés volontairement à émigrer pour aller se livrer à un travail pénible et régulier dans le nouveau monde. Ils ne possédaient point d'ailleurs, y eussent-ils consenti, les avances nécessaires pour subvenir aux frais de leur émigration, et le crédit n'était point assez développé à cette époque pour leur fournir ces avances sur l'hypothèque de leur travail. L'importation et l'exploitation du travail esclave s'imposaient donc comme des nécessités, par suite de l'impossibilité de se procurer du travail libre.

Mais cette impossibilité a cessé d'exister aujourd'hui. Grâce aux progrès de la navigation, l'émigration libre a pris depuis un demi-siècle un développement extraordinaire. Non seulement les travailleurs de race blanche traversent l'Océan, par centaines de milliers, en vue d'améliorer leur sort, mais les coolies de l'Inde et de la Chine se répandent en nombre croissant dans les îles de l'Océan Indien, en Australie et en Amérique. C'est au point que les gouvernements démocratiques de l'Australie et des États-Unis, cédant aux injonctions populaires, ont limité ou interdit cette importation de travail de couleur, qui fait concurrence au travail blanc. On peut donc se procurer, dans le vaste réservoir d'hommes du continent asiatique, toute la quantité de travail libre nécessaire pour mettre en valeur les immenses richesses naturelles du continent du Sud. Reste, à la vérité, la difficulté de pourvoir aux frais d'émigration d'hommes dépourvus pour la plupart de tout capital. Cette difficulté a été résolue jusqu'à présent par le système de l'engagement, qui a renouvelé, en les aggravant même, les abus et les horreurs de la traite. Mais, comme nous le verrons plus loin, on pourrait remplacer avec avantage ce système grossier et vicieux, moyennant des garanties légales aisées à établir, par une combinaison de l'hypothèque et de l'assurance appliquées au travail.

En supposant que l'immigration opérée par cette méthode introduise au Brésil une quantité de bras suffisante pour répondre à la demande de travail et assurer la culture régulière des plantations, sans exiger des propriétaires une dépense supérieure à celle que leur occasionne actuellement l'entretien de leurs ateliers, et en leur épargnant les embarras et les soucis de la surveillance et du gouvernement des esclaves, non seulement les propriétaires cesseraient d'être intéressés à la conservation de l'esclavage, mais la substitution du travail libre au travail esclave, opérée dans ces conditions, ne leur serait-elle pas visiblement avantageuse ?

II. *L'intérêt des esclaves.* Si la justice et l'humanité commandent de ne point abandonner un homme à la merci d'un autre homme, en lui enlevant tous ses droits pour ne lui laisser que des devoirs, ce serait cependant une illusion funeste de s'imaginer que l'émancipation a la vertu de conférer à l'esclave toute la capacité dont l'homme libre a besoin pour se gouverner lui-même et supporter entièrement la responsabilité attachée à la liberté. L'expérience a prononcé à cet égard. Sauf de rares exceptions, le nègre ne possède encore qu'une partie des qualités morales indispensables à l'homme pour gouverner sa vie sans nuire à lui-même et aux autres. Il est naturellement imprévoyant et trop facilement accessible aux tentations. Il a besoin d'une tutelle, et il en a si bien le sentiment, qu'on a vu fréquemment des esclaves émancipés regretter la rude et onéreuse tutelle de la servitude. Le problème à résoudre, en ce qui le concerne, consisterait à le dégager des liens de l'esclavage, sans néanmoins le contraindre à subir une responsabilité qu'il est le plus souvent incapable de supporter, et ce problème n'est nullement insoluble.

III. *L'intérêt du pays.* Enfin, le pays est intéressé à ce que la question de l'esclavage, qui est devenue une cause permanente d'agitations et d'inquiétudes, soit résolue le plus promptement possible. Il est intéressé aussi et plus encore à ce que cette solution ne compromette point le développement de sa richesse et de sa civilisation, et n'impose point au Trésor public de trop lourds sacrifices.

Nous croyons que le plan d'émancipation dont nous allons exposer brièvement l'économie donnerait pleine satisfaction à ces divers intérêts, en épargnant au Brésil la crise désastreuse par laquelle ont passé toutes les contrées où l'esclavage des nègres a été aboli.

L'entreprise de l'émancipation serait confiée par le gouvernement brésilien à une compagnie, qui se chargerait de l'exécuter, sans toutefois en avoir le monopole, — et de la mener à bonne fin, moyennant une simple garantie de 6 0/0 sur son capital effectivement versé.

Cette compagnie s'aboucherait avec les propriétaires de plantations ou de cultures desservies par des esclaves et leur ferait les propositions suivantes :

1° Elle s'engagerait à leur fournir, d'une manière régulière et assurée, l'équivalent de la quantité de travail qu'ils retirent aujourd'hui de leurs ateliers d'esclaves, ou, ce qui revient au même, elle se chargerait d'effectuer toutes les opérations de la culture des terres actuellement en exploitation.

2° En échange, la compagnie ne demanderait point aux propriétaires une rétribution en argent, qu'ils seraient, dans la situation présente, incapables de lui fournir; elle leur demanderait simplement une part dans le produit éventuel de la récolte. Cette part serait fixée de gré à gré, comme dans le métayage ordinaire.

Elle serait plus ou moins forte selon que la quantité de travail requise pour l'exploitation serait plus ou moins considérable. Elle serait à son maximum dans les plantations dont l'outillage est arriéré, où par conséquent le travail de l'homme entre pour la plus grande part dans les opérations de la production. Elle serait au contraire beaucoup moindre dans les plantations pourvues d'un capital d'exploitation suffisant et disposant d'un matériel perfectionné, où par conséquent la part du travail serait plus restreinte. Les propriétaires se trouveraient ainsi intéressés à perfectionner incessamment leur outillage, en vue d'augmenter leur tantième proportionnel dans le produit, tandis que la compagnie, de son côté, serait intéressée à aménager de la manière la plus efficace et la plus économique le travail de ses ateliers.

Nous n'avons pas besoin d'insister sur les avantages que cette combinaison offrirait aux propriétaires. Ils seraient entièrement débarrassés des frais de l'entretien et de la surveillance des travailleurs et des soins de la direction des travaux de culture; ils n'auraient autre chose à faire qu'à fournir les semences, les bêtes de somme, les outils et les machines, et à prendre leur part des résultats annuels de l'exploitation. On peut affirmer encore que la substitution du travail libre au travail esclave opérée par ce procédé ne tarderait pas à leur procurer, par l'amélioration des cultures, une augmentation croissante de revenus.

Comment la compagnie se procurerait-elle et s'assurerait-elle les quantités de travail dont elle aurait besoin pour l'accomplissement régulier et non interrompu de ses engagements envers les propriétaires?

En premier lieu, elle ferait appel aux travailleurs agricoles disposés à émigrer, en Europe, en Asie et même en Afrique. Dans certaines contrées de l'Europe, notamment dans les Flandres belges, où la population est la plus dense du continent, elle trouverait sans peine, en leur faisant l'avance des frais d'émigration, des émigrants propres au travail de la terre dans les parties tempérées du Brésil; en Afrique et en Asie, particulièrement en Chine, elle irait chercher des travailleurs propres à la culture des régions tropicales. Aux uns, elle ferait l'avance des frais de transport et elle s'en rembourserait avec adjonction des intérêts et du profit nécessaire de l'opération, en prenant une hypothèque sur leur travail futur. Les émigrants de cette catégorie seraient entièrement libres à leur arrivée au Brésil, et ils pourraient traiter de gré à gré soit avec les planteurs, soit avec la compagnie elle-même pour la location de leur travail. Seulement, des agents à ce commissionnés par la compagnie percevraient un tantième sur leurs salaires jusqu'à l'acquittement de leur dette. La loi garantirait l'exécution de ce genre de contrat comme elle garantit celle des autres engagements commerciaux. Aux émigrants qui préféreraient s'assurer un engagement aux lieux mêmes d'émigration, elle offrirait un contrat d'une durée plus ou moins longue, à leur convenance, et au taux moyen du salaire agricole sur le marché du Brésil, en déduisant successivement la somme avancée pour les frais d'émigration.

Cependant la compagnie ne se bornerait pas à employer dans ses ateliers des travailleurs libres ou engagés de provenance étrangère; elle emploierait aussi, et probablement même en grande majorité, les travailleurs émancipés, et elle appliquerait aux uns et aux autres le système le plus propre à les y attirer et à les y retenir. Ce que pourrait être ce système, sauf les modifications qu'y ferait introduire la différence des aptitudes des travailleurs à conduire eux-mêmes leurs propres affaires, nous allons essayer de l'exposer en peu de mots.

Sous le régime actuel de la liberté du travail et du salariat, l'ouvrier a l'incontestable avantage de posséder la pleine propriété de ses forces productives, de pouvoir les employer lui-même en entreprenant une industrie qu'il est le maître de choisir, ou d'en louer l'usage moyennant un loyer ou salaire librement débattu. En revanche, il est obligé de pourvoir lui-même à toutes les nécessités de son existence, il est responsable de sa vie et de celle de sa famille. S'il ne possède pas la capacité intellectuelle et morale nécessaire pour défendre ses intérêts et satisfaire à toutes ses obligations, s'il est paresseux, vicieux ou simplement imprévoyant, il s'expose aux plus dures extrémités de la misère. Est-il besoin d'ajouter que des ouvriers ainsi démoralisés sont de mauvais auxiliaires de l'industrie : on ne peut obtenir d'eux un travail régulier et assuré, et comme ils sont perpétuellement dans la gène, quelle que soit l'élévation de leur salaire, ils sont accessibles à toutes les excitations malsaines et ils deviennent trop souvent les ennemis de ceux qui les emploient.

La compagnie préviendrait ces maux en établissant au profit de ses ouvriers un système d'assurance libre dont voici les principales dispositions :

Elle se chargerait de pourvoir à la nourriture, au logement, aux soins médicaux et autres des travailleurs employés dans ses ateliers;

elle leur constituerait, de plus, à leur volonté, une épargne destinée à pourvoir à l'éducation de leurs enfants à assurer leur vieillesse ou à leur permettre de s'établir pour leur compte ; elle leur procurerait en outre, à peu de frais, les délassements et les distractions qu'une bonne hygiène réclame après le travail, tout en éloignant d'eux la tentation des liqueurs fortes. Elle exercerait en un mot,sur eux, une tutelle analogue à celle du père de famille sur ses enfants. Elle stimulerait leur assiduité au travail et leur zèle par des récompenses honorifiques, des croix, des médailles ou des primes, et n'emploierait pas de pénalités plus rigoureuses que l'exclusion des réunions de plaisirs, la mise à l'amende et, comme mesure extrême, le bannissement de ses ateliers. Les frais de cette tutelle, qui serait plus ou moins étendue selon le degré de développement intellectuel et moral des ouvriers, seraient pris sur le salaire, mais il est bien entendu qu'elle demeurerait purement libre, que les ouvriers qui préféreraient pourvoir eux-mêmes à leur entretien et gouverner leur vie à leur guise seraient mis en possession de la totalité de leur gain. Seulement, les avantages de cette assurance libre, qui les débarrasserait de la plupart des soucis de l'existence, seraient tels que le plus grand nombre d'entre eux, sinon tous, voudraient probablement y participer.

Voilà pour ce qui concerne l'économie du régime de travail qui serait substitué à celui du travail esclave. Notons que ce régime devrait s'introduire librement et d'une manière successive, à mesure que les propriétaires de plantations desservies par des esclaves en reconnaîtraient les avantages. Il serait même préférable qu'on les laissât libres de l'adopter ou de conserver le régime actuel, ou bien encore de remplacer ce régime par tel autre qui serait mieux à leur convenance.

Examinons maintenant le côté financier de l'opération. La compagnie aurait à pourvoir : 1° à l'avance des frais d'émigration des travailleurs étrangers, d'Europe, d'Asie ou d'Afrique; 2° à l'entretien et à la mise en œuvre de ses ateliers dans chaque exploitation, au payement des salaires ou des frais de nourriture, d'entretien, etc., des travailleurs assurés; 3° à ses frais de direction et d'administration; 4° à l'emmagasinement après la vente de ses parts de récolte; 5° au payement des dividendes de ses actionnaires. Pour subvenir à ces divers frais et dépenses, elle disposerait à la fin de chaque exercice de la part stipulée dans le produit de chacune des plantations qu'elle alimenterait de travail, et cette part de produit, elle la réaliserait à la manière de la Société de commerce des Pays-Bas, par des ventes publiques sur les marchés de consommation.

On conçoit qu'il serait difficile d'apprécier d'avance les résultats financiers de l'affaire. Tout ce qu'on peut dire, c'est que les bénéfices d'une telle entreprise dépasseraient selon toute apparence ceux du mode actuel d'exploitation au moyen du travail forcé. Mais il est clair que cette éventualité, si probable qu'elle pût être, ne suffirait pas pour attirer les capitaux dans une affaire dont les capitalistes européens ne pourraient évaluer les chances de succès et les risques.

La compagnie demanderait en conséquence au gouvernement brésilien un minimum d'intérêt de 6 0/0. Moyennant cette garantie, elle obtiendrait aisément sur les marchés de Paris et de Londres toute la somme nécessaire pour mener à bonne fin l'œuvre de l'émancipation. Cette somme pourrait être au début de 50 millions; elle serait graduellement augmentée à mesure que les propriétaires demanderaient à traiter avec la compagnie.

Enfin la compagnie, en vue de prévenir l'objection que les abolitionnistes ne manqueraient d'opposer au système dont nous venons d'esquisser l'économie, savoir, que ce système pourrait conduire à une exploitation indue et abusive des travailleurs et à une reconstitution hypocrite du régime de la servitude, la compagnie, suivant en cela l'exemple des associations coopératives, limiterait ses bénéfices à un *maximum* double de la garantie, soit à 12 0/0. Ce revenu atteint, elle distribuerait le surplus à ses travailleurs et à ses employés, en proportion de leurs salaires ou de leurs émoluments.

Selon toute probabilité, le gouvernement brésilien n'aurait à débourser le montant de sa garantie que dans les premières années de l'opération; on pourrait même stipuler que les sommes versées pour cette garantie lui seraient remboursées lorsque les bénéfices viendraient à dépasser 10 0/0, et par tantièmes d'un pour cent sur les bénéfices, en sorte que l'émancipation des esclaves ne coûterait rien au peuple brésilien, tout en lui épargnant les dommages et les dangers d'une crise du travail et en assurant l'avenir de la prospérité et de la civilisation du Brésil.

G. DE MOLINARI.

REVUE DES PRINCIPALES PUBLICATIONS ÉCONOMIQUES
DE L'ÉTRANGER

—

SOMMAIRE : *Journal of the statistical Society* de Londres. Une opinion favorable sur l'Égypte. — La corvée. — Une statistique du grand empire britannique. Les moyens d'échange. — Le divorce et ses statistiques. = *The Economist*. Ce qui a fait manquer la conversion du 3 0/0. — D'autres opinions sur le même sujet. La question à l'ordre du jour. — Le fermier peut-il joindre les deux bouts ? — Comment remédier au mal. = *The Statist*. Qui tendra une perche au commerce ? — Réponse à cette question. = *The Banker's Magazine*. L'éducation spéciale à donner aux banquiers. — Comment on peut prévenir les grèves. — Fonctionnaire auquel l'ignorance de l'économie politique est interdite. = *Vierteljahrschrift*, revue trimestrielle de M. Wiss. La richesse publique et la richesse individuelle. — Les colonies et leurs cultures. — La lutte entre la grande et la petite industrie. — Les dettes des biens ruraux. — Divers. = *Jahrbücher* ou Annales de l'éconómie politique, etc., de M. J. Conrad. La méthodique de la science économique. — Économie sociale et économie politique. — Le principe économique. — Les octrois. — Le prix du blé. = *Zeitschrift* ou Revue trimestrielle de Tubingue. Une nouvelle formule. — Ce qu'on tire du capital immatériel. — L'impôt sur les maisons en Autriche. — Le métayage en Italie — La concurrence américaine. — Les adjudications, leur médaille et leur revers. — Divers. = Les *Annales de l'empire allemand*, par G. Hirth et Max Seydel. L'État fédéral ou la fédération des États. — Le droit de succession des biens ruraux. — Divers. = La *Nation*. Les partis politiques et la réforme sociale. — La bourgeoisie et le socialisme. = La *Social Correspondenz*. Bons conseils et bonnes intentions. = *Zeitschrift* ou Revue du bureau de statistique de Prusse. Divorces. — Caisses d'épargne et renseignements divers. = La *Statistische Monatschrift*. Toujours le droit de succession. — L'induction et la déduction. Divers. = Les ouvrages de MM. de Reitzenstein, Nasse, Emm. Sax, F.-X. de Neumann-Spallart. = La *Nuova Antologia* (la Nouvelle Antologie). La question monétaire et la conférence de Paris. = *L'Economista*, Encore la question monétaire. — Publications de MM. Maffeo Pantaleoni, Achille Loria. Tullio Martello, Zorli, Mariano Mantero, Nacion et J.-J. de Arechaja.

Le *Journal of the Statistical Society* de Londres (numéro de septembre 1884) renferme un article de M. Joseph Rabino, modestement intitulé : *Quelques renseignements sur l'Égypte* (Some Statistics of Egypt). L'auteur passe en revue la population, le territoire. la production, le commerce, les finances et la question de l'irrigation. Il nous présente de nombreux chiffres, sans aucun doute les meilleurs qu'il ait pu se procurer, mais qui, selon l'auteur lui-même, ne sont le plus souvent que des évaluations, c'est-à-dire sujets à caution. Ces chiffres ne peuvent pas être reproduits sans les commentaires qui les accompagnent, comme on ne peut mettre un couteau entre les mains d'un enfant sans ajouter : prends garde de te couper les doigts. Disons seulement que l'auteur a la meilleure opinion des forces productives de l'Égypte, il est d'avis que ce pauvre pays si tourmenté, et qui est néanmoins un merveilleux pays, payera ses dettes, si on ne l'en empêche pas par des mesures extravagantes.

Dans la discussion qui a suivi, M. Hide Clarke, qui est un homme très compétent en la matière, a pris la parole pour parler dans le même sens. Il pense « que si le gouvernement anglais ne livre pas le pays au Mahdi, l'Egypte est en état de se tirer d'affaire (*to pay its way*); que ses ressources sont non seulement restées intactes, mais encore susceptibles d'augmenter sous une meilleure administration qu'autrefois ou dernièrement. ». M. Hide Clark, comme M. Rabino, trouve que la corvée est encore nécessaire en Egypte, il pense aussi, comme ce dernier, qu'il y aurait utilité pour l'Egypte de faire appel aux capitaux européens, mais où il ne peut pas suivre M. Rabino, c'est lorsqu'il veut chicaner (*tampering*) ces capitaux. Est-ce un moyen de les attirer que de laisser intervenir une réduction d'interêts ? L'orateur fait aussi des objections au mode de réorganisation de la justice. On a demandé des juges au seul pays européen qui n'avait pas d'enseignement d'arabe et de législation musulmane, à la Belgique. Or, les juges qui ignorent la langue du pays (*foreign-speaking judges*) condamnent simplement les paysans quand les usuriers effrontés du pays poursuivent, et de cette façon les terres des indigènes passeront entre les mains d'une population étrangère, détestée....

De plusieurs côtés, on a ensuite contesté les chiffres et discuté l'obligation de la corvée. A l'egard de cette dernière, il a été dit qu'elle est indispensable pour maintenir l'irrigation ; que la corvée existe en Hollande pour se défendre contre la mer. En presence du danger, il faut que tout le monde mette la main à la pâte, c'est une question de salut public. En ces matières, l'abus seul est un mal, et l'abus, on *peut* le prévenir ou l'empêcher.

Le second article est un discours prononcé par sir Richard Temple, à Montreal (Canada), sur *la statistique générale de l'empire britannique*. Il ne s'agit pas ici des iles britanniques seulement, mais de tout le domaine ou flotte le drapeau britannique. Eh bien, la superficie totale de ce vaste domaine est évaluée à 8.650.000 milles carres, soit 22.383.500 kilom. carres, et ce territoire est peuplé de

305 millions d'habitants, le tout en nombres ronds. — Les revenus des fiscs (attention au pluriel) de ces contrées est de 203 millions de livres sterling, dont 50 millions en impôts directs. — Tout compris, soldats, milices et volontaires, on compte 850.000 hommes « exercés militairement ». Le nombre des navires de guerre de toute grandeur est de 246, dont 174 à vapeur. 63 sont plus ou moins cuirassés ; les équipages s'élèvent à 157.000 hommes. — La marine marchande compte 30.000 navires, jaugeant 8 1/2 millions de tonnes avec 270.000 marins. Des 129 millions de tonnes transportées tous les ans, 65 millions naviguent sous pavillon britannique. Quant au commerce, on suppose que le British empire fait le cinquième de toutes les affaires qui se transactent sur la terre. — Les capitaux et les dépôts employés par toutes les banques du monde s'élèvent à 2.508 millions sterling, dont 965 millions (39 0/0) appartiennent à l'empire britannique.

L'auteur continue à donner d'autres chiffres, plus ou moins approximatifs, mais nous sommes obligé de prier les amateurs de les lire dans l'original, l'espace ne permettant pas d'en reproduire ici davantage.

Le troisième article reproduit une très intéressante conférence de M. John Biddulph Martin, faite à Montréal sur « les moyens d'échange », monnaies, billets de banque, chèques, etc., que nous nous bornons à mentionner.

En passant : Je lis dans le *Journal of the statistical Society* que l'on se propose de transformer cette revue trimestrielle en une revue mensuelle. Je le regrette, car la revue perdra de sa valeur, on sera obligé de mettre du remplissage, ce qui nuira positivement à la réputation du *Journal*. Une revue comme celle-là ne devrait donner que des travaux originaux. Si encore on reproduisait quelque document officiel rare ou peu accessible ; mais non, on prend, comme une simple revue littéraire, qui a plus de lectrices que de lecteurs, un petit travail populaire, dans lequel on lit (page 520), que sur 1.000 célibataires hollandais de 20 à 24 ans, il s'en marie 46 ; sur 1.000 veufs du même âge, 213 ; sur 1.000 divorcés, 33. Or, dans une publication statistique qui a des prétentions scientifiques, il faut toujours donner les chiffres absolus à côté des chiffres relatifs. Car enfin il faut éviter les illusions et les erreurs qui sont très graves en statistique. En voyant les chiffres que je viens de reproduire, je me suis dit : Il y a, selon les pays, 1 divorce sur 1.000 à 2.000 mariages, par conséquent, les 33 sur 1.000 divorcés sont une pure abstraction. Je me rappelais avoir vu faire des expériences agricoles sur un carré de jardin de 10 mètres, chaque expérience occupait un mètre carré; et quand l'auteur publiait le résultat de ses expériences, il multipliait les produits par 10.000 et énonçait ses résultats en hectares. Chacun savait pourtant que l'expérience avait été faite en petit; mais le mot hectare fait bon effet sur le tableau. Cet usage a été à la mode. Quoi qu'il en soit, j'ai voulu en avoir le cœur net; et comme il s'agit ici des Pays-Bas, j'ai pris la *Algemeene Statistick van Nederland*, où M. de Baumhauer a résumé, page 69, les mariages de 1850 à 1864 (15 ans). Dans cette période, nous trouvons que :

71.920 jeunes hommes de 21 à 25 ans ont épousé des jeunes filles.
1.981 — — — veuves.
8 — — divorcées.

Aucun veuf de cet âge n'a épousé de divorcée.

Un jeune homme divorcé a épousé une jeune fille (célibataire).

Il s'agissait ici seulement d'une catégorie d'âge; je ne produirai pas les autres catégories, mais donnons pour l'ensemble des quinze ans, l'ensemble des mariages, cela suffira :

Sur 393.595 hommes de tout âge qui se sont mariés dans la période, 374 seulement ont épousé des divorcées, savoir :
241 célibataires ont épousé des divorcées;
133 veufs ont épousé des divorcées;

Ajoutons que :

332 divorcés ont épousé des jeunes filles;
108 divorcés ont épousé des veuves.

Ce n'est pas au travail auquel je fais allusion que j'en veux — quand on fait une conférence, on prend quelques chiffres saillants, — mais au *Journal* de Londres; je regretterais que cette utile revue fût gâtée par le remplissage, ce remplissage fût-il amusant. Ce n'est pas son métier d'amuser.

The Economist. A propos d'une tentative de conversion de la rente anglaise qui n'a pas eu de succès, *the Economist* du 25 octobre recherche quelle est la quantité de rente détenue ou possédée par les banques du Royaume-Uni. En s'appuyant sur quelques indices, il trouve 35 millions de livres sterling pour l'Angleterre, 8 millions pour l'Écosse, 3 millions pour l'Irlande, ensemble 46 millions; c'est un maximum qu'il croit devoir réduire à 40 millions. Il paraîtrait, d'après un autre journal, que la conversion n'a pas réussi parce que le ministre ne s'est pas entendu avec les banquiers, et *the Econo-*

mist pense qu'il est possible que l'amour-propre ait exercé une certaine influence dans cette question, mais je croirais plutôt que l'affaire a manqué parce que le procédé n'était pas assez simple. Beaucoup de rentiers auront eu de la peine à voir que la proposition leur est avantageuse; s'ils avaient reconnu leur avantage, ils auraient adhéré, et les banquiers n'auraient pas pu les en empêcher.

Le numéro suivant (1er novembre) renferme une réponse au précédent article et conteste les évaluations ci-dessus; quant aux rentes détenues par les banquiers, le correspondant est d'avis que le chiffre de 90 millions se rapprocherait davantage de la vérité. Le correspondant ne croit pas non plus à l'influence de l'amour-propre; il lui semble que le refus d'adhésion par les banquiers s'explique par le fait que le gouvernement leur offrait de compenser la réduction du revenu par une augmentation du capital. Or, de cette augmentation, les banquiers, tenus de garder les valeurs, n'auraient tiré aucun profit, tandis qu'ils perdaient bien réellement le revenu.

Un autre banquier écrit que si la conversion a manqué, c'est qu'elle n'était pas faisable. Lorsque la rente 3 0/0 est à 101, il n'est pas raisonnable d'espérer que le détenteur acceptera 2 3/4 au lieu de 3 0/0, puisque rien ne l'y oblige; on n'admet une pareille réduction que contraint et forcé.

La question qu'on traite le plus souvent aujourd'hui, c'est l'agriculture; tantôt on en donne la statistique, tantôt on évalue ses pertes sur les céréales, tantôt encore on discute les effets d'un droit protecteur. La statistique nous montre un résultat inattendu : une petite extension de l'espace consacré au blé dans le Royaume-Uni; 2.750.588 acres (40 ares) ont été cultivés en blé en 1884, contre 2.713.282 en 1883. La culture des autres céréales n'a pas cessé de se restreindre. L'effet est plus visible si l'on compare les années extrêmes d'une période, par exemple 1870 et 1884. En 1870, la culture du blé-froment s'étendait sur 3.773.663 acres, la diminution est donc de 1.023.075 pour quatorze ans. Pour l'ensemble des céréales, les cultures se sont étendues en 1870 sur 11.755.053 acres et en 1884 sur 10.113.264; diminution, 1.641.789. Or, dans la même période, les « paturages permanents » ont augmenté de 3.581.911 acres. On comprendra ces chiffres, en prenant *the Economist* du 4 octobre, où un article « sur la situation du fermier » peint la situation sous les couleurs les plus noires. Autrefois, quand le quarter de blé (près de [illegible] litres) était à 50 shillings, le fermier disait ne pas pouvoir joindre les deux bouts, et voilà que le prix descend à 30 shillings. Or, des calculs montrent qu'il faut dépenser 6 livres sterlings pour cultiver un acre, que l'acre produit 4 quarters à 30 shillings, cela fait 6 livres, de sorte qu'il ne reste rien pour le fermage, ni pour le bénéfice du fermier, pas même les frais généraux. Ajoutons que 4 quarters par acre de 40 ares sont un rendement équivalent à 20 hectolitres par hectare.

Cet article souleva une polémique. Un correspondant dit que le produit d'un acre peut aller jusqu'à 10 quarters (plus de 72 hectolitres par hectare). C'était une évidente exagération; dans le numéro du 18 octobre, deux fermiers réduisent en effet le rendement, l'un à 5 1/2, et l'autre, pour les meilleures années et les meilleures terres, à 7 quarters (environ 51 hectolitres par hectare). Un autre correspondant, dans le numéro du 22 novembre, demande si la culture du froment est rémunérative, et en réponse, M. Bolton King établit le compte suivant :

Dépenses.	£	s.	d.	Recettes.	£	s.	d.
Labours	1	0	0	Cinq quaters à 33 sh. 4	8	6	8
2 hersages	0	8	6	Paille au prix du consommat.	0	17	0
Grains pour semence, semailles	1	4	2				
1 hersage au printemps	0	12	0				
Sarclage et moisson, battage	1	3	4				
Fermage et « payements »	1	2	8				
	5	10	8		9	3	8
Profit	3 livres 13 sh.						

Mentionnons encore un article de l'*Economist* du 6 décembre, intitulé « la hausse et la baisse des fermages ». Il examine, sinon tous les remèdes proposés, du moins trois d'entre eux. L'un est un droit d'entrée sur le blé. Ce droit, selon l'auteur, ne pourrait être rétabli, et si jamais on y réussissait, ce ne pourrait être qu'après une lutte de quelques années; quel service un remède si tardif pourrait-il donc rendre à des fermiers qui sont ou qui se disent sur le bord de l'abîme? Le second est relatif aux taxes locales; l'auteur ne croit pas que les modifications à introduire dans ces taxes soient aussi avantageuses à l'agriculture qu'on le dit; en tout cas, le fermier tient déjà compte de cette charge et ajoute mentalement les taxes locales au fermage. Il en est de même des dîmes; par conséquent, il n'y a pas à s'y arrêter. Reste la réduction du fermage. Beaucoup a été fait dans ce sens, bien des fermages ont été réduits et, dans les cas où le taux nominal n'a pas varié, la réduction a souvent eu lieu pratiquement, les propriétaires ayant remis aux fermiers une partie de ce qui leur était dû. Selon l'auteur, on ne se plaint plus guère de l'exagération des fermages. Du reste, dit-il, si l'on veut avoir une idée exacte des fluctuations des fermages, il n'y a qu'un moyen sûr, c'est de consulter le schedule B de l'income-tax.

Valeur annuelle brute des fermages (en millions de liv. st.) aux années ci-après.

	1842-43	1852-53	1862-63	1872-73	1870-77	1879-80	1882-83
Angleterre........	39.12	38 63	41.99	46.07	48.42	48 35	48.27
Pays de Galles.....	2.41	2.49	2.66	2.87	3.18	3.27	
Écosse............	5.20	5.41	6.71	7.36	7.09	7.77	7.57
Grande-Bretagne..	46 73	46.56	51.36	56.30	59 29	59 39	55.84

The Statist. — Le numéro du 20 septembre contient un très remarquable article, dont le titre consiste en une question : *Qu'est-ce qui pourrait bien causer une amélioration des affaires?* L'auteur fait allusion à un préjugé assez répandu, qui attribue le relèvement des affaires, après une période de langueur, à une circonstance extérieure quelconque qui sert de stimulant. Ainsi, une fois, c'est une forte commande de rails venue d'Amérique qui a donné le branle au mouvement; d'autres fois, c'était autre chose. On attend donc un « boom », c'est-à-dire qu'une perche soit tendue au commerce Or, *the Statist* ne voit de *boom* ou de perche nulle part en dehors de l'Angleterre, mais il découvre en elle-même toutes les conditions d'une reprise. Écoutons-le un peu, nous pourrons peut-être nous appliquer à nous-mêmes ce qu'il dit à ses compatriotes. Nous résumons, bien entendu.

Dans tous les pays, le commerce intérieur est bien plus considérable que le commerce extérieur. Les meilleures statistiques estiment le revenu annuel des habitants du Royaume-Uni à 1.200 millions sterling, ce qui est le double de la valeur des importations et des exportations réunies, et ce considérable revenu est pour la plus grande partie dépensé en achats de produits du sol et des manufactures du pays. On produit principalement pour la consommation nationale, c'est en quelque sorte le superflu qu'on exporte. Or, comme presque tous les pays ont eu de bonnes récoltes, nos affaires ne peuvent qu'en profiter. Ainsi, dit le *Statist*, nous avons, juste en ce moment, non seulement du blé à bon marché, mais encore du sucre et du thé, et bien d'autres objets de première nécessité à bas prix. Jamais, par conséquent, les temps n'étaient meilleurs pour les ouvriers et pour les personnes à revenu fixe. On pourrait objecter que ces avantages ne seraient réels que si les travailleurs étaient complètement occupés. *The Statist* croit que le travail ne manquera pas cet hiver. Le caractère spécial de la présente langueur des affaires est que leur quantité (*the volum of trade*) n'a pas diminué, mais qu'on y gagne moins; ce ne sont pas les affaires, mais les bénéfices qui manquent. Ne serait-il pas étrange que ce phénomène se maintînt en présence du bon marché de tous les objets de consommation? Pour ne citer qu'un détail, si chaque famille, dans le Royaume-Uni, faisait sur son pain une économie de 6 pence par semaine, cela leur permettrait de dépenser chaque semaine environ 1/4 de million sterling (6.250.000 fr.) pour d'autres objets. Peu importe quels sont ces autres objets, les industries ou les commerces qui en profiteront auront, de leur côté, plus d'argent à consacrer à d'autres objets, et l'effet s'en répercutera de proche en proche jusqu'aux points extrêmes du monde des affaires..... et des consommateurs. — Je puis m'arrêter là, sûr que mes lecteurs sauront faire leur profit des vérités exprimées par le *Statist*. Je ne trouve dans les développements ultérieurs de l'auteur que ce fait à relever, que, sous l'influence de la baisse régnante, le commerce de détail a laissé s'épuiser son stock et qu'il va avoir à s'approvisionner de nouveau, ce qui activera le mouvement.

The Banker's Magazine, dirigé par A.-S. Bolles, New-York. — Les rédacteurs de cette revue mensuelle font preuve d'un grand savoir en matière de banque, et il y aurait de nombreux extraits à en faire ; bornons-nous à analyser l'article intitulé : *Education of Bankers* (numéro d'octobre, page 245). Celui qui entreprend une affaire croit avoir le savoir nécessaire pour réussir, mais sous ce rapport il se trompe souvent. On peut avoir eu du succès dans le commerce, sans pour cela être préparé pour la banque. Dans cette profession, les affaires sont pleines de surprises. D'ailleurs, la concurrence est grande, il faut être plus intelligent et plus prudent que le voisin. Puis, « l'or qui vient sur les buissons a déjà été cueilli par les passants, et il faut que le buisson soit cultivé pour en produire de nouveau »..... Il est des gens qui croient que, pour faire d'un jeune homme un banquier, il suffit de le placer dans une banque ; mais l'auteur n'est pas de cet avis ; selon lui, le jeune homme doit d'abord avoir reçu une forte instruction, moins peut-être pour les connaissances positives qu'il acquiert que pour la *mental discipline*, l'exercice de son intelligence, l'habitude de penser, de classer les idées, d'en tirer des conséquences. Nous n'avons pu donner qu'un très court résumé de cet excellent article.

Dans le numéro de novembre, nous en prendrons un autre, mais de celui-là nous n'aurons absolument aucun éloge à faire. Son titre est : *Les grèves, leurs causes, et comment on peut les prévenir*. C'est un extrait du rapport du chef du bureau du travail de New-Jersey, travail présenté avec éloge par le *Magazine*, ce qui prouve que ledit *Magazine* est infiniment moins fort en économie politique qu'en matière de banque. Il semble ignorer qu'on ne peut pas être bon chef d'un bureau du travail sans connaître l'économie politique, et que pour la connaître il faut l'avoir apprise, tout comme la banque. Or, le directeur d'un pareil bureau doit l'apprendre pour pouvoir être impartial, et l'impartialité est, ce me semble, un devoir strict pour lui. Selon ledit chef de bureau, les ouvriers ont généralement raison, les patrons ont toujours tort. « Les ouvriers ont raison, dit-il (p. 309), en croyant qu'ils doivent obtenir une part équitable dans les bénéfices provenant des richesses qui s'accumulent par l'effet des entreprises industrielles, et ils sentent qu'ils n'auront jamais cette part et qu'ils ne pourront jamais améliorer leur sort dans la lutte inégale pour l'existence, si ce n'est par leurs propres efforts. Par conséquent, si, après avoir bien réfléchi sur leur grief, ils concluent qu'un changement doit avoir lieu et, ayant fait connaître leur point de vue au patron, qui refuse de céder, sans explication, ou sans donner une *excuse raisonnable* de son refus, il est déraisonnable de penser qu'ils vont se tenir contents et abandonner leurs réclamations. »

L'auteur du Rapport semble croire que les ouvriers et le patron vont apprécier de la même manière « les excuses raisonnables ». Les ouvriers ne voient que leur intérêt immédiat, étroit, ils n'ajoutent pas foi à ce que dit leur patron, ils ne croient même pas aux écritures, — très honnêtes d'ailleurs, — il y en a des exemples. Mais reprenons le texte de New-Jersey. « Si l'on reconnait qu'un ouvrier a le droit de vendre son travail aux meilleures conditions, on doit concéder qu'il a le droit de connaitre toutes les circonstances qui entrent dans le contrat (*bargain*, marché); étant un collaborateur dans la production, il a certainement le droit d'être informé sur les profits qui résultent de son travail. » C'est-à-dire, dans la ville de A..., deux lampistes demeurent l'un à côté de l'autre, l'un s'appelle Edison, l'autre Pierre. Paul est ouvrier ferblantier; doit-il travailler au même prix chez l'un que chez l'autre? Non, dit le chef du bureau de New-Jersey; Edison va inventer une lampe électrique, et si elle rapporte des millions, Paul doit en avoir sa part. Je crains bien que tout le monde ne soit pas de cet avis. — Comme je dispose de peu d'espace, je suis obligé de résumer et de passer bien des choses; beaucoup de personnes raisonnent : 1° comme si tout le travail était matériel; 2° comme si le travail intellectuel n'était pas beaucoup plus productif que le travail matériel. C'est un travail intellectuel que d'imaginer une combinaison, d'inventer une machine, de prévoir un besoin; le simple fait de *vendre* est un travail intellectuel. Vous avez fait 100 paires de souliers, et vous croyez avoir travaillé. Attendons : si vous les vendez, vous avez travaillé; si vous ne les vendez pas, vous avez fait de la gymnastique, vous avez exercé vos bras, un peu chèrement même, puisque vous avez détruit pour x francs de cuirs et autres matières.

Prenons, dans le Rapport même de New-Jersey, un exemple frappant. Les commissionnaires du port qui chargent et déchargent les navires ont fait grève, pour obtenir 20 cents au lieu de 17 par heure. Ils en avaient le droit; mais était-ce parce que les négociants vont gagner des millions sur les marchandises embarquées? Nullement. D'abord, nous ne savons pas encore si les négociants gagneront ou perdront; mais s'ils gagnent, c'est grâce à leur intelligence (quelquefois grâce aux chances); mais les embarqueurs n'y sont pour rien, ils n'ont que le droit de dire : nous trouvons que l'heure de notre travail vaut 20 cents et non 17, car ils ont parfaitement le droit d'améliorer leur position, s'ils peuvent. Ils sont payés d'après les services qu'ils rendent, et non d'après le degré d'intelligence que peut posséder la personne pour laquelle ils travaillent [1].

Vierteljahrschrift, etc. Revue trimestrielle d'économie politique, par le Dr Ed. Wiss (Berlin, Herbig, tome 84, 1. Le premier article est de M. Félix Boas et traite des rapports entre la richesse publique et la richesse individuelle. Il faut prendre ici le mot richesse dans le sens économique, puisque nous n'avons pas d'autre mot pour traduire *wealth* ou *Wohlstand*; richesse est ici synonyme d'aisance, de bien-être. La richesse publique n'est pas celle de l'Etat comme individualité — dans le sens de domaine de l'État où ce dernier possède à titre particulier — mais comme collectivité nationale. Ainsi, l'auteur demandera si, dans un cas donné, par exemple dans le cas où tel membre de la communauté gagne 100.000 francs à la loterie et s'enrichit d'autant, la nation elle-même possède 100.000 fr. de plus? Et il répondra *non*, si ces 100.000 fr. ont été perdus par un autre membre de la même communauté, et *oui* si le gain a eu lieu sur les biens d'une autre nation. Il distingue donc soigneusement entre l'augmentation et le *déplacement* de la richesse. L'auteur passe en revue tous les cas qui peuvent se présenter; il étudie les impôts, le commerce, etc., et c'est précisément la multiplicité des cas qu'il cite, qui m'empêche de faire des extraits de son travail, je ne sais pas me tirer de l'embarras du choix. L'auteur a souvent raison, mais quelquefois aussi il a tort. En tout cas son travail est une étude consciencieuse, mais il est parfois difficile à lire : ainsi, du milieu de la page 31 à la fin de la page 36, nous ne voyons qu'un seul alinéa : un alinéa de 5 pages 1/2 fait perdre haleine au lecteur.

Un auteur anonyme présente ensuite de très intéressantes obser-

---

[1] On peut imaginer des machines pour charger et décharger les navires, mais non pour combiner des entreprises commerciales.

vations sur le développement des colonies à culture. Il examine la grande et la petite culture dans les colonies, et surtout les différents produits à cultiver. C'est un article instructif.

Dans le 2ᵉ fascicule du même volume nous trouvons un intéressant article de M. Th. de Huber-Liebenau, intitulé : *La lutte actuelle de la grande et de la petite industrie en Allemagne*. Je ferai remarquer en passant que la lutte ne prend pas une forme particulière en Allemagne ; c'est là-bas, comme partout, la puissante machine qui se dresse en face du travail à bras d'homme, lutte qui, presque toujours, finit par la victoire de la machine à vapeur. L'auteur commence par une interminable introduction, page 129 à 163 ; ces 34 pages pourraient être utilement réduites à 5 ou 6 ; mais à partir de la page 163, il y a beaucoup d'excellentes choses. Il montre que la petite industrie a un domaine qui lui est propre, c'est celui de l'industrie artistique, l'industrie de goût, du luxe élevé, où la beauté l'emporte sur la richesse. En dehors de ce domaine réservé, c'est-à-dire dans la production courante, dans celle des choses purement utiles, la petite industrie peut se faire une place importante à côté de la grande, en améliorant ses procédés, en appelant les sciences à son aide. Chaque industrie pourrait se grouper, entretenir un conseil (*ou conseiller*) technique, un savant, un homme expert faisant des expériences, recherchant les améliorations, etc. Il y a là beaucoup de bonnes idées. Ajoutons qu'il restera toujours à la petite industrie un domaine qui n'est pas à dédaigner, et que faute de mieux j'appellerai celui de l'application. Par exemple, j'ai besoin de faire mettre une serrure à ma porte. Ce n'est pas la fabrique de serrures qui s'en chargera, mais le serrurier d'à côté, qui se fournit de serrures à la fabrique ; il me la posera et fera les réparations. On pourrait donner encore beaucoup d'autres exemples ; j'aime mieux rappeler un fait qu'oublient les avocats de la petite industrie : c'est que les machines qui ont fait disparaître un certain nombre de petites industries qui faisaient végéter nos pères, en ont créé de nouvelles qui occupent utilement et souvent lucrativement les bras devenus vacants. Où aurait-on pris les centaines de mille d'employés et ouvriers des chemins de fer, des télégraphes, sans compter les ouvriers des fabriques de machines et de produits chimiques, si le domaine de la petite industrie ne s'était rétréci ?

Le deuxième article du fascicule traite avec verve de l'amélioration de la navigation du Weser, mais l'article de M. C.-E. Ulrichs sur l'élève du gibier, de la volaille et des poissons dans l'antiquité a un intérêt plus général. Varron, Columelle, Martial, Pline en traitent, je puis donc me borner à renvoyer à ces auteurs. M. Ulrichs termine son charmant article par ce conseil : Voyez un peu si l'on ne pourrait pas imiter dans une certaine mesure l'exemple des Romains. — Je n'ai pas besoin d'ajouter qu'il ne s'agit pas de parcs de gibier entretenus à grands frais par les princes pour les plaisirs de la chasse, mais d'entreprises tout à fait industrielles et lucratives. Quoi qu'on en ait dit, l'industrie existait du temps des Romains.

L'article de M. N.-M. Witt, sur « les dettes des biens de paysan » est d'un grand intérêt et j'y trouve avec satisfaction la confirmation de vues que j'ai émises dans un article qui a été inséré dans la *Revue des Deux-Mondes* du 1er octobre dernier. M. Witt cite des statistiques nouvelles qui n'avaient pas encore paru alors, et desquelles il résulte que ce n'est pas tant la moyenne propriété (terres de paysan) qui est obérée, que la grande. Seulement la grande propriété sait qu'elle n'inspire pas un intérêt très vif, et pour se renforcer, elle fait de l'agitation parmi les paysans. Tout cela pour avoir des droits de douane sur le bois et sur la laine. — En passant, je me permets d'apprendre à S. Exc. M. le ministre de l'agriculture de Prusse[1], que ceux qui lui ont dit que « Laisser faire et laisser passer » voulait dire pour les économistes : *alles gehen lassen wie es Gott gefällt* (de laisser aller les choses, comme il plaît au bon Dieu), l'ont mal renseigné. Non, les économistes ne sont pas assez matérialistes pour laisser faire la nature, ils sont assez spiritualistes pour recommander à chacun de la diriger à l'aide de son intelligence.

Jahrbücher, etc. *Annales de l'économie politique et de statistique* dirigées par M. J. Conrad (Iéna, Gustave Fischer), octobre 1884. Signalons un tres remarquable article de M. H. Dietzel sur *la méthodique de la science économique*. L'auteur défend vigoureusement la théorie économique, ses raisonnements sont serrés et appuyés par une forte érudition, une science de bon aloi. Il lutte surtout contre l'école historique, dont la plupart des partisans appartiennent à cette tendance qu'on appelle le socialisme de la chaire. Nous, les « économistes classiques », recevons notre part de reproches, mais complètement mérité : on nous reproche de n'avoir pas voulu séparer l'économique pure de l'économique appliquée. Pour ma part, j'ai toujours réclamé cette séparation, mais on ne m'a pas écouté. Si nous avions fait cette séparation, nous aurions rendu un énorme service à la science et très probablement notre influence pratique eût été beaucoup plus grande. L'article de M. Dietzel étant

[1] C'est lui qui, dans un discours, communique les chiffres dont nous donnons les résultats d'après M. Witt.

très étendu, je ne puis que relever quelques propositions, sans pouvoir en montrer toute la portée.

Un reproche que nos adversaires nous adressent souvent, c'est de nous appuyer sur la *libre concurrence*, expression qu'il faut prendre dans un sens assez large, pour pouvoir y faire entrer la liberté des contrats; en d'autres termes, nous demandons la liberté des mouvements en matière économique. Or, selon nos adversaires, nous fondons notre science sur une abstraction, car, en fait, la concurrence n'est nulle part tout à fait libre. Soit, répond M. Dietzel, j'admets qu'il y ait abstraction, mais concevez-vous une science économique sans ce postulat? Pouvez-vous étudier les résultats des actes économiques, si ces actes ne peuvent pas avoir lieu? Si la liberté n'est que partielle, vous constatez les effets des actes restés libres, et vous en tirez les inductions qu'ils comportent. « Nous ne nous bornons pas à attribuer aux ouvriers, aux propriétaires et aux capitalistes un droit *naturel* à concourir librement, à se disputer un résultat, mais nous supposons qu'ils exercent effectivement cette concurrence; car ce n'est que lorsque cette supposition se réalise qu'il se produit des phénomènes d'économie sociale qui ont besoin d'être analysés » (p. 222). L'auteur, soit dit en passant, emploie « économie sociale » comme à peu près synonyme d'économique pure et « économie politique » comme l'équivalent d'économique appliquée [1]. C'est que la société embrasse l'humanité entière, tandis que la politique ne s'occupe que d'une nation déterminée.

Ainsi, pour être en état d'étudier le mouvement des bras, il faut que les bras soient dégagés de tout lien, et si vous liez *un* bras, vous pouvez toujours consacrer votre attention au bras resté libre. Lorsque le travail se fait par des esclaves, les lois sur les salaires ne vous apparaissent pas en action, mais vous voyez fonctionner les autres lois; l'abondance produit toujours le bon marché, la rareté a pour conséquence la cherté. — L'auteur rattache à ces propositions beaucoup de raisonnements que je regrette de ne pouvoir reproduire. M. Dietzel revient aussi avec force sur une proposition déjà émise dans un travail précédent. Ce n'est pas l'égoïsme qui est le mobile économique, mais *le principe du meilleur moyen*, ou du moindre effort. C'est le principe économique par excellence, le principe fondamental, et ce

---

[1] Nous mettons économie politique, pour *Volkswirthschaft*, comme le meilleur équivalent. On aurait pu mettre économie nationale (mais non économie populaire).

principe est la raison même. La raison veut qu'on se procure un objet par le moyen rationnel.

Le numéro de novembre renferme une suite du travail de M. le baron de Reitzenstein, intitulé : *Les impôts de consommation des communes*. Il s'agit ici de l'octroi en France et de l'octroi en Belgique, et dans son exposé si clair et si complet l'auteur fait preuve d'une connaissance approfondie de la matière. L'auteur puise ses renseignements aux sources et apprécie les faits tout à fait objectivement. M. de Reitzenstein ne fera connaître son opinion motivée que dans un article prochain, mais dès maintenant je crois pouvoir le considérer comme favorable aux octrois ; comme moi, il les considère comme un mal nécessaire, ou si l'on veut, comme le moindre mal, car ce qu'on propose pour le remplacer est pire. L'expédient imaginé en Belgique ne trouve pas plus grâce à ses yeux qu'aux miens, j'ai plus d'une fois critiqué le procédé qui remplace l'octroi de quelques villes par des impôts indirects généraux, procédé qui n'a d'ailleurs pas eu de bons résultats pour les finances des grandes villes. — En matière d'octroi il faut encore plus que dans la politique éviter les phrases toutes faites et les mots sonores. En politique, par exemple, on dit que chaque citoyen prend part au gouvernement du pays en élisant un député. Or, voici un collège électoral qui a 10.000 votants ; 6.000 d'entre eux donnent la voix à Pierre, 4.000 à d'autres candidats, Pierre est élu. Dites que cela ne peut pas se faire autrement, je le veux bien, mais ne soutenez pas que ces 4.000 ont part au gouvernement du pays, Pierre étant fermement décidé à faire tout le contraire de ce que lesdits 4.000 désirent. Est-il d'ailleurs d'accord avec les 6.000 ? — En matière électorale les phrases ne font *peut-être* aucun mal, mais en matière financière la chose peut devenir grave : il arriverait souvent qu'au nom d'une prétendue justice on fasse voter les impôts par ceux qui effectivement ne les payent point et cela au préjudice voulu de ceux qui les payent. Les passions politiques et sociales font de singuliers raisonnements.

Signalons un article de M. J.-H. Kremp, sur les rendements et les prix des céréales en Prusse, Bavière, Wurtemberg et Bade, où l'on trouve le mouvement d'une série d'années. On rencontre encore ici des tableaux où la récolte est notée dans son rapport avec une récolte moyenne : la récolte moyenne est posée à l'égal de 1, les bonnes récoltes dépassent 1, les mauvaises restent au-dessous. De 1870 à 1882, la récolte de froment a été ainsi qu'il suit en Prusse : 0.75 — 0.85 — 0.92 — 0.91 — 1.04 — 0.84 — 0.78 — 0.84 — 0.98 — 0.81 — 0.72 — 0.86. On voit que la moyenne est ici un chiffre bien vague, bien flottant. Je préfère de beaucoup une notation comme celle qui a commencé en 1878 et qui donne le rendement par hectare. Depuis 1878, il a été pour le froment (en kg. par h. [1]) de 1521 — 1332 — 1232 — 1039 — 1339.

Zeitschrift, etc. Revue trimestrielle de Tubingue (librairie Laupp), dirigée par MM. Fricker, Schäffle et Wagner, 40e année, III et IV. Le premier article de ce double numéro est de M. Kaiser, qui propose une nouvelle formule pour le calcul des tables de mortalité ou de survie. Le deuxième article est de M. Lothar Dargun, et porte un titre qui serait inintelligible si on ne l'expliquait pas : *Le capital-travail et le gain-normal*. Expliquons-le donc, et pour plus de clarté commençons par indiquer où l'auteur en veut venir : il veut prouver que l'ouvrier a le droit de participer aux bénéfices de l'entrepreneur, et il prétend même indiquer la part qui lui revient. Voici comment il s'y prend. Il cherche d'abord à établir que le capital ne se compose pas seulement de biens ou d'objets matériels, mais aussi de qualités, c'est-à-dire de biens immatériels, tel que le savoir, l'adresse, etc. ; — à cette occasion, M. Dargun cite de nombreux auteurs et fait preuve de beaucoup d'érudition. — Il conclut donc en faveur du capital immatériel. Dans ce cas, la capacité de travail, c'est-à-dire les qualités et forces nécessaires pour travailler, sont également du capital, et ce capital appartient à l'ouvrier. Le voilà donc capitaliste : il possède le *capital-travail*, et l'entreprise marchera en vertu de l'association de ce capital avec le capital-matériel ou le capital-argent de l'entrepreneur. On voit la conséquence que l'auteur prétend en tirer : les deux sortes de capitaux ont un égal droit au produit, et doivent partager les bénéfices en proportion de la mise. Il se présente ici une difficulté : la valeur du capital-matériel, on la connait, mais que vaut l'ouvrier considéré comme capital ? Le calcul n'est pas aisé, et l'auteur prévoit qu'on aura de la peine à tomber d'accord. Le mieux serait, selon lui, de charger une autorité supérieure de la fixation de la valeur, en capital, d'un ouvrier. L'article fourmille de naïvetés ; l'auteur ne semble pas se rendre compte de ce que c'est qu'une entreprise et de l'infinie variété des affaires et de leurs combinaisons, de l'intelligence qu'il faut pour réussir, des risques que l'on court, et de bien autre chose encore.

M. de Myrbach fournit ensuite un très intéressant article intitulé : *L'impôt sur les maisons en Autriche et sa réforme*. L'historique remonte assez haut et renferme beaucoup de faits curieux. Un détail seulement : on nous raconte, par exemple, comment dans les villes

---

[1] En kilogrammes par hectare.

l'impôt personnel est devenu un impôt réel, attaché aux maisons. Dès le XIVe siècle, certaines villes étaient florissantes et attiraient des nobles et des prêtres, qui s'établirent et prétendirent ne pas payer d'impôts. Ils achetaient souvent des maisons et prenaient ainsi la place d'un contribuable, dont les contributions devaient être réparties ensuite entre les autres habitants. C'est alors qu'on introduisit l'usage de taxer la maison indépendamment de celui qui l'habitait; l'impôt devint ainsi une redevance envers la ville qui passait au nouvel acquéreur, quelle que fût sa qualité.

M. Dietzel, que nous avons déjà rencontré dans une autre revue, fournit à celle-ci plusieurs articles sur le métayage en Italie ; il en expose avec beaucoup d'érudition les origines et en présente ensuite les effets économiques. L'auteur a fait ses études sur ce sujet en Italie même. — Nous nous bornons à mentionner le travail de M. Emile Rümelin sur « la division des fonctions dans l'État et sur l'État fédéral »; un mémoire de M. G. H. Pertz sur « l'organisation politique du comté de Hoya » ; une étude sur « la politique des *Lettres persanes* », mais où Montesquieu est un peu trop maltraité; l'auteur a passé la mesure. N'oublions pas non plus le « projet de loi autrichien sur l'assurance contre les accidents », que M. le professeur Kaizl analyse et discute.

Le premier fascicule de la 41e année donne en tête un premier article de M. Schäffle sur *la concurrence américaine*. Ce premier article est une simple introduction statistique, nous aurons l'opinion de l'auteur dans un autre numéro. Je crois cependant entrevoir que, selon l'auteur, on exagère le danger, ce qui est vrai. Puis nous trouvons le deuxième article de M. Dietzel sur *le métayage* en Italie, et le deuxième de M. de Myrbach sur *l'impôt sur les maisons* en Autriche. Faisons remarquer, en passant, qu'en Autriche les interprétations du fisc sont tout aussi... fiscales qu'en France. A Vienne, il s'est refusé à faire des défalcations pour les appartements non loués, sous prétexte que la loi ne les avait pas expressément prescrites. L'auteur montre que le fisc se trompe, puisque l'impôt est assis sur le « produit net », donc sur le produit. Il s'ensuit que : pas de produit, pas d'impôt; cela est de la dernière évidence. Heureusement qu'il y a des juges à Vienne.

M. F. C. Huber présente un travail sur les *adjudications* que j'ai lu avec un intérêt croissant. Les premières pages font penser que l'auteur s'inspire d'une certaine aversion contre la concurrence, mais en poursuivant la lecture, on revient de ce commencement de prévention et l'on trouve que l'auteur a étudié la question à fond, et qu'il tient autant que possible la balance entre le bien et le mal.

En pareil cas, j'attends toujours les conclusions avec une double impatience; d'abord pour fixer mes idées sur les opinions de l'auteur, car les conclusions sont toujours forcément condensées en de courtes propositions, dont il est plus aisé de saisir le sens et la portée, et ensuite parce que l'espace ne me permet guère de donner autre chose que des conclusions. Arrivé à la fin de l'article, je trouve « La suite au prochain numéro ». — On sait d'ailleurs que la question des adjudications est tout à fait à l'ordre du jour; après avoir été le remède à des abus administratifs, elles ont produit des abus, sur lesquels se sont greffées toutes sortes de prétentions, qui ne seraient pas moins abusives si l'on s'y soumettait, de sorte que j'attends avec curiosité la solution de M. Huber.

Mentionnons un article de M. L. Franckel sur les droits de succession relatifs aux biens ruraux en Autriche, question brûlante dont j'ai traité ailleurs. On tente de nouveau de réglementer les successions, bien que des lois antérieures analogues soient restées lettre morte : les uns continuent à diviser la terre, les autres donnent la ferme à un héritier privilégié, selon les usages locaux, et sans consulter la loi.

Annalen, etc. Les annales de l'empire allemand, par G. Hirth et Max Seydel (Munich, Georges Hirth), nos 8 et 9. M. Zorn donne une étude sur la question de *l'État fédéral*. Le travail a son mérite, mais il me semble que le problème de *l'État fédéral* et de la *fédération d'États* a fait verser plus d'encre que la question *théorique* ne le mérite. Pour moi, elle est purement pratique, elle dépend des conventions, et c'est aux intéressés ensuite à les interpréter, à les élargir ou à les restreindre, selon leur meilleur jugement, selon leurs intérêts, leurs passions, ou leur bon plaisir. S'ils ne tombent pas d'accord dans leur interprétation, il y aura une guerre de sécession, quoi qu'en aient pu dire les professeurs et même les facultés.

Le second article est un très intéressant Rapport présenté par M. H. Schulze à la première Chambre badoise, sur le droit de succession des biens ruraux. Le rapport est intéressant, parce qu'il renferme le résultat des recherches historiques de l'auteur, qui est un adversaire du « trop grand morcellement ». Tous les hommes sont les adversaires des choses qualifiées de « trop », nous haïssons ce qui est trop grand et méprisons ce qui est trop petit, nous jalousons ce qui est trop beau et nous détournons la tête de ce qui est trop laid; il y a cependant un « trop » qu'on pratique volontiers, c'est celui que les Anglais appellent « one-sided » et les Allemands « einseitig », et dont la traduction *n'est pas* « unilatéral ». *Einseitig* est celui qui regarde trop la médaille ou trop le revers, et jamais les deux à la fois. C'est ce qu'on fait dans la présente question. Or, l'indivisibilité des fermes a ses inconvénients et le morcellement en a d'autres, et, pour ma part, j'aimerais bien qu'on comparât les deux sortes de maux et qu'on fît un effort sérieux pour indiquer clairement quel est le *moindre* mal. —Signalons encore, dans le même double numéro, un Rapport sur l'émigration.

Le n° 10 est tout entier consacré à la reproduction d'un mémoire couronné sur cette question : « Exposé historique et dogmatique de la nature juridique du service de l'État (des fonctions) d'après le droit allemand. » C'est la faculté de droit de Munich qui a ouvert le concours et c'est M. Hermann Rehm qui a eu le prix.

La Nation, dirigée par M. Th. Barth, député au Reichstag (Berlin, librairie Meidinger), publie une série d'articles sur « la position des partis politiques relativement à la réforme sociale et à la question ouvrière ». Ce travail est de M. le député Schrader, ancien directeur de chemin de fer. Il montre d'abord que le gouvernement est entré en plein dans le socialisme; le ministre, M. Scholz, a même parlé des atomes sociaux et du protoplasme social (*Urbrei*), pâte à laquelle Son Excellence veut mettre la main, afin de rendre le peuple heureux. Les mots se trouvent dans un discours cité par l'auteur. Le protoplasme est sans doute une allusion aux corporations d'arts et métiers; c'est que le gouvernement veut tout organiser, pour être le soleil autour duquel les nouveaux organismes tourneront en fidèles satellites, n'empruntant leur lumière et leur vie qu'à lui. Il me semble que le protoplasme fait tache ici.

Le socialisme des conservateurs tend naturellement à faire tourner l'organisation sociale au profit de l'aristocratie et de la grande propriété. Le centre, de son côté, travaille surtout pour l'Église. Ces groupes ont en face d'eux les démocrates-socialistes, qui voudraient détruire tout groupement social et qui ne reconnaissent que des individus égaux, — tous ouvriers, — dirigés par l'État honnête et infaillible.

Les nationaux-libéraux, qui représentent la classe moyenne éclairée, ne peuvent pas sympathiser avec les prétendues réformes sociales qui sont au fond de véritables révolutions, mais la fermeté n'est pas la vertu prédominante de ce parti ; aussi, à l'approche des élections, a-t-il fait quelques petites concessions. Le parti libéral-allemand (progressistes), auquel appartient M. Schrader lui-même, ne fait aucune concession aux tendances contraires à la liberté ; il ne pactise donc ni avec les conservateurs, ni avec les cléricaux, ni avec les socialistes, ce qui ne l'empêche pas, bien entendu, d'aimer le progrès et de travailler à sa réalisation.

Dans le numéro du 1er novembre, la *Nation* développe une pensée d'une profonde vérité, mais très méconnue par bien des gens; elle démontre que la lutte est ouverte entre la bourgeoisie et le socialisme ; la bourgeoisie vaincra ou sera vaincue, mais ce n'est pas en rendant ses armes l'une après l'autre qu'elle emportera la victoire.

La *Social-Correspondenz* de M. Victor Bœhmert continue à prêcher la morale, et la bonne. Glanons un peu dans cette masse de petits articles et de courtes notes. En voici une où le rédacteur se plaint de ce que le clergé se mêle aux luttes sociales et parle si souvent en faveur des utopies. S'il recommandait la bienfaisance aux riches, l'amour du travail et la tempérance aux pauvres, il serait mieux dans son rôle. Ailleurs, il raconte que le projet qui veut imposer la journée de huit heures n'a pas passé au Congrès de Washington, le Congrès étant d'avis : 1° qu'il n'a pas le droit de limiter la journée : 2° qu'il n'aurait pas le pouvoir d'assurer l'exécution de la loi. La feuille combat l'ivrognerie par de nombreux articles, demandant qu'on mette les ivrognes en tutelle, qu'on multiplie les maisons où il ne se vend que du café et des aliments agréables et peu chers, etc. En ce qui concerne les caisses d'épargne, la feuille préconise les caisses d'épargne de l'État, et à certains points de vue avec raison, mais en somme, je crois, à tort : 1° parce que l'argent qui est entre les mains de l'État est une dette flottante, et pas trop ne faut de cette sorte de dette ; 2° les caisses privées, bien conduites, mettent le crédit plus à portée de ceux qui en ont besoin ; c'est un des meilleurs moyens d'établir le crédit personnel, agricole ou autre.

L'année 1884 de la *Zeitschrift* ou Revue du bureau de statistique de Prusse, dirigée par M. Blenk, nous fournirait beaucoup de renseignements si l'espace permettait de les reproduire ; donnons seulement les suivants :

On parle beaucoup du divorce maintenant, et surtout des chances qu'ont des femmes divorcées de se remarier ; voici des chiffres : sur les 220.748 mariages qui ont eu lieu en Prusse en 1883, 201.458 hommes ont épousé des jeunes filles, 17.921 des veuves, 1.369 des divorcées. De ces 1.369 derniers, 840 étaient célibataires, 203 veufs, 126 divorcés eux-mêmes. On ne donne pas le nombre des divorces dans l'année.

Nombre des caisses d'épargne en Prusse (1883) : 1.234 avec 956 succursales. Montant des dépôts au 1er janvier : 1.695 millions de marks. A ajouter : intérêts, 49 millions ; versements dans l'année, 471 millions ; à défalquer pour remboursements, 398 millions. Reste à la fin de l'année : 1.817 millions. Nombre des livrets en décembre : 3.363.515.

On trouvera encore dans la *Zeitschrift* des renseignements sur la naturalisation, les assurances, les machines à vapeur, les finances communales, la météorologie, les logements et sur beaucoup d'autres matières. Dans la plupart des cas, ces statistiques ne se prêtent pas à de courts extraits.

De la *Statistische Monatschrift* ou Revue mensuelle de statistique autrichienne (Vienne, A. Hölder), dirigée par M. d'Inama-Sternegg, nous avons sous les yeux les numéros d'août-septembre à novembre. Nous y trouvons deux grands articles sur l'Eglise grecque, un article sur les dépenses communales et plusieurs articles sur le mouvement de la propriété rurale. Ce dernier touche à une question tout à fait à l'ordre du jour en Autriche, mais la manière de procéder dans le grand empire du Danube pour remédier aux maux dont on se plaint ne parait pas devoir obtenir de résultat. On se plaint du morcellement et l'on propose une loi tendant à l'arrêter. Or, on avait déjà fait antérieurement des lois pour régler le droit de succession rurale, mais les paysans n'en ont tenu aucun compte, ils ont continué les errements traditionnels, et si « l'induction » n'est pas un mot vide de sens, on doit croire que la nouvelle loi ne sera pas plus efficace que la précédente.

A propos d'induction, le professeur chargé d'enseigner la statistique à Vienne est hostile aux déductions (p. 442), il ne veut entendre parler que d'inductions. Il en risque une, p. 505. Après avoir donné des renseignements sur les propriétés possédées en mainmorte, il les oppose, quant aux cultures, aux propriétés qui sont restées dans le commerce, appelons-les : propriétés libres ; il présente l'induction que voici : « Si nous voyons prévaloir la culture intensive dans les propriétés libres, nous en concluons que la non-liberté, c'est-à-dire la qualité de mainmorte, est l'une des causes principales de la faible intensivité des cultures. » M. le professeur se trompe complètement. Si une commune possédait une prairie donnant trois coupes, elle ne se bornerait pas à en tirer une seule, et si elle possédait une vigne, elle ne vendrait pas les ceps comme bois à brûler. Ce sont des bois et des pâturages secs que possèdent généralement les communes, voilà ce qui fait paraître leurs cultures si peu intensives. — Mais que vois-je ?

M. le professeur avait continué ainsi la phrase que j'ai prematurément interrompue : « Sans doute, il faut considérer aussi que généralement ce sont précisément des terres impropres à la culture intensive que les mainmortables possèdent. » Que me parle-t-on d'induction comme d'un moyen de découvrir la vérité, quand du même fait on peut tirer deux inductions opposées ? J'ai déjà dit ailleurs que l'intelligence procède alternativement par induction et par déduction, — comme il faut deux jambes pour marcher, — mais l'une est plus sûre que l'autre ; la déduction se trompe peut-être moins souvent que l'induction ; mais on vante l'induction par esprit de parti. Méfiez-vous des inductions quand les partis et les passions s'en mêlent [1].

Signalons l'intéressant travail de M. d'Inama-Sternegg sur la grande propriété en Autriche ; la question a, dans ce pays, à la fois un intérêt politique et un intérêt économique. Dans le même numéro de novembre se trouve un petit article sur le nombre des enfants qui, dans les écoles communales de Vienne, ont subi l'examen de passage d'une classe à une autre, ou ont obtenu le certificat d'études. Il résulterait des chiffres que le nombre des fruits secs est de près d'un cinquième, mais il faudrait savoir comment les examens sont organisés. Les fruits secs sont plus nombreux dans les faubourgs, ce qui indiquerait que les travaux ou exercices domestiques des enfants y sont moins surveillés.

Agrarische Zustände in Frankreich und England, par M. le baron de Reitzenstein et M. Erwin Nasse (Leipzig, Duncker et Humblot, 1884). La Société de politique sociale, présidée par M. le professeur Nasse, après avoir terminé la belle et très instructive enquête qu'elle a faite sur l'agriculture allemande, a tenu à résumer les enquêtes entreprises dans les pays voisins. M. de Reitzenstein s'est chargé de la France, M. Nasse de l'Angleterre, et leurs deux Mémoires assez développés ont été réunis en un volume [2]. M. de Reitzenstein a très bien analysé les documents français, qu'il connaît tous; mais nous les connaissons également, il n'y a donc rien à lui emprunter. Le même éloge est dû à M. Nasse, seulement M. de Reitzenstein a travaillé sur des documents dont il proclame lui-même la clarté, tandis que M. Nasse avait à débrouiller un chaos.... sans table des matières. Il

---

[1] Pourquoi les faits ne subiraient-ils pas des interprétations contraires aussi bien qu'un texte de la Bible, d'un Code ou d'une Chronique ?

[2] Le travail de M. le baron de Reitzenstein a paru séparément, sous le titre de *Die Landwirthschaft und ihre Lage in Frankreich*. (Leipzig, Duncker et Humblot.)

a eu à faire de l'ordre avec du désordre, pour me servir de l'expression si connue de Caussidière.

Disons donc quelques mots de l'agriculture anglaise. M. Nasse donne une idée de la distribution des propriétés et constate, avec les documents officiels, la prédominance de la grande propriété, sans trouver bien entendu que cette situation soit un bien. Il montre en même temps que la moyenne et la petite propriété n'ont pas précisément disparu. Disparu est le mot, car elles ont existé ; des documents prouvent même qu'elles sont allées en dimunuant, et ce qui est curieux, il faudrait ajouter : par la force des choses. Les grands propriétaires ont souvent acheté les petites fermes qui les entouraient ; il est aussi des cas ou un commerçant enrichi s'est constitué un domaine en achetant plusieurs fermes pour les réunir en un seul domaine ; mais le plus souvent, les petits propriétaires sont allés chez leur grand voisin et lui ont offert spontanément leur immeuble. Un déposant raconte même qu'un petit propriétaire est venu le trouver et lui a dit : Achetez-moi mon bien, sinon je vous ferai tant de misères que vous vous empresserez de vous débarrasser de moi (p. 203, en note). Et pourquoi veulent-ils se défaire de leur propriété ? Parce qu'ils sont obérés ; parce qu'ils ne tirent pas de leur petite culture autant que leurs voisins de leur grande ; parce que les petites propriétés ne vont pas toutes à l'aîné, mais se morcellent ; enfin et surtout, parce que la terre est chère, et qu'en la vendant ils font une bonne affaire. On sait déjà qu'actuellement les terres arables cèdent en beaucoup d'endroits la place aux pâturages, tant à cause de l'humidité du climat, qu'à cause de la concurrence américaine. M. Nasse donne des détails intéressants sur ce point, ainsi que sur l'extension des cultures horticoles, sur les rapports entre propriétaires et fermiers, sur les droits de succession et la rente de la terre.

Signalons une intéressante publication de M. Emm. Sax sur *Die Hausindustrie in Thüringen* (l'Industrie domestique en Thuringe). C'est une deuxième livraison qui, comme la première, a paru à Iéna, chez G. Fischer. L'auteur raconte l'histoire de Rubla, où la coutellerie a été remplacée par la fabrication de pipes de toutes sortes, et plus particulièrement en écume de mer. Nous regrettons bien que l'espace ne nous permette pas de résumer cette curieuse histoire.

Uebersichten de Weltwirthschaft (Tableaux de l'économie universelle), par M. F.-X. de Neumann-Spallart (Stuttgard, Julius Maier. 1884). « L'économie universelle » embrasse l'agriculture, l'industrie, le commerce du monde entier. C'est de la statistique raisonnée que l'auteur nous donne pour les années 1881, 1882, 1883, statistique bien classée, bien élaborée et, pour ainsi dire, toute prête à être consommée. Et l'on ne s'en prive pas. Ce recueil, qui parait depuis plusieurs années, est en effet très consulté et souvent cité. Le commerce des denrées alimentaires de toutes espèces, celui des houilles, des métaux, des tissus, le mouvement des métaux précieux et des voies de communication, des postes, télégraphes, chemins de fer, navigation, tout s'y trouve. L'auteur, qui est un économiste distingué, — il professe l'économie politique à l'Université de Vienne, — a même essayé des généralisations ou des synthèses qui ne sont que des hors-d'œuvre, mais qui intéresseront vivement le lecteur.

La *Nuova Antologia* du 15 octobre renferme un article de M. V. Ellena sur *la question monétaire et la conférence de Paris*, où il se prononce pour la continuation de l'Union latine, mais *per breve tempo et con opportuni miglioramenti*. A une époque qui a vu tant de changements, on n'aime pas à s'engager pour longtemps; mais quelles sont les « améliorations opportunes »? Serait-ce la disposition que lors de la cessation de l'Union chaque État sera tenu de reprendre ses monnaies d'argent circulant chez ses associés en les payant à leur valeur légale? Pour ma part, je ne demande pas d'autre condition pour souscrire à la prolongation, sans refuser, bien entendu, les autres améliorations qu'on pourrait m'offrir. — L'exposé de la question fait par M. Ellena est clair et assez complet. Je lui sais gré d'avoir cité le premier Rapport de Gaudin, duquel il ressort que la fameuse proportion de 1 à 15 1/2 n'est qu'une mesure provisoire. Le ministre dit : « Mais en même temps on a senti qu'il fallait assigner à la pièce d'or une valeur positive pour laquelle elle serait reçue momentanément dans le commerce et dans les caisses publiques. » C'était donc un expédient, l'État reste théoriquement monométalliste-argent, comme le prouveraient au besoin plusieurs textes.

L'Economista de M. J. Franco, à Florence, discute en ce moment surtout les questions financières, celles des chemins de fer, du crédit agricole et de la conférence monétaire. Il revient plusieurs fois sur cette dernière, analyse l'article de M. Ellena, dont nous venons de lire les conclusions et se plaint de ne pas connaitre encore les vues du gouvernement sur ce point. Ces vues, il les donne, sous toutes réserves, dans le numéro du 30 novembre, se proposant de revenir sur la question. Il ne l'a pas fait dans les deux numéros suivants. Nous nous bornons donc à reproduire les indications contenues dans le numéro du 30 novembre. Il paraît que le gouvernement italien voudrait renouveler le traité monétaire pour cinq ans; qu'il n'accepterait aucune discussion sur le règlement de la circulation intérieure du royaume; qu'il n'approuvera pas la modification de la quote individuelle des monnaies divisionnaires d'argent (tant par habitant); qu'il désire établir un système spécial relativement aux pièces de cinq francs. L'énoncé de ces propositions est si concis, qu'on n'est pas toujours sûr d'avoir bien compris. On voit bien qu'il est fait allusion à ce bruit, que les États contractants se proposent de faire des observations à l'Italie relativement au décret royal qui impose aux banques italiennes l'obligation de maintenir dans leurs encaisses deux tiers en monnaies d'or et un tiers en monnaies en argent. Peut-être pense-t-on aussi à l'idée émise (si je ne me trompe, par M. Cernuschi) d'obliger l'Italie à retirer de la circulation les billets de cinq francs. Or, il paraît que le gouvernement italien n'est pas disposé à céder sur ces points. — La question monétaire, sans en avoir l'air peut-être, devient de plus en plus grave; le rendement de l'or va en diminuant, celui de l'argent en augmentant, évidemment le rapport entre les deux métaux tend à diminuer et, à un moment donné, — pourvu que ce ne soit pas un moment imprévu, — il pourra en résulter de très grands inconvénients, dont nous pâtirions tous, tant que nous sommes. Donc, l'œil au guet!

Dell' ammontare probabile della Ricchezza privata in Italia, par Maffeo Pantaleoni (Rome, 1884). En souvenir d'un bon travail antérieur de l'auteur, j'ouvre ce livre avec une prédisposition favorable, et la première chose que je constate, c'est l'absence d'une table des matières. Du coup, la prédisposition se renverse et devient défavorable. Qu'est-ce qui me fera connaître en effet le plan de l'auteur, si ce n'est sa table ou sa préface? On me répondra peut-être que l'auteur n'a pas eu de plan, puisqu'il reproduit une série d'articles insérés dans la *Rassegna italiana*. Je trouve que ce n'est pas là une raison suffisante. En effet, en feuilletant, je vois en passant que M. Vacher a fait un travail statistique qui est le plus célèbre de tous les travaux analogues, ce que j'ignorais complètement auparavant. Le pouce laisse glisser les feuilles, je veux retrouver la page qui vient de m'échapper, pour m'assurer que je n'ai pas mal lu, et je suis obligé d'en lire au moins vingt-cinq avant de retrouver cette *più celebre applicazione del metodo reale;* c'est à la page 164, que je m'empresse de signaler aux statisticiens qui, par hasard, l'ignoraient comme moi. Je doute qu'on se donnât la même peine pour retrouver un

pendant et qui est bonne, c'est que la théorie n'est pas suffisamment démontrée : et tant qu'elle ne le sera pas, le doute sera permis. Je suis de son avis. Seulement quel est le point de la théorie qui est à prouver ? L'évolution ? — Il faudrait savoir ce qu'on entend par là. Si c'est le *progrès indéfini*, on emploie mal le mot, car évoluer ne veut pas dire monter toujours, mais monter et descendre : Vico a en quelque sorte pressenti l'évolution. Seulement, qu'est-ce qui est haut, qu'est-ce qui est bas ? — En tout cas, je n'admets pas que la misère augmente, et si j'avais l'espace nécessaire je le démontrerais. Le nombre des pauvres dans les workhouses n'est pas une preuve. — Quant au *struggle for life*, il existe parmi les hommes et ne peut pas ne pas exister. Combien d'hommes peuvent vivre sur un kilomètre carré ? Peu importe le chiffre exact, dès que vous admettez que le kilomètre peut se remplir. Quand le kilomètre sera rempli, que feront ceux qui viendront en surcroît ? Est-ce qu'ils ne lutteront pas ? On objectera qu'il y a encore d'autres kilomètres, je réponds : *vous sortez* de la question. Maintenant, la société est-elle soumise à d'autres lois que l'individu ? Il est très difficile de répondre catégoriquement à cette question ; il faut dire oui et non, car si bien des choses se présentent vaguement, d'une manière « ondoyante et diverse », c'est que l'intelligence et les sentiments différencient trop l'homme de l'animal. C'est aussi une erreur de considérer le riche comme un vainqueur et le pauvre comme un vaincu ; parfois le fils du riche mendie et meurt à l'hôpital, tandis que le fils du pauvre fonde une dynastie de fabricants ou de banquiers, de hauts fonctionnaires, de savants. On ne peut pas juger les sociétés par courtes périodes, et le bonheur ne s'évalue pas par le montant du revenu annuel. Enfin, malgré tous les maux dont souffrait le moyen âge, malgré les ténèbres qui le couvraient, je ne suis pas sûr qu'il fût une reculade, si ce n'est dans les arts, relativement à la Rome de Néron et de Caligula. — N. B. Il faut compter l'un dans l'autre le bien et le mal à chaque époque.

Nous avons lu avec intérêt le discours prononcé par M. Tullio Martello lors de l'ouverture de son cours d'économie politique à l'Université de Bologne. L'auteur a parlé du *faux socialisme et de la fausse économie politique* et son plan est très vaste. Il saura le remplir, je n'en doute pas.

Sistemi finanziari (systèmes financiers), par Alb. Zorli (Bologne, Nicola Zanichelli, 1885). L'exposé des divers systèmes financiers qui ont régi les Etats depuis l'antiquité est certainement une œuvre méritoire et M. Zorti l'a entrepris avec une méthode rigoureuse que je ne saurais trop louer, mais il l'a exécuté avec une concision fort regrettable. Il ne présente qu'une esquisse (112 pages in-12) où nous aurions voulu un gros volume. Il s'y mettra peut-être, mais s'il y travaille, il ne devra pas se hâter de l'achever. De pareils travaux ont besoin de mûrir et leur auteur d'acquérir de l'expérience; l'*a priori* ne va pas aux finances, l'histoire financière de 1789 le prouve.

M. Zorli est un homme de talent, très capable de nous offrir des travaux d'une valeur tout à fait sérieuse, il n'a qu'à se soumettre à la loi naturelle de tout ce qui est bon : s'associer avec le temps, pour faire un livre plus complet que celui qu'il nous offre. Voici, d'ailleurs, comment il y a divisé les matières. Il faut distinguer deux catégories de systèmes financiers, les systèmes d'après l'ordre des faits et les systèmes d'après l'ordre des idées. En d'autres termes, l'histoire des systèmes financiers réellement introduits dans les Etats, et l'analyse des théories ou des doctrines financières qui se sont succédé dans la science. Voilà une bonne classification. Dans la première catégorie l'auteur distingue quatre types : 1° la société primitive sans gouvernement stable ; 2° les États régis par une politique primitive; 3° la société féodale; 4° la société actuelle. Ici la classification me plaît moins, mais les développements sont bons. Quant à la deuxième catégorie, qui s'occupe des doctrines, la classification ne me plaît pas du tout. Il distingue les Smithiens orthodoxes (ancienne école), ce sont les individualistes modérés, puis les individualistes démocrates (école nouvelle), les autoritaires modérés (ancienne école allemande), les réalistes (socialistes de la chaire), les individualistes et autoritaires radicaux, les communistes et les collectivistes autoritaires et individualistes. Il ne me semble pas que ces rubriques aient été toujours bien remplies, et quoique M. Zorli ne soit pas, comme certains de ses compatriotes, inféodé aux socialistes de la chaire, il s'est laissé influencer par eux, peut-être à son insu. Mais je lui pardonne quelques erreurs pour avoir dit que les finances ne sont pas sorties toutes faites de la tête d'un inventeur quelconque; ces finances se sont formées peu à peu sous l'aiguillon des besoins et sous l'influence de circonstances variées. Quant aux inventeurs, ils feront peut-être accepter un impôt, mais jamais un système d'impôts.

M. le professeur Mariano Mantero commence la publication d'une série de volumes sous le titre commun de : *Istituzioni del commercio*

(Palermo, tip. Fratelli Puglisi, 1884) destinés à initier les jeunes commerçants aux sciences économiques et commerciales. Le premier volume est intitulé : *gli Ordinamenti monetari* (les Systèmes monétaires). L'auteur donne la théorie des monnaies, le droit public qui les concerne, la statistique, et passe en revue tous les pays du globe. J'ai parcouru les chapitres relatifs à plusieurs pays, ils m'ont paru clairs et complets. L'auteur donne aussi d'utiles notions historiques.

Mentionnons encore, pour terminer, une publication officielle italienne (min. de l'agriculture) : *Annali del credito e della providenza*, anno 1884. Procès-verbaux des délibérations de la commission.

On me demande de parler d'une publication de M. Nacion, intitulée : *Studii economice si critice a supra protectionismului si liberului schimb* (Etudes économiques et critiques sur le protectionnisme et le libre-échange. Plœsci, Tipografia progresul, 1881). L'auteur expose la théorie du libre-échange d'après les meilleurs manuels, il la trouve excellente en soi, mais pas bonne pour la Roumanie. Que puis-je dire après cela? Que le savant et éloquent auteur aurait pu économiser sa peine. A quoi bon faire miroiter devant les yeux de son public charmé cette belle théorie, s'il ne veut pas les en laisser jouir? N'aurait-il pas agi avec plus d'humanité en ne tentant pas ses compatriotes, puisqu'il leur ménageait le supplice de Tantale ? J'avoue en toute humilité de ne pas comprendre ce procédé et, me conformant au célèbre précepte de Boileau :

Ce que l'on conçoit bien s'énonce clairement,

comme je ne conçois pas du tout l'auteur, je n'en parle pas.

Je devrais en faire autant du livre de M. J.-J. de Arechaga, professeur de droit constitutionnel à l'Université de Montevideo, mais par une tout autre raison. Son livre : *la Libertad politica* (Montevideo, chez A. Barreiro y Ramos, 1884) est étranger aux matières auxquelles cette revue est consacrée. Mais l'auteur a étudié avec tant de soin et de savoir la manière d'assurer la liberté politique, du moins en tant que le système électoral peut en être chargé, que je ne puis m'empêcher de le saluer en passant. C'est un mot d'encouragement que je lui envoie à travers l'Atlantique.

MAURICE BLOCK.

UN
ROYAUME CONSTITUTIONNEL EN OCÉANIE
L'ARCHIPEL D'HAVAÏ

I.

Que le lecteur veuille bien se transporter en pensée dans les archipels de la mer du Sud ; en joignant par des lignes droites les points extrêmes de la Polynésie, on circonscrit un triangle à peu près équilatéral dont le sommet serait à l'île solitaire de Pâques, tandis que sa base s'appuierait, au nord, aux îles Sandwich et, au sud, à la Nouvelle-Zélande. L'aire de ce triangle ne mesure pas moins de 60 degrés environ du nord au sud et de 65 de l'ouest à l'est, immense superficie dont la partie émergée embrasse 72.000 kilomètres carrés, et s'est trouvée peuplée sur chacun de ses points habitables. L'identité, presque complète, des mœurs des croyances dans toutes ces îles, frappa les navigateurs européens et conduisit Cook à faire des Polynésiens une seule et même race. Quant à leur origine, les traits physiques des populations aborigènes, la prédominance parmi elles du type jaune et du type blanc auquel le type nègre se mêle, d'une façon pour ainsi dire erratique, semblaient indiquer nettement les archipels malais. Les langues ne contredisaient point cesd onnées ; peu d'heures suffisent à un Tahitien pour entendre et même parler les dialectes de Tangatabou, de la Nouvelle-Zélande, des Marquises, des îles Sandwich. Ces dialectes polynésiens présentent donc une unité incontestable, et si on ne tient compte que de la structure et des formes grammaticales, c'est-à-dire de ce qu'il y a de plus fondamental dans le langage, ils rentrent dans la grande famille des langues qui se parlent de l'île de Pâques à Madagascar par tous les insulaires, à part les nègres des archipels océaniens.

C'en est assez pour affirmer en toute assurance que les peuplades polynésiennes n'ont pas plus poussé sur les récifs de corail de la mer du Sud que les Esquimaux de Ross n'avaient poussé sur les glaces des rivages polaires. Convenons toutefois que les grandes distances qui séparent ces archipels les uns des autres, ou des îles les plus voisines, compliquent le problème des migrations. Ainsi, la Nouvelle-Zélande se trouve éloignée de 1.700 kilomètres de toute terre et de 1.900 de toute île occupée par la race qui l'habite. Les îles Sandwich sont distantes de 3.000 kilomètres du groupe le plus voisin; l'île de Pâques enfin est à 3.600 kilomètres du littoral américain et à 1.300 de l'archipel le plus rapproché. Ajoutons que la science et les moyens nautiques des naturels ne paraissent pas favorables à de si lointains et si périlleux voyages, et que la direction, tant des vents que des courants, semble un obstacle infranchissable à toute migration partie de l'Asie ou de la Malaisie. Les vents alizés ou réguliers qui parcourent cette immense zone maritime soufflent, en effet des côtes de l'Amérique aux côtes de l'Asie, c'est-à-dire d'Orient en Occident. Telle est aussi la direction du grand courant équatorial qui parcourt la plus grande partie de l'aire polynésienne. Ces faits, personne ne les révoque en doute; la question est de savoir s'ils affectent le caractère d'inflexibilité et de constance qu'on leur prête et si d'autres circonstances physiques ne viennent pas modifier leur action. Pour la vider, il ne faut pas s'en tenir à un préjugé accrédité de vieille date, j'en conviens et sous l'autorité d'illustres voyageurs; il faut avoir recours à des travaux hydrographiques et météorologiques d'une époque plus récente auxquels les noms du commodore Maury de la marine des États-Unis, du capitaine Bourgeois et du lieutenant Kerhallet de la nôtre, resteront attachés.

Voici ce qu'ils nous apprennent : à mesure que l'air apporté par les vents alizés s'approche de l'équateur, cet air s'échauffe, se dilate et s'élève emportant avec lui toute la vapeur d'eau dont il s'est chargé en rasant l'Océan. Ces vapeurs, le froid les condense et les transforme en nuages. De là cette zone que les Anglais nomment l'anneau de nuages, *cloud-ring*, — zone qui échappe tout entière à l'action des alizés. Sous cette zone, aux courants d'air soufflant dans une direction uniforme succèdent d'une manière irrégulière des calmes, des vents, des tempêtes, des orages accompagnés de pluies diluviennes, qui se meuvent dans toutes les directions. Ce système n'embrasse pas moins de 80 degrés et n'est pas immobile. La même cause qui produit les saisons le fait osciller du nord au sud et du sud au nord dans certaines limites. Le *cloud-ring*, notamment, se transporte annuellement du 5° parallèle sud au 15° parallèle nord. La régularité des alizés d'ailleurs n'est pas complète. D'un autre côté, ces vents qu'engendre un mécanisme analogue à l'action régulière que les saisons exercent sur les continents, les moussons soufflent dans un sens presque contraire à la direction des alizés. Dans l'océan Indien, elles se partagent l'année avec ces derniers. Dans le Pacifique, leur action est moins régulière, mais elle s'étend au delà de Taïti et des îles Sandwich. Ces vents, quand ils règnent, poussent les navires de l'Asie vers l'Océanie. Quant au grand courant équatorial, dont la direction inflexible arrêterait, dit-on, les embarcations qui se dirigent de l'Asie sur la Polynésie, on sait aujourd'hui qu'il est double dans le Pacifique : il y a en réalité un courant équatorial boréal et un courant équatorial austral. Entre les deux, existe un contre-courant bien marqué qui porte directement d'Asie en Amérique; c'est une sorte de grande voie ouverte aux marins vers la Polynésie, d'autant plus qu'elle est placée dans la région du *cloud-ring*.

Voilà bien des facilités et des alternatives de vents et de courants à peu près réguliers, dont un peuple navigateur n'a pu que profiter, sans parler de ces coups de vent et de ces tempêtes qui ont pu jeter, dans cet Océan parsemé d'îles et d'écueils, un assez grand nombre de navigateurs isolés. Aussi bien l'histoire de ces insulaires, qu'on essaye de représenter comme enchaînés à leurs îlots, abonde-t-elle au contraire en déplacements et en aventures de mer. Les habitants des Carolines ont des pirogues fort bien construites, qui vont à la voile, manœuvrent très bien et louvoient très rapidement au plus près. Sans autres connaissances astronomiques que le partage de l'horizon en quarante-huit points, à l'instar des anciens Grecs, ils se sont servis de ces pirogues pendant des siècles pour visiter les Mariannes. C'est un fait que les navigateurs européens ont recueilli des Carolins eux-mêmes, ainsi qu'ils ont appris le motif de la cessation de leurs voyages, qui n'était autre que l'occupation déjà lointaine des Mariannes par les blancs. Le trajet entre les deux archipels n'est pas moindre toutefois de huit cents kilomètres. On demanda à ces Carolins comment ils avaient retrouvé leur route; ils répondirent que leurs chants nationaux contenaient à cet égard des indications connues des pilotes. Aujourd'hui, le trajet s'accomplit annuellement par flottilles et parfois par embarcations isolées.

En 1777, Cook atterrit à l'île Watiou, au sud-ouest et à 1200 kilomètres de Taïti. Il était accompagné du Taïtien Maï, qui ne fut pas médiocrement surpris d'y rencontrer trois hommes qu'aux premiers mots sortis de leur bouche il reconnut pour des compatriotes. Partis de Reiatéa, au nombre de vingt et jetés par la tempête en pleine mer, ces Taïtiens avaient péri de faim ou de misère, à part les trois survivants que Cook rencontrait sur l'île Watiou, où ils vivaient depuis trois ans. En 1816, Kotzebue trouva, sur le petit groupe d'Aur, un naturel d'Oulea, dépendante des Carolines. Ce Carolin était parti pour la pêche avec deux compagnons; en pleine mer, ils essuyèrent une violente tempête, qui changea pour plusieurs jours la direction des alizés. Quand ces vents commencèrent à souffler, les Carolins gouvernèrent en louvoyant vers le nord-est et abordèrent à l'archipel d'Aur après un parcours de 2.700 kilomètres au moins, accompli à l'encontre de ces vents de nord-est qu'on présente comme un obstacle invincible aux navigateurs venant de l'ouest. Beechey, en 1828, découvrit sur l'île Byam-Martin, à 400 kilomètres de Taïti, quarante et un naturels de l'île Chaîne ou Anaa. Leur histoire ressemblait entièrement à celles qui précèdent. En vue de Maïtea, à l'est de Taïti, la mousson, renversant l'alizé, les avait rejetés en mer. Deux pirogues se perdirent; les autres, contenant vingt-trois hommes, dix femmes et quinze enfants, abordèrent à l'île Barrow, puis à Byam-Martin; ils avaient franchi 1.000 kilomètres précisément à l'encontre des alizés.

Ainsi tombe, sous tous ses aspects, l'impossibilité prétendue des migrations interocéaniennes, et on n'est plus réduit, pour s'expliquer le peuplement des archipels de la mer du Sud, à des hypothèses qui rompent les rapports de race, ou qui répugnent à la linguistique. Je fais allusion ici aux systèmes du rév. Ellis et de Dumont d'Urville. Le premier fait venir les Polynésiens des côtes occidentales de l'Amérique, sans tenir compte des immenses distances à parcourir, sur un océan dégarni de points de repère et d'atterrissages; sans se demander si les sauvages américains étaient ou non navigateurs; sans rechercher davantage s'il existe ou non entre eux et les Polynésiens assez de ces ressemblances physiques qui indiquent des relations d'origine et de filiation. L'hypothèse de notre illustre et infortuné navigateur a du moins le mérite de respecter, en apparence, les données entièrement méconnues par le ministre anglican. Elle présente la Polynésie comme les restes d'un ancien continent qui aurait jadis communiqué avec l'Asie et en aurait tiré sa population. Cette révolution géologique aurait entraîné l'affaissement du continent tout entier. La mer couvrant les plaines, les plus hautes montagnes surnagèrent seules, et ce sont elles aujourd'hui qui forment les archipels montagneux de la mer du Sud. A l'époque de la catastrophe, quelques-uns des habitants gagnèrent les sommets des montagnes et devinrent la souche des Polynésiens actuels. Mais voici ce qu'on est en droit d'objecter à ce système hardi et par cela même séduisant. L'aire polynésienne, dit-on, est trois fois égale à l'aire de l'Europe et supérieure à l'aire d'Asie. Si chacune de ces parties du monde devenait le théâtre d'une catastrophe semblable, chaque chaîne de montagnes, devenue archipel, aurait sa race et surtout sa langue spéciale. Les Alpes, les Vosges, les Pyrénées, par exemple, présenteraient des populations aux langues très différentes; or, c'est à peine si dans toute la Polynésie on rencontre des dialectes.

La question est maintenant de préciser le point initial de ces migrations qui ont de proche en proche peuplé les archipels polynésiens. M. de Quatrefages, notre illustre naturaliste, et le docteur Hale, le savant ethnographe de l'expédition américaine du commodore Wilkes, se croient fondés à le retrouver dans l'île Bourou ou Boulo, l'une des Moluques, à l'ouest de Céram et à cent lieues des Célèbes. Elle est grande, fertile et satisfait de tous points aux données des traditions des Samoans et des Tongiens. Quoi qu'il en soit, la mère-patrie des Samoans peut rester inconnue, sans que leur origine en devienne douteuse, sans que leurs propres migrations en demeurent incertaines. Dès le début, elles se scindèrent; un courant, pénétrant dans la Mélanésie, modifia les populations noires des îles Fidji, de l'archipel Gilbert, de l'île Loyalty; l'autre courant, celui auquel se rattache, directement ou indirectement, la population polynésienne presque tout entière, partant de Sawaï, se dirigea sur Taïti, atteignit Tonga, et parvint jusqu'aux Marquises méridionales. Une migration venue de Tonga peupla les Marquises septentrionales, et c'est de Taïti que l'archipel d'Havaï fut peuplé.

II.

La première découverte de ces îles a été longtemps attribuée sans conteste au célèbre Cook, qui les visita en 1778 et 1779 et qui leur donna le nom d'îles Sandwich, en l'honneur de lord Sandwich alors premier lord de l'Amirauté anglaise. Mais il est désormais hors de doute que ce remarquable groupe était depuis longtemps connu des Espagnols, lors de l'atterrissage du grand navigateur anglais; c'est ce qui ressort des recherches du capitaine Chanal, le compagnon de navigation de Marchand dans la campagne de circumnavigation du *Solide* en 1792, et ce que Burney admet aussi dans son *Histoire des découvertes dans la mer du Sud*. Les Espagnols attribuent cette première découverte au capitaine Juan Gaetano qui vit, en 1555, plusieurs îles du groupe et les baptisa du nom d'*Islas de los Jardines*. Le naturaliste Lesson partage cette opinion, qui a été, dans ces dernières années, chaleureusement épousée tant par M. de Varigny, notre compatriote et ministre de feu Kaméhaméha V [1], que par M. Monner Sans, à qui nous sommes redevables d'une excellente monographie de l'Archipel publiée tout récemment [2]. Quoi qu'il en soit, l'honneur de la découverte des Havaï reste tout entier à Cook, puisque leur première reconnaissance par le capitaine Juan Gaetano avait été tenue secrète par la cour de Madrid, suivant sa coutume.

Avant l'arrivée de Cook, les Havaïens avaient atteint un degré de civilisation qui ne laissait pas d'être assez avancé. Ils s'entendaient en agriculture et suppléaient par des irrigations ingénieuses au manque d'eaux pluviales qui se fait sentir dans plusieurs parties de leur archipel. Ils excellaient aussi dans l'art de la pêche et leurs canots l'emportaient sur la plupart de ceux de l'Océanie. Des huttes basses, couvertes de feuilles de cocotiers, étaient leurs demeures, et quelques cases, de dimensions plus grandes appelées *lanaï*, servaient de lieux de réunion et de cérémonie. Les coutumes et les croyances religieuses des Havaïens ressem-

---

[1] *Voyage aux îles Sandwich* (dans le « Tour du monde », livraisons 665 et suivantes).

[2] *El Reino de Havaï* (Barcelone, 1883).

blaient à celles des autres populations de l'aire polynésienne. Leurs prêtres s'appelaient *kakounas* et leurs temples *heiaous*. C'étaient des cours quadrangulaires, pavées de pierres volcaniques, où l'on faisait des sacrifices humains. Les ossements des victimes étaient enfouis sous les dalles, et ces ossements font encore reconnaître de nos jours, sur tous les points de l'archipel, les heiaous, dont le plus important est celui de Pounapou, dans l'île d'Havaï. Les Havaïens, toutefois, n'étaient point anthropophages; mais ils aimaient beaucoup la danse, les plaisirs, les jeux de toute sorte, la musique, et leur licence de mœurs était effrénée lorsque les missionnaires américains débarquèrent pour la première fois parmi eux.

Cet événement date de 1820, et le vieux Kaméhaméha était mort à Havaï, l'année précédente, dans son palais, composé de six huttes de paille. C'était un homme fort remarquable, une sorte de Pierre le Grand sauvage, qui avait détruit la féodalité dans l'archipel et s'en était constitué le chef unique. Durant son règne, les coutumes primitives de l'archipel s'étaient maintenues presque intactes, et la principale, le *tabou*, était restée la loi suprême. Une femme qu'il avait de longue date initiée à ses plus secrets desseins et à qui il avait confié la tutelle de Lohohilo son fils, Kaahumanu, issue des vieux chefs havaïens, osa concevoir le projet d'une révolution religieuse, et quelques jours après, en présence des chefs et des prêtres rassemblés pour la cérémonie de la prise du manteau de plumes, qui était alors le signe de la dignité suprême chez les Havaïens, elle invita son jeune pupille à violer le *tabou*. Une telle proposition fit tout d'abord frémir Lohohilo de terreur; mais l'ascendant de Kaahumanu l'emporta. Le souverain oublia dans l'ivresse ses scrupules et ses terreurs; il franchit le Rubicon, et sous l'audace d'une femme, le vieil édifice des rites havaïens s'effondra tout entier. La place était vide; les missionnaires américains ne tardèrent point à l'occuper.

Dépouillés de la foi de leurs pères, les naturels d'Havaï subirent avec empressement le joug que leur apportèrent, en 1820, les missionnaires des États-Unis. En quelques années, les îles Sandwich appartinrent au protestantisme. La conversion des principaux chefs et l'exemple de l'altière princesse, qui avait la première osé violer le *tabou*, amenèrent sur les bancs des écoles méthodistes des enfants et des femmes, des hommes dans la force de l'âge et des vieillards décrépits, troupeau d'aveugles habitués à marcher dans le sentier que choisissaient leurs maîtres. La Bible remplaça donc sans difficulté le *tabou*, et les commandements de Dieu devinrent dans les îles Sandwich la base officielle de la morale publique.

Peu de temps après, une sorte de Constitution fut promulguée; les droits des chefs et les charges de la classe laborieuse furent définis; l'administration de la justice fut régularisée et chaque année, vers le mois d'avril, on vit s'ouvrir à Honolulu l'assemblée dans laquelle les principaux chefs, assistés de sept députés élus par le peuple, étaient admis à discuter les lois et à voter l'impôt [1]. Cet embryon d'institutions constitutionnelles s'est développé en 1852 : le gouvernement parlementaire fut créé tout d'une pièce et le suffrage universel proclamé. Cette Constitution fut abrogée par une sorte de coup d'État, à l'avènement de Kaméhaméha V, et la Constitution qui la remplaça (20 août 1864) établit, au lieu du suffrage universel, le suffrage censitaire. Le royaume havaïen est une monarchie constitutionnelle avec deux Chambres, l'une nommée par le roi, l'autre élue par le peuple. Les discussions ont lieu en havaïen ou en anglais. Un « Conseil intime » se compose de ministres et de membres élus moitié par les indigènes, moitié par les étrangers. L'organisation judiciaire est en grande partie empruntée aux États-Unis. Au-dessus des trois degrés de juridiction, il y a la Cour suprême, résidant à Honolulu. En adoptant cette organisation politique, les Havaïens, du moins ceux des classes riches, ont répudié aussi leurs costumes nationaux pour se vêtir à l'européenne, et rien n'est curieux comme de voir, dans *le Tour du monde*, les deux gravures accotées qui représentent en 1820 le roi Kaméhaméha Ier entouré de ses guerriers et la cour d'Havaï vêtue en 1870 comme on l'est à Paris et à New-York. Les Havaïennes portent d'ailleurs ce nouveau costume avec une grande désinvolture et une véritable élégance, surtout lorsqu'elles sont à cheval. Elles n'ont pas laissé de jouer un grand rôle dans la conversion de ces îles au christianisme, et de fait le nouveau culte avait bien des droits à leur reconnaissance. Supprimer la polygamie, c'était leur restituer leurs droits d'épouses et de mères; elles cessaient d'être des machines à travail pour devenir la compagne et l'égale de l'homme. Aujourd'hui la femme, aux Sandwich, n'est plus ni méprisée, ni avilie; dans les campagnes surtout, les ménages sont unis; la loi autorise le divorce pour sévices ou acte d'infidélité conjugale; mais on n'y recourt guère que dans les villes, là où un fréquent contact avec les étrangers a causé un grand relâchement de mœurs.

La richesse des Havaï est essentiellement agricole et leurs principales productions sont le sucre, le riz, le tabac, la patate douce et la pomme de terre. Le sucre des Havaï entre en assez grande quantité dans la consommation des États-Unis pour que les planteurs de la Louisiane aient fait de leur mieux, mais sans succès jusqu'à ce jour, pour obtenir la dé-

[1] Vice-amiral Jurien de la Gravière. *Voyage dans les mers de Chine*, t. II ch. XVIII.

nonciation du traité de commerce qui existe entre la grande République américaine et le minuscule royaume d'Havaï. Les Européens ont introduit dans l'archipel, où ils se sont aisément naturalisés, le cheval, l'âne, le mulet, la chèvre, le mouton, le pigeon, la pintade, le dindon, le gros canard de la Chine. Quant aux immenses troupeaux de bêtes à cornes qui pullulent dans l'archipel, c'est à Vancouver, qui le visita en 1794, qu'il les doit. Deux taureaux et quelques vaches qu'il avait acquis dans l'Orégon et qu'il offrit en cadeau à Kaméhaméha Ier, en ont été la souche. Ce prince défendit, sous peine de mort, de les détruire et même de les approcher; en d'autres termes, il les déclara *tabous*. Placés dans un milieu des plus favorables sous le rapport tant du climat que des herbages, ces animaux ne tardèrent point à se multiplier avec une telle rapidité qu'à un moment donné leur nombre en arriva à égaler, à dépasser peut-être celui des habitants eux-mêmes. Nos établissements océaniens, eux, manquent au contraire de viande de boucherie; force leur est d'en importer à grands frais de l'Australie et même des Sandwich, alors que cet archipel, outre le bétail sur pied qu'il exporte, sale de la viande abattue en grandes quantités pour l'approvisionnement des navires.

M. de Varigny fait un récit très intéressant de sa visite à la ferme de Kualoa, dans l'île d'Oahu, que dirigeait un jeune Américain, fils d'un des membres de la mission protestante. Celui-ci reçut d'une façon très cordiale notre compatriote et se plut à lui expliquer le mode d'organisation de sa ferme avant de la lui faire visiter en détail. On y comptait alors plus d'un millier de têtes de gros bétail, plusieurs centaines de chevaux de tout âge, de toute taille et de toute valeur, de nombreux troupeaux de moutons ou de chèvres. Pour surveiller ces animaux, traire les vaches, fabriquer le beurre et le fromage, il employait une cinquantaine de familles indigènes, propriétaires de *kuléanas* ou petits lots de terre d'une contenance de 5 à 20 hectares, enclavés dans ses propriétés. Le kuléana est un reste de l'ancien régime terrien de l'archipel. Lors de la grande division du sol qui suivit la conquête des îles, Kaméhaméha Ier s'en réserva un tiers, tandis qu'il attribuait un autre tiers aux chefs et le restant à leurs vassaux, mais sous la condition expresse que ceux-ci entretiendraient les champs de taro et donneraient à ceux-là huit jours de leur travail par mois. Lorsque plus tard les chefs, obérés ou peu soucieux d'habiter leurs terres, en vinrent à les aliéner ou à les hypothéquer, ce régime terrien fut loin de disparaître d'un seul coup. « L'acquéreur nouveau pouvait, à son gré, ou bien acheter à l'indigène son kuléana et devenir ainsi propriétaire unique, ou bien laisser les choses en l'état et substituer, de gré à gré, une redevance annuelle à l'obligation des corvées, ou bien encore les abolir moyennant une somme une fois payée par son tenancier. Ces divers systèmes furent essayés tour à tour, mais l'expropriation des kuléanas privait le grand propriétaire d'une main-d'œuvre indispensable. Le plus souvent, il prit à son propre service les indigènes qui vivaient sur sa terre, en leur accordant soit un salaire en espèces, soit certains privilèges, tels que celui de faire pâturer leur bétail avec le sien et de pêcher dans ses étangs. Il en résulta une organisation patriarcale du travail qui subsiste encore dans quelques districts, mais que les conditions économiques du pays ont fait disparaître presque partout aujourd'hui [1]. »

Les chiffres suivants donnent une idée du progrès commercial de l'archipel pendant une période de vingt ans :

	Exportation.	Importation.
1851.....	300.000 dollars.	
1863.....	740.000 —	
1872.....	1.607.000 —	1.595.000 dollars.
1873.....	2.128.000 —	1.349.000 —
1874.....	1.839.000 —	1.310.090 —
1875.....	2.090.000 —	1.682.001 —
1876.....	2.241.000 —	1.558.000 —
1877.....	2.676.000 —	2.428.000 —
1878.....	3.548.000 —	3.046.008 —
1880.....	4.889.000 —	3.672.000 —

Le centre, pour ainsi dire unique de ce commerce, est le port d'Honolulu qui a vu entrer dans ses eaux, en 1879, 251 navires, dont 177 américains (99.102 tonneaux); 28 anglais (37.363 tonneaux); 22 havaïens (5.750 tonneaux); 3 français (981 tonneaux); 2 boliviens (955 tonneaux); 10 chinois (849 tonneaux); 10 océaniens (440 tonneaux). A l'époque où M. de Varigny y débarquait, Honolulu était une petite ville de 10.000 habitants dont l'importance relative n'était due qu'à son port, le meilleur de l'archipel. Située à sept cents lieues de San-Francisco, à presque égale distance du Japon, Honolulu était le point de ralliement de la flottille baleinière, qui, de novembre à février, venait s'y ravitailler, renouveler ses équipages, transborder ses produits de pêche. Deux à trois cents navires baleiniers, en grande majorité américains, y abordaient chaque année et y passaient les trois ou quatre mois d'hiver. La prospérité matérielle de la ville leur était due; c'étaient eux qui faisaient la fortune des magasins et des cabarets et qui, chaque saison, laissaient derrière eux les milliers de piastres dont vivait la population étrangère. Aujourd'hui, les choses ont bien changé : Honolulu a cessé d'être le port des baleiniers, qui lui préfèrent San-Francisco; mais, en revanche, il est le port d'embarquement des produits agricoles d'un pays qui devient de

[1] C. de Varigny. *Voyage aux îles Sandwich.*

plus en plus producteur. C'est aussi la ville polynésienne où il y a le plus de blancs, la ville où nos mœurs, nos idées, nos pratiques, nos coutumes ont fait le plus de progrès, quelquefois, hélas! au détriment des indigènes. Deux lignes de paquebots y touchent une fois par mois : l'une chinoise, faisant le trajet de Canton à San-Francisco, sous pavillon chinois; l'autre américaine, — *Pacific Mail Steam Ship Company,* — qui relie San-Francisco, Honolulu, Auckland et Sydney. Honolulu doit être aujourd'hui rattaché à San-Francisco par un câble télégraphique; on se propose, d'ailleurs, de diriger un second câble sur le Japon en passant par les îles Bonins, et un troisième sur Sydney, par les îles Fidji et la Nouvelle-Calédonie.

Les finances de l'archipel sont assez florissantes, bien qu'elles présentassent pour l'année 1882 un léger excédent de dépenses sur les recettes : 9.310.000 francs d'une part, contre 8.900.000 francs de l'autre. L'article le plus important des dépenses est celui qui concerne les travaux publics ou autres dépenses intérieures : il s'élève à 6.900.000 francs; viennent ensuite les dépenses de l'agriculture, de la guerre et des affaires étrangères, de la police, de la justice, de la liste civile (618.000 fr.) et de l'instruction publique (445.400 fr.). Ce dernier article représente à peu près le vingtième de la dépense totale, et l'on peut bien dire que ce n'a point été là de l'argent perdu, puisque M. de Varigny affirme qu'il n'y a pas peut-être dans l'archipel de personne âgée de 20 ans qui ne sache lire et écrire. Les écoles, soit privées, soit publiques, sont principalement primaires; il existe cependant quelques écoles d'un type supérieur, parmi lesquelles l'école de Punahou est la plus remarquable.

Cette école, construite par la mission protestante sur un vaste terrain octroyé par Kaméhaméha, était primitivement destinée à l'éducation des enfants des missionnaires; mais elle reçoit aujourd'hui les enfants de tous les résidents étrangers. Elle admet des internes et des externes, sans distinction de sexe et dans une proportion à peu près égale. Un grand bâtiment d'une architecture simple et faisant face à la mer, occupe le centre et contient le logement du directeur et de la directrice, des professeurs à demeure, les classes et les réfectoires. Chaque élève a sa chambre séparée qu'il est obligé d'entretenir lui-même en état de propreté. Une pelouse plantée d'arbres sert de séparation entre les habitations des garçons et celles des filles.

C'est dire que l'éducation américaine domine à Punahou. On n'enseigne pas seulement aux jeunes filles l'histoire, la géographie, la musique le chant, le dessin, la couture; on s'applique surtout à en faire des femmes pratiques, capables de bien tenir et de bien diriger une maison. Un détail, entre autres, en dira plus long à ce sujet. Chaque quinzaine, le directeur du collège désigne un certain nombre de jeunes filles, à tour de rôle, pour diriger l'établissement sous le contrôle supérieur de la directrice. Elles sont respectivement chargées de ce qui est à proprement parler le ménage. Elles donnent les ordres pour les repas, surveillent la cuisine, font elles-mêmes les entremêts, les plats doux, les gâteaux. Les achats leur sont confiés; elles mettent le couvert, veillent à l'entretien du linge, ont la haute main sur les domestiques et sont responsables de la bonne tenue de l'établissement. « Le jardinage, la culture des fleurs, occupent la plus grande partie de leur récréation. Toutes les chambrettes sont embaumées par des bouquets qu'elles arrangent avec art. L'équitation et la natation font partie de l'éducation. L'espace ne manque pas, et Punahou, construit dans une localité abritée des grands vents, arrosé aujourd'hui par des cours d'eau que les jeunes garçons ont amené à force de travail des montagnes qui l'entourent, offre à l'œil un aspect des plus riants. Chaque année la culture s'étend. La société d'acclimatation d'Honolulu a fait don au collège de graines, de plantes, d'arbustes qui prospèrent à merveille. Les arbres fruitiers abondent; on cultive aussi les légumes et les plantes utiles. Des excursions dans les montagnes, dirigées par le professeur d'histoire naturelle, réunissent l'exercice et l'étude. En un mot, le collège de Punahou est un des établissements comme les Américains savent les créer et comme j'aimerais en voir dans notre patrie[1]. »

III.

M. Monner Sanz donne pour la population entière de l'Archipel le chiffre total de 65.000 habitants, chiffre se décomposant comme suit:

Français........	60	Portugais........	1.000
Allemands.......	300	Américains.......	1.200
Suédois..........	300	Polynésiens......	1.500
Anglais..........	650	Chinois...........	15.000
		Indigènes.......	45.000

Ces données se rapportent à 1881, et elles doivent être aujourd'hui modifiées en ce sens qu'il y a dans l'Archipel plus de Chinois et moins d'indigènes. Les Chinois, auxquels la Californie est devenue progressivement de moins en moins hospitalière, se sont portés sur les îles Havaï. En 1870, ils n'étaient que 1.500, ainsi que nous l'avons vu, devenus 15.000 onze ans plus tard et à cette heure, ils y sont environ 20.000, si l'on estime, comme les données recueillies permettent de le faire, de 2.000 à 3.000 le chiffre de leurs arrivages annuels. Par contre, la population indigène est en décroissance continue. Cook, quand il l'estimait en 1778 au

[1] C. de Varigny. *Voyage aux îles Sandwich.*

chiffre de 400.000 hommes, commettait une exagération manifeste. Toujours est-il que depuis le premier recensement à la façon européenne qui ait été fait aux Havaï (1832) et qui donnait une population totale de 130.000 habitants, la décroissance n'a cessé d'aller en s'accentuant et elle a exclusivement porté sur les indigènes, au profit de la race blanche et surtout de la race jaune. Évidemment, les Havaïens sont destinés à s'éteindre dans un avenir plus ou moins prochain, de même que les Maoris de la Nouvelle-Zélande, les Néo-Calédoniens, les Fidgiens, en un mot, toutes les populations polynésiennes qui se trouvent en contact plus ou moins permanent avec les Européens. C'est sans doute un fait douloureux que ce dépeuplement; mais il ne paraît pas contestable, et la seule question qu'à cet égard les anthropologues et les physiologistes aient à se poser est celle de savoir à quelles causes la science peut bien le rapporter.

Faut-il admettre, avec les paléontologistes, un ordre fatal de succession des races supérieures aux races inférieures? Voir dans les Polynésiens les derniers représentants d'une race que le refroidissement terrestre aurait peu à peu refoulée vers l'équateur, seul point de la terre où elle puisse encore vivre, mais d'une existence difficile et compromise par le moindre écart? Croire à l'insalubrité du climat? On sait ce que signifie, au point de vue moral, la succession des races supérieures aux races inférieures; la destruction des Australiens et l'extermination des Peaux-Rouges lui ont assigné un sens aussi précis que terrible; au point de vue scientifique, il entre dans l'explication beaucoup d'hypothèses, et les conditions des espèces, aux temps géologiques, peuvent avoir été très différentes de ce qu'elles sont aujourd'hui. L'origine avérée de ces populations repousse totalement le second système et, quant au troisième, les faits lui donnent les mêmes démentis; car les blancs et les métis prospèrent dans ces mêmes îles, dont les aborigènes disparaissent Il faut donc chercher moins haut et plus près. Un fait certain, c'est que l'arrivée d'un navire européen dans la Polynésie coïncide toujours avec l'apparition de dysenteries et de fièvres parmi les indigènes; et la chose s'explique d'une façon naturelle, selon Darwin, quand on songe à la masse de miasmes putrides qui se forment pendant une longue traversée et qui, restant inoffensifs pour ceux qu'un contact quotidien y a graduellement habitués, deviennent délétères et vénéneux, pour ainsi dire, pour les personnes que surprend leur brusque atteinte. La phthisie pulmonaire, qui exerce de si cruels ravages dans ces parages, pourrait bien y être aussi une importation européenne; du moins les Néo-Calédoniens sont-ils unanimes à le croire; ils citent le désastre de Koturé qui a coïncidé avec la venue des premiers caboteurs anglais et, à en juger par la sensation inexplicable de froid que les Maoris et les Tahitiens disent éprouver à notre contact, l'affirmation ne manque pas de plausibilité. Du moins est-il avéré aujourd'hui qu'ils ne connaissaient pas autrefois la syphilis, que les premiers navigateurs avaient confondue avec le tonga. A coup sûr, ce sont les européens qui ont introduit dans ces archipels le tabac, le gin, le rhum, l'eau-de-vie ; et quels ravages l'abus, soit de ce narcotique, soit de ces liqueurs, n'ont-ils pas exercés sur des constitutions faites à une nourriture peu substantielle et ne comportant aucun écart de régime et d'habitudes !

Je me suis souvent demandé s'il n'y avait pas lieu de ranger parmi les causes de ce dépérissement l'impression de découragement et de tristesse qu'ont dû causer à des races fières les entreprises des européens, leur nombre, leur audace, leur intelligence, et pourquoi faut-il ajouter leur cupidité et leur passions déréglées ? M. de Quatrefages, qui la mentionne, ne s'y est point arrêté ; mais il n'en fut point ainsi de Gratiolet, et des faits que rapporte M. Malcolm Sproat semblent bien donner raison à l'éminent et regrettable physiologiste. En 1860, M. Sproat prit possession, au nom de l'Angleterre, de la partie de l'île Vancouver qui occupe le fond du Barclay-Sound, au nord de l'entrée du détroit de Fuca. Dans ce coin de terre vivaient quelques tribus appartenant à des races différentes, ne parlant même pas le même idiome, mais toutes placées certainement à un des plus bas degrés de l'espèce humaine. Instinctivement, ces sauvages, que M. Sproat désigne sous le nom d'Aths, parce que le nom de toutes leurs tribus renferme l'affixe *atht*, ne virent pas d'un bon œil la venue des Anglais. Ceux-ci, en les forçant d'abandonner la côte et de se réfugier dans l'intérieur, augmentèrent encore leur déplaisir. Toutefois, les Aths, qui ne se sentaient point en force, cédèrent et, pendant un premier hiver, ils ne parurent s'apercevoir qu'en bien du voisinage des européens. Ils travaillaient à la journée pour eux, et avec l'argent de leurs salaires s'achetaient des vêtements, de la farine, du riz, des pommes de terre, qu'on leur vendait à bas prix et dont ils s'accommodaient fort bien. Ils se montraient très satisfaits et très gais. L'hiver finit et, à l'étonnement de M. Sproat, des dispositions toutes différentes se montrèrent chez les sauvages ; il s'aperçut que quelques jeunes gens s'étaient *européanisés*, dans le sens du mot le moins favorable, et que les hommes faits, ainsi que les vieillards, s'étaient réfugiés au fond de leurs wigwams, semblaient nourrir des pensées sinistres et montraient un visage menaçant. M. Sproat s'inquiéta d'abord de cette métamorphose, mais il en comprit bientôt la véritable cause. La vue des Anglais, de leurs vaisseaux, de leurs machines et de leur industrie, le sentiment de leur propre infériorité, avaient comme hébété ces pauvres sauvages ; ils leurs avaient enlevé tout respect d'eux-mêmes, toute estime de leurs traditions et de leurs usages. Bientôt la maladie s'abattit sur eux, sans qu'on sût à quoi attribuer ses rapides ravages, puisque M. Sproat avait défendu de leur vendre des liqueurs fortes et qu'il n'y avait pas chez eux de débauche sexuelle. Et cependant les Aths mouraient, l'un après l'autre, « victimes du découragement morne et stupide dont ils s'étaient sentis atteints dès leur premier contact avec une race mieux douée ».

AD. F. DE FONTPERTUIS.

CORRESPONDANCE

A M. LE RÉDACTEUR EN CHEF DU *Journal des Économistes*.

Je viens de lire, un peu tard peut-être, dans le « Journal des Économistes » de juillet dernier, une lettre que vous a adressée M. Charles Gide à l'occasion de la question discutée le 5 juin, par la Société d'économie politique, sur *le travail des femmes dans les ateliers*.

M. Charles Gide rappelle, en citant M. Stanley-Jevons, les faits douloureux constatés par l'enquête parlementaire qui a précédé le vote de la loi anglaise de 1872 sur la protection de la vie des enfants, les misères du *Baby-farming*, et comme conséquence la mortalité exceptionnelle qui frappe les enfants des femmes employées dans les manufactures. Il n'hésite pas à conclure, avec l'économiste anglais, à ce que la loi interdise absolument le travail dans les usines à toute femme ayant un enfant de moins de trois ans. Il ne se dissimule pas qu'une telle mesure serait contraire aux principes de l'économie politique, et qu'elle pourrait avoir pour résultat d'augmenter le nombre des avortements et des infanticides ; mais il répond à la première objection qu'il n'y a pas de principe qui tienne contre la nécessité, et à la seconde que, réduit à choisir entre deux maux, il faut se résigner à subir le moindre.

Je n'ai pas l'intention de discuter ici la mesure proposée par M. Gide. Atteindrait-elle son but, si elle laissait en dehors de l'interdiction toutes les femmes qui travaillent hors de chez elles sans être employées dans les usines : les blanchisseuses, les journalières, les femmes de ménage, les marchandes ambulantes et plus de cent professions diverses qu'il est facile de relever sur le registre des crèches ? L'État pourrait-il interdire à une femme pauvre le travail qui la fait vivre, sans s'obliger moralement à la nourrir, elle et son enfant ? Est-il opportun d'ajouter encore un nouveau motif à tous ceux qui déjà éloignent l'ouvrier du mariage, et engagent le ménage pauvre à n'avoir pas d'enfants ? En un mot, ne se heurterait-on pas à toutes ces difficultés de fait qui se dressent devant quiconque s'écarte des principes et méconnait le respect de la liberté ?

Je laisse ces questions à de plus compétents, et je demande seulement à relever la dernière assertion de votre honorable correspondant. On n'a à choisir, dit-il, qu'entre deux maux : l'interdiction du travail pour la mère, ou pour l'enfant la garderie, avec ses misères et ses potions opiacées.

Il y a une troisième solution, c'est la crèche. En attendant le jour, peut-être encore éloigné, où le progrès de la civilisation aura assuré à toute mère sa subsistance par le salaire de son mari, et tant que beaucoup de femmes, même mariées, seront obligées de travailler pour vivre et pour nourrir leur famille, il sera nécessaire de suppléer auprès du petit enfant la mère absente. Les garderies pourvoient à cette nécessité, mais trop souvent elles y pourvoient mal et laissent souffrir l'enfant. Les crèches ont pour but d'y pourvoir bien et d'offrir à l'enfant, pendant que la mère gagne sa vie, des conditions salubres et des soins bien dirigés. Il est difficile d'exprimer par des chiffres l'influence des crèches sur la mortalité infantile ; les enfants qui y sont admis ne les fréquentent pas tous assez régulièrement, ni assez longtemps pour fournir des bases précises à une statistique de mortalité. Mais un fait constamment observé suffit pour prouver que la crèche exerce une action bienfaisante sur la santé de l'enfant ; il n'y a pas une crèche où l'on ne puisse affirmer que les enfants qui y sont amenés régulièrement se portent mieux au bout de quelques semaines que quand ils y sont venus pour la première fois. Les conditions que leur offre la crèche sont donc préférables à celles qu'ils trouvent généralement chez leurs parents.

Mettre des crèches à la disposition des populations industrielles serait une mesure mieux adaptée aux nécessités actuelles, plus pratique et plus efficace, que d'interdire à toute mère le travail ou à toute ouvrière la maternité.

Veuillez agréer, etc.

EUGÈNE MARBEAU,
Président de la Société des Crèches.

BULLETIN

PUBLICATIONS DU « JOURNAL OFFICIEL ».

6 décembre. — **Rapport** présenté au ministre de la marine et des colonies au nom de la commission des mines de l'Annam et du Tonkin.

— **Déclaration** générale de la Cour des comptes sur les comptes de l'année 1881.

7 décembre. — **Décret** ayant pour objet d'attribuer aux victimes des incendies de forêts survenus dans le département de Constantine en 1877 les sommes provenant ou à provenir, jusqu'à concurrence de 494.968 fr. 15, du séquestre apposé sur le territoire des Beni-Salah, des Ouled-Bechiah et de l'Oued-Gondi.

10 décembre. — **Loi** portant modification aux lois organiques sur l'organisation du Sénat et les élections des sénateurs.

12 décembre. — **Loi** sur les conseils de prud'hommes.

13 décembre. — **Loi** portant ouverture au ministre de la marine et des colonies et au ministre de la guerre, sur l'exercice 1884, de crédits supplémentaires s'élevant à 16.147.568 fr. pour le service du Tonkin.

— portant ouverture au ministre de la marine et des colonies, sur l'exercice 1885, d'un crédit de 43.422.000 fr. pour les dépenses du Tonkin.

— **Décret** portant fixation de la taxe applicable aux correspondances échangées entre la France et l'Algérie et la Tunisie, d'une part, et le Sénégal d'autre part.

17 décembre. — **Décret** portant augmentation du capital de la Banque de la Réunion.

18 décembre. — **Rapport** adressé au président du conseil, ministre des affaires étrangères, par la commission chargée d'étudier l'organisation du corps consulaire français.

20 décembre. — Loi approuvant la convention intervenue le 26 mai 1884 entre le ministre de la marine et des colonies et la compagnie du chemin de fer et du port de la Réunion, en vue de l'agrandissement et de l'achèvement du port de la Pointe-des-Galets (île de la Réunion).

21 décembre. — **Loi** concernant la répression des infractions à la convention internationale du 14 mars 1884, relative à la protection des câbles sous-marins.

— portant approbation du tarif télégraphique établi par l'arrangement conclu, le 3 novembre 1884, entre la France et la Grèce.

22 décembre. — **Relevé** des objets d'or et d'argent présentés à la marque ou à la vérification, tant pour la consommation en France que pour l'exportation, du 1er janvier au 30 novembre 1884.

23 décembre. — **Loi** portant approbation de la convention signée, le 9 avril 1884, entre la France et l'Italie, pour la garantie de la propriété littéraire et artistique.

24 décembre. — **Loi** ayant pour objet d'ouvrir au ministre du commerce, sur l'exercice 1884, un crédit supplémentaire de 600.000 fr. pour les dépenses occasionnées par l'épidémie cholérique.

— ayant pour objet l'établissement d'une contribution foncière sur les propriétés bâties en Algérie.

— **État** de répartition des bourses d'enseignement primaire supérieur.

25 décembre. — **Rapport** et liste des récompenses de la section française de l'exposition internationale d'hygiène et d'éducation de Londres en 1884, adressés au ministre du commerce par le Dr A.-J. Martin, commissaire général de la section française.

26-27 décembre. — **Décret** portant règlement d'administration publique pour la perception de l'octroi de mer en Algérie.

29 décembre. — **Loi** ayant pour objet la liquidation de l'arriéré du service de la propriété indigène en Algérie et tendant à ouvrir au ministre des finances, sur l'exercice 1884, un crédit extraordinaire de 1.560.000 fr.

30 décembre. — **Loi** portant fixation du budget des recettes de l'exercice 1885.

— portant ouverture, sur l'exercice 1885, de crédits provisoires applicables au premier trimestre de 1885, et montant à la somme de 1.032.916.767 fr.

— portant fixation du droit à percevoir en France du chocolat fabriqué en Algérie.

Loi sur les conseils de prud'hommes.

Art. 1er. — Dans le cas où, dans les élections pour les conseils de prud'hommes, se produirait l'abstention collective, soit des patrons, soit des ouvriers; dans le cas où ils porteraient leurs suffrages sur les noms d'un candidat notoirement inéligible; dans le cas où les candidats élus par les patrons ou par les ouvriers refuseraient d'accepter le mandat;

Dans celui où les membres élus s'abstiendraient systématiquement de siéger,

Il sera procédé, dans la quinzaine, à des élections nouvelles pour compléter le conseil. Si, après ces nouvelles élections, les mêmes obstacles empêchent encore la constitution ou le fonctionnement du conseil, les prud'hommes, régulièrement élus, acceptant le mandat et se rendant aux convocations, constitueront le conseil et procéderont, pourvu que leur nombre soit au moins égal à la moitié du nombre total des membres dont le conseil est composé.

Art. 2. — Sont modifiés ou complétés ainsi qu'il suit les articles 22 du décret du 27 mai 1848, 11 de la loi du 1er juin 1853, 2 et 4 de la loi du 7 février 1880.

Décret du 27 mai 1848, article 22. — Une audience au moins par semaine sera consacrée aux conciliations. Cette audience sera tenue par deux membres, l'un patron, l'autre ouvrier.

Exceptionnellement et dans les cas prévus par l'article 1er de la présente loi, les deux membres composant le bureau peuvent être pris soit parmi les prud'hommes patrons, soit parmi les prud'hommes ouvriers.

Loi du 1er juin 1853, article 11. — Le bureau général est composé, indépendamment du président ou du vice-président, d'un nombre égal de prud'hommes patrons et de prud'hommes ouvriers. Ce nombre est au moins de deux prud'hommes patrons et de deux prud'hommes ouvriers, quel que soit celui des membres dont se compose le conseil.

Par exception et dans les cas prévus par l'article 1er de la présente loi, les quatre membres seront pris, sans distinction de qualité, parmi les prud'hommes installés.

Loi du 7 février 1880, article 2. — Lorsque le président sera choisi parmi les prud'hommes patrons, le vice-président ne pourra l'être que parmi les prud'hommes ouvriers, et réciproquement.

Dans les cas exceptionnels prévus par l'article 1er de la présente loi, le président, le vice-président pourront être pris tous deux parmi les prud'hommes ouvriers ou les prud'hommes patrons.

Loi du 7 février 1880, article 4. — Le bureau particulier des conseils de prud'hommes institué par l'article 21 du décret du 11 juin 1809 sera présidé alternativement par un patron et un ouvrier, suivant un roulement établi par le règlement particulier de chaque conseil, sauf dans les cas prévus par l'article 1er de la présente loi.

Fait à Paris, le 10 décembre 1884. JULES GRÉVY.

Par le président de la République :

Le ministre du commerce, MAURICE ROUVIER.

Le garde des sceaux, ministre de la justice et des cultes, MARTIN-FEUILLÉE.

Lettre de M. Léon Say à M. Carlier, président du Comice agricole de Saint-Quentin. — Le comice agricole de Saint-Quentin a adressé à M. Léon Say, président de la Ligue contre le renchérissement du pain et de la viande, une lettre dont nous donnons ci-dessous l'analyse. M. Carlier, qui a signé cette lettre comme président du comice, est un des agriculteurs les plus distingués de notre pays. Il est sans contredit le premier des agriculteurs de l'Aisne, et ce qui manque à son département, ce n'est pas une protection à l'entrée des blés, c'est d'avoir à la tête de toutes les exploitations agricoles des hommes de sa valeur, de son expérience et de son énergie.

M. Carlier commence par reprocher à la Ligue de classer la nation en deux camps ennemis et d'insinuer qu'il y a, d'un côté, des consommateurs affamés et, de l'autre, des producteurs affamants.

Il énumère les industries dont l'agriculture consomme les produits et avoue qu'en 1860, en se considérant comme un grand consommateur, l'agriculture du département de l'Aisne et son comice s'étaient associés aux efforts de l'Association formée en vue de la réforme commerciale.

Mais l'expérience a prouvé, suivant lui, que les traités de 1860 avaient produit des effets inverses à ceux qu'on avait espérés et avaient précipité la décadence d'une agriculture qui était, en 1860, la première du continent. Il développe ensuite la suite des incidences qui font passer successivement tous les intérêts du pays par les mêmes épreuves que l'agriculture, et il s'élève avec force contre ce qu'il appelle la fausse et périlleuse théorie de la vie à bon marché. Il va jusqu'à citer les menuisiers de Paris et le chômage de l'industrie des bâtiments, comme si la détresse agricole en était la cause, et demande qu'on protège la menuiserie contre les bois façonnés à l'étranger.

Il appelle ensuite à son aide Léonce de Lavergne, J.-B. Say et Bastiat, et oppose ces écrivains qu'il considère comme des protectionnistes à la Ligue que M. Léon Say couvre, dit-il, de son autorité. Il termine, enfin, en disant que par l'établissement d'un régime protecteur le comice de Saint-Quentin poursuit trois choses : le retour à la prospérité agricole et commerciale, le maintien des salaires élevés et l'indépendance de la patrie mise en péril par les doctrines libérales. M. Léon Say a cru devoir répondre à ce Manifeste, et nous reproduisons sa réponse :

A *Monsieur Carlier, président du comice agricole de Saint-Quentin.*

Monsieur le président,

J'ai reçu le document important que vous m'avez adressé au nom du comice agricole de Saint-Quentin et je l'ai transmis au comité de direction de le Ligue qui a bien voulu m'appeler à l'honneur de la présider.

Les idées que nous défendons réciproquement sont bien opposées les unes aux autres, et cependant il y a des points sur lesquels je partage absolument votre opinion.

S'il y a un intérêt qu'on doive placer au-dessus de tout et que notre patriotisme nous commande de défendre en commun, c'est le resserrement de l'union qui doit exister entre tous les Français. Il n'y a pas et il ne peut pas y avoir de classes hostiles les unes aux autres, et jamais ni mes amis ni moi nous ne nous prêterons à semer la discorde entre les travailleurs de l'agriculture et ceux de l'industrie.

Je crois fermement qu'ils peuvent trouver les uns et les autres leur avantage particulier dans une législation équitable pour tous.

Je partage encore votre avis, quand vous dénoncez comme ruineuse pour les intérêts de l'agriculture la législation que vous subissez en ce moment. Les impôts fonciers perçus par l'État, les communes et les départements, les droits d'enregistrement et de transmission font que l'État est autant propriétaire de vos terres que vous l'êtes vous-même, et le système protecteur qui, depuis la réforme du tarif général des douanes et la conclusion des nouveaux traités de commerce, est devenu la base de notre législation économique, pèse d'un poids insupportable sur l'agriculture.

Un autre point sur lequel je suis d'accord avec vous, c'est que J.-B. Say et Frédéric Bastiat sont des écrivains qui ont laissé des ouvrages dont on ne saurait trop s'inspirer en matière économique, et je serais heureux qu'une étude approfondie de leurs œuvres évitât à vos amis de tomber dans des erreurs d'appréciation assez singulières, quand ils imaginent de s'appuyer sur leur autorité par des citations qu'ils croient bien choisies. Vous savez aussi bien que moi que leur pensée fondamentale, c'est qu'on ne doit payer d'impôts qu'à l'État.

Vous trouverez d'ailleurs dans l'histoire écrite par Bastiat de *la Ligue anglaise contre les lois céréales*, dans le journal *le Libre Échange*, qu'il a dirigé pendant le temps que la Ligue française a duré, et dans ses *Petits Pamphlets*, les développements les plus complets et les plus variés de cette idée, qui était pour lui un axiome et qui ne me paraît pas moins absolument vraie aujourd'hui qu'en 1846 et 1847.

La question qui nous divise se pose donc en dehors de ces grandes idées que je viens d'énumérer, à savoir : la nécessité de l'union des travailleurs dont l'agriculture contient un si grand nombre, — le besoin de modifier une législation fiscale et protectrice accablante, — et la vérité des grands principes économiques si bien mis en lumière, comme vous paraissez l'admettre, par J.-B. Say et F. Bastiat.

Si je pouvais entrer avec vous dans l'examen des faits particuliers et discuter dans le détail l'opposition de nos idées, peut-être trouverais-je encore d'autres points de contact entre votre opinion et la mienne.

Mais vous croyez qu'un droit protecteur sur les blés et sur les bestiaux rendrait à l'agriculture sa prospérité, et c'est là justement ce que je ne crois pas.

On parlait autrefois et on parle même encore aujourd'hui de certaines cultures en disant qu'elles sont industrielles. La vérité qui se fait de plus en plus jour, c'est qu'il n'y a pas de culture qui ne soit industrielle. Toute exploitation agricole est une industrie qui doit être conduite dans un esprit industriel. Ce sont les principes que l'industrie applique dans la direction de ses affaires qui seuls peuvent mettre l'agriculture dans la situation qui lui appartient. Comme l'industrie, l'agriculture ne pourra lutter contre les conséquences de l'abaissement du prix de vente de ses produits que par l'abaissement de ses prix de revient, et vous n'ignorez pas que rien ne retarde une industrie dans l'abaissement de ses prix de revient autant que l'établissement de droits protecteurs.

Cela est même si bien compris des partisans du système protecteur pour l'industrie qu'ils prétendent toujours ne demander la protection que pour un temps, jusqu'au jour, disent-ils, où ils auront pu faire assez de progrès pour leur permettre d'abaisser leurs prix de revient au niveau de ceux de l'étranger.

Il semble résulter des termes de votre lettre que vous en jugez autrement en ce qui concerne l'agriculture. Ce serait, à mon avis, une très grave erreur, car il est impossible de supposer que la France doive rester isolée du reste du monde et soit condamnée à vivre plus chèrement que les autres pays de l'univers.

Ce serait décréter la déchéance inévitable et irrémédiable de notre beau pays que de parler ainsi ; ce serait supposer, chez ceux qui les professeraient, des principes contraires aux sentiments si élevés de patriotisme dont il y a tant de traces dans votre communication.

Votre département est particulièrement frappé, et c'est avec un intérêt très vif que j'ai pris connaissance du Rapport de M. Risler sur l'enquête que le ministre de l'agriculture a fait faire dans l'Aisne, sur la demande de mon collègue et ami M. le comte de Saint-Vallier.

M. Risler me paraît avoir démontré dans ce Rapport que les traités de 1860 sont absolument étrangers à la détresse agricole qui vous afflige. Il en voit les causes plus haut et plus loin et, sans s'expliquer complètement sur les projets de relèvement de droits qu'il n'avait pas à juger, il conclut à des réformes dans les méthodes de culture, à l'emploi judicieux et abondant de capitaux demandés à un crédit facile et bien organisé, et aussi à des modifications législatives et morales, si je puis ainsi m'exprimer, des rapports de propriétaires à fermiers. Ses conclusions me paraissent excellentes et je les adopte après lui.

Je ne veux pas abuser, Monsieur, du droit de réponse, quoiqu'il me soit agréable de discuter avec des personnes aussi compétentes et aussi éclairées que celles qui composent le comice agricole de Saint-Quentin. Mais vous me trouverez toujours prêt à écouter les raisons que vous donnerez pour défendre vos opinions. Je sais que vos discussions émanent d'hommes convaincus pour lesquels je professe une estime particulière, et je vous prie d'agréer, etc. (*Journal des Débats.*)

LÉON SAY.

Les illusions de la protection agricole. — Nous ne voulons pas rechercher s'il n'y a point quelque exagération dans les plaintes des agriculteurs. Nous pourrions faire remarquer qu'en dépit de ses souffrances la production du blé a doublé en France depuis cinquante ans et que le prix moyen des terres labourables s'est élevé depuis 1851 de 1.479 fr. à 2.197 fr. l'hectare, quoique le rendement des cultures n'ait monté que de 11,97 à 14,23 hectolitres par hectare ; mais nous ne voulons pas exaspérer le malade en niant son mal ou, ce qui serait pire, en l'accusant d'y être pour quelque chose. L'agriculture est malade, soit! et ses maux exigent des remèdes urgents. Seulement, tous les remèdes ne sont pas efficaces. Il y en a même qui aggravent le mal au lieu de le guérir, et nous avons bien peur que la panacée protectionniste dont les agriculteurs se sont engoués n'appartienne à cette dangereuse catégorie.

Nous convenons volontiers que c'est une panacée des plus séduisantes. De quoi souffre l'agriculture? De la diminution de ses revenus. Et pourquoi ses revenus ont-ils diminué? Parce que les prix du blé ont baissé. Il ne s'agit que de les relever, et c'est, au dire des protectionnistes, un remède d'une application simple et facile. Il suffit d'exhausser suffisamment les droits d'entrée sur les grains étrangers pour que ce remède opère d'une manière instantanée. Les docteurs des comices agricoles demandaient 5 fr. par quintal métrique, la commission de la Chambre des députés en accorde 3 sur le blé, 2 sur l'orge et 1,50 sur l'avoine. Admettons que ces chiffres soient votés ; quel en sera l'effet? De quelle somme augmenteront-ils les revenus de l'agriculture? La France produit en moyenne 110 millions de quintaux métriques de froment. Au droit de 3 fr., ce sera une augmentation de 330 millions; elle produit 85 millions de quintaux métriques d'avoine et 25 millions de quintaux métriques d'orge; aux droits de 1 fr. 50 c. et de 2 fr., ce sera 177 millions et demi; total 507 millions et demi; mettons 500 millions, un demi-milliard pour faire un compte rond. C'est assurément un joli chiffre et qui suffira pour apaiser bien des souffrances.

Nous n'ignorons pas que certains écrivains spéciaux, se rappelant que les droits protecteurs établis en 1821 n'avaient pas empêché le blé de tomber à 17 fr., et même à 15 fr. dans les années suivantes, ont prétendu qu'il pourrait bien en être de même aujourd'hui, autrement dit que la protection ne protégerait pas; mais comme nous l'avons déjà fait remarquer [1], la situation a changé depuis 1821. La France produisait alors bon an mal an toute la quantité de blé nécessaire à sa consommation, elle avait même un excédent dans les années d'abondance, et cet excédent elle ne pouvait s'en défaire que par l'avilissement des prix. Mais actuellement, il n'y a plus d'excédent. Dans les mauvaises années, en 1879 par exemple, la France a importé jusqu'à 22 millions de quintaux métriques de froment; dans les bonnes, il ne lui en faut pas moins de 8 ou 10 millions. Que résulte-t-il de là? C'est que le prix du blé en France est réglé par celui du marché général, et que les mercuriales de Paris ne peuvent différer sensiblement de celles de Londres, de Bruxelles et d'Amsterdam. Mais supposons qu'on établisse un droit de 3 fr. sur les blés étrangers, que feront les importateurs des blés d'Amérique, d'Australie et de l'Inde? Comme ils auront le choix entre les marchés anglais, belge, hollandais, où le blé n'est pas taxé à l'entrée, et le marché français, ils n'approvisionneront celui-ci qu'après les autres, et à la condition d'y trouver un « prix compensateur » du droit de douane qu'ils auront à payer. L'agriculture peut donc se rassurer, la protection qu'on demande pour elle ne sera point illusoire, les consommateurs français payeront leur blé 3 fr. de plus par quintal métrique, — et même davantage, car ils seront servis les derniers, — que les Anglais, les Belges et les Hollandais, et c'est bien une subvention d'un demi-milliard qui sera allouée à l'agriculture.

Malheureusement, ce demi-milliard ne descendra pas de la lune; il ne pourra entrer dans les poches des uns qu'à la condition de sortir de celles des autres. De quelles poches sortira-t-il? D'abord de celles des agriculteurs eux-mêmes. Environ la moitié de la France tire ses moyens d'existence de l'agriculture. Sur les 500 millions de subvention qu'elle recevra d'une main pour le blé, l'orge et l'avoine qu'elle vend, elle sera

[1] *Journal des Débats*, du 12 novembre.

obligée de restituer de l'autre 250 millions pour le blé, l'orge et l'avoine qu'elle consomme. Ajoutons que cette restitution se fera d'une manière fort inégale. Il n'y a guère que les propriétaires de plus de huit hectares, c'est-à-dire un propriétaire sur dix tout au plus, qui vendent plus de blé qu'ils n'en consomment; ceux-ci recevront donc à peu près la totalité de la subvention, déduction faite du montant relativement insignifiant de leur consommation, tandis que la masse des petits propriétaires, cultivateurs et laboureurs, rembourseront, à titre de consommateurs, tout ce qu'ils auront reçu à titre de producteurs, sinon davantage. En tous cas, voilà bien, sur le demi-milliard alloué à l'agriculture, 250 millions pris dans les poches des agriculteurs et, en particulier, dans les petites. Restent les 250 millions fournis par les consommateurs appartenant à l'industrie, au commerce, aux professions libérales, et qui constituent déjà, nous en convenons, dans les temps difficiles où nous vivons, un joli cadeau d'étrennes agricoles. Mais sera-ce un cadeau tout à fait volontaire? En supposant qu'au lieu de le demander aux industriels, aux négociants, aux artistes, aux avocats, aux employés, aux artisans et aux ouvriers sous la forme d'un renchérissement de 15 à 20 0/0 du prix du pain, on le leur demandât sous la forme d'une souscription volontaire pour les agriculteurs gênés dans leurs affaires et les propriétaires qui ne louent pas leurs fermes à un bon prix, comme la chose s'est pratiquée pour les inondés de Murcie et pour les cholériques, croit-on que les offrandes s'élèveraient bien à 250 millions? Il s'en faudrait probablement d'un zéro, et peut-être de deux. Mais s'il en est ainsi, ne peut-on pas craindre avec quelque raison que les souscripteurs malgré eux de cette subvention agricole ne veuillent point la continuer, lorsqu'ils sauront ce qu'elle leur coûte? Déjà, des « Ligues » se sont constituées à Paris, à Lyon, à Marseille et à Bordeaux pour leur fournir toutes les informations nécessaires sur une question qui les intéresse de si près. Que le vote de la subvention provoque une augmentation du prix du pain, que la crise dont souffrent nos principales industries vienne à s'aggraver, ces Ligues verront grossir aussitôt le nombre de leurs adhérents, et les mêmes législateurs qui auront voté les nouvelles lois céréales seront promptement obligés de les abolir. Ce revirement forcé est d'autant plus probable qu'on ne peut malheureusement douter que le rétablissement de la protection agricole ne nous attire des représailles industrielles. On nous en menace dès à présent en Hongrie et en Italie. Or, si les débouchés de notre industrie viennent à se rétrécir, tous ceux qui en vivent, chefs d'industrie, ouvriers, négociants, et qui seront ainsi doublement atteints, comme producteurs et comme consommateurs, feront entendre de telles plaintes et porteront au scrutin de tels votes, qu'il faudra bien leur donner satisfaction. C'est pourquoi nous doutons fort que la protection agricole puisse subsister au delà de quelques mois.

Mais en admettant même qu'elle résiste pendant quelques années aux attaques des Ligues contre le renchérissement du pain, on peut se demander si la situation de l'agriculture ne sera pas devenue pire le jour où elle viendra à être abolie. Sous la pression de la concurrence internationale, accrue de jour en jour par le progrès des moyens de communication, — progrès que les gouvernements protectionnistes eux-mêmes s'évertuent à favoriser et à augmenter artificiellement, par de grosses subventions aux Compagnies de navigation à vapeur, — l'agriculture comme l'industrie est obligée de transformer son outillage et ses méthodes. La protection, en diminuant cette pression incommode, mais salutaire, permettra aux agriculteurs routiniers de conserver leurs vieilles charrues et de continuer à ignorer l'existence des locomobiles, des semoirs et des faucheuses mécaniques, des engrais chimiques, des *bonanzas farms* qui ont remplacé aux États-Unis le petit atelier par la grande manufacture agricole. D'ailleurs, pour réaliser ces progrès nécessaires, il faut posséder des capitaux et n'être pas surchargé d'impôts et d'entraves qui font fuir l'esprit d'entreprise et les capitaux. Ces impôts excessifs et ces entraves qui paralysent leurs mouvements, les agriculteurs continueront sans doute à en demander la réforme. Mais leur situation ne sera-t-elle pas moins bonne pour l'obtenir? Ne seront-ils pas exposés à ce qu'on les éconduise comme des quémandeurs importuns, en leur disant: Comment! on vient de vous donner, et vous demandez encore!

D'un autre côté, la protection est de sa nature contagieuse. Si l'on alloue une subvention d'un demi-milliard aux agriculteurs et aux propriétaires dans l'embarras, pourra-t-on en refuser d'autres aux patrons et aux ouvriers victimes de la crise industrielle? Voici, par exemple, le citoyen Vaillant, membre du conseil municipal de Paris, qui demande, lui aussi, en faveur des ouvriers sans travail, l'ouverture d'un crédit de 500 millions prélevés sur le service de la Dette publique, plus la mise en réquisition des logements inoccupés. Le citoyen Vaillant est à coup sûr fort exigeant, mais les souffrances des ouvriers sans travail ne méritent-elles pas d'être soulagées au même titre, sinon au même prix que celles des propriétaires et des fermiers? Il faut songer aussi aux ouvriers agricoles, qui ne sont pas moins dignes d'intérêt que les ouvriers de l'industrie, et ne pas oublier que les droits sur les blés renchériront leur subsistance, sans protéger leurs salaires, car la frontière restera ouverte aux Belges, aux Allemands, aux Italiens, qui viennent leur faire concurrence. Si l'on protège les profits des fermiers et les rentes des propriétaires, ne sera-t-il pas juste et raisonnable de protéger du même coup les ouvriers? Les protectionnistes ont demandé, dans l'intérêt des éleveurs de bétail, un droit de 50 fr. par tête de bœuf; on ne pourra faire moins que d'établir un droit analogue par tête de Belge, d'Allemand ou d'Italien, dans l'intérêt des ouvriers. En Australie, les travailleurs chinois sont taxés à raison de 10 dollars par tête; en Californie, ils sont absolument prohibés, et ce complément nécessaire et logique de la protection du « travail national » commence à être fort goûté par les ouvriers d'Europe. Dans les congrès du « parti ouvrier », la question de la prohibition du travail étranger a été maintes fois agitée, et il n'est pas douteux que le rétablissement de la protection agricole ne contribue à augmenter le nombre des partisans de la « protection ouvrière ». Mais les propriétaires et les fermiers se plaignent déjà de l'élévation des salaires agricoles et de la difficulté qu'ils éprouvent à trouver des ouvriers, surtout à l'époque de la moisson. Que sera-ce donc quand la frontière sera fermée aux travailleurs étrangers ou, pour ne pas pousser les choses au pis, si l'on se contente de les soumettre à un simple droit d'entrée, quand ils seront obligés, à titre de consommateurs de travail, de rembourser aux laboureurs et aux moissonneurs flamands une taxe de 50 fr. par tête? On aura eu beau leur allouer une grasse subvention; en faisant le compte du Doit et de l'Avoir de la protection, ils s'apercevront, malheureusement trop tard, que ce compte se solde par profits et pertes.

C'est qu'il y a, comme disait Bastiat, dans toutes les panacées protectionnistes, ce qu'on voit et ce qu'on ne voit pas. Ce qu'on voit, c'est la somme ronde que doit rapporter le droit protecteur, c'est la subvention d'un demi-milliard ajoutée aux revenus des propriétaires fonciers et des fermiers dont les baux ont encore plusieurs années à courir. Ce qu'on ne voit pas, c'est la portion notable de cette subvention que les agriculteurs seront obligés de tirer de leurs poches à titre de consommateurs de froment, d'orge et d'avoine; c'est le ralentissement que subira le progrès agricole sous l'influence énervante de la protection; c'est la situation difficile et précaire où ils se trouveront, avec leur vieil outillage et leur vieille routine, le jour où ils seront de nouveau exposés à la concurrence de l'agriculture progressive de l'étranger; ce qu'on ne voit pas enfin, ce sont les protections de toute sorte aux patrons et aux ouvriers industriels, sans oublier les ouvriers agricoles, qui s'autoriseront de la leur et dont ils seront contraints de faire les frais. Voilà le revers de la médaille de la protection et voilà ce qui fait qu'elle n'a de commun que l'apparence avec les médailles de sauvetage.

Cependant, nous crient de toutes parts les propriétaires et les cultivateurs désolés, nous souffrons, vous en convenez vous-mêmes. Si nous ne trouvons pas le salut dans la protection, où le trouverons-nous? Avez-vous un remède plus efficace à nous offrir?

Certainement, et ce remède est des plus simples, et il n'exige l'intervention d'aucun législateur. Il consiste à vous protéger vous-mêmes, en produisant à aussi bon marché que vos concurrents, contre lesquels vous êtes d'ailleurs protégés naturellement par des frais de commerce et de transport qui ne s'élèvent pas à moins de 8 fr. par quintal métrique pour les blés de l'Inde, les plus redoutables[1] ! Vous êtes, à la vérité, surchargés d'impôts. M. Pouyer-Quertier vous le disait hier encore, et l'on sait que l'illustre orateur protectionniste ne saurait être taxé d'exagération. Il n'évaluait pas à moins de 956 millions, près d'un milliard, les charges annuelles que l'impôt payé à l'État et les centimes additionnels payés aux communes font peser sur l'agriculture. Et il ne disait pas tout. Il oubliait, involontairement sans doute, dans son énumération, les tributs énormes et variés que vous payez à l'industrie sous forme de droits protecteurs de 20, 30 et jusqu'à 50 0/0 sur votre combustible, vos outils, vos charrues, vos faulx, vos moissonneuses, vos locomobiles, sur les vêtements de vos ouvriers et en particulier sur vos chemises de coton, les robes de cotonnades ou de tissus mélangés de vos femmes. Faites-en le compte et vous trouverez bien encore quelques centaines de millions à ajouter à l'addition de l'éloquent filateur et défenseur des intérêts de l'agriculture. Eh bien ! toutes ces charges qui augmentent artificiellement vos prix de revient, il dépend de vous de faire diminuer raisonnablement celles qui vous sont imposées dans l'intérêt du Trésor et de supprimer totalement celles qu'on vous inflige au profit des propriétaires de charbonnages, des maîtres de forges, des fabricants d'outils et de machines et des filateurs de coton. Unissez-vous, constituez une Ligue pour réclamer la diminution des dépenses publiques, pour empêcher la multiplication des centimes additionnels et finalement pour demander l'abaissement des droits sur les produits industriels au niveau du tarif des produits agricoles. Que disons-nous ! Cette Ligue, vous n'aurez pas besoin de la constituer, elle existe ; c'est la Ligue contre le renchérissement qui s'est formée récemment à Paris, à Lyon, à Bordeaux et à Marseille, et qui compte parmi ses adhérents les plus fervents, des professeurs d'agriculture et même des propriétaires fonciers. Avec votre appui, la Ligue fera merveille ; elle vous débarrassera des lourdes charges et des entraves plus lourdes encore qui ralentissent vos progrès. Elle vous donnera les moyens de vous protéger vous-mêmes ; ce qui vaut mieux que d'être protégé par autrui et aux dépens d'autrui. (*Journal des Debats.*)

G. DE MOLINARI.

---

[1] 7 fr. 94 c. pour les blés blancs de Delhi, transportés à Anvers. Rapport du consulat de Belgique à Rouen.

L'Act Torrens et la Tunisie [1]. — Une lettre de M. Cambon.

On lit dans *le Globe :*

Les administrateurs publics qui ont de l'initiative, qui se montrent accessibles aux idées nouvelles, qui n'opposent pas à toute innovation un *veto* dédaigneux, qui n'imaginent pas que tout ce qui ne leur arrive pas par la voie hiérarchique doit être mauvais, sont si rares que nous devons saluer avec d'autant plus de sympathie ceux qui savent se dégager de cette ornière.

Aussi ne pouvons-nous résister au désir de publier la lettre suivante que M. Cambon, ministre de France à Tunis, vient d'adresser à M. Yves Guyot. M. Cambon ne nous en voudra pas, nous l'espérons, de cette indiscrétion.

Nous lui avons répondu : « M. Cambon offre là un trop bon exemple pour que nous ne lui donnions pas toute la publicité possible. Cela en poussera peut-être d'autres à l'imiter! Comment! un fonctionnaire qui prend une idée, parce qu'il ne consulte que tes intérêts du pays qu'il est chargé d'administrer, sans s'inquiéter de savoir qui la lui a présentée; qui a la bonne grâce de remercier celui qui la lui a indiquée; qui ne l'a pas trouvée *a priori* mauvaise parce qu'elle a d'abord été appliquée en Australie! Mais c'est le merle blanc! Tant pis pour lui. Vous n'avez pas le droit de tenir cette merveille sous le boisseau. *Habemus confitentem reum.* Nous le tenons, nous ne le laisserons pas échapper. Nous le prions seulement d'excuser notre indiscrétion. C'est pour le bon motif ; elle ne saurait lui faire aucun tort, ni auprès du public, ni auprès du gouvernement, qui approuve ses projets. »

Tunis, le 14 décembre 1884.

« Monsieur, j'ai l'honneur de vous envoyer un exemplaire du projet de loi présenté par le gouvernement tunisien pour l'établissement d'une législation immobilière. Ce n'est qu'un projet indiquant des lignes générales. Il devra être complété, soit par une réglementation accessoire, soit par une revision des articles. C'est le travail auquel se livre en ce moment, avec beaucoup d'ardeur, la commission instituée par le Bey. Tel qu'il est cependant, ce projet contient quelques-unes des meilleures dispositions de l'*Act Torrens*. Il s'inspire de l'idée dominante dans le régime australien, à savoir : l'inscription constituant l'origine de tout droit réel.

« Depuis que j'ai eu le plaisir de vous voir à Tunis et de correspondre avec vous au sujet de l'*Act Torrens*, j'ai étudié ce document dont je ne con-

---

[1] Le *Journal des Économistes* a publié, dans son numéro d'octobre 1882, un article de M. Yves Guyot contenant un exposé analytique de l'*Act Torrens*.

naissais l'économie que par vos articles du *Globe* et du *Petit Colon*. Vous en donniez du reste une analyse très complète et très suffisante. Il m'a paru qu'en nous inspirant des idées de M. Torrens nous pouvions résoudre facilement tous les problèmes qui se posent en Tunisie pour l'établissement de la propriété.

« Nous sommes en effet ici obligés de satisfaire à une double nécessité. En premier lieu, il faut donner aux Européens et aux acquéreurs de terres qui affluent en ce moment dans la Régence une sécurité absolue et les mettre à l'abri des revendications du passé et des incertitudes de la justice musulmane. En second lieu, nous voulons respecter les lois et les institutions du pays, et nous tenons essentiellement à ménager les influences religieuses qui sont maîtresses ici de l'opinion indigène.

« Le projet que je vous envoie répond à ce double but.

« Tout Européen propriétaire en Tunisie peut naturaliser sa terre et la rendre française par le seul fait de l'inscription.

« Tout acquéreur peut imposer à son vendeur cette naturalisation comme condition préalable.

« La faculté de procéder à cette formalité est laissée à la libre initiative de chacun. Inscrivez votre propriété si vous voulez la faire passer sous la juridiction française ; ne l'inscrivez pas si vous désirez rester sous la juridiction musulmane ; libre à vous, que vous soyez indigène ou Européen. Vous êtes juge de votre propre intérêt.

« Ainsi les indigènes ne peuvent se plaindre d'être contraints à accepter de force une législation qui leur répugne. Ils s'apercevront d'eux-mêmes des avantages de la nouvelle loi, et à mesure que les transactions avec les Européens s'étendront, nous verrons peu à peu la terre tunisienne se franciser.........

« Je suis convaincu du succès de notre loi immobilière si l'application en est tentée en Tunisie. De là elle passera en Algérie et vous la verrez passer en France par la porte du cadastre. La revision du cadastre, qui semble impossible, devient d'une facilité extrême avec l'*Act Torrens*. Chaque immeuble a son sommier, sa case, son état civil et son plan, et s'il se divise, il forme autant de cases nouvelles et le plan se divise en même temps. Je ne désespère donc pas de voir, dans quelques années, les principes de l'*Act Torrens* s'infiltrer dans notre législation française.

« Vous avez, je crois, signalé le premier les avantages de cette façon de procéder. Vous suivrez donc notre tentative avec intérêt et je vous tiendrai au courant de nos expériences......... »

Veuillez agréer, etc.

PAUL CAMBON.

L'application de la loi sur l'assurance des ouvriers contre la maladie en Allemagne. — La loi rendant obligatoire l'assurance contre la maladie est entrée en vigueur à partir du 14 décembre 1884, et on s'aperçoit déjà qu'elle a besoin d'être amendée. L'esprit qui animait le gouvernement, lorsqu'il a fait accepter par le Parlement l'assurance obligatoire, était hostile aux caisses de secours mutuels libres qui existaient déjà dans l'empire. On s'était ingénié pour leur rendre difficile de subsister et de se développer, on leur avait imposé de se conformer à une réglementation nouvelle très stricte, on les avait privées de la contribution que les patrons sont tenus de payer aux caisses d'assurance contre la maladie, contribution qui peut aller jusqu'au tiers de la contribution de l'ouvrier. Les caisses libres allaient se trouver dans une position peu enviable, et il ne manquait pas de personnes pour en prédire la disparition. Par un étrange retour de fortune, le contraire se produira peut-être.

Lorsque la loi sur les assurances obligatoires fut discutée, la question de savoir sur qui retomberait en dernier lieu l'impôt qu'on allait créer a été vivement agitée. M. Fawcett s'est efforcé de démontrer dans son petit livre sur le travail et les salaires, que l'ouvrier payerait les frais d'une mesure pseudo-philanthropique et que les patrons chercheraient, par tous les moyens possibles, à se débarrasser de leur contribution. M. Fawcett a prédit que le salaire de l'ouvrier fournirait le fonds où l'on puiserait. On ignorait seulement si l'effet en serait immédiat ou s'il faudrait du temps pour cela.

D'après des renseignements donnés au Reichstag et dans la presse, il paraît qu'un certain nombre d'industriels ont déjà pris leurs précautions. Ils ne veulent prendre comme ouvriers que des membres de caisses libres, parce que le patron n'est pas obligé d'y verser sa quote-part. Tout le poids de l'assurance retombe ainsi sur le pauvre ouvrier. C'est sans doute l'exception, mais le fait n'en est pas moins digne d'être signalé.

D'autre part, les socialistes du Reichstag encouragent le plus possible les ouvriers à s'enrôler dans les caisses libres, de préférence aux caisses communales ou aux caisses de fabrique. Ils espèrent peut-être se créer des organes de propagande.

La loi sur l'assurance contre les maladies nécessite dans son fonctionnement la détermination du salaire moyen qui est payé dans la localité. On a besoin de connaître le taux moyen du salaire afin de fixer la cotisation à percevoir et le montant du secours à accorder. Il paraît que, dans certains endroits, des ouvriers mal renseignés sur la portée de cette statistique, se figurent que le gouvernement s'est décidé à fixer le minimum des salaires qu'on est en droit d'exiger. N'est-ce pas curieux ?

Pour ma part, je n'en suis pas surpris. Il n'y a rien de plus dangereux que de faire intervenir l'autorité dans des questions aussi délicates. L'ouvrier ignorant arrive de suite à des conclusions pratiques.

A. R.

Les accidents financiers à Vienne. — La protection dont l'industrie sucrière a joui pendant longtemps en Bohême et en Autriche et qui a fini par la miner, ne saurait être rendue directement responsable des tristes événements qui se sont accomplis à Vienne dans la dernière quinzaine de décembre 1884. Cependant elle y a contribué en quelque sorte, puisque les embarras pécuniaires des grands fabricants bohémiens ont entraîné la faillite de leur prêteur d'argent Kuffler et amené la découverte des détournements dont la Société d'escompte de la Basse-Autriche a été la victime. L'atmosphère de la protection à outrance est malsaine ; stimulée artificiellement, l'industrie que l'État favorise s'agrandit démesurément, elle produit trop ; les débouchés finissent par lui manquer, le marché indigène s'encombre, s'il n'y a pas moyen d'écouler au dehors les marchandises. On a débuté, il est vrai, par réaliser de gros bénéfices qui ont attiré des capitaux ; on a bâti des fabriques immenses qu'on a pourvues de machines perfectionnées. Afin de les faire marcher et afin de lutter contre les difficultés qui succèdent à la prospérité factice, il faut recourir au crédit ; on commence par en obtenir dans les banques et chez les banquiers. Mais la bonne volonté de ceux-ci n'est pas inépuisable ; un jour vient où ils ne veulent plus continuer à livrer le nerf de la guerre. On est réduit à s'adresser à des escompteurs qui se font payer très cher le service rendu. Il se bâtit ainsi un château de cartes qui risque de s'écrouler inopinément. Nous venons d'assister une fois de plus à un spectacle semblable en Autriche.

Vers la fin de l'été 1884, les fabriques de sucre les plus considérables ont été contraintes de solliciter l'indulgence de leurs créanciers. On a appris ainsi que les établissements financiers de Vienne, la *Credit Anstalt*, l'*Union Bank*, avaient avancé des sommes énormes en partie sur hypothèques, en partie contre des marchandises ou des effets. La « Credit Anstalt » était ainsi créancière d'un seul fabricant pour 7 millions 1/2 de francs, et ce n'était qu'une partie de ses engagements. Les embarras de l'industrie sucrière ont abouti à une véritable crise, comme l'on sait ; une banque foncière de Bohême a été compromise. Or, parmi les créanciers de tout ce monde en déconfiture, on a rencontré immanquablement le nom de Kuffler. M. Kuffler faisait de très grandes opérations d'escompte, il prêtait à gros intérêts aux membres de l'aristocratie Viennoise et aux industriels à court d'argent. Il était en relation avec beaucoup d'établissements de crédit qui, confiants dans sa solvabilité, prenaient volontiers du papier chez lui. C'était surtout à l'*Escompte Gesellschaft* qu'il écoulait des effets. Kuffler a été entraîné dans la faillite des fabricants de Bohême, les fonds lui ont manqué pour faire face à ses engagements. Sur ces entrefaites, un employé supérieur de la Société d'escompte, M. Jauner, frère du directeur de Ring-Theatre de néfaste mémoire, s'est tué, et l'on a découvert qu'il avait détourné près de 2 millions de florins appartenant à l'institution. Jauner et Kuffler faisaient beaucoup d'affaires ensemble : l'argent de l'Escompte-Gesellschaft servait probablement de capital aux transactions d'escompte de Kuffler, ou bien il lui a été donné pour le soutenir au-dessus de l'eau, quand la crise a éclaté en Bohême.

Jauner était au service de l'Escompte-Gesellschaft depuis vingt-huit ans, on avait en lui une confiance illimitée; il passait pour un employé modèle, bien qu'il menât assez grand train pour ses appointements. Le conseil d'administration procédait à des vérifications de caisse qui donnaient toujours d'excellents résultats : tout était en ordre. Les vérifications étaient-elles superficielles? Ou bien Jauner avait-il le moyen de combler provisoirement le déficit? Quoi qu'il en soit, les actionnaires perdent passablement d'argent, — fonds de réserve et dividende de 1884.

Ce n'est ni le seul suicide ni le seul détournement qui aient marqué la chronique criminelle de Vienne dans les derniers temps. D'autres établissements ont aussi été volés par leur caissier pour des sommes moins importantes ; le coupable s'est tué comme Jauner.

La Bourse de Vienne est fort démoralisée de tout cela; les actions des principales banques ont baissé passablement, les affaires et la spéculation même font défaut. L'année 1884 a tristement fini en Autriche.

A. R.

Le protectionnisme sanitaire à la Plata et au Brésil. — Quoique l'épidémie cholérique ne se soit propagée que dans un petit nombre de localités, le plus souvent d'une façon bénigne, et qu'il n'en soit plus du tout question depuis que les femmes qui tuent et autres faits divers à sensation ont commencé à lui faire une sérieuse concurrence, le régime des quarantaines continue à sévir en divers pays; il a passé d'Europe en Amérique, et il aura fait certainement plus de victimes que le choléra lui-même. En ce moment, c'est dans l'Amérique du Sud, au Brésil et à la Plata, qu'il exerce ses ravages, et c'est le commerce français qui souffre principalement de ses atteintes. Par un décret du 20 novembre dernier, motivé par la nouvelle que le choléra venait d'éclater à Paris, les ports du Brésil ont été fermés à tous les navires provenant des ports français de Bordeaux, du Havre et de Dunkerque, où l'on n'a pas signalé un seul cas de choléra, aussi bien que de Toulon et de Marseille. En revanche, les navires venant d'Anvers, de Londres, de Rotterdam, de Brême et de Hambourg, continuaient d'être admis en libre pratique. Les auteurs de ce décret prétendu sanitaire ne doivent évidemment posséder que des notions vagues sur la géographie de l'Europe. Ils ignorent que le port belge d'Anvers n'est séparé de Paris que par une distance de 355 kilomètres, tandis que le port français de Bordeaux en est éloigné de 578 kilomètres, et que les articles-Paris dont ils redoutent l'infection peuvent être embarqués librement dans les ports belges, hollandais, allemands et anglais. C'est une vexation inutile, au point de vue sanitaire, en admettant même que les quarantaines aient la vertu d'arrêter la propagation des épidémies; c'est une simple protection accordée à la marine et au commerce de nos proches voisins aux dépens de nos négociants et de nos armateurs, sans oublier les consommateurs brésiliens, qui payeront un peu plus cher notre quincaillerie, notre parfumerie et nos modes.

Mais l'affolement causé par l'apparition du choléra en Europe a eu des conséquences plus graves pour les malheureux émigrants qui partent des ports italiens et français pour l'Amérique du Sud. Les vapeurs *Matteo Bruzzo, Nord America* et *Perseo* partis de Gênes, le vapeur *Provence* parti de Marseille pour la Plata, avec 4.000 émigrants, ont dû reprendre la mer sur les injonctions formelles des autorités sanitaires de Montevideo et de Buenos-Ayres, sans même qu'il leur fût permis de communiquer avec la terre et de se ravitailler. « Le *Matteo Bruzzo*, lisons-nous dans la *Revue commerciale* de Montevideo, a gagné Rio-Janeiro et il espérait pouvoir débarquer ses passagers au lazaret de *Isla Grande*. Mais il a eu dans la traversée 14 décès et 21 malades, — du choléra ou de toute autre maladie, — et il a dû continuer son voyage. On frémit à l'idée des ravages que peut faire dans les quinze ou vingt jours de traversée le fléau s'abattant sur ces 1.500 passagers parqués à bord d'un steamer et manquant des ressources nécessaires pour le combattre. Sur le *Nord America* et le *Perseo* la santé était excellente et il y a lieu d'espérer que ces deux paquebots reviendront à Gênes sans passer par les cruelles épreuves qu'a eues à subir le *Matteo Bruzzo*. » Le Brésil ne s'est pas montré plus hospitalier que les républiques du Sud. Non seulement le gouvernement brésilien a refusé de laisser débarquer les émigrants des navires suspects, mais il n'a été permis à aucun médecin d'aller constater leur état sanitaire. « On a été dans la dure obligation, avoue le *Messager du Brésil*, de repousser les navires chargés d'émigrants venant de faire une longue traversée, qui demandaient du secours ! Après leur avoir jeté à distance quelques vivres, on leur a intimé l'ordre de quitter immédiatement les eaux brésiliennes et, pour être plus sûr qu'ils obéissaient à cet ordre, on les faisait escorter par des navires de guerre jusqu'en pleine mer. Le drame poignant de la *Méduse* qui a inspiré le pinceau de Géricault se renouvelle peut-être aujourd'hui à petite distance des grandes cités américaines. »

Nous espérons encore que les sinistres prévisions du journal français du Brésil ne se sont point réalisées, mais cet épisode de la panique du choléra et de l'histoire des quarantaines n'en est pas moins douloureux, et il fait médiocrement honneur aux autorités sanitaires de l'Amérique du Sud. Il y a apparence que les émigrants s'en souviendront et qu'ils iront à l'avenir porter leur travail et leurs capitaux dans des parages plus hospitaliers. (*Journal des Débats*.)

Une déclaration de principes du parti conservateur au Pérou. — Voici une déclaration de principes, tout au moins fort originale, qui a été communiquée au *Journal des Débats* par des conservateurs péruviens membres de la « Société des Trois Vertus ».

Le parti conservateur,

Affirme l'existence d'un Dieu unique, vivant, personnel, incorporel; d'un Dieu qui a créé, qui conserve et qui gouverne l'univers; d'un Dieu fondateur et législateur de la famille et de la société.

Il affirme que l'unité sociale réside dans la famille.

Il affirme que l'autorité est une nécessité essentielle de la société.

Il affirme que l'autorité est l'unique source de la loi.

Il affirme que la liberté est régie par la loi et que sans la loi on ne peut même concevoir la liberté.

Il affirme que l'équilibre parfait entre l'autorité et la liberté doit être l'aspiration suprême de tout système social, suivant l'idéal que nous offre l'univers dans les systèmes infinis des astres qui le peuplent, où les deux forces, qui le soutiennent et qui correspondent à l'*autorité* et à la *liberté*, se trouvent parfaitement équilibrées; mais de telle façon que l'excès de la première ne ferait que réduire l'amplitude du système, tandis que l'excès de la seconde tendrait à sa désagrégation et à son anéantissement.

Il affirme que le progrès humain, dans ses sphères multiples, ouvre à l'entendement et à l'imagination des horizons enchanteurs que nul ne peut borner ni circonscrire et qui ne peuvent qu'être limités, comme l'est la nature de l'homme.

Il affirme que ce progrès, pour être vrai, solide et durable, doit être réalisé graduellement, ainsi que l'est celui des œuvres de la nature.

Il affirme que la discussion de la préférence à donner à telle ou telle forme de gouvernement est vaine et susceptible d'entraîner les plus désastreuses conséquences, et qu'il faut considérer comme la meilleure pour chaque pays celle qui lui est le plus innée et pour la stabilité de laquelle il a les éléments les plus nombreux et les plus efficaces

Il affirme qu'il est raisonnable de penser que la diversité des formes de gouvernement chez les différents peuples de la terre est une condition naturelle de l'humanité et un grand levier de sa civilisation.

Il affirme que l'égalité essentielle qui existe entre tous les hommes n'admet au-dessus d'eux d'autre autorité légitime que celle de Dieu, et que le droit de désigner les autorités qui doivent commander à la société et de leur demander compte de l'exercice de leur commandement constitue la souveraineté du peuple.

Il affirme que le droit de commander, aussi bien que le droit de souveraineté, qui le détermine et le confère, doit être réglé par le pacte constitutionnel, c'est-à-dire par la Charte fondamentale de l'État.

Il affirme que le talent, la science, la vertu, la sagesse, le génie et tout ce qui constitue la valeur de chaque individu, comme élément social, sont les seuls titres de prééminence et d'honneur, les seuls titres dignes d'une juste récompense.

Il affirme que l'harmonie, la concorde et l'aide mutuelle des grandes institutions qui existent au sein de la société sont des conditions et des garanties d'ordre, de prospérité et de progrès; et que, au contraire, leur désaccord et leur séparation entraîneraient des perturbations lamentables, la décadence, la ruine.

Il affirme que toutes les situations, tous les arts, toutes les industries, toutes les sciences, toutes les classes sociales ont droit à la protection de l'État, suivant leur importance, leurs besoins, et le profit qui en peut revenir à la société en général.

Il affirme que l'élévation du niveau moral, l'instruction et le bien-être des classes prolétaires doivent être l'objet des sollicitudes de l'État et de la charité fraternelle des puissants.

Il affirme que les peines sociales sont plus possibles et plus nécessaires que les récompenses.

Il affirme que le but essentiel de la pénalité est l'expiation et que, par cela même, la peine de mort est juste et doit, en certains cas, être appliquée.

Il affirme que le droit de grâce et de commutation des peines est l'apanage de la souveraineté, mais qu'il doit être exercé dans une mesure telle qu'il ne puisse dégénérer en un vrai relâchement de la salutaire sévérité du châtiment.

Tels sont les principes tutélaires de la société, principes qu'il faut aujourd'hui plus que jamais soutenir avec une inébranlable fermeté, développer dans toute leur étendue, proclamer et propager avec une infatigable ardeur, comme une égide de salut contre les principes du système opposé qui a commencé par dénaturer la liberté en la transformant de moyen en but; qui l'a ensuite divinisée, puis déifiée, pour aboutir aux effroyables horreurs du nihilisme, sa dernière et logique formule, la plus criminelle folie de notre époque.

Il est vrai que les partis libéraux militants, par une heureuse inconséquence à laquelle ils sont entraînés par l'instinct de leur propre conservation, non seulement reculent souvent devant la monstruosité de leurs conclusions, mais encore se démentent eux-mêmes dans les faits, en adoptant une pratique contraire aux doctrines proclamées par leur prétendu droit. Mais, en attendant, leurs théories sont défendues et propagées dans les Universités, dans les livres, les brochures, les journaux ; dans les classes populaires du dimanche, dans les cercles, les clubs, les réunions, les sociétés de tous genres, publiques et secrètes; dans les théâtres, les cafés chantants, les spectacles de toutes sortes; revêtues partout des formes les plus séduisantes.

La poésie, la musique, la peinture, la sculpture, les beaux-arts, les conquêtes de l'industrie, les progrès de la science, tout ce qui peut, en un mot, contribuer à la *grande hallucination*, leur sert d'auxiliaire, de véhicule, d'aiguillon, de baguette magique.

Sous de telles influences, la société surexcitée, ébranlée au cœur et au cerveau par une funeste électrisation, maladive, et prédisposée à des souffrances plus graves et plus aiguës encore, est sur le point de se laisser précipiter dans l'abîme par le premier novateur audacieux qui se présentera.

Partout donc, la lutte entre les deux partis opposés est inévitable, fatale, et de l'issue de cette lutte dépendra la rédemption de la société humaine.

Il y a, par cela même, une communion indélébile entre tous les partis conservateurs, de même qu'entre tous les partis libéraux qui se disputent le sceptre social et politique du monde.

Les deux foyers de corruption et de purification de l'atmosphère sociale de notre globe tendent à s'éteindre l'un l'autre. Notre conviction intime et consolatrice est que la vie l'emportera sur la mort. La réalité de la *civilisation* remportera sur le *nihilisme* la plus glorieuse des victoires.

Collaborateur d'une œuvre aussi féconde en bien pour le genre humain, le parti conservateur du Pérou observe avec la plus profonde vénération :

La *foi orthodoxe*, qui a créé notre nationalité ;

La *foi républicaine*, dans laquelle le Pérou est né à la vie indépendante,

Et proclame son adhésion la plus sincère à l'autorité, dont la défense est le premier devoir du citoyen.

Ce parti, déjà organisé, ouvre aujourd'hui son *Livre d'or*, invitant ses membres à y souscrire à la Déclaration de principes qui précède ou à envoyer leurs adhésions par écrit.

Lima, portal de Escribanos, 96.

Par ordre du président de la « Société des Trois Vertus »,
Dr Pedro-José Caldéron,

Signé : JUAN J. BEINGOLEA, *secrétaire.*

Septembre 1884.

SOCIÉTÉ D'ÉCONOMIE POLITIQUE

RÉUNION DU 5 JANVIER 1885.

NÉCROLOGIE : M. C. Mailfer.

COMMUNICATION : Les conférences de l'École des hautes études commerciales.

DISCUSSION : Y a-t-il lieu, pour parer aux dangers de l'alcoolisme, de restreindre la liberté du commerce des boissons?

OUVRAGES PRÉSENTÉS.

La séance est présidée par M. Léon Say, président.

A la réunion assistent MM. le prince Makalsky, vice-consul de Russie à Paris, et Villard, membre du Conseil municipal.

M. le président annonce à la Société la perte qu'elle vient de faire en la personne de M. Ch. Mailfer, qui en était membre depuis 1875. M. Mailfer s'était beaucoup occupé d'études philosophiques et économiques. Il avait publié, entre autres, des *Recherches historiques du juste et de l'autorité*, ainsi qu'un ouvrage intitulé : *De la démocratie en Europe*.

M. A. Courtois, secrétaire perpétuel, énumère les ouvrages et documents parvenus à la Société depuis la précédente séance. (Voir ci-après la liste de ces publications.) Il signale particulièrement le nº 2 du *Bulletin* de la Ligue nationale contre le renchérissement du pain et de la viande.

M. le secrétaire perpétuel fait part à la réunion de l'inauguration, le 14 janvier, d'une série de conférences à l'École des hautes études commerciales. Parmi les orateurs figurent deux membres de la Société d'économie politique, en même temps professeurs à cette école, M. Frédéric Passy, l'un des présidents, qui fera, le 21 janvier, *l'Histoire d'une pièce de* 5 *francs*, et M. Charles Letort qui, le 4 février, parlera sur *le Pain*.

M. Frédéric Passy annonce aussi que, le lundi 12 courant, à la salle des Capucines, il fera une conférence qui sera suivie de quelques autres contre les droits sur le blé et sur la viande.

M. le ministre de l'Instruction publique et des Beaux-Arts a adressé à la Société le programme des sujets d'étude recommandés par la section des sciences économiques et sociales du Comité des travaux historiques, institué près de son ministère.

Les questions proposées sont les suivantes : 1° Histoire d'un domaine rural; 2° L'état et la valeur de la propriété bâtie : 3° Effets économiques d'une nouvelle voie de communication; 4° Étudier pour une région déterminée les modifications qui se sont introduites dans la pratique des régimes matrimoniaux depuis le Code civil.

M. le président met aux voix le sujet à discuter. La réunion adopte la question suivante proposée par M. Léon Say:

Y A-T-IL LIEU, POUR PARER AUX DANGERS DE L'ALCOOLISME, DE RESTREINDRE LA LIBERTÉ DU COMMERCE DES BOISSONS?

M. **Léon Say** prend la parole pour poser la question. Il rappelle que la Société d'économie politique s'est occupée à plusieurs reprises, depuis quelque temps, des limites qu'il y aurait lieu de fixer à l'intervention de l'État. On a examiné quelques-unes des attributions qu'il s'est données. Eh bien, ne pourrait-elle étudier en particulier si le principe de liberté auquel elle est si fermement attachée ne saurait fléchir un peu, et souffrir certaines restrictions pour parer aux dangers que l'alcoolisme fait courir aux populations et aux intérêts économiques d'un pays comme le nôtre?

Les progrès de l'alcoolisme ne sont pas à démontrer; ils sont malheureusement patents. Comment les combattre et les entraver?

On a essayé, chez nous, d'une loi contre l'ivrognerie. Tout le monde est d'accord pour reconnaître qu'elle a été fort peu efficace. Le nombre des débits en France est peut-être aujourd'hui de 400.000, — 392.000 au moins, d'après les derniers relevés, — ce qui fait environ un débit par 100 habitants, soit, en ne comptant que le quart pour représenter la population mâle et adulte fréquentant les cabarets, 1 pour 25 consommateurs.

Cette statistique, certainement, est sujette à discussion, car les débits du Nord ne ressemblent pas à ceux du Midi ni à ceux de l'Ouest; on n'y consomme pas les mêmes boissons, et les effets de l'alcool ici, du vin ailleurs ou du cidre, ne sont pas identiques. Mais le mal général n'en est pas moins constaté, réel, et l'alcoolisme se développe sans cesse, sous l'influence de causes variées.

On a essayé encore de combattre ces progrès par les droits énormes imposés, spécialement depuis la guerre de 1870-71, sur les alcools. Ces droits considérables n'ont entravé ni la production, ni la consommation de l'alcool; seulement, l'industrie a développé la fabrication des alcools autres que l'eau-de-vie, l'eau-de-vie de vin, et ces alcools nouveaux, qu'on peut vendre à des prix abordables, malgré une taxe de 156 fr. 25 et même, pour Paris, de 186 fr. 25, sont bien plus dangereux pour les consommateurs. De 1840 à 1850, la production annuelle de l'alcool en France était de 976.500 hectolitres environ, dont 900.000 d'alcool de vin, 500 d'alcool de betteraves, 40.000 d'alcool de mélasses et 36.000 de substances farineuses. Depuis, l'on a vu, principalement à cause des ravages du phylloxéra, l'alcool de vin diminuer constamment, et, aujourd'hui, sur une production de plus de 1.800.000 hectolitres, c'est à peine s'il y en a 60 ou 62.000 provenant du vin, du cidre, des marcs et fruits, tandis que le reste, 5 à 600.000 hectolitres, est de l'alcool de betteraves, ou de l'alcool de mélasses (700.000 hectolitres environ), plus 500 à 510 ou 520.000 hectolitres d'alcools de pommes de terres et de diverses substances farineuses.

En 1884, les droits sur l'alcool, l'absinthe, les liqueurs, ont produit (droit de détail, droit de consommation et d'entrée) plus de 245 millions au Trésor.

Les droits élevés, les lois contre l'ivrognerie n'ont donc pas donné de résultats pour restreindre la consommation des spiritueux dangereux. A-t-on mieux réussi dans les pays où l'on a essayé de restreindre le nombre des débits de boissons? L'Angleterre semble avoir échoué. En Suède, on a expérimenté un système consistant à laisser concéder par les communes l'exploitation des débits à des sociétés privilégiées qui devaient organiser la vente de manière à ne pas « pousser à la consommation ». M. Chamberlain va même plus loin, en Angleterre, et conseille de réserver entièrement le monopole de la vente aux communes. Mais les communes se laissent aller à faire des travaux, il leur faut des ressources croissantes, et fatalement elles cèdent au désir de faire des bénéfices, et par conséquent de développer la vente des boissons. Pour les sociétés particulières, les compagnies privilégiées, il en est forcément de même. Ce n'est pas encore là une solution.

Reste seulement un moyen, la restriction, par voie législative, du nombre des débits. C'est une violation de la liberté commerciale. Les économistes libéraux doivent-ils admettre cette violation, dans un intérêt supérieur? Et puis, la question est complexe; la politique y tient une large place, et, pour ne signaler que ce détail, si le régime établi depuis 1871 est arrivé à laisser la plus grande liberté en la matière, n'est-ce pas sous l'influence d'une vive réaction contre le système de restrictions en vigueur sous l'Empire?

Provisoirement, M. Léon Say pense que le moyen le plus efficace contre les progrès de l'alcoolisme serait le monopole de la vente et la réduction du nombre des débits.

M. **Raffalovich** ne croit pas à l'efficacité de la législation ni des mesures de police pour supprimer ou diminuer l'intempérance. Il n'y a pas grand espoir de succès de ce côté tant que les efforts de l'État ne sont pas soutenus par la libre volonté des populations. La commission d'enquête de la Chambre des lords en 1878 a dû reconnaître que la législation antérieure (notamment les lois de 1872-1874) n'avait pas eu d'effet appréciable et n'avait pas diminué la somme d'ivrognerie qui prévaut dans les districts populeux du pays. La commission a conseillé de donner des facilités pour tenter en Angleterre l'essai des systèmes de Gothenbourg et de M. Chamberlain, mais elle l'a conseillé par acquit de conscience, sans grandes illusions. Le système suédois et norwégien a pu donner de bons résultats dans le pays où il est né, et encore conteste-t-on aujourd'hui la permanence de ses effets bienfaisants. Il n'est guère applicable ailleurs, parce qu'il faudrait tenir compte des droits acquis des débitants et les exproprier, ce qui coûterait cher, et ce qu'on n'a pas été obligé de faire en Suède par suite de circonstances spéciales. Quant au système préconisé par M. Chamberlain, véritable socialiste autoritaire, — système consistant à charger la commune du débit des boissons, il soulève de formidables objections. Il est trop dangereux de transformer les municipalités en grandes sociétés de commerce. Il est souverainement injuste en outre de donner à une majorité le droit de contrôler les goûts de la minorité et de la priver de l'usage modéré des boissons, parce qu'il y a des ivrognes. On dit qu'il y a un rapport entre le nombre des cabarets et la somme d'intempérance, qu'ici l'offre fait naître la demande, que plus il y a de cabarets, plus on boit. Les statistiques anglaises contredisent cet *à priori*. A Norwich, ville où il y a le plus de cabarets, il y a le moins d'ivrognerie; c'est le contraire à Liverpool, maximum d'ivrognerie (1 arrestation sur 24 habitants) et minimum de cabarets. Les circonstances locales font énormément, et il est impossible d'arriver à des conclusions d'une application générale. Est-ce qu'en limitant le nombre des débits, vous ne créez pas un monopole en faveur de ceux que vous laissez subsister?

Il y a une tendance dans certains pays à limiter le nombre des débits et à établir une relation déterminée entre le chiffre de la population et celui des cabarets. C'est ce que la Hollande a fait en 1881; elle a cherché à réduire de 85.000 à 15.000 le nombre des débits. Dans les villes de plus de 50.000 habitants, il peut y avoir un débit d'eau-de-vie par 500 habitants; dans les communes de moins de dix mille âmes, un débit par 250 habitants. En Hollande, en dehors du droit sur l'alcool, il y a un droit de licence, qui est de 10 à 25 0/0 de la valeur locative du débit ; ce droit a produit à Amsterdam 75.000 florins par an; à la Haye, 55.000 fl. : cela fait 1/5 à 1/2 florin par habitant, au profit de la commune; de même en Suède, le bénéfice des sociétés de débit, après prélèvement des intérêts, est affecté à la ville pour des usages utiles: à Gothenbourg, 1 million de francs, à Stockholm 2 millions, c'est-à-dire 10 à 12 fr. par tête de population.

Il est impossible de généraliser les résultats. En Russie, la consommation par tête d'habitant a diminué considérablement à mesure que l'on élevait le chiffre du droit sur l'eau-de-vie (en 1863, quatre roubles par vedro, en 1882, huit roubles) et qu'on réduisait le nombre des débits de 257.000 à 146.000. La consommation en vingt ans est tombée de 1,28 vedro à 0,78 vedro. Le Trésor encaisse d'énormes revenus, 234 millions de roubles en 1882, 33 0/0 environ des recettes budgétaires. En Russie aussi on a réclamé qu'on déterminât le nombre des débits par celui de la population. En 1881, il s'est tenu à Saint-Pétersbourg une sorte de parlement de tempérance; le gouvernement a convoqué une commission composée d'experts délégués par les assemblées provinciales, afin d'étudier les mesures à prendre contre l'intempérance. Après de longues délibérations, voici les principales recommandations qui ont été faites au gouvernement: 1° Liberté donnée aux communes de fermer tous les lieux de vente de boissons dans les limites communales. 2° Permission aux communes d'établir des monopoles communaux de vente, dans le genre de ce qui se fait en Suède, dans la Finlande russe et dans quelques localités de l'empire. 3° Un débit par 1.000 habitants. Les débits devront être à une distance donnée l'un de l'autre, ne pas être rapprochés au-delà d'un certain nombre de mètres des églises ou des écoles. 4° Obligation pour les débitants de vendre du thé et des aliments. 5° Mise en adjudication des licences de débitant, enfin maintien de l'interdiction aux israélites de tenir un débit.

En Allemagne, l'alcoolisme a fait d'énormes progrès apparents; le nombre des débits a augmenté dans de très grandes proportions, de 1869 à 1879, dans certaines parties de 50 à 60 0/0. A Berlin, par exemple, il y avait 3.637 débits en 1860, 5.395 en 1870, 11.609 en 1880, beaucoup trop pour que les propriétaires fassent de bonnes affaires. Un tiers des débits change de main tous les ans. Beaucoup sont obligés de vendre des boissons frelatées, de se servir de mesures trop petites et illégales, ou bien d'allécher le client par le service fait par des femmes. Il y a à Berlin un débit par 33 adultes mâles. En 1878, on a arrêté 6.890 ivrognes, 7.900 en 1880. On dépense en Prusse 261 millions de marcs par an en eau-de-vie. La Prusse est le pays où l'eau-de-vie est le moins imposée (33 fr. 92 par hectolitre, 239 en Hollande, 477 en Angleterre). Cela tient à des raisons politiques. Il se fait en Allemagne un mouvement pour combattre l'intempérance; c'est un réveil après 30 ans. Il s'est fondé en 1883 une association contre l'abus des boissons alcooliques, qui emploie l'intervention de l'État pour introduire le système hollandais et prendre diverses mesures restrictives (interdiction de vendre aux mineurs ou aux gens ivres, d'accorder du crédit, obligation de servir des aliments, séparation du débit de tout autre commerce). Cette société, qui a son siège à Brême, est née de l'initiative spontanée de particuliers, elle aura peut-être une existence plus longue que les associations de tempérance créées de 1837 à 1848, sous les auspices du roi de Prusse, du ministre de l'intérieur. Le roi de Prusse s'était enthousiasmé pour le mouvement qui avait réussi en Amérique et il voulait l'implanter dans son pays. Ce furent des créations artificielles qui disparurent dans la tourmente de 1848. Rien ne vaut décidément l'initiative privée, le libre développement des institutions et le jeu de l'intérêt privé.

Une considération importante, c'est que le cabaret, le débit de boisson est un lieu de réunion, de distraction pour l'ouvrier qui est condamné à la vie la plus tristement monotone dans son atelier ou à la fabrique. Il y est chauffé, éclairé, il y va parce que son logement est étroit, insalubre. Au lieu de faire intervenir l'État et de s'enrôler parmi les apôtres de la tempérance, qu'on offre à l'ouvrier un endroit pour remplacer le cabaret, où on lui vendra du thé, du café, du chocolat, où il aura tous les agréments du débit d'eau-de-vie sans les tentations mauvaises. On l'a fait en Angleterre et avec grand succès, même au point de vue financier [1]. Il a été fondé des sociétés pour la vente de boissons chaudes (coffee houses societies) qui font d'excellentes affaires, en moyenne 8 à 8 1/2 0/0 de dividende. Les ouvriers les fréquentent; à Liverpool, les ouvriers des Docks (15.000) ont pris l'habitude de s'y nourrir.

[1] En Angleterre, depuis 1875, le rendement de l'accise (droit sur les boissons) a fléchi de 8 0/0 environ, près de 125 millions de francs; d'autre part, le produit des droits de douane sur le thé a augmenté. On consomme plus de thé. Est-ce que l'État ne pourrait pas faire sentir indirectement son influence en dégrevant le thé, le café, de manière à stimuler la consommation, de même qu'il devrait renoncer à l'impôt des portes et fenêtres?

Nous voilà, dit en terminant M. Raffalovich, revenus aux mêmes conclusions que nous avons formulées à propos des logements insalubres. Il faut compter sur l'action simultanée et continue d'une foule de facteurs, non pas se fier à la panacée de l'intervention gouvernementale.

M. Yves Guyot désirerait communiquer certains renseignements empruntés à une enquête faite auprès des gouvernements d'Europe et d'Amérique, par le Dr Kumor, directeur de la Statistique fédérale suisse, et à une autre enquête faite dans les divers cantons suisses par le Dr Schuler, inspecteur général des fabriques.

La Suède, par la loi de 1855, a essayé de restreindre le nombre des distilleries et le nombre des débits. Elle mit ceux-ci en adjudication : bon moyen de les engager à pousser les consommateurs à la sobriété ! La statistique permettrait de conclure que les mesures prises ont augmenté l'alcoolisme ; car, de 1856 à 1860, le nombre des délits pour ivresse varie de 322 à 376 pour 100.000 habitants ; de 1876 à 1880, il ne descend pas au-dessous de 421, et il s'élève jusqu'à 493 en 1877. Le nombre des décès résultant de l'abus des boissons fortes a augmenté : de 1856 à 1860, moyenne annuelle, 60 ; de 1876 à 1880, 171 ; en 1882, 152. M. Y. Guyot n'accuse pas la législation d'avoir déterminé cette progression. Il se méfie du *post hoc propter hoc*, et constate qu'elle ne l'a pas empêchée, voilà tout.

Même résultat en Danemarck. Le gouvernement, depuis 1843, a supprimé la distillerie rurale au profit de la distillerie industrielle : les communes sont autorisées à limiter le nombre des établissements de vente d'eau-de-vie. Or, l'alcoolisme augmente au lieu de diminuer. En 1871, on ne lui attribuait que 6,5 décès sur 100 ; en 1880, on lui en attribue 10,10. De 1871 à 1880, le nombre des aliénés alcooliques a doublé. Sur 1.000 suicides, les ivrognes étaient, pendant la période de 1856-60, de 265 ; pendant la période de 1871-75, de 362.

Ni en Finlande, ni en Allemagne, les mesures préventives ou répressives n'ont eu d'influence. Pas davantage en France. La loi sur l'ivrognerie date de 1874 ; le nombre des suicides causés par l'abus des boissons était de 564 de 1871 à 1875 ; il s'est élevé à 799 de 1876 à 1880. On ne peut pas dire que cette augmentation a pour cause l'abrogation du décret de 1852 sur les débits de boissons, puisqu'elle est antérieure. La consommation de l'alcool est de 4,3 litres par tête dans le nord-ouest, de 5,9 dans le nord, pays à cidre et à bière ; elle tombe dans le sud-ouest et dans le sud au-dessous de 1.

En Angleterre, le nombre des consommateurs d'alcool a diminu dans une proportion assez considérable pour produire une moins-value dans le budget : mais ce résultat est dû non à l'action du législateur, mais à la propagande des sociétés de tempérance, par paroles et par le fait, car elles mettent à la disposition du public et de leurs adhérents du café, du thé, du chocolat.

Aux États-Unis, les dernières mesures prises par les États n'établissent nullement une proportion entre l'alcoolisme et le nombre des débits de boissons. Dans certains États, on arriverait même à des résultats contraires.

Le président de la *Ligue belge contre l'alcoolisme* avait donc raison de conclure, à la suite du Congrès de 1882 : « Il n'y a que deux remèdes contre l'alcoolisme : c'est la suppression de la misère et la suppression de l'ignorance. »

Le Dr Schuler, dans son enquête sur les divers modes d'alimentation des cantons suisses, confirme cette appréciation.

Dans le riche canton de Vaud, à Genève, à la Chaux-de-Fond, dans le canton de Zurich, partout où l'on consomme beaucoup d'aliments azotés sous forme de viande, de fromage mi-gras, de pain de bonne qualité, la consommation de l'eau-de-vie est très faible.

Dans les cantons pauvres, dans la partie inférieure de l'Emmenthal, dans l'Oberghale, à Interlaken, dans la vallée de la Surh, dans le Hinterland, dans les petits cantons, dans les cantons primitifs, là où l'alimentation se compose surtout de pommes de terre et de maïs, seulement relevée par de mauvais café, où le lard est un objet de luxe, le schnaps, le brandevin, l'eau-de-vie de pomme de terre à 0.50 c. la bouteille au détail, jouent un rôle considérable.

Quand la protéine et les corps gras manquent, l'estomac a besoin d'être rempli, l'homme se sent débile, il essaye de tromper son besoin, de se donner une vigueur factice avec de l'eau-de-vie.

Telle est la conclusion du Dr Schuler. Mais que font donc les législateurs qui veulent restreindre à l'aide de tarifs douaniers la consommation du blé et de la viande ? Ils donnent une prime à l'alcoolisme !

M. **Alglave** pense que, s'il est très désirable de réprimer les progrès de l'alcoolisme, les divers moyens proposés jusque-là lui semblent bien insuffisants.

La restriction du nombre des débits ne donnerait aucun résultat, la statistique le démontre, en faisant voir que le nombre des cas d'alcoolisme n'est nullement proportionnel à la quantité des débits.

Quant à la propagande des Sociétés de tempérance, elle ne sera jamais plus efficace.

M. Yves Guyot a parlé des relations qu'on peut établir entre la qualité de l'alimentation d'une population et la quantité d'alcool qui s'y consomme. La consommation d'alcools de pommes de terre, dans certains pays, en Suisse, par exemple, pour suppléer dans quelque mesure à l'insuffisance de l'alimentation normale, cause les plus déplorables effets.

Ce qu'il faudrait, ce serait réduire, par l'intervention de l'État, la proportion d'alcools industriels, et spécialement de l'élément dangereux, toxique, de ces alcools (alcool amylique) offerte aux consommateurs. Pour cela, M. Alglave a imaginé tout un système d'impôt sur les alcools, par un monopole spécial de l'État.

D'abord, fait-il remarquer, l'hectolitre d'alcool, coûtant environ 75 fr., fournit 2 litres et demi de liqueur par litre d'alcool. Un litre donne 40 petits verres — 55 même en certaines localités, à Lille, par exemple, — soit 10.000 petits verres par hectolitre d'alcool. On voit quel est le bénéfice énorme du débitant. Une augmentation d'impôt pourrait intervenir sans augmenter le prix de détail du petit verre.

M. Alglave propose de réserver à l'État le *monopole de la dernière vente en gros*. L'État, seul, pourrait vendre au débitant (les neuf dixièmes de la consommation se font chez lui). Le prix resterait fixé à dix centimes le petit verre, c'est-à-dire quatre francs le litre. L'État se procurerait l'alcool et les liqueurs par voie d'adjudications nombreuses et par petites fractions au plus bas prix, et avant de recevoir livraison, il ferait faire une analyse préalable pour s'assurer de la qualité du produit et pour constater notamment qu'il ne contient pas d'alcools chimiquement supérieurs, si pernicieux pour la santé. Il livrerait l'alcool au débitant au prix de mille francs par hectolitre. Si l'on en réduit soixante-dix à soixante-quinze francs d'achat, plus une remise de dix pour cent par exemple pour le débitant, en comptant encore vingt-cinq à trente francs pour les manipulations et frais généraux, il resterait à l'État huit cents francs net, soit les quatre cinquièmes de bénéfices comme pour le tabac. Qui cela gênerait-il ? En revanche, le commerce de gros étant libre, l'exportation ne serait pas entravée; la fraude ne serait pas possible, les fabricants et commerçants étant toujours exercés. Il est vrai que le débitant y perdrait, car il n'aurait que dix pour cent de bénéfices au lieu de quarante ou cinquante pour cent, mais cette remise serait encore suffisante, car on accorde encore moins aux débitants de tabac. L'alcool serait contenu dans des bouteilles et serait ainsi d'un maniement facile. L'eau-de-vie, par exemple, pourrait se mettre dans des quarts de litre munis d'un appareil laissant bien sortir le liquide, mais ne le laissant pas rentrer. Le quart de litre représenterait quatre-vingts centimes d'impôt, c'est donc ce que gagnerait le fraudeur : il perdrait plus de temps à remplir sa bouteille que ne vaudrait le produit qu'il en retirerait. Pour éviter aussi la fraude, on pourrait faire payer la bouteille elle-même un franc. Cette somme serait remboursée contre remise de la bouteille, et on aurait intérêt à restituer les bouteilles au plus tôt pour rentrer dans cette avance ; d'ailleurs, la détention d'un certain nombre de bouteilles pourrait faire soupçonner la fraude et amener une surveillance spéciale qui la ferait découvrir.

M. **Lunier** tient à bien établir le véritable rôle des sociétés de tempérance en France. Leur but, après 1870, a été surtout un but patriotique ; elles se sont toujours proposé de restreindre les ravages de l'alcoolisme en propageant la consommation des boissons dont l'usage est compatible avec la santé, et ce sont les boissons *fermentées*, vin, bière, cidre. Les boissons *distillées* sont celles qui sont particulièrement dangereuses. Ces sociétés ont toujours poursuivi aussi un but philanthropique élevé.

Le système de Gothenbourg dont on a parlé et que la Suède a inauguré, consiste à donner le monopole de la vente des spiritueux à des sociétés de tempérance qui ne devaient pas garder de bénéfices ; mais comme les meilleures choses, dans la pratique le système s'est altéré et a dévié de son véritable but.

M. Lunier est aussi d'avis qu'il n'y a pas de corrélation entre le nombre des cabarets et les ravages de l'alcoolisme, car plus l'on va, et plus la consommation se développe *en dehors* des cabarets. Or le cabaret répond à certains besoins de mœurs de l'homme vivant en société, c'est un lieu de réunion, un centre de conversations, etc., impossible à supprimer entièrement. C'est une nécessité sociale.

M. **Frédéric Passy** professe depuis longtemps que le véritable remède à l'alcoolisme est l'usage facile, économique et modéré du vin de bonne qualité. L'alcoolisme, tout le monde le sait, est bien moins fréquent dans les pays de vignobles. Il faudrait, par une réforme éclairée de nos lois fiscales sur les boissons, favoriser la consommation du vin.

Mais limiter le nombre des cabarets, ce serait, dit M. F. Passy, attenter gravement au principe de liberté, sans atteindre le but qu'on désire.

Seulement, l'État devrait poursuivre rigoureusement les fraudes sur la qualité des boissons, et, sans restreindre la liberté des débits, veiller sérieusement à ce que, contrairement aux lois existantes, ils n'accueillent pas les enfants, les jeunes gens, qui vont là comme à une école prématurée d'intempérance et d'immoralité.

M. **Villain** est d'avis, lui aussi, que la réglementation du nombre des débits ne donnerait pas de résultats. En outre, dit-il, le cabaret est une nécessité, c'est un lieu de réunion dont on n'a pas le droit de priver ceux qui n'ont pas de domiciles agréables, ni le moyen de se rassembler dans des locaux confortables comme ceux où se réunissent les classes aisées. C'est bien le « salon du pauvre » comme on l'a dit. Si l'on supprime le cabaret, l'on doit à l'ouvrier, aux classes laborieuses de leur ouvrir des lieux de réunion quelconques, où trouvent satisfaction les exigences de l'homme vivant en société.

M. **Ameline de la Briselainne** désire présenter une seule observation au sujet du chiffre de 400.000 cabarets environ existant en France actuellement, suivant M. Léon Say. Or il y en avait 300.000 à peu près à la fin de l'Empire. Donc l'augmentation est énorme.

A quoi tient cette augmentation? N'est-elle pas au moins en partie causée par la loi de 1880? Cette loi a modifié le régime antérieur, en ce sens que désormais les ouvertures de cabarets ne sont plus soumises à une autorisation préfectorale. Est cabaretier qui veut, sans restriction de nombre, sans garanties suffisantes de conduite, de moralité, sans qu'il y ait à examiner cette question préalable de savoir s'il n'y a pas déjà dix fois trop de cabarets là où l'on veut en créer de nouveaux.

Cette législation qui a évidemment, par-dessus tout, une préoccupation purement électorale, exige simplement une déclaration du futur cabaretier auprès de l'autorité, pas autre chose.

Reste à savoir si les cabarets augmentent ou non l'ivresse, l'ivrognerie et l'alcoolisme qui, neuf fois sur dix, ont une source commune, le *cabaret*. Certainement, dans les campagnes surtout, le cabaret est une tentation; l'on succombe à la tentation d'autant plus et d'autant mieux qu'elle est plus voisine, plus nombreuse, plus à votre portée. Et si un plus grand nombre de gens vivent du métier de cabaretier, c'est évidemment qu'ils y trouvent un certain avantage en faisant un appel de plus en plus pressant au consommateur.

Toutes les enquêtes que les orateurs précédents ont citées, et qui reposent sur des statistiques très vagues, ne confirment peut-être pas nettement cette déduction de logique et de bon sens. Mais ce que M. Ameline n'admet pas, c'est qu'on dise, sans alléguer rien de précis à l'appui de cette affirmation, que l'ivrognerie est d'autant moins répandue que le nombre des cabarets est plus grand.

En somme, il importe à tous égards, physiquement, moralement, politiquement, de restreindre le cabaret qui s'étend comme une plaie. Cet accroissement démesuré du cabaret est un fléau des plus funestes et sous tous les rapports.

Le seul moyen de restreindre cette extension, le seul qui ait réussi jusqu'à présent, c'est, en dehors des considérations électorales, de faire appel à l'intervention de l'autorité. C'est de recourir à l'arme de la législation de 1851, en prenant à cette législation ce qu'elle avait de bon, et en répudiant ce qu'elle contenait d'inique.

Ce qu'elle avait de bon, c'était l'intervention nécessaire de l'autorité préfectorale pour l'ouverture d'un débit.

Ce qu'elle avait de politique, de contingent, d'arbitraire, de condamnable, c'était le droit de la même autorité de fermer un débit existant par « mesure de sûreté publique », ce que n'admet pas M. Ameline de la Briselainne. C'est une atteinte à la propriété, c'est une confiscation, et une pareille fermeture ne peut intervenir qu'après la constatation préalable d'une faute suffisamment grave, judiciairement formulée dans une décision du tribunal.

Mais la nécessité d'une autorisation préalable à l'ouverture se justifie facilement, pour M. Ameline; elle s'impose. Elle a été appliquée même de 1870 à 1880 sans qu'on s'en plaignît autrement. Elle portait coup, puisqu'en moins de deux ans, en 1874 et 1875, l'autorité a refusé l'ouverture de 18.000 débits. Voilà donc une arme qui n'est pas rouillée, qui a été efficace, qui continuera d'être efficace, quand on voudra; c'est, pour l'orateur, la seule solution véritablement pratique; et en dehors de cet ordre d'idées, dans le domaine de l'intervention du législateur, le seul qui préoccupe la Société d'économie politique aujourd'hui, aucun moyen sérieux et réalisable n'a été indiqué pour lutter contre les progrès de l'ivresse, de l'ivrognerie et de l'alcoolisme.

M. **Léon Say** croit pouvoir résumer la discussion par l'énoncé des conclusions que voici :

1° Il y a quelques années encore, on pouvait, croire que la limitation du nombre des cabarets avait une certaine efficacité pour combattre les progrès de l'alcoolisme. Aujourd'hui, d'après les arguments fournis par plusieurs des orateurs précédents, il semble que cette efficacité soit sérieusement contestée. Il n'y a donc pas lieu de sacrifier, pour un intérêt mal établi, le principe de liberté.

2° La source positive des progrès de l'alcoolisme, c'est l'augmentation de la production et de la consommation de certains alcools toxiques particulièrement dangereux. C'est contre ces véritables poisons qu'il faudrait agir par divers moyens qui sont à étudier. Parmi ces moyens, le plus intéressant, c'est encore celui qu'a signalé M. Yves Guyot lorsqu'il a montré que l'alcoolisme est moins redoutable dans les populations disposant d'une bonne alimentation. Or, il faut que les aliments de première nécessité, le pain et la viande, soient à bon marché, et par conséquent ne soient pas artificiellement renchéris par des droits de douane protecteurs.

La séance est levée à onze heures et demie.

Le Rédacteur du Compte rendu : CHARLES LETORT.

OUVRAGES PRÉSENTÉS.

Commentaire de la loi sur les syndicats professionnels du 21 mars 1884, d'après les documents officiels et les discussions parlementaires, par MM. ALPHONSE LEDRU et FERNAND WORMS. Avec une préface de M. TOLAIN [1].

ALFRED NEYMARCK. *Turgot et ses doctrines* [2].

Annuaire économique de Bordeaux et de la Gironde, publié par la Société d'économie politique de Bordeaux [3]. 1885, 1re année.

Le sucrage des vins et les vins de marc, par M. PAUL MULLER [4].

Giornale ed atti della Società siciliana di economia politica [5]. Vol. IX. Anno IX. 1884.

Un représentant de l'alliance franco-américaine à la fin du siècle dernier. John de Crèvecœur, par BÉRARD-VARAGNAC [6].

Bekämpfung der Trunksucht, von A. LAMMERS [7].

Umwandlung der Schenken, von A. LAMMERS [8].

Satzungen des deutschen Vereins gegen den Misbrauch geistiger Getrænke [9].

Ministero di Agricoltura, industria e commercio. Direzione generale della statistica. Statistica delle cause di morte nei comuni capoluoghi di provincia o di circondario. Morti violente avvenute in tutto il regno. Anno 1883 [10].

---

1 *Paris,* Larose et Forcel, 1885, in-18.
2 *Paris,* Guillaumin et Ce, 1885, 2 vol. in-8.
3 *Paris,* Guillaumin et Ce, 1885, in-8.
4 *Strasbourg,* imp. de Fischbach. 1884, in-8.
5 *Palermo,* tip. del *Giornale di Sicilia,* 1884, in-8.
6 *Paris,* imp. de Davy, in-8.
7 *Berlin,* Habel, 1881, in-8.
8 *Berlin,* Habel, 1883, in-8.
9 *Bremen,* druck von Roussell, in-8.
10 *Roma,* tip. Metastasio, 1884, in-4.

Ministère de l'instruction publique et des beaux-arts. Comité des travaux historiques et scientifiques. Sujets d'étude recommandés par la section des sciences économiques et sociales[1].

Rapport au Conseil de surveillance du Mont-de-Piété de Paris sur la question du trafic des reconnaissances, par M. HIPPOLYTE LESAGE, membre du Conseil. Séance du 13 novembre 1884[2].

Ministère du commerce. Conseil supérieur de l'enseignement technique. Sous-commission de l'enseignement commercial. Rapport de M. JACQUES SIEGFRIED[3].

Le Rio Paraguay, journal commercial, agricole, etc.[4]

SOCIÉTÉ DE STATISTIQUE DE PARIS

RÉUNION DU 17 DÉCEMBRE 1884.

ADMISSION DE NOUVEAUX MEMBRES.
DISCUSSION : La crise agricole (suite).
Renouvellement du bureau de la Société pour 1885.

La séance est présidée par M. A. Cochery, ministre des Postes et des Télégraphes.

Sont admis : comme membres fondateurs : MM. Th. Ducrocq, membre correspondant de l'Institut, professeur à la Faculté de droit de Paris, et Joseph Chailley, avocat à la Cour d'appel; — comme membres titulaires : MM. le prince Roland Bonaparte; Cabirau, ingénieur civil ; Larose père et fils; le colonel Chanoine; — comme membres associés : MM. E. Delon et A. Molteni.

M. T. Loua, secrétaire général, énumère les ouvrages et documents parvenus à la Société depuis la précédente séance.

L'ordre du jour appelle la suite de la discussion sur la Crise agricole.

M. A. *Raffalovich* croit qu'il y aurait lieu d'examiner d'abord quels sacrifices imposerait à la population française l'élévation des droits de douane sur les céréales. Un pareil travail a été fait sur ce sujet en ce qui concerne l'Allemagne, et voici quelques-uns des résultats obtenus par M. Nordmann.

L'Allemagne ne produit pas assez de blé pour sa consommation et

[1] *Paris*, Imp. Nationale, déc. 1884, in-4.
[2] *Paris*, Chaix, 1884, in-8.
[3] *Paris*, Imp. Nationale, sept. 1884, in-fol.
[4] *Asuncion du Paraguay*, sept. 1884, in-fol.

elle est obligée d'en emprunter le septième à l'importation. M. Nordmann, supposant que le droit d'entrée à imposer s'élèverait à 1 mark par quintal, cherche d'abord quel est le nombre d'individus qui, n'entrant pas dans la production, sont obligés d'acheter directement ce qui est nécessaire à leur alimentation. Le chiffre total de la population de l'Allemagne étant de 45.200.000 habitants, il faut en déduire 15.900.000 personnes, que le recensement indique comme vivant de l'agriculture et qui en consomment sur place les produits. Il reste 29.300.000 individus qui, pour se nourrir, doivent acheter le blé qui leur est nécessaire. Or, en évaluant à 175 kilogrammes par tête la consommation moyenne en pain et en farine, la consommation totale de ces 29.300.000 personnes serait de 51.275.000 quintaux, correspondant à un excédent de 51.275.000 marks, dus à la protection ; or. comme l'importation du blé nécessaire pour parfaire la production n'est que de 6.250.000 quintaux, le Trésor allemand n'aurait à percevoir, de ce fait, que 6.250.000 marks. La plus-value ne profite qu'à une classe, celle des propriétaires agricoles, mais elle pèse de tout son poids sur la grande masse des consommateurs. Que serait-ce si l'on étendait le calcul aux autres produits agricoles et au bétail ?

Certainement, ce n'est là qu'une approximation, mais M. Raffalovich serait d'avis qu'on essayât d'établir un calcul analogue pour notre pays.

M. *Broch* expose un diagramme indiquant, pour chaque pays, outre la population et le développement des chemins de fer, la production des diverses céréales et le rendement par hectare. Pour le rendement, c'est la Grande-Bretagne, avec sa culture intensive, qui occupe le premier rang. Puis viennent les États du Nord (Russie exceptée), et, aux derniers rangs, la France, l'Italie et les États-Unis.

M. *Levasseur* place sous les yeux de la réunion un tableau graphique où il a représenté, année par année, depuis 1815 : 1° la récolte annuelle du froment en millions d'hectolitres; 2° le prix de l'hectolitre de blé.

Les deux courbes, suivant une loi économique bien connue, suivent des directions opposées, l'une montant quand l'autre descend, et réciproquement. Mais l'amplitude des écarts entre la courbe des prix et celle de la quantité des récoltes diminue au fur et à mesure qu'on approche de l'époque actuelle. C'est d'abord que, de 1815 à 1883, notre récolte en froment a doublé, la population augmentant à peine d'un tiers dans le même temps. C'est surtout depuis 1860 que le régime de la liberté du commerce, en favorisant les approvisionnements de plus en plus considérables nécessités par le développement de l'aisance et du nombre des consommateurs, a supprimé les fluctuations exagérées dans les prix observés de 1815 à 1860.

Certes, l'agriculture traverse une crise, mais les souffrances qu'elle cause ne seraient nullement conjurées par une augmentation artificielle du prix du blé.

M. *E. Brelay* fait remarquer que, si l'agriculture souffre, l'industrie et le commerce ne souffrent pas moins, et seraient fondés également à invoquer l'intervention de l'État.

M. *Cotard* trouve que les progrès de la production agricole signalés par M. Levasseur ne sont pas en rapport avec le développement de toutes les autres branches de l'activité humaine, et spécialement avec celui des moyens de transport.

M. *Gimel* s'élève contre une assertion de M. Cotard, d'après qui « le « prix des fermages est resté stationnaire et en beaucoup d'endroits « s'est même abaissé; de sorte que, parallèlement à tous les progrès de « l'industrie, s'est produite une dépression relative de la valeur locative « et foncière du sol cultivable ».

Déjà les travaux officiels d'évaluation de la propriété territoriale ont fait ressortir, depuis 1821, des progrès considérables. Ainsi, le rapport adressé en 1854 au ministre par le directeur général des contributions directes sur le travail de 1851, portait la plus-value à 62 0/0, pour les trente années qui avaient précédé, soit plus de 2 0/0 par an. Et le dernier travail de même genre, celui dont il a été souvent parlé devant la Société de statistique, a estimé à 41,89 0/0 pour le revenu net et à 46,84 0/0 pour la valeur en capital, l'accroissement réalisé de 1851 à 1879.

Pour les terres labourables, la valeur vénale des terrains de qualité supérieure était en 1851 et en 1879 respectivement de 1.479 et 2.197 fr.

L'Assemblée procède au scrutin pour le renouvellement du bureau de la Société de statistique pour l'année 1885.

A l'unanimité, sauf deux voix réparties sur divers membres, sont élus :

Président : M. Léon Say, membre de l'Institut, sénateur ; — *Vice-Président* : M. Eugène Tisserand, conseiller d'État, directeur de l'agriculture.

Secrétaire général : M. Toussaint Loua, lauréat de l'Institut, chef du bureau de la statistique générale ; — *Trésorier-archiviste* : M. Jules Robyns.

Membres du Conseil : MM. O. Broch, correspondant de l'Institut ; — A. Cochut, directeur du Mont-de-piété ; — Dr Jacques Bertillon, chef des travaux de la statistique municipale.

Avant de lever la séance, le Président annonce que le rapport de la Commission du prix de 1884 (*Statistique des professions*) sera déposé au commencement de la séance du 21 janvier. Enfin, M. Cheysson ayant demandé la parole sur la question agricole, cette question est maintenue à l'ordre du jour.

SOCIÉTÉ BELGE D'ÉCONOMIE POLITIQUE

RÉUNION DU 20 DÉCEMBRE 1884.

La Société d'économie politique belge s'est réunie, le 20 décembre, à l'hôtel Mengelle. L'ordre du jour portait : *Crise de l'agriculture*. Aussitôt le couvert levé, le président, M. Le Hardy de Beaulieu, annonce que plusieurs membres et invités lui ont exprimé leurs regrets de ne pouvoir assister à la réunion; entre autres MM. Fréd. Passy, Gustave de Molinari, l'un des fondateurs de la Société, Mullendorf, Vanderstraeten et autres.

L'ordre du jour appelle l'examen d'une des questions les plus importantes et les plus graves qui puissent appeler l'attention des économistes : il s'agit de la situation de l'agriculture, l'industrie mère.

Les questions que soulève la crise qu'elle traverse en Europe et même dans le monde entier sont des plus vastes et des plus compliquées. L'abondance et par suite le bon marché des denrées alimentaires et notamment du pain, sont-ils une cause de ruine ou un élément de richesse pour les nations? Vaste et intéressant sujet qui a été élucidé sinon résolu par l'honorable M. Eud. Pirmez, qui assistait à notre dernière réunion. Il semble inutile de l'aborder aujourd'hui. Il faut restreindre le champ de nos investigations et serrer de plus près les faits réels et tangibles qui se passent sous nos yeux.

Il est certain qu'un grand nombre d'agriculteurs et surtout de propriétaires croient sincèrement qu'il dépend des pouvoirs publics de ramener la prospérité dans leurs exploitations et qu'ils se découragent à l'idée de l'abandon dans lequel on les laisse; ils ne veulent pas croire à l'impuissance des pouvoirs publics. C'est l'idée qui a été exprimée avec beaucoup de vivacité dans une réunion récente de la *Société centrale d'agriculture*. On y a exprimé l'avis qu'un des remèdes les plus efficaces qui puissent être adoptés pour soulager l'agriculture serait l'imposition d'un droit d'entrée de *trois* francs par 100 kilogr. sur les blés venant de l'étranger.

Il a été seul à combattre ces conclusions par des faits certains, connus, incontestables, recueillis par le Conseil général de l'agriculture et publiés dans ses Rapports annuels. Ils constatent que, pendant les trente années qu'ont duré les droits protecteurs sur le blé, en Belgique, de 1817 à 1847, celui-ci s'est vendu, selon les mercuriales officielles, dix-huit fois au-dessous de vingt francs l'hectolitre et seulement douze fois au-dessus de ce prix, tandis que pendant les trente-six années qui ont suivi l'abolition des droits, il n'est plus descendu que trois fois au-dessous de vingt francs, jamais au-dessous de dix-huit francs, tandis que dans la période précédente il avait parcouru toute l'échelle descendante des prix jusque *onze* francs *neuf* centimes en 1824.

Ce qu'il pouvait ajouter, sans crainte de pouvoir être démenti par personne, c'est que c'est à partir de 1847 que les plus grands progrès agricoles se sont accomplis, fait constaté par l'accroissement des fermages qui, d'une moyenne de 68 francs en 1846, sont montés à 102 francs en 1866, progression qui a continué jusqu'en 1878 ou 1879, tandis que la réaction ne date guère que de 1880.

Cette prospérité a-t-elle été un effet sans cause? Nullement. Le territoire belge est restreint; il n'est pas de trois millions d'hectares pour près de six millions d'habitants et de ces trois millions d'hectares, il y en a douze cent mille de sol pauvre et aride: Campine, Ardennes, Condroz, Dunes, tandis que c'est au milieu des terres riches et fertiles que se bâtissent les villes, les grandes agglomérations, les routes, les canaux et les chemins de fer.

Le sol belge est en outre de plus en plus envahi par les cultures industrielles, les pâturages permanents ou temporaires.

En présence de ces faits constatés, un gouvernement quelconque pourait-il proposer d'entraver l'alimentation du peuple ou de la restreindre par des mesures fiscales quelconques?

C'est l'examen de ces faits et l'étude de cette question qui sont proposés à la Société, dans la réunion de ce soir.

M. H. Denis, professeur d'économie politique à l'Université de Bruxelles, désire soumettre à l'examen de la Société divers diagrammes qu'il a dressés pour faciliter l'explication des phénomènes sociaux et économiques sur les faits relatifs à l'agriculture et qui ont rapport avec la question posée.

Ces diagrammes, dont les uns tracent d'une façon visible à l'œil les variations des prix du blé, notamment depuis 1830 jusqu'à nos jours, d'après les mercuriales officielles, les autres la production constatée officiellement des terres cultivées et les quantités produites, démontrent en effet, d'une façon péremptoire, que les prix les plus bas ont été atteints pendant la période de protection, mais que parfois, durant cette période, les prix de famine accompagnés d'une mortalité et d'une dépopulation excessives ont été atteints, tandis que, depuis l'abolition des droits d'entrée, ces écarts se nivellent et la moyenne du prix s'élève constamment et régulièrement, tandis que les prix de famine n'ont plus jamais été atteints. Les diagrammes démontrent donc aux yeux que l'existence des droits protecteurs et même de l'*échelle mobile* n'a pas empêché l'abaissement à l'extrême du prix des céréales, et que, si parfois ils ont favorisé la hausse des prix jusqu'à la famine, ce fut au détriment de la richesse publique et de la prospérité générale.

Beaucoup d'obstacles ou d'entraves empêchent le cultivateur de tirer du sol la juste rémunération de son travail et même de faire produire à la terre le maximum de ce qu'elle peut donner. Il faut enlever ces obstacles et faire disparaître les entraves. Il s'agit de lois fiscales injustes ou mal établies, d'empêchements à la transmission facile de la propriété du sol; de restrictions au crédit de l'agriculteur ; celui-ci n'est nullement assuré de jouir des améliorations qu'il y apporte ; il faudrait lui garantir légalement la rémunération des travaux d'amélioration qu'il fait au sol.

M. Strauss, d'Anvers, voudrait voir disparaître les causes, d'après lui factices, de la dépréciation des frets et des frais de transport, qui contribuent, pour une grande part, à l'avilisement du prix des céréales et particulièrement du froment. Parmi ces causes factices, il signale les subventions soi-disant postales qui sont données à certains services de bateaux à vapeur qui offrent des frets à prix réduits pour l'importation des céréales de l'Amérique du Nord et des Indes. Il croit que lorsque le fret de l'Inde sera abaissé au taux de celui des ports de l'Amérique, on verra la concurrence entre les produits des deux pays amener de nouvelles dépréciations.

D'autre part, l'abaissement du prix du froment a fait employer cette céréale plus largement dans l'industrie et même dans l'alimentation des animaux domestiques.

M. le comte O. de Kerckove, dont les conférences agricoles ont été très remarquées dans ces derniers temps, a acquis la conviction que l'agitation qui se fait à propos de la crise agricole est en grande partie suscitée par la politique. Chaque parti cherche à s'en faire une arme pour vaincre son adversaire sans que cette agitation puisse servir à autre chose qu'à décourager l'agriculteur ou à lui faire bien inutilement maudire son sort. On peut augmenter notablement le produit de la terre, puisqu'il a vu tirer du sol du Mecklembourg et de la Silésie des récoltes de 45 à 50 hectolitres de froment par hectare, au lieu de 20 à 25 que l'on en tirait antérieurement, et cela tout en préparant la terre à donner une magnifique récolte de betteraves d'une richesse saccharine de 14 à 15 0/0, suivies elles-mêmes d'autres récoltes non moins riches. Craint-on de produire trop de froment? Mais on n'en importe que parce que nous n'en produisons pas assez, les statistiques le prouvent à l'évidence. C'est donc vers l'amélioration de la culture que l'on doit diriger l'attention du cultivateur. Il faut certes faire disparaître les entraves législatives, fiscales ou autres, s'il en existe, mais pas besoin n'est, pour cela, de bouleverser tout le système de tenure ou de propriété.

M. G. Sabatier, député de Charleroy, ne croit pas qu'il se trouve dans le pays, en dehors de quelques grands propriétaires et leur clientèle, des gens assez peu clairvoyants pour proposer un impôt sur la nourriture de l'ouvrier agricole, industriel ou autre. Ce serait absurde, en présence de la nécessité où se trouvent nos grandes industries d'exporter leurs produits, c'est-à-dire de rencontrer la concurrence étrangère. Ce qu'il faut donc à l'agriculteur comme au manufacturier, c'est d'être débarrassé de tout ce qui charge son produit de frais inutiles. C'est vers ce côté et non vers les moyens artificiels et dangereux de la protection douanière qu'il doit tourner ses forces et son attention. S'il s'agitait pour obtenir le dégrèvement de ses charges autant qu'il s'agite pour grever le consommateur, c'est-à-dire tout le monde, il y a longtemps qu'il serait débarrassé d'une grande partie, au moins, de la surcharge de frais qui entrave ses mouvements et son travail.

Plusieurs membres prennent encore la parole. M. Jottrand fait remarquer notamment que les faits économiques signalés par M. Pirmez dans sa brochure sur la crise démontrent, à l'évidence, contrairement à la théorie socialiste, que la libre concurrence suffit pour déplacer les prépondérances. Il y a quelques années c'étaient les propriétaires qui faisaient les conditions aux cultivateurs ; aujourd'hui ce sont ceux-ci qui dictent leurs conditions aux propriétaires, jusqu'à ce qu'un grain de sable fasse pencher la balance de l'autre côté.

M. Brunard, avocat, voudrait que les questions soumises à l'examen de la Société fussent plus précises et mieux limitées ; on pourrait mieux se préparer à les discuter. Il avait compris la question posée d'une autre façon, mais telle qu'elle a été limitée par le Président, il croit qu'il y a utilité à tirer des conclusions de la discussion qui vient d'avoir lieu. Il croit, avec quelques membres au moins de l'assemblée, que l'imposition d'un droit d'entrée sur les céréales en ferait hausser le prix d'une façon factice, il est vrai, et que cette augmentation serait même supérieure, et de beaucoup, à la somme qui serait perçue par le trésor ; car celle-ci ne serait payée que par les consommateurs des blés étrangers, tandis que la hausse du prix des blés indigènes, particulièrement visée, grossirait le revenu des propriétaires. Serait-ce un bien ? Serait-ce un mal ? Il ne lui paraît pas douteux qu'au point de vue de l'ensemble des intérêts du pays et de la nation, la somme du mal ne l'emporte et de beaucoup sur celle du bien. Il suffit pour s'en convaincre de consulter les statistiques officielles. Les deux tiers des cultivateurs ne travaillent pas un hectare de terre, donc ne produisent pas assez pour eux et leurs familles ; ils sont acheteurs et non vendeurs de céréales. Du tiers restant, la plus grande partie ne cultive pas cinq hectares ; ceux-ci, en tenant compte de la répartition des assolements, ont peu de froment à vendre, et s'ils en vendent c'est pour acheter, en échange du produit, d'autres céréales dont les prix suivent ceux du froment.

Il n'y a donc que les cultivateurs de dix hectares et davantage, qui ne sont pas soixante mille en tout dans le pays, qui pourraient avoir un intérêt plus ou moins direct et sérieux à la hausse du prix des grains. Il faut déjà une culture importante pour vendre 100 sacs de froment (10.000 kilog.); 3 fr. de hausse par sac feront 300 fr. Est-ce cela qui le sauvera de la ruine ou qui le fera riche ? Non évidemment ; mais si au lieu de 100 sacs il en produit 150 sur la même surface, même avec plus de travail et de frais, à 25 fr. il réalisera 1.250 fr. de plus, au lieu de 300 fr. par les droits. Il faut aussi préconiser les cultures industrielles et notamment le lin, qui donne d'excellents résultats et qui tend à diminuer.

Le Président résume les débats; il en tire cette conclusion que la Société d'économie politique, fidèle aux principes de la science, ne croit pas à l'efficacité des droits dits protecteurs pour le bien-être général.

COMPTES RENDUS

Géologie agricole. Première partie du cours d'agriculture comparée fait à l'Institut national agronomique, par M. Eugène Risler, directeur de l'Institut agronomique. Un volume in-8°. Paris, Berger-Levrault et Librairie agricole, 1884.

L'influence exercée par le sol sur la végétation a été appréciée de bonne heure, ainsi qu'en témoignent les écrits des anciens parvenus jusqu'à nous. L'étude des terrains y occupe une place importante. Varron, Caton, Columelle traitent de la classification des terres, et c'est même à eux que les agronomes modernes ont emprunté les éléments de leurs classifications. Varron rangeait les terres d'après leur composition minérale; Columelle, pour les caractériser, faisait appel à leurs propriétés physiques, et celles-ci, de nos jours, servent encore aux praticiens pour distinguer les différents terrains.

Cette étude n'a pas cessé de préoccuper les agronomes, et, grâce au concours des sciences naturelles, elle a fait, depuis un demi-siècle, de très grands progrès. Parmi les auteurs contemporains qui ont traité ce sujet, il n'en est assurément pas qui l'ait fait avec une plus parfaite compétence que le comte de Gasparin dans son grand ouvrage sur l'agriculture. Le volume consacré à l'agrologie restera comme une des études les plus complètes sur la matière.

Depuis le livre de l'éminent agronome, qui remonte à une quarantaine d'années, quelques travaux intéressants ont fourni des matériaux précieux pour arriver à une connaissance plus complète des terrains au point de vue agricole, mais nul n'a traité le sujet avec plus d'autorité que ne vient de le faire M. Risler dans son récent ouvrage de géologie agricole, première partie du cours d'agriculture comparée qu'il fait à l'Institut agronomique depuis sa fondation.

Abandonnant les anciens errements, l'auteur a demandé à la géologie les bases de sa classification des terres arables, et c'est avec infiniment de raison qu'il la considère, tout à la fois, comme la plus scientifique et la plus pratique.

« C'est dans la constitution géologique, a dit Antoine Passy, qu'il faut chercher la raison des dénominations spéciales affectées à certaines étendues de pays. Le bon sens des paysans a devancé la science; il a distingué par un nom particulier chaque étendue offrant le même aspect et la même culture. » Ainsi se sont conservées les anciennes dénominations de Beauce, de Brie, des Ardennes, de Campine, etc.

La géologie est d'ailleurs une des sciences les plus utiles à l'agriculture et, en quelques pages, M. Risler montre les avantages que celle-ci peut en tirer. Il fait très bien ressortir l'insuffisance des anciennes classifications : « Il y a sable et sable, dit-il excellemment. Il y a toutes sortes d'argiles. Il y a également toutes sortes de calcaires : la craie ne ressemble pas au calcaire corallien et le calcaire corallien ne ressemble pas davantage au calcaire grossier des environs de Paris. Les terres qui dérivent des uns et des autres diffèrent par leur composition chimique comme par leurs propriétés physiques; elles n'ont ni la même profondeur, ni le même sous-sol. »

M. Risler, dans cette première partie de son livre, étudie successivement les terrains formés par la décomposition des roches primitives, granite, gneiss, etc.; ceux provenant de l'altération des roches volcaniques, trachytes, basaltes, laves, etc. Il examine ensuite les terrains de transition, houillers, permiens, puis passe au trias, et le volume se termine par l'étude des terrains issus des formations jurassiques.

L'auteur a réuni tous les documents qu'il a pu se procurer sur les caractères agricoles des formations géologiques de France et dans quelques-uns des autres pays les plus intéressants par leur économie rurale. Il a employé à ce travail, vraiment remarquable à plus d'un titre, trente années de voyages, de recherches et d'expériences faites dans ses cultures et dans son laboratoire.

Il a donné dans la description des terrains tout ce qui peut éclairer les agriculteurs sur la formation du sol arable, ses propriétés physiques et sa composition chimique. Il a cité toutes les analyses bien faites qu'il a pu réunir et cherché à reproduire les résultats des essais d'engrais chimiques qui ont été faits à l'appui de ces analyses. Quant aux amendements en usage depuis longtemps, aux systèmes de culture pratiqués, aux méthodes de drainage et d'irrigation, aux plantations forestières, aux races de bétail, etc., il a tâché de réunir tous les documents qui devaient servir à caractériser les terrains.

« Pour les terrains les plus importants, dit l'auteur, j'ai indiqué quelques-uns des agriculteurs qui ont le mieux su les utiliser, principalement ceux qui ont obtenu les primes d'honneur dans les concours régionaux. Guidés par les cartes géologiques, les cultivateurs pourront ainsi connaître les méthodes d'exploitation qui ont le mieux réussi dans les terres analogues aux leurs, soit en France, soit dans les pays voisins.

« Ainsi les propriétaires bretons pourront aller voir comment les habitants de l'île de Jersey ont amélioré les terres granitiques ou siluriennes, qui ont tout à fait la même origine et les mêmes caractères que les leurs.

« Les Champenois apprendront peut-être avec étonnement ce que leurs confrères de l'Artois, de la Flandre ou du sud de l'Angleterre ont su faire des sols crayeux. »

Non seulement M. Risler est géologue et chimiste, mais — ce qui est assurément plus rare — il est agronome, et dans l'acception la plus étendue du mot. Aussi insiste-t-il sur l'influence des circonstances en agriculture, circonstances qui, pour avoir été méconnues, ont produit partout de nombreuses déceptions. Il importe, sans doute, de bien connaître le sol que l'on veut travailler, mais, à elle seule, cette connaissance est insuffisante pour l'exploiter avec succès. Il faut aussi soigneusement tenir compte des conditions météorologiques et des circonstances économiques qui régissent le milieu où l'on va opérer.

« On trouve, dans toutes sortes de formations, dit-il, des terres trop sèches et trop pauvres pour que la culture arable puisse y devenir profitable ; quand elles sont éloignées des villages, elles ne valent que 100 ou 150 francs l'hectare, comme certains *savarts* de craie ou de calcaire jurassique dans la Marne, l'Aube ou la Côte-d'Or ; mais allez voir les mêmes terres dans les montagnes du Jura ; elles portent des futaies splendides ; pourquoi n'y plantez-vous pas du bois ? Ce seraient des placements à 8 ou 10 0/0, comme l'ont prouvé, dans ces départements mêmes, quelques propriétaires intelligents.....

« Plus la population est devenue dense et concentrée sur certains points, plus l'agriculture des zones qui entourent ces centres de consommation peut et doit devenir *intensive*, c'est-à-dire appliquer sur une certaine surface du sol une grande somme de travail et de capitaux. »

Au surplus, M. Risler a foi dans l'avenir de l'agriculture, et pour sortir d'une crise, qui ne peut être que momentanée, il ne fait pas appel à des mesures que la science économique réprouve. Pour sortir de la situation fâcheuse où elle se trouve, il faut modifier les anciens errements avec prudence et adopter des méthodes mieux adaptées aux circonstances actuelles.

« Quand le perfectionnement des moyens de transport et d'échange, dit-il, appelle de nouveaux concurrents sur le marché restreint dont les terres les plus rapprochées avaient en quelque sorte le monopole, il se produit une crise économique qui doit aboutir à une transformation dans les systèmes de culture.

« Il y a, au grand profit des consommateurs, une concurrence constante entre le travail employé à produire dans le voisinage des grands centres de population les denrées des contrées lointaines où la terre est encore à bon marché. Les premières ont à supporter plus de frais de production, les deuxièmes plus de frais de transport. Il faut que, des deux parts, la somme des frais de production et de transport reste égale. Or, dès que les frais de transport diminuent pour les blés qui arrivent d'Amérique, il faut absolument qu'on arrive à diminuer les frais de production pour ceux qui se récoltent en Europe.

« Comment y arriver? En employant tous les procédés mécaniques et chimiques que la science moderne offre à l'agriculture, et surtout en spécialisant les productions suivant les aptitudes naturelles des climats et des sols. Il faut augmenter les prairies, les herbages et les fourrages temporaires partout où ils ont des chances de succès. Il faut consacrer à la production des bois toutes les terres trop ingrates pour celle des céréales.

« Après avoir consacré quelques millions d'hectares à la production des fourrages et des bois qui augmentent de valeur et exigent peu de travail, on aura plus d'engrais, tout en ayant à cultiver une surface moins grande en céréales. On obtiendra ainsi un produit brut plus considérable sans accroissement de frais correspondant : avec une moyenne de deux ou trois hectolitres de blé en plus par hectare, on abaissera son prix de revient au point de pouvoir lutter sans crainte contre la concurrence américaine. »

Ces emprunts faits au livre du savant directeur de l'Institut agronomique peuvent donner une idée de sa haute valeur et montrent l'esprit qui y règne. La méthode adoptée par l'auteur est féconde en enseignements précieux, et si son ouvrage est remarquable sous le rapport scientifique, il ne l'est pas moins au point de vue pratique, et ce n'est pas là un mérite de peu d'importance. Aussi les lecteurs nous sauront gré, sans doute, d'avoir appelé leur attention sur une œuvre de grand mérite et où tous les agriculteurs instruits trouveront des données précises pour les guider dans leurs entreprises.

G. Fouquet

L'Utopie de Condorcet, par M. Mathurin Gillet. Brochure in-8° de 193 pag. Paris, Guillaumin et Ce, 1884.

Condorcet est une des figures considérables du xviiie siècle. Ses écrits et sa mort rappellent des idées élevées et généreuses. On comprend donc que M. Gillet se soit laissé attirer par ce penseur plein d'initiative hardie en qui notre siècle salue à beaucoup d'égards un précurseur, et qu'il lui ait consacré une de ces thèses universitaires destinées à mettre en lumière quelque point insuffisamment éclairci jusque-là. Quoi donc! Y a-t-il dans un personnage si récent et si connu de pareils points obscurs? S'attache-t-il quelque énigme biographique, philosophique ou historique à un des écrivains les plus en vue du dernier siècle, à un des hommes les moins mystérieux de la Révolution? Oui, selon M. Gillet. Le fameux livre de Condorcet sur les progrès de l'esprit humain serait mal interprété. On lui jetterait indûment à la tête le nom d'*utopie*. C'est ce qui doit être tiré au clair et rectifié, selon l'auteur de cette étude. Il y analyse fort bien Condorcet, il le commente avec un soin très marqué. Il le rattache à ses prédécesseurs. Il examine enfin les critiques dont il a été l'objet, et prend à tâche de démontrer qu'elles portent souvent à faux. L'auteur du livre sur les *Progrès de l'esprit humain* aurait distingué lui-même, dans ses prophéties sur l'avenir de la société, ce qui est hypothèse, et telle de ces hypothèses, citée comme la plus aventureuse, se rapprocherait beaucoup plus de la vraisemblance et même de la vérité qu'on ne le croit. Tel est l'objet précis de ce travail.

Nous en reconnaissons la valeur, de même que nous nous plaisons à reconnaître l'ardeur généreuse des idées, toutes tournées vers la civilisation et le progrès. Nous faisons avec l'auteur la part aux vérités que Condorcet a su dégager du spectacle de l'histoire. Est-ce à dire que M. Gillet nous ait complètement convaincu que l'*utopie* n'ait pas son rôle dans ce philosophe? Avouerons-nous qu'il reste à nos yeux trop dur pour le passé en plus d'une rencontre, injuste même, et trop optimiste pour l'avenir? Condorcet, comme homme de parti, ne prêterait-il pas aussi à bien des remarques dont toutes ne tourneraient pas en sa faveur? Il y a chez lui un levain d'intolérance philosophique qui rappelle parfois d'un peu trop près le fanatisme religieux qu'il haïssait tant. Ses feuilles, comme journaliste girondin, nous le montrent sujet à des emportements qui dépassent ceux de son parti. Nous n'insistons pas. Ces choses sont encore brûlantes. Mais ce mélange de violence souvent non justifiée chez un homme doué de si hautes facultés intellectuelles, chez un savant de premier ordre, chez un philosophe, a choqué plus d'un esprit qu'on ne saurait soupçonner de penchant excessif pour l'ancien régime et de haine aveugle pour la Révolution.

Ces réserves faites, et tout en avouant que nous trouvons M. Gillet un peu trop *dévot* à Condorcet, nous croyons que cette étude, bien faite en elle-même, peut être utile à consulter par le mérite de l'exposition et par la détermination critique de certains points sur lesquels l'auteur a fait porter son examen et semble appeler la discussion, qui n'est pas close encore, selon nous.

HENRI BAUDRILLART.

MANUEL DES VALEURS A LOTS FRANÇAISES ET DES OBLIGATIONS FRANÇAISES ET ÉTRANGÈRES, par M. P. PIDOUX, directeur du Comptoir d'escompte de Dôle. 1 vol. in-18. Paris, Guillaumin, 1885.

Voici un petit volume qui, eu égard à son format, est appelé à rendre de vrais services. L'auteur a réalisé pour la Bourse de Paris ce que Ingall, bien connu des boursiers de Londres, a fait pour cette dernière place et ce, avec des améliorations dont on doit lui tenir compte. Ainsi, non seulement son ouvrage est un peu meilleur marché, mais encore pendant que l'ouvrage de Ingall se limite aux fonds étrangers (*Ingall's foreign stocks manual*), M. Pidoux comprend dans son cadre les fonds français aussi bien que ceux des autres pays. Or, notons qu'Ingall en est au moins à sa 26e édition; cela fait préjuger l'avenir réservé à l'ouvrage similaire français.

Ce qui différencie l'ouvrage de M. Pidoux des autres ouvrages sur la Bourse, ce sont les tableaux d'amortissement qui accompagnent chaque valeur remboursable par voie de tirage, française ou étrangère d'ailleurs mais admise à la cote officielle. M. Pidoux y a joint quelques tableaux d'ensemble tels que, par exemple, celui du rendement par an des obligations à lots, y compris la chance probable desdits lots. Nous y voyons que celles qui rapportent le moins sont les quarts d'obligations ville de Paris 1871 (2,56 0/0), ce qui s'explique par cette regrettable tendance de l'époque sur les valeurs où à des conditions fixes sont jointes des chances de loteries, tendance que l'on peut satisfaire avec moins de débours naturellement avec les quarts qu'avec les obligations entières. Le même phénomène se produit avec les dixièmes d'obligations foncières 1853 en regard des demies, 3 ou 4 0/0 d'ailleurs. Ne nous applaudissons pas de cette vulgarisation d'une des maladies sociales les plus graves de notre époque puisqu'elle s'attaque à l'intelligence, une des forces de la production. D'autres tableaux fournissent l'année moyenne du remboursement de chaque emprunt; d'autres le nombre d'obligations à différentes époques, nécessaire pour avoir la chance de voir un de ses titres remboursés, etc., etc.

Souhaitons bonne chance à un ouvrage où l'auteur a su condenser avec exactitude, sous un petit format et à peu de frais, les renseignements les plus usuels sur les valeurs en question.

ALPH. COURTOIS.

HISTOIRE DE FLORENCE DEPUIS SES ORIGINES JUSQU'A LA DOMINATION DES MÉDICIS, par M. F.-T. PERRENS, ouvrage qui a obtenu, en 1883, le grand prix Jean Reynaud à l'Académie des sciences morales et politiques. Tomes V et VI. Paris, Hachette, 1883.

M. Perrens a donné, il y a quelques mois déjà, les deux derniers volumes de cet important ouvrage, déjà signalé ici [1]; il aura ainsi publié en six ans six forts volumes de plus de 500 pages chacun, et terminé ce qu'il appelle la première et la plus lourde partie de sa tâche. Un peu trop défiant peut-être de ses forces et de son avenir, car l'auteur est assez jeune encore, il a cru devoir couper cette tâche en deux et s'arrêter pour cette fois à ce qu'il appelle « la fin de la vraie république de Florence »; car le sixième volume embrasse à lui seul une période complète, celle du régime oligarchique, si contraire aux instincts et au passé de la grande cité toscane qui succède à la démocratie vaincue grâce à la sotte levée de boucliers des *ciompi* et précède le régime quasi-monarchique des Médicis.

C'est ce triomphe de Cosimo que M. Perrens regarde en ce moment comme la limite naturelle de ce long ouvrage, dans lequel il a consacré trois volumes à la période qui n'a que cent pages, chez Gino Capponi; mais même en Italie, chaque historien a comme fractionné cette histoire d'une ville unique, et il a voulu en quelque sorte réunir et condenser les passages ou les phrases épars dans plus de cent ouvrages divers; il a donc cherché partout la lumière et plus d'une fois réussi à la répandre sur les points les plus obscurs ou les plus discutés. Avec cette honnêteté littéraire qui devient de plus en plus rare, il signale le professeur Pasquale Villari et divers excellents articles qui l'ont souvent mis sur le chemin de ces solutions difficiles.

De même que dans le tome II, aux chapitres VII et VIII, il avait fait une place sérieuse aux « arts et métiers » et aux « conditions économiques », M. Perrens, dans le dernier, a rédigé d'importants chapitres intéressant les lecteurs de cette Revue : 1° le chapitre sur les mœurs; 2° le chapitre final sur le régime protectionniste et la propriété [2];

---

[1] Voir le compte rendu des tomes I à IV dans le *Journal des Économistes*, numéro de juillet 1879.

[2] On peut en juger par le simple énoncé du sommaire : L'entrée dans les arts. — Conditions d'admission. — Abus et caprices des règlements. — Les courtiers. — Intervention du clergé. — La guerre aux intermédiaires, aux

3° celui où il expose l'établissement du *catasto* ou cadastre, pris comme base pour l'établissement de l'impôt.

C'est peut-être même dans ses études sur Florence, dont il s'annonçait comme l'historien dès 1838, que Thiers avais puisé ou confirmé son entêtement protectionniste; M. Perrens est autrement libéral, et c'est un titre de plus aux éloges que mérite une œuvre aussi capitale, dont l'Institut a hautement consacré la valeur [1].

EDMOND RENAUDIN.

DROITS ET DEVOIRS DE LA FEMME DEVANT LA LOI FRANÇAISE, par M. LE SENNE. Un volume in-8°. Paris, Hennuyer, 1884.

Il nous faut en riant instruire la jeunesse, a dit Molière. Il semble que M. Le Senne se soit inspiré de cette saine maxime dans le traité qu'il vient de publier sur *Les droits et les devoirs de la femme devant la loi française*.

Arnolphe, à coup sûr, après avoir lu l'œuvre de l'aimable auteur, ne pourrait plus tenir le langage que vous savez, et s'il affirmait encore que

> Bien qu'on soit deux moitiés de la société,
> Ces deux moitiés pourtant n'ont pas d'égalité.

la gente Agnès, pour réduire à de justes proportions la toute-puissance que fort impertinemment il mettait du côté de la barbe, n'aurait qu'à lui opposer ce petit volume de 440 pages,

Sans allures prétentieuses, et dans une langue sobre, claire et concise à la fois, l'œuvre de M. Le Senne suit la femme, française ou étrangère, à travers toutes les phases de son existence. Jeunes ou vieilles, mariées,

---

petits. — Le droit de coalition limité aux patrons. — Les grèves. — L'incohérence des règlements sauve quelque chose de la liberté. — La condition des artisans meilleure à Florence qu'ailleurs. — Relations commerciales de ville à ville. — Le régime protecteur à l'intérieur de l'État. — Les exagérations sous l'oligarchie. — Vues plus larges des arts mineurs. — Apparition passagère de la liberté commerciale. — La législation du transit. — Les assurances, représailles. — La législation maritime. — Règlements relatifs au crédit. — Le prêt à intérêt et l'usure. — Fluctuation de la doctrine à cet égard. — Le travail et la propriété agricole. — Le petit propriétaire, le colon. — Leurs relations. — Tyrannie des règlements. — La grande propriété encouragée. — Droit de préemption accordé au voisin. — Obligation d'acheter. — La propriété refusée aux étrangers. — La législation des subsistances. — Mesures contre les intermédiaires et les accapareurs. — Contre les disettes. — Les boulangers. — Les marchands de vin. — Les bouchers. — Les marchands de bestiaux. — Protection accordée à la culture. — L'exportation du bétail interdite. — Nécessité du régime protecteur en ce temps-là.

[1] Par le grand prix Reynaud, de 10.000 fr., décerné en 1883.

veuves ou célibataires, rentières ou commerçantes, locataires ou propriétaires, les femmes trouveront en elle le guide le plus aimable et le plus sûr, et elles sortiront de la lecture de ce livre vaillamment armées pour le *struggle for life*, dónt la fatalité s'impose un peu partout.

Il n'est pas — M. le Senne le prouve — de fonction, de profession ni de métier qui soit inaccessible à la femme : depuis l'enceinte de la justice jusqu'aux humbles écoles de nos communes, aux bureaux de poste ou de télégraphe, la femme peut diriger où bon lui semble ses aptitudes et ses facultés.

Le voyage qu'elle sera certainement tentée de faire à la suite de M. Le Senne lui ouvrira de larges horizons, et ce n'est pas le moindre service qu'ait rendu l'auteur que de tracer ainsi par avance les routes nombreuses au bout desquelles la femme est assurée de trouver sécurité, travail, honneur et dignité.

Nous félicitons l'auteur de son entreprise, et nous lui souhaitons le succès qu'elle mérite et qui ne saurait lui manquer.

F. Worms.

Les associations coopératives en France et a l'étranger, par M. P. Hubert-Valleroux. Ouvrage couronné par l'Académie des sciences morales et politiques. Paris, Guillaumin et Ce, 1884.

On manquait jusqu'ici d'une histoire complète et exacte des associations ouvrières; une question posée par l'Académie des sciences morales et politiques a donné l'occasion à M. Hubert-Valleroux de combler cette lacune. Nul n'y était mieux préparé que lui, puisqu'il résulte de son livre que non seulement il a connu parfaitement tous les documents qui se rapportent à la question, mais qu'il a suivi lui-même le mouvement coopératif dans ses développements récents, surtout à Paris, et que son expérience personnelle lui a appris bien des choses qui ne se trouvent pas dans les documents. Il a pu retracer ainsi d'une manière claire et substantielle, dans un seul volume, l'histoire suffisamment détaillée de l'association ouvrière, depuis ses premières origines jusqu'à son état actuel, et tout en marquant ses sympathies pour la coopération, conserver le rôle d'un observateur froid et impartial et signaler les défauts et les inconvénients aussi bien que les qualités et les avantages de cette forme d'entreprise.

M. Hubert-Valleroux divise l'histoire du mouvement coopératif en trois périodes. La première est celle de la naissance de l'idée de l'association en 1831, de sa première réalisation, de son épanouissement en 1848, et de l'éclipse qu'elle subit à la suite du coup d'État de 1852. La seconde comprend le réveil du mouvement coopératif en 1863 et les vicissitudes qu'elle éprouva à cette époque; à cette partie, l'auteur rattache l'histoire de la coopération à l'étranger. La troisième période enfin est cette du temps actuel; elle comprend tous les efforts qui se sont faits dans ce sens pendant les dernières années et conclut par l'exposé de l'état actuel des associations ouvrières en France et à l'étranger.

C'est en France que naquit l'idée de l'association, et c'est Buchez qui l'a trouvée. Vis-à-vis des utopies éclatantes que préconisaient alors les Saint-Simoniens et les Fouriéristes, de la réapparition du communisme et des mille projets de transformation sociale qui agitaient les esprits, Buchez proposa l'association ouvrière comme étant le moyen pacifique, fondé sur la pure initiative individuelle et n'ayant besoin d'aucun concours de l'État, pour assurer aux ouvriers l'indépendance et le capital et faire peu à peu, et par un développement progressif, de tous les salariés des associés libres ayant la propriété de leur instrument de travail. Buchez savait que, dans un ordre économique établi, l'intérêt indivividuel est le principal mobile de la production et des échanges, mais il savait aussi que là, comme en toutes choses, l'esprit de dévouement et de sacrifice est indispensable pour modifier l'état existant et que l'association pour se fonder exigerait des peines et des efforts qui ne profiteraient que médiocrement à ceux qui mettraient les premiers la main à l'œuvre. Ce furent deux ouvriers courageux et zélés qui partageaient ces convictions et qui s'étaient ralliés d'ailleurs à l'ensemble des idées de Buchez, qui fondèrent, en 1834, la première société ouvrière, l'association bien connue des *bijoutiers en doré*, sur l'origine de laquelle M. Hubert-Valleroux donne des détails pleins d'intérêt.

L'association des bijoutiers ne trouva guère d'imitateurs, malgré la propagande active que fit, depuis 1840, en faveur de l'idée coopérative, le journal *l'Atelier*, rédigé exclusivement par des ouvriers. Cela tenait en grande partie à l'hostilité du pouvoir qui poursuivait comme coupables de coalition ou de société secrète les ouvriers qui voulaient s'associer. Mais les choses changèrent de face en 1848, quand le gouvernement lui-même eut proclamé les bienfaits de l'association. L'idée qui avait eu tant de peine à se propager fit subitement fortune. Le mot association, dit M. Hubert-Valleroux, n'était pas seulement dans la bouche des ouvriers, il était dans toutes les bouches. L'assemblée nationale ouvrit un crédit de trois millions destiné à être réparti à titre de prêt entre les associations librement contractées, soit entre ouvriers, soit entre patrons et ouvriers. Il est vrai que la plus grande partie des prêts furent accordés à ces dernières sortes de sociétés, c'est-à-dire à des chefs d'industrie qui acceptèrent un simulacre d'association avec leurs ouvriers afin d'obtenir les fonds dont ils avaient besoin pour soutenir leurs établissements pendant la crise. Cependant des ouvriers aussi obtinrent une part, et quelques-unes des maisons qu'ils fondèrent devinrent bientôt florissantes. D'autres s'associèrent en dehors de tout concours de l'État. Le mouvement était lancé. En province comme à Paris, des associations ouvrières surgissaient de toutes parts.

M. Hubert-Valleroux donne des détails curieux sur quelques-unes de ces premières associations: A l'enthousiasme et aux illusions s'allièrent, chez un grand nombre de ceux qui se dévouaient à cette cause, le sentiment d'un devoir accompli; la conviction qu'ils ne travaillaient pas seulement à l'amélioration de leur position individuelle, mais à l'affranchissement de leur classe, un esprit de dévouement et d'abnégation dont les manifestations sont touchantes. Certes, si la République de 1848 avait duré, l'enthousiasme se fût bien vite calmé et les illusions n'auraient pas tardé à disparaître. Mais on peut croire que le sentiment du devoir et l'esprit de dévouement auraient persisté jusqu'à un certain point et qu'ils eussent suffi au moins pour fonder la confiance réciproque entre les associés et la discipline qui sont les conditions fondamentales de toute association. Malheureusement il n'en fut pas ainsi.

Le coup d'État de 1852 coupa dans la racine toute cette floraison. En province, la plupart des associations existantes furent supprimées par l'autorité publique. A Paris, on n'intervint pas directement contre elles, mais le profond découragement que produisit cet effondrement subit de toutes les libertés publiques, les mesures exceptionnelles dont furent frappés les républicains les plus zélés, parmi lesquels comptaient la plupart des membres des associations, la menace suspendue sur toutes les têtes et l'insécurité générale firent que la plupart des sociétés ouvrières renoncèrent à l'œuvre et crurent devoir se dissoudre. Une dizaine seulement, dont les affaires étaient très prospères, essayèrent de vivre en dissimulant leur existence. Elles échappèrent en effet au naufrage et la plupart d'entre elles existent encore aujourd'hui.

Pendant une dizaine d'années, l'idée de l'association sommeilla et il n'y eut que des tentatives isolées de coopération. Mais elle n'était pas morte et elle se réveilla en 1863 au moment où l'opinion publique reprenant plus de force obligeait l'empire à faire quelques concessions. Nous entrons dans la seconde période de M. Hubert-Valleroux. Elle se distingue de la précédente par des caractères bien tranchés. On avait eu connaissance dans les dernières années des sociétés de consommation formées en Angleterre, notamment de celle des *Pionniers de Rochdale*. On était informé aussi du succès des sociétés de crédit fondées en Allemagne par Schulze-Delitzsch, et un certain nombre de publicistes, oubliant ce qui s'était fait en France, ne manquèrent pas de se passionner pour ces créations étrangères et de les proposer à l'imitation française.

Ce fut alors que le mot de *coopération* se substitua au terme d'*association*, seul usité jusque-là en France. Ce fut à partir de cette époque aussi qu'on a généralement divisé les sociétés ouvrières en trois classes: sociétés de production, les seules qui eussent été réalisées jusque-là en France, sociétés de consommation et sociétés de crédit; bien que cette division, comme le fait observer M. Hubert-Valleroux, ne comprenne pas toutes les sociétés qui se sont constituées et qu'elle laisse en dehors, notamment les sociétés d'achat et de vente des matières premières et les sociétés de construction. Aux anciennes sociétés de production se joignirent donc des sociétés de consommation qui réussirent surtout en province, car Paris comme Londres se montra toujours réfractaire à cette forme de coopération. En ce qui concerne les sociétés allemandes de crédit, elles ne purent jamais s'acclimater en France par la simple raison qu'elles étaient particulièrement adaptées à l'état industriel de l'Allemagne. En même temps, l'esprit qui animait les fondateurs des premières associations avait disparu peu à peu. Les sociétés de consommation, qu'on préconisait avant tout, étaient recommandées principalement pour les avantages immédiats qu'elles devaient procurer aux participants; elles ne pouvaient pas avoir pour résultat de changer la condition des salariés, mais tout au plus de supprimer quelques intermédiaires. On présenta aussi l'intérêt personnel des associés comme le principal mobile de l'association, même dans les sociétés de production, sans songer que c'était porter une grave atteinte à l'esprit de dévouement, de confiance et de discipline indispensable à la réussite d'une œuvre nouvelle.

M. Hubert-Valleroux donne l'histoire circonstanciée des sociétés coopératives fondées en Angleterre, en Allemagne et en Italie et les renseignements qu'il a pu recueillir sur celles des autres pays. Nous ne rappellerons pas cette histoire qui est généralement connue. Mais nous signalerons deux faits qu'il met en évidence. De même qu'en France la première association, celle des bijoutiers, a été fondée sous l'inspiration d'une école philosophique, la première société anglaise, celle des Pionniers de Rochdale, a été créée par des hommes imbus des idées d'Owen et avait pour but de poser le premier jalon d'une communauté future établie d'après le système de ce penseur. Le second fait c'est que c'est à la France que Schulze-Delitzsch avait emprunté ses idées générales sur l'association. Lui aussi ne considérait les sociétés de crédit qu'il fonda que comme une préparation aux sociétés de production qui devaient couronner l'édifice. En Allemagne comme en Angleterre, le succès prodigieux des institutions préparatoires fit perdre de vue le but principal.

En France, à l'époque où nous sommes arrivés, des publications diverses, notamment des brochures et des journaux hebdomadaires spéciaux, vinrent ranimer et seconder le mouvement coopératif. Mais ce qui le servit le plus, fut la création d'une banque populaire destinée à créditer les associations et à escompter leur papier, le *Crédit au travail*. Une autre banque analogue, fondée par MM. Léon Say et Walras, s'établit peu après, mais elle eut beaucoup moins de retentissement. Des banques semblables furent créées en même temps à Lyon et dans d'autres villes. Il se forma donc de nouvelles associations en grand nombre, à Paris surtout des sociétés de production, en province des sociétés de consommation. Ces banques remplacèrent les sociétés de crédit et on ne trouve en dehors que des caisses d'épargne formées entre ouvriers d'une même profession dans le but de réunir, par des cotisations périodiques, les capitaux nécessaires pour constituer des sociétés de production. Le gouvernement ne se montra pas hostile à ce mouvement; après quelques hésitations et une enquête dont les conclusions furent favorables, il voulut même lui venir en aide en fondant, en 1866, une *caisse d'escompte des associations coopératives* à laquelle l'empereur donna 500.000 fr. et dont d'ailleurs les affaires furent très restreintes. Enfin, la loi du 27 juillet 1867 consacra un titre spécial, *Des sociétés à capital variable*, aux sociétés coopératives. C'étaient les formes de la société anonyme ou en commandite qu'on adaptait aux sociétés ouvrières; mais c'est à tort qu'on a cru depuis que les autres formes sociales consacrées par le Code de commerce et le Code civil avaient cessé de leur être applicables.

Le mouvement lancé en 1863 ne dura que quelques années. Cette fois-ci, ce ne fut pas un événement extérieur, comme en 1852, qui l'arrêta, mais la base même sur laquelle s'élevaient les associations vint à leur manquer. La banque populaire qui soutenait la plupart d'entre elles, le *Crédit au travail*, avait imprudemment immobilisé la plus grande partie de son capital en prêtant à long terme à certaines sociétés; elle se trouva subitement hors d'état de satisfaire à ses engagements (fin de 1868). Sa chute entraîna celle d'un grand nombre de sociétés et en découragea beaucoup d'autres. Cependant à cette crise aussi, comme à celle de 1852, un certain nombre d'associations nouvellement fondées survécurent et parmi elles aussi quelques-unes sont florissantes aujourd'hui.

Avec les événements de 1870 commence la troisième période qui nous conduit à l'état actuel. Aucune des sociétés existantes ne périt pendant la guerre, au moins à Paris; mais pendant les années qui la suivirent, il ne s'en fonda guère de nouvelles; l'idée de l'association était délaissée en ce moment pour celle des syndicats onvriers sur lesquels on fondait de grandes espérances; mais si même ces syndicats pouvaient jamais réunir tous les ouvriers d'une même profession, ce qui n'est pas arrivé jusqu'ici, leur utilité ne serait toujours que très secondaire, et leur seule efficacité réelle ne saurait se manifester que dans la lutte contre les patrons; or, ce n'est pas là le moyen d'abolir le salariat et de procurer aux ouvriers la possession du capital. Cette vérité paraît s'être fait jour peu à peu, et dans ces derniers temps quelques syndicats ont poussé eux-mêmes à l'association. Le fait est que vers 1880 l'idée d'association prit faveur de nouveau et que depuis cette époque il s'est formé un grand nombre de sociétés coopératives. Cette fois-ci, loin d'avoir à redouter le mauvais vouloir du gouvernement, les associations ont été accueillies avec beaucoup de sympathie par les hommes qui occupent le pouvoir; la Ville aussi bien que les ministères se sont empressés de leur faire des commandes, et même de leur accorder des faveurs particulières, que M. Hubert-Valleroux désapprouve, mais pour lesquelles il a peut-être été trop sévère, puisqu'elles n'ont été que très exceptionnelles. Nous ne nous arrêterons pas à faire connaître l'état actuel des associations, parce que nous avons analysé ici même l'enquête qui a été faite à ce sujet en 1883 et qui est la principale source de renseignements sur ce point (voir le numéro d'octobre 1883). M. Hubert-Valleroux complète les données fournies par l'enquête par les détails qu'il a pu recueillir sur les sociétés qui existent en province. Il s'étend assez longuement sur l'état actuel de la coopération à l'étranger. Ni en Angleterre, ni en Allemagne ni en Italie les sociétés coopératives n'ont subi des vicissitudes semblables à celles qu'elles ont éprouvées en France; elles se sont développées d'une manière continue et paraissent être arrivées aujourd'hui à leur apogée; mais dans aucun de ces pays elles n'ont franchi leurs limites primitives : en Angleterre, ce sont toujours les sociétés de consommation, en Allemagne et en Italie les sociétés de crédit qui prennent une place tout à fait prépondérante; les sociétés de production ne s'y rencontrent qu'à titre exceptionnel.

Après avoir retracé l'histoire des sociétés coopératives et exposé leur état actuel, M. Hubert-Valleroux se pose, dans sa conclusion, les questions suivantes : Que faut-il attendre de la coopération? Quels sont son utilité et son avenir? Il déclare tout d'abord que les premières idées qu'on s'était faites sur les effets de la coopération étaient illusoires et qu'elle ne procurera pas la transformation entière du monde du travail et de la distribution des richesses que rêvaient les ouvriers de 1848 ou les fondateurs de la société de Rochdale. La raison qu'il en donne c'est que l'institution coopérative n'est pas de celles qui se font sentir à tous les citoyens d'une nation et indépendamment de leur volonté; ceux-là seuls éprouveront ses bienfaits qui auront fait effort pour les mériter, et le nombre de ceux qui auront fait effort sera toujours relativement petit. Mais cette raison, ajoute-t-il, ne suffit pas pour condamner la coopération et pour ne pas reconnaître les bienfaits qu'elle procurera aux ouvriers qui auront la force nécessaire pour la pratiquer. Ainsi l'association de production donne à ses membres la sécurité et l'indépendance vis-à-vis des patrons et même de certaines chambres syndicales; celles qui réussissent procurent un certain bien-être à leurs membres et leur assurent une retraite pour la vieillesse. Au point de vue de la société en général, elles sont d'une grande utilité en ce qu'elles enlèvent ceux qui en font partie aux entraînements révolutionnaires et socialistes, qu'elles leur apprennent à apprécier le rôle du capital et de la gestion et les réconcilient avec la société. De même, les sociétés de consommation améliorent physiquement le sort des ouvriers par les économies qu'elles leur font faire, et moralement par les habitudes d'ordre et d'épargne qu'elles leur donnent. Les avantages qui résultent des sociétés de crédit, d'achat ou de vente en commun, de construction de maisons sont évidents. Il y a donc lieu en tout cas d'encourager la coopération sous toutes ses formes. L'auteur termine par deux considérations générales. L'une porte sur la puissance de l'initiative privée qui est le moteur propre de la coopération. Seule, elle a produit en Angleterre, en Allemagne et dans d'autres pays les effets merveilleux que l'on admire; en France aussi c'est elle qui a le plus fait, et c'est à la fois une faute et une erreur d'en appeler à l'intervention du gouvernement pour cette œuvre. La seconde considération est relative à la part importante que ce que l'auteur appelle les classes dirigeantes, c'est-à-dire les philosophes, les hommes de lettres, les philanthropes des classes aisées ont prise au mouvement coopératif. Buchez, Owen, Schulze-Delitzsch n'étaient pas des ouvriers; bien des sociétés de consommation n'ont vécu que parce qu'elles étaient gérées gratuitement par des hommes désintéressés dans l'affaire; la prospérité des banques italiennes tient en grande partie au dévouement de leurs fondateurs, MM. Luzzatti et Vigand, qui sont toujours à la tête de la gestion. Par ces motifs, M. Hubert-Valleroux adresse un appel chaleureux à la classe dirigeante qui peut rendre tant de services en cette matière. Nous exposons ces conclusions de l'auteur, sans les discuter, bien qu'elles nous paraissent discutables; mais ce n'est pas ici le lieu de débattre ce grand procès.

Dans l'analyse que nous venons de faire de l'ouvrage de M. Hubert-Valleroux, nous n'en avons donné pour ainsi dire que le squelette. Nous avons dû omettre les détails nombreux et circonstanciés dans lesquels il entre et qui font de son livre un recueil complet des renseignements authentiques que l'on possède sur la coopération passée et présente. Nous n'avons même pu indiquer un certain nombre de faits très intéressants qu'il a exposés concernant notamment les délégations des ouvriers aux expositions universelles de Londres, de Vienne et de Philadelphie, les congrès ouvriers, les banques catholiques, le mouvement religieux qui se produit actuellement parmi les coopérateurs anglais, etc.

D'autre part, nous avons à signaler quelques lacunes. Nous regrettons particulièrement que l'auteur ait omis complètement les sociétés en participation entre patrons et ouvriers qui ont pris une grande extension en France dans les derniers temps et qui promettent un bel avenir. Nous aurions voulu aussi qu'il nous fît connaître la réaction que les idées socialistes, révolutionnaires et communistes, l'internationale, l'école de Karl Marx, ont exercée sur la coopération; on sait que les partisans de ces doctrines lui sont généralement hostiles. On aurait désiré enfin des renseignements bibliographiques plus complets et quelque chose comme l'histoire littéraire de l'idée d'association. Mais ces lacunes étaient justifiées peut-être par le libellé de la question posée par l'Académie et par la trop grande étendue qu'aurait prise l'ouvrage s'il eût fallu les combler. Le livre est écrit d'ailleurs d'un style lucide, coulant, sympathique et se lit avec le plus vif intérêt.

A. Ott.

L'impot sur le revenu, rapport et documents présentés au collège et au conseil communal de Bruxelles, par M. H. Denis, professeur à l'Université, in-8°, Bruxelles, Ve J. Bærtsœn, 1881.

Après tant d'autres pays, la ville de Bruxelles, « désireuse d'assurer à son système financier un développement plus régulier », mit à l'étude l'impôt sur le revenu. L'échevin des finances, auteur d'une proposition en ce sens, demanda sur la question un rapport à M. Denis, professeur à l'Université: c'est la première partie de ce Rapport que je veux analyser ici.

L'ouvrage de M. Denis est divisé en trois parties. La première comprend l'histoire critique des finances de la ville de Bruxelles; la seconde, l'étude des législations étrangères qui ont établi l'impôt sur le revenu; la troisième, une discussion des résultats de cette étude et des théories formulées en Europe au sujet de cet impôt. Un seul fascicule de l'ouvrage a paru en 1881. Le deuxième et dernier, dont la publication est retardée vraisemblablement par la difficulté de réunir les matériaux, comprendra la fin de l'étude des législations étrangères, et toute la troisième partie.

Il est assez délicat de prétendre, sans ce second fascicule, juger l'ouvrage entier; ce n'est pas toutefois impossible: M. Denis a, chemin faisant, livré assez de fragments épars de sa théorie générale pour qu'on puisse, sans trop de témérité, essayer de la reconstituer.

Et d'abord, un premier point: l'impôt sur le revenu est nécessaire. Partisan déterminé des doctrines de Quetelet, M. Denis base sur l'observation les règles qu'il formule. Il examine les finances de Bruxelles; il constate une augmentation continue des dépenses publiques: les recettes en suivent avec peine la rapidité croissante; l'impôt indirect faiblit; les impôts directs manquent d'élasticité : il faut trouver une nouvelle matière imposable en vue « d'accroître l'élasticité de ce vaste appareil de l'impôt, et sa capacité d'adaptation aux revenus individuels et aux besoins publics ». Quel sera cet élément nouveau? M. Denis étudie à l'étranger l'impôt sur le revenu, en démonte le mécanisme, en expose les résultats, et conclut à l'adoption de cet impôt.

Le voilà adopté. Comment l'organiser? Mêmes investigations. « A mesure, dit M. Denis, qu'un système financier se développe, on voit se multiplier les éléments qui le composent, comme si la division du travail, commune à tous les organismes, s'y accomplissait lentement. Ces éléments s'adaptent plus ou moins laborieusement les uns aux autres et combinent leur action, sauf à se résoudre par la suite dans des formes d'impositions nouvelles. » Une de ces formes sera l'impôt sur le revenu. Mais croire qu'on puisse en faire un impôt unique, c'est folie; M. Denis dénonce en passant cette erreur si chère à quelques-uns; plus tard, il la réfutera à fond.

Il faut — j'ai tâché ailleurs de le démontrer, et presque tous les économistes en conviennent — il faut faire de cet impôt un impôt complémentaire, assis sur une large base. Quelle sera cette base? L'ensemble des revenus ou seulement les revenus soit mobiliers, soit immobiliers? L'auteur préférerait, je crois, l'ensemble des revenus et mobiliers et immobiliers. Mais sur ce point son enquête n'est pas terminée. Et cette remarque m'amène à parler de son étude des législations étrangères.

Très sagement, puisqu'il voulait apporter au conseil communal des règles basées sur l'expérience financière, M. Denis a étudié les pays dont l'organisation ou l'importance sont plus voisines de celles de Bruxelles. Ce n'est pas qu'il n'ait rien dit de la législation des grandes puissances; il a, tout au contraire, mis à profit et même complété les travaux du professeur L. Levi pour la grande Bretagne et de M. Vessélovsky pour l'Italie. Et, dans le prochain fascicule, il doit traiter de la France, et, je crois aussi, de l'Allemagne. Mais — signe caractéristique de son plan et de son but — il consacre plus de quatre-vingts pages au Luxembourg et à la Hollande, une quarantaine aux communes de Belgique, près de cent à la Suisse, et seulement quarante à l'Italie et trente à l'Angleterre.

Voici maintenant la liste des pays dont il a étudié les lois : le grand duché de Luxembourg; en Hollande, Amsterdam, Leyde et Terneuzen; l'Italie; en Belgique, Verviers et Huy; en Suisse, Berne, Neufchâtel, Zurich; enfin, la Grande-Bretagne.

Une grande richesse d'informations, une exactitude scrupuleuse, la citation *in extenso* des textes de lois ou même des projets de lois, la mise en évidence, par tableaux de chiffres ou par constructions graphiques, des résultats de ces lois, enfin une science économique approfondie, telles sont les qualités de cet ouvrage. Je regrette d'en avoir dû parler avant la publication intégrale; mais je ne crains pas de dire que si la partie de la discussion et de la conclusion répond à celle des recherches et des observations, la monographie de M. Denis sera, dans le cadre et les limites qu'il s'est assignés, la plus complète et la plus sûre qui ait paru sur cette importante matière. Il ne me reste à exprimer qu'un vœu, c'est qu'il en hâte l'achèvement.

J. Chailley.

Discours, Plaidoyers et Œuvres diverses, de M. F. Rousse. Recueillis et publiés par F. Worms. 2 vol. in-8°, Paris, 1884. Larose et Forcel.

M. Rousse, cédant à des sollicitations qu'on devine, vient de laisser paraître deux volumes où sont réunies les œuvres les plus diverses de sa jeunesse et de son âge mûr : traductions, comptes rendus, plaidoyers, discours, consultations, journal intime. En tout, 1.200 pages au moins. M. F. Worms, qui a recueilli les pages éparses de son maître, s'est laissé entraîner par son pieux zèle. Quelques-unes auraient pu être omises, d'autres écourtées ; toutes eussent gagné à être publiées séparément, en volumes distincts, pour les *Plaidoyers et Discours*, pour la *Consultation*, pour le *Journal du siège de Paris*. Le voisinage immédiat d'écrits si différents nuit à chacun d'eux; ils ne s'adressent pas aux mêmes lecteurs, et les éditeurs ont peut-être manqué d'habileté.

J'ai donc le regret de ne pouvoir m'arrêter ni sur le Journal du siège de Paris, plein d'émotions, de tristesses et de vrai patriotisme, ni sur certains discours, véritables modèles du genre qui ont laissé de longs souvenirs au Palais. Et j'arrive à la seule partie de cette publication qui soit du domaine du *Journal des Économistes*.

Parmi les plaidoyers recueillis, quelques-uns sont relatifs à des questions de propriété littéraire ou industrielle, d'usurpation de nom et de concurrence illicite. On se rappelle les difficultés qui se sont, à diverses époques, élevées entre le baron Liebig et les fabricants d'extrait de viande qui mettaient, sans droit, leurs produits sous son nom ; entre les éditeurs Lemerre et Charpentier, à propos des Œuvres d'André Chénier; entre Mme Lenormant, nièce de Mme Récamier, et M. d'Estournelles, parent de Benjamin Constant, lors de la publication des *Lettres à Mme Récamier*; enfin, entre MM. Zola et Duverdy, quand celui-ci se plaignait de voir son nom figurer en mauvaise compagnie dans le roman de *Pot-Bouille*. J'ai tenu à citer les espèces mêmes; car un plaidoyer n'est pas un cours de droit; il est aussi difficile, dans des affaires nombreuses, à un avocat de garder, qu'à un lecteur de dégager l'unité de doctrine. Ce serait un mince triomphe que de mettre un avocat en contradiction avec lui-même. La bonne foi n'est pas en jeu. Un argument un peu forcé, une circonstance de fait presque insignifiante, voici l'avocat qui modifie son opinion, et parfois le tribunal son jugement. L'honorable M. Duverdy réclame contre l'usage qu'on fait de son nom. Je veux qu'il ait sujet de se plaindre; en a-t-il le droit? « Oui, dit M. Rousse. Je suis maître de mon nom, c'est ma propriété. — Mais, objecte l'avocat de M. Zola, ce nom n'est pas à vous seul; voici des lettres d'autres Duverdy qui nous cèdent le droit d'en user à notre guise. — Eh! que m'importe leur autorisation, répond Mᵉ Rousse; puis-je être condamné à laisser discréditer ou ridiculiser le nom que je porte? » Et tout bas en lisant, je donnais raison à Mᵉ Rousse.

Plus loin, j'arrive au procès qu'intente M. d'Estournelles à Mᵐᵉ Lenormant pour avoir publié des lettres écrites à Mᵐᵉ Récamier par B. Constant, son proche parent. « Vous ne deviez pas, lui dit-il, publier ces lettres. Elles peuvent nuire à une mémoire qui m'est chère. — Quoi! répond M. Rousse, avocat de Mᵐᵉ Lenormant; je ne pourrai publier les lettres de B. Constant, homme politique qui, depuis cinquante ans, appartient à l'histoire! — Il n'y a politique ni histoire qui tienne, réplique M. d'Estournelles; le nom de B. Constant est à sa famille. — A sa famille, soit! dit l'adversaire, s'emparant ici d'un argument qu'il repoussait dans l'autre espèce; voici des lettres signées de tous les Constant de la famille, qui autorisent ma publication et m'en remercient. » Et ici encore je trouvais que M. Rousse avait raison. Mais où est la théorie?

Les plaidoyers ne satisfont donc jamais pleinement ceux qui se sont une fois habitués aux sévères méthodes de la composition didactique. L'avocat est d'ailleurs forcé de passer sous silence trop de questions, soit qu'elles fassent longueur, soit qu'elles portent ombrage à ses prétentions. Dans cette dernière espèce, j'aurais été curieux de voir M. Rousse discuter la célèbre question de la propriété des lettres missives, et garder cet absolutisme que, dans l'affaire Lemerre contre Charpentier, il professe en matière de propriété littéraire. La propriété littéraire, M. Rousse nie qu'elle existe. « Il faut, s'écrie-t-il, il faut avoir le courage de le dire et de le répéter sans cesse, le droit des auteurs sur leur œuvre n'est pas une propriété, et, pour prendre le contre-pied d'un mot qui a fait fortune, mais qui n'est qu'un mot : la propriété littéraire n'est pas une propriété. » C'est bien vite trancher une grosse question. M. Worms, le sait, lui qui a écrit un savant traité sur la matière. Et il y aurait long à répondre à cette exécution. Plusieurs jurisconsultes et des meilleurs, entre autres M. Gastambide, ont soutenu que le droit des auteurs sur leurs œuvres est une véritable propriété, et l'École de Paris a gardé le vivace souvenir d'une série de leçons où M. Lyon-Caen, l'éminent professeur, a démontré, d'une manière irréfutable, l'existence de la propriété littéraire en tant que propriété.

Mais pourquoi exiger d'une œuvre intellectuelle des qualités qu'elle ne comporte pas? Contentons-nous de ce qu'on nous donne; trop heureux si nous avions toujours des plaidoyers comme ceux de M. Rousse. Partout apparaît chez lui une qualité très française, bien parisienne; une discussion solide des affaires dans une langue élégante et sobre. C'est là certainement la qualité maîtresse du barreau de Paris, et M. Rousse lui a dû la place glorieuse qu'il y occupe.

J. Chailley.

Studi sui prestiti publici e sulla carta-moneta per Salvatore Consoli Vasta. 1 vol. in-8°, 1879. Napoli, Nicola Jovene.

Avant d'aborder son sujet: Les emprunts publics et le papier-monnaie, M. Vasta commence par exposer son opinion sur l'Etat et sur le crédit. Comme les principes fondamentaux sont les plus importants et les plus négligés, je m'arrête plus souvent et plus volontiers à les discuter lorsque l'occasion s'en présente, qu'à entrer dans les détails où il y a ordinairement autant de pour et de contre, mais où la discussion a moins de portée et est moins fructueuse. C'est ce que je me bornerai à faire pour le présent ouvrage.

M. Vasta commence par admettre avec Aristote et contre J.-J. Rousseau et les socialistes modernes, que la société est l'état naturel de l'homme. C'est aussi mon avis; mais je n'adopte pas pour cela toutes les conséquences que l'on tire de ce principe, ou bien j'en admets d'autres dont on ne tient généralement que peu ou point de compte. Par exemple, M. Vasta affirme que par l'association, la puissance d'action de l'homme est centuplée. En admettant ce principe, il faut observer, ce que l'on ne fait pas, que les besoins se multiplient aussi dans une proportion que l'on n'a pas déterminée, mais qui n'est certainement guère moindre que celle de la puissance d'action. Préconiser l'association dans tous les cas, sous toutes les formes, par tous les moyens, jusqu'à la contrainte inclusivement, comme on le fait quelquefois, c'est donc s'exposer à de graves désillusions, si l'on ne tient pas compte du second élément du problème. Quel avantage tirera-t-on de la multiplication de la puissance productive si la puissance consommative suit une progression plus rapide? Or, elle la suivra nécessairement si l'on ne fait entrevoir aux associés que les avantages possibles, en leur cachant les inconvénients réels.

M. Vasta refuse à l'Etat le droit de s'ingérer dans les relations sociales, lorsque l'initiative privée se suffit à elle-même; mais quand elle est impuissante, l'intervention gouvernative est nécessaire et avantageuse. A l'appui de cette théorie, qui n'est pas nouvelle comme on sait, il cite l'exemple de l'Angleterre, où les forces individuelles se suffisent à elles-mêmes, et où l'intervention de l'Etat non seulement serait inutile, mais nuisible. L'auteur ne se demande pas si ce n'est pas précisément parce que l'Etat intervient moins que les forces individuelles se suffisent à elles-mêmes, ce qui conduirait à supposer que si elles ne se suffisent pas ailleurs, c'est parce que l'intervention gouvernative les paralyse, soit en les empêchant, soit en les dispensant de s'exercer.

Il est facile de dire que l'État doit venir au secours de l'initiative privée; mais il serait plus difficile de démontrer que son concours puisse être efficace. Si une entreprise possible est utile, elle sera profitable, et il n'y a point besoin de l'Etat pour la mettre en train; tout ce qu'il peut faire de bon, c'est de se croiser les bras, c'est-à-dire de ne pas gêner par ses règlements l'exercice de l'activité privée, le groupement des forces matérielles et morales des individus. Si cette entreprise est impossible, comme serait par exemple celle d'asservir 400 millions d'hommes établis à 6.000 lieues avec une armée de 10.000 combattants, il est certain que l'initiative privée ne s'y lancera pas, il n'y a que l'Etat pour concevoir des plans si grandioses: quant à les réaliser...

Pour ce qui est des entreprises possibles et au-dessus des forces de l'initiative privée libre, je voudrais bien savoir comment l'Etat, avec « la nature poreuse et absorbante de ses mains », pourra faire plus et mieux que l'initiative privée. Il y a toujours eu et il y aura toujours des choses possibles, si tout ce qui est possible était réalisé, il n'y aurait plus rien à faire et nous ne nous en trouverions pas mieux; que ferions-nous alors de nos deux pieds, de nos dix doigts, de nos cinq sens, de notre cerveau? Mais le plus court moyen de possibiliser l'impossible et de réaliser le possible n'est pas d'en confier le soin à l'Etat, c'est d'attendre que le moment soit venu. *Tout vient à point à qui sait attendre.*

Je pourrais encore critiquer plusieurs principes de M. Vasta, si je ne craignais d'ennuyer le lecteur par mon éternelle *grincherie;* je pourrais aussi dire beaucoup de bien de certaines autres parties de la préface, et même de tout le livre, car M. Vasta est un esprit libéral, qui écrit avec indépendance, qui, tout en soutenant les doctrines économiques, ne se prive pas plus de les critiquer que de critiquer les doctrines socialistes, quand l'occasion s'en présente. Mais je laisse au lecteur le soin de s'assurer de tout cela par lui-même. Je me bornerai à appeler particulièrement son attention sur la 1re partie, qui traite de la dette publique, « incube qui gravite sur la production nationale », qui engendre une politique « absorbante à l'intérieur, agressive à l'extérieur », et qui conduit finalement à la *bancarotta.*

ROUXEL.

DEL VALORE. Saggio di economia politica dell' avv. BERTINI RAIMONDO, br. in-8°, 64 p. Torino, tip. Fodratti, 1883.

« Pour déterminer le concept de richesse, il convient de partir du concept de chose utile. » Les choses utiles sont tout ce qui répond à l'un quelconque de nos besoins physiques, intellectuels et moraux, et qui ne peut y être approprié que par le travail. Il suit de là que la richesse n'est pas seulement composée d'objets matériels, mais que la science et la moralité sont aussi des richesses. M. Raimondo va même jusqu'à dire que la science a un plus haut degré d'utilité que le reste; mais tout le monde dit cela, et personne ne le prouve. Quoi qu'il en soit, on voit que ce concept de la richesse est conforme au courant qui se manifeste depuis quelque temps, et qui s'accentue de plus en plus, de relier les questions économiques aux questions morales.

Partant de ces principes, M. Raimondo recherche la loi de la valeur. La *valeur* des choses est gouvernée par les frais de production. Mais leur *prix* est déterminé par l'offre et la demande.

La valeur et le prix des choses tendent nécessairement à se confondre : si l'offre d'un produit excède la demande, le prix baissant, les frais de production ne seront plus couverts; une partie des producteurs changeront leur arme d'épaule et l'équilibre sera vite rétabli.

Il y aurait plusieurs moyens de maintenir l'inéquilibre, et même de le créer lorsqu'il n'existe pas. Il suffirait, par exemple, de subventionner une industrie, de réduire les frais d'apprentissage en les mettant à la charge de l'État, pour voir les bras se porter surabondamment vers l'industrie protégée et en déprécier les produits, tout en nuisant à tout le reste de la société, qui paie les subventions.

M. Raimondo divise les industries et les hommes qui les exercent en quatre classes : 1° celles qui ne requièrent pas d'apprentissage, exercées par les manœuvres; 2° celles qui demandent un apprentissage de quelque durée, après lequel on est ouvrier; 3° celles qui nécessitent un apprentissage plus long et un petit capital, ce sont les patrons de métiers et les petits commerçants; 4° enfin, celles qui obligent à des études plus nombreuses, plus élevées, plus longues, à l'issue desquelles on entre dans la grande industrie, le haut commerce, les professions dites libérales.

Nous pourrions, en France du moins, ajouter une cinquième classe : celle des déclassés, qui passent un tiers de leur vie à faire des études dont la plupart d'entre eux ne font jamais aucun usage; un autre tiers à faire le pied-de-grue dans les antichambres des administrations publiques ou privées; et souvent le dernier tiers à continuer le métier qu'ils ont fait dans le second.

C'est sur cette classification des industries que M. Raimondo se fonde pour considérer les plus élevées comme les plus utiles, sans faire attention que les salaires plus hauts des *talentiers*, comme dit M. Limousin, ne sont, tout au plus, que l'intérêt du capital dépensé pour acquérir les connaissances nécessaires à leur exercice; capital qui est perdu pour la famille et pour la nation, lorsque le sujet meurt avant d'arriver à la fin de son apprentissage; capital qui est encore jeté à l'eau lorsque les dispositions naturelles du sujet ne lui permettent pas d'atteindre le but vers lequel on le pousse souvent malgré lui.

Cette réserve faite, l'*essai* de M. Raimondo sur *la valeur* est un travail solide, où plusieurs opinions récentes sur ce sujet sont discutées avec beaucoup de talent.

ROUXEL.

CHRONIQUE

SOMMAIRE : Ce que devient le régime représentatif. Le retour au bon plaisir en matière de finances. — Les déclarations protectionnistes de M. le ministre de l'agriculture et la profession de foi libre-échangiste de M. le ministre du commerce. — M. Pouyer-Quertier logicien timide. — M. Frédéric Passy à Bordeaux. — Les chambres de commerce et les droits sur les blés. — La ligue des herbagers du Nord-Est. — Le rapport de M. Risler. — Prix et hausse probable des blés aux États-Unis. — L'augmentation des droits sur les blés en Allemagne. — Le protectionnisme à l'École de médecine. — Les résultats de la protection aux États-Unis. La crise industrielle. — Les droits sur les œuvres d'art et la lettre de M. Gérome. — Les ambulances urbaines. — L'attentat du Niederwald. — La quatrième panique en Angleterre. — La civilisation au Japon — Les procédés de la civilisation au Tonkin. — Les assignats métalliques. — A propos de l'affaire Clovis Hugues.

Nous possédons encore les formes et les apparences du régime représentatif, mais on peut se demander si elles servent à autre chose qu'à masquer les pratiques du plus pur despotisme. Il semblait que la principale affaire des Chambres dût être de discuter et de voter le budget; aujourd'hui ce n'est plus que l'accessoire. L'examen et la discussion du budget ont fini par être relégués à la fin des sessions et on les expédie en quelques jours; quand le temps manque, on vote des douzièmes provisoires qui permettent au gouvernement de percevoir les impôts et de pourvoir aux dépenses publiques pendant un, deux ou trois mois. On vient de faire un progrès de plus dans cette voie. Les Chambres ont voté en bloc, malgré les protestations de M. Léon Say et de M. Rihot, une somme de 1.032.916.767 fr. pour subvenir aux dépenses du 1er trimestre de 1885, en laissant au gouvernement pleine liberté d'en disposer. Que va-t-il faire de ce milliard qu'il est le maitre de dépenser à sa guise? Il va en employer une grosse part à achever la conquête du Tonkin et, si le cœur lui en dit, à conquérir la Chine. A la vérité, il en sera responsable. Mais en quoi consiste cette responsabilité? Si par hasard les Chambres n'approuvaient pas la destination qu'il aura plu aux ministres de donner à ce milliard, seront-ils obligés de le rembourser sur leurs économies? En vérité, était-ce bien la peine de faire une demi-douzaine de révolutions pour aboutir au rétablissement du régime du bon plaisir en matière de finances?

***

Tandis que M. Méline annonçait à la Chambre l'intention formelle du gouvernement de mettre le projet de loi relatif à l'augmentation du droit sur les blés en tête de l'ordre du jour de la session prochaine, en ajoutant que « l'agriculture peut être assurée qu'elle sera à la rentrée la première préoccupation du gouvernement », M. Rouvier, ministre du commerce, faisait, à l'assemblée générale des chambres syndicales des industries diverses, une profession de foi libre-échangiste :

Puisque je suis amené à parler de la crise, disait-il, laissez-moi vous développer toute ma pensée. Il ne faut pas réclamer outre mesure, il ne faut pas exagérer les événements. On ne sait pas assez le mal que font à notre commerce et à notre industrie ces plaintes qui viennent, comme une marée montante, battre incessamment la barre de la commission des 44. Toutes les corporations, toutes les industries viennent se plaindre. Le charbon est trop cher, nos ouvriers sont incapables, nos matières premières sont hors de prix ; que l'État nous protège, ou nous succombons à bref délai.

Eh bien, voici le fruit qu'en tirent nos rivaux et nos concurrents. Ils font traduire et répandent à des milliers d'exemplaires les dépositions de nos fabricants et disent à leur clientèle, à notre clientèle qu'ils s'efforcent de nous enlever : « Voyez, les Français disent eux-mêmes qu'ils ne peuvent supporter la concurrence, et par conséquent déclarent qu'ils nous sont inférieurs ». Et, maintenant, nos consuls signalent de toute part les périls de cette propagande.

Eh bien, c'est là une erreur profonde. Non, nous ne sommes pas inférieurs à nos concurrents, nous pouvons faire aussi bien qu'eux, et même mieux encore. Sachons ce que nous valons, travaillons, étudions, réformons s'il le faut, mais ne nous ravalons pas, ne nous plaçons pas volontairement au-dessous de nos émules, parce que ce n'est pas seulement notre amour-propre qui en souffre, ce sont aussi nos intérêts. (Tonnerre d'applaudissements.)

La situation que j'occupe dans le sein du gouvernement m'impose une réserve dont je ne me départirai pas. Mais je ne puis m'empêcher d'appeler votre attention, je ne puis faire autrement que d'amener vos réflexions sur ces deux choses si difficiles à concilier. Voyez d'une part le développement merveilleux des voies de communication. On crée des chemins de fer, on creuse des canaux, on perce des isthmes, on éventre des montagnes, et c'est la France qui, avec ses ingénieurs, avec son argent, contribue le plus efficacement à cette grande œuvre de rénovation économique et sociale. Et, par contre, au moment où l'on s'évertue à supprimer des barrières jadis infranchissables, il y a des retardataires qui demandent de supprimer tous ces effets du progrès en mettant une douane, un impôt, une taxe, là même où l'on s'efforce de supprimer les distances, d'augmenter les échanges, et par cela provoquer le rapprochement des peuples et des nations.

Non, Messieurs, non, on ne peut détruire le progrès. On peut, si l'on veut, retarder, mais non pas arrêter le mouvement des peuples qui marchent vers la liberté des échanges. (Applaudissements.)

Nous nous plaisons à espérer que M. le ministre du commerce se souviendra de cet éloquent discours dans la prochaine discussion de la loi sur les blés, et qu'il se refusera à aider son collègue agricole à faire marcher le peuple français vers la liberté des échanges..... à reculons.

***

M. Pouyer-Quertier a prononcé à Gisors un nouveau discours dans lequel il a violemment attaqué la ligue contre le renchérissement du pain et de la viande :

Cette ligue est antinationale, antipatriotique! Elle est contre le salaire de nos ouvriers.

Pour le prouver, je n'ai qu'à vous citer les déclarations des chambres de commerce de Marseille, de Bordeaux, du Havre; je pourrais vous les lire. Elles disent qu'il ne faut rien donner à l'agriculture, parce que le développement de leurs ports se fera en raison de l'arrivage des blés étrangers. C'est là parler un langage d'étranger que j'ai le droit de flétrir. (L'assemblée applaudit avec frénésie ; l'orateur continue.)

Associez-vous tous, pour le combattre, d'un bout de la France à l'autre. C'est de ce château voisin que Guillaume le Conquérant est parti à la conquête de l'Angleterre. Nous sommes ses héritiers, il ne s'agit plus d'aller faire la conquête de l'Angleterre, mais de reprendre ce qu'on lui a livré.

Leurs représentants sont à Marseille, où le commerce est aux mains des Anglais, des Grecs, des Espagnols, des Allemands, et non en celles des Français. Ils sont au Havre, où le commerce échappe aux maisons françaises et passe aux Suisses-Allemands et autres, qui partent ensuite de France avec une fortune.

Il est singulier que l'orateur protectionniste n'ait pas proposé de combler les ports de Marseille, de Bordeaux et du Havre. Ce serait bien plus efficace que d'établir un simple droit sur les blés, et ce ne serait pas moins conforme aux saines doctrines de la protection. M. Pouyer-Quertier est un bel orateur, mais un logicien timide.

***

M. Frédéric Passy a prononcé à Bordeaux un éloquent discours contre l'augmentation des droits sur les blés. A la suite de ce discours, l'assemblée a voté par acclamation la motion suivante, qui a été adressée à M. Jules Ferry :

Les citoyens bordelais, réunis à l'Alhambra au nombre de 4.000, demandent respectueusement au président du Conseil de faire rejeter par le Parlement les dispositions législatives tendant au renchérissement artificiel de la viande, du pain et des autres denrées alimentaires.

***

La Chambre de commerce du Havre s'est prononcée, à la vérité dans un langage singulièrement embarrassé et ambigu, contre l'augmentation des droits sur les blés. Nous préférons l'attitude franchement protectionniste de la Chambre de commerce d'Amiens.

Signalons en revanche ces deux résolutions votées par la Chambre de commerce française de Londres :

Texte de la résolution pour protester contre toute élévation de droits sur le bétail, les grains et les farines importés en France, introduite par M. E.-A. Ralli, appuyée par M. Fernand Rey (adoptée par 17 voix contre 3) :

« La chambre de commerce française de Londres a appris, avec le plus vif regret, que le gouvernement de la République propose d'augmenter les droits sur le bétail, les grains et les farines importés en France.

« Cette mesure amènerait nécessairement le renchérissement de la viande et du pain, au détriment de la masse des travailleurs des villes et des campagnes.

« Elle profiterait seulement aux éleveurs de bétail et aux grands propriétaires terriens.

« Elle porterait, en outre, un coup funeste à notre marine, à nos ports de mer et aux chemins de fer, qui relient ces ports à l'intérieur, en diminuant considérablement l'importation en France des marchandises susmentionnées.

« Elle aggraverait ainsi la détresse des ouvriers et le malaise commercial, dont souffre aujourd'hui la France en commun avec le reste de l'Europe.

« Pour ces raisons, nous protestons énergiquement contre toute élévation des droits en question, persuadés qu'une pareille mesure ne saurait exercer sur notre pays qu'une influence désastreuse. »

Texte de la résolution pour déclarer que la chambre de commerce est favorable à la liberté commerciale, introduite par M. E. Chevassus, appuyée par M. J. Moyse (adoptée par 13 voix contre 5) :

« La chambre de commerce française de Londres, réunie pour la première fois en assemblée générale, déclare qu'elle est favorable à la liberté commerciale et donne pour mandat à son conseil d'en poursuivre avec elle et en son nom la réalisation. »

*
* *

Une « Ligue des herbagers du Nord-Est » vient de se constituer, et elle a adressé à M. le ministre de l'agriculture une « pétition contre la surélévation des droits d'entrée sur le bétail étranger et en faveur de la libre pratique du commerce des bestiaux de l'espèce bovine avec les pays voisins ».

Ces herbagers du Nord-Est importent du bétail maigre qu'ils engraissent pour le réexporter ensuite.

Le bétail gras qui n'a pas été acheté par la boucherie de la région, disent-ils, est envoyé au marché de Bruxelles, qui est plus rapproché, moins encombré, et dont les conditions de vente sont généralement beaucoup plus favorables (que le marché de Paris). C'est là que s'écoule presque tout le bétail non vendu en fin de saison, et la Belgique en reçoit chaque année des quantités très importantes. C'est la planche de salut des emboucheurs de la région. Avec les droits, cette ressource leur est enlevée.

M. le ministre de l'agriculture ne parait guère disposé à écouter les doléances libre-échangistes des herbagers du Nord-Est; mais nous nous plaisons à espérer qu'il ne refusera point de les dédommager de la perte de leurs débouchés en leur envoyant un certain nombre de croix du *Mérite agricole*.

*
* *

Une enquête sur la situation de l'agriculture dans le département de l'Aisne a été faite par MM. Risler, directeur de l'Institut national agronomique, Heuzé, Barral, aujourd'hui décédé, Lecouteux, Philippon et Menaut. Le rapport général a été rédigé par M. Risler, et nous y trouvons des renseignements pleins d'intérêt sur l'abandon des fermes et l'avilissement des fermages dans l'Aisne :

Dans tout l'arrondissement de Soissons, on n'a pu me désigner qu'une seule ferme, c'est-à-dire une terre pourvue de bâtiments d'exploitation, qui soit tout entière en friche, mais cela provient de circonstances particulières qui n'ont rien à faire avec la situation de l'agriculture : le caractère difficile du propriétaire en est la seule cause. Je dois faire, dès à présent, une distinction qui est très importante. Il y a dans l'arrondissement de Soissons, comme dans tout le département, beaucoup de terres sans bâtiments que l'on appelle *marchés de terres*. Elles ont été séparées des autres soit par des partages de successions, soit par des ventes. Un certain nombre de grands propriétaires ont vendu à leurs fermiers ou à d'autres cultivateurs les bâtiments de ferme et n'ont conservé que des terres.

Ces propriétaires ont ainsi réalisé une partie de leur capital foncier, mais aujourd'hui il leur est impossible de faire cultiver eux-mêmes les marchés de terres pour lesquels ils ne trouvent pas de fermier. Or, les terres, qui m'ont été signalées comme étant laissées en friche depuis quelques années, sont des marchés de terres. Ce sont des terres ou de qualité passable trop éloignées des villages et des fermes pour que leur culture soit facile, ou des terres de très mauvaise qualité qui étaient autrefois boisées et qui auraient dû le rester, mais qu'on a eu le grand tort de défricher, il y a une quarantaine d'années, à l'époque où l'agriculture donnait de grands bénéfices. Les marchés de terres laissées en friches n'atteignent pas encore 1 0/0 de la surface totale de l'arrondissement, mais leur abandon et leur dépréciation paraissent augmenter de jour en jour, et nous verrons que c'est là ce qui fait la gravité toute particulière de la situation économique de cette contrée.

Et le rapporteur donne un tableau des fermes abandonnées dans l'arrondissement de Soissons. Sur les 124.000 hectares de l'arrondissement, il y en a 1.144 en friche et 29 propriétaires sont forcés de cultiver eux-mêmes « parce qu'ils n'ont pu trouver de fermier ou du moins parce qu'ils n'ont pas pu en trouver aux conditions qu'ils leur proposaient ».

Il est vrai qu'il y a des diminutions notables dans les fermages renouvelés, soit 10, 12, 30, 33 0/0 et des notaires prévoient des abaissements de 50 0/0. Il est vrai aussi que depuis cinquante ans les prix des baux s'étaient élevés dans des proportions inouïes.

Ainsi les fermages de l'hospice de Soissons, qui possède 1.600 hectares de terres, avaient monté de 28 0/0 de 1831 à 1880. Ils ont baissé de 19 0/0 depuis 1880 ; c'est une différence sensible ; mais les produits sont encore très sensiblement supérieurs à ceux de 1831. Parlant du prix des fermages dans le reste du département, M. Risler ajoute :

On m'a cité un certain nombre de propriétés où il avait doublé. L'augmentation a été en moyenne de 50 à 60 0/0 de 1830 à 1870.

Bref, les propriétaires s'imaginent que c'est le devoir du gouvernement de leur garantir un *minimum* de rentes. Soit! Mais ne serait-il pas juste et raisonnable de soumettre en même temps la rente à un *maximum*? L'un n'est-il pas la conséquence et le complément nécessaire de l'autre? Et c'est ainsi que le protectionnisme nous mène droit au communisme.

***

Nous trouvons dans *the Economist* un compte des frais de production du blé dans le Michigan. Avec le coût du transport jusqu'à Détroit, le prix de revient du blé par boisseau s'élève à 79, 78 cents. tandis que le prix de vente sur le marché de Détroit ne dépasse pas 75 ou 76 cents. Cette insuffisance du prix de vente du blé, rapprochée de la hausse constante de la viande, justifie ces prévisions du journal américain *the Nation* sur la réduction probable des cultures et la hausse des céréales dans la saison prochaine.

La meilleure raison pour croire que la baisse est à son terme, c'est que le coût de la production ne comporterait pas un plus bas prix. Le coût de la production ne peut pas influer sur le prix du marché de la présente récolte, mais il influera sur celui de la récolte de l'année prochaine. On produira moins de blé dans ce pays et à l'étranger. On mettra plus de terres en pâturages et on produira plus d'aliments pour le bétail. C'est un fait remarquable qu'avec toute la baisse qui s'est produite depuis trois ans dans le prix des céréales, des articles manufacturés, de la houille et du fer, non seulement les prix de la viande n'ont pas diminué, mais qu'ils ont au contraire augmenté. La diminution de la généralité des prix, à l'exclusion de la viande, est estimée par le *Bradstreet's* à 31 0/0 depuis le mois de janvier 1881. Les prix de la viande fraîche se sont élevés dans la même période de 10 0/0. Ces faits autorisent à prévoir un changement dans les exploitations rurales et une égalisation des produits agricoles dans un avenir prochain.

Mais si les prix des blés montent naturellement, sera-t-il bien possible de continuer à les surélever artificiellement, et la loi que la Chambre de 1885 va faire, la Chambre de 1886 ne sera-t-elle pas obligée de la défaire?

***

Dans la séance du Reichstag du 8 janvier, M. de Bismarck a annoncé son intention d'augmenter les droits sur les céréales, en vue « d'atténuer les charges qui pèsent sur le pays ». Sur qui donc pèseront les droits sur les céréales?

Les protectionnistes nous accusent d'invoquer l'autorité des Robert Peel et des Cobden, ces Anglais! Gageons qu'ils ne se feront pas scrupule de s'appuyer sur celle de M. de Bismarck, cet Allemand!

*
* *

Les nouvelles générations ne sont pas moins que les anciennes infectées de protectionnisme. Voici par exemple les étudiants en médecine qui demandent à grands cris qu'on cesse d'admettre les étudiants étrangers à concourir pour les places d'externes et d'internes dans les hôpitaux. Cette demande de protection est provoquée par ce fait que des étrangers l'ont emporté à diverses reprises sur les nationaux.

La mauvaise humeur des étudiants français, lisons-nous dans *la Justice*, provient des succès remportés par quelques-uns de leurs collègues d'origine étrangère. On voudrait leur interdire les concours pour l'internat et l'externat dans les hôpitaux. On a déjà voulu l'interdire aux femmes. Nous ne connaissons rien de plus mesquin que ces prétentions. Si nous avons été battus dans certains cas par des étudiants d'origine étrangère, il ne peut y avoir là qu'un motif d'émulation pour nos compatriotes. C'est dans tous les cas un témoignage essentiellement flatteur pour l'enseignement de la Faculté de médecine de Paris, que l'Angleterre, l'Autriche ou la Russie lui envoient des élèves. Les Universités allemandes n'ont jamais songé à se plaindre que des étudiants de nationalité étrangère suivissent leurs cours, et il va sans dire que plus le nombre de ces étudiants est considérable, plus le renom de ces Facultés s'en trouve augmenté.

Ajoutons que les malades de nos hôpitaux sont plus intéressés à être soignés par des étrangers capables que par des nationaux incapables. A la vérité, le malade c'est le consommateur, et au point de vue des saines doctrines protectionnistes, le consommateur ne compte pas, d'où l'on peut conclure que les malades sont faits pour les médecins et non les médecins pour les malades. Et voilà pourquoi il est juste et raisonnable de protéger contre la concurrence des internes et externes étrangers les fruits secs de la médecine.

*
* *

Nos protectionnistes se plaisent, comme on sait, à invoquer l'exemple des États-Unis. C'est à la protection, affirment-ils, que l'Union américaine est redevable de sa prospérité et de ses progrès sans pareils. Ils oublient que les États-Unis prospéraient et progressaient avant l'avènement de la politique protectionniste, et ils se gardent bien de remarquer que cette politique y a multiplié les crises et naturalisé le paupérisme. Les énormes primes que les droits protecteurs allouaient aux industries privilégiées n'ont pas manqué d'y attirer les capitaux, les intelligences et les bras. Ces industries se sont en conséquence développées aux dépens des autres, et un moment est venu où leur production surexcitée a dépassé les besoins de la consommation. Les prix ont baissé, les pertes ont succédé aux bénéfices, il a fallu faire chômer les ateliers et congédier les ouvriers. Sans doute, les entrepreneurs et les capitalistes avisés qui ont, les premiers, exploité le marché vidé par l'exclusion des produits étrangers ont réalisé des fortunes colossales, mais ceux qui leur ont succédé se ruinent, et malgré les coalitions et les *trade's unions*, qui s'efforcent en vain de maintenir le taux des salaires en présence de la diminution de la demande de travail, les ouvriers sont réduits à la condition précaire et misérable à laquelle le même système de « protection » a contribué à faire descendre leurs confrères d'Europe.

S'il était possible, dit le *Courrier des États-Unis*, de conserver des illusions sur la condition critique du travail en ce moment aux États-Unis, elles résisteraient difficilement à une étude attentive de la statistique.

Des chiffres relevés par l'agence commerciale Bradstreet et réunis dans le dernier numéro de son recueil périodique, il résulte que le nombre des ouvriers de fabrique sans emploi par suite de la fermeture des établissements, des grèves, etc., est de 316.000, sans compter les petites industries, non comprises dans le dénombrement, par le chômage desquelles le chiffre total des ouvriers sans ouvrage doit être évalué à 350.000.

De ce chiffre il faut défalquer environ 10 0/0, représentant les suspensions temporaires de travail, les temps d'arrêt accidentels pour réparations, inventaires, etc. Si l'on compare ces données avec le chiffre des populations ouvrières de cette classe, qui, d'après le recensement de 1880, était de 2.452.740, et qui a pu s'élever depuis à un maximum de 3 millions, on trouvera que 10 0/0 environ des ouvriers de fabrique sont actuellement sans ouvrage, ce qui est une proportion approchant des plus fortes crises que l'on ait vues depuis longtemps.

Notons en passant qu'en 1880 le nombre des bras oisifs était à peine appréciable. En fait, on admet qu'il y avait à cette époque de l'emploi pour tous ceux qui voulaient et pouvaient travailler. Les proportions sont, du reste, très différentes suivant les régions.

L'État le plus mal partagé sous le rapport du travail est en ce moment le Minnesota, où 40 0/0 des travailleurs sont sans ouvrage, tandis qu'on n'en compte que 7 0/0 dans le Maryland et autant dans les États de la Nouvelle-Angleterre. La proportion est de 18 0/0 dans l'Etat de New-York, de 16 0/0 en Pennsylvanie et de 8 0/0 dans le New-Jersey.

La ville la plus éprouvée est Détroit, où 62 0/0 de la population ouvrière est oisive ; puis viennent New-York avec 24 0/0, et Philadelphie avec 21 0/0. Cette situation, au commencement de l'hiver, ne peut manquer de provoquer de sérieuses réflexions, et il n'y a malheureusement guère de probabilité qu'elle s'améliore avant le printemps.

*
* *

Nous empruntons à *l'Intransigeant* une note curieuse sur la diminution de l'importation de nos produits artistiques aux États-Unis. L'auteur attribue cette diminution à l'augmentation du droit qui a été porté de 10 0/0 à 30 0/0. La crise industrielle dont souffrent actuellement les États-Unis, grâce au régime protecteur, y est bien aussi pour quelque chose. Ajoutons qu'il ne serait pas plus sage d'encourager, aux dépens des contribuables, l'importation des tableaux, comme le conseille M. Gérome (vous êtes orfèvre, monsieur Josse !) que de la décourager par des droits prohibitifs. Ces réserves faites, nous sommes de l'avis de l'auteur de la note et de M. Gérome :

Le commerce des objets d'art, tableaux, sculptures et curiosités subit en ce moment une grande crise à Paris. Une des principales causes de cette sorte de krach artistique est l'énorme et subite diminution de l'exportation. Le tableau suivant dont nous empruntons les chiffres à la statistique établie par le consulat général des État-Unis à Paris, en donnera une idée :

Année	1882.	Val. des œuvres exp.	9.693.263 fr.
—	1883.	—	6.805.438
—	1884.	—	3.474.870

Cette diminution est le résultat de l'application de la taxe extraordinaire dont le Congrès de Washington a frappé les œuvres d'art de provenance étrangère à leur entrée sur le territoire de l'Union. La taxe nouvelle a été mise en vigueur dès le mois de juillet 1883 ; de là un commencement de réduction sensible sur les affaires du marché parisien. En 1884, la dépression portant sur l'année entière est terrible : elle se chiffre par la somme ronde de six millions. Dans les statistiques américaines, l'année se termine à la fin de septembre ; les droits de 30 0/0, prélevés par le fisc du 1er octobre au 30 septembre 1884, s'élèvent à 1.842.460 fr.

La situation faite à nos artistes par l'adoption d'un droit aussi exorbitant est nécessairement des plus fâcheuses. Elle a soulevé de vifs mécontentements. Les artistes américains, que la France a accueillis gratuitement dans ses écoles, ont eux-mêmes compris l'ingratitude d'un tel procédé, et ont adressé au Congrès une protestation dont nous avons parlé.

Nous trouvons aujourd'hui, dans les journaux de New-York, la traduction d'une lettre adressée sur cette question par M. Gérôme à M. Schaus, le grand marchand de tableaux de New-York et le principal agent de ce commerce d'objets d'art qui a pris de 1874 à 1882, entre l'Amérique et la France, une si prodigieuse extension.

Voici quelques passages de cette lettre :

« Dans l'immense budget des Etats-Unis, l'apport de la taxe sur les tableaux, à l'importation desquels cette mesure prohibitive porte un coup fatal, n'est comparable qu'à une goutte d'eau perdue dans l'Océan. Certes, un pays si vaste et si riche n'a pas besoin de recourir à de tels moyens pour se procurer quelques méchants dollars...

« ... Les œuvres d'art entrent en franchise dans tous les pays de l'Europe et ce système de non-prohibition a produit partout les meilleurs résultats. C'est ainsi que les diverses écoles de peinture, de sculpture, d'architecture ont pu librement se développer et prospérer, en Allemagne, en France, en Italie, en Belgique et en Espagne. C'est seulement après de pénibles efforts qu'une nation réussit à fonder une école de beaux-arts digne de ce nom.

« Petit à petit le sentiment du beau la pénètre ; son éducation se forme ; c'est l'œuvre des peintures, des sculptures, de tous les objets d'art réellement bons et beaux disséminés au milieu d'elle. Pour l'Amérique, il y a quelque chose de mieux qu'une loi prohibitive, ce serait une mesure qui encouragerait au contraire l'importation des tableaux et des statues et permettrait aux particuliers de fermer des galeries, aux villes de créer des musées.

« On dira quelque jour : — « C'est à la fin du XIXe siècle, en pleine « civilisation que surgit l'idée grotesque d'une assimilation des produc- « tions de l'esprit aux sardines à l'huile et aux jambons fumés. Dans « tout l'univers, les œuvres d'art étaient affranchies de tout droit. Un « seul pays les écrasa d'une taxe énorme. Ce pays était la plus jeune, la « plus grande et la plus riche des nations. »

« J.-P. GÉROME. »

Cette lettre est traduite d'après le texte qu'en donne le *New-York Times* du 18 décembre, un journal qui, à plusieurs reprises, a vivement dénoncé ce qu'il appelle « le scandale de la taxe de 30 0/0 ».

⁂

On sait combien les secours sont lents à arriver quand un accident a lieu sur la voie publique. Si un passant est frappé d'épilepsie ou écrasé par une voiture, et Dieu sait si ce cas est fréquent, on le transporte dans une pharmacie, après avoir fait cercle autour de lui et délibéré sur le parti à prendre ; si un malheureux cheval surchargé et surmené se casse une jambe en tombant, on le laisse agoniser pendant de longues heures, en attendant la claie ou le tombereau qui doit l'emporter. Une réunion provoquée par M. le docteur Nachtel a eu lieu le 24 décembre dernier à l'effet de remédier à un état de choses si peu digne d'une grande capitale et d'importer à Paris le système des ambulances urbaines établi à New-York après la guerre de la sécession. M. Jules Simòn présidait cette réunion, à laquelle assistaient MM. Béclard, Berthelot, Kœchlin-Schwartz, et un grand nombre d'autres notabilités.

M. Nachtel, lisons-nous dans le compte rendu de cette réunion, a exposé son plan, et a expliqué le fonctionnement des ambulances urbaines, telles qu'elles existent en Amérique depuis la guerre de sécession.

M. Nachtel fait un tableau exact mais attristant de ce qui se produit actuellement lorsqu'un accident survient dans la rue. Les moyens de secours sont des plus défectueux.

Par contre, voici quelques détails sur le fonctionnement des ambulances urbaines établies à New-York et que nous verrons bientôt à Paris.

Les accidents sont signalés à l'hôpital au moyen du télégraphe, de deux façons différentes :

1° Dans le cas où l'on ne constate pas une urgence extrême, l'officier de police, par l'intermédiaire du quartier général, avise l'hôpital de faire partir l'ambulance;

2° Si le blessé ne paraît pas transportable au poste de police, on évite l'intermédiaire de ce poste et l'alarme est donnée directement à l'hôpital par l'appareil télégraphique particulier le plus proche qui sert également à appeler les pompiers sur le lieu d'un incendie.

Cet appareil télégraphique est placé sur la voie publique, dans une boîte adaptée à un poteau télégraphique de couleur rouge, disposé sur les trottoirs à l'instar de nos becs de gaz. La clef de cette boîte est déposée dans la boutique ou le magasin le plus proche, dont l'indication est d'ailleurs inscrite sur la boîte télégraphique, et tout citoyen peut aller la prendre afin de donner l'alarme.

Au reçu du signal, les ordres nécessaires sont à l'instant transmis au médecin de service et aux écuries, où tout est constamment préparé pour le départ, de sorte que *quarante-trois secondes* après que l'alarme a été reçue, l'ambulance sort de l'hôpital.

Deux médecins étant constamment de service, lorsque l'un est sorti, l'autre se tient prêt à partir, dans le cas où l'hôpital recevrait un nouvel appel. Ce cas est très rare, parce que le retour d'une ambulance s'effectue avec la plus grande rapidité.

De telle sorte que les blessés ont immédiatement les secours que réclame leur état.

En terminant, le docteur Nachtel a proposé la constitution d'une société de secours civils, dont les premiers fonds seraient fournis par le produit d'une grande fête de charité.

M. Jules Simon a proposé la nomination d'un comité d'action. Ont été choisis :

MM. Jules Simon, les docteurs Alphonse Guérin, Blanche et Nachtel; Dalloz, Edmond Magnier, Arthur Meyer, Henri Blount et le prince de Sagan.

Nous souhaitons bon succès à la société des ambulances urbaines.

***

Les auteurs de l'attentat du Niederwald ont été jugés le mois dernier à Leipsick. Il s'agissait, comme on sait, de faire sauter l'empereur d'Allemagne pendant l'inauguration du monument national du Niederwald en septembre 1883. Le promoteur de l'attentat, un ouvrier nommé Reinsdorf, a été condamné à mort. Nous empruntons à une correspondance du *Figaro* un extrait de l'interrogatoire de cet accusé. On y verra à quel degré d'exaltation fanatique les socialistes sont arrivés en Allemagne. Nos orateurs de clubs sont en comparaison de tièdes déclamateurs. L'empire d'Allemagne, construit avec le fer et cimenté avec du sang, est, sans contredit, un imposant et superbe édifice, mais n'est-il pas terriblement lourd pour les épaules de la multitude qui le supporte? Le socialisme d'État de M. de Bismarck contribuera-t-il à en alléger le poids et à enrayer les progrès du socialisme révolutionnaire et dynamistique? Il est permis d'en douter. Écoutez plutôt la déposition de Reinsdorf. En aucun temps et en aucun pays, la haine de l'ordre établi ne s'est exprimée avec une plus furieuse intensité. L'empire d'Allemagne est solidement bâti, soit! mais gare le dessous!

J'ai rarement vu une attitude plus audacieuse, dit le correspondant du *Figaro*. L'ancien ami de Hœdel et de Most descend de son banc d'accusé, se campe droit devant la Cour, le regard hautain, féroce, la parole brève et hachée, le geste presque menaçant, frappant du pied avec furie :

C'est vrai, exclame-t-il, j'ai participé à l'attentat contre l'Empereur!

Je vais vous expliquer les motifs de ma conduite.

Depuis la guerre « dite glorieuse », de nouveaux temps sont venus pour l'Allemagne. On croit le peuple heureux ; il semble que l'Allemagne unie et victorieuse doive être un objet d'envie pour le monde!

Loin de là ; l'ouvrier travaille plus que jamais pour rien. Il paye l'armée des fonctionnaires. Il bâtit les palais et loge dans des taudis. Il produit la nourriture et le vêtement du riche, et il s'en va mal habillé et mange mal!

La classe travailleuse croupit dans la servitude, la superstition, la saleté, l'ineptie, piétinée par des riches qui sont combien ? 10.000, pas un de plus! Est-ce que cela n'a pas assez duré ?

Ah! c'est trop imbécile d'attendre que le progrès naturel vienne après des milliers d'années! Honte sur ceux qui restent inertes dans l'état social actuel! Les manifestes socialistes nous recommandent d'améliorer notre situation par les sociétés ouvrières; le beau remède, et comme nous serons avancés quand nous aurons, une fois tous les trois ans, jeté dans l'urne un bulletin pour envoyer au Reichstag Bebel ou Hasenclever!

Quand le malheureux Hœdel eût été exécuté, bien qu'on n'eût jamais retrouvé la balle qu'il avait, prétend-on, tirée sur l'empereur, on fit la loi d'exception contre les socialistes, et les patrons chassèrent les travailleurs qui répandaient nos idées. Alors les chefs socialistes nous conseillèrent une hypocrite modération, un lâche silence. Ces égoïstes, qui ne s'occupent que de se faire élire au Reichstag, prêchèrent même une alliance avec les progressistes. C'est une honte!

On nous dit, à nous qui agissons, que nous sommes des gens sans patrie! Mais non, et nous sommes honteux pour l'Allemagne, où nous sommes nés, qu'elle ne fasse que suivre les traces des ouvriers français, que nous avons lâchement abandonnés en 1830, en 48, en 71! Ils ont tiré les marrons du feu. C'est à notre tour de donner un grand exemple!

On dit aussi que c'est une chose terrible de faire sauter un empereur! Mais les princes font tuer des milliers d'hommes. En supprimant les princes, on sauve toutes les victimes des guerres dynastiques.

M. le procureur-général de Seckendorff se lève à ces mots et avertit Reinsdorf que, s'il continue sur ce ton, il s'expose à une condamnation supplémentaire pour excitation à l'assassinat de l'empereur :

Reinsdorf. — Il ne s'agit pas, dans la propagande anarchiste, de supprimer l'empereur plutôt qu'un roi ou qu'un général. Peu importe! L'essentiel est de vous montrer la haine que vous porte le parti ouvrier. Ce procès vous prouve que les plus pauvres savent donner de l'argent pour vous combattre! (Sensation.)

Quant à moi, j'ai fait mon devoir d'anarchiste : j'ai sacrifié ma tête.

D. Vous reconnaissez-vous coupable dans les termes de l'acte d'accusation? — R. Je ne vous répondrai pas. Je suis ici par la force. Si les anarchistes avaient une armée à leur service, je ne serais pas devant vous.

***

Le *Cobden club* a publié récemment une nouvelle édition du célèbre pamphlet de Cobden, intitulé *les Trois paniques*, en vue d'apaiser, si la chose est praticable, une « quatrième panique » qui vient de se déclarer chez nos voisins d'Outre-Manche. Comme d'habitude, les gens atteints de cette variété politique et militaire du *delirium tremens* sont en proie à des hallucinations effroyables: au spectre russe qui hantait naguère leurs rêves a succédé un fantôme mi-partie français, mi-partie allemand qui menace dans les cinq parties du monde les possessions de l'empire britannique. Voici comment le *Spectator* caractérise ce nouveau *Jingoism*:

Le nouveau *jingoism* est tout aussi déraisonnable que l'ancien, mais beaucoup plus dangereux. D'après les *jingoes* de 1874-1879, l'Angleterre devait en somme, tout en annexant les territoires à sa portée, regarder la Russie comme un ennemi permanent, résister à cette puissance en toute occasion et sur tous les points et se tenir prête à lui faire la guerre dès qu'elle en fournirait le plus léger prétexte. C'est pour arrêter la Russie qu'on a conquis follement l'Afghanistan; c'est contre elle que M. Disraëli est allé lutter à Berlin. Cette politique était radicalement mauvaise, car, en fin de compte, l'alliance anglo-russe sera nécessaire aux deux pays comme au bien-être d'une moitié de l'humanité, mais elle était du moins définie et praticable.

Les nouveaux *jingoes*, à ce qu'il semble, veulent provoquer et défier tout le monde et l'Allemagne en particulier. Leur méthode consiste, en exagérant à dessein une série de faits, à répandre l'alarme et à faire croire que l'empire britannique tombe en pièces, que le prince de Bismarck vise à sa destruction et que M. Gladstone est contraint d'admettre « la grande vérité », qu'un empire comme celui-ci est contraint, pour subsister, de suivre aveuglément une politique impériale, agressive et, s'il le faut, conquérante. Aussi est-il invité, pour prévenir le sort qui menace l'Angleterre, à dépenser immédiatement des millions pour la marine, à augmenter largement l'armée, à faire, dans les cinq parties du monde, des annexions sur une grande échelle et à résister, de la manière la plus ouverte, si c'est possible, à la France et à l'Allemagne simultanément.

Nous nous demandons ce que nous dirions en lisant dans les journaux français ou allemands une telle explosion de chauvinisme — nous qui devenons, au figuré, enragés parce qu'un journaliste russe, auquel il est interdit de parler de politique intérieure, dit que la Russie devrait annexer la Corée, qui lui coûterait un demi-million d'hommes.

Comme le remarque M. Henry Richard dans une lettre adressée au *Daily News*, et reproduite, par le *Herald of peace*, les nouveaux *Jingoes* appartiennent généralement au monde politique, à l'armée et à la marine, c'est-à-dire à des professions qui ont quelque chose à gagner à l'augmentation des dépenses publiques, tandis que les classes dont il s'agit de défendre les intérêts demeurent absolument calmes. « On nous dit, lisons-nous dans la lettre de M. Henry Richard, que nous avons un immense commerce à défendre. Nous le savions depuis longtemps. Mais c'est un fait curieux à noter, que cette appréhension au sujet de la sûreté du commerce britannique ne soit pas éclose au sein des classes commerçantes. Je n'ai pas entendu dire jusqu'à présent que les Chambres de commerce aient pris part à ce mouvement. L'agitation a été provoquée, comme d'habitude, par des officiers de marine, d'anciens officiers de l'amirauté et des écrivains anonymes de la presse. On exagère les forces maritimes des autres pays; on diminue les nôtres, jusqu'à ce qu'on ait fait ajouter au budget quelques millions de plus. C'est toujours le même procédé. » Et c'est, hélas! un procédé qui réussit toujours en Angleterre et même ailleurs.

***

Les peuples sauvages ou arriérés auxquels nous apportons notre civilisation, ont la funeste habitude de commencer par nous emprunter nos vices et nos maladies; ils deviennent ivrognes, syphilitiques et phthisiques. De même ils imitent de préférence les côtés vicieux de nos institutions politiques. Le Japon, par exemple, s'est empressé de nous emprunter notre militarisme et notre fonctionnarisme, il ne possède déjà pas moins de 1.200.000 fonctionnaires, et ce n'est qu'un commencement. Mais quand on possède beaucoup de militaires et de fonctionnaires, il faut avoir aussi beaucoup d'argent pour les payer. Il faut par conséquent multiplier et augmenter les impôts. Or, le bon peuple japonais qui était habitué à être gouverné à petits frais et à vivre à bon marché, trouve que la civilisation importée d'Europe lui revient un peu cher et le voici qui s'insurge contre le progrès... des impôts. On n'est pas plus arriéré!

Le courrier du Japon, lisons-nous dans le *Journal des Débats*, nous apporte quelques rares renseignements sur des troubles assez graves qui auraient eu lieu dans divers kens et notamment dans celui de Saïtama.

Il paraît que, au commencement d'octobre, des paysans de la préfecture en question ont demandé un délai pour l'acquittement des taxes qu'ils disaient ne pas pouvoir payer à l'époque fixée, à cause de la baisse du riz. Ce délai ayant été refusé, les solliciteurs se sont, le 31 octobre, à un signal donné par un coup de canon, réunis à un endroit fixé, se sont dirigés vers les villages voisins et leurs bandes, grossissant toujours, ont pénétré dans les maisons des habitants riches, brûlant les titres de propriété et s'emparant de tout ce qu'ils pouvaient emporter. Ces scènes ont duré pendant plusieurs jours; des troupes impériales, dirigées contre les insurgés, ont été vigoureusement attaquées par eux, et ce n'est qu'avec peine qu'elles seraient restées maîtresses du terrain et auraient pu ensuite se mettre à la poursuite des rebelles.

L'*Echo du Japon* dit à propos de ces troubles :

« Le gouvernement s'est ému, et les préfets ont reçu l'ordre d'adresser au ministre de l'intérieur des rapports très détaillés sur la situation actuelle de l'agriculture. On nous affirme, en outre, qu'il a été décidé de diminuer l'impôt foncier; mais, comme le budget subvient à peine aux dépenses de l'État, on élèvera les taxes perçues sur les thés, les soies et la plupart des produits de l'industrie. Ainsi, sans satisfaire complètement les agriculteurs, on fera de nouveaux mécontents par ces surtaxes qui grèveront le commerce et l'industrie, qui auraient tant besoin d'être au contraire favorisés. Au lieu d'augmenter les impôts, on ferait mieux de réduire le nombre des fonctionnaires et employés de l'État, qui s'élève, d'après une très récente statistique, à 1.200.000, sans compter la police et l'administration de l'armée. C'est un joli chiffre pour une population de 36 millions d'âmes.

***

S'inspirant de l'exemple du farouche Gessler, nos fonctionnaires civils et militaires obligent les Tonkinois à leur ôter leurs chapeaux sous peine d'être bâtonnés. C'est un moyen comme un autre de les civiliser et de populariser la domination de la France au Tonkin:

Il y a beaucoup d'officiers, dit un correspondant du *XIXe siècle*, qui sont d'avis qu'un indigène ne doit pas passer près d'eux sans saluer en enlevant cet immense chapeau et qui s'amusent à distribuer des coups de canne sur les têtes qui ne se décoiffent pas assez vite. Autrefois, d'ailleurs, les mandarins exigeaient bien davantage : on devait se prosterner sur leur passage à genoux, la figure dans la poussière. Cet usage a disparu depuis que nous sommes dans le pays et le salut forcé disparaîtra aussi. Mais que de gens sont heureux de faire les maîtres! Et le meilleur moyen de montrer qu'on est le maître, n'est-il pas de frapper? J'ai vu, un jour, un individu administrer une gifle bien sonore à un malheureux indigène qui, n'ayant pas compris un ordre, lui apportait du vermout au lieu d'une absinthe. Cet individu était un civil, et j'ai remarqué que ce sont surtout les civils qui aiment ainsi à faire les maîtres, en maltraitant ceux qu'ils se plaisent à considérer comme leurs humbles sujets ou leurs esclaves. L'habitude du commandement rend les officiers moins avides d'autorité. Il n'y a que ce salut auquel beaucoup d'entre eux tiennent par principe, quoique rien ne les y autorise.

Quant aux coolies qui travaillent dans les ateliers de l'administration ou ailleurs, ils sont payés et *libres*, mais ne sont pas mieux traités que des *esclaves*. C'est là que les petits tyranneaux peuvent, à leur aise, exercer leur pouvoir absolu et administrer, sur ces bêtes de somme à figure humaine, force coups de rotin.

On fait ici ce qu'on a fait si longtemps en Algérie. S'en trouvera-t-on mieux ? J'en doute fort, et je suis même convaincu du contraire.

Il parait toutefois que ces procédés de civilisation ne sont pas toujours du goût des indigènes. Des coolies réquisitionnés à titre de bêtes de somme se sont révoltés et ont blessé des gardes-magasins qui employaient pour les convaincre l'argument du bâton.

Au Tonkin, lisons-nous dans *le Figaro*, il y a peu de bêtes de somme, encore moins de voitures, ce qui fait que la plupart des transports s'effectuent à dos d'hommes. Dans ce but, des Tonkinois sont *pressés*, enrôlés et affectés à un service pour lequel ils ont si peu de goût, que très souvent nos soldats ont dû faire des rafles nombreuses pour obtenir le nombre d'hommes nécessaire au service des transports, le nombre de ceux qui s'engagent volontairement étant toujours très restreint.

L'intendance aurait pu se procurer en Cochinchine des bœufs trotteurs attelés à une petite charrette, comme aux Philippines des chevaux de trait et de bât en aussi grand nombre qu'elle aurait voulu ; mais elle a lésiné, attendu, et aujourd'hui elle se trouve prise au dépourvu. Il en est des transports comme des emménagements, tout laisse beaucoup à désirer.

Tout, y compris la justice et l'humanité.

***

Nous n'appartenons pas à la religion du bi-métallisme dont M. Cernuschi est le grand apôtre, mais nous partageons l'opinion de notre ingénieux confrère sur l'imprudence que les négociateurs de l'Union latine ont commise en autorisant l'Italie, alors en plein régime de papier-monnaie, à frapper pour des centaines de millions de pièces de 5 fr. d'argent. M. Cernuschi demande dans le journal *le Siècle* que le gouvernement italien soit tenu de retirer l'excédent de ces « assignats métalliques » dont il a infesté les autres pays de l'Union. Rien de plus équitable, et nous espérons que cette question sera soulevée et résolue dans la future conférence monétaire.

***

Nous n'avons pas l'habitude de nous occuper des affaires judiciaires, mais puisque chacun dit son mot sur une pratique qui entre de plus en plus dans nos mœurs, celle de se faire justice soi-même, à coups de revolver, il nous sera bien permis de dire le nôtre. A propos de l'acquittement de Mme Clovis Hugues et de l'attentat commis dans les bureaux du *Cri du Peuple* par deux fonctionnaires de la police, certains journaux prétendent que « le mal est dans les mœurs », ou bien encore ils accusent « l'énervement de l'autorité »; d'autres réclament le rétablissement des lois sur les réunions publiques et la presse; d'autres enfin demandent qu'on introduise dans le Code pénal un nouvel article, édictant une pénalité de deux ans de prison contre les gens qui se feraient justice eux-mêmes etc., etc. Nous croyons pour notre part que les mœurs ne sont pour rien dans l'affaire, et que s'il y a lieu de toucher au Code, c'est pour le simplifier et non pour le compliquer et l'augmenter. L'habitude de se faire justice soi-même individuellement ou collectivement par l'application de la loi de Lynch est très répandue dans certaines parties de l'Union Américaine. Pourquoi ? Parce que l'action de la justice répressive est lente et incertaine. C'est la même cause qui produit en France les mêmes effets. Notre justice est lente et horriblement coûteuse, et tandis qu'une foule de services inutiles sont encombrés et grassement rétribués, le service de la police, le plus nécessaire de tous, ne possède qu'un personnel insuffisant, de basse qualité, mal rétribué, médiocrement respecté parce qu'il est médiocrement respectable. Combien de voleurs et d'assassins exercent leur industrie pendant des années sans tomber entre les mains de la justice et, quand ils y tombent, combien échappent à la répression de leurs méfaits par suite du défaut de jugement et de fermeté du jury ! Bref, le seul service vraiment indispensable dont le gouvernement soit chargé, celui de garantir la vie et la propriété des citoyens, est grossièrement imparfait et absolument insuffisant, et il va se détériorant tous les jours ; d'où résulte pour les citoyens la tentation et parfois la nécessité de se faire eux-mêmes une justice que l'État est incapable de leur faire, quoiqu'il soit grassement payé pour cela. N'est-ce pas l'argument le plus saisissant que l'on puisse opposer aux socialistes de toutes les écoles qui réclament l'extension indéfinie des attributions de l'État ? Supposons que l'État soit chargé de nous nourrir et de nous habiller, comme il l'est de nous protéger et de nous juger, ne serions-nous pas exposés tous les jours à mourir de faim et à être traduits en police correctionnelle pour insuffisance ou délabrement de costume ?

G. DE M.

Paris, 14 janvier 1885.

NÉCROLOGIE DE L'ANNÉE 1884

L'année 1884 présente à peu près la même mortalité, assez modérée, que 1883, dans le monde politique et économique.

Le Sénat, ce qui s'explique par l'âge de ses membres, en a perdu 14; — la Chambre des députés, 12; — l'Institut, 19.

Pour ceux qui appartiennent à l'économie politique, les seuls dont il y ait à s'occuper ici, la liste se borne aux noms suivants :

Barral (Jean-Augustin), né à Metz en 1819, sorti de l'École polytechnique dans l'administration des tabacs, dès lors tourné vers les sciences et surtout vers l'agriculture. Connu en outre par ses expériences aérostatiques avec Bixio et comme éditeur des *Œuvres* de Humboldt et d'Arago, il est mort directeur du *Journal d'Agriculture pratique* et secrétaire perpétuel de la Société d'agriculture. Auteur d'un nombre vraiment considérable de livres ou brochures; ses plus importants sont : *Atlas du Cosmos* (1861); *le Blé et le Pain. Liberté de la boulangerie* (1863); *Trilogie agricole* (1867); *Avenir des grandes exploitations agricoles du Venezuela* (1881); *le Bon fermier; le Manuel du drainage; l'Almanach de l'agriculture;* des *Éloges* de MM. de Gasparin, de Courval, Darblay, de Lavergne, Becquerel, etc. [1]

Béhague (Amédée de), né à Strasbourg en 1803, agronome distingué; ses longues et curieuses expériences dans le Loiret lui avaient valu la présidence de la Société d'agriculture. Il a laissé un certain nombre de *Notes* sur les questions agricoles, notamment des *Considérations sur la vie rurale; conseils d'un grand-père à ses petits-enfants* (2e édit., 1882), *l'Association à vie* (id.). [2]

Dameth (Claude-Marie, dit Henri), né à Paray-le-Monial en 1812, ardent phalanstérien en 1848, deux fois condamné, s'était retiré à Nice, puis à Turin et finalement à Genève, où il est mort professeur d'économie politique et correspondant de l'Institut. A côté de son ouvrage le plus connu : *Introduction à l'histoire de l'économie politique* (1878), il faut citer : *Défense du fouriérisme* (1842); *l'Économie politique et le spiritualisme* (1862); *le Juste et l'utile* (1859); *Résumé d'un cours sur les banques publiques d'émission* (1866); *le Mouvement socialiste et l'Économie politique* (1869); *la Question sociale* (1871); *les Bases naturelles de l'économie sociale* (1872). [3]

Dumas (Jean-Baptiste), né à Aix en 1800; chimiste célèbre, gendre de

[1] V. *Journal des Économistes*, octobre 1884, p. 144. — [2] *Ibid.*, février, 281. — [3] *Ibid.*, août, 267, 317.

Brongniart et le seul adversaire de Berzélius, qui s'était à peu près proclamé infaillible. Représentant en 1848 et 1849, puis ministre de l'agriculture, vice-président du conseil municipal et sénateur, il est mort secrétaire de l'Académie des sciences et membre de l'Académie française. Longtemps directeur de la commission des monnaies, c'est en cette qualité qu'il eut une part active et influente dans tous les travaux et essais relatifs à l'unification des poids, monnaies et mesures, soit pendant l'Exposition de 1878, soit dans les séances du Bureau permanent qui a continué les conférences de cette époque.

Fawcett (Henry), né en 1830, devenu, malgré sa cécité, directeur des postes. Auteur d'un *Manuel d'économie politique* parvenu à sa 6e édition et de *Labour and wages* traduit récemment sous le titre de : *Travail et salaires* [1].

Haussonville (Joseph-Othenin-Bernard de Cléron, comte D'), né à Paris en 1809, ancien député, membre de l'Académie française depuis 1866, s'était fort occupé, depuis quinze ans, de l'émigration des Alsaciens-Lorrains en Algérie, en sa qualité de président de la Société fondée dans ce but. C'est ainsi qu'à son grand travail, *Histoire de la politique extérieure de* 1830 d 1848 (1850, 2 vol.), il a ajouté, dans ces dernières années, l'*Histoire de la réunion de l'Alsace et de la Lorraine* (1854-59, 4 vol.) et tout récemment une dernière étude plus importante que quelques brochures antérieures : *De la colonisation officielle en Algérie; des essais tentés depuis la conquête et de sa situation actuelle* (1883).

Hélie (Faustin), né à Nantes en 1799; élève de Toullier; profond jurisconsulte, mort vice-président du Conseil d'État et membre de l'Académie des sciences morales et politiques. De ses travaux purement juridiques, la plupart relatifs à l'instruction criminelle, il faut détacher son édition des *Délits et des peines*, de Beccaria, avec Introduction et commentaire, ainsi que celle du *Droit pénal*, de Rossi.

Marguerin (Émile), né à Paris en 1820; ancien professeur d'histoire, auteur de quelques ouvrages classiques assez bien rédigés, s'était surtout mis en évidence par son zèle à introduire les études économiques à l'École Turgot, dont il était directeur [2].

Mignet (François-Auguste-Marie), né à Aix en 1796, un des signataires de la protestation des journalistes en juillet 1830, et l'un des premiers membres de l'Académie des sciences morales et politiques rétablie en septembre 1832; il en devint secrétaire perpétuel à la mort de Ch. Comte et fonda le recueil intitulé : *Séances et travaux de l'Académie des sciences morales et politiques*, qu'il a rédigé jusqu'au dernier moment avec M. Ch. Vergé; il était de l'Académie française depuis 1836. Célèbre

[1] *Journal des Économistes*, novembre, 308. — [2] *Ibid.*, novembre, 308.

surtout par sa *Révolution française*, ses travaux sur *Charles-Quint*, sa vie de *Marie Stuart* et ses *Éloges* ou *Notices* historiques, il a donné une excellente *Vie de Franklin* (1848), plusieurs fois rééditée, et une *Étude* en tête de la *Législation* de Livingston.

Milner Gibson, un des fondateurs du « Cobden-Club » [1].

Mofras (E. Duflot de), né vers 1812, mort ministre plénipotentiaire et correspondant du Journal des *Débats* et du Comité des travaux historiques. Auteur de nombreux travaux sur l'*Orégon*, la *Californie*, l'*Orient*, de *la Justice civile en Europe* ([illegible]) et de *l'Ancien département des affaires étrangères* (1878) [2].

Rouher (Eugène), né à Riom en 1814 ; avocat, représentant en 1848 et 1849, ministre de l'agriculture et du commerce en 1855, sénateur, membre du conseil privé, finalement, vers la fin de l'Empire, surnommé le « vice-empereur ». Il peut être regardé, avec Richard Cobden et Michel Chevalier, comme l'un des auteurs des fameux traités de 1860, en ce moment si souvent invoqués et plus souvent encore attaqués. Dans ses dernières années, il avait reconquis une certaine autorité au Sénat, où il prononça, les 21 et 23 février 1884, deux importants *Discours au sujet de l'établissement du tarif général des douanes* (in-8 de 158 p.) [3].

Tounissoux (abbé), né en 1830 dans la Corrèze, où il fut d'abord vicaire dans un chef-lieu de canton, puis attaché au diocèse de Paris, et dès lors devenu un des fidèles de la Société d'économie politique et de la Société de statistique de Paris. Auteur d'une douzaine de volumes ou brochures, notamment : *Ne fuyons pas les campagnes !* (1863); *la Villageoise à Paris* (1864); *les Travers des paysans* (1868); *le Bien-être de l'ouvrier* (1870); il avait publié en dernier lieu : *Question sociale et bourgeoisie* (1883) [4].

Ubicini (Jean-Henri-Abdolonyme), né à Issoudun en 1818, se trouvait en 1848 à Bucarest, où il fut secrétaire du gouvernement provisoire et épousa une princesse Ghika. Auteur de : *Lettres sur la Turquie* (1851), *la Question d'Orient* (1855), *les Populations chrétiennes de Turquie* (1867), *les Constitutions de l'Europe occidentale* (1872).

Urbain (Ismaël), né en 1804, publiciste, depuis longtemps fixé en Algérie, collaborateur de la « Revue d'Orient et d'Algérie », des « Débats » et du « Journal des Économistes ». Auteur d'une brochure importante : *Algérie. Du gouvernement des tribus. Chrétiens et musulmans. Français et Algériens* (1848) [5].

EDM. RENAUDIN.

[1] *Journal des Economistes*, mars, 442. — [2] *Ibid.*, février, 338. — [3] *Ibid.*, février, 337. — [4] *Ibid.*, décembre, 498. — [5] *Ibid.*, février, 338.

Bibliographie économique.

OUVRAGES ENREGISTRÉS AU DÉPÔT LÉGAL EN DÉCEMBRE 1884.

AMAGAT. *Discours sur les finances françaises*, prononcé à la Chambre des députés (15 nov. 1884) dans la discussion du budget de 1885. In-8 de 76 p. Paris, au « Journal officiel ». [Extrait du n° du 16 nov. 1884.]

Annuaire de la Nouvelle-Calédonie et dépendances pour l'année 1884. In-8 de 376 p. et tableaux. Nouméa, impr. du gouvernement.

Annuaire économique de Bordeaux et de la Gironde. Publié par la Société d'économie politique de Bordeaux. 1re année. 1885. In-8 de XIV-266 p. Paris, Guillaumin.

BARTHÉLEMY (E. DE). V. TERRUEL.

BATBIE (A.). *Traité théorique et pratique de droit public et administratif*. 2e édition, remaniée et mise au courant de la législation et de la jurisprudence. T. II à VI. 5 vol. in-8 de XXIV-520, 534, 650, 676 et 706 p. Paris, Larose et Forcel.

BERNARD-LAVERGNE. *Discours* prononcés à la Chambre des députés (12-13 nov. 1884), dans la discussion des projets de lois sur les vins et les boissons. In-4 de 3 p. à 3 col. Paris, au « Journal officiel ». [Extrait des nos des 13-14 nov. 1884.]

BISMARCK. V. DOMERGUE.

Bon (le) socialiste, organe hebdomadaire des travailleurs et des flâneurs. N° 1 (30 nov. 1884). Petit in-f° de 4 p. à 2 col. Lyon, Vacher.

BARLAY (Ernest). *Les sociétés coopératives*, conférence à la salle Gerson (12 mars 1884). In-8 de 60 p. Paris, Guillaumin. [Extrait du « Journal de la Société de statistique de Paris ».]

Bulletin de la Société libre d'émulation du commerce et de l'industrie de la Seine-Inférieure. Exercice 1883-1884. In-8 de 344 p. Rouen, Cagniard.

CAMBON (Victor) et CHASSAIGNON (Henri). *Le blé*, sa culture et ses conditions économiques, conférence au comice agricole de Lyon (23 nov. 1884); — Allocution au sujet de la protection de l'agriculture; — Vœux présentés par le comice agricole de Lyon. In-8 de 32 p. Lyon, Gallet.

CHASSAIGNON (H.). V. CAMBON.

CHERBONNEAU (Auguste). *Légende territoriale de l'Algérie* en arabe, en berbère et en français. In-8 de 112 p. Paris, Delagrave. [Extrait de la « Revue de géographie ».]

COUDREAU (H.-A.). *Les richesses de la Guyane française*. In-8 de 184 p. Cayenne, impr. du gouvernement.

COURCELLE-SENEUIL. V. GRAHAM-SUMNER.

DEMANGEON-BIOLLEY. *La nouvelle organisation sociale*; troisième appel aux patriotes intelligents. Petit programme des principales réformes demandées par le peuple. In-32 de 16 p. Rambervillers, Risser.

DOMERGUE (Jules). *La crise économique* : l'Evangile de M. de Bismarck. In-8 de 84 p. Paris, Dentu.

FABERT. V. TRUELLE.

FAWCETT (H.). *Travail et salaires*. Traduit et précédé d'une préface par M. Arthur Raffalovich. In-18 de LXXII-190 p. Paris, Guillaumin.

Fédération (la), organe des groupes républicains radicaux, socialistes, anti-opportunistes. Paraît tous les mois. N° 1 (nov. 1884). In-8 de 4 p. à 2 col. Paris, 11, place de la Bourse.

GAVRILOFF (Constantin). *Trois lettres sur la Russie*, au directeur du « National ». In-12 de 40 p. Tours, Arrault.

GRAHAM-SUMNER (William). *Des devoirs respectifs des classes de la société*. Traduit par M. J.-G. Courcelle-Seneuil. In-32 de XX-236 p. Paris, Guillaumin.

GUELLE (Jules). *Précis des lois de la guerre sur terre*, commentaire pratique à l'usage des officiers de l'armée active, de la réserve et de l'armée territoriale. Avec une Préface de M. Pradier-Fodéré. T. II : Occupation; Fin de la guerre et neutralité. In-18 de 394 p. Paris, Pedone-Lauriel. — V. LUCAS.

Guillotine (la) politique et sociale. Hebdomadaire. N° 1 (21 déc. 1884). In-4 de 8 p. à 2 col. Paris, Towne.

Institut de France. Séance publique annuelle de l'Académie des sciences morales et politiques (8 nov. 1884), présidée par M. Nourrisson. In-4 de 114 p. Paris, Didot.

Kalindéro (Jean). *Droit prétorien et réponses des prudents.* In-8 de 222 p. Paris, Chevalier-Marescq.

Le Roy (Edouard). *L'octroi de mer* (procès des communes). In-8 de 94 p. Saint-Denis [Réunion], impr. Lahuppe.

Leroy de Keraniou (O.). *Exposition universelle aux Tuileries en* 1889 (mission de la France ; France-Archipel). In-4 de 8 p. Paris, Guillaumin.

Le Trésor de la Rocque (H.). *Lettre à un contribuable sur les finances de la République.* In 16 de 42 p. Paris, Faivre.

Lucas (Charles). *Rapport verbal* sur le « Précis des lois de la guerre sur terre », du capitaine Guelle, avec une préface de M. Pradier-Fodéré. In-8 de 10 p. Orléans, Colas. [Extrait des « Séances et comptes rendus des travaux de l'Académie des sciences morales et politiques », 19 avril 1884.]

— *Rapport verbal* sur un nouveau projet de Code pénal présenté à la Chambre des députés d'Italie par M Savelli. In-8 de 16 p. Orléans, Colas. [Extrait des « Séances, etc. », 26 janvier 1884.]

Luçay (comte de). *La crise agricole,* lettres au directeur du journal « le Français ». In-12 de 82 p. Paris, Chaix.

Messine (Hippolyte). *Le vinage et le sucrage des vins ;* des conséquences du projet de loi sur l'abaissement du titrage alcoolique des vins sans le vinage. In-8 de 48 pages. Paris, Michelet.

Michaux (Edouard). *Études administratives et bureaucratiques des maisons de commerce, d'industrie et de banque.* In-8 de 80 p. Paris, Guillaumin.

Noel (Octave). *Emprunt ou cession du réseau de l'État.* In-8 de 40 p. Paris, Guillaumin.

Paton (E.). *La fortune publique,* études populaires. 1re étude : le 3 0/0 amortissable. In-8 de 28 p. Paris, Dentu.

Pradier-Fodéré. V. Guelle.

Raffalovich (A.). V. Fawcett.

Raoul-Duval. *Discours* prononcé à la Chambre des députés (23 nov. 1884) dans la discussion du budget général des dépenses et des recettes de l'exercice 1885. In-4 de 12 p. à 3 col. Paris, au « Journal officiel ». [Extr. du n° du 24 nov. 1884.]

Rapport adressé à M. le gouverneur de la Cochinchine sur les travaux de la Chambre de commeerc pendant l'année 1883. In-4 de 70 p. Saigon, Guillard et Martinon.

Richard (A.) [du Cantal]. *Dictionnaire raisonné d'agriculture et d'économie du bétail suivant les principes élémentaires des sciences naturelles appliquées.* 3e édit. Introduction. In-8 de xliv p. Paris, Hachette.

Savelli. V. Lucas.

Terruel (sieur de). *Statistique des élections* de Reims, Rethel et Sainte-Ménehould, dressée en 1657 en vue du projet de cadastre général de la généralité de Châlons, ensuite du projet du maréchal de Fabert, communication du comte Ed. de Barthélemy à l'Académie de Reims. In-8 de 98 p. Reims, Michaud. [Extrait des tomes lxxii-lxxiv des « Travaux de l'Académie de Reims »]

Viénot (H.). *Étude sommaire sur les réformes à accomplir en Cochinchine pour y développer la colonisation et le commerce français.* In-4 de 34 p. à 2 col. Saigon, Grillaud et Martinon.

Vilgrain (J.-B.). *Quelques considérations sur la loi projetée pour l'établissement d'un droit de 5 francs par 100 kilogrammes à l'entrée des céréales en France.* In-8 de 20 p. Nancy, Sordoillet.

Weiss (André). *Traité élémentaire de droit international privé.* In-8 de xlvi-378 p. Paris, Larose et Forcel.

Wylie (Alexander). *Labour, Leisure and Luxury, a contribution to present practical political economy.* In-8 de x-230 p. Paris, Savy.

Le Gérant : Fle GUILLAUMIN.

JOURNAL

DES

ÉCONOMISTES

LES COALITIONS COMMERCIALES D'AUJOURD'HUI

I.

La coalition commerciale est une union des consommateurs ou des détenteurs d'une marchandise (fabricants ou marchands), qui a pour but de modifier les prix et, en général, les conditions de l'échange d'une marchandise. Malgré l'analogie qui existe au point de vue économique entre les produits choses et les produits services, le législateur a traité différemment les coalitions commerciales et les coalitions industrielles ou syndicats professionnels qui sont conclues entre les producteurs ou les consommateurs de produits services, dans le but de modifier les salaires ou les gages et, en général, les conditions du travail.

Alors que la coalition commerciale est un délit, en vertu des articles 419 et 420 du Code pénal [1], alors qu'on peut en déclarer la nul-

[1] Art. 419. — Tous ceux qui, par des faits faux ou calomnieux semés à dessein dans le public, par des sur-offres faites au prix que demandaient les vendeurs eux-mêmes, par réunion ou coalition entre les principaux détenteurs d'une même marchandise ou denrée, tendant à ne pas la vendre ou à ne la vendre qu'un certain prix, ou qui, par des voies ou des moyens frauduleux quelconques, auront opéré la hausse ou la baisse du prix des denrées ou marchandises ou des papiers et effets publics, au-dessus ou au-dessous des prix qu'aurait déterminés la concurrence naturelle et libre du commerce, seront punis d'un emprisonnement d'un mois au moins, d'un an au plus, et d'une amende de cinq cents francs à dix mille francs. Les coupables pourront, de plus, être mis, par l'arrêt ou le jugement, sous la surveillance de la haute police pendant deux ans au moins et cinq ans au plus.

Art. 420. — La peine sera d'un emprisonnement de deux mois au moins et de deux ans au plus, et d'une amende de mille à vingt mille francs, si ces manœuvres ont été pratiquées sur grains, grenailles, farines, substances farineuses, pain, vin ou toute autre boisson. La mise en surveillance qui pourra être prononcée sera de cinq ans au moins et de dix ans au plus.

lité, en vertu des articles 1131 et suivants du Code civil, le syndicat professionnel est permis et possède même la personnalité civile.

La coalition commerciale, « contrat de plusieurs personnes tendant à ne pas vendre ou à ne vendre une marchandise qu'un certain prix », est souvent difficile à distinguer de la société commerciale.

Les mots *réunion* ou coalition entre les principaux détenteurs, qui sont employés dans l'article 419 du Code pénal, dit Dalloz [1], « indiquent qu'il s'agit de concert entre des personnes ayant des intérêts distincts, et non de réunion ou de coalition entre des personnes ayant le même intérêt et ne formant qu'une personne morale, c'est-à-dire d'une société commerciale. Dès l'instant, en effet, où il y a non pas réunion, coalition, mais association véritable entre les principaux détenteurs d'une marchandise ou denrée, il n'y a pas plusieurs principaux détenteurs, il n'y en a plus qu'un seul, qui est la société. De plus, si l'association est sérieuse, comme nous le supposons, et si sous cette forme ne se cache pas une coalition, il n'est pas possible de l'interdire, toutes personnes ayant le droit de faire le commerce ou d'exercer une industrie, séparément, individuellement, ou en s'associant entre elles. Cette association n'a pas d'ailleurs tous les inconvénients de la coalition; elle ne peut pas tendre uniquement à ne point vendre ou à ne vendre qu'un certain prix. Si elle n'avait pas d'autre cause, elle formerait une association illicite, partant nulle, et tomberait sous le coup de l'article 419 ».

Mais, précisément, il n'est rien de plus facile que de donner une forme parfaitement licite à la coalition commerciale. Les réunions dites *syndicats*, dans lesquelles nos raffineurs ou nos maitres de forges du Nord se concertent pour ne vendre les sucres ou les fers qu'à certains prix, sont des associations qui se jouent impunément des dispositions de l'article 419 sur les coalitions. Tout syndicat professionnel de patrons peut recéler une coalition commerciale. On l'admet si bien que, récemment, les représentants de l'État et de la municipalité parisienne se sont adressés à la chambre syndicale de la boulangerie, à l'effet d'obtenir une réduction du prix du pain dans la capitale. Pour faire une telle demande, il fallait évidemment supposer que cette chambre syndicale était en mesure d'opérer la hausse ou la baisse du prix du pain « au-dessus ou au-dessous des prix qu'aurait déterminés la concurrence naturelle et libre du commerce ». A l'abri du droit d'association, sous le couvert de la société commerciale ou du syndicat professionnel, la coalition commerciale défie les

[1] V. Dalloz. *Traité général de jurisprudence*. Art. *Industrie et commerce*, chap. v.

tribunaux. Si la coalition n'existe qu'exceptionnellement chez nous, si, en général, elle y est vouée à une existence éphémère, c'est plutôt malgré qu'à cause de nos dispositions législatives.

En Angleterre, en Allemagne, en Autriche, en Belgique et aux États-Unis, où la coalition commerciale est permise, les marchands ou fabricants n'ont pas besoin de dissimuler leurs coalitions. Dans les traités qui les unissent, ils établissent franchement le but poursuivi et les moyens d'action employés. D'après M. F. Kleinwächter [1], auteur d'un travail très complet sur les coalitions commerciales de l'Allemagne (*Kartelle*), on peut distinguer cinq espèces de coalitions :

1° *Les coalitions de production*, qui ont pour but de limiter la production aux besoins de la consommation;

2° *Les coalitions de prix*, qui ont pour but de limiter les prix de vente d'un produit ;

3° *Les coalitions de production et de prix ;*

4° *Les coalitions de distribution*, qui ont pour but de distribuer les commandes selon certaines proportions;

5° *Les coalitions de débouchés*, par lesquelles les entrepreneurs (fabricants ou marchands) s'entendent pour faire cesser, entre eux, la concurrence dans des régions déterminées.

Cette classification comprend quatre types fondamentaux dont les combinaisons engendrent les divers types connus. Adoptant l'ordre qu'elle établit, nous jetterons un coup d'œil sur l'organisation des coalitions commerciales de divers pays, et notamment, de l'Allemagne, parce que c'est en ce pays de l'association par excellence que les coalitions commerciales semblent avoir atteint leur plus haut degré de perfection. En première ligne, il convient de citer la célèbre coalition des propriétaires de houillères de la Westphalie rhénane (bassin houiller de la Rühr).

Conclue à Dortmund, le 29 octobre 1879, à l'effet de fixer la production des houillères situées dans le ressort du cercle de l'inspection minière de Dortmund, pour l'année 1880, cette coalition a pu être renouvelée pendant quatre années consécutives. On l'a trop souvent citée comme modèle à nos compatriotes pour que nous puissions nous dispenser d'en bien montrer le mécanisme.

Dans ce but, nous reproduirons, *in extenso*, les termes de l'acte passé pour 1881 entre cent sept compagnies houillères du bassin de la Rühr [2] :

---

[1] Die Kartelle. Dr Fr. Kleinwächter. Innspruck, 1883.

[2] V. le Bulletin du comité des forges de France, juillet 1880.

Art. 1er. — L'exploitation de la houille, dans le courant de l'année 1881, sera limitée, pour chacune des mines contractantes situées dans le ressort du cercle minier de Dortmund, de la manière acceptée par la convention faite le 29 octobre 1879 pour le courant de l'année 1880, ou, à son choix, conformément à la vente faite dans l'année 1880.

Art. 2. — Les mines existant depuis 1870 inclusivement, et qui sont encore en travaux d'installation, ont le droit de choisir, soit un maximum d'extraction de 385 tonnes par jour, comme en 1880, soit 20 0/0 de plus que l'exploitation réellement faite en 1880, le maximum de cette exploitation ainsi comptée ne devant jamais dépasser 450 tonnes par jour.

Art. 3. — Les mines qui, par suite de circonstances spéciales, sont restées en dessous de leur extraction pendant l'année dernière, s'engagent à s'en rapporter à la décision qui sera prise au sujet de leur extraction pour l'année 1880, par la commission nommée spécialement pour ce sujet. Le chiffre accordé pourra être, en attendant cette décision, celui de l'année 1880, augmenté au plus de 10 0/0.

Art. 4. — Les mines qui, en 1880, auront eu une extraction de moins de 50.000 tonnes, auront le droit, pour l'année 1881, de vendre 50.000 tonnes de houille.

Art. 5. — Les mines, qui sont la propriété d'usines et de forges, doivent satisfaire sans limites aux besoins de ces établissements; dans le cas où les besoins de ces établissements viendraient à se restreindre, relativement à la situation actuelle, les mines auraient le droit de vendre les différences, en surplus de ce qu'elles livraient déjà à des tiers.

Art. 6. — Les mines qui n'ont pas accepté la convention de 1880, et qui veulent l'accepter pour 1881, ont le droit de jeter sur le marché pour cette année, une quantité de houille qui soit égale à leur extraction de 1880, diminuée de 5 0/0.

Art. 7. — Les exportations maritimes et les quantités de houille établies par connaissement sont en dehors des chiffres d'extraction assignés à chaque mine.

Art. 8. — Pour l'établissement des quantités comparatives que peut vendre chaque mine, les nombres déclarés pour l'impôt à l'inspecteur des mines de Dortmund serviront de base.

Art. 9. — Chacune des mines adhérant à la présente convention s'engage à une amende de *un mark* par tonne dépassant la quantité qui lui a été assignée pour la vente pendant l'année 1881. Cependant, aucune mine ne prend d'engagement pour une amende supérieure à 100.000 marks.

Art. 10. — Toutes les amendes sont libellées au compte personne du docteur Gustave Natorp, avec cette restriction que celui-ci en fera profiter les caisses de secours alimentées par les compagnies frappées d'amendes. Le président de l'association des exploitants de houille du district minier de Dortmund aura la gestion des fonds attribués auxdites caisses de secours.

Art. 11. — Dans le cas éventuel d'une élévation de l'extraction de chaque mine pour l'exercice 1881, il y aura lieu de convoquer une assemblée extraordinaire des sociétés adhérant à la présente convention, mais pas avant le 1er juillet 1881. Le président de l'association des exploitants de houille du district de Dortmund est chargé de convoquer cette assemblée extraordinaire; si l'ensemble des mines assistant à cette assemblée générale représente au moins 50 0/0 de celles qui adhèrent à la présente convention, celle-ci se trouvera valablement constituée. Une élévation de l'extraction de chaque mine ne pourra être adoptée qu'à une majorité représentant les trois quarts au moins de l'extraction totale de 1880.

Art. 12. — Le règlement de toutes les difficultés relatives à la présente convention, et notamment celles qui concernent les amendes, aura lieu, à l'exclusion de tout droit commun, par un arbitrage de trois personnes. Deux seront choisies conformément aux §§ 854 et 855 du Code civil de l'Allemagne du Nord; la troisième sera nommée par le prochain président de la réunion des exploitants des mines du district et de Dortmund, ou par celui qu'il chargera de cette mission.

Art. 13. — La présente convention ne sera effective que si elle est adoptée par les mines du district de Dortmund, représentant 90 0/0 au moins de l'extraction de 1879, déduction faite de ce qui appartient à l'État, ou se trouve provenir du sous-district d'Osnabruck.

Un projet d'acte élaboré pour l'année 1884-85 ne diffère guère du précédent. Cependant, il a doublé l'amende par tonne de charbon vendue en surplus de la quotité attribuée (deux marks au lieu d'un), vu sans doute l'inexécution des engagements contractés par les participants. Il contient encore quelques modifications de détail, sur lesquelles il serait oiseux de s'étendre, puisque ce projet n'a pas recueili le nombre d'adhésions exigé pour être mis à exécution.

Dans certaines villes et dans certaines provinces de l'Allemagne, les producteurs ou marchands de fonte, de fer, d'acier, de sucre, de bière, etc., ont fondé, depuis une quinzaine d'années, des coalitions semblables à celle des propriétaires de houillères de la Rühr. En Angleterre, les maitres de forges de l'Écosse et du Cleveland ont agi de même. Dans le courant du mois de février 1884, les maitres de forges du Cléveland décidèrent la mise hors feu de dix-huit des quatre-vingt-quatre hauts-fourneaux alors en marche dans la région et, peu après, ils passèrent un acte dans lequel on désignait les établissements où devraient s'effectuer les extinctions, le nombre des fours que chacun devrait éteindre (un ou deux), la durée de l'extinction, etc., etc.

Les difficultés du contrôle de la production ont souvent fait préférer les *coalitions de prix* aux coalitions de production. En général, dans ces coalitions, on fixe un prix de vente *minimum* au-dessous duquel toute vente est interdite..., sous peine d'amende. En 1882, les marchands de fers laminés de la Haute-Silésie avaient formé une coalition de production; mais, faute de résultats, cette coalition, à laquelle on a attribué en France une très grande efficacité, vient de dégénérer en coalition de prix. De temps à autre, les fabricants silésiens se réunissent à Kattovitz, tout comme les maîtres de forges du Nord de la France se réunissent à Valenciennes.

Parmi les coalitions de prix, on peut encore ranger le syndicat des raffineurs français. Quand ce syndicat maintient en France le cours des sucres raffinés à un certain prix et que, pour écouler le stock de ses produits, il vend à l'étranger à des prix inférieurs aux prix français, il agit comme coalition de producteurs.

Quand au contraire il décide d'acheter, même à perte, des sucres bruts à l'étranger, en vue d'amener l'accroissement du stock des fabricants de sucre français et, par suite, l'avilissement du prix des sucres bruts, il nous offre l'exemple d'une coalition commerciale de consommateurs.

Dans les *coalitions de distribution*, les principaux détenteurs d'un produit, soit d'une ville, soit d'une province ou d'un pays, s'entendent pour ne plus effectuer de ventes que par l'intermédiaire d'un agent ou représentant qui centralise toutes les commandes et les distribue, ensuite, selon des proportions déterminées par l'importance de chaque établissement, par le chiffre d'affaires de l'année précédente, etc., etc. Nos tribunaux ont eu parfois à connaître de telles coalitions.

Le fonctionnement des coalitions de distribution est possible lorsqu'il s'agit d'un produit qui, comme les rails, les locomotives, ne se vend le plus souvent qu'à la suite d'adjudications publiques; mais il devient, pour ainsi dire, impraticable, lorsque la coalition doit se partager les commandes des particuliers qui ne s'adressent pas à son représentant. Dans ce cas, en effet, il faut que toutes les commandes adressées directement aux coalisés soient scrupuleusement renvoyées au grand répartiteur désigné, ou bien encore il faut, comme en Allemagne, que le coalisé garde seulement sur la commande la quotité qui lui est allouée, sauf, s'il l'accepte intégralement, à indemniser les coalisés qui y avaient droit.

Les *coalitions* dites de *débouchés* sont d'une pratique non moins difficile que les précédentes. Parmi ces coalitions, on peut citer celle qui aurait été formée entre les divers producteurs de zinc de la Silésie et la société de la Vieille-Montagne, qui possède des établissements en Belgique et en Allemagne.

Les quatre types simples de coalitions commerciales que nous venons de signaler se combinent entre eux. De même qu'il existe des coalitions de production et de prix, il existe des coalitions de distribution, de débouchés et de prix tout à la fois.

C'est à l'aide de telles coalitions que les exploitants des houillères de la Westphalie et les producteurs de rails d'acier de l'Allemagne tentent de conquérir les marchés étrangers. Ainsi, la société par actions qui s'est formée à Brême, au commencement de l'année 1883, « pour favoriser l'exportation maritime des charbons de la Westphalie », fixe les prix de la houille et des transports, et répartit les lieux de vente et les affaires entre les exploitants de houillères, d'une part, et les armateurs, d'autre part. Dans le rapport de la commission chargée de préparer les statuts de cette « société » dirigée contre la concurrence anglaise, il est dit « que les propriétaires de mines devront livrer pour l'exportation des *charbons de choix au-dessous des prix du marché intérieur*, que les armateurs devront accorder le *fret à plus bas prix* que les Anglais et, qu'enfin, les lignes de navigation allemande devront *s'astreindre* à ne faire leur charbon que dans les dépôts établis par la société, sans tenir compte, au moins pendant les premières années, des offres avantageuses que ferait la concurrence anglaise [1] ».

La coalition des producteurs de rails d'acier de l'Allemagne n'a guère opéré différemment..... Aussitôt qu'une adjudication de rails était annoncée à l'étranger, le bureau central de la coalition désignait, en vertu du roulement établi, l'établissement qui devait soumissionner au plus bas prix. Il fixait le prix de vente soit au prix de revient, soit même à perte, et toujours au-dessous des plus bas prix possibles de la concurrence, afin de l'emporter sûrement; puis, ultérieurement, il indemnisait l'adjudicataire à l'aide d'un fonds commun alimenté par les bénéfices indûment prélevés sur les ventes effectuées en Allemagne. Grâce à ces manœuvres, les producteurs allemands battirent assez souvent leurs concurrents anglais et belges pour que ceux-ci consentissent à former avec eux une coalition de prix, de débouchés et de distribution (*Syndicat international des rails*). Par cette coalition, conclue primitivement pour une année et prorogée ensuite de 1884 à fin juin 1886, les producteurs anglais, allemands et belges ont fixé, « jusqu'à nouvel ordre », un prix de

---

[1] Bulletin consulaire.

base pour la vente; ils se sont engagés réciproquement à ne pas se faire concurrence sur leur propre territoire ainsi que dans divers États, et ils se sont distribué selon certaines proportions les commandes des autres pays. Divers organes techniques, ordinairement bien informés, ont fait connaître les bases de la répartition adoptée : selon les uns, il aurait été alloué à l'Angleterre 65 0/0 des commandes, le reste se divisant entre l'Allemagne pour 27 0/0, et la Belgique pour 8 0/0; selon les autres, l'Angleterre n'aurait reçu que 62 0/0, l'Allemagne 30 0/0, et la Belgique 8 0/0. Dans ces conditions, le rôle de la coalition allemande s'est simplifié, elle n'a plus qu'à répartir entre ses membres la part attribuée à l'Allemagne.

Si cette coalition avait uniquement opéré avec les ressources de ses membres, on pourrait la féliciter du résultat obtenu et recommander, pour le développement des exportations d'un pays, la création de semblables coalitions. Mais, en faisant payer aux consommateurs allemands les sacrifices que ses membres auraient dû s'imposer pour s'assurer, au dehors, des débouchés qui leur sont indispensables, elle n'a fait que servir momentanément les intérêts de quelques producteurs.

II.

Depuis quelques années, l'industrie allemande a pris un vigoureux essor. Une forte partie de sa production se vend dans le pays, et l'excédent toujours croissant s'écoule à l'étranger sur des points où jadis, la France, l'Angleterre et la Belgique se faisaient seules concurrence.

De plusieurs côtés, on a attribué, en partie, aux coalitions commerciales cet état relativement prospère de l'industrie allemande, et l'on a convié nos industriels à se coaliser, à leur tour, dans le but de reconquérir le marché étranger, ou même seulement d'enrayer la dépréciation continue des prix de leurs produits à l'intérieur du pays !

Ces appels à la coalition n'ont guère été entendus. Outre le syndicat des raffineurs, on ne peut signaler, d'une façon positive, que le syndicat des producteurs de fonte et de fers laminés du nord de la France. Les principaux producteurs d'acier, au nombre d'une douzaine environ, avaient bien tenté de se syndiquer aussi, mais le refus ou plutôt les exigences d'un seul d'entre eux ont suffi pour empêcher toute entente. On ne peut que se féliciter de cet insuccès : mieux vaut se diviser sur l'organisation d'une coalition que sur son fonctionnement, et puis, une coalition n'aurait fait que reculer en pure perte les débâcles inévitables.

Ce ne sont ni les coalitions silésiennes ou westphaliennes, aujourd'hui agonisantes ou mortes, ni la coalition allemande et le syndicat internationnal des rails d'acier, qui ont donné à l'Allemagne le rang qu'elle occupe actuellement dans la production de la houille, de la fonte, du fer et de l'acier.

Si l'exploitation du bassin houiller de la Rûhr est aussi florissante, c'est parce que l'on y trouve les meilleures variétés de houille sur une immense étendue et dans des conditions particulièrement favorables d'exploitation, c'est parce que les prix de la main-d'œuvre y sont peu élevés ; en un mot, c'est parce qu'on y obtient la tonne de houille au prix moyen d'environ cinq francs sur le carreau de la mine, alors qu'en France, pour des houilles moitié moins pures, le prix de revient minimum dépasse le double du chiffre précédent (10 à 13 fr.).

L'industrie s'élève sur les points où se trouve le charbon à bon marché. Aujourd'hui la Westphalie est couverte d'usines qui absorbent une grande partie de la production.

D'autre part, grâce à la création et à l'amélioration des moyens de communication, les prix des transports ont été réduits dans des proportions qui permettent aux houilles westphaliennes de conquérir la Hollande et même le marché de Paris. Si, inversement, les Anglais conservent certains marchés allemands, le marché italien et celui des pays d'outre-mer, c'est parce que, tout en produisant à des prix peu différents de leurs concurrents westphaliens, ils possèdent des moyens de transport plus économiques. Dans l'industrie, le succès se résout par les bas prix de vente.

Or, de même que l'industrie de la houille, les diverses industries allemandes sont aujourd'hui en mesure de vendre à bon marché. Avec le charbon, la main-d'œuvre et les moyens de transport à des prix relativement modiques, avec des impôts modérés, avec des usines bien situées et dans lesquelles on emploie les procédés de fabrication les plus perfectionnés, les Allemands produisent journellement des quantités considérables de fer, d'acier, de cuivre, de tissus, de produits chimiques, etc., à des prix beaucoup inférieurs aux nôtres. C'est à ces conditions seules, et non à sa législation douanière prohibitive ou à ses coalitions, que l'industrie allemande doit sa grandeur. Les coalitions westphaliennes, silésiennes et autres ne sont apparues en Allemagne qu'au jour où l'on a vainement tenté d'enrayer le vigoureux mouvement de production dû à des causes naturelles.

Ainsi, il y a environ vingt années, en 1863, le bassin de la Rûhr avait produit 6.875.120 tonnes de houille ; en 1873, ce chiffre s'élevait à 16.400.000 tonnes, pour atteindre 27.862.950 tonnes à la fin de la période décennale suivante, qui avait vu éclore quatre coalitions ayant pour but d'enrayer la marche de la production. En 1879, la production avait été de 20.395.000 tonnes; en 1880, année sur laquelle portait la première coalition, et pendant les trois années suivantes, ce chiffre, loin de rester immuable, a varié ainsi qu'il suit :

Années.	Production.
1880.....	22.500.000 tonnes.
1881.....	23.576.000 —
1882.....	25.873.332 —
1883.....	27.862.956 —

En présence de ces résultats, on ne saurait s'étonner de l'insuccès des efforts tentés depuis plusieurs mois, à Dortmund, en vue de reconstituer la coalition des charbonnages. Après avoir recueilli péniblement l'adhésion de charbonnages représentant environ 70 0/0 de la production du bassin de la Rühr, alors que, pour être viable, en vertu de son règlement, la coalition pour 1884-85 devait représenter 90 0/0 de la production totale, on a définitivement renoncé, dans le courant de novembre 1884, à tout espoir de reconstitution.

La récente coalition des maîtres de forges du Cleveland n'a également produit que des résultats négatifs. On a bien mis hors feu le nombre de hauts-fourneaux qu'on avait décidé d'éteindre, mais on n'a pas obtenu la réduction prévue, « parce que les maîtres de forges avaient renforcé la production des hauts-fourneaux qu'ils n'avaient pas dû éteindre [1] ».

Les coalitions destinées à limiter le prix des produits ont été tout aussi peu efficaces que les coalitions de production.

Pour s'en rendre compte, il suffit d'observer les différences qui existent entre les prix fixés par diverses coalitions et les prix de vente correspondants. Ces différences sont très appréciables, que l'on se reporte soit à la coalition des marchands de fers laminés de la Haute-Silésie, soit au syndicat des maîtres de forges du nord de la France. Aussi, après avoir été plusieurs fois rompue et reconstituée, la coalition silésienne traîne une existence languissante. De même, il paraîtrait que le syndicat des maîtres de forges du nord de la France vient de se dissoudre parce que, ô fragilité des coalitions, un ou deux maîtres de forges auraient agi à l'encontre des conventions intervenues relativement aux prix de vente.

Seul, le syndicat des raffineurs français se maintient victorieusement, grâce aux conditions toutes spéciales de l'industrie des sucres

[1] *Moniteur des intérêts matériels.*

raffinés dans notre pays. « Quand une industrie est fermée à la concurrence, qu'elle n'est accessible qu'à un petit nombre d'entrepreneurs, dit M. Ch. Coquelin [1], ces entrepreneurs peuvent, en se concertant, élever le prix de leurs marchandises au-dessus du taux régulier; mais dans ce cas la surélévation du prix est bien moins l'effet du concert établi entre eux que du monopole artificiel ou naturel dont ils jouissent. Si leur industrie était ouverte à la concurrence, leur coalition ne tarderait pas à être rompue par de nouveaux arrivants, qui rétabliraient, en dépit d'eux, les justes prix. »

Tel est précisément le cas de l'industrie des sucres raffinés en France : le marché de ces sucres est entre les mains d'un très petit nombre de raffineurs parisiens qui sont assez puissants pour empêcher toute concurrence de surgir et pour imposer leurs volontés aux quelques raffineurs existant encore en France.

La plupart des coalitions périssent par suite de l'inexécution des engagements contractés par leurs membres. Les uns opèrent clandestinement, de façon à éviter les amendes, les autres se retirent de la coalition, sous un prétexte quelconque, dès qu'elle cesse de leur être avantageuse. S'il en est qui payent les amendes fixées par les règlements, c'est parce qu'ils peuvent ou pensent tirer de la coalition un profit quelconque.

Quel que soit le mode de contrôle adopté, quelles que soient les données que l'on possède sur les chiffres de la production ou sur les prix de vente des produits, il n'est guère possible, le plus souvent, de se garer contre toutes les manœuvres que suggère l'esprit de lucre. En Allemagne, des coalitions tyranniques et absurdes, qui semblent renouvelées des anciennes corporations de métiers, n'ont fait que gêner les industriels honnêtes et habiles. Enfantées en des moments de crise, sous l'empire des idées économiques les plus fausses, elles disparaissent peu à peu. Comment, en effet, des fabricants capables de produire dans de bonnes conditions, consentiraient-ils longtemps, de leur plein gré, à laisser limiter leur production ou leurs échanges, à s'interdire les moyens de perfectionner leur industrie, à divulguer à des concurrents d'hier et sans doute de demain, toutes les conditions de leur travail et de leur commerce? Si avantageux, si doux qu'il puisse être de se liguer contre le consommateur, ennemi commun, il est plus avantageux encore de conserver son indépendance, et il est bien doux aussi de voir succomber un concurrent ou de lui ravir sa clientèle. Entre fabricants ou marchands d'une même marchandise, il existe des jalousies, des haines plus vivaces que partout ailleurs.

---

[1] *Dict. d'économie politique*, art. *Coalition.*

Si, d'aventure, ils parviennent à associer *leurs intérêts distincts*, dès le lendemain ils se suspectent, ils cessent de trouver équitables les conditions acceptées la veille, et ils se disputent, avec acharnement, les dépouilles du consommateur qu'ils ont pu détrousser en commun! On n'attend même pas les jours heureux, les jours de partage, pour se diviser: la plupart des coalitions sautent en l'air lorsque les affaires languissent, dans des moments tout aussi difficiles que ceux qui avaient suscité leur création. Ainsi, les marchands de fer silésiens s'étaient coalisés pour résister à la concurrence des marchands westphaliens et, au moment où cette concurrence était des plus vives, il y a quelques mois, les principaux marchands silésiens ont crié au sauve qui peut. Cette débandade avait été précédée d'un fait bien propre à montrer l'extrême fragilité des coalitions. Alors que la lutte était à peu près égale entre les producteurs de fers laminés de la Silésie et ceux de la Westphalie, de la province rhénane et du centre de l'Allemagne, ces derniers s'unirent pour demander aux Silésiens de s'entendre au sujet d'une réduction générale de 10 0/0 de la production. Les Silésiens tardèrent à déférer à cette demande; mais, quand ils y eurent accédé dans une réunion tenue à Berlin en février 1884, les Westphaliens et leurs collègues ne voulurent plus entendre parler de la proposition qu'ils avaient faite primitivement, parce que la situation des affaires s'était modifiée, entre temps, à leur avantage.

Ces façons d'agir n'ont rien que de très naturel. Si le besoin peut pousser les hommes à se coaliser, il les pousse plus énergiquement encore à se faire concurrence, à se combattre. L'union est l'exception, la lutte est la généralité, elle est fatale entre gens de même métier, elle est nécessaire à l'humanité. Tous ceux qui en tentent la suppression s'épuisent en vains efforts. Des nombreuses coalitions qui se sont formées en Allemagne, il n'y a guère que celle des producteurs de rails d'acier qui émerge aujourd'hui. Elle aurait succombé tout comme les autres, si l'État n'exigeait de ses membres qu'ils restassent unis pour se partager, d'une manière équitable, les primes déguisées qu'il accorde à leur industrie.

L'État allemand ne se borne pas à favoriser l'*industrie nationale* par des tarifs douaniers prohibitifs ou des commandes importantes; il consent à payer ses achats au-dessus des prix réels, afin d'aider ses industriels à conquérir les marchés étrangers par des ventes faites au prix de revient ou même à perte. La différence ou prime d'exportation qu'il consent ainsi est souvent assez élevée.

Lors d'une adjudication de 18.000 tonnes de rails Bessemer, qui eut lieu en Italie le 15 mars 1884, deux usines allemandes soumissionnèrent à raison de 143 fr. 30 et 143 fr. 50 la tonne, *franco-Gênes*; six jours plus tard, le 21 mars, le même produit fut adjugé au chemin de fer de l'État, à Berlin, au prix de 179 fr. 35 la tonne, *livrable à la station de l'usine*. Ce fait a des précédents : dans la *Gazette de Dortmund* du 1er mai 1880, on signalait deux adjudications de rails d'acier qui venaient d'avoir lieu, à peu d'intervalle, en Italie et en Allemagne, et desquelles il résultait que les chemins de fer italiens profitaient d'un boni de 75 fr. par tonne. Ainsi que le disait en gémissant la *Gazette de Dortmund*, c'est la masse des consommateurs, c'est le naïf Allemand (*der deutsche Michel*) qui paye ces différences, pour le plus grand avantage des consommateurs italiens et de quelques producteurs allemands.

Ne pourrait-on pas crier aussi au naïf Français qu'il paye à trois ou quatre raffineurs les différences qu'ils consentent à l'étranger pour écouler leurs stocks ? Les droits d'entrée sur les sucres forment une importante portion de la somme dont sont majorés les prix déterminés par la concurrence naturelle et libre du commerce.

On raconte de plusieurs côtés que, dernièrement, le syndicat des raffineurs français aurait commis la faute de vendre à Genève, à des prix assez bas, pour que les Lyonnais eussent pu, pendant quelque temps, acheter à Genève les sucres français, et bénéficier, de ce fait, de 4 fr. par 100 kilos, sur les prix tenus à Lyon par le syndicat, bien qu'ils eussent payé la surtaxe de 8 fr., plus 2 fr., pour le transport de Genève à Lyon.

Dans son célèbre édit sur la suppression des maîtrises et jurandes, Turgot disait : « Nous voulons abroger ces institutions arbitraires qui, par la facilité qu'elles donnent aux membres des communautés de se liguer entre eux, de forcer les membres les plus pauvres à subir la loi des riches, deviennent un instrument de monopole et favorisent des manœuvres dont l'effet est de hausser au-dessus de leur proportion naturelle les denrées les plus nécessaires à la subsistance du peuple. » Or, le syndicat des raffineurs français n'est-il pas précisément un instrument de monopole qui, grâce à la surtaxe actuelle, fait payer, au-dessus de son prix réel, une denrée aujourd'hui nécessaire ? Cette coalition, ce monopole ne sont dangereux qu'en raison de cette surtaxe.

Sous une forme quelconque, coalition de production, coalition de prix ou coalition de débouchés, la coalition est stérile ; elle ne devient nuisible que si elle opère à l'aide de surtaxes et de primes d'exportation. La coalition qui s'est fondée à Brême au commencement de l'année 1883 dans le but d'accroître les exportations maritimes des charbons de La Rūhr, n'a obtenu aucun résultat [1], malgré les sacrifices consentis par ses membres.

A l'encontre du but poursuivi par les coalitions de production, la *coalition à primes* des fabricants de rails d'acier a produit une inflation de production essentiellement préjudiciable; on ne tardera pas à en regretter amèrement l'emploi.

Déjà les clauses essentielles du Syndicat international des rails sont inexécutées par la Belgique, qui vend de plus en plus ses rails, en pleine Allemagne, à des consommateurs lassés de payer tribut à l'industrie nationale (les quelques compagnies de chemins de fer encore existantes, sans doute). Pour ces consommateurs et, bientôt, pour l'État, qui se lassera, lui aussi, de léser l'intérêt général, il faudra baisser les prix de vente.

Si, d'autre part, on observe, d'après un récent rapport du Collège des Anciens, que dans le dernier semestre de 1883 les fabricants de rails ont dû consentir, pour diminuer leurs stocks, « à vendre toujours avec plus de perte » en Italie, en Portugal et en Grèce, on verra que l'équilibre financier des fabriques de rails d'acier de l'Allemagne est bien près de se rompre.

D'ailleurs, sous l'effet des mesures protectionnistes aujourd'hui en faveur, on voit, peu à peu, les divers pays du monde fermer leurs portes aux produits du dehors.

Ainsi qu'on le disait récemment dans une excellente chronique industrielle [2], « sans les importantes commandes de l'État, la déroute des aciéries allemandes serait complète ». Mais ces commandes vont forcément diminuer, car le réseau des voies ferrées conçues par l'État est bien près d'être achevé. Alors, ne vendant plus ou ne vendant qu'à bas prix à l'intérieur et au dehors, les aciéries, soutenues depuis quelques années par les contribuables, n'auront plus qu'à disparaître. A ce moment, le fameux syndicat international des rails tombera sur les ruines de la coalition allemande, à moins toutefois que les Allemands, qui peuvent produire le rail d'acier à des prix légèrement inférieurs à ceux des Anglais, ne puissent aussi, en payant le fret moins cher, arriver à égalité de prix de vente sur les marchés où la concurrence devait cesser.

Comme les aciéries, la plupart des industries allemandes sont en voie de péricliter sous un excès de production. L'heure de la débâcle ne peut tarder à sonner en Allemagne.

---

[1] Exportation des charbons de Hambourg aux ports d'outre-Océan : 1882, 13.030 tonnes; 1883, 13.000 tonnes.

[2] *Moniteur des intérêts matériels*, 13 janvier 1884.

« Dans l'industrie métallurgique et charbonnière, ainsi que dans l'industrie sucrière, est-il dit dans le dernier Rapport de la chambre de commerce de Halle, la fabrication a été poussée à ses dernières limites et n'a pu s'exécuter qu'en renonçant aux bénéfices, même les plus justes. » La plupart des Rapports des chambres de commerce de l'Allemagne font entendre les mêmes plaintes. Dans le milieu de l'année 1884, les célèbres laminoirs de Bochum ont dû réduire leur production mensuelle de rails d'acier, d'environ 5 0/0. Pour l'exercice 1883-84, les importantes usines silésiennes de la Laura ne donneront à leurs actionnaires que la moitié du dividende de l'exercice précédent. Enfin, la cote de la Bourse de Berlin montre qu'en juillet 1884 les cours des actions des entreprises minières et métallurgiques de l'Allemagne sont en baisse de 20 à 30 0/0 sur ceux du commencement de l'année. Nous ne parlons que des industries minières et métallurgiques, parce qu'elles se sont plus particulièrement signalées par leurs coalitions, mais on pourrait faire des constatations non moins défavorables sur les autres grandes industries allemandes.

Avec la liberté, comme trop-plein, la production atteint, sans secousses appréciables, son niveau normal ; dans les pays de libre-échange comme l'Angleterre et la Belgique, les crises industrielles n'auront jamais l'intensité des crises allemandes. Avec la prohibition, la production s'épand, elle déborde et ne rentre dans son lit qu'après avoir accumulé ruines sur ruines. Dès aujourd'hui, l'industrie allemande peut voir à l'horizon, le « krach » de première grandeur dont elle est menacée !

III.

Dans l'ancienne législation française, on punissait du bannissement et de la confiscation « la convention secrète faite entre marchands de ne vendre leurs marchandises que dans un certain temps et à un prix déterminé ». Cette mesure sévère n'était pas inspirée par l'horreur de « l'odieux monopole » ; elle n'avait pour but que de protéger le monopole officiel des corporations.

L'Assemblée constituante n'osa pas accorder le droit de coalition aux patrons, ouvriers ou marchands, dans la crainte d'un rétablissement déguisé des corporations dont elle avait décrété l'abolition. Sur le rapport de Chapelier, elle vota la fameuse loi des 14-17 février 1791, qui, bien que dirigée spécialement contre les coalitions d'ouvriers ou de patrons, pouvait s'appliquer aux coalitions de marchands, « en forçant un peu le sens des termes employés par le législateur [1] ». Les auteurs du Code pénal de 1810 n'ont pas témoigné moins de

[1] Dalloz. *Traité général de jurisprudence*. Art. *Industrie et commerce*, chap. v.

craintes à l'égard des coalitions. Ils ont interdit les coalitions commerciales (art. 419 et 420 du Code pénal) et les coalitions industrielles (art. 414-416), mais ils ont frappé les premières moins sévèrement que les secondes. Ainsi, d'après l'article 419 du Code pénal de 1810, il ne suffit pas pour qu'il y ait délit que les détenteurs d'une marchandise aient formé une coalition « tendant à ne pas la vendre ou à ne la vendre qu'un certain prix » ; il faut d'abord que la coalition ait été formée entre les *principaux* détenteurs et, de plus, qu'elle ait eu pour *effet d'opérer* la hausse ou la baisse du prix des marchandises.....

Les autres parties de l'article 419 permettent de sévir contre les coalitions de consommateurs qui tendent à ne pas laisser vendre ou à ne faire vendre qu'un certain prix, tout comme contre les coalitions des détenteurs d'un produit.

Il importe, d'ailleurs, assez peu que l'on puisse faire rentrer les coalitions de consommateurs, dans l'*ensemble des moyens frauduleux quelconques* prévus et punis par l'article 419; car, pour nuire impunément aux producteurs, les consommateurs n'ont qu'à créer des sociétés coopératives. L'article 419 ne peut gêner que les coalitions du type de celle que les raffineurs ont dirigée contre les fabricants de sucre.

Les dispositions du Code pénal de 1810 sur les coalitions industrielles diffèrent sensiblement des précédentes. Ainsi, par exemple, d'après l'article 415 de ce Code, est punissable toute tentative ou commencement d'exécution de coalition d'ouvriers tendant à ne pas travailler ou à ne travailler qu'à un certain prix ; point n'est besoin que la coalition ait été formée par la majorité des ouvriers, ni qu'elle ait été suivie d'une hausse ou d'une baisse des salaires.

Aujourd'hui encore, les dispositions de notre législation pénale sur les coalitions ne sont pas en harmonie ; mais, à l'inverse de ce qui existait, elles sont tout en faveur des coalitions industrielles ou syndicats professionnels.

En 1849, le législateur s'est borné à établir l'égalité des peines contre les coalitions d'ouvriers et les coalitions de patrons, sans se préoccuper des coalitions de détenteurs d'une même marchandise. Cependant, ainsi que l'observait le rapporteur de la loi du 1er décembre 1849, « la matière est analogue, le travail s'achète comme les marchandises ». Depuis, sont intervenues les lois du 25 mai 1864 et du 21 mars 1884. Par la loi de 1864, les articles 414-416, déjà modifiés par la loi de 1849, furent revisés de telle façon que l'on pût créer librement des coalitions de patrons ou d'ouvriers, sous la seule condition de n'user ni de violences, ni de menaces ou de fraude. On plutôt, on ne peut créer librement des coalitions industrielles en France que depuis la loi du 21 mars 1884, qui a abrogé la loi des 14-27 juin 1791 et l'article 416 du Code pénal; qui a établi que les articles 291-294 du Code pénal et la loi du 18 avril 1834 ne sont pas applicables aux syndicats professionnels, et dont l'article 2 porte que les syndicats professionnels ou associations professionnelles même de plus de vingt personnes exerçant la même profession ou des professions connexes concourant à l'établissement de produits déterminés, pourront se constituer librement, sans l'autorisation du gouvernement. Mais si les lois de 1864 et de 1884 ont heureusement modifié la situation des coalitions qui ont pour but de produire la hausse ou la baisse des salaires, elles n'ont pas plus que la loi de 1849 modifié la situation de celles qui tendent à produire la hausse ou la baisse du prix des marchandises, puisque, comme celles-ci, elles ont laissé subsister dans son entier l'article 419 du Code pénal de 1810. « On a proposé de distinguer entre les coalitions justes et les coalitions abusives, disait le rapporteur de la loi de 1864, M. Émile Ollivier; nous n'avons pas admis cette distinction; abusive ou non, juste ou injuste, la coalition est permise. »

Pour être logique, puisqu'il condamnait le régime d'exception, puisqu'il entendait accorder la liberté à la coalition *sans épithète*, le législateur de 1864 aurait dû supprimer les entraves qui gênaient la coalition commerciale.

Ainsi que l'a fait observer M. A. Batbie, dans une étude de la loi de 1864 [1], « l'article 419 est désormais une anomalie dans notre législation pénale..... Si les patrons, qui sont les principaux détenteurs du travail à donner, peuvent se coaliser, si les ouvriers, qui sont les principaux détenteurs de la main-d'œuvre, ont le droit de concerter le refus de travail, pourquoi continuerait-on à punir les marchands qui s'entendent pour fixer le prix de ce qui leur appartient? Les denrées, comme les salaires, ont pour régulateur la loi de l'offre et de la demande; si leur nature est identique, il y aurait incohérence à les traiter d'une manière si différente. De deux choses l'une (ce dilemme est inévitable): ou la coalition pacifique n'est jamais punissable, ou elle l'est dans tous les cas. Pour être conséquents avec le principe de leur loi, les rédacteurs des nouveaux articles 414-416 auraient dû supprimer dans l'article 419 ces mots : « par réunion ou coalition entre les principaux détenteurs d'une même marchandise ».

Ne peut-on pas adresser les mêmes reproches aux rédacteurs de

[1] *Revue critique de législation*, 1864, t. XXIV.

la loi de 1884 et leur demander ainsi qu'à M. Batbie, qui siège aujourd'hui à leurs côtés, de réclamer l'égalité devant la loi des coalitions des détenteurs d'une marchandise et des coalitions des détenteurs de « cette marchandise qu'on appelle le travail de l'ouvrier [1] » ?

Toutes les raisons pour lesquelles on a accordé la liberté aux secondes militent en faveur de la liberté des premières, nous ne les reprendrons pas, car elles sont encore gravées dans tous les esprits. On l'a fort bien compris autour de nous.

En Autriche, l'art. 4 de la loi du 7 avril 1870 sur les coalitions porte que les dispositions de cette loi, qui sont relatives aux coalitions de patrons et d'ouvriers, s'appliquent, intégralement, aux conventions d'industriels qui ont pour but de hausser le prix d'une marchandise au détriment du public.

En Allemagne, la même mesure avait été adoptée en 1869. Dans le Royaume-Uni, la liberté des trades-unions date de 1824 et celle des coalitions commerciales, déjà proclamée par un acte de 1772, a été formellement reconnue par l'acte du 4 juillet 1844, qui abolit « totalement les délits d'accaparement, de monopole, etc., etc. ».

Enfin, en Belgique, en même temps que par la loi du 31 mai 1866, on modifiait les art. 414-416 du Code pénal de 1810 dans le sens de la loi française du 25 mai 1864, on remplaçait les art. 419 et 420 de ce Code par l'article suivant [2] :

« Les personnes qui, par des moyens frauduleux quelconques, auront opéré la hausse ou la baisse du prix des denrées ou marchandises ou des papiers et effets publics, seront punies d'un emprisonnement d'un mois à deux ans et d'une amende de 300 francs à 10.000 francs. »

« L'abrogation partielle de l'art. 419 du Code pénal, a dit le rapporteur de la loi à la Chambre des représentants belge, aura l'avantage de ne pas permettre que le commerce soit inquiété ; elle contiendra, en outre, cet utile enseignement que la loi divorce avec des préjugés qui n'ont que trop souvent conduit à des actes coupables.... La libre concurrence détruit plus facilement les hausses factices que toutes les dispositions des lois.... »

En effet, rien n'est plus aisé, pour les principaux détenteurs d'un produit, que de conclure et de conduire dans l'ombre, malgré la loi, la coalition la plus abusive.

Si, comme à l'ordinaire, ils sont moins de vingt, ils peuvent se

---

[1] J.-B. Say. *Traité d'économie politique.* 5e p., ch. X.

[2] Art. 311 du Code pénal belge.

réunir, se concerter où et quand ils le veulent. S'ils sont plus nombreux, il leur suffit, pour opérer impunément, de déguiser la coalition en syndicat professionnel ou en société commerciale.

Il importe assez peu, d'ailleurs, de prouver contre les principaux détenteurs d'une marchandise qu'ils ont participé à une coalition tendant à ne pas vendre ou à ne vendre qu'un certain prix ; il faut établir, pour qu'ils encourent les pénalités prévues par l'art. 419, que par cette coalition *ils ont opéré la hausse ou la baisse au-dessus ou au-dessous des prix qu'aurait déterminés la concurrence naturelle et libre du commerce.*

« C'est moins draconien que les décrets de la Révolution contre les accaparements, fait observer Joseph Garnier[1], mais ça l'est encore et, de plus, c'est peu intelligible. Qu'est-ce que la concurrence naturelle et libre du commerce, sans le droit de s'entendre pour vendre ou ne pas vendre, sans le droit de faire baisser ou hausser les prix en vendant ou en ne vendant pas selon ses propres inspirations ou celles des autres, et pourvu qu'on ne se livre pas à des manœuvres déloyales ? »

Et puis, quel est le tribunal qui peut fixer le prix d'un produit, tel qu'il doit résulter de la loi de l'offre et de la demande, loi qui ne règle pas seule le prix des produits ? Armée de l'art. 419, la justice est impuissante contre les coalitions commerciales, les rares exécutions qu'il lui a permis d'accomplir suffisent à le prouver. Contre ces coalitions, la liberté suffit ; elles portent, dans leur sein, des germes morbides plus puissants à assurer leur décomposition, que les dispositions législatives les plus restrictives.

Georges Salomon,
Ingénieur civil des mines.

---

1 *Dict. du commerce et de la navigation*, art. *Accaparement*.

LA CRISE EN BELGIQUE

La crise. — Examen de la situation économique de la Belgique, par Eudore Pirmez, ministre d'État, membre de la chambre des représentants. (Charleroi, imprimerie d'Auguste Piette.)

Le grand économiste anglais J.-S. Mill, en s'occupant, dans ses *Principes d'économie politique*, de l'avenir des classes qui travaillent [1], affirme que l'idéal de la société humaine ne consiste pas dans un simple accroissement de la production, c'est-à-dire de la richesse, mais que l'objet à rechercher est une distribution meilleure de cette richesse, une rémunération plus large du travail. Son rêve, c'est une société se distinguant par les traits suivants : « Un corps nombreux et bien payé de travailleurs et peu de fortunes énormes, à part celles qui auraient été gagnées et accumulées durant la vie d'un homme ». Il ne reconnaît « ni comme juste, ni comme bon un état de société dans lequel il existe une classe qui ne travaille pas, où il y a des êtres humains qui, sans être incapables de travail et sans avoir acheté le repos au prix d'un travail antérieur, sont exempts des travaux qui incombent à l'espèce humaine ».

Il y avait bien près d'un demi-siècle que cette opinion avait été émise, lorsqu'un écrivain français, M. Leroy-Beaulieu, s'en empara et s'efforça, dans un gros volume publié en 1881, de démontrer que les sociétés humaines sont en plein travail d'enfantement de l'idéal rêvé par J.-S. Mill, et qu'elles sont à la veille de l'atteindre. On connaît le titre de ce volume : *Essai sur la répartition des richesses et sur la tendance à une moindre inégalité des conditions*. Ce que Mill n'entrevoyait que dans les nuages de l'avenir le plus lointain, ce qu'il ne considérait que comme un idéal à poursuivre, M. Leroy-Beaulieu en prédit la réalisation à bref délai, et décrit avec complaisance les épreuves que nous traversons pour passer dans la phase heureuse réservée à l'humanité. M. Pirmez, dans l'ouvrage qu'il vient de publier et dont l'examen fait l'objet de cet article, est entré à pleines voiles dans les idées de l'éminent écrivain français. La crise économique que nous subissons n'est pour lui qu'une étape, douloureuse, il est vrai, pour les propriétaires et les capitalistes, vers l'idéal de Mill. « On produira de plus en plus, dit-il, et la part du travail dans la production sera croissante... Le

[1] *Principles of political economy*, vol. II, liv. IV, ch. VII.

bien-être moyen de la société augmente par l'accroissement de la richesse, mais la répartition de ce bien-être tend à être de plus en plus défavorable à ceux qui vivent de richesses acquises, et favorable à ceux qui travaillent. On marche vers ce que M. Leroy-Beaulieu appelle une moindre inégalité sociale [1]. » L'évolution économique peut être retardée, mais quelle que soit sa lenteur ou sa rapidité dans l'avenir, « rien n'annonce une modification dans la tendance de la richesse à aller vers ceux qui concourent de leur personne à la créer [2] ».

Pour l'économiste anglais, le grand obstacle à la réalisation de l'idéal qu'il a en vue, c'est l'accroissement probable de la population amenant une hausse du prix des denrées alimentaires, et, par suite, un accroissement de la rente foncière au profit des propriétaires. Si depuis longtemps nous ne sommes pas arrivés au but, c'est que le but lui-même fuit toujours ainsi devant nous. De grands perfectionnements dans l'art agricole, d'une part et, d'autre part, une amélioration dans les habitudes des classes ouvrières ralentissant volontairement, comme les classes supérieures, leur accroissement, telles sont pour lui les conditions essentielles du progrès.

Dans nos vieilles sociétés européennes, toutes les terres se trouvent appropriées. Or, à mesure que la population s'est accrue et, avec elle la demande des produits alimentaires, on a été obligé de mettre en culture des terrains de plus en plus ingrats; la culture est devenue en même temps plus intensive sur les terrains de bonne qualité; de l'une et de l'autre manière, le prix des aliments a augmenté à la suite de l'augmentation des frais de production, et cela au bénéfice de ceux qui détiennent le sol, monopolisé, pour ainsi dire, entre leurs mains et au détriment de tous, c'est-à-dire des consommateurs. « Si la population était stationnaire et qu'il ne fût pas nécessaire d'obtenir, de la terre, des produits plus considérables, il n'y aurait pas de raison pour que le prix de la production s'élevât. L'humanité, au contraire, profiterait pleinement de tous les perfectionnements introduits dans l'agriculture ou dans les arts accessoires, et il n'y aurait pas de différence sous ce rapport entre les produits de l'agriculture et ceux des manufactures. *Jusqu'à présent, et autant que notre expérience nous permet d'en juger*, l'agriculture n'est pas susceptible de perfectionnements aussi grands que certains genres de fabrication industrielle, *mais il se peut que l'avenir nous réserve des inventions qui renversent les termes de ce rapport* [3]. »

---

[1] Page 67.
[2] Page 66.
[3] Ouvrage cité, liv. IV, ch., 1er, § 2.

Pour M. P. Leroy-Beaulieu la loi de la rente n'existe pas; il la croit irrévocablement condamnée par la baisse actuelle des fermages. C'est à ce propos qu'il ridiculise un peu le grand économiste anglais en le représentant comme « hanté par les fantômes de Malthus et de Ricardo [1] ». Cependant la baisse des fermages ne détruit nullement la loi de la rente telle qu'elle a été exposée par Ricardo et, après lui, acceptée par tous les économistes. J.-S. Stuart Mill notamment, comme nous venons de le voir, admet la possibilité d'inventions et de découvertes qui changeraient le cours des choses. Et il ajoute : « Si un grand perfectionnement agricole survenait tout à coup, il pourrait rejeter la rente bien loin en arrière [2] ». Or, ce grand perfectionnement agricole est survenu, non pas, il est vrai, sous la forme prévue par Mill, mais sous la forme d'immenses étendues de terres vierges et fécondes, comme annexées à notre territoire, grâce à la liberté commerciale et aux progrès merveilleux réalisés dans l'industrie des transports.

L'obstacle provenant de l'accroissement de la rente se trouve ainsi, et pour bien longtemps probablement, écarté. Mais tous les écueils ne sont pas franchis, et l'homme, avec sa liberté, qui lui permet de contrarier ou de faciliter l'action des lois économiques dans le sens du progrès, continue à rester le grand arbitre de sa destinée. Non plus que M. P. Leroy-Beaulieu, M. Pirmez ne semble tenir compte ni des conditions nécessaires pour que le progrès se réalise, ni des obstacles qui peuvent l'enrayer. L'humanité se trouve sur une pente qu'elle descend avec une rapidité plus ou moins grande, quelles que soient d'ailleurs les erreurs de ceux qui se trouvent entraînés dans le mouvement général. La responsabilité humaine disparaît et le progrès n'a plus à compter, par exemple, avec la prévoyance humaine qui agit sur le développement de la population et, par suite, sur le taux des salaires. Sans doute M. Pirmez ne va pas jusqu'à se rendre solidaire des imprécations de M. Leroy-Beaulieu contre la loi de la rente; mais il n'est pas non plus, cependant, « hanté par les fantômes de Malthus et de Ricardo ». Aussi parle-t-il avec un certain mépris de la loi de la population, dont il se débarrasse, d'ailleurs, en rappelant les deux fameuses progressions arithmétique et géométrique de Malthus. Nulle part, non plus, il ne tient compte de la loi des salaires, c'est-à-dire de la loi d'équilibre résultant de l'offre et de la demande du travail, qu'il qualifie, avec les socialistes allemands, de loi d'airain.

---

[1] *Essai sur la répartition de la richesse*, p. 128.

[2] Ouvrage cité, liv. IV, ch. III, § 5.

Est-ce à dire que l'on puisse nier que le progrès économique doive amener la baisse des profits et des fermages en même temps que la hausse des salaires ? En aucune façon ; seulement, aux yeux de l'économie politique, la réalisation du progrès est soumise aux « lois naturelles de la production et de la distribution » dont M. Pirmez et M. P. Leroy-Beaulieu ne semblent pas avoir une perception bien claire. En méconnaissant les lois économiques, on en arrive trop facilement à généraliser quelques faits qui se présentent à nous et qui, en réalité, ne sont le plus souvent produits que par des causes contingentes et accidentelles. Dans son *Cours d'économie politique* [1] M. de Molinari, qui est, lui, « hanté par les fantômes de Malthus et de Ricardo », a developpé, il y a trente ans, avec une rare sagacité, les conditions du progrès économique. Après avoir exposé « les lois naturelles de la distribution des richesses », il arrive à cette conclusion : « *que le progrès a pour résultat d'abaisser la part de la terre aussi bien que celle du capital, tandis qu'il élève celle du travail* ». Que le lecteur veuille bien se reporter aux six leçons de ce *Cours* où la matière est traitée, et il comprendra de quelle manière les lois économiques agissent pour réaliser le rêve de Mill. Il y verra, en même temps, avec quelle perspicacité M. de Molinari a prédit la baisse des fermages qui atteint aujourd'hui les propriétaires. Chose étrange ! tandis que M. Leroy-Beaulieu considère la baisse des fermages comme la condamnation de la loi de la rente [2], M. de Molinari prédit, plus d'un quart de siècle à l'avance, que la loi de la rente doit produire cette baisse.

Ce que nous venons de dire suffira pour caractériser d'une manière générale le livre de M. Pirmez. Ce n'est pas un livre de science, assurément ; c'est, à beaucoup d'égards, un livre de fantaisie où les faits sont exposés sans grand souci des lois scientifiques qui peuvent en expliquer les causes et les effets. Mais il contient des détails si intéressants, des aperçus économiques si ingénieux et souvent si vrais, qu'il importe de le faire connaître par un résumé succinct, avant d'en poursuivre la critique.

I.

M. Pirmez n'hésite pas à admettre l'existence de la crise, bien qu'on lui ait reproché de la contester. Il reconnaît que de nombreuses catégories de citoyens voient leur revenu diminuer, leurs ressources

---

[1] *Cours d'économie politique*, par M. G. de Molinari, 1re partie ; voir les leçons 8 à 15.

[2] *Essai sur la répartition des richesses*, p. 126.

tarir. Mais il n'est pas douteux cependant que la richesse générale se soit accrue et continue à s'accroître. L'auteur accumule les preuves pour le démontrer. On consomme beaucoup plus, à égalité de têtes, qu'on ne l'a jamais fait, et les moyens de payer ne font pas défaut. Les consommations raffinées, non seulement matérielles, mais intellectuelles et morales, sont de plus en plus recherchées. Le luxe s'accroît sans cesse, et se répand de plus en plus dans de nouvelles couches de la société. Les hommes ne se contentent plus de leur existence d'autrefois; l'ouvrier se procure, avec son salaire, des satisfactions dont étaient privées les classes moyennes à une époque peu éloignée de nous. D'un autre côté, les moyens de production, les capitaux sous toutes les formes utiles ne cessent d'augmenter et semblent assurer au pays un accroissement continu de production dans l'avenir. Malgré la diminution du revenu des propriétaires, malgré les souffrances des fermiers encore liés par leur contrat, les forces agricoles du pays sont restées entières. En ce qui concerne l'industrie, le nombre des chevaux-vapeur a monté, en Belgique, de 54.000 en 1850, à 724,000 en 1882. Pour les substances minérales : la houille, la fonte, le fer, l'acier, le zinc, le verre, la production s'est élevée à 415 millions, en 1882, tandis qu'elle n'était que de 87 millions en 1850. Pour les industries textiles, nous avons un indice certain de leur développement dans l'accroissement des importations des matières premières qu'elles mettent en œuvre. Ces importations ont monté de 10 à 25 millions, en ce qui concerne le coton, de 4 à 57 millions, en ce qui concerne la laine, dans la même période de 1850 à 1882. La Belgique n'a donc pas subi de dépression dans ses forces productives; elle a une puissance qui s'est successivement accrue et qui continue à s'accroître dans des proportions considérables.

Le commerce international contribue, de son côté, au développement de la richesse publique. Ainsi, le commerce général qui n'était, en 1835, que de 460 millions, qui n'atteignait, en 1860, que 1.801 millions, s'élève, en 1882, à 5 milliards 416 millions. Le commerce spécial, qui n'était, en 1835, que de 311 millions, de 986, en 1860, s'élève, en 1882, à 3 milliards à peu prés. M. Pirmez s'applique à démontrer que le commerce extérieur a été de plus en plus favorable à la Belgique, en lui donnant un plus grand excédent des importations sur les exportations. Les pages qu'il consacre au trafic international sont, incontestablement, les plus intéressantes de son livre, et certainement les plus instructives, parce que l'auteur y combat avec un rare bonheur d'expressions et d'idées quelques-uns des préjugés qui ont cours en cette matière. C'est ainsi qu'il est généralement admis que le bénéfice du commerce extérieur consiste dans les exportations, comme si une exportation n'était pas tout simplement la mesure du sacrifice qu'un pays s'impose pour obtenir une importation correspondante.

« De toutes les erreurs, dit M. Pirmez, qui ont pu germer dans le cerveau humain, si fécond en idées fausses, il n'y en a jamais eu de plus flagrante que de croire que, plus un pays exporte, plus il s'enrichit, et que plus il importe, plus il s'appauvrit.

« Il est d'une évidence aussi éclatante que la lumière du soleil, qu'un pays gagne ce qu'il importe et perd ce qu'il exporte.

« Il exporte pour pouvoir importer.

« S'il pouvait ne faire qu'importer, sa richesse s'accroîtrait de tout ce qu'il recevrait, sans être diminuée de ce qu'il donne en échange.

« Quand on consulte la statistique du commerce extérieur, on voit dans tous les pays les importations excéder les exportations.

« Il ne peut en être autrement, parce qu'il est impossible que le commerce fasse des opérations qui se traduisent par donner plus pour recevoir moins.

« Si on constate à la sortie du port d'Anvers une exportation de fer ou de verre pour les États-Unis, d'une valeur d'un million, on renseignera probablement à New-York une importation de ces marchandises supérieure à 1.100.000 francs.

« Et par contre, si de New-York on expédie pour la Belgique des céréales valant dans ce port 1 million, on constatera à l'entrée en Belgique une importation de plus de 1.100.000 francs.

« Chacun des deux pays aura pour les mêmes opérations une exportation moindre que l'importation.

« La différence est due nécessairement en partie aux frais de transport, mais elle comprend aussi le bénéfice de l'opération commerciale.

« Il est clair que le bénéfice sera dans les deux pays précisément égal à l'excédent de l'importation sur l'exportation, déduction faite des frais de transport [1]. »

Mais comment se fait-il que, tandis que la richesse et le bien-être s'accroissent, il y ait tant de souffrances? M. Pirmez affirme, et c'est là en réalité la thèse fondamentale de son livre, que les souffrances dont on se plaint, et qui sont incontestables, ne proviennent que d'un déplacement des richesses. Les propriétaires et les capitalistes souffrent, parce que les fermages et le taux des profits ont baissé; mais ce qu'ils obtiennent en moins n'est pas une perte absolue, car cela va à d'autres dont la situation s'améliore en proportion. Ces

[1] Page 19.

« autres », c'est la classe ouvrière, c'est-à-dire le grand nombre. Le mouvement qui porterait ainsi les résultats de la production en proportion croissante vers ceux qui travaillent au détriment de ceux qui fournissent les instruments : terre et capital, n'est pas, d'après M. Pirmez, accidentel, temporaire, pouvant s'arrêter ou se modifier sous l'influence de causes autres que celles qui ont agi pour le produire. Non; c'est une évolution, un mouvement nouveau qui ne fera que s'accentuer de plus en plus, et dont il ne reste plus qu'à prendre son parti, car « rien n'annonce une modification dans la tendance de la richesse à aller vers ceux qui concourent de leur personne à la créer[1] ».

M. Pirmez indique un certain nombre de faits qui, d'après lui, démontrent la réalité de l'évolution qu'il signale. Il s'occupe d'abord de l'agriculture; il trouve dans la comptabilité, fort exactement tenue, d'une grande exploitation agricole, la plus importante de la Belgique par les progrès qui y sont réalisés, la preuve que si les salaires étaient restés ce qu'ils étaient il y a vingt-cinq ans, les fermages reprendraient ou à peu de chose près les prix d'autrefois. Grâce à la hausse du salaire, le fermier doit payer 50 francs de plus pour la culture d'un hectare et paye même somme en moins au propriétaire. Toute la crise, en tant qu'elle atteint l'agriculture, se réduit donc à ceci : transfert du propriétaire à l'ouvrier d'une partie plus grande du produit de la terre. Car l'auteur n'attribue qu'une influence fort contestable aux importations de blé dans les souffrances dont on se plaint. En effet, la moyenne des prix du froment pendant les trois années 1880 à 1882 est de 28 francs les 100 kilogrammes. Or, de 1848 à 1851, la moyenne n'a été que de 21 francs environ, et pendant les dix années 1858 à 1867, que l'on peut considérer comme l'apogée des fermages, cette moyenne n'a pas atteint 28 fr. 50 c. On verra plus loin que la conclusion que M. Pirmez tire de ces chiffres n'en découle nullement. Mais l'auteur est certainement dans le vrai quand il ajoute que, dût-on même attribuer la crise agricole aux importations de blé à bon marché, il y aurait là tout au plus un autre transfert : celui qui s'opérerait du propriétaire au consommateur. Il est encore dans le vrai, et aucun économiste ne songera à le contredire, quand il explique, dans son langage simple et saisissant, que les blés que nous importons sont, en définitive, le produit de notre travail devenu plus productif par l'échange.

« Comparons, dit-il, la situation d'un père cultivateur en regard avec celle de son fils qui s'est fait ouvrier de verrerie.

---

[1] Page 66.

« Le travail du père tendait à obtenir directement de la terre une certaine quantité de grains qui était livrée à la consommation dans le pays.

« Le fils ne cultive pas, mais il n'en est pas moins resté pour le pays un producteur de grains. Le verre qu'il souffle, qu'il étend ou qu'il coupe n'est pas utilisé en Belgique. Il est presque entièrement exporté, et une partie en est payée en grains, par les États-Unis notamment.

« Le père et le fils ont ainsi contribué, l'un directement, l'autre indirectement, à fournir à la consommation belge une certaine quantité de grains. Mais le travail du père que l'on payait 2 francs par jour n'en représentait guère, quand l'hectolitre de froment était à 25 francs, que 24 hectolitres par an. Le travail du fils, qui reçoit 8 à 10 francs par jour, en représente, si l'hectolitre est à 20 francs, de 120 à 150.

« Où serait donc le progrès industriel, s'il n'était là où en appliquant différemment le travail on obtient un résultat quintuple ou sextuple ?

« Sans doute, des résultats aussi importants ne sont pas atteints dans tous les cas où nous exportons des grains étrangers. Mais, dans tous, l'opération est la même. Il ne vient, en Belgique, de grains étrangers que contre échange de produits industriels quelconques, et nul ne travaille à fabriquer ces produits industriels destinés à l'échange contre du grain, que parce que cette fabrication est le moyen le plus économique d'obtenir ce grain [1]. »

Attribuer la baisse des fermages, ce qu'il est convenu d'appeler la crise agricole, à la hausse des salaires et non aux importations de blé, suivant les prévisions si bien justifiées de M. de Molinari, est tout simplement paradoxal. Cela peut convenir à la thèse hardie de l'auteur, mais jamais à la réalité. Un moment de réflexion suffit pour nous en convaincre. En effet, la hausse des salaires dans les campagnes n'est pas un fait nouveau, contemporain de la crise. Depuis trente ans, les ouvriers ont déserté leur village pour les villes et les centres d'industrie, afin d'y profiter de salaires plus élevés, rétablissant ainsi, par une plus juste répartition du personnel de la production, l'équilibre de sa rémunération. Or, l'agriculture a été parfaitement prospère pendant toute la période des hauts salaires, preuve évidente que sa prospérité profitait à la fois au propriétaire, au cultivateur et à l'ouvrier. A partir de 1878, de mauvaises récoltes se

[1] Page 37.

succèdent, et le déficit de la production de l'Europe occidentale se trouve comblé par des importations de blé offert à des prix modiques. Dès lors la crise éclate. M. Pirmez, pour affaiblir l'influence de ces faits, indique les prix du blé à différentes époques, et ces prix, il faut le reconnaître, ne sont pas sensiblement plus élevés dans certaines années de la période de prospérité que dans certaines années de la période de crise. Mais l'auteur se trompe s'il croit fournir ainsi une preuve quelconque à l'appui de son assertion. Le prix, en effet, doit être combiné avec le rendement obtenu par le cultivateur. Un prix de 25 francs, voire même de 20 francs par 100 kilogrammes, peut être rémunérateur quand le rendement est considérable, et désastreux quand celui-ci est faible. Or, c'est là justement ce qui est arrivé depuis 1878 : les récoltes ont été mauvaises et les prix ne se sont pas élevés proportionnellement. Pourquoi? Parce que, en concurrence sur le même marché, le producteur ne pouvait porter ses prétentions au delà du prix auquel l'importateur consentait à céder sa marchandise. Autrefois, alors que les douanes entravaient les importations, que les pays transatlantiques ne produisaient pas une quantité prodigieuse de blé, que les moyens de transport étaient lents et coûteux : autrefois, dis-je, le cultivateur trouvait dans la hausse des prix la compensation, et plus que la compensation de son déficit. Il n'en est plus ainsi aujourd'hui, et, très probablement, il n'en sera plus ainsi de longtemps. M. Pirmez, pour démontrer son « évolution », cite l'exemple des prairies, dont le prix et le fermage n'ont guère diminué. Le choix de cet exemple n'est pas heureux. Sans doute, les prairies exigent moins de main-d'œuvre pour produire leur denrée : le bétail; mais n'est-il pas évident que le bétail indigène n'étant pas soumis, au même degré, à la concurrence des importations transatlantiques, la crise ne devait pas agir pour elles avec la même intensité que pour les terres à blé ? Il n'est pas exact non plus d'affirmer, comme le fait M. Pirmez, que les bonnes terres à blé, où la main-d'œuvre est moindre, ont mieux conservé leur prix que les terres médiocres qui en exigent davantage. C'est ainsi que, dans la vallée de l'Escaut, des terres d'alluvion d'une fécondité incomparable pour la production des céréales ont vu leur valeur et leur fermage baisser dans une forte proportion, alors que la valeur et le fermage de terres siliceuses et légères, situées dans le voisinage, n'ayant jamais donné à leur propriétaire qu'une rente inférieure de 70 0/0 à celle qu'on obtenait des premières, n'ont guère baissé. D'où cela vient-il ? Uniquement de ce que ces terres légères et perméables permettent d'obtenir une seconde récolte de fourrages pour le bétail, ce que les autres ne comportent pas. Cela ne prouve-t-il pas, à l'évidence, que c'est la concurrence du blé étranger, et non la hausse des salaires, qui est véritablement la cause de la crise ?

Passant du revenu de la terre à la rémunération du capital, M. Pirmez constate que cette rémunération a très notablement fléchi. On en a, dit-il, la preuve certaine dans le taux des prêts et dans le prix des fonds publics. Il trouve la cause de la baisse des profits, d'un côté, dans l'accroissement de l'offre des capitaux ; de l'autre, dans la diminution de la demande. La demande a diminué, parce que, d'après lui, les grandes inventions qui ont appelé des capitaux considérables et leur ont donné un emploi très productif, sont faites, et qu'ainsi, à mesure que les capitaux augmentent, ils ne trouvent plus que des applications moins rémunératrices. Or, si la richesse grandissante du pays va moins au capitaliste, il faut bien qu'elle aille plus au travailleur, car il n'y a que deux copartageants dans la production : celui qui livre les choses et celui qui fournit le travail.

Pour démontrer que le transfert de richesse du capital au travail s'est effectivement réalisé, M. Pirmez se borne à nous dire ce qui se passe dans une seule industrie, celle de l'exploitation des mines de houille, dans une province de la Belgique, le Hainaut. Il prend, évidemment, cette industrie comme type de l'industrie en général. Il faut bien que ce soit là son idée, sinon l'argument qu'il en tire n'aurait aucune portée, car il y a toujours eu des industries déclinant et travaillant à perte, alors que d'autres prospèrent. Il a soin, d'ailleurs, de lever tous nos doutes en ajoutant, à la page 53, que le phénomène qu'il indique ne concerne pas seulement l'industrie spéciale dont il s'occupe, mais que le fait est général.

Sans entrer dans les détails, fort intéressants bien que parfois entourés de considérations un peu subtiles, de l'auteur, il suffira de rappeler que, dans les exploitations des mines du Hainaut, où se font les quatre cinquièmes de la production de la houille du pays, sur 84 usines exploitées en 1883, 40 ont été en perte, occasionnant un déficit de 4.162.750 fr. ; 44 ont donné un bénéfice de 8.032.650 fr. De 1877 à 1883, les salaires ont pris en moyenne 97 0/0 de la masse produite, ne laissant aux exploitants que 3 0/0. Et, supposé que dans la période de ces sept années, on eût attribué aux ouvriers tout le produit, qu'on eût ainsi réalisé les théories les plus radicales, le travail n'aurait obtenu qu'une augmentation de salaire de 2 fr. par mois, soit 25 fr. par an. Si les données de M. Pirmez sont exactes, et si l'industrie en général se trouve dans les mêmes conditions que l'industrie des mines du Hainaut, on peut affirmer, sans autre démonstration, que « l'évolution » est accomplie et non pas seulement en voie d'accomplissement. Les capitalistes n'ont plus grand'chose à céder aux ouvriers, ni ceux-ci plus grand'chose à acquérir, bien que leur salaire n'en demeurât pas moins fort modeste, alors même qu'on l'augmenterait de 25 fr., et que, de 897 fr. qu'il était en 1883, on le portât à 922.

La cause de « *ce remarquable changement dans la répartition du produit entre le travail et le capital*[1] », M. Pirmez la place dans l'abondance des capitaux. Mais il semble plus naturel de la placer dans leur mauvaise application. Quand l'accroissement de la production fait baisser un produit, il est évident que, la production ne ralentissant pas, et le même personnel étant réclamé pour le travail, le capitaliste seul supporte la perte résultant de la baisse des prix, sans pouvoir la rejeter sur l'ouvrier. Si M. Pirmez n'avait pas renié les lois économiques au profit d'une évolution imaginaire, il aurait compris que les exploitations en déficit sont destinées à périr ; que les ouvriers qu'elles occupent étant ainsi mis hors d'emploi, la concurrence qu'ils feront à ceux qui sont encore employés doit inévitablement faire baisser les salaires dans les exploitations les plus favorisées. N'est-ce pas le cas de dire avec Cobden : Quand deux ouvriers courent après un maître, c'est le maître qui fait la loi, et le salaire baisse ? Si, d'un côté, le salaire baisse par la concurrence des travailleurs, d'un autre, le prix du produit tend à hausser par la diminution de la production ou de l'offre. De l'une et l'autre façon, on arrive à une « évolution » nouvelle, en sens inverse de celle que décrit M. Pirmez. On voit ainsi sur quelle base fragile reposent les idées économiques de l'auteur et comment il n'a pu arriver à les produire avec quelque apparence de vérité, si ce n'est en s'affranchissant des lois naturelles de la production et de la distribution.

M. Pirmez affirme qu'à l'abondance des capitaux, cause de l'évolution signalée par lui, il n'y aurait qu'un seul remède : « la réduction de cette abondance par une destruction périodique de ce qui serait en excès[2] ». Mais il serait monstrueux, dit-il, de brûler les capitaux. « S'il en est ainsi, l'abondance des capitaux n'est pas un fléau public. Il ne peut être à la fois vrai que cette abondance soit un mal, et que ce qui la ferait disparaître soit monstrueux. Il faut dès lors ne pas déplorer l'abaissement du taux des revenus, car il est une conséquence nécessaire de cette abondance qui constitue la richesse publique[3]. »

---

[1] Page 57.
[2] Page 73.
[3] Page 74.

Si M. Pirmez y avait réfléchi, il aurait trouvé, pour diminuer les capitaux, d'autres moyens qu'une destruction odieuse, lui fournissant un argument à effet, mais peu sérieux. Sans tenir compte de l'obstacle mis à l'accroissement des capitaux par l'affaiblissement du stimulant qui pousse à l'épargne, il y a celui qui est indiqué dans les *Harmonies économiques* et que Bastiat appelle « le plus simple et le plus agréable de tous les remèdes : *manger* la moitié de son capital pour augmenter ses rentes [1] ». Il y en a un autre, si largement employé par l'Angleterre : c'est d'exporter ses capitaux et de les envoyer où ils sont plus productifs. L'illustre économiste « hanté par les fantômes de Malthus et de Ricardo » a parfaitement fait ressortir comment l'émigration continuelle des capitaux qui vont, dans les colonies ou à l'étranger, chercher des profits qu'ils ne peuvent trouver au dedans, combat la tendance des profits à baisser, dans un pays où la somme des capitaux augmente plus vite que chez ses voisins. « Je crois, dit J.-S. Mill, que c'est depuis un assez grand nombre d'années une des principales causes qui ont empêché en Angleterre la baisse des profits. Mais les capitaux enlevés ne sont pas perdus ; ils sont employés soit à fonder des colonies qui exportent de grandes quantités de grains à bon marché, soit à étendre et à perfectionner l'agriculture des vieilles sociétés. C'est sur l'émigration des capitaux anglais que nous devons surtout compter pour nous entretenir de grains et de matières premières à bon marché, à mesure que notre population augmentera. C'est cette émigration qui nous permettra d'employer dans notre pays une plus forte somme de capitaux, sans que les profits baissent, en fabriquant des articles manufacturés qui suffisent à payer les produits bruts. Ainsi, l'exportation des capitaux est un grand moyen d'étendre le champ d'emploi des capitaux qui restent dans le pays, et on peut dire avec vérité, dans une certaine mesure, que plus nous enverrons de capitaux au dehors, plus nous pourrons en avoir et en garder dans notre pays.... Tant qu'il y aura d'anciennes sociétés où les capitaux augmentent rapidement, et des sociétés nouvelles où les profits sont encore considérables, le taux des profits dans les anciens pays ne tombera pas au point où les accumulations s'arrêteraient : la baisse s'arrêtera au taux où les capitaux émigrent [2] ».

C'est ainsi que l'équilibre, que M. de Molinari expliquait si bien en 1855 devoir se réaliser entre la valeur des terres du nouveau monde

---

[1] *Œuvres complètes* de Frédéric Bastiat. Édit. Guillaumin, t. VI, p. 225.

[2] *Principles of political economy*, t. II, liv. IV, ch. IV, § 2.

et de la vieille Europe [1], se réalisera aussi pour les profits des capitaux. Si l'Europe, où la cherté croissante des subsistances semblait devoir arrêter le progrès, absorbe désormais les blés et les matières premières des terres lointaines, celles-ci, à leur tour, absorberont les capitaux de l'Europe, en leur offrant un emploi plus productif et presque illimité.

Les grandes inventions étant faites, M. Pirmez croit qu'il sera bien difficile de trouver pour les capitaux des emplois aussi rémunérateurs qu'auparavant. Il est possible que, dans le Hainaut, il n'y ait plus de place pour un nouveau chemin de fer, pour une nouvelle machine à vapeur!.., Mais sur notre vaste planète, encore si peu habitée et où l'on voit sans cesse reculer les limites de la civilisation, ne trouverait-on pas ailleurs de place pour l'exploitation féconde des grandes inventions de ce siècle ? Après les enseignements du passé, il est, du reste, bien téméraire d'affirmer qu'il reste moins à faire parce qu'il a été beaucoup fait, et qu'il n'y a plus aucun secret à arracher à la nature pour augmenter le bien-être de l'homme. On en disait autant au moyen-âge, après l'invention de l'imprimerie. J.-S. Mill, plus modeste que M. Pirmez, est probablement plus dans le vrai quand il dit « que la science des propriétés et des lois de la nature nous fait entrevoir si souvent des champs inexplorés, qu'elle nous permet de croire que nos connaissances des phénomènes de la nature sont encore dans leur enfance [2] ».

A un banquet de la Société d'économie politique de Bruxelles, M. Léon Say avait dit : « La crise à redouter est moins celle qui est dans les choses que celle qui est dans les esprits et menace les principes de liberté économique proclamés par Turgot ». M. Pirmez voit aussi le danger dans les remèdes que l'on veut appliquer au mal, beaucoup plus que dans le mal même. Son livre contient quelques pages remarquables pour démontrer que la protection et les privilèges, qui peuvent bien guérir un mal individuel, sont profondément nuisibles à l'intérêt général. D'après lui, « rien n'est plus ridicule que la prétention des gouvernants à vouloir diriger le mouvement économique d'une nation ». C'est parfait ! mais l'auteur se berce d'illusions en espérant que son œuvre contribuera à calmer la crise des idées, c'est-à-dire à faire perdre au public la foi dans l'efficacité cu-

---

[1] « Le prix naturel des terres de l'Amérique et de l'Australie semble ainsi destiné à devenir le point central vers lequel gravitera de plus en plus le prix courant des terres, soit de l'ancien monde, soit du nouveau. » (*Cours d'économie politique*, 1re partie, 14e leçon, p 379.)

[2] Ouvrage cité, vol. II, liv. IV. chap. Ier, § 2.

rative des privilèges et de la protection. Il faudra bien autre chose pour cela. Le monopole est singulièrement tenace, souvent même aveuglé et de bonne foi. Il ne manque jamais d'excellentes raisons pour faire croire au public, qui en est la victime, que l'intérêt général le justifie. *Ce que l'on voit* impressionne seul les masses; *ce que l'on ne voit pas* reste toujours enveloppé de nuages. M. Pirmez le rappelle fort à propos. La propagande la plus active, stimulée par l'intérêt privé, contribue, pour sa part, à obscurcir la vérité. Il y a bien longtemps qu'on a dit : Si les propositions d'Euclide pouvaient avoir une influence sur notre bien-être, elles auraient été contestées malgré leur évidence. Pour détruire la confiance dans le monopole, il n'y a que la vulgarisation de la science économique. Quand tout le monde sera convaincu que le monopole n'est, en définitive, qu'un vol toléré au profit de quelques-uns et aux dépens de tous, la delicatesse, qui empêche les gens de mettre la main dans la poche de leur voisin, les empêchera aussi de conserver des monopoles ou d'en réclamer. Les monopoleurs ne trouveraient plus, d'ailleurs, de moutons prêts à se laisser tondre. Jusqu'à ce que l'on en soit arrivé là, la crise des idées persistera. Que M. Pirmez réunisse tous les actionnaires et tout le personnel, si éminemment intelligent et éclairé, du grand établissement financier dont il est l'un des directeurs, il ne trouvera personne révoquant en doute que le monopole de l'émission des billets de banque, dont cet établissement jouit, ne soit une excellente chose au point de vue de l'intérêt général. On proclamera à l'envi avec lui que, « s'il est ridicule pour les gouvernants de prétendre diriger le mouvement économique du pays », il y a cependant une exception à faire en matière de banques et de crédit. On fera ressortir les services incontestables que la *Banque nationale* rend, en Belgique, à l'État, au commerce, à l'industrie. C'est, en effet, *ce que l'on voit.* Mais on ne songera pas à nous dire les avantages que le pays pourrait retirer d'une organisation plus libérale du crédit que le monopole entrave. C'est là *ce qu'on ne voit pas.*

Quoi qu'il en soit, l'évolution une fois constatée, M. Pirmez démontre qu'il n'y a pas lieu de s'en affliger. Pour l'agriculture, la transformation des terres en prairies, l'emploi de nouveaux engrais, de nouveaux modes de culture, etc., pourront peut-être lui donner un regain de prospérité. En tout cas, — et ici l'on ne peut qu'être d'accord avec l'auteur, — l'agriculture ne retrouvera ses anciens revenus qu'en raison des services qu'elle rendra. Pour les capitalistes, l'évolution est moins redoutable; car si la part *relative* du capital se réduit, en d'autres termes, si le taux du profit baisse, les capitaux, grâce à leur accroissement, obtiennent toujours une part *absolue* plus forte dans la production totale.

II

Si M. Pirmez s'était borné à indiquer et à appliquer à la situation actuelle le mouvement qui se produit dans toute société en progrès, à savoir la tendance des profits à s'abaisser et des salaires à s'accroître, sa thèse n'aurait rencontré, de la part des économistes au moins, aucune contradiction. On a déjà vu que l'étude des « lois naturelles de la distribution » avait amené M. de Molinari à cette conclusion. Bastiat, de son côté, l'a formulée dans les termes suivants : *A mesure que les capitaux s'accroissent, la part absolue des capitalistes dans les produits totaux augmente et leur part relative diminue. Au contraire, les travailleurs voient augmenter leur part dans les deux sens*[1]. Mais M. Pirmez ne se réfère aucunement aux enseignements de la science. Il semble les ignorer ou les dédaigner. Il attribue les faits sociaux qui constituent la crise à un mouvement économique nouveau, en sens différent de celui qui, d'après lui, aurait dominé auparavant, à une « évolution » en un mot. Il s'écrie avec le poète latin : *Novus nascitur ordo*. C'est une organisation économique nouvelle qu'il nous révèle et qui s'échappe comme d'une boîte à surprises dont il a ravi la clef à M. P. Leroy-Beaulieu pour nous l'ouvrir à son tour.

Mais la seule surprise qui sorte de la boîte, c'est qu'un homme de la valeur de M. Pirmez en soit arrivé à renier les principes fondamentaux de la science, sous la séduction de quelques faits contingents, mal observés d'ailleurs et généralisés fort légèrement. Tel un astronome qui, plutôt que de renoncer à des phénomènes célestes imaginaires, nierait, si cela était nécessaire à la démonstration de leur existence, le mouvement même de la terre et l'immobilité du soleil !

Jusqu'ici l'économie politique avait enseigné que les salaires dépendent de la loi de l'offre et de la demande, que le bien-être des masses est soumis au principe de population et que, dès lors, le progrès social implique, de la part du grand nombre, des habitudes d'ordre et de prévoyance, pouvant seules le rendre durable et certain. La responsabilité prenait ainsi le rôle prépondérant dans le développement des sociétés. Sous le régime de l' « évolution », une espèce de force aveugle remplace les « lois naturelles de la distribution » et pousse l'humanité, comme par un mécanisme inconscient, vers le grand but désiré.

Comprenant, d'ailleurs, à merveille, que la loi des salaires et le

[1] *Œuvres complètes* de Frédéric Bastiat. Édit. Guillaumin, t. VI, p. 223.

principe de population se dressent contre sa prétendue évolution, M. Pirmez les écarte en passant, quoique en termes bien précis.

« On pouvait croire anciennement, dit-il, — c'est le fondement de la célèbre théorie de Malthus — que le travail est, des éléments qui concourent à la production de la richesse, celui qui a le plus de puissance pour se multiplier. Il est clair que si la population s'accroissait en proportion plus forte que la terre conquise à la culture et que les capitaux, c'est-à-dire que tout ce que nous avons créé pour aider à la production, la part du travail devrait toujours tendre à un minimum. C'est de là que l'on est arrivé à formuler ce qu'on a appelé la loi d'airain, à savoir qu'il arrive *fatalement* que le salaire de l'ouvrier se réduit successivement à ce qui est nécessaire pour assurer sa subsistance et celle de sa famille.

« Or, les faits ont démenti avec éclat les suppositions sur lesquelles s'appuyaient ces déductions. D'immenses territoires ont été acquis à la culture et, par l'emploi des machines, la production de toutes choses a été telle que la proportion de ce qui a pu être économisé et capitalisé a infiniment dépassé la proportion de l'augmentation de la population. Malthus avait, fort témérairement du reste, avancé que la population tend à croître géométriquement, tandis que les subsistances et les capitaux ne croissent qu'arithmétiquement. Il n'y a nul doute que si cette détermination mathématique, trop précise pour notre matière, devait être appliquée aux faits des cinquante dernières années, il faudrait en renverser les termes. Et les faits étant ainsi inverses à ceux qu'on avait supposés pour créer cette fameuse loi d'airain, les conséquences devaient en être précisément contraires. C'est ce que l'événement a montré. La tendance des salaires, au lieu de se rapprocher de ce qui est strictement nécessaire à la subsistance de l'ouvrier, a été de s'en éloigner, pour le faire monter à un état d'aisance supérieur [1]. »

La loi d'airain, dont M. Pirmez parle avec mépris, n'est autre que la grande loi de l'offre et de la demande, fixant la valeur du travail comme elle fixe la valeur de toutes les marchandises. C'est la loi de la concurrence, qui fait régner l'ordre dans le monde économique et dont M. de Molinari, dans un des derniers numéros de ce journal [2], a si bien expliqué l'empire. Sans doute cette loi est inflexible et impitoyable. De même qu'elle rabaisse, quand l'offre est excessive, le prix des marchandises au-dessous de leurs frais de production, elle peut rabaisser le salaire au-dessous des nécessités de l'existence.

---

[1] Pages 59 et 60.

[2] *Les lois naturelles de l'économie politique*, numéro du 15 décembre 1881.

quand la population est surabondante. Elle a pour effet d'assurer un emploi à tous ceux qui demandent du travail, comme un débouché à tous les produits offerts. Elle n'agit pas au delà. Car la concurrence ne peut pas plus abaisser les salaires quand tous les ouvriers sont employés, qu'elle ne peut abaisser les prix quand les produits offerts sont absorbés par la demande. Mais elle est aussi bien, il ne faut pas le perdre de vue, la cause des prix élevés et des salaires élevés que des bas prix et des bas salaires. Ainsi, que la population reste stationnaire tandis que le capital augmente, la loi d'airain donnera aux ouvriers un salaire croissant. Il est possible que, depuis quelques années, le capital se soit accru dans une proportion plus forte que la population et qu'alors, par l'effet de la loi de l'offre et de la demande, la rémunération du travail ait haussé, assurant en conséquence un plus grand bien-être aux classes ouvrières. Mais si, dans leur imprévoyance séculaire, ces classes emploient le supplément de ressources dont elles disposent à augmenter le personnel de la production; si des mariages plus précoces, des familles plus nombreuses, une mortalité réduite par l'aisance augmentent la population ; tandis que, d'un autre côté, grâce à la diminution des profits, le stimulant à l'épargne faiblit et celui à la dissipation et à l'exportation des capitaux grandit, alors les salaires reprendront inévitablement leur ancien niveau. Seulement, ce niveau ne se rétablira pas du jour au lendemain ; il faudra, probablement, qu'une nouvelle génération ait eu le temps d'arriver sur le champ du travail, et ce n'est qu'après une période de quinze ou vingt années, nécessaire pour accroître le nombre des travailleurs effectifs, qu'on pourra constater si la classe ouvrière a détruit son bien-être par son imprévoyance, ou si, comme les classes supérieures, elle a eu assez de souci de son avenir pour conserver une position acquise. « Il est certain, dit Bastiat, que les moyens d'existence lui parviennent (à la population) dans une progression toujours croissante : mais il est certain aussi que son cadre peut s'élargir, suivant une progression supérieure. Donc, dans la dernière classe de la société, la vie sera plus ou moins heureuse, plus ou moins digne, selon que la loi de limitation dans sa partie morale, intelligente et préventive, y circonscrira plus ou moins le principe absolu de la multiplication[1]. »

La question des salaires, on le voit, se trouve étroitement liée au principe de population mis en lumière par Malthus. Malthus ne croyait pas, comme l'insinue M. Pirmez, que l'accroissement de la population engendre fatalement la misère. Car à quoi pouvaient

[1] *Œuvres complètes* de Frédéric Bastiat. Édit. Guillaumin, t. VI, p. 475.

alors servir ses conseils de prudence? Que signifierait l'obstacle préventif? Malthus croyait, au contraire, que le règlement du nombre des hommes, qui est une condition essentielle du progrès et du bien-être, est soumis à la volonté humaine, non à une fatalité irrésistible, et son opinion est devenue l'un des fondements de la science économique. Si cet homme illustre pouvait revenir parmi nous, comme il serait heureux d'apprendre de M. Pirmez que les salaires ont augmenté et que les ouvriers ont si bien prêté l'oreille aux conseils de prudence prodigués dans le Traité sur le principe de population!

En définitive, M. Pirmez a fait dire à Malthus tout juste le contraire de ce qu'il dit en réalité. C'est à supposer qu'il n'a jamais lu ses écrits et que, comme Proudhon, il n'en connait que les deux fameuses progressions. « Le plus célèbre et le plus vigoureux de cette école (l'école socialiste), dit Bastiat, ayant fait un chapitre contre Malthus, un jour que je causais avec lui, je lui citai des opinions exprimées dans le Traité de la population, et je crus m'apercevoir qu'il n'en avait aucune connaissance. Je lui dis : « Vous qui avez réfuté Malthus, ne l'anriez-vous pas lu d'un bout à l'autre? » — « Je ne l'ai pas lu du tout, me répondit-il. Tout son système est renfermé dans une page et résumé par la fameuse progression arithmétique et géométrique; cela me suffit. » — « Apparemment, lui dis-je, vous vous moquez du public, de Malthus, de la vérité, de la conscience et de vous-même... » Voilà comment en France, une opinion prévaut. Cinquante ignares répètent en chœur une méchanceté absurde mise en avant par un plus ignare qu'eux, et pour peu que cette méchanceté abonde dans le sens de la vogue et des passions du jour, elle devient un axiome [1]. »

Il a été dit plus haut que les pages consacrées au commerce international sont les plus intéressantes du livre de M. Pirmez. Elles y constituent, néanmoins, un véritable hors-d'œuvre, embarrassant la suite des raisonnements sans jeter aucune lumière sur la thèse à défendre. L'auteur, en outre, voulant, comme les maitres de la science, condenser ses théories commerciales dans une espèce de synthèse, est venu échouer péniblement sur la plage du paradoxe. « Il y a gain pour nous, dit-il, dans toute hausse des prix des marchandises exportées et *dans toute baisse des marchandises importées*. Et réciproquement, il *y a perte dans toute hausse de prix de* ce *qui est importé* et dans toute baisse de ce qui est exporté [2]. » Si les deux proposi-

---

[1] *Loco citato*, p. 450.

[2] Page 21.

tions soulignées sont incontestables, les deux autres sont plutôt le contraire de la vérité.

Personne n'aura l'idée d'élever un doute sur l'accroissement de richesse et de bien-être qui résulte du traîic avec l'étranger. Le pays obtient, par le commerce, soit des articles qu'il ne peut produire à l'intérieur, soit des articles qui lui coûteraient plus de travail que ne coûtent ceux qu'il donne en échange pour les acquérir. Telle est la théorie de la science en cette matière. Par cela seul que le commerce existe et se développe, il doit être profitable. D'un autre côté, à mesure que les produits étrangers que nous achetons baissent, il est certain que l'avantage que nous retirons de l'échange grandit, car nous profitons, par le bon marché, des facilités plus grandes de production des pays étrangers. Si le blé, la laine, le coton, le café, etc., baissent de prix, il nous faudra donner moins de notre travail pour obtenir la même quantité de ces articles, ou, ce qui est la même chose, nous pourrons, avec notre travail, en obtenir une plus grande quantité. Ainsi, par le fait du commerce, l'accroissement de fécondité du travail étranger constitue en réalité un accroissement de fécondité de notre propre travail. On peut donc admettre avec M. Pirmez qu'il y a gain pour nous dans toute baisse des marchandises importées et qu'il y a perte dans toute hausse de ces marchandises. Mais on ne saurait admettre avec lui qu'il y ait perte pour nous dans toute baisse de ce qui est exporté, non plus qu'il y *ait gain dans toute hausse des prix des marchandises exportées*. Si une tonne de rails exportée vaut un tonneau de vin importé, et que le prix des rails vienne à doubler, on obtiendra sans doute, pour une même quantité de produit national, une quantité double de produit étranger. D'où, d'après M. Pirmez, accroissement de bénéfice pour le pays. L'auteur trouve cette conclusion évidente: « N'est-il pas en effet mille fois clair, dit-il, que notre intérêt est de recevoir beaucoup et de donner peu, et que plus les marchandises étrangères sont à bas prix et *les nôtres à prix élevé*, plus le résultat sera atteint[1] ». A première vue certainement cela est évident, mais de la même façon qu'il est évident que le soleil tourne autour de la terre. M. Pirmez semble ne pas se rendre compte de ce qui provoque la hausse et la baisse des marchandises. Lorsque la concurrence est libre, que l'industrie n'est pas soumise à un monopole, la hausse de valeur et de prix a pour cause une augmentation des frais de production. Sans doute, à chaque instant, le prix sur le marché est déterminé par l'offre et la demande, parfois à un taux supérieur à celui

[1] Page 21.

qui correspond aux frais de production. Mais l'équilibre ne tarde pas à se rétablir sous l'influence des hauts prix, qui poussent à l'accroissement de l'offre. On peut donc admettre que, en règle générale, la hausse du prix d'un article est le signe et la mesure de l'accroissement de travail nécessaire à sa production. Or, il est bien difficile de comprendre comment un accroissement du travail nécessaire à la production d'un article peut constituer un avantage dans le commerce avec l'étranger. Supposez qu'on échange une quantité *a* d'une marchandise indigène contre une quantité *x* d'une marchandise étrangère, et que la première qui coûtait 10 arrive à coûter 20, qu'en résultera-t-il? Eh bien ! en faisant la supposition la plus favorable à la thèse de M. Pirmez, c'est-à-dire en admettant que les échanges internationaux ne soient pas entravés par cette hausse de prix, il en résultera que l'étranger nous donnera deux *x* pour *a* au lieu de *x* seulement, le pays recevant ainsi le double de ce qu'il recevait auparavant. Mais il n'en résulte pas, comme le croit M. Pirmez, une augmentation de bénéfice pour le pays; car, en réalité, la quantité double reçue de l'étranger nous coûtera le double de notre propre travail. N'est-ce pas le cas de rappeler à M. Pirmez les mots si justes de Bastiat, et qu'il rappelle si volontiers lui-même : Ce *qu'on voit et ce qu'on ne voit pas* ? Il voit ce qu'on reçoit, il ne voit pas ce qu'on donne. J.-S. Mill est arrivé à une formule plus vraie en disant : *Tout ce qui tend à réduire le coût de production des marchandises que chaque pays produit et peut exporter, lui permet d'obtenir celles qu'il importe à moins de frais*[1], et M. Pirmez aurait bien fait de s'y tenir.

Plus on avance dans le livre qui fait l'objet de cet article, plus on constate la vanité des efforts de l'auteur pour démontrer la réalité du mouvement nouveau dans lequel, d'après lui, les sociétés humaines seraient entraînées. A chaque instant, du reste, il abandonne son évolution, pour agiter d'autres questions et se placer sur un terrain où sa conscience est plus tranquille, où ses vieilles convictions économiques sont restées vierges du sophisme et de l'erreur. La foi lui manquerait-elle donc?

Aussi bien cette foi peut elle être mise à une épreuve décisive.

En effet, si l'évolution n'est pas une chimère, si les sociétés qui s'avançaient vers la gauche ont tourné et marchent désormais vers la droite; si, dans le premier mouvement, les avantages de la production étaient pour les propriétaires et pour les capitalistes, tandis que, dans le second, ils sont pour les travailleurs, n'en résulte-t-il

---

[1] *Principles of political economy*, t. II, liv. IV, chap. II, § 1er.

pas que le système d'impôt en vigueur doit être complètement modifié? L'impôt, en Belgique comme partout, consiste dans un prélèvement sur le revenu de chacun. Or, si le revenu des uns a diminué et doit diminuer de plus en plus, en même temps que celui des autres augmente, l'équité n'exige-t-elle pas impérieusement que, dans leur part contributive, les premiers soient allégés et que la charge des seconds soit aggravée? Quand, au siècle dernier, les physiocrates eurent émis l'opinion que la terre était la seule source de la richesse, ils n'hésitèrent pas à tirer du principe qu'ils proclamaient la conséquence qui s'imposait à eux, et proposèrent un impôt unique sur le revenu de la terre, toute autre taxe, personnelle ou de consommation, devant disparaître. C'est que les physiocrates avaient foi dans leur découverte. M. Pirmez aurait-il la même foi dans la sienne?

Sans doute, un nouveau système d'impôt ne serait pas aisé à formuler, car la question de l'incidence de l'impôt est une des plus délicates et des plus difficiles de l'économie politique appliquée. Mais quand on a bouleversé la science pour produire « l'évolution », c'est peu de chose que de découvrir un système d'impôt qui réponde aux exigences de l'équité, dans la phase sociale où l'on nous fait entrer. Pour réussir dans cette tentative, M. Pirmez a d'ailleurs des facilités qui doivent le stimuler. Il est membre de l'assemblée législative de son pays et y a acquis, au pouvoir et hors du pouvoir, une grande et légitime autorité par les services rendus, par une parole éloquente et toujours écoutée. Le droit d'initiative, en matière de lois, appartient à chaque membre de la chambre des représentants de Belgique, et il n'est pas contraire aux habitudes d'en user. Que M. Pirmez expose donc ses idées dans le parlement belge et, après avoir convaincu ses collègues, qu'il leur propose de faire, aux impositions établies, les changements que leurs nouvelles convictions impliqueraient et que l'évolution rend impérieux. Peut-être M. Pirmez reculera-t-il par la crainte, fort justifiée sans doute, de provoquer plus de sourires que de rencontrer d'adhésions. Mais s'il recule, n'est-on pas en droit de lui appliquer le vers célèbre sur la foi qui n'agit pas?

CH. DE COCQUIEL.

DU MANDAT DU LÉGISLATEUR
ET DE SES LIMITES

Je me propose d'examiner dans ce travail la question de savoir si le législateur est un souverain aux pouvoirs illimités, investi par le peuple d'une autorité analogue à celle des rois de la monarchie ancienne ; ou si c'est, au contraire, un mandataire aux pouvoirs essentiellement limités, déterminés par la nature et l'étendue des droits des commettants eux-mêmes.

On ne saurait nier l'importance de cette question, une des plus graves par ses conséquences, la plus grave peut-être de celles qu'agite la politique ; j'ajoute que la discussion en est des plus opportunes, étant données les circonstances actuelles, alors que s'accuse manifestement la tendance des masses, que dis-je, de la généralité des individus de tout ordre et de toute classe, à se tourner vers le législateur comme vers une providence chargée, non de procurer la sécurité et la garantie aux droits des citoyens, mais de pourvoir à leur bien-être et de développer leurs richesses par le jeu des décrets législatifs.

Cette tendance vient de se traduire en Allemagne par l'augmentation notable du nombre des députés socialistes à la suite des élections récentes au Reichstag. C'est là, d'ailleurs, le fruit naturel de la politique césarienne et du socialisme d'État de M. de Bismarck. En France, d'autre part, nous assistons au développement momentané du *protectionnisme*, cette variété du socialisme justement appelée le socialisme *d'en haut;* les classes agricoles se joignent aux classes manufacturières pour réclamer à leur profit des tarifs protecteurs contre la concurrence étrangère, et le courant est assez puissant pour entraîner, à la veille des élections générales, les représentants du pays, en sorte qu'un projet de loi est présenté à l'effet de relever les droits de douane à l'entrée des blés et des bestiaux étrangers.

Il s'agit de savoir quel est, en face des revendications de cette sorte, le rôle véritable du législateur, et s'il a qualité et mission pour y donner satisfaction.

Certains esprits seront peut-être portés à critiquer cette dissertation, comme n'étant pas à sa place dans un journal consacré à traiter plus spécialement les questions au point de vue économique ; je crois qu'il me sera facile d'écarter une pareille objection. C'est, à mon avis, envisager les problèmes économiques d'une manière étroite et incomplète que de les considérer à un point de vue exclusivement utilitaire [1]; la méthode seule complète est celle qui les examine au double point de vue du juste et de l'utile.

Prenons garde, en effet, que toute question d'économie politique est essentiellement complexe et qu'elle renferme en même temps un probléme de morale. Je n'en veux pour preuve que la question fondamentale de l'organisation du travail et des échanges ; la science économique la résout par le principe de la liberté, voilà le point de vue de l'utile; mais est-ce tout, et le problème a-t-il été envisagé et résolu sous toutes ses faces? Non, apparemment, il reste encore le côté moral; est-il juste de proclamer la liberté du travail et de l'échange? Le juste et l'utile sont donc unis par une connexion indissoluble; ce sont deux aspects du même problème, l'utile est la face pratique du juste; le juste, l'aspect moral de l'utile.

Et comment, d'ailleurs, pourrait-il en être autrement? Comment concevoir la contradiction, sur une question quelconque, entre le

---

[1] C'est le vice de la méthode de l'illustre John-Stuart Mill. Nulle part ce défaut n'apparaît avec plus de relief que dans son célèbre ouvrage sur la liberté.

Certes, nous sommes heureux de pouvoir invoquer, dans le sens des conclusions que ce travail a pour but de faire prévaloir, l'autorité du grand publiciste anglais. Aprés avoir pris pour épigraphe cette phrase de Guillaume de Humboldt : « Le grand principe, le principe dominant auquel aboutissent tous les arguments exposés dans ces pages, est l'importance essentielle et absolue du développement humain dans sa plus riche diversité », il pose lui-même en ces termes le principe de la matière : « La seule raison légitime que puisse avoir une communauté pour user de la force contre un de ses membres est de l'empêcher de nuire aux autres ».

Ici, il n'y a qu'à applaudir. Mais tournons la page, et voici ce que nous lisons : « Il convient de le dire, je néglige tout avantage que je pourrais tirer, pour mon argumentation, de l'idée du droit abstrait comme chose indépendante de l'utilité. *L'utilité est, à mon avis, la solution suprême de toute question morale* ».

Voilà bien le vice de la méthode nettement accusé. Non, il ne convient pas de négliger les avantages à tirer de l'idée du droit abstrait lorsqu'on traite la question de la liberté.

Négliger l'idée du droit en un tel sujet, quelle étrange aberration! Comme si l'idée du droit et celle de la liberté ne se confondaient pas!

Malgré ses qualités d'observation et d'analyse, Stuart Mill n'a pas vu que toute question d'intérêt renferme en même temps une question de droit. Le philosophe de l'empirisme et de l'*association* était trop enclin à négliger l'idée du *juste*.

le et l'utile? Quel serait le sort de l'humanité s'il lui fallait isir entre deux voies différentes : l'une, celle de son intérêt; itre, celle du devoir? Qu'on nous dise quel parti il lui faudrait ndre, et quelle direction choisir. S'il en est ainsi, nous sommes tifié de traiter à cette place et dans ce journal notre question, it il nous faut maintenant aborder l'examen.

I.

l'est un point de fait incontestable que, dans tout pays civilisé, égislateur tire son origine et ses pouvoirs d'un mandat. Scientiiement, on ne saurait admettre une autre origine des pouvoirs du slateur. En dehors, en effet, du système de gouvernement direct, système difficile, sinon impossible à établir en fait à raison de endue et du chiffre de la population des États modernes —, il est possible de concevoir un autre mode rationnel que celui du gounement représentatif. Les systèmes théocratiques et ceux de *it divin* ne relèvent pas de la discussion; ce sont des dogmes s'imposent à la foi des adeptes ; scientifiquement, ils ne compt pas.

'el est donc le législateur, d'après la seule conception rationnelle, mandataire investi par ses commettants du droit de légiférer. A itre, qu'on le remarque bien, il n'a aucun droit, aucun pouvoir pre, il n'a que des droits et des pouvoirs délégués ; c'est ce exprime avec netteté cette formule employée quelquefois pour le igner : *Représentant du Peuple*[1]. Il suit de là que pour apprécier endue et les limites du mandat du législateur, il faut examiner endne et les limites des droits des commettants eux-mêmes ; c'est s termes que se trouve ainsi ramenée notre question.

uels sont donc les droits des individus, des citoyens dans leurs ports les uns avec les autres? Pour les découvrir, interrogeons ature humaine en procédant par la méthode d'observation et

---

[1] Au premier abord, il semble que le principe du législateur-mandataire tellement évident qu'il ne devrait pas être nécessaire d'insister. Cepen- des auteurs distingués s'y sont trompés. C'est ainsi que, pour ne citer n exemple, un économiste des plus éminents, M. Courcelle-Seneuil, trai- du droit de tester, a écrit cette phrase : « Le droit de tester est un droit *ué par le législateur à l'individu.* » (*Du droit de tester et de ses limites, nal des Économistes*, t. XLVI, 2e série, p. 341.)

ngulier renversement des idées! Qu'est-ce donc que le législateur, dans nception de M. Courcelle-Seneuil, et à quelle source va-t-il puiser les ts qu'il délègue ensuite aux individus? Quelques développements n'aunt pas été inutiles pour éclairer ce point.

d'induction. Les lois qui gouvernent les hommes en société sont en effet, suivant l'admirable définition de Montesquieu, *les rapports nécessaires qui dérivent de leur nature ;* et il serait difficile de comprendre qu'il en pût être autrement. On ne saurait concevoir que des règles faites pour diriger pratiquement la conduite des hommes pourraient être en désaccord avec leur nature. Comment les hommes pourraient-ils être reliés entre eux, en effet, autrement que d'après la manière que détermine et commande la nature ? Si j'insiste, c'est que ce point est d'une importance capitale, c'est qu'à côté de cette définition de Montesquieu, il en est une autre très accréditée, formulée celle-là par J.-J. Rousseau, qui définit la loi l'*expression de la volonté générale ;* or, il est clair que ces deux définitions ne peuvent être vraies à la fois, il faut choisir, et s'il est démontré que la définition de Montesquieu est conforme à la vérité, il s'ensuit que celle de Rousseau est fausse. Que vaut en effet cette formule : *La loi exprime la volonté générale?* Est-ce que la volonté générale a qualité et mission pour changer l'ordre et la nature des choses [1] ?

Interrogeons donc la nature humaine et écrivons sous sa dictée la réponse : L'homme, nous dit-elle, est une activité qui tend à se développer ; il est pourvu de facultés qui sont la sensibilité, l'intelligence et la volonté, facultés qui ont une puissance d'expansion considérable. De là, le rôle qu'il est appelé à jouer dans la société, son milieu naturel, il a droit au libre exercice et au libre développement de ses facultés, et cette liberté n'a rationnellement d'autre limite que la liberté égale des autres hommes [2].

---

[1] La grande erreur de Rousseau a été de s'imaginer que la société était née d'un contrat, et que l'état social étant ainsi un état artificiel et conventionnel, la volonté des individus était souveraine pour l'organiser au gré de leurs caprices et de leurs fantaisies. Il n'a pas vu ce que, plus de vingt siècles avant lui, avait remarqué l'esprit observateur d'Aristote, à savoir que l'homme est un être destiné par sa nature à vivre en société, πολίτικον ζῶον ; que l'ordre social est un ordre naturel, et qu'au lieu d'imaginer et d'inventer des organisations sociales artificielles, il faut observer et étudier l'organisation naturelle de la société pour dégager les lois qui la régissent.

Rectifions donc la formule de Rousseau et disons : La volonté générale n'a pas qualité pour créer la loi ; la loi existe indépendamment de la volonté de la majorité, elle est dans l'ordre naturel des choses, et la majorité n'a qu'une mission, c'est de la découvrir et de la constater dans les textes de la loi positive.

Le législateur ne crée pas la loi, il la décrit.

[2] Il s'est rencontré des publicistes, partisans de nous ne savons quelle liberté de juste milieu, de la liberté *modérée*, distribuée à dose infinitésimale,

, est donc le fondement du droit, d'après l'enseignement de la ience et de la raison naturelle ; telle est la liberté, le droit de tout ce qui ne nuit pas à autrui. Le droit pour tout homme libre développement engendre nécessairement le devoir de res- r, chez les autres hommes, le même développement ; la pratique devoir est la *justice*, qui consiste dans le *respect de la liberté utres*.

is ce droit pour tout homme à la liberté a-t-il une sanction ? On urait le contester ; que serait, en effet, un droit dépourvu de ga- ? Cette sanction, c'est le droit de légitime défense, la force au service du droit. L'homme qui envahit le domaine de la é d'autrui commet une injustice, un attentat, et l'opprimé a le de le repousser par la force et de faire respecter ainsi son

dée de la liberté doit être bien comprise ; dans son développe- normal, elle contient un prolongement naturel qui est la pro- : j'entends par là le droit pour tout homme au fruit de son il, au résultat de son effort propre [1]. Je ne puis mieux faire,

---

t critiqué la théorie que nous venons d'exposer sous prétexte que c'était octrine de *liberté illimitée*. Ces publicistes ont commis là une grave erreur. mite naturelle de la liberté, nous l'avons posée en disant que la liberté est it de faire tout ce qui ne nuit pas à autrui : voilà la limite de la liberté cun, la liberté des autres.

lir une autre limite que celle-là, comme font les théoriciens de la li- *sage et modérée*, ce n'est pas régler la liberté, c'est la mutiler, c est euvre de despotisme et d'arbitraire légal.

n'y a pas de théorie plus obscure et plus confuse, même de nos jours, lle de la propriété. Cela tient à des causes diverses, mais notamment aditions romaines sur la matière maintenues dans l'enseignement clas- adoptées par les jurisconsultes, et qui se retrouvent à chaque instant e système de nos lois civiles sur la propriété.

t aux économistes que revient l'honneur d'avoir posé sur ses véritables la théorie du droit de propriété. Disons cependant que Locke, dans son du *Gouvernement civil*, en a parfaitement signalé l'origine dans cette : « Bien que la nature ait donné toutes choses en commun, l'homme oins étant le maître et le propriétaire de sa personne, de toutes ses *s, de tout son travail*, a toujours en soi le grand fondement de la pro- é. »

ravail, l'effort propre, voilà le titre légitime, le grand fondement de la iété. Les Romains pouvaient-ils le comprendre, ces possesseurs d'escla- ui méprisaient le travail, *opus servile*, et appelaient surtout du nom de

pour me résumer, que d'emprunter à Charles Comte la formule suivante, admirable de précision et de rigueur logique : « L'homme est un être naturellement libre, maître de lui-même, maître de ses facultés et de leur produit. »

Liberté et propriété, telle est donc la formule finale du droit de l'homme en face des autres, la limite réciproque des droits des hommes dans leurs rapports en société. Tout homme a droit à la justice, au respect de sa liberté et de sa propriété ; il a en même temps le devoir de respecter cette limite : la liberté et la propriété des autres.

Plaçons ici une observation : c'est que le droit de propriété comprend la libre disposition des choses qui en font l'objet ; c'est-à-dire que le droit de disposer à titre onéreux et à titre gratuit fait partie intégrante de ce droit ; c'est ce que les économistes ont démontré en prouvant que la liberté du travail implique comme conséquence la libre disposition des produits du travail[1].

---

propriété, *ea quæ ab hostibus capiuntur*, le butin pris sur l'ennemi, c'est-à-dire le produit du vol et de la spoliation ?

Il n'y a qu'une objection spécieuse qui ait été faite contre la propriété sous sa forme la plus contestée, je veux dire contre la propriété foncière ; c'est celle qui se trouve dans cette phrase du pamphlet de Proudhon sur la *propriété* : « A qui appartient le fermage de la terre ? Au producteur de la terre, sans doute. Qui a fait la terre ? Dieu. En ce cas, propriétaire, retire-toi. »

Pour y répondre, il faudrait exposer ici la théorie de la *valeur* et sa distinction d'avec l'*utilité*. Je me contenterai de renvoyer aux traités d'économie politique, notamment au livre des *Harmonies économiques*, de Bastiat, chapitre de la *Propriété foncière*. Résumant cette doctrine, je dirai que si l'homme ne fait pas la terre comme utilité, il en crée la *valeur*.

C'est à ce point de vue que le mot de Michelet est profondément vrai : *L'homme fait la terre*, et s'il en est ainsi, le droit de propriété foncière est justifié.

J'en conclus que le *droit d'échanger* fait partie intégrante du droit de propriété.

Prenons un exemple : Voici un homme, un potier qui, avec de l'argile qu'il a façonnée, a fait un vase. Cet objet, qui est le fruit de son travail, est sa propriété, et à ce titre je dis qu'il a le droit d'en disposer, notamment en l'échangeant contre tout autre produit quelconque à sa convenance sur la surface du globe.

Je ne crois pas qu'on puisse contester sérieusement ce droit, qu'on puisse dénier à un homme qui pourrait anéantir ce vase, le briser, en disposer à titre gratuit, le droit d'en disposer par l'échange.

Et si nous supposons qu'au moment où cet échange va s'opérer, où le potier va échanger son vase contre un produit qui lui est fourni par un autre indi-

Assistons maintenant à la formation et à l'organisation de l'État. Si la société est de formation naturelle, si, contrairement à l'opinion de Rousseau, les hommes n'ont pas eu besoin d'établir un prétendu *contrat social* pour vivre en société, il n'en a pas été de même pour la constitution des États ; cette constitution a été l'œuvre de la volonté des individus.

Pour garantir plus sûrement les droits des faibles contre l'usurpation des plus forts, les hommes ont compris de bonne heure la nécessité d'organiser un gouvernement, de réunir en un faisceau leurs forces individuelles de légitime défense, pour former la force publique chargée de protéger et de garantir les droits de tous et de chacun.

Quel doit être, dans l'État ainsi organisé, le rôle du législateur chargé d'édicter les lois positives, de ce législateur qui, dans nos sociétés modernes, est un mandataire choisi par les suffrages des citoyens ? A en croire Rousseau, la mission dont il est investi est des plus extraordinaires :

« Celui qui ose entreprendre d'instituer un peuple, dit-il, doit se sentir en état de changer, pour ainsi dire, la nature humaine, de transformer chaque individu qui, par lui-même, est un tout parfait et solitaire, en partie d'un plus grand tout, dont cet individu reçoit en quelque sorte sa vie et son être ; d'altérer la constitution physique de l'homme pour la renforcer, etc... S'il est vrai qu'un grand prince est un homme rare, que sera-ce d'un grand législateur ? Celui-ci est *le mécanicien qui invente la machine*, celui-là n'est que l'ouvrier qui la monte et qui la fait marcher. »

Ailleurs il ajoute : « la souveraineté nationale, — déléguée au législateur — n'a pas de limite ; la puissance, les biens, la liberté de chacun sont aliénés entre les mains de la collectivité... Ce que chacun

---

vidu, un tiers se présente qui prétend empêcher le contrat de s'accomplir, sous prétexte qu'il serait de même nationalité que le potier alors que l'autre échangiste serait un étranger, je dis qu'il y a là de toute évidence une entreprise injuste sur le droit du potier, une violation de sa liberté et de sa propriété, entreprise que le potier a le droit de repousser par la force, en vertu de son droit de légitime défense.

S'il en est ainsi, le législateur, délégué à l'effet de garantir les droits de tous et de chacun, a pour devoir strict de garantir et de faire respecter le droit d'échanger comme les autres droits ; il a le devoir strict de *protéger la liberté* contre les entreprises injustes de ceux qui invoquent la prétendue *protection du travail national*.

aliène par le pacte social de sa puissance, de ses biens, de sa liberté, c'est seulement la partie de tout cela dont l'usage importe à la communauté ; mais il faut convenir aussi que le souverain est seul juge de son importance.»

Telle est la doctrine qu'enseigne le *Contrat social* — c'est le dogme de la souveraineté du peuple, de l'autocratie du législateur, maître absolu de la personne et des biens des individus —; cette doctrine, nous la répudions de toutes nos forces ; c'est sous son couvert qu'on a essayé de légitimer tous les despotismes, toutes les dictatures, au nom de ce personnage mystique, de cette abstraction personnifiée qu'on a appelée le peuple souverain.

Il est temps d'en finir avec ces rêveries et ce mysticisme et d'asseoir, sur des bases indestructibles, la véritable doctrine du droit politique. Or, ces bases solides et fermes de l'édifice politique, nous venons de les établir précédemment, en montrant que le droit est immanent dans l'individu ; que l'homme est une personnalité, une activité qui a droit à son libre développement dans les limites de la justice, c'est-à-dire du respect de la liberté des autres.

Donc, si nul homme n'a le droit d'attenter à la liberté d'un autre homme, cent millions d'hommes n'ont pas davantage ce droit ; donc le législateur, délégué de ces cent millions d'hommes, n'a pas non plus ce droit, à moins qu'on ne démontre que le mandataire a plus de droits, plus de pouvoirs que ses mandants.

Est-ce assez clair, et la démonstration est-elle assez formelle ? Est-il nécessaire d'ajouter de nouveaux développements à notre thèse pour achever de ruiner le système de Rousseau, le système de la souveraineté du peuple, et son corollaire, la souveraineté, l'omnipotence du législateur?

Si tout homme, en face des autres, a droit à la justice, au respect de son droit, de sa liberté et de sa propriété, avec le devoir corrélatif de respecter chez les autres ce même droit, cette même liberté, cette même propriété, n'est-il pas clair comme le jour que le législateur, ce personnage collectif qui, d'après la seule conception rationnelle qu'on en puisse former, n'est pas autre qu'un mandataire, un délégué, n'a et ne peut avoir d'autres pouvoirs ni d'autres droits que ses mandants eux-mêmes, et que sa mission unique consiste à mettre dans la loi positive la justice, le respect et la garantie des droits de tous et de chacun ?

N'est-il pas évident que si, sortant de ces limites, le législateur porte atteinte à la liberté ou à la propriété d'un citoyen, il commet une injustice légale, il se rend complice d'une oppression ou d'une spoliation, violant ainsi les conditions de l'ordre public[1] dont il a été constitué le gardien?

Reste à examiner comment Rousseau et, après lui, tant de publicistes et de jurisconsultes ont été amenés à se tromper si étrangement sur le rôle du législateur et sur l'étendue de ses pouvoirs, ainsi que sur la question de la souveraineté du peuple.

E. MARTINEAU.

---

[1] La notion de l'ordre public est, comme celle de la propriété, une des plus obscures et des plus confuses de la doctrine du droit actuel. Dans l'impossibilité d'en donner une définition précise et nette, les jurisconsultes se retranchent derrière le brocard romain : *omnis definitio in jure periculosa*, et ils prétendent que l'ordre public se sent mais ne se définit pas. (V. notamment Valette, *Cours de code civil*, commentaire de l'art. 6.)

Il est facile de comprendre l'impuissance où se trouvent les jurisconsultes, même les plus éminents, à définir l'ordre public. Dans une doctrine du droit qui s'inspire des traditions romaines, il est impossible d'expliquer d'une manière satisfaisante une telle notion.

L'ordre public, au sens vrai du mot, consiste dans le respect et l'harmonie des droits et des libertés ; or, les Romains possesseurs d'esclaves ne pouvaient comprendre ainsi l'ordre public. En effet, l'idée de la liberté vraie leur a toujours été étrangère ; il en a été de même de l'idée du droit qui se confond d'ailleurs avec celle de la liberté. Le droit, pour eux, c'était le *jus, jussum*, ordre impératif et dur, selon l'expression d'un commentateur, M. Ortolan.

Dans ces conditions, on s'explique le fameux brocard : *Omnis definitio in jure periculosa*; c'est un aveu déguisé d'impuissance. Quelle définition de l'ordre public, par exemple, les jurisconsultes romains auraient-ils bien pu fournir dans une législation qui reposait sur cette double base : l'esclavage et la conquête?

REVUE CRITIQUE DES PUBLICATIONS ÉCONOMIQUES
EN LANGUE FRANÇAISE

SOMMAIRE : *Revue des Deux Mondes*. La politique économique de l'Allemagne. Son système de colonisation. Les récidivistes. — *Le Correspondant*. Les classes populaires au XIIIe siècle. L'ouvrier sous l'ancien régime. La gestion des forêts. — La *Nouvelle Revue*. Le budget de 1885. L'expédition du Tonkin. Le ministère des affaires étrangères. — *Revue britannique*. La lèpre dans la Grande-Bretagne. L'impôt foncier sur les propriétés non bâties. — *Revue suisse*. Une enquête agricole. Les types successifs du soldat en France. — *Revue scientifique*. Le bétail, le blé et les droits de douane. — *Revue générale*. La philosophie zoologique avant et après Darwin. L'armée belge. — *Réforme sociale*. Effet de l'instruction gratuite et obligatoire. La boulangerie. — *Critique philosophique*. Évolutionisme et spiritualisme. Idées politiques de Rousseau. — *Journal de la Société de statistique*. Production et consommation du sucre. Situation du commerce et de l'industrie en France depuis 1869. Statistique de la folie. — *Revue du mouvement social*. Théosophie et occultisme. L'enseignement intégral. La plaie de la France. — *Journal d'agriculture pratique*. Égalitaires et anti-égalitaires. — *Journal de l'agriculture*. Les droits fiscaux. La transformation des terres arables en prairies. — *Journal d'hygiène*. Hygiène des écoles. Assainissement de Paris. Le choléra. Le mucor cholérifère. Le pain et les farines. Statistique médicale des armées française et allemande. — *L'Hygiène pratique*. Chaussure hygiénique par excellence : les sabots. — *Bulletin de la participation*. Encouragements ministériels. Travail et capital aux États-Unis. — Communication de M. Chaix. Les sociétés coopératives, par E. Brelay. Chambres de commerce de Bordeaux, des Vosges, d'Avignon, de Marseille, de Reims. Annuaire économique de Bordeaux et de la Gironde. Le *Pater* non compris, par G. Delpon. Les droits sur le bétail étranger, par L. Hautefeuille. Les routes commerciales vers la Chine, par J. Lemoine. Les grèves sous l'ancien régime ; examen économique des cahiers de 1789, par P. Bonnassieux. L'Exposition de 1889, par M. Agostini et par G. Berger. Sevrage de la manufacture de Sèvres, par Haviland. Les droits de bandite dans le comté de Nice, par L. Guiot. Manuel du petit marin, par A. Cœuret. Les voyages d'étude et l'esprit d'entreprise, par E. Van der Laat.

C'est l'Allemagne, autant sinon plus que l'Amérique et l'Inde, qui effraie nos agriculteurs par sa concurrence, et les pousse à demander au gouvernement, qui est chargé de les protéger, des surtaxes sur les sucres, sur les bestiaux, sur les blés. Le fait est que l'Allemagne pourrait être plus à craindre que bien d'autres pays si... Mais il n'y a pas lieu, parait-il, de s'alarmer autant qu'on le fait ; et le zélé ministre de l'agriculture peut renoncer à ses projets et occuper sans inconvénient ses loisirs à se promener dans une charrette à bœufs, comme nos anciens monarques indolents. — Heureux temps, que celui où les monarques s'abstenaient ainsi de protéger le peuple à ses dépens !

Il ressort, en effet, d'une étude publiée par M. Maurice Block (*Revue des Deux-Mondes*, 1er octobre) sur *la Politique économique de l'Allemagne*, que l'agriculture allemande n'est pas plus en voie de prospérité que l'agriculture française.

C'est d'abord le régime de la propriété territoriale qui, d'après les récentes enquêtes, ne vaudrait pas le Pérou. Il a pour conséquence d'endetter les propriétaires.

Ils ne mouraient pas tous, mais tous étaient frappés.

On trouve des villages où la dette foncière s'élève de 54 à 99 0/0 de la valeur des immeubles, « et ce sont précisément des villages où la coutume des héritiers privilégiés est en vigueur. » Pauvres socialistes de la chaire, collectivistes, *Leplaystes*, — cinq milliards d'excuses pour le néologisme, — vous voilà donc déçus !

Si l'on en croit Panurge, les dettes présentent de grands avantages pour les débiteurs ; mais les créanciers ne sont pas toujours du même avis. On cherche donc les moyens de les liquider, comme nous, mais sans succès, comme nous. A cet effet, il est question de *forcer* les agriculteurs allemands à se réunir en associations de crédit et autres.

S'il n'y avait que les dettes à paralyser l'agriculture allemande, ce ne serait rien ; mais les contributions gouvernementales et communales ont doublé et parfois triplé depuis une quinzaine d'années. Décidément, nous faisons école et nous avons des élèves intelligents et laborieux.

Laborieux est peut-être un peu aventuré, car il résulte des mêmes enquêtes que les salaires se sont élevés, tandis que le revenu ne s'élève guère, « d'aucuns prétendent même qu'il baisse ». — Socialistes, bénissez le Seigneur, le règne de l'égalité approche. — Mais si l'ouvrier, le journalier est devenu plus exigeant, il n'est nullement devenu plus laborieux. Ils ne se gênent pas pour dire : « Nous n'avons qu'à nous lamenter, on ne manquera pas de nous nourrir. »

C'est très logique en son genre, on voit que les lumières progressent. Mais il aurait fallu ajouter : « On nommera une commission des 44, qui nous nourrira de beaux discours et de belles promesses. »

Les Allemands sont en bonne voie. Pour nous égaler, ou même nous surpasser dans l'art de se rendre misérables, ils n'ont plus guère qu'à se mettre à coloniser, comme nous. — C'est peut-être ce qui va arriver. Si l'on en croit M. G. Valbert (*Revue* du 1er novembre), M. de Bismarck aurait l'intention de se lancer dans la politique coloniale. Quel dommage si les Allemands allaient nous souffler nos tant précieuses colonies, qui nous coûtent si peu et qui procurent de si grands débouchés à nos produits ! — Entendons-nous, c'est à nos produits universitaires seulement que nos colonies procurent des débouchés.

Mais rassurons-nous. On ne change pas d'opinions sur un pareil sujet à l'âge de M. de Bismarck, surtout quand on en a une aussi raisonnable, aussi solide, aussi bien arrêtée que celle qu'il a toujours exprimée et suivie jusqu'à ce jour. A mon humble avis, ce n'est pas pour fonder des colonies, surtout par des moyens aussi habiles que les nôtres, que les Allemands s'établissent en Afrique à côté de nous. C'est tout simplement pour susciter là-bas un prétexte à peu près plausible pour nous déclarer la guerre ici et cueillir encore une province ou deux dans l'est de la France. Quand le tour sera joué, M. de Bismarck conservera ou abandonnera son Congo suivant qu'il le jugera utile à son but européen, et voila tout.

Cependant il ne faut jurer de rien. Le chancelier allemand n'est pas éternel et l'on ne peut pas répondre de son successeur. Une fois engréné dans le système de protection des missionnaires et des colonisateurs, on n'en sort pas quand on veut. Il faudrait pour cela une main de fer, et les protecteurs n'ont que des mains d'or, et cet or n'est pas à eux, il est aux contribuables. Le prendre n'est pas un mal, c'est à ceux-ci à résister ; mais le garder, garder pour soi le bien d'autrui, ce serait un vol; c'est pourquoi les protecteurs, qui sont d'honnêtes gens, les élus du peuple, répandent ses contributions dans tous les coins du monde.

— Que de récidives la loi des récidivistes a fait commettre aux publicistes en ces dernières années! M. Plauchut redit beaucoup de choses qui ont déjà été dites (*Revue* du 1er novembre) et il en ajoute quelques-unes de son invention. La principale consiste à dire « qu'un moyen de dompter avec succès les natures les plus perverses, c'est d'édifier à leur intention, à Nouméa ou à Cayenne, une maison centrale sur le modèle de celles que nous avons en France ».

Malheureusement, ce projet pèche par la base. L'auteur convient lui-même que les maisons centrales de France n'ont pas dompté les natures perverses, puisque « de 1872 à 1882, en dix ans, le nombre des crimes et délits s'est élevé de 26.000 à plus de 81.000 ». Il ne suffit pas de dire, il faut prouver que des maisons centrales édifiées hors de France seront plus efficaces que celles que nous avons déjà ici. Or, cette démonstration, M. Plauchut ne l'a pas faite, et je doute que ni lui ni d'autres la fassent.

— M. Lecoy de la Marche achève, dans *le Correspondant*, son étude sur les classes populaires au XIIIe siècle. Ce travail, d'une grande valeur au point de vue des matériaux rassemblés, laisse un peu à désirer sous le rapport des appréciations. Il est, par exemple, singulier que l'auteur attribue à l'initiative du clergé chrétien la suppression de l'esclavage et du servage, alors que, ni sous les empereurs romains, ni, aprés les invasions, pendant tout le temps de splendeur et de prospérité du christianisme, il n'en a jamais soufflé mot; ce n'est que vers le XIII-XIVe siècle que, pour reconquérir la popularité qu'il perdait, il a voulu faire semblant de prendre les intérêts du peuple.

L'auteur a raison de dire, après plusieurs autres, que le droit de *marquette* n'a jamais existé, comme droit, que dans l'imagination des détracteurs du moyen âge, qui cherchaient moins à découvrir la vérité qu'à justifier leur propre libertinage; mais il aurait pu, et même dû, ajouter que certains prélats avaient émis au XVe siècle la prétention de le mettre en vigueur; s'ils n'y ont pas réussi, ce n'est pas leur faute, et leurs adversaires n'ont pas inventé ledit droit, ils n'ont fait, c'est leur coutume, que généraliser quelques exceptions.

Il a encore raison de dire que l'agriculture et ses dépendances, l'horticulture, la viticulture, la pisciculture, etc., étaient aussi avancées au XIIIe siècle qu'aujourd'hui. C'est même *plus avancées* qu'il fallait dire, non seulement d'après les travaux de MM. Léopold Delisle, Germain et autres, mais d'après des chartes de communes et même d'après le simple bon sens, qui dit qu'il fallait bien qu'il en fût ainsi pour qu'une population encore si nombreuse après les croisades pût subsister, car le peuple de ce temps-là ne se nourrissait pas comme celui d'aujourd'hui, d'articles de journaux, de promesses de candidats, ni même des promesses de la vie future, comme on est trop porté à le croire.

Il en était, conséquemment, de l'industrie et du commerce, comme de l'agriculture. Et le tout, non pas grâce au christianisme et à son clergé, mais malgré eux, grâce aux barbares. On ne voit pas, en effet, comment une religion qui prêche le renoncement et des ministres qui n'ont jamais cherché qu'à vivre de privilèges, auraient pu favoriser les progrès de l'agriculture, de l'industrie et du commerce.

— Dans le même ordre de travaux, *l'Ouvrier sous l'ancien régime*, par M. A. Babeau, est encore bon à lire. Quoique inférieur, à mon avis, aux autres travaux du même auteur, il ne laisse pas de contenir de bonnes leçons pour ceux qui croient que les grands mots produisent les grandes choses, et que la proclamation des grands principes de 89 et leur inscription sur une feuille de papier à laquelle on donne le grand nom de Constitution, ont beaucoup amélioré la condition du peuple. Cela ne veut pas dire, comme le croit M. Babeau, que la condition de l'ouvrier était allée s'améliorant, tant au physique qu'au moral, jusqu'à la Révolution ; il s'en faut même de beaucoup. L'ancien régime opérait sur une plus petite échelle que le nouveau, mais sur une semblable.

— M. de Venel (*Correspondant* du 10 décembre) trouve que la gestion des forêts, qu'on a distraite depuis quelque temps du ministère des finances pour la confier au ministère de l'agriculture, a produit de déplorables résultats. Ceux qui sont chargés de mettre ces mesures à exécution sont obligés de commencer par nier le passé, en repoussant l'œuvre de leurs devanciers. « S'ils agissaient sensiblement comme eux, comment justifier l'évolution ? Ils sont condamnés à faire du neuf. Il leur faut donc de toute nécessité supprimer ce qui existait. »

C'est très vrai ; mais si l'on rend aux finances la gestion des forêts, comme le demande l'auteur, le même manège recommencera dans un autre sens. — Meilleur ? — C'est ce que l'on dit toujours. Et puis, que ferait le ministre de l'agriculture ?

Le budget de 1885 est l'objet, dans la *Nouvelle Revue* (15 novembre), d'un examen qui ne manque pas d'intérêt. La création de nouvelles sinécures et l'augmentation de traitement des anciennes ont donné lieu à un surcroît de dépenses de 474 millions, d'après le tableau annexé par le ministre à son projet. « Et, dit M. Ramus, auteur de l'article, ce chiffre est encore de 100 millions au-dessous de la vérité. »

On est en peine d'équilibrer le budget ; voilà un moyen tout trouvé : il n'y a qu'à revenir de quelques années en arrière. Quant aux sinécures qu'il faudra supprimer pour cela, on pourra envoyer leurs bénéficiaires, — à quoi peut-on mieux assimiler les sinécures du nouveau régime, qu'aux bénéfices et prébendes ecclésiastiques de l'ancien ? — on pourra, dis-je, envoyer le clergé moderne faire la guerre aux Chinois.

— Il y a besoin, là-bas, de serviteurs actifs et zélés. M. Le Myre de Vilers (15 décembre), qui connait *de visu* l'état des choses, estime qu'il faut une armée de 40.000 hommes pour tenir en bride les brigands — car ce sont des brigands, — que la Chine envoie au Tonkin. « Probablement même, ajoute l'ancien gouverneur de Saigon, nous ne parviendrons jamais à nous débarrasser de ces brigands ». C'est aussi mon avis depuis longtemps exprimé. J'ajouterai même que, suivant toute apparence, ce sont eux qui se débarrasseront de nous. Nous faisons du moins tout ce qu'il faut pour cela. Nous ne sommes connus dans ces pays que par nos exactions, qui sont poussées au point de paralyser tout commerce, M. Le Myre de Vilers le constate, et par nos réglementations, qui nous ont mis à dos toutes les classes de la société. Les lettrés mêmes, en tous pays prêts à se tourner du côté du manche, « sont et resteront nos ennemis acharnés ».

Opposons donc lettrés à lettrés; les nôtres « savent grec et latin », ils sont assurés, pendant encore un an ou deux peut-être, de remporter à point nommé des victoires électorales, c'est tout ce que demande la « politique coloniale », et c'est effectivement tout ce qu'elle peut obtenir.

— Relevons en passant, dans le parallèle qu'établit M. Marcas entre *le Ministère des affaires étrangères et le Foreign Office* (1er décembre), quelques différences dans l'organisation de ces deux services.

La dépense est à peu près la même pour ces deux ministères, mais elle est bien différemment distribuée. En France, le nombre de fonctionnaires employé dans les bureaux est beaucoup plus considérable qu'en Angleterre, et, naturellement, leurs traitements sont beaucoup moindres. « Le personnel des bureaux du Foreign Office ne compte que 85 personnes; ce même personnel en France en comprend 165... Alors que 90 personnes employées dans les bureaux du quai d'Orsay touchent de 1.500 à 3.000 fr. par an, il n'y a au Foreign Office que 14 jeunes employés, qui ont de 2.200 à 4.450 fr. » Il va sans dire que le travail est à peu près le même dans les deux ministères. On voit que les partisans du fonctionnarisme universel ont grandement raison de dire que nos fonctionnaires sont très actifs.

Les Anglais ne comprennent pas que nous retenions une partie du traitement de nos fonctionnaires pour leur faire une pension de retraite. Ils ne sont pas malins; ils ne voient pas que cela sert à multiplier les paperassiers et à faciliter la pêche en eau trouble. En revanche, ils comprennent qu'il est beaucoup plus simple et plus avantageux, pour le fonctionnaire comme pour l'administration, de payer une fois pour toutes le capital de la retraite que d'en servir les intérêts.

Et M. Marcas, qui croit que si les agents s'entendaient entre eux pour créer une caisse de retraite sans intervention de l'État, cette caisse pourrait leur servir des pensions qui dépasseraient de 30 à 50 0/0 les retraites actuelles. Anarchiste ! Vous ne voyez donc pas que si l'on appliquait ce raisonnement à tous les services, on arriverait aux mêmes conclusions? Que deviendrait alors l'État ? Ne faut-il pas que tout le monde vive?

En ce temps de quarantaines et de cordons prétendus sanitaires, il est bon de jeter un coup d'œil en arrière et de voir comment se comportaient les anciens à l'égard des épidémies et des maladies dites, à tout hasard, contagieuses. A cet effet, on lira avec intérêt : *la Lèpre dans la Grande-Bretagne* (*Revue britannique*, *octobre*). On y verra que les règlements étaient déjà pas mal ridicules au moyen âge, mais au moins on ne les appliquait qu'à bon escient.

« Aucun homme ni aucune femme ne pouvaient être déclarés lépreux sans présenter les preuves les plus irréfragables, les plus absolues du mal. Disons-le à l'honneur des médecins du moyen âge, il n'y avait rien de plus précis, de plus minutieux que leurs descriptions de la lèpre, et l'on ne peut rien citer de plus honorable que leur insistance sur la nécessité des *signes infaillibles* avant qu'un individu fût condamné pour la vie à une léproserie. »

Aujourd'hui, « pour être autorisé à établir des lois sanitaires, il n'est pas absolument nécessaire de démontrer qu'une maladie est contagieuse ; il suffit qu'il y ait des maladies contagieuses... S'il y a des craintes de contagion, lors même que la science ne pourrait pas démontrer rigoureusement que le principe existe, le gouvernement doit examiner si, dans le doute, il convient ou non de soumettre tous les habitants et le commerce du pays aux restrictions et aux prohibitions que les lois sanitaires comportent... [1] »

Ce n'est plus, comme on voit, aux fabricants de lois à donner les raisons de leurs actes, ce serait au public à prouver que telle maladie n'est pas contagieuse, ou qu'il n'y en a aucune, ou qu'elles le sont toutes. C'est le monde renversé.

— Dans la même revue (nº de novembre), lisez aussi *l'Impôt foncier sur les propriétés non bâties*, par M. Arthur Legrand.

L'auteur estime que lorsqu'on manie un budget de 4 milliards, il est facile de faire 10 millions d'économie, demandés pour dégréver la propriété. « Si l'on mettait en pratique ce principe que l'État ne doit faire que ce que l'industrie privée est impuissante à réaliser, on réduirait le budget, non pas de 11 millions, mais de 2 milliards. »

Il y a même de bonnes raisons pour croire qu'on le réduirait à zéro; mais pour cela il faudrait briser le moule à fonctionnaires. Tant qu'on emploiera tous les moyens possibles pour arracher les

---

[1] Rossi. *Cours de droit constitutionnel*, t. II.

gens à la terre et à l'atelier afin de les *étatifier*, il sera aussi difficile de réduire les impôts que de faire un civet sans lièvre.

Une étude publiée dans *la Revue suisse* (septembre et octobre) sur *l'enquête agricole badoise* complète et corrobore l'article de M. Block cité plus haut. M. Bodenheimer arrive à peu près aux mêmes conclusions économiques que M. Block : l'élévation des droits d'entrée ne produirait pas les effets qu'on espère ; au contraire, il « augmenterait le mal social dans une mesure considérable ». (P. 130.)

Les revendications du *parti agraire*, analysées et discutées par l'auteur, contiennent du bon et du mauvais, et même du naïf, comme, par exemple, les moyens d'augmenter les recettes du paysan, de le délivrer de l'esclavage du capital, de lui procurer du crédit à bon marché; mais, en fait de réclame électorale, tous les moyens sont bons, la fin les justifie.

« La consommation de viande et de vin est particulièrement intéressante à connaître : on admet généralement qu'elle donne jusqu'à un certain point la mesure du bien-être. L'enquête a fourni un résultat qui a étonné le rapporteur badois, mais que, pour notre compte, nous soupçonnions bien un peu, à savoir que les contrées dans lesquelles on consomme le plus de viande et de vin sont celles dont les habitants se trouvent en ce moment dans les circonstances les moins favorables.

« Les machines à battre le blé ont fait du tort dans les petits ménages : la machine travaille à grands frais, tandis qu'en hiver les hommes perdent, à fumer leur pipe, le temps qu'ils auraient pu employer à battre en grange eux-mêmes. »

On pourrait ajouter : « Et ce temps est d'autant plus infailliblement perdu, que la grande industrie, encouragée à outrance par les tarifs de douane et tous les moyens dont dispose l'État dans sa sagesse, a retiré aux paysans et aux paysannes toute autre occupation que les travaux de la terre. »

Mais qu'avons-nous à nous occuper des « petits ménages » ? Est-ce que la société est faite pour l'homme? Non pas, non pas ; c'est l'homme qui est fait pour la société. Que l'État soit fort; que le budget soit gros, que les capitales grandissent, c'est tout ce que nous demandons. Cela durera tant que ça pourra. Après nous le déluge. — Et surtout, en attendant ce déluge, que nous ayons des armées nombreuses pour protéger notre cher État qui, réciproquement, nous protège aussi. La qualité n'y fait rien ; c'est la quantité qu'il nous faut, et, pour cela, que tout le monde soit soldat. Cette loi n'est pas précisément conforme à celle de la division du travail, mais toute règle comporte des exceptions. Il est vrai que cette exception-ci n'est pas sans présenter des inconvénients, comme l'observe judicieusement M. A. Veuglaire. (N° de novembre.)

La vie en tutelle déshabitue les hommes de l'ordre et de l'économie ; l'isolement moral dans lequel vivent les soldats les entraîne à la brutalité, à l'ivrognerie, au libertinage ; « la profession spéciale qui force le soldat à vivre en société avec ses semblables, en lui enlevant la préoccupation du pain à gagner, les soucis de la vie de la famille, les devoirs et la responsabilité du contribuable, transforme un peu ce soldat en un grand collégien. »

La Revue scientifique contient deux bonnes études de M. Dubost sur les taxes agricoles. La première surtout (n° du 1er novembre) mériterait d'être discutée par les partisans de l'égalité devant la douane; il est regrettable qu'ils ne l'aient pas fait, ce n'est pourtant pas qu'il soit impossible d'y trouver à reprendre. Donnons-en un exemple, pour encourager les protectionnistes :

De 1822 à 1843 les prix des bestiaux sont restés à peu près stationnaires. De 1853 à 1883, ils ont monté régulièrement de 55 à 60 0/0, quoique l'importation ait été toujours en progressant depuis 1853, tandis qu'elle se balançait à peu près avec l'exportation avant cette date.

M. Dubost en conclut que si les droits de douane avaient quelque efficacité pour faire monter le prix des denrées agricoles, la période écoulée de 1822 à 1853, pendant laquelle le bétail étranger a été presque exclu par des droits très élevés, eût dû être une période de prospérité pour l'agriculture et de haut prix pour le bétail national, et que le tarif de 1853 aurait dû amener une dépression de prix. Ce sont les effets contraires qui se sont produits.

Voilà qui est très bien ; mais il ne s'ensuit pas que l'agriculture en soit plus riche aujourd'hui. M. Dubost observe avec raison que « le changement eut lieu sans réclamations de la part des agriculteurs, ce qui prouve bien que l'agriculture n'eut pas à se plaindre ». J'ajouterai même que non seulement le changement eut lieu sans réclamations, mais il mit fin aux réclamations existantes qui étaient précisément les mêmes qu'aujourd'hui : on craignait l'invasion du blé et du bétail du nouveau monde, on agitait le spectre américain [1].

Le spectre s'est évanoui devant une demi-liberté des échanges ; il n'en a pas fallu davantage. Mais d'où vient qu'il reparaît aujour-

---

[1] V. L'*Examen du système protecteur*, par Michel Chevalier.

d'hui? C'est ce que M. Dubost ne dit pas. Il est pourtant permis de croire qu'il n'y a pas d'effets sans causes, et si l'agriculture, qui n'a rien dit après 1853 se plaint aujourd'hui, c'est probablement parce qu'elle ne souffrait pas après 1853 et qu'elle souffre en ce moment. Elle exagère ses souffrances, soit ; mais elle ne fait que les exagérer.

Quelle en est la cause? D'où vient que les prix de toutes les denrées ayant augmenté dans une si grande proportion, l'agriculture n'en soit que plus pauvre? Cela vient de ce qu'il y a un autre élément que l'accroissement de la richesse dans la hausse du prix des denrées ; c'est l'augmentation des impôts, des emprunts, et tout ce qui s'ensuit : détournement des hommes et des capitaux de leur emploi naturel, qui est le plus avantageux, pour engouffrer les uns et les autres dans de folles entreprises cheminâtriques, écolâtriques, colonisâtriques et autres.

M. Dubost montre très bien l'inefficacité des surtaxes et même beaucoup d'inconvénients qu'elles produiraient, et sa conclusion : qu'elles ne soient pas établies, est très sensée ; mais il se sert d'une raison très fausse pour lui donner plus de poids. Il regarde la protection comme impossible à établir en faveur de l'agriculture (ce qui est très vrai) ; mais comme profitant, ou du moins pouvant profiter à l'industrie... « L'industrie, dit-il (n° du 20 décembre), n'est pas dans le cas de l'agriculture : la protection dont elle jouit est efficace. »

Si cela était, les agriculteurs auraient raison de protester, et je me joindrais à eux pour dire avec M. de Gasparin (*Journal de l'agriculture*, n° 817) : « Nous n'admettrons jamais que l'industrie agricole soit simplement une servante au profit des autres industries, servante à petits gages et dont on n'a à se préoccuper que pour tirer d'elle le plus de services possibles au moindre prix possible. » Mais M. Dubost ne cite aucun fait à l'appui de son assertion, et je présume qu'il serait assez embarrassé d'en citer. Ce que je puis dire, c'est qu'il y a bientôt vingt ans que je cherche un exemple, *un seul*, de protection qui ait profité à l'industrie, l'art ou la science protégés, et je n'en ai pas encore trouvé. C'est pourquoi je suis *protecticide*.

— Voilà le christianisme qui va fraterniser avec le darwinisme. Dans une étude très intéressante d'ailleurs sur *la philosophie zoologique avant et après Darwin*, M. A. Proost soutient, avec M. Girodon (*Revue générale* d'octobre), que la doctrine de l'évolution diffère du matérialisme, qu'elle admet à l'origine certaines propriétés déterminées et un mouvement, une force, une tendance, qui supposent nécessairement une création et, par conséquent, un créateur. Toute sa différence avec le spiritualisme et le christianisme consiste dans le nom : le Dieu des anciens est devenu l'Inconnaissable des modernes.

Reste à savoir si les darwinistes consentiront à fraterniser avec les chrétiens, car il y a un point important, l'hypothèse fondamentale de chacune des doctrines, sur lequel il ne parait pas facile de s'accorder. Le darwinisme a été inventé par haine du christianisme et pour lui faire échec. Celui-ci suppose que l'homme est un ange déchu ; celui-là suppose que c'est une bête qui s'élève. Comment concilier ces deux hypothèses? En les prenant pour ce qu'elles sont et se contentant de dire : que sais-je ?

— « Il peut paraitre étrange qu'un simple citoyen traite de questions militaires... Je trouve beaucoup plus étrange que si peu de personnes s'occupent de l'armée, alors que tous les problèmes religieux, politiques, économiques font l'objet des préoccupations, sinon des études de tous les hommes intelligents. » En conséquence, M. A. Verhaegen propose un plan de réoganisation de l'armée belge (*Revue générale* de novembre) : prendre 12,000 hommes par classe au lieu de 13.500, et 12 classes au lieu de 10 ; fortifier Liège et Namur qui n'a mur ; former la réserve avec des volontaires autant que possible. « Nous croyons, dit l'auteur, qu'un appel loyal à la bonne volonté de nos concitoyens serait peut-être plus efficace que des lois obligatoires. »

— La *Société d'économie sociale* (les disciples de Le Play) a réouvert ses cours. Les principaux sujets sur lesquels portent cette année les travaux de la Société sont les monographies de famille et les monographies de société, qui sont destinées, comme on sait, à compléter les statistiques.

— On lit dans *la Réforme sociale* (15 décembre) que, depuis la mise en pratique de la loi sur l'instruction gratuite et obligatoire, la fréquentation des classes est bien moins régulière qu'auparavant. L'instituteur n'a plus à juger les absences, ni à punir les délinquants, il n'a qu'à les enregistrer. Les commissions scolaires, ne voulant pas s'attirer des difficultés avec les parents des écoliers buissonniers, acceptent comme valables et légitimes toutes les raisons alléguées par les absents. L'auteur de l'article, M. A. de Pruines, regarde cela comme un résultat inattendu de la loi. C'est à cet « inattendu » qu'on s'attendait le moins.

— Dans le numéro du 1er décembre, lire et relire le Rapport de Le Play sur la boulangerie. « Le régime réglementaire a produit, partout où il a existé, d'inextricables discussions. Le régime de la liberté qu'ont adopté successivement les autres États européens a si bien résolu ces difficultés, qu'on ne saurait y entendre aujourd'hui une plainte ou une objection. » Donc il faut rétablir les règlements en France, ou renoncer à fabriquer tant d'avocats qu'on laisse ensuite croupir dans l'oisiveté, mère de tous les vices.

— *Vie future et humanité future. Évolutionnisme et spiritualisme*, par Lionel Dauriac, est un article qui réunit la double et rare qualité d'être court et substantiel (*Critique philosophique*, n° 37). On sait que l'évolutionisme suppose, en morale, que ce qui est désirable doit être atteint par l'humanité tôt ou tard. L'auteur demande qu'on lui prouve l'hypothèse, que tout ce qui est désirable doit et peut être atteint. Le « doit être » ne peut légitimement être converti en « sera ». La réalisation de l'idéal n'est jamais complète. Et il doit en être ainsi, sans quoi le progrès cesserait ; faute de combustible, la grande machine humaine s'arrêterait dans sa course.

« C'est un bien, c'est une nécessité que l'idéal demeure toujours réfractaire à une réalisation totale. Dès lors, tout ce qui devrait être ne devra point être. »

On pourrait même demander aux évolutionnistes de prouver que ce qu'ils regardent comme désirable l'est réellement ; car rien n'est plus varié que les désirs des hommes, et rien n'est plus commun que des désirs qui, réalisés, tournent au détriment de celui qui les a formulés. Comment tirer de cette variété et de ces illusions les aspirations de l'humanité ? — Elle aspire au bonheur. — Merveilleuse découverte qu'a faite là l'évolutionnisme !

— Dans la même Revue (nos 39 et 42), lire : *Les idées politiques de Rousseau*, par M. Renouvier. Soit dit en passant, il semble que l'auteur fait fausse route lorsqu'il dit que « les *physiocrates* voulaient la liberté de l'industrie et du commerce, mais par le moyen d'un État puissant ». Que signifierait donc leur maxime : *pas trop gouverner?* L'État puissant serait l'effet et non la cause de la liberté du commerce et de l'industrie. C'est ainsi que l'entendaient les physiocrates.

L'*Étude sur la production et la consommation du sucre*, par M. Beaurin-Gressier (*Journal de la Société de statistique de Paris*, de novembre), contient « un ensemble de renseignements » épars dans un grand nombre de publications, qui dispenseront de recherches longues et laborieuses ceux qui s'intéressent à cette question.

— Dans le même numéro : *Coup d'œil sur la situation du commerce et de l'industrie en France depuis* 1869, par M. E. Minot. « Dans l'intérêt même des travailleurs, ne favorisons pas l'élévation artificielle du prix de la main-d'œuvre. » Ce n'est pas dans l'intérêt des travailleurs qu'on le fait ; c'est dans l'intérêt des candidats.

— « On croit généralement et on répète à chaque instant que la folie est plus commune chez la femme que chez l'homme. Je suis heureux, dit le docteur Lunier (n° 12), de pouvoir rassurer les dames qui m'écoutent : c'est le contraire qui est la vérité. » Attendez, cher docteur, que les lycées de filles aient produit leurs effets. On voit déjà des jeunes filles dont le cerveau est si détraqué par la science, qu'elles parlent tout haut et gesticulent toutes seules dans les rues. Que sera-ce dans quelques années ?

La théosophie commence à fixer l'attention publique ; — c'est à *refixer* qu'il faudrait dire, car ce n'est pas la première fois. — Je ne crois pas qu'on la prenne par son meilleur côté ; mais peu importe. La question débattue en ce moment dans *la Revue du mouvement social* (octobre) consiste à savoir : 1° si les Mahatmas possèdent réellement des connaissances étrangères aux peuples qui se disent civilisés ; 2° si, parmi ces connaissances, il y en a qu'il serait dangereux de livrer au vulgaire et qui doivent rester le monopole des adeptes.

Sur le premier point, M. Limousin, M. Dramard et d'autres encore, sont pour l'affirmative, et M. V. Meunier, qui ne voit pas que les corporations officielles que nous appelons universités et académies n'ont jamais fait que le rôle d'éteignoir et ne peuvent pas faire autre chose que ce qui est dans leur nature, M. V. Meunier, dis-je, est pour la négative. C'est un moyen facile de résoudre la seconde question.

Quant à cette seconde question, M. Limousin croit qu'il y a des connaissances dont on peut faire un très mauvais usage ; mais au lieu de dire : Cela étant, ce qu'il y a de mieux à faire, c'est de laisser chacun manger à sa faim et boire à sa soif, ou se droguer à sa fantaisie, il se demande s'il ne vaudrait pas mieux prendre des mesures pour que les connaissances dangereuses ne soient communiquées qu'à des hommes présentant certaines garanties morales. Ce qui conduirait, M. Limousin le reconnaît lui-même, à des conséquences non moins funestes, à mon avis, que les connaissances elles-mêmes.

— En fait de connaissances, on commence à revenir — enfin ! — de l'engouement dont on était possédé et qui nous a coûté tant de millions. Lisez plutôt : *les Exagérations de l'enseignement intégral*, par M. Leneveux (même numéro).

« L'enseignement populaire n'a encore aujourd'hui pour résultat que d'entr'ouvrir un peu plus largement la porte du couloir par laquelle se faufilent les solliciteurs, et où il est nécessaire de jouer frénétiquement des coudes pour arriver à une fonction bureaucratique quelconque, douce (? au physique, soit ; mais....) mais peu lucrative, et d'une utilité discutable. »

Ce résultat d'aujourd'hui, c'est le seul que puisse atteindre l'enseignement officiel, quel qu'il soit. Qu'au lieu de fabriquer des latinistes, l'État forme des ingénieurs, des architectes, des charpentiers, des maçons, si vous voulez, le résultat sera le même. Au lieu de les employer au travail inutile de noircir du papier, il faudra qu'il les occupe au travail de remuer de la terre, des pierres, du bois.

— Si vous avez quelques moments à perdre, lecteurs qui vous occupez de l'utilité de l'enseignement officiel, des causes de la crise, etc., lisez *la Plaie de la France* (numéro de novembre), et réfutez les paradoxes qui y sont exposés. On convient assez généralement que l'exagération des charges publiques est la principale cause de la crise ; une analyse très superficielle du budget suffit pour montrer que l'augmentation continue des impôts n'a pour objet que de créer des sinécures, de caser des aspirants fonctionnaires.

Mais d'où vient que les aspirants fonctionnaires pullulent si prodigieusement dans notre siècle ? Quelle est la cause de leur multiplication, comparable à celle des cinq pains dans le désert, ou même à celle des microbes dans un milieu approprié ? C'est là une question que peu d'auteurs ont traitée et qui n'en est peut-être pas moins intéressante. C'est cette question que l'auteur de *la Plaie de la France* a effleurée. Il ne l'a peut-être pas résolue, mais il semble que de la solution de cette question dépend la solution de la crise. Peut-être trouverez-vous dans cet essai quelques matériaux et quelques indications qui vous dispenseront de surtaxer les denrées étrangères.

Que de belles choses la crise fait dire et écrire ! On en ferait un volume et même plusieurs. A une nouvelle situation il fallait de nouveaux mots ; à des hordes qui veulent se ruer les unes sur les autres, il faut un drapeau, ou tout au moins un panache. Ces mots sont nés, ils se nomment *égalitaires* et *anti-égalitaires*.

Les *anti-égalitaires*, M. Lecouteux nous l'apprend dans le *Journal d'agriculture pratique* (n° 41), sont ceux qui acceptent ou subissent la protection à l'industrie seulement, et les *égalitaires* ceux qui la réclament pour l'agriculture, tant que les prix de revient agricoles seront, comme ceux des industries privilégiées, au-dessous des prix de vente.

Il y a bien une troisième catégorie de « ceux » qui veulent la liberté pour tous, l'égalité dans la liberté, qui croient que tout protecteur vit aux dépens de ceux qu'il protège ; mais il n'y a pas lieu de s'occuper de celle-là.

La raison qui fait que M. Lecouteux la néglige, c'est que la suppression des privilèges de l'industrie n'est pas possible : nous sommes liés par les traités de commerce en vigueur jusqu'en 1892.

En supposant qu'il ne fût pas possible de s'accorder avec les nations étrangères, qui n'y sont pas moins intéressées que nous, pour reviser ces traités, il ne s'ensuivrait nullement que des droits agricoles remédieraient à la crise. En effet, la crise porte aussi bien, et même plus, sur les produits industriels privilégiés que sur les produits agricoles; elle est générale. En quoi consiste-t-elle ? En ce que nos frais de production sont plus élevés qu'à l'étranger. Le remède consiste donc à réduire ces frais. Comment des taxes agricoles atteindront-elles ce but, même pour l'agriculture, surtout dans l'état actuel des finances?

La suppression des droits industriels serait un moyen, il est vrai, mais il n'est pas le seul, ni le plus rapide, ni le plus efficace ; et puisqu'on ne peut pas l'employer, il faut recourir à d'autres. Il en a déjà été indiqué quelques-uns; au lieu de les appeler des *ironies compatissantes* (*Journal de l'agriculture*, n° 822, p. 53), il faut les discuter sérieusement si l'on veut sortir de l'impasse dans laquelle l'extension indéfinie des attributions de l'État, prônée aussi bien par les agriculteurs ou leurs champions que par les industriels, nous a conduits.

M. Lecouteux s'imagine (n° 49) que « les millions perçus à la frontière (sur les grains et bestiaux étrangers) seront autant de millions en moins à prélever sur nos contribuables ». Il y a là une erreur économique. Les millions perçus à la frontière ne sont pas payés par les étrangers, mais par les nationaux. Quant à les prélever en moins sur les contribuables, je m'en rapporte au fisc. Les impôts ont-ils diminué depuis que des millions sont perçus à la frontière sur les produits industriels ?

— Variations sur le même thème dans le *Journal de l'agriculture*. M. de Gasparin affirme qu'il se sépare nettement de ceux qui poussent à l'agitation protectionniste comme à l'agitation libre-échangiste. Mais cette séparation n'est que dans les mots, car, dans le même article (n° 810), il demande qu'on établisse des « droits fiscaux » sur l'entrée des produits étrangers, et cela « parce que ce sont les besoins du fisc qui en sont la raison première ».

Nous voici enfin d'accord sur un point ; ce sont les besoins du fisc qui sont la raison première des droits d'entrée. La différence entre nous, c'est que les besoins du fisc sont le moindre de mes soucis, et que, lors même que je m'intéresserais à ce fils de famille qu'on appelle l'État, le meilleur conseil que je croirais pouvoir lui donner serait de ne pas manger son blé en herbe, ni *a fortiori* la semence.

M. de Gasparin croit que J.-A. Barral, tout libre-échangiste qu'il était, approuverait son projet de droits fiscaux. C'est possible, mais ce n'est pas une raison. Les agriculteurs conviennent eux-mêmes que le demi-libre-échange dont Barral était partisan, et qui consiste à protéger l'industrie, n'a point profité à l'industrie même. Ils reconnaissent qu'il est une des principales causes de la crise actuelle, qu'il a eu pour effet final de déplacer les capitaux et les hommes, d'en encombrer les villes au détriment des campagnes et à leur propre détriment.

Cela étant, je ne sais pas ce que dirait M. Barral, mais si j'étais à sa place, voici ce que je dirais :

« J'ai été, sous l'empire, partisan du demi-libre-échange, parce que la protection générale, qui existait alors, avait pour effet d'entretenir la misère. Ce système n'a produit que la moitié du bien que peut produire la liberté, puisqu'il n'est qu'une demi-liberté ; mais il a produit beaucoup de bien : témoin l'augmentation de la richesse et surtout des charges publiques, qui ne peuvent être établies et élevées qu'autant que le peuple est en état de les supporter, et qui n'auraient jamais pu l'être ainsi sous le régime de la protection.

« Mais après que la demi-liberté a eu produit ses effets, la demi-protection, à son tour, a produit les siens et nous les subissons en ce moment. La crise est générale ; elle n'est pas moins aiguë, et elle sera plus durable dans l'industrie protégée que dans l'agriculture non protégée, car tout se tient. Pour y mettre fin, rejetons donc ce reste de haillon protecteur. »

M. de Gasparin convient, d'ailleurs, que par ce moyen la justice serait satisfaite ; mais, ajoute-t-il, « nous doutons que le bon sens le soit également ». Vous faites bien de douter, cher confrère, car il serait très extraordinaire que la justice et le bon sens fussent en contradiction, et il serait bien téméraire de le croire sans preuves.

— Dans le même journal (n° 812), très bon article de M. de la Tréhonnais sur *la transformation des terres arables en prairies*. Nous le recommandons aux agronomes de cabinet qui se figurent qu'il suffit de le vouloir ou de le décréter pour changer son fusil d'épaule en agriculture. Mais nous le recommandons surtout aux *égalitaires*, qui croient que des droits sur le bétail les sauveront de la crise en leur facilitant l'élevage et l'engraissement.

On s'occupe beaucoup, et l'on pourra s'occuper longtemps, de l'hygiène des écoles. *Le Journal d'hygiène* (n° 422 et suiv.) analyse le *Rapport* du Dr Javal sur cette question. Entre autres moyens d'hygiéniser les écoles, et dont on se garde bien d'évaluer les frais de mise à exécution : — est-ce que les contribuables ne sont pas là ? — le Rapporteur propose « la constitution d'un corps *d'ingénieurs sanitaires*, sous la dépendance de la fameuse *direction de la santé publique*, réclamée aujourd'hui, par des clameurs unanimes (plus ou moins), comme le port de salut idéal et rêvé ». Le Dr Monin, auteur de l'analyse, ne paraît pas avoir une confiance illimitée dans la « fameuse direction » ; et il faut convenir que « rêvé » est là tout à fait à sa place.

— Encore un autre rêve qui ne manque pas de charme. C'est l'assainissement de Paris, par l'intermédiaire de la Ville ou de l'État. Chacun a son plan. L'un, M. Durand-Claye, propose d'envoyer *tout à l'égout*; un autre, M. A. Dumont, veut faire un canal qui conduise *tout à la mer*. Un troisième survient, M. Marié-Davy (n° 428), qui demande ce que tout cela coûtera et qui ajoute : « N'oublions pas que, directement ou non, c'est le public qui paye ; que sa bourse n'est pas sans fond, et que ce que l'on fait d'un côté arrête ce qu'on ferait d'un autre. »

A la bonne heure ! Il y a des gens qui n'oublient jamais cela, car ils n'y pensent jamais, ils suivent leur *dada*, et puis, allez donc !

— Le choléra tient toujours une place honorable dans les études des hygiénistes. Le Dr Fernand Roux a communiqué à la Société d'hygiène des renseignements très intéressants sur le *choléra au Bengale*.

— Le Dr Huguet, un médecin de la vieille école, de ceux qui croient que l'organisme humain n'est pas absolument passif sous l'action des microbes, traite des causes, de la nature, des analogies du choléra et indique des moyens pratiques, — non pas de tuer les microbes, dût-on tuer en même temps le milieu qui les nourrit, — mais d'armer ce milieu pour la lutte, afin qu'il en sorte victorieux. C'est une méthode peu scientifique (j'entends dans le sens qu'on donne aujourd'hui au mot science), mais il en faut pour tous les goûts.

— Le Dr Maurin, de Marseille, qui a pu étudier le choléra de près, puisqu'il était sur la brèche, a profité de l'occasion pour faire des recherches sur sa nature et son mode de transmission. Suivant la méthode Pasteur, M. Maurin, aidé de M. Lange, a soumis à l'examen les déjections des cholériques, et il est arrivé à cette conclusion que le choléra se transmet par l'intermédiaire d'une végétation qui se développe au bout de quelques jours dans les déjections des cholériques, et qu'il appelle *mucor cholérifère*.

Les bacilles, et celui de Koch en particulier, ne sont pas spécifiques du choléra. On les trouve très rarement au début, et plus lente est la marche de l'affection, plus nombreux sont les bacilles. Le Dr Maurin a publié en brochure ses recherches sur le *mucor cholérifère* et la médication à employer pour le combattre avec succès.

— A lire dans *le Journal d'hygiène* : *Le pain et les farines dans l'antiquité et à l'époque moderne*, par Ch. Husson (de Toul) : *Statistique médicale des armées françaises et allemandes*, par le Dr Schmit, etc. La place nous manque pour analyser ces articles.

— Que de fois n'a-t-on pas plaint nos pauvres misérables ancêtres qui étaient réduits à porter des sabots ! Eh bien ! voici que la mode en va revenir, elle est revenue, non pas parce que nous sommes trop pauvres, nous, pour porter des souliers, mais parce qu'une semelle de bois est plus hygiénique qu'une semelle en cuir plus ou moins artificiel. C'est ce que nous apprend le Dr E. Barré dans *l'Hygiène pratique* (n° 150).

— Le même journal contient beaucoup d'articles, que nous regrettons de ne pouvoir analyser (car ils sont à la portée de tout le monde et ils intéressent particulièrement les mères de familles), sur l'hygiène des écoles primaires et maternelles, l'alimentation des enfants, petits et grands, jeunes et vieux. L'hygiène des dents, le danger des bonbons, la forme des chaussures, etc.

— *Le Bulletin de la participation aux bénéfices* nous apprend que le ministre du commerce a donné des encouragements à la participation. Ah ! l'honnête homme ! le galant homme ! Les a-t-il pris dans sa poche ?

D'après le même *Bulletin*, le travail et le capital sont en antagonisme aux États-Unis. Il n'y aura donc jamais moyen de les maintenir en paix nulle part ! Si le ministre du commerce leur donnait des encouragements ?... Les chiens se taisent bien quand on leur jette un os. Le difficile est de trouver l'os; ce n'est pas en le prenant à l'un pour le donner à l'autre qu'on mettra fin à l'antagonisme.

— Dans une *communication* à la Société française pour l'avancement des sciences (congrès de Blois 1884), M. Chaix reproche à *la Revue des Deux Mondes* et au *Journal des économistes* d'avoir qualifié la participation de « vertueuse chimère » et d'« odieux égoïsme »; mais il ne réfute pas les faits et les raisons donnés à l'appui de ces épithètes adressées surtout à la participation imposée par les *pouvoirs publics* après laquelle soupirent les participatifs.

— Des nombreux documents que M. E. Brelay a eu la patience de rassembler sur *les Sociétés coopératives* dans tous les pays et sous toutes leurs formes, il semble résulter, si je ne me trompe, que les sociétés de crédit mutuel sont celles qui réussissent le mieux. Ce sont précisément celles qu'on néglige, pour cause d'ailleurs, d'établir en France. On aime mieux placer son argent, sous la protection de l'État, à la Caisse d'épargne, qui le place à la Caisse des dépôts et consignations, qui le place au Trésor, qui le rendra quand il y aura des excédents de recettes budgétaires.

C'est en Allemagne que ces banques populaires ont le plus prospéré. Schulze-Delitzsch, au lieu de perdre son temps à implorer l'État, a prouvé le mouvement en marchant. Comme Jeanne d'Arc : « Je leur disais d'aller là, et j'y allais. »

M. Brelay n'expose aucune théorie spéciale, mais des faits, et il trouve que ces faits démontrent que capital et travail, loin d'être des antagonistes, sont des associés. Renvoyé aux 44.

— Ce n'est pas une petite affaire que de répondre aux 649 questions posées par la féconde Commission des 44. Aussi la *Chambre de commerce de Bordeaux* s'est-elle bornée à répondre à la lettre du ministre qui accompagne le questionnaire. Notons une de ces réponses. Il résulte des renseignements recueillis par la chambre de commerce, qu'il y a eu des progrès considérables depuis vingt ans. Et ces progrès, elle les attribue principalement aux traités de commerce de 1860 et surtout au traité avec l'Angleterre qui, en donnant à la France un régime économique plus libéral, ont augmenté considérablement la richesse générale du pays et celle de la Gironde en particulier.

Voilà une assertion qui ne cadre pas avec celle des agriculteurs ministériels. Pourtant, si un régime plus libéral a produit une augmentation de richesse, un régime encore plus libéral devrait produire une nouvelle augmentation, et, *vice versâ*, un régime moins libéral occasionnerait un appauvrissement.

— La *Chambre de commerce des Vosges* fait encore moins de cas du fameux questionnaire que celle de Bordeaux. Elle est « convaincue de l'impossibilité et de l'inopportunité qu'il y aurait a répondre aux 649 questions que ce document contient sur l'industrie, le commerce, l'agriculture ». Elle trouve — on pourrait même dire qu'elle prouve — qu' « il est permis de regretter que la plupart de ces questions aient été posées, et d'exprimer l'opinion que, ne pouvant aboutir à des résultats pratiques, elles risquent de produire une agitation inutile et, partant, fâcheuse ».

Quelle irrévérence ! N'avoir pas foi dans la providence enquêtative et législative ! Où allons-nous ?

« Dans notre département des Vosges, les rapports entre patrons et ouvriers sont généralement aussi bons que possible... la population laborieuse justifie par son attitude et son attachement à ses patrons cette manière d'être (discipline sévère, mais esprit de bienveillance et égards paternels) à leur égard. » Eh bien ! Voilà justement ce à quoi il s'agit de remédier. Est-ce que vous croyez qu'un pareil désordre peut durer ? A quoi serviront donc les écoles de droit, les usines à légistes, si l'on ne cherche tous les moyens possibles de légiférer et administrer ce qui n'a pas besoin de l'être ?

— La *Chambre de commerce d'Avignon* adresse à son préfet un rapport demandé par lui sur la situation industrielle et commerciale du Vaucluse. Une des conclusions de ce rapport est que la principale cause du profond malaise de l'industrie nationale tout entière consiste dans « les conditions économiques très défavorables qui sont faites par les traités existants aux principales branches de l'*industrie* et du *commerce* français en général, lesquels favorisent, même sur nos marchés, nos concurrents étrangers à notre propre détriment ».

D'après certains égalitaires, les traités existants sont avantageux au commerce et à l'industrie, et c'est pour y faire participer l'agriculture qu'ils demandent l'égalité devant la douane, afin, sans doute, que l'étranger puisse leur faire une concurrence plus active, sur notre marché, à leur propre détriment !

— La *Chambre de commerce de Bordeaux* adresse une lettre de protestation à la Chambre des députés contre le projet de relèvement des droits sur le bétail et le blé. Ces droits, dit-elle, ne profiteraient pas au Trésor, « car l'importation des blés du dehors en serait beaucoup diminuée, au grand dommage de notre commerce et de notre navigation ». Quand l'importation ne diminuerait pas, le Trésor n'en profiterait pas davantage, par la raison que l'argent employé par les nationaux à payer ces droits ne peut pas être employé à d'autres consommations et, par conséquent, ne payera pas de droits sur celles-ci.

— Il parait que le système de représailles n'a pas encore abouti à ouvrir de nouveaux débouchés à nos produits. La *Chambre de commerce de Lyon*, dans le compte rendu de ses travaux pour 1883, se plaint de ce que « l'année 1883 n'a été, pour le commerce des soies, comme pour les industries de la filature et du moulinage, qu'une longue suite de déceptions. Le mois de janvier débute sans entrain. De toutes parts pourtant on prédisait un retour à l'activité comme très prochain, mais il faut abandonner cette espérance. Dès le milieu de janvier quelques suspensions de petites maisons chinoises sont signalées par les dépêches de Shanghaï, où les prix commencent à fléchir. »

Encore un peu de patience et quelques centaines de millions (et des hommes, mais cela ne compte pas), et vous allez voir comme les affaires vont reprendre lorsqu'on aura *forcé* les Chinois a accepter la *liberté* du commerce et les autres libertés aussi.

— La *Chambre syndicale* de la Société pour la défense du commerce de Marseille s'est occupée de la concurrence que fait le Saint-Gothard au commerce maritime de Marseille et des moyens d'y remédier. Entre autres questions, elle a encore étudié celle des *quarantaines*, qui n'ont point empêché le choléra de pénétrer en France.

« Nous avons protesté contre l'élévation des frais perçus au Frioul, n'admettant pas que les mesures prises dans l'intérêt de la santé publique puissent être une source de produits pour le Trésor.

« Dès maintenant, nous pouvons nous demander, en présence de l'inanité des résultats donnés par les quarantaines, si la sévérité excessive des moyens est en proportion des sacrifices qu'elles imposent au commerce ou, pour mieux dire, au pays tout entier. Cette question sera ultérieurement l'objet d'une étude complète. » Nous attendons cette étude avec impatience.

— Le *Bulletin* de la société industrielle de Reims pour 1884 contient un article sur les *tarifs collectifs douaniers ;* un autre sur *la fécule, son origine, ses propriétés*, par M. G. Rohart, et une étude qui se recommande tout particulièrement à l'attention des économistes et des industriels sur *l'importance croissante des industries textiles à l'étranger*, par M. H. Danzer.

— A la *Chambre de commerce des Vosges*, on propose de supprimer le quatrième article de la proposition de loi tendant à faire passer pour français les produits fabriqués à l'étranger ou en provenant. Cet article investit les Chambres de commerce de droits qui ne sont pas dans leurs attributions et qui, s'ils y étaient placés, compromettraient leur caractère, leur indépendance et leur dignité.

Deux autres études sont publiées par la même *Chambre :* sur le *régime des vins* et sur la durée des brevets d'invention.

— « En décidant, dans sa séance du 16 février dernier, qu'elle publierait chaque année un *Annuaire économique de Bordeaux et de la Gironde*, la Société d'économie de Bordeaux a eu pour but de réunir en substance, dans un petit volume, les documents, les renseignements et les faits qui intéressent la ville et le département au point de vue de l'histoire locale, du commerce, de l'industrie, de l'hygiène, des moyens d'instruction, de la situation des classes laborieuses, des institutions de bienfaisance, de prévoyance, de crédit, etc. »

Il faut rendre cette justice à la Société d'économie politique de Bordeaux qu'elle a bien rempli son programme. Outre des renseignements statistiques promis et qu'on ne trouve pas dans tous les recueils de ce genre, par exemple : la répartition de la population du département par groupes professionnels, *l'Annuaire pour* 1885 contient, sous la rubrique *variétés*, plusieurs études aussi originales par leur titre que par leur contenu. Exemple : *Le choix d'une carrière.*

« Un obstacle très sérieux en France au choix judicieux d'une carrière vient de l'ambition mal calculée des familles qui aspirent, lorsqu'elles ont acquis une certaine aisance, à pousser leurs enfants dans les carrières libérales ; aussi, ces carrières se trouvent-elles encombrées d'une foule de jeunes gens déclassés (et même de vieux), qui deviennent forcément oisifs, tandis que l'industrie... »

Voyez aussi l'aperçu des principales questions résolues (? j'aurais dit : traitées) par la Société d'économie politique et par la *Conférence Bastiat.*

— Les plus petites brochures ne sont pas les moins bonnes. En voici une de M. G. Delpon qui n'a l'air de rien, ni par son sujet : *le Pater non compris*, ni par son étendue (14 pages), mais qu'on ne regrette pas d'avoir lue. Il y est question de l'absurdité des chrétiens qui demandent à leur Dieu le *pain de chaque jour* et qui le refusent quand on le leur offre ; qui préféreraient une invasion de Cosaques ou de Prussiens à une invasion de blé américain ou indien ; et, surtout, qui préfèrent envahir les terres d'autrui, la Tunisie, le Tonkin et le reste, que d'utiliser celles qu'ils possèdent.

— M. Hautefeuille aussi, — un agriculteur pourtant, celui-là, — proteste contre le relèvement des droits sur le bétail et le blé étrangers, et contre le gouvernement dit démocratique, qui croit que l'art de gouverner consiste à « laisser parler les grands intérêts, — les y exciter plus souvent encore, — et à leur accorder les mesures qu'ils réclament, n'acceptant aucune responsabilité et prêt à dire, si ces mesures tournent contre l'intérêt général : Moi, j'ai fait ce que les intéressés me demandaient et ce que le sentiment public approuvait... Avec ce système absurde, tous, gouvernants et gouvernés, gaspillent un temps précieux, les uns à quémander, les autres à chercher des combinaisons plus ou moins savantes d'où l'on exclut systématiquement le savoir et l'expérience ».

M. Hautefeuille ne croit pas que l'agriculture soit aussi à plaindre qu'on le dit, puisqu'elle est encore assez riche pour souscrire une grosse part des grands emprunts destinés aux travaux publics, aux entreprises industrielles, aux prêts à l'étranger.

« Les charges de l'agriculture sont lourdes, mais pas plus que celles des autres industries. Cela ne veut pas dire que les charges nationales ne soient pas trop lourdes pour tout le monde. C'est même tout à fait notre avis. Il n'y a pourtant point à espérer que cette situation puisse changer tant qu'on demandera à l'État, qui ne fait rien gratuitement, de se charger de tout au lieu et place de chacun. » Et tant qu'au lieu d'employer elle-même ses capitaux, l'agriculture les confiera à l'État pour les gaspiller en travaux dits (par ironie, sans doute) d'utilité publique, tout en lui demandant d'organiser le crédit agricole.

L'auteur ne nie pourtant pas les souffrances plus ou moins volontaires, comme on vient de le voir, de l'agriculture, il est bien placé pour les connaître, et il nous promet de dire un jour ce qu'il faut faire pour elle. Dans la présente brochure, extraite de *la Revue-Gazette maritime et commerciale*, il se borne à dire ce qu'il ne faut pas faire. Le fait est que si la crainte de Dieu est le commencement de la sagesse, la crainte de faire le mal est le premier pas qui puisse conduire à faire le bien. C'est peut-être même le dernier.

— Le gouvernement français a trouvé au Tonkin un fameux débouché pour ses hommes et ses capitaux. Quant aux débouchés pour les produits de son industrie, prétexte de l'état de représailles pacifiques qu'il exerce envers la Chine, il ne parait pas qu'ils soient ouverts de sitôt.

D'une étude sur *les Routes commerciales vers la Chine sud-occidentale* (extrait de *la Revue générale*), M. Jacques Lemoine conclut qu'aucun des projets de route anglais et français ne constitue une solution satisfaisante du grand problème de l'ouverture de la Chine occidentale au commerce étranger. « Les relations commerciales ne s'étendront guère au delà de Yunnan-fu d'une part, de Toli-fu de l'autre, et tout commerce avec Szechouen sera impossible aussi longtemps que, dans l'empire même, les marchandises devront être transportées à dos de mulet, par des sentiers presque impraticables.

« Le mauvais vouloir de la Chine, telle est la grande difficulté à vaincre, et, pour la faire disparaitre, le concours de toutes les nations européennes ne semble pas superflu. » C'est cela. Allez-y tous établir en Chine la liberté du commerce obligatoire et gratuite, pacifiquement à coups de canon, et pendant ce temps les Chinois n'auront qu'à nous laisser leur place et venir prendre la nôtre en Europe.

Si par hasard la Chine consentait un jour à renoncer à son mauvais vouloir pour faire le bon vouloir des Européens, on trouverait dans la brochure de M. Lemoine de bons renseignements sur le Céleste-Empire.

— Les gens qui s'en rapportent aux mots croient volontiers que les grèves ne datent que de notre siècle. On trouve pourtant dans l'histoire, avec de bons yeux, un grand nombre de faits équivalents sous d'autres noms, non seulement parmi les ouvriers, mais de la part des paysans. M. Bonnassieux a réuni, dans *la Question des grèves sous l'ancien régime*, des documents très intéressants sur cette matière. La grève de Lyon en 1744 y tient la principale place. Il est bon de remarquer que sous l'ancien régime, l'intervention gouvernementale était purement platonique. On promulguait une ordonnance, mais l'observait qui voulait, on n'envoyait pas de soldats pour l'imposer aux ouvriers ou aux patrons. Les droits de l'homme n'étaient pas connus !

— Les cahiers des États-Généraux de 1789 ont été consultés et discutés à beaucoup de points de vue ; mais personne ne les a encore soumis à un examen spécial qui aurait pour but de faire connaitre quel était en France, au moment de leur rédaction, l'état du commerce et de l'industrie, en résumant à grands traits les vœux et les plaintes que renferment ces cahiers au point de vue commercial et industriel.

M. Bonnassieux, qui est bien placé pour faire ce travail (il est archiviste aux Archives nationales), vient de publier dans cette vue un premier *Examen des cahiers de* 1789. L'auteur remarque que les trois ordres « font le plus souvent entendre, en ces matières, mêmes réclamations ou mêmes vœux ». Où est donc, encore ici, l'antagonisme dont on parle tant ?

« Bien que les députés aient parfois, en cette matière aussi, dépassé le mandat qui leur avait été donné, comme lorsqu'ils supprimèrent les chambres de commerce — suppression qu'aucun cahier ne demandait, — ils n'ont pu (ni su, ni voulu) donner satisfaction à tous les vœux exprimés, à toutes les réformes indiquées. » Il serait en effet assez difficile, pour ne pas dire impossible, de donner satisfaction à tous les vœux. Tout ce que peut faire le législateur est négatif. Il avait prêté son appui aux corporations, il les avait légalisées, c'est-à-dire privilégiées ; tout ce qu'il devait faire, c'était de le leur retirer, de ne plus reconnaitre de corporations légales, et non d'interdire les corporations libres.

— Nous avons reçu deux brochures traitant de l'*Exposition de* 1889. L'une de M. Agostini, ancien commissaire général de l'Exposition internationale d'Amsterdam 1883 ; l'autre de M. Georges Berger, ancien commissaire général, ancien directeur des sections étrangères en 1867 et en 1878. Nous nous bornons à les annoncer. D'après la tournure que prennent les affaires, il est bien possible que le Centenaire de 89 soit marqué par une exhibition d'un tout autre genre.

— « Voici une courte correspondance entre un fabricant de porcelaines et l'administrateur de la Manufacture de Sèvres. Ces lettres traitent de beaucoup de questions, petites et grosses, touchant à la Manufacture de Sèvres et aux Arts du mobilier. Elles concluent à la suppression des Manufactures nationales et à ce que l'État fasse pour les Arts du mobilier *exactement* ce qu'il fait pour les Arts proprement dits. » *Ch. Ed. Haviland.*

L'auteur de cette correspondance la termine en disant à M. Lauth, administrateur de Sèvres : « Vous aurez sans doute des vues toutes différentes des miennes à faire prévaloir et je souhaite qu'elles prévalent, si elles sont plus justes. » Elles prévaudront, Monsieur, car la raison d'État est la plus juste de toutes.

— *Les Droits de Bandite* dans le comté de Nice, analogues aux droits de vaine pâture dans d'autres provinces, sont en danger d'avoir, comme les plus belles choses, le pire destin. M. Léonide Guiot, qui a déjà publié en 1875, une série d'études sur *les Forêts et les pâturages* du comté de Nice, donne dans ce nouveau livre, à la question des bandites, tout le développement qu'elle comporte, en traitant la partie historique, économique et politique.

Le projet d'extinction exposé par l'auteur n'est pas sans présenter de grandes difficultés qu'il ne se dissimule pas d'ailleurs, et, quoi qu'il en dise, il ne parait pas démontré que cela ne se puisse faire à l'amiable, si les parties y ont intérêt. Mais le livre n'en contient pas moins de très curieux renseignements sur les usages d'un passé qui s'en va peut-être assez vite de lui-même, sans qu'il soit besoin de mettre l'État à ses trousses.

— *Le Manuel du petit marin* ne se borne pas à énumérer et décrire les diverses parties des bateaux usités pour les courses, et à déterminer leurs proportions. M. A. Cœuret indique encore aux jeunes marins, avec nombreuses figures intercalées dans le texte, les moyens de construire, gréer et armer eux-mêmes leurs bateaux, ou de corriger les défauts de ceux que leur livre le commerce. L'auteur voudrait voir des régates organisées sur toutes nos plages françaises, comme elles le sont sur celles de l'Angleterre.

e *Manuel* est suivi d'un *petit dictionnaire de marine* et se ter-
e par les signaux maritimes internationaux.

Suivant M. van der Laat, la crise économique que subissent de-
plusieurs années la France et la Belgique aurait pour cause pre-
re et fondamentale « l'inertie individuelle, le défaut d'initiative
a part des producteurs, la décadence générale de l'esprit d'entre-
e ». Cette décadence de l'esprit d'entreprise serait la conséquence
a mollesse de l'éducation, mollesse favorisée par l'action de plus
plus envahissante de l'État moderne.

Il est impossible de ne pas admettre que les tendances centrali-
ices et bureaucratiques de l'État moderne n'aient singulièrement
tribué à l'abaissement des caractères. Partout où l'individu est
mis à un excès de protection ou de gouvernement, son énergie
nécessairement diminuer, et la raison en est bien simple : tout
qui est fait pour nous nous ôte, dans une certaine mesure, le
oin et par conséquent le désir de le faire nous-mêmes... La fa-
e du fonctionnaire subit également la dépression d'une molle et
nobile médiocrité. Le stimulant de la nécessité, la généreuse am-
on de conquérir une situation à force de travail et d'énergie, lui
défaut. L'éducation des enfants doit nécessairement s'en res-
tir; les fils suivront l'ornière bureaucratique et encombreront
carrières déjà trop suivies. » Et voilà pourquoi votre fille est
ette.

. van der Laat, pour ranimer l'esprit d'entreprise, conseille les
ages d'études, et surtout l'éducation physique, trop négligée, qui
ifie le caractère, qui trempe la volonté.

HOUXEL.

LIGUE NATIONALE

CONTRE

LE RENCHÉRISSEMENT DU PAIN ET DE LA VIANDE

La Ligue a tenu le 18 janvier une grande réunion publique, présidée par M Léon Say et à laquelle assistaient plus de 3.000 personnes [1]. Au bureau avaient pris place MM. Aynard, membre de la chambre de commerce de Lyon; Léon Permezel, président de la chambre syndicale des fabricants de soieries; Gros, président de la Ligue marseillaise contre l'élévation des droits; Colombon, délégué de la Ligue bordelaise; Champenois, président du syndicat des tissus de la région lyonnaise; Michal Ladichère, délégué de l'industrie soyeuse de l'Isère; Bruny-Pochoy, délégué de la chambre de commerce de Grenoble; Graux, député; G. Roy, president de la chambre de commerce de Paris; Hiélard, président des chambres syndicales de la Seine; Duplan, membre du conseil supérieur du commerce, etc.

M. Léon Say a ouvert la séance en prononçant l'allocution suivante :

Messieurs, la Ligue nationale formée pour combattre le renchérissement du pain et de la viande vous a convoqués pour vous exposer son but, son programme et ses moyens d'action. Ce que nous recherchons, ce sont les remèdes les plus efficaces pour mettre fin aux souffrances qui assaillent parfois les travailleurs dans notre pays, mais nous nous défions de l'intervention de l'État. (Applaudissements.)

Nous nous plaçons à un point de vue très général, ce qui nous permet d'oublier nos divisions politiques; et c'est pour cette raison que vous verrez aujourd'hui des hommes appartenant à tous les partis monter à cette tribune pour vous exposer leurs doctrines économiques, ce qui ne les empêchera pas demain, au Parlement ou ailleurs, de défendre leurs opinions politiques avec une entière liberté et une entière bonne foi. (Très bien ! très bien!)

Ce que nous voulons, c'est rechercher, comme je le disais tout à l'heure, ce qui peut profiter le plus aux travailleurs de notre pays. Nous ne fai-

[1] On trouvera le compte rendu complet de cette réunion dans le numéro du 31 janvier du *Bulletin de la ligue nationale contre le renchérissement du pain et de la viande*, 14, rue Richelieu.

sons pas de distinction entre les travailleurs ; nous ne les divisons pas en travailleurs ruraux et en travailleurs urbains ; nous croyons que leurs intérêts sont identiques, harmoniques et, en défendant les principes de liberté, nous estimons que nous défendons les intérêts de tous. (Bravos et applaudissements.)

Nous savons que ce qui menace les travailleurs ce sont ces redoutables phénomènes économiques qui s'appellent des crises, et qui, dans l'ordre économique, ressemblent aux terribles phénomènes de l'ordre physique qu'on appelle des cyclones et des tremblements de terre.

Ces crises sont commerciales, industrielles, agricoles. La crise industrielle qui sévit en ce moment est, comme vous le savez, des plus sérieuses. Ce n'est pas à Paris que j'ai besoin de parler de la crise commerciale, car je vois autour de moi un grand nombre de représentants du commerce parisien qui savent quelle est son intensité. Il y a enfin la crise agricole, qui est peut-être moins étendue, mais qui frappe incontestablement une partie de l'agriculture, surtout la grande culture du blé.

Nous avons entendu un département, où la prospérité agricole a été très grande pendant nombre d'années, jeter le premier cri d'alarme. A la suite de ce cri d'alarme, il a été ouvert une enquête sur la situation économique de ce département et on a pu constater que, si malheureusement il y avait des souffrances, ces souffrances heureusement n'étaient pas aussi générales qu'on l'avait supposé d'abord. Ce qui m'a frappé surtout, c'est qu'on est arrivé à une conclusion bien triste, il est vrai, mais bien conforme, je le crois, à la réalité, c'est que ce département, où l'on a joui d'une si grande prospérité agricole, où il s'est amassé tant de bénéfices pendant un certain nombre d'années, était, à l'heure qu'il est, un des plus arriérés de la France au point de vue de l'instruction agricole. (Approbation.)

Cela résulte du rapport adressé au Ministre par un agronome éminent, M. Risler, après qu'il a eu fait l'enquête demandée par le département lui-même. Mais il n'en est pas moins vrai que, dans ce département, comme dans beaucoup d'autres, la crise agricole se présente avec les mêmes caractères que toutes les crises industrielles, c'est-à-dire que les prix de vente sont bas et les prix de revient élevés, que la différence entre les prix de revient et les prix de vente ne laisse plus de marge pour le bénéfice auquel on était habitué et que quelquefois ce bénéfice peut même disparaître entièrement.

C'est alors qu'on s'est demandé s'il y avait un moyen de faire disparaître la différence, et il n'a pas manqué de personnes dans l'agriculture pour penser que cette différence pouvait être comblée par l'intervention de l'État, qu'elle pouvait l'être par un droit de douane arrêtant à la frontière l'importation des blés concurrents de l'Amérique ou de l'Inde. Il s'est produit, en effet, un phénomène qu'on peut croire anormal; pendant les dernières années, il y a eu une récolte abondante de blé dans tous les pays du monde. Généralement, lorsque la récolte est abondante dans un pays elle ne l'est pas dans un autre; il y a une sorte d'alternance; mais, cette année, toutes les forces de la nature se sont réunies pour faire naitre, croître et recueillir une abondante moisson, et nous avons eu comme la grande marée des blés. (Marques d'approbation.)

Peut-être peut-on déjà reconnaître à certains symptômes que ce phénomène ne saurait durer; peut-être est-on sur le point d'arriver à une situation plus normale. Mais, comme les intéressés ont été très touchés, qu'un certain nombre ont été malheureux, ils sont pressés, et demandent à l'État d'intervenir tout de suite par un droit sur les blés, et ce droit, présenté à la Chambre des députés, va être soumis dans quelques jours à la discussion. Le rapporteur de ce projet de loi, mon adversaire, mais mon ami, M. Graux, nous a demandé de parler aujourd'hui en réponse à ceux qui attaquent le projet qu'il a pour mission de défendre, et nous serons heureux de l'entendre. (Très bien !)

Mais, ce qui est remarquable, c'est que mon honorable adversaire, M. Graux, demande un droit de 3 francs sur le blé, que ce droit de 3 francs est demandé par lui avec un grand nombre d'agriculteurs, et que, cependant, presque tous les partisans de la mesure conviennent que ce droit sera insuffisant et ne produira aucun résultat ; de sorte que, en même temps qu'on constate une maladie, on apporte un remède, sachant qu'il ne sera pas efficace. Je considère que c'est une politique profondément immorale. (Vifs applaudissements.) Et je n'aimerais pas, pour ma part, si j'étais malade, que mon médecin me soignât avec des boulettes de mie de pain pour remonter ce qu'il appellerait « mon moral ». (Rires approbatifs.) Ceci ne doit pas se faire ; des législateurs dignes de ce nom doivent proposer des remèdes sérieux, quand ils croient qu'il y en a ; mais, si leurs remèdes ne sont pas sérieux, ils ne doivent pas les proposer. (Applaudissements.)

Je crains, pour ma part, qu'on veuille surtout ouvrir la porte pour aller plus loin; et alors je ne sais pas si le remède serait efficace pour les agriculteurs; mais je sais qu'il produirait beaucoup de mal et un mal considérable d'un autre côté; il n'est pas difficile de le prouver. Je considère qu'un droit sur le blé, c'est-à-dire un droit sur l'alimentation publique, ne peut pas être dénommé autrement qu'un impôt sur la main-d'œuvre. Cet impôt sur la main-d'œuvre, est-il opportun de l'établir? Si la crise industrielle, dont je vous ai parlé, nous menace aujourd'hui, vous savez bien que c'est parce que nous ne pouvons pas lutter contre certains produits étrangers qui supportent des frais de main-d'œuvre moins élevés que ceux des produits similaires français. Si la main-d'œuvre, en s'éle-

peut donner un plus grand bien-être au travailleur, il ne faut pas charger par des impôts qui empêcheraient nos produits d'être ex-
;.

t la raison pour laquelle nous demandons à nos amis de nous aider ›usser un droit sur le blé; nous considérons ce droit comme un sur la main-d'œuvre. (Applaudissements prolongés.)

ıe puis pas, présidant cette réunion, abuser de la parole, puisque la donner à des orateurs que vous serez heureux d'entendre.

ıs ne pouvons, faute d'espace, reproduire tous les discours qui é prononcés dans cette réunion; nous sommes obligés de ren- au *Bulletin* pour ceux de MM. Frédéric Passy, Graux, rappor- le la commission de la Chambre des députés, à qui la parole a ›éralement accordée pour soutenir la thèse protectionniste; ›oy, Édouard Millaud et Leboucher, représentant des groupes histes, qui ont essayé sans succès de pratiquer leurs doctrines épens de la réunion; nous nous bornerons à reproduire l'élo- e réponse de M. Raoul Duval au plaidoyer protectionniste de aux :

Raoul Duval. Messieurs, vous venez d'entendre un homme qui est rsaire nettement déclaré des doctrines de la Ligue contre le ren- sement du pain et de la viande, que nous cherchons à faire pré- ‹ Mon collègue et ami M. Graux est absolument, au point de vue inions, aux antipodes de celui qui vient lui répondre devant vous; e commence par rendre hommage au courage de mon contradic- Il a cru, par une conviction très ferme, très sincère, qu'il devait dans ce grand milieu parisien, soutenir des intérêts qui lui sont car il a accepté la mission de les défendre. Il a donc parfaite- bien fait, et, pour mon compte, j'applaudissais tout à l'heure à ıractère et à son courage, mais je me permets de lui dire que je audissais pas à ses doctrines. (Rires.)

terminé par un argument qui était le plus mauvais qu'il pût in- r pour sa cause; il nous montrait la valeur du prix du pain d'un e la frontière française, et de l'autre, en Allemagne, dans un pays é, malheureusement pour nous, mais dans un pays encore fran- › cœur (Applaudissements), il nous disait que le pain était meil- ıarché à Metz qu'à Nancy, quoique les droits fussent plus élevés emagne; mais il oubliait une chose, c'est que l'ouvrier allemand ›nsé par ces droits de douane dont il paye la rente aux riches pro- res de son pays, et qu'il est obligé de manger un pain noir dont ıne ne voudrait en France. (Applaudissements.)

nt à ceux qui sont partisans de la protection douanière, je n'ai qu'une chose à leur souhaiter, dans notre intérêt à tous, c'est qu'ils aillent par toute la France promener leur apostolat, et notre cause à nous sera cause gagnée ! (Rires approbatifs et applaudissements.)

Voix : Jamais !

M. *Raoul Duval*. Tout à l'heure, l'honorable M. Graux essayait, pour justifier la surélévation des droits de douane sur le blé et la viande, d'invoquer l'intérêt des cultivateurs, et disait que c'était surtout celui des petits cultivateurs qu'il défendait. Pour moi, qui représente un arrondissement agricole en même temps qu'industriel dans certaines parties, je proteste nettement contre une pareille affirmation, pour un motif bien simple, c'est que les petits cultivateurs ne vendent pas de blé. (Approbation.)

J'ai l'honneur d'être maire d'une commune en Normandie; il s'y trouve 288 ménages; la plus grande partie ne récolte pas de blé, elle achète son pain; l'autre partie consomme ce qu'elle récolte, et une vingtaine de ménages seulement vendent une partie de leur récolte. Pour faire un petit bien à 20 ménages, vous allez faire énormément de mal à 268.

Voix : C'est vrai !

M. *Raoul Duval*. La question est excessivement simple, elle se résout pour nous à ceci : Y a-t-il trop de pain et trop de viande en France?

Voix nombreuses : Non ! non !

M. *Raoul Duval*. Je suis de ceux qui disent qu'il y a malheureusement encore trop peu de pain pour toutes les bouches et encore bien moins de viande ! (Applaudissements.)

Voix : Parlez pour vous ! (Bruit.)

Plusieurs membres : Ne tenez pas compte des interruptions !

M. *Raoul Duval*. Une interruption est quelquefois bonne, surtout quand elle n'est pas malveillante, et, dans tous les cas, quand par hasard on l'entend, on a intérêt à y répondre immédiatement. Mais j'en profite d'autant plus que je tiens à ce qu'on sache une chose, c'est que tous les agriculteurs ne réclament pas la protection. Je suis, pour mon compte, agriculteur ; j'exploite une assez grande quantité de terre, j'élève des bestiaux, mais je vous déclare que je suis effrayé quand je vois le prix auquel nous sommes obligés de vendre ; et, quand ce prix de vente est de 90 centimes la livre depuis les plus bas quartiers, je me demande comment peuvent faire ceux qui gagnent péniblement leur vie en travaillant du matin au soir, et qui ont une femme et plusieurs enfants à nourrir. (Mouvement.) Moi, vendeur de viande, je la trouve beaucoup trop chère, et je voudrais, au contraire, qu'il y en eût pour toutes les bouches, pour tous ces enfants dont on ne peut pas faire des hommes vigoureux et forts, précisément parce qu'on n'a pas assez à leur donner à manger ! Oui, je voudrais, par-dessus tout, le bon marché pour le pain et pour la viande, dût la rente de la terre en baisser un peu. (Bravos et applaudissements.)

Eh ! oui, messieurs, dût la rente de la terre en baisser un peu, car c'est surtout une question de fermages que nous avons en face de nous et pas autre chose ! Vous allez en juger tout de suite. Regardez autour de vous : aujourd'hui, est-ce qu'il n'y a pas dans toutes les situations sociales une gêne pour l'existence ? Depuis quelque temps, est-ce qu'il n'y a pas une véritable crise qui pèse sur tous ? Est-ce que les valeurs de bourse ne sont pas écrasées ? Est-ce que les valeurs commerciales n'ont pas de peine à trouver leur placement ? Est-ce que celui qui avait un revenu de 10.000 ou 12.000 fr. il y a dix ans, n'a pas vu ce revenu diminuer ? Mais au nom de quoi celui qui a placé sa fortune en terres vient-il demander à ceux qui sont déjà atteints dans leurs ressources, dans les produits de leur travail, de lui donner une part de ce qu'ils ont déjà trop de peine à gagner, afin que la rente de la terre ne baisse pas ? (Très bien !) Cela juge absolument la question !

M. Graux, d'un autre côté, a dit que l'importation n'a jamais produit le bon marché, et il vous en a cité un singulier exemple. Il vous a dit qu'à un moment le maïs, qui venait d'Amérique, valait moins cher à Liverpool qu'à Chicago, le lieu d'exportation. Or, comme je ne sache pas que les Anglais aient jamais produit de maïs, mais qu'ils en achètent pour le consommer, pour le transformer en viande, afin que les ouvriers aient de quoi manger, s'il se trouvait meilleur marché à Liverpool, c'est parce qu'un grand nombre d'individus avaient fait en même temps la spéculation d'en importer et en ont importé plus que les acheteurs n'en ont demandé ! (Rires et applaudissements.)

Si bien que la consommation, qui ne dépassait pas, il y a quinze ans, 100 millions d'hectolitres, est aujourd'hui de 115 à 120 millions ; c'est donc un très gros bénéfice et je me hâte de dire que ce bénéfice, qui a été considérable pour les ouvriers des villes, a été plus considérable encore pour les ouvriers des campagnes, car c'est là surtout que la consommation du pain blanc a augmenté. Autrefois, dans les campagnes, on ne mangeait guère que du pain de méteil ; aujourd'hui, on a du pain blanc.

Une voix. C'est pour cela que le pain a augmenté !

M. *Raoul Duval.* Le pain a augmenté, mais il y a une chose à laquelle vous ne faites pas attention, c'est qu'autrefois on boulangeait son pain à la ferme et qu'aujourd'hui, dans les campagnes, heureusement a pénétré partout l'habitude du boulanger qui vend de bon pain à domicile. C'est le principe de l'association, le plus fécond des principes que nous ayons vus avec bonheur se développer à notre époque. C'est que, à une certaine distance, tout le monde s'associe pour dépenser le moins de temps possible parce qu'il en reste davantage pour travailler; alors le boulanger avec un cheval et une voiture fait le service de tout le monde; on paye un peu plus cher; on paye non pas le pain, mais le service qui a été rendu! (Applaudissements.)

Je ne veux pas, Messieurs, abuser de votre attention; il y a cependant quelque chose qui justifie l'émoi que vous voyez se produire aujourd'hui dans une fraction des populations de nos campagnes; et comme la première de toutes les conditions, quand on veut traiter les questions qui touchent à l'alimentation publique, les affaires générales d'un grand et beau pays comme la France, c'est de savoir être juste, je vous demande maintenant la permission de faire à l'assemblée une observation. Oui, il y a quelque chose à faire! Pourquoi? Parce que, M. Graux le disait, nous avons voté des droits de douane plus élevés il y a quelque temps, nous avons remplacé des droits qui diminuaient au fur et à mesure que la valeur du produit baissait par ce qu'on appelle dans le langage douanier des tarifs spécifiques. C'est un mot qui a l'air de ne vouloir rien dire, mais je vais vous le faire comprendre tout de suite. Quand on met un droit à la valeur, — supposez 10 0/0 sur le vêtement que je porte, — si le prix de mon vêtement diminue de moitié, le droit ne sera plus que de 5 0/0 de ce qu'il était à l'origine. Si, au contraire, vous mettez un droit au poids, au fur et à mesure que l'industrie fera des progrès et que l'objet que j'achète baissera de valeur, le droit montera en proportion inverse. Par conséquent, lorsque ces messieurs ont préconisé et voté la substitution du tarif spécifique au tarif à la valeur, ils ont en réalité énormément aggravé l'impôt que chacun de nous paye à l'industriel producteur du produit surtaxé. Je vais vous rendre cela extrêmement sensible par un exemple criant. Je voyais tout à l'heure autour de nous — car non seulement nous avons ici les représentants du grand travail parisien, mais quelques-unes des plus grandes villes de notre pays se sont fait représenter devant vous, — je voyais tout à l'heure les représentants de la région du Sud-Est, de Lyon, de Saint-Etienne, et je n'apprendrai rien à aucun d'entre vous en disant qu'on vit là du tissage de la soie. Je vous apprendrai encore moins qu'aujourd'hui nous aimons les étoffes à bon marché, de sorte que l'on ne fait plus des étoffes de soie pure; on habille une trame de coton avec de la soie. Donc le fil de coton est pour le tisseur de Saint-Etienne ou de Lyon une matière première qu'il emploie. Elle était taxée à 3 fr. 25 c. par kilogramme de coton. C'est là un tarif spécifique. Quand on mit ce droit en 1860, le kilogramme valait 31 fr.; il a baissé depuis lors jusqu'à 14 ou 15 fr.; de sorte que, par le fait, le droit a doublé et, ce qu'il y a d'extraordinaire, c'est que précisément ceux que je vois à la tête de cette campagne archi-protectionniste et qui aujourd'hui vont partout, cherchant à soulever l'opinion des populations rurales pour demander un surenchérissement à leur profit, soient précisément des industriels qui filent du coton! (Hilarité générale et vifs applaudissements.)

Vous voyez donc, Messieurs, qu'il faut singulièrement se tenir sur ses gardes et ne pas accepter de prime abord les choses, simplement pour les mots qui les expriment, parce qu'il n'y a rien de plus dangereux dans les affaires d'un pays que de se payer de mots. Quand il s'agit de ce qui est la chose la plus essentielle, sans laquelle nous ne pouvons pas vivre, du pain, du blé, de la viande, nous devons faire tous nos efforts pour que cela soit au meilleur marché possible. Nous devons d'autant plus le faire que c'est la condition de l'existence même de notre pays; car il ne faut pas oublier que nous ne sommes pas un pays né d'hier; nous avons une grande industrie qui a gagné peu à peu le monde tout entier par l'élégance, par le goût et l'habileté de nos ouvriers, et, quand je parle devant un public parisien, je n'oublie pas que le plus grand marché du travail de notre pays, c'est Paris. Les étrangers parlent toujours de Paris; on ne le connait que par son éclat extérieur, par ses boulevards, ses théâtres. Il semblerait que Paris ne soit qu'une ville de plaisirs; mais ce n'est pas du tout cela qui fait sa gloire et son honneur, c'est que c'est le plus grand marché du travail en France. Il n'y a pas de ville où l'on peine davantage, où l'on travaille plus qu'à Paris. (Applaudissements.)

De quoi vit-on? On y vit en grande partie du travail qui porte ses produits à l'étranger, précisément parce qu'on aime en général à se modeler sur nous, parce que nous avons toujours eu le caractère agréable (rires), parce que nous avons beaucoup de goût, parce que nos femmes s'habillent beaucoup mieux que celles d'outre-Rhin (rires et applaudissements); ce qui fait que de l'autre côté de l'Atlantique on aime mieux venir chercher des modèles à Paris qu'à Berlin. (Applaudissements.) Oui, mais pour pouvoir soutenir cette concurrence-là, il faut que nous puissions travailler à très bon marché, car, si nous avons en face de nous des adversaires qui ne peuvent pas lutter par le goût, ils luttent par la diminution des prix de revient; ils dépensent très peu pour vivre, et alors ils demandent très peu pour travailler, et ils vendent leurs produits à meilleur marché; de sorte que le bon marché du produit est aujourd'hui pour l'industrie française et principalement pour l'industrie parisienne une question d'existence. (Nouveaux applaudissements.)

Depuis deux ans, malheureusement, les exportations de cette industrie parisienne diminuent; il y a quelques années, nous importions des produits fabriqués pour 600 millions contre une exportation de 1.800 millions, nous avions par conséquent 1.200 millions de bénéfice, et c'étaient en grande partie des produits du Sud et des produits parisiens. Mais, aujourd'hui, je constate avec un grand chagrin que ce qu'on appelle l'article de Paris a baissé de plus de 70 millions de francs; et pourquoi?

Une voix. Parce que l'Allemagne nous inonde.

M. *Raoul Duval*. Précisément parce que la main-d'œuvre y joue un rôle plus important que dans toute autre industrie. Vous savez que ce qu'on appelle le bibelot, l'industrie de Paris, ce sont des objets dont la matière première a peu de valeur; c'est du bois, ce sont des rognures de métal; par conséquent, lorsque l'exportation diminue de 70 millions dans une année, vous pouvez dire qu'en profit industriel il y a peut-être 35 millions de perdus. Il faut donc que l'ouvrier français travaille au meilleur marché possible; il faut que ce dont il a besoin pour vivre lui soit livré au plus bas prix possible. (Applaudissements.)

Une voix. Il faut protéger l'industrie française!

M. *Raoul Duval*. La conclusion, c'est qu'il faut avoir la fierté nationale de dire que nous pouvons travailler aussi bien et mieux que les autres et produire au même prix et nous pouvons y arriver. Il faut que l'ouvrier français, qui travaille mieux incontestablement que les autres, puisse livrer son produit au même prix, afin qu'il soit préféré. Or, il ne peut le faire que si l'on met à sa disposition à très bon marché les choses indispensables pour vivre. (Vifs applaudissements.)

On me dira : l'agriculture est donc condamnée à périr? Je réponds à cela que ce n'est pas par des droits que nos adversaires appellent compensateurs, qui ne seraient qu'une charge de plus mise sur le travail, qu'il faut poursuivre l'amélioration de la situation des agriculteurs; à mon sens, c'est par ce que j'appellerai des dégrèvements compensateurs.

Une voix. En attendant, on ne fait rien pour eux.

M. *Raoul Duval*. En attendant, il n'y a rien de mieux et de plus pratique à faire; nous pouvons faire des économies en diminuant notre outillage administratif, et elles permettraient de réduire sensiblement l'impôt qui pèse sur la terre en culture.

Un membre. Elles sont jolies, les économies que vous faites!

M. *Raoul Duval*. Je ne vous parle pas des économies que nous faisons, je vous parle de celles qui seraient à faire et qui peuvent être faites.

Le même membre. Qu'on les fasse!

M. *Raoul Duval*. Cela permettrait de venir en aide à l'agriculture, sans surcharger personne, et cela aurait un premier résultat excellent, celui d'enlever à certains départements une charge qu'ils supportent plus lourdement que les autres, parce que l'impôt foncier est inégalement réparti, parce qu'il est réparti en suivant encore les règles de cet ancien régime qui a disparu il y a cent ans.

Voilà pourquoi vous avez des départements surimposés ; or, pour les ramener au niveau des autres et leur faire beaucoup de bien, il suffirait de 12 millions. Ce n'est pas une somme bien considérable, et, si on obtenait ce résultat, on pourrait mettre la terre qu'il cultive à la disposition du cultivateur, absolument comme l'ouvrier a son outil libre d'impôts. On ne frappe pas d'un impôt l'enclume du forgeron ; on ne devrait pas plus en frapper la terre que l'on cultive pour vivre, parce que c'est un outil de travail. (Applaudissements.)

Une voix. C'est une marchandise !

Une autre voix. Elle est frappée d'impôts et tous les outils aussi !

Autres voix. Et les patentes ? (Bruit.)

M. *Raoul Duval.* Il ne suffit pas, pour triompher, d'opposer une résistance passive : toutes les résistances passives finissent par être vaincues. Il faut que nous fassions la part du juste et du vrai et, pour mon compte, vivant une bonne partie de l'année à la campagne, représentant un arrondissement agricole, je ne crains pas de m'exposer à l'impopularité électorale en combattant le relèvement des droits auxquels on veut arriver ! (Applaudissements.)

Oui, si je dis cela, ce n'est pas pour faire une réclame électorale personnelle, attendu que, si je reste dans les Chambres ou si j'en sors, c'est de peu de conséquence pour moi et c'est de nulle conséquence pour notre pays. J'ai voulu simplement, moi agriculteur, me permettant de parler devant un public parisien d'une question qui touche à l'agriculture, assurer, au moins, à l'opinion que je suis venu défendre devant vous, le bénéfice de la sincérité, car je lui apporte le bénéfice du désintéressement. (Vifs applaudissements.)

J'ai fini, Messieurs, et je conjure l'assemblée de se réunir dans une manifestation d'ensemble, afin de protester contre le projet de loi dont la Chambre des députés est saisie, parce qu'il constituerait à mon sens un immense malheur en grevant la main-d'œuvre française et en portant une atteinte plus mortelle que jamais à l'exportation des produits que nous envoyons dans tous les pays du monde, de ces produits modèles qui portent partout l'influence et le génie de la France, de ces produits grâce auxquels nous avons eu dans le monde entier cette place qui a été si longtemps la première, que nous avons malheureusement perdue, mais que nous reconquerrons, j'en suis convaincu. (Applaudissements.)

Les réunions comme celle-ci ont un immense avantage, c'est de grouper des Français de toutes les opinions, mais ayant un seul objectif : la prospérité et la grandeur de la patrie. Je me plais à espérer que, quand on a lutté pour une pareille cause, on ne se sépare jamais d'une façon complète et définitive, et que ceux qui ont livré ensemble par la grandeur et le développement de leur pays le même combat ne se retrouveront jamais d'irréconciliables adversaires ! (Bravos et applaudissements.)

A une immense majorité l'assemblée a voté l'ordre du jour suivant, proposé par le comité de la Ligue :

« La réunion invite la Ligue nationale à combattre énergiquement les projets de loi relatifs à l'élévation des droits sur les céréales et les bestiaux, toute surtaxe devant avoir pour effet de provoquer un renchérissement de la vie et une augmentation dans le prix de la production. »

Plusieurs réunions et conférences ont eu lieu dans les départements. A Palaiseau (Seine-et-Oise) dans une réunion présidée par M. Frédéric Passy, toujours infatigable, M. Hautefeuille a critiqué le rapport de M. Georges Graux et démontré que le bétail et le blé américains, sans oublier le froment de l'Inde, ne sont pas aussi redoutables que les protectionnistes veulent bien le dire. A Avranches et à Granville, il a soutenu la même thèse devant un nombreux et sympathique auditoire. A Angoulême, dans une grande reunion, présidée par M. le docteur Bessette et M. Ducasse, membre de la chambre de commerce, M. Léon Chotteau a réclamé le maintien des droits actuels et la libre entrée des viandes américaines. A Courbevoie, M. Dubourg, professeur au Lycée Henri IV, a fait une conférence qui avait attiré plus de mille auditeurs. M. Dubourg a combattu énergiquement les droits proposés et l'assemblée lui a prouvé par ses applaudissements unanimes qu'elle partageait sa manière de voir.

A Pontoise, où une réunion publique a été convoqué par M. Fouyer-Quertier, l'honorable sénateur protectionniste s'est refusé à accepter un débat contradictoire qui lui était offert au nom de M. Léon Say.

Une « Ligue populaire contre les droits sur le blé » s'est constituée à Paris, concurremment avec la Ligue présidée par M. Léon Say, et elle a publié le manifeste suivant :

Chers concitoyens,

Une augmentation des droits sur le blé est en ce moment demandée à la Chambre des députés. Cette proposition menace dans sa subsistance toute la population ouvrière des villes et des campagnes. Le droit projeté augmenterait le prix du pain.

C'est un malheur qu'il faut empêcher.

Les travailleurs agricoles sont exposés à souffrir du renchérissement du pain tout autant que les travailleurs des villes. Et, cependant, pour dissimuler le caractère odieux de cette loi, on la présente comme devant soulager l'agriculture française, qu'écrasent de trop lourds impôts.

Trompeuse pour les campagnes, la loi, si elle était votée, serait un désastre pour les villes, où des charges de toute sorte rendent le commerce et l'industrie de plus en plus difficiles et de moins en moins lucratifs. Le renchérissement du pain serait donc une véritable calamité.

La *Ligue populaire contre le droit sur le blé* s'est fondée pour opposer à l'adoption de cette loi une résistance vigoureuse et efficace. Elle dénoncera publiquement la fausseté des prétextes allégués par les partisans de la cherté du pain; elle fera ressortir l'iniquité de la loi et ses dangers; elle démontrera, avec le concours même du peuple, que le peuple sait discerner ses vrais intérêts et qu'il est prêt à les défendre.

La Ligue n'ignore pas de quelle influence disposent les intérêts restreints, mais avides et puissants, qu'elle combat. Confiante, toutefois, dans l'utilité de sa tâche, elle appelle le concours de tous les esprits éclairés et sincères, afin d'épargner au pays une épreuve cruelle et dangereuse.

Le Comité de la Ligue populaire contre le droit sur le blé.

Paris, le 20 décembre 1883.

La « Ligue populaire » a tenu le 1er février une réunion publique dans la salle Rivoli. Après avoir entendu MM. Maujean, président, Brialou, Achard, députés, Gelisse, Pinaud et plusieurs autres orateurs, elle a adopté l'ordre du jour suivant :

« Les citoyens réunis à la salle Rivoli, considérant qu'un nouveau droit sur les blés étrangers aurait pour conséquence l'augmentation du prix de la vie, tandis que c'est, au contraire, par une diminution des charges publiques qu'il faut chercher le remède aux souffrances des travailleurs, protestent énergiquement contre les mesures fiscales proposées par le gouvernement et enjoignent à leur représentant de les repousser. »

Un de nos abonnés nous adresse les réflexions suivantes au sujet du trouble que les protectionnistes, alliés aux anarchistes, ont essayé de jeter dans la réunion de la salle Tivoli.

Le compte rendu de la séance publique organisée par la Ligue contre la cherté du pain et de la viande suggère des réflexions de plus d'une sorte. Il nous montre surtout qu'on n'a pas encore dans notre pays une idée bien nette de ce grand instrument d'instruction, si longtemps demandé, les réunions publiques.

Lorsque la réunion de la ligue a été annoncée, M. Graux, député, a réclamé, comme un droit de bienséance, d'être entendu à titre de contradicteur. Une fois la réunion ouverte, plusieurs protectionnistes et anarchistes s'y sont introduits pour faire du bruit; ces derniers ont réclamé violemment pour obtenir la parole et s'en sont servis, selon leur habitude, pour débiter des injures et des affirmations violentes sans raison ni preuve.

Cependant la salle était louée par les organisateurs de la réunion : cette salle était, pour le moment, leur propriété ; ils étaient chez eux et pouvaient en faire tel usage qu'ils jugeaient convenable. Ils avaient voulu assurément exposer et discuter les principes qu'ils professent pour résister à l'établissement de l'impôt proposé, dont l'effet doit être l'enchérissement du pain et de la viande. Leur but était de donner un enseignement, bon ou mauvais, plaisant ou déplaisant, peu importe. Ils étaient en plein exercice d'un droit précieux, garanti par la loi et cher à tout ami de la liberté.

Eh bien! ce droit a été absolument méconnu et violé par les protectionnistes bruyants et par les anarchistes. Les uns et les autres se sont opposés, autant qu'ils l'ont pu, à l'exercice de ce droit. Au nom de qui et de quoi ? Au nom de la force brutale, en prenant hautement la qualité de tyrans.

Quand, au nom du premier ou du second Bonaparte, on empêchait les réunions publiques, l'opinion publique protestait. Et lorsque M. Leboucher et sa bande viennent essayer de faire ce qu'ont fait les Bonaparte, d'empêcher les citoyens libres de se réunir et de professer leurs opinions, on ne proteste pas. Est-ce qu'on se figure, par hasard, que la liberté n'est que la faculté, pour chacun, de faire et dire partout et toujours tout ce qu'il lui plaît ? Mais alors ce serait la sauvagerie.

Les organisateurs d'une réunion publique ont le droit d'en déterminer le programme et d'en faire la police. Ils sont chez eux. Ceux auxquels leurs paroles déplaisent n'ont qu'à ne pas venir ou à se retirer : s'ils viennent et restent, ils doivent respecter l'ordre et la liberté de la parole.

Si une réunion, convoquée par des affiches et dont les frais seraient payés par une collecte faite en sortant, avait pour but de délibérer sur une question d'intérêt public ou collectif, comme on en a vu quelquefois, on comprendrait que les règles de sa tenue fussent tout autres.

Mais nous ne croyons pas que la délibération et la discussion soient à leur place dans une réunion publique ouverte et nombreuse. La délibération et la discussion ne peuvent avoir lieu utilement qu'entre un nombre d'hommes relativement restreint, sans développements oratoires, en peu de mots, par un dialogue serré. Nous comprendrions fort bien que des personnes désireuses d'éprouver par la contradiction la solidité de leurs opinions propres provoquassent des réunions publiques dans ce but. M. Graux, par exemple, aurait pu provoquer une réunion d'hommes compétents, pour une conférence dans le sens véritable du mot, pour contredire et être contredit. Cela eût été plus utile qu'un discours prononcé au milieu du bruit d'une réunion publique et emporté par le vent.

En résumé, les réunions publiques sont un moyen excellent pour l'exposition d'opinions et de doctrines, mais à une condition, c'est que l'ordre y règne, ce qui n'admet guère l'exposition d'opinions contraires. Ces opinions, ces doctrines attaquent ou se défendent par des réunions publiques. Chaque opinion, chaque doctrine peut avoir les siennes et combattre à armes égales.

Mais ce qui est absolument inadmissible, c'est qu'un certain nombre d'individus prennent pour tâche de troubler les réunions publiques qui leur déplaisent et de s'emparer en quelque sorte de toutes celles qui peuvent être ouvertes, par la force brutale, pour énoncer et répéter sans cesse et partout les extravagances qui peuvent leur passer par la tête : ces procédés tyranniques doivent être absolument flétris et il importe, pour que les droits de tous soient sauvegardés, que les organisateurs des futures réunions publiques prennent des mesures pour que ces réunions ne soient pas troublées.

Les précautions sont d'autant plus nécessaires que les bandes de perturbateurs ne sont animées par aucun intérêt ni par aucune passion connue et avouable. La question discutée par la Ligue dans sa réunion publique était celle de savoir si l'on pourrait s'opposer à l'établissement d'un impôt nouveau, ajouté à tous ceux que payent les Français, pour indemniser les propriétaires fonciers de la baisse de leurs fermages. Lorsque des gens qui parlent sans cesse du peuple et au nom du peuple, des ouvriers surtout, viennent troubler une réunion destinée à combattre les prétentions des propriétaires de terres, il y a lieu de réfléchir et de se demander quelles ont bien pu être leurs intentions, car ce ne sont pas évidemment celles qu'ils affectent.

BULLETIN

PUBLICATIONS DU « JOURNAL OFFICIEL ».

1er janvier. — **Décret** supprimant le *Bulletin des communes* et créant l' « édition des communes » du *Journal officiel*.

4 janvier. — **Arrêté** transformant en médailles d'argent des médailles de bronze précédemment décernées à des agents des postes et télégraphes.

6 janvier. — **Enquête** séricicole de l'année 1884.

8 janvier. — **Décret** désignant les bureaux de douane ouverts à l'importation et au transit des animaux des espèces chevaline, asine, bovine, ovine, caprine et porcine, et les bureaux qui sont et demeurent fermés à l'importation et au transit desdits animaux.

9 janvier. — **Décret** portant fixation du prix de vente de la poudre de mine livrée à l'exportation.

— fixant la taxe des communications téléphoniques.

10 janvier. — **Décret** décidant que les locaux du palais de l'industrie affectés à l'exposition du travail de 1885 sont constitués en entrepôt réel des douanes.

— **Arrêtés** réglant les conditions du tirage au sort des obligations trentenaires du Trésor et instituant une commission à l'effet de procéder aux opérations de ce tirage.

11 janvier. — **État** des contributions directes, des taxes assimilées et de l'impôt sur le revenu de valeurs mobilières.

— **Impôts** et revenus indirects en France. — **États** comparatifs des recettes de l'année 1884, avec les évaluations budgétaires de la même période et avec les recettes de l'année 1883.

— **Impôts** et revenus indirects en Algérie. — **États** comparatifs des recettes des onze premiers mois de 1884, avec les évaluations budgétaires de la même période et avec les recettes des onze premiers mois de 1885.

15 janvier. — **Décret** autorisant l'adjonction d'une nouvelle forme de télégramme à expédier par les tubes pneumatiques à l'intérieur de Paris.

17 janvier. **Loi** ayant pour objet la déclaration d'utilité publique et la concession définitive à la compagnie du chemin de fer de Paris à Orléans de la ligne de la limite de Seine-et-Oise, vers Auneau, à Étampes.

18 janvier. — **Commerce** de la France pendant l'année 1884.

— **Loi** ayant pour objet de déclarer d'utilité publique l'établissement, dans le département de l'Yonne, du chemin de fer d'intérêt local, à voie étroite, de Laroche à l'Isle-sur-Serein, avec gare d'eau sur l'Yonne, à Laroche.

— **Loi** ayant pour objet de déclarer d'utilité publique l'établissement d'un réseau de chemins de fer d'intérêt local dans le département de la Somme.

20 janvier. — **Relevé** des objets d'or et d'argent présentés à la marque ou à la vérification, tant pour la consommation en France que pour l'exportation, du 1er janvier au 31 décembre 1884.

23 janvier. — **Décret** ouvrant plusieurs bureaux de douanes à l'importation et au transit de la librairie venant de l'étranger.

24 janvier. — **Décret** prescrivant la promulgation de la convention, avec protocole annexe, conclue, le 9 juillet 1884, entre la France et l'Italie, pour la garantie réciproque de la propriété des œuvres de littérature et d'art.

25 Janvier. — **Décret** rendant exécutoire le tarif de douane voté par le conseil général de la Réunion pour certaines marchandises importées dans la colonie.

— **Relevé** des quantités de froment (grains et farines) importées et exportées du 1er août 1884 au 31 décembre 1884.

26 janvier. — **Rapports** adressés par M. le résident général à Hué sur la situation agricole, industrielle et commerciale du Tonkin.

27 janvier. — **Tableaux** des intérêts et amortissements de la rente 3 0/0 amortissable.

28 janvier. — **Décret** portant fixation du droit à percevoir sur l'huile de palme (territoire d'Assinie).

29 janvier. — **Notice** sur les communications par télégraphie optique entre la Réunion et Maurice.

Les mines de l'Annam et du Tonkin. — Nous reproduisons une partie intéressante du Rapport présenté au ministre de la marine et des colonies au nom de la commission des mines de l'Annam et du Tonkin par le président de cette commission, M. Lamé-Fleury.

I.

... Tout d'abord, monsieur le ministre, la commission s'est préoccupée des principes généraux d'après lesquels devait être rédigé le projet de règlement que vous attendiez d'elle. Une telle législation devant, plus que toute autre, se trouver en parfaite concordance avec les temps, les situations sociales, politiques et économiques, les lieux, il ne pouvait point être question d'introduire dans l'Annam un type législatif fondé uniquement sur des principes de métaphysique abstraite, pas plus que d'approprier purement et simplement à l'Extrême-Orient notre loi métropolitaine de 1810. Sans doute, il convenait de lui emprunter d'utiles indications sur les éléments indispensables que doit comprendre toute législation de cette nature; mais il importait aussi d'éviter les écueils incontestablement signalés par une expérience qui date aujourd'hui de trois quarts de siècle, de profiter surtout des enseignements que fournit la comparaison des législations minérales, pour la plupart récemment remaniées, des principaux États, notamment de celles des pays neufs qui offrent le plus d'analogie avec le Tonkin dans la situation actuelle.

Le roi d'Annam étant originairement le propriétaire du fonds et du tréfonds de son royaume et ne s'étant jamais dessaisi du tréfonds, qui a toujours été défendu contre toute appropriation par les pénalités les plus sévères du code annamite, nous nous trouvions, aussi nettement que possible, en présence d'un état de choses dégagé de toute sujétion.

En prenant ce point de départ de l'institution de la propriété souterraine par le protectorat, la commission était à l'aise pour procéder à cette classification légale des substances minérales qui est la base essentielle de toute législation y relative. Elle n'a pas cru pouvoir mieux faire que de s'approprier le classement proposé par le conseil général des mines pour la Nouvelle-Calédonie, et homologué par le décret du 22 juillet 1883 : les matériaux de construction et les amendements ou engrais pour la culture des terres restent seuls à la libre disposition du propriétaire du sol. Toute contestation entre celui-ci et le propriétaire de la mine au sujet du classement d'une substance est tranchée par l'administration, eu égard à la simplicité du débat, exclusive d'un contentieux proprement dit (art. 1er).

En outre, la commission s'est trouvée dispensée de considérer la propriété superficiaire autrement que dans ses relations inévitables avec la propriété souterraine. La propriété du sol existe en somme dans l'Annam et au Tonkin, avec toutes les garanties désirables, et il importe de ne pas léser les intérêts des possesseurs que la France s'est donné pour mission de protéger. C'est ainsi que la commission a dû, pour tenir compte des circonstances locales, reconnaître aux propriétaires de terrains cultivés le droit exclusif d'exploiter les minerais d'alluvion qui peuvent y exister (art. 37).

En ce qui concerne l'institution de la propriété des mines en général, elle avait à considérer deux éventualités bien distinctes, pour lesquelles elle ne pouvait, par suite, adopter une solution unique. Les mines étaient connues ou inconnues.

Quant aux mines inconnues, elle devait s'attacher, monsieur le ministre, à vous proposer un système d'institution de nature à provoquer avant tout leur recherche. Or, le moyen le plus efficace pour encourager en cette matière l'initiative privée est, à coup sûr, ainsi que le montre une expérience déjà longue dans plusieurs pays, de donner à l'explorateur la possibilité d'entreprendre librement ses travaux de recherche et la certitude qu'il recueillera intégralement le fruit de tous ses efforts, c'est-à-dire de lui reconnaître la propriété des gîtes qu'il prétend avoir découverts. Empruntant donc résolument aux diverses législations allemandes, à la législation espagnole, aux législations américaines, le système de la prise de possession par simple droit de priorité, la commission s'est efforcée de placer l'explorateur minéral dans les conditions les plus favorables à son génie industriel, sans omettre cependant quelques prescriptions destinées à obvier aux abus qu'entraînerait une liberté illimitée.

L'absence de toute formalité inutile ou vraiment gênante (il est à peine besoin de faire remarquer que l'explorateur reste naturellement soumis aux prescriptions de police qu'en vertu de la législation générale l'administration peut édicter) ; la recherche des mines dans les terrains domaniaux, sans aucune entrave (art. 4), dans les terrains privés, moyennant le payement d'une indemnité préalable d'occupation, avec le consentement du propriétaire ou, au besoin et pour le cas d'une résistance nuisible de celui-ci, avec une autorisation administrative (art. 5); la délimitation authentique et matériellement très nette du périmètre réservé à un explorateur, dans des conditions de minimum et de maximum convenables (art. 9, 10 et 11) ; une simple déclaration faite par l'intéressé à l'administration (art. 12), puis une investiture de propriété souterraine dans un délai relativement court (section 2 du titre III), moyennant le payement d'une somme fixe et relativement modérée par hectare (art. 25), sans que cette administration ait même à intervenir pour constater la valeur de la découverte prétendue : tels sont les traits principaux du système libéral auquel la commission a cru devoir s'arrêter et dont les détails sont groupés dans les titres I et III, section 2, du projet de règlement.

Il était nécessaire que l'explorateur, dans la période originaire de son entreprise, pût avoir le temps de reconnaître le gisement soupçonné par lui et de procéder aux formalités préalables à toute constitution d'une propriété minière, sans être assujetti aux charges diverses qui doivent être réclamées seulement de l'exploitant devenu propriétaire définitif. Mais, d'autre part, il fallait éviter d'accorder à cet explorateur un délai trop long qui eût présenté l'inconvénient de soustraire inutilement des terrains à la libre recherche des mines ou de frustrer l'État des ressources sur lesquelles il doit légitimement compter. En outre, si le payement d'une somme fixe par hectare, au moment de l'institution de la propriété, se justifie par des considérations puissantes, ce payement, exigé d'un simple explorateur, pouvait avoir pour résultat de l'effrayer et, par suite, de l'écarter. Un délai de trois ans accordé à l'explorateur (art. 14) et une redevance de 20 à 40 fr. par hectare, suivant la nature de la mine (art. 25) ont finalement été adoptés par la majorité de la commission, la minorité trouvant ce délai trop long et cette redevance trop forte.

Cette minorité a, d'ailleurs, constamment manifesté la crainte que les conditions fiscales imposées à l'industrie des mines par le projet de règlement, dans les articles 45 (redevance annuelle par hectare variant entre 10 et 20 fr.) et 47 (droit de douane sur les produits des mines variant de 3 à 5 0/0), ne fussent empreintes de quelques exagérations.

Quant aux mines connues, pour lesquelles, par conséquent, il ne peut être question d'invention et d'initiative privée dont il soit utile de récompenser les heureux efforts, pour lesquelles le gouvernement n'aurait que l'embarras périlleux de faire un choix entre divers prétendants, la commission n'hésite pas, monsieur le ministre, à entrer dans la voie qui lui a été indiquée en votre nom et à vous proposer l'adjudication aux enchères publiques. C'est, d'ailleurs, le moyen le plus naturel de donner satisfaction aux deux intérêts en présence : l'intérêt du Trésor, qui doit ne pas négliger la moindre ressource entrant en compensation des responsabilités que comporte la mission civilisatrice du protectorat, et l'intérêt de l'industrie qui, en face de conditions simples et précises, sera, à tous égards, en mesure de calculer les chances de bénéfice qu'elle doit attendre de l'exploitation de toute mine à adjuger et, par suite, d'offrir un prix raisonnable pour l'acquisition de cette mine.

Ce système, qui avait déjà été préconisé en 1848, a, de la part du conseil général des mines, en 1873 et 1874, été l'objet d'avis favorables, conçus en termes qui méritent d'être ici reproduits : « Le système (de la loi de 1810) n'offre plus d'avantages et présente de grands inconvénients, dans le cas où il s'agit d'une substance minérale dont les conditions de gisement, parfaitement connues, ne donnent lieu à aucun mérite d'invention, alors que le conseil éprouve trop souvent un réel embarras à conclure en faveur d'un seul des concurrents qui peuvent se trouver en présence. Mais, en outre, la substitution de l'adjudication à l'institution gratuite d'une propriété qui a fréquemment une très grande valeur, procurerait toujours une source, légitime et fructueuse, de revenus pour le Trésor public. »

Tels sont précisément les motifs qui ont décidé la commission à abandonner, pour les mines connues, le mode de concession servant de base à la législation métropolitaine, et à lui substituer le mode d'adjudication dont les dispositions sont groupées dans la section 3 du titre III du projet de règlement.

En ce moment, quelques-uns des gîtes houillers de la côte du Tonkin et des îles adjacentes de la mer de Chine paraissent seuls constituer des mines connues. Mais il n'est point impossible que d'autres gîtes minéraux se trouvent ultérieurement dans une situation analogue qui cependant, dans la pensée de la commission, est destinée à toujours être exceptionnelle. Pour elle, c'est l'explorateur heureux qui sera véritablement le créateur de l'exploitation des richesses minérales que peut recéler le sol de l'Annam et du Tonkin. Si donc, en vertu de l'article 19, l'administration a le pouvoir discrétionnaire d'affecter à l'adjudication les mines d'une région ou d'une nature déterminée, elle devra, dans la pensée de la commission, user rarement de ce pouvoir : en procédant autrement pour des mines insuffisamment connues, qui ne seraient l'objet d'aucune compétition, en en écartant forcément, par suite, ces travaux de reconnaissance dont toute exploitation sérieuse doit être précédée, l'administration n'obtiendrait que des sommes infimes des mines ainsi adjugées ou entraverait le développement d'une industrie qu'elle a tout intérêt à voir prospérer.

La commission, unanime quant à l'adoption du principe de l'adjudication des mines, s'est partagée sur deux points d'application, au sujet desquels je dois par conséquent entrer dans quelques détails.

Le premier de ces points est le mode d'après lequel devra s'opérer l'adjudication quant à la base variable du forfait qui détermine la mise à prix.

La minorité proposait de n'adjuger les mines que pour une période de temps limitée, de faire porter l'adjudication sur la somme à verser dans les caisses de l'État pour un certain nombre des premières années d'exploitation, puis, de demander à l'adjudicataire une fraction déterminée de son produit net, qui serait calculé, pour chacune des périodes décennales restant à courir, d'après les résultats de la période immédiatement précédente.

La majorité n'a pas cru pouvoir adopter ce système, à raison des difficultés d'exécution qu'il comporterait. S'il semble offrir l'avantage d'atténuer, dans l'intérêt du Trésor, le caractère nécessairement aléatoire de toute adjudication, il présente le grave inconvénient de faire intervenir l'administration dans l'appréciation des bénéfices du propriétaire de mine et de donner ouverture à des contestations de la nature de celles qu'engendre incessamment, dans la métropole, l'assiette de la redevance proportionnelle sur les mines. Ce système a finalement paru à la majorité susceptible d'écarter de l'adjudication les capitalistes qui redoutent particulièrement l'exercice de la tutelle administrative et, par suite, de nuire aux intérêts du Trésor.

La commission vous propose donc, monsieur le ministre, de ne procéder à l'adjudication que sur une somme que l'adjudicataire aura à verser au Trésor pour prix de la propriété ainsi instituée.

La majorité a, en outre, pensé qu'il pouvait être utile de prévoir le cas où quelque circonstance exceptionnelle déterminerait l'administration à astreindre l'adjudicataire d'un gîte minéral à l'exécution d'un travail public, dans des conditions fixées avec précision par un cahier des charges. La minorité a vainement signalé les inconvénients que lui paraissait présenter cette confusion de deux industries de genre si différent, et généralement exercées par des entrepreneurs distincts, et ce mode peu usité de subvention en nature pour l'exécution de travaux publics.

Le second point sur lequel la commission n'a point été unanime est celui de la durée qu'il convenait d'assigner à la propriété des mines. La minorité, comme je viens de le faire pressentir, était opposée à la perpétuité.

Ainsi que le remarquait M. le ministre des travaux publics, le 6 mars dernier, en répondant à l'interpellation qui lui était adressée, à la Chambre des députés, au sujet de la grève des mineurs d'Anzin, « à toute époque, de très bons esprits se sont inquiétés de la perpétuité des concessions. On a soutenu que, lorsqu'il s'agissait d'un privilège, il eût été sage de limiter la durée de la concession, de façon que, à l'expiration de cette concession, les mines fissent retour à l'État, comme propriété de la nation, suivant l'expression de Mirabeau ». Et votre honorable collègue ajoutait : « Ce n'est qu'après de longs débats que le principe de la propriété perpétuelle a été admis, et c'est surtout pour la meilleure utilisation de nos richesses minérales, en raison des risques considérables et de l'importance des fonds à engager, que le législateur de l'époque s'est décidé dans ce sens et a voulu donner une large sécurité aux concessionnaires ; et il n'est pas possible de contester que le développement des exploitations, que l'extension de cette grande industrie, qui commande presque toutes les autres, sont dus en grande partie au régime inauguré par la loi de 1810. »

Ce sont ces considérations d'un ordre élevé qui ont déterminé la majorité de la commission à résister à la minorité. Sans se dissimuler les quelques avantages que pouvait offrir, pour les intérêts du Trésor, la durée temporaire de la propriété des mines, pour laquelle la minorité, après avoir d'abord proposé le terme de cinquante ans, comme dans notre loi de 1791 et dans une loi faite, en 1808, par Napoléon, pour l'Italie, était amenée à admettre celui de soixante-quinze ans et même de quatre-vingt-dix-neuf ans, comme en Turquie, la majorité a pensé que l'État sacrifierait aux avantages douteux qu'il pourrait espérer dans l'avenir les avantages certains et immédiats que le présent doit lui procurer. En effet, en présence de l'universalité des législations actuelles admettant le principe de la perpétuité de la propriété des mines, l'abandon de ce principe pourrait être, surtout pour une colonie, une innovation dangereuse, par cela seul qu'elle serait, moralement tout au moins, de nature à écarter les capitaux de l'industrie minérale que le Gouvernement français a à cœur de créer dans l'Annam et au Tonkin.

L'inconvénient de cette perpétuité sera, du reste, d'autant moins grand pour l'État, que l'étendue de chaque périmètre adjugé sera plus convenablement déterminé de façon à ne point excéder celle nécessaire à l'établissement d'un siège d'exploitation rationnellement conçu. Enfin les intérêts du Trésor seront complétement sauvegardés par la perception d'une taxe superficiaire (art. 45), relativement élevée, ainsi que je vais l'expliquer, indépendamment d'un impôt, purement fiscal, sur le produit des mines à l'exploitation (art. 47).

Qu'une mine soit créée par prise de possession ou par adjudication publique, elle est, à partir de son institution, soumise à un ensemble de règles, que la commission s'est efforcée de formuler en termes tels qu'elles offrent une sécurité complète aux entreprises sérieuses, qu'elles n'apportent aucune entrave au libre développement des exploitations, qu'elles constituent, au contraire, un régime légal éminemment favorable à l'extraction des substances minérales ; mais aussi que, dans les limites du possible, elles permettent d'éloigner ces spéculateurs qui se bornent à acquérir des mines, sans intention de les exploiter et uniquement pour les revendre, en les grevant ainsi d'un capital excessif, lequel suffit trop souvent à transformer une entreprise sortable en une détestable affaire.

C'est particulièrement afin d'atteindre ce but que la commission, pour chacune des trois catégories de mines qu'elle a été amenée à distinguer (art. 2), relativement à la nature des substances minérales, en vue d'écarter toute difficulté pouvant résulter de leur connexité dans un même gisement, a fixé le taux d'une taxe superficiaire qui, ainsi proportionnée à l'étendue du périmètre occupé, n'est point assez élevée pour paralyser les efforts de l'exploitant et l'est cependant suffisamment pour qu'il y ait généralement un intérêt véritable à ne pas laisser un périmètre improductif. Cet impôt a paru à la commission de nature à entraver la concentration dans les mêmes mains de surfaces considérables non exploitées, qui constitue, à tout prendre et pour rester sur le terrain de la pratique, le seul inconvénient réel de la perpétuité des mines.

D'ailleurs, si la propriété souterraine s'acquiert facilement par quiconque en veut réellement tirer parti et lui est garantie de toutes façons, elle est enlevée immédiatement à celui qui a manifesté, par le non-payement de ladite taxe superficiaire, exigée à l'avance, son intention de ne plus exploiter sa mine ou l'impossibilité de l'exploiter. La commission a voulu, par une sévérité qui n'est en somme qu'apparente (le propriétaire d'une mine sérieuse sera toujours en état d'acquitter l'impôt, tout au moins par un emprunt) obvier à l'accumulation de ces mines qui n'existent que sur le papier. Elle voudrait que toute mine qui, pour une raison ou pour une autre, n'est point exploitée par son propriétaire, redevînt libre, de manière à être réadjugée en temps et lieu à celui qui sera moins timide, plus habile, mieux pourvu de ressources, plus capable en un mot de la mettre en valeur.

Cette rigueur fiscale aurait même correspondu au cas unique de déchéance que la commission voulait prévoir, si elle ne s'était inéluctablement trouvée obligée de prévoir deux autres cas.

En effet, la propriété des mines sera entièrement assimilée à la propriété immobilière, sauf une double restriction à la libre transmissibilité : d'une part, une mine ne peut être vendue par lots ou divisée matériellement sans autorisation de l'administration ; d'autre part, celle-ci peut s'opposer à la réunion de plusieurs mines de même nature par une même personnalité individuelle ou collective. La déchéance était naturellement la seule sanction de cette seconde prescription, l'observation de la première étant assurée par la nullité des conventions qui y contreviendraient.

En second lieu, la déchéance devait être également prévue pour le cas où l'adjudicataire d'une mine, astreint exceptionnellement à l'exécution de travaux publics, se soustrairait à cette obligation.

En posant les règles de la renonciation et de la déchéance, la commission s'est efforcée, pour mieux assurer le crédit des exploitants de mines, de respecter les droits des créanciers dans la mesure que comportait l'organisation civile et administrative du pays, encore un peu rudimentaire à cet égard.

A un point de vue purement fiscal, la commission a pensé qu'il serait légitime de frapper les produits des mines d'un impôt modéré et dont la perception fût facile. Un droit de sortie *ad valorem*, variable avec la nature des substances, perçu par la douane, se trouvait naturellement indiqué. Sans doute, les produits qui seront consommés sur place échapperont à cet impôt, mais ils ne constitueront qu'une fraction peu importante de la production minérale; puis ils seront atteints, d'ailleurs, par les impôts auxquels sera assujettie l'industrie locale.

La majorité de la commission n'a point hésité, dans certains cas, à résoudre explicitement les difficultés plus ou moins habituellement soulevées par l'exploitation des mines et encore résolues, dans le métropole, par la seule jurisprudence, à raison du silence ou de l'insuffisance des textes législatifs. Bien que cette majorité n'ait pas cru, par suite de l'organisation rudimentaire du pays dont il s'agit, devoir suivre l'exemple de législateurs étrangers qui se sont fait remarquer récemment par le soin avec lequel ces problèmes de nature si particulière sont nettement abordés, la minorité ne laisse pas de craindre que le travail de la commission ne puisse être parfois taxé de prématuré.

Quoi qu'il en soit à cet égard, et sans entrer dans un examen détaillé des diverses dispositions de notre projet de règlement, que la lecture fait suffisamment connaître et dont je me trouve avoir déjà mentionné les principales, je puis caractériser brièvement l'économie générale de ce projet, au triple point de vue des relations de l'exploitant de mines avec le propriétaire de la surface, l'exploitant de mines voisines et l'administration.

Cet exploitant est tenu de réparer tous les dommages que ses travaux peuvent causer aux propriétés ou établissements de la surface comme aux mines voisines (art. 52 et 57).

Il peut occuper à la surface, dans l'intérieur de son périmètre, sous la surveillance de l'administration, tous les terrains nécessaires à son exploitation, en en payant la double valeur pour les terrains de propriété privée ou l'impôt foncier le plus élevé pour les terrains domaniaux. A l'extérieur de ce périmètre, le droit d'occupation ne peut s'exercer que pour l'installation des travaux dits de secours (art. 50, 51 et 53).

Entre mines voisines ou superposées, le projet de règlement organisa, toujours sous la surveillance de l'administration, des servitudes réciproques pour l'exécution des travaux respectivement afférents à chacune de ces exploitations (art. 55, 56 et 59).

L'administration ne doit intervenir dans l'exécution des travaux que pour assurer la sécurité de la surface ou celle du personnel de la mine. La commission a voulu dégager l'exploitant de toute ingérence administrative dans ce qui ne se rattache qu'au domaine purement économique; lorsque l'intervention de l'administration se justifie par des motifs de sécurité, elle s'est efforcée de réduire les circonstances où l'exploitant aura besoin d'une autorisation préalable. Si parfois, comme à l'article 49, elle paraît s'être écartée de cette ligne de conduite libérale, elle y a été contrainte par les nécessités locales, notamment pour assurer une protection plus efficace aux cultures du pays, qui seraient d'autant plus menacées que la liberté de l'exploitant sera plus grande.

Enfin la mine, assimilée à un immeuble, se trouve tant pour les règles du fond que pour celles de la compétence, régie par la législation applicable aux immeubles, sous réserve des exceptions que notre projet fait connaître complètement, et que j'ai eu l'occasion d'indiquer plus haut.

Dès sa première séance, la commission avait nommé une sous-commission composée de MM. de Kergaradec, Fuchs et Aguillon, et chargée d'élaborer, d'après les bases qui allaient être arrêtées dans une discussion générale que j'ai essayé de résumer fidèlement, un projet de règlement sur lequel s'établirait la délibération des détails. Cette sous-commission a choisi pour son rapporteur M. Aguillon, qui, par la spécialité de ses études professionnelles, de ses connaissances juridiques, notamment en ce qui concerne les législations minérales de l'étranger, a été particulièrement utile à la commission pour la rédaction définitive du projet de règlement sur les mines de l'Annam et du Tonkin.

Je crois n'omettre rien d'essentiel au sujet de ce projet, si j'appelle en terminant votre attention, monsieur le ministre, sur deux omissions volontaires de la commission qui ne sont pas sans importance et qui, dès lors, doivent vous être explicitement signalées.

La recherche des mines peut être librement opérée par des explorateurs de toutes nationalités, mais la commission n'a pas pensé que, jusqu'à nouvel ordre, l'exploitation des mines pût être entreprise par d'autres que des ressortissants français ou des sujets annamites; que les étrangers puissent, jusqu'à nouvel ordre, être propriétaires de mines dans l'Annam ou au Tonkin.

Aucune propriété minière n'a encore été instituée en faveur de qui que ce soit; ni dans l'Annam, où le roi a seulement concédé à un Chinois, le 12 mars 1881, la houillère de Nong-Son (province de Quang-Nam), pour une période de vingt-neuf ans, à l'expiration de laquelle cette mine sera régie par le droit nouveau; ni au Tonkin où, conformément aux instructions envoyées de la métropole, dès 1881, est attendue la promulgation d'un règlement sur la matière. Dans ces conditions, la commission n'avait point à considérer l'existence de mines antérieures à cette promulgation.

II.

Dans l'économie générale de son projet de règlement, la commission s'est efforcée, tout en proposant les mesures qui lui paraissaient les plus propres à provoquer un rapide essor de l'industrie des mines dans l'Annam et au Tonkin, de les coordonner de telle sorte qu'elles pussent être appliquées, d'une part, avec l'emploi aussi rare que possible d'une intervention administrative et, d'autre part, avec une organisation administrative des plus simples. Cette double obligation nous était imposée par la situation même du pays soumis au protectorat, mais elle suppose cependant la coexistence de diverses branches de l'administration.

Elle suppose au Tonkin la présence de quelques fonctionnaires et agents du service des mines; le projet de réglement indique, d'ailleurs, les bases de l'organisation de ce service et de sa subordination aux résidents, au point de vue de l'action sur les particuliers. Pour déterminer le nombre et les résidences de ces fonctionnaires et agents techniques, dans les meilleures conditions, il faudrait avoir cet inventaire approximatif des richesses minérales que doivent dresser les deux missions officielles dont j'ai parlé au commencement de ce long Rapport. En conséquence, monsieur le ministre, la commission vous propose d'ajourner l'organisation qui constitue le troisième des points indiqués dans votre décision du 6 septembre.

Seulement, comme l'adjudication des houillères de la côte du Tonkin et des îles adjacentes présente une certaine urgence, et comme il pourra y être procédé partiellement aussitôt après la promulgation du règlement projeté sur le régime et l'exploitation des mines, la commission est d'avis qu'il y aurait lieu d'envoyer immédiatement sur les lieux un agent expérimenté, qui s'occuperait de préparer le lotissement de quelques périmètres houillers à offrir au public, dans les conditions réglementaires, au commencement de l'année prochaine.

Cet agent, convenablement choisi, suffirait aux premières nécessités en face desquelles va se trouver le protectorat, au point de vue de la recherche et de l'exploitation des mines du Tonkin. Il y serait provisoirement le seul représentant de l'administration technique.

Les explorateurs s'adresseraient naturellement aux résidents auxquels ressortissent les provinces où seraient situées les localités qu'ils choisiraient pour y établir leurs travaux de recherche.

Ils trouveraient dans les bureaux de ces résidents les registres destinés à recevoir les déclarations prescrites par l'article 12 du réglement : c'est là également qu'ils opéreraient le versement du droit fixe exigé par le même article. Avis serait donné de l'accomplissement de ces formalités à l'agent des mines, qui pourvoirait à la constatation de la délimitation réglementaire sur le terrain du périmètre réservé que se serait attribué chaque explorateur.

Quant à l'Annam, il appartiendra au résident général de Hué d'y assurer, par des mesures prises dans les limites de ses attributions, l'exécution du règlement.

III.

En préparant un projet de règlement relatif au régime et à l'exploitation des mines de l'Annam et du Tonkin, la commission s'était naturellement demandé, eu égard aux différences que présentent les deux régions au point de vue de l'exercice du protectorat, s'il y avait lieu d'introduire une distinction entre ces deux parties du royaume. Elle n'a point hésité, monsieur le ministre, à résoudre cette question par la négative ; il lui a paru que toute distinction serait une complication inutile et devait seulement figurer dans le projet de convention qui constitue le quatrième et dernier des points que votre décision du 6 septembre nous a chargés de traiter.

Ce projet, préparé par les deux représentants du ministère des affaires étrangères et du service central des colonies, a été adopté par la commission après d'insignifiantes modifications de rédaction ; la forme en est tellement simple qu'il ne se prête à aucune analyse. Vous remarquerez en la lisant, monsieur le ministre, que le point de départ de la convention est ce double fait que les mines de l'Annam et du Tonkin y appartiennent au domaine royal et que le souverain n'a aliéné que la houillère de Nong-Son, en Annam, dans les conditions que je viens de mentionner ; puisque les articles 2 et 3 concernent respectivement l'attribution, en Annam et au Tonkin, de revenus que les mines doivent y procurer à l'Etat.

Telles sont, monsieur le ministre, en ce qu'elles ont d'essentiel, les propositions qu'a formulées la commission, pour répondre aux quatre questions posées par votre arrêté du 6 septembre. Je regrette de n'avoir point été relativement plus bref sur la deuxième de ces questions, qui était, d'ailleurs, de beaucoup la principale ; mais je n'ai pas cru qu'il me fût possible de passer sous silence les divergences d'opinion qui s'étaient produites au cours de la discussion, et qu'expliquent suffisamment la complexité et la délicatesse du sujet.

Je suis avec respect, monsieur le ministre, votre très dévoué serviteur.

Le conseiller d'État, président de la commission,

E. LAMÉ-FLEURY.

Ce que coûtent les chemins de fer de l'État. — Quelques faits et quelques chiffres. — I. Au 31 décembre 1882, l'achat des chemins de fer de l'État avait coûté........................... 517.285.130 fr.
se décomposant ainsi qu'il suit :

1° Subventions aux anciennes compagnies rachetées.................. 101.867.715 fr.

2° Prix de rachat, dépenses de parachèvement et complémentaires... 415.417.415

Somme égale..... 517.285.130 fr.

Pour se procurer ces 517 millions, l'État a émis des emprunts sous forme de rentes amortissables.

Les 450 millions placés par M. Léon Say l'ont été au taux de 4,44 0/0 net (Voir le *Journal officiel* du 23 septembre 1878 et celui de novembre 1878; *discussion du budget; réponse de M. Léon Say à M. Haentjens*).

Les emprunts émis ultérieurement par MM. Magnin et Tirard ont été plus coûteux; mais en s'en tenant au taux de 4,44 0/0, on voit que l'annuité à servir pour le capital emprunté de 517.285.130 fr. exige annuellement 22.967.459 fr. 77 c., soit, en chiffres ronds, 23 millions.

II. Dans le projet de loi portant fixation du budget général de l'exercice 1885 (n° 2.668, 1er volume, pages 268 et 269), les recettes des chemins de fer de l'État sont évaluées à................. 29 701.000 fr.
et les dépenses à.................................. 26 007.500

Il résulterait donc un **excédent de recettes sur les dépenses** de.. 3.693.494 fr.

Cet excédent est-il réel ? Quelques chiffres répondront pour nous.

Pour connaître exactement les résultats *nets* produits par les chemins de fer de l'État, il faut compter les intérêts des sommes empruntées pour le rachat des lignes, et c'est ce qu'on oublie de faire.

Or, l'intérêt annuel du capital emprunté étant, comme on l'a vu plus haut, de.. 23 millions,
Si l'on déduit l'excédent présumé des recettes....... 3.6
Il reste un déficit annuel de........................ 19.4

Soit 19 1/2 millions.

Ce n'est pas tout :

Dans le projet de budget de 1885 (page 240, *État F*, chapitres 54 et 55), on voit figurer des demandes de crédit pour insuffisances éventuelles des produits de l'exploitation des chemins de fer de l'État :

1° .... 60.000 fr.
2° 260.000

Total... 320.000 fr.

qui viennent s'ajouter au déficit indiqué plus haut. Ce n'est pas tout encore.

En émettant lui-même 517 millions de titres de rente, aux lieu et place des compagnies, qui auraient, elles, émis des obligations, l'État s'est privé et se prive de revenus annuels importants.

En 1878 et 1879, pour se procurer 517 millions, les grandes compagnies auraient pu émettre environ 1.500.000 obligations de 340 à 350 francs.

1° L'impôt annuel de 3 0/0 sur le revenu desdites obligations aurait procuré au Trésor 0 fr. 45 par obligation, soit au total..	675.000 fr.
2° L'impôt du timbre (0 fr. 30 par obligation)........	450.000
3° L'impôt pour droit de circulation et mutation, environ	1.000.000
Total........	2.125.000 fr.

III. Les chemins de fer de l'État coûtent donc annuellement au Trésor :

1° Intérêt des capitaux empruntés..................	23 millions
2° Insuffisances des recettes prévues................	0.3
3° Privation des impôts qui auraient été prélevés sur les obligations................................ ...	2.1
Total......	25.4
Les pertes annuelles s'élèvent donc à..............	25.400.000 fr.
d'où il faut déduire :	
Excédents prévus dans le budget de 1885...........	3.600.000
Le déficit annuel est donc de....................	**21.800.000 fr.**

soit, de 1879 à 1884, *une perte totale de* **109 millions.**

IV. On ne peut être surpris, du reste, par de tels résultats quand on compare les recettes réalisées par le réseau de l'État à celles des autres compagnies (Voir, à ce sujet, le *Journal officiel* du 28 avril dernier).

Pendant l'année 1883, la recette kilométrique sur les *anciens réseaux* a été :

De 90.027 fr.	pour le Nord,		
74.571	— l'Est,		
95.708	— l'Ouest,		**De 10.828 fr.**
60.428	— l'Orléans,		**sur le réseau de l'État.**
63.989	— le Lyon,		
84.563	— le Midi.		

Sur les *nouveaux réseaux*, la recette kilométrique a été, pendant l'année 1883 :

De 28.275 fr.	sur le Nord,	De 22.443 fr.	pour l'Orléans,
33.487	— l'Est.	15.386	— le Lyon,
20.763	— l'Ouest,	20.295	— le Midi.

Le nouveau réseau des compagnies, qui renferme les plus mauvaises lignes, est donc plus productif que le réseau de l'État.

La recette kilométrique est, *par jour* :

de 200 fr. sur l'ancien réseau,
de 64 — le nouveau réseau,
de 30 — **le réseau de l'État.**

Ces chiffres sont extraits du *Journal officiel.*

V. Quelle conclusion devons-nous tirer des faits et des chiffres qui précèdent, tous empruntés à des documents officiels ?

C'est que, dans l'état actuel de nos finances, toutes les dépenses inutiles doivent être impitoyablement rayées; toutes les économies, aussi minimes qu'elles soient, doivent être énergiquement réalisées. Conséquemment, le plus tôt que l'État rétrocédera son réseau sera le mieux. Il commencera par économiser ce qu'il lui coûte tous les ans.

Quelle est, aux contribuables, l'utilité pratique de conserver un réseau d'État qui coûte, nous venons de le démontrer, **21 millions 800 000 francs par an**, soit 109 millions depuis sa création ?

Comme le disait M. Léon Say au Sénat, le 20 décembre 1882, « au point de vue des principes, le réseau de l'État n'a rien inventé, n'a rien découvert, et il ne pouvait ni rien inventer, ni rien découvrir. C'est une expérience qui ne pouvait produire aucun résultat[1] ». Et, ajoutons-nous, c'est une expérience qui coûte trop cher pour que le gouvernement, soucieux des intérêts généraux du pays, n'y mette pas promptement fin (*le Rentier*).

ALFRED NEYMARCK.

Les pensions de retraite des ouvriers. — Nous trouvons, dans une lettre adressée à M. Frédéric Passy par M. J.-B. Girard, de judicieuses réflexions sur l'intervention de l'État ou de la commune en matière de caisses de retraite. M. J.-B. Girard a voulu s'affranchir de cette intervention onéreuse en fondant une caisse de retraite sur le principe de la mutualité. Nous applaudissons volontiers à son esprit d'initiative; mais, s'il faut tout dire, nous n'avons qu'une faible confiance dans le principe de la mutualité, surtout quand il est appliqué sur une échelle réduite. Si les ouvriers veulent assurer leur vieillesse, qu'ils s'adressent, comme le font déjà les « bourgeois », à de bonnes sociétés d'assurance sur la vie. Ce sera plus sûr et cela leur reviendra moins cher.

Ces réserves faites, nous reproduisons la lettre de M. J.-B. Girard :

« En vous remerciant de l'honneur que vous nous avez fait de venir présider le banquet d'inauguration de notre association pour les pensions de retraite, permettez-moi de vous adresser quelques renseigne-

---

[1] *Les Finances de la France*, par M. Léon Say, p. 396.

ments sur la fondation des deux mutualités d'assurance de la vieillesse dans le 3e arrondissement de Paris et à Asnières.

« La question des pensions de retraite pour les classes ouvrières est une question qui préoccupe toutes les classes de la société, les ouvriers pour être assurés contre la misère en cas de vieillesse, et ceux qui possèdent, soit par sentiment d'humanité, soit pour être dégrevés un peu des lourdes charges de l'Assistance publique. On peut donc assurer que la solution de ce grand problème est plus désirée, plus nécessaire que la revision de la Constitution.

« En 1880, alors que beaucoup de personnes consacraient leur temps et leur intelligence à chercher des signatures à une pétition pour demander la revision de la Constitution, j'ai cru mieux faire en consacrant mon temps disponible à chercher la solution de ce problème des pensions de retraite. Non pas parce que j'étais opposé à la revision, car je ne connais pas de Constitution dans le monde entier, pas de statuts et règlements de sociétés qui n'aient des parties à reviser; c'était seulement parce que je croyais et crois encore qu'assurer une pension de retraite aux travailleurs, les garantissant contre la misère en cas de vieillesse, était plus urgent que la revision de la Constitution; d'autant plus que je suis convaincu que toutes les revisions possibles, la refonte la plus complète de la Constitution, ne donneront pas de pensions de retraite aux ouvriers. Je me suis mis à l'œuvre, j'ai étudié et examiné tous les systèmes employés et les idées émises à ce sujet.

« La grande majorité des ouvriers, dont les ressources sont insuffisantes pour leur permettre de profiter des moyens d'assurance existants, sont convaincus que c'est l'État ou la commune qui doivent leur assurer une pension quand ils ne pourront plus travailler. Cette conviction est poussée à ce point que dans les programmes imposés aux candidats conseillers municipaux, députés et sénateurs, il y a un article leur imposant l'obligation d'assurer une pension de retraite aux ouvriers.

« Que les ouvriers, la plupart n'ayant aucune notion, pas même élémentaire, d'économie sociale, aient cette fausse idée, ils peuvent être excusables, mais le plus surprenant, c'est de trouver des candidats aux conseils municipaux, à la députation et au Sénat, qui acceptent un programme dans ces conditions en s'engageant à le remplir; on peut donc dire assurément qu'ils se trompent et, par ce fait même, ils trompent les ouvriers. Pour s'en convaincre, il suffit d'une simple observation. L'État est une grande machine qui dépense et ne produit rien; il n'a et ne peut disposer que de ce que nous lui donnons sous forme d'impôts; par conséquent, si nous demandons à l'État une pension de 100 francs, il nous répondra : « Je le veux bien, mais, n'ayant que l'argent que vous « me donnez, vous, contribuables, commencez d'abord par me donner

« 115 francs, parce qu'il me faut 15 francs pour payer mes fonction-
« naires, petits et grands, chargés de recevoir votre argent et de vous
« le remettre après, puis je vous donnerai 100 francs de pension. »

« Tout ce que l'État et la commune donnent est donné dans ces conditions; on peut en conclure ceci, c'est que, quand l'on désire avoir quelque chose, le mieux c'est de s'adresser à soi-même.

« Par les considérations ci-dessus, j'ai été conduit à chercher une combinaison telle que la pension de retraite soit faite par ceux-là même qui la désirent et dans des conditions accessibles au plus pauvre.

« Pour arriver à ce but, j'avais un exemple sous les yeux : la Mutualité. Par la mutualité, les ouvriers s'assurent eux-mêmes contre la misère en cas de maladie ; pourquoi ne s'assurent-ils pas par le même moyen pour le cas de vieillesse?

« On ne saurait trop le répéter, la société de secours mutuels n'est pas autre chose qu'une assurance contre la misère en cas de maladie; la mutualité a fait ses preuves et n'est plus discutée ni discutable.

« Si la mutualité est possible pour les cas de maladie, lesquels sont indéterminés et indéterminables, elle doit être aussi possible, aussi praticable, sinon plus, pour le cas de vieillesse, lequel peut être déterminé presque d'une manière absolue.

« En conséquence, j'ai formulé un projet de statuts d'association, lequel a été soumis, discuté et adopté par une cinquantaine de mes collègues du 3e arrondissement de Paris; l'association était fondée, organisée le 1er janvier 1881 ; celle d'Asnières a été fondée le 1er janvier 1882, ce qui nous fait déjà, à la grande satisfaction de nos vieillards, quatre années d'expérience.

« Nous comptons aujourd'hui, dans les deux associations, plus de 600 sociétaires et 15 pensionnés.

« Si une association était fondée, d'après ce principe, dans chaque ville et dans chaque canton en France, la misère en cas de vieillesse n'aurait plus de raison d'être, puisque la pension serait accessible au plus pauvre. »

J.-B. GIRARD.

Asnières, 11 janvier 1885.

Le ralentissement du mouvement de la population en France. — Dans sa séance du 3 février, l'Académie de médecine s'est occupée de cette question. C'est un fait constant, dit M. Lunier, que la population ne s'accroît en France que dans des proportions très minimes ; bientôt, elle diminuera. Quelles sont les causes de ce fait? M. Lunier en établit trois catégories.

1° *Petit nombre des naissances.* — Ce ne sont pas les mariages qui ont diminué, ce sont les enfants. Autrefois, on comptait en moyenne

4 enfants par mariage; aujourd'hui on n'en compte plus que 3, et ce fait est voulu. Chez les Anglo-Saxons, l'avortement est une industrie courante; il est plus rare chez nous; mais il est remplacé par l'avortement préventif. M. Lunier sait que les journaux extra-médicaux répètent ce qui se dit à l'Académie de médecine. Aussi insiste-t-il sur les dangers que fait courir l'emploi d'instruments, des pessaires de fond, vendus actuellement par milliers. Il faut que les femmes sachent à combien de maladies internes elles s'exposent avec ces tristes procédés.

2° *Grand nombre des mort-nés et des infanticides.* — M. Lunier est persuadé qu'il y a, chaque année, 7.000 à 8.000 enfants déclarés comme mort-nés et qui sont autant de cas d'infanticide. Comment remédier à cet état de choses? Par le rétablissement des tours ou, du moins, par un procédé qui permette de conserver l'enfant. Au Congrès international de la protection de l'enfance, les vœux suivants ont été formulés : *a.* Il n'y a pas lieu de rétablir les tours; *b.* Dans les pays où la loi ne permet pas à la fille-mère de contraindre son séducteur à contribuer à la dépense de l'enfant, prendre les mesures nécessaires pour lui assurer le secret en cas d'abandon de l'enfant au bureau de l'hospice dépositaire; *c.* Dans les mêmes pays, établir des maternités où le secret serait garanti aux femmes qui viendraient y faire leurs couches. Ces vœux ont été adoptés sans opposition par tous les médecins. Il est évident qu'on ne peut empêcher les crimes des filles-mères qu'à la condition de leur permettre d'échapper le plus possible aux conséquences de leur faute.

3° *Mortalité de la première enfance.* — En qualité d'inspecteur général, M. Lunier est allé de maison en maison, dans bien des communes. Il a pu mieux que personne apprécier les conditions qui sont faites aux enfants du premier âge. Le nombre des petits misérables qu'a sauvés la loi Roussel est incalculable. Malheureusement, cette loi tutélaire n'est pas exécutée partout. Il y a 9 départements où elle ne l'est pas du tout. Et pourtant quels en sont les résultats? La mortalité des nouveau-nés, dans le Calvados, par exemple, s'élevait à 90 0/0; de ce chiffre effroyable, elle est bientôt tombée à 15 0/0. Une application stricte de la loi permet d'espérer que cette mortalité pourrait ne pas dépasser 7 0/0. Ainsi nous aurions 150.000 Français par an de plus si seulement la loi Roussel était strictement exécutée partout. Aussi M. Lunier s'étonne-t-il que la décentralisation permette à tel ou tel département de ne pas obéir à une loi protectrice, votée par les Chambres, et dont les résultats ont été établis avec tant d'éclat. En terminant, M. Lunier s'attache à démontrer qu'il appartient à l'Académie de médecine de dire hautement son opinion, même lorsqu'elle n'est pas consultée, lorsque l'intérêt de la nation est en jeu, et il formule les conclusions suivantes : *a.* Demander aux pouvoirs publics d'étudier des dispositions légales ayant pour but de faciliter les mariages, d'autoriser la recherche de la paternité, d'accorder des primes ou des dégrèvements d'impôts aux parents ayant plus de deux enfants, etc. ; *b.* Rétablir les tours, ou tout au moins d'adopter des dispositions légales garantissant le secret à la mère qui abandonne son enfant au bureau d'un hospice dépositaire ; *c.* Appliquer plus strictement les excellentes prescriptions de la loi Roussel et étendre la protection de l'État aux enfants moralement abandonnés.

M. Le Fort ne veut examiner que la question de la natalité. Il ne faut pas exagérer les choses. Nous sommes plutôt en progrès depuis 1872. Quels sont les chiffres fournis par le recensement ? En 1872, la France compte 35.728.210 habitants ; en 1881, elle en compte 36.672.048. Elle a donc gagné 1.943.838. Si cette augmentation persiste, la population de la France aura doublé en cent dix-sept ans, tandis que d'après la natalité moyenne avant 1872, en 1867 par exemple, il lui eût fallu cent quatre-vingt-dix-huit ans pour arriver au même résultat. Il y a donc là un fait consolant. M. Le Fort en cite un autre : le nombre des enfants par ménage aurait augmenté d'un dixième. A quoi tiendrait ce progrès? A la loi du recrutement, à la plus courte durée du service militaire très probablement. Ce qui est malheureusement trop vrai, c'est la proportion toujours croissante des enfants illégitimes qui sont, on le sait, frappés d'une mortalité bien plus grande que les enfants légitimes. Peut-être la recherche de la paternité, dont on a trop peur, serait-elle un bon remède à ce mal. En Angleterre, où cette recherche est admise, la proportion des naissances illégitimes aux naissances légitimes n'est que de 5 0/0, tandis qu'à Paris, par exemple, elle dépasse 33 0/0. Quant à l'action moralisatrise du médecin, M. Le Fort y croit peu : ce sont nos mœurs qu'il faudrait transformer. On n'arrivera pas facilement à obtenir d'un père qui doit fournir une doï à sa fille qu'il ne lui réserve assez d'argent pour *la placer*, ou qu'un paysan consente à voir son bien divisé entre plusieurs fils. A cela tous les discours des médecins ne peuvent rien.

Union douanière anglo-hollando-belge. — Les lettres suivantes ont été adressées au *Times* :

Paris, 22 janvier 1885.

A M. l'éditeur du *Times*,

A la période de 1841 à 1862, pendant laquelle le *free trade* a réalisé ses progrès les plus notables en Angleterre et sur le continent, a succédé une période de réaction, qui dure encore et qui menace même de s'aggraver. Les traités de commerce de 1860-61 n'ont été renouvelés qu'en partie et avec un accroissement de restrictions ; les États-Unis sont entrés dans la voie du régime prohibitif à la suite de la guerre de la sécession, la Russie s'y est enfoncée davantage par la substitution des droits perçus en métal aux droits perçus en papier; en Allemagne, M. de Bismarck a fait décidément prévaloir la politique protectionniste et la France va bientôt, selon toute apparence, augmenter les droits sur les blés et peut-être sur la viande après avoir exhaussé les droits sur les sucres; en Russie, on va augmenter les droits sur les thés, les harengs, les huiles végétales, la soie, etc., et cette réaction protectionniste, secondée par le développement exagéré des dépenses publiques et, en particulier, des dépenses militaires, n'a certainement pas dit son dernier mot; partout les *free traders* se tiennent sur la défensive, en se contentant de conserver péniblement le terrain qu'ils ont gagné et sans y réussir toujours. Les seuls pays où ils aient gardé l'avantage et où ils n'aient pas sérieusement à craindre la réaction protectionniste sont l'Angleterre, la Hollande et la Belgique. L'Angleterre est leur place forte, la Hollande et la Belgique en sont les ouvrages avancés.

Dans cette situation, on peut se demander s'il ne serait pas avantageux de rattacher ces trois pays de libre-échange au moyen d'une union douanière, imitée du *zollverein* allemand. Au premier abord, une telle union entre des pays séparés par la mer et dont la législation fiscale diffère sur bien des points semble présenter des difficultés insormontables. Mais l'exemple du zollverein nous apprend que les obstacles fiscaux peuvent être aplanis, en présence d'un intérêt supérieur. Les difficultés provenant de la situation géographique sont, de même, plus apparentes que réelles. Depuis le commencement de ce siècle, l'Irlande est englobée dans le système douanier de l'Angleterre, malgré le canal Saint-Georges. Or, on franchit presque aussi vite la mer du Nord et le Pas-de-Calais, d'Ostende à Douvres, que le canal Saint-Georges d'Holyhead à Dublin. Si l'on peut unir douanièrement deux îles, pourquoi ne réunirait-on pas aussi ces deux îles avec un morceau du continent!

La seule difficulté réelle consisterait dans l'unification des tarifs de douane. Il est clair que la Belgique et la Hollande devraient adopter le tarif anglais. Le tarif hollandais s'en rapproche déjà beaucoup; c'est le tarif le plus libéral du continent. Le tarif belge est un peu plus élevé et surtout plus compliqué. Certains produits manufacturés, tels que les produits textiles, sont assez fortement protégés en Belgique. Mais c'est, en partie du moins, contre le gré des industriels eux-mêmes. Voilà plus de vingt ans que la chambre de commerce de Verviers, le foyer principal de l'industrie de la laine, émet dans son Rapport annuel un vœu en faveur de la *suppression des douanes*. L'industrie du coton à Gand est, en revanche, demeurée protectionniste, mais il ne serait pas difficile de démontrer aux Gantois que si une union douanière pouvait diminuer l'importance de leurs filatures, elle ne manquerait pas d'augmenter dans une proportion plus forte celle de leurs tissages. D'un autre côté, quels avantages toutes les branches de la production de cet industrieux pays ne trouveraient-elles pas dans une union intime avec le pays qui est le grand foyer des capitaux et du commerce du monde ? J'ai pu me convaincre enfin, dans une conversation récente avec un des hommes politiques les plus influents de la Belgique, que l'idée de l'union rencontrerait de vives sympathies dans les régions officielles. Sans doute cette idée trouverait moins de faveur chez les politiciens français et allemands, mais elle serait certainement bien accueillie par les industriels et les négociants de ces deux grands pays, qui pourraient désormais porter librement leurs produits en Belgique et en Hollande sans avoir aucun droit de douane à payer, comme ils les portent déjà en Angleterre.

Remarquez, monsieur, qu'une union douanière anglo-hollando-belge engloberait trois pays dont le commerce extérieur s'élève à environ un milliard de livres sterling et forme les deux cinquièmes de la totalité du commerce de l'Europe continentale et insulaire. Réunis, ces trois pays de libre-échange acquerraient vis-à-vis des nations inféodées à la protection une puissance d'expansion considérable. Après être demeuré trop longtemps sur la défensive, le libre-échange reprendrait l'offensive. La Hollande et la Belgique, unies à l'Angleterre libre-échangiste, ne seraient-elles pas comme un coin enfoncé dans le vieux tronc vermoulu du protectionnisme continental ?

Agréez, etc. G. DE MOLINARI.

Paris, 3 février.

J'ai eu connaissance aujourd'hui seulement du numéro du *Times* contenant les objections que vous opposez à l'idée d'une union douanière anglo-hollando-belge. J'espère ne pas trop abuser de votre complaisance en y répondant aussi brièvement que possible.

Je crois qu'on peut écarter d'abord l'objection relative aux traités de commerce conclus avec les autres nations et au consentement que les modifications de tarif nécessitées par l'union douanière exigeraient de leur part. Si ces modifications avaient pour objet une augmentation des tarifs de l'Angleterre, de la Hollande et de la Belgique, ce consentement serait sans aucun doute nécessaire, mais l'union douanière ne changerait rien au tarif anglais, et elle abaisserait les tarifs de la Hollande et de la Belgique. Or, même sous le régime des traités de commerce, on n'a besoin du consentement de personne pour diminuer ses droits de douane.

Vous opposez, en revanche, une objection beaucoup plus grave à l'idée de l'union, en disant que le même résultat pourrait être obtenu sans aucune des complications et des difficultés qu'implique une union douanière, si la Hollande et la Belgique établissaient, par une réforme autonome de leurs tarifs, le *free trade* tel qu'il existe en Angleterre.

Certes, cette réforme serait au plus haut point désirable, mais atteindrait-elle bien le même but qu'une union, et peut-on espérer qu'elle s'accomplisse de sitôt?

Vous n'ignorez pas que la *nuisance* d'un tarif des douanes ne réside pas seulement dans les droits qu'il établit, mais encore dans les inquisitions, les formalités et les pertes de temps qu'il impose au commerce. L'Angleterre, la Hollande et la Belgique auraient beau avoir les mêmes tarifs de douanes, ces tarifs continueraient à opposer à leur commerce réciproque la même somme de gènes. Supposons au contraire qu'elles aient un tarif commun, leurs relations seraient affranchies de toute entrave, sauf les précautions à prendre contre la fraude des droits d'accises, précautions qui ne dépasseraient pas dans la mer du Nord celles qu'exige la surveillance des transports maritimes dans le canal Saint-Georges. Au lieu de trois douanes, il n'y en aurait plus qu'une, dans l'enceinte de laquelle les transactions commerciales pourraient s'opérer librement, sans entraves ni retards, comme elles s'opèrent dans l'intérieur de l'Angleterre. N'est-ce pas un avantage à considérer?

Je me résignerais cependant à continuer indéfiniment à être arrêté et « visité » à ces trois douanes quand je vais en Belgique, en Hollande et en Angleterre, si j'avais quelque espoir de voir la Belgique et la Hollande établir chez elles la liberté du commerce comme chez vous. Mais dans l'état présent des esprits et des choses sur le continent, je ne crois pas que les seules considérations économoniques puissent les décider à faire un pas de plus dans la voie de la liberté commerciale. Je suis même obligé de reconnaître avec vous que les protectionnistes se croient assez forts en Belgique pour essayer de faire rétablir l'odieux et absurde droit sur les blés. Ils y échoueront certainement, mais les libre-échangistes échoueraient de leur côté, s'ils entreprenaient de faire supprimer les droits sur les fils de coton et les cotonnades. Une réforme par la voie d'une union douanière avec l'Angleterre, au contraire, éveillerait des sympathies et trouverait des appuis dans des régions de l'opinion publique, où les considérations purement économiques demeurent sans action. Sans doute une telle union n'impliquerait, pour l'Angleterre, aucune obligation de défendre matériellement l'indépendance politique de ses deux associées, en admettant, chose peut-être invraisemblable, qu'elle vînt à être menacée, mais il est incontestable que l'Angleterre serait plus disposée à mettre son influence morale au service de deux pays qui feraient partie intégrante de son marché et dont l'absorption par quelque grand État protectionniste exposerait son industrie à perdre un débouché de 9 millions de consommateurs industrieux et aisés.

Je conviens volontiers qu'une union douanière présente, à côté de ses avantages, des difficultés et des inconvénients sérieux. Toute association implique une diminution de la liberté des associés, et je n'ignore pas que l'Angleterre est, plus qu'aucune autre nation, jalouse de la sienne. Je conçois donc fort bien que le premier mouvement d'un Anglais soit de repousser l'idée d'une association internationale quelconque. Si j'insiste, c'est parce que je suis convaincu que, dans le cas présent, les avantages de l'association en dépasseraient beaucoup les inconvénients, tant au point de vue de l'intérêt collectif des associés qu'à celui de l'intérêt général de la cause de la liberté du commerce. Une union douanière qui associerait, sous le régime du *free trade*, une masse compacte de 45 millions d'hommes industrieux en possession des deux cinquièmes du commerce de l'Europe, n'apporterait-elle pas à la cause de la liberté commerciale une puissance de propagation irrésistible ? Dans le vaste marché du monde, où tous les peuples civilisés versent leurs produits en concurrence, comment les nations chez lesquelles le marchand tailleur ou confectionneur est obligé de payer un impôt au tisserand, le tisserand au filateur, celui-ci au fabricant de machines et au propriétaire de charbonnages, etc., etc., comment ces nations, qui traînent au pied le boulet de la protection, pourraient-elles continuer à soutenir la concurrence d'une vaste et puissante association au sein de laquelle les prix de revient de tous les articles d'exportation ne subiraient plus aucun renchérissement artificiel ? Ne seraient-elles pas obligées de suivre son exemple sous peine d'être expulsées du marché international ? Serait-ce bien en prodiguant leur sang et leur argent pour coloniser des peuples peu vêtus qu'elles trouveraient une compensation suffisante à cette perte ?

En définitive, il y a deux procédés pour établir la liberté du commerce : celui de l'abaissement des tarifs et celui de la suppression partielle des douanes, en attendant leur suppression totale. L'Angleterre a employé le premier avec succès, pourquoi n'essayerait-elle pas aussi du second, s'il pouvait contribuer à nous rapprocher du but que poursuivent les libre-échangistes de tous les pays : la liberté universelle du commerce.

Ai-je besoin d'ajouter que j'ai voulu simplement appeler l'attention publique sur une question dont la solution exigerait un ample et mûr examen. J'y ai réussi, grâce à votre obligeante hospitalité, et je vous en remercie.

G. de Molinari.

M. John Bright et le fair trade. — Nous avons publié dans notre numéro de décembre l'analyse d'une lettre de John Bright sur le *fair trade* (libre-échange avec réciprocité). En voici une autre adressée à des partisans du *fair trade* qui l'avaient invité à se joindre à eux pour demander une enquête parlementaire sur les causes de la crise économique. Nous recommandons particulièrement la lecture de cette lettre aux partisans de la protection agricole.

« Monsieur, je ne saurais consentir à appuyer, ni auprès du gouvernement, ni auprès de la Chambre, la proposition d'enquête que vous formulez, bien que j'aie la conviction que cette enquête ne pourrait aboutir qu'à une réfutation complète de votre argumentation.

« Vos amis exagèrent singulièrement ce qu'ils appellent la position « critique et onéreuse » de l'industrie nationale. J'ai vu maintes fois l'industrie dans une position infiniment plus « critique » et plus « onéreuse » qu'aujourd'hui, mais chaque fois aussi j'ai vu ce fâcheux état de choses faire place, au bout d'un certain temps, à un retour de prospérité. Je ne doute pas qu'il en soit de même dans le cas actuel.

« Pour ce qui est de l'industrie agricole, si l'on peut me garantir que la commission d'enquête nous assurera abondance de soleil et des étés chauds, je suis prêt à voter pour qu'on l'institue. A l'exception du blé, les produits de nos campagnes se vendent tous à des prix élevés, ou du moins rémunérateurs. Si la laine est bon marché, la viande de mouton est chère, et sous ce rapport il y a pour l'éleveur une ample compensation.

« L'enquête que vous réclamez ne saurait vous mettre à l'abri des pertes qu'occasionnent, de temps à autre et sur des points isolés du pays, les maladies du bétail. Ce qu'il faut à l'agriculture, c'est une plus large application de capital à la terre, et aussi plus de connaissances techniques et d'esprit d'initiative chez les cultivateurs.

« Le Parlement n'a pas fait autre chose, depuis un demi-siècle, que de traiter en enfants gâtés le sol et ceux qui le possèdent ; il ne peut plus rien faire dans cette direction. Il n'est plus question maintenant de venir en aide aux fermiers par un renchérissement artificiel des prix, au moyen de restrictions apportées à l'entrée des blés étrangers. Si l'on ne veut pas abaisser les prix des produits du sol, il faut se résigner à réduire le prix des fermages. Le Parlement ne peut rien pour le maintien du taux des fermages, et vous pouvez être certain qu'il n'essayera pas de faire quoi que ce soit dans ce sens.

« Quant à l'industrie en général, ma conviction est que, dans notre pays et actuellement, les ouvriers sont mieux nourris, mieux habillés et mieux logés qu'ils ne l'ont été à aucune autre époque de l'histoire, à notre connaissance. Il y a encore parmi nous de la pauvreté et de la

ıce, mais elles tendent à diminuer, et avec l'extension de l'édu-
ıt de la sobriété, nous pouvons sérieusement espérer de les voir
ər encore. Votre théorie du *fair trade* est une chimère qui ne
ovenir que de l'ignorance des faits économiques ou de l'incapa-
raisonner d'après ces faits.

ır établir ce que vous appelez le *fair trade*, vous proposez de
dre l'essor de notre commerce, d'ériger en loi que notre peuple
rra plus acheter dans les marchés où il a le plus d'avantage à
. Dans certaines branches de l'activité nationale, vous êtes pour
ation de la protection; dans d'autres, pour le contraire, — et
pelez cela un système « d'échange équitable »! Je suis surpris
reil manque de logique, et surtout de l'aplomb (*daring*) avec
votre parti revendique pour une pareille politique l'épithète
ıble.

ez sûr que la liberté d'industrie est un bienfait bien autrement
ciable que tout ce que vous pourriez faire en Parlement, avec
d'exception en faveur de telle ou telle branche. Quant à l'avenir,
ıucun doute que si nos récoltes redeviennent abondantes, nous
une amélioration générale dans l'agriculture, laquelle ramè-
son tour la prospérité dans les autres domaines de l'activité
le...

Signé : JOHN BRIGHT. »

---

s gagnent les ouvriers anglais. — Le professeur Leone Levi a
ux reprises une sorte d'enquête sur les salaires des classes ou-
ən Angleterre, en 1867 et en 1879. Il y avait été encouragé par
l brasseur Bass, pour le compte duquel il avait travaillé. Il vient
e la même étude, sur la demande du fils, sir Arthur Bass. Les
qu'il publie sont fort intéressants et servent de point de repère,
ıeurs en quelque façon. Il est difficile d'arriver à des résultats
Ce qui est bon à relever, c'est que la condition générale des
ouvrières s'est améliorée depuis 1879 en Angleterre — pays où le
ange triomphe — et qu'elle est meilleure que celle des nations
tales.

37, M. Leone Levi comptait 11.018.000 ouvriers, il en compte
00 en 1881. Leur nombre s'est accru de 11 0/0 environ, leurs
24 0/0; le taux des salaires s'est élevé de 38 liv. st. en 1867 à
. 14 sh. (950 fr. à 1.067 fr.) en 1884 par tête. Le revenu des
ıpérieures et moyennes semble avoir progressé plus que celui
es ouvrières. Le revenu net de la nation n'est pas estimé à
25 milliards de francs (1 milliard de livres sterling) par an.

Un exemple à suivre. Les publications à bon marché du Cobden Club. — Il faut rendre justice au comité du Cobden Club ; il ne s'endort pas et dès qu'il se fait en Angleterre un peu de propagande protectionniste, on le trouve sur la brèche. Lorsque sous l'administration de lord Derby, père du comte actuel, il sembla qu'un retour en arrière était possible, on ressuscita immédiatement l'*Anti-Corn law league*. Aujourd'hui on parle de *fair trade*, qui ne signifie rien d'autre qu'une taxe sur les consommateurs. — M. Potter, l'infatigable secrétaire du Club, qui représente Rochdale au Parlement, s'en émeut et adresse une circulaire aux membres du Club. « Le comité du Cobden-Club, écrit-il, a décidé de publier un grand nombre de feuillets et de brochures pour faire l'éducation des nouveaux électeurs et résister aux avocats du *fair trade*. Les fonds provenant des cotisations ordinaires ne suffisant pas à cette propagande, je vous informe que je me suis adressé à différentes personnes qui ont donné leur nom et une souscription en vue de former un fond spécial de publication. Peut-être voudrez-vous y contribuer. »

Voici les noms des principaux souscripteurs :

M. Thomasson, M.P., 5.000 fr.; sir Thomas Brancy, M.P., 5.000 fr. ; le duc de Westminster, 2.500 fr.; sir Math. Rothschild, M.P. 2.500 fr.; M. Isaac Holden, M.P., 2.500 fr.; M. John Corbet, M.P., 2.500 fr.; M. Brown, M.P., 2.500 fr.; M. Bukmyre, M.P., 2.500 fr.; neuf autres membres du Parlement ont souscrit 1.250 francs, le marquis de Ripon a donné la même somme, M. Gladstone figure pour 500 francs. La première liste a produit 1.720 livres sterl. (43.000 francs).

J'ai reçu un paquet de placards ; il y en a vingt-deux publiés jusqu'ici ; ils portent en tête la devise du club « Free trade, Peace, Goddwill among Nations ». Ils sont écrits dans la forme la plus populaire : fables, dialogues, récits, de manière à pénétrer dans les intelligences les plus obtuses. Le premier feuillet est orné d'une gravure qui représente le chien qui lâche la proie pour l'ombre.

A. R.

SOCIÉTÉ D'ÉCONOMIE POLITIQUE

RÉUNION DU 5 FÉVRIER 1885.

NÉCROLOGIE : M. Edmond About.
DISCUSSION : Quelle est, en économie politique, la limite des attributions de l'État?
OUVRAGES PRÉSENTÉS.

La séance est présidée par M. E. de Parieu, un des vice-présidents.

A la réunion assistent, comme invités, MM. le marquis Hachisuka, ministre du Japon à Paris, S. Oukawa, attaché à la légation du Japon, et J.-X. Perrault, ancien député du Canada, commissaire de ce pays à l'Exposition universelle de 1878 à Paris.

M. le Président rappelle à la Société la perte qu'elle a faite, depuis la précédente séance, en la personne de M. Edmond About. Il prononce, à cette occasion, les paroles suivantes :

« Messieurs, malgré le rapprochement de nos séances, nous avons souvent à enregistrer des morts survenues dans leur intervalle. Telle est celle que j'ai le devoir de mentionner aujourd'hui et qui rappelle, si je puis m'exprimer ainsi, la puissance d'infiltration de l'économie politique dans la vie intellectuelle de notre époque.

« M. Edmond About, élu membre de l'Académie française et qui lui a été enlevé avant sa réception, avait été admis dans notre Société en 1879. On rencontre les idées de l'économiste dans deux ouvrages de lui intitulés, l'un le *Progrès*, et l'autre l'*A, B, C du Travailleur*. M. Edmond About a été enlevé aux lettres prématurément il y a quelques jours. Regrettons, nous aussi, qu'il ait appartenu trop peu à l'Économie politique, et qu'il lui ait été ravi avant de nous avoir donné toute sa mesure. »

Après ces paroles, accueillies par le sympathique assentiment de l'auditoire, M. A. Courtois, secrétaire perpétuel, énumère les ouvrages et brochures parvenus à la Société depuis la dernière séance. (Voir ci-après la liste de ces publications.)

Puis M. de Parieu a ouvert la discussion sur la question mise en tête de l'ordre du jour et proposée par M. le secrétaire perpétuel.

Le sujet adopté par la réunion est celui-ci :

QUELLE EST, EN ÉCONOMIE POLITIQUE, LA LIMITE DES ATTRIBUTIONS DE L'ÉTAT?

M. A. Courtois prend la parole pour exposer la question.

Rien de plus facile, dit-il, que de déterminer théoriquement les attributions économiques de l'État; rien de difficile comme de délimiter, dans la pratique, les fonctions respectives de l'État et de l'individu, isolé ou librement associé d'ailleurs.

Il n'est pas besoin d'être un bien grand clerc pour reconnaître que le producteur ne peut, d'une manière utile, et surtout progressive, accomplir son opération caractéristique et songer, en même temps, à se protéger efficacement contre les attentats dont sa personne, les siens compris, et ses biens peuvent être l'objet. Pour le présent, on peut encore admettre, en s'y prêtant complaisamment, qu'il puisse prendre le soin de sa défense, sauf à voir sa production s'en ressentir, qualité et quantité ; mais, quant à sa défense contre les attentats à venir, à celle que l'on peut appeler préventive, se faisant par voie judiciaire, décourageant, par crainte d'un châtiment, tout acte criminel ultérieur, il ne peut, en aucune manière, s'en charger lui-même ; il peut se venger, mais il ne peut se faire justice, car nul ne peut être juge et partie dans sa propre cause.

Le soin de la sécurité du producteur, — individu et choses, — doit donc forcément être remis à un tiers désintéressé ; ce tiers, quel qu'il soit, c'est l'État ou ses diminutifs, la province, la commune.

L'État, pour protéger l'individu d'une manière efficace, hérite de ses droits; ce dernier, pour se défendre, avait droit d'opposer la force à la force; l'État a le droit, pour agir suivant son objet constitutif, d'employer la force.

En remplissant son but, l'État est utile; faire une chose utile est produire ; l'État est donc un producteur, *sui generis* sans doute, mais enfin producteur. Ce qu'il produit, c'est la sécurité ; son industrie est l'industrie de la sécurité.

Pour cette production, le monopole lui est nécessaire; avec la concurrence des États sur un même territoire, le prix de revient serait trop coûteux et par suite le consommateur, à égalité de produit, le payerait trop cher.

Ce produit, la sécurité, se différencie particulièrement des autres produits, en ce qu'il ne cause aucune satiété chez le consommateur; on n'a jamais trop de sécurité. En outre, ce dernier, qui, pour toute autre production, consulte ses moyens avant de s'en procurer la jouissance, ne s'arrête pas, dans le cas qui nous occupe, à cette considération. Pauvre ou riche, vous requérez l'État de vous protéger, de vous protéger dans le sens le plus absolu du mot, et l'État le fait, en retour, sans considération de position sociale. Une même loi, un même code, les mêmes tribunaux ; la nature du crime ou délit, et non la qualité de la victime, entrainant seule des différences de juridiction.

Ce ne sont pas là les seules différences bien tranchées qui existent entre la production de la sécurité et celle des autres utilités ; le mode d'échange nous fait assister à une autre originalité. Le prix est, non pas fixé par la loi de l'offre et de la demande, mais établi suivant les ressources de chacun des consommateurs ; ces derniers ne peuvent d'ailleurs, sous le prétexte illusoire qu'ils n'auraient pas besoin de sécurité, se dérober au payement de ce prix ; il leur est imposé ; c'est un impôt.

D'ailleurs, l'État ne vous demande que le remboursement de ses débours ; il vous vend ses produits au prix de revient. Il n'a pas à faire de bénéfices sur vous. Il est votre mandataire contractuel et non une contre-partie intéressée.

L'industrie de la sécurité est donc régie, économiquement, par des lois complètement différentes de celles qui gouvernent les autres industries. Au lieu de la persuasion morale, c'est la force brutale ; le monopole remplace la liberté ; le produit s'en consomme indéfiniment et sans occasionner de satiété ; tout le monde a le droit de le consommer sans acception de position sociale, lorsque, dans les autres industries, chacun en consomme les produits en raison de ses besoins et de ses moyens. Enfin ce n'est pas la loi de l'offre et de la demande qui fixe le prix et ce dernier est, en principe, identique au prix de revient.

La conclusion qui découle logiquement de ce rapprochement, c'est que l'État est impropre à exercer toute autre industrie que celle de la sécurité (force armée-justice-administration), puisqu'il y apporterait des règles de conduite en opposition formelle avec les lois économiques qui concernent l'industrie privée.

Voilà la théorie pure, le but idéal vers lequel toute association politique qui veut prospérer doit tendre sans cesse.

Mais, comme pour tout idéal, on peut, on doit y tendre, sans jamais l'atteindre.

Cherchons rapidement quels sont les obstacles qui peuvent retarder la marche continue et progressive de l'humanité vers cet idéal.

Et d'abord, remarquons que la multiplicité croissante des services demandés à l'État n'est pas nécessairement en contradiction avec la limitation obligatoire des fonctions gouvernementales.

Le Canaque ou le Cafre est, sans doute, moins exigeant que nous vis-à-vis de l'État ; mais cela tient à sa civilisation rudimentaire qui fait qu'ayant moins de besoins, il se contente d'une protection plus limitée. La protection des mineurs, par exemple, qui chez nous est une partie importante des attributions de l'État, le sauvage ne sent pas la nécessité de l'établir chez lui. Le père ou, s'il s'agit d'un orphelin, le premier venu est maître absolu de l'enfant qui est ainsi sous la dépendance de la force non contrôlée dont, trop souvent, il devient la victime. Il en est de même des contrats, du respect de la nationalité à l'étranger, etc. Qui sait même si l'État, sur certains points, n'est pas, comme au royaume de Dahomey où le souverain est propriétaire unique, plus sujet à sortir de ses attributions que dans notre civilisation européenne.

Les attributions de l'État peuvent donc se multiplier, sans que son ingérence dans le domaine normal de l'individu se développe et réciproquement.

Cela tient au progrès plus ou moins incessant de la civilisation.

Cette réserve faite, pourquoi, les attributions de l'État étant si nettement tranchées, voit-on tant de dérogations se produire même chez les peuples les plus avancés en civilisation, même chez ceux où le *Self-Help* est le plus en honneur ? D'où cela vient-il ?

C'est qu'il s'agit ici, non d'une quantité mathématique, absolue, inerte, mais de l'homme, unité des plus variables, non seulement de nation à nation, mais d'individu à individu et, chez un même individu, d'une époque à une autre. De là ces oscillations de l'opinion publique, ces difficultés ou facilités que la masse apporte à la pratique de telle ou telle combinaison plus ou moins artificielle. Le communisme, pour prendre un terme extrême, est justement condamné par la science, et que de fois cependant n'a-t-on pas vu des associations communistes prospérer, temporairement tout au moins, grâce à la disposition d'esprit religieuse ou enthousiaste des administrés, disposition d'esprit qui leur a fait, sans qu'ils en ressentissent de privation, limiter leurs besoins particulièrement en matière littéraire ou artistique. En faut-il, pour cela, douter de l'infériorité du communisme ?

Il faut encore songer que l'homme a des exigences multiples. Il n'est pas seulement sous l'empire des lois économiques, il lui faut encore compter avec les lois d'autres sciences morales (la politique, le droit, etc.), pour ne parler que du côté immatériel. Or, souvent l'intérêt de la civilisation veut que la politique, par exemple, ait le pas sur l'économie politique, ou en économie politique telle loi sur telle autre. Est-ce que, par exemple, pour des sauvages, la notion de propriété n'est pas plus pressante à acquérir que le respect absolu des attributions de l'État ?

Remarquons, d'ailleurs, que l'utilité de limiter l'État à son domaine naturel est en rapport direct avec le degré de civilisation d'un pays. Plus cette dernière est avancée, plus il faut se rapprocher résolument de la théorie; plus elle est arriérée, moins sont graves les atteintes au principe. Soyons modestes et ne nous étonnons pas trop si l'on s'aperçoit peu de l'extension exagérée des fonctions attribuées à l'État dans l'Europe actuelle.

Ne nous dissimulons pas, en outre, que les progrès en matière de délimitation des attributions économiques de l'État ne peuvent être que fort lents. Eussions-nous pouvoir absolu de les ramener à leur frontière normale, l'opinion publique nous seconderait-elle unanimement dans cette œuvre, que nous n'en convierions pas moins le temps à nous prêter sa collaboration. Les transformations lentes chez l'homme sont seules durables; notre histoire, soit économique, soit politique, est là pour l'attester. Profitons de ces souvenirs.

Mais alors, dira-t-on, pourquoi poser d'une manière abstraite des limites si absolues? Pourquoi parler d'un idéal qu'on ne doit jamais atteindre et dont même on ne peut se rapprocher que si lentement? N'est-ce pas aller contre son but, décourager l'humanité? La vue d'un trop long trajet ne détourne-t-elle pas parfois les hommes de se mettre en route?

Si nous parlions à l'humanité entière, qu'elle nous écoutât pour savoir quelle direction donner à sa marche, nous jugerions peut-être prudent de ne lui proposer qu'en détail et successivement les réformes diverses qui doivent tendre au but proposé. Mais nous nous adressons, dit M. Courtois, à un cercle choisi, même en y comprenant ceux qui, au dehors, par l'entremise de journaux et revues, suivent nos discussions. Nous leur devons, à eux, la vérité immédiate et complète.

Il y a danger d'ailleurs à détourner sa vue d'un idéal, tout lointain qu'il soit. Un auteur distingué, quoique parfois paradoxal, M. Herbert Spencer, énumère, dans un récent ouvrage, ne s'occupant que de l'Angleterre et pour les dernières années, les principales violations du principe que nous venons de développer; elles sont considérables, en nombre et en importance. Et cela ne résulte pas tant de divergences sur les attributions de l'État; non, on s'avoue volontiers que l'on charge l'État d'une fonction qui ne le regarde pas; mais on n'y attache pas d'importance. On s'effraye peu de cette infraction à un principe, un principe! chose de peu de conséquence au temps où nous vivons. On ne le voit que trop quand il s'agit des systèmes en contradiction avec la science; on n'a plus peur du socialisme, on le coudoie, on l'accepte avec une facilité qui n'est plus de la tolérance, mais de l'indifférence.

Et les socialistes qui s'en aperçoivent s'en prévalent. Lisez la *Quintessence du socialisme* de M. Schäffle et vous y verrez que le collectivisme compte, pour son avènement prochain, sur le relâchement de l'opinion publique et par suite des gouvernants en matière de liberté économique.

Sans aller si loin, les progrès du protectionnisme, qui commence à recouvrir de ses flots des terres que la propagande libre-échangiste lui avait fait abandonner, sont patents et dus non à un changement radical d'opinion, mais au relâchement trop évident des principes dans les masses.

Ne craignons pas, dit en terminant M. Courtois, de voir en face la vérité absolue, dussions-nous concéder à la faiblesse humaine tout le temps voulu pour se rapprocher de notre idéal, condescendant ainsi aux déviations dues à une civilisation relativement arriérée, si ce n'est dans l'enfance.

Pour définir et délimiter les attributions de l'État, dit **M. Villey**, il importe de distinguer les différentes formes sous lesquelles peut se produire l'intervention de l'État dans l'ordre économique.

L'État peut intervenir de trois manières : par voie de *réglementation*, par voie *d'action*, par voie *d'impulsion* : dans le premier cas, il contrôle, dirige l'activité individuelle ; dans le deuxième cas, il agit à sa place ; dans le troisième cas, il l'incite, la pousse à agir. Toute espèce d'intervention de l'État dans l'ordre économique peut se ramener à une de ces trois formes ; et il suffirait de poser des principes certains sur chacune de ces trois formes pour délimiter, autant qu'on peut le faire en théorie et sans descendre aux applications, la limite des attributions de l'État.

L'État d'abord peut intervenir par voie de *réglementation*. Ici, deux systèmes sont en présence : le système *préventif*, cher à une école d'après laquelle « il vaut mieux prévenir le mal que d'avoir à le réparer » et qui multiplie les règlements sans mesure, et le système *répressif*, qui laisse à la liberté individuelle son libre développement, en se contentant d'en réprimer les abus. Entre les deux systèmes, le choix des économistes ne saurait être douteux : le régime préventif généralisé, c'est la négation, c'est l'anéantissement de la liberté humaine. Le système répressif doit être la règle du gouvernement, mais à une double condition : 1° que la réparation de la lésion du droit menacé par la liberté individuelle soit possible ; 2° que la liberté individuelle existe.

Voici donc deux cas généraux dans loqueis l'État pourra intervenir par voie de réglementation préventive. Premier cas, il pourra intervenir quand la réparation sera impossible, parce que, dans ce cas, le système répressif est manifestement impuissant : ainsi l'État pourra faire des règlements préventifs pour protéger la sécurité publique, attendu que, si elle est compromise, aucune réparation n'est possible. Si l'on installe à côté de moi, dit l'orateur, un dépôt de matières explosibles qui peut à tout instant faire sauter ma maison et m'ensevelir sous ses ruines, la répression pénale qui pourra intervenir ensuite, voire même les dommages-intérêts accordés à mes héritiers ne constitueront évidemment pas une réparation pour moi. L'État du reste est dans son domaine essentiel quand il assure la sécurité, et nul ne saurait contester le principe de cette intervention ; c'est seulement une question de mesure dans l'application. Ainsi l'on peut trouver que l'État va trop loin chez nous dans la réglementation des *établissements dangereux, incommodes et insalubres;* les mots mêmes le prouvent : la réglementation préventive n'est nécessaire que contre un danger, un mal irréparable ; la répression suffit à tout ce qui n'est qu'incommodité. Deuxième cas, l'État pourra intervenir par réglementation préventive, lorsque la liberté fait défaut *en droit;* et il faudra qu'il intervienne dans l'intérêt de la liberté elle-même. Ainsi, l'État pourra réglementer le travail des enfants dans les usines et manufactures, parce que l'enfant ne travaille pas sous le régime de la liberté ; il est soumis à une autorité dont il peut être fait abus, dont il est trop souvent fait abus, et il faut qu'il soit protégé contre ces abus possibles d'autorité. On en pourrait dire autant de la femme mariée. Ainsi encore l'État pourra et devra réglementer toute industrie qui s'exerce *nécessairement* sous le régime du monopole; M. Villey ne parle pas bien entendu des monopoles qui peuvent s'établir en fait et contre lesquels la seule possibilité de la concurrence constitue une garantie insuffisante, mais des monopoles *de droit*, comme sont chez nous les chemins de fer : un pareil monopole étant exclusif de la liberté individuelle, de la liberté des consommateurs, l'État doit intervenir pour protéger le public contre ses dangers. Voilà les deux cas généraux dans lesquels l'État peut intervenir par voie de réglementation préventive, et, si l'on ajoute que l'État a qualité pour contrôler les instruments généraux du commerce qui ne peuvent remplir leur fonction que par l'unité et la garantie officielle, c'est-à-dire les poids et mesures et les monnaies, l'orateur n'aperçoit pas d'autre hypothèse qui légitime l'intervention réglementaire de l'État

Maintenant, l'État peut encore intervenir soit par voie *d'action*, soit par voie *d'impulsion*. Là, deux théories radicales. L'une, que l'on appelle la théorie *individualiste*, réduit absolument le rôle de l'État à garantir la *sûreté du droit;* l'État n'est pas autre chose qu'un redresseur de torts, et le gardien de la sécurité de tous et de chacun. C'est la théorie de Fichte, de Kant, de Humboldt ; c'est celle de beaucoup d'économistes : on l'a qualifiée d'un terme qui fait image, le *nihilisme administratif*. — Il y a une autre théorie toute contraire et qui n'est que trop en honneur aujourd'hui, c'est la théorie *socialiste* : pour elle, l'État ne se charge jamais de trop de choses, car, placé plus haut que l'individu et plus fort que lui, l'État est bien plus que lui capable de voir le progrès et de l'exécuter ; le but de l'État c'est d'assurer le bien-être de tous et de chacun. — S'il fallait absolument opter entre ces deux théories contraires, aucun économiste n'hésiterait à se rallier à la théorie d'après laquelle l'État n'est que la sûreté du droit ; elle a l'avantage d'être simple et l'autre est la négation même en droit et la suppression en fait de la liberté individuelle. Mais peut-être qu'entre les deux théories il y a place pour une théorie intermédiaire, qui pourrait être formulée ainsi : l'État pourra intervenir à la double condition : 1° qu'il s'agisse de choses *d'intérêt commun ;* 2° qu'il s'agisse de choses que l'initiative individuelle, que l'industrie libre soit incapable de faire, soit à raison de leur nature, soit à raison d'une impuissance dûment constatée.

Les services rendus par l'État étant payés sur le Trésor public, c'est-à-dire de la bourse de tous les contribuables, il est injuste d'affecter l'argent de tous à une œuvre qui ne profiterait qu'à quelques-uns, qui ne serait pas une chose d'intérêt commun. En deuxième lieu, le principe dirigeant, c'est que l'action individuelle, le service privé doit être préféré au service public, à l'action officielle, *toutes les fois que cela est possible*. Ce principe se fonde soit sur des raisons générales, soit sur des raisons spéciales. Au point de vue plus spécial, la raison nous dit que les services privés seront généralement mieux remplis que les services publics, parce que l'industrie privée a en elle un ressort d'une incomparable puissance, qui fait défaut à l'État, ou plutôt à ses agents, *l'intérêt personnel*. Ainsi, suivant un principe qui le sépare de tous les socialistes même les plus modérés, pour lesquels il n'y a qu'une question de mesure, M. Villey préfère l'industrie privée, le service privé, à l'industrie officielle et au service public, toutes les fois que l'industrie privée pourra remplir la fonction. Mais si elle ne le peut pas, soit à cause de la nature de la chose qu'il s'agit d'entreprendre, soit à cause de sa propre impuissance, l'État ne pourra-t-il jamais agir? Voilà la conclusion que M. Villey ne saurait admettre.

Et d'abord l'industrie privée, mue par l'intérêt personnel, ne fera que les choses susceptibles d'être rémunérées par l'échange. Toutes les fois qu'il sera nécessaire d'entretenir un service non susceptible de rémunération par l'échange, c'est l'État qui devra le faire. Ainsi l'État se charge chez nous de l'établissement et de l'entretien des routes et chemins; sans doute l'industrie privée pourrait faire cela, elle l'a fait ailleurs; mais l'industrie privée, c'est le péage, et le péage sur les routes, c'est un système arriéré et anti-économique. Il faut que l'usage des routes et chemins soit gratuit; donc, il faut que l'État s'en charge. On en pourrait dire autant des phares et fanaux, des stations météorologiques, etc. Ainsi encore, dans presque tous les pays civilisés, le service postal a été transformé en service public, et, quoique la question prête plus à controverse, l'orateur incline à croire que ce service revient à l'État.

Il admet aussi que l'État est autorisé à faire certaines choses que commande le progrès économique, lorsque l'initiative individuelle est impuissante à les faire. Mais ici, il est à craindre que son intervention n'engourdisse de plus en plus l'initiative individuelle. Tous ses efforts devront se borner à stimuler l'initiative individuelle, et son intervention devra être comme une école destinée à apprendre aux citoyens à faire de grandes choses au moyen de l'association libre et spontanée. Mais voici un pays, comme la Chine, qui n'a pas de chemins de fer, dont les habitants n'en comprennent pas l'utilité et n'en veulent pas faire, et qui cependant est désolé par des famines périodiques: qui oserait dire que, dans un tel pays, l'État ferait mal s'il établissait lui-même quelques grandes lignes destinées à mettre en communication les principaux centres et à faire comprendre aux habitants l'utilité des chemins de fer? On voit qu'ici l'intervention de l'État n'est que *supplétive;* elle est autorisée par l'état des mœurs et de la civilisation; et cette concession, qui nous paraît forcée, ne nous empêchera pas de proclamer que la civilisation et le progrès sont du côté de la restriction des attributions de l'État et de l'épanouissement de l'Individu. Toujours, en pareil cas, l'État devra intervenir par voie d'*impulsion*, plutôt que par voie d'*action*: il devra pousser l'industrie libre à agir plutôt que de se substituer à elle, et il devra, dans tous les cas, lui céder la place le plus tôt possible. Au reste, qu'il intervienne par voie d'*impulsion* seulement, ou qu'il agisse lui-même, la règle est toujours la même : son intervention ne se légitime que s'il s'agit de choses d'intérêt commun, puisqu'elle est toujours défrayée de la bourse de tous les contribuables. Si cette condition était toujours observée, on ne verrait pas l'État, par exemple, protéger telles ou telles industries, toujours au détriment des autres et infailliblement au détriment des consommateurs; et nous n'entendrions pas, par exemple, aujourd'hui, l'industrie agricole se plaindre, non sans raison, qu'on lui ait enlevé tous ses bras, attirés dans les centres manufacturiers par de hauts salaires que peuvent leur offrir les industries protégées, grâce à cette protection même.

En résumé, l'initiative et l'action individuelle sont toujours préférables, dans les choses susceptibles de rémunération par l'échange, à l'intervention de l'État; le progrès est bien plutôt l'œuvre de l'individu que de l'État; mais M. Villey ne veut pas cependant récuser absolument et aveuglément l'État comme agent de progrès.

M. **Alfred Neymarck** est d'avis, comme l'a fait remarquer M. A. Courtois, que s'il est facile, en théorie, d'indiquer la limite des attributions de l'État, il est, en pratique, plus difficile de le faire.

Toutes les fois que la Société d'économie politique s'est occupée de rechercher *quelle était la limite des attributions de l'État*, l'ingérence de l'État dans nos affaires a été presque unanimement repoussée par elle.

L'État doit-il intervenir pour modifier, par l'impôt, la situation de telle ou telle catégorie de citoyens? Doit-il intervenir pour assurer à telle ou telle classe des logements plus confortables, plus sains, une nourriture plus abondante? Doit-il intervenir dans les questions qui touchent au commerce, à l'industrie? Doit-il intervenir dans les affaires de banque, telles que l'émission de billets fiduciaires, telles que le placement des fonds des Caisses d'épargne, ou bien encore dans les affaires d'assurances sur la vie, contre le chômage ou l'incendie? Doit-il intervenir dans les questions de travail, règlement de salaires, participations aux bénéfices, questions d'enseignement? Tous ces sujets, dit M. Alfred Neymarck, ont été discutés presque à chacune des réunions de la Société.

On voit tout de suite là, ajoute l'orateur, combien sont nombreuses les causes d'intervention de l'État. Attributions fiscales, commerciales, industrielles, financières, religieuses, sociales, partout nous trouvons la main de l'État. C'est un vaste engrenage, et, au lieu de rechercher « *quelle doit être la limite des attributions de l'État* », il y aurait plutôt lieu de se demander quelles sont les affaires dans lesquelles l'État n'est pas intervenu, dans lesquelles il n'a pris aucune attribution? L'État est, en effet, partout : nous le trouvons à notre naissance et à notre mort; plus nous avançons dans la vie, plus nous le voyons entrer profondément dans nos affaires et se mêler à nos occupations.

Comment s'étonner, dès lors, de cette propension d'esprit qui conduit les citoyens à réclamer presque toujours l'intervention de l'État? Y a-t-il une industrie en souffrance? Existe-t-il des particuliers qui souffrent ? Les affaires vont-elles mal ou moins bien, les travaux publics ont-ils besoin d'être activés, on trouve tout naturel de s'adresser à l'État. Nous voyons aujourd'hui l'État entrepreneur de transports; l'État banquier, commerçant, professeur. Ces attributions, ces interventions, sont-elles un mal ou un bien ? Et que nous enseignent, sur ces points, les grands maîtres de la science économique ?

D'après Turgot, l'intervention de l'État ne doit pas exister dans les questions qui intéressent la liberté du travail, du commerce, de l'agriculture. Cette liberté, c'est la conséquence du droit de propriété.

La liberté du prêt à intérêt doit exister : l'État n'a pas à se mêler de ces questions d'argent : chacun a le droit d'en faire ce qu'il lui plaît, par cette seule raison que cet argent est à lui, est sa propriété.

La liberté d'importer et d'exporter doit exister, de pays à pays, de province à province. Le commerce doit être libre, absolument, entièrement libre. L'État ne doit pas s'en occuper, car « *ses opérations sont nécessairement fautives et guidées par une théorie vague et incertaine* ». Il ne doit pas plus intervenir qu'on ne saurait lui demander son intervention pour « *fournir des bourrelets aux enfants qui pourraient tomber* ».

Turgot est, enfin, l'ennemi des monopoles, des privilèges : il veut la liberté pour tous.

Donc, en toutes ces questions qui touchent aux intérêts privés, l'intervention de l'État est nuisible ou inutile, ses attributions doivent être nulles.

Le rôle de l'État doit consister dans la garantie de la propriété, de l'ordre, de la sécurité ; dans la suppression des abus et des entraves à la liberté individuelle ; il doit avoir une administration sage et économe, une magistrature impartiale, une force publique pour faire respecter les lois à l'intérieur, l'honneur et les droits du pays à l'extérieur ; telles sont, suivant Turgot, les limites dans lesquelles peuvent s'exercer les attributions de l'État.

Voilà la théorie absolue, telle que ce grand maître l'a définie; mais, ajoute M. Alfred Neymarck, est-ce que cette théorie et ces principes ont toujours été maintenus dans toute leur sévérité ? Est-ce que Turgot, lui-même, ne leur a pas fait subir de dures atteintes ? La rigueur des principes de l'économiste a souvent fléchi devant les difficultés que rencontrait l'administrateur, devant les nécessités politiques auxquelles l'homme d'État était obligé d'obéir.

Turgot, en effet, admettra l'intervention de l'État quand il s'agira de rendre à la société entière des services dont tous doivent profiter et que de simples particuliers ne pourraient parvenir à rendre : l'entretien des routes, les travaux de salubrité et d'hygiène, la création d'établissements d'instruction et de charité. Il admettra que l'État intervienne quand il faudra apporter des secours à des provinces trop pauvres, victimes de quelque fléau. Il admettra que l'État, pour favoriser le développement des sciences et des arts, accorde des récompenses et des subventions aux savants et aux artistes qui peuvent, par leurs travaux, être l'honneur et la gloire du pays tout entier.

Il admettra même que l'État, à défaut des particuliers, aide les ouvriers à trouver du travail et crée même des travaux factices. Il s'occupera de faire donner du travail aux femmes, et pour tous les malheureux, si les cotisations volontaires ne suffisent pas, il imposera des cotisations forcées. Il dira que « la nature a donné à tous le droit d'être heureux », il dira que l'ouvrier a droit à quelque chose de plus qu'à la subsistance, à un certain bien-être, à un excédent de profits. Il obligera, dans les temps de crise, les propriétaires, les riches, à garder les fermiers qu'ils occupent, les ouvriers qu'ils emploient. On voit que, dans cet ordre d'idées, Turgot est allé aussi loin que possible.

Que faut-il donc conclure de tous ces faits ? C'est qu'il faut éviter d'avoir une opinion absolue, dans un sens ou dans un autre. Un siècle avant Turgot, un autre grand ministre, Colbert, avait, en économie politique, des idées diamétralement opposées à celles du ministre de Louis XVI. Et, à l'heure présente, ne voyons-nous pas près de nous, en Allemagne, le socialisme d'État préconisé par le chancelier de Bismarck, et n'y aurait-il pas un curieux rapprochement à faire entre les idées économiques et sociales de Turgot et celles du ministre allemand ?

Sous le prétexte que l'État ne doit jamais intervenir dans nos affaires, pourrait-on soutenir, par exemple, qu'il n'a pas le droit de surveiller la fabrication et la vente de la poudre, de la dynamite ?

Quand se produisent des fléaux semblables à ceux qui viennent de désoler plusieurs villes de l'Espagne, pourrait-on soutenir que l'État ne doit pas intervenir par quelques secours, par des travaux, par des subventions ?

Nous fondons, en ce moment, de nouvelles colonies ; nous ouvrons de nouveaux débouchés au commerce ; dans ces pays neufs où tout est à faire, croit-on que l'État, entreprenant lui-même des travaux publics, construisant des routes, des chemins de fer, creusant des ports, n'est pas un puissant élément de richesse et n'engage pas l'industrie privée à suivre son exemple ?

En résumé, dit M. Alfred Neymarck, il peut se rencontrer des cas où l'intervention de l'État et ses attributions peuvent être justifiées et rendues nécessaires.

Dans les questions commerciales, industrielles, financières, partout où l'industrie privée, partout où les simples particuliers peuvent agir, être utiles, discuter leurs intérêts, l'intervention de l'État est inutile.

Tout ce qui touche, au contraire, aux intérêts généraux d'une société, questions de salubrité, d'hygiène, de sécurité publiques, tout ce qui concerne, en un mot, des services utiles à tous et pouvant être rendus par tous au profit de tous, peut être, dans certaines circonstances et suivant l'opportunité, accompli par l'État.

M. **Alglave** trouve qu'il n'est pas facile de trancher nettement la question en discussion.

En pareille matière. il faut soigneusement éviter de confondre la pratique avec la théorie.

On a parlé du service des postes et des télégraphes; il est certain qu'en Amérique, où ce dernier service est entre les mains des parti-
fonctionne mieux qu'en Europe.

Est-ce que l'État, s'il était chargé de nourrir la masse des citoyens, ne les nourrirait pas mieux et à meilleur compte qu'ils ne le sont par eux-mêmes? N'avons-nous pas comme exemple, à cet égard, cutiers, il l'alimentation si économique des armées?

Du reste, quelle que puisse être, à l'heure qu'il est, l'opinion des économistes sur ce sujet, rien ne pourra empêcher, dit M. Alglave, dans l'avenir, la défaite de l'individualisme. En Angleterre même, on assiste en ce moment à une évolution qui tend à multiplier et à développer les interventions de l'État dans la vie de chaque jour, et l'opinion publique elle-même les réclame.

Certainement, on formule cette règle : « L'État doit faire ce qui est dans son principe. » Mais reste à déterminer le principe.

M. Alglave a beau être contraire, en théorie, à l'action de l'État, aux prises avec la pratique, en face de l'émeute, par exemple, il n'hésiterait pas à faire jeter au peuple des centaines de mille kilos de pain, aux frais du Trésor public.

S'il allait jusqu'à formuler un principe, il dirait : l'État ne peut faire et donner que des choses dont tous les membres de la société puissent profiter, non à titre individuel. mais en tant que membres de la société.

Du reste, il ignore absolument le but de la société; c'est une erreur de dire que son but soit de répandre la plus grande somme de bien-être possible. Si l'État était chargé du bonheur de la société, on arriverait bien vite à l'État-Providence.

L'État a pour unique but de maintenir la société. Reste seulement un danger, c'est que, par son action, il ne nuise à l'initiative des individus.

Suivant M. Limousin, qui se déclare socialiste, MM. Courtois, Villey et Alglave, en admettant que l'État a un rôle à remplir, adhèrent au principe du socialisme, qui consiste justement dans la nécessité d'une autorité sociale ayant droit de contrainte, au nom de l'intérêt social et par délégation de la majorité, sur la minorité qui refuse de se soumettre aux lois d'intérêt général.

Il est vrai que l'on se retranche derrière une distinction entre les lois de protection et les lois d'action, entre l'action politique ou civile et l'action économique ou industrielle. Mais cette distinction ne tient pas devant un examen un peu approfondi.

Le principe de la sécurité invoqué par M. Villey peut servir à justifier une intervention excessivement étendue de l'État. On peut, par exemple, dans un but de sécurité, réclamer et faire une loi qui limite à dix ou douze heures la journée de travail d'un ouvrier, pour la santé duquel une tâche plus prolongée peut être dangereuse, et qui peut se voir dans l'impossibilité de résister à un patron exigeant quatorze ou quinze heures. Le principe de la sécurité peut justifier l'établissement d'un salaire minimum, ou la création d'une assurance obligatoire contre la maladie, la vieillesse ou les accidents de fabrique.

M. Alglave a dit que l'intervention de l'État n'était admissible que lorsque ceux à qui elle s'applique en profitent collectivement et non individuellement. Mais le profit collectif se décompose toujours en un certain nombre de profits individuels. La loi qui limite la durée du travail des enfants profite bien à chacun de ceux-ci individuellement. Et, s'il se trouvait un cas de protection reconnu légitime par la majorité de la nation, mais qui ne devrait profiter qu'à une seule personne, où serait le mal si cette protection était instituée?

Il est absolument impossible de délimiter méthodiquement, scientifiquement le champ de l'action de l'État et celui de l'action privée.

La théorie individualiste repose sur une conception métaphysique qu'on trouve exposée tout au long dans les *Harmonies économiques* de Bastiat; cette conception est celle de la sagesse des lois naturelles, ou plutôt divines, c'est-à-dire providentielles. C'est parce qu'il a confiance en Dieu que Bastiat a foi dans la liberté, il le déclare expressément. Cette conception n'est pas d'accord avec le positivisme de l'époque présente, qui, ne se prononçant pas sur la question philosophico-religieuse de l'existence de Dieu, dit qu'il faut se comporter comme s'il n'existait pas.

En langage positiviste, la thèse libertaire peut se formuler ainsi : lorsque la nature agit spontanément dans les relations des membres des sociétés humaines, elle produit le bien ; lorsque au contraire les hommes contrarient cette action, il n'en résulte que du mal. On va même jusqu'à dire que la nature n'agit que spontanément, et que l'action des hommes, — l'action législative et régulatrice, — est antinaturelle.

Cette thèse, dit M. Limousin, est antiscientifique.

Il ne faut pas cependant exagérer l'action sociale, c'est-à-dire diminuer au delà du nécessaire la liberté de l'individu. Toute privation de liberté est une souffrance, et comme l'objet de la société est d'assurer à ses membres le plus de bonheur possible, celle-ci ne doit imposer la souffrance de la diminution de liberté que dans la mesure nécessaire pour assurer à tous une liberté égale ou équivalente. D'autre part, la Société étant composée d'hommes, et son action se manifestant par l'intermédiaire d'hommes, il n'y a pas de raison pour considérer la majorité comme possédant la sagesse même, et ses mandataires comme la réalisant. Pour cette raison, il est nécessaire de réserver, par le contrat social, certaines libertés individuelles, certains droits essentiels auxquels la majorité, c'est-à-dire la Société, doit s'interdire de toucher. Sans doute, la thèse du contrat social de Jean-Jacques Rousseau est fausse historiquement, mais les membres des sociétés civilisées, lorsqu'ils établissent des lois formelles, réalisent ce contrat.

La question de l'intervention ou plutôt de l'action de l'État, qui personnifie la société, n'est donc pas une question de principe, mais d'expédient, d'espèce. L'observation, l'expérience font, à cet égard, l'éducation des savants en économie politique et des hommes d'État, et leur apprennent quand l'intervention est bonne et quand elle est mauvaise. C'est de plus une question de temps, de milieu, de climat. Quoi qu'il en soit l'action de l'État ne peut être proscrite qu'à la condition de supprimer l'État et de constituer, — si on peut appeler cela constituer — ou plutôt de tomber dans l'anarchie.

M. Villey fait remarquer que sa théorie n'a pas été parfaitement reproduite par les orateurs qui ont pris la parole après lui. On lui a fait dire qu'il examinait, à propos de chaque service, si ce service serait mieux rempli par l'État ou par l'Individu, et qu'il se décidait en conséquence. Point : il pose, au contraire, en principe (et il y tient beaucoup), que les fonctions d'ordre économique seront mieux remplies par l'Individu que par l'État, toutes les fois du moins qu'elles seront susceptibles de rémunération par l'échange, et il veut, en conséquence, que l'initiative individuelle et l'industrie privée soient préférées *toutes les fois que cela est possible*. Seulement, il admet que l'État pourra être autorisé à intervenir à défaut de l'initiative individuelle et pour suppléer à son impuissance, tout en ajoutant que l'État devra bien plutôt stimuler l'industrie privée à agir, au lieu d'agir à sa place et, dans tous les cas, travailler consciencieusement à préparer lui-même sa retraite.

Le Rédacteur du Compte rendu : CHARLES LETORT.

OUVRAGES PRÉSENTÉS.

Réforme de l'impôt en France, par M. E. FOURNIER DE FLAIX. T. I. *Les théories fiscales et les impôts en France et en Europe aux* XVIIe *et* XVIIIe *siècles* [1].

Les finances de l'ancien régime et de la Révolution. Origines du système financier actuel, par RENÉ STOURM [2].

L'individu contre l'État, par HERBERT SPENCER. Traduit de l'anglais, par J. GERSCHEL [3].

Ligue de Bordeaux contre l'élévation des droits sur les céréales. Discours prononcé à la réunion publique de l'Alhambra, le 14 décembre 1884, par M. FRÉDÉRIC PASSY [4].

Relazione statistica sui telegrafi del regno d'Italia nell' anno 1883 [5].

Ministère des finances. Annuaire de l'administration des contributions directes et du cadastre. 1885 [6].

Société de géographie de Lyon. Conférence du dimanche 28 *décembre* 1884. *Le progrès économique dans l'Extrême Orient*, par M. LOUIS DESGRAND [7].

Bulletin de la participation aux bénéfices. 6e année. Livr. 1-3 [8].

La crise agricole au point de vue économique. Les droits sur les blés, par M. MARIUS MORAND [9].

---

[1] *Paris*, Guillaumin et Ce, 1885, in-8.
[2] *Paris*, Guillaumin et Ce, 1885, 2 vol. in-8.
[3] *Paris*, F. Alcan, 1885, in-18.
[4] *Bordeaux*, impr. de Gounouilhou, 1885, in-8.
[5] *Roma*, tip. di Cecchini, 1884, in-fol.
[6] *Paris*, impr. Nationale, 1885, in-8.
[7] *Lyon*, impr. Générale, 1885, in-8.
[8] *Paris*, A. Chaix, 1884, in-8.
[9] *Lyon*, impr. de Waltener, 1885, in-4.

Les assignats métalliques, faisant suite au « Grand procès de l'Union latine », par M. HENRI CERNUSCHI [1].

Ministerul agriculturei, industriei, comerciului si domenielor. Oficiul central de Statistica. Miscarea populatiuni din Romania in anul 1882 [2].

Rudimentary Society among boys, by JOHN JOHNSON [3].

Land laws of mining districts, by CHARLES HOWARD SHINN [4].

SOCIÉTÉ DE STATISTIQUE DE PARIS

RÉUNION DU 21 JANVIER 1885.

Les concours de la Société de statistique Le prix de 1884 sur le *Recensement des professions.*
Installation du nouveau président, M. Léon Say, et du Bureau pour 1885
ADMISSION DE NOUVEAUX MEMBRES.
DISCUSSION : La Crise agricole (suite).

La séance est ouverte sous la présidence de M. Cochery, président sortant.

M. *Cheysson*, rapporteur de la Commission des prix pour le concours de 1884, donne lecture de son rapport sur le mémoire unique adressé à la Société sur la question du *Recensement des professions.*

Nous regrettons vivement que le défaut d'espace nous empêche d'insérer ici, au moins par extraits, ce rapport, extrêmement intéressant lui-même et très substantiel. Nous n'en pouvons donner que les conclusions. Il déclare qu'il n'y a pas lieu de décerner le prix, qui était de 2.000 francs; mais qu'il convient d'accorder, à titre de récompense, une somme de 1.000 francs à l'auteur du mémoire, ayant pour devise : *Les chiffres régissent le monde.*

Ces conclusions sont mises aux voix et adoptées à l'unanimité.

Après l'allocution d'adieu de M. Cochery et le discours de M. Léon Say, président pour 1885, qui prend possession du fauteuil, la réunion procède à l'admission de nouveaux membres.

Sont élus membres fondateurs à vie : MM. Hiélard, membre de la Chambre de commerce de Paris; Eggermont, secrétaire de la Légation belge à Paris ; de L'Étoile, avocat à la Cour d'appel.

---

[1] *Paris*, Guillaumin. 1885, in-4.
[2] *Bucuresci*, tip. Statului, 1884, in-fol.
[3] *Baltimore*, N. Murray, 1884, in-8.
[4] *Baltimore*, N. Murray, 1884, in-8.

Sont nommés membres titulaires : MM. Ch. Goetzmann, rédacteur à la statistique générale de la France; Ch. Martinet, agronome; A. de Montebello, conseiller général du Gers; A. Chérot, ingénieur.

Sont admis comme membres associés : MM. J. Erben, directeur du bureau communal de statistique de la ville de Prague, et K. Sarafov, directeur de la statistique de Bulgarie à Sofia.

Après le dépouillement de la correspondance, M. T. Loua, secrétaire général, énumère les publications reçues par la Société depuis la précédente séance.

L'ordre du jour appelle la suite de la discussion sur la Crise agricole.

M. *E. Cheysson* s'attache à l'élément de la question qui est peut-être le plus délicat, le prix de revient du blé. Les partisans des droits nouveaux réclamés par les agriculteurs affirment sans hésiter que le prix de revient est de 20 francs, et que, par conséquent, si le prix de vente descend au-dessous de ce taux, l'intérêt de l'agriculteur est compromis. Rien de plus aisé, dès lors, que de calculer le montant du droit de douane destiné à rétablir l'équilibre.

En réalité, les choses sont moins simples, et le problème du prix de revient est aussi difficile à résoudre en agriculture qu'en industrie.

Pour le blé, un des principaux éléments de ce prix, c'est le rendement par unité de surface. S'il est, comme dans la Creuse en 1884, de 5 hectolitres, ou de 27 hectolitres comme dans Seine-et-Oise, également en 1884, voilà deux départements placés dans des conditions extrêmes quant au prix de revient.

Suivant les variétés du blé, les fumures, le procédé employé pour les semailles en lignes ou à la volée, ce rendement s'élève ou s'abaisse dans une proportion souvent énorme; M. Broch rappelait, en novembre dernier, que le produit d'un hectare, de 36 hectolitres en moyenne en Angleterre, descend jusqu'à 8 hectolitres en Russie.

M. Cheysson étudie les autres éléments du prix de revient, et d'abord la juxtaposition dans un même domaine de certaines exploitations associées à la culture du blé ou alternant avec elle, telles que la vigne, les betteraves, les légumes, les fruits, les bestiaux. Le blé n'est qu'un produit entre beaucoup d'autres; pour isoler son prix de revient, il faut procéder à des ventilations délicates entre les divers éléments qui chevauchent sur plusieurs branches contiguës, comme les frais généraux, les pailles, les fumiers, etc.

Le prix de revient est encore affaire de direction, d'âpreté au travail, de sobriété dans la vie, en un mot, de qualités morales chez le cultivateur. Tel s'enrichit et tel autre à côté se ruine dans les mêmes conditions.

Enfin le prix de revient dépend encore de l'exposition du sol, de sa nature, des intempéries, des facilités de sa main-d'œuvre, et de ce facteur indéterminé, la chance, le bonheur, qu'on trouve plus ou moins au fond de toutes les choses humaines.

Comment dès lors, au milieu de tant d'éléments variables et complexes, trouver ce prix fixe qui servirait de pivot à l'échelle d'un droit protecteur ?

Puis M. Cheysson s'efforce de déterminer l'incidence du droit réclamé sur les blés à l'importation.

Pour la France, après avoir déduit les quantités de froment absorbées par les semences et par la partie de la population agricole qui consomme directement le blé produit par elle, on trouve environ 60 millions de quintaux vendus au marché. Un droit de 5 fr., par exemple, haussant de pareille somme le prix du quintal, imposerait donc aux consommateurs un impôt de 300 millions.

Cet impôt, — qui le payera et qui le touchera ? Telles sont les deux questions que M. Cheysson examine rapidement.

La première est facile à résoudre. L'impôt est payé par tous ceux qui achètent leur blé, au lieu de le produire eux-mêmes. A raison d'une livre de pain par jour, c'est environ 10 fr. par tête d'adulte, ou 30 à 50 fr. s'il s'agit d'une famille ouvrière de deux ou quatre enfants. Pour la population du Creusot, qui compte environ 30.000 habitants, la charge annuelle serait d'au moins 200.000 fr.

L'État lui-même aurait à supporter une charge qui pourrait aller à 5 millions par an pour les nombreux pensionnaires qu'il nourrit (troupes de terre et de mer, prisonniers, hospices et hôpitaux, lycées, etc.). Ce serait un premier déchet — et non le moindre, — sur le produit hypothétique du droit d'entrée, puisque ce droit est destiné à réserver notre marché au blé national et ne saurait à la fois, comme on nous le fait espérer, être fructueux pour le Trésor et protéger le producteur.

Quant à la seconde question, — qui touchera l'impôt ? — elle sera d'une solution assez simple, lorsque l'on connaîtra les résultats de l'enquête agricole décennale actuellement en cours. Mais, jusque-là, on est réduit à des hypothèses pour remplir les interstices des calculs qu'on peut faire avec les éléments statistiques dont on dispose.

C'est ce travail qu'a tenté M. Cheysson, non sans en signaler lui-même les lacunes et sans l'accompagner des plus expresses réserves au sujet des parties qui, n'étant pas fournies par des relevés authentiques, ont un caractère plus ou moins conjectural.

Dans ces conditions et sous ces réserves, M. Cheysson a dressé un tableau qui donne, pour les trois catégories de propriété (petite, moyenne, grande) : les surfaces cultivées en froment, la production, la population correspondante et sa consommation directe pour les aliments et les semences. On en déduit la fraction de la production portée au marché et la part pour laquelle chacun des propriétaires des diverses catégories intervient dans la répartition du produit du droit.

Il résulte de ce tableau que la petite propriété, ne vendant qu'une faible partie de sa recolte, bénéficierait peu du droit d'entrée, dont le produit irait surtout à la moyenne et à la grande propriété.

Au fond, ce qui est en jeu dans la crise agricole, c'est la baisse infligée à la rente foncière par la facilité croissante des transports et par la concurrence des pays neufs. Le droit projeté réagirait contre ce mouvement et soutiendrait artificiellement la rente au profit des propriétaires, mais au détriment du reste de la nation, et en nous exposant à de dangereuses oscillations dans notre régime économique.

Après un échange d'observations entre MM. Cheysson, Tisserand et Fléchey, spécialement sur la proportion à attribuer à la petite propriété dans l'étendue des terres labourables et des terres ensemencées, la fin de la discussion, vu l'heure avancée, est renvoyée à la séance du 18 février.

Le président met également à l'ordre du jour la question de la *Colonisation*, qui viendra après celle de la Crise agricole.

COMPTES RENDUS

L'Individu contre l'État, par Herbert Spencer, traduit de l'anglais par J. Gerschel. Bibliothèque de philosophie contemporaine. Paris, Alcan, 1885.

M. Herbert Spencer a publié dans la Revue Contemporaine (*Contemporary Review*) une série d'articles qui ont eu pour titres : I. Le nouveau torysme; II. L'esclavage futur; III. Les péchés des législateurs; IV. La grande superstition politique. Ces articles ont fait sensation en Angleterre. On les a réunis en un petit volume, que l'éditeur Alcan a eu l'excellente pensée de faire traduire en français par M. *Gerschel*, sous le titre de « *L'Individu contre l'État.* » Nous ne saurions trop en recommander la lecture. Comme tout ce qu'écrit M. Herbert Spencer, ce petit volume de 170 pages mérite la plus respectueuse attention. Il est rempli d'aperçus profonds, ingénieux, et de plus c'est une œuvre d'actualité, qu vient au moment opportun. L'auteur a cédé au sentiment du devoir, en s'efforçant d'ouvrir les yeux à ses concitoyens sur la voie dangereuse dans laquelle ils sont engagés.

Nous avons été témoin de l'impression profonde que les arguments de M. Spencer ont faite sur des esprits distingués et sérieux. Certaines idées les ont un peu effarouchés, elles leur ont paru trop absolues, trop sévères, elles exigeraient des réserves. Mais l'effet du livre a été salutaire, il a donné à réfléchir à ceux qui l'ont eu dans les mains.

M. Herbert Spencer a signalé, il y a vingt-cinq ans déjà, les conséquences funestes qu'un excès de législation, qu'une intervention grandissante de l'État ne peut manquer d'avoir sur la véritable liberté. En 1860, il donnait à la Revue de Westminster un article intitulé « *La Réforme parlementaire; les dangers et les sauvegardes.* » Avec une remarquable clairvoyance, il indiquait quelques-uns des résultats des changements politiques proposés à cette époque. Voici, en peu de mots, la thèse qu'il soutenait : à moins que des précautions convenables ne soient prises, l'accroissement de la liberté apparente sera suivi d'une diminution de la liberté réelle.

Aucun fait n'est survenu qui ait pu modifier l'opinion qu'il exprimait alors. Des mesures dictatoriales se multipliant rapidement ont continuellement tendu à restreindre les libertés individuelles.

« Des réglementations ont été établies, chaque année en plus grand nombre, imposant une contrainte au citoyen là où ses actes étaient auparavant complètement libres, et le forçant à accomplir des actes qu'il pouvait auparavant accomplir ou ne pas accomplir à volonté. En même temps des charges publiques de plus en plus lourdes, surtout locales, ont restreint davantage sa liberté, en diminuant cette portion de ses profits qu'il peut dépenser à sa guise, et en augmentant la portion qui lui est enlevée pour être dépensée selon le bon plaisir des agents publics. Les causes de ces effets prédits qui agissaient alors, agissent encore aujourd'hui; en vérité, leur puissance grandira probablement. »

Voyant que les conclusions tirées relativement à ces causes et à ces effets se sont vérifiées, M. Herbert Spencer s'est décidé à exposer des conclusions analogues relativement à l'avenir, à y insister même et à faire tout ce qui est en son pouvoir pour éveiller l'attention sur les maux dont nous sommes menacés.

On doit accueillir avec la plus vive reconnaissance un auxiliaire aussi puissant que M. Spencer, dans la lutte entreprise contre le socialisme d'en haut et contre celui d'en bas. Le libre développement de nos facultés, l'exercice de nos droits naturels sont des biens précieux, qu'il nous faut défendre. La conquête en est toute récente, nous en jouissons à peine, que déjà nous sommes contraints de repousser des empiétements, des envahissements continuels.

« La fonction du libéralisme dans le passé a été de mettre une limite au pouvoir des rois. La fonction du vrai libéralisme dans l'avenir sera de limiter le pouvoir des parlements. »

C'est sur cette sentence que se termine le livre de M. Herbert Spencer. Il nous y amène par une gradation d'arguments vigoureux, qui ne peuvent manquer de convaincre les esprits libres de préjugés et de préventions.

N'est-il pas étrange que tant de généreux efforts tentés pour assurer la liberté, l'indépendance de l'individu, efforts couronnés de succès dans beaucoup de pays, aient abouti à produire un état de choses qui soit en désaccord avec les intentions primitives? Les héritiers du parti libéral continuent à porter le nom de leurs prédécesseurs, mais leurs actes ne répondent plus à l'idée de liberté. Jadis les libéraux ont diminué, dans un sens ou dans un autre, l'étendue de l'autorité gouvernementale et agrandi le champ d'action où tout citoyen peut agir en liberté. Aujourd'hui on a perdu de vue cette vérité qu'autrefois le libéralisme défendait habituellement la liberté individuelle contre la coercition de l'État. Par une sorte de changement inconscient, les libéraux sont devenus réactionnaires, — l'idéal s'est déplacé. « L'acquisition d'un bien pour le peuple étant le trait externe saillant, commun aux mesures libérales dans les temps anciens (et ce bien consistait alors essentiellement dans une diminution de la contrainte), il est arrivé que les libéraux ont vu dans le bien du peuple, non pas le but qu'il fallait atteindre indirectement par la diminution de la contrainte, mais le but qu'il fallait atteindre directement. »

Dans le passé, les libéraux avaient en vue de faire cesser les griefs du peuple ou d'une partie du peuple. Par une confusion véritable, les hommes d'État libéraux, leurs électeurs ont considéré que le bien des masses était le but du libéralisme. Ils sont arrivés à regarder l'État comme l'instrument à employer, — malheureusement les intentions peuvent être bonnes, justes, philanthropiques, l'État ne peut agir que par des mesures coercitives ; l'appareil est coûteux ; le résultat ne répond pas d'ordinaire à ce que l'on attendait.

M. Spencer passe en revue la législation anglaise depuis 25 ans; il montre la tendance restrictive sur beaucoup de points. Tout le chapitre sur l'esclavage futur qui nous menace est excessivement remarquable. Les idées qu'il y expose sont familières à nos lecteurs, ce sont celles qu'ils retrouvent dans les écrits des économistes français, qui ont pris à tâche de résister à l'infiltration du socialisme. Le développement de la politique anglaise entretient l'opinion que le gouvernement devrait intervenir toutes les fois qu'une chose ne va pas bien, et il ne se prive pas d'intervenir; son domaine grandit sans cesse. S'il écoutait certains tentateurs, il finirait par tout absorber. Sa sphère d'action est déjà singulièrement vaste, et M. Herbert Spencer a soin de nous éclairer sur les inconvénients réels qui accompagnent l'ingérence de l'État, par exemple, dans la question du logement.

Étant donnée la doctrine de M. Herbert Spencer, le spectacle présenté par les parlements a dû lui inspirer un intense découragement. On comprend toute l'amertume de ses appréciations; la tendance politique de l'heure présente le remplit des pressentiments les plus sombres. Un esprit philosophique comme le sien envisage tout autrement les phénomènes sociaux que ne le font les politiciens d'aujourd'hui. Une théorie du hasard, dans le genre de celle qui a été dernièrement affichée à la tribune française, ne trouverait pas grâce à ses yeux : elle constituerait la condamnation absolue de l'homme d'État qui s'en servirait.

M. Herbert Spencer n'a pas eu la prétention d'écrire un manuel de politique pratique applicable à notre état social actuel. Celui-ci est trop imparfait, trop entaché encore de militarisme, la coopération y est encore trop contrainte, trop peu volontaire, pour que la théorie énoncée puisse s'adapter au mode actuel. Cela n'empêche nullement qu'il ne faille propager une doctrine qui nous fait entrevoir un véritable idéal vers lequel on devrait tendre. « Un idéal, si loin qu'il soit de pouvoir être réalisé pour le moment, est toujours nécessaire pour se bien guider ». Il est surtout nécessaire d'éclairer ses contemporains, lorsqu'on réfléchit aux dangers d'une philanthropie à rebours. Une foule de gens, impatients d'améliorer par les méthodes les plus rapides, le sort de leurs semblables moins fortunés travaillent de toutes leurs forces à développer les arrangements administratifs qui sont le propre d'un type inférieur de société, ils marchent à reculons alors qu'ils se proposent d'avancer. Les idées de M. Spencer sur les inconvénients de la charité, de l'assistance mal entendues, sur les dangers d'une sympathie trop prompte à agir, choqueront les âmes sensibles; il est de toute nécessité qu'un philosophe ait de temps à autre le courage de rappeler des vérités élémentaires. L'évangile lui-même, ce manuel sublime de l'amour du prochain, ne dit-il pas: « Si quelqu'un ne veut pas travailler, il ne doit pas manger ».

Ce que M. Spencer appelle la grande superstition politique, c'est la croyance au droit divin des parlements qui a remplacé, semble-t-il, le droit divin des rois. Il s'attache à montrer que le parlement ou la majorité d'une nation ne saurait être ni omnipotent ni infaillible. La doctrine, tacitement acceptée du pouvoir illimité de l'État, qui est commune aux torys, aux whigs et aux radicaux, remonte à l'époque où les législateurs passaient pour être les délégués de Dieu, elle survit aujourd'hui, bien que la croyance à cette délégation divine ait disparu. « Droit divin des parlements veut dire droit divin des majorités. La base du raisonnement des législateurs, aussi bien que du peuple, c'est que la majorité a des droits illimités. Telle est la théorie courante.... » M. Spencer nous rend le service de la soumettre à une critique destructive et il arrive à la conclusion que voici : Il existe de nombreuses espèces d'actions « que les hommes, s'ils étaient consultés, seraient loin d'être unanimes à vouloir accomplir, même si telle était la volonté de la majorité; tandis qu'il est quelques espèces d'actions à l'accomplissement desquelles la presque unanimité consentiraient à donner leur concours. Ici donc nous trouvons une raison définie pour imposer la volonté de la majorité dans de certaines limites et une raison définie pour nier l'autorité de cette volonté au delà de certaines limites ». La question se résout en la suivante: Quels sont les droits respectifs du groupe et de ses membres? Les droits de la communauté valent-ils dans tous les cas contre l'individu? Ou l'individu possède-t-il des droits qui valent contre la communauté?

On saisit toute l'importance du problème. Du jugement dépend tout l'échafaudage des opinions politiques. M. Spencer établit à l'encontre de l'école anglaise de Bentham, de Stanley Jevons, qu'il existe des droits naturels qui sont inhérents à l'individu et que le gouvernement est incapable de créer, comme le veulent les légistes britanniques.

Nous craindrions de prolonger à l'excès le compte rendu du livre de M. Spencer, si nous le suivions dans l'exposé des preuves qu'il apporte à l'appui de sa thèse. Nous préférons conseiller la lecture même de l'ouvrage. On verra comment reconnaître et garantir les droits des individus, c'est en même temps reconnaître et garantir les conditions d'une existence sociale régulière.

Au point de vue des théories économiques, le volume de « l'*Individu contre l'État* » n'est pas moins remarquable. Nous demandons la permission de terminer par la citation d'un précieux passage:

« Il est réellement curieux de voir avec quelle facilité nous nous laissons induire en erreur par des mots et des phrases qui expriment seulement un aspect des faits, tandis qu'ils ne disent rien sur l'autre aspect. Nous en avons une preuve frappante dans l'emploi des mots « *protection* » et « *protectionnistes* » par les adversaires du libre-échange. Que la prétendue *protection* implique toujours une *agression* et que le nom de *protectionnistes* devrait être remplacé par celui d'*agressionnistes*, voilà une vérité que les uns ont habituellement ignorée et que les autres ont habituellement manqué de relever. Il est cependant certain que si, pour maintenir les bénéfices de A, on défend à B d'acheter à C, ou si on lui impose une amende sous forme de droits d'entrée dans le cas où il achète à C, on commet une agression contre B afin que A soit protégé. Bien plus les protectionnistes méritent doublement le titre d'agressionnistes puisque, pour procurer des bénéfices à un seul producteur, ils rançonnent dix consommateurs. »

ARTHUR RAFFALOVICH.

Relèvement de l'agriculture, par M. George Lafargue, avec une préface de M. P. Joigneaux, député. 1 vol. in-8. Paris, Guillaumin, 1885.

Pour le relèvement de l'agriculture, il faut réunir trois conditions : Instruction professionnelle, — Association, — Emploi obligé et immédiat de semoirs. Elles suffisent ; hors d'elles, il n'y a que leurres presque toujours nuisibles, à tout le moins inutiles. Une ligne suffit ainsi à résumer les propositions de l'auteur ; si le volume dépasse 500 pages, c'est que M. Georges Lafargue n'a mis en avant aucune assertion sans preuves à l'appui, sans exemples aussi variés que minutieusement exposés. Passionné pour son sujet, il a réuni en le condensant tout ce qui pouvait y avoir un rapport indiscutable en sorte que son ouvrage forme une véritable encyclopédie sur la question.

D'après lui, toute protection manque son but. Des droits élevés, outre leur effet politique redoutable, créent un ordre de choses factice aboutissant tôt ou tard forcément à une catastrophe. Des droits modérés ne produisent aucun effet sensible et cet argument favori de ceux qui les soutiennent est le meilleur de ceux qu'on puisse employer contre eux-mêmes. Des droits temporaires, en d'autres mots l'échelle mobile, agissent constamment au rebours de ce qu'il conviendrait. Il admet bien un droit fiscal, purement fiscal, mais dans une intention déterminée.

Si la protection est inefficace, les dégrèvements ne le seront pas moins selon lui. Réduction des charges spéciales à l'agriculture, péréquation de l'impôt, réforme cadastrale, autant de palliatifs impuissants, enlevant au Trésor des ressources qu'il lui faudrait absolument trouver autre part par des mesures que leur nouveauté, à elle seule, ferait paraître violentes. Et puis a-t on une formule précise de la loi des incidences ? Ne manque-t-il aucune des données indispensables à la résolution de l'équation ?

C'est, ajoute-t-il, vers d'autres ressources qu'il se faut tourner pour conjurer la crise présente et assurer à l'agriculture l'espoir de redevenir plus florissante que jamais. Le plus pressé est d'obtenir du sol une telle augmentation de rendement que la concurrence étrangère perde la plus grande partie de ses avantages. On y peut parvenir d'un seul coup, rien que par la substitution du semoir aux semailles à la volée, et cette substitution on l'opérera par l'attribution à chaque commune d'un semoir acquis par l'État au moyen du produit de l'impôt fiscal sur les grains. Du reliquat de ce produit et d'autres revenus dus à la mobilisation du sol par un certain système de billets particuliers, on formerait une caisse de l'agriculture capable de subvenir aux exigences de la réalisation du reste du programme énoncé au début.

D'abord l'instruction professionnelle sur l'échelle la plus étendue, commençant par l'Institut national agronomique, dont il faudrait faire une école *normale*, *centrale* ou *polytechnique* de l'agriculture, en l'installant autrement que comme une dépendance du Conservatoire des arts et métiers et dans une situation plus propre à ses fins ; en finissant par l'école primaire qui, en plus de l'enseignement technique donné par le maître, devrait offrir des collections, des champs d'expériences, etc., servant aux démonstrations pratiques. Un personnel spécial d'inspecteurs, 362, presque autant que de jours dans l'an, veillerait à la distribution de l'enseignement et à la propagation des bonnes doctrines. Ce serait à ce personnel, fort augmenté par divers états-majors, que reviendrait la tâche de développer l'esprit d'association et de le guider dans les créations indéfinies que l'on attend de lui et dont voici un aperçu :

Associations cantonales d'instruction et de progrès agricole telles que : cercles, musées, concours. Caisses cantonales de dépôts, d'assurance et de crédit. Sociétés cantonales coopératives de consommation, d'achat de matières premières, d'outillage, de production, de vente de produits, sociétés d'élevage, fruitières, service pastoral, industries agricoles et subsidiairement transformation des usages surannés en culture intensive facilitée par des lois favorables à l'échange des parcelles, aux réunions territoriales, aux syndicats agricoles.

Habituée ainsi à centupler ses efforts par la coopération, aidée du reste par des lois libérales qui la sortiraient de tutelle, l'agriculture parviendrait à disposer du même crédit que le commerce et l'industrie, de ce crédit qu'on a si vainement cherché à lui procurer jusqu'ici.

Comme M. Vivien et tant d'autres après lui, l'auteur préfère, pour asseoir ses projets, le canton à la commune trop faible, trop peu éclairée pour fournir les éléments demandés; mais s'il ne descend pas plus bas, il monte plus haut, et veut qu'à tous les degrés de la hiérarchie administrative l'agriculture ait des représentants autorisés qui soient aux divers inspecteurs, ce que sont les conseils vis-à-vis du sous-préfet, du préfet et du ministre. Pour toutes ces créations, il s'appuie ou sur son expérience personnelle, ou sur les modèles offerts par l'Angleterre, l'Allemagne, l'Italie (il parle même du *mir* slave) et s'appuie sur les travaux de MM. L. Say, Viganò, Schulze-Delitsch, et cela en exposant par le menu les règles à suivre ; de façon qu'en comparant les types offerts avec les circonstances données il soit de la dernière simplicité de faire un choix.

Il semble que les mots *organiser* et *organisation* reviennent quelque peu souvent dans l'ouvrage. L'inspection, le corps des professeurs, des directeurs d'établissements dépendant de l'arrondissement, du département, de la région, paraissent assez difficiles à faire marcher sans chocs avec des corps élus composés de personnes de bonne volonté. Il n'y a pas jusqu'à cette bonne volonté que l'on ait peine à croire aussi répandue que le voudrait l'auteur. Passe encore pour le conseil et le contrôle, mais quand il s'agira d'obéir à des ordres comme ceux qu'entraîne la production, je doute fort que beaucoup s'en accommodent. Au reste, peu importe, il ressort des exemples produits que l'on a obtenu déjà d'excellents résultats sur certains points; on se contenterait fort de les voir généraliser, ajournant la réalisation du reste à plus tard, bien plus tard apparemment, car ce n'est pas à coup sûr la génération à laquelle on prêche la lutte pour la vie qui apportera le dévouement et la soumission qu'on exige.

M. Georges Lafargue est un administrateur, on s'en apperçoit à la netteté de son style; ses expositions sont toujours claires, sans ce mélange de termes techniques et d'emphase propre aux faiseurs de projets mal mûris. Je le répète, c'est presque une encyclopédie que son ouvrage, aussi doit-on regretter qu'il ne l'ait pas fait suivre d'une table plus détaillée qui l'eût rendu plus facile à consulter. On aurait aimé à tenir ainsi sous la main des documents d'une grande valeur répartis dans des ouvrages de nature différente et le plus souvent dans ces brochures aussi difficiles à retrouver que les journaux de l'avant-veille.

H.-J. Lesage.

Les Classes ouvrières en Europe; étude sur leur situation matérielle et morale par René Lavollée, docteur ès-lettres, consul général de France. Ouvrage couronné par l'Académie française, 2e édition. Paris, Guillaumin, 1884[1].

Le lecteur doit être averti d'abord qu'il faut apporter une réserve au titre de l'ouvrage; ni la France, ni l'Angleterre n'ont part au travail de M. René Lavollée. On en comprendra du reste facilement la raison, si l'on veut considérer l'étendue de l'ouvrage actuel : deux volumes qui ont ensemble près de 1.200 pages. Il est assez facile de trouver des documents et des livres sur les ouvriers anglais et sur ceux de nos pays; on en rencontre moins sur les classes ouvrières du reste de l'Europe. Avoir pu rassembler en les contrôlant des renseignements et des chiffres, souvent très détaillés, sur l'état des ouvriers et la législation qui les régit en Allemagne, dans l'Autriche-Hongrie, les Pays-Bas, les États-Scandinaves, la Russie, la Suisse, la Belgique, le Portugal et l'Espagne, c'est

---

[1] Voir le compte rendu de la première édition par M. Maurice Block dans le numéro du 15 avril 1883.

un assez vaste travail et qui n'a point d'analogue parmi les ouvrages français contemporains.

Le livre de M. Lavollée arrive, du reste, à son heure. En aucun temps on ne s'est préoccupé comme aujourd'hui du sort des classes laborieuses. En Allemagne, en Autriche, en Suisse aussi bien qu'en France, les Parlements retentissent des débats que soulèvent les lois proposées sur ces questions ouvrières qui occupaient si peu il y a un demi-siècle. Les sociétés particulières de philanthropie et de législation n'en retentissent pas moins, et dans la presse même elles ont pris une place qu'elles n'avaient pas autrefois. Mais, combien peu de ceux qui en parlent le font avec compétence? Il ne faut donc point s'étonner du succès de l'ouvrage de M. R. Lavollée, qui, après dix-huit mois, chose notable pour un ouvrage sérieux, en est à sa seconde édition.

Les nouveaux volumes ont naturellement profité (et c'est la fortune des secondes éditions) des faits survenus depuis, des renseignements recueillis par l'auteur ou à lui adressés, enfin des critiques même qui signalent les points faibles et dirigent les corrections.

Ainsi, pour l'Allemagne, on trouve de nouveaux détails, non seulement sur les partis socialistes et l'œuvre législative du prince de Bismarck, mais sur les conditions même d'existence de l'ouvrier allemand, sur son salaire, sur ses dépenses. C'est d'ailleurs le pays qui occupe relativement la plus large place et nul assurément ne s'en plaindra. Plus d'un de nos compatriotes, après l'avoir lu, changera ses idées sur la pauvreté de l'Allemagne et autres erreurs trop courantes parmi nous.

Les chapitres relatifs à l'Autriche-Hongrie, avec moins d'étendue, ne sont pas moins instructifs à leur manière : on y explique pourquoi cet empire si vaste et naturellement si riche n'a encore qu'une faible puissance industrielle. La loi de 1883 sur le rétablissement des corporations fait l'objet d'une mention spéciale, mais sans qu'il ait été encore possible à l'auteur de dire ce qu'elle a produit.

Il en est autrement pour la Suisse où M. Lavollée nous donne sur l'exécution de cette fameuse loi de 1877, qui règle le travail non seulement des enfants et des femmes, mais aussi des hommes, des documents officiels et d'autres de source privée. Les premiers sont les rapports des inspecteurs qui sont fort contents des résultats obtenus, les autres émanent de fabricants et sont moins optimistes. J'aurai, je l'avoue, plus de confiance dans les derniers. Ce qui concerne la Suisse est d'ailleurs très détaillé ; on voit que l'auteur a de ce pays une connaissance particulière.

Pour l'Italie, l'œuvre est nouvelle en grande partie ; les documents sont récents et puis le Parlement italien veut imiter ceux des autres puissances et prépare une série de lois sur les prud'hommes, les caisses de retraites, les accidents du travail, etc. Il vient de voter une loi sur les assurances volontaires.

Mais il faut venir à la conclusion. Elle n'existait pas dans la première édition et, nous dit l'auteur, c'était à dessein; mon œuvre était toute de recherches, je prétendais exposer des faits; rien de plus. Toutefois, on souhaite toujours d'entendre conclure un auteur et M. R. Lavollée a obéi aux souhaits exprimés, il a conclu. Il y a, dit-il, une question sociale, elle est plus urgente et plus pressante encore que la question politique : les classes ouvrières, classes nombreuses, puissantes même aujourd'hui, se plaignent de leur sort et une partie au moins de leurs plaintes est fondée. Y a-t-il un remède? Non, mais il y a *des* remèdes. Cette réponse n'est pas un jeu; elle veut dire qu'on ne peut changer d'un coup l'ordre social, mais qu'on peut adoucir les maux qu'il renferme, et cet adoucissement peut venir un peu de la puissance publique, beaucoup des particuliers, soit des patrons, soit des ouvriers eux-mêmes. Sur le rôle de la puissance législative, que l'auteur fait justement consister dans la protection de ceux qui ne peuvent se défendre eux-mêmes, femmes et enfants, et dans une liberté plus grande accordée à ceux qui sont capables de se protéger, je ferai seulement une critique : M. Lavollée repousse justement cette présomption qu'on voudrait introduire en matière d'accidents du travail : le patron serait réputé auteur de tout accident arrivé dans ses ateliers, sauf preuve du contraire. Mais il demande une juridiction spéciale pour l'ouvrier; la procédure ordinaire étant trop lente et trop chère.

Comment un si bon esprit n'a-t-il point vu le danger d'une telle demande? Les ouvriers de nos jours, bien qu'ils aient sans cesse le mot d'égalité à la bouche, ne tendent qu'à refaire une classe privilégiée. La justice est lente, coûteuse? On la rendra prompte et gratuite, mais pour eux seuls; pour les autres citoyens, elle restera avec les vices que l'on constate. Et qui voudra corriger ces vices après que la majorité aura été satisfaite et qu'ils ne se feront plus sentir qu'à la minorité? De même pour les impôts, de même pour bien d'autres mesures.

Pourquoi d'ailleurs insister sur ce seul point? J'aime mieux avertir le lecteur qu'il rencontrera dans le livre de M. Lavollée un très solide ouvrage, rempli de faits et de renseignements qu'il trouverait difficilement ou même ne trouverait point du tout ailleurs.

HUBERT-VALLEROUX.

Essai de science sociale ou Éléments d'économie politique, notions fondamentales à l'usage des établissements d'éducation, par M. P. Guillemenot. Paris, Bray et Retaux, 1884. 1 vol. in-18.

L'ouvrage de M. Guillemenot est un livre élémentaire destiné surtout aux élèves des établissements d'instruction secondaire qui, aux épreuves du baccalauréat, ont à répondre à des questions relatives aux points essentiels de l'économie politique. Comme tous les livres composés dans un but analogue, il est rédigé conformément au programme tracé par l'autorité universitaire ; le plus fréquemment, mais non pas toujours, il se borne à résumer ce qu'ont écrit les maîtres de la science dont il suit les enseignements. Ajoutons que tous les principes fondamentaux sont indiqués, que le style est sobre, ferme, clair, que pour la démonstration il est la plupart du temps fait appel à l'histoire, ce qui ne manque pas d'intérêt pour de jeunes lecteurs.

Mais si ces *Éléments d'économie politique* se distinguent par des qualités très sérieuses, il faut reconnaître aussi qu'ils ne sont pas exempts de défauts et même que ces derniers sont très réels. C'est ainsi qu'on peut reprocher à M. Guillemenot de ne pas se prononcer toujours d'une manière bien nette et bien catégorique dans les controverses : [1] l'auteur d'un ouvrage élémentaire comme celui-ci ne doit pas se borner à indiquer le pour et le contre, de résumer les arguments qui peuvent être invoqués à l'appui de chaque système ; il est nécessaire qu'il formule une conclusion d'une façon exacte ; il faut que le lecteur, surtout lorsqu'il est peu expérimenté encore, sache immédiatement à quelle solution il doit s'arrêter à la suite du maître.

Il convient également de signaler le manque de proportion : tandis

---

[1] Ainsi, par exemple, pour la question du libre-échange, l'auteur met en lumière les raisons invoquées à l'appui du système protecteur, les réponses faites par les partisans du libre-échange ; néanmoins, il paraît peu soucieux d'indiquer le parti qu'il adopte. Il dit bien que le libre-échange « reste un système fort sérieux en faveur duquel militent les plus graves raisons », mais il fait aussi remarquer qu'il « y a du rêve et de l'empirisme dans les belles espérances conçues par les libre-échangistes ». De même pour la conclusion : M. Guillemenot affirme bien qu'il faut maintenir le libre-échange là où il n'existe qu'en partie, se hâter de l'établir là où il n'existe pas encore, mais il ajoute : « Cependant nous pensons avec les meilleurs esprits que de graves raisons, telles que de créer une industrie utile, d'aider au réveil d'un pays tombé en léthargie industrielle, de relever les finances en détresse, peuvent autoriser certains délais. Si l'intervention de l'État est à redouter, à cause de sa réglementation minutieuse, on ne peut que l'applaudir lorsqu'elle protège l'industrie nationale contre la concurrence étrangère.

que l'auteur se borne à des indications assez sobres pour certains sujets, pour d'autres de pareille importance, il fournit des développements très étendus. Ce défaut se remarque notamment dans le *coup d'œil historique;* M. Guillemenot, par exemple, consacre à M. Le Play 6 pages et il n'affecte à J.-B. Say que 38 lignes, à Ricardo 6 lignes, à Adam Smith 1 page 1/2. Si profonde qu'ait été l'action de M. Le Play, on ne saurait pourtant l'assimiler à celle exercée par les fondateurs de la science, J.-B. Say, Ricardo et Adam Smith.

D'autre part, ce qui distingue cette publication, c'est son caractère, pour ainsi dire, religieux. Nous ne faisons certainement pas à M. Guillemenot un reproche d'avoir montré les rapports qui existent entre l'économie politique et la religion, et nous reconnaissons tout ce que ses observations à cet égard ont de juste et de fondé ; mais l'auteur est un catholique ardent et il fait presque constamment intervenir les croyanecs religieuses dans ses démonstrations ; parfois même lorsqu'un désaccord se produit, il semble s'attacher de préférence aux idées religieuses. C'est ainsi que, partisan du prêt à intérêt, il fait un mérite à l'Eglise catholique d'avoir « considéré le profit, en sus du capital, exigé précisément en vertu ou à raison du simple prêt, comme contraire au droit naturel et divin ». « On ne saura jamais, dit-il, ce que les doctrines de l'Église en cette matière ont apporté de secours et de défense aux populations pauvres et aux classes ouvrières du moyen âge ».

Cette tendance permet de prévoir quelles seront les idées de l'auteur sur le régime des corporations et sur la liberté testamentaire.

M. Guillemenot s'étend avec complaisance sur les services rendus par les corporations; ne pouvant méconnaître les abus, il les signale, et il se borne à ajouter qu'au lieu de supprimer les corporations il eût peut-être été plus sage de corriger les abus. A ses yeux l'édit de Turgot de 1776 a eu plusieurs torts graves : « Le premier, c'est d'avoir supprimé les corporations anciennes, sans rien mettre à leur place. En abolissant les anciens corps de métiers fondés sur le privilège, le devoir de l'homme d'État économiste n'était-il pas de tolérer et de permettre des corporations ouvertes, fondées sur le régime de la liberté? Non content de violer ce grand principe de la liberté du travail au nom duquel il supprimait les corporations, Turgot violait encore la justice en détruisant sans compensation une propriété respectable, puisqu'elle avait été acquise à beaux deniers comptants. »

Le principe de la liberté testamentaire est défendu avec plus de vivacité encore : l'auteur se défend, il est vrai, de préconiser le retour au droit d'aînesse ni à aucune des institutions aristocratiques du temps passé ; ce qu'il réclame c'est la suppression du partage forcé et égalitaire. La restriction imposée au père de famille, inspirée « par un gouvernement jaloux de faire pénétrer l'État dans tous les détails de la vie privée, avec le but hautement avoué de révolutionner le foyer domestique et d'étouffer dans le pays tout esprit de tradition, » n'a, pour M. Guillemenot, que des inconvénients et il serait temps de proclamer la liberté. Il semble toutefois que l'auteur passe un peu légèrement sur les critiques très sérieuses qui ont été formulées par les partisans du système actuel.

Ces citations que l'on pourrait multiplier suffisent pour faire apprécier le caractère de l'ouvrage ; il est inutile d'insister plus longuement. A vrai dire, écrivant en vue des établissements religieux d'éducation et ayant obtenu le visa épiscopal, l'auteur pouvait difficilement combattre ou ne pas suivre les idées enseignées par l'Église, ou adoptées par les publicistes catholiques. Toutefois après avoir fait nos réserves nous devons ajouter que nous ne croyons pas le livre de M. Guillemenot dépourvu de toute utilité : si sur certains points il se sépare des économistes que l'on peut nommer orthodoxes, il aura le mérite de faire pénétrer la science économique dans un milieu qui jusqu'ici a toujours paru témoigner à son égard sinon de l'hostilité, au moins de la froideur et de l'indifférence.

Joseph Lefort.

Essai sur le salaire, par M. Louis Bertrand. — 1 vol. in-12, Bruxelles, 3, rue de la Banque.

Ce petit volume est l'œuvre d'un socialiste belge, qui, sans avoir beaucoup étudié, a lu cependant un certain nombre de volumes et a travaillé pour se mettre au courant de la question qu'il traite. Nous ne croyons par qu'il ait réussi et il ne le croit pas lui-même, puisqu'il a donné à son ouvrage le titre modeste d'*Essai*. Mais nous devons le louer de sa bonne foi, de la forme à peu près convenable de sa discussion et du soin avec lequel il a écarté de son livre les grosses injures qui tiennent tant de place dans la plupart de ceux de cette école.

D'ailleurs il ne nous apprend rien de nouveau. Il affirme que le salaire n'est pas une forme de rémunération qui ait existé de tout temps ni même qui soit bien ancienne, ce que personne, assurément, ne contestera. On ne contestera pas davantage que le prix du travail manuel et le prix des vivres s'écartent fréquemment l'un de l'autre dans leurs variations. Il croit que la situation de l'ouvrier tend plutôt à empirer qu'à s'améliorer, mais il n'en est pas bien sûr et il le dit, ce dont nous le louons beaucoup, nos socialistes ne nous ayant pas habitués à tant de prudence. Louons-le aussi de convenir que le travail aux pièces a une plus grande valeur économique que le travail à la journée.

« Le rapport du salaire et du profit », comme il dit, ne lui paraît pas un rapport ami, mais hostile. Cela est vrai, sans doute, *aujourd'hui*, quand il s'agit d'ouvriers et de patrons. Cela n'empêche pas qu'au fond, ouvriers et patrons sont des associés, dont l'intérêt est commun quand il s'agit de gagner, et opposé quand il s'agit de partager le gain. Que la rente s'élève à mesure que l'industrie grandit, ce ne sont pas les économistes qui le contesteront. Ils ne contestent pas davantage sur ce fait que la misère est prolifique et que la richesse ne l'est pas.

Mais ils contestent que les grèves puissent élever et les mises hors abaisser les salaires ; ils nient que le progrès et la misère suivent d'une marche égale deux lignes parallèles, par suite de ce seul fait que le travail et ses produits seraient répartis par l'échange libre.

Les économistes voient, comme M. L. Bertrand, les progrès de la haine entre les personnes de conditions diverses, mais ils attribuent ces haines à l'ignorance profonde et persistante des gens qui trouvent plus commode et plus agréable de haïr et de rugir que d'étudier, et non à la liberté des échanges. Ils croient si peu à l'imminence d'une révolution sociale qu'ils sont persuadés que, quelques convulsions sociales ou politiques que l'ignorance puisse causer, les sociétés reviendront toujours, par une pente nécessaire à leur direction normale, qui est le développement de la liberté. Il y a pour cela une bonne raison, c'est que les peuples chez lesquels la propriété sera le plus respectée et l'industrie le plus libre seront toujours, à la longue, plus éclairés et plus forts que les autres.

Notre auteur conclut à la nécessité, de la part de ceux qui possèdent, de faire des concessions qu'il ne définit pas. En cela nous croyons qu'il se trompe, comme aussi lorsque, citant Chateaubriand, il qualifie de *vieille* société la société où régnerait l'échange libre ; il ne voit pas que c'est la société nouvelle et si nouvelle, qu'on ne la reconnaît encore franchement dans aucun pays de la terre.

Nos lecteurs ont déjà remarqué plus d'une fois dans les écrits socialistes les propositions que nous venons de relever dans l'opuscule de M. Bertrand. Nous ne les avons relevées que pour rendre hommage à la convenance et à la sincérité de l'auteur.

COURCELLE-SENEUIL.

TRAVAIL ET SALAIRES, par H. FAWCETT, traduit et précédé d'une préface, par ARTHUR RAFFALOVICH. — Un volume in-12. Paris, Guillaumin et Ce.

Ce volume est un extrait du Manuel d'économie politique de M. H. Fawcett. Cet extrait, publié par les soins du « Cobden Club » pour servir à l'enseignement populaire, est traduit et publié en France dans la même intention, par M. Raffalovich, qui y a joint une préface importante.

Le travail de M. Fawcett sur les salaires se divise en cinq chapitres, dans lesquels il a examiné successivement les divers remèdes proposés pour élever les salaires, notamment les Trade's Unions, les grèves, l'intérêt dans les bénéfices, la coopération, le socialisme d'État, la loi des pauvres. Dans le cours de son exposition et de sa discussion, l'auteur se montre philanthrope dans la véritable acception du mot, très modéré dans l'expression de ses doctrines, qui sont celles de la science, mais très clair, très net, très ferme et d'un imperturbable sang-froid. C'est un livre qui ne mérite que des éloges et qui est très propre à instruire ceux qui veulent étudier pour être instruits.

Malheureusement ceux-ci sont en bien petit nombre. Les multitudes sont trop disposées à se résigner et à s'abandonner elles-mêmes, ou à se plaindre et à s'emporter en accusant vaguement telles institutions ou telles personnes, sans savoir pourquoi. Les choses en sont à ce point que certaines gens cherchent à obtenir de la notoriété et à se faire une clientèle en se produisant en public à tout propos et hors de propos pour y débiter les extravagances les plus énormes. Dans cet état des esprits, on ne peut pas espérer que les vérités scientifiques se répandent rapidement; mais il ne faut pas se décourager : avec de la patience, du temps et les leçons quelquefois sévères de l'expérience, la lumière se fera.

Nous devons remercier M. A. Raffalovich d'avoir traduit à notre usage les excellents chapitres de M. Fawcett, et d'y avoir joint une préface dans laquelle il nous donne quelques renseignements sur les Trade's Unions et sur les tentatives socialistes méditées et réalisées par le gouvernement allemand.

C.-S

ÉTUDES ADMINISTRATIVES ET BUREAUCRATIQUES DES MAISONS DE COMMERCE, D'INDUSTRIE ET DE BANQUE, par ÉDOUARD MICHAUX. — Brochure grand in-8. Paris, Guillaumin et Ce, éditeurs.

Cette brochure est l'œuvre d'un comptable qui désirerait voir les hommes qui exercent sa profession plus instruits, mieux choisis, plus laborieux, mieux traités et mieux rétribués. Ses intentions, on le voit, sont excellentes, et la plupart de ses plaintes ou critiques très fondées. Mais le moyen d'arriver à la réforme voulue? Un prix attribué à l'auteur du meilleur traité de comptabilité? Pauvre ressource, surtout dans un pays où les programmes officiels des cours de comptabilité sont rédigés par des hommes qui ne savent pas ce que c'est que la comptabilité. — Une résolution formulée par un Congrès de comptables pour définir un système normal de comptabilité ? — Pauvre remède encore, car ce qu'un Congrès peut faire en cette matière, un comptable peut le faire. Quant au succès, il dépend et dépendra toujours des chefs et directeurs d'industrie, dont la plupart ont l'intérêt le plus grand et le plus direct à bien faire et dont les autres, directeurs de sociétés, ont le même intérêt, moins immédiat sans doute, mais encore très grand.

La brochure de M. Michaux exprime d'excellents sentiments et de bonnes idées ; mais nous n'y avons trouvé rien d'assez neuf ni d'assez saillant pour captiver l'attention du lecteur. C.-S.

CHRONIQUE

SOMMAIRE : La discussion de la proposition de loi sur les blés à la Chambre des députés. — M. Pouyer-Quertier à Pontoise. — Les droits sur les blés en Belgique. Vœu libre-échangiste de la chambre de commerce de Louvain. — Les droits sur les blés en Allemagne. — La « durée normale » de la journée de travail et M. de Bismarck. — M. Waldeck-Rousseau, mi-parti économiste, mi-parti socialiste. — Les ouvriers sans travail à la Chambre des députés. La proposition de M. Tony Revillon. — Le blocus de Madagascar et le commerce américain. — La politique coloniale de l'Italie appréciée par M. Parenzo. — Les résultats bienfaisants du libre-échange en Angleterre. — L'augmentation du tarif russe. A qui il profite et qui en paye les frais. Condition des ouvriers russes. — Le commerce de la Turquie. — La crise américaine. — Ouverture de l'exposition universelle de la Nouvelle-Orléans. — La *Revue socialiste*.

La discussion de la proposition de loi sur les blés a commencé à la Chambre des députés. MM. le marquis des Roys, Georges Graux, rapporteur de la commission, Méline, ministre de l'agriculture, ont soutenu la proposition qui a été combattue par MM. Langlois, Frédéric Passy, Lalande, etc.. Nous aurons à revenir sur cette discussion. Bornons-nous, pour le moment à relever ce reproche au moins singulier que M. le marquis des Roys a adressé aux économistes :

Oui ou non, admettez-vous que l'homme qui travaille la terre doive payer une subvention à l'ouvrier ou au propriétaire de l'usine ? (Très bien ! très bien !) Oui ou non, admettez-vous, comme je le disais à la dernière séance, que la France soit coupée en deux ? Admettez-vous que neuf millions d'industriels aient droit à votre protection, et que dix-huit millions de cultivateurs soient abandonnés à la concurrence étrangère ? (Nouvelle approbation.) Oui ou non, admettez-vous que le paysan vous livre sa laine au prix de la concurrence et achète son paletot de drap au prix de la protection? Oui ou non, admettez-vous qu'il vende la peau de ses vaches au prix fixé par la concurcence étrangèreet qu'il achète ses souliers au prix de la protection? Oui ou non, admettez-vous que le chanvre, que le lin qu'il produit soient livrés au prix de la concurrence étrangère, et que les chemises qu'il achète et les langes dont il a besoin pour ses enfants soient achetés au prix de la protection? (Très bien! très bien!)

Les économistes passent leur vie à combattre la protection sous toutes ses formes. Ils ne s'attendaient guère à être accusés par un protectionniste de défendre la protection industrielle. C'est un comble!

***

M. Pouyer-Quertier continue sa campagne en faveur des droits sur les denrées alimentaires. Seulement, il se refuse à admettre la discussion libre et contradictoire dans les réunions qu'il convoque. Conséquent en cela avec sa doctrine, cet apôtre de la protection commence par se protéger lui-même, en prohibant la contradiction, et, franchement, nous ne saurions lui donner tort. Ses arguments ont absolument besoin de protection? N'a-t-il pas affirmé par exemple à ses bons auditeurs de Pontoise que « le porc américain arrivait pour envahir et empoisonner le pays ». Or, chacun peut savoir, même à Pontoise, que le seul cas de trichinose qui ait été signalé en France provenait d'un porc national de Crépy-en-Valois. Il est revenu encore sur sa thèse favorite, savoir, qu'il faut taxer le blé et le bétail étrangers, pour « compenser » les lourdes charges qui pèsent sur l'agriculture. Nous convenons volontiers que l'agriculture est surchargée d'impôts. Mais sur qui les « droits compensateurs » les feront-ils retomber? Sera-ce sur l'importateur étranger? Non, l'importateur ayant le choix entre le marché de l'Angleterre, de la Hollande, de la Belgique, où l'importation est libre et qui absorbe en moyenne 50 millions d'hectolitres par an, et le marché français, dont l'importance est cinq ou six fois moindre, et où il aura à payer un droit de 3 fr., l'importateur étranger, disons-nous, n'apportera ses blés en France que lorsqu'on les lui payera 3 fr. de plus qu'en Angleterre, en Hollande et en Belgique. Les fabricants d'étoffes ne les vendent-ils pas plus cher aux États-Unis, où elles sont grevées de droits de 50 à 60 0/0, qu'en Angleterre où elles entrent gratis? Qui donc payera les droits compensateurs? Ce sera et ce ne pourra être que les consommateurs français. Mais les consommateurs appartiennent pour une bonne moitié à l'industrie, au commerce, aux professions libérales ; il payent comme les agriculteurs toutes sortes d'impôts directs ou indirects. Est-il juste d'ajouter à leur fardeau la moitié de celui qui pèse sur les agriculteurs ? Cobden disait aux protectionnistes anglais auxquels M. Pouyer-Quertier a emprunté l'argument des droits compensateurs (car c'est un argument d'importation étrangère et même, circonstance aggravante, d'importation anglaise) : — Vous nous demandez de payer vos impôts, mais croyez-vous donc que nous n'ayons pas les nôtres? Que chacun paye les siens! — Voilà ce qu'on aurait pu répondre à M. Fouyer-Quertier, et ce qu'on lui aurait certainement répondu si la contradiction n'avait pas été prohibée à l'entrée de la réunion publique de Pontoise.

***

En Belgique, une proposition ayant pour objet d'établir, à l'instar de la France, un droit de 3 francs par quintal a été déposée à la Chambre des représentants. Mais les membres du cabinet, à l'exception d'un seul, ont refusé leur appui à cette proposition de renchérissement. D'un autre côté, le rétablissement de la protection agricole en France devant avoir pour résultat inévitable d'augmenter, aux dépens du Havre, l'importance du commerce des céréales sur le marché libre d'Anvers, la Belgique est plus disposée à tirer profit de cette aberration économique qu'à l'imiter. Signalons, parmi les protestations auxquelles a donné lieu la proposition déposée à la Chambre des représentants, celle de la Chambre de commerce *libre* (la Belgique a eu le bon sens de renoncer aux chambres de commerce officielles) de Louvain.

Considérant :

Que la nourriture est la principale dépense de l'ouvrier dont il importe de ne pas réduire le modique budget;

Que le port d'Anvers, fût-il transformé en port franc, perdrait notablement de sa prospérité, puisqu'il n'offrirait plus les mêmes facilités pour la réexpédition des céréales en destination des autres pays ;

Que les recettes de nos chemins de fer seraient atteintes;

Qu'il ne peut être sérieusement soutenu que le pain coûte aussi cher dans les pays ouverts que dans les pays protégés; que le fait eût-il été exact un moment, le prix du pain doit finir par se mettre en rapport avec celui des farines;

Qu'il n'est pas admissible que ce sera l'importation étrangère qui payera les droits d'entrée proposés, attendu que les droits de douane sont toujours supportés en dernier ressort par le consommateur;

Considérant que le loyer de la terre haussant ou baissant en proportion des bénéfices des locataires, l'intervention de l'État ne peut aboutir qu'à soutenir artificiellement le taux des fermages; qu'il serait aussi injuste d'assurer maintenant un minimum de rente au propriétaire foncier qu'il eût été il y a quelques années de lui imposer un maximum;

Que les droits proposés sous le nom de compensateurs sont de vrais droits protecteurs; que si on les accepte sous leur forme modérée, le principe de la protection n'en sera pas moins posé, et que bientôt on sera amené à en réclamer l'augmentation, ainsi que le démontre l'exemple de la France et de l'Allemagne où les droits existants sont déclarés insuffisants;

Que les droits dits compensateurs pour mériter ce nom devraient être différentiels et que, dans cet ordre d'idées, il faudrait logiquement accorder une prime aux produits des pays où les impôts sont plus lourds qu'en Belgique, etc., etc.

La Chambre de commerce de Louvain émet le vœu de voir repousser les droits d'entrée sur les céréales et les bestiaux.

***

L'augmentation des droits sur les blés que le gouvernement propose de porter de 1 mark à 3 marks rencontre en Allemagne une vive opposition. Dans une réunion de plus de 1,500 personnes convoquée à Berlin par les députés progressistes, lisons-nous dans le *Journal des Débats*, il a été voté à l'unanimité une résolution déclarant que l'élévation des droits sur les céréales pèserait comme une lourde charge sur le peuple. MM. Rickert et Virchow ont fait ressortir les inconvénients de cette mesure et ont invité les assistants à se constituer en « ligue contre le renchérissement du pain ».

***

Dans un discours prononcé au Parlement allemand au sujet de la « durée normale » de la journée de travail, M. de Bismarck a déclaré qu'il ne lui était jamais venu à l'esprit d'essayer de limiter cette durée :

Il ne serait possible d'adopter une durée normale pour la journée de travail que si l'on pouvait conclure une entente avec le monde entier, établir une *Union universelle de la journée de travail*, analogue à l'Union postale universelle, en même temps qu'une *Union universelle du salaire*. Il faudrait que cette Union comprît les États-Unis, l'Angleterre, tous les États industriels, et qu'aucun de ces États ne permît à ses surveillants et, par suite, aux ouvriers, de se soustraire le moins du x prescriptions adoptées. Vous reconnaîtrez que cela n'est pas

itre côté, si nous voulions faire, à nous seuls, une tentative rain, nous en supporterions seuls les conséquences, et je crois ne pourrions pas engager un seul des Etats voisins à nous ux qui ont fait l'essai en question n'ont paru réussir que parce t pas exercé une surveillance aussi stricte que celle que nous s.

it-on, en Suisse que la durée normale de la journée est plus rigoureusement ; mais vous savez tous que l'on com- dans ce pays, des infractions aux règlements concernant la travail, et que les fonctionnaires chargés de la surveillance re- it partout qu'il est impossible de tenir la promesse donnée à

e voulons pas, nous, gouvernements confédérés allemands, ce que nous ne pourrions pas tenir. Nous désirons vivement ce qui dépend de l'État dans l'intérêt, non seulement des vrières, mais aussi de tous les indigents et de toutes les per- partenant aux catégories inférieures de contribuables ; mais nsentirons jamais, malgré cela, à rechercher la popularité en t ce que nous ne pourrions réaliser.

rt bien dit, mais est-il parfaitement avéré que les gouver- confédérés allemands se soient toujours abstenus de pro- x ouvriers ce qu'ils ne peuvent tenir ? Ne leur promettent- moment même d'améliorer leur sort par l'intervention ement en matière de caisses de retraite, d'assurances accidents, etc., et cette promesse alléchante ne sont-ils l'impossibilité de la remplir ? Les gouvernements ne peu- iorer le sort des ouvriers que d'une seule façon : en s'abste- ur prendre de l'argent pour s'occuper de leurs affaires.

***

eck-Rousseau ministre de l'intérieur, a prononcé, le à la reprise des séances de la commission des associa- ères, un discours mi-parti économique, mi-parti socia- nous ne pouvons laisser passer sans observations.

is pas qu'il soit possible d'ériger en principe que l'association danger être imposée, qu'il soit possible ni bon de faire ce que l'association forcée. Des associations de ce genre ne pour- qu'éphémères, et le désastre auquel elles seraient vouées rejaillirait sur celles qui se seraient formées dans des conditions sérieuses de durée et de solidité.

Mais si l'État ne doit pas imposer l'association, son devoir est assurément de faire disparaître toutes les entraves inutiles ou surannées. Ni obligation ni obstacle, telle me paraît devoir être la règle qui doit nous diriger.

C'est le langage d'un économiste. Malheureusement le bon grain économique de M. Waldeck-Rousseau est fortement mélangé d'ivraie socialiste. M. le ministre de l'intérieur a déclaré que le devoir du gouvernement était de « favoriser le libre développement des associations ouvrières » ; il s'est demandé s'il n'y aurait pas lieu de dispenser les associations ouvrières de tout cautionnement en matière d'adjudication de travaux publics, et même il a cru pouvoir affirmer « qu'il serait très désirable et sans inconvénient que l'État pût, en certaines occasions, suivant la nature des travaux, ouvrir des adjudications auxquelles seraient seulement admises des associations et des participations »

Enfin il a déclaré qu'il y avait lieu d'examiner « dans quelles conditions une caisse publique pourrait recevoir des capitaux résultant de la participation. L'État recevrait les fonds; il en payerait l'intérêt composé et il y aurait à rechercher quel en serait le taux. Je crois que dans l'état actuel, les capitaux que recevrait la caisse étant encore peu considérables, l'intérêt de 4 1/2 0/0 qui est demandé par les auteurs de cette proposition ne constituerait pas une lourde charge. » Bref, il s'agirait de « protéger » les associations ouvrières contre les autres formes d'entreprises, aux frais et dépens des contribuables et des consommateurs. C'est du protectionnisme mâtiné de socialisme.

*
* *

Des délégations des ouvriers sans travail, suivant en cela le mauvais exemple que les industriels protectionnistes leur ont donné, depuis un temps immémorial, se sont rendues à la Chambre pour lui demander l'aumône, aux dépens naturellement des contribuables et des « consommateurs de travail ». Le programme de ces quémandeurs du bien d'autrui se résumait dans les six points suivants :

1° Vote d'une subvention de 500 millions à distribuer aux chambres syndicales ouvrières de Paris et de la province;

2° Suspension du payement des loyers au-dessous de 500 fr. pendant la durée de la crise, et réquisition des locaux inoccupés;

3° Suppression du marchandage;

4° Réduction à huit heures des heures de travail dans les manufactures;

5° Établissement obligatoire d'une série de prix analogue à la série officielle de la ville de Paris pour toutes les industries;

6° Exécution immédiate des travaux d'assainissement et d'agrandissement nécessaires à Paris et en province.

Les députés de l'extrême gauche auxquels s'adressaient les délégués n'ont pas cru devoir saisir la Chambre de ce programme collectiviste. Ils se sont contentés de réclamer par l'organe de M. Tony Révillon une subvention de 25 millions pour les ouvriers sans travail. A une majorité de 238 voix contre 125, la Chambre a repoussé la proposition de M. Tony Révillon. Nous aurions voté avec la majorité, sans contester cependant la justesse des réflexions que ce vote inspire à *l'Intransigeant*.

Protéger les raffineurs, les maîtres de forges, les filateurs, les armateurs et autres industriels ou commerçants millionnaires, soit! Mais, les ouvriers, cela coûte trop cher. On est protectionniste dans cette chambre, quand il s'agit des bénéfices des patrons, mais on redevient libre-échangiste lorsqu'il ne s'agit plus que du salaire des ouvriers. Qu'ils meurent, ceux-là : c'est autant de socialistes et de révolutionnaires de moins!

Pour l'aristocratie industrielle des villes ou des campagnes on est tout feu, tout flamme. On se monte réciproquement, on s'indigne en commun, on évoque les grands mots et les grands principes de patriotisme et de solidarité nationale pour lutter contre la concurrence étrangère.

On n'a pas assez d'invectives et jamais assez de tarifs protecteurs contre le drap, — infâme et à bon marché, — de la perfide Albion, contre les céréales et les betteraves à bas prix — mais irréconciliablement ennemies — de l'Allemagne et des Indes Britanniques.

S'agit-il au contraire de l'existence d'ouvriers qui forment la masse industrielle? On change de langage, alors. On devient « libéral », on invoque les maximes de l'école de Manchester et on proclame bien haut la devise : *Laissez faire, laissez passer!*

***

Le rétablissement des droits différentiels dans nos colonies et dans les contrées que nous entreprenons d'annexer à nos possessions coloniales ne pouvait manquer de provoquer les réclamations du commerce étranger. A Madagascar, par exemple, où les Hovas, en leur qualité de barbares, laissaient leur commerce entièrement libre, et où les négociants américains et anglais faisaient des affaires importantes, le commerce étranger est actuellement interrompu par le

blocus en attendant les droits différentiels. I
res de l'*American Exporter*.

Une population diversement évaluée de cinq
tants désire échanger ses produits pour les nôtr
cela plus de difficultés qu'on n'en rencontre da
veau. Quelques-uns de nous se lancent dans l'
profit; mais dès que le succès commence à ê
autre nation se met en travers, bloque les port
armes pour sa défense, sans une ombre de rai
simplement parce que nous gagnons du terrain
veut avoir pour elle toute seule.

Les faits sont simplement ceux-ci. Les França
vement évincés par la supériorité des produits r
nations, en même temps que par la poussée
ciants américains et anglais, entreprennent de
une fois le coup fait, nous mettre législativemen
l'ont fait pour le porc américain. Est-ce que le
et d'Angleterre vont se laisser exécuter sans rem

Est-il nécessaire de remarquer que les F
pour près de deux milliards de produits mar
rence avec les Anglais, les Américains, etc., n'
dre la supériorité industrielle des autres nat
de Madagascar n'a pas été moins nuisible à
celui des Anglais et des Américains? Cette
coûteuse et stérile que l'on nomme la politiqu
rait mieux nommée anti-coloniale et anti-c
hélas! plus de mal à nous-mêmes qu'elle n'en

***

Le gouvernement italien n'a pas voulu se l
France et l'Allemagne dans la voie de la p
faut-il pas qu'il ouvre de nouveaux débouchés
de fonctionnaires militaires et civils? Il vien
expédition dans la mer Rouge. Notons à cett
discours de M. Parenzo, qui a défendu contre
ciels les intérêts du contribuable « l'homme
pelle notre confrère américain M. Sumner.

M. Parenzo développe son interpellation sur l
combat toutes les formes de cette politique en d
colonies italiennes volontaires créées par l'émi
besoin d'imposer des sacrifices à la nation pour

Si l'occupation de quelque point de la mer Rouge, ajoute-t-il, dépend de raisons politiques, il faut que le gouvernement le dise et fixe son programme; car si l'on va vers de grands horizons, une solide politique financière et militaire est nécessaire, et comment la première est-elle possible, quand les députés de la majorité s'agitent pour obtenir une diminution des impôts, c'est-à-dire un dégrèvement du budget ?

*
* *

Le système improprement qualifié de protecteur, en renchérissant artificiellement tous les éléments de la production, a pour résultat naturel de conférer un avantage marqué aux industries d'exportation des pays de libre-échange sur les industries similaires des pays protectionnistes. Nous signalions, il y a quelque temps, ce fait que la fabrication des gants, industrie essentiellement parisienne, émigrait à Bruxelles et à Londres. Dans un discours prononcé à la réunion de la chambre de commerce de Bradford, le 19 janvier, sir Charles Dilke a signalé un fait analogue, concernant l'industrie de la laine.

Établissant un parallèle entre les exportations de lainages de l'Angleterre et de la France, durant ces deux dernières années, l'orateur a fait remarquer que les exportations anglaises avaient augmenté de 2 millions de livres sterling en 1884, tandis que les exportations françaises avaient diminué de 8 0/0 : diminution causée par ce fait que les frais des manufactures françaises étaient considérablement accrus par suite des impôts sur le fil de laine.

Cela n'empêchera pas, bien entendu, les protectionnistes, qui protègent l'industrie anglaise aux dépens de la nôtre, de continuer à nous accuser d'être « vendus aux Anglais ».

*
* *

L'augmentation des dépenses publiques provoquée par l'excès du militarisme et l'intervention malfaisante de l'État dans le domaine de l'activité privée produit en Russie ses effets ordinaires et inévitables qui sont de créer un déficit et d'obliger le gouvernement à établir de nouveaux impôts pour le combler. Le 1er octobre dernier, on constatait d'après le *Journal de Saint-Pétersbourg* un excédent de 14 millions de roubles de dépenses en comparaison des recettes. C'est aux douanes que le gouvernement russe s'est adressé pour combler la différence. Le *Messager du gouvernement* du 2 février publie le texte d'une loi, en vertu de laquelle le tarif des douanes est soumis aux augmentations suivantes :

Les harengs salés, la morue, les autres poissons séchés sont augmentés de 7 kopeks en or par poud; toutes les espèces de thé importées par la frontière d'Europe sont augmentées de 400 kopeks en or; le vin en fûts, de 95 kopeks; la soie moulinée et filée, les fils de soie dévidés, le fil à coudre, le fil de bourre de soie avec ou sans mélange de laine et de lin, de 800 kopeks; le même fil, teint et imprimé, de 1.600 kopeks; l'huile d'olive et toutes les huiles végétales, de 29 kopeks d'or par poud; les vins mousseux en bouteilles de 15 kopeks d'or par bouteille.

Constatons à ce propos, d'après les journaux russes, que le système protectionniste à outrance que les intéressés ont réussi à faire prévaloir en Russie, au moyen d'arguments appropriés à la bureaucratie autocratique mais besoigneuse de ce vaste empire, n'a pas eu précisément pour résultat d'y améliorer la condition des ouvriers.

Les salaires sont extrêmement bas, lisons-nous dans le *Courrier russe* cité par le *Journal de Saint-Pétersbourg*, la journée plus prolongée que de raison et les conditions hygiéniques déplorables. Il n'y a rien d'étonnant, par conséquent, à ce que les forces physiques de l'ouvrier s'en ressentent. Le Dr Pesskow a constaté dans le district de Bogorodsk, le plus riche en fabriques, une décadence très marquée dans la situation physique de la population ouvrière. Elle se révèle par la disproportion du développement de la poitrine avec celui de la taille, ce qui équivaut au dépérissement du type humain dans ladite contrée. Ce serait la conséquence naturelle d'une trop grande agglomération d'ouvriers vivant dans de mauvaises conditions hygiéniques.

Un ouvrage récent de M. Yanjoul, inspecteur de l'arrondissement manufacturier de Moscou, nous permet de comparer la situation matérielle des ouvriers en Russie avec celle des ouvriers en Angleterre et aux États-Unis. Ici, le salaire des ouvriers du sexe masculin est supérieur au nôtre de cent à quatre cents pour cent, celui des femmes de trois cents pour cent.

En convertissant ces chiffres en roubles, nous trouverons qu'en Russie un ouvrier adulte reçoit 18 3/4 r. par mois, une ouvrière 9 r., un enfant 6 r., et cela pour une journée de douze heures et demie. A l'étranger, la journée de travail varie entre huit et dix heures, et, malgré cela, dans les filatures de coton en Amérique, un ouvrier est payé par mois à raison de 77 r., en Angleterre de 55 r., — en Russie de 15 r. seulement; dans les fabriques de laine, en Amérique le salaire est de 82 r. par mois, en Angleterre de 54 r., — en Russie de 21 r. Et la différence des prix des subsistances n'est pas dans la même proportion. De l'avis de M. Yanjoul, la véritable cause de cette différence des salaires consisterait dans la différence de la nourriture des ouvriers étrangers comparée à celle des nôtres; on sait que les premiers mangent de la viande, ce qui réagit tant sur leur santé que sur leur aptitude au travail et partant sur la qualité de celui-ci.

La pratique étrangère a établi le fait qu'une diminution des heures de travail n'entraîne pas une plus grande demande d'ouvriers; c'est qu'en travaillant moins de temps et en disposant ainsi de plus de repos, la même somme de travail se fait plus vite. On peut admettre une hypothèse analogue par rapport à la nourriture : un ouvrier bien nourri travaillera plus et mieux que celui qui ne l'est pas; or, la qualité de la nourriture dépend surtout de l'élévation des salaires. Le Dr Erismann a constaté, dans les fabriques du district de Moscou, que les femmes sont généralement anémiques et souffrent bien plus que les hommes de catarrhes d'estomac. Cela s'explique par le fait que l'ouvrière est partout chez nous moitié moins payée que l'ouvrier; aussi jeûne-t-elle l'année durant. Ce fait est constaté également par M. Yanjoul, dans les fabriques de la ville de Moscou.

Un fait observé dans nos manufactures prouve aussi que la trop longue durée du travail agit sur sa qualité. Les ouvriers fatigués sont, en outre, plus exposés aux accidents occasionnés par les machines que ceux qui ne sont pas accablés. M. N. Mikhaïlow affirme que, dans une grande manufacture du gouvernement de Smolensk, les accidents sont deux fois plus fréquents pendant la seconde partie de la journée que pendant la première, et la nuit trois fois plus fréquents.

En revanche, ce système qui a placé les ouvriers russes au plus bas degré de l'échelle des salaires, tout en infligeant aux consommateurs non moins russes de lourdes taxes au profit des industriels privilégiés, a été particulièrement avantageux à l'industrie polonaise. D'après le même *Courrier russe*, tandis que le nombre des ouvriers des fabriques et manufactures de Moscou ne s'est accru que de 55 0/0, sous l'influence de la protection, à Varsovie, le chiffre de la population ouvrière a monté de 130 0/0. Si la progression continuait de ce train, remarque le *Courrier russe*, Varsovie finirait par éclipser Moscou, et cela en moins de dix ans.

Remarquons à notre tour que les capitaux et les bras que la protection attire dans les industries privilégiées, spécialement en Pologne, sont enlevés aux autres, et surtout à la plus importante de toutes, l'agriculture dont les produits sont de plus en plus supplantés par les produits des États-Unis, de l'Inde, de l'Australie, etc., sur les marchés du dehors. Il est vrai que les industriels de la Pologne et les capitalistes leurs commanditaires, — les uns et les autres allemands et israélites pour la plupart — deviennent millionnaires. Il parait qu'aux yeux des bons Russes, patriotes, protectionnistes, et par-dessus le marché anti-sémites, cela fait compensation.

***

Nous trouvons dans une correspondance de Constantinople, adressée au *Journal des Débats*, ces renseignements intéressants sur l'état actuel du commerce de la Turquie.

L'administration générale des contributions indirectes a publié le relevé des importations et des exportations de l'empire ottoman pour l'année 1298 (1882-1883).

Dans ce document sur notre mouvement commercial figurent vingt-trois pays. Il indique que le montant des importations s'est élevé à 2.019.242.823 piastres avec une perception de taxes de 151.355.281 piastres, et celui des exportations à 1.096.448.660 piastres, ayant donné 14.177.384 piastres de taxes, soit au total de 33 millions de francs environ, perçus pour les droits d'entrée et de sortie. C'est peu ; et combien le mouvement commercial de la Turquie devrait donner d'autres résultats !

Dans le tableau dressé par l'administration des contributions indirectes, l'Angleterre figure au premier rang des pays importateurs et pour la moitié, ou peu s'en faut, du total des importations ; elle a atteint le chiffre de 945.733.491 piastres; viennent ensuite l'Autriche pour 317.154.300 piastres ; la France, 286.341.065 piastres ; la Russie, 130.546.571 piastres. L'Allemagne n'a importé que pour 5.603.653 piastres.

Pour les exportations, c'est à la France que la Turquie a envoyé le plus de ses produits, soit pour 386.886.888 piastres ; l'Angleterre vient ensuite avec 385.929.777 piastres ; l'Autriche, 93.287.333 piastres ; la Russie, 56.518.666 piastres.

Dans les chiffres indiqués ne figurent pas les tabacs exportés et dont la quantité s'est élevée à 10.611.930 kilogrammes ; ne figurent pas non plus les armes et le matériel de guerre, les objets à l'adresse des ambassades, des consulats, des écoles, des établissements de charité, les outils d'agriculture et le matériel destiné aux chemins de fer. Tous jouissent de la franchise et ne sont pas assez importants pour modifier sensiblement les relevés.

Si l'on se rapporte aux chiffres du mouvement commercial de la Turquie en 1880-1881, on verra qu'ils se sont relevés d'une façon sensible pour le dernier exercice. En effet, le montant des exportations n'avait été alors que de 849.705.300 piastres, et en y comprenant les tabacs qui ne payaient pas de droit de 930 millions de piastres. Quant aux importations, elles avaient été de 1.784.749.800 piastres seulement. Il y a donc une amélioration relative dans l'activité commerciale de ce pays. Viennent enfin les moyens de transports faciles et partant à bon marché, une administration régulière et honnête, et ces chiffres deviendront tout autres. L'avenir économique de la Turquie ne peut être assuré qu'à ce prix.

***

Les protectionnistes affirment, comme on sait, que la protection est une panacée infaillible contre les crises industrielles et commerciales. La vertu de cette panacée est actuellement mise à une rude épreuve aux États-Unis. Les affaires y sont suspendues, les principales branches d'industrie ont des stocks énormes qu'elles ne parviennent pas à écouler, les faillites se multiplient, les ouvriers chôment. Les opérations du *Clearing-House* de New-York sont demeurées de 19 0/0 au-dessous de celles de 1883; on a compté 10.968 faillites en 1884, contre 9.184 en 1883, soit une augmentation de près de 20 0/0. Le numéraire s'accumule dans les banques; elles possédaient 125 millions de dollars d'espèces au commencement de janvier contre 87 millions en 1883, et leur réserve au-dessus du chiffre légal, qui était alors de 7 millions de dollars, est de 41 millions de dollars aujourd'hui; le chômage est général :

« On constate, dit le *Courrier des États-Unis*, une augmentation énorme dans le nombre des femmes ou filles qui, n'ayant plus d'emploi dans les ateliers, recherchent des places de domestiques. On compte au minimum 50 0/0 de femmes inoccupées de plus qu'en 1883. On constate aussi que 10 0/0 de commis, vendeurs et employés de toute sorte dans les maisons de commerce ou les bureaux, ont été congédiés à la fin de l'année.

« En résumé, des relevés aussi exacts que possible fournissent le dénombrement suivant des personnes de profession régulière, actuellement sans emploi, en moins que pendant l'année précédente, dans la seule ville de New-York :

« Tailleurs, 20.000; bâtiment, 12.000; tabac et cigares, 11.000; articles de toilette, lingerie, fleurs artificielles, etc., 3.000; bottes et souliers, 3,300; ouvrages en fer et machines, 2.500; instruments de musique, 1.500; pâtisserie et confiserie, 350; libraires et imprimeurs, 1.000; en tout, 54.650, et en y comprenant les commis, employés de commerce, etc., au minimum 60.000 ».

Les causes de cette crise sont multiples. En première ligne, il faut signaler l'avilissement des prix des céréales, par suite de la surabondance générale des récoltes, et la diminution de la demande des produits de l'industrie, par les agriculteurs, qui en a été la conséquence; l'essor excessif imprimé à la construction des chemins de fer dans les dernières années, la réaction et les faillites qui ont suivi cette impulsion désordonnée : on compte, en ce moment, 37 lignes de chemin de fer d'une longueur de 11.038 milles, avec un capital de 714.755.000 dollars, en faillite et exploitées pour le compte de leurs créanciers (car aux États-Unis, l'État ne se charge pas de rejeter sur les contribuables les conséquences des fautes et des imprudences commises par les entrepreneurs de chemins de fer). Il faut signaler encore les coalitions ouvrières, organisées par les *trade's unions* qui ont porté et maintenu les salaires au-dessus de leur taux naturel, sauf à les faire tomber ensuite au-dessous, comme il arrive pour toutes les coalitions industrielles, commerciales ou ouvrières; enfin et surtout, il faut signaler la panacée elle-même, c'est-à-dire le système protecteur qui a attiré les capitaux et les bras dans les industries privilégiées, de manière à excéder les besoins du marché intérieur, et en les plaçant dans une situation d'infériorité vis-à-vis de leur concurrents des pays de libre-échange, sur les marchés extérieurs. Voilà les causes notables de la crise. Croyez donc encore après cela à la vertu des panacées protectionnistes!

***

L'Exposition universelle de la Nouvelle-Orléans s'est ouverte le 16 décembre dernier. Les journaux américains nous en disent des merveilles.

Je ne saurais dire encore, lisons-nous dans le *Courrier des États-Unis*, que ce sera la plus belle et la plus riche, mais ce sera certainement la plus grande, la plus originale, et je ne me hasarde pas trop en disant la plus intéressante qui ait jamais eu lieu sur ce continent. Comme étendue, elle est absolument sans exemple, en Europe aussi bien qu'en Amérique, à commencer par le parc qui mesure 300 acres, mais qui est surtout remarquable par sa situation, par ses aspects d'un pittoresque incomparable, par ses ombrages vénérables, vieux comme la colonie, et par les plantations improvisées qui en ont fait tout d'une pièce un immense jardin réunissant les plus beaux végétaux de toutes les latitudes.

La section française comprend dans le bâtiment principal un emplacement de près de trente mille pieds carrés pour les produits industriels, sans compter un espace assez considérable dans le bâtiment du gouvernement pour l'exposition de l'instruction publique de France ; plus un emplacement spécial dans le bâtiment des beaux-arts, et un autre dans la vaste serre de l'horticulture.

L'exposition française industrielle se compose d'un énorme quadrilatère ayant 87 pieds de large sur 332 pieds de longueur. Elle a à sa gauche l'Angleterre et à sa droite l'Italie. Elle est divisée en nombreux compartiments séparés par des allées assez larges pour que la circulation y soit facile, et aboutissant toutes à un rond-point, sur lequel s'élève un kiosque élégant, qui est un véritable écrin.

***

Le premier numéro de la *Revue socialiste*, publiée sous la direction de M. B. Malon, a paru le 15 janvier. Elle se propose de préparer « le quatrième stade de l'évolution économique, celui de l'*association* proprement dite, dans lequel la production et l'échange seront organisés socialement, afin que soient assurées la communauté et l'harmonie des efforts dans la production, la justice dans la répartition, la liberté dans la consommation des richesses, avec et corollairement, le développement intellectuel, moral et physique de tous les êtres humains ». Quoique la *Revue socialiste* nous qualifie de « théologiens du capitalisme », nous lui souhaitons volontiers la bienvenue. Seulement nous lui ferons remarquer qu'on est tenu de respecter la vérité, même quand on a affaire à des théologiens. La *Revue socialiste* accuse le *Journal des Économistes* d'avoir « mené la campagne contre les salaires, avec le concours de tous les économistes orthodoxes », ce qui est une grosse calomnie et, de plus, une ineptie. Les économistes orthodoxes savent fort bien, précisément parce qu'ils sont des économistes, qu'il ne dépend pas d'eux de faire hausser ou baisser le taux des salaires, pas plus que celui de l'intérêt ou des profits, ou bien encore que le prix du coton, de la soie ou de la laine. La seule campagne qu'ils aient menée et qu'ils mènent encore en ce moment a pour objet d'empêcher les protectionnistes d'établir un impôt sur le salaire du travail au profit de la rente du sol, et, vraiment, ils sont bien fâchés de ne pas trouver à leurs côtés, dans cette campagne en faveur du salaire et des salariés, les rédacteurs de la *Revue socialiste*.

G. DE M.

Paris, 14 février 1885.

Bibliographie économique.

OUVRAGES ENREGISTRÉS AU DÉPÔT LÉGAL EN JANVIER 1885.

Almanach général de la Nièvre, administratif, statistique, industriel et commercial. (Archives départementales.) 1885 (130e année). In-8 de 338 p. Nevers, Vincent.

Almanach historique, topographique et statistique du département de Seine-et-Marne pour 1885 (25e année). In-12 de 184 p. Meaux, Blondel. Paris, Henry.

Annuaire administratif et commercial du Cantal pour l'année 1885 (59e année). In-16 de 254 p. Aurillac, Bonnet-Picut.

Annuaire général du Cantal, administratif, statistique et commercial pour 1885, avec carte. In-16 de 90 p. Aurillac, Blancharel.

Annuaire général du commerce de Lyon et du département du Rhône. 1885. In-4 de 1.444 p. Lyon, Jevan.

Annuaire statistique de Maine-et-Loire pour l'année 1884 (100e année). In-12 de 520 p. Angers, Lachèse et Dolbeau.

Annuaire administratif, statistique, historique, judiciaire et commercial des Deux-Sèvres pour 1855, par Georges Maringer. In-18 de 408 p. Niort, Clouzot.

Annuaire historique, statistique, commercial et industriel du département des Deux-Sèvres pour 1885. In-12 de 256 p. Niort, Favre.

Ardillaux (Eugène). *La question sociale*. Le paupérisme atténué. In-8 de 32 p. Paris, Renoult.

Audibert. *Le contrôle des finances communales et la loi du 5 avril 1884*, discours de rentrée de la Cour des comptes (4 nov. 1884). In-8 de 40 p. Paris, Impr. nationale.

Avérous (Charles). *Les tarifs de chemins de fer devant la commission d'enquête parlementaire*. Limoges, Chapoulaud. In-8 de 32 p. [Extrait du « Journal des transports ».]

Barat (P.). *Associations professionnelles patronales;* la Chambre syndicale du commerce et de l'industrie des tissus et des matières textiles (1884). In-18 de 166 p. Paris, Roussel.

Bellaigue (A.). *La science morale*, étude philosophique et sociale. In-8 de 32 p. Paris, Plon.

Benne (Simon). *Etude sur les institutions de prévoyance*. In-8 de 16 p. Saint-Etienne, Théaulier. [Extrait du « Bulletin de la participation ».]

Bourcier. V. Marbot.

Brunot (Charles). *Commentaire de la loi sur les syndicats professionnels*. In-8 de 486 p. Paris et Nancy, Berger-Levrault.

Chambre de commerce de Fécamp. Compte rendu de ses travaux pendant l'année 1883. In-4 de 188 p. Fécamp, Durand.

— *Lyon*. Compte rendu de ses travaux pendant l'année 1883. In-8 de 300 p. et tableau. Lyon, Bellon.

— *Rouen*. Compte rendu de ses travaux pendant l'année 1883. In-4 de 176 p. Rouen, Lapierre.

Cherrier (abbé). *Travail chrétien et socialisme;* conférence du 16 janvier 1884. In-8 de 8 p. Aix, Robert et Makaire.

Deloison (Georges). *Examen critique du projet de loi sur les sociétés et du Rapport de la commission sénatoriale*. In-8 de XII-196 p. Paris, Larose et Forcel.

Delteil (A). *La canne à sucre*. In-8 de 120 p. avec 2 pl. Paris, Challamel aîné. [« Bibliothèque algérienne et coloniale ».]

Denormandie. *Discours* prononcés au Sénat (séances des 18, 22, 25, 27 et 29 nov. 1884) dans la deuxième délibération sur le projet de loi relatif aux sociétés. In-8 de 56 p. Paris, au « Journal officiel ». [Extrait des nos des 19, 23, 26, 28 et 30 nov. 1884.]

Devet (J. M.). *Saint-Étienne sous la Terreur;* une taxe révolutionnaire en faveur de l'humanité souffrante. In-8 de 64 p. Saint-Étienne, Chevalier.

Fabreguettes (P.). *Traité des infractions de la parole*, de l'écriture et de la presse, renfermant, avec le dernier état de la jurisprudence, le commentaire général et complet des lois des 29 juillet 1881 et 2 août 1882, du projet de loi voté le 16 février 1884, etc. T. II. In-8 de 594 p. Paris, Chevalier-Marescq.

Fallès (Gustave). *L'avenir du socialisme*. In-32 de 16 p. Paris, Lombardin. [« Petite bibliothèque de la jeunesse socialiste. » Propagande révolutionnaire.]

Guillemenot (P.). *Essai de science sociale*, ou Éléments d'économie politique, notions fondamentales à l'usage des établissements d'éducation. In-18 de 332 p. Paris, Bray et Retaux.

Guimas. *Colonie agricole de Mettray.* Compte rendu de la culture de 1873 à 1884. In-8 de 20 p. Tours, Rouillé-Ladevèze.

Henry (E.). *Les soudoyés du pouvoir et les anarchistes devant l'opinion publique.* In 8 de 8 p. Troyes, impr. du « Petit Troyen ». [Publication du groupe: la Vengeance sociale.]

Jadart (Henri). *Statistique de l'élection de Rethel en 1636.* Relevé de la population, de l'agriculture et des impôts d'une notable partie du département des Ardennes au commencement du XVIIe siècle, document inédit des Archives de Reims. In-8 de 18 p. Reims, Michaud.

Labbé (N.). *Enquête ouvrière elbeuvienne sur la crise économique*, industrielle et commerciale par les chambres syndicales ouvrières de l'industrie lainière. Petit in-fo de 8 p. à 3 col. Elbeuf, Levasseur.

La Guérrière (Jules de). *Notice sur la Société libre d'émulation du commerce et de l'industrie de la Seine-Inférieure.* In-8 de 62 p. Rouen, Cagniard.

Lairolle (Ernest). *Étude sur la péréquation de l'impôt foncier.* In-8 de 28 p. Nice, Gauthier.

Legrand (Arthur). *L'impôt foncier sur les propriétés non bâties.* In-8 de 44 p. Paris, à la « Revue britannique. » [Extrait du no de nov. 1884.]

Loebevitz (J.). *L'exportation française;* le commerce de la France avec le Venezuela. In-8 de 16 p. Paris, Levé. [Extrait de « l'Exploration ».]

Marbot (abbé). *Le socialisme et les conférences populaires. — Le souffle vital d'un peuple et la question sociale.* Conférences de 1883 et 1884, précédées des allocutions de l'abbé Bourcier. In-8 de 12 et 16 p. Aix, Robert et Makaire.

— *Le socialiste Proudhon*, conférence du 12 mars 1884. In-8 de 14 p. Marseille, Stuart.

Marine marchande, droits de ports à l'étranger. Pays-Bas, Amsterdam, Rotterdam. In-8 de 74 p. Paris, impr. Nationale. [Extrait des « Annales du commerce extérieur ».]

Maringer (G.). V. *Annuaire... des Deux-Sèvres.*

Mayer-Ebstein. *Étude sur la question sociale* au point de vue économique, industriel, commercial et financier. In-8 de 22 p. Châlon-sur-Saône, Marceau.

Neymarck (Alfred). *Turgot et ses doctrines.* 2 vol. in-8 de 486-452 p. Paris, Guillaumin.

Paton (E.). *La fortune publique;* études populaires. II. La dette ottomane. III. La Compagnie royale des chemins de fer portugais. In-8 de 70 p. Paris, Dentu.

Pierron de la Montluel (E.). *Listes financières*, industrielles et commerciales européennes, section espagnole (1884-85). 4e édit. In-4 de VI-774 p. Paris, impr. Mayer.

Pouyer-Quertier. *Crise agricole.* Discours prononcé à la Société des agriculteurs de France (21 nov. 1884). In-8 de 20 p. Paris, Noisette.

Risler (E.). *Rapport* à M. le ministre de l'agriculture sur la situation de l'agriculture dans le département de l'Aisne en 1884. In-8 de 36 p. Paris, Impr. nationale.

Saillard (F.). *De la justice dans le gouvernement et la société.* In-16 de 100 p. Paris, Dentu.

Simon (Edouard). *La participation des employés aux bénéfices et les associations ouvrières en France.* In-8 de 24 p. Paris, Capiomont. [Extrait des « Mémoires de la Société des ingénieurs civils ».]

Statistique des pêches maritimes (1883). In-8 de 230 p. Paris, Impr. nationale. [Ministère de la marine et des colonies.]

Venel (Henry de). *La gestion des forêts au ministère des finances.* In-8 de 48 p. Paris, Gervais. [Extrait du « Correspondant ».]

Le Gérant : F[té] GUILLAUMIN.

Paris. — A. Parent, imprimeur de la Faculté de médecine, A. Davy, successeur, 52, rue Madame et rue Monsieur-le-Prince, 14.

JOURNAL
DES
ÉCONOMISTES

MLLE FÉLICITÉ GUILLAUMIN

Le *Journal des Économistes* vient de faire une perte sensible. Mlle Félicité Guillaumin, qui avait succédé à son père dans la direction de la librairie et la gérance du Journal, est morte le 19 février, après quelques jours de souffrances, enlevée dans toute la force de l'âge (elle n'avait que 56 ans), par une maladie de cœur. A ses obsèques, qui ont eu lieu à l'église Saint-Roch, assistaient la plupart des représentants de la librairie parisienne et des membres de la Société d'économie politique, ainsi que les nombreux amis qui regrettaient en elle une femme aussi distinguée par la solidité et l'agrément de son esprit que par son inépuisable bonté et son aimable bienveillance. Au cimetière du Père-Lachaise, où elle a été inhumée auprès de son père, dont elle avait dignement continué l'œuvre, notre rédacteur en chef, M. G. DE MOLINARI, a prononcé ces quelques paroles, qui répondaient à l'émotion de la foule réunie autour de la tombe.

Permettez-moi de me faire l'interprète des sentiments qui vous animent autour de cette tombe qui va se refermer trop tôt sur une femme d'élite. A une intelligence virile, à un jugement solide, Mlle Félicité Guillaumin joignait, vous le savez, les meilleures et les plus délicates qualités de la femme, la bienveillance, l'amabilité, l'ouverture du cœur. Son père, enlevé comme elle à ses amis, dans toute la force de l'âge, l'avait associée à ses affaires quelque temps avant sa mort, et il lui avait laissé un fardeau lourd à porter. Je ne vous retracerai pas l'histoire de la fondation et du développement de cette entreprise de librairie qui est devenue le foyer de l'économie politique en France, d'où sont sortis quelques-uns des ouvrages qui ont le plus contribué aux progrès et à la vulgarisation de la science, la *Collection des principaux Économistes*, le *Dictionnaire de l'Économie politique*, la *Bibliothèque des sciences morales et politiques*, l'*Annuaire de l'Économie politique et de la Statistique*, le *Journal des Économistes*, et dans laquelle s'est fondée la *Société d'Économie politique*. On pouvait se demander si la continuation d'une telle entreprise ne dépassait pas les forces d'une femme. Mlle Félicité Guillaumin, aidée de sa sœur Pauline, à laquelle elle avait servi de mère et qui est devenue sa collaboratrice dévouée, a pu y suffire pendant plus de vingt ans, en y vouant toute sa vie, — sans la ménager peut-être assez, — et le plus bel éloge qu'on puisse faire d'elle, l'éloge auquel elle serait certainement le plus sensible, c'est que l'œuvre de son père n'a pas périclité entre ses mains. J'ai pu mieux que personne apprécier ses sérieuses et charmantes qualités depuis que la mort de notre excellent ami Joseph Garnier m'a appelé à la direction du *Journal des Économistes*. Sans contribuer à la rédaction du journal, elle n'en était pas le moins utile collaborateur; elle veillait à tous les détails de la publication, et il y avait toujours profit à suivre ses avis dictés par le plus judicieux bon sens et donnés avec la plus aimable modestie, car elle était seule à en ignorer le prix. Et quelles douces et agréables relations que ces relations de tous les jours! Jamais les soucis des affaires n'altéraient la sérénité de son humeur; son front bienveillant n'avait pas une ride, et ce qu'elle était avec sa sœur bien-aimée, avec ses proches, avec ses amis, elle l'était aussi avec ses plus humbles employés. C'était une famille dont elle était l'âme et qui éprouvait chaque jour sa sollicitude attentive.

Que vous dirai-je de plus? Cette physionomie souriante et bonne restera dans le souvenir attendri de tous ceux qui l'on connue; n'est-ce pas comme si je disais de tous ceux qui l'ont aimée?

Dans la séance de la Société d'économie politique du 5 mars, M. FRÉDÉRIC PASSY, qui présidait la réunion en l'absence de M. Léon Say, retenu chez lui par une indisposition, a rendu à la mémoire de Mlle Félicité Guillaumin cet hommage qui a été accueilli par l'assentiment unanime de l'assemblée.

Messieurs, il est rare que nous puissions nous réunir sans avoir à déplorer quelque vide dans nos rangs. Je n'ai aujourd'hui, que je sache, à signaler la perte d'aucun de nos collègues. Mais si la mort n'a pas frappé au sein même de la Société, elle a frappé à côté, je serais presque tenté de dire au-dessus. Mlle Guillaumin nous a été brusquement enlevée. Vous savez tous, et notre ami M. de Molinari l'a rappelé, en termes émus, à ses obsèques, auxquelles malheureusement, ni M. Léon Say, absent, ni moi, retenu par des devoirs que vous connaissez, n'avons pu représenter la Société. Vous savez tous, Messieurs, ce qu'a été Mlle Guillaumin et quels services elle a rendus à la science dont le culte nous rassemble. Héritière d'un nom qui se confond en quelque façon avec l'économie politique, associée, dès son plus jeune âge, aux préoccupations et aux travaux d'un père qui avait eu, entre autres mérites, celui de comprendre comme libraire, et d'apprécier comme homme et comme citoyen, la valeur et l'avenir des publications économiques et de faire de sa maison le centre commercial et intellectuel de ceux qui cultivent ce genre d'études, Mlle Guillaumin s'est trouvée, lorsqu'une mort imprévue comme la sienne est venu faire disparaître cet homme, dont l'intelligente hardiesse avait assumé de si lourdes charges, en état de supporter sans fléchir le fardeau et de continuer dignement l'œuvre commencée. Ceux d'entre nous qui, en qualité de modestes actionnaires de la société Guillaumin et Ce, ont été à même de suivre de près l'administration de cette importante librairie, peuvent dire ce qu'était, comme éditeur et comme négociant, notre habile gérante, avec quelle sûreté, quel ordre et quelle autorité elle conduisait les grandes affaires qui lui étaient confiées. Tous nous savons quelle intelligence ouverte, quelle bonne grâce, quel généreux souci des grandes causes débattues dans nos conversations et dans nos écrits, l'on était assuré de trouver dans ce cabinet de la rue Richelieu, où se sont rencontrés, depuis près d'un demi-siècle, tous ceux que nous nous honorons d'avoir eus à notre tête. Leur souvenir, comme le sien, continuera de nous y ramener. Ni les traditions, d'ailleurs, ni le nom n'y seront changés. Une autre Mlle Guillaumin, formée à la même école, et pendant vingt ans de moitié dans les mêmes travaux, saura, forte des mêmes encouragements et de la même confiance, remplir dignement une tâche à laquelle elle aurait voulu ne participer jamais qu'à titre d'auxiliaire. Et ni le Journal, Messieurs, si bien dirigé par notre collègue M. de Molinari, ni la librairie, ni la Société, ne seront mis en péril par le deuil cruel qui les a tous atteints. J'exprime, Messieurs, en parlant ainsi, vos sentiments à tous.

Nous n'ajouterons rien à cette expression éloquente de nos regrets. Nous souhaiterions seulement qu'elle pût apporter quelque consolation à celle qui est appelée à remplacer la femme éminente que nous venons de perdre et l'encourager à poursuivre l'œuvre qui a été commencée, il y a près d'un demi-siècle, par le fondateur de la Librairie d'économie politique et du *Journal des Économistes*, et qui a rendu le nom de Guillaumin inséparable de l'histoire de la science économique en France.

LES LOIS NATURELLES
DE L'ÉCONOMIE POLITIQUE

OBSTACLES NATURELS ET ARTIFICIELS.

Si nous considérons le globe qui forme le domaine de notre espèce, la variété de ses climats, l'abondance et la diversité de ses productions naturelles; si nous considérons encore le nombre et la puissance des facultés dont l'homme est doué pour approprier à son usage ces riches matériaux et en tirer des jouissances qui vont croissant avec son industrie, nous serons pénétrés de reconnaissance envers la Providence et émerveillés de sa générosité. Mais si nous étudions le code des « lois naturelles » auxquelles nous sommes tenus de nous soumettre pour nous emparer de ces matériaux de la vie et du bien-être, les adapter à nos besoins et en jouir; si nous nous arrêtons au volumineux chapitre des pénalités auxquelles nous nous exposons en y contrevenant; si nous remarquons qu'en vertu de la loi de la solidarité naturelle de l'espèce, ces pénalités atteignent les innocents aussi bien que les coupables ; qu'elles franchissent l'espace et le temps, répercutent dans notre hémisphère la punition des fautes commises dans l'autre, et font participer les générations présentes et futures aux châtiments mérités par les générations passées; si nous considérons enfin les obstacles que la faiblesse et l'imperfection de notre nature, notre ignorance native, jointes aux difficultés du milieu où nous vivons, opposent à la stricte observation de ce code draconien, nous nous expliquerons que des esprits chimériques rêvent de le remplacer par une loi moins dure, tandis que d'autres, reconnaissant la vanité d'une pareille entreprise, désespèrent de l'avenir de l'humanité et s'abandonnent au pessimisme, en présence du merveilleux épanouissement du progrès moderne.

Nous avons esquissé un aperçu sommaire des lois naturelles qui gouvernent la production et la distribution de la richesse [1], nous avons montré comment ces lois agissent pour susciter le progrès et faire régner l'ordre dans le monde économique. Nous allons essayer maintenant de donner une idée des obstacles de tous genres provenant de l'homme ou du milieu, qui contrarient et troublent le libre jeu de ces lois, des maux inévitables dont ces perturbations sont

[1] V. le numéro du *Journal des Économistes* de décembre 1884.

suivies et qui constituent les pénalités à l'aide desquelles la nature assure l'observation nécessaire de chacun des articles de son code. Ces pénalités sont brutales et cruelles, elles ne répondent pas toujours à l'idée que nous nous faisons de la justice, car elles frappent l'espèce sans distinguer entre les individus, mais il dépend de l'homme, au moins dans une large mesure, de les éviter en se conformant aux « lois naturelles de l'économie politique ».

I.

Commençons par les lois de la production. Nous avons constaté que la production de la multitude des choses qui entrent, directement ou indirectement, dans la consommation de l'homme s'opère au moyen d'entreprises, que la constitution et le fonctionnement de ces entreprises, ainsi que l'échange de leurs produits ou de leurs services sont régis par des lois naturelles, loi de l'économie des forces, lois de la constitution et de la concurrence des valeurs, que l'homme ne peut changer, mais qu'il est libre d'observer ou d'enfreindre. Voici, par exemple, une des nombreuses industries qui contribuent à la production des articles de vêtement et d'ameublement, l'industrie cotonnière. Cette industrie est exercée dans un grand nombre de pays et partagée entre une foule d'entreprises ou d'établissements, différemment situés, constitués et mis en œuvre, quoique renfermant tous les mêmes éléments constitutifs et ayant le même objet, savoir de produire la plus grande somme possible de valeur en échange de la moindre somme de frais, et de réaliser ainsi la plus forte somme de profits. Ils diffèrent, disons-nous, par leur assiette, leurs dimensions, leur mode de constitution et de gestion. Ceux-ci sont possédés et dirigés par des entrepreneurs d'industrie, pourvus de capitaux qui leur appartiennent pour une part et qu'ils empruntent diversement pour une autre part ; ceux-là sont constitués sous forme de sociétés avec un capital fourni par des actionnaires et des obligataires. Cette constitution, là purement autocratique, ici jusqu'à un certain point représentative, est plus ou moins conforme à la loi de l'économie des forces, quant à la situation, aux dimensions, à la concentration de l'entreprise, à la hiérarchie, à l'aménagement et au gouvernement intérieur ; l'outillage est plus ou moins perfectionné, le personnel plus ou moins capable et laborieux, mais ce qu'il importe de remarquer, c'est que toutes ces différences, toutes ces inégalités dans la manière dont les entreprises sont constituées, dirigées et desservies se répercutent invariablement dans leurs prix de revient. Celles dont la constitution et le fonctionnement sont le plus conformes à la loi de l'économie des forces obtiennent leurs produits en échange de la moindre dépense; celles qui s'écartent le plus de cette loi ont, au contraire, le prix de revient le plus élevé. Toutes portent, indistinctement, leurs produits au marché, où ils sont échangés. Comment s'opère l'échange? Il s'opère, sans être aucunement influencé par l'inégalité des prix de revient, en raison des quantités réciproquement offertes, cotonnades d'un côté, monnaie ou instruments monétaires de l'autre. Selon la proportion variable de ces quantités, le prix des cotonnades s'élève plus ou moins, mais il tend toujours à s'établir au niveau des frais de production les plus bas. Lorsqu'il s'établit plus haut, les entreprises qui produisent au meilleur marché trouvent avantage (et cet avantage est d'autant plus marqué que la différence est plus grande) à augmenter leur production, et elles l'augmentent jusqu'à ce que le prix du marché vienne à tomber au niveau de leurs frais ou de leur prix de revient, en y comprenant le profit nécessaire. Mais ce prix du marché, qui se confond avec le prix de revient des entreprises le plus économiquement situées constituées, dirigées et desservies, se trouve plus ou moins au-dessous du prix de revient des autres. Il ne fournit point à celles-ci la somme de valeur indispensable pour reconstituer leurs agents productifs; elles subissent des pertes successives; ceux qui les possèdent se ruinent et finissent par tomber en faillite.

En mettant ainsi en œuvre la loi de la concurrence des valeurs pour conserver et développer les entreprises qui observent le plus exactement la loi de l'économie des forces, comme aussi pour ruiner et faire disparaître les autres, la nature n'agit-elle pas de la manière la plus conforme au bien général? Elle récompense l'intelligence, l'activité, l'énergie, l'assiduité au travail qui ont concouru à réduire au minimum les frais de production d'un article nécessaire, et elle procure cet article à ceux qui en ont besoin, en échange de la moindre somme de sacrifices, de peine, en laissant par conséquent disponible une portion plus forte de leur revenu, qu'ils peuvent appliquer à la satisfaction de leurs autres besoins. Supposons que les lois naturelles n'eussent point agi ou que leur action eût été entravée par quelque obstacle, que le prix du marché eût été maintenu au-dessus des frais de production les moins élevés, que les entreprises les plus économiques eussent été exclues du marché, quelle eût été la conséquence? C'est que le défaut d'intelligence, d'activité, d'assiduité au travail eussent reçu une prime d'encouragement, d'une part aux dépens du personnel intelligent et laborieux des entreprises exclues, d'une autre part aux dépens des consommateurs, obligés de sacrifier une portion supplémentaire du revenu acquis par la mise en œuvre de leurs forces productives et représentant des forces dépensées, des peines souffertes, pour récompenser le mauvais emploi des agents productifs, le défaut d'intelligence et d'énergie des producteurs.

On voit donc que les lois naturelles agissent à la manière d'un crible qui sépare le bon grain d'avec le mauvais, mais ce n'est pas sans infliger de cruelles pénalités et de douloureuses souffrances. Les entreprises qui succombent entraînent dans leur chute tout un personnel, souvent digne d'intérêt et dont une partie n'a point mérité son sort. Les capitalistes perdent les fonds qu'ils y ont engagés, et s'ils ont commis l'imprudence d'y immobiliser tout leur avoir, ils sont réduits à une misère d'autant plus dure à supporter qu'elle succède à la richesse ou à l'aisance. Grâce à la bienfaisante assurance du salariat que des novateurs imbéciles voudraient remplacer par la participation, les ouvriers ne supportent qu'une part limitée dans ce désastre : tout au plus perdent-ils le salaire d'une semaine ou d'un mois, mais ils sont obligés de chercher d'autres emplois, et s'ils sont vieux ou gâtés par une discipline relâchée, ils sont exposés à ne pas les trouver et à subir les plus dures extrémités de la misère.

Cependant, les pénalités que les lois naturelles infligent dans ce cas et les souffrances inévitables qui les accompagnent peuvent être considérées comme méritées, quoique à des degrés divers, par ceux qui les subissent. Dans une entreprise qui succombe pour avoir été mal constituée, dirigée et desservie, le plus grand nombre de ceux qui y ont participé ont une part dans la responsabilité de sa chute. Ils pâtissent de leurs propres fautes ou de celles de leurs coopérateurs. Mais il arrive fréquemment que les lois naturelles procèdent comme une police brutale qui rétablit l'ordre en chargeant une foule dans laquelle les enfants et les femmes sont mêlés aux perturbateurs.

Tel est le cas qui se présente lorsque les conditions de la production et la situation du marché viennent à être troublées par un excès ou un déficit de la production d'un article quelconque, par un progrès de la *machinery*, par une guerre, une épidémie, une modification dans la fiscalité et en particulier dans le régime des douanes, un changement dans le mode ou dans les habitudes de la consommation. Ces phénomènes perturbateurs de l'ordre économique dérangent continuellement l'équilibre de la production et de la consommation, que la loi naturelle de la concurrence des valeurs agit, continuellement aussi, pour rétablir. Passons-les rapidement en revue.

1° *L'instabilité naturelle du rendement de la production.*—Il n'existe jusqu'à présent qu'un bien petit nombre d'industries dont l'homme soit absolument le maître de régler la production, en raison des besoins du marché[1]. Telles sont généralement les industries manufacturières. En revanche, telles ne sont point les industries agricoles ou minières. Dans ces branches nombreuses et importantes de la production, les résultats sont toujours plus ou moins incertains et aléatoires. Sous l'influence des circonstances climatériques qui échappent à l'action de l'homme, la même surface de terre livrée à la culture des céréales, du coton et des autres plantes alimentaires ou industrielles, donne, d'une année à l'autre, des rendements fort inégaux; il en est de même du rendement des mines : celui-ci demeure tantôt inférieur aux besoins du marché et tantôt les dépasse. Dans ce dernier cas, à la vérité, le producteur peut continuer à proportionner son offre aux besoins du marché, mais non sans opérer dans son exploitation un ralentissement d'activité, qui cause un chômage, partant une perte à une portion du capital et du travail engagés dans l'entreprise. Quelle est la conséquence de cette instabilité des résultats de la production et, en particulier, de la variabilité des récoltes des plantes alimentaires ou industrielles? C'est de causer une série de perturbations plus ou moins étendues et profondes, selon l'amplitude de l'écart entre la quantité des produits à obtenir pour couvrir exactement les frais de la production et celle des produits obtenus. Si cette dernière quantité est inférieure à la première, et si l'article en déficit est une nécessité de la vie, le consommateur sera obligé, tout en réduisant autant que possible sa demande, de consacrer à l'achat de cet article une portion de son revenu plus considérable que celle qu'il y affecte d'habitude ; il devra, en conséquence, réduire d'autant toutes ses autres dépenses, c'est-à-dire demander moins de tous les autres articles; ce qui en fera baisser le prix au détriment de ceux qui les produisent. En revanche, les producteurs de l'article en déficit, obtenant, en vertu de la loi des valeurs, un prix supérieur à la diminution des quantités, voient leur revenu s'élever et avec lui leur puissance d'achat. Leur demande s'augmente en proportion, mais comme elle ne se produit pas dans les mêmes localités et ne se porte pas sur les mêmes articles, il n'y a pas compensation. S'il s'agit d'un article de seconde nécessité ou de luxe, la perturbation causée par le déficit et le renchérissement est moindre; les consommateurs diminuent sensiblement leur demande, ce

[1] Rappelons ici ce qu'il faut entendre par besoins du marché : c'est la quantité de produits en échange desquels ceux qui en ont besoin sont disposés à fournir une somme de valeur suffisante pour couvrir les frais de la production en y comprenant le profit ou la rétribution nécessaire de l'entrepreneur.

qui ralentit la hausse du prix, et dans ce cas le dommage causé par le déficit se partage entre le producteur dont le profit est diminué et le consommateur qui obtient une quantité moindre à un prix augmenté. Si, au contraire, les résultats de la production dépassent les prévisions, le surcroît des quantités offertes fera baisser les prix, toujours dans une proportion plus forte, les producteurs subiront une perte, qu'atténuera seulement l'augmentation de la demande déterminée par la baisse; les consommateurs réaliseront une économie qui leur permettra de demander un supplément des divers articles dont ils ont besoin. Les producteurs de ces articles verront ainsi s'accroître leurs profits, tandis que ceux des produits ou des services habituellement demandés par les producteurs de l'article surabondant verront les leurs diminuer. Ces perturbations causées par l'inégalité des résultats de la production s'étendent de proche en proche et elles contribuent, pour leur bonne part, à rendre perpétuellement instable l'équilibre de la production et de la consommation.

2° *Les progrès de la* MACHINERY *de la production.* — Les progrès qui transforment le matériel et les méthodes de la production, et qui augmentent d'une manière permanente, avec la puissance productive de l'homme, le cercle de ses consommations et l'étendue de ses jouissances, sont toujours achetés par une perturbation temporaire. Comment opèrent-ils? Prenons pour exemple l'introduction des métiers mécaniques dans l'industrie du tissage. Ces métiers perfectionnés permettent de réaliser dans la fabrication des étoffes une économie que nous supposons de 25 0/0. Quels sont les résultats immédiats de leur introduction? D'une part, c'est de mettre hors de service l'ancien matériel et un partie de l'ancien personnel, devenu inutile ou impropre à s'adapter aux nouveaux métiers, et d'infliger ainsi une perte ou une moins-value à toute une catégorie d'entrepreneurs, de capitalistes et d'ouvriers, perte et moins-value qui ont leurs répercussions naturelles et inévitables. D'une autre part, en revanche, les inventeurs, les entrepreneurs et les capitalistes qui introduisent ce progrès obtiennent des profits exceptionnels jusqu'à ce qu'il se soit généralisé, c'est-à-dire jusqu'à ce que la concurrence ait fait baisser le prix des étoffes de tout le montant de l'économie réalisée sur les frais de la production. Les inventeurs bénéficient de leur invention jusqu'à l'expiration de leur brevet ou jusqu'au jour où une machine ou un procédé plus économique vient supplanter le leur; les entrepreneurs bénéficient d'une partie de l'économie des frais; les capitalistes, à l'exception de ceux qui possédaient le matériel réformé, profitent de l'augmentation de la demande de capital pour l'établissement des nouvelles manufactures et le renouvellement de l'outillage des anciennes. Les ouvriers, au contraire, à l'exception de ceux qui sont particulièrement aptes à mettre en œuvre le nouvel outillage, voient baisser temporairement leurs salaires, par le fait du changement que le progrès opère dans la proportion du capital et du travail requis pour la production, le travail mécanique se substituant, dans une mesure plus ou moins forte, selon l'importance du progrès accompli, au travail physique ; mais, en compensation de cette dépression temporaire, le progrès procure aux ouvriers un bénéfice permanent, tandis que celui des autres coopérateurs de la production est passager ; il élève la qualité de leur travail et avec elle sa rétribution nécessaire, au niveau de laquelle le taux du salaire tend inévitablement à s'établir. Quant aux consommateurs, le progrès leur procure un bénéfice croissant et qui n'est acheté par aucune perte. Il n'est pas moins vrai que tout progrès est une cause de perturbation et de dommages immédiats ; à quoi il faut ajouter que les mesures que les gouvernements ont l'habitude de prendre pour protéger les industries en retard contre les industries en progrès n'ont d'autre résultat que de prolonger ces perturbations et de les transformer en un mal chronique.

3° *Les autres causes de perturbation, guerres, douanes, etc.* — Les guerres, les épidémies, les modifications incessantes du système fiscal des différents États et en particulier du régime des douanes, les changements dans la mode et les habitudes de la consommation, sans parler des coalitions industrielles et commerciales et de bien d'autres phénomènes secondaires ou accidentels agissent de même pour jeter le trouble dans la production. Nous n'analyserons pas les effets perturbateurs de chacun de ces phénomènes ; nous nous bornerons à signaler ceux qui résultent des modifications continuelles des tarifs de douane. Quand un droit vient à être augmenté en vue de protéger une « industrie nationale », que se passe-t-il ? On voit se produire trois perturbations principales, qui engendrent chacune une série de perturbations secondaires. Les industries étrangères qui contribuaient à l'approvisionnement du marché en sont en partie expulsées ; elles sont obligées de diminuer leur production d'autant, et leurs coopérateurs voient baisser leurs revenus, partant leur puissance d'achat ; ils s'appauvrissent, et tous ceux qui leur fournissent des articles de consommation s'appauvrissent avec eux ; en revanche, l'industrie nationale qui s'empare d'une partie du débouché enlevé aux étrangers augmente sa production, les revenus de ses coopérateurs s'élèvent, ils peuvent acheter davantage, etc. Au point de vue de la richesse générale, il y aurait compensation ou du moins cette compensation finirait par s'établir, si l'industrie nationale protégée approvisionnait le marché au même prix qu'auparavant ; mais il n'en est pas ainsi. Le motif pour lequel on l'a protégée, c'est son incapacité à produire à un prix de revient aussi bas que ses concurrents du dehors. La protection a donc pour objet et pour effet d'élever le prix de l'article protégé, partant d'obliger les consommateurs à y consacrer une portion plus forte de leur revenu, ce qui en laisse une portion moindre disponible pour leurs autres consommations ; d'où une diminution de la production de celles-ci et des revenus qu'elles procurent. Toute protection occasionne donc à la fois un déplacement et une perte de richesse.

Maintenant si l'on examine le mode d'opération des causes de perturbation dont nous venons de donner un aperçu sommaire, savoir l'inégalité des prix de revient des différentes entreprises entre lesquelles se partage chaque branche d'industrie, l'instabilité des rendements dans les industries agricoles et minières, le progrès qui crée de nouvelles industries et introduit dans les anciennes un matériel et des méthodes plus économiques, les guerres, les épidémies, les changements dans les tarifs de douanes, etc., nous trouverons invariablement qu'elles agissent sur chacun des marchés de la multitude des produits et services pour augmenter ou diminuer l'offre, de manière à abaisser le prix du marché au-dessous du prix de revient, ou pour l'élever au-dessus ; en d'autres termes, ces causes de perturbation agissent pour déranger l'équilibre de la production et de la consommation, tout en augmentant ou en diminuant les frais de la production. Mais alors qu'arrive-t-il ? C'est que la loi naturelle de la concurrence des valeurs agit à son tour pour rétablir cet équilibre nécessaire. Rappelons comment elle agit. Deux cas peuvent se présenter : ou l'offre tombe au-dessous des besoins du marché ou elle s'élève au-dessus. Dans le premier cas l'insuffisance des quantités offertes, provoquant une augmentation progressive du prix de l'article en déficit, il y a un avantage croissant à en augmenter la production ; l'esprit d'entreprise et les capitaux y sont attirés par une prime d'autant plus élevée que le déficit est plus grand, jusqu'à ce que l'équilibre soit rétabli. Parfois, sans doute, les obstacles naturels ou artificiels qui s'opposent au rétablissement de l'équilibre sont assez forts et assez résistants pour empêcher l'offre de s'accroître, mais ces obstacles sont battus en brèche d'autant plus vigoureusement qu'ils procurent un bénéfice plus élevé aux producteurs, partant, qu'ils causent une perte plus forte aux consommateurs. S'il s'agit d'un article de première nécessité, dont le prix hausse de manière à dépasser la puissance d'achat des consommateurs, concentrée sur ce seul article, le déficit engendrera une famine, et l'équilibre se rétablira brutalement par la suppression des consommateurs dont la puissance d'achat est inférieure au prix. Dans le second cas, au contraire, lorsque les quantités offertes sont à l'état d'excédent, les prix baissent de même en progression géométrique, et à mesure qu'ils tombent au-dessous des frais de production d'une entreprise, celle-ci subit des pertes croissantes, elle est forcée de réduire sa production, faute d'en pouvoir rétablir entièrement les agents, ou même de disparaitre, et, grâce à cette élimination des entreprises les moins économiques et à la diminution de l'offre qui en résulte, l'équilibre se rétablit encore.

C'est grâce à cette opération de la loi de la concurrence des valeurs que, dans toutes les branches de la production, les entreprises qui fonctionnent de la manière la plus économique, c'est-à-dire la plus utile à la généralité, subsistent et se développent tandis que les autres tombent en faillite et disparaissent; d'où il résulte que ce qu'il y a de malsain et de vicieux dans l'organisme de la production est constamment éliminé au profit des parties saines et vigoureuses; c'est grâce à cette même opération que l'équilibre tend continuellement à se maintenir ou à se rétablir, en dépit de tous les obstacles, entre la production et la consommation; que lorsqu'une branche quelconque d'industrie produit moins que ce qui est nécessaire ou au delà de ce qui est nécessaire, pour réaliser par l'échange la somme de valeur indispensable pour rétablir ses agents productifs et mettre ses produits, d'une manière continue, au service de la consommation, elle est poussée ou ramenée, par une force croissante, à cet état de développement utile. Supposons que la loi de la concurrence des valeurs n'existât point, comment les entreprises seraient-elles excitées à améliorer leur production, à perfectionner leurs machines et leurs méthodes, à produire mieux et avec plus d'économie? Sans doute, la loi de l'économie des forces, en les faisant bénéficier de toute épargne réalisée dans leurs frais, agit comme un stimulant au progrès, mais telle est la paresse de l'homme que cette récompense est insuffisante pour le faire sortir de sa routine accoutumée, si une pénalité n'y est pas jointe. Cette pénalité, c'est la loi de la concurrence des valeurs qui l'établit, en contraignant l'universalité des producteurs à obéir, sous peine de ruine, à la loi de l'économie des forces. D'un autre côté, comment, sans l'intervention de cette loi régulatrice, la production pourrait-elle, dans le vaste marché du monde, s'équilibrer avec la consommation? Songez à la diversité infinie des articles, produits aux époques et dans les régions les plus distantes, qui contribuent à la satisfaction des besoins de la multitude des consommateurs sous le régime de la production divisée, et demandez-vous comment pourrait être résolu ce problème, en apparence insoluble, qui consiste à mettre incessamment dans les quantités et les qualités requises, à la disposition de chacun, tous les articles dont il a besion, à la seule condition de fournir en échange la somme de valeur rigoureusement nécessaire pour que les agents productifs, capital et travail, puissent être reconstitués et la production continuée.

Telle est la double opération de la loi de la concurrence; elle impose le progrès et elle établit, en dépit de tous les obstacles, l'équilibre entre la production et la consommation. Mais cette œuvre nécessaire et bienfaisante, elle ne l'accomplit point; ces obstacles, elle ne les surmonte point sans occasionner des « crises », lesquelles sont toujours accompagnées de souffrances plus ou moins étendues et cruelles. Les esprits superficiels, qui n'aperçoivent que les causes immédiates des phénomènes sans remonter plus loin, ne manquent point de la rendre responsable de ces souffrances, de même qu'on accuse volontiers la police des maux qui accompagnent la répression d'une émeute, sans se demander si l'absence d'une force répressive chargée du maintien de l'ordre et le triomphe des éléments de désordre n'auraient point occasionné des maux plus graves et plus dangereux.

Les causes premières des crises, celles auxquelles il faut faire remonter la responsabilité des maux que l'on a l'habitude d'imputer à la concurrence, résident dans les obstacles qui s'opposent à l'établissement de l'équilibre de la production et de la consommation au niveau des moindres frais de production. Supposons que toutes les entreprises fussent également bien situées, constituées et desservies; qu'elles réalisassent ensemble les mêmes progrès; que toutes les industries pussent régler leur production exactement en proportion des besoins du marché; que les guerres, les épidémies, les modifications de tarifs, les monopoles, les coalitions, les changements de la mode et des habitudes de la consommation ne vinssent point jeter la perturbation dans les débouchés, il n'y aurait point d'autres crises que celles que le progrès occasionne, en frappant de moins-value les agents productifs qu'il remplace. Malheureusement, cette hypothèse est fort éloignée de la réalité, et, de plus, il ne dépend pas de l'homme de supprimer entièrement les obstacles qui s'opposent à l'établissement de l'ordre économique. Il ne peut supprimer que ceux qu'il a créés lui-même; il ne peut qu'atténuer ceux qui sont l'œuvre de la nature, en attendant qu'il ait acquis la puissance de maîtriser et de gouverner absolument le monde physique, mais il peut connaître les uns et les autres, se rendre compte de leur action perturbatrice et s'assurer contre leurs *nuisances*.

Pour ne citer qu'un exemple, l'homme n'a pas le pouvoir de régler la production des fruits du sol et des produits du sous-sol comme celle des produits manufacturés. L'instabilité de ces deux grandes branches de la production constitue un obstacle naturel à l'établissement de l'ordre économique, qu'il n'est point parvenu encore à surmonter et qu'il ne surmontera peut-être jamais entièrement. Cependant, il faut remarquer que les progrès de la science et de l'industrie ont pour résultat de lui assujettir de plus en plus les forces de la nature, et qu'à mesure que la culture des céréales devient plus scientifique, ses produits deviennent moins incertains. Mais si, à cet égard, sa puissance est limitée, en revanche, il dépend de lui de prévoir et de corriger, dans une large mesure, les effets de cet *aléa*. Il peut découvrir et employer des méthodes de plus en plus parfaites de conservation des grains, et créer un organisme commercial et financier qui permette aux producteurs de céréales de ne point apporter immédiatement au marché la totalité d'une récolte surabondante, d'en réserver une partie pour combler les déficits éventuels des années suivantes; il peut prévoir les changements d'ailleurs graduels des habitudes et même des modes, et régler sa production en conséquence. Il dépend encore de lui d'empêcher la perturbation des débouchés par la guerre, les monopoles, les coalitions, les changements dans la fiscalité et en particulier dans les tarifs de douanes. Enfin, il peut se prémunir contre le risque du progrès et tous les autres risques, qu'il n'est pas en son pouvoir d'éviter, en assurant ses capitaux et sa vie.

En attendant, la nature impassible agit quand même pour faire observer ses lois; elle balaye impitoyablement les entreprises mal constituées et desservies ou rétives au progrès, sans s'inquiéter de la destinée de ceux qui en vivent; elle rétablit l'équilibre rompu entre la production et la consommation, tantôt par la ruine des producteurs, tantôt par la mort des consommateurs. L'agent qu'elle emploie pour faire cette police rude, mais nécessaire, pour empêcher les hommes de s'attarder sur le chemin du progrès et faire régner l'ordre dans le monde économique, c'est la concurrence, l'infâme concurrence, que les socialistes de toutes les écoles s'accordent à vouloir anéantir. Mais, en admettant même qu'il fût au pouvoir de ces myrmidons de supprimer cette « loi naturelle », par quoi la remplaceraient-ils?

G. DE MOLINARI.

LE BUDGET DE 1885

Lorsque j'étudiais, dans le *Journal des Économistes*, le budget de 1880, au moment de sa discussion, il s'en fallait que nos finances fussent dans le fâcheux et périlleux état où elles se trouvent aujourd'hui. Chacun acclamait même leur prospérité. Il semblait à tous que nos ruines fussent réparées, que nos sacrifices fussent terminés. C'était beaucoup d'illusion. La Fortune ne s'était pas tant pressée de verser sur notre sol sa corne d'abondance. Dieu sait, d'ailleurs, quel parti l'on a tiré, dans les élections qui bientôt ont eu lieu, de cette croyance générale. Les dégrèvements commencés allaient incessamment se succéder et s'étendre, en même temps que tous les services publics deviendraient mieux pourvus et que la France se sillonnerait de canaux ou de chemins de fer, et verrait ses côtes se couvrir de ports agrandis et mieux outillés. La fanfare administrative sonnait joyeusement de toutes parts le *Carpe diem* d'Horace. Il ne suffisait pourtant pas que nous eussions fait face à nos énormes charges avec une promptitude vraiment admirable, et que la moyenne annuelle des plus-values sur les prévisions des recettes fût portée, très à tort, à 86 millions depuis 1876, pour que l'on cédât à tant de fantaisies ou de promesses. Mais eût-elle été véritable, que resterait-il à présent d'une situation si favorable? L'Eldorado de Candide est bien près d'être devenu le tonneau des Danaïdes.

Dès la fin de 1879, il était facile de se convaincre, eu égard surtout aux conditions nécessaires de la production et de l'échange chez les peuples modernes, que notre richesse demanderait longtemps encore de grands ménagements, beaucoup de sagesse et de retenue. J'avais soin de montrer, en présence des chiffres du budget de 1880, qu'aucune nation n'avait subi de pareils impôts ni de semblables dettes. Je signalais la singulière ignorance financière et économique de nos législateurs comme de nos gouvernants, revenant, sans s'en douter et souvent glorieux de le faire, aux pires usages de l'ancien régime. Je terminais enfin en disant : « Ce n'est pas assez d'avoir la certitude de solder nos dépenses, il nous faut diminuer nos taxes et nos emprunts. Et ce serait chose facile si notre état militaire et maritime était ramené à de plus raisonnables conditions, si les fonctions publiques étaient réglées sur les véritables besoins du pays, si l'on procédait à l'aliénation des biens domaniaux les mieux disposés pour la propriété privée, tout en recourant à un amortissement suffisant et à de successives conversions, qui réduiraient toutes nos rentes en 3 0/0 amortissable. Il faut en outre, ajoutais-je, qu'aucune charge nouvelle ne remplace les annuités auxquelles il nous reste à faire face, et que nous conservions libre chacune des créances qu'auront à nous rembourser la plupart des grandes compagnies de chemins de fer... L'insouciance et l'ignorance n'enfantent jamais que l'abaissement et la misère; l'énergie, la prévoyance, le travail, la liberté, créent toujours la puissance et la dignité. Il siérait de nous rappeler plus souvent ces paroles de Montesquieu : « La tyrannie d'un prince ne met « pas un État plus près de sa ruine que l'indifférence pour le bien « commun n'y met une république. »

Mais ces conseils ou d'autres semblables, qui n'ont pas manqué, n'ont point été suivis, bien que les excédents ou les prétendus excédents de recettes se soient dès lors changés en déficits de 150 et de 200 millions. Le dernier exercice qui se solde en excédent, de façon fictive d'ailleurs, est celui de 1881. Cet excédent était de 106.993.000 francs; mais il provenait pour 65 millions à peu près de sommes retirées à tort des dépenses du budget ordinaire pour être reportées au buget extraordinaire, de l'oubli des frais d'occupation de la Tunisie, et des restes, comme on parlait autrefois, des budgets antérieurs, classés parmi les ressources naturelles de 1881.

Pour le budget ordinaire de 1885, le ministre des finances en a évalué les recettes à 3.048.720.927 fr. et les dépenses à 3.048.554.744 fr., soit un surplus seulement de recettes de 165.983 fr. Le budget extraordinaire s'élève d'autre part, cette année, à 208.121.816 fr. C'est une augmentation de 292 millions sur le budget de 1880, pour les dépenses ordinaires, avec une diminution presque égale sur les dépenses extraordinaires, prélevée malheureusement en entier sur les travaux publics. Restent le budget sur ressources spéciales pour plus de 456 millions, les diverses taxes rattachées au budget pour plus de 270 millions, et celles qui n'y figurent pas, comme les octrois, les prestations, les intérêts des emprunts locaux et de nombreuses charges communales, qui s'éloignent peu maintenant, ensemble, d'un milliard.

Pour ne parler que des budgets ordinaire et extraordinaire, ils ne dépassaient pas, à la fin de l'Empire, 1.744 millions, et le budget ordinaire était encore, en 1876, de 2.575 millions. Cependant, 34 millions sont annuellement retirés en ce moment de la conversion des rentes 5 0/0, l'amortissement s'est amoindri de 50 millions, à supposer qu'il y ait encore un amortissement, et le compte de liquidation, qui ne comprenait que pour 20 millions de dépenses ordinaires, est à présent remplacé par le budget extraordinaire, qui en renferme pour au moins 150 millions cette année. Aussi, tenant compte de chacune des différences existant entre les deux années 1876 et 1885, presque tous les écrivains financiers, notamment M. Leroy-Beaulieu, dans ses remarquables études publiées par *l'Économiste français*, ont-ils porté le surplus de 1885 sur 1876 à 800 millions, et ce n'est pas exagéré.

M. le ministre des finances, qui n'a pas cru se devoir livrer à de telles comparaisons, s'est contenté de mentionner, dans son fort peu substantiel exposé des motifs du dernier budget, quelques diminutions de recettes à subir, ainsi que quelques changements à opérer. Ces diminutions, déjà remarquées en 1884, ont surtout pour cause la crise persistante que ressentent les affaires. Le produit du timbre est, par exemple, abaissé de 1.602.000 fr., celui de l'enregistrement de 3.433.000 fr., celui des douanes de 2.836.000 fr., grâce en grande partie à la moindre importation des vins étrangers, et celui des sucres, récemment dégrevés, n'est plus porté qu'à 151.067.000 fr., au lieu des 163.975.500 fr. du budget précédent. En présence de ces diminutions, fort atténuées assurément, et des 23.171.738 fr. de dépenses en excédent sur 1884, comment pouvait-on admettre sans quelque étonnement cette première déclaration du ministre, que l'équilibre du présent budget serait assuré sans taxe nouvelle ni nouvel emprunt? Cet étonnement paraissait d'autant plus légitime que, loin de proposer quelques économies, si faciles et si nécessaires à réaliser pourtant, le ministre prenait soin de rassurer les populations intéréssées, la clientèle électorale, sur la permanence des faveurs et des largesses gouvernementales. Il pensait sans doute, après Paul-Louis Courier, que les payeurs sont les meilleurs agents du dévouement ou de l'enthousiasme politique.

Toutefois revenant à l'équilibre du budget, il ajoutait : « Nous avons pensé qu'il était indispensable de faire rendre aux impôts existant la totalité des sommes légitimement dues au Trésor.... Des fraudes considérables sont signalées de toutes parts. » Et il espérait retirer 15 millions d'une plus sérieuse surveillance sur les débits de boissons; il attendait 2 millions de l'application d'un nouveau règlement d'administration publique sur les vinaigres, mettant fin aux fausses déclarations des quantités d'alcool nécessaires à leur fabrication; il comptait obtenir 10 autres millions des liqueurs, des fruits à l'eau-de-vie, des eaux-de-vie en bouteille et de l'absinthe, par la reprise d'un mode d'évaluation qui faisait porter la taxe sur le volume entier de ces liqueurs ou de ces fruits, considérés comme alcool pur. Tout ensemble, oubliant sa renonciation à de nouvelles taxes, les droits de mutation entre vifs à titre gratuit étaient étendus à l'Algérie, de même qu'un droit de 100 fr. par hectolitre d'alcool ; soit 2 millions pour les droits de mutation et 6 millions pour celui de l'alcool. Une rentrée de 1 million était également retirée des fruits secs employés à la fabrication du vin. Enfin, le récent traité passé avec la société des allumettes assurait, au dire du ministre, 1 million de plus qu'auparavant, la progression du revenu des tabacs devait fournir 6.457.060 fr. et celle du revenu des postes et des télégraphes donner 3.696.000 fr. En somme, c'était un ensemble de ressources de 47 millions 171.000 fr., qui laissait sur les dépenses ajoutées et les moins-values prévues un boni de 3 millions.

Le malheur, c'est que personne ne croyait, non seulement à ce boni, mais à l'équilibre du budget. Qui pouvait imaginer effectivement que les fraudes, signalées pour la première fois par M. Léon Say, allaient cesser dans une année d'élection, avec nos mœurs administratives et parlementaires présentes ? Quels fabricants ou débitants de boissons craignent donc de voir attaquer aujourd'hui leurs intérêts, en combattant leur influence ? Que seront aussi les recouvrements supplémentaires espérés, au sein de la crise agricole et industrielle qui pèse si lourdement sur nous, et lorsque les suites des folies du commencement de 1882 menacent toujours notre fortune mobilière ? Combien cependant nous en aurions besoin, quand la guerre est tout à la fois portée au Tonkin, en Chine et à Madagascar et que l'on propose de nouvelles lois militaires, qui comprennent l'organisation d'une armée coloniale et le maintien sous les drapeaux de toutes les classes ! Le budget de 1884 avait aussi été présenté en équilibre, et dès la discussion du budget de 1885, le déficit à attendre de 1884 ne se pouvait estimer à moins de 200 millions. Il est certainement de 300 millions, en tenant compte de la moins-value des impôts, des crédits supplémentaires et des dépenses ordinaires transportées au budget extraordinaire. Un député [1] n'a pas craint d'affirmer que, de 1879 à 1885, les déficits budgétaires atteignaient l'énorme somme de 1.560 millions, et a montré que les excédents qui semblent les avoir réduits de 414 millions étaient tout illusoires. Y eût-il dans ces chiffres quelque exagération bien moindre toutefois qu'on ne serait tenté de le croire — car la moyenne des déficits depuis 1882 est de 175 millions — qu'il serait impossible d'accepter les assurances ministérielles. Le danger est d'autant plus grand qu'on ne respecte plus les règles, imposées par les lois de la comptabilité. La Cour des comptes n'a-t-elle pas souvent déclaré que les comptes des finances lui sont re-

---

[1] M. Amagat.

mis avec des interversions et des virements qui constituent les pratiques les plus condamnables, et ne lui sont même plus remis dans les délais prescrits? Des finances compromises ne se rétablissent pourtant que par une pleine sincérité, l'observation rigoureuse des lois et de vraies et courageuses réformes. M. le ministre des finances s'afflige le premier, j'en suis convaincu, des abus et des excès qui se commettent; mais son devoir serait d'y résister. Les Pitt, les Louis, les Peel, les Gladstone n'auraient pas acquis leur juste renommée ni rendu leurs grands services s'ils avaient agi comme lui.

Comment n'a-t-il pas proposé une seule économie à faire, au risque de blesser de honteuses convoitises ou de misérables calculs? Les contribuables ne comptent-ils pas aussi dans le corps électoral? Loin d'en proposer il a annoncé, je l'ai dit, de nouvelles dépenses. Elles résultent du service des dernières rentes 3 0/0 amortissables et de celui des obligations du Trésor à court terme, qui obligent à solder 7.005.000 fr.; des pensions du personnel de la marine, réglées par une nouvelle loi, pour 2.993.700 fr., des frais de construction des lignes télégraphiques souterraines, transférés du budget ordinaire au budget extraordinaire, pour 800.000 fr.,des créances des compagnies de chemins de fer, pour 3.400.000 fr., en outre des 1.965.000 fr., pour subventions anciennes ou garanties d'intérêt, de l'exploitation du chemin de fer de Dakar à Saint-Louis, pour 974.000 fr., du câble télégraphique du Tonkin, pour 315.000 fr.; enfin, des élections sénatoriales, de la constitution de l'état civil des indigènes musulmans en Afrique, de la dépense supplémentaire imposée par le développement de la fabrication des tabacs, de l'excédent des frais de justice criminelle et de la télégraphie internationale pour 5.589.000 fr. Soit ensemble, on le sait, 23.046.275 fr.[1]. Et que de dépenses non moins certaines que celles-ci étaient oubliées dans ces comptes! Que de dépenses prévues étaient aussi atténuées! Je n'en citerai que deux: les élections des députés, et l'intérêt garanti aux grandes compagnies de chemins de fer, porté pour 3 millions 400.000 fr., et qui, bien que réduit cette année, pour plus de commodité, aux trois quarts de la somme à laquelle il s'élève, sera de 29 millions. Dans son optimisme, au moins apparent, le ministre des finances se glorifiait d'avoir, malgré ces nouvelles dépenses, conservé un fond de 100 millions destiné à rembourser des obligations à court terme, et déclarait intacte la réserve de l'amortissement. Mais je montrerai

[1] Élections sénatoriales, 370.000 fr.; état civil des indigènes musulmans, 300.000 fr.; dépenses des tabacs, 2.800.000 fr.; justice criminelle, 1.275.000 fr.; télégraphie internationale, 844.000 fr.

plus loin a combien se montent nos obligations à court terme, qui ne cessent chaque jour de s'accroître, et ce qu'est devenu l'amortissement.

Quant au budget extraordinaire, il se divise entre le ministère de la guerre pour 85 millions, le ministère de la marine et des colonies pour 17.871.215 fr. et le ministère des travaux publics pour 105.250.603 fr. Afin de se procurer les fonds de ce buget, qui ne s'alimente que de l'emprunt, M. Tirard a demandé, selon l'usage, d'émettre « successivement, au mieux des intérêts du Trésor et jusqu'à concurrence du montant des crédits ouverts pour 1885, au titre du budget sur ressources extraordinaires, des obligations du Trésor, dont l'échéance ne pourrait pas dépasser 1890 ». Voilà bien l'une des traditions de l'ancien régime, d'autant plus certaine et d'autant plus déplorable que ces obligations à court terme sont pour la plupart renouvelées à leur échéance, quoiqu'elles conservent toujours le nom qu'elles portent. Il serait au moins nécessaire, avant de les multiplier encore, on l'avouera, de se souvenir de notre énorme dette consolidée et de notre dette flottante, qu'une incomparable imprévoyance avait portée, il n'y a pas encore deux ans, à 3 milliards, et que l'on n'a commencé à réduire qu'en prenant 1.200 millions à la Caisse des dépôts et consignations sur les fonds des caisses d'épargne, demeurés remboursables à toute réquisition des déposants. Pour excuser tant d'excès, on a souvent répété qu'il nous faut maintenant pourvoir aux charges que nous ont imposées la guerre et la Commune. Eh! bien, 581 millions seulement proviennent dans nos budgets de la guerre et de la Commune. Ils renferment donc près d'un milliard, qui résultent surtout des abus administratifs et qui, sans prévenir les déficits, créent ou aggravent énormément nos privations, nos crises et nos souffrances. M. de Freycinet disait un jour au Sénat qu'un budget républicain ne se doit point effrayer des dépenses qu'il propose; il a fait école, il pense sans doute que les dieux ne refusent plus, comme Jupiter au fils de Vénus, l'empire aux peuples qui ne savent pas le mériter.

His ego nec metas rerum nec tempora pono
Imperium sine fide dedi.

Quatre-vingt-quatre députés ont du moins résisté à cette opinion, trop suivie par d'autres avant même qu'elle fût émise. Ces députés disent dans une note publiée vers la fin de l'an dernier, et c'est par là que je terminerai cette première partie de mon travail, afin de mieux corroborer les appréciations que je viens de présenter: « Le déficit croissant de nos budgets, voilà le mal qu'il faut signaler. Ce mal, tout le monde en soupçonne l'existence, peu de personnes en connaissent l'étendue. La gestion de nos finances pendant les neuf dernières années se résume par un déficit de 830 millions sur l'ensemble des budgets *ordinaires* de 1876 à 1884. Sans parler de la progression de la dette flottante, les emprunts que l'on a fait contracter à la France pendant cette courte période, s'élèvent à plus de 3 milliards de francs. Enfin le budget que M. le ministre des finances nous propose pour 1885 présente un déficit de plus de 317 millions.

« Pour mesurer le gaspillage des deniers publics... au budget ordinaire qui nous est présenté pour 1885, nous avons opposé le dernier budget ordinaire voté par l'Assemblée nationale, celui de 1876.

« En 1876, la liquidation des dépenses de la guerre était près d'être terminée. Le total des impôts s'élevait bien encore au chiffre effrayant de 2 milliards et demi, mais on entrevoyait un prompt allègement de ces charges ; l'impôt de la guerre allait diminuer avec la paix. Après quatorze années de paix, le gouvernement, dans son projet de budget de 1885, propose de demander au pays plus de 3 milliards d'impôts.... Chaque Français paye pour les seules dépenses de l'État un sixième environ de plus qu'en 1876 ; au lieu de 69 fr. 77 c., il paye aujourd'hui à l'État 80 fr. 92 c. »

II.

De nombreuses personnes, et entre toutes M. Mathieu-Bodet, l'honorable ancien ministre des financés, ont blâmé les divers dégrèvements réalisés avant 1881, dégrèvements qui se sont élevés ensemble à 307 millions. Il est certain qu'ils seraient regrettables s'ils avaient nécessité les déplorables mesures de trésorerie et entraîné les déficits qui leur ont succédé. Mais il n'en est rien. N'avait-on pas d'ailleurs promis de les faire en établissant chacun des nouveaux impôts, dont ils n'ont aussi bien supprimé que le tiers. Une plus prévoyante mesure, une politique, tant extérieure qu'intérieure, plus sage et plus libérale, en aurait permis de beaucoup plus nombreux et de bien plus importants. Comment oublier que les peuples modernes vivent d'industrie et d'échanges, et que sur le marché général du monde ceux-là seuls prospèrent et s'élèvent qui disposent d'abondantes ressources et ressentent les stimulants et les bienfaits de la richesse ? Où puisent tout ensemble les trésors publics, si ce n'est dans les revenus chaque jour renouvelés des capitaux nés du travail ? Quand on voit l'octroi de Paris subir ses présentes diminutions, quand une ville comme Saint-Etienne, l'an dernier, perd vingt-cinq mille habitants, quand la propriété rurale ne conserve plus que les deux tiers de sa valeur, ce n'est pas aux exagérations d'impôt qu'il sied de recourir. Jean de Witt avait mille fois raison de s'insurger contre une pareille pensée au sein de la décadence commerciale et politique de la Hollande du XVIIe siècle.

Si nous avions soigneusement ménagé nos ressources, en obéissant aux saines prescriptions des lois économiques, au lieu de céder aux ignorantes folies du socialisme d'Etat, aux coupables pratiques de l'esprit de secte et d'avidité, nous aurions aisément effectué d'autres dégrèvements, remboursé la créance de la Banque de France et les obligations du compte de liquidation, maintenu un amortissement annuel d'au moins 200 millions, tout en affectant 3 ou 400 millions aux travaux publics. Est-ce que l'Angleterre et l'Allemagne après 1815, la Russie après la guerre de Crimée, les État-Unis après la guerre de sécession ne se sont pas efforcés de diminuer leurs charges en fécondant par tous les moyens les sources de leur richesse?

Puisque l'on proclame la nécessité de la paix, il ne fallait pas, dès le lendemain de nos désastres, créer partout ces foules armées, sans apprentissage, sans cohésion, sans esprit militaire, qui envahissent jusqu'à nos plus petites villes. Il ne fallait pas construire sur tout notre territoire ces camps ou ces forteresses, que le perfectionnement des armes a déjà rendus pour la plupart inutiles. Il y avait des dépenses considérables à faire pour l'armée et la marine, c'est vrai; mais on a dépassé toute mesure et voilà quatorze ans qu'a cessé la guerre. Les autres services publics ont reçu des dotations non moins déraisonnables. Je ne reviendrai pas ici sur la question sans cesse agitée et toujours peu comprise de la centralisation. Ce n'est pas seulement une plaie financière, livrée aux plus pernicieuses influences, c'est encore la pire de nos plaies politiques. M. Dunoyer n'avait pas tort de tenir notre centralisation pour la cause la plus efficace de nos révolutions? On s'est appliqué cependant, dans ces dernières années, à l'étendre au delà de toute limite connue. C'est en grande partie à cela que nous devons d'avoir vu nos crédits supplémentaires ou extraordinaires s'élever, en moyenne, depuis 1872, malgré nos énormes budgets, à plus de 174 millions, déduction faite des annulations. Cette moyenne n'excède pourtant pas 50 millions, pour les mêmes années, en Angleterre, où l'impôt pourvoit seul aux frais des expéditions lointaines. A de nouveaux services nous avons même ajouté de nouveaux ministères, doublant, réformant, renouvelant, au risque de tout abus et de tout scandale, des corps entiers de fonctionnaires. J'engage à lire sur ce point les remarquables études financières de M. Trésor de la Roque.

Nos administrations centrales, qui coûtaient, en 1876, tant elles étaient déjà développées, 22.177.279 fr., coûteront 31.261.881 fr. en 1885; les traitements civils qui s'élevaient, dans la première de

des décrets n'auraient pas paru à l'Officiel. Jamais elle n'a été observée et, depuis qu'on l'a renouvelée, il n'en est pas tenu plus de compte que par le passé...

« Nous avons vu des crédits refusés par la commission du budget et le ministre engager la dépense qu'on lui avait interdit de faire ; une fois engagée, il revenait demander un crédit supplémentaire ; il ne parait pas que ce procédé ait jamais soulevé la moindre difficulté... Puis, à côté des violations ouvertes de la loi, il y a des moyens de la tourner ».

Est-ce tout ? Il s'en faut; quand le caprice ou l'arbitraire commande, rien ne devient impossible. Au ministère des finances, d'innombrables bureaux ont été remplacés par des barraques construites sur la place du Carrousel, pour faire place à des appartements destinés aux gens de service, jusqu'à celui de la lingère du ministère ! Au ministère du commerce et de l'agriculture, les fournitures de bureaux, les achats d'ouvrages, les hommes de peine auxiliaires, les habillements des gens de service, l'entretien du mobilier des bureaux et des bâtiments, l'éclairage et le chauffage, les affranchissements de lettres malgré la franchise, les dépêches, les frais de voitures, les dépenses accidentelles, la lingerie passent de 85.900 francs à 252.500 fr. entre les seules années 1875 et 1884. Et il en est de même dans les autres ministères ; il en est de même partout. On dirait que le Trésor est livré sans défense à l'assaut de troupes pressées de butin. Quelles finances résisteraient à de telles enchères ouvertes aux dilapidations et aux déficits ? M. Leroy-Beaulieu, qui en accuse « tout le système, » écrit justement : « C'est la confiscation des deniers publics au profit de toutes les fantaisies, de toutes les passions, de toutes les cupidités... C'est le désir d'éblouir la nation en faisant grand ; c'est la transformation du budget public en une sorte de banquet auquel le nombre des convives devient de plus en plus grand et dont on veut distribuer au moins des miettes à tous les affamés réputés bien pensants [1]. »

L'on a souvent attribué le mauvais état de nos finances à l'extension démesurée des travaux publics, dont on aurait eu plus raison encore d'accuser la mauvaise organisation et la mauvaise direction. Je suis loin, pour moi, à raison de notre situation arriérée au milieu des grands peuples industriels, et du rôle important des voies de communication dans notre présente civilisation, de blâmer M. de Freycinet du plan qui porte son nom. C'était, j'en suis convaincu, un grand service rendu à la France et une profonde vue politique. M. de Freycinet n'a pas été charmé, je crois, qu'on ait doublé ses projets et ne demandait pas qu'on remit tous ces travaux à l'État, non moins impropre à les accomplir qu'à s'en servir. Avant les conventions passées avec les grandes compagnies, la construction des chemins de fer de l'État a donné lieu, elle aussi, au plus honteux gaspillage, je n'ai pas besoin de le dire, et leur exploitation, qui coûtait 40 millions par an, coûte encore 21 millions. Les canaux seuls auraient dû, pour une importante partie, être remis aux ingénieurs des ponts-et-chaussées. Quant aux ports, il fallait, à l'exemple de l'Angleterre, charger les villes intéressées de faire les réparations ou les améliorations qu'ils nécessitaient, moyennant certains droits d'entrée ou de stationnement. Il ne fallait pas surtout sacrifier Marseille, le Havre, Nantes, Bordeaux, que les principaux ports étrangers menacent davantage chaque jour, à cent quatre-vingt-quinze petits ports, qui comptent peu dans notre fortune, comme dans notre puissance, et auxquels on a réparti d'énormes sommes en des vues seulement électorales [2].

Il semble qu'on ait en cela suivi le sentiment d'Ormin des *Fâcheux* :

> Or, l'avis dont encor nul ne s'est avisé,
> Est qu'il faut de la France, et c'est un coup aisé,
> En fameux ports de mer mettre toutes les côtes.

Touchant les mesures purement financières, de grandes fautes ont pareillement été commises, depuis celles que je signalais déjà à propos du budget de 1880. La première que j'indiquerai, c'est d'avoir conservé notre double étalon monétaire, le bi-métallisme,

---

[1] Dans *l'Économiste français* du 1er novembre 1884.

[2] Dans le plan de M. de Freycinet, les canaux devaient recevoir 713 millions, les rivières 66 millions, les ports 100 millions ; depuis, on a ajouté 30 millions pour les canaux et 100 millions pour les ports.

comme on parle aujourd'hui. Malgré la loi, qui veut qu'un gramme d'or vaille quinze grammes et demi d'argent, il en vaut en ce moment et depuis assez longtemps dix-huit. Aussi l'argent s'accumule-t-il parmi nous, sans pouvoir nous libérer dans nos échanges avec l'étranger, qui le refuse, la plupart des États industriels ayant renoncé à la ruineuse niaiserie monétaire qui maintient dans la circulation les deux métaux précieux, dans le rapport erroné qu'il a plu d'établir entre eux. Quelle perte nous impose et nous prépare cette masse de numéraire déprécié que tous les peuples renvoient à nos banques et sur notre marché! L'encaisse de la Banque de France en est profondément faussé, au préjudice de tout notre crédit. Notre fâcheuse situation financière ne nous permet plus de retirer l'argent de notre circulation monétaire, pour n'en faire qu'une monnaie d'appoint, à l'exemple de l'Angleterre, dès 1816, et de presque toute l'Europe maintenant. Mais puisque cette lourde faute, facile à éviter il y a quelques années, a été commise, que l'on prenne du moins toutes les mesures, tous les moyens propres à ne pas l'aggraver.

Une seconde erreur financière, très dommageable aussi, a été le retard mis à la conversion des rentes cinq pour cent, qui se serait plus tôt aisément étendue aux rentes quatre et demi pour cent, et aurait pu toutes les réduire en rentes quatre pour cent. Elle aurait alors entraîné une économie de 72 millions, au lieu de celle de 34 millions qu'elle a procurée; et qui ne sait que le crédit public règle souverainement le crédit privé, quelque emploi qu'on en fasse?

Mais la plus grande faute financière de ces dernières années, celle qui pèse le plus sur nos budgets et notre Trésor, c'est la création du budget extraordinaire, qui a succédé au compte de liquidation et que l'emprunt seul, je l'ai dit, alimente comme lui. Sa moyenne annuelle a été, depuis qu'il existe, de 550 millions, et il nous a successivement endettés de 2 milliards 759 millions en rentes trois pour cent amortissables, dont les annuités grèvent le budget ordinaire de 123 millions. Dans l'étude qu'il faisait du budget de 1884, M. Mathieu Bodet remarque que les annuités de ces emprunts accumulés représenteraient, pour soixante-quinze ans, une somme à peu près égale à notre indemnité de guerre à l'Allemagne. Que d'autres emprunts dissimulés ou contractés à court terme cependant, pour les mêmes dépenses que celles qui semblent nécessiter le budget extraordinaire! Et que n'avait-on pas dit contre un pareil budget sous l'Empire! que n'en disait pas encore M. Thiers, lorsqu'il créait le compte de liquidation, qui n'en était pourtant que la reproduction!

Le budget extraordinaire rendrait, à lui seul, difficile à comprendre que notre dette flottante se fût élevée à trois milliards, ainsi que je l'ai rappelé, et soit encore de 1.250, peut-être de 1.300 millions en ce moment, si l'on oubliait nos excès et nos gaspillages financiers. On a réduit cette dette, grande faute financière aussi, au moyen de l'emprunt fait aux dépôts des caisses d'épargne et par d'autres mesures financières, qui ne sauraient inspirer plus de confiance; mais elle est encore trop élevée et s'élève trop rapidement pour qu'il ne faille pas prochainement la consolider par un nouvel emprunt. Comment rester sous le coup d'une dette exigible semblable, en présence d'un état financier pareil au nôtre surtout? Qui ne sait que la dette flottante de l'Angleterre, que rien ne menace, où tout est si merveilleusement réglé et contrôlé, ne dépasse pas depuis longtemps 250 millions?

Voici, du reste, les différents emprunts contractés depuis un peu plus de neuf ans, et ce qui en subsiste :

		Francs.
Obligations du Trésor à court terme (loi du 4 décembre 1875).................		982.914.144
Remboursées pour.....................	596.000.000	
Obligations trentenaires (loi du 29 décembre 1876).........................		87.167.550
Remboursées pour.....................	15.904.550	
Prêt de la Banque de France (loi du 13 juin 1878)................		80.000.000
Emission de rente amortissable en 1878..		549.850.000
Remboursée pour......................	15.710.000	
Emission de rente amortissable, en 1881.		999.067.365
Remboursée pour......................	10.285.341	
Consolidation des dépôts des caisses d'épargne, en 1883...		1.200.000.000
Emission de rente amortissable, en 1884.		350.000.000
	637.899.891	4.249.899.059

Il reste donc dû 3.611.999.168 fr., sur lesquels 1.500 millions environ ont servi à combler les déficits des budgets ordinaires. Le dernier emprunt, celui de 350 millions, a eu pour but de subvenir au budget extraordinaire de 1884 et de combler l'insuffisance reconnue de 36 millions du même budget de 1883. Il importe de remarquer que cet emprunt, malgré l'élévation de son taux d'émission, a, pour la première fois depuis 1871, trouvé le public sourd à son appel. Il aurait échoué sans le concours des porteurs des bons du Trésor, à qui leur souscription a valu un supplément d'intérêt, et sans celui des grandes institutions de crédit, si imprudemment rejeté d'abord et si largement payé ensuite. Cependant les émissions faites vers le même temps par les compagnies de chemins de fer, le Crédit foncier, la société du canal de Panama, se sont couvertes avec empressement. Ce n'est donc pas l'argent qui faisait défaut, mais la confiance envers l'État.

Entre les deux emprunts de 1.200 et de 350 millions, il en avait d'ailleurs été réalisé un autre, d'une importance bien différente, dont j'aurais pu parler au sujet des travaux publics, mais que j'ai cru devoir reporter ici. Il était inévitable, c'est vrai ; mais qu'il est désastreux ! Je veux parler des conventions faites avec les six grandes compagnies de chemins de fer. Que sont en effet ces conventions, sinon un emprunt colossal, qui a mis fin aux espérances que les premiers traités avec ces compagnies nous avaient réservées ? A bout de ressources, après avoir voulu tout entreprendre à la fois, en étendant sans mesure les lignes décrétées, en rachetant à des prix usuraires les chemins en faillite, en oubliant les plus simples lois économiques, autant que les premiers intérêts du pays, il a bien fallu faire appel au crédit des grandes compagnies et revenir aux traditions industrielles ordinaires. La nécessité a renversé tous les châteaux de cartes que l'ignorance, aidée de l'avidité, avait complaisamment élevés. Le croirait-on ? On était allé jusqu'à prétendre remettre à l'État les réseaux eux-mêmes des grandes compagnies ; ce qui aurait entrainé, d'après les contrats existants et les plus rigoureux calculs, une annuité de 515 millions jusqu'en 1956, et le remboursement, dans les trois mois du rachat, d'un capital de 2 milliards 230 millions.

Je le disais ailleurs, avant les conventions : « Si l'on respecte les contrats passés entre l'État et les compagnies, le Trésor trouvera dans la restitution de ses avances à ces compagnies, dans sa prochaine participation à leurs bénéfices et, après un délai un peu plus éloigné, dans la reprise de la propriété même des voies ferrées qu'elles exploitent, une merveilleuse fortune. Ces voies s'étendent maintenant sur trente mille kilomètres, représentent une valeur de vingt milliards et rapportent un produit net annuel de plus d'un demi-milliard. Jamais les argonautes de la fable, à la recherche de la toison d'or, n'ont rien rêvé de semblable. Et je ne parle pas des 121 millions de recettes effectives opérées par le fisc sur les compagnies, ni des services qu'elles rendent gratuitement à l'État et qu'on évalue à 70 millions à peu près. » M. Bartholony assurait, dans l'une de ses publications, que la reprise des chemins de fer, à la fin de leurs concessions, durant le premier quart du xxe siècle, nous permettrait de rembourser notre dette entière ; que nous sommes loin maintenant dę tels espoirs et de tels calculs! Au lieu même de prévoir la prochaine participation du Trésor aux bénéfices nets des compagnies, nous avons aujourd'hui et aurons longtemps à leur solder des garanties d'intérêts très élevés. Nous en aurions dû recevoir, à la fin de l'an dernier, 34 millions 900.000 fr., en payement d'avances précédemment faites, et nous avons plus de 37 millions à leur restituer [1]. Qui répéterait maintenant ce que disait le ministre des finances, lors du vote des conventions, que l'État n'aurait à payer aux compagnies que 3.500.000 fr. en 1885, que 7.500.000 fr. en 1886, 12.500.000 fr. en 1887, 20.000.000 fr. en 1888, 27.000.000 fr. en 1889, 35.000.000 fr. en 1890, 44.000.000 fr. en 1891, 51.000.000 fr. en 1892, 57.000.000 fr. en 1893, 60.000.000 fr. en 1894, et 65.000.000 fr. en 1895? Il ne faut pas oublier non plus que l'État s'est engagé envers ces compagnies, afin qu'elles construisent en dix ans les neuf mille kilomètres qui leur sont cédés, à leur solder au moins, suivant la plus probable évaluation, 1 milliard 70 millions, qui se payeront, capital et intérêt, par annuités réparties sur toute la durée de leurs concessions. Car ce sont toujours des engagements, toujours des annuités.

De quelque côté que l'on envisage notre situation financière, on trouve, on le voit, nos ressources détruites et nos dépenses augmentées. Cette situation est d'autant plus grave, que les départements et les communes sont suchargés comme l'est l'État lui-même. Le *Bulletin de statistique* du ministère des finances montrait, il y a deux ans, en effet, que les centimes départementaux représentaient un peu plus de moitié de la somme que les contributions directes rapportent au Trésor, et que l'ensemble des revenus communaux atteignait 474 millions, après s'être accru de 40 millions dans les deux dernières années. Cinq mille douze communes seulement faisaient face à leurs dépenses avec moins de quinze centimes additionnels ; cinq cents étaient passées, l'année précédente, parmi celles qui payent cinquante ou cent centimes additionnels. Et la gratuité des écoles n'était pas établie ! et leur laïcisation commençait ! Une plume fort autorisée écrivait l'an dernier : « Le montant des trois premières contributions directes — impôt foncier, impôt personnel et mobilier, impôt des portes et fenêtres — figurait au budget de 1880 en principal et centimes généraux, départementaux et communaux pour 381 millions ; il figure au budget de 1884 pour 559 millions. » Le

[1] Chiffres donnés par le rapporteur du budget, M. Rousseau. Le Trésor payera seulement 29.250.000 fr. parce qu'il ne paye pour 1884 qu'une partie de ce qu'il doit.

gouvernement s'est vu contraint à renoncer aux caisses des chemins vicinaux et des écoles, dont l'une a rendu d'immenses services, c'est incontestable; mais dont l'autre, sous les plus déplorables stimulants, a causé d'énormes préjudices et a très dommageablement endetté toutes les communes. M. Tirard disait lui-même, dans la discussion du budget de 1885, que nous avions dépensé, de 1879 à 1883 seulement, une somme de 217 millions en subventions et en avances pour les chemins vicinaux, et une autre somme de 327 millions et demi en subventions et en avances pour la caisse des écoles. Quelles charges pour les communes indiquent de pareils dons ou de pareils prêts[1] !

M. Tirard n'avait cependant pas osé d'abord supprimer les deux caisses des chemins vicinaux et des écoles. Il dotait encore la première, dans ses propositions de budget, de 12 millions, à prendre sur l'excédent non employé de l'exercice de 1879, et la seconde de 28 millions, à prendre sur la partie disponible de l'emprunt fait à la banque de France et sur le produit du solde des rentes vendues par l'ancienne caisse de la dotation de l'armée. Il ne se demandait pas par malheur si ces fonds n'étaient point engagés déjà. Mais il n'a pas tardé à se raviser; il a proposé la suppression de ces caisses, en se plaignant qu'elles eussent « mis le Trésor à découvert de 555 millions, qui forment une grande part, la dette flottante, » en demandant que les communes empruntassent pour leurs chemins ou leurs écoles, sans l'intermédiaire de l'État, sauf pourtant à en recevoir des annuités. Comme si ces annuités n'imposaient pas l'intervention de l'État et permettaient plus que dans le passé de sérieuses garanties ! Le Crédit foncier est autorisé dès maintenant à prêter 300 millions aux communes pour leurs écoles, qui doivent encore coûter 700 millions, au dire du rapporteur spécial du budget de l'instruction publique. Car il y a maintenant un rapporteur par chaque ministère, qui ne tient pas à diminuer l'importance de son travail.

Si du moins l'amortissement avait été respecté ! Mais les 100 millions auxquels on l'a réduit ne se prélèvent plus, depuis bien des années, que sur de prétendus excédents de budgets antérieurs, sur de complaisants transferts ou sur la dette flottante, constamment appelée, sans y parvenir, à pourvoir aux dépenses. L'amortissement n'est guère devenu qu'un prétexte à de nouvelles dettes. M. Léon Say assurait que nous avions amorti 2 milliards depuis la guerre; ce qui ne serait que fort modeste; mais c'est à peine si nous avions

---

[1] M. Tirard ajoutait qu'en même temps l'on avait fait pour 2 millliards 758.104.700 fr. de travaux extraordinaires.

amorti un peu plus d'un milliard avant 1880, et depuis nous avons trop augmenté nos dettes pour que personne pense que nous les avons diminuées. Les obligations à court terme, elles-mêmes, venues à échéance, ne sont-elles pas, je le répète, le plus souvent renouvelées, après avoir été souvent aussi escomptées à la Banque de France avant leur payement ? 102 millions, par exemple, ont été renouvelés ainsi en 1882 et en 1883; depuis quatre ans, 636 millions ont été reportés de la sorte à de nouvelles échéances. Lorsque tous les États, jusqu'à la Russie, jusqu'à l'Espagne, améliorent leurs finances et consolident leur crédit, nous paraissons ne chercher qu'à nous faire illusion pour mieux céder à nos caprices et à notre imprévoyance. L'oublierait-on ? La commission du budget de 1883 comptait parmi les ressources assurées du Trésor pour cette même année :

	Millions.
1° Les avances des receveurs généraux comme devant augmenter de	50
2° Les fonds de la caisse des dépôts et consignations comme devant s'accroître de	300
3° Les fonds des caisses d'épargne comme devant donner en plus.	300
4° Les bons du Trésor à émettre jusqu'à la fin de 1882 et en 1883, *puisque cette ressource se trouve intacte en ce moment*, comme devant produire	450
Soit un total d'augmentations tout arbitraires de.	1.100

Quelle exactitude ! Quelle sagesse ! Et c'est une commission parlementaire, une commission d'examen et de contrôle, qui découvre dans de pareils espoirs des ressources certaines !

Mais les Chambres n'ont-elles pas perdu l'habitude de tout contrôle? Elles ne vérifient même plus les recettes et les dépenses qui suivent leurs votes. Elles vont terminer le budget de 1885 sans avoir réglé les comptes de 1871 ! C'est ce qui explique que les ministres agissent comme ils le font, et comme je l'ai rappelé, avec la Cour des comptes. Au commencement de 1883, lit-on — il y va de tels intérêts, qu'on me pardonnera cette sorte de répétition, — dans l'une des dernières *Situations trimestrielles* de cette Cour, un arriéré de près de deux ans existait dans la production des différents états administratifs. Le compte des virements était alors attendu depuis dix-huit mois; les états de revenu de solde de la guerre remontaient à 1879 et ceux de la marine à 1877. Le dernier compte général, imprimé en 1884, se rapporte à 1881. Qu'importent les prescriptions de la loi [1] ? Qu'importe encore que la Cour des comptes signale des ingé-

[1] V. les lois de 1819 et de 1832 sur la comptabilité publique.

nieurs recevant leurs traitements sur les fonds votés pour les travaux, qu'elle montre le service du génie délivrant à des entrepreneurs des pièces fictives, afin de toucher des acomptes, considérables parfois, pour des entreprises non commencées, ou qu'elle cite des marchés conclus pour l'habillement des troupes de terre et de mer, sans concurrence ni publicité [1] ? L'on n'y fait plus attention. En cela aussi l'on est en plein ancien régime. Quand M. Ribot, rapporteur du budget de 1883, demandait au ministre des finances, au milieu de 1882, la situation du Trésor au 31 décembre 1881, « dans deux ans et demi, lui répondait-on avec sérieux, nous pourrons vous la donner ! [2] »

III.

La commission de la Chambre des députés du budget de 1885, dont les discussions ont duré plus de six mois, avait commencé par reconnaitre notre fâcheuse situation. Mais, composée d'amis du gouvernement et de quelques partisans outrés du socialisme d'État, elle a bientôt cédé au courant ordinaire, sans s'appliquer à le réfréner par la moindre digue. Elle a réduit, à la vérité, les propositions ministérielles de 60 millions; mais aucun de ses membres ne doute que cette réduction ne soit comblée par des crédits supplémentaires; d'autant qu'en réduisant les dépenses, elle a aussi réduit les recettes. Ainsi elle n'a admis l'élévation des droits sur les vinaigres que pour 2 millions, et que pour 2 millions également l'extension en Algérie des droits sur les successions et les donations entre vifs; seules nouvelles taxes qu'elle ait acceptées. Pas plus que le gouvernement, en outre, elle n'a prévu les dépenses de nos expéditions en Orient et à Madagascar, quoique deux crédits, l'un de 16 et l'autre de 43 millions, aient été réclamés et votés avant le vote même du budget qu'elle a préparé.

Le seul acte important de cette commission est d'avoir abandonné le système des évaluations de M. Léon Say, pour revenir à celles pratiquées jusqu'en 1882, en prenant pour base des recouvrements à opérer le revenu de la dernière année connue, soit celle de 1883, au lieu du revenu des années 1879 à 1883, comme elle l'aurait fait autrement. C'était fort sage avec nos déficits sans cesse plus considérables, et cela a suffi pour réduire les évaluations de M. Tirard de 99 millions. Les recettes de 1883 ont, en effet, été de 2.949 millions, et les recettes présentées par M. Tirard pour 1885 étaient, on

---

[1] V. Notamment le rapport de la Cour des comptes du 22 juin 1881.

[2] Discours de M. Ribot du 13 décembre 1882.

se le rappelle, de 3.048 millions. Par malheur, rejetant aussitôt toute règle, la commission du budget a majoré les produits des contributions directes, les rentrées des allumettes et des revenus divers, ceux-ci de 11 millions 1/2, à raison de l'accroissement ordinaire des contributions directes, et celles-là de 1 et de 2 millions. Après ces plus-values, si singulièrement arbitrées, il restait à trouver 34 millions 1/2 pour équilibrer les recettes aux dépenses, les recettes ayant été fixées, comme je viens de le dire, et les dépenses ayant été réduites de 60 millions.

Les essais, les propositions, les expédients imaginés pour obtenir ces 34 millions 1/2 resteront certainement l'un des plus curieux chapitres de notre histoire parlementaire. Rien n'était plaisant comme de voir la commission frapper à toutes les portes, battre tous les buissons, et sans cesse revenir à son point de départ comme elle l'avait quitté. Il ne lui était pas facile, en effet, puisqu'elle ne voulait pas diminuer sérieusement les dépenses, d'y pourvoir, répétant plus encore que le ministre des finances à tous les échos électoraux qu'elle ne créerait ni taxe, ni emprunt.

Elle avait longtemps espéré dans la conversion de nos anciennes rentes 4 1/2 0/0 en rentes 4 0/0, et dans la réduction au même taux d'intérêt d'un certain nombre d'annuités qui figurent au budget de 1885 pour 50.500.000 francs :

	Francs.
Annuités à la Société algérienne	5.000.000
— pour les emprunts pour le casernement	8.900.000
— pour la conversion de l'emprunt Morgan	17.300.000
— pour indemnité aux départements envahis	17.400.000
— pour indemnités à raison des destructions du génie	1.900.000
	50.500.000 [1]

Mais on l'avait heureusement convaincue qu'il lui était impossible de réduire à 4 0/0 les annuités de l'emprunt Morgan, puisqu'elles sont déjà à ce taux, et qu'auraient produit les autres au delà de 3 millions? Quant aux rentes 4 1/2 0/0, plusieurs de ses membres, pour mieux alléger nos finances, voulaient les transformer en rentes 3 0/0, afin d'en retirer tout de suite 5 millions, en en relevant beaucoup le capital.

A bout de recherches et prise enfin d'humilité, elle a publique-

[1] Cette somme se décompose en deux parts à peu près égales : l'une de 24 millions pour l'amortissement, l'autre de 26 millions et demi pour les intérêts.

ment avoué son impuissance, et a mis le ministre des finances en demeure de lui découvrir ses millions absents. Que n'avait-elle commencé par là ? Elle rappelait vraiment le pâtre de Virgile, éperdu en face des désastres qu'il aperçoit :

Stupet inscius alto
Accipiens sonitum saxi de vertice pastor.

Le ministre des finances, qui n'était peut-être pas beaucoup moins embarrassé qu'elle, mais pressé de voir porter le budget aux Chambres, lui a remis une note, dont elle a instantanément accepté les propositions. Le ministre y reconnaissait que la persistance des moins-values dont souffrait le présent exercice ne lui permettait pas de maintenir ses évaluations primitives[1], et y remarquait qu'il ne restait plus, après les votes de la commission, que quelques-unes seulement des mesures qu'il destinait à accroître les rentrées du Trésor. Mais il ajoutait que la commission ayant réalisé 60 millions d'économies, qu'il approuvait, ces 60 millions compenseraient à très peu de chose près les diminutions fiscales qui restaient à combler. Il déclarait même que « cette équivalence de diminution assurait au budget une réelle solidité, lorsque tout à coup le crédit affecté au compte des garanties d'intérêt à payer en 1885 aux compagnies de chemins de fer a dû être porté provisoirement de 6 millions à 29, soit une augmentation de 23 millions ». Quel étrange étonnement toutefois ! M. Tirard avait donc oublié les engagements du Trésor ou n'avait lu aucune des recettes des compagnies ? Tout à coup, provisoirement !

Ces deux adverbes joints font admirablement.

Et il s'agit de comptes budgétaires !

Pour solder ces 29 millions, le ministre refusait de recourir, comme l'avait d'abord désiré la commission, au fonds de l'amortissement. Il faisait observer que l'amortissement, appliqué à l'extinction des obligations émises pour payer les dépenses du second compte de liquidation, et dont le solde, à 100 millions par an, doit être terminé en 1888, n'était pas facultatif. Il l'était d'autant moins, disait-il, que ces 100 millions sont dès aujourd'hui le gage du budget sur ressources extraordinaires, en même temps que celui des caisses des écoles et des chemins vicinaux. Car, dans cette note, M. Tirard réservait encore à ces caisses une émission d'obligations à court terme. « De cette façon, terminait le ministre, les 12 millions

---

[1] Les moins-values des impôts indirects étaient déjà, pour les neuf premiers mois de 1884, de 13.569.000 fr. par rapport à 1883, et de 47.620.000 fr. par rapport aux évaluations budgétaires.

de l'excédent de l'exercice 1879 pourraient être portés en atténuation de la dette flottante, les 7 millions à prélever sur l'avance de la Banque de France resteraient disponibles, et enfin je proposerais d'affecter les 21 millions provenant de la liquidation de la dotation de l'armée au budget ordinaire de 1885, qui se trouverait ainsi en équilibre très assuré ». Equilibre obtenu de façon fort irrégulière au surplus ; car il n'est pas permis de disposer, hors de son affectation spéciale, du fonds de dotation de l'armée. Mais huit jours plus tard, le sous-secrétaire d'État aux finances prévenait la commission du budget que le gouvernement se refusait maintenant à soumettre l'Algérie aux droits de succession et de donations entre vifs, et demandait, pour remplacer ces droits, d'établir en cette colonie le régime douanier de la métropole, donil espérait retirer un demi-million de plus que des taxes qu'il abandonnait, soit 2.500.000 fr. au lieu de 2 millions.

Le même jour, — était-ce pour peser davantage sur la commission du budget ? chose inutile pourtant — le *Journal officiel* publiait la liste des engagements du Trésor contractés au 1er janvier 1884. Ces engagements, dont le but avait été de rembourser des avances reçues ou de satisfaire aux exigences des services publics, s'élevaient au chiffre colossal de 16 milliards 152.736.554 fr. 53 c., dont 6.588.528.077 fr. 83 c. comme capital et 9.564.208.476 fr. 70 c. comme intérêts. Ces sommes, ces annuités, dont j'ai déjà parlé en partie, s'étendent de 1884 à 1960, en étant de 383 millions en 1884, de 232 millions en 1960 et en s'abaissant successivement à 2 millions et demi en 1960. Elles comprennent notamment le service du 3 pour 100 amortissable, celui de l'emprunt Morgan et celui des garantles d'intérêts dus aux compagnies de chemins de fer.

M. Mathieu-Bodet voyait dans ces annuités, dont il ne pouvait cependant admirer le développement et qu'il croyait moins considérables, le moyen d'obtenir, à leur extinction, une ressource annuelle de 184 millions, qui nous permettrait de payer les avances faites par les compagnies de chemins de fer et les diverses dépenses extraordinaires des ministères[1]. Mais il supposait qu'elles deviendraient disponibles à chacun de leurs termes. Pour moi, s'il en était ainsi, je leur voudrais surtout pour emploi la liquidation de nos arriérés et la sérieuse reprise de l'amortissement.

Comment en effet négliger ces arriérés et ne pas sans cesse s'efforcer d'amortir notre dette, dont les arrérages, joints au service des

[1] Dans un article sur la commission du Budget de 1884 du *Journal des Économistes* d'août 1883.

pensions et à l'intérêt des capitaux de cautionnement, exigent la somme de 868 millions 872.388 fr. ? Somme qui s'élèverait à 1268 millions et demi, si l'on ne distinguait pas de la dette consolidée la dette amortissable et les capitaux *remboursables à divers titres.*

305.309.697	fr.	pour les nouvelles rentes 4 1/2 0/0.
37.433.505	—	anciennes rentes 4 1/2 0/0.
446.096	—	rentes 4 0/0.
362.697.685	—	rentes 3 0/0.
3.355	—	rentes viagères d'ancienne origine.
153.392 000	—	pensions de diverse nature.
9.500.000	—	capitaux de cautionnement, montant, au 1er janvier 1881, à 310 685 070 fr.

Qu'on pense que notre dette est en ce moment d'environ trente milliards, et qu'elle excéderait quarante milliards si l'on y comprenait les emprunts des communes et des départements ; que notre dette flottante est de plus d'un milliard deux cent cinquante millions ; que les engagements de l'État envers les compagnies de chemins de fer, pour sa part contributive aux dépenses d'exécution des chemins mis à leur charge, en outre des garanties d'intérêt qui leur sont dues, monteront, suivant la propre estimation du ministre des finances [1], à trois milliards sept cents millions, et que bien d'autres remboursements nous incombent. A quelle époque et chez quel peuple se sont rencontrés de pareils engagements ? Et l'on ne fait rien pour sortir d'une aussi funeste et périlleuse situation. Et l'on accroît chaque année encore nos dettes et nos taxes !

Si grave que soit notre situation financière, je crois cependant pouvoir dire que jamais rapport général n'a été aussi insuffisant que celui du budget de 1885, déposé seulement sur le bureau de la Chambre des députés vers le milieu du mois de novembre dernier, suivant l'usage maintenant admis. On croirait, à le lire, que son auteur a cru faire de bonne politique en faisant de déplorables finances. En ce cas, les politiques lui devraient beaucoup de reconnaissance. Quels simples éléments de la comptabilité n'y sont entièrement méconnus? Il siérait pourtant, lorsqu'on écrit un document parlementaire que lisent tous les hommes s'intéressant aux affaires publiques, et dont tous les gouvernements étrangers se font rendre compte, de savoir ce dont on traite et de paraître sérieux. Et le paraît-on quand, à l'exemple de ce rapporteur, on tient pour la meilleure gestion financière celle de notre première république, parce

[1] Discours à la chambre des députés du mois de novembre dernier sur le budget de 1885.

qu'elle n'a augmenté notre dette que de 804 millions, sans rien dire du tiers consolidé, des assignats, des confiscations, des séquestres ? Est-il aussi sérieux de prétendre que nos monarchies et nos deux empires ont seuls créé nos détresses ? La deuxième république, dit ce rapporteur, n'a endetté la France que d'un milliard et demi, ce qui semble assez pour sa courte durée, et la troisième ne l'a pas endettée d'un centime ! Elle a même, parait-il, allégé notre Grand-Livre de 187 millions, grâce à l'amortissement qu'elle n'a cessé de pratiquer. Quelles découvertes heureuses et de quelle prospérité nous jouissons, malgré les monarchies et les deux empires !

On compte singulièrement, parfois, en verité, sur l'inintelligence ou l'ignorance publique. Et comment imagine-t-on se donner raison après de telles pauvretés, parce qu'on accuse la mauvaise foi des partis qui « exploitent contre la République des faits auxquels elle est absolument étrangère et même des apparences créées comme à plaisir pour la compromettre ? » D'autant, que la République n'est pas moins intéressée que tout autre gouvernement à ce qu'on sache la vérité, et à ce qu'on mette fin aux abus et aux excès.

Pour mieux montrer la ruineuse extension des dépenses à laquelle on a cédé, comme pour mieux étudier le budget de cette année, je vais de nouveau revenir à la comparaison des exercices 1876 et 1885, ministère par ministère. Nos précédents gouvernements ne sont en rien responsables, assurément, de ce qui distingue ces deux exercices, et je prendrai les chiffres proposés par le ministre des finances pour cette année, parce que le Sénat les ratifiera très probablement. S'il en était différemment, les 60 millions économisés par la Chambre des députés ne seraient-ils pas, d'ailleurs, pour tout le monde, soldés par des crédits supplémentaires ?

Depuis 1876, le ministère des finances a vu ses allocations s'accroître, dette comprise, de 150 millions, malgré la conversion du 5 pour 100, qui a valu 34 millions d'économie, malgré la diminution de 50 millions sur l'amortissement, et le remaniement, profitable pour cette année, mais funeste pour l'avenir, de la caisse des retraites pour la vieillesse. On sait, en effet, que les versements faits à cette caisse s'employaient, jusqu'à présent, à acheter des rentes que l'on radiait aussitôt. Il y avait là un amortissement continu, imité de l'Angleterre, dont le résultat aurait été considérable au bout d'un certain temps [1]; mais qui pense à l'avenir ?

[1] Cette remarque a déjà été faite par M. Leroy-Beaulieu, qui a publié la même comparaison par ministère dans *l'Économiste français* du 15 novembre 1884, et auquel j'emprunte plusieurs autres observations.

Le ministère de la justice réclame maintenant 5 millions, 5.000 fr. de plus qu'en 1876. Et ce qui est triste à dire, c'est que les frais de de justice criminelle sont compris dans ce chiffre pour 2 millions 270.000 fr., tant les crimes se sont multipliés.

Le ministère de l'intérieur, qui parait coûter 3 millions 200.000 fr. de moins qu'en 1876, coûte en réalité 13 millions de plus, notamment pour la police et les prisons. Car aucune somme ne figure aux crédits de ce ministère pour la caisse des chemins vicinaux, dont le supplément était, en 1876, de 5.750.000 fr., et les tombes militaires, qui recevaient d'abord 6 millions, ne reçoivent plus que 10.000 fr.

Le ministère des affaires étrangères n'exigeait que 11.255.000 fr. en 1876; il exige aujourd'hui 14.607.000 fr. Rien ne saurait pourtant justifier les plus fortes dépenses des bureaux de ce ministère ou des inutiles agents inférieurs de nos ambassades.

Les ministères du commerce et de l'agriculture, qui n'en formaient qu'un autrefois, et qui ne devraient à mon avis, ne former, comme les ministères mêmes des postes et des télégraphes et de l'instruction publique, que de simples. divisions administratives, recevaient ensemble, en 1876, 35 millions 412.000 fr.; ils reçoivent aujourd'hui 62 millions 510.600 fr. De même, le ministère des postes et des télégraphes est passé de 90.131.000 fr. à 142.433.000 fr. Celui de l'instruction publique a mieux fait encore, il est passé de 53.160.000 francs à 153.251.000 fr., surchargeant de plus en plus, en outre, les départements et les communes, alarmant les consciences et, au dire de chacun, abaissant le niveau des études. Le rapporteur spécial du budget de ce ministère prévient cependant qu'il le faudra porter au moins d'ici dix ans à 240 ou 250 millions. Je viens de dire que ces différents ministères devraient être remplacés par de simples divisions réparties dans les autres ministères. Quel ministre a jamais aussi bien fait progresser l'agriculture ou le commerce? Combien en est-il qui n'ont su que désorganiser l'enseignement à tous les degrés, et quel directeur ne pourrait faire pour les postes et les télégraphes ce que fait, à plus de frais, un ministre, soumis à la fois à tous les hasards de la politique, et très désireux de donner de l'importance à ses fonctions? Turgot avait raison, les plus grands services qu'un gouvernement puisse rendre à tout ce qui tient à l'industrie ou s'en rapproche, c'est de s'en mêler le moins possible.

Le ministère des travaux publics disposera cette année de 101 millions au lieu des 80 qu'il obtenait en 1876. Il est vrai que son budget extraordinaire, car il en deux aussi lui, n'est plus que de 74 millions au lieu de 87; mais il recevra cette année aussi 105 millions du budget sur ressources extraordinaires. L'on se souvient, au surplus, que les compagnies de chemins de fer n'obtiennent pour le premier à compte de leurs garanties d'intérêts que 29 millions au lieu des 39 qui leur sont dus. Tout ensemble, d'après les tableaux des recettes et des dépenses du réseau de l'État publiés seulement pour 1882, ce réseau, dépendant du ministère des travaux publics, coûtait 41 millions 200.000 fr., en ne rapportant, fictivement d'ailleurs, que 2.936.000 fr., et il n'est pas possible, malgré les conventions avec les compagnies de chemins de fer, qu'il coûte moins encore de 21 millions, en tenant compte de l'intérêt des sommes engagées. Toutes additionnées, les dépenses ou les charges de ce ministère seront de plus de 300 millions.

Le ministère de la guerre a pareillement un budget ordinaire de 596 millions et un budget extraordinaire de 85 millions contre les 500 millions dont il était doté en 1876, à l'exclusion, il est vrai, de sa part dans le compte de liquidation. Et, je le répète, rien n'a été prévu pour nos expéditions lointaines ni pour l'armée coloniale. Que sera pourtant notre matériel de guerre après ces expéditions ? Et quelles sommes réclameront cette armée, comme ces expéditions !

Un général dont les écrits ont été récemment fort remarqués, le général Cosseron de Villenoisy, a prouvé que nos énormes dépenses militaires avaient bien plus nui que servi à l'armée. Nous avons le double des généraux de la Prusse, le double aussi de ses services auxiliaires ; des retraites dépassent la solde d'activité [1] ; des troupes d'administration, des employés aux écritures ont été proportionnellement le plus augmentés. Le budget de la guerre s'est élevé de 307 millions depuis la fin de l'empire, et l'effectif moyen entretenu en 1883 n'a pas dépassé celui de cette première époque, eu égard aux congés délivrés. Parlant des fournitures, le général de Villenoisy ajoute très justement : « L'État manufacturier nous inspire peu de confiance, l'État commercial encore moins.... Nous voudrions qu'on usât dans une plus large mesure des ressources de l'industrie privée, tant pour les vivres et les fourrages que pour l'habillement, la chaussure et le chauffage. Nous voudrions aussi qu'on ramenât à des proportions plus sobres les approvisionnements de réserve, qui exigent une grande complication d'écritures pour des résultats souvent puérils.... L'économie à faire sur les déchets et les frais d'entretien pourrait être énorme.... Depuis quinze ans, la dépense des hôpitaux a augmenté d'un quart, et cette augmentation porte tout entière sur les frais accessoires, point sur le traitement des malades. » Ses observations sur les remontes, le harnachement, l'école

[1] Pour les gardes du génie et de l'artillerie.

de guerre, qui réclame dix mille francs par élève, les travaux du génie et de l'artillerie, les fonds secrets militaires, passés de 50.000 à 700.000 fr., ne sont pas moins fondées [1]. En somme, le général de Villenoisy propose une économie de 130 à 140 millions, et paraît loin d'admirer la transformation de notre armée.

Le ministère de la marine, auquel se pourraient appliquer les mêmes critiques qu'au ministère de la guerre, reçoit 80.272.000 fr. de plus qu'en 1876, sur ses deux budgets ordinaire et extraordinaire. Comment, pour la marine surtout, ne s'adresse-t-on pas davantage à l'industrie privée et se préoccupe-t-on si peu des nouvelles découvertes? Le croirait-on? Lorsque l'Autriche, qui ne dépense que 30 millions pour sa flotte, tout en y portant un extrême intérêt, faisait, près de ses côtes, l'été dernier, des épreuves sur les torpilleurs, notre gouvernement a délégué un officier de cavalerie, attaché à l'ambassade de Vienne, pour suivre ces épreuves!

Le service de l'Algérie exige à présent 8.094.000 fr. au lieu de 5.350.000 fr.

Enfin le service des cultes, qui fait seul exception à l'extension des dépenses, a vu ses crédits diminués. De 53.194.000 fr., ils se sont réduits à 51.095.000 fr. Mais ce n'est là, ai-je besoin de le dire, que le résultat de la haine portée à l'Église, qu'on s'efforce sans cesse d'appauvrir et d'entraver. La Chambre des députés a même encore amoindri les derniers crédits, en supprimant les bourses des séminaires, les traitements des chanoines, les facultés de théologie, le chapitre de Saint-Denis, quantité de vicariats et plusieurs suppléments de traitement accordés aux plus hauts dignitaires ecclesiastiques. Ce sont ces suppressions qui surtout ont permis les 60 millions d'économie de la Commission du budget et de la Chambre des députés.

IV.

Grâce à cette économie, les recettes ont pu s'abaisser comme les dépenses; mais elles n'en proviennent pas moins encore souvent d'estimations ou de majorations arbitraires, ainsi que je l'ai montré, ou de très fâcheuses ressources. 14 millions, par exemple, sont enlevés à la dotation de l'armée, dont le but n'est pas d'équilibrer les budgets; 14 autres millions sont demandés à la dette flottante; 2 millions et demi seront versés par la douane de l'Algérie, qu'on ne craint pas de soumettre autant qu'il se peut au système colonial. Et que d'autres prélèvements semblables je pourrais indiquer! Cependant aucune de ces ressources n'empêchera, ce n'est pas dou-

[1] V. *Journal des Débats* des 12 et 15 novembre 1884.

les faut absolument détruire. Et il faut également s'empresser de réformer les caisses d'épargne, celle des retraites pour la vieillesse et celle des pensions. Les caisses d'épargne sont d'admirables institutions, je ne le conteste pas; ce sont les écoles primaires de l'épargne et de la moralité, on l'a dit et c'est vrai. Mais, soumettant l'État à des retraits incessants et soudains et recevant un intérêt exagéré, elles sont en partie devenues des établissements de charité légale extrêmement dangereux. J'en dirai autant de la caisse des retraites pour la vieillesse, que les ambitions politiques, les fâcheux désirs de popularité menacent de rendre si propice aux désœuvrés et aux révolutionnaires. Dès maintenant cette caisse impose à l'État une perte de 85 millions, d'après M. le ministre des finances, qui déclarait que cette perte serait d'un milliard s'il y avait un million de déposants. Il s'est contenté pourtant cette année de demander que l'intérêt qu'elle paye fut de 4 1/2 0/0, intérêt exagéré, et il a proposé d'en élever les dépôts de 600 à 1.200 fr. [1]. Les caisses des retraites pour la vieillesse et les caisses d'épargne devraient être indépendantes de l'État; il n'a rien à y voir, et plus que toutes autres, les classes ouvrières sont intéressées à la bonne gestion des finances publiques. Les assurances sur la vie, les sociétés de secours mutuels leur suffisent pour les garantir contre les besoins de la vieillesse. Les caisses d'épargne, sans rendre moins de services, ne sont-elles pas absolument indépendantes des gouvernants en Italie et en Allemagne et presque indépendantes en Angleterre [2]? Que l'État leur doive parmi nous un milliard et demi ou deux milliards, et combien lui seront-elles onéreuses, à l'intérêt qu'il leur sert en ce moment, et quels risques il courra! Une once d'*aide soi-même* vaut une tonne de charité, dit un proverbe anglais [3].

Quant aux pensions civiles et militaires, que nos lois tendent à tant grossir et à tant multiplier, bien qu'elles atteignent maintenant déjà 153 millions, après s'être élevées de 31.973.000 depuis neuf ans, elles reposent tout entières sur la présomption de l'imprévoyance des fonctionnaires et sont le plus détestable stimulant des jouissances viagères, au préjudice de la formation des capitaux et des sentiments de famille. Rien ne les saurait légitimer; différentes assu-

---

[1] En octobre 1884.

[2] La trésorerie anglaise place au nom des caisses d'épargne les dépôts qu'elle reçoit, et ne demeure responsable envers elles que des sommes non employées.

[3] *An ounce of selhelp is worth a ton of charity.*

rances fonctionnent pour tous les citoyens. Je n'ajouterai pas que les 8.240.000 francs répartis entre les prétendues victimes du coup d'État de 1852 sont un pur scandale, ni que la dotation de la caisse de la marine a sans raison été portée de 22.898.000 fr., chiffre de 1876, à 36.179.000 fr.; mais je ferai remarquer que les fonctions, beaucoup trop nombreuses qui soumettent à un cautionnement, ont elles-mêmes créé une dette de 310 millions.

Si les diverses mesures que je viens d'indiquer aussi rapidement étaient réalisées, avec une organisation militaire et maritime franchement destinée à la paix, la prospérité nous reviendrait promptement; comment en douter? Une ressource considérable nous demeure, en outre, qui rendrait ces réformes plus faciles et nous permettrait de penser plus sérieusement à amortir notre dette; je veux parler de l'aliénation de nos bien domaniaux les plus aisés à vendre et les moins utiles à conserver. Chaque État lourdement grevé a eu recours à de pareilles aliénations, en mettant fin aux restes dommageables du communisme des sociétés primitives. Comprend-on qu'avec notre situation financière l'on conserve tant de biens domaniaux, dont les meilleurs ne rapportent pas deux pour cent ? L'on a, il est vrai, porté cette année le revenu des forêts à 35 millions, quoiqu'il n'ait été que de 28 millions durant les derniers exercices; par malheur c'est un revenu évidemment illusoire. Défions-nous des majorations; elles coûtent trop de crédits supplémentaires ou de déficits.

Le Sénat examine en ce moment le budget des dépenses de 1885; mais quels singuliers votes ont précédé cet examen? Si la Chambre des députés a voté les budgets des dépenses et des recettes comme d'habitude, le Sénat n'avait pu, avant la fin de l'an dernier, voter que le budget des recettes, qui doit toujours pourtant suivre le budget des dépenses, puisqu'il n'a pour raison d'être que d'y satisfaire, et il a voté ces recettes sans nulle préparation, nulle discussion, en une seule séance. Cela n'a pourtant pas suffi; les élections sénatoriales pressant, les deux Chambres ont trouvé expédient d'accorder en bloc au gouvernement 1 milliard 32.916.767 francs, pour les trois premiers mois de cette année, en en laissant la répartition et la disposition à sa volonté. Chose qui ne s'était

muni ne s'est pas cru assez pourvu et, presque aussitôt ap
séparation des Chambres, il a émis pour 48 millions 679.555
bons du Trésor à 4 pour 100, remboursables dans trois ans !

Quelle ironie du sort ! Nous avons fait révolutions sur révol
pour assurer nos libertés, nos franchises publiques, dont la se
rantie réside dans le vote régulier du budget, et nous ren
aujourd'hui à cette garantie, abandonnant, au milieu d'incompa
dangers, les plus nécessaires règles financières. Nos révolution
ont cependant coûté assez cher pour que nous respections au
le principal avantage qu'elles nous ont procuré. M. Levasseu
trait dernièrement, dans une curieuse communication à l'Aca
des sciences morales et politiques, que la France, qui représen
tiers de la force, en territoire et en population, des cinq g
puissances européennes — France, Angleterre, Autriche, Pr
Russie, — avant 1789, n'en représente plus à présent que le si
C'est avoir assez déchu. Devrions-nous aussi cesser mainten
compter parmi les peuples libres ? Mais à peine nos deux Cha
se sont-elles rendu compte de l'incroyable mesure qu'elles ont a
plie. En vue des élections, elles ont tout abandonné, tout remis
autre session : comptes, budgets, discussions, projets de l
qu'ont-elles fait réellement depuis quatre ans ? Elles devraient
tant se rappeler les paroles de Rivarol : « C'est un avantage de r
rien fait ; mais il ne faut pas en abuser. »

GUSTAVE DU PUYN

un fonctionnaire trop zélé; mais, comme en haut lieu on connaissait le fond de la pensée de M. Schaeffle, on lui a rendu la liberté du colportage.

Ces jours-ci a paru la suite de la *Quintessence*, sous le titre de *Die Aussichtslosigkeit der Socialdemokratie*, c'est-à-dire l'Inanité (absence de chances) du socialisme démocratique. Ce sont trois lettres adressées à un homme d'État autrichien. Le titre seul, après ce que nous avons dit, indique que l'auteur se place cette fois à un point de vue ouvertement différent. Il nous explique d'ailleurs lui-même qu'il s'est livré dans la *Quintessence* à un simple jeu d'esprit. « Dans l'état de confusion où se trouve l'opinion publique, la chose la plus nécessaire est certainement de se faire une connaissance précise de la nature et du but de la réorganisation socialiste, et surtout de dissiper les conceptions fausses et les ignorances qui enveloppent ce grave sujet. » Il a voulu nous édifier sur ce qui se dissimulait sous le fatras des critiques et des négations collectivistes : c'est fort bien, mais il aurait dû prévenir qu'il se réservait de faire un jour ou l'autre la contre-épreuve. Nous avons à présent l'expression de ses vues personnelles sur la question. Il parait que c'est par générosité, par magnanimité, qu'il s'est tu aussi longtemps. Les socialistes étaient réduits au silence par les lois d'exception, il aurait été lâche de se joindre à leurs adversaires et de les attaquer. M. Schaeffle a attendu qu'ils fussent dans une meilleure situation : après leur triomphe aux dernières élections parlementaires en Allemagne, alors qu'ils ont retrouvé la liberté de la tribune au Reichstag, tous les scrupules de leur pseudo-adhérent sont tombés, et il ne craint pas de démasquer ses batteries.

M. Schaeffle a la manie de construire, d'édifier des systèmes, c'est un amusement et une distraction. Il y a dix ans, il a élevé la caserne, la maison de travail du collectivisme ; à présent, il la démolit et il la remplace par une bâtisse de style mélangé, qu'il décore du nom de réforme sociale positive. J'avoue très franchement que je voudrais être locataire aussi peu de l'une que de l'autre.

Si M. Schaeffle n'est pas ou n'est plus collectiviste, — il parait qu'il ne l'a jamais été dans ses autres ouvrages, — il reste un socialiste autoritaire convaincu et redoutable. Je suis sans inquiétude sur ce que les collectivistes, bernés par lui, lui ménagent. Il sera exécuté en effigie de ce côté-là [1]. Mais l'école libérale a un compte à régler

---

[1] Voir le numéro du *Socialdemokrat* de Zurich, du 19 février, qui réplique sous le titre de *l'Invincibilité* (sic) *du socialisme*. Il reproche à M. Schaeffle de

avec lui également; nous aussi, nous aurions tous les droits de procéder avec rigueur, car il n'est pas d'injure, de calomnie que M. Schaeffle ne lance contre nos doctrines. Nous ne le suivrons pas sur ce terrain : à nos yeux, la plus cruelle punition qu'on puisse réserver à l'auteur de la *Quintessence* et de l'*Inanité du Socialisme*, c'est d'exposer rapidement ses idées. Elles sont tellement faussées par le socialisme, que nos lecteurs en feront bonne et prompte justice.

M. Schaeffle a une très haute idée de sa propre importance, autrement il soumettrait ses théories avec plus de modestie au jugement du public. Il peut être certain d'avance que son nouvel ouvrage n'aura pas le succès de librairie obtenu par la *Quintessence*. C'est un réformateur tranchant qui parle, et, par un enchaînement fatal, c'est un socialiste autoritaire, un bimétalliste et un *fair trader* que nous rencontrons.

De la hauteur où il s'est posté, il lance ses foudres contre le socialisme démocratique, le collectivisme si l'on préfère, et contre le libéralisme, l'individualisme. Il les représente comme deux frères ennemis, ayant les mêmes parents, sortis de la même souche. Il rejette aussi bien les doctrines de l'un que de l'autre, tout en leur empruntant ce qui pourrait se trouver d'utile en eux. Le libéralisme a fait son temps, il a servi à renverser l'édifice suranné de la féodalité, de l'État policier; mais il ne suffit plus aujourd'hui à garantir la société, il est trop entaché de défauts, de pessimisme, d'irreligiosité; son organisation économique est défectueuse, elle tolère trop l'exploitation du faible par le fort, elle n'est pas assez humaine ni assez morale. Il n'y a pas lieu de supprimer le capital ni la propriété privée, comme le demande le socialisme d'en bas, il faut les conserver, mais en les réglementant, en les empêchant de dégénérer en abus.

M. Schaeffle explique aux collectivistes pourquoi, entre leurs mains, le collectivisme n'a absolument aucune chance de jamais aboutir. On pourrait, à la rigueur, organiser un ordre social collectiviste, mais ce ne pourrait jamais être le fait que d'un État despotique, aristocratique, disposant d'une autorité centralisée à outrance et d'une bureaucratie nombreuse. La démocratie est incapable d'exécuter le programme collectiviste, elle ne peut réaliser une seule des promesses qu'elle fait aux prolétaires de l'industrie. Le collectivisme serait susceptible d'effet pratique, à une condition, c'est de devenir socialisme

---

n'avoir jamais saisi le véritable sens des doctrines collectivistes, d'avoir construit un pseudo-collectivisme qui n'a jamais été celui des théoriciens du socialisme révolutionnaire.

autoritaire et de sacrifier la liberté et l'égalité. L'organisation collectiviste est possible, suivant M. Schaeffle, mais par des procédés opposés à ceux que préconisent Karl Marx et ses disciples. M. Schaeffle passe en revue les divers points que contient le programme des collectivistes révolutionnaires, et il s'efforce de leur prouver qu'il est inexécutable. Il y a dix thèses successives qui sont examinées l'une après l'autre et qui aboutissent au même résultat négatif. Le collectivisme démocratique est hors d'état d'assurer aux prolétaires une amélioration de leur situation, une augmentation de bien-être et de ressources, pas plus qu'il ne préviendrait le chômage ni les crises économiques. Nous n'insisterons pas davantage sur cette partie de la brochure. La réfutation du collectivisme a été faite souvent et avec des arguments invincibles. Pour ne pas prolonger ce compte rendu, il nous faut nous occuper des idées positives de M. Schaeffle.

Nous éprouvons toujours un sentiment de méfiance involontaire, de scepticisme et de réserve, lorsque nous rencontrons sur notre chemin quelqu'un qui a la prétention de remédier aux maux de l'humanité et de substituer un ordre de choses meilleur, plus équitable, à ce qui existe. Il y a quelque chose de séduisant à élaborer dans son cabinet un système qui assurerait la paix, le bonheur des hommes, qui réduirait à un minimum la dose de mal inhérent à nos vices et à nos faiblesses. Tant que ces faiseurs de projets restent dans le domaine abstrait de l'utopie, il n'y a pas trop à se préoccuper d'eux, mais dès qu'ils veulent mettre la main à la pâte et intervenir directement dans la conduite des affaires humaines, il faut crier gare. Nous vivons dans des temps troublés, où le désarroi politique et économique est considérable, où les vérités les mieux établies sont mises en doute par ceux qui ont la responsabilité et la puissance gouvernementales. Après avoir combattu à l'avant-garde, après avoir remporté des victoires qui ont profité à tous, les économistes sont obligés de défendre les positions occupées par eux ; ils représentent essentiellement aujourd'hui les principes de conservation, tout en continuant à favoriser le progrès. Ils ont foi dans la marche progressive de l'humanité, et ils veulent la faciliter. Leurs adversaires, socialistes révolutionnaires ou socialistes autoritaires, arriveraient à enrayer le mouvement, à tout détruire ou à tout rejeter en arrière. A lire M. Schaeffle, on se dirait vraiment transporté dans une atmosphère toute différente de celle à laquelle nous sommes habitués. Il a démoli le collectivisme, il croit avoir ébréché le libéralisme, l'individualisme, il étend sa protection sur l'ordre social tout entier, sur toutes les classes de la nation ; il veut maintenir l'aristocratie foncière et militaire, élever les prolétaires de l'industrie qui constituent une faible minorité de la nation en comparaison de la grande masse agricole, — il veut avant tout préserver l'existence des paysans, ces colonnes de l'État; mais ce qui lui tient surtout à cœur, c'est de rabaisser la bourgeoisie libérale, qui possède les capitaux. Il est assez intelligent pour comprendre qu'il est impossible de s'en passer; l'État pourrait à la rigueur se charger de toutes les fonctions du capitalisme et prendre en main la production, mais cela présenterait des difficultés, paralyserait les effets bienfaisants de l'initiative privée. M. Schaeffle fait donc grâce aux capitalistes, mais non pas gratuitement; il leur dicte ses termes; il entend les rendre inoffensifs et les empêcher d'exploiter les ouvriers de l'industrie, les propriétaires fonciers grands et petits; il restreint la liberté du prêt, et comme il ne compte guère sur la force de résistance des paysans, par exemple, il imagine tout un système nouveau de prêt hypothécaire. Le paysan ne pourra plus emprunter sur hypothèque, excepté en vue d'améliorer sa terre, de faire des constructions; le crédit foncier lui est interdit pour faire des achats ou pour régler des questions d'héritage. Toute acquisition de terre devra être payée intégralement. S'il n'y a pas d'acheteur, c'est l'administration du district qui prendra la terre au prix d'évaluation, qui donnera en ferme à l'héritier ou, à défaut d'un héritier, à un amateur; s'il y une demande de crédit, l'administration fait une enquête et voit s'il convient d'accorder l'avance. Les objections se dressent en foule : le crédit, tel qu'il se pratique, n'est pas une création arbitraire, il est né des circonstances mêmes; de tout temps, on a emprunté pour acheter ou pour compléter le prix d'acquisition lorsque les ressources disponibles n'étaient pas suffisantes. M. Schaeffle crée un monopole en faveur des riches. La propriété privée, dans son système, finirait par faire l'exception. Garantissant ainsi le paysan contre l'usure, il sauve l'agriculture de la concurrence étrangère en rétablissant le double étalon. La concurrence la plus dangereuse est celle de l'Asie, de l'Inde britannique, et elle est formidable à cause de la dépréciation de l'argent, qui sert de prime à l'exportation des produits agricoles. Renchérir l'argent, c'est rendre l'exportation plus difficile. M. Schaeffle ferait les affaires des Américains avec son double étalon. J'ai dit en passant qu'il y corrélation entre le bimétallisme et la protection. En voici une preuve. 108 associations agricoles d'Allemagne, qui avaient pétitionné en faveur d'une élévation de droits sur les céréales, viennent d'adresser une nouvelle pétition demandant le retour au double étalon, la dépréciation de l'argent étant fatale à leurs intérêts.

Suivant l'ancien collègue du ministre Hohenwart, voici quelle est

la maxime dominante, suprême, d'une politique de réforme so
conforme aux exigences de notre temps : « que l'État fasse de l
« litique sociale et économique positive, qu'il intervienne, rom
« enfin avec la formule du nihilisme libéral, avec le laissez
« des individualistes rassasiés et repus ». Toutes les fois que le
pital, subordonné aux conditions du bien général, ne peut ren
le service d'une plus haute production et d'une répartition pass
ment bonne des produits, — dans l'intérêt indivisible de la com
nauté et de ses membres, — qu'on ait recours sans scrupule à
ploitation positive par l'État, la commune, la corporation. En
de monopoles privés, qui agissent en spoliateurs, l'État et la c
muno ont le devoir d'entrer en concurrence, ils doivent comme
par là, avant de recourir à la production publique. Pour le rest
faut donner à la production capitaliste en général, et aussi dans
térêt du prolétariat, l'organisation convenable. Qu'on la purifie
ses excroissances, qu'on oppose à l'arbitraire, à la spoliation pa
capitaliste les arrangements qui protégeront le salarié et lui ass
ront une participation équitable. Il n'y a pas lieu de détruire le
pitalisme, il faut seulement le faire revenir au service du l
général, — ses maux sont guérissables et M. Schaeffle a toute
boite de médicaments à vous offrir. C'est toujours le même refra
l'intervention de l'État règlera les modalités de la possession e
la propriété, du contrat de service, du prêt, de l'achat et de
change, du don, de l'héritage. M. Schaeffle examine successiven
les solutions proposées par Lassalle, par Rodbertus, par les avo
de la participation au bénéfice, il les déclare toutes insuffisan
Toutes ces prétendues solutions ont quelque chose de comm
1 elles veulent garantir l'ouvrier contre de mauvais traitements, c
tre un excès de travail, contre un renvoi non motivé; 2° empêc
le revenu du travail de tomber au-dessous du nécessaire ; 3° as
rer la participation du travail aux bénéfices du patron. M. Schae
se flatte qu'avec son système de socialisme autoritaire, il pourra
grande partie au moins accorder pleine justice aux prolétaires.
n'est pas bien difficile : l'État règlementera, interviendra, agi
« La société doit agir par ses organes, l'église, la commune, l'É
afin d'assurer la protection de la personne du travailleur : l'ég
le peut en tenant la main au respect du repos dominical, l'État a
inspecteurs de fabrique, et de plus il est appelé à donner le l
exemple en traitant avec humanité ses domestiques, ses garçons
bureau, ses employés, ses soldats. » M. Schaeffle est convaincu q
faut maintenir le droit d'association, de coalition, toutes les liber
conquises par le libéralisme, — droit de choisir le patron qu'on ve

— liberté d'exercer le métier ou l'industrie qu'on préfère, d'aller ou de venir. Mais d'autre part, moins l'ouvrier est apte à se défendre, plus il faut intervenir pour le protéger, et il y a là un vaste champ pour la police, pour les corporations, pour les diverses associations.

M. Schaeffle est un partisan déterminé de l'assurance, de la mutualité comme remède contre les souffrances : le travailleur, par un prélèvement modéré sur son salaire, peut se créer un fonds de prévoyance contre la maladie, l'accident, la vieillesse, la crise économique, le chômage, à condition que tous les travailleurs y participent et que les patrons capitalistes y contribuent. Il demande l'assurance obligatoire, et il se réjouit de voir l'Allemagne entrer si résolument dans la bonne voie. Il ne s'inquiète pas de savoir si, en fin de compte, cet impôt ne retombera pas sur l'ouvrier, sur le prolétaire, si le salaire de celui-ci ne sera pas rogné en dernier lieu de tout ce qu'on impose de sacrifices à l'industriel. M. Schaeffle est un adversaire des caisses libres.

Nous ne surprendrons personne en disant que notre auteur est un partisan de la politique coloniale active et d'une émigration assistée, subventionnée. Il réclame une union douanière continentale, pour commencer; il se contente d'englober l'Allemagne, l'Autriche et la Russie, il élèverait une muraille chinoise autour des trois Empires, afin de les garantir contre la concurrence anglaise et américaine. Cette idée d'une union douanière continentale, faisant du *fair trade* et contraignant les États-Unis à réduire leur tarif, sous peine de voir leurs céréales exclues des marchés européens, est d'ailleurs partagée par d'autres théoriciens que M. Schaeffle.

Dans sa brochure, il touche à bien d'autres choses encore; il a des réformes de détail, qui découlent toutes du même principe, l'omnipotence de l'État.

Il rappelle ses états de services; c'est lui qui a conseillé, il y a longtemps déjà, le rachat des chemins de fer, le monopole du tabac, l'association obligatoire contre la maladie, la vieillesse et le chômage. Aujourd'hui il considère que l'heure des grandes banques de circulation est venue; l'heure du rachat et de la distribution par l'État sonnera aussi pour l'électricité, la chaleur, la lumière, la force motrice, pour les mines de houille et les forces hydrauliques. A son prochain manifeste, ce socialiste autoritaire augmentera cette liste de proscription et y ajoutera de nouvelles branches de l'activité humaine. Aujourd'hui l'épée de Damoclès, — l'expropriation des intérêts privés et l'exploitation par l'État, — est suspendue sur toutes les industries florissantes. L'État en Allemagne menace de les absorber tour à tour : les assurances contre l'incendie ont été exposées à des attaques, sous prétexte qu'elles prélevaient des bénéfices démesurés. Les compagnies ont protesté et ont exposé leur situation comme bien moins bonne. On en est venu à rappeler la Perse, où les gens riches dissimulent leur fortune et se vêtissent mal pour échapper à la cupidité du Schah. Il est vrai qu'on raconte que Napoléon Ier eut l'idée de monopoliser le tabac, en voyant les diamants portés par la femme d'un financier intéressé dans ce trafic [1].

M. Schaeffle a également l'idée de remanier les impôts, et, entre autres, il ne serait pas opposé à ce qu'on taxât les habits, les robes de luxe : lois somptuaires. Le catalogue est complet, rien n'y manque.

Nous nous arrêtons, nous craignons d'avoir fatigué l'attention de nos lecteurs en les traînant à notre suite sur la route escarpée et raboteuse du socialisme autoritaire. L'analyse nous suffit : nous n'irons pas réfuter les erreurs de M. Schaeffle, qui partage de plus l'aversion des socialistes de toute nuance contre les intermédiaires, contre la bourse, contre l'agiotage. Il parle le jargon auquel nous ont habitué les rhéteurs, les démagogues et certains hommes d'État. On est amené au socialisme par diverses voies : les uns y arrivent parce qu'ils sont mécontents, qu'ils ont senti peser sur eux les rigueurs de la lutte pour l'existence ; d'autres y sont conduits par une fausse philanthropie; d'autres s'en servent comme d'instrument de règne, ils l'adoptent exclusivement dans un but politique, M. Chamberlain, par exemple, ou le prince de Bismarck.

M. Schaeffle laisse volontiers entendre qu'il n'a pas été sans avoir sa part dans l'évolution socialiste de l'Allemagne, telle qu'elle se déroule aujourd'hui. Il est douteux cependant qu'il ait jamais exercé une grande influence sur le prince de Bismarck. M. Schaeffle est un théoricien ; le chancelier allemand se sert des théoriciens quand cela lui plaît ; au fond il les hait et les méprise. Les lois sur l'assurance ouvrière contre la maladie et les accidents ne répondent d'ailleurs pas aux propositions de M. Schaeffle. L'assurance contre la maladie est bien plus le développement, la mise en pratique d'idées contenues dans l'ancienne législation prussienne. De tout temps la royauté prussienne a été imbue de socialisme d'État, et le prince de Bismarck n'a fait que reprendre une véritable tradition historique [2]. On n'a peut-être pas bien saisi jusqu'ici toute la pensée politi-

[1] Voir l'excellente brochure *Gegen der Staatssocialismus*, par L. Bamberger, Theodor Barth et Max Broemel. Berlin, 1884.

[2] Voir *Die Staatssozialistische Bewegung in Deutschland, eine historisch-kritische Darstellung* von Dr Moriz Ströll. Leipzig, 1885.

que du prince de Bismarck. M. Brentano, professeur à l'Université de Strasbourg, a eu le mérite, dans un récent discours prononcé à la Société d'économie politique de cette ville, de jeter une lumière nouvelle sur cette grave question. D'après lui, sous prétexte de faire des concessions aux revendications socialistes, de les prendre en considération, le chancelier de l'Empire a imaginé une politique dirigée contre les caisses indépendantes de secours mutuels, ces caisses sont condamnées à périr; dans dix ans, il n'en existera plus une seule. La dépendance de l'ouvrier sera plus grande que par le passé, surtout si l'on arrive à mettre sur pied l'assurance contre la vieillesse; avec elle chaque patron aura le pouvoir, en renvoyant un ouvrier, de diminuer la pension de vieillesse de celui-ci. Ces conséquences pratiques tiendraient plus à cœur au chancelier de l'Empire que tout le socialisme d'État.

ARTHUR RAFFALOVICH.

REVUE DE L'ACADÉMIE
DES
SCIENCES MORALES ET POLITIQUES

(Du 22 novembre 1884 au 21 février 1885).

SOMMAIRE : Les formes primitives de la propriété et la propriété chez les Germains. — Les assignats dans les départements de l'Ouest pendant la Révolution. — La Réforme du droit criminel. — Travaux de philosophie, d'histoire. — La condition des classes agricoles de la Touraine. — Travaux des savants étrangers. — Nominations.

I.

Une longue et importante discussion s'est élevée au sein de l'Académie des sciences morales et politiques relativement aux *formes primitives de la propriété;* ce sujet rentre trop dans le cadre du *Journal des Économistes* pour que les observations, fort intéressantes d'ailleurs, échangées dans ce débat, ne soient pas analysées ici avec quelques détails.

Le point de départ de la discussion a été la lecture d'un mémoire de M. Fustel de Coulanges sur *le régime des terres en Germanie.*

L'opinion générale est que les Germains n'avaient même pas l'idée que le sol fût un objet de propriété privée cette opinion s'appuie sur quelques phrases de César et de Tacite. Cependant, d'autres textes et un bon nombre de faits contredisent absolument ce sentiment.

Les peuples germains n'étaient pas du tout nomades ; lorsqu'ils se déplaçaient, ce n'était point par caprice, mais bien parce qu'ils y étaient contraints par la force, parce qu'un peuple plus fort avait chassé un peuple plus faible. Dans leurs incursions chez les voisins, c'était toujours des terres qu'ils cherchaient, non pas pour y faire paître leurs troupeaux, mais bien pour cultiver ces terres. Tacite connaissait de vrais nomades, les Sarmates, et il a bien soin de les distinguer des Germains chez lesquels il constate l'existence de demeures fixes, de villages et même de villes. En second lieu, si les jeunes gens nobles préféraient la guerre, la chasse et même l'oisiveté, il y avait des agriculteurs qui récoltaient des céréales. Suivant Tacite, les Germains avaient des troupeaux, et ils tenaient plus au nombre qu'à la beauté des bêtes, parce que ces dernières remplaçaient le numéraire, comme cela se voit chez presque tous les peuples primitifs, mais la terre et les céréales n'en étaient pas moins un des éléments de leur fortune.

Au sein de la société germaine il existait plusieurs classes ; il y avait d'abord celle des esclaves ; mais elle comprenait moins d'esclaves domestiques que de serfs ruraux ayant un domicile propre, tenus seulement au payement d'une redevance annuelle payable en blé, en bétail, en étoffes, de telle sorte qu'on peut les considérer en réalité comme des colons. Au-dessus, dans une situation intermédiaire, qui n'était ni celle du serf, ni celle de l'homme libre, étaient les affranchis, placés dans un état de dépendance vis-à-vis de leurs maîtres. Enfin, il y avait la classe des hommes libres, qui comprenait notamment les nobles, c'est-à-dire les riches. Les Germains ne formaient donc rien moins qu'une société démocratique ayant pratiqué la communauté par amour de l'égalité : c'était une société inégalement et hiérarchiquement constituée.

La famille germanique constituait un groupe beaucoup plus étendu que la famille moderne, quelque chose d'analogue à la *gens* romaine. Tacite rapporte, en effet, qu'à l'armée les Germains étaient rangés par familles. La famille germanique avait sa juridiction, son sacerdoce, son autorité intérieure. Le *mundium* s'y rencontre, non pas à l'état de simple tutelle, mais revêtu d'une autorité plus forte. La tutelle perpétuelle des femmes était la règle absolue du droit germanique. Quant au droit de succession, il était réglé par l'hérédité, et une hérédité nécessaire, car le droit de tester n'existait pas. La société germanique n'était donc pas, comme nos sociétés modernes, un assemblage d'individus isolés sur lesquels l'État pesait de tout son poids; elle était plutôt une collection de familles dont chacune avait sa force et son indépendance. C'est de cette société qu'on a dû se demander si elle pratiquait le communisme agraire ou la propriété.

Il existe trois formes de propriété : la propriété commune du peuple, de la tribu, du village, partagée chaque année entre les membres de la communauté et dont chacun n'a que la jouissance du lot qui lui est échu; dans ce système, il n'y a ni héritage, ni testament; en second lieu, la propriété individuelle, qui implique le droit d'aliéner et de disposer; enfin un régime intermédiaire où le sol appartient à la famille, comme bien patrimonial, dans le présent et dans l'avenir. Cette sorte de propriété, que l'on peut appeler *familiale*, a tenu une grande place dans le droit et les mœurs de beaucoup de peuples anciens; elle est héréditaire de plein droit, sans qu'aucun testament puisse en dépouiller la famille; elle exclut l'hérédité des femmes, qui pourrait, par le mariage, la faire passer en d'autres mains. Or, en étudiant attentivement le vieux droit germanique, on y trouve l'hérédité, mais non pas le testament, l'hérédité pour les fils, mais non pas pour les filles. On peut donc conclure que le régime de la propriété chez les Germains n'était ni celui de la communauté, ni celui de la propriété familiale. Le droit de vente est le signe le plus irrécusable du droit de propriété; l'ensemble du vieux droit germanique permet de croire qu'elle devait être rare et difficile; cependant, il faut reconnaître qu'avant l'époque de Tacite, comme le prouve ce dernier, les Frisons possédaient en propre des champs qu'ils pouvaient vendre, ainsi que leur bétail; d'autre part, chez les Bataves il existait des personnages possédant des terres et des fermes. En examinant les écrits des auteurs anciens qui se sont occupés de la Germanie, puis les lois mêmes des peuples de race germanique et notamment la Loi salique, on voit qu'il n'existe nulle part l'indice ou même le souvenir d'un régime d'indivision du sol ou de partage annuel des terres. Ce qu'on rencontre, au contraire, dans tous les codes rédigés par les Germains, c'est la propriété privée, c'est la garantie de cette propriété, c'est le respect des clôtures et des limites des champs, c'est la vente et la donation de la terre; ce sont enfin des règles de l'hérédité qui s'appliquent formellement aux biens fonds et qui ne sont pas empruntées au droit romain.

En résumé, les Germains n'étaient pas nomades; ils étaient agriculteurs; chez eux il existait des riches et des pauvres, des hommes libres et des nobles, des esclaves et des affranchis. Si cela ne prouve pas la pratique de la propriété, cela la fait, au moins, supposer. Le vieux droit germanique imposait l'hérédité, et cette règle était encore plus absolue relativement à la terre que lorsqu'il s'agissait de biens meubles : le privilège de l'aîné, la tutelle des femmes, le système de la dot avaient visiblement pour effet de tenir la terre toujours attachée à la famille. Il est vrai qu'il pouvait y avoir une très grande diversité dans les coutumes des différents peuples que l'on désigne sous le nom générique de Germains; que ces peuples étaient fort agités et presque toujours en guerre les uns avec les autres; que, dans les deux siècles qui ont suivi Tacite, ils ont dû subir des révolutions fréquentes et radicales, puisque, après cet intervalle, presque tous les peuples dont il a parlé avaient disparu, et il ne restait plus trace des institutions qu'il a décrites. Dans cette société troublée, la propriété prévalait, mais il faut admettre qu'à côté d'elle diverses sortes de communauté ont pu coexister chez certains peuples ou se succéder chez un même peuple. Mais que ce soit dans la période qui sépare Tacite des invasions que le régime de la propriété se soit établi, c'est ce qu'on ne peut croire, d'abord parce qu'aucun texte ne mentionne une pareille révolution, ensuite parce que ce n'est pas au milieu d'une époque si agitée que les hommes ont pu passer de l'indivision du sol à la propriété. La question est de savoir comment le droit de propriété était appliqué. La propriété existait, mais elle pouvait se présenter sous des formes particulières. Il est possible qu'elle fut considérée comme appartenant à la famille plutôt qu'à l'individu. Beaucoup de sociétés anciennes ont eu cette conception. Chez les anciens Grecs, dans l'âge primitif de Rome, chez les Hébreux et beaucoup d'autres, le droit de propriété sur le sol est attaché d'abord non à la personne, mais à la famille. De nos jours encore, la propriété familiale se retrouve chez quelques peuples peu éloignés de l'état primitif. Tel village indien, tel village croate dérive d'une ancienne famille. C'est pour cela que ce village est le vrai propriétaire du sol et qu'il le partage périodiquement entre ses membres. En pareil cas, il peut y avoir, à la fois, propriété pour la famille et communauté dans la famille. On peut croire que chez les anciens Germains la propriété avait ce caractère qui, avec le temps, s'est altéré et s'est effacé. Ce qui est certain, c'est qu'on ne peut plus affirmer aujourd'hui que les anciens Germains aient ignoré la propriété.

Une discussion s'est engagée à la suite de la communication faite par M. Fustel de Coulanges.

M. Frédéric Passy a signalé l'état social des Kabyles d'Algérie comme présentant quelque analogie avec ce que pouvaient être les Germains du temps de Tacite, au moins en ce qui concerne la constitution de la famille. Mais, chez les Kabyles, le sentiment de la propriété individuelle est poussé si loin qu'ils vont jusqu'à se partager les branches d'un même olivier.

M. Geffroy a objecté à M. Fustel de Coulanges que les Germains du premier siècle de notre ère étaient, à l'époque de transition, entre l'état instable et la vie sédentaire et agricole ; ils étaient en proie à des fluctuations perpétuelles, expulsant leurs voisins qui se replient violemment et usurpent à leur tour, ayant pour principale occupation la guerre et, à défaut de la guerre, la chasse ou le jeu. Or, la chasse est la pire ennemie de l'agriculture. Les Germains, du reste, connaissaient peu l'usage du fer; ils vivaient surtout du lait et de la chair des troupeaux ; ils avaient de vastes prairies qui demandaient peu de travail et entretenaient le marécage. Ils avaient cependant aussi du blé, de l'orge et d'autres céréales, mais ils étaient bien médiocres agriculteurs; ils abandonnaient le soin des champs aux femmes et aux vieillards. Il n'y avait donc chez eux qu'un commencement de vie agricole. On peut croire, en présence de la divergence des textes, qu'ils formaient peut-être une sorte de société coopérative où chaque père de famille avait sa part de propriété. En tout cas, si la propriété privée existait, elle parait s'être dégagée de la propriété collective à une époque qui n'était pas très lointaine. La famille germanique ne peut pas être assimilée à la famille romaine : le fils germain s'affranchissait de l'autorité paternelle plus facilement que le jeune Romain; la femme germaine prenait une part plus directe aux travaux du mari. En résumé, d'après M. Geffroy, à l'époque de Tacite, les peuples germains étaient en voie de transformation et de migration; leurs migrations se sont arrêtées sous César et sous Auguste, et alors ils ont commencé à se constituer ; c'est à ce moment que Tacite les a observés, dans un état qui n'était plus l'état nomade et pastoral, mais qui n'était pas encore l'état fixe agricole ; et, au surplus, la science est loin d'avoir dit sur cette question son dernier mot.

M. Fustel de Coulanges a répondu à ces observations par des remarques nouvelles : on ne trouve nulle part une allusion, même lointaine, à un « état flottant de la Germanie ». Strabon ne présente pas les Germains comme des nomades; il parle d'un seul peuple germain qui se comporte comme des nomades. L'esprit moderne est enclin à voir partout le progrès, le développement, l'évolution : tel n'a pas été le point de vue de Tacite, du moins rien n'autorise à le croire. Cela, bien entendu, ne veut pas dire que « l'état flottant » n'ait pas existé et que le progrès ne soit pas un phénomène très général dans la vie des nations. En somme, Tacite ne montre pas dans son ouvrage un groupe de tribus errantes; il énonce les quarante peuples environ formant le monde germanique comme des États constitués, des *civitates*, des États occupant depuis longtemps des aires géographiques déterminées par des frontières précises, possédant enfin des institutions arrêtées, achevées. Tacite a-t-il mal vu? On ne peut le soutenir, et on ne peut le prouver.

M. Glasson, intervenant dans le débat, a contesté l'analogie que l'on peut être tenté d'établir entre l'organisation de la famille germanique et la constitution de la famille romaine au temps de la loi des XII Tables. Ce qui caractérise la famille romaine, c'est l'autorité absolue du *paterfamilias ;* lui seul est une personne, lui seul possède des biens et en dispose à son gré, soit de son vivant, soit par testament; il est le maître de sa femme, de ses enfants, de ses esclaves, néanmoins il ne répond pas plus des méfaits ou des crimes que sa femme, ses enfants, ses esclaves peuvent commettre, que des accidents que peuvent causer ses animaux domestiques. Il est facile de comprendre qu'avec une pareille organisation de la famille, les Romains se soient formé une idée très exacte de la propriété. En Germanie, l'organisation de la famille repose sur la solidarité et elle a pour but la protection des faibles; le père est moins un chef et un propriétaire qu'un administrateur et un protecteur; l'autorité paternelle semble n'être établie que dans l'intérêt de la famille. Cette autorité n'est pas absolue toutefois et elle ne va pas jusqu'au droit de vie et de mort; les esclaves eux-mêmes font partie de la famille et sont bien traités. Dans ces conditions, on s'explique sans peine l'organisation de la propriété familiale; cependant elle n'est pas, chez les Germains, une règle absolue et sans exception. Ainsi, certaines terres appartenaient à la tribu et étaient partagées chaque année, et certaines peuplades étaient restées nomades et ne connaissaient pas la propriété foncière. La propriété de la famille consistait dans l'habitation avec l'enclos qui l'entourait; le chef l'administrait, mais sans pouvoir en disposer; tous les enfants héritaient de ces biens en qualité d'*heredes sui.* Mais, à côté de cette propriété de la famille, les Germains pratiquaient aussi un véritable communisme de la terre. Comme ils ne savaient pas ou ne voulaient pas la cultiver avec soin, la terre avait pour eux peu de valeur et ils se partageaient périodiquement ce bien commun, selon les besoins de chaque famille. Il est vrai que les Germains connaissaient la propriété individuelle appliquée aux meubles; leur principale richesse consistait en armes, chevaux, bétail. Ces biens meubles appartenaient à la personne, non à la famille.

M. Aucoc a ajouté que ce régime complexe pratiqué en Germanie où la propriété était en même temps individuelle, familiale et commune, se trouve chez la plupart des peuples à l'état primitif et qu'on peut encore l'observer aujourd'hui en Russie et chez les Arabes. Le *mir* russe est une communauté, mais non pas une communauté.

absolue, car si le paysan n'est pas maitre de la terre qu'il cultive il l'est, au moins, des fruits de son travail. Il y a eu au moyen âge, en France même, de véritables communautés de village ou tout se faisait en commun. C'était pour les mainmortables un moyen d'échapper à la servitude. En Algérie, de nos jours encore, on retrouve chez les tribus arabes ces diverses formes de la propriété commune, familiale et personnelle que Tacite a observées chez les Germains. Cet état de choses a même été une source de grandes difficultés pour le gouvernement français, mis en présence de terres dont le propriétaire légitime, individu, famille ou tribu, était introuvable. Certaines tribus étaient tout à fait nomades ; d'autres ne l'étaient que sur un territoire limité dont une partie était soumise à la culture annuelle et l'autre demeurait à l'état de vaine pâture. Il fallut établir d'abord des cantonnements, puis reconnaitre aux tribus un droit de propriété que l'on s'efforça d'individualiser, pour ainsi dire, graduellement. D'autre part, en France les biens communaux se sont constitués d'abord après les invasions, puis reconstitués aprés le régime féodal par des concessions des seigneurs eux-mêmes pour être ensuite partagés entre les habitants et communautés. Ces partages, d'abord temporaires, ne sont devenus qu'à la longue définitifs et héréditaires. Bien plus, le partage temporaire subsiste encore dans certaines localités où l'on ne peut pas se décider à renoncer tout à fait aux biens communaux. Il n'y a donc, en résumé, rien d'invraisemblable dans le récit de Tacite, rien qui ne soit conforme à ce que l'on observe généralement chez les peuples primitifs.

M. Ravaison a présenté aussi quelques considérations dans ce débat. D'après lui presque tous les peuples ont, à une certaine période de leur évolution, pratiqué la communauté territoriale. Les causes de cette communauté sont l'état des terres et l'imperfection des procédés de culture mais aussi chez les Germains des raisons politiques et sociales. Les chefs craignaient qu'en s'attachant au sol le peuple ne perdît son esprit guerrier ; ils craignaient aussi que la propriété privée ne devînt la cause de trop grandes inégalités. Il faut encore et surtout tenir compte des causes religieuses. Les Hébreux célébraient tous les sept ans, pendant sept jours, un grand sabbat, la fête des tabernacles, où tout le peuple d'Israël se réunissait sous des abris de feuillage ; dans cette fête on doit voir un souvenir de l'ère paradisiaque où les propriétés étaient confondues. De même les Grecs et les Romains avaient leurs saturnales, fête de l'égalité et de la fraternité, qui étaient un souvenir de l'âge d'or chanté par les poètes. Dans tous les poèmes antiques la vie pastorale est représentée comme un idéal de paix et d'innocence, tandis que la vie laborieuse de l'agriculture appartient à l'âge de fer. Dans la Bible Abel, le préféré du Seigneur, est pasteur de brebis ; son frère Caïn, est agriculteur. Aussi, aux yeux des anciens la propriété était un mal nécessaire, mais c'était un mal. C'était même une impiété ; car, selon leurs croyances, la terre appartenait aux Dieux et c'était usurper sur les Dieux que de s'approprier le sol. Les champs, les fleuves, les lacs étaient sacrés, les bois plus encore. Pour les Germains comme pour les Gaulois les forêts étaient le temple même et le séjour de la divinité, et il ne faut pas oublier que du temps de Cesar et de Tacite la Germanie et la Gaule étaient en très grande partie couvertes de forêts. A Rome même, où la propriété était si fortement établie, les Dieux conservaient encore, en quelque sorte, des domaines qui leur étaient propres, et l'*ager publicus* était placé sous leur sauvegarde. C'est donc surtout à la persistance d'une idée religieuse commune à presque tous les peuples primitifs qu'il faut principalement attribuer la répugnance de ces peuples contre l'établissement de la propriété individuelle et héréditaire du sol et leur aversion pour les travaux de l'agriculture.

Cette discussion sur la propriété primitive a été complétée par une intéressante communication de M. Aucoc, à propos, notamment, d'une étude de M. Belot sur Nantucket, petite île americaine située en face de l'État de Rhode-Island, occupée dès 1671 par 27 colons et où l'on rencontre encore la communauté territoriale. Dans cette localité on s'est trouvé en présence de difficultés agricoles semblables à celles auxquelles ont dû se heurter les peuples primitifs ; la communauté des terres de culture y a d'abord et longtemps régné et cela, non pas par un sentiment d'équité et à cause du droit égal de chacun, mais par des nécessités correspondant à l'état du sol. A Nantucket la richesse mobilière s'est constituée ensuite et s'est développée par les profits que réalisaient les pêcheurs et les commerçants. L'accroissement de la richesse mobilière a entrainé plus tard la constitution de la propriété privée sur les terres devenues plus fertiles, et par suite l'inégalité des fortunes. Etendant le cercle de ses observations, M. Aucoc a recherché si la propriété privée individuelle a précédé la propriété collective, si les propriétés collectives n'ont été, comme on l'a soutenu, que l'annexe d'une propriété privée où l'extension à une famille plus ou moins étendue de la propriété d'un individu ; il a montré que les exemples qui sont cités d'habitude se produisent à une époque moderne, alors que la propriété privée est constituée dans toute son intégralité autour de la communauté dont il fait ressortir la formation. Cela ne prouve pas qu'à des époques tout à fait primitives la propriété privée de l'individu se fût étendue non seulement aux biens meubles, mais aux maisons et aux terres environnantes. — M. Aucoc a déclaré qu'il n'était pas disposé à admettre que la question de l'antériorité du communisme agraire doit être non résolue, mais supprimée, et que les diverses espèces de propriétés immobilières ont dû se produire simultanément, suivant les circonstances. D'ailleurs il n'est pas exact de qualifier de « communisme agraire » la communauté des terres de culture, si chaque individu conserve les fruits de son travail. Et qu'importe après tout que l'existence d'un communisme agraire primitif soit démontrée ? S'ensuivrait-il que ce passé reculé soit l'idéal de l'avenir ? L'humanité ne reprendra pas les habitudes des temps primitifs ; elle ne remontera pas à son berceau pour y trouver les conditions les plus parfaites de la civilisation.

— M. du Châtellier, correspondant de l'Académie, a communiqué un fragment sur les *assignats dans les départements de l'Ouest pendant la Révolution.*

Les réquisitions et le maximum avaient déterminé la rareté et compromis jusqu'à l'entretien des forces vitales de la nation, les assignats concoururent à l'anéantissement des ressources du pays. Dès le mois de décembre 1789 on en mettait en circulation pour plusieurs centaines de mille francs ; d'abord remboursables au Trésor public, ils n'eurent bientôt plus d'autre garantie que les biens nationaux avec un intérêt qui varia de 5 à 3 0/0. Les émissions allèrent en augmentant jusqu'à représenter un capital nominal de 45 ou 50 milliards. Mais leur valeur tombait à mesure que les émissions se multipliaient, si bien que dès les derniers mois de l'an II, alors que la Convention avait dû supprimer le maximum pour ramener la confiance, les achats de denrées étaient impossibles ; les fonctionnaires civils, les officiers et soldats manquaient de tout ; dans l'Ile-et-Vilaine, le Morbihan, dans le Finistère, dans les Côtes-du-Nord on ne pouvait plus rien obtenir des gens de la campagne avec le papier-monnaie ; ce dernier était si déprécié que l'on n'en voulait plus ni pour sa valeur nominale, ni même pour sa valeur réduite par les arrêtés des administrateurs. Une pétition des propriétaires du district d'Angoulême, approuvée par la municipalité de cette ville et par les administrateurs du département, déclarait que les propriétaires allaient être forcés d'abandonner le sol lui-même, si de promptes mesures n'étaient prises pour régler leurs relations avec leurs fermiers qui les payaient en assignats dépréciés de 80 et 90 0/0; mais que pouvait-on faire ? Les mesures répressives augmentaient l'inquiétude et paralysaient toutes les transactions. Il faut aussi tenir compte de la quantité considérable de faux assignats répandus dans le pays, qui était telle que les cultivateurs refusaient de vendre crainte d'être trompés ; il faut aussi ajouter les « billets de confiance » de minime valeur que les municipalités émettaient avec la garantie totalement illusoire de « caisses patriotiques » dépourvues de toute encaisse. De temps à autre l'on arrêtait bien des individus soupçonnés de faire circuler de faux assignats, mais il fallait renvoyer les pièces à Paris pour les faire examiner et faute de preuves la plupart du temps on devait renvoyer les inculpés. D'après des documents officiels déposés aux archives du Morbihan, du mois de janvier 1791 au mois de mars 1795, les mandats de cent livres tombèrent de 96 fr. 25 c. à 17 fr. 25 c.. Mais la dépréciation réelle était bien plus grande encore, suivant les arrêtés mêmes des administrations locales. Dans le Morbihan, en nivôse an V, l'assignat de 100 livres ne valait plus que 3 livres; il tomba à la fin jusqu'à 30 centimes. Les lois de vendémiaire, nivôse et pluviôse an VII, mirent fin à ce régime par l'établissement du *tiers consolidé* pour toutes les créances que les particuliers avaient sur l'État, les deux autres tiers devant être remboursés en bons territoriaux, lèsquels, depuis l'an IV, perdaient de leur valeur nominale a peu près autant que les assignats. Cet état de chose était général quand les emprunts forcés firent leur apparition. Celui de 600 millions, décrété le 19 frimaire an VI, était recouvrable en espèces métalliques, les assignats n'étant admis que pour le centième de leur valeur. Les législateurs eux-mêmes reconnaissaient alors que tout rapport entre les obligations particulières et les moyens de se libérer se trouvait complétement rompu. On crut cependant qu'il suffirait d'un timbre à figures allégoriques, apposé sur les bons territoriaux pour les préserver de la dépréciation.

— Après avoir, dans deux communications dont il a été rendu compte dans la précédente revue, constaté *l'état anormal de la répression en France en ce qui concerne les crimes capitaux*, M. Charles Lucas a présenté le projet de réformes qu'il désirerait voir pratiquer. Tout d'abord il faudrait rédiger un nouveau Code pénal réalisant les conditions suivantes : l'exemplarité, la gradation des peines proportionnellement à la gravité des crimes, et l'intimidation, conditions qui font absolument défaut dans la législation actuelle. D'autre part il conviendrait d'édicter pour les crimes d'assassinat, d'empoisonnement, d'incendie de maisons habitées, non plus la peine de mort (qui déjà est presque abolie en fait et qui semble destinée à disparaître prochainement de la loi), mais bien la peine du confinement solitaire à perpétuité; si la peine de mort est maintenue, il faudrait appliquer le confinement à tous les individus qui, d'après les dispositions actuellement en vigueur, sont passibles des travaux forcés à perpétuité, appliquer également le confinement solitaire aux condamnés à la réclusion où à l'emprisonnement pour une courte durée, enfin supprimer la transportation.

MM. Beaussire et Paul Janet ont fait des communications l'un sur *les principes formels et les conditions subjectives de la moralité*, l'autre sur l'*idée éclectique* ; M. Dareste a étudié *les anciens monuments du droit de la Hongrie* ; M. Geffroy s'est occupé des *relations diplomatiques de la France avec la Suède de* 1648 *à* 1789 ; M. Caro a présenté une étude sur le livre de M. Jules Simon consacré à l'*Académie sous le Directoire* ; M. Boutmy a fait une lecture sur *la formation du corps politique en Angleterre après* 1066.

II.

M. Baudrillart a communiqué son Rapport sur la *condition des populations agricoles de la Touraine* rédigé à la suite de l'enquête entreprise sous les auspices de l'Académie.

La Touraine offre un contraste frappant avec la Bretagne ; tandis que l'une a conservé son indépendance et son originalité, l'autre a été française dès l'origine de la monarchie ; pendant tout le XVIe siècle elle fut le séjour des rois de France ; le contraste ressort encore plus de la comparaison établie entre les populations rurales de ces deux parties de la France. La race bretonne est une race de croyants, de marins, de soldats, de rudes laboureurs, d'individus prêts à la lutte, ardents, faisant abnégation de tout. Au contraire, le paysan tourangeau aime le repos, il est avisé, prudent, plein de bon sens. Son tempérament et son génie sont comme le sol et le climat du pays qu'il habite : sol uni et fertile sans exubérance, climat tempéré et sans grandes variations. Bien que la nature ait beaucoup favorisé ce pays, la Touraine a eu à subir de fréquentes famines. Au VIe siècle les populations furent réduites à faire du pain avec des pépins de raisin, des fleurs d'aveline et des racines de fougère ou même à manger des herbes qui les faisaient mourir promptement. Un effet remarquable de cette famine fut l'accroissement du servage ; les pauvres consentirent, en grand nombre, à devenir serfs pour ne pas périr de faim. Cette tendance dura de longues années : au XIe siècle il était très fréquent de voir des paysans libres se faire volontairement esclaves de l'abbaye de Saint-Martin-de-Tours et se donner, eux et leurs descendants, au monastère de Marmoutiers. Il est vrai que le serf pouvait acheter sa liberté au prix de celle d'un homme libre et moyennant la concession de quelques avantages à l'abbaye. Une amélioration sensible se produisit au XIIe, au XIIIe et jusque vers la moitié du XIVe siècle. Les guerres avec l'Angleterre furent suivies d'une prospérité réelle ; lors des guerres de religion les forêts étaient remplacées par des champs cultivés que les acheteurs se disputaient et dont les prix haussèrent rapidement. L'acquisition des terres par les paysans fut alors secondée par l'endettement des gentilshommes, obligés de vendre ou de morceler leurs domaines, pour soutenir leurs habitudes de luxe. En même temps les servitudes foncières s'adoucirent et les rapports entre les seigneurs et les tenanciers subirent de profondes modifications. La situation prospère que révèlent les documents, interrompue par les guerres de religion, reparut sous Henri IV; néanmoins au XVIIe et au XVIIIe siècles la Touraine fut une des provinces qui eurent le plus à souffrir des conséquences de la politique et de la mauvaise administration et qui furent le plus souvent et le plus cruellement éprouvées par la famine. Dans ces tristes circonstances les abbayes, et notamment celle de Marmoutiers, vinrent plus d'une fois au secours des populations. Les mémoires des intendants ne laissent pas ignorer à quel point la Touraine fut atteinte par les résultats de la révocation de l'édit de Nantes; cette mesure fut pour la province le signal d'une véritable décadence. Les principales industrie (la soierie, la draperie et la tannerie) subirent d'irréparables dommages; l'agriculture perdit, par suite de l'émigration en masse des manufacturiers, de leurs ouvriers et de leurs capitaux un débouché considérable. Le nombre des métiers employés à la fabrication des soieries tomba de 8.000 à 1.200; celui des ouvriers de 20.000 à 4.000, etc. Aux conséquences prolongées de la révocation de l'Edit de Nantes s'ajoutent au XVIIIe siècle les effets des disettes. D'Argenson, propriétaire en Touraine, où il résidait dans ses terres une partie de l'année, a tracé un tableau navrant des misères dont il a été témoin en 1740, 1750, 1751 et 1752; l'horrible misère qu'il constatait ne parvenait cependant pas à émouvoir les agents du fisc dont les rigueurs continuaient. Les paysans, de l'aveu de d'Argenson, étaient réduits à brouter de l'herbe et mouraient comme des mouches; les survivants étaient tellement affaiblis qu'ils ne pouvaient plus travailler de leurs bras.

Cependant des efforts furent faits au XVIIIe siècle pour encourager l'agriculture; des bureaux d'agriculture furent créés en 1761 à Tours, à Angers et au Mans avec la mission de « favoriser les progrès de l'agriculture, de faire des expériences et découvertes utiles, d'instruire le public et d'exciter le zèle et l'émulation des cultivateurs ». Divers écrits font connaitre la situation du pays à cette époque et indiquent les améliorations à réaliser : on y voit que le blé, produit en trop faibles quantités et souvent exporté, ne trouvait ni dans les autres plantes alimentaires ni dans un bétail suffisant le complément nécessaire pour l'alimentation, et les industries des campagnes ne fournissaient pas, non plus, les ressources qui auraient permis de suppléer à l'insuffisance des produits du sol; les travaux publics laissaient fort à désirer : le manque de voies de communication et la fréquence des inondations contribuaient beaucoup à la misère du pays, bien que les corvées pour la construction et la réparation des routes pesassent lourdement sur les populations rurales. Un changement parut se produire sous le règne de Louis XVI; l'agriculture semble en faveur, des essais sont tentés, des capitaux sont mis à la disposition de la culture. Mais bientôt les causes de mécontentement se multiplient et des plaintes parfois très vives sont exprimées: en 1786 l'Assemblée provinciale de Touraine, Maine et Anjou refuse d'accorder au gouvernement une augmentation sur les vingtièmes; les privilèges de la noblesse, du clergé, de certains offices judiciaires sont signalés comme étant iniques et comme grevant lourdement le peuple. La Révolution néanmoins fut bénigne; bien que tenant aux avantages que procurait le nouvel état de choses, la population agricole de la Touraine ne fut ni cruelle, ni affolée.

Sous la Restauration, « la bande noire » continua l'œuvre de la Révolution en achetant les anciens domaines seigneuriaux et en les vendant par parcelles.

L'esprit des populations rurales de cette partie de la France est modéré; le paysan est moins grossier qu'ailleurs, son intelligence est ouverte et il s'instruit aisément; il ne parle même pas un patois, mais bien la pure langue française. Jusqu'au XVIIIe siècle, l'ignorance était générale dans les campagnes et il a fallu du temps pour la faire disparaitre. Il y a une dizaine d'années, sur 36 accusés traduits devant la Cour d'assises d'Indre-et-Loire, 33 étaient complètement illettrés ou ne savaient lire et écrire que très imparfaitement; pour les jeunes mariés, la proportion des ignorants était d'un tiers. C'est seulement à partir de 1880 que le chiffre des conscrits illettrés, longtemps stationnaire à 17,71 0/0, s'est abaissé à 13,7 0/0 et que les cours d'adultes, au nombre de 260, comptaient 3.887 élèves. L'année suivante cinq communes seulement n'avaient point d'écoles. En tout cas, la statistique relevait l'existence de 581 écoles avec une population scolaire de 34.315 enfants. L'état de l'instruction agricole est moins satisfaisant; toutefois des progrès se réalisent: les conférences agricoles se sont multipliées depuis 4 ou 5 ans et parfois elles ont attiré 400 auditeurs. Le paysan tourangeau est assez sceptique et assez froid pour tout ce qui ne se rapporte pas directement à des intérêt positifs : c'est donc dire qu'il se soucie peu des théories socialistes. Il n'est certainement pas imprévoyant, mais il s'attache peu aux idées morales et religieuses, bien qu'il n'affiche aucune hostilité contre les ministres de la religion et les personnes qui pratiquent les exercices du culte. Il est honnête pour les choses importantes, et l'est moins pour les petites. Il n'est pas ivrogne et ne s'adonne, pour ainsi dire, pas à l'alcoolisme. C'est qu'il est prévoyant et laborieux; la femme est non moins énergique et il n'est pas rare de voir un ménage tourangeau continuer à travailler jusqu'à un âge avancé. S'il aime les plaisirs pris en commun, le paysan a le sentiment de la famille très prononcé; toutefois, en Touraine comme partout, du reste, les enfants ont une grande tendance à abandonner le foyer de la famille pour aller dans les villes. L'accroissement du nombre des naissances illégitimes, surtout dans l'arrondissement de Tours, montre assez que les motifs d'ordre économique ne sont pour rien dans cette émigration, plus préjudiciable qu'avantageuse pour la moralité des populations.

Le département d'Indre-et-Loire est un de ceux où la population continue de s'accroître, bien que faiblement, par l'excédent des naissances sur les décès : 6.760 contre 6.121 en 1882. La criminalité n'est pas considérable et encore il faut faire entrer en ligne de compte la proportion assez grande de l'élément étranger qui figure pour un cinquième dans le chiffre des condamnations graves. La population rurale fournit relativement moins d'inculpés que la population urbaine, comme on le voit, en comparant les chiffres des arrondissements agricoles à ceux que donnent les arrondissements où se trouvent des villes d'une certaine importance. Ainsi, l'arrondissement de Tours compte 647 prévenus de délits correctionnels, celui de Chinon 337, celui de Loches 90. Le département, pris dans son ensemble, compte 1 accusé de crime pour 8.200 habitants et 1 prévenu de délits correctionnels pour 269. — Ce qui est à noter, c'est le développement de l'assistance donnée à l'enfance; le service des pupilles de l'assistance, compromis dans plusieurs départements par l'insuffisance des fonds de pension alloués chaque mois aux nourriciers, est fort amélioré; le département d'Indre-et-Loire a élevé cette allocation à 10 ou 12 fr.; chaque enfant lui coûte annuellement 170 ou 180 fr., plus le vêtement qui n'est pas compris dans ce chiffre. Mais les secours matériels ne suffisent point; il conviendrait de pourvoir d'une tutelle régulière et effective beaucoup d'enfants orphelins élevés par la charité publique, mais exposés à se voir d'un jour à l'autre privés de tout appui. Tout le monde connaît la célèbre colonie agricole de Mettray : cet établissement, dont l'éloge n'est plus à faire, a rendu à la Touraine de grands services en fournissant un personnel agricole utile, en transformant le sol sur une étendue de plusieurs centaines d'hectares et en donnant l'exemple des travaux d'amélioration.

faits sont, me semble-t-il, ceux-ci : La frappe de l'argent est suspendue partout en Europe. Nous sommes donc en fait au régime du monométallisme-or. La production de l'or est insuffisante pour les besoins monétaires, car les Hôtels des monnaies sont presque réduits à chômer. L'instrument des échanges n'étant plus alimenté par une frappe moyenne d'environ un milliard fr. par an, comme jadis, se contracte ; d'où baisse des prix, caractère essentiel et cause de la crise actuelle.

Cette cause de la crise me paraît indéniable : 1° parce qu'elle a été mise en relief avec toutes ses conséquences, avant que les événements ne vinssent confirmer ces prévisions ; 2° parce qu'une crise exactement pareille à celle que nous subissons a été produite après 1819 par une cause semblable ; 3° parce que l'explication que j'indique est conforme aux principes les moins contestés de l'économie politique.

I. — La crise actuelle a été annoncée de la façon la plus précise par les autorités les plus compétentes et les plus diverses. Écoutons d'abord les bimétallistes. Il y a plus de quatorze ans déjà, MM. Wolowski et Ernest Seyd annonçaient dans les termes suivants, les conséquences inévitables de la démonétisation de l'argent par un grand État, sans même prévoir alors une proscription générale de ce métal, comme celle qui a eu lieu depuis : 1° Le commerce déclinera, surtout dans les pays qui font le plus d'affaires avec l'étranger ; 2° la baisse des prix causera de grands dommages aux industriels, aux négociants et aux agriculteurs, et par suite à leurs ouvriers; elle ne profitera qu'aux rentiers et aux détenteurs de la monnaie ; 3° l'industrie étant frappée dans ses profits par la baisse des prix, on créera beaucoup moins d'affaires nouvelles ; 4° dans cette période de dépression dont on ne comprendra pas la cause, on aura recours à des expédients qui aggraveront le mal, et entre autres aux droits protecteurs. « Si vous supprimez l'argent comme moteur de la circulation, dit M. Wolowski à la Commission monétaire, le 7 avril 1870, vous diminuerez la masse métallique destinée à servir d'instrument aux échanges dans le monde. Une baisse considérable des prix sera la conséquence nécessaire de la rareté du métal ; les terres, par exemple, s'échangeront contre une quantité moindre de numéraire. Le propriétaire sera pris entre deux feux et lésé dans les deux sens; la terre baissera de prix et l'emprunt hypothécaire dont il supporte la charge deviendra plus lourd. »

Léon Faucher, dès 1843, prédisait la crise actuelle en termes encore plus forts. « Le gouvernement, dit-il, ne peut pas ordonner que la valeur type sera l'or désormais, au lieu d'être l'argent, car ce serait décréter une révolution, et la plus dangereuse de toutes, une révolution qui marcherait vers l'inconnu. » (*Recherches sur l'or et l'argent*, 6.104.)

Écoutons maintenant les monométallistes.

rait occasionner les plus graves désordres dans le monde économique et produire une crise plus désastreuse que toutes celles dont le monde commercial a gardé le souvenir. » M. Goschen n'a-t-il pas été bon prophète ? Tous les États européens ont proscrit l'argent et sinon légalement, du moins pratiquement adopté l'étalon d'or, et la crise prédite par l'éminent homme d'État anglais se développe sous nos yeux.

M. Soetbeer, le savant patron du monométallisme allemand, écrit dans les *Jahrbücher für national Œkonomie*, 15 juillet 1880, p. 129, en parlant de l'adoption générale de l'étalon d'or : « Cette solution de la question monétaire serait sans doute théoriquement la meilleure, mais l'impossibilité de la réaliser est si évidente qu'il est inutile de s'arrêter à discuter une mesure qui aurait pour conséquence une dépréciation de l'argent et une baisse de tous les prix absolument incalculable.» La baisse des prix est bien telle, en effet, que l'a prévue M. Soetbeer.

Encore une citation. M. P. Leroy-Beaulieu, *last not least*, dit que la France aurait fait banqueroute, sans l'augmentation extraordinaire de l'or après 1850. (*Science des Finances*, t. II, p. 323.) Il s'ensuit donc manifestement que le phénomène inverse, la diminution de la production de l'or, aggravée par la proscription de l'argent, doit nous conduire à la faillite.

Voilà les prophéties. Sont-elles suffisamment claires ? Au reste, point n'était besoin, semble-t-il, d'être prophète pour voir qu'une « révolution monétaire » (mot de M. Léon Faucher) plus violente, plus radicale que l'on eût pu l'imaginer, doit avoir les plus sérieuses conséquences. Depuis le début de l'emploi des métaux précieux comme monnaie, toujours on s'est servi de l'or et de l'argent simultanément, l'argent étant la monnaie principale, naturelle, comme dit Locke, l'or la monnaie de luxe. Quand les économistes enseignent que les métaux précieux sont désignés par leurs qualités spéciales pour faire l'office d'instrument de l'échange, ils parlent à la fois de l'or et de l'argent. Dans son admirable traité sur *la Formation et la distribution des richesses*, Turgot met sur la même ligne l'argent et l'or, en montrant qu'ils possèdent une aptitude égale à remplir la fonction monétaire. « L'or et l'argent, dit Ricardo, ayant été choisis comme agents de la circulation générale, etc. » (*Princ. d'Écon. pol.* ch. XII). Tous les maîtres de la science parlent de même. Et brusquement, après 1870 et 1873, l'Allemagne, et à sa suite les autres États européens proscrivent la frappe du métal, qui dès l'origine, a été la monnaie par excellence, à tel point qu'en français « argent » et « numéraire » étaient synonymes, pour réserver le rôle de monnaie internationale à l'or, métal dont la production est soumise à de constants soubresauts et qui, par conséquent, ne peut avoir cette qualité essentielle de toute commune mesure des richesses, la stabilité de valeur. Comment une volte-face aussi révolutionnaire n'aurait-elle pas les plus fâcheuses conséquences ?

II. — Crise de contraction monétaire et de baisse des prix de 1819 à 1830. — La contraction actuelle et la baisse des prix a été produite par les trois causes suivantes : 1° Diminution de la production de l'or de 700 à 500 millions ; 2° Suspension générale de la frappe de l'argent depuis 1873 ; 3° Absorption exceptionnelle d'or d'environ 3 1/2 milliards par l'Allemagne et les États scandinaves adoptant l'étalon d'or, et par les États-Unis et l'Italie revenant à une circulation métallique.

Mêmes causes, mêmes effets, après 1819 : 1° La production des métaux précieux diminue ; 2° L'Angleterre reprend la circulation métallique ; 3° Elle passe à l'étalon d'or, soustrayant à l'Europe environ un demi-milliard. (V. Mémorandum de la Banque d'Angleterre, daté de 1832, où on lit : « Cette grande quantité d'or n'a pu être obtenue que par la réduction du prix des marchandises. »)

La diminution de la production des métaux précieux résulte des chiffres suivants empruntés à M. Soetbeer :

	Kilog. argent.	Kilog. or.	Valeur en millions fr.
Années 1801—1810....	894.150	17.778	265
1811—1820....	540.770	11.445	161
1821—1830....	460.560	14.216	153

M. P. Leroy-Beaulieu et E. Pirmez soutenaient, en 1881, que cette diminution dans la production des métaux précieux n'avait eu aucun effet sur les prix. Je me rappelais que, dans mes études d'économie rurale, j'avais constaté, après 1820, une dépréciation considérable de valeur des terres, en Hollande et en Allemagne surtout, et un examen plus attentif de la question m'amena à voir que cette dépréciation avait été le résultat d'une crise intense et générale, dont le caractère essentiel était la baisse de tous les prix. M. Jevons l'estime à 30 0/0 au moins. On peut la suivre dans le livre classique de Tooke et Newmarch, *History of prices*, et dans les discussions au sein du Parlement anglais. Voici ce que disait, le 12 juillet 1822, un de ses membres les plus instruits en cette matière, M. Matthias Atwood : « Si on poursuit l'examen des faits jusqu'à ce jour, on voit que les prix des quarante principales marchandises ont baissé de 40 0/0, c'est-à-dire à peu près dans les mêmes proportions que les denrées agricoles. Toutes les valeurs, tant mobilières qu'immobilières de l'Angleterre, ont donc diminué de près de la moitié. Dira-t-on que les prix à l'étranger n'ont pas moins baissé ; soit ; mais alors je vous poserai ce dilemme : ou la masse des produits a dû augmenter partout à la fois énormément, ou la quantité de la monnaie a dû diminuer. Que la production se soit si brusquement et si considérablement développée dans tous les pays et dans toutes les zones, c'est ce qu'il est impossible d'admettre. Il faut donc en conclure que la monnaie en circulation s'est réduite. » Ne peut-on pas faire exactement le même raisonnement aujourd'hui? La détresse générale était si grande que Brougham proposa, en 1822, de diminuer les impôts, et qu'on suggéra même l'idée de réduire la livre sterling de 20 à 14 shellings. En 1820, la prime sur l'or à Hambourg, la place régulatrice, s'élève à 10 0/0, et en même temps la stagnation des affaires est telle que le taux de l'intérêt tombe à 1 1/2 au mois d'août 1819. Dans un écrit très curieux de l'historien Alison : *England in 1814 and 1845, or a sufficient and a contracted money*, nous trouvons une description détaillée de la crise. Quelle en est la cause? « La réponse est, dit-il, que c'est la contraction de la circulation, *contraction of the currency*, qui a accompagné la reprise des payements en espèces, conformément au bill de 1819. » Un autre auteur, D. Lubé, écrit en 1827, *Argument against one gold standard :* « L'étalon d'or a réduit la circulation au-dessous de la limite où on peut obtenir des prix rémunérateurs, eu égard aux taxes actuelles. »

Nous trouvons des traces de la crise dans un débat très intéressant entre J.-B. Say et Malthus, au sujet des causes qui la provoquaient. (*Lettres à Malthus sur les causes de la stagnation générale du commerce*, 1820.) Malthus l'attribue, comme on le fait généralement aujourd'hui, à un excès général de production. Say, s'appuyant sur la théorie classique du *glut*, montre qu'un *glut* ou engorgement universel n'est pas possible, et il croit que la crise provient, non de l'excès, mais de l'insuffisance de la production en certains pays. En passant, il note quelques traits de la perturbation économique générale : « Déjà l'Angleterre, par ses angoisses, avertit les autres nations des douleurs qui leur sont réservées » (p. 94). Caractère de la crise alors comme aujourd'hui, baisse universelle des prix : « Les marchandises qui surabondent sur les marchés de l'univers peuvent frapper les yeux par leur masse et effrayer le commerce par l'avilissement de leur prix » (p. 121). Autre caractère de la crise alors comme aujourd'hui : surabondance de capitaux oisifs, baisse du taux de l'intérêt : « Les capitaux dorment au fond des coffres des capitalistes. La Banque de France seule a 223 millions en espèces dans ses caisses, somme plus que double de la somme de ses billets en circulation » (p. 102). C'est alors que se fait la conversion des dettes. Alison dit dans son livre sur la Contraction monétaire : « Il n'y a pas de doute que la réduction du taux de l'intérêt n'impose aux détenteurs du capital une perte aussi grande, dans beaucoup de cas, que celle subie par les classes productives, à la suite de la baisse du prix des marchandises. » C'est pendant la période de la baisse des prix qui suivit 1819 que la France convertit le 5 0/0 en 3 0/0 et l'Angleterre son 4 en 3 1/2. Le même phénomène se produit aujourd'hui. Le capital fuit toutes les entreprises

sur les blés, 3 francs en France, 3 marks en Allemagne et même tendance en Autriche.

La situation peut se résumer par deux métaphores pittoresques de M. de Bismarck : « Les fanatiques de l'or n'ont mis que de l'eau dans notre marmite ; triste bouillon ! » — « L'or est devenu une couverture trop étroite ; on se bat pour en avoir une part. »

III. — La proposition que la baisse générale des prix, cause principale de la crise actuelle, comme de celle de 1819-1829, est due à la contraction monétaire, est justifiée par les principes les moins discutés de l'économie politique.

Tout d'abord, y a-t-il baisse générale des prix ? M. Leroy-Beaulieu le conteste ; le prix des maisons n'a pas diminué, dit-il. C'est une erreur. Dans toute l'Europe, il a fléchi au moins d'un quart, dans certaines villes d'un tiers. Tout est moins cher, même les oranges, qui d'après M. Clavé, se vendent à moitié prix en Sicile. La baisse générale des prix a été démontrée par MM. Giffen, Gibbs, Thorold Rogers, il y a deux ou trois années déjà, et depuis lors, elle n'a fait que s'accentuer davantage. Le *Times* du 7 mai 1883 disait : « Les prix sont très bas ; ils sont tombés presque au niveau de l'époque qui a précédé les grandes découvertes d'or. » L'*Economist* du 5 juillet 1883 écrit : « Dans leur ensemble, les prix en juin 1879 ont été plus bas qu'en aucun temps postérieur aux découvertes d'or, et fin juin 1884, ils sont encore plus bas. » En juillet 1884, le *Times* écrit : « Le prix de la plupart des marchandises fléchit d'une manière continue. Il échappe désormais à toute prévision. » Inutile de multiplier les preuves. Le fait est trop évident.

De quoi dépend le prix ? Du rapport qui existe entre le total des objets à échanger et le total des moyens d'échange métalliques et fiduciaires. Les moyens d'échange métalliques ont diminué, car : 1° les États-Unis, l'Italie, l'Allemagne et les États scandinaves ont absorbé un tribut exceptionnel de 3 1/2 milliards ; 2° la production de l'or a diminué : elle est estimée par les consciencieux calculs de M. Burchard, directeur de la Monnaie américaine, à dollars 103 millions en 1881, 98 millions en 1882, 94 millions en 1883 ; 3° l'argent n'est plus venu alimenter la circulation. L'or, seul métal monétaire, est produit en quantité insuffisante, d'où, comme conséquence : frappe monétaire presque nulle en Europe.

Voici le budget de l'or. Production : environ 500 millions. Consommation : par l'industrie, 280 millions ; exportation vers l'Extrême-Orient, 100 millions ; frais et pertes par naufrage, enfouissement, etc., 30 millions. Reste donc environ 100 millions pour l'accroissement du stock monétaire, ce qui est à peine suffisant pour les États-Unis seuls, qui gardent toute leur production dès maintenant, et qui la conserveront à plus forte raison, quand, le Bland-bill suspendu, ils auront cessé de frapper 120 millions de dollars d'argent par an.

Que reste-t-il pour l'Europe ? Rien ! En ceci comme en tout, il faut surtout tenir compte des changements survenus. Dans ses articles de 1881 (*l'Économiste français*), M. P. Leroy-Beaulieu, résumant les calculs de M. Soetbeer, montrait que de 1851 à 1875 les douze principaux États avaient monnayé pour plus de 29 milliards d'or et d'argent, soit plus d'un milliard par an. Quel contraste avec les chiffres actuels ! La France frappait par an, de 1850 à 1870, de 250 à 300 millions de francs or et argent. Voici les chiffres récents en millions de francs. FRANCE, 1879 : 24 ; — 1880 : zéro ; — 1881 : 2 ; — 1882 : 3 ; — 1883 : zéro ; — 1884 : zéro. — ANGLETERRE, 1879 : 37.613 liv. st. ; — 1880 : 4.154.604 ; — 1881 : zéro ; — 1882 : zéro ; — 1883 : 1.435.228. — BELGIQUE, 1879 : zéro ; — 1880 : zéro ; — 1881 : zéro ; — 1882 : 10 millions, marks d'or convertis en francs ; — 1883 : zéro ; — 1884 : zéro.

Récemment, aux Chambres belges, on s'est plaint amèrement d'avoir construit un Hôtel des monnaies qui ne sert à rien ; mais il en est de même presque partout en Europe, parce que les pays producteurs d'or le convertissent eux-mêmes en monnaie pour leur usage. Ainsi, la frappe d'or des États-Unis, depuis six ans, a absorbé beaucoup au delà de sa propre production : 1878 : 52.798.000 dollars ; — 1879 : 40.986.000 ; — 1880 : 56.157.000 ; — 1881 : 78.773.000 ; — 1882 : 89.413.000 ; — 1883 : 35.936.000 ; — 1884 : 27.932.000. Total, en sept ans, 381.955.000 dollars. Production d'or en ces sept années, environ 231.000.000 dollars. Donc, excédent de la frappe de l'or sur la production, 150 millions de dollars ou plus de 760 millions de francs.

Dans ces dernières années, l'Union américaine a enlevé plus d'un milliard et demi d'or à l'Europe. Chose impossible, disait M. Pirmez, les fleuves ne remontent pas vers leur source. Les statistiques montrent une fois de plus que comparaison n'est pas raison. Dès que le Bland-bill sera suspendu, l'or devra remplacer les 120 millions d'argent frappés chaque année maintenant. Phénomène plus étrange encore, très exceptionnel sans doute, mais qui peut être considéré comme un avertissement pour l'avenir : au commencement de l'an dernier, 920.000 liv. st. d'or ont été expédiés d'Angleterre en Australie.

Nous sommes en présence d'un fait sans précédent dans l'histoire économique. Dans le pays le plus riche du monde en métaux précieux, en France, depuis cinq ans, on n'a plus frappé que des pièces d'or de 100 francs pour les jeux de Monaco. Considérez le tableau du monnayage annuel en France depuis l'an XI. Dès 1832, on frappe, or et argent, 132 millions ; en 1834, 248 millions ; on tombe parfois très bas, comme en 1836, à 48 millions; mais après 1850, on arrive à des chiffres énormes : 528 millions en 1855; 576 millions en 1857, et enfin 711 millions en 1859. Et aujourd'hui la source a tari; le fleuve est à sec.

Qui peut soutenir qu'un fait aussi inouï n'a aucune conséquence? Tous les économistes, y compris M. P. Leroy-Beaulieu, admettent que l'or des Placers a contribué à produire ce prodigieux développement économique qui a signalé la période 1850-1870. Si cela est vrai, comment le phénomène inverse, la cessation presque complète de l'afflux monétaire, n'aurait-il pas pour effet la baisse des prix, des pertes sans cesse répétées infligées à l'agriculture et à l'industrie, et, par suite, la dépression de la vie économique, la crise?

Mais, dit-on, l'emploi plus grand du crédit est venu en aide à l'instrument métallique des échanges qui se contractait. M. P. Leroy-Beaulieu l'affirme, mais M. Giffen le nie. « Je doute, dit celui-ci, qu'aucune économie sérieuse ait été faite dans la substitution du crédit à l'or, relativement aux échanges accomplis. » Voici un chiffre qui semble donner raison à M. Giffen : les compensations au Clearing-House de Londres atteignaient, dès 1873, le chiffre de 150 milliards de francs, qu'il n'a guère dépassé depuis et qu'il n'atteint plus aujourd'hui. Il est, d'ailleurs, un fait incontestable : tous les pays civilisés, sauf la France et les États-Unis, n'ont pas la quantité d'or nécessaire. En Angleterre même, la Banque a la plus grande peine à maintenir son encaisse au niveau voulu, et il en résulte une faiblesse du marché monétaire que l'*Economist* décrit dans les termes suivants : « La somme entièrement disponible sur le marché de Londres était estimée, par une autorité très compétente, il y a une dizaine d'années, à 4 millions sterling. Aujourd'hui, la marge est tombée beaucoup au-dessous de cette misérable somme de 4 millions. Quand arrive une demande d'or réelle d'un million sterling, enlevé absolument au marché et détenu ailleurs, immédiatement le marché éprouve une pression sensible. » (4 février 1882.) Depuis cette date, la position n'a fait qu'empirer, comme on l'a vu cet hiver, malgré une atonie extraordinaire des affaires. Les économistes anglais, depuis Bagehot jusqu'à Giffen, ont dit qu'il fallait à l'Angleterre pour les besoins monétaires et industriels, une importation d'or de 5 millions sterling, et loin de les obtenir, elle perd chaque année une partie de son or, comme le montrent les chiffres suivants, qui indiquent en millions sterling l'excédent des exportations sur les importations d'or dans ces dernières années : 1877 : 7,5; — 1878 : 3,4; — 1879 : 7,3; — 1880 : 5,3; — 1881 : 8,6; — 1882 : 0,7; — 1883 : 2,4. L'Angleterre qui, avant 1870, avait en général un excédent d'importation d'or de près de 200 millions fr., a perdu, ces cinq dernières années, 500 millions fr., et cependant sa population s'est accrue. D'après les calculs de M. Ott t, la circulation métallique, depuis 1871, y est tombée à 2 liv. st. ıar tête, ce qui constitue une réduction de 1 liv. st. ou 30 p. c. Le auteur prouve que depuis 1871 la circulation métallique par tête i diminué en Allemagne, malgré les milliards français. Les calculs Ottomar Haupt faits avec le plus grand soin confirment ces affir- ıs.

ıi, tous les chiffres nous mènent à la même conclusion, énergi- ɔnt déniée par nos adversaires en 1881, mais qui devient évidente 'd'hui. L'or seul ne suffit pas pour fournir au monde l'instrument ınge nécessaire, à moins de passer par une énorme dépréciation ix. Décidément, la couverture est trop étroite.

ɔhénomène peut être compris par tous. Un chemin de fer trans- les marchandises au moyen de deux espèces de wagons, les uns ı, les autres blancs, en quantité à peu près égale. Il met hors de e les wagons blancs. Quelle en sera la conséquence? C'est qu'une des marchandises ne pourra plus être transportée, à moins qu'on comprime de façon à ce qu'elles prennent moitié moins de place.

s les débuts de la civilisation, la circulation des valeurs a été opé- ı moyen des deux métaux, l'or et l'argent. Brusquement, on pros- argent, qui ne peut plus, comme autrefois, venir contribuer à ɘnir l'instrument des échanges au niveau des besoins croissants du ıerce. Que doit-il en résulter? Évidemment, une perturbation éco- ıue, une crise qui ne cessera que quand la baisse des prix aura sez forte pour que, avec une quantité moindre de numéraire, on : opérer autant d'échanges qu'auparavant. Le délégué des États- ı la Conférence monétaire de 1878, M. G. Walker, professeur d'éco- ; politique, a caractérisé de la façon la plus énergique les souf- ıs résultant d'une semblable perturbation. « Suffocation, strango- , sont des mots à peine assez forts pour dépeindre l'agonie du e économique quand il est saisi dans les replis mortels d'un instru- d'échange qui se contracte. »

qui prolongera cette crise, c'est que la quantité d'or, désormais nétal monétaire, dont pourra disposer l'Europe, ira en diminuant ıure que les pays producteurs d'or, États-Unis, Australie, Russie, ɔis grands empires à qui appartient l'espace et l'avenir, se déve- ront et par conséquent garderont pour eux le métal précieux qu'ils ront de leurs mines.

ɉuand, après une série de crises dont il est impossible de prévoir ·ée et la gravité, comme l'avoue M. Soetbeer lui-même, on sera ar- une sorte d'équilibre sur la base des prix réduits, le résultat final, inique que désastreux, sera une augmentation considérable des es de tous les débiteurs à long terme : propriétaires grevés d'hypothèques, sociétés industrielles et chemins de fer débiteurs d'obligations et principalement contribuables européens qui doivent chaque année payer les intérêts de 110 milliards de francs. Leur dette sera devenue plus lourde dans la proportion de la baisse des prix; car, pour réunir une même somme en numéraire, ils devront livrer une plus grande quantité de leurs produits. Comme il en restera moins pour eux, ils seront plus pauvres, plus accablés, eux qui forment principalement les classes productives.

Et pourquoi imposer tant de souffrances à l'humanité et accumuler tant de ruines? Pour réaliser ce que M. Goschen appelle une utopie non seulement fausse, mais funeste.

ÉMILE DE LAVELEYE.

LA NATIONALITÉ EXCLUSIVE.

A M. LE RÉDACTEUR DU *Journal des Économistes*,

Monsieur, permettez-moi de rappeler à l'observation des saines notions d'Économie politique ou sociale les hommes même haut placés qui s'en écartent en ce moment.

En 1848, année où j'avais fondé le club de *la Fraternité des Peuples*, on disait : « Les peuples sont des frères », et l'on ajoutait : « Il faut que les étrangers soient chez nous comme chez eux, afin que nous soyons chez eux comme chez nous ». Et aujourd'hui il s'agit de renvoyer les étrangers de toutes les administrations, de toutes les fabriques, et, au besoin, les expulser en « voitures cellulaires ».

Et que dira-t-on si l'étranger en fait autant, si la Russie, l'Angleterre, l'Allemagne, renvoient les ouvriers français qui y sont très nombreux et qui retomberont sur les bras de la France?

M. le ministre des postes et télégraphes est placé mieux qu'un autre pour apprécier l'avantage du rapprochement des peuples. Eh! bien, il expulse les étrangers non seulement des télégraphes, mais aussi des téléphones, qu'il n'a pas acquis encore, faute d'argent. Si les ingénieurs italiens ou américains sont les meilleurs, que gagnera-t-on à les remplacer par des ingénieurs français moins bons? Les employées nées en France, de mères françaises, ne trouvent pas merci auprès de M. Cochery si leurs pères ont été étrangers. On me dit que la législation le veut ainsi. Je sais que, pour ma part, mon tailleur et mon cordonnier n'ont pas trouvé de difficulté pour se faire naturaliser Français, faculté qui m'a toujours été refusée.

Agréez, monsieur, etc. IVAN DE GOLOVINE.

BULLETIN

PUBLICATIONS DU « JOURNAL OFFICIEL ».

2 février. — **Rapport** adressé au président de la République française, par le ministre de l'intérieur, sur l'exécution de la loi du 23 décembre 1874, relative à la protection du premier âge.

— **Décret** portant suppression de la direction des cartes et plans du ministère des travaux publics.

— **Décret** portant suppression de la direction de la comptabilité au ministère des travaux publics et rattachant les services de la comptabilité à la direction du personnel et du secrétariat.

— **Liste** des dons faits au Conservatoire des arts et métiers pendant l'année 1884.

5 février. — **Rapport** au président du conseil, ministre des affaires étrangères, sur les travaux de la commission des archives diplomatiques pendant l'année 1884.

7 février. — **Décrets** créant des tribunaux de commerce à Cannes et à Menton.

— **Circulaire** du ministre du commerce, adressée aux préfets, relative à l'envoi du rapport général rédigé par la commission des logements de la ville de Paris sur ses travaux pendant les années 1877 à 1883.

8 février. — **Décision** fixant l'intérêt attaché aux bons du Trésor dont l'échéance ne dépasse pas une année.

9 février. — **Tableaux** contenant des renseignements sur la campagne agricole 1884-1885.

10 février. — **Arrêté** portant modification à l'arrêté du 23 décembre 1884 sur les poudres de commerce extérieur.

11 février. — **Tableau** des ouvertures, concessions et déclarations d'utilité publique des chemins de fer français en 1884.

12 février. — **Rapport** adressé au sous-secrétaire d'État de la marine et des colonies par M. Paul Brunat, chargé d'une mission commerciale au Tonkin.

— **État** des **contributions directes, des taxes assimilées et de l'impôt** sur le **revenu des valeurs mobilières.**

— **Impôts** et **revenus indirects** en **France.** — **États comparatifs** des **recettes de l'exercice 1884, avec les** évaluations **budgétaires du même** exercice et avec les **recettes** de l'exercice **1883.**

— **Impôts** et **revenus indirects en Algérie.** — **États comparatifs des recettes de l'exercice 1884, avec les évaluations budgétaires du même** exercice et avec les **recettes de l'exercice 1883.**

— **13** février. — **Tableau adressé au ministre de la marine et des colonies par le résident général de France à Hué, indiquant le prix des principales denrées, marchandises, etc., au Tonkin.**

14 février. — **Loi relative à l'agrandissement de l'École nationale des** beaux-arts.

— **Rapport adressé au Président de la République sur les principaux résultats des opérations des banques coloniales pendant l'exercice 1883-1884.**

— **Décret portant règlement d'administration publique pour l'organisation centrale du ministère des finances.**

15 février. — **Rapport** sur les **opérations de la caisse des lycées, collèges et écoles primaires** pendant l'année **1884, présenté par les ministres** de l'instruction **publique** et des finances au **Président de la Rép** blique.

— **Instruction,** suivie d'un **programme, pour l'admission à l'Éco** **polytechnique** en 1885.

17 février. — **Arrêtés** réglant les conditions du **tirage au sort des** ries du fonds 3 0/0 **amortissable** à **rembourser à partir de 1879 et ins** tuant une commission **à** l'effet de procéder aux **opérations de ce tirag**

18 février. — **Rapport** adressé au ministre de **la marine et des col** nies sur les travaux du **conseil** supérieur des **colonies.**

19 février. — **Décret portant** fixation de l'indemnité **accordée a** conseillers délégués **pour** présider les **assises ordinaires dans les vil** qui ne sont point chefs-lieux de cour d'appel.

— **Note** au sujet des mesures sanitaires que **l'Espagne continu** appliquer aux peaux, cuirs, papiers, etc., de **provenance française.**

pera pas si les bases sur lesquelles elle repose ont été sévèrement contrôlées.

Pénétrés de ces principes, les publicistes et les hommes compétents de tous les pays ont demandé aux diverses administrations de noter, au jour le jour, les faits qui passent sous leurs yeux, les conséquences des mesures prises. Puis, pour obtenir plus d'ordre dans ces mille constatations, une meilleure méthode d'exposition, ils ont voulu que toutes ces statistiques dressées par les différents services publics fussent réunies, disposées par une seule autorité qui, en assurant l'unité, augmenterait leur force.

C'est ainsi que dans divers pays étrangers, en Suède, en Belgique, en Italie, notamment, des commissions supérieures de statistique ont été créées.

Depuis longtemps, une semblable création était réclamée en France. Les Chambres ont, à plusieurs reprises, manifesté leur sentiment dans ce sens. Aussi, mon honorable prédécesseur a-t-il déféré à ces vœux en confiant à une commission spéciale, composée de membres du Parlement, de savants et de représentants des divers ministères, la mission d'étudier et de préparer l'organisation d'un conseil supérieur de statistique.

Cette commission a terminé ses travaux et, par l'organe de son président, l'honorable M. Édouard Millaud, sénateur, elle vient de m'adresser un Rapport sur la question.

Ce Rapport définit le rôle du conseil supérieur placé sous l'autorité du ministre du commerce, règle sa composition, ses attributions, son fonctionnement. Les bureaux de statistique fonctionnant aujourd'hui dans les différents départements ministériels ne sont ni supprimés ni diminués. Placés aux sources mêmes des renseignements, ils continueront à les recueillir. Mais, au-dessus de tous ces bureaux, coordonnant toutes ces forces éparses, le conseil supérieur de statistique jouit d'une autorité consultative qui lui permettra de donner à tous les services d'utiles indications, une impulsion commune, une même métho[de].

Ses attributions sont purement consultatives; mais, comme il com[p]tera parmi ses membres les chefs des services statistiques des div[ers] départements ministériels, il n'est pas douteux qu'il réunira toutes [les] bonnes volontés et donnera l'unité à des services qui s'ignorent au[]jourd'hui les uns les autres. Enfin, il s'occupera plus particulièrem[ent] de la publication de l'« Annuaire statistique de la France » et cherche[ra à] établir des rapports entre la France et les services de statistique étr[an]gers.

J'ai l'honneur, Monsieur le Président, de mettre sous vos yeux, le [re]marquable Rapport de l'honorable M. Édouard Millaud, et je vous si vous approuvez ses conclusions, de vouloir bien revêtir de votre signature le projet de décret qui institue le conseil supérieur de statistique.

Veuillez agréer, Monsieur le Président, l'hommage de mon profond respect.

Le ministre du commerce, MAURICE ROUVIER.

RAPPORT adressé au ministre du commerce, au nom de la commission du conseil supérieur de statistique, par M. Edouard Millaud, sénateur, président.

Paris, 17 décembre 1884.

Monsieur le ministre,

Par un arrêté, en date du 12 mai 1884, votre honorable prédécesseur avait institué une commission composée de membres du Parlement, de l'Institut, de diverses sociétés savantes et de représentants des différents ministères[1].

Il avait bien voulu confier à cette commission l'étude préparatoire de l'organisation, de la composition, du mode de fonctionnement et des attributions d'un conseil supérieur de statistique. Ce conseil devait être particulièrement chargé, sous la présidence de M. le ministre du commerce, « de rechercher des règles uniformes applicables aux diverses branches de la statistique, de faciliter le rapprochement des faits et la comparaison des résultats, et d'obtenir ainsi une concordance, aussi complète que possible, entre les documents officiels, dans les meilleures conditions de classification comme dans l'emploi des unités et la forme des tableaux ».

Après de longues et mûres délibérations, la commission, que j'ai été appelé à l'honneur de présider, a adopté un ensemble de dispositions qui ont paru de nature à résoudre d'une manière pratique les diverses questions soumises à son examen.

J'ai reçu la mission de vous exposer le résultat de nos travaux ainsi

---

[1] Cette commission est composée de : MM. Edouard Millaud, sénateur, président, rapporteur; H. Maze, député; J. Roche, député; Levasseur, membre de l'Institut; Maurice Block; le Dr Chervin, publiciste; Pallain, directeur au ministère des finances; Tisserand, directeur au ministère de l'agriculture; Cheysson, directeur au ministère des travaux publics; Buisson, directeur au ministère de l'instruction publique; Georges Cochery, directeur au ministère des postes et télégraphes; Grison, directeur au ministère du commerce; de Beaucourt, directeur au ministère de la guerre; Yvernès, chef de division au ministère de la justice; Antoine, chef de service au ministère de l'intérieur; Dangibeaud, chef de bureau au ministère de la marine; le docteur Bertillon, chef de la statistique municipale de la Ville de Paris; Loua (Toussaint), chef de bureau au ministère du commerce, secrétaire.

que les motifs de nos conclusions. J'aurais vivement désiré lai
honneur à l'un de mes éminents collègues, mais je n'ai pu le
quand il m'a été imposé comme un devoir.

I

La statistique est une science essentiellement moderne. Si elle avant la Révolution française, s'il n'est permis d'oublier ni les p relevés de l'industrie, dressés sous le règne de Louis XIV pendan ministration de Colbert, ni les remarquables recherches de M. de vers 1788, on peut dire cependant qu'elle n'a été fondée qu'au cle, auquel revient le mérite d'en avoir établi les bases, indiqué cipes et déterminé les voies.

Résumé de connaissances positives, la statistique tend tous l davantage à substituer aux raisonnements *a priori* et aux dé souvent périlleuses, la constatation des faits puisés directemen sources, et la seule méthode d'observation. Par elle, le sa l'homme d'État peuvent, en quelque sorte, tenter l'anatomie d social et dégager les éléments nécessaires à la solution des plus problèmes.

Aucun gouvernement ne saurait, à notre époque, se désint d'une science qui a pour objet de s'enquérir de toutes les forces quelles vivent les sociétés. Dans les démocraties, les pouvoirs ont l'obligation plus étroite de peser ces forces, d'en déterminer leur et de les appliquer avec ordre et précision.

La défense du pays sur terre et sur mer, les mouvements de la lation, l'instruction et l'éducation d'un peuple et le degré de sa intellectuelle, les causes de la criminalité, les conditions de l'hy l'état des richesses du sol, naturelles ou conquises, l'importan créations industrielles, les transformations économiques du tra les questions qui en dérivent, les meilleurs moyens de faire com quer entre eux les hommes et de transporter les profits de leur a l'étendue de notre négoce intérieur ou colonial, les fluctuations de commerce général ; la répartition des impôts, l'art si rare d'obt plus rare encore de garder l'équilibre des finances ; la révélati pays voisins, trop souvent ignorés, même quand leurs frontières s mitrophes des nôtres, la constatation de leurs progrès qui nou nacent ou de leur décadence qui nous peut avertir, autant de entre bien d'autres, dignes de notre attention et qui appartienne science statistique, telle que vous la comprenez certainement, Mo le ministre, et telle qu'elle se manifeste pour nous.

Mais pour que la statistique réponde aux nécessités d'un tel gramme, pour qu'une tâche aussi vaste soit utilement abordée, i que la science emprunte ses éléments primordiaux à des sources dont la pureté soit à l'abri de toute altération; il faut qu'elle mérite, par la justesse de ses procédés et la rigueur des contrôles dont elle s'entoure, par la sûreté de ses investigations, d'inspirer une confiance absolue; il faut que les documents publiés soient ramenés à une même forme, suivant des cadres analogues, afin de pouvoir être comparés les uns aux autres; il est indispensable enfin que des études, souvent très savantes, mais isolées, contribuent à un ensemble complet et soient dirigées vers un même but.

L'organisation actuelle des bureaux de statistique remplit-elle ces diverses conditions? Il n'est pas permis de l'affirmer. En parcourant la nomenclature des différents services et de leurs attributions, on ne peut méconnaître qu'ils répondent chaque jour davantage aux besoins en vue desquels ils ont été créés et il n'est que juste de signaler les progrès incessants de leurs publications. On ne trouve plus aujourd'hui dans les remarquables Bulletins de nos ministères, les pacages et les pâturages confondus avec les landes et les bruyères comme il y a vingt-cinq ans, ni les usines qui obtiennent des produits amenés à leur dernière forme, classées avec des établissements qui fabriquent des produits simples destinés à une transformation. Chaque bureau est pénétré de la difficulté de sa tâche et rivalise de zèle avec ses voisins.

La statistique graphique, née d'hier, s'applique à toutes les branches de l'activité humaine; ses dessins parlent aux yeux et le diagramme tend à devenir une langue universelle. Les publications françaises ne sont point inférieures aux spécimens les plus ingénieux et les mieux compris parus à l'étranger.

Mais que de talent et que d'efforts perdus! Tels qu'ils sont constitués aujourd'hui, les bureaux demeurent sans aucun lien entre eux, et les travaux se produisent sous les types les plus divers; ce sont des corps d'armée excellents dont on ignore toute la puissance parce qu'ils ne peuvent opérer leur jonction.

Ce manque de cohésion, quelles que soient la bonne volonté et la haute compétence des chefs de service, rend difficile l'examen des faits, empêche de saisir leurs rapports, et s'il n'entrave point le développement de notre statistique officielle, si riche en renseignements de tout ordre, il ne permet pas d'en tirer tous les avantages possibles.

Les documents publiés par les divers ministères se ressentent parfois des tendances particulières et des points de vue spéciaux auxquels certaines directions se sont placées. Aussi arrive-t-il que, lorsqu'une même nature de faits ressortit à plusieurs services, certains relevés ne comportent pas tous les rapprochements utiles et n'autorisent aucune conclusion incontestable. Résultat non moins fâcheux : il peut arriver que dans

M. Cheysson, à la création en France d'une commission centrale sous le nom de conseil supérieur de statistique.

Grâce à ces diverses tentatives et aux études préparatoires auxquelles elles avaient donné lieu, la question était fort avancée. Dans la dernière session, la commission du budget émit un vœu favorable à cette institution et, à l'occasion de la discussion sur le ministère du commerce pour 1884, M. Jules Roche reprit ce vœu devant la Chambre dans la séance du 20 novembre 1883. Le discours que prononça notre honorable collègue eut un résultat décisif, puisqu'il donna au Parlement l'occasion de manifester son sentiment et amena un heureux accord entre les ministres des finances et du commerce.

En effet, M. le ministre votre prédécesseur, intervenant dans le débat, a déclaré que « l'établissement de cette commission lui paraissait absolument indispensable pour introduire des règles fixes et générales dans les travaux de statistique ».

De son côté, M. le ministre des finances, s'inspirant uniquement des intérêts de la science et de la chose publique, est venu affirmer, de la façon la plus expresse, qu'il déclinait toute prétention au rattachement du conseil supérieur à son département et a levé ainsi le principal obstacle qui s'opposait au succès de l'institution projetée.

Ces déclarations n'ont rencontré au Sénat aucune contradiction.

Il ne restait plus dès lors qu'à passer à l'exécution, et tel a été précisément le rôle assigné à la commission au nom de laquelle j'ai l'honneur de parler aujourd'hui.

Le champ de nos travaux était nettement délimité. Le Rapport adressé au ministre du commerce, le 19 février 1875, rapport que nous avons signalé ci-dessus, fut distribué à chacun des membres de la commission pour servir de premier point de départ à leurs délibérations.

Une discussion générale fut ouverte et ne laissa subsister aucun doute dans l'esprit des membres de la commission. La création projetée rencontra l'unanimité des suffrages.

La question se posait cependant de savoir s'il convenait de créer un service central de statistique. Cette création devant entraîner de graves modifications dans l'organisation et les rapports des divers services actuels, il a paru à la majorité de la commission, après un mûr examen, qu'il n'y avait lieu de toucher à l'état de choses actuel que pour établir, ainsi que l'avait du reste proposé le ministre du commerce, un conseil supérieur servant de lien entre les divers services, mais respectant leur autonomie.

L'organisation actuelle de la statistique offre, en effet, deux avantages: elle a pour elle la compétence et l'autorité. Chaque administration prépare aujourd'hui la statistique des services qu'elle dirige.

Ces services techniques sont plus à même d'apprécier leurs convenances et leurs ressources que ne le serait un service central ; ils n'éditent que ce qui est d'un intérêt général et réservent les renseignements dont la publication n'est point inopportune ou entraînerait des frais hors de proportion avec son utilité pour le public.

D'autre part, aujourd'hui, chaque administration s'adresse, pour faire des statistiques, à ses propres agents, qui sont tenus de lui répondre avec diligence, tandis qu'il serait à craindre que le même accueil ne fût pas toujours réservé aux circulaires d'un service extérieur qui n'aurait ni une action directe, ni un moyen de sanction pratique.

En conséquence, il a été décidé à l'unanimité que les bureaux de statistique continueraient à être chargés, comme par le passé, de diriger et de publier leurs travaux et que, pour dissiper toute appréhension à cet égard, on déclarerait expressément que le conseil supérieur serait pourvu d'attributions purement consultatives.

Après que des idées nettes eurent été échangées sur les attributions, la composition et le fonctionnement du conseil supérieur, la commission chargea une sous-commission spéciale [1] de préparer un travail, en s'inspirant des projets antérieurs et des principes qui avaient prévalu dans la discussion préliminaire.

Cette sous-commission, par l'organe de son rapporteur, formula des conclusions qui servirent de base à nos discussions et qui comprenaient les articles suivants :

1° L'institution du conseil ; 2° ses attributions ; 3° sa composition ; 4° celle de son bureau ; 5° le concours des personnes étrangères au conseil ; 6° le règlement des séances.

II. — Nous allons passer ces divers articles en revue, en indiquant les résolutions auxquelles la commission s'est arrêtée sur chacun d'eux.

Article 1er. — *Institution du conseil.* — L'adoption de cet article n'a soulevé aucune objection ; mais, suivant les considérations indiquées plus haut, il a paru nécessaire d'affirmer dans le texte que la nouvelle institution n'aurait d'autre but que de donner des avis sur les réformes à introduire, dans l'intérêt de l'administration et de la science ; qu'elle ne pourrait, en aucun cas, substituer son action à celle des services de statistique. Comme conséquence, il a semblé que la dénomination de conseil supérieur répondait mieux au caractère qu'on entendait imprimer à la création projetée que celle de commission centrale, adoptée en Belgique et dans divers autres pays.

[1] Cette sous-commission était composée de MM. Maurice Block, président ; Chervin, Levasseur, Loua, Cheysson, rapporteur, et Liégeard, secrétaire.

Article 2. — *Attributions du conseil.* — Cet article, l'un des plus importants du projet, a été, de la part de la commission, l'objectif d'un examen approfondi. Pour bien préciser de nouveau une idée sur laquelle nous n'avons pas jugé qu'il fût inutile d'insister, la commission a inscrit ces mots en tête de l'article : « Les attributions du conseil sont consultatives. »

En outre, afin de ne laisser subsister aucun doute sur ce point qu'on entendait laisser toute leur autonomie aux services existants, il a été décidé que le conseil supérieur n'aurait pas un droit d'initiative vis-à-vis des administrations publiques, mais donnerait son avis sur les questions qui lui seraient soumises.

Les administrations seront ainsi délivrées de toute préoccupation professionnelle et, loin de considérer le conseil comme un rouage gênant, elles n'y verront plus qu'un auxiliaire qui sera toujours à leur disposition pour la solution des problèmes dont l'étude est peu compatible avec les exigences journalières du service. Elles pourront aussi, à l'occasion, trouver dans son influence un appui pour faire aboutir les améliorations techniques qu'elles auraient à proposer.

(§ 2). Toutefois, le conseil supérieur, par cela même qu'il est rattaché au ministère du commerce, se trouve naturellement appelé tant à donner son avis sur les améliorations qui pourraient être introduites dans l'Annuaire statistique de la France qu'à assurer à cet important document un concours plus effectif et plus rapide de la part des divers départements ministériels.

A l'occasion de la discussion de ce paragraphe, quelques membres, sans oublier de rendre justice au zèle éclairé de M. Loua, ont cependant émis le vœu que l'Annuaire fût complété par un résumé succinct des statistiques étrangères, de manière à fournir des points de comparaison entre les principales données de la France et celles de l'étranger et à faire pressentir ainsi les avantages à attendre d'un *Annuaire international* dont l'exécution pourra s'imposer tôt ou tard!

(§ 3). Le conseil a encore reçu la mission de donner son avis sur l'entreprise et la publication de statistiques nouvelles. En effet, sans compter les recherches originales, dont on peut suggérer l'idée aux administrations compétentes, il existe bon nombre de travaux qui, après avoir été effectués et utilisés par les services, restent enfouis dans les archives, au détriment de la science. Le conseil pourra demander qu'ils en soient exhumés, sauf aux ministères compétents à présenter leurs objections, quand ils jugeront que cette publication manquerait d'intérêt ou occasionnerait des dépenses exagérées.

Le conseil a été aussi autorisé à émettre son opinion « sur les rapports à entretenir avec les services statistiques de la France et de l'étranger ».

(§ 4). Ces rapports sont nécessaires au conseil pour exercer l'action scientifique qui lui a été conférée par le paragraphe 1er. Ils lui permettront de remonter jusqu'aux sources mêmes de la statistique et pourront, d'après le sentiment de quelques membres, contribuer à vivifier les commissions cantonales. Il est d'ailleurs bien entendu que les rapports du conseil supérieur passeront par le ministre du commerce qui aura seul qualité pour correspondre directement avec ses collègues, et avec l'étranger, par l'intermédiaire du ministre des affaires étrangères.

Le conseil a été aussi chargé (§ 5) de donner son avis sur l'organisation, au ministère du commerce, d'une bibliothèque de statistique française et étrangère, destinée à centraliser les documents que les hommes d'étude ne se procurent aujourd'hui qu'au prix des plus pénibles recherches.

L'intervention du conseil aura certainement pour résultat d'augmenter le nombre des ouvrages qui viendront ainsi enrichir la bibliothèque projetée.

On a jugé ensuite qu'il convenait de conférer au conseil le droit de surveiller la publication donnée à ses travaux, lorsqu'il paraîtrait opportun de les faire connaître par la voie du *Journal officiel* ou par tout autre moyen de publicité accidentelle ou périodique.

Nous avons enfin, outre les attributions définies et explicites que nous venons d'énumérer, voulu faire du conseil une sorte de lien entre les diverses branches de la statistique, et nous avons entendu lui confier la représentation d'une science, qui, faute d'un tel organe, manquant en France de l'impulsion nécessaire à son développement, ne peut rendre tous les services qu'on est en droit d'attendre d'elle.

Où trouver, en effet, plus de compétence et d'autorité que dans un conseil supérieur pour se prononcer sur les meilleures méthodes ? Où pourraient être mieux traitées les questions relatives à l'enseignement de la statistique ? Où, mieux tracés, les cadres des grandes enquêtes économiques et sociales ? Ces divers motifs ont déterminé l'adoption du paragraphe 6 qui charge le conseil de donner son avis sur les « questions relatives à l'enseignement et aux intérêts généraux de la statistique. »

En rédigeant ainsi cet alinéa, la commission a voulu accentuer l'importance qu'elle attachait à l'enseignement de la science qui nous occupe, trop négligée en France, tandis qu'elle est en si grand honneur dans les pays voisins, où elle contribue à fortifier les études démographiques et assure un recrutement de choix aux bureaux des diverses administrations.

Article 3.—*Composition du conseil.*— Avant d'entrer dans le détail de la composition du conseil, il a été ouvert une discussion générale qui a établi, de l'aveu de tous les membres, la nécessité de faire place dans le conseil à deux éléments distincts : l'élément administratif et l'élément étranger à l'administration, ce dernier comprenant le Parlement, l'Institut, les diverses sociétés savantes et les savants qui s'adonnent notoirement aux études statistiques et économiques.

Quant à la proportion dans laquelle ces deux éléments devaient être admis, la commission l'a réglée d'après les considérations suivantes : d'un côté, si l'élément scientifique se trouvait en majorité, on devait redouter que le conseil ne se laissât guider par le souci exagéré de la science pure et ne fût ainsi conduit à prendre des mesures difficilement réalisables et incompatibles avec le bon fonctionnement des services ; que si, d'autre part, on ne donnait pas à cet élément une représentation suffisante, le conseil pourrait n'être plus regardé que comme une réunion de fonctionnaires, disposés à consacrer plutôt qu'à réformer les errements antérieurs.

En conséquence, la commission a jugé que l'élément scientifique, tout en étant en minorité au sein du conseil, devait, néanmoins, y être représenté suffisamment pour pouvoir stimuler les services administratifs sans les entraver en aucune façon. Après une intéressante discussion, cette proportion a été fixée au tiers de l'effectif total du conseil.

Ce principe une fois établi, il restait à s'entendre sur le mode de nomination des membres du conseil.

En ce qui concerne les représentants des divers ministères, nul doute ne s'est élevé sur leur délégation par les administrations dont ils relèvent ; mais il était moins facile de résoudre la question du nombre des délégués. Ce nombre devait-il être identique pour tous les ministères ou bien proportionnel à l'importance de la production statistique de chaque département? Chacune de ces opinions a été soutenue dans la commission ; mais la majorité a donné la préférence à la seconde, qui lui a paru plus équitable et plus profitable à la nouvelle institution.

On a craint, en effet, que si chaque ministère n'avait qu'un délégué au conseil, le concours des services étrangers à ce délégué unique ne fût beaucoup plus tiède que si les chefs de ces services avaient pris part aux délibérations du conseil et s'y étaient personnellement engagés. Il a semblé, en outre, que la présence des délégués techniques, spéciaux, était au plus haut point désirable pour toutes les questions dépendant de leur service. Mieux que personne, en effet, ils seront en mesure de discuter ces questions avec compétence et d'indiquer si telle réforme, en apparence avantageuse, est, en effet, réalisable dans la pratique.

D'autre part, la commission a reconnu que, sous peine d'arriver à un nombre excessif de membres, il était impossible de donner un représentant à chaque service. Elle s'est donc crue obligée, tout en admettant le principe de la proportionnalité, d'en restreindre l'application dans les limites d'un minimum de un délégué, à un maximum de quatre par ministère, sauf à corriger ce que cette disposition avait de limitatif par les délégations accidentelles, dont il sera parlé tout à l'heure à l'occasion de l'article 5.

En vue de se guider dans cette fixation, la commission a fait dresser un état des productions statistiques par services. Elle s'est inspirée de ce tableau, mais je me fais un devoir de déclarer que cet épineux problème a surtout été résolu par l'esprit de conciliation et de désintéressement dont les différents chefs de service composant la commission ont su faire preuve.

Grâce à ces louables dispositions, le nombre des délégués ministériels a été fixé à 25 y compris 2 délégués pour la ville de Paris, et la répartition de ce nombre s'est faite sans débats personnels, sans conflit et d'un commun accord.

Quant à l'élément étranger à l'administration, la proportion ayant été, comme il est dit plus haut, fixée au tiers de l'effectif total, la commission a porté à 12 le nombre des membres à prendre dans le Parlement, l'Institut, le Conseil d'État, la Cour des comptes, les sociétés savantes et parmi les savants spéciaux. Le conseil se trouva dès lors composé en totalité de 37 membres.

En ce qui concerne les sociétés savantes, on avait songé d'abord à énumérer limitativement dans le décret d'organisation celles qui enverraient des délégues au sein du conseil, mais on a dû renoncer à cette disposition devant l'inconvénient d'enchaîner l'administration par un texte précis qui s'opposerait à l'exclusion d'une société en décadence, comme à l'admission d'une société qui, par la suite, viendrait à prendre un brillant essor. La rédaction à laquelle on s'est arrêté garde assez d'élasticité pour répondre à ces diverses éventualités et laisse au ministre toute la liberté de ses choix.

Il en a été de même pour la nomination des délégués de ces sociétés. Quelques membres avaient d'abord proposé de la confier aux sociétés savantes elles-mêmes. Mais la discussion a démontré que ce mode pourrait devenir une source d'embarras.

La commission a disposé, en conséquence, que c'était au ministre à faire librement les désignations, après avoir pressenti, s'il le croit bon et par tel mode qu'il jugera convenable, les sociétés savantes elles-mêmes.

La même solution a été adoptée pour le Parlement, le Conseil d'État, la Cour des comptes et l'Institut, au sein desquels le ministre n'aura pas de peine à faire des choix excellents.

Délégués des ministères ou étrangers à l'administration, tous les membres du conseil supérieur seraient nommés par le ministre du commerce pour une période de trois ans, sauf continuation du mandat pour une nouvelle période. D'ailleurs, on a jugé qu'il ne convenait pas d'établir, par une clause formelle, une distinction entre les fonctionnaires et leurs autres collègues, la nature même des choses suffisant, à défaut d'un texte précis, pour assurer aux ministres toute liberté vis-à-vis de leurs délégués.

Article 4. — *Bureau du conseil.* — La commission a reconnu à l'unanimité l'utilité de la création d'un bureau du conseil.

Par imitation avec ce qui se fait en Italie pour le conseil supérieur de statistique et en France pour certains grands conseils, la sous-commission avait demandé l'institution d'un comité permanent qui serait chargé d'étudier, dans l'intervalle des sessions, les questions à soumettre au conseil supérieur et de préparer ses ordres du jour. Mais la majorité de la commission a pensé que ce comité était incompatible avec le caractère purement consultatif du conseil et que ce rôle, dont la nécessité est évidente, serait très convenablement rempli par le bureau, à la condition que ce dernier fût fortement constitué.

En conséquence, la commission a été d'avis qu'il y avait lieu, outre le ministre président, de composer le bureau de deux vice-présidents et de deux secrétaires.

Article 5. — *Concours des personnes étrangères au conseil.* — Pour éclairer le conseil dans certains cas particuliers, il était nécessaire d'admettre l'audition, à titre purement consultatif, de personnes étrangères et spécialement compétentes sur les questions à l'ordre du jour. En vertu des principes dont le conseil s'est constamment inspiré, ce sera au ministre du commerce qu'il appartiendra de faire ces convocations, le cas échéant, sur la demande du bureau.

Si l'ordre du jour porte sur des matières administratives dont le représentant direct ne figure pas déjà dans le conseil, le ministre compétent devra en être avisé par le président et sera invité à déléguer un de ses fonctionnaires pour représenter dans la discussion les intérêts de son administration.

En assurant à tous les services le droit de se faire entendre, cette disposition a paru à la commission le correctif nécessaire de la limitation forcée du nombre des délégués ministériels.

Article 6. — *Sessions ordinaires et extraordinaires.* — Pour achever son travail, la commission n'avait plus qu'à déterminer l'époque des sessions ordinaires. Il lui a semblé qu'il convenait d'assigner au conseil deux sessions ordinaires par an, l'une à l'automne, l'autre au printemps. Au lieu de prendre un jour fixe, il a paru préférable de décider que le conseil se réunirait dans la première quinzaine des mois de novembre et [redacted] la minis- [redacted], la liberté de convoquer le conseil en session [redacted] naire.

Telles sont les dispositions organiques que la commission croit devoir proposer en vue de créer et d'organiser un conseil supérieur de statistique. Quant aux dispositions de détail qui seraient nécessaires pour les compléter et les mettre en action, elles pourraient faire l'objet d'arrêtés ministériels dès que l'utilité en serait démontrée par le fonctionnement même de la nouvelle institution.

La commission a eu le sentiment qu'elle accomplissait un travail pratique ; elle le livre avec confiance, monsieur le ministre, à votre haute approbation, et elle espère que le gouvernement pourra, sur les bases qu'elle vient d'indiquer, instituer un conseil supérieur, digne de la science à laquelle il doit apporter son concours et capable d'inspirer aux services existants la plus salutaire émulation.

Nous ne pouvons que retirer de grands avantages de la connaissance exacte de nos biens et de nos maux. Plus notre inventaire sera rigoureux, et plus il profitera à notre renommée.

Plus la France se révélera à elle-même et aux autres et plus s'accroîtront les éléments de notre grandeur et de notre fortune. C'est quand notre pays sera estimé à sa juste valeur qu'il lui sera possible de reconquérir toute l'influence à laquelle il peut prétendre, et facile de parfaire, au milieu des autres nations, l'œuvre pacifique de son développement.

Je manquerais à un devoir qu'il m'est bien agréable de remplir, monsieur le ministre, si je terminais ce Rapport sans remercier mes collègues de la commission du zèle qu'ils ont déployé dans l'accomplissement de la tâche que vous nous avez confiée. C'est en leur nom que j'ai l'honneur de vous soumettre les dispositions suivantes qui pourraient, si vous le jugiez convenable, être présentées sous forme de décret à la signature de M. le Président de la République.

Le président de la commission rapporteur,

Édouard Millaud, sénateur.

Le Président de la République française.

Sur le rapport du ministre du commerce,

Décrète :

Art. 1er. — Il est institué auprès du ministère du commerce un conseil supérieur de statistique.

Art. 2. — Les attributions du conseil sont consultatives. Il donne son avis :

1° Sur le choix des sources, sur les méthodes, sur les cadres, questionnaires et programmes qui lui seraient soumis par les administra-

tions publiques, ainsi que sur les différentes dispositions p
primer aux publications officielles une certaine uniformité ;

2° Sur la composition et la rédaction de l'Annuaire stat
France, destiné à présenter le résumé des statistiques offic

3° Sur l'entreprise et la publication des statistiques nouv

4° Sur les rapports à entretenir avec les services statistiqu
et de l'étranger ;

5° Sur l'organisation de la bibliothèque de statistique i
qui sera établie au ministère du commerce ;

6° Sur la publicité à donner aux travaux du conseil ;

7° Sur les questions relatives à l'enseignement et aux i
raux de la statistique.

Art. 3. — Le conseil supérieur comprendra 37 membre
pris dans le Parlement et dans les corps savants, et 25 délé
nistères, savoir :

1° Membres pris dans le Parlement et dans les corps sava

Sénateurs...
Députés...
Membres du conseil d'État.........................
Membres de la cour des comptes....................
Membres de l'Institut.............................
Membres choisis dans les sociétés savantes ou parmi les s
vants notoirement connus pour leurs travaux spéciaux..

2° Délégués des ministères :

Ministère des finances..................			
—	de l'intérieur	Administration centrale.......	2
		Ville de Paris	2
—	des travaux publics..................		
—	du commerce..........................		
—	de la marine et des colonies.	Marine......	1
		Colonies......	1
—	de la guerre.........................		
—	de l'agriculture.....................		
—	de l'instruction publique et des beaux-arts......		
—	des postes et des télégraphes........		
—	de la justice et des cultes..........		
—	des affaires étrangères..............		

Art. 4. — Le conseil est présidé par le ministre du comme
Le bureau du conseil est composé, en outre, de deux vic

chef du bureau des travaux de la statistique municipale à la de la Seine; Cheysson, ingénieur en chef des ponts et ch 1re classe; Keller, ingénieur en chef des mines de 2e classe, ch vice de la statistique, de l'industrie minérale et des appareil au ministère des travaux publics; Systermans, chef de divisio trôle financier et de la statistique des chemins de fer au mi travaux publics; Grison, directeur du secrétariat et de la co au ministère du commerce; Louis Vignon, chef du cabinet d du commerce; Roubaud, commissaire général, directeur de ment des Invalides de la marine; Albert Grodet, sous-directe nistère de la marine et des colonies, chargé de la 2e sous-di service central des colonies; de Beaucourt, chef du service ir ministère de la guerre; Czernicki, médecin major de 1re cla taire du comité consultatif de santé au ministère de la gue rand, conseiller d'État, directeur général de l'agriculture au de l'agriculture; Fléchey, chef du bureau des subsistances, et de la statistique agricole au ministère de l'agriculture; Gré bre de l'Institut, vice-recteur de l'Académie de Paris; Buisson, d'État en service extraordinaire, directeur de l'enseignemer au ministère de l'instruction publique et des beaux-arts; G chery, directeur du cabinet et du service central au ministère et des télégraphes; Lefebvre de Laboulaye, administrateur de des télégraphes, chargé de la direction de la caisse nationale Yvernès, chef de division au ministère de la justice et des cu vrey-Hameau (Paul), sous-directeur des affaires consulaires au des affaires étrangères.

MM. Loua et de Foville, membres du conseil, rempliront le de secrétaires.

Sont nommés secrétaires adjoints avec voix consultative : M Renaud, rédacteur en chef de la « Revue géographique intern Liégeard, sous-chef de bureau au ministère du commerce; rédacteur au ministère du commerce.

Fait à Paris, le 21 février 1885.

Le ministre du commerce, MAURICE RC

Le système protecteur est-il compensateur? — L'argun cipal dont les orateurs protectionnistes se sont servis pour système protecteur en général et la protection agricole en c'est la nécesité de compenser l'excédent de charges que s producteur français en comparaison du producteur étran « charges des contribuables français, a dit M. le ministre d

renchérissement artificiel, causé par la cascade des protections, tourne finalement au détriment de l'industrie nationale en diminuant la consommation d'une quantité supérieure à celle dont la concurrence étrangère pourrait s'emparer.

Mais il n'y a pas que le marché intérieur à considérer dans cette affaire. Il y a aussi le marché extérieur. Nous ne vivons plus au temps où chacun vivait chez soi et pour soi. Grâce aux progrès de l'outillage industriel, à la multiplication des chemins de fer, au développement de la navigation à vapeur, au percement des montagnes et des isthmes, le commerce extérieur a cessé d'être une quantité négligeable. Il s'est augmenté d'une façon inusitée et prodigieuse depuis un demi-siècle. Nos exportations, qui ne dépassaient pas 540 millions en 1834, ont atteint 3,872 millions en 1875, et, l'année dernière, malgré leur déclin, elles se sont encore élevées à 3,350 millions. Or, il ne faut pas oublier que ces exportations représentent du travail, des salaires, des profits, en un mot des moyens d'existence pour les millions d'agriculteurs, d'industriels, de commerçants et d'ouvriers qui produisent, vendent et transportent les produits exportés.

. Maintenant, quel est l'effet du régime protecteur et compensateur sur cette portion de plus en plus considérable de la production nationale qui s'exporte dans les différentes parties du vaste marché du monde ? Si l'on peut soutenir que ce régime compense sur le marché intérieur le supplément de charges qu'il inflige à chaque producteur, en sus de l'impôt payé à l'État, il n'en est malheureusement pas ainsi sur les marchés étrangers. Non seulement la protection dont nos produits jouissent sur le marché intérieur n'y suit pas nos produits, mais elle s'y retourne contre eux. Nous sommes en concurrence sur tous les marchés d'Europe, d'Amérique et du reste du monde avec les autres nations civilisées, et, en particulier, avec l'Angleterre, c'est-à-dire avec un pays qui a adopté complètement le régime du libre-échange, où l'industrie ne supporte d'autre charge que celle des impôts qu'elle paye à l'État. Quelle est, en conséquence, sur ces marchés, aux Etats-Unis, au Brésil et ailleurs, la situation de nos producteurs vis-à-vis de leurs concurrents anglais ? Ils y luttent avec des produits chargés, en premier lieu d'un impôt d'État presque double (104 fr. par tête contre 57 fr.), en second lieu d'une série d'impôts dits protecteurs et compensateurs payés par le fabricant de tissus au filateur, au fabricant de machines, au producteur de fer, de houille, etc., impôts qu'on ne lui a pas remboursés et qu'on ne peut pas lui rembourser à la sortie, à moins de grever le Trésor d'une nouvelle dépense de quelques centaines de millions, voire même d'un milliard et plus. Et, notez que, à mesure que nous élevons davantage nos tarifs, cette inégalité de situation devient plus grande, la

A Westminster, fonctionne la Société Fabian, dont les membres appartiennent à la classe moyenne. — les fabianistes sont des [illegible]; il est nécessaire, pour être admis dans leur sein, d'accepter dans son intégrité les doctrines socialistes sur la propriété. Les [illegible] des [illegible] regardent avec dédain les fabianistes, qu'ils comparent aux [illegible] de la [illegible] de l'Allemagne, et qu'ils ne sont pas assez [illegible]; les fabianistes comptent sur le Parlement pour amener une transformation sociale.

La fédération démocratique a été fondée en 1881 par M. [illegible], M. Hyndman, etc. [illegible] et beaucoup d'entre eux des [illegible]. [illegible] la fédération s'est [illegible] 14 juin 1887, elle tint une réunion dans Hyde Park [illegible] les lois de [illegible]

[illegible]

[illegible] la part des deux groupes [illegible]. A l'exception d'[illegible] [illegible] sont [illegible] que [illegible] organisateurs et de [illegible]. Ils [illegible] pouvoir gagner [illegible] les ouvriers [illegible], par exemple, qui sont [illegible] dans [illegible] la situation [illegible]

A. Westminster, fonctionne la Société Fabian, dont les membres appartiennent à la classe moyenne, — les fabianistes sont des croyants ; il est nécessaire, pour être admis dans leur sein, d'accepter dans son intégrité les doctrines socialistes sur la propriété. Les véritables socialistes regardent avec dédain les fabianistes, qu'ils comparent aux socialistes de la chaire de l'Allemagne, et qui ne sont pas assez révolutionnaires à leurs yeux ; les fabianistes comptent sur le Parlement pour amener une transformation sociale.

La fédération démocratique a été fondée en 1881 par M. Butler Johnstone, M. Hyndman, etc. La plupart des membres en étaient des ouvriers, et beaucoup d'entre eux des Irlandais. Pour cette raison, la fédération s'est consacrée, au début, principalement à la question irlandaise. Le 14 juin 1882, elle tint une réunion dans Hyde Park pour protester contre les lois de coercition ; pendant l'hiver 1882-1883, elle a discuté la question du logement du pauvre, de la confiscation des chemins de fer par l'État et de la réduction des heures de travail. Ces discussions ont eu pour résultat de lancer la fédération démocratique en plein socialisme. M. Hyndman en devint l'âme, et de nombreux adhérents, entre autres le tapissier-poète W. Morris, et un Autrichien, André Scheu, qui a obtenu de grands succès comme professeur de socialisme à Édimbourg, grossirent les rangs. Les démocrates purs et simples ne virent pas avec satisfaction dévier la fédération ; la succursale de Newcastle se détacha immédiatement de la Société de Londres. Le comité de celle-ci n'en persista pas moins dans sa voie, et il réussit à établir de nombreuses sociétés affiliées. Au mois d'août 1884, une réunion annuelle des sociétaires sanctionna le changement de politique et ajouta l'épithète de « sociale » au nom de la fédération démocratique. Tout allait à ravir ; lorsqu'éclatèrent dans le sein du comité de direction des divergences, dont l'origine était non pas théorique mais personnelle. M. Hyndman avait la prétention de diriger à son gré le mouvement. Ses adversaires l'accusaient d'être dominateur, d'exploiter le socialisme à son profit personnel et d'être l'agent des tories. Le journal allemand de Zurich, *Social-demokrat*, a publié d'amusants détails sur les luttes entre M. Hyndman et M. Morris. Ce dernier et ses amis ont fondé la Ligue socialiste qui a pour organe *the Commonweal*, tandis que la fédération publie une revue *Today* (*Aujourd'hui*).

Une conséquence de cette division va être une propagande intense de la part des deux groupes rivaux. A l'exception d'Édimbourg où Andréas Scheu a su prendre pied, tout le Nord est une terre vierge encore ; les socialistes prétendent que c'est faute d'organisateurs et de missionnaires. Ils croient pouvoir gagner facilement les ouvriers d'Oldham, par exemple, qui sont relativement dans une bonne situation et qui s'entr'aident

« des plus grandes révolutions que le monde ait jamais vues ». Il probablement, et nous voulons le croire, de l'exagération dans ces nostics pessimistes, et il n'y aurait guère à s'y arrêter s'ils étaient is mais ils concordent avec les avertissements qui viennent d'ailleurs, est impossible de ne pas en tenir compte.

« Entre autres symptômes, il nous faut citer encore une corres dance de Saint-Louis qui parle d'un meeting socialiste tenu avant dans cette ville. La question du travail a été discutée avec une cert modération, mais il a été distribué aux assistants une circulaire bo de noir qui était une violente diatribe contre le gouvernement allem pour l'exécution des anarchistes Reinsdorf et Kuechler à Halle, e appel incendiaire aux passions du peuple contre la monarchie et le nopole. Le « groupe tchèque des internationaux » a aussi tenu le m jour, à Saint-Louis, un meeting où a été dénoncé le système gér des salaires et la révolution sociale acclamée.

« Enfin, il se prépare à Chicago une grande démonstration dan quelle il sera traité de la dynamite comme agent révolutionnaire. I quelques jours a eu lieu dans cette ville une réunion secrète, ou to moins une conférence intime entre plusieurs des principaux chefs i dais, pour donner une nouvelle impulsion et probablement une nou direction à la guerre contre l'Angleterre.

« Il a été décidé de convoquer pour le 4 mars prochain, qui est le de l'inauguration de la présidence de M. Cleveland, et aussi la fête versaire de Robert Emmet, une grande convention à laquelle les I dais se disposent à donner un très grand éclat. Ils comptent sur la sence de M. O'Donovan Rossa ; et, sous prétexte de l'Irlande, se réuni de tous les points des Etats-Unis, des agitateurs de toutes les nati lités et de toutes les couleurs. Ce sera la première fois qu'une dém tration publique arborera formellement la bannière de la dynamite

« Il n'y a encore jusqu'ici rien d'immédiatement dangereux dan mouvements et dans ces préparatifs, qui sont loin d'être arrivés degré d'organisation et d'ensemble réellement redoutable. Cependa est temps qu'on y songe et on commence, en effet, à s'en occupe rieusement. » (*Journal des Débats.*)

Congrès annuel des Sociétés savantes. Les séances du Congrès [illegible] ront jusqu'au samedi 11, date de la séance générale.

M. le Président fait part à la réunion d'une bonne nouvelle p[illegible] la science économique, qui lui est communiquée par M. Ch. Leto[illegible] questeur de la Société. Il s'agit de la création d'une chaire d'Éco[illegible] mie politique à l'École des Mines, qui était encore demeurée, à [illegible] point de vue, moins bien traitée que l'École des Ponts et Chaussé[illegible] en possession d'un cours de ce genre depuis vingt-cinq ans envi[illegible] Le titulaire de cette nouvelle chaire est M. L. Cheysson, ingénieur [illegible] chef des Ponts et Chaussées, un de nos confrères à la Société d'Éc[illegible] nomie politique.

La réunion s'entend pour choisir la question sur la proposition de [illegible] la réunion [illegible] cette question.

QUEL [illegible] ET [illegible] ÉCONOMIQUE [illegible]

[illegible]

On pourrait discuter longtemps un pareil sujet sans parvenir [illegible] l'envisager sous toutes ses faces [illegible] économiques [illegible] sujet. Cette question est en effet une de celles qui divisent [illegible]

[illegible]

L'économie politique démontre par l'observation des faits que [illegible] travail de l'homme est la cause principale [illegible] l'homme est [illegible] de la [illegible]

Congrès annuel des Sociétés savantes. Les séances du Congrès d
reront jusqu'au samedi 11, date de la séance générale.

M. le Président fait part à la réunion d'une bonne nouvelle po la science économique, qui lui est communiquée par M. Ch. Leto questeur de la Société. Il s'agit de la création d'une chaire d'Écor mie politique à l'École des Mines, qui était encore demeurée, à point de vue, moins bien traitée que l'École des Ponts et Chaussé en possession d'un cours de ce genre depuis vingt-cinq ans envir Le titulaire de cette nouvelle chaire est M. E. Cheysson, ingénieur chef des Ponts et Chaussées, un de nos confrères à la Société d'éc nomie politique.

La réunion s'accorde pour continuer la discussion commencée da la séance du 5 février, sur cette question :

QUELLE EST, EN ÉCONOMIE POLITIQUE, LA LIMITE DES ATTRIBUTIONS DE L'ÉTAT ?

M. E. Levasseur, de l'Institut, bien qu'inscrit depuis la préc dente séance pour parler sur cette question, fait remarquer que n'est pas lui qui l'a posée. Il aurait craint d'engager la Société da une discussion trop vaste. Cependant il voudrait répondre à la théor de M. Courtois qu'il trouve trop absolue.

On pourrait discuter longtemps un pareil sujet sans parvenir l'envisager sous toutes ses formes ni même à s'accorder sur les pri cipes. Cette question est en effet une de celles qui divisent les écon mistes, et l'orateur n'a pas la prétention de les réunir sur ce poi dans un sentiment commun ; mais, s'il y en a qui demandent u quement à l'État d'assurer la sécurité sociale, il n'est pas inut qu'on sache qu'il y en a aussi qui lui assignent un rôle plus large plus varié et qu'un tel rôle, quand il n'excède pas certaines limit n'est pas en contradiction avec les principes fondamentaux de science économique.

L'économie politique est une science d'observation, qui fonde s principes sur les faits ; c'est sa prétention et sa force : car c'est p là tout d'abord qu'elle se distingue des théories utopiques. Or, qua elle borne à la sécurité seule toute l'action de l'État, ne risque-t-e pas de se trouver en désaccord avec les faits que l'on observe da tous les États civilisés, monarchiques ou républicains, et avec l besoins de la civilisation moderne et de compromettre son autori en prêtant elle-même le flanc au reproche d'utopie ?

L'économie politique démontre par l'observation des faits que travail de l'homme est la cause principale de la richesse et que, pl l'homme est actif, intelligent, moral, jouissant de la plénitude de liberté pour mettre en jeu toutes ses facultés, plus la richesse devient abondante et tend à se répartir équitablement. Aussi proclame-t-elle la liberté du travail comme un de ses principes fondamentaux.

Il n'est pas étonnant que des économistes, voyant combien les gouvernements ont souvent gêné et gênent encore cette liberté par des règlements, des privilèges, des défenses, des mesures diverses dictées par quelque intérêt particulier de la politique ou par de fausses idées sur les véritables causes de la richesse, se soient défiés de l'État et se soient rejetés par crainte de ses empiètements dans la doctrine de l'individualisme absolu. On a opposé ainsi, comme les deux pôles des doctrines sociales, l'individualisme et le socialisme. L'opinion publique me parait même avoir trop facilement confondu l'individualisme absolu avec l'économie politique, parce que l'économie politique combattait l'absorption des forces individuelles dans la force collective de l'État. Tout économiste est individualiste, puisqu'il fait — et avec raison — de la personne humaine et de sa libre activité le pivot de l'ordre économique; mais il n'est pas, par conséquence nécessaire, ennemi de toute action collective, soit des associations qui procèdent de la liberté, soit de l'État qui agit par autorité.

Les premiers maitres de la science ne se sont pas prononcés contre toute action de l'État qui n'aurait pas pour objet exclusif la sécurité. Adam Smith, qui ne me parait pas avoir traité cette matière, dans son livre V, avec la même largeur de vues que les autres parties de son grand ouvrage, comprend l'instruction, l'éducation religieuse, et même, dans certains cas, les privilèges concédés à des compagnies, qu'il compare aux brevets d'invention, dans la catégorie des choses qui peuvent être du ressort de l'État. J.-B. Say, commentant un passage du livre IV de Smith, approuve que l'État « entretienne certains établissements utiles au public qu'il n'est jamais dans l'intérêt d'un individu ou d'un petit nombre d'individus de créer ou d'entretenir pour leur compte »; il approuve même certaines dépenses faites en vue d'expériences utiles à l'agriculture, à l'industrie ou au commerce. J.-S. Mill (livre V, *De l'influence du gouvernement*) a apporté dans l'étude de cette question un esprit plus philosophique. Il pense qu'elle ne saurait être enfermée dans une formule, comme peuvent l'être certains principes fondamentaux de l'économie politique, que la solution dépend de l'histoire, des traditions et de la condition sociale des peuples. Il dit même que « l'action du gouvernement peut être nécessaire à défaut de celle des particuliers, lors même que celle-ci serait plus convenable ». Sans partager sur tous les points les opinions de détail de J.-S. Mill sur cette matière, M. Levasseur recommande la manière dont il envisage l'ensemble et croit qu'il a assez bien indiqué dans quelle direction il convenait de placer la limite lorsqu'il a dit : « Le laissez-faire est la règle; c'est à ceux qui demandent et non à ceux qui repoussent l'intervention de l'État de prouver qu'ils ont raison. »

Ce qui préoccupe tout particulièrement ces maîtres, c'est que le gouvernement soit, d'une part, très économe d'un argent qui est celui des contribuables et que ceux-ci emploieraient utilement s'ils n'étaient obligés de le lui donner, d'autre part très respectueux de la liberté individuelle qu'il a pour mission de protéger et non d'entraver. Tous les économistes pensent comme eux.

L'Académie des sciences morales et politiques a cru que la question du rôle économique de l'État ne pouvait pas être tranchée par une simple négation, qu'elle méritait, au contraire, un examen approfondi, et, sur la proposition d'un de nos maîtres les plus respectés, M. Hippolyte Passy, elle l'a mise au concours. De ce concours sont sortis deux bons livres entre lesquels elle a partagé le prix, celui de M. Jourdan et celui de M. Villey; aucun d'eux ne borne à la sécurité le rôle de l'État.

L'orateur croit, d'accord avec d'autres économistes, que l'État (par ce mot il entend non seulement le gouvernement central, mais aussi le gouvernement local, tel que celui de la commune en France et de paroisse en Angleterre), a des fonctions multiples à remplir.

De celles qui concernent la sécurité, il ne parle pas, puisque tous les économistes sont d'accord pour les lui reconnaître. Cependant ces fonctions sont elles-mêmes nombreuses et très variées, et si l'on examinait chacune d'elles en détail, on aurait sans doute beaucoup à discuter; les assistants ne seraient pas toujours d'accord et M. Levasseur aurait, pour sa part, plus d'une réserve à faire sur les moyens de sécurité qu'emploient certains gouvernements. Le principe importe seul en ce moment; l'orateur répéterait volontiers ce qu'il a écrit ailleurs, que mieux un État est organisé pour la sûreté individuelle, et mieux il seconde l'essor des forces productives.

L'orateur ne veut qu'indiquer le principe des autres fonctions : il faudrait une longue étude pour pénétrer dans les détails et déterminer les cas dans lesquels cette intervention est profitable et la mesure qu'elle ne peut excéder sans devenir nuisible.

L'État est l'organe naturel d'exécution de certaines œuvres qui requièrent la puissance collective de la société et qui ont pour objet d'en mettre en œuvre les forces productives. Par exemple, il construit des routes, des canaux, des égouts, des ponts, des phares, parfois des chemins de fer; il ouvre des musées; il recueille et publie s statistiques qui sont utiles pour la bonne administration des af-ires publiques et même pour la direction des intérêts privés. Sans oute, dans certains cas et dans certains pays, quelques-unes de ces uvres peuvent être créées spontanément par des entreprises parti-ulières. Mais quand l'initiative privée ne suffit pas, vaut-il mieux ue la société soit privée du résultat ou que l'État se charge de l'en-eprise? Et, même, si ces œuvres ont pu être créées par l'initiative rivée, ne sont-elles pas de telle nature que l'État doive, au nom es intérêts généraux de la société, exercer sur leur usage une cer-aine surveillance?

En effet, l'État est l'administrateur des intérêts généraux de la ociété. Il représente la nation à l'étranger par ses diplomates et ses onsuls. Que le personnel consulaire ait pour mission d'étendre la écurité nationale au delà des frontières, soit; mais ne demande-t-on as aux consuls plus que de la sécurité? L'État fonde des colonies, il s administre, il y dépense des capitaux pour préparer le territoire à ecevoir des colons. Tous les économistes ne regardent peut-être pas fondation de colonies comme une bonne opération, mais il y en a ui l'approuvent, et ceux-là ne peuvent pas borner à la seule sécu-ité l'action de l'État. Nous avons dit que l'État entreprenait légiti-ement certains travaux scientifiques d'un ordre général que des articuliers auraient rarement les ressources et n'auraient pas l'au-rité nécessaires pour entreprendre : par exemple, les dénombre-ents de la population et la plupart des autres statistiques, la con-ction du cadastre, celle de la carte topographique du pays. Il nde les musées (musées de l'État ou musées communaux), les ob-ervatoires, — ce qui n'empêche pas la générosité privée d'en fon-er aussi. — Il dirige l'instruction.

La question de savoir si l'État doit intervenir dans l'instruction peut tre débattue en théorie; en fait, tous les États civilisés interviennent. n France, avant 1789, les universités étaient des corporations libres, ais étroitement liées à l'État par les privilèges dont elles étaient vesties; les petites écoles étaient quelquefois des fondations pri-ées, plus souvent des établissements communaux entretenus aux ais de la paroisse et toujours soumis à l'autorité ecclésiastique. On discuté récemment en France s'il convenait de faire porter la prin-ipale charge de l'instruction primaire sur le budget communal ou ur le buget de l'Etat; je crois qu'il est préférable, au point de vue de économie financière, que la dépense relative à un service incombe ceux qui doivent profiter de ce service et qui peuvent être portés à buser lorsqu'ils ne sont pas retenus par la crainte d'un sacrifice;

mais, quelque solution pratique qu'on adopte, l'interventi l'État, c'est-à-dire de la communauté politique, subsiste.

Des trois degrés de l'enseignement primaire, secondaire, supé il y en a un qui pourrait peut-être se passer du secours de l' c'est le secondaire. Mais le primaire serait assurément dis d'une manière inégale et très insuffisante s'il n'y avait qu écoles fondées par l'intérêt ou par la charité privée.

Le clergé, dans les pays catholiques ou protestants, constit puissante corporation qui souvent est liée à la puissance poli Ses écoles forment une catégorie particulière à côté des écol l'État et des écoles des particuliers. L'enseignement supérieur en général trop et rapporte trop peu pour n'avoir pas besoin main de l'État ; il y a sans doute des exceptions, mais ces exce confirment la règle. Dans les pays où l'initiative privée joue le pı rôle dans cette matière, l'État ne reste pas spectateur entièr désintéressé ; en Angleterre, il octroie des chartes impliquan tains privilèges ; aux États-Unis, il a affecté des fonds pour la tion ou pour l'extension d'un grand nombre d'universités. n'a-t-il pas, en outre, d'autres manières d'intervenir dans l'in tion ? Ne donne-t-il pas quelquefois des subventions, des en gements ? Ne décrète-t-il pas dans certains pays l'obligatio surveille-t-il pas au nom de la morale, souvent même au no intérêts pédagogiques, en imposant des programmes ou en pro des méthodes ? Si la diffusion de l'instruction à tous ses importe au développement des forces productrices d'une nati entre dans les fonctions de l'État de travailler à cette diffus est dans son rôle quand il agit, pourvu qu'il le fasse avec dis ment ; il y est encore, quand il surveille sans entraver ; il e quand il interdit la concurrence de l'enseignement privé, qu courrait au même but et qui a parfois, pour l'atteindre, une har et une diversité de procédés qu'il n'a pas.

L'État a d'autres fonctions, comme régulateur de certains in privés. Il me semble qu'on ne saurait les lui dénier, quand o dans tous les pays civilisés des Parlements rendre continuell des lois pour régler des intérêts de ce genre. Il faut bien qu'il des lois sur les contrats, sur les successions *ab intestat* ; le Cod est une détermination par l'État de certains rapports des ind et cette détermination est nécessaire pour l'ordre social. On s occupe aujourd'hui du crédit agricole ; des économistes montren de solides arguments, que, pour le fonder, il est indispensab les agriculteurs soient déclarés commerçants ; il faut que prenne un parti et sa décision, quelle qu'elle soit, exercera sairement une influence considérable sur tout un ordre d'intérêts privés. Beaucoup d'économistes reconnaissent à l'État le droit de protéger les incapables, tels que les enfants, et d'exercer sa surveillance jusque dans les ateliers. L'orateur partage leur avis, en rappelant toutefois la réserve qu'il a faite à ce sujet dans son précis d'économie politique : toute mesure réglementaire ou protectrice qui n'est pas nécessaire ou manifestement utile risque d'être nuisible.

L'État est un agent puissant de progrès : c'est ce qui ressort des fonctions que nous lui voyons remplir. Mais au lieu de servir le progrès, il l'entrave lorsqu'il étouffe par sa réglementation plus de forces vives qu'il n'en développe et plus qu'il n'en laisse se développer par sa protection.

Il y a là une question de mesure et de limite qu'il est difficile de déterminer. Les administrations, comme presque tous les corps constitués, ont l'esprit de domination et d'envahissement ; elles sont portées à sortir de la limite. C'est à la force de la liberté et de l'opinion publique de les y contenir ; mais on n'aurait pas l'opinion pour soi si, refusant de reconnaître à l'État ses droits, on voulait l'expulser de la place même qu'il occupe légitimement.

On a essayé de distinguer les attributions de l'État en attributions nécessaires et en attributions utiles. La distinction ne saurait être nettement tranchée. Ce qui est utile dans un pays peut être nécessaire dans un autre, et même ce qui est nécessaire ici peut être nuisible ailleurs. Ainsi dans les colonies britanniques de l'Australie où la liberté individuelle a cependant les coudées franches, l'Etat construit et exploite les chemins de fer, qu'elles regardent comme une condition indispensable à la mise en valeur de leurs vastes territoires ; en France, l'exploitation par l'État a été généralement blâmée et blâmée avec raison, suivant moi, par la plupart des économistes. L'histoire d'un peuple, ses mœurs et son état économique influent beaucoup sur la solution à donner à chaque cas particulier.

Je crois qu'en général il se produit dans nos sociétés modernes un double mouvement. A mesure que les individus deviennent plus forts par l'intelligence, le capital, le sentiment de leurs droits, ils ont besoin de plus de liberté et l'État doit abandonner certaines positions de tutelle qu'il avait occupées précédemment. D'autre part, à mesure que la société s'enrichit, elle exige de l'État un certain nombre de services dont elle n'éprouvait pas auparavant le besoin ou qu'elle ne songeait pas à se procurer parce qu'elle n'avait pas assez d'argent, et l'État accepte de nouvelles fonctions.

Pour consacrer les anciennes ou accepter les nouvelles, il faut examiner l'influence, directe ou indirecte, visible ou invisible tout d'abord, que ces fonctions peuvent exercer sur l'ensemble de la force productrice du pays, et faire cet examen avec l'esprit qu'y apportait Mill : le laissez-faire, étant le droit, est la règle ; à l'État de prouver, dans chaque cas particulier, où il prétend faire une exception à la règle, que son intervention est bonne.

M. Levasseur termine en disant qu'il a émis sur cette question du rôle de l'État une opinion qu'il croit scientifique, c'est-à-dire dégagée des préoccupations que chacun peut avoir sur la politique de son pays. Si cette opinion rencontre ici plus de critiques que de partisans, même parmi ceux qui ne croient pas être inutiles à la société, en remplissant des fonctions publiques autres que celles de la sécurité, ou qui ne craignent pas de demander parfois que l'État fasse des lois libérales, publie des statistiques, ouvre des bibliothèques, c'est-à-dire qu'il excerce une action dans le sens qu'ils regardent comme le plus profitable à la société, il se plait à penser que leur opinion est influencée par les tendances qu'ont eues très souvent les gouvernements et qu'a particulièrement, en France, le gouvernement démocratique, de trop intervenir ; s'ils veulent lui montrer le danger, M. Levasseur les approuve.

M. **Nottelle** est d'avis que l'État, étant l'administrateur des intérêts communs d'un pays, a évidemment le devoir de gérer, non à son profit, mais au plus grand avantage des administrés.

Ce qui commande la réduction au STRICT NÉCESSAIRE de ses attributions : c'est qu'il fait moins bien et à plus grands frais ce que peut faire l'initiative privée.

Par deux raisons : 1° dans les entreprises privées les responsabilités se hiérarchisent naturellement, tandis que dans l'État, qui est la puissance, elles s'évanouissent à mesure qu'on monte l'échelle hiérarchique ;

2° Les hommes composant l'État obéissent plus ou moins à la tendance innée chez l'homme de donner la préférence à son intérêt personnel sur l'intérêt général.

En outre, cette cause des abus tend sans cesse à en élargir le champ. Sous la poussée des intérêts individuels qui se meuvent dans son sein, l'État veut tout envahir

Le danger qui en résulte aujourd'hui vient d'arracher à M. Herber Spencer le cri d'alarme qui a retenti en France.

Il y a difficulté extrême à réagir. On a contre soi l'État et les populations, à la fois ses victimes et ses complices. Voici le moyen que M. Notelle croit le seul efficace.

Il y a une fonction que l'État seul peut et doit s'attribuer : c'est,

t M. Courtois, de produire la sécurité contre les vio-
fraudes du dehors et du dedans. Dans cette fonction
emment un certain nombre de services spéciaux qui en
s dépendances.

nctions où l'État doit collaborer avec l'initiative privée,
e impossible de préciser sa part attributive, laquelle,
st pas la même dans tous les pays.

porte avant tout, ce qui est urgent aujourd'hui, c'est
ingérence de l'État dans les rapports sociaux d'où elle
ureusement exclue.

its désastreux nous prouvent que l'État, en altérant par
is arbitraires les rapports naturels spontanément créés
l sous sa double forme de production et d'échange, y
rturbation et la stérilité.

isi la liberté et la propriété. Sous prétexte de protection,
au profit de quelques-uns des privilèges payés par les
ectives.

lliatif aux troubles économiques engendrés par les pri-
n crée de nouveaux. Ils se généralisent, ils passent à
ie. Voilà que les masses ouvrières, à leur tour, en ré-
eur faveur; et nous voyons l'État peu à peu acculé à
on absurde, impossible : créer des privilèges pour le plus
re.

ionnisme est aujourd'hui le type de l'ingérence malfai-
at.

ener l'État à l'impartialité loyale, — que lui comman-
eusement les conditions modernes, — le seul moyen
la suppression du protectionnisme.

lé d'opposer l'intérêt des consommateurs à celui des
n'a pas réussi. Il faut en essayer un autre.

s la preuve, très facile à faire et à saisir, que l'immense
s producteurs est spoliée au profit de quelques produc-
égiés. Ce mode de propagande sera facilité par les con-
ue produira bientôt la nouvelle loi sur les céréales. Les
devraient saisir cette occasion de porter au protection-
up décisif qui épargnerait à la société d'inévitables et
perturbations.

Leroy-Beaulieu croit que la question n'est pas susceptible
se simple. Il est bien difficile de trouver une formule où
nir toutes les attributions de l'État. Il pense qu'en réduisant
de l'État au soin d'assurer la sécurité publique et privée,

on l'enferme dans un cadre évidemment trop étroit, qu'il tend à briser et qu'on est bien obligé d'élargir pour y faire rentrer d'autres attributions. Pour lui, la question est seulement de savoir si en France, et d'une manière plus générale, dans les États modernes, on doit élargir encore les attributions de l'État, ou s'il faut, au contraire, les restreindre ; et au risque de n'être pas « dans le mouvement », il n'hésite pas à se prononcer pour ce dernier parti. Sans doute, il est certaines fonctions autres que la garantie de la sécurité, qu'on ne peut refuser à l'État, car elles sont nécesssaires et lui seul peut les remplir. Ainsi, l'État représente seul la permanence, la perpétuité ; lui seul peut pourvoir aux intérêts de l'avenir, dont les individus ne tiennent pas toujours assez de compte. Lui seul peut empêcher la destruction ou ordonner la restauration des forêts, faire exécuter les travaux propres à prévenir les inondations, à maintenir le climat dans les conditions les plus favorables à l'agriculture, conserver enfin le patrimoine héréditaire de la nation. L'État est, en outre, le protecteur, le défenseur naturel des faibles. Il est dans son rôle lorsqu'il fait des lois pour réprimer les abus que les parents, tuteurs et patrons peuvent faire de leur autorité sur les enfants, sur les mineurs ; mais même dans l'acquittement de cette tâche l'État doit apporter de la discrétion et de la modération, pourvoir simplement au nécessaire, à ce que des enfants ne soient pas assujettis à un travail prolongé avant l'âge de 12 ou 13 ans, il ne lui appartient pas de vouloir réaliser l'idéal sur cette terre ; il sort tout à fait de son rôle lorsqu'il se mêle de légiférer sur le travail des hommes ou des femmes adultes.

On ne peut non plus refuser à l'Etat, et aux corps collectifs qui lui sont subordonnés et qui procèdent comme lui par la contrainte, le droit, même le devoir de prendre soin que la santé publique ne soit pas gravement compromise par les imprudences ou les obstinations individuelles. Il peut recommander, même prescrire certaines règles générales d'hygiène, certaines précautions pour prévenir les épidémies et pour en arrêter le cours.

Quelle que soit, du reste, la fonction qu'il remplit, l'État doit toujours s'en acquitter avec réserve, avec modestie, en se souvenant qu'il n'est point infaillible, alors même et surtout alors qu'il s'agit de mesures concernant la santé publique et l'hygiène ; car il arrive souvent qu'en pareil cas son intervention trop zélée cause plus de mal qu'elle n'en empêche. C'est ce que l'on a pu voir tout récemment lorsque les gouvernements se sont évertués d'une façon si malencontreuse à arrêter la propagation du choléra. C'est ce que l'on a vu à Paris aussi, il n'y a pas longtemps, lorsque, sous prétexte de salubrité, on a détruit des *cités* dont les habitants se sont trouvés, du jour au lendemain, sans asile. C'est ce que l'on a vu, dans une sphère un peu différente, en ce qui concerne le phylloxéra, quand le gouvernement, confiant dans un comité qui avait à sa tête le premier savant de France, M. Dumas, a fait tous ses efforts pendant de longues années pour empêcher la plantation des plants américains que la plupart des viticulteurs considèrent maintenant comme étant le principal moyen de surmonter le mal. Heureusement l'initiative individuelle, dans nos départements méridionaux, a triomphé des obstacles que lui opposait l'État. Ainsi, l'on ne saurait trop prêcher à l'État la modération dans l'exercice même de celles de ses prérogatives qui sont réputées les plus indispensables. Et il y en a, en somme, bien peu qui le soient absolument, si l'on veut regarder les choses de près. La sécurité même a pu dans certains états de civilisation être assurée, à la rigueur, autrement que par l'État : ce soin a pu être confié à des corps libres, organisés *ad hoc*, comme l'était autrefois en Espagne la sainte Hermandad, comme le sont encore en Angleterre les « constables spéciaux ». Il n'y a donc guère d'attributions de l'État qui soient rigoureusement nécessaires ; il y a des habitudes prises dont il faut tenir compte, mais il faut se garder d'en prendre de nouvelles, ou de laisser s'invétérer celles qui existent. lorsqu'elles n'ont pas encore de profondes racines.

Ainsi, M. Leroy-Beaulieu ne voit pas sans inquiétude les rapides empiètements de l'État dans le domaine de l'instruction. Il ne voit guère d'enseignement, de quelque degré que ce soit, depuis le plus élémentaire jusqu'au plus élevé, qui ne puisse être donné par des particuliers, par des associations, aussi bien et mieux que par l'Etat. Il cite plusieurs exemples de grandes institutions scientifiques, d'universités, d'écoles fondées et entretenues par l'initiative et par la libéralité privées, en Angleterre, aux États-Unis, en France même, et qui ne manqueraient pas de se multiplier si l'État ne s'était arrogé le monopole de la direction des intelligences.

En France, l'un des établissements qui jouissent de la plus grande considération et de la plus grande influence, l'École libre des sciences politiques, est une fondation privée. Il en a été de même de l'École centrale des arts et manufactures, de même de l'École Monge. Des particuliers, dans ces derniers temps, ont fondé des observatoires, et les plus beaux instruments dont se soit enrichi, dans ces derniers temps, notre grand Observatoire de Paris sont des dons privés. Certainement, laissée à l'initiative libre, l'instruction primaire se serait répandue un peu plus lentement qu'avec l'aide de l'État, mais elle aurait fini par pénétrer partout, et l'on aurait épargné à l'État des difficultés innombrables. Cette question de l'instruction primaire est et restera le plus grand souci de l'État. Tous les esprits sont divisés dans la société moderne. L'État doit donc respecter les diverses opinions; il lui est impossible de le faire dans l'enseignement. Ainsi, le conseil municipal de Paris a émis dernièrement un vote dont la conséquence devait être que les mots de Dieu, âme, prière et beaucoup d'autres ne devaient plus figurer dans les livres scolaires. C'était montrer combien l'État est peu fait pour être éducateur.

Il faut remarquer que l'État, qui représente la permanence et la perpétuité, est lui-même, chez les peuples modernes, tout ce qu'il y a de plus changeant; c'est l'instabilité même, puisque, en somme, il s'incarne dans un personnel gouvernemental soumis à toutes les vicissitudes de la politique, et qui change du tout au tout à de courts intervalles. On fait des lois, on en fait sans cesse; mais les lois que l'on est le plus empressé à faire ne sont pas d'ordinaire les plus utiles; elles n'ont, le plus souvent, pour but que de modifier des lois antérieures rendues par le parti qui était la veille au pouvoir, en attendant qu'elles soient elles-mêmes modifiées par le parti qui sera au pouvoir demain.

L'État a cependant encore un rôle important; il a à « dire le droit », à créer des formules pour les contrats. Il existe, à la vérité, ou il a existé des sociétés où le droit s'établissait par des coutumes qui, à la longue, prenaient force de loi (c'était l'idéal de feu Le Play); mais les sociétés modernes ne s'accommodent plus du droit coutumier; elles préfèrent des lois écrites et accordent sans difficulté à l'État le pouvoir de régler même les conditions d'existence de la famille, la transmission des biens, etc. : pouvoir énorme dont il importe que l'État n'use qu'en se conformant lui-même à ces lois supérieures que Montesquieu définit admirablement « les rapports nécessaires qui résultent de la nature des choses. » On a voulu poser en règle qu'en dehors de ses fonctions habituelles et réputées indispensables, l'État doit se charger des services qu'il peut accomplir mieux que l'industrie privée. Mais M. Leroy-Beaulieu trouve cette doctrine singulièrement dangereuse. Quand même il serait prouvé — ce qui n'est pas — que l'État exploiterait mieux les chemins de fer, les assurances, M. Leroy-Beaulieu ne consentirait pas qu'il le fît. Il y a, en effet, quelque chose qui est très supérieur à un procédé technique quelconque, c'est l'habitude de l'initiative individuelle et de la responsabilité ; c'est la variété et la souplesse dans la vie nationale. S'agit-il des caisses d'épargne ? L'État offre sans doute aux déposants une entière sécurité, mais en absorbant les épargnes et les capitaux de la nation et en les employant à des usages improductifs, 'se le crédit, l'industrie, l'esprit d'initiative, il détourne et sources de la richesse. En résumé, il y a de nombreux in-:nts et de graves dangers à étendre les attributions de l'État ; ut avantage à les restreindre le plus possible ; on peut être ue dans ce sens aucun excès n'est à craindre.

de Molinari est d'avis que la question des attributions de t trop vaste pour être traitée dans toute son étendue ; il fau-bord la circonscrire à ses limites naturelles, en évitant de la comme on l'a fait dans la dernière séance, à celle du mode itution de l'État. A cette occasion, M. Limousin a adressé à une grave imputation : celle d'être un anarchiste. Ce n'est pas la première fois, et ce n'est pas non plus la première l'orateur proteste contre cette accusation, mais M. Limousin La situation de l'orateur en cette affaire n'est pas sans ana-ec celle du *Médecin malgré lui*. Il est un *anarchiste malgré* cusation de M. Limousin se fonde sur ce fait que l'orateur pour base au principe d'autorité la souveraineté individuelle a souveraineté du peuple ; mais en admettant même qu'il se peut-on en conclure qu'il veuille supprimer l'autorité et vouer :é à l'anarchie ? Les théoriciens de la souveraineté du peuple pas été accusés aussi par les théoriciens du droit divin de supprimer le principe d'autorité ? Quoi qu'il en soit, la ques-attributions de l'État est complètement distincte de celle de itution. Comme toutes les autres entreprises, un gouverne-ses attributions naturelles, qui sont les mêmes, soit qu'il sur le principe du droit divin, de la souveraineté du peuple souveraineté individuelle, et quelle que soit sa forme, mo-absolue, constitutionnelle, république oligarchique, démo-, etc., etc. C'est comme une banque qui a certaines attribu-lles que l'émission des billets, l'escompte, les dépôts, qu'elle olie sous le régime du monopole et du privilège, ou sous le de la liberté. Quelles sont donc les attributions naturelles de Pour résoudre cette question, il faut rechercher, selon l'ora-elles sont actuellement les attributions des États civilisés, et :r lesquelles doivent être considérées comme leur appartenant ement, et lesquelles sont parasites. Ces attributions, on peut ager en deux grandes catégories. L'État est un assureur et ır. A titre d'assureur, ses fonctions consistent à garantir la propriété et la liberté des individus, contre toute atteinte in- et extérieure. C'est là une attribution naturelle et essentielle s les économistes s'accordent à lui conférer. Il n'y a entre eux aucun dissentiment sur cette question, quelque diverses que puissent être leurs idées sur le mode de constitution et de fonctionnement des gouvernements. C'est un point qu'on peut tenir pour acquis et sur lequel il n'y a pas lieu de discuter. Mais si les économistes sont d'accord sur la question de l'État assureur, ils ne le sont point sur celle de l'État tuteur. La tutelle de l'État s'étend et va tous les jours s'étendant davantage à un nombre infini d'objets. C'est à titre de tuteur que l'État protège l'industrie au moyen de tarifs, de subventions et de primes; qu'il protège la littérature, la musique et même la danse, en subventionnant les théâtres, en établissant des académies et des conservatoires; c'est encore à titre de tuteur qu'il intervient dans l'enseignement, — parce qu'il suppose que les pères de famille n'ont pas la capacité nécessaire pour choisir les instituteurs de leurs enfants et leur faire donner une instruction utile; c'est comme tuteur qu'il se charge de la fabrication de la monnaie, du transport des lettres et des petits paquets, des dépêches télégraphiques, auxquels il va joindre bientôt les communications téléphoniques; qu'il intervient dans l'industrie des chemins de fer, soit qu'il les construise et les exploite lui-même, soit qu'il en attribue le monopole à des compagnies qu'il règlemente plus ou moins étroitement et qu'il surveille plus ou moins attentivement; qu'il intervient en matière de crédit en accordant à une banque le privilège exclusif de l'émission des billets, en se chargeant des dépôts des caisses d'épargne, etc.; qu'il subventionne les cultes, qu'il réglemente les associations, et que sais-je encore? Toutes ces interventions, toutes ces tutelles sont motivées par la nécessité de suppléer au défaut de capacité des individus ou à leur impuissance à établir des services indispensables, ou bien encore par la nécessité de les protéger contre l'oppression de monopoles plus ou moins authentiques, comme aussi, dans le cas de la littérature, de la musique et de la danse, d'empêcher le niveau esthétique de la nation de s'abaisser. Ne disait-on pas, dans l'enquête sur les théâtres de 1849, que la liberté des entreprises dramatiques nous ramènerait aux jeux du cirque et aux luttes de la Barrière-du-Combat? Eh bien! si l'on étudie les opinions des économistes sur ces branches multiples de la tutelle de l'État, on s'aperçoit qu'ils sont extrêmement divisés; que s'ils sont presque unanimes, par exemple, à repousser la protection de l'industrie, ils le sont beaucoup moins quand il s'agit de l'intervention de l'État dans l'enseignement; qu'un bon nombre d'entre eux croient à la nécessité de l'intervention de l'État en matiere de chemins de fer, un plus grand nombre à cette nécessité pour le transport des lettres et des dépêches télégraphiques, sans parler du reste. Que devrions-nous donc faire, sinon pour nous mettre d'accord, chose difficile, au moins pour constater quelles sont sur les différentes branches de l'intervention de l'État les opinions dominantes parmi nous? Nous devrions les examiner séparément, une à une, en étudiant dans chacune les avantages et les inconvénients de l'intervention. Cet examen fait, nous aurions en quelque sorte l'inventaire de l'opinion des économistes sur la question des attributions de l'État.

Pour ce qui concerne l'orateur, il n'accorde à l'État que les fonctions d'assureur; il lui refuse absolument celles de tuteur. Il se contente de présenter à l'appui de cette opinion deux simples observations : la première, c'est qu'à mesure que l'État étend le cercle de ses attributions et de ses fonctions, il devient moins capable de les remplir. Supposons, dit-il, qu'une Compagnie de chemins de fer, qui a pour attribution naturelle de transporter des voyageurs et des marchandises, se mette à fabriquer elle-même ses locomotives et ses wagons; qu'elle se mette encore à exploiter des mines de fer, des hauts-fourneaux et des charbonnages, sous le prétexte qu'elle consomme du fer et du charbon; qu'elle produise du blé et fabrique du pain pour la nourriture de ses ouvriers, n'est-il pas clair qu'à mesure qu'elle étendra et diversifiera ainsi ses opérations elle deviendra moins capable de remplir économiquement ses fonctions naturelles? N'en est-il pas de même pour l'État? Si la police devient de plus en plus insuffisante, la justice de plus en plus lente et chère, n'est-ce point parce que l'État au lieu de s'occuper exclusivement de ces services essentiels, éparpille son attention et ses forces sur une infinité d'autres? La seconde observation, qui se présente à l'esprit de l'orateur, c'est que dans un pays où tous les citoyens ont été déclarés politiquement majeurs et capables de s'occuper des affaires de l'État, on les traite de plus en plus comme s'ils étaient économiquement mineurs et incapables de s'occuper de leurs affaires. L'orateur voudrait donc enlever à l'État toutes ses attributions de tuteur pour le réduire à celui d'assureur, c'est-à-dire à la garantie de la propriété et de la liberté des personnes. L'État gendarme, voilà son idéal! Il établit toutefois une exception, laquelle même n'en est pas une, en faveur des mineurs, qui sont incapables de se protéger eux-mêmes. Il est partisan des lois qui limitent la durée du travail des enfants dans les manufactures, quoiqu'il ne se fasse aucune illusion sur la capacité et le zèle de l'État à faire observer ces lois; il va même plus loin, en matière de protection des mineurs qu'un certain nombre de ses collègues, et il rappelle à ce propos la discussion qu'il a soutenue, il y a vingt-cinq ans, contre son confrère et ami M. Frédéric Passy, au sujet de l'enseignement obligatoire. S'il n'est partisan ni de la gratuité ni de la laïcité à outrance de l'enseignement, il est d'avis que les parents ont, dans l'état actuel de la société, l'obligation naturelle de donner à leurs enfants un minimum d'instruction, et que l'État a le droit de les y contraindre, en sa qualité de protecteur de ceux qui sont incapables de se protéger eux-mêmes; mais là doit se borner, selon l'orateur, l'intervention de l'État. Il n'ignore pas que cette opinion est en complète opposition avec les tendances actuelles des gouvernements et même des peuples, et que nous allons, au contraire, aujourd'hui, à un *maximum* d'intervention et d'attributions de l'État, autrement dit au socialisme. Si nous nous laissions entraîner par le courant, nous passerions, nous aussi, au socialisme et nous devrions changer la dénomination de notre société. C'est pourquoi l'orateur conclut en disant qu'au lieu d'augmenter les attributions de l'État il faut les diminuer et se rapprocher de plus en plus du *minimum*.

M. E. **Alglave** veut répondre à une assertion de M. Nottelle, disant que la société doit répandre parmi ses membres le plus de bonheur possible. Il fait remarquer que tout le socialisme sort naturellement d'une semblable formule. Le protectionnisme, en particulier, y trouve immédiatement sa justification.

M. de Molinari et d'autres orateurs ont dit qu'il faut examiner chaque cas en particulier. M. Alglave croit qu'il est possible de formuler un principe, de dire, par exemple, que l'État doit la *sécurité*, la *viabilité* aussi, et qu'il ne doit que cela. Mais il ne doit pas se charger d'autre chose, sous le prétexte qu'il « ferait mieux » que les particuliers, car il tuerait alors l'initiative individuelle.

En dehors de cela, l'État, reconnaissant le droit de propriété, est maître d'y apporter toutes les restrictions compatibles avec l'état des mœurs.

De même pour la protection des mineurs, des faibles; mais ce n'est plus là une attribution « économique ».

L'État peut avoir encore à intervenir pour des œuvres de charité, pour la protection des lettres, des arts, de la danse, parce que l'État tient à ce qu'il y ait des danseuses et des hommes de lettres. Mais l'avis de M. Alglave est que l'État a tort de se mêler des théâtres.

Quant à l'instruction des jeunes générations, l'intervention de l'État ne peut se justifier qu'en raison des intérêts politiques mis là en cause.

En somme, la source de toute richesse est l'énergie des caractères individuels, énergie que l'action gouvernementale ne peut qu'affaiblir.

M. **Fréd. Passy** n'essaye pas, vu l'heure avancée, de résumer la

n. Il aurait cependant quelques réserves à formuler à propos de certaines paroles de M. Alglave, spécialement; par exemple, du principe de propriété, M. Passy fait remarquer que l'État pas la propriété, mais la *consacre* et la *protège*. Mais il ne signaler ce point.

d. Passy préfère insister sur les dernières paroles de M. Al- ur la dernière formule, parce que là, il le pense, du moins, assistants sont d'accord, sont unanimes pour restreindre le État. Oui, les attributions de l'État doivent être limitées au nimum.

tre, on l'a bien fait remarquer, — si l'action de l'État est ne personne permanente, il faut se souvenir que l'État, c'est nsieur », c'est un individu ayant ses opinions personnelles, rs, sa variabilité individuelle.

umé, l'autorité a pour principale mission de sauvegarder la a *sécurité*, tout en assurant la *protection* des enfants et es.

nce est levée à onze heures et demie.

Le Rédacteur du Compte rendu : Charles Letort.

OUVRAGES PRÉSENTÉS.

t sur le pain, la réaction protectionniste et les résultats des commerce, par M. Fournier de Flaix [1].

nent de l'agriculture. Étude et solutions pratiques des prin- estions agricoles de notre temps, par M. Georges Lafargue, préface de M. P. Joigneaux [2].

t fait à l'Assemblée nationale constituante, le 21 *août* 1848, *le son Comité d'agriculture et de crédit foncier, sur le projet relatif à l'organisation de l'enseignement de l'agriculture en* par Richard (du Cantal) [3].

e et l'Asie mineure au point de vue économique et commercial, rrius Georgiadès (de Smyrne), avec préface de M. Arthur Man- e carte et un plan.)

stion sociale et l'enquête sur la crise industrielle, par M. Ed- ey [5].

Guillaumin et Ce, 1885, in-8.
Guillaumin et Ce, 1885, in-8.
Hachette, 1885, in-18.
A. Chaix, 1885, in-8.
impr. de Leblanc-Hardel, 1884, in-8.

fait ressortir tout l'intérêt qui s'attache à une bonne statistique de la force militaire des États.

L'importance de la statistique militaire a été depuis longtemps reconnue en Angleterre, en Prusse, et surtout en Russie où elle forme, depuis longtemps, la matière d'un cours complet.

Pour montrer par quelques exemples combien les données de la statistique générale s'appliquent à la statistique militaire, on peut constater que si la Russie, par exemple, avec ses 80 millions d'habitants, ne peut mettre en ligne que 700.000 hommes, c'est que ses ressources financières ne lui permettent pas d'entretenir un effectif plus considérable. En Angleterre, le nerf de la guerre, l'argent, est abondant, mais, faute d'une organisation rationnelle, elle ne peut avoir sous les armes plus de 200.000 hommes. Ailleurs, ce sont des chevaux qui manquent, ailleurs encore, le système défensif peut laisser à désirer.

Toutes ces études doivent être combinées pour se rendre compte de la force défensive et offensive des États, et rien ne doit être négligé pour donner à cette force son maximum d'utilité.

D'après ces considérations, on peut admettre pour la statistique militaire trois divisions principales :

I. Une introduction contenant, au point de vue militaire, une revue complète des forces fondamentales de l'État et des éléments qui le constituent, pris chacun au point de vue de l'influence générale qu'ils peuvent exercer sur la force militaire de l'ensemble ;

II. L'examen détaillé des forces armées de terre et de mer, les moyens employés pour les constituer, les équiper, les entretenir et les préparer en temps de guerre ;

III. L'examen des situations stratégiques dans lesquelles se trouve l'État sur tel ou tel théâtre de guerre, contre telle ou telle puissance, en tenant compte des objectifs et des éventualités les plus probables.

On ne saurait donc trop encourager, en France, la création d'un cours de statistique militaire, analogue à celui qui se fait en Russie, et qui ne tarderait pas à lui être supérieur. Il y a là une nécessité patriotique sur laquelle il est inutile d'insister.

M. *O. Keller* prend la parole pour résumer les conclusions d'une *Statistique des caisses de secours pour les mineurs*, publiée à la suite d'une enquête entreprise par le Ministère des travaux publics, sur un vœu émis par la Société de statistique.

Des institutions de prévoyance très variées fonctionnent dans les houillères françaises, et presque tous les mineurs sont appelés à en profiter. La plupart des compagnies viennent puissamment en aide à leurs ouvriers ainsi qu'à leurs familles. Plusieurs d'entre elles ont ajouté à leurs caisses de secours ordinaires des caisses de retraites bien dotées et dont le fonc-

Il ne sera pas difficile de prouver que ces remèdes ne son palliatifs et ne peuvent produire d'effets permanents.

Il est certain d'abord que l'élévation des droits n'est pas e d'arrêter la concurrence étrangère. La production des États-U de la Russie dépassant de beaucoup les commandes locales, peuvent être vendus à tout prix, ce qui vaut encore mieux q laisser perdre.

L'abaissement du prix de fermage pourra produire un eff toire, mais que peut cet abaissement contre des pays où la v terres est presque nulle et, par conséquent, le prix du ferma fait insignifiant?

Enfin, les progrès de l'agriculture peuvent produire des béné sagers, mais nos concurrents ne tarderont pas à réaliser ch mêmes progrès en empruntant nos méthodes et nos procédé sera à recommencer.

En ce qui le concerne, l'orateur pense qu'il y a lieu de fav France, l'extension des cultures et des productions pour l grâce à son climat et à son heureuse position, elle n'a à craind concurrence possible.

On peut citer à cet égard la production des volailles, celle celle des primeurs, celle des fruits, etc. Il y a, dans ces produ ressources qui, jusqu'à présent, n'ont pas été exploitées d'un assez générale. Mais avant de se décider dans le sens d'une a tion de ces produits, il serait nécessaire que les agronomes pu blir une statistique exacte des terres à céréales qui peuvent s une transformation en bois, en prairies et en cultures diverses à celles qui viennent d'être citées.

M. *de Sauvage* donne lecture d'une note dans laquelle il démontrer les points suivants :

1° L'exagération des *fumures* n'a qu'une influence limitée su tités produites, et diminue sensiblement le bénéfice à l'hectar

2° Les spéculations animales dans les exploitations de cult sive, c'est-à-dire dans celles où il n'y a pas de prairies natur vent être étudiées avec le plus grand soin, sous peine d'occasi pertes considérables;

3° La valeur des pailles, laquelle varie de 12 à 40 0/0 de la va de la récolte, contribue dans une forte proportion à l'éléva l'abaissement du prix de revient. Elles doivent donc entrer e compte dans l'évaluation des bénéfices résultant de la culture

Les chiffres précis sur lesquels M. de Sauvage s'appuie son qu'on doit nécessairement consulter pour apprécier, dans c ploitation, la situation de l'agriculture, et se rendre compte exactement de l'étendue de la crise qu'on voudrait conjurer.

Passant au second sujet inscrit à l'ordre du jour : *la Question coloniale*, M. Cerisier expose les vues générales sur lesquelles la discussion pourra s'ouvrir.

M. *Cerisier* regrette de n'avoir pas donné, dans la conférence qu'il a faite sur les colonies françaises, une place suffisante à la statistique, et il expose un programme de questions en quatre parties, qui lui paraissent devoir embrasser tous les faits qui se rapportent à la question coloniale.

L'heure étant trop avancée pour entamer cette importante discussion, M. Cerisier se contente de faire défiler sous les yeux de l'assemblée de nombreuses projections produites par l'appareil Molteni, projections qu'il décrit sommairement au fur et à mesure de leur apparition.

La question de la Colonisation est inscrite à l'ordre du jour de la séance du 18 mars, avec la suite de la discussion sur la question agricole.

M. de Crisenoy doit également donner un compte rendu de la dernière Statistique financière des communes de la France.

SOCIÉTÉ DES AGRICULTEURS DE FRANCE

SESSION DE 1885.

Le Congrès annuel de la Société des agriculteurs de France présentait, cette fois, un intérêt exceptionnel, car il s'ouvrait à la veille du grand débat attendu à la Chambre des députés sur la question du blé. Quelques semaines auparavant, du reste, la Société avait tenu dans la salle de la Société d'horticulture, rue de Grenelle, des assises spéciales, afin de stimuler l'ardeur des partisans de la taxe sur les céréales et d'encourager les revendications acharnées des prétendus amis de la culture française. Aussi était-il facile de prévoir que la *great attraction* du Congrès de 1885 serait la manifestation solennelle des nombreux membres de la Société des agriculteurs en faveur de l'élévation des droits sur le blé et autres grains étrangers.

C'est le lundi 9 février que la session a été ouverte, à l'Hôtel Continental, par un discours de M. de Dampierre, président de la Société. Le discours, comme de juste, n'était qu'une énergique protestation au nom de l'agriculture qui réclame, dit-on, les droits *compensateurs* seuls capables de la sauver. Mais, — et le passage est à signaler à ceux qui se figurent en avoir fini avec les réclamations des protectionnistes parce qu'ils ont voté 3 fr. sur le blé, 6 fr. sur la farine, etc., — mais M. le

marquis de Dampierre ajoutait cette déclaration significative : «
« soit bien entendu, Messieurs, que tout ne sera pas dit si vous ob
« les droits compensateurs que vous demandez aujourd'hui. Il
« faudra agir et protester ; nous agirons et nous protesterons tan
« nous n'aurons pas vu la fin du régime économique (le prétendu
« échange actuel) qui conduit notre pays à la ruine et qu'une expéı
« de vingt-cinq ans suffit à faire juger... »

La question du blé, on le voit, n'est pour les protectionnistes q entrée en campagne. Comme nous l'avons dit souvent dans ce joı ils ont simplement placé les agriculteurs à l'avant-garde.

Résumons rapidement les résultats des discussions générale membres du Congrès, discussions qui ont commencé dans la séanı mardi 10 février, par un long débat sur la réforme des tarifs de do Inutile de reproduire ou même d'analyser ce débat, auquel on attardé sans grand profit, car tout le monde en connaissait bien d'a' la conclusion. Disons seulement qu'il s'était clos par un vœu qu mandait les taxes douanières que voici : froment, méteil, épeautre par quintal ; seigle, avoine, orge, maïs, 3 fr. ; farine de toute nı 9 fr. ; moutons, par tête, 7 fr. ; bœufs, 60 fr. ; vaches, 40 fr. ; ı 15 fr. ; porcs de lait, 3 fr. ; viandes fraîches, 20 fr. les 100 kil. ; vi salées, 15 fr. La Chambre des députés n'a pas donné entière sat tion à ce vœu, en ce qui concerne les céréales ; espérons qu'elle encore plus raisonnable en ce qui regarde le bétail étranger et le: des importées.

L'assemblée des Agriculteurs a également demandé l'emploi, au de l'agriculture, du produit des droits ci-dessus, avec l'abrogatiı toutes les mesures favorisant la concurrence étrangère. Elle a vot core la diminution des dépenses publiques et un large dégrèvemı l'impôt foncier sur la propriété non bâtie ; réduction des droits dı tation sur les ventes immobilières ; diminution du droit d'enreg ment et de timbre dans les ventes judiciaires d'immeubles et sul tion de droits proportionnels au droit fixe, afin que l'impôt ne dé jamais un maximum de 10 0/0.

M. Bouley, dans une très intéressante communication, a mis le: culteurs au courant des dernières études de M. Pasteur sur la rage maladies infectieuses qui déciment les troupeaux. C'était, pour la S une nouvelle occasion de manifester ses sentiments d'admirat de reconnaissance pour les immenses services rendus par M. Pas l'agriculture.

agricole et industrielle ? Peut-être. Mais encore est-ce bien certain ? Les pays neufs où la production agricole, par exemple, a décuplé en quelques années, ressentent-ils bien vivement les effets de cette surabondance ? Il est permis d'en douter.

Donc il faut chercher une autre cause. Cette cause, c'est la rareté de la monnaie. La crise actuelle est une crise monétaire.

Et quelle est la cause de la crise ? C'est l'avilissement factice et volontaire d'un des métaux employés, de l'argent. L'Angleterre avait l'étalon unique d'or, le monde entier a cru que sa prospérité tenait à son système monétaire. L'expérience démontrait que ce système à étalon unique était défectueux, puisqu'il reposait sur une base trop étroite ; que la circulation intérieure en avait été souvent et profondément affectée ; que notamment, pour défendre une encaisse métallique insuffisante, la Banque d'Angleterre avait modifié deux fois plus souvent que la Banque de France le taux de son escompte, avec des écarts plus grands, et que les faillites des banques d'Ecosse et de l'Angleterre proprement dite avaient eu une intensité inconnue ailleurs : tous ces enseignements passaient incompris, les économistes condamnaient presque unanimement l'étalon d'argent, et les gouvernements se rangeaient à l'opinion des économistes.

L'Allemagne d'abord entreprit de s'en défaire ; elle jeta sur le marché d'énormes quantités d'argent qui en dépréciérent la valeur ; l'Union latine, envahie par ce métal qui passait chez elle au pair, en restreignit et plus tard en suspendit la frappe. Et l'on organisa ainsi partout, d'une façon certaine, la baisse que l'on avait redoutée.

Les États-Unis cependant, revenus à la circulation métallique, et la France plus tard, comprirent le danger. Ils tâchèrent d'entraver cette baisse et les effets pernicieux qu'elle entraînait. La France était liée par la convention monétaire de 1865, mais les États-Unis, libres de leurs mouvements, purent prêcher de parole et d'exemple. Ils décidèrent de fabriquer chez eux, aux termes du *Bland-bill*, des dollars en argent ; au 30 juin 1884, ils en avaient un stock évalué à 1375 millions.

Mais l'Europe presque entière persistait dans ses errements. Les États-Unis, disait-elle, sont intéressés dans la question. Ils veulent placer l'argent de leurs mines. Les États-Unis objectaient que, producteurs de près de 12 milliards de produits agricoles dont 6 au moins exportables, leur conviction était déterminée par tout autre chose que cet intérêt mesquin de placer quelques centaines de millions d'argent, et qu'ils ne visaient qu'à établir dans le monde un système de forte monnaie qui suffit à l'immense commerce international dont ils détenaient, on le voit, une si forte part.

Ils faisaient encore valoir d'autres considérations. « Démonétisez l'ar-

gent, disaient-ils, la contraction monétaire qui en résultera c
métal circulant une valeur double. Mais tous ceux, dans le r
ont des dettes fixes et perpétuelles, ceux-là vont voir doubler
Au premier rang se trouveront les États. Leur dette totale
milliards. Supprimez l'argent : vous la portez en fait à 250 o

« Et puis, qu'en ferez-vous de l'argent? Vous n'en voulez
en voudra? Les nations *pauvres*, celles à qui convient l'étalon
Quelle plaisanterie? Voici l'Inde qui, suivant votre déplorabl
parait disposée à se passer de l'argent, et, en tout cas, accep
lontiers les traites et les chèques sur Londres. La Chine, le
Turquie d'Europe et d'Asie pourront-elles absorber les 25
d'argent en circulation? Non. Alors vous le vendrez? A q
prix? Quand l'Allemagne n'a pu écouler les 2 milliards et de
en avait et suspend ses ventes depuis 1876. Vous le voyez, vo
prise est irréalisable. Supprimer l'argent serait désastreux; n
pas, c'est impossible. »

Tels étaient les arguments des Américains; ils les dévelop
deux reprises, à deux conférences internationales tenues, sur
position, à Paris, en 1878 et en 1881. Les plus grandes puissa
nétaires du monde y étaient représentées. Personne ne put rien
à ces arguments pressants, et l'un des délegués français, M. D
die, gouverneur de la Banque de France, fut autorisé à obse
fin de la conférence de 1881, « qu'un concours unanime avait
à cette thèse : qu'il existe dans le monde (depuis ces tentativ
monétisation de l'argent) une situation monétaire mauvaise à
est nécessaire de porter remède. »

Tels sont aussi les principaux arguments que reproduit et s'
M. Allard. J'espère ne les avoir pas trop affaiblis en leur don
forme nouvelle. Il conclut en demandant le retour au bimétal
pendant trois quarts de siècle, a donné la tranquillité et la pro
monde commercial.

Je me retourne maintenant vers lui et je lui demande : Com
prendre pour nous rendre le bimétallisme? J'admets, pour un
ce que nient tant d'économistes, que la crise actuelle est une
nétaire causée par la contraction de la circulation; cela dép
nous de revenir au bimétallisme, cela dépend-il des gouver
Vous le dites, et j'y souscris. S'ils s'entendaient pour déclare
et l'argent seront admis concurremment au pair comme *lega*
le commerce de toutes les nations respecterait cette conve
respecterait-il longtemps? Toute la question est là. On en pe
et voici pourquoi : c'est que les causes qui ont amené la dé
de l'argent sont des causes naturelles sur lesquelles les lois

d'action. C'est que l'argent est à la fois une monnaie et une marchandise, dont la valeur est déterminée par sa rareté et son utilité. Cette rareté et cette utilité ont, dans ces dernières années, diminué. L'or est plus rare, partant plus précieux, moins lourd pour une même valeur, partant plus commode. Le commerce, pour ses besoins quotidiens, ne veut plus que de l'or; et l'or même n'est plus suffisant. Il faut le chèque et la banque de compensation. Vous dites, il est vrai, que le chiffre des compensations au *clearing* de Londres reste stationnaire, si même il ne diminue. La cause en est-elle dans ce fait que le système est défectueux et qu'on recourt plus volontiers à la circulation métallique? J'en doute. Le chiffre ne change pas parce qu'il a atteint du premier coup le maximum pour le commerce intérieur, et que, pour le commerce extérieur, le système des banques du continent n'est pas encore plié à l'emploi de la compensation; sans compter que le payement en espèces, dans les pays du continent où l'argent est *legal tender*, donne d'assez jolis bénéfices pour que le commerce anglais n'ait pas cherché à y rien changer. Ce qui prouverait l'exactitude de ce raisonnement, c'est que si d'Angleterre on passe en Amérique, on voit que les clearing y ont conquis une situation prépondérante, et que sur la place de New-York, 93 0/0 des payements se font autrement qu'en monnaie; pour les 7 0/0 qui restent, les billets de banque, puis l'or, puis l'argent, sont employés dans l'ordre où je les cite.

Si mes objections sont justes, et si la commodité et la rareté de l'or le font adopter au lieu et place de l'argent, comment empêchera-t-on les intéressés de s'en servir de préférence? Et, si l'on admet cette préférence, comment espérer maintenir artificiellement l'égalité? L'argent est, par un vice naturel, condamné à être abandonné.

Abandonné? Et comment? Et c'est ici que revient l'argument formidable des bimétallistes, présenté par M. Allard sous une forme si saisissante. Abandonner l'argent? L'abandonner purement et simplement? Non, nul n'y songe. Le vendre? A qui? Et à quel prix?

Gardons-le, j'y consens. Qui calculera notre perte à le garder? Peut-on prévoir dans l'avenir la limite de la dépréciation de l'argent? Elle est aujourd'hui de 18 à 20 0/0, est-il sûr qu'elle ne s'accentue pas davantage? Qui peut rien affirmer? Si les produits des mines vont toujours en augmentant, comment empêcher de diminuer une denrée toujours plus commune. La répugnance du commerce n'ira qu'en augmentant à coup sûr. Le jour où elle sera invincible, que fera-t-on de l'argent qu'on aura continué à accepter à une valeur *depuis longtemps* exagérée? Il faudra vendre alors : avec quelle perte?

Ce que vous proposez n'est donc qu'un expédient. Plus tard, il faudra perdre, et davantage.

Avec cette perspective, faut-il embarrasser de l'argent notre circulation ? Le système monétaire est-il fait pour les métaux, ou les métaux pour le système monétaire ? Le monométallisme donne la stabilité : que nous offre le bimétallisme ? Supposons-le en plein fonctionnement et en équilibre. Survient une abondance d'or : il baisse à ce point qu'on parle de le démonétiser. Crise. Puis l'équilibre se rétablit. Survient alors abondance d'argent. Nouvelle crise de dépréciation. Quelle sécurité y a-t-il pour le commerce ? Et sont-ce là des hypothèses chimériques ? N'est-ce pas plutôt l'histoire des vingt-cinq dernières années ?

Vous dites qu'au moins le bimétallisme assure une circulation monétaire suffisante. Mais a-t-on besoin de tant de monnaie ? Sans doute il en faut et beaucoup. Pourtant, comparez les trois pays, l'Angleterre, les États-Unis et la France : est-ce au développement de la circulation que l'on pourrait mesurer le développement des affaires ?

Alors, que faire de l'argent ? Il faut s'en défaire. A perte ? Oui, même à perte et le plus tôt possible. Comment ? Cela n'est le secret de personne.

Il ne s'agit pas, comme vous le dites, de jeter sur le marché 25 milliards d'argent. Il suffit, pour le moment, de décréter qu'il ne sera plus *legal tender*, soit absolument, soit au-dessus d'un certain chiffre, par exemple, de 500 ou de 1.000 francs. Nous en avons, dites-vous, en France, pour 4 milliards. Ne voilà-t-il pas immédiatement placée, sous forme de billon, une portion assez importante de notre stock ?

Désormais, personne ne nous apportera plus d'argent en échange de notre or. Premier résultat. Le reste baissera ; moins que vous ne croyez. Vous dites qu'on ne peut pas diviser les nations en nations riches, destinées à la monnaie d'or, et nations pauvres, destinées à la monnaie d'argent. Non, sans doute. Mais, *pour le présent*, il en existe un certain nombre qui ne peuvent pas prétendre à la monnaie d'or : tout au plus ont-elles une circulation d'argent. La déclaration qu'elles feraient de vouloir adopter le monométallisme or serait donc purement platonique. Elles garderaient, en dépit d'elles-mêmes, leur circulation d'argent, et cet argent ne se déprécierait pas chez elles, après cette déclaration, plus qu'avant.

En outre, dans la question monétaire, comme dans les autres, apparaîtraient les effets de la concurrence entre nations. Voici, par exemple, une crise de surabondance. Prétendriez-vous jamais déterminer les nations rivales à limiter leur production pour ne pas déprécier les produits du monde entier ? Non, sans doute. Chacune, à tort ou à raison, continuera à produire en excès, espérant tuer la concurrence étrangère. De même ici. Chacun espérera se défaire, au détriment des autres, de son stock d'argent. Or, parmi toutes les nations bimétallistes, il en est une qui se trouve dans une position éminemment avantageuse, c'est la France. Grâce à sa large circulation d'or, elle pourrait, avec moins d'inconvénients, se défaire de sa réserve d'argent. Et elle a, ce qui manque à beaucoup, des débouchés tout prêts pour l'écouler. Par l'Algérie, elle tient l'Afrique ; par la Cochinchine, le Cambodge et le Tonkin, l'extrême Orient, deux vastes pays où de longtemps encore l'argent ne subira la dépréciation qu'il subit chez nous. Le jour où ces pays eux-mêmes seraient surchargés d'argent et prétendraient entrer dans le *Goldverein* européen, ce jour-là, la France serait depuis longtemps débarrassée de sa bosse d'argent, comme dit M. Cernuschi, et elle n'aurait aucun préjudice à éprouver de cette révolution monétaire.

C'est là une solution d'un égoïsme pratique bien indigne du plan à vues élevées de M. Allard. Je le reconnais. On sait les raisons qui m'empêchent de l'adopter. Ses arguments ont été mis en belle lumière, et la discussion n'a été ni évitée, ni écourtée. Entre autres qualités, j'ai vanté sa bonne *foi*. J'espère qu'il reconnaîtra la mienne.

JOSEPH CHAILLEY.

LES ASSIGNATS MÉTALLIQUES, par M. HENRI CERNUSCHI, in-4°, Paris, Guillaumin, 1885.

M. Cernuschi a la dent dure et tenace. Il ne fait pas bon être de ses adversaires. Dans une suite d'articles très vigoureux, réunis en brochure, il vient de continuer la campagne commencée avec le *Grand Procès de l'Union Latine*. Est-ce bien « continuer » qu'il faut dire ? Il le prétend, mais le sous-titre de son nouvel ouvrage « *faisant suite au Grand Procès de l'Union Latine* » est légèrement inexact. Le *Grand Procès* demandait au gouvernement français une double modification dans son attitude : quitter avec l'Italie nos procédés de niaise bienveillance, et négocier avec tous les gouvernements une convention monétaire sur la base du bimétallisme à 15 1/2. Sous ce double rapport, la conviction de M. Cernuschi n'a certes pas changé, mais dans les *Assignats Métalliques*, il ne reprend que la première partie de sa thèse. Cette modification dans son plan change aussi mon appreciation. Je n'ai pas donné au *Grand Procès*, tant s'en faut, mon entière approbation ; j'adopte aujourd'hui et loue sans réserve l'idée essentielle qui se dégage des *Assignats Métalliques*.

Voici cette idée. L'argent perd aujourd'hui 20 0/0. En fait, un écu de cinq francs n'en vaut que quatre. Dans les pays où, comme dans l'Union Latine, il passe pour cinq francs, il est évident qu'il n'est plus une monnaie, c'est-à-dire une pièce dont la valeur marchande égale la valeur légale, mais un simple instrument de circulation d'une valeur intrin-

sèque inférieure à sa valeur nominale, et dont le gage est la
en la solvabilité du pays d'émission. C'est un assignat.

Ces conditions, jointes à d'autres, font que la possession n'
positivement enviable. Le commerce international, sauf en de
n'accepte plus cette monnaie disqualifiée. Nul État ne se soucie
plus qu'il n'en a émis lui-même, et les États de l'Union Latin
circule librement, viennent même, après bien d'autres, d'en
la frappe.

Dans ces circonstances, l'Italie, qui fait partie de cette Un
à se procurer une circulation d'or. Elle a contracté un emprun
en or, et chose ridicule, elle n'a pu, par suite de cette exigenc
cier sur les marchés de l'Union ; elle a imposé à ses banques
l'obligation de constituer leur encaisse métallique pour les de
or ; elle exprime enfin son intention de dénoncer la conventi
pire le 31 décembre 1885. La promesse en a été faite au Parlem
le 11 mai 1883, et l'exécution de cette promesse a été ga
la nomination, le 12 novembre de la même année, d'une c
spéciale qui devait, dans un délai de six mois, déposer son Ra
huit mois sont écoulés, le Rapport n'est point déposé, et le gou
italien ne menace plus de rompre l'Union.

C'est que pour rompre l'Union, chaque État doit restituer
leur monnaie d'argent qui circule sur son territoire, et re
sienne. Or l'Italie en a beaucoup à reprendre et peu à rendre. Il
sacrifier la moitié de sa précieuse réserve d'or pour rembour
les autres en ont à elle, savoir : la France 300 millions, la S
reste de l'Union 50 millions. De ses 450 millions, elle n'en d
elle que 100.

Comment cela s'est-il fait ? En voici l'explication. Le gouve
le commerce italien ont de gros payements à faire à l'étr
ce en France ? on envoie des écus ; en Belgique, en Suisse ?
Ces écus y passent au pair, et, pour diminuer les frais de tr
Banque nationale a soin de les faire prendre dans ses succ
plus proches des frontières. Le payement doit-il être fait en A
en Angleterre ? Il faut de l'or, et voilà qui menace les 640 n
dernier emprunt. Mais ne pourrait-on, même dans ces pay
d'or, payer en argent ? On envoie encore les écus à Paris,
à Bruxelles, on obtient des chèques ou des valeurs sûr Lond
l'Allemagne, si même on ne procède pas par virements, et l'en
reste intacte.

Mais à faire ainsi, les écus ont disparu de l'Italie et la circul
gent est devenue insuffisante. Afin d'y suppléer, on a, con
à l'esprit de la convention monétaire qui suspendait la frappe

émis à découvert des billets d'État, de cinq et dix francs, pour environ 340 millions : à peu de chose près, le chiffre des écus italiens à l'étranger. On y a gagné de toute façon, gagné sur l'or, gagné sur les changes. Si l'Union était dénoncée, tout ce bel équilibre serait rompu. L'or, précieux fruit de l'emprunt, passerait à la France pour moitié, et sur l'argent ce serait l'Italie qui désormais supporterait les pertes. Voilà pourquoi on ne veut plus en Italie dénoncer la convention de l'Union.

M. Cernuschi estime que le gouvernement français, jusqu'ici conciliant plus que de raison à l'égard de l'Italie, doit désormais faire preuve de fermeté. Si l'Union doit être rompue, nous exigerons tout ce que nous sommes en droit d'exiger : remboursement immédiat et en or de tout l'argent, écus et billon, que nous rendrons à l'Italie. Et je ne sais pas par quels arguments on écarterait nos prétentions.

Cela d'ailleurs laisse en suspens la question de savoir s'il faut voir de gaieté de cœur se dissoudre l'Union Latine. Quoi qu'on en dise, et sauf cette courte période de liquidation, les intérêts des États qui la composent ne sont point en opposition. Et puisque la plupart d'entre eux inclinent à l'étalon unique d'or, il semble bien, je l'ai déjà indiqué, qu'il y ait là un terrain d'entente. Et, qui sait ? si notre gouvernement, si insouciant en ces matières, savait le préparer, peut-être la convention aurait-elle des adhérents imprévus et le nom d'*Union Latine* ne serait-il plus suffisamment compréhensif.

JOSEPH CHAILLEY.

MANUEL DE DROIT CONSTITUTIONNEL, par M. A. SAINT-GIRONS, 1 vol. in-8°, 1884. Paris, Larose et Forcel. — COURS DE DROIT CONSTITUTIONNEL professé à la Faculté de droit de Paris par P. ROSSI, recueilli par M. A. PORÉE, précédé d'une introduction par M. C. BON-COMPAGNI. 4 vol. in-8, 1877. 2e édit. Paris, Guillaumin et Ce.

Un décret des 28 décembre 1878-29 mars 1879 a introduit, d'une manière facultative pour les étudiants, le droit constitutionnel dans le programme du deuxième examen de doctorat. Un autre décret du 20 juillet 1882 a donné encore une plus grande importance au droit constitutionnel en créant un troisième examen de doctorat, dans lequel une question au moins doit nécessairement porter sur cette matière. En exécution de ce décret, la circulaire ministérielle du 28 juillet et celle du 3 novembre 1882 ont prescrit la création, dans toutes les facultés de droit, d'un cours de droit constitutionnel. Jusqu'alors, ce droit était enseigné plus ou moins sommairement par les professeurs de droit ad-

Les nouveaux décrets faisant du droit constitutionnel un enseignement spécial, nécessitent aussi des traités spéciaux. M. Saint-Girons, qui est avocat à la Cour d'appel de Lyon et professeur à la faculté libre de droit, a répondu au besoin des étudiants et des professeurs en composant son *Manuel de droit constitutionnel*.

« Les livres qui ont été écrits sur le droit constitutionnel, dit l'auteur, sont ou trop anciens, ou trop volumineux, ou vraiment insuffisants pour les étudiants en doctorat. Nous nous sommes efforcé d'être à la fois court et substantiel, d'éviter les digressions et les oublis. Nous serions récompensé de notre travail, si les étudiants trouvaient, dans ce *Manuel*, un utile auxiliaire pour la préparation du cours. Nous ne prétendons pas, en effet, remplacer le cours. Rien ne saurait tenir lieu de l'enseignement oral. La parole a une vivacité, une liberté d'allures et une puissance de pénétration intellectuelle que le livre ne saurait posséder. Notre seule ambition, c'est d'être, pour le professeur de droit constitutionnel, un aide-préparateur, mais non un remplaçant ».

Ces paroles indiquent bien ce que doit être un *Manuel*, et l'on peut ajouter que l'auteur a suivi fidèlement la route qu'il indique, ce qui n'arrive pas toujours en pareille matière. M. Saint-Girons expose clairement l'état actuel de nos institutions politiques, les principales modifications qu'elles ont subies, puis, les comparant aux institutions des principaux pays civilisés, sans se perdre dans des détails trop minutieux, il indique avec impartialité, les qualités et les défauts de notre constitution de 1875 et les réformes qui lui paraissent pouvoir y être introduites.

Quand nous disons *avec impartialité*, cela ne veut pas dire que M. Saint-Girons n'ait pas une préférence particulière pour une forme de gouvernement, mais seulement qu'il n'en fait pas une idole à laquelle il faut offrir des sacrifices humains, comme on ne le voit que trop souvent. L'auteur a une préférence marquée et avouée pour la monarchie constitutionnelle ; il estime qu'un roi à la tête du gouvernement présente plus de garanties d'ordre et de sécurité, plus d'éléments de force et de grandeur qu'un président ; mais cela ne l'empêche pas de reconnaître les inconvénients inhérents au régime monarchique, et de chercher de bonne foi les moyens de faire la moins mauvaise présidence possible, étant donnée la volonté de la nation de jouir d'un gouvernement dit républicain.

Le principe fondamental de la République et même de tout gouvernement est la souveraineté nationale, que M. Saint-Girons définit le droit, pour un peuple, de rester, après Dieu, le seul maître de ses destinées. « La souveraineté est à une nation ce que la liberté est à l'individu. C'est la liberté collective de la société ». Mais cette idée de souveraineté nationale n'implique nullement l'idée de délégation ou de

et oublier, au besoin, ses intérêts particuliers. » On comprend, dès lors, que le vote peut, et même doit être obligatoire.

Je ne sais pas comment l'auteur concilie le vote obligatoire avec la liberté électorale, qu'il proclame plus loin, ni pourquoi il n'assimile pas toutes les élections aux plébiscites.

La critique des principes de M. Saint-Girons demanderait plus de place que nous n'en avons ici à notre disposition et, d'ailleurs, elle ne servirait à rien, car, en politique, toutes les opinions sont soutenables. Bornons-nous à quelques observations.

« La souveraineté est le droit de n'être commandé que suivant la justice et l'intérêt national. » Qui déterminera ce qui est juste et d'intérêt national? Si ce sont les gouvernés, ils auront le droit de commander, si ce sont les gouvernants, leur pouvoir sera arbitraire.

« Le pouvoir ne serait pas assez respectable s'il était purement humain ». Il n'y a pas là une question de convenance, d'opinion, mais de fait et de nécessité. S'il vient de Dieu, non seulement il est très respectable, mais il est impossible de s'y soustraire. Or le fait qu'on s'y soustrait prouve qu'il ne vient pas de Dieu, mais des hommes. Cette question a été longuement discutée au siècle dernier par Maultrot [1].

Dans les parties qui se rapportent à l'économie, M. Saint-Girons est résolument libéral et décentralisateur.

« Dans ses actes, le législateur doit éviter deux erreurs trop répandues, surtout dans les pays démocratiques, le socialisme et la centralisation.

« Le socialisme se traduit par une extension exagérée des attributions de l'État, aux dépens de l'initiative individuelle. L'État s'occupe de trop de choses, les fait mal et empêche les individus de les faire. Le développement individuel trouve ainsi de dangereux obstacles.

« La centralisation supprime ou énerve les autorités locales, crée ou augmente le mal du fonctionnarisme, empêche l'éducation politique du

---

[1] *Origine et étendue de la puissance royale suivant les livres saints et la tradition*, 1789. 3 vol. in-12. Son argumentation peut se résumer ainsi : Si le pouvoir venait de Dieu, il ne serait sujet à aucun changement, car il serait absurde et dangereux d'admettre que les hommes pussent réformer l'œuvre de Dieu. Or, le pouvoir spirituel même n'a rien d'immuable : les conciles déposent les papes aussi bien que les peuples renversent leurs rois et même changent la forme de leurs gouvernements. On peut ajouter que ce principe manque complètement son but qui est de rendre les gouvernements plus stables : si la puissance civile vient de Dieu, il en est de même de toutes les autres, et le pouvoir révolutionnaire devient aussi respectable que le pouvoir gouvernemental.

société subsiste régulièrement, que les droits privés et publics soient reconnus et garantis d'une manière permanente ».

Je crois que tout le monde est d'accord sur ce point, excepté moi. Heureusement pour le pouvoir social, mon opinion ne fait pas loi, et je ne suis nullement disposé à me donner du mouvement pour la faire prévaloir.

Mais la proposition : *Point de société possible sans pouvoir social* est réciproque ; on peut dire avec non moins de raison : *Point de pouvoir social possible sans société;* et pour décider si la société doit avoir la priorité sur le pouvoir social, ou le contraire, il faudrait savoir si la poule vient de l'œuf ou l'œuf de la poule. Voilà la pétition de principe sur laquelle repose solidement la science politique.

Rossi paraît opter pour la société et lui subordonner le pouvoir social. « Supposez, dit-il, que demain on découvrît un moyen certain de garantir les droits de l'État (j'aurais dit : de la société) et des citoyens sans gouvernement, il n'y aurait pas de droits politiques. » (T. I, p. 11.)

En attendant que ce moyen soit découvert, il reste constant que, les moyens les plus simples étant les meilleurs pour atteindre un but donné, *pas trop gouverner* doit être la règle, et *pas gouverner du tout* l'idéal. C'est ainsi que l'entendaient les économistes du siècle dernier et c'est en ce sens qu'ils dirigeaient leurs travaux. On sait que le margrave de Bade demandant au marquis de Mirabeau si l'on ne pourrait pas parvenir à se passer de gouvernement, l'*Ami des hommes* lui répondit : « C'est là le but que se propose d'atteindre la science économique ».

Depuis ce temps la science économique a un peu changé de direction, la protection académiquement gouvernementale n'est peut-être pas étrangère à ce mouvement giratoire de la science, toutefois l'ancien but n'est généralement pas désavoué, on s'en éloigne dans la pratique, tout en lui rendant hommage en théorie ; du moins il n'est pas désavoué par Rossi, ni par M. Saint-Girons, comme on a pu le voir plus haut, encore moins par M. de Molinari, qui dit dans le *Résumé et Conclusion* de son *Évolution politique* :

« Si les consommateurs politiques savaient quelle quantité énorme de travail, de peines et de souffrances inutiles l'exploitation politique leur inflige ; si les politiciens eux-mêmes et leur clientèle n'ignoraient pas que, tout en grossissant artificiellement leur part dans le revenu total de la nation, elle empêche ce revenu de croître, de telle façon qu'ils en tirent, en réalité, moins qu'ils n'en pourraient tirer, en échange de la même dépense d'intelligence et de travail, sous un régime de liberté et de paix, l'opinion publique, dont les partis constituent l'élément actif et militant, se soulèverait tout entière contre un système illusoire pour les uns, écrasant pour les autres ; elle brûlerait l'idole de l'État qu'elle adore aujourd'hui, et elle reprendrait l'œuvre, interrompue par la Révolution, de la réforme et de la simplification de la *machinery* du gouvernement ».

Il paraît certain, en effet, et il n'y a pas besoin de lunettes pour le voir, que c'est l'extension des attributions de l'État, et, par suite, celle des charges publiques qui, tout en appauvrissant le public, ruine l'État même, en suscitant cette concurrence de politiciens qui, sous prétexte de mieux gouverner les uns que les autres, emploient toutes les ressources de leur petit génie à chercher les moyens d'escalader le « pouvoir social » ou de s'y maintenir quand ils y sont parvenus. S'il y avait moins de millions à se partager, moins de faveurs à distribuer, les conservateurs seraient moins réactionnaires et les réformateurs moins radicaux.

Mais tant qu'il y aura beaucoup à gagner dans la profession de politicien, il est clair qu'il y aura beaucoup de concurrents. On aura beau chercher des combinaisons ingénieuses pour constituer un bon gouvernement, pour prévenir et corriger les abus des pouvoirs législatifs, exécutifs, administratifs, judiciaires, on trouvera toujours moyen d'éluder les lois, surtout les lois constitutionnelles, qui ne peuvent naître qu'après les maux qu'elles doivent guérir par hypothèse, et qui arrivent à pas si tardifs que, s'il n'y avait pas d'autre remède, le malade serait mort avant que la potion prétendue curative fût préparée.

Il n'y a qu'à lire les traités de Rossi et de M. Saint-Girons pour voir combien il est difficile, pour ne pas dire impossible, d'assurer la loyauté des élections, la responsabilité des ministres, des juges, etc. En voyant les *si* et les *mais* que soulèvent toutes les questions de droit constitutionnel, on se croirait à lire certain chapitre de Pantagruel qui concerne le mariage de Panurge, et la meilleure conclusion qu'on en pourrait tirer, c'est qu'en fait de constitutions, le plus sûr serait de s'en rapporter, comme le docte Bridoye, au sort des dés; à moins que l'on ne veuille, comme nous l'avons dit ci-dessus, pour prévenir les abus et stabiliser le pouvoir, donner à celui-ci moins à faire et, par conséquent, moins à dépenser.

Voilà, à mon avis, le meilleur principe de philosophie politique, de droit constitutionnel que l'on puisse mettre en pratique... si l'on veut. Mais pour vouloir, pour se convaincre de la supériorité de ce principe, il est bon de voir combien, en le négligeant, il est illusoire de compter sur les lois constitutionnelles les plus savamment élaborées. A ce titre surtout, les deux *traités* de Rossi et de M. Saint-Girons sont bons à lire.

C'est à Rossi, entre autres économistes, que les socialistes de la chaire reprochent de n'avoir suivi que la méthode déductive. A cet effet, ils se passent de main en main une citation de son *Cours d'économie politi-*

que (2e leçon), qui ne vient à l'appui de leur assertion qu'à la cond de confondre la méthode des recherches avec celle de l'expositio résultats.

Eh ! bien, le *Cours de Droit constitutionnel* doit faire leur bonh Ici la méthode inductive est employée sur une grande échelle et intentionnellement, car l'auteur revient avec insistance sur son u Et c'est justement dès la deuxième leçon qu'il commence à parler nécessité de « descendre le fleuve de l'histoire humaine », de reche « à l'aide de l'observation et de l'examen consciencieux des faits, qu sont les idées dominantes et les principes qui ont présidé à l'orga tion sociale de la France... C'est en procédant de la sorte que nous p rons en suivre nettement les progrès et le développement. »

Vous ne rêvez pas, chers socialistes de la chaire, cela se trouve page 18 du tome Ier; et les mêmes idées sont souvent répétées da cours de l'ouvrage. Rossi avait-il prévu, dès 1835, les objections vous deviez lui faire ? Quoi qu'il en soit, ou vous êtes avec Rossi Rossi est avec vous.

Cependant, non. Il y a une différence, elle est même assez not Rossi ne croit pas que la seule méthode inductive soit suffisante trouver ce que les dogmatiques appellent la vérité, et les sceptiqu probabilité. Il croit que, tout en descendant le fleuve de l'histoire maine, il faut, de temps en temps, regarder en arrière et autour de Il croit, en un mot, qu'il faut se servir des deux méthodes, comm se sert de ses deux jambes pour marcher. Je ne sais pas s'il a rai mais, à coup sûr, dans le royaume des *monopodes* il aurait tort.

ROUXEL.

Le socialisme contemporain, par M. Émile de Laveleye, in-18°, 18 Paris, Germer, Baillière et Cie.

Dans une introduction écrite avec beaucoup d'habileté, M. de Lave commence par établir à sa manière l'état actuel de la question soc et se propose de démontrer que les maux de la société proviennen la doctrine du « laissez-faire, laissez-passer ». Voilà une doctrine qui a dos ou beaucoup de vertu. Onze chapitres sont ensuite employés à p ver que les doctrines socialistes, allemandes principalement, qui se putent aujourd'hui la faveur du public et la gloire de sauver le pe et de faire sa béatitude, sont toutes impuissantes à donner la solutio problème. C'est là un point, peut-être le seul, sur lequel tout le m est d'accord, excepté bien entendu, chaque auteur de système social. fin, le chapitre XII et dernier est consacré à soutenir qur le socialism la chaire est la planche de salut de la société.

Le socialisme en général et le socialisme de la chaire en particulier ne sont pas encore bien clairement définis, il s'en faut même de beaucoup, et nous devons avouer que l'idée qu'en donne M. de Laveleye n'ajoute guère à nos connaissances. L'introduction et le chapitre XII, où nous devrions trouver les renseignements les plus précis, sont remplis de tant d'hypothèses indémontrées et même indémontrables qu'il nous paraît bien difficile d'en extraire l'essence de la doctrine. Il ne faut donc pas s'étonner ni s'indigner, si l'exposé que nous allons essayer d'en faire est incomplet ou même erroné. M. de Laveleye, qui est altruiste en diable, aura sans doute la charité de nous redresser si nous avons mal compris ses idées.

Les hommes naissent inégaux, disent les socialistes de la chaire. Cette inégalité naturelle est un grand mal et la source de tous les autres, car il en résulte qu'en tout et partout, le fort écrase le faible, le riche exploite le pauvre. Le grand bienfait de la société est de diminuer cette inégalité autant qu'il est possible. « Toute doctrine socialiste (et par conséquent le socialisme de la chaire) vise à introduire plus d'égalité dans les conditions sociales et à réaliser ces réformes par l'action de la loi ou de l'État. »

Tel paraît être en substance le fond de la doctrine. Examinons un peu ces principes, qui ne sont certes pas des axiomes de cuisinières.

« Les hommes naissent inégaux. » Cela est très vrai, mais aussi très bien. S'ils naissaient égaux en facultés et en goûts, tous voudraient faire les mêmes choses, consommer les mêmes produits; la question sociale deviendrait alors bien autrement compliquée qu'elle ne l'est actuellement. Observons que cette inégalité n'est point un mal, une cause d'infériorité pour ceux que l'on appelle les faibles. Il n'est pas nécessaire d'être bien fort en biologie, en physiologie, en psychologie, pour savoir que l'infériorité d'un individu sous un rapport est compensée par une supériorité équivalente sous un ou plusieurs autres et que la nature proportionne, dans chaque sujet, les facultés aux besoins.

Cette assertion sensibiliste que le fort, c'est-à-dire le riche, écrase le faible, c'est-à-dire le pauvre, est donc dénuée de fondement; elle est d'ailleurs démentie par l'expérience, qui prouve que la richesse et la pauvreté se développent parallèlement. S'il était vrai, comme le psalmodient incessamment les coryphées du darwinisme, que la vie est une lutte où les faibles succombent fatalement, il y a longtemps que les faibles auraient totalement disparu de la surface du globe et, d'un autre côté, les survivants seraient plus forts que leurs pères. Pour ce qui est des hommes en particulier, il est difficile de comprendre comment les riches, qui sont en très petit nombre, pourraient écraser les pauvres, à moins d'admettre, ce qui pourrait bien être, que ceux-ci y mettent beaucoup de bonne volonté. En ce cas, pourquoi les contrarier?

L'inégalité naturelle étant un bien, si la société diminuait cette inégalité, elle aurait grand tort. Aussi ne le fait-elle point et ne l'a-t-elle jamais fait; il y a pourtant assez longtemps qu'elle existe. Si la société diminuait l'inégalité, les socialistes n'auraient pas de raison d'être, puisque leur but avoué est de faire précisément ce qu'ils supposent que la société fait déjà. Si elle ne l'a pas fait, ce n'est pas faute de le promettre; ce n'est pas non plus faute de le vouloir, c'est donc faute de le pouvoir. Pourquoi et comment, entre les mains des socialistes de la chaire, la société ferait-elle autrement que par le passé? C'est ce qu'ils oublient de nous dire, où s'ils le disent, ils ne font que répéter ce qu'ont dit leurs devanciers.

Bien loin que la société diminue les inégalités naturelles, c'est elle au contraire qui les augmente et qui en crée d'artificielles. Je m'étonne que les socialistes de la chaire ne songent pas à faire vibrer cette corde-là. Leurs plaintes se réduisent en dernière analyse à dire : ou que richesse et la pauvreté progressent parallèlement, que les pauvres viennent de plus en plus pauvres et les riches de plus en plus rich ou, comme M. de Laveleye, que la condition des pauvres s'est un améliorée, mais non dans la même proportion que celle des riches, les salaires ne se sont pas élevés en raison de la rente des biens et des profits du capital.

Admettons le fait sans le discuter. N'est-il pas visible que c'est à la société que la part du travail est moindre que celle du capital bilier et immobilier? Si l'État n'empruntait pas, la concurrence rait les produits du capital à leur minimum, de même qu'elle y les salaires. Si l'Etat n'exécutait pas, aux frais de tous, des trava (rues, routes, chemins de fer, etc.), qui ne profitent directement qu'a propriétaires, la fameuse « plus value » n'existerait pas; la concurre réduirait les prix et les fermages des biens à leur taux minimum aussi bien que les salaires et les profits. Faites pour un moment abstr tion de l'Etat, supposez existante la liberté absolue : la loi d'airain pèsera pas moins sur le capital et sur la propriété que sur le travail; la liberté engendrera l'égalité.

L'État est donc la source de l'inégalité dont on se plaint. Mais qu'est-ce que l'État? C'est l'humble exécuteur de la volonté du peuple souverain, c'est le serviteur et le protecteur du prolétaire. C'est le grand nombre, le suffrage universel, le prolétaire, qui demande à l'État tout ce qui tend à abaisser les salaires, à favoriser l'agiotage, à donner de la plus-value aux propriétés, à élever les profits du capital. En un mot, c'est le prolétaire lui-même, *altruiste* au suprême degré, qui veut être misérable, qui se prive volontairement du nécessaire afin que d'autres jouissent du superflu. Tout est donc pour le mieux dans le meilleur des mondes, ou du moins la source du mal n'est pas où on l'indique.

Les socialistes de la chaire veulent réaliser leurs réformes par l'action de la loi ou de l'État; ils prétendent par là éviter les révolutions. Mais admettre, comme ils le font, que la société est mal organisée, qu'il est possible de la réformer et que cette tâche incombe à l'État, c'est, au contraire, établir la révolution en permanence. Il est naturel que tout individu qui est au pouvoir estime que la société organisée par lui est la plus parfaite qui soit possible, et qu'y toucher du petit bout du doigt est un sacrilège. D'un autre côté, tous ceux qui n'y sont pas et qui ont envie d'y parvenir, trouvent, au contraire, que tout va mal, ou du moins qu'il y a beaucoup à réformer et, sans même leur supposer des sentiments égoïstes (dont tout législateur et gouverneur doit être dépouillé par hypothèse), on comprendra aisément que ces hommes ne reculeront devant aucun des moyens qui se présenteront à eux pour renverser le gouvernement établi et doter la société de l'organisation béatifique qu'ils ont rêvée.

Une des principales de ces réformes, suivant M. de Laveleye (p. XXXVII), aurait pour but de faire en sorte que le travailleur jouisse du produit intégral de son travail, et consisterait à réunir les trois facteurs de la production dans la même personne.

S'il est vrai, comme nous l'avons dit plus haut, que par les lois naturelles, par la concurrence, la part des trois facteurs se réduit nécessairement à son taux minimum, cette réforme n'est point nécessaire ; le travail, aussi bien que la terre et le capital, reçoit sa part légitime. Il serait facile, mais sans doute superflu, de montrer que cette réforme n'est point désirable. En tout cas, il faudrait indiquer le moyen de réunir les trois facteurs dans la même personne sans léser les principes de la justice, que les socialistes proclament si hautement. C'est ce que M. de Laveleye ne fait point. Tout ne serait pas encore dit. Il faudrait ensuite faire en sorte que cette réunion se maintînt, ce qui est assez difficile. Cela existait jadis en une large mesure, dit M. de Laveleye. Il est vrai et c'est, comme on l'a déjà dit, par la volonté du prolétaire, que cela a changé. Le travailleur ne veut pas, lui, jouir du produit intégral de son travail. Il travaille pour le seul plaisir de travailler et non pour consommer. C'est en vain que le marché est encombré de produits, il ne veut pas y toucher, il veut travailler encore, travailler toujours, et pour en avoir le moyen, il supplie l'État, son dévoué protecteur, d'emprunter, d'exécuter de grands travaux inutiles, de coloniser pour ouvrir des débouchés à ses produits. Un de ces jours, pour se dispenser de consommer lui-même les produits qu'il fabrique, *l'ouvrier* est capable d'enjoindre à son gouvernement chéri d'établir la consommation obligatoire chez les sauvages.

Le socialisme de la chaire semble donc prendre la question à rebours. Terminons cette analyse en faisant remarquer qu'il n'est pas, au fond, si opposé aux principes économiques qu'on pourrait le croire sur sa parole. On peut en juger par ce petit fragment.

« L'homme, comme tous les êtres animés, a des besoins et certains moyens d'y pourvoir. S'il satisfait les premiers sans faire usage des seconds, ce ne peut être qu'en contrevenant à *la loi naturelle*, et grâce à certaines *lois artificielles* qui permettent aux uns de subsister aux dépens des autres. »

Il y a donc une *loi naturelle*, et elle est la justice même, de l'aveu de M. de Laveleye; il y a aussi des *lois artificielles*, et elles sont la source de l'iniquité. Que disons-nous autre chose? Mais qui est-ce qui fait les lois artificielles? L'État. Donc....

En somme, *le Socialisme contemporain* est un livre très remarquable dans sa partie historico-critique. Les divers systèmes socialistes y sont exposés avec une concision à la fois claire et élégante, et critiqués avec une impartialité et une bonne foi que l'on aime toujours à rencontrer, surtout chez ceux dont on ne partage pas les idées. Le but principal de l'auteur est donc atteint. Quant à la partie dogmatique, si M. de Laveleye trouve des partisans, et il en aura, il rencontrera aussi beaucoup d'adversaires, même parmi ses coreligionnaires.

ROUXEL.

la barrière protectrice de l'échelle mobile [1]. Cependant cette barrière indispensable a été abattue en 1861, le droit sur le blé a été réduit à 60 centimes par quintal, et qu'en est-il résulté? Les blés d'Odessa et de Séville nous ont-ils inondés? L'agriculture française a-t-elle été submergée? Non; à aucune époque, elle n'a réalisé des progrès aussi considérables : de 77 millions d'hectolitres en moyenne dans les dernières années du régime de l'échelle mobile, la production du froment s'est élevée à 99 millions d'hectolitres de 1856 à 1876, et le rendement par hectare a monté de 13 hectolitres 30 litres à 15 hectolitres 25 litres. Ajoutons que, dans la même période, le niveau moyen des prix a monté, au lieu de baisser, comme le prédisaient les prophètes de l'inondation. De 20 fr. 89 c. sous le régime de l'échelle mobile, le prix moyen de l'hectolitre de froment s'est élevé à 22 fr. 28 c. sous le régime de la libre importation, et de plus les écarts en hausse et en baisse ont été moindres. Cela n'a pas empêché MM. Méline, Waddington, Develle et les autres orateurs protectionnistes de reprendre l'argument de l'inondation, après l'avoir préalablement remis à neuf. Aux blés destructeurs d'Odessa et de Séville, ont succédé les blés non moins pernicieux du *Far-west*, du Canada, de l'Australie, et surtout les blés de l'Inde, ces terribles blés de l'Inde que les infortunés coolies produisent à moins de 4 fr. par hectolitre. Cette fantasmagorie n'a pas manqué de produire son effet accoutumé, et la majorité a voté avec une ardeur patriotique le rétablissement du rempart qui protégeait naguère l'agriculture française contre

[1] Dans son célèbre discours sur le régime commercial de la France, en réponse à la proposition de réforme de M. Sainte-Beuve, M. Thiers mettait en scène, avec une précision de détails et un brio qu'aucun de ses successeurs d'aujourd'hui n'a égalés, les blés d'Odessa produits pour rien par des corvéables et transportés presque pour rien par des moujiks.

« Parmi les blés qu'on embarque à Odessa, disait-il, il en est qui viennent de points éloignés de 200 lieues. J'ai appris que le transport ne coûtait presque rien aux propriétaires russes. Leurs serfs ou moujiks l'effectuent. Ils chargent les blés sur de petites charrettes attelées de deux bœufs, dont les essieux sont en bois et les roues pleines, toutes pareilles par leur construction à celles des charriots que quelques-uns d'entre vous, Messieurs, ont vus dans le pays basque. On leur remet une provision de farine dans un petit sac. Ils partent.

« Le voyage dure quelquefois plus d'un mois. Le soir, quand le moujik arrive au bord d'un ruisseau, il dételle ses bœufs, les laisse paître dans les steppes, prépare un peu de bouillie avec de la farine qu'il a apportée, la fait cuire avec quelques herbes desséchées, et se couche sur la terre. Le lendemain matin, il renouvelle ce frugal repas et se remet en marche. Arrivé à Odessa, il décharge sa charrette, vend ses bœufs pour la boucherie, sa charrette comme bois à brûler, et revient à pied dans son pays ».

l'inondation des blés d'Odessa et de Séville, qui les protégera désormais contre l'inondation des blés de l'Inde.

*
* *

A l'argument terrifiant de l'inondation, M. le ministre de l'agriculture a joint l'argument philanthropique de l'intérêt de l'ouvrier agricole, dont il a décrit les misères d'une voix émue :

J'ai vu, a-t-il dit, bien des misères; j'en ai vu de poignantes dans les villes : mais j'en ai vu aussi dans les campagnes. Je puis vous assurer que la misère des ouvriers des campagnes est chose bien triste. J'ai vu, moi aussi, ce malheureux qu'on appelle le pauvre du village ; c'est souvent un vieillard usé par le travail.... J'ai vu l'ouvrier agricole tendant la main et la tendant à des gens qui souvent sont presque aussi pauvres que lui (Interruptions). Messieurs, je parle de l'ouvrier agricole sans avoir la prétention de vous entraîner par des considérations de sentiments. Si je parle de lui, c'est parce qu'il a sa place dans ce débat, c'est parce que cette loi est faite pour lui, quoi que vous en disiez ; c'est parce qu'il en profitera pour sa large part.

Comment en profitera-t-il ? Voilà, malheureusement, ce que l'honorable M. Méline a négligé d'expliquer. Sera-ce par la hausse du prix du blé ? Mais, comme l'a remarqué M. Clémenceau, il ne vend pas de blé, il en consomme. Ce sera donc par la hausse de son salaire. Mais, comme l'a remarqué à son tour M. Germain, si les droits sur les blés protègent la rente du propriétaire, en empêchant le blé produit sur les terres concurrentes de la sienne, en Amérique, en Australie et dans l'Inde, de pénétrer en France, ces droits sont sans action sur le salaire de l'ouvrier. En supposant qu'ils aient pour effet d'augmenter la production agricole et par conséquent la quantité de travail disponible, les ouvriers étrangers, dont l'entrée est demeurée libre, — ce qui est, par parenthèse, une inexplicable lacune du système protecteur, — ne viendront-ils pas la disputer aux ouvriers français ! Il n'y a en réalité qu'un seul moyen de protéger le travail national, c'est de prohiber ou de taxer le travail étranger. Les ouvriers protectionnistes le comprennent parfaitement, et c'est pourquoi ils commencent à demander qu'on étende aux salaires la protection que les « gouvernements bourgeois » ont jusqu'à présent réservée aux profits industriels ou agricoles et à la rente du sol. Et nous défions bien les protectionnistes de trouver un argument valable à leur opposer. Nous ne serions donc pas étonné de voir un député radical proposer l'établissement d'un droit sur les ouvriers étrangers, et, s'il faut tout dire, nous n'en serions pas fâchés. Car l'absurdité malfaisante du système protecteur deviendrait alors visible à tous les yeux, et la réaction ne serait pas loin.

***

Aux deux arguments de l'inondation des blés étrang
protection du travail de l'ouvrier agricole, s'est encore a
ment des « droits compensateurs ». Au sujet de cet ar
a joué un rôle prépondérant dans la discussion, un propı
sien nous a adressé la lettre suivante :

Paris, 6 mars 1

Monsieur,

Quoi que vous en disiez, la Chambre a eu parfaitement ra
téger la propriété agricole, frappée de dépréciation par la
des terres à blé de l'Amérique et de l'Inde. Mais ne fera-t-
la propriété urbaine ? Vous n'ignorez pas que les loyers sc
baisse dans l'enceinte de Paris, et que la dépréciation de
va jusqu'à 50 0/0 dans certains quartiers. Cette dépréciati
en grande partie du moins (car je ne veux rien exagérer) p
rence inégale des immeubles de la banlieue. Depuis l'établ
chemins de fer et des tramways, un nombre croissant de P
se loger à Neuilly, à Boulogne, à Saint-Mandé et dans les
lités suburbaines, sous le prétexte que les loyers y sont
C'est fort possible. Je ne conteste pas le fait, et j'irai m
vous concéder que ce fait peut être avantageux aux conso
logements. Mais ne vous en déplaise, — et sur ce point la
de mon avis, — l'intérêt des consommateurs ne joue qu'u
daire dans les questions économiques. Il faut considérer av
térêt des producteurs. Nous autres propriétaires parisiens,
des producteurs de logements, et voyez quelle est notre
présence de nos concurrents suburbains. Nous supporton
triples ou quadruples des leurs, et, de plus, nous somm
payer la terre sur laquelle nous bâtissons nos immeubles 50
1.000 fr. le mètre et davantage, tandis qu'ils bâtissent les
terrains qui ne leur coûtent pas 10 fr. Dans de telles condit
est-elle possible ? Ne serait-il pas juste et raisonnable de c
inégalités flagrantes, en établissant, par exemple, un dro
50 fr. par tête de Parisien logé dans la banlieue ? On po
voir cet impôt au moyen d'un abonnement à l'année, ou p
procédé que notre fisc, — dont nous avons le droit d'être f
incontestablement le premier fisc du monde, — ne serait
de découvrir. Peut-être y aurait-il lieu de consacrer le pro
taxe au soulagement des propriétaires victimes de la crise
mais c'est un point sur lequel je n'insisterai pas. J'ai voul

baine le système des droits compensateurs que la Chambre vient d'appliquer avec tant de justice et de bon sens à la propriété agricole.

Agréez, etc. *Un propriétaire intra-muros.*

***

Un projet de modification du tarif douanier a été soumis le 10 mars aux Parlements d'Autriche et de Hongrie.

Le principe essentiel du projet tend à protéger l'agriculture de l'Autriche-Hongrie contre le préjudice que menace de lui causer l'augmentation des droits d'entrée en France et en Allemagne. Les augmentations de droits concernant l'industrie sont proposées exclusivement sur des articles dont l'importation d'Allemagne ou de France est considérable.

En ce qui concerne les droits d'entrée sur le blé, les légumes secs, la farine et les produits de la mouture servant à la fabrication du pain, le gouvernement est autorisé, par le projet, à les porter au même taux que ceux qui seront définitivement adoptés par l'Allemagne.

***

Tandis que l'immense marché des colonies anglaises est ouvert aux produits étrangers, sans aucun droit différentiel en faveur des produits de la métropole, et que celle-ci a cessé complètement de protéger les provenances de ses colonies, nous revenons à grands pas au vieux système colonial de Charles-Quint. Nous reculons de trois siècles, ni plus ni moins. A l'ouverture de la session du Conseil supérieur des colonies, M. Félix Faure, sous-secrétaire d'État des colonies, s'est félicité, en style officiel, de ce progrès... rétrograde.

Le véritable remède à la crise agricole et industrielle dont souffrent nos colonies sucrières, a-t-il dit, résultera d'une transformation partielle de leur production par le développement des cultures secondaires : les cafés, cacaos, vanilles, etc.

C'est dans cette voie que, d'accord avec leurs représentants, nous les encourageons à entrer. Il appartiendra à la métropole de faciliter cette transformation en abaissant, à l'entrée en France, les droits qui frappent les produits coloniaux.

La Guadeloupe, la Réunion et la Martinique ont donné un gage des sentiments de solidarité qui les unissent à la métropole en votant, sur la demande du département, un tarif de douanes qui assure de sérieux avantages aux produits de l'industrie métropolitaine.

Par une équitable réciprocité, elles sont en droit de demander un traitement de faveur pour leurs produits à l'entrée en France. Je n'épargnerai, en ce qui me concerne, aucun effort pour arriver à ce résultat désirable, et j'ai la satisfaction de constater que, sous la réserve de l'étude plus complète de cette détaxe, M. le ministre des finances n'est pas opposé au principe de ce projet.

Dans un même ordre d'idées, le tarif de droits différentiels sur lequel vous avez été appelés à donner votre avis dans une précédente session a a été promulgué par le décret du 27 août 1881. La Cochinchine, d'autre part, vient de transmettre au département un projet qui sera certainement favorablement accueilli par l'industrie métropolitaine.

Le conseil colonial, après avis de la chambre de commerce de Saigon, a voté un projet de tarif douanier, préparé conformément à nos instructions, et qui, dans la pensée du Gouvernement et suivant les traités des 6 et 7 juin, doit être appliqué au Cambodge, à l'Annam et au Tonkin, pour constituer l'union douanière de la presqu'île indo-chinoise.

Aux termes de ce projet, les produits français jouiront d'une détaxe de 75 0/0 sur les droits qu'il comprend et qui varient de 10 à 15 0/0 de la valeur des différents produits. J'espère être prochainement en mesure de soumettre cet important travail à votre examen.

En résumé :

Comme politique économique, protection des intérêts de la production métropolitaine dans les colonies; protection sur le marché métropolitain de la production coloniale.

S'il dépendait du gouvernement de supprimer les chemins de fer pour nous faire revenir aux diligences, aux pataches et aux coucous, on ne manquerait certainement pas, dans les régions officielles, de se glorifier aussi d'avoir pris l'initiative de cette nouvelle « politique économique ».

***

A la fin du XVIIIe siècle, les progrès du droit des gens avaient limité les « droits de la guerre », en obligeant les belligérants à respecter dans une large mesure la propriété et le commerce des particuliers. Mais depuis les guerres de la Révolution et de l'Empire, on est revenu en arrière et la tendance actuelle est d'étendre les maux de la guerre au lieu de les restreindre. C'est ainsi qu'après avoir limité la contrebande de guerre aux articles qui constituent, à proprement parler, le matériel des armées, les belligérants ont voulu, chaque fois qu'ils croyaient y trouver avantage, englober dans ces articles, dont ils interdisent le commerce, les approvisionnements de tous genres, à commencer par la houille, les subsistances et même l'argent monnayé, sous le prétexte qu'on se sert de la houille pour faire marcher les navires de guerre, que l'on nourrit les armées avec du blé ou du riz et qu'on les paye avec de l'argent. Les neutres se sont opposés à cette interprétation élastique, sauf *toutefois* à l'admettre quand ils devenaient à leur tour belligérants. En 1793, par exemple, le gouvernement anglais ordonnait de saisir tous les vaisseaux chargés, en tout ou en partie, de blé et de farine, et destinés à un port français. Le gouvernement français, au contraire, d'accord en cela avec les puissances du Nord, protestait contre cette extension abusive donnée à la contrebande de guerre.

Aujourd'hui la France, en guerre avec la Chine, déclare le riz contrebande de guerre, tandis que l'Angleterre et l'Allemagne, dont les navires de commerce sont employés au transport du riz dans les eaux chinoises, refusent de reconnaître la légitimité de cette assimilation. Ce refus ne peut manquer d'engendrer des complications sérieuses. Les navires de guerre français saisiront le riz embarqué sous pavillon anglais ou allemand. Les gouvernements d'Angleterre et d'Allemagne n'admettront point la légalité de ces saisies et réclameront, tout au moins, des dommages-intérêts pour leurs nationaux lésés. Si la France les refuse, ce sera un *casus belli* des mieux caractérisés. Notez qu'en déclarant le riz contrebande de guerre, nous portons, de nos propres mains, un coup mortel au commerce de la Cochinchine, dont le principal article d'exportation est le riz, à destination de la Chine.

La Cochinchine, dit *le Télégraphe*, est essentiellement agricole. Sa richesse dépend de la récolte. De même pour les revenus du Trésor, dont les trois quarts proviennent des contributions indirectes : droits de sortie, opium et alcool. En 1883, l'exportation du riz s'est élevée à 520.000 tonnes, d'une valeur de 50 millions de francs, sur lesquelles 340.000, d'une valeur de 35 millions, à destination de Hong-Kong, grand marché d'approvisionnement du Céleste-Empire.

Donc, nous allons ruiner le commerce de la Cochinchine et risquer de nous brouiller plus que jamais avec l'Angleterre et l'Allemagne, dans le vague espoir d'affamer les Chinois et avec la perspective non moins incertaine d'obliger le gouvernement du Céleste-Empire à souscrire à nos exigences et surtout à nous payer une indemnité. C'est assez dire que la guerre n'a rien de commun avec la justice et le bon sens.

***

La question monétaire est plus que jamais à l'ordre du jour. Aux États-Unis, le nouveau président, M. Cleveland, a proposé la suspension du *Bland-bill* autorisant la frappe de 2 millions de dollars d'argent par mois; en Allemagne, les agriculteurs ont adressé une pétition au Reichstag en faveur du rétablissement du double étalon, pétition à laquelle les chambres de commerce ont répondu par une contre-pétition monométalliste. Enfin, dans la séance de la Chambre des députés du 7 mars, M. le baron de Soubeyran a présenté dre du jour, qu'il a retiré ensuite sur les observations de M. nistre des finances, pour engager le Gouvernement a reve bimétallisme. Nous publions (dans ce numéro) sur la « Cris contraction monétaire », une lettre de M. de Laveleye qui sou même thèse, et le compte rendu d'un ouvrage de M. Allard, teur de la monnaie de Bruxelles, qui partage les opinions de M Soubeyran et de Laveleye, et qui rend, comme eux, le mon lisme responsable de la crise actuelle.

Sans contester l'influence perturbatrice de la dépréciation démonétisation partielle d'un des deux métaux monétaires croyons qu'on exagère singulièrement cette influence. Si la des prix était causée par la diminution de la quantité du *m circulans*, cette baisse serait la même pour toutes les ma dises et tous les services; or tandis que le blé, par ex a baissé, la viande a subi jusqu'à ces derniers temps une continue; on peut en dire autant des salaires. On peut san reprocher à l'Allemagne d'avoir précipité la démonétisation gent et accéléré la baisse de ce métal, mais quand même magne n'aurait rien changé à sa législation monétaire, l'ar serait, quoique plus lentement et moins brusquement, dé C'est que la démonétisation de l'argent ne provient pas seu du fait des gouvernements; elle provient encore et avant t fait du public consommateur de monnaie. L'argent est une « machine monétaire », lourde et incommode. Si l'on a con s'en servir, probablement beaucoup plus longtemps qu'on rait fait si les choses avaient été abandonnées à leur co turel, c'est parce qu'un bon nombre de gouvernements, à mencer par la France, protégeaient l'argent aux dépens de l le recevant dans leurs caisses et en obligeant les particu le recevoir, à raison de 15 1/2 kilog. d'argent pour 1 kilo tandis que le rapport naturel de la valeur des deux métaux 1 à 16 et davantage. Le résultat de cette protection a été d priver presque entièrement de monnaie d'or dans la première de ce siècle. Nous nous souvenons, pour notre part, de l'épo une pièce de 20 fr. était une rareté qu'on se montrait comm médaille romaine[1]. Les découvertes des placers de la Califo de l'Australie ont changé cet état de choses, l'or a afflué, et il de manière à faire disparaître la protection de l'argent. Le

[1] Nous avons exposé ces perturbations monétaires, dues à l'interven gouvernement, et signalé le remède qu'elles comportent dans not *d'économie politique*. T. II. *De la circulation*.

par l'organe de M. Léon Renault, secrétaire-général de la Société, souhaité la bienvenue au nouveau président. Nous extrayons de réponse de M. Léon Say cette appréciation judicieuse du rôle l'État, en ce qui concerne la protection des mineurs.

J'ai eu deux grands honneurs, dit-il, dans ma vie : le premier m'i venu du choix qu'on a fait de moi comme président de la Société nati nale d'agriculture, et le second de la désignation dont je suis aujou d'hui l'objet. Mon prédécesseur à ces deux sièges de président s' trouvé être M. Dumas, ce grand contemplateur des lois de l'unive qui, bien qu'au-dessus de la terre par sa vie spéculative, y descendait souvent par amour de l'humanité et pour prêter son appui aux fa bles.

Revenant sur la loi de 1874, sur l'organisation par l'État de la prote tion et de la surveillance des enfants, M. Léon Say explique que, s'il n'e pas pour le socialisme d'État, pour cette ingérance gênante telle qu'e est pratiquée en Allemagne, en Autriche, et qui va jusqu'à la vérificati et l'appréciation des contrats passés entre ouvriers et patrons, il est d'a que le rôle de l'État doit cependant s'exercer dans la mesure où la liber du travail ne peut être atteinte.

L'État, ajoute-t-il, doit sa protection aux faibles : il la doit surto aux enfants, aux apprentis ouvriers qui sont la grande ressource de not industrie nationale; l'enfance n'est-elle pas une caisse d'épargne da laquelle nous versons des trésors pour l'avenir?

Se servant d'une comparaison pleine de justesse et d'à-propos, M. Lé Say explique qu'il y a manque de proportion parmi les ouvriers entre l hommes faits qui représentent la science acquise et les enfants ouvri qui doivent représenter la science du progrès : C'est une amphore do le corps est trop arrondi et la base trop petite. Il faut élargir cette ba ce pied de l'amphore en appelant au travail le plus d'enfants qu'il se possible ; pour cela, il leur faut une sage protection et des avanta encourageants.

***

Un meeting international a été tenu le 22 février, au Tivo Wauxhall, en l'honneur d'une délégation des ouvriers anglais am de la paix. L'un des délégués, M. Burt, a donné lecture du manifes de la *Workmen's Peace Association*. Voici le passage le plus impo tant de ce manifeste :

Quinze millions de livres sterling (375 millions de francs) ont été dé dépensés en Égypte et dans le Soudan, millions qui devront être pı dans la poche des contribuables anglais, et cependant une somme pl importante encore leur sera bientôt demandée. En outre de ce gaspi lage des ressources nationales, notre gouvernement cédant aux ala mistes, a décidé de dépenser 5 millions et demi de livres sterling de plus pour notre marine et pour la fortification des stations de charbons à l'étranger.

Pourquoi? Simplement parce que la Chambre des communes, que nous avons créée par nos votes, est composée presque exclusivement d'hommes riches dont la plupart, à cause de leur position sociale et de leurs privilèges pécuniaires, n'ont que peu de sympathies pour la masse du peuple.

Les intérêts des bondholders et ce qu'il leur plaît d'appeler l'honneur du pays les touchent beaucoup plus. Si la Chambre des communes contenait, ainsi qu'elle le devrait, une centaine ou deux de représentants des classes laborieuses, pensez-vous que des millions pourraient être ainsi dépensés en pure perte! Non...

N'oublions point la leçon. Une élection générale approche; ne retombons point dans les erreurs du passé. Personne ne servira mieux nos intérêts que nous-mêmes...

Ayons grand soin d'éviter de donner nos voix à des hommes qui n'auraient d'autres recommandations que leur richesse, et choisissons des candidats qui prendront l'engagement formel de résister à toute politique étrangère agressive, sans s'occuper de savoir par qui une telle politique pourrait être proposée, ni quel parti elle pourrait servir.

L'élection au Parlement de citoyens pauvres peut être difficile, mais nous ne croyons point que les difficultés soient insurmontables, et nous sommes convaincus que, avec une centaine de représentants de cette classe dans le Parlement, aucun gouvernement n'oserait faire ce que fait celui d'aujourd'hui : dépenser des millions dans des entreprises étrangères condamnables et inutiles, et cela au moment même où des milliers de travailleurs manquent de pain.

Nous n'avons, s'il faut tout dire, qu'une confiance extrêmement limitée dans l'extension du suffrage, voire même dans le suffrage universel, pour économiser les millions et résister à une politique étrangère agressive. Notre propre expérience ne nous a que trop édifiés sur ce chapitre. Mais ce n'était pas une raison suffisante pour réfuter à coups de poing les amis de la paix et disperser leur meeting, comme ont essayé de le faire les anarchistes. Après cela, n'aurions-nous pas tort de nous plaindre de cette exhibition anticipée de l'image de la société future, telle que la comprennent ces enfants terribles du socialisme? Le gouvernement du poing vaut-il mieux que celui du sabre ou du goupillon?

***

Les Sociétés de la paix et de l'arbitrage ont adressé la pétition suivante aux Chambres françaises :

Considérant que toutes les puissances représentées à la conféren Berlin étaient d'accord pour neutraliser la totalité des territoires pris dans le bassin commercial du Congo, et pour stipuler que difficulté survenue entre elles, dans ledit bassin, serait sans aucu cours à la guerre, résolue par voie de médiation ou par voie d'arbi — que l'opposition de M. de Courcel, représentant de la Répub française — a seule fait ajourner la proposition :

Les sociétés soussignées déplorent profondément l'attitude pris nos représentants au sujet d'une mesure qui, aux applaudissemen monde entier, assurerait les bienfaits de la paix à des millions d'hom

Ces sociétés espèrent que le gouvernement, revenant aux tradi de justice et de liberté dont la France a été la glorieuse initiatrice, donné, en temps utile, les ordres nécessaires pour faire cesser la tance de son représentant.

La Ligue internationale de la Paix et de la Liberté. — Comité de Paris de la Fédération internationale de la et de l'Arbitrage. — La Société française des Amis de la — Le Comité de la Ligue des Travailleurs pour la paix nationale.

Ces vœux en faveur de l'extension de l'arbitrage méritent, aucun doute, de trouver un écho, mais il ne faudrait pas cepen s'exagérer la portée de ce moyen de pacification. La paix ne établie entre les particuliers que grâce à l'institution d'une ju appuyée sur une force suffisante pour assurer l'exécution de arrêts. Elle ne s'établira point par un autre procédé entre les tions ; car la justice sans la force n'est qu'une vaine parade. Mai train dont vont les choses, nous ne sommes pas près de voir s'ét une justice et une gendarmerie internationales.

***

Le journal *Paris-Canada*, organe international des intérêts c diens et français, qu'un habile et savant écrivain canadien, M. He Fabre, a fondé l'année dernière à Paris, annonce l'établissem d'une ligne directe de steamers entre Québec, Halifax et le Havr

Les hommes intelligents qui dirigent la *Compagnie de navigatio vapeur d'Halifax* (Nouvelle-Écosse), après étude sérieuse de la quest ont vu qu'une ligne directe du Havre au Canada devait non seule produire dès à présent des profits raisonnables, mais devenir bientôt entreprise de première importance. La France a besoin des bois de c truction et d'ameublement du Canada, et aussi de ses farines, de poisson, de ses viandes, de ses phosphates, de son bétail, et des duits de ses mines. En retour, le Canada prendra nombre de pro français qu'il achète aujourd'hui ailleurs, mais qu'il lui vaudrait b coup mieux se procurer au lieu même de production. L'établissement de cette ligne était devenu de première nécessité par suite des droits additionnels imposés par la loi française sur toutes les importations venant d'Amérique dans un navire qui aurait touché à un port anglais. Cette disposition rendait impossible tout commerce important avec le Canada autrement que par voie directe. Il paraît donc hors de doute qu'avec la nouvelle ligne les relations commerciales entre les deux pays vont prendre des proportions considérables.

Les voyages réguliers d'Halifax au Havre commenceront en avril. En été, les navires de la compagnie iront alternativement du Havre à Québec et du Havre à Halifax; en hiver, du Havre à Halifax seulement, le Saint-Laurent étant fermé par les glaces du commencement de décembre à la fin d'avril.

Nous ne doutons pas que l'établissement de cette ligne directe ne contribue à développer le commerce de la France avec son ancienne colonie. Seulement, n'est-il pas curieux et fâcheux qu'au moment même où on travaille au Canada à faciliter les échanges avec la France, on travaille en France à les rendre plus difficiles, en taxant les blés, les farines, le bétail, qui sont, avec les bois de construction, les seuls articles importants que ce pays puisse nous fournir? Si nous ne pouvons augmenter nos achats au Canada, comment pourrons-nous augmenter nos ventes? G. DE M.

Paris, 14 mars 1885.

Les éloquents discours prononcés par M. Frédéric Passy dans la discussion des propositions de loi portant modification du tarif général des douanes (droits sur les céréales) ont été réunis en une brochure que nous ne saurions trop engager les partisans de la liberté du commerce et du pain à bon marché, à lire et surtout à faire lire. En vente à la librairie Guillaumin et Cᵉ. — Prix, 2 fr.

On peut se procurer à la même librairie des tirages à part de l'excellent et substantiel discours de M. Lalande sur la question des droits sur les blés.

L'impôt sur le pain, la réaction protectionniste et les résultats des traités de commerce, tel est le titre d'un ouvrage, nourri de renseignements et de faits, que notre confrère, M. Fournier de Flaix, vient de consacrer à l'examen des questions soulevées par la réaction protectionniste. C'est une sorte de *vade mecum* du libre-échangiste que nous recommandons particulièrement à nos lecteurs. 1 vol de 376 p., chez Guillaumin et Cᵉ et chez Pedone-Lauriel.

Sous ce titre : *l'Exportation française*, reparaît le Journal du commerce maritime et des colonies fondé en 1875. La rédaction en chef de cette utile publication reste entre les mains de M. Paul Dreyfus.

La *Nouvelle Revue* vient de faire paraître à ses bureaux, 23, boulevard Poissonnière, la *Société de Vienne*, par le comte Paul Vasili (1 vol. gr. in-8). Prix, 6 fr.

Bibliographie économique.

OUVRAGES ENREGISTRÉS AU DÉPÔT LÉGAL EN FÉVRIER 1885.

—

Affamé (l'), organe des revendications sociales. N° 1 (28 décembre 1883). In-4 de 4 p. à 2 col. Paris, impr. Boilay.

Almanach administratif, historique et statistique de l'Yonne (année 1885). In-16 de 480 p. Auxerre, Gallot.

Ami (l') du peuple de Marseille, organe hebdomadaire des travailleurs du comité socialiste. N° 1 (6 décembre 1884). In-4 de 8 p. à 3 col.

Annuaire de l'administration des contributions directes et du cadastre (1851). In-8 de 212 p. Paris, Impr. nationale. [Ministère des finances.]

Annuaire de l'administration de l'enregistrement, des domaines et du timbre pour 1885 (32e année), par Ed. Goret-Conquet, etc. In-8 de XLVIII-142 p. Paris, Chaix.

Annuaire administratif, commercial et industriel de la Haute-Saône, par MM. Ch. B., E. L., F. B. et L. R., 1885 (1re année). In-8 de 469 p. Vesoul, Cival.

Avenir (l') social, journal radical pour la défense du travailleur, paraissant le samedi. N° 1 (3 janvier 1885). Petit in-f° de 4 p. à 4 col. Marseille, impr. Martin.

ATLIBS (F.). *Les associations du capital et du travail ;* Employés et ouvriers des chemins de fer; Du contrat de louage dans les compagnies ; Institutions de prévoyance. In-8 de 88 p. Paris, Guillaumin.

BECCARIA. V. CANTÙ.

BERGER (Georges). *Exposition universelle de* 1889, considérations générales sur son organisation. In-8 de 18 p. Paris, Berger-Levrault.

CANTÙ (Cesare). *Beccaria et le droit pénal, essai*. Traduit, a[...] précédé d'un avant-propos et [...] introduction par Jules Lese[...] C. Delpech. In-8 de XLVI-336 [...] ris, Didot.

CAVAIGNAC (C.). V. Nos[...]

CERNUSCHI (Henri). *Les as[...] métalliques*, faisant suite [...] procès de l'Union latine. In-[...] pages. Paris, Guillaumin. [A[...] tirés du « Siècle ».]

CERRIGNY et RIGAULT DE LA [...]RIÈRE. *Manuel général du [com]merce et de l'industrie*. In-8 [...] 690 p. Paris, Colle.

CHAIX (A.). *La participatio[n aux] bénéfices*. In-8 de x p. et ta[...] Paris, Chaix. [Association fra[nçaise] pour l'avancement des sci[ences] congrès de Blois, 1884.]

Chambre de commerce de [...] Compte rendu sommaire [...] travaux en 1883. In 8 de [...] Caen, Leblanc-Hardel.

CHAPELLE (Fr.). *Les* [illegible] *l'entrée en France des besti[aux et] des céréales*. In-8 de 16 p. [...] Etienne, Théolier. [« Société [d'a]griculture, industrie, scien[ces] et belles-lettres de la Loire [...]

CHOTTEAU (Léon). *Une* [...] *faute économique* (les Sal[aisons] américaines en France). 2e é[d.] In-8 de 52 p. Paris, Guillaum[in].

CONDETTE. *Causerie heb[domadaire] daire sur la Bourse* (année [...] In-8 de 112 p. Paris, impr. [...]

Cri (le) de l'ouvrier, org[ane so]cialiste et révolutionnaire de [la ré]gion du N., paraissant le dim[anche.] N. 1 (du 30 nov. au 7 déc. [...] Petit in-f° de 4 p à 4 col. [...] impr. Albain.

DAVELUY. V. FOURNIER.

DELPECH (C.). V. CANTÙ.

Documents statistiques [...]

par l'administration des douanes sur le commerce de la France. Années 1882 à 1884. In-8 de 148 p. Paris, Impr. nationale.

Flandinette (Félix). *Le sort de la femme dans la société ancienne et moderne* et les causes qui font qu'en général elle manque de travail, conférence (28 octobre 1883). In-8 de 48 p. Chamont, impr. Robert.

Foncin (P.). *L'alliance française*, conférence (18 déc. 1884). In-8 de 20 p. Paris, Quantin. [Extrait de la « Revue scientifique » du 27 déc. 1884.]

Fouillée (Alfred). *La propriété sociale et la démocratie*. In-18 de x-294 p. Paris, Hachette..

Fournier (Casimir). *Traité des contributions directes*. 2e édit., mise au courant de la législation et de la jurisprudence par Ch. Daveluy. In-18 de VIII-498 p. Paris, Berger-Levrault.

Girodet (Emile) et Pétrot (Albert). *Les accidents de travail et de chemins de fer*. In-12 de 24 p. Paris, Pichon. [« Questions sociales ».]

Glaneur (le) anarchiste, paraissant tous les mois. No 1 (1er janvier 1885). In-8 de 24 p. Paris, impr. Towne.

Gobet-Conquet. V. *Annuaire... de l'enregistrement*.

Gourd (Alphonse). *Les Chartes coloniales et les constitutions de l'Amérique - du - Nord*. I. Ancien droit. Introduction, notices historiques et textes. In-8 de XLII-360 p. Paris, Pichon.

Guesde (Jules). *Services publics et socialisme*. In-8 de 30 p. Paris, Oriol. [« Bibliothèque socialiste ».]

Hayem (Jules). *Rapport* sur les réformes à apporter aux lois relatives à la protection des marques de fabrique françaises en France et à l'étranger. In-8 de 24 p. Paris, impr. Maréchal.

Hugonin (Mgr). *Philosophie du droit social*. In-8 de VIII-328 p. Paris, Plon et Cie.

Industrie (l') agricole, organe hebdomadaire des intérêts de l'agriculture, du commerce et de l'industrie. No 1 (28 déc. 1884). In-4 de 8 p. à 3 col. Melun, impr. Dubois.

Jossrau (J.-B.). *Traité du crédit foncier*, contenant l'explication de la législation spéciale et des diverses opérations du Crédit foncier de France, suivi d'une étude sur le crédit foncier colonial, sur les sociétés établies à l'étranger, sur le crédit agricole. T. II. In-8 de 884 p. Paris, Marchal et Cie.

Lacointa (J.). V. Cantù.

Ledru (Alphonse) et Worms (Fernand). *Commentaire de la loi sur les syndicats professionnels du 21 mars 1884*: documents officiels, discussions parlementaires, formulaire. Avec une préface de M. Tolain. In-18 de XLVI-436 p. Paris, Larose et Forcel.

Marteau (Amédée). *Le chemin de fer du Saint-Gothard et son influence sur les intérêts français*. In-8 de 14 p. Paris, Capiomont et Renault. [Extrait du « Moniteur officiel du commerce » du 11 déc. 1884.]

Noël (Octave). *Le Rapport de M. Cavaignac et la vérité sur le réseau de l'Etat*. In-8 de 40 p. Paris, Guillaumin. [Extrait de la « Revue britannique » de janv. 1885.]

Pétrot. V. Girodet.

Pigeonneau (H.). *Histoire du commerce de la France*. I. Des origines à la fin du XVe siècle. In-8 de VIII-468 p. avec carte et grav. Paris, Cerf.

Protecteur (le) de l'épargne, contrôleur des valeurs à lots. No 1 (10 déc. 1885). In-4 de 4 p. à 30 col. Paris, impr. Gragnet.

Questions économiques et sociales; les victimes des incendies, du chômage et des maladies épidémiques secourues par la loterie nationale, par un ancien ouvrier. In-8 de 4 p. Paris, impr. Michels.

Reille (baron). *Discours* prononcé dans la discussion du budget de 1885 (séance du 12 déc. 1884). In-8 de 30 p. Paris, au « Journal officiel ». [Extrait du no du 13 déc. 1884.]

Revue anarchiste internationale, paraissant le 20 de chaque mois. No 1 (20 nov. 1884). In-8 de 36 p. à 2 col. Bordeaux, impr. Rapin.

Revue (la) socialiste, paraissant le 15 de chaque mois. N° 1 (janvier 1885). In-8 de 96 p. Paris, impr. Bellenand.

RICHARD [du Cantal]. *Rapport* à l'Assemblée constituante (21 août 1848) au nom de son comité d'agriculture et de crédit foncier, sur le projet de décret relatif à l'organisation de l'enseignement de l'agriculture en France. In-8 de XIV-142 p. Paris, Hachette.

RIGAULT DE LA FERRIÈRE. V. CERRIGNY.

ROCHARD (Jules). *La valeur économique de la vie humaine*. In 8 de 42 p. Paris, Berger-Levrault. [Extrait de la « Revue maritime et coloniale ».]

ROCHE (Jules). *La vérité sur les finances de la République*. Extraits du Rapport présenté au nom de la commission du budget et d'un discours du 18 nov. 1884. In-8 de 32 p. Paris, impr. Masquin.

ROUSSE (J.). *De la nécessité de relever les tarifs d'entrée des céréales et du bétail par des droits protecteurs*. In-8 de 8 p. Saint-Etienne, Théolier. [« Société d'agriculture, industrie, sciences, arts et belles-lettres de la Loire ».]

SAINT-QUENTIN (comte DE). *Rapport sur la crise agricole dans l'arrondissement de Caen*. In-8 de 26 pages. Caen, Leblanc-Harvel. [Extrait du « Bulletin de la Société d'agriculture et de commerce de Caen ».]

SOUX (Hilaire). *La révolution sociale par la révolution intellectuelle*. In-4 de 22 p. Paris, Brasseur.

STOURM (René). *Les finances de l'ancien régime et de la Révolution*, origines du système financier actuel. 2 vol. in-8 de XXXII-494 et 516 p. Paris, Guillaumin.

TOLAIN. V. LEDRU.

VIALARD (Léon). *Des moyens d'augmenter le bien-être social*. In-8 de 48 p. Cahors, Layton.

VILLE (Georges). *Le propriétaire devant sa ferme délaissée*, conférence (Bruxelles, déc. 1883). In-18 de II-178 p. Paris, Masson.

VUITRY (Ad.). *Le désordre des finances et les excès de la spéculation à la fin du règne de Louis XIV et au commencement du règne de Louis XV*. In-18 de XVIII-466 p. Paris, C. Lévy.

WOGAN (E. Tanneguy DE). *Moyens à employer pour encourager la prévoyance*. In-8 de 16 p. Paris, Guillaumin.

WORMS. (F.). V. LEDRU.

TABLE

DES MATIÈRES DU TOME VINGT-NEUVIÈME

QUATRIÈME SÉRIE

N° 1. — *Janvier* 1885.

N° 2. — *Février* 1885.

N° 3. — *Mars* 1885.

FIN DE LA TABLE DES MATIÈRES DU TOME XXIX, 4e SÉRIE.

Le Gérant : P. GUILLAUMIN.

Paris. — A. PARENT, imprimeur de la Faculté de médecine, A. DAVY, successeur, 52, rue Madame et rue Monsieur-le-Prince, 14.

JOURNAL

DES

ÉCONOMISTES

JOURNAL

DES

ÉCONOMISTES

REVUE

DE LA SCIENCE ÉCONOMIQUE

ET DE LA STATISTIQUE

44e ANNÉE DE LA FONDATION

4e SÉRIE. — 8e ANNÉE

TOME TRENTIÈME

(AVRIL A JUIN 1885)

PARIS

LIBRAIRIE GUILLAUMIN ET Ce, ÉDITEURS

de la Collection des principaux Économistes, des Économistes et Publicistes contemporains, de la Bibliothèque des sciences morales et politiques, du Dictionnaire de l'Économie politique, du Dictionnaire universel du Commerce et de la Navigation, etc.

14, RUE RICHELIEU, 14

1885

DES

ÉCONOMISTES

DE

LA MÉTHODE EN ÉCONOMIE POLITIQUE

PRÉLIMINAIRES.

1. *État de la science économique.*

Lorsque, avec cette justesse et cette profondeur de vues qui caractérisent les travaux du XVIIIe siècle, Quesnay, Turgot, Letrosne, Dupont de Nemours, toute l'école physiocratique enfin, jetait les fondements de l'économie politique, il n'était pas question et il ne pouvait en être autrement, de donner une définition de cette branche nouvelle que l'on étudiait ; on ne pouvait même songer à donner une forme didactique à des observations éparses et diverses, faites surtout suivant le tempérament particulier à chacun des observateurs, et non reliées dans une commune synthèse par des principes établis et reconnus. Au début de toute connaissance nouvelle, d'ailleurs, il doit en être ainsi, quel que soit le génie de ceux qui l'abordent. Les travaux de l'école physiocratique n'en restent pas moins des chefs-d'œuvre dans leur simplicité. Mais, si cette école ne sut ou ne put pas se dégager du point de vue qu'elle avait inauguré et qui, en soi, constituait la doctrine physiocratique elle-même, bien différents furent les travaux des « économistes » qui lui succédèrent.

Adam Smith, le premier, après s'être occupé de travaux purement philosophiques, en arrivant à s'occuper des phénomènes sociaux, chercha à coordonner, à définir ce qu'il constatait. Il le fit si heureusement que c'est à juste titre qu'il a pu être appelé le père de l'économie politique. L'ouvrage qui résulta de ses travaux, publié en 1776 sous le titre : *An inquiry in to the nature and causes of the wealth of nations* (Recherches sur la nature et les causes de la richesse des nations) devint le catéchisme de la matière, et, après un siècle, il garde encore toute son importance et reste digne d'être consulté avec fruit. Dès ce moment l'économie politique était viable; il fallait la fixer, la développer.

Ce n'était point là œuvre facile en raison même de la grandeur du but à atteindre ; aussi les conclusions ont-elles considérablement varié avec les plus grands esprits qui s'en soient occupés. Aujourd'hui encore, si l'objet de l'économie politique est déterminé à peu près nettement, si l'ordre de phénomènes qu'elle doit étudier commence à être circonscrit avec quelque précision, il s'en faut de beaucoup que l'on soit d'accord même sur les points essentiels qui en sont le fondement. La coexistence à notre époque des écoles dites : optimiste, pessimiste, socialiste, orthodoxe, historique, etc., prouve bien cette divergence de vues. De pareils dissentiments, malgré leur gravité, ne sont la cause d'aucune infériorité pour la science de Bastiat et de Mill ; presque toutes les sciences élevées en recèlent de non moins accusés : telles sont les sciences naturelles, la philosophie, la morale. Les premières, par exemple, sont partagées entre deux doctrines fondamentales absolument opposées : celle du transformisme et celle de la fixité des espèces, sans parler des doctrines monogéniste, polygéniste, créationniste ; la philosophie, à son tour, se divise en un nombre de ramifications infinies avec toutes les nuances intermédiaires, depuis le matérialisme de Büchner jusqu'au déisme de Leibniz, depuis le positivisme de Comte jusqu'à la métaphysique de Kant.

On peut aisément expliquer pourquoi l'économie politique s'est constituée très tard dans l'ordre des connaissances, et pourquoi ensuite elle n'a pu concilier jusqu'à ce jour un corps de doctrine indiscutable bien considérable. C'est parce que l'esprit connaît d'abord les phénomènes simples, élémentaires, dont la perception, l'analyse sont faciles, tandis que ce n'est que plus tard qu'il peut s'élever à l'intelligence des phénomènes complexes. Or, les phénomènes sociaux sont précisément la résultante d'un très grand nombre d'influences diverses. Il est certain, néanmoins, que dès les temps les plus reculés on a dû constater des phénomènes sociaux, car ils tombaient fatalement sous le sens à toutes les époques, mais on ne pouvait les analyser, les préciser faute d'éléments suffisants.

II. *L'économie politique est-elle une science?*

La première question à se poser avant de déterminer quelles méthodes scientifiques doivent être employées par l'économie politique pour arriver à l'interprétation des phénomènes sociaux, c'est précisément celle de l'existence même des lois économiques ou au moins de la possibilité de conception de ces lois. Car, pour qu'un ordre de connaissances puisse constituer une science, il faut que l'on puisse lui donner un but déterminé bien défini, il faut qu'il puisse en découler la possibilité de formuler des conclusions groupant dans une synthèse générale tous les faits homologues ; il faut, en un mot, que des lois puissent en être déduites ; sinon, ce peut être un objet d'études, une collection de faits, mais ce ne peut être une science.

Et, d'abord, qu'est-ce qu'une loi ? C'est un rapport constant et uniforme entre des phénomènes. Dès l'antiquité, on avait reconnu l'existence de lois dans le monde inorganique (le mouvement du soleil, par exemple), mais il fallait arriver bien loin dans l'évolution scientifique et bien près de nous pour que les penseurs s'accordassent à reconnaître qu'il pouvait aussi y avoir un ordre immuable dans le monde organique. L'utilité des lois est indiscutable. Kepler et Newton ont délivré les hommes de beaucoup d'erreurs par les quelques formules qui leur ont servi à exprimer les hautes conceptions auxquelles ils sont parvenus. Il faut longtemps avant que le plus simple phénomène, se reproduisant fréquemment et dans les mêmes conditions, soit généralisé et érigé en loi, *a fortiori* les phénomènes présentant un degré de complication considérable seront-ils plus longtemps rebelles à se plier à la rigueur d'un principe à établir par un esprit insuffisamment préparé. Toutes choses égales d'ailleurs, les phénomènes imposants sont rapportés à leurs lois avant les phénomènes peu remarquables. Les mathématiques formulent les lois des rapports des surfaces et des volumes, des combinaisons des nombres; l'astronomie dégage les lois des mouvements des astres répartis dans l'espace. Existe-t-il des lois en économie politique ? ou, en d'autres termes : l'économie politique est-elle une science ? De sérieuses discussions ont eu lieu tout récemment sur ce point[1] et il a été reconnu, une fois de plus, que l'économie politique devait arriver à révéler des lois sociales.

Ce n'est pas sans difficultés que l'on peut se résoudre à concilier l'idée de la liberté humaine avec celle des lois naturelles, et, d'autre part, la liberté absolue affirmée emporte nécessairement négation de l'existence d'une science économique. Il semble que toutes les actions des hommes dépendant de leur propre initiative doivent échapper à

---

[1] Voir *l'Economiste français*, 8 et 22 novembre, 6 et 20 décembre 1884, articles de MM. de Laveleye et Arthur Mangin. Voir surtout dans le *Journal des Économistes*, décembre 1884, la savante analyse de M. de Molinari : *Les Lois naturelles de l'économie politique*.

tout contrôle scientifique et cependant il n'en est pas ainsi. Il existe un déterminisme social, comme il existe un déterminisme physiologique. En économie politique, comme dans toute autre science organique, la doctrine de Claude Bernard doit être appliquée dans toute sa rigueur. Sans prendre parti ouvertement pour ou contre la liberté et la volonté de l'individu[1], l'économiste se convainc aisément de l'existence de lois économiques par la simple introduction de cette théorie dans la science. Si libre que paraisse l'homme, il n'en est pas moins une simple unité inconsciente dans le corps social. En effet, toujours les mêmes causes amènent les mêmes effets, si l'on se place dans des milieux identiques. Or, ici, en étudiant le *sujet* qui agit, on trouve un être, organisme complexe mais toujours semblable à lui-même, doué des mêmes besoins, des mêmes passions et tendant nécessairement à les satisfaire; en étudiant, au contraire; *l'objet* des phénomènes économiques, on doit y reconnaître les caractères d'aptitude à satisfaire les besoins de l'homme. Avec les mille variations de chaleur, de ressources naturelles : faune, flore, montagnes, plaines, cours d'eau, mers, minéraux, les procédés d'entretien de l'existence varieront corrélativement, mais on pourra toujours constater l'ordre de succession des phénomènes reliés par une causalité inéluctable.

De là, à passer aux détails de la vie économique, il n'y a qu'un pas. La statistique révèle avec quelle régularité l'humanité se renouvelle sur la terre, avec quel soin elle augmente ses produits, à mesure qu'elle augmente en nombre et que ses besoins s'accroissent. Tout cela, pour ainsi dire, inconsciemment, sans que l'homme puisse se douter seulement qu'il n'est pas libre de se marier ou de ne pas se marier, d'accomplir tel acte ou de ne pas l'accomplir, de défricher, de semer, de récolter, etc. Ce n'est pas sans vraisemblance que l'on a pu dire que le trafic d'une ligne de chemin de fer est plus régulier que le débit d'un fleuve. La régularité du chiffre annuel des naissances, des mariages, des décès, prouve la constance des phénomènes économiques. La progression régulière des échanges, des correspondances, le perfectionnement même de la législation s'accomplissent en vertu de lois naturelles.

Dans la suite de cette étude, de nombreuses lois économiques seront citées et interprétées, car l'économiste est à chaque instant obligé d'y recourir, de leur faire des emprunts et de baser ses démonstrations sur les relations fondamentales qu'elles établissent. Telles sont, par exemple, la loi du nivellement des prix par la concurrence,

[1] V. *infra*.

la loi de Gresham sur les monnaies, la loi de Tooke et celle de Molinari sur les variations des prix, les lois de Malthus sur l'aumône, sur les rapports entre la population et les subsistances, celles de Ricardo et un grand nombre d'autres moins répandues, mais non moins réelles.

Ayant ainsi bien constaté l'existence de lois économiques naturelles, il reste à se demander quel peut être le but de la science économique. La réponse est facile. Le but de l'économie politique est absolument similaire de celui de toutes les autres sciences, de la physique, de la chimie, de la physiologie. Elle met en lumière les lois économiques comme ces dernières mettent en lumière les lois qui gouvernent les phénomènes de la nature, les actions chimiques ou les règles de la vie. Et elle borne là son rôle. C'est ensuite aux législateurs, aux marchands, aux ouvriers, aux banquiers, aux industriels, à mettre à profit ses découvertes et à les appliquer avec le plus d'intelligence possible, c'est-à-dire en s'y conformant le plus qu'il est en leur pouvoir. « *Natura non imperatur sine parendo* ». C'est dans une saine interprétation des lois économiques naturelles que consiste la faculté de prévision qui caractérise toute science; de même que les lois des affinités chimiques permettent de fixer par avance les résultats de l'action de divers éléments mis en présence, de même les lois économiques bien interprétées doivent permettre de prévoir le sens des variations des prix, les crises industrielles, etc. La mission de l'économie politique est d'expliquer les phénomènes sociaux en tant qu'ils se rapportent aux intérêts égoïstiques, lesquels, suivant Helvétius, sont le mobile de tous les actes et de tous les jugements des hommes.

III. *Place de l'économie politique dans la science.*

Auguste Comte, le premier parmi les sociologues, paraît avoir eu la notion exacte du rôle assigné à l'économie politique. Dans sa classification des sciences, il commence par distinguer les sciences abstraites qui s'occupent des lois qui gouvernent les faits élémentaires de la nature, et les sciences concrètes, qui ne s'inquiètent que des combinaisons particulières de phénomènes que l'on trouve existantes. La physiologie, science abstraite, recherche par tous les moyens qu'elle peut mettre à profit les lois générales de l'organisation et de la vie; la zoologie et la botanique, sciences concrètes, se renferment dans l'étude des espèces qui existent ou qui ont existé. Les sciences abstraites doivent fatalement se constituer les premières, car les sciences concrètes ont besoin de leur secours pour pouvoir formuler leurs résultats. Dans la classification des sciences abstraites, la science sociale ou *sociologie* ne vient qu'en dernier lieu, au sixième rang. — Il est à remarquer que le mot de *sociologie*, qui est un barbarisme, a été créé en même temps que la science elle-même, par Auguste Comte, et est resté depuis. Spencer l'a adopté parce que son sens est clair. Le motif paraît suffisant. — « Mais bien avant Comte, dit Stuart Mill, Montesquieu, Machiavel même, Adam Smith et tous les économistes tant en France qu'en Angleterre, Bentham et tous les penseurs de son école avaient la pleine conviction que les phénomènes sociaux se conforment à des lois immuables que leur grand objet comme penseurs spéculatifs fut de découvrir. »

Ampère, dans son *Essai sur la philosophie des sciences*, arrive exactement au même résultat que le grand penseur montpeliérain. A la base, il place les sciences cosmologiques, au-dessus les sciences nosologiques, et celles-ci se subdivisent en sciences nosologiques proprement dites et en sciences sociales.

Herbert Spencer, qui avait cependant critiqué le système de Comte, essayant à son tour une *Classification des sciences*, formule encore les mêmes conclusions. La sociologie est la plus élevée des sciences concrètes [1]; elle se trouve placée au-dessus de la psychologie, parmi celles qui traitent des phénomènes eux-mêmes étudiés dans leur ensemble. De plus, il fait remarquer que les sciences les plus spéciales ont besoin des vérités des sciences les plus générales ; ces dernières ont aussi besoin de quelques-unes des vérités des premières, de telle sorte que, la dépendance étant mutuelle, il y a un *consensus*, mais non pas une échelle ou hiérarchie des sciences. — Le *consensus* que constate Spencer existe bien, mais la hiérarchie existe également. Il ne peut faire l'objet d'un doute, par exemple, que la chimie est tout entière étayée sur la physique. Si, au lieu de la filiation et de l'enchaînement des sciences, on considère l'objet dont elles s'occupent par rapport à leur ordre d'apparition, on trouve encore que l'économie politique n'a pu venir qu'en dernier lieu, à la dernière période qu'ait eu à traverser l'humanité. C'est ce qui résulte de la savante dissertation de M. Renan, devenue célèbre aujourd'hui sous le nom de *Lettre à M. Berthelot*.

Il ressort nettement de ces doctrines que l'économie politique appartient aux sciences de l'ordre le plus élevé. S'occupant des phénomènes généraux qui se produisent dans le milieu social, étudiant

---

[1] Les qualificatifs *abstraite* et *concrète* n'ont pas les mêmes définitions dans les ouvrages de Comte et dans ceux de Spencer. Ce dernier a bien soin de le faire remarquer dans des écrits postérieurs.

les événements bien plus que les objets et les êtres, elle forme la partie la plus abstraite de la sociologie, ce qui explique pourquoi, dans ce groupe, elle a pu se constituer la première, au moins en rudiments. Elle est la physiologie de la société humaine comme l'ethnographie en est l'anatomie.

IV. *Utilité d'une méthode.*

Après avoir déterminé ainsi la place de l'économie politique dans la science, il faut lui donner les éléments nécessaires à son développement, à sa marche en avant. De quelles armes, de quels moyens pourra-t-elle se servir ? Bien qu'elle soit depuis assez longtemps une science autonome, on s'est jusqu'ici peu préoccupé de la doter d'une méthode rationnelle. Le plus profond désaccord règne entre les économistes, lorsqu'il s'agit de fixer les procédés dont ils doivent faire usage : quelques-uns ne veulent voir dans l'économie politique qu'une simple subdivision des sciences naturelles, d'autres y voient une sorte de psychologie des intérêts, d'autres encore ont essayé de la ramener aux simples formules des mathématiques ; il en est enfin, qui en ont fait une branche de l'histoire appliquée, à côté de la politique, et une école assez récente, plus brillante que nombreuse, a tenté de la ramener au rôle modeste de science juridique.

A côté de toutes ces divergences, M. Ch. Gide a pris un parti mixte. Il fait de l'économie politique une distribution fort séduisante entre ces diverses opinions, distribution qui au premier abord semble lever toutes les difficultés [1]. Mais on ne comprend pas bien comment une loi pourrait fixer le taux des salaires en ne lésant aucun intérêt, ni comment le simple facteur *besoin* qui dépend absolument des

---

[1] La théorie de la richesse et de la valeur a pour objet d'étudier et de peser les sentiments et les désirs qui se font équilibre dans notre âme ; c'est donc une science psychologique.

La théorie de la production (y joindre la circulation) appartient au groupe des sciences naturelles proprement dites. L'industrie humaine ne diffère en rien, sinon par l'ampleur incomparable de ses développements, de l'industrie de l'abeille et du castor.

La théorie de la répartition appartient au groupe des sciences juridiques. Les législations civiles, commerciales ou même pénales, en tant qu'elles s'occupent des biens, ne sont que les applications des principes de la répartition.

La théorie de la consommation est une science morale. Il s'agit de savoir quelle doit être la conduite de l'homme qui possède la richesse, s'il doit la dépenser, l'épargner ou en faire part à d'autres moins heureux que lui. (Charles Gide. *Principes d'économie politique*, Paris, 1884.)

sciences naturelles n'interviendrait pas dans la détermination du prix, ni surtout comment on peut assimiler toutes les consommations, autres que l'épargne, l'aumône et le luxe, à une question de morale pure.

Joseph Garnier, devenu classique depuis longtemps, disait déjà, en résumant l'opinion de Blanqui : « L'économie politique est à la fois une science naturelle et une science morale ; à ces deux points de vue, elle constate ce qui est et ce qui doit être selon le cours naturel des choses et conformément à l'idée du juste. »

En raison même des difficultés que l'économie politique présentait, elle n'a pu fournir pendant de longues séries de siècles que des généralisations empiriques, inutiles et souvent dangereuses. Depuis la *Politique* d'Aristote, depuis la *République* de Platon jusqu'au *Contrat social* de Rousseau, on pourrait relever de très nombreux essais d'observations sociales dans lesquels on s'occupait surtout de ce qui frappait le plus évidemment : des imperfections, des injustices les plus criantes, des besoins non satisfaits. Le résultat le plus direct de ces observations se traduisait généralement par la création *a priori* de nouveaux systèmes ne présentant plus ces flagrantes infériorités. De là les rêveries de Th. Morus, de Campanella, de Fourier et des nombreuses écoles socialistes modernes. De là aussi les lois agraires à Rome, le perfectionnement de la législation romaine, la Réforme religieuse, la Révolution française, pour ne citer que les grands faits. Même dans les conceptions les plus fantaisistes en apparence, il y aurait eu à approuver, mais par suite de l'absence totale d'une critique éclairée à la lumière d'une méthode, elles ne pouvaient être d'aucune utilité. Mieux assise, la science sociale eût pu donner des résultats plus féconds. Le moment n'était pas encore venu de lui donner des bases sérieuses, c'était même impossible, car les sciences préparatoires sur lesquelles elle doit s'appuyer n'étaient pas elles-mêmes fixées.

Il est extrêmement utile et même indispensable d'être fixé sur l'assimilation à une autre science que peut subir l'économie politique, car de cette assimilation se déduisent un grand nombre d'indications d'importance capitale. Ces indications portent : 1° Sur la méthode à employer dans les investigations et dans le développement de celles-ci ; 2° sur la forme à donner aux conclusions qu'elle fournit ; 3° sur les conclusions elles-mêmes qui pourront varier avec la méthode employée (sinon d'une façon absolue, au moins dans une certaine mesure). Ces trois points se rattachent aisément entre eux et seront forcément élucidés en même temps par l'étude des caractères généraux de la science économique. Accessoirement, de ces caractères résultera une quatrième indication concernant la place à lui donner dans l'enseignement ; et l'on sait toutes les divergences qui se produisent en France à cet égard.

Dès maintenant, il faut reconnaître que l'économie politique est un vaste champ de rencontre de plusieurs autres sciences avec lesquelles elle est en connexion par quelque côté. La nécessité d'une méthode ne s'en impose que davantage. Mais aussi la précision en devient d'autant plus difficile à atteindre. Il ne faudra donc pas s'étonner si, dans cet essai, en se plaçant successivement à différents points de vue, on est souvent obligé de sortir de l'ordre que l'on a voulu d'abord s'imposer et si quelques arguments paraissent ne pas venir à leur place naturelle ou se trouvent répétés en divers endroits.

Ces préliminaires n'étaient pas inutiles avant d'aborder les recherches qui vont suivre, afin de délimiter exactement le champ d'action dans lequel il faut se mouvoir — et il est vaste — comme aussi pour montrer toutes les difficultés de cette détermination.

RAPPORTS DE L'ÉCONOMIE POLITIQUE AVEC LES AUTRES SCIENCES.

Pour parcourir les différents aspects que peut présenter l'économie politique, le moyen le plus simple est de la rapprocher des sciences qui paraissent en connexion avec elle et d'établir quels sont les points communs qui autorisent à leur emprunter leurs méthodes, car elle ne possède pas de méthode qui lui soit propre. Dans cette comparaison, il serait bien difficile de s'astreindre à passer en revue les diverses sciences suivant un ordre rigoureusement didactique. L'important est d'être complet et les conclusions se dégageront aisément. Nous allons donc nous placer successivement au point de vue des deux grands groupes des sciences naturelles et des sciences mathématiques et ensuite nous ferons un parallèle entre l'économie politique et les autres sciences de même essence, la psychologie, la juridique, l'histoire, qui appartiennent toutes au groupe des sciences morales et politiques.

LA MÉTHODE MATHÉMATIQUE.

Il existe à notre époque une certaine école qui tend à ne considérer comme sciences réelles que celles dans lesquelles on peut introduire des formules algébriques. Il est certain, d'une part, que la rigueur de déduction de la mathématique est bien faite pour séduire l'esprit le moins prévenu. Une simple formule du calcul intégral ou du calcul différentiel donnant la solution d'un problème économique, cela simplifierait considérablement la tâche des économistes, comme celle de bon nombre de nos administrateurs. Mais, d'autre part, il semble bien difficile que l'on puisse mettre en formules l'intérêt personnel avec tous les facteurs qui s'y rattachent et le combiner par des syllogismes et des sorites mathématiques (substitutions ou réductions, équations et conjointes) avec les forces naturelles, le milieu si complexe en conflit avec l'intérêt de l'homme.

Néanmoins, il faut reconnaître que chaque fois que les circonstances le permettent, l'immixtion des mathématiques dans les sciences morales a le grand avantage de donner à la pensée une précision absolue et de supprimer toute difficulté d'interprétation pour les lois déduites par cette voie.

La plus pure psychologie qui reconnaisse l'influence physiologique dans la méthaphysique, admet aujourd'hui la forme mathématique, sans que pourtant elle ait eu jusqu'ici la prétention d'énoncer autre chose que de simples tendances. Témoin cette loi de Fechner : La sensation n'est que le logarithme de l'excitation, que Laplace avait déjà formulée en des termes bien plus intéressants pour l'économiste : La jouissance morale attachée à la fortune ne croît pas comme la fortune même, elle croît plutôt comme le logarithme de la richesse matérielle. Témoin encore cette loi de Newton sur laquelle les psychologues modernes s'appuient si souvent : La réaction est égale à l'excitation. Ou mieux enfin, la loi de Carnot toute mathématique dans son expression, mais dont l'auteur même avait entrevu la portée réelle dans son application aux sociétés : Dans les chocs brusques une certaine quantité de force vive est toujours perdue. De cette loi que tous les novateurs révolutionnaires devraient méditer, il résulte clairement que toute secousse sociale violente entraîne des pertes inutiles, même lorsqu'elle réalise un progrès. Une progression graduelle est bien plus féconde.

Auguste Comte, pressé de réaliser pour la sociologie ce qu'il appelait l'*état positif* de la science, avait déjà formulé quelques principes qui sont restés et qui sont presque devenus classiques. Les phénomènes sociaux ont deux aspects : l'aspect *statique* sous lequel s'étudient les conditions d'existence et de permanence de la société et l'aspect *dynamique* qui révèle les lois de son évolution. Il semble que l'économie politique soit précisément l'étude de cette statique, tandis que la politique serait celle de la dynamique.

Certes, il est difficile que l'on puisse appliquer les mathématiques à toutes les sciences sociologiques; on n'en comprend le rôle à aucun degré dans l'histoire, par exemple ; mais il n'en est pas ainsi en économie politique, proprement dite. En effet, soit que leurs inventeurs aient réellement vu un rapport mathématique dans les lois qu'ils découvraient, soit qu'ils aient seulement voulu donner plus de précision à leur langage, beaucoup de lois économiques sont de simples énoncés de théorèmes mathématiques dont la démonstration suit une marche plus ou moins analogue à celle d'un théorème de géométrie. Telles sont les célèbres lois de Malthus devenues le cheval de bataille des pessimistes contre les optimistes : Tandis que la population a une tendance à s'accroître suivant une progression géométrique, les subsistances ne peuvent augmenter qu'en raison arithmétique. Ce qui peut se traduire par les progressions logarithmiques suivantes :

$$\begin{array}{llllll} P & Pr & Pr^2 & Pr^3 & Pr^4 \ldots\ldots & \text{population.} \\ S & S+r & S+2r & S+3r & S+4r\ldots & \text{subsistances.} \end{array}$$

Pour rendre plus exactement la pensée de Malthus, et surtout pour rester dans le vraisemblable [1]; il vaut mieux admettre pour la population la progression suivante, analogue du reste à celle des intérêts composés :

$$P \quad P(1+r) \quad P(1+r)^2 \quad P(1+r)^3 \ldots\ldots \quad P(1+r)n$$

d'après laquelle, pour trouver le chiffre de la population accrue au bout de la neuvième année, il suffit de s'en rapporter à la formule générale

$$\log. P_n = \log. P + n \log. (1+r)$$

les subsistances étant restées alors : $S+nr$.

Ou, pour rendre le fait plus saisissant encore en l'exposant par des chiffres : La population étant par exemple de 1.000 au début et les ressources étant également de 1.000, c'est-à-dire en état d'équilibre, si on suppose que l'augmentation soit du dixième de la population et des subsistances, cet équilibre ne tardera pas à être rompu, ainsi qu'il appert des chiffres suivants :

Population :	1.000	1.100	1.210	1.331	1.464.1	1.610.5
Subsistances :	1.000	1.100	1.200	1.300	1.400	1.500

Ce n'est pas ici l'occasion de se prononcer sur la doctrine de Malthus, on doit se borner à la constatation de la facilité du calcul mathématique.

Un autre exemple, simple également, montrera encore l'excellence de la méthode mathématique pour l'énoncé des lois économiques. Nous l'empruntons aux lois des variations des prix signalées

---

[1] Malthus lui-même donne les progressions :

1	2	4	8	16	32	64	128
1	2	3	4	5	6	7	8

mais nous croyons devoir adopter la formule nouvelle.

par Tooke, d'après Gregory King, et précisées postérieurement par Molinari[1].

Les lois de Molinari se trouvent résumées en ceci : « Produits, services, capitaux, travail s'offrent à l'échange à raison de la valeur. Comment se fixe-t-elle ? Sous l'influence d'un fait purement mécanique, savoir la pression que les valeurs exercent les unes sur les autres. Plus cette pression augmente, plus les valeurs baissent : elles haussent au contraire à mesure que la pression diminue, et cette hausse et cette baisse s'opèrent en raison géométrique. » Elles s'énoncent ainsi : Lorsque le rapport des quantités de deux denrées offertes en échange varie en progression arithmétique, le rapport des valeurs de ces deux denrées varie en progression géométrique.

Si on suppose que A soit la monnaie et B la marchandise dont la quantité offerte sur le marché augmente, les progressions se présenteront ainsi :

$$\text{Quantités} \quad \frac{A}{B} \quad \frac{A}{B+r} \quad \frac{A}{B+2r} \quad \frac{A}{B+3r} \cdots\cdots \frac{A}{B+nr}$$

$$\text{Valeurs} \quad \frac{a}{b} \quad \frac{a}{b(1+r)} \quad \frac{a}{b(1+r)^2} \quad \frac{a}{b(1+r)^3} \cdots\cdots \frac{a}{b(1+r)^n}$$

Pour la même monnaie, on aura de plus en plus de marchandises, puisque le rapport de sa valeur à la quantité diminue de plus en plus, à mesure que le dénominateur augmente. Les formules changent dans le cas où, au contraire, la quantité des produits offerts diminue, il faut supposer la raison avec une valeur négative ; le rapport des valeurs augmente alors à mesure que le dénominateur diminue. Telle est bien l'interprétation qu'il faut donner aux lois de Molinari.

On pourrait encore, au lieu de ces cas simples, en prendre d'autres plus compliqués dans lesquels interviendraient de nouveaux facteurs.

D'ailleurs, toutes les lois naturelles de l'économie politique ne font qu'exprimer des rapports généraux : la loi de Gresham, par exemple, comporte nettement l'idée d'une quantité (la mauvaise monnaie) croissant pendant qu'une autre (la bonne monnaie) décroît corrélativement, les lois de Ricardo montrent la rente de la terre augmentant à mesure que la production sur les autres sols devient plus difficile, etc. ; beaucoup d'autres peuvent aisément se mettre en formules : la loi de Malthus sur l'aumône, la loi de l'offre et de la demande.

---

[1] *Cours d'économie politique*, 3e leçon.

Il paraît dès lors facile de mettre l'économie politique en équations et d'en dégager les inconnues. De nombreuses tentatives ont été faites dans cette voie, à différentes époques, par Whewell, John Tozer, Mac Leod, Rabourdin, Cournot, Walras et Stanley Jevons, pour ne citer que les auteurs les plus connus.

Les motifs que donne Léon Walras pour expliquer sa nouvelle méthode de raisonnement ne manquent pas de valeur. « Il y a, dit-il, une économie politique pure qui doit précéder l'économie politique appliquée, et cette économie politique pure est une science physico-mathématique. Elle ne doit pas craindre d'appliquer la méthode et le langage des mathématiques. — La méthode mathématique n'est pas la méthode *expérimentale*, c'est la méthode *rationnelle*. Les sciences naturelles proprement dites décrivent purement et simplement la nature, elles ne sortent pas de l'expérience. Les sciences physico-mathématiques, comme les sciences mathématiques proprement dites, sortent de l'expérience dès qu'elles lui ont emprunté leurs types. Elles abstraient de ces types réels, des types idéaux qu'elles définissent, et, sur la base de ces définitions, elles bâtissent *a priori* tout l'échafaudage de leurs théorèmes et de leurs démonstrations. Elles rentrent après cela dans l'expérience non pour confirmer, mais pour appliquer leurs conclusions ».

Bien différents paraissent, à première vue, les motifs qu'invoquait Stanley Jevons. Ce dernier voyait dans le calcul par symboles le guide le plus sûr pour les investigations de l'économie politique, et il pensait qu'en dernière analyse cette science devait se ramener à la méthode mathématique ou qu'elle ne devait pas être une science. « Pour moi, dit-il, il me semble que *notre science doit être mathématique simplement parce qu'elle raisonne sur des quantités*. Partout où les objets étudiés sont susceptibles de *plus* ou de *moins*, les lois et les relations sont d'essence mathématique ; les économistes ne peuvent en changer la nature, en en changeant le nom ; autant vaudrait qu'ils essayassent d'altérer la lumière rouge en l'appelant bleue. Il n'y a que deux sortes de sciences, celles qui sont simplement logiques et celles qui, en outre d'être logiques, sont aussi mathématiques. » Et, faisant application de ces données, St. Jevons ébauche — sans avoir d'autre prétention que celle de poser quelques jalons pour la science future — les théories de l'Utilité, de l'Échange, du Travail, de la Rente et du Capital [1].

---

[1] L'ouvrage que nous citons ici : *la Théorie de l'économie politique*, n'étant pas traduit en français et étant assez peu répandu dans notre pays, nous ne

Entre l'économie politique et les mathématiques, il est différents points de ressemblance que les mathématiciens économistes parais-

---

croyons pas inutile de lui emprunter les citations suivantes qui en révèlent l'esprit.

« There are many portions of economical doctrines which appear to me as scientific in form as they are consonant with facts. I would especially mention the theories of Population and Rent, the latter a theory of a distinctly mathematical character which seems to give a clue to the correct mode of treating the whole science.

« In this work I have attempted to treat Economy as a calculus of Pleasure and Pain, and have sketched out almost irrespective of previous opinions, the form which the science as it seems to me must ultimately take. I have long thought that as it deals troughout with quantities, it must be a mathematical science in matter if not in language.

The theory of Economy thus treated presents a close analogy to the science of Statical Mechanics, and the Laws of Equilibrium of a Lever as determined by the principle of virtual velocities. The nature of Wealth and Value is explained by the consideration of indifinitely small amounts of pleasure and pain just as the Theory of Statics is made to rest upon the equality of indifinitely small amounts of energy. But I believe that dynamical branches of the science of Economy may remain to be developed, on the consideration of which I have not at all entered. (*Preface.*)

« .... It seems perfectly clear that Eeconomy if it is to be a science at all must be a mathematical science. There exists much prejudice against attempts to introduce the methods and language of mathematics into any branch of the moral science. Most persons appear to hold that the physical sciences form the proper sphere of mathematical method, and that the moral sciences demand some other method, I know not what. My theory of Economy however is purely mathematical in character. To me it seems that our science must be mathematical simply because it deals with quantities. Wherever the things treated are capable of being *more* or *less* in magnitude, there the laws and relations must be mathematical in nature. Economists cannot deprive them of their nature by denying them the name; they might as well try to alter red light by calling it blue.

« .... The symbols of mathematical books are not different in nature from language; they are merely a perfected system of language adapted to the notions and relations which we need to express. We do not render the science less mathematical by avoiding the symbols of algebra.

Many persons think that we must not pretend to calculate unless we have the precise data, which will give a precise answer to our calculations. We may have perfect mathematical theory without the data requisite for precise calculations.... There can be but two classes of sciences, — those which are simply logical and those which besides being logical are also mathematical. — .... *On peut mesurer exactement les données de l'économie politique.* « Pre-

aujourd'hui la mise en formules de la question agraire italienne, de la colonisation, des revendications irlandaises? Ce sont là des fossés scientifiques que l'on ne franchit pas aisément avec des symboles mathématiques.

Quoi qu'il en soit, bien que l'on ne puisse établir une assimilation complète entre les mathématiques et l'économie politique, celle-ci ne peut que profiter de l'union qu'on lui impose. Les mathématiques ont, il est bon de le répéter, le grand avantage de ne laisser subsister aucune amphibologie, aucune difficulté d'interprétation. On peut dire d'elles, qu'elles sont la science de la clarté. De plus, elles se prêtent à des généralisations de plus en plus grandes, et c'est là ce qui fait le propre de toute science vraie. Il est donc certain que dans un prochain avenir l'application des mathématiques à l'économie politique sera des plus fructueuses, ainsi qu'elle l'a été en ce siècle déjà dans la physique, dans la chimie, dans l'astronomie.

MÉTHODE DES SCIENCES NATURELLES.

La sélection naturelle, la lutte pour l'existence sont-elles applicables à la société humaine? Parmi les nombreux problèmes qui se dressent devant l'homme, celui-ci est le plus terrifiant de tous. C'est à peine si on ose se poser la question, et on hésite toujours à la discuter, de peur de trouver au bout une solution désespérante qui vouerait la société à une évolution fatale et aux conséquences les plus tristes. Le sentiment se révolte contre tout ce qui est fatal, et l'on s'empresse de conclure à la négative [1] en se retranchant derrière ce grand argument qui a été répété déjà vingt fois contre toute conception nouvelle de l'esprit : *L'évolution naturelle n'est qu'une hypothèse.* Le sentiment n'est pas une raison. On veut pouvoir dire comme Newton : *Hypotheses non fingo.* Mais les sciences qui nous paraissent les mieux assises et en voie de réaliser les plus grands progrès ne sont basées que sur des hypothèses. Que sont les théories de la double électricité, de la vibration de la lumière, de l'atomicité, de l'existence de l'éther, de l'unité des forces physiques, les notions de temps et d'espace dont s'arment la physique, la chimie, la cosmologie, sinon d'ingénieuses hypothèses avancées pour l'explication des faits difficiles à interpréter et pour pouvoir en déduire des lois générales? Quelquefois même ce ne sont que des mots qui masquent l'ignorance complète, tels, la force coercitive en élec-

[1] C'est aussi la conclusion d'un livre récent paru en Italie : *Carlo Darwin e l'economia politica*, par Achille Loria. Milano Torino, 1884.

tricité, la cohésion en chimie. Ces hypothèses néanmoins subsistent, se confirment à chaque instant, permettent de remonter logiquement des effets aux causes, et elles ne sont renversées que le jour où elles sont mises en défaut et où l'on peut substituer à leur place une nouvelle hypothèse rendant plus nettement à l'esprit l'explication de ces *mêmes* effets. Il paraît donc difficile de distraire l'homme de la loi de la concurrence pour la vie. Et même arriverait-on à pouvoir remplacer cette hypothèse par une autre que les faits n'en subsisteraient pas moins. Les lois de Malthus ne sont, en somme, que la même affirmation sous une autre forme, si bien que les naturalistes s'appuient fréquemment sur elles. Si les faits sont prouvés, qu'importe le nom de la cause déterminante, son mode d'action fût-il tout différent de ce que l'on avait cru jusqu'alors? Le jour où ce fut la terre qui tourna autour du soleil et non le soleil autour de la terre, la rotation diurne continua à se faire comme par le passé avec des alternatives de lumière et de nuit à la surface de notre petit astre. L'hypothèse de Tycho Brahé, bien plus parfaite que celle des Grecs, fut à son tour remplacée par le système de Copernic sans aucun dommage.

D'ailleurs, pourquoi s'affliger par avance de l'application d'une loi quelconque à l'humanité ? Alors même que l'évidence éclaterait aux yeux de tous, il en est de celle-ci comme de toute autre loi. La loi d'attraction ou de pesanteur qui nous retient à la surface de la terre avec tous les corps qui nous entourent, les lois d'évolution qui gouvernent la physiologie d'un grain de blé enfoui dans le sol, les lois d'expansion des gaz qui n'occupent pas un volume conforme à leur état, ne sont elles-mêmes que les conditions propres de notre existence, de notre nourriture, la cause du fonctionnement de nos machines à vapeur, etc. L'action de la lutte pour la vie ne se manifeste pas différemment : chaque activité agit individuellement sans qu'elle paraisse gênée par aucun obstacle et cela doit suffire. La nature reste toute passive vis-à-vis de nous.

Les crises économiques, les révolutions, les épidémies ne sont que des manifestations de l'état d'équilibre dans lequel se trouve la société. A chaque dérangement, elle se remet par une secousse plus ou moins violente et n'en continue pas moins son évolution. Evolution n'est pas synonyme de progrès, mais de vie. Stuart Mill a démontré que la loi générale de l'humanité n'est pas un progrès incessant, mais une marche variable, comportant des ralentissements, des périodes de calme, des arrêts. Précisément la connaissance de la lutte pour la vie explique pourquoi tous les systèmes sociaux égalitaires, négligeant l'initiative individuelle, ont été jusqu'ici voués à des échecs constants. Un système socialiste quelconque ne deviendra praticable, avec chance de durée, que du moment où l'état social sera en connexion avec les principes qu'il comptera appliquer, et cet état social, on ne peut le provoquer artificiellement.

La société humaine étant formée d'êtres ou animaux à système nerveux plus ou moins développé, peut constituer une branche des études naturelles. Divers auteurs l'ont, du reste, depuis longtemps considérée ainsi. Le plus célèbre d'entre eux, Herbert Spencer, fait de la société un organisme complexe avec tous les attributs d'un organisme isolé, susceptible de métamorphoses et possédant divers organes fonctionnels, un système nerveux, etc. A sa suite Espinas et Schaeffle ont fait de nouvelles applications de ces théories. Schaeffle a tenté notamment un parallèle très complet, différent de celui de Spencer en plusieurs points, entre les divers organes de l'animal et ceux de la Société ; il en vient jusqu'à attribuer à la société une conscience collective qui ne serait autre chose qu'un consensus harmonique dont les états pourraient aussi se ramener aux trois états : sensibilité, intelligence, volonté. Sans entrer dans le domaine de la sociologie pure, l'économie politique a, dans sa sphère propre, un rôle important à jouer. Littré fait remarquer avec raison que dans la science sociale elle correspond à la théorie des fonctions nutritives en biologie.

De la possibilité d'assimilation entre l'économie politique et les sciences naturelles, il résulte que l'économiste pourra dans ses investigations faire usage de l'observation et de l'expérience. C'était déjà l'avis de J.-B. Say. L'expérimentation proprement dite lui est impossible, car il ne peut à son gré changer les conditions de l'expérience par l'introduction ou la suppression de l'un des éléments sociaux, de l'un des mobiles qui entrent en jeu dans les actes de l'homme. D'autre part, Stuart Mill a montré [1] toutes les difficultés de l'observation des phénomènes sociaux en raison de l'existence et de l'action simultanée d'un grand nombre de causes déterminantes ; « et telle est l'action mutuelle des éléments coexistants de la société que tout ce qui affecte l'un des plus importants d'entre eux affectera par cela seul tous les autres sinon directement, du moins indirectement ». Des quatre méthodes que Mill donne pour l'observation dans les sciences naturelles, savoir : la méthode de différence, la méthode indirecte de différence, la méthode de concordance et la méthode des variations concomitantes, aucune ne lui paraît applicable à ces cas. Faudrait-il donc renoncer à l'observation ? Non. Et Mill lui-

[1] *Système de logique*, liv. VI, ch. VII.

même conseille d'y recourir et de considérer comme solides les généralisations qui se rattachent déductivement aux lois de la nature humaine en général. L'homme est toujours l'homme; toute loi économique qui sera conforme à sa nature et qui paraîtra la généralisation de faits incontestés aura un degré de probabilité qui pourra aller jusqu'à l'infini.

CE QUE L'ÉCONOMIE POLITIQUE DOIT A LA PSYCHOLOGIE.

L'économie politique étant, au premier chef, la science de la recherche de l'utile, et son but principal reconnu étant la découverte des lois qui règlent les rapports entre la peine et la jouissance qu'elle procure, de façon que l'homme puisse par leur connaissance arriver à la plus grande somme possible d'utilité produite avec l'effort minimum, la psychologie a certainement des droits à revendiquer dans la science économique. Quelle est la nature exacte des lois psychologiques? On doit reconnaître que le débat ne saurait être tranché dès aujourd'hui d'une façon définitive, l'état très précaire de nos connaissances psychophysiques interdisant absolument toute généralisation impérative. L'école philosophique moderne, dont Wundt est le chef et l'inspirateur, a essayé récemment de donner une doctrine éclairant la question [1]. Elle n'a réussi, selon nous, qu'à ajouter des volumes nouveaux à des volumes anciens et elle n'a rien éclairé du tout, car elle aboutit à une subtilité. Il ne pouvait en être autrement. En se plaçant au point de vue élevé qu'elle a pris et qui paraît être le meilleur, on ne peut attendre un résultat que de la science expérimentale et non de la logique pure. Voici, du reste, à quoi peuvent se résumer les conceptions de l'école de Leipzig : Il reste vrai que les phénomènes historiques, économiques, moraux ne sont pas des phénomènes sans causes. L'essence de notre esprit est une activité qui élabore des matériaux fournis par les sens. Notre activité n'est pas nécessitée, ses effets ne peuvent pas être mesurés, calculés et prévus comme ceux des forces physiques, en un mot elle est libre ; et comme son influence peut se faire sentir dans tous les phénomènes de conscience, il s'ensuit que ces phénomènes ne sont pas soumis au déterminisme absolu qui détermine les phénomènes physiques. Mais notre activité n'est pas libre absolument, elle n'échappe pas à toute direction : une pareille liberté serait plus dangereuse que le déterminisme aveugle qui, lui au moins, assure la conservation de l'individu, de

[1] Résumé dans la *Revue philosophique*, 1885. H. Lachelier. Les lois psychologiques dans l'école de Wundt.

la société, de l'espèce. Le déterminisme est vrai à la condition de ne pas confondre le déterminisme psychologique avec le déterminisme mécanique, car notre activité reste toujours supérieure à l'organisme, irréductible aux lois du cerveau; et surtout il n'existe aucun rapport constant, mesurable entre l'action déterminante des motifs et la réaction de l'aperception (volonté).

Cette dernière proposition est, croyons-nous, celle qui renferme l'idée principale de la doctrine. Elle serait d'ailleurs facile à combattre par des affirmations nombreuses exactement contraires, et aussi valables que celles qui nous viennent de Leipzig. La relation de cause à effet étant admise, on ne se résout que difficilement à admettre une sorte de surnaturel. La conservation de l'énergie satisfait mieux l'esprit que les deux termes de l'inégalité de Wundt. Et jusqu'à preuve du contraire, il paraît plus simple de s'en tenir à l'équation de Newton : La réaction égale l'action.

Mais, d'autre part, notre intention n'est pas d'admettre ici un déterminisme mécanique aveugle qui ferait de nos actes des sortes de mouvements de girouette que le moindre vent suffit à orienter vers un point opposé de l'horizon. Pour faire cette restriction, on peut se baser sur ce fait que parmi les causes déterminantes qui font agir l'homme en présence des éléments naturels, sa finalité restant la même, savoir : la conservation de l'espèce au point de vue physique et la plus grande somme de bien-être pour le moindre effort au point de vue psychophysique, la raison consciente dont il est doué lui fait nettement prévoir les conséquences de son acte. On peut discuter longuement sur la nature de la conscience, on ne peut la nier. Est-elle, elle-même, une fonction purement mécanique; existe-t-il, au contraire, des volitions innées au sens restreint de relation incomplète de cause à effet? La première opinion semble plus vraisemblable. En tous cas c'est à la physiologie psychologique à résoudre le problème. L'économiste n'a qu'à retenir cette règle que l'homme est apte à discuter et à saisir la portée de ses actes, à distinguer ce qui lui est avantageux de ce qui lui est nuisible. On a souvent remarqué que de Tracy rattache l'économie politique à la théorie de la volonté et fait du plaisir et de la peine les principaux mobiles des actions des hommes [1].

---

[1] Ceci était déjà écrit lorsque le *Bulletin de l'Académie des sciences morales et politiques* nous a porté le texte d'un mémoire remarquable sur le même sujet. Nous n'en relevons que quelques mots : « La démonstration scientifique de la liberté n'existe pas. Son évidence est illusoire. Attribuer un acte au libre arbitre de l'agent, c'est admettre un fait sans cause antécédente qui la nécessite

La possibilité *théorique*, affirmée par St. Jevons, par G. Tarde, de mesurer le plaisir et la peine, suffit à asseoir définitivement la science économique. Le travail, le capital, le crédit, la valeur sont des entités quantitatives. Cournot a nié que les faits sociaux puissent se prêter à une détermination de maximum ou d'optimum. « A toute heure, répond Tarde [1], la conscience de l'homme appelée à se décider entre deux goûts ou deux besoins aussi hétérogènes qu'on voudra, dont l'un doit être sacrifié à l'autre, trouve la solution du problème regardé comme insoluble par Cournot. Si chacun de nous connaît ses préférences, comment la majorité du public pourrait-elle ignorer les siennes ? La notion d'un optimum, d'un maximum de valeur à réaliser est donc intelligible ; le pôle de l'économie politique n'est point imaginaire ».

La relation entre la psychologie et l'économie politique est très étroite, si étroite même qu'on ne peut concevoir celle-ci sans celle-là. « L'économiste, dit de Laveleye, doit apprendre du philosophe quels sont les mobiles des actions humaines ». Les méthodes des sciences morales en général seront donc appliquées en économie politique. Ce sont l'interrogation des faits par l'observation et leur interprétation par l'induction et la déduction ; c'est l'expérience qui conduit aux lois par l'induction et c'est la déduction qui les vérifie.

L'ÉCONOMIE POLITIQUE ENVISAGÉE COMME SCIENCE JURIDIQUE.

C'est M. de Laveleye qui, tout récemment, a réussi à attirer l'économie politique sur le terrain du droit et a su l'y maintenir avec le talent que chacun connaît [2]. « On peut définir l'économie politique, dit-il, la science qui détermine quelles sont les lois que les hommes doivent adopter, afin qu'ils puissent avec le moins d'efforts possible se procurer le plus d'objets propres à satisfaire leurs besoins, en les répartissant conformément à la justice et en les consommant confor-

---

contrairement à la pensée qui nous dirige dans les recherches naturelles et même en quelque mesure dans les calculs si souvent entrepris afin de prévoir la conduite de nos semblables. » L'auteur conclut néanmoins en faveur du libre arbitre, « postulat nécessaire à l'esprit qui s'entend lui-même pour maintenir dans son intégrité cette croyance au devoir sur laquelle il serait criminel d'élever un doute. » On s'attendait à une tout autre conclusion. (Ch. Secrétan. *La liberté et l'évolution*, février-mars 1885.)

[1] G. Tarde. La psychologie en économie politique. (*Revue philosophique*, 1881.)

[2] Voir notamment : *Éléments d'économie politique*, Paris, 1882, et *les Lois naturelles et l'objet de l'économie politique*. (*Journal des Économistes*, avril 1883.)

mément à la raison. Les lois dont elle s'occupe ne sont pas les lois de la nature, mais celles qu'édicte le législateur; les premières échappent à la volonté de l'homme, les secondes en émanent. Dans les lois naturelles, les forces en jeu échappent à notre action; dans les phénomènes économiques, la force en jeu est celle de l'homme... Les lois de l'organisation sociale ne sont pas des lois naturelles, mais des lois humaines variables et perfectibles. Les économistes disent aux socialistes : vous voulez substituer à l'ordre naturel un ordre artificiel, arbitraire. Mais ils oublient que notre état social repose sur notre Code civil et que ce Code tout aussi bien que l'Icarie de Cabet ou le phalanstère de Fourier, émane de l'esprit humain et des volontés humaines. » Et, conséquent avec lui-même, M. de Laveleye dit aux économistes : « L'économie politique réduite aux formules abstraites de vos lois naturelles est une scolastique plus creuse que celle du moyen âge ».

Il y a dans tout ceci une distinction ingénieuse, fort séduisante, entre les lois économiques et les lois naturelles et une confusion volontaire qui peut se ramener à une pétition de principe. Certainement les lois naturelles échappent à l'action de l'homme et les lois économiques en dépendent; certainement les phénomènes économiques sont gouvernés par des lois juridiques; mais, si on se donne la peine de coordonner un corps de doctrine pour relier entre eux ces différents termes, on s'aperçoit bientôt qu'ils sont adéquats les uns aux autres. En effet : l'homme, la société en conflit avec les éléments naturels sont forcément astreints à subir le joug des lois physiques. Tout ce qu'ils tenteraient contre elles serait vain; ceci n'a pas besoin de démonstration. On peut donc déjà admettre que toute loi juridique ou économique contraire aux lois naturelles serait impossible. L'homme étant soumis à l'obligation de tirer le meilleur parti de ces lois naturelles pour satisfaire ses besoins, ses goûts, ses passions, un pareil obstacle est bien suffisant pour que tous ses actes s'en ressentent, et que les habitudes qu'il prendra, dirigées elles-mêmes par ses instincts naturels, ne soient que la résultante des diverses alternatives qui se présentaient à lui. Par suite, les arrangements particuliers qu'il formulera en lois juridiques ne pourront être que la traduction de cette résultante. Et cette série de relations entre les phénomènes ne se présentera pas seulement au début d'une civilisation — car quel est le début d'une civilisation? — mais à toutes les périodes de la vie d'un peuple.

Ainsi se trouve également battue en brèche l'affirmation de Stuart Mill, qui prétend que la distribution des richesses est une institution exclusivement humaine, dépendant seulement des lois et des coutumes, qu'elle n'est que ce que la font les opinions et les sentiments de la partie dirigeante de la société, qu'elle varie suivant les différents siècles et les différents pays et qu'elle pourrait varier encore davantage si les hommes en décidaient ainsi.

Le land bill irlandais de 1881, les lois sur les sociétés commerciales, sur les syndicats professionnels, le partage successoral — égal en France, autorisant les substitutions en Angleterre, différant encore ailleurs, — ne sont pas le produit du hasard ou d'une capricieuse volonté agissant sans règle, mais sont, au contraire, le produit déterminé de l'état social : état social soumis à de très nombreuses et très variées conditions d'équilibre, dont on ne peut négliger aucune sans s'exposer aux plus grands mécomptes. Les lois sont dans les instincts publics avant d'être dans les Codes; il n'est pas besoin de rappeler l'agitation publique qui les précède toutes, ni les enquêtes faites pour préciser exactement à quels maux il faut remédier, quels dangers il faut prévoir, quelles infériorités il faut faire disparaître. Alors même que les plus minimes détails législatifs paraissent innover quelque chose, une formalité d'enregistrement, une prolongation de délais, etc., ils n'innovent rien. Eh quoi, dira-t-on, ce qui était défendu hier est permis aujourd'hui par notre nouvelle loi sur la presse par exemple, n'est-ce pas là une loi humaine ? Pas le moins du monde. Si cette loi a été rendue, c'est que le char social sentait le frein trop serré à cet endroit, et il l'a tout naturellement desserré. Et la preuve que les plus petits détails législatifs ne sont pas affaire de volonté personnelle, c'est que les uns tombent en désuétude (un délai ou une formalité inutile) et que les autres, quand ils sont gênants, ne tardent pas à être supprimés par les législateurs. Il arrive même, cela s'est produit avec la loi sur la presse, que le frein n'est pas exactement mis au point quand on intervient et qu'on est obligé d'y revenir à deux fois. On peut citer comme exemple la loi du 3 août 1882, sur les gravures qui a apporté certaines restrictions à la grande loi générale du 29 juillet 1881. Ce qui nous démontre que le législateur, comme tout corps qui obéit à une impulsion, oscille quelquefois avant de se fixer à sa position définitive.

Ici surgit la plus grave objection que l'on puisse faire à la théorie que nous défendons. S'il en est ainsi, c'est de l'optimisme; il n'y a qu'à laisser aller le char social et tout s'arrangera pour le mieux. Oui! à condition que le législateur chargé de le conduire soit assez habile pour éviter les obstacles et les heurts, autrement dit, à condition que les lois qu'il formulera seront dictées par une entente parfaite des besoins auxquels il se propose de satisfaire.

Et c'est en cela que l'économie politique est une science juridique,

passé en étudiant le présent; c'est étudier le fruit sans s'occuper de l'arbre qui l'a porté.

L'histoire nous montre que le progrès économique ne s'est pas fait en nivelant la société par le haut, mais bien plus généralement en élevant ceux qui se trouvaient au bas. A l'esclavage a succédé le colonat, le servage, puis la liberté est venue pour tous. Les progrès réalisés aux dépens de ceux qui se trouvaient au sommet de l'échelle sociale ont eu néanmoins quelque influence sérieuse à la chute de l'empire romain, à la fin de la féodalité et à l'abolition des privilèges nobiliaires, mais ces progrès sont peu de chose, si on les compare aux résultats obtenus par la voie ascensionnelle.

Dans la préface, si remarquable à tant de titres, qu'il a placée en tête du livre de Roscher [1], M. Wolowski a montré tous les avantages de l'introduction de la méthode historique en économie politique. « L'histoire nous dégage de la mortelle étreinte de l'utilité immédiate. Rien de plus funeste à l'étude que cette impatience fébrile du résultat, qui fait courir sans cesse au plus pressé et qui engendre les conclusions précipitées. Le mépris du passé se joint à la passion des réformes, ou s'occupe de détruire alors qu'il faudrait transformer. Parce qu'on a tout renversé, on croit qu'il est facile de tout créer, et l'on construit des systèmes comme si le monde devait recommencer. Tout se lie, tout s'enchaine et rien ne se répète; les espérances de rénovation subite et totale, assises sur des formules absolues, s'évanouissent au contact de cette étude réfléchie ».

L'histoire a donc pour rôle d'éclairer l'économie politique, de la mettre en garde contre les créations artificielles, mais il ne faudrait pas en abuser. Elle n'est qu'un cadre; elle sert à préciser la notion de milieu et pas plus. La valeur intellectuelle de l'homme lui-même varie infiniment plus lentement que la succession des événements, et ce facteur, qui est le principal, ne doit jamais être perdu de vue. Depuis un siècle seulement l'évolution économique paraît avoir marché avec une rapidité vertigineuse, et cependant l'homme est resté sensiblement le même; l'histoire, considérée seule, pourrait aisément faire croire qu'il en est autrement. L'histoire ne s'identifie pas avec l'économie politique comme la psychologie, par exemple; elle lui sert seulement de préparation, elle recueille des matériaux au même titre que la statistique, et c'est ensuite à l'économiste à en tirer parti.

Il faut remarquer que malheureusement l'histoire économique est encore à faire; ce qu'elle doit recueillir, ce ne sont pas tant tous les

[1] C. Roscher. *Principes d'économie politique*, 3 vol. dont 2 traduits et annotés par L. Wolowski. Paris, 1857. Traité fait suivant la méthode historique.

détails des événements eux-mêmes que leurs enchaînements, causes et leurs conséquences. Les grands progrès réalisés d science du droit par l'introduction de l'histoire depuis un d à peine, promettent beaucoup pour la science économique.

Dans l'investigation historique, plus encore que dans les sciences morales, on doit faire appel à l'observation et à la d tion, mais le plus souvent ces deux méthodes devront être emp simultanément, et, dans un grand nombre de cas, par suite d certitude qui règne encore, une large place pourra être fait conjectures et aux hypothèses, pourvu toutefois que celles soient pas en contradiction avec les faits et puissent être co rées comme vraies.

CONCLUSIONS.

Pour résumer tout ce qui précède, on peut dire que l'Éco politique est une science mixte, hybride, ayant à la fois des att profondes les plus disparates. Elle tient aux sciences naturelles e qu'elle étudie l'homme soumis à la lutte pour l'existence et à la lection naturelle ; elle dépend de la psychologie en tant qu'e considère comme un être pensant, agissant, susceptible de pl et de peines ; elle est en relation intime avec la science du dr tant qu'elle doit éclairer le législateur et fournir les bases de la elle ne peut se désintéresser de l'histoire en tant qu'elle empru celle-ci l'étude du milieu économique ; enfin elle doit faire de quents appels à la mathématique en tant qu'elle en a besoin ses raisonnements, que, comme elle, elle ne peut donner qu principes généraux et ne s'occupe que de la société sans desc jusqu'à l'individu.

Ce qui fait son autonomie, c'est la nature des phénomènes é miques ; commerce, chemins de fer, associations, propriété, pr tion, consommation, circulation, crédit, répartition, travail, qui possèdent un caractère spécial qui tombe sous les sens, qu par le mot *économique*. Or, définir ce mot, c'est définir l'écon politique elle-même.

Il peut paraître inconciliable que l'économie politique so même temps une science *a priori* et une science d'observation pendant, étant donné son caractère complexe, cela ne peut être pour une antinomie. Ces deux caractères se superposent et confondent pas.

Les méthodes d'investigation et de raisonnement que devr ployer l'économie politique seront donc variées autant qu sciences avec lesquelles elle a des rapports directs. A la l'observation, ensuite les généralisations inductives, puis les démonstrations mathématiques ; au sommet enfin, la déduction. A l'inverse des autres sciences, elle passe du tout aux détails, elle aborde le phénomène collectif qui lui est plus accessible avant les parties dont il se compose.

Des conclusions qui, comme celles-ci, admettent toutes les méthodes, nous semblent décevantes. Mais que l'on veuille bien considérer la complexité des phénomènes économiques et on se verra forcé de convenir qu'elles n'ont rien d'exagéré. L'expérimentation directe seule est jusqu'ici interdite à l'économiste.

Il resterait à donner au moins un exemple d'application de ces règles pour en déterminer la portée. Nous nous en abstiendrons néanmoins. Ce serait sortir du cadre que nous nous sommes tracé, car nous n'avons voulu tenter ici qu'une sorte d'introduction à l'économie politique, en nous interdisant toute discussion de doctrine.

L'économiste devrait donc toujours être un *savant* au propre sens du mot, un Aristote ou un Descartes. Si c'est placer bien haut l'économie politique, c'est du moins ennoblir cette étude et tenter d'attirer vers elle les esprits les mieux doués, qui pourront la faire progresser dans l'avenir. D'ailleurs, son champ est si vaste qu'elle n'a à repousser aucune activité et qu'elle peut accueillir un très grand nombre de spécialistes appartenant aux branches les plus diverses de la science humaine.

François Bernard.

L'INTERPELLATION MONÉTAIRE
DU 7 MARS 1885

M. le baron de Soubeyran a porté dernièrement à la Chambre des députés une interpellation monétaire dans laquelle plusieurs choses nous ont surpris. L'objet de cette interpellation était de provoquer de la part du ministre des finances une manifestation d'opinion favorable à la frappe de l'argent et à des négociations internationales tendant à l'adoption du système du double étalon monétaire par tous les peuples civilisés.

La cessation de la frappe libre de l'argent à la Monnaie de Paris est un fait qui a été la suite d'une loi du 5 août 1876 et d'un décret du 6 août, émanant de M. Léon Say [1]. M. de Soubeyran regarde cette interdiction comme nuisible. Il est évident, cependant, qu'il ne se sent pas la force suffisante pour faire rapporter parlementairement le décret qui a suspendu cette frappe, puisqu'il se croit obligé d'exécuter contre cette mesure, un grand mouvement tournant à l'aide de conférences internationales.

Cette tactique fort longue nous rassure, et le chemin que veut parcourir M. de Soubeyran est si allongé que son interpellation risque d'être oubliée en route.

Cependant la contradiction assez faible que l'interpellation a rencontrée nous semble faire un devoir de mettre l'opinion publique en garde contre certaines tendances qui pourraient l'égarer. Il y a dans l'interpellation de M. de Soubeyran plusieurs détails erronés qu'il importe de rectifier ; il y a une sorte de méconnaissance systématique des résultats auxquels est arrivée depuis longtemps la science monétaire, résultats que nous ne croyons pas devoir passer sous silence.

Dès 1858, le Gouvernement français avait été frappé des fluctuations fréquentes auxquelles était soumis le système monétaire de notre pays. On y avait vu dominer au commencement de notre

[1] La loi du 5 août 1876, renouvelée le 31 janvier 1878, a été appliquée par deux décrets du 6 août 1876 et du 31 janvier 1878 dont ce dernier avait une portée indéfinie à raison de ces termes « jusqu'à ce qu'il en soit autrement ordonné ». La loi du 5 août 1876 était conçue dans ces termes : « La fabrication des pièces de 5 fr. en argent pour le compte des particuliers, pourra être limitée ou suspendue par décret ».

siècle l'argent, et, depuis les découvertes des mines de l'Australie et de la Californie, l'or y avait pris le dessus.

Un économiste distingué avait écrit un livre sur la *baisse probable de l'or*, et s'était demandé s'il ne faudrait pas démonétiser ce métal. D'autres, comme moi, disaient au contraire qu'il fallait en faire l'élément fondamental de notre circulation.

La question s'agrandit lorsqu'en 1865, l'Italie, la Belgique, la Suisse et plus tard la Grèce formèrent avec la France ce qu'on a appelé l'union monétaire latine.

De nombreux écrits furent publiés notamment en France sur la question monétaire, soumise successivement à des commissions administratives importantes, et plus tard à une conférence monétaire internationale, la plus considérable qui ait jamais existé et qui délibéra en 1867 à Paris, pendant l'Exposition universelle.

Cette conférence comptait parmi ses membres MM. de Hock, Feer Herzog, Wallemberg et Broch, entre beaucoup d'autres savants, dont tous les amis de la science monétaire ont conservé le souvenir.

Une opinion devint générale : c'est que le bimétallisme légal n'est guère en fait qu'une succession de monométalismes différents se remplaçant réciproquement sous l'influence de la variation des prix et de la spéculation.

La Conférence internationale de 1867 déclara que les nations ne pourraient arriver à l'unification monetaire qu'en gravitant toutes vers l'étalon d'or unique, qui n'était à cette époque reconnu que dans la Grande-Bretagne et le Portugal.

L'état de l'opinion comporta dès lors chez tous les esprits éclairés une certaine défiance contre le bimétallisme, tout en réservant pour l'adoption de l'étalon unique d'or, l'influence de possibilités diverses et d'expectatives très différentes.

En 1871, l'Allemagne, qui n'avait joué dans la Conférence internationale de 1867 qu'un rôle accessoire sous la présidence de la France, se sentit émancipée de cette attitude indécise sous l'empire de circonstances nombreuses. Elle avait été victorieuse en 1870, avait reçu, hélas! une indemnité de guerre considérable et avait réuni sous un empire commun des souverainetés diverses.

Il importait d'unir dans un système monétaire uniforme, les pays agrégés politiquement dans un même faisceau. Il était naturel de créer le système nouveau à l'aide des dernières leçons de la science.

L'Allemagne parut s'inspirer des délibérations de la Conférence internationale de 1867, que nous avions un peu négligées nous-mêmes.

L'Allemagne était dans son droit et elle fonda son système moné-

taire sur le mark d'or, qui n'est point réalisé dans une pièce spéc
mais frappé sous la forme collective de pièces de 10 et 20 ma
ces deux dernières pièces valant ensemble 37 fr. 03.

L'adoption par l'Allemagne de l'étalon unique d'or a augm
moralement en Europe la force des conclusions prises par la C
rence internationale de 1867, conclusions qui n'ont rien d'exc
dans leur expression, mais tendent à développer le principe de
talon d'or, suivant les possibilités nationales.

L'influence de diverses mines d'argent découvertes dans l'A
que du Nord a augmenté le discrédit relatif de ce métal chez les
tions restées soumises au régime bimétallique. Dans cette situa
qu'aggravait l'éventualité de la vente des thalers allemands
suite de l'adoption de l'étalon d'or dans ce pays, nous eûmes l'h
neur, comme membre du Sénat, d'interpeller en 1876 M. Léon
ministre des finances, en insistant sur l'inconvénient des fluctua
auxquelles les oscillations de valeur entre les deux métaux, or et
gent, assujettissaient la circulation de notre pays. Soutenu dans
observations de mars et juin 1876 par MM. Hervé de Saisy, de
tavon et Pagézy, combattu par M. Léon Say, et trouvant l'opi
du Sénat indécise, malgré plusieurs jours de discussion, nous ne
sentâmes point d'ordre du jour motivé et la discussion s'éteignit
conclusion positive.

Seulement, quelques jours après, M. Léon Say fit adopter la lo
5 août que nous avons rapportée plus haut et il fit rendre pa
Président de la République un décret interdisant dans nos hôtel
monnaies la fabrication des pièces de 5 francs d'argent, seule fa
cation d'argent jusque-là permise aux particuliers, puisque de
1864 la fabrication des pièces de 2 fr., 1 fr. et 0.50 c., s'opéra
835/1000 de fin, constitue un droit spécial de l'État.

La mesure provoquée par M. Léon Say et qui a été ratifiée par
décisions de l'Union latine, a ressemblé pour nous, après les dé
de l'interpellation monétaire de 1876, à la manœuvre d'un hom
de guerre qui, ayant défendu et maintenu une position attaqu
l'abandonne spontanément parce qu'il en a jugé les côtés faibles

A la suite de cette interdiction de frapper les écus de 5 fr. d
gent, la valeur du métal de ces pièces a diminué de plus en p
soit à cause des mesures administratives prohibant la frappe
l'argent, soit à raison des conditions du marché général des méta

Tel est l'état de choses qui motive les plaintes de l'honora
M. de Soubeyran, qui y trouve la raison de l'abaissement du prix
certains objets qui s'élèverait si on pouvait l'acquitter à l'aide d'
monnaie émise plus abondamment.

Nous considérons comme douteuse l'influence économique attribuée par M. de Soubeyran à l'interdiction des frappes d'argent ; mais l'influence contraire qu'aurait la libre fabrication des écus d'argent n'apporterait-elle pas à notre circulation monétaire des perturbations que l'auteur de l'interpellation du 7 mars n'a nullement indiquées, qui ne lui ont point été non plus opposées, mais qui cependant nous paraissent devoir frapper tout esprit un peu exercé dans cette matière? Supposons quelques centaines de millions frappés sous la forme d'écus de 5 fr. d'argent et jetés dans notre circulation, à côté de ses éléments actuels, dont l'or constitue la plus grande partie.

Rien ne sera plus facile à ceux qui manient en grand les métaux précieux que d'introduire ce nouvel argent à la place de l'or qui constitue l'élément principal actuel de notre circulation.

Les bénéfices de cette substitution seraient immenses. M. de Soubeyran a établi lui-même, dans son interpellation, que les pièces de 5 fr. d'argent n'ont pas une valeur intrinsèque supérieure à 4 fr. Ainsi, moyennant 80 millions employés à fabriquer de nouvelles pièces de 5 fr. d'argent, on aura une valeur nominale de 100 millions, à l'aide de laquelle on retirerait 100 millions d'or de la circulation actuelle.

En présence de pareilles éventualités, qui s'appliquant à plusieurs milliards d'or ne seraient que la reproduction agrandie de la transformation que le système monétaire de la France a subie à d'autres époques, on est effrayé de la proie gigantesque que la demande de M. de Soubeyran offrirait, contre son intention sans doute, aux spéculateurs d'un prochain avenir.

Et si l'on ajoute à ces considérations que M. de Soubeyran regarde l'État comme garant de la valeur des pièces par lui émises, on s'étonne davantage encore qu'un financier puisse proposer l'émission au titre de 5 fr. de monnaies qui ont une valeur intrinsèque de 4 fr. seulement, d'où résulterait pour l'État français le plus dommageable, le plus imprudent et le plus ruineux des emprunts.

Telles sont les réflexions que nous a suggérées l'interpellation de M. de Soubeyran, interpellation accueillie par des réclamations qui nous ont paru peu nombreuses relativement au caractère exorbitant des prétentions exposées.

Nous reportant au souvenir de débats précédents et notamment a celui de notre interpellation au Sénat en 1876, nous en avons conclu que les questions s'oublient vite dans notre pays et qu'il peut être bon de rappeler de loin en loin les leçons d'une expérience encore récente; à vrai dire, plusieurs côtés de la question monétaire passent dans l'ombre, parce que le niveau des idées dans lesque cette question se développe ne reste pas assez élevé et que l'hori embrassé par les discussions n'est pas essez étendu.

N'y a-t-il pas eu quelque chose de grand dans les délibération la Conférence internationale de 1867, recherchant les conditions rapprochement des systèmes monétaires et d'une communicat plus facile à établir dans les relations commerciales des peupl Le système monétaire français, accueilli d'abord par l'Union lati a conquis depuis lors l'Espagne, la Roumanie et la Serbie. Si ajoute qu'il a mis le pied en Autriche par l'émission, dans ce pa de pièces d'or internationales au type de 20 francs équivalan 8 florins, on peut dire qu'il a un empire continu de Paris à Belgr et à Athènes et au sud de cette ligne.

Nous rappelant les préoccupations qui animaient il y a peu temps les hommes de divers pays qui avaient siégé à la Confère internationale de 1867, et qui aimaient à en suivre et à en fécon les résultats, nous aimons à penser que l'interpellation du ba de Soubeyran ne peut pas constituer contre ce mouvement d'idées attaque suffisamment sérieuse.

Deux pensées de progrès me paraissent avoir inspiré depuis vi ans notre législation monétaire : le mécanisme du double éta ayant fait entrer l'or dans notre circulation d'une manière bien sante, il a paru nécessaire de retenir ce résultat comme un avant acquis au pays. De là toutes les mesures prises pour gêner l'in sion de l'argent qui ne pourrait s'opérer que moyennant l'expuls du métal le plus commode, le plus portatif et le plus précieux.

Il ne s'agit pas, comme a paru le croire M. de Soubeyran, de créter l'adoption de l'étalon d'or unique, il s'agit seulement de ma tenir la position que l'or a acquise dans notre circulation, et l'empêcher d'être relégué comme jadis dans le rôle d'une monn de luxe, sauf à adopter des mesures plus énergiques quand le pa en ressentira le besoin.

La seconde idée de progrès qui s'est combinée avec celle que no venons d'exposer a été l'unification la plus large possible des typ monétaires en exécution du plan marqué par la Conférence de 18

Ces idées diverses marquées au coin de l'intérêt commun du pl grand nombre et portant l'empreinte d'un esprit démocratique sa nous semblent très difficiles à contester, et il nous paraît utile d' faire ressortir le caractère civilisateur au moment où l'on veut, da un congrès monétaire, soumettre à une délibération nouvelle c importants résultats.

E. de Parieu.

REVUE DES PRINCIPALES PUBLICATIONS ÉCONOMIQUES DE L'ÉTRANGER

SOMMAIRE : *Journal of the statistical Society*. Les colonies anglaises en face des colonies des autres pays. — La production du vin en France. — Efficacité comparée du travail, etc. Les salaires. = *The Economist*. L'ouvrier paie-t-il plus d'impôt que « le riche » M. Chamberlain? = *The Statist*. Le *fair trade* et l'agriculture. — Le fer aux États-Unis. = *The Banker's Magazine*. L'or et l'argent. — Le transport du blé, sept prix par an. = *Journal of social science*. Les bases scientifiques et la législation douanière. — Qu'est-ce qui détermine le taux des salaires. = M. E. Chadwick. Le laisser faire absolu n'a pas d'adhérents parmi les économistes. = *Vierteljahrschrift*, de M. Wiss. Le parti socialiste et son influence. — La suppression du luxe. — Les finances de la Russie. — Divers. = *Jahrbücher* de M. J. Conrad. L'assurance contre les accidents. — Les idées de Rodbertus. — L'approximation et la précision. — L'impôt sur les opérations de bourse. — Les caisses de secours aux États-Unis. Une caisse de chômage. = La *Social Correspondenz*, de M. Victor Bœhmert. Le petit état de siège. = La *Nation*, de M. Barth. Le socialisme positif. = *Das Schiff* (le Navire), de M. de Studnitz. Les voies navigables et les chemins de fer. = *Statistische Monatschrift* (Revue mensuelle autrichienne de statistique). Divers. = Les ouvrages de MM. G. Hansen, K. Walcker, Lippert, Nasse, V. John, A. de Studnitz, Charles Roscher, K. Walker (2e). = *L'Economista*. La question agraire. — Qu'il y a loin de la généralité sociologique à la réalité pratique. = Publications de MM. Luzzati, J. de Johannis, Zorli, Peruzzi, L. Wollemborg, Battai. = *Journal de statistique suisse*. Le mouvement de la population. Comparaisons entre divers pays. — Machines à vapeur. — Circulation des billets de banque. — Les élections en Suisse. = Les concours ouverts par l'Académie des sciences morales et politiques d'Espagne. = Les finances du Portugal, par M. de Bulhões.

Le *Journal of the Statistical Society* de Londres (déc. 1884), renferme en tête du numéro, le discours du nouveau président, Sir Rawson W. Rawson, et ce discours a pour sujet les colonies anglaises et les colonies étrangères, question actuelle s'il en fut. Il a été aisé au président de montrer que, sous le rapport des colonies, l'Angleterre est la première nation du globe, et l'orateur l'a fait ressortir par des chiffres et par des graphiques : ainsi un carré occupe toute la page et dans ce carré s'en trouvent d'autres de plus en plus petits, qui représentent les colonies des autres nations, et il reste encore assez d'espace où il y aurait de quoi satisfaire les modestes convoitises de deux ou trois autres pays, si cet espace était sans maître. Ces graphiques semblent faire dire à l'Angleterre : j'en ai à moi toute seule, beaucoup plus que vous tous réunis. C'est vrai, et personne l'ignore et ne le conteste. Ce qui mérite l'éloge dans ce trava c'est la partie historique et l'insistance que l'auteur met à distingu les colonies fondées (*by settlement*) des colonies conquises (*by co quest from european Powers*). L'Angleterre peut être fière des co nies qu'elle a fondées, créées, établies; celles qu'elle a conquis prouvent seulement, qu'à un moment donné, elle a eu quelqu navires de plus que ses adversaires et qu'elle en a usé ou abusé.

M. A. E. Bateman présente un bon travail sur la production vin en France, mais, comme il a puisé ses chiffres dans les doc ments français, je n'ai qu'à renvoyer le lecteur à ces documents.

Arrêtons-nous un moment auprès de l'étude de M. J.-S. Jea intitulée : *l'Efficacité comparée du travail, et les salaires dans différentes contrées*. Voilà un sujet d'un haut intérêt, mais aussi d'u difficulté insurmontable, l'auteur lui-même trouve qu'en beaucoup points elle est « *insuperable* », et s'il l'entreprend néanmoins, c'e qu'il se contentera de données approximatives, c'est-à-dire, qui s'a prochent... mais pas de trop près. Et personne n'a le droit de lui fai le moindre reproche, car lecteurs et auditeurs sont dûment averti La première industrie qu'il examine est celle des cotons; or comme comparer ici l'efficacité du travail anglais avec l'efficacité du trav dans d'autres pays? Faudrait-il diviser la masse des produits de manufacture de coton par le nombre des ouvriers? Faudrait-il seul ment diviser le nombre des broches par le nombre des ouvriers? Da les deux cas les objections se présentent en foule, et si on les éco tait, on ne ferait rien du tout. Aussi M. Jeans ne les écoute-t-il qu demi, il fait l'opération sur les broches et a la satisfaction de po voir nous apprendre, qu'en 1851, il y avait 63 broches; en 186 67 broches; en 1871, 77 broches; en 1874, 79 broches; en 187 82 broches par ouvrier ou plutôt par *hands* ou paire de bras. C prend l'habitude de dire en Angleterre et en Amérique « employé au lieu de « *employed* », c'est regrettable : on emprunte un mot une langue étrangère, quand il rend mieux la pensée, ou les nuance de la pensée, mais on n'a pas besoin d'emprunter un mot étranger po s'exprimer inexactement; on trouve au besoin en anglais le m « *clerk* » s'il avait réellement été question d'employés. Seulemen ni les clerks, ni les employés ne font marcher les broches, ou l métiers[1]. Quoi qu'il soit, M. Jeans continue ses ingénieux rappr

[1] Les emprunts très peu heureux de mots faits aux langues étrangèr deviennent un abus contre lequel il faut réagir.

chements et les applique même à d'autres industries, comme à celle des mines, puis au terrassement, etc., mais je ne puis réellement pas m'y arrêter, car plus on y met de la précision dans l'approximation, moins je me sens convaincu. Ne parlons pas des broches, puisque tout le monde peut se dire que la perfection de la machine est pour beaucoup dans l'efficacité de l'ouvrier, ni des mines où, comme chacun sait, l'épaisseur des couches ou filons et la nature du minéral influent extraordinairement sur le rendement; mais comment obtenir des moyennes assez sûres, pour pouvoir dire que l'ouvrier anglais fera toujours 1 mètre cube de terrassement, quand un Français, un Allemand, un Belge en fera de 0.75 à 0.90, un Italien ou un Espagnol de 0.60 à 0.80, et ainsi de suite ?

L'auteur compare ensuite les salaires à diverses époques tant en Angleterre que dans d'autres contrées. Il reconnaît bien que les renseignements laissent à désirer, mais lorsqu'il trouve des chiffres officiels, il se croit couvert. Nous admettons sans difficulté que les salaires se sont élevés, c'est un fait palpable; il est seulement douteux qu'on puisse préciser le taux de la hausse par pays et par industrie. D'un autre côté, et l'auteur le reconnaît pleinement, en face de la recette, il y a la dépense ; M. Jeans demande donc ce que coûte la vie dans les différents pays, mais sans trop oser répondre. C'est de la sagesse. Toutefois les considérations dans lesquelles il entre sur la dépense à faire, soit pour le logement et le vêtement, soit pour la nourriture, sont intéressantes; il en résulterait que la nourriture cause à peu près partout la même dépense, mais ce sont les autres frais qui différeraient le plus entre eux. L'auteur termine par treize propositions. Voici les plus saillantes : le salaire moyen, en Angleterre, d'après un certain nombre d'industries-types, dépasse de 54.4 0/0 celui des États-Unis, du moins celui de Massachusetts et de 58 0/0 ceux de France et d'Allemagne. — Entre 1850 et 1883, la moyenne des salaires (dans certaines industries prises comme types) a augmenté de 40 0/0 en Angleterre; elle s'est élevée de 1860 à 1883 aux États-Unis, de 39.9 0/0, et en France, de 53 0/0 à Paris et de 65 0/0 dans les provinces. — Notons encore que le travail des enfants serait plus répandu aux États-Unis qu'en Angleterre et en Allemagne. Si l'on ne parle pas de la France, c'est que les statistiques font défaut. En somme, le travail de M. Jeans est très intéressant, il est aussi bien fait que possible, il renferme des données instructives, mais il n'a pas résolu le problème, car ce problème est insoluble.

The Economist vient d'avoir une discussion avec M. Chamberlain, le ministre du commerce anglais, un « radical » comme on sait, discussion dans laquelle Son Excellence n'a pas eu le dessus : c'est mortifiant pour un ministre en exercice. Dans un discours public, le ministre avait développé cette thèse que — l'ouvrier paie actuellement en impôts une proportion plus forte de son revenu que le plus grand pair ou que le plus riche bourgeois[1] du pays. — Cette assertion, l'orateur crut devoir l'appuyer sur un fait : il raconte qu'un député conservateur, M. Phipps, lui a communiqué le compte-rendu d'une société de consommation établie dans un village de 120 habitants et fournissant ces derniers. Il a eu la curiosité de calculer les impôts payés par les membres de cette association et a trouvé 7 1/2 0/0. Il a eu ensuite la curiosité de savoir combien il en supportait lui-même, ce qui lui a paru bien difficile, dit-il, les impôts sachant si bien se cacher ! Mais un ministre, vous le comprenez, doit connaître le système financier de son pays, aussi ne croit-il avoir rien oublié, et néanmoins, il arrive à peine à 6 0/0. Il insiste beaucoup sur ce fait, que lui qui est un *rich man*, — qui peut se permettre des dépenses de luxe — paie 1 1/2 0/0 de moins, « qu'on extorque » des « pauvres travailleurs » qui gagnent si peu.

The Economist a pensé qu'une accusation fiscale tombée de si haut, méritait d'être examinée de près, et surtout d'être vérifiée. Il s'est donc adressé à M. Phipps, qui lui-même s'adressa à M. A. Pell, autre membre du Parlement. Il apprit ainsi que le document fourni à M. Chamberlain était déjà vieux, qu'il datait d'avant le rappel des lois sur le sucre. M. Pell en procura à l'Économist un plus récent — il s'agit du compte-rendu de la *Haslebeach Provident Society* — et ce document s'applique à l'année 1884. Les membres de cette société sont presque tous des ouvriers agricoles et se composent, avec les femmes et les enfants, de 155 personnes formant 44 familles vivant dans 42 maisons ou logements (*homes*). Ces familles ont consommé et payé les impôts qui suivent :

					£	s.	d.
Bière, 94 1/2 barriques	à 6 sh.	6	d'impôts, ensemble..		30	14	0
Tabac, 176 livres	à 3	4	—	..	29	15	0
Thé, 630 livres	à 0	6	—	,	17	10	0
Café, 75 livres					»	10	0
Droit de licence					1	11	0
			Total		80	0	0

Le chef de chaque famille gagne 16 s. (20 fr.) par semaine, si l'on

---

[1] Il y a *commoner*, terme qui veut aussi dire député. Nous croyons que notre traduction rend exactement la pensée de l'orateur.

ajoute le gain de la femme et des enfants, soit 8 s. par semaine, on trouve un total de 63 l. par an, soit 2.650 l. pour 42 familles. Or, 80 l. font à peine 3 0/0 de ces 2.650 l. qui ne sont d'ailleurs pas la totalité de l'avoir de ces familles, dont quelques-unes ont pu placer des économies. M. Pell fait remarquer que la plus grande partie de l'impôt payé par eux provient de consommations de luxe, la bière et le tabac, mais qu'on n'a pas le droit d'en faire un reproche aux habitants d'Hazlebeach, puisque depuis bien des années on n'y a pas vu un seul *pauper* (indigent assisté). M. Pell fait remarquer qu'un ministre se dégrade (*lowers himself*) ainsi que sa fonction lorsqu'il parle de 7 1/2 0/0 *extorqués* de pauvres gens, tandis qu'il s'agit d'à peine 3 0/0 payés VOLONTAIREMENT. *The Economist*, naturellement, abonde dans le sens de son correspondant (numéro du 14 février).

M. Chamberlain ne pouvait pas rester sous le coup d'une pareille réfutation; il répond donc à son tour (numéro du 21 février). Le renseignement que M. Phipps lui avait communiqué s'appliquait à 120 personnes, soit 24 familles. Leurs consommations étaient chargées, la bière de 12 l., le tabac de 40 l., le thé de 30 l., la licence de 1 l. 3 s., ensemble 73 l. 3 s. Le revenu d'une famille étant évalué à 16 s., ce qui fait pour les 24 familles, pour l'année entière, un total de 998 l. 8 s., soit 7 1/3 0/0. Le chiffre de 24 s. par semaine lui paraît exceptionnel. Cependant, comme contrôle à ses premiers chiffres, il cite les dépenses d'une famille de 5 personnes qui gagne 20 s. par semaine et qui acquitte les taxes qui suivent :

Thé, 1/2 livre par semaine	3 d.
Café, 1/2 — —	1
Ale (bière) 4 mesures (quarts) par semaine.	2
Tabac, 1/4 de livre par semaine	10
Spiritueux	3
Ensemble	17

Ce qui fait 7.9 0/0 (ou plutôt 7.1 0/0 des 20 s.). M. Chamberlain croit pouvoir triompher en citant ces chiffres qui — outre d'autres graves défauts — ont celui d'être en l'air. Je regrette d'être obligé d'apprendre à M. le ministre du commerce du royaume-uni de la Grande-Bretagne et d'Irlande, qu'en pareille circonstance — lorsqu'on discute une grave question — on est tenu de citer ses sources; on juge les chiffres d'après la valeur de la source à laquelle ils ont été puisés.

M. Chamberlain s'occupe ensuite de la contre-partie. Il ne dit pas, cette fois, que c'est de lui qu'il s'agit, mais d'un homme quelconque qui a un revenu de 10.000 l. st. et dont le ménage se compose de

20 personnes, domestiques compris. Voici ce que ce contri
payerait d'impôts :

	£	s.	d.
Income-tax à 6 d. par livre..................	250	0	0
Impôt foncier, etc......................	25	0	0
Impôt sur la maison (loyer de 1.000 l.)......	37	10	0
Thé, par an 300 livres à 6 d................	7	10	0
Café, par an 200 livres à 2 d................	1	13	4
Bière, 600 gallons à 2 1/4 d..................	5	12	6
Spiritueux, 20 gallons à 10 sh...............	10	0	0
Vin, 900 bouteilles = 150 gallons à 2 sh. 6....	18	15	0
Cigares, 26 livres à 5 h. 6..................	7	3	0
Fruits, raisins secs, etc....................	2	16	2
Total..............	366	00	0

Ce qui fait 3 2/3 0/0. Il ajoute : je n'ai omis que le droit de
sion qui ne se paye que dans certains cas, et à de certain
valles et qui ne se prête pas à l'établissement d'une mo
une erreur profonde, comme je l'ai montré dans ma *Sta*
la France, t. I, p. 409; si vous voulez présenter *fairly*,
ment, la part des riches et celle des pauvres, il faut distri
eux le budget tout entier. Comment, l'enregistrement et le
pour ne citer que ceux-là — qui rapportent en France 730
seraient laissés de côté, sous le prétexte qu'on ne paye pas ce
à intervalles égaux. De cette façon là il est aisé de faire des p
au lieu du budget entier qui est la réalité, on n'a qu'à pren
impôt bien choisi, par exemple le sel, et on trouvera que le n
naire ne paye que 2 fr. par an, comme le pauvre, parce qu'on
pas en même temps que le millionnaire acquitte en outre 50.
en d'autres impôts.

The Economist répond très vertement à M. Chamberlai
semble avoir oublié la différence qu'il y a entre un tribun et
nistre à portefeuille : l'un excite les populations et l'autre les
Examinant les chiffres du ministre, l'*Economist* les compa
consommation moyenne qui ressort des comptes financiers
montre l'exagération, c'est-à-dire la fausseté. Voici ce rapp
ment :

	Consommation moyenne par tête dans le Royaume-Uni.		Consommation par t attribuée à la famil d'un ouvrier.	
Thé.........	4 liv.	80	5 liv.	2
Café.........	0	89	5	2
Tabac.......	1	42	2	6

Ce n'est pas tout. Dans le village en question, aucun cabar

autorisé à vendre des spiritueux ; il paraît même que les ouvriers agricoles prennent rarement de l'eau-de-vie. Si on laisse l'eau-de-vie de côté, et qu'on attribue aux ouvriers la consommation moyenne générale, ce qui est bien assez [1], on trouve :

	£	s.	d.
Thé, 24 livres par an.........	0	12	0
Café, 4 liv. 1/2................	0	0	7
Bière, 52 gallons...............	0	9	4
Tabac, 7 livres.................	1	4	6
	2	6	5

C'est 4 1/2 0/0 sur un revenu de 52 l. Nous sommes obligé de renvoyer à l'*Économist* pour les développements, car l'espace nous fait défaut.

"*The Statist* nous apprend, non sans tristesse, que le *fair trade* gagne du terrain.... parmi les agriculteurs. On sait que *fair trade* est une expression synonyme de protection. C'est par pudeur qu'on ne se sert pas du terme ordinaire, mais d'euphémisme, comme nous disons, par exemple, droit de compensation. On a l'air de croire qu'avant d'acheter les produits d'un étranger, il faut forcer ledit étranger à payer nos impôts. En Angleterre, ce sont les propriétaires et les fermiers qui semblent de plus en plus adopter ces vues, et ils pourraient bien, pense *le Statist*, devenir assez nombreux pour qu'il y ait à compter avec eux. Il ne doute pas, cependant, que le libre-échange continuera à avoir le dessus. Il demande seulement une chose, qu'on mette moins d'aigreur, moins de violence dans la polémique; je suis également de cet avis, nous devons tâcher d'être modérés. Je dis *tâcher*, car c'est vraiment beaucoup nous demander de rester calme en présence d'exigences comme celle-ci : 1° l'industrie agricole passe par une période difficile et pour la secourir on nous demande de payer plus cher notre pain et notre viande. Le mécanisme au moyen duquel ce résultat est obtenu consiste en un droit d'entrée. En payant 3 fr. pour chaque quintal de blé qu'on importe — soit 10 millions de quintaux — nous renchérissons de 3 fr. chacun des 100 millions de quintaux qui ont été produits à l'intérieur; cela fait 300 millions, somme ronde, que nous versons à l'agriculture. Je trouve que c'est bien beau de notre part, car il n'y a pas de réciprocité.... ce qui n'est pas *fair* (pour me servir du terme anglais). 2° Mais ce qui dépasse toute permission, c'est que l'agriculture demande qu'on lui donne en outre les 30 millions qui

---

1 Est-il nécessaire de prouver que c'est encore beaucoup trop ?

tombent dans le Trésor. Il faut ici bien de la vertu pour calme.

Dans le numéro du 14 février, *the Statist* donne quelques i tions sur les résultats d'une opération tentée en 1874 par un pagnie de chemin de fer anglaise (*Midland*), opération qui c à supprimer la seconde classe et à améliorer la troisième. Il résulté que la fréquentation des classes supérieures diminua de la troisième augmenta dans des proportions si fortes qu'on à changer de tactique, mais nous ne savons pas encore quel sure on prendra. Je reviendrai sur cette question, dont j'ai d l'occasion d'entretenir le lecteur. En disant : les classes supéri je faisais allusion au fait que le *Midland* a rétabli la 1re class la forme d'un wagon Pullmann; les autres compagnies s'étaie nées à réduire le prix des classes supérieures en les maintena

Le numéro du 28 février donne des statistiques sur la prod du fer aux États-Unis, desquelles il résulte qu'on a établi bea trop de hauts-fourneaux, de sorte qu'il y en a actuellement 2 marchent contre 435 qui chôment. En 1881, les proportions renversées.

The Banker's Magazine (décembre 1884) renferme, entre un article intitulé : *The prevention of panics*. L'auteur exam situation pour tâcher de prévoir un peu comment la récent tournera. Il évalue le nombre des faillites à 11,500 en 1884, 10,190 en 1883, accroissement qui n'est jamais bon signe. fait et quelques autres, il conclut qu'il y a *overproduction* d chandises courantes. Mais les effets constatés ne sont rien e paraison de ceux qu'on attend des mesures monétaires pré tort ou à raison. Lorsqu'on a créé le papier-monnaie, en 18 débiteurs purent se libérer avec du papier de leurs dettes c tées en or; en 1869, lorsqu'on annonça que le dollar-papier, puis trois ans était resté invariablement à 70 cents (or), serai boursé au pair (100 cents or) dès qu'on aurait les fonds néces il monta d'emblée à 90 cents, et comme par un coup de b magique toutes les dettes valurent 25 0/0 en plus. La crise a proviendrait de la crainte d'une *inflation*, c'est-à-dire d'un e monnaie dépréciée, dont on se croit menacé. La monnaie dé que l'on craint, c'est l'argent; tous les créanciers font rentre créances tant qu'on est encore obligé de payer en or, et cet retiennent par devers eux, ils le serrent et naturellement le taux deviennent rares et les affaires en souffrent. L'auteur, M. Wilder, se déclare énergiquement contre le métal blanc; il bien une circulation fiduciaire, mais il veut qu'elle soit échangeable contre de l'or, et si l'on voulait combler ses vœux, on ferait un papier international s'échangeant à volonté et au choix contre 25 fr., ou 5 dollars, ou 1 liv. sterl. en or. Pour le moment, quelques petites mais invincibles difficultés s'opposent à ce projet.

Dans le même numéro, on plaide la cause des femmes. On ne va pas jusqu'à vouloir créer la *femme politique*, armée d'un bulletin de vote, mais on trouve que, lorsqu'elle est à la tête d'un établissement et paye des taxes (communales), ce n'est que justice de lui accorder le droit de prendre part au contrôle des dépenses. On a bien accordé ce droit à des gens qui n'ont en rien contribué à ce fonds et qui ont même parfois le droit de voter des dépenses..., qu'ils n'auront pas à payer.

Dans le numéro du mois de février 1885 (p. 568), nous trouvons un tableau du prix du transport des grains de Chicago à New-York, depuis le 28 mars 1864 jusqu'au 21 juillet 1884. Dans ces 28 années, les prix ont changé environ 150 fois, donc, en moyenne, plus de 7 fois par an ; le minimum est descendu jusqu'à 10 cents par 100 livres (1er mai 1879), le maximum s'est élevé à 160 cents (le 24 déc. 1864), et l'on trouve à peu près tous les prix intermédiaires. Voici les cotes de 1884 : 1er janvier 30 cents, 5 janvier 20 cents, 14 janvier 30 cents, 14 mars 30 cents, 21 mars 15 cents, 24 juin 20 cents, 21 juillet 25 cents. On comprend qu'en présence de pareilles fluctuations, les expéditeurs ne soient pas contents et qu'ils ne demanderaient pas mieux que de voir le gouvernement s'en mêler. Ils disent : peu m'importe le prix, pourvu qu'il soit fixe. En quoi ils ne sont pas sincères, car ils pèsent sur les chemins de fer et ont obtenu de sérieuses et durables concessions : depuis quelques années, le prix oscille entre 20 et 30 cents; il y a dix ans, c'était entre 40 et 50, et il y a vingt ans entre 60 et 80 et au delà. Ailleurs, on lutte contre la variation des saisons; en Amérique, on se débat en outre contre la variation du prix des transports.

Journal of social Science. Saratoga papers of 1884 (n° XIX)[1]. C'est le compte rendu du congrès de la science sociale de l'année 1884. Parmi les articles qu'il renferme, je n'en signalerai que deux. L'un est intitulé : *Les bases scientifiques de la législation douanière.* L'auteur, M. Caroll D. Wright, croit avoir établi ces bases, en se maintenant dans les hauteurs sereines de la science, et en offrant aux gouvernements et aux nations les formules mathématiques (on

[1] Boston et New-York.

abuse un peu de ce terme de l'autre côté de l'Atlantique) néce
soit pour égaliser les conditions de la concurrence internat
soit pour donner l'avantage à la production intérieure. L'aut
cependant pas tenu compte de tout, et l'on pourrait lui faire
sérieuses objections; je trouve néanmoins sa tentative très m
et très suggestive, elle fait penser.

L'autre travail est de M. Edward Atkinson, il est intitulé : *Q qui détermine le taux des salaires?* — Réponse : Outre les c tances naturelles favorables à la production, la quantité des c employés. L'auteur prouve sa thèse avec un succès complet : y a de capitaux, plus les salaires sont élevés. Il prouve encor chose : *généralement*, plus les salaires sont élevés, plus le tra à bon marché. Cette proposition a l'air paradoxal, elle le s l'on voulait dire qu'un salaire de 10 fr. coûte moins au patro salaire de 9 fr. Ce n'est pas ainsi qu'il faut prendre la chos supposez un ouvrier qui fait marcher 1,000 broches en receva et un autre qui n'en fait marcher que 500 pour un salaire de est-ce que les 5 fr. ne produisent pas ici un fil coûtant moin que le fil produit par l'ouvrier à 4 fr.? C'est donc grâce à la leure machine, au capital plus fort, que le produit a coûté m travail; encore une fois le *produit* a coûté *moins*, bien que vailleur ait été payé davantage.

La théorie de l'auteur se formule ainsi : « Le taux de l'inté être déterminé d'après ce que le produit rapportera au marc duction faite de la valeur des matériaux et le montant des pr Ce langage manque un peu de précision scientifique, mais à tre endroit l'auteur entre dans plus de détails (p. 92); je v duire le passage en question :

« Il paraîtrait donc que le salaire est ce qui reste du ren de la vente du produit; ou mieux qu'il est déterminé par le m de ce que le produit rapportera sur le marché universel. De c tant, il faut attribuer :

« 1° Une somme suffisante pour remplacer le capital usé truit; en d'autres termes, pour maintenir les machines et ments en bon état;

« 2° Une somme égale à la moyenne des profits des c placés avec la plus grande sécurité, et en outre, à ce qu' ajouter pour indemniser le propriétaire (*owner*, il aurait mie mettre : l'entrepreneur) du risque plus grand couru par sa b d'industrie;

« 3° Le prix des matériaux (matières premières et accessoi

« 3° La somme nécessaire pour s'assurer la meilleure admi

tion possible. (Administration n'est pas un terme reçu dans le langage économique);

« 5° Les impôts de toutes sortes; ils entrent également dans les frais de production;

« 6° Enfin, ce qui reste constitue le salaire des ouvriers, quel qu'en soit le chiffre.

« Les profits, les taxes et les salaires sont donc tous les trois pris sur le produit de la coopération du capital et du travail. »

On sera peut-être choqué de voir la part de l'ouvrier placée à la fin; on croira que c'est manquer de respect à la puissance du jour, car on adore la force brute; mais l'auteur américain sait ce qu'il dit. Il est d'avis que si l'entrepreneur ne devait rien gagner, il ne risquerait rien, et le capitaliste non plus. Or, pas d'entreprises, pas de salaires. D'un autre côté, plus le patron gagne, plus il peut payer lui-même, et mieux il outille ses ouvriers, plus leur travail est efficace. Ce travail renferme des diamants bruts, qui sont naturellement plus fréquents en Amérique que les brillants et ailleurs aussi. Il ne suffit pas de trouver une vérité, il faut encore savoir la dégager de sa gangue d'erreurs.

On the evils of disunity, etc. (Des inconvénients du manque d'unité dans la législation et l'administration), par Edwin Chadwick, correspondant de l'Institut de France, etc. (Londres, Longmans, Green et C. 1885). Le titre de cette (forte) brochure en indique suffisamment le contenu. Je ne puis qu'en recommander la lecture, parce que M. Chadwick a cinquante années d'administration derrière lui et la connaît à fond, et parce qu'il combat des préjugés anglais dont quelques-uns ont passé le canal, en se gâtant en route, sans être moins bien reçus sur le continent pour cela. Il y a beaucoup de bonnes choses dans ce travail; j'ai été cependant choqué par l'emploi des mots *Laissez faire;* ces mots n'ont jamais eu le sens qu'on leur donne en Allemagne ou en Angleterre, et quelquefois même en France. Le *Laissez faire* n'a jamais été qu'une protestation contre les abus du *Trop faire*, de l'intervention à outrance. Cela est tellement vrai que, si l'on demandait à tous les économistes, l'un après l'autre, de formuler *en détail* ce qu'ils veulent laisser faire et ce qu'ils ne veulent PAS laisser faire, il n'y en aurait pas deux qui seraient d'accord. Ajoutons que le même désaccord règne parmi les doctrinaires qui voudraient multiplier l'intervention de l'État : tous reconnaissent qu'il y a une limite que l'intervention ne doit pas franchir. Il en est ainsi dans toutes les questions qui dépendent de

l'appréciation de l'individu. Le laisser-faire *absolu* n'a pas
et unique adhérent parmi les économistes.

Vierteljahrschrift, revue trimestrielle d'économie politi
dirigée par le Dr Ed. Wiss (Berlin, F. A. Herbig, tome 85,
fascicule). Le premier article est de M. Wiss et considère
lisme démocrate comme puissance politique. Il montre le da
en peut résulter pour l'État. Les socialistes sont naturelle
couragés par leurs succès et deviennent de plus en plus e
mais ils ont la sagesse de ne pas trop demander à la fois.
ment, ils réclament la fixation d'une journée de travail
chose difficile à accorder par une loi, car on le compren
peut pas diminuer la longueur de la journée sans toucher a
res; admettrait-on leur réduction? Non; alors le problème
soluble. M. Wiss déduit toutes les conséquences que les t
actuelles peuvent avoir en présence de partis qui jouent
feu, ces partis, c'est le gouvernement qui promet plus qu'i
tenir, c'est une bourgeoisie pusillanime, ce sont des ouvrie
tables.

Un auteur qui ne nous fait connaître que ses initiales, G.
la question du luxe. Il n'offre que quelques réflexions sur l
qu'aurait la suppression du luxe. Il montre très bien que c
pression ne profiterait à personne. De quoi s'occuperaient
gagnent actuellement leur vie en travaillant pour satisfaire
mandes du luxe? Y a-t-il des travaux en souffrance dont ils
se charger? Et si non, ne viendraient-ils pas faire concurre
ouvriers déjà employés pour produire les objets nécessaires,
rence qui diminuerait leurs salaires... et leur bien-être. L'a
veut pas précisément glorifier le luxe, il constate seulement
le résultat nécessaire des progrès de la civilisation, des pro
tellectuels comme des progrès matériels, et qu'il les favoris
côté.

M. Gossrau présente un article sur les finances de la Ru
puis la guerre d'Orient, période 1876-1883. L'auteur n'est
tout optimiste, et si je ne craignais pas de manquer d'espa
des choses moins connues, je pourrais reproduire de curieus
dotes; mais soyons prévoyant.

M. Ruhland examine les moyens, statistique ou enquête,
naître la situation agricole d'un pays au point de vue des
c'est-à-dire de constater si les dettes sont nombreuses et élevé
ment elles sont réparties entre la grande et la petite prop
quelle partie du produit net elles absorbent.

Le 2e fascicule du même volume renferme un article de M. Georges Winter sur *l'éducation nationale*. Il s'agit de l'éducation politique. L'auteur insiste beaucoup sur l'influence de la presse; aussi voudrait-il que les journalistes se préparassent par de bonnes études, tellement bonnes, que deux diplômes de docteur (docteur en philosophie et docteur en droit) ne lui paraissent pas suffisants. Franchement, M. G. Winter est trop exigeant. Le second article est de M. K. Braun-Wiesbaden : le titre est bien inattendu : *Zopf und Perrücke* (Queue et perruque), ce qui veut dire à peu près : Routine et préjugés. C'est une histoire de mœurs très amusante, toute pleine d'esprit, qu'on nous offre. On sait que M. Braun-Wiesbaden en a à revendre.

M. Ed. Wiss donne : *Encore un mot sur les élections de* 1884, dans lequel il fait une intéressante comparaison entre la politique intérieure et la politique extérieure, en donnant pour la première la palme à M. Gladstone et pour la deuxième à M. de Bismarck.

Cette revue renferme dans chaque numéro des correspondances et des articles bibliographiques souvent très intéressants.

Jahrbücher ou *Annales d'économie politique et de statistique*, de M. Joh. Conrad (Iena, Gustave Fischer). Dans la livraison de décembre 1884, nous trouvons un grand article de M. le professeur Paasche, sur la loi du 6 juillet 1884, qui concerne l'assurance contre les accidents. L'auteur raconte l'histoire de cette loi dont la rédaction a été si laborieuse, et il la discute. Nous rappellerons qu'elle ne s'applique qu'aux industries présentant quelques dangers, que les patrons sont obligés d'assurer leurs ouvriers (aux frais des patrons), et que l'assurance est contractée auprès de l'association de tous les patrons appartenant à la même industrie. Pendant quelque temps deux systèmes étaient en présence relativement au payement de l'indemnité. Il avait d'abord été question d'obliger le patron qu'un accident rendait débiteur de dommages-intérêts de payer un capital ; ce capital était versé à la caisse d'assurance créée à cet effet, et c'est cette caisse qui restait chargée de la pension due à la victime de l'accident. Dans l'autre système, le patron n'avait à verser, dans la caisse de l'association, que le montant de la pension annuelle et c'est la caisse de l'association qui devenait la débitrice de la victime. Dans l'un des systèmes, on liquidait l'affaire tout de suite, ce qui était bien dur ; dans l'autre, l'avenir reste chargé des dettes antérieures, ce qui présente un aléa. L'auteur discute les deux systèmes, et les arguments ont quelque ressemblance avec ceux qu'on donne lorsqu'il s'agit de savoir, si une dépense déterminée doit être mise à

la charge du présent — par un impôt — ou à la charge de l'
par un emprunt. Il y avait de plus à ménager des garantie
l'avenir; la loi s'est arrêtée à une sorte de terme moyen : d
premières années on payera plus que la pension, afin de for
fonds de réserve. Ainsi, tous les ans l'association des patrons
lever des cotisations égales au montant de toutes les pensions
lides à payer dans son sein, mais, la 1re année, on ajoutera
à la cotisation; dans la 2e, 200 0/0; la 3e, 150 0/0; la 4e, 100
à partir de la 5e année, 90 0/0, et les années suivantes de m
moins (par 10 0/0). On formera ainsi une réserve qui sera
pour servir de fonds de garantie. Si par hasard ce fonds se pe
que toute une industrie disparût, les pensions seraient pay
l'Etat.

A l'occasion de la publication de la quatrième lettre de Ro
à M. de Kirchmann, éditée par Th. Kozak, lettre intitulée : *L*
tal, M. W. de Lexis promet quelques critiques des théories d
bertus, mais sa critique est beaucoup trop indulgente; c'e
Rodbertus est à la mode maintenant. Mais M. Lexis est un
trop distingué pour ne pas voir la vérité, et je me borne à
ces mots : *Von seinen einzelnen Theorien jedoch wird ma*
anders urtheilen kœnnen, als das sie den wirklichen That
nicht entsprechen (mais ses diverses théories ne répondent ce
ment pas à la réalité des faits), appréciation que j'adopte
ment. Cela me suffit pour ne pas le placer au-dessus de Rica
même à côté de lui. Quant aux idées émises par Rodbertus.
rais disposé à les considérer avec M. Lexis comme une *dis*
mentis; il est en effet utile de s'exercer à réfuter des erreurs.

Le numéro de janvier 1885 commence par un article de
rald Westergaard, traitant une question de *Théorie statistique*
teur montre d'une manière attachante l'utilité des calculs de
bilité pour la statistique. C'est là une chose reconnue, j'alla
rebattue, seulement l'auteur insiste surtout sur le calcul des
et des erreurs d'appréciation, en quoi il a également raison.
moins, en ces matières, le danger consiste, plus qu'on ne
dans l'abondance des instruments de précision — les formule
prétention de jouer ce rôle. Voici en quoi consiste ce da
l'homme est ondoyant et divers, tandis que les formules sont
raideur... mathématique, contre lesquelles les ondes se brise
souvent. En ces matières l'approximation est quelquefois plu
de la vérité que la précision.

Je serais tenté d'en dire autant des vues émises dans l'artic
vant de M. Gustave Cohn, relativement à l'*impôt sur les opé*

de bourse. M. Cohn cherche la perfection, mais comme elle n'est nulle part dans les choses sociales, il est mécontent de tout. Cela ne l'empêche pas de faire des travaux très remarquables. Il a raison de dire que l'impôt sur le revenu est imparfait, mais est-ce qu'on l'améliorera en imposant non seulement le revenu qui existe, mais encore celui qui se forme (*werdend*), ce qui veut dire ici, en imposant les transactions industrielles et commerciales (*Verkehr*). Il demande ainsi une aggravation des impôts du timbre et de l'enregistrement, au moment où nous-mêmes, qui sommes accablés sous le poids de ces bienfaits, demandons à cor et à cris qu'on allège notre charge.

Le numéro de février 1885 renferme, entre autres, un long et très substantiel article de M. Sartorius, de Waltershausen, sur *les caisses de secours aux États-Unis*. Il s'agit surtout de secours mutuels. Les caisses sont très nombreuses et leur organisation est variée; je ne relèverai, dans la masse des détails, que des indications sur les caisses de secours en cas de chômage. Ces caisses sont rares, car les chômages sont fréquents et leurs causes variées; il y a notamment des chômages réguliers ou périodiques, et des chômages intermittents ou produits par des causes fortuites. Néanmoins les exemples ne manquent pas: en voici un qui présente un véritable intérêt; il s'agit de la caisse de chômage des cigariers de Pittsburg. Cette caisse ne commence à donner des secours à ses membres que si le manque de travail a duré plus de huit jours. Les secours sont fournis pendant trois semaines, puis cessent pendant six semaines. Si, après six semaines l'ouvrier est encore inoccupé, il obtient de nouveaux secours pendant six semaines, mais il s'engage à travailler dans la fabrique que le bureau de l'association — qui s'occupe de le placer — lui indiquera. S'il n'accepte pas ce travail, il restera deux mois sans secours, etc. Personne, du reste, n'est obligé de travailler à un taux inférieur au salaire habituel..... Cette idée de faire alterner les périodes à secours avec des périodes sans secours est bien américaine et très ingénieuse, c'est une manière de forcer l'ouvrier à chercher du travail.

Les trois fascicules que je viens d'analyser renferment encore des « mélanges » et surtout une abondante bibliographie; on ne la trouve nulle part aussi complète.

Social-Correspondenz, de M. Victor Bœhmert à Dresde, 4e trimestre de 1884. Il y a, en Allemagne, un grand mouvement en ce moment, d'une part, pour organiser la charité; de l'autre, pour com-

battre l'intempérance ; la feuille de M. Bœhmert tient ses l
au courant de ce mouvement et il y aurait là plus d'une idé
prunter. Parmi les nombreux autres renseignements qu'on y
j'appellerai surtout l'attention sur ce qui est dit de la loi sur
cialistes, ou sur le « petit état de siège » qui permet de me
obstacles à la propagation des doctrines subversives. M. B
s'étant exprimé d'une manière défavorable à cette loi, il a re
sieurs lettres. Dans l'une, on lui rappelle de quelle façon la
gande s'était faite par des réunions publiques, et surtout d
naux et autres écrits qui excitaient les convoitises, attis
haine, versaient le mépris sur les institutions, toutes chos
pire que l'autre. Dans une autre lettre, on lui dit que si les
crates socialistes ont gagné du terrain dans quelques provin
en ont perdu dans d'autres ; en Schleswig-Holstein, par exem
ont perdu plus de 5.000 voix.

La *Nation*, feuille hebdomadaire libérale que dirige à Ber
député Barth, publie dans son numéro du 14 mars un ar
député Baumbach, intitulé : *Le socialisme positif*[1]. Positif
contraire soit de *théorique*, soit de *rêveur*, c'est-à-dire, que l
lisme formule ses moyens d'exécution. En effet, les députés
tes, mis en demeure par M. de Bismarck, dans un de ses
les plus topiques, ont formulé leur *desiderata* en un projet d
beaucoup d'articles, dont voici ses principales dispositions.
établi une journée de travail normale de 10 heures. — On f
salaire minimum pour tous les *aides* (on a préféré ce mot
d'ouvriers, le nouveau mot *Hilfspersonen*, ne semble pas b
— Ce salaire minimum sera fixé par les chambres de trav
quelles seront composées de 12 à 18 patrons et d'autant d'
Il y aura une chambre de travail par circonscription de 2
400.000 habitants. — Il y aura aussi dans chaque circons
un « office » (disons bureau ou comité) du travail ; ce bu
composera d'un conseiller du travail président, ses « aides
beamten), en nombre indéterminé, seront élus moitié par les
moitié par les « aides » (ouvriers) ayant atteint leur maje
Quant au conseiller, il sera nommé par l'office impérial (d
du travail qui est le service central du travail, et ledit c
sera choisi parmi les deux candidats présentés par les cham
travail. Les bureaux de travail ont trois attributions prin

---

[1] Die positive Sozialdemocratie. Je n'ai pas reproduit le mot all
parce que la traduction littérale aurait mal rendu la pensée de l'aut

1° d'être un conseil de prud'hommes; 2° de faire fonction d'inspecteur des fabriques (travail des femmes et des enfants); 3° de fonctionner comme bureau de placement. Du bureau du travail on en appelle, selon le cas, à la chambre du travail ou à la direction. M. Baumbach fait ressortir les nombreuses impossibilités que renferme ce projet de loi dont je n'ai pu que donner les dispositions saillantes. Comprend-on, par exemple, qu'une chambre du travail dans laquelle 18 industries, au plus, peuvent être représentées, fixe les salaires des 50 ou 100 industries qui peuvent exister dans une circonscription grande comme un département? Dans une industrie il y a parfois dix, vingt taux différents de salaires tous parfaitement justifiés; il s'y trouve souvent le travail du savant et de l'artiste à côté de celui du manœuvre, et tous les degrés intermédiaires. — Il y a cent autres objections. — M. Baumbach dit que la journée normale et le salaire normal supposent le travailleur normal (l'homme normal) et même le patron ou entrepreneur normal, car tout le monde ne voudra pas ouvrir un établissement sous une pareille législation. L'État se fera-t-il entrepreneur? — C'est en effet à quoi les socialistes tendent, mais de la coupe aux lèvres, il y a loin.

Il est une objection que je n'ai pas encore rencontrée jusqu'à présent; elle me semble à elle seule mille fois plus grande que toutes les autres réunies : ce à quoi tend l'ouvrier socialiste, c'est de gagner davantage, pour avoir plus de jouissances (Voy. toutes les publications socialistes); mais pour avoir plus d'argent, il faut qu'il fournisse plus de produit; pour que l'accroissement de production se soutienne, il faut multiplier les acheteurs, il faut étendre les débouchés. Or personne n'indique le moyen d'augmenter le nombre des acheteurs. Vous aurez beau fixer la journée normale et le salaire normal, si vous n'avez pas l'acheteur normal... qui consente à payer votre prix et à acquérir tous vos produits, vous n'aurez rien fait.[1]

Das Schiff (Le navire), feuille spéciale publiée à Dresde par M. Arthur de Studnitz, donne au n° 239 un article sur la concurrence des cours d'eau avec les chemins de fer, où il montre, en relevant des chiffres français et des chiffres allemands, que pour les matières encombrantes transportées par grandes masses, les chemins de fer ne peuvent lutter contre les canaux et les rivières. Les n°s 248 et 240, en résumant la statistique de la navigation intérieure, ont en-

[1] On pourrait ajouter le nombre normal des naissances, et même, le consommateur normal.

plaire à beaucoup de personnes : il ne doute de rien, il a une nion arrêtée sur tout, et quand un homme, une opinion ou une e lui déplaisent, il s'en débarrasse en un tour de main, quelquefois un coup de pied.

Des cinq volumes, le premier, 511 pages, traite des principes néraux — c'est la partie la plus faible de l'ouvrage — et des chem de fer, monnaies, banques, assurances et autres matières. Le tom 336 pages, s'occupe de l'économie rurale. C'est peut-être le meill l'auteur aborde beaucoup de questions qu'on ne traite pas assez vent, c'est déjà un mérite, mais je ne saurais dire que ses solut soient toujours bonnes. Le tome III, 308 pages, traite de l'indu et du commerce. L'auteur a parlé des voies de communication e crédit dans le tome Ier. Il y a aussi quelques bonnes pages dan volume, mais certaines questions auraient exigé plus de dév pements. Le tome IV, 176 pages, est consacré aux finances. L'au s'étend en largeur, par exemple, il commence par examiner République est plus ou moins chère que la Monarchie, et s'oc d'autres questions pareilles; il est à craindre qu'en gagnant surface il n'ait perdu en profondeur. L'auteur se contente géné ment ou très souvent d'exposer un impôt en quelques lignes, et remarqué que parfois cette concision nuisait à la clarté ou à la rection ; quand on écrit pour les gens du monde, il faut donne explications qui peuvent être inutiles quand on écrit pour les gen métier. Le tome V, enfin, raconte l'histoire de l'économie polit Ce volume, d'après la préface, est plutôt destiné aux savant l'auteur était bien inspiré de le déclarer, car le grand public n' rait pas trouvé de quoi l'intéresser. Pour le public il aurait moins de faits et plus de développements. Mais les économiste cevront avec reconnaissance la masse des faits que l'auteur a ré et je crois que le plus souvent les faits sont exacts. Je fais seule mes réserves quant aux jugements, ils laissent à désirer sous sieurs rapports, et lorsqu'ils sont justes, ce qui arrive parfois sont souvent exprimés avec une regrettable brutalité.

Die Geschichte der Familie (Histoire de la famille), par Jul. pert (Stuttgart, F. Enke, 1884, 1 vol. in-8°). Il se peut très bien ceux d'entre nous qui n'y ont pas réfléchi, ou qui n'ont pas fa recherches sur la matière, auront pensé que la constitution de mille a été toujours la même, tout au plus admettrait-on des nua Or, on a découvert des choses très curieuses sur ces nuance M. Lippert expose ces découvertes avec beaucoup d'art et d' ment. Il nous montre que la société a commencé sous le *régim la famille maternelle* (comment traduire autrement *Mutterrecht?*), c'est-à-dire que la mère avait tous les droits, c'est son nom que portaient les enfants, qui héritaient de leur oncle maternel, mais non de leur oncle paternel. En un mot, les cognats étaient tout, et les agnats rien. Peu à peu les usages se modifièrent, les agnats eurent le dessus — plus ou moins..... Mais il est impossible de donner ici une idée de l'histoire de ces modifications, histoire d'autant plus difficile à résumer qu'elle se compose en partie de conjectures, fondées, il est vrai, sur des indices d'une valeur sérieuse, mais qu'il faut décrire et justifier. Le droit de propriété et le développement de ce droit n'ont pas été étrangers à la formation d'une famille complète, homogène. La situation antérieure à la constitution de la famille a été la polyandrie; les premières familles ont été polygamiques; la monogamie a été la dernière perfection atteinte. Je ne puis pas avoir la prétention de vouloir, après une simple lecture, juger tous les faits rapportés et surtout toutes les appréciations et les combinaisons de l'auteur, mais dans le livre tout se tient, tout est au moins très vraisemblable et très attachant.

Die Währungsfrage in Deutschland (la Question de l'étalon monétaire en Allemagne), par M. le professeur Nasse, correspondant de l'Institut, est un travail d'un grand mérite. Sans le moindre recours à des arguments théoriques, — on sait que la théorie est mal vue de nos jours, — M. Nasse montre que l'Allemagne ferait la plus grosse faute possible en revenant au double étalon. Ne pouvant pas reproduire ces cinquante pages pleines de faits et d'arguments, je signalerai seulement quelques détails. On dit que l'or se raréfie, et pour preuve on cite des tableaux qui constatent la diminution du prix d'une série de marchandises; mais on pourrait leur opposer d'autres tableaux où d'autres marchandises montrent le phénomène contraire; n'employons cependant pas ce moyen : admettons qu'un certain nombre de marchandises aient diminué de prix, s'ensuit-il que l'or ait haussé de valeur? Nullement, répond M. Nasse. Les progrès des cultures agricoles et de l'extraction des mines, le perfectionnement des machines, l'extension des chemins de fer, la multiplication des grands bateaux à vapeur en fer, le canal de Suez qui abrège les distances, et tant d'autres circonstances, ont causé la diminution des frais de production, ce qui explique suffisamment la diminution des prix. Citons seulement ce fait : en 1868, le boisseau de froment payait 42,5 cents pour être transporté de Chicago à New-York; en 1884, le transport ne coûtait plus que 15,5 cents.

La quantité d'or trouvée annuellement diminue d'année en année, dit-on. Il n'y a pas là de quoi s'effrayer outre mesure. De 1850 à on a réuni plus d'or qu'auparavant en 350 ans, et pourtant un nombre de pays seulement ont passé à l'étalon d'or. Quand on pare la masse d'or qui circule actuellement au peu qu'on voya a une trentaine d'années, il n'y a pas lieu de s'inquiéter, et d'a moins que depuis lors les combinaisons qui ménagent les mon *clearinghouses*, etc., se sont multipliées.

Et pourquoi demande-t-on en Allemagne le bimétallisme ? l'espoir qu'on vendra plus cher les produits agricoles. Mais, dé M. Nasse, la hausse des produits alimentaires sera compens une hausse des salaires. En fin de compte, il se pourrait que l tendue réforme profitât aux riches aux dépens des gens peu car les riches ne s'aperçoivent pas d'un petit accroissement d pense pour les matières alimentaires, tandis que les petits re s'en ressentent parfaitement.

Nous n'avons donné qu'une faible partie des arguments de nent professeur, mais, à en croire certains journaux, sa publi n'a pas été sans influence sur le rejet de la proposition de M. dorf en faveur du bimétallisme.

Geschichte der Statistik (Histoire de la Statistique), par M. V. docent (professeur libre) à l'Université de Berne (Stuttgart, Enke, tome Ier, 1884). C'est, si je ne me trompe, l'histoire l développée et la plus complète qui ait paru jusqu'à présent de l tistique, et la lecture en est fort instructive, même pour un st cien. Je ne voudrais pas soutenir en même temps que l'aute toujours raison dans ses appréciations. Je me propose d'exami fond ce livre et sous le rapport des doctrines aussi, lorsque le deu volume aura paru. Aujourd'hui je me bornerai à deux petites mations : la première est que M. John, citant (p. 17) mon *théorique et pratique de statistique* [1], d'après la traduction mande, accole le nom du traducteur, M. de Scheel, au mien que j'aie protesté dans la *Vierteljahrschrift*, qui paraît à Berlin F.-A. Herbig, contre cette traduction. La seconde, c'est que, pa et 154, il se fonde sur ce que j'ai fait précéder ma *Statistique France* [2], dont les deux volumes comprennent environ 1.250 d'un chapitre intitulé *Territoire* (30 pages), pour me repr d'avoir fait entrer les montagnes et les rivières dans la définiti la Statistique. Or, M. John se trompe tout à fait, j'ai simpleme

[1] Paris. Guillaumin.

[2] Paris. Guillaumin.

les tableaux qui font connaître la répartition des industries [illegible] ture et par État. — Le sol agricole de l'Allemagne se divise : terres arables, vignes et jardins, 48,6 0/0 (Saxe, 5[illegible] 0/0) ; prés, [illegible] turages, 16,3 0/0 (Saxe, 13,5) ; forêts, 25,7 0/0 (Saxe, 27,[illegible]) ; [illegible] tres, 9,[illegible] (Saxe, 4,5). — Céréales produites dans l'année [illegible] 1882-83 (je ne vois pas pourquoi on ne rend pas ici tout simplement 1882 ou 1883, après avoir lu [illegible], je suis dans le [illegible] la moisson a eu lieu en 1882 ou en 1883 ; compte-t-on en cette moisson, les mois des semailles ou les mois de la consommation [illegible]) montant de la récolte en tonnes de 1.000 kilog. : seigle, Allemagne, [illegible] ; Saxe, 2[illegible] ; froment, Allemagne, 2.0[illegible] 440, [illegible] ; orge, Allemagne, 2.[illegible], Saxe, [illegible] ; pommes de terre, Allemagne, [illegible], Saxe, [illegible] ; on récolte en outre de l'[illegible] et du sarrasin, mais seulement dans les États allemands [illegible] [illegible] [illegible] [illegible] [illegible] de la [illegible] de [illegible] kilomètre [illegible] [illegible] [illegible] [illegible] [illegible] [illegible] [illegible] [illegible] [illegible] [illegible] [illegible] 100 habitants [illegible] [illegible] [illegible] [illegible] 3,5 chèvres (en Saxe, 3,8). Nous nous arrêtons, nous en avons produit suffisamment pour appeler l'attention sur ce travail [illegible] [illegible].

[illegible] [illegible] [illegible] [illegible] d'épargne postales et les caisses d'épargne locales en Allemagne, M. [illegible], à Dresde (Dresde, Zahn et Jaensch, 1885 [illegible]) [illegible] brochure digne de porter le nom de [illegible] [illegible] est le fils de l'éminent professeur de Leipzig. Il démontre [illegible] que la caisse d'épargne postale [illegible] [illegible], qu'elle est non seulement inutile [illegible] [illegible] [illegible] [illegible] les caisses [illegible] [illegible] [illegible] de crédit, elles ont [illegible] [illegible] [illegible] que la caisse [illegible] [illegible] [illegible] de tous les [illegible] qui [illegible] la Commission, [illegible] affluer au Trésor

---

[1] [illegible] [illegible], car, quand la récolte est [illegible], [illegible] trop à [illegible] pas l'année de récolte [illegible].

les tableaux qui font connaître la répartition des industries
ture et par État. — Le sol agricole de l'Allemagne se divise
terres arables, vignes et jardins, 48,5 0/0 (Saxe, 54,3 0/0) : pré
turages, 19,5 0/0 (Saxe, 13,5); forêts, 25,7 0/0 (Saxe, 27,
tres, 6,3 (Saxe, 4,5). — Céréales produites dans l'année
1882-83 (je ne vois pas pourquoi on ne met pas ici tout simpl
1882, ou 1883; après avoir lu *Erntejahr*[1], je suis dans le
la moisson a eu lieu en 1882 ou en 1883; compte-t-on en outr
moisson les mois des semailles *ou* les mois de la consommat
montant de la récolte en tonnes de 1.000 kilog. : *seigle*, All
6.390.407, Saxe, 298.318; *froment*, Allemagne, 2.553 440,
75.734; *orge*, Allemagne, 2.256.354, Saxe, 56.406; *avoine*,
magne, 4.508.056, Saxe, 276.782; on récolte en outre de l'ép
et du sarrasin, mais seulement dans les États allemands a
la Saxe. L'auteur entre dans de nombreux et intéressants d
la culture des céréales. — *Bétail.* Par kilomètre carré, il
Allemagne, 6,5 chevaux (en Saxe, 8,5), 29,2 bêtes à
Saxe, 43,4), 35,5 bêtes à laine (en Saxe, 9,9), 17 porcs (e
23,7), 4,9 chèvres (en Saxe, 7,8). Pour 100 habitants, il y a,
magne, 7,7 chevaux (en Saxe, 4,2), 34,5 bêtes à cornes (e
21,3), 41,9 bêtes à laine (en Saxe, 4,9), 20,1 porcs (en Saxe,
5,8 chèvres (en Saxe, 3,8). Nous nous arrêtons, nous en a
produit suffisamment pour appeler l'attention sur ce travai
constater le mérite.

Postsparcassen und Localsparcassen in Deutschland (Les
d'épargne postales et les caisses d'épargne locales en Allemagn
M. Charles Roscher, à Dresde (Dresde, Zahn et Jaensch, 1885
une excellente brochure digne de porter le nom de Roscher (j
que l'auteur est le fils de l'éminent professeur de Leipzig). L
démontre, clair comme le jour, que la caisse d'épargne posta
mande est une superfétation, qu'elle est non seulement inutile
nuisible. Tout ce que la caisse postale promet, les caisses locale
cutent — sauf les faciles transferts d'une caisse à l'autre, pour
transferts se font, mais on ne les demande pas souvent; — en re
les caisses locales rendent des services inappréciables comme
tions de crédit, elles ont fait presque disparaître l'usure des
gnes, tandis que la caisse postale draine le pays de tous les
capitaux qui auraient pu le féconder, les fait affluer au Trés

[1] J'ai traduit année agricole, car « année de récolte » est une ex
qui laisse trop à désirer. Il n'y a pas d'année de récolte 1882-83 pour

le croire. Ce qui manque le plus souvent, ce sont les capitaux : saires pour acheter le bétail et pour bâtir les étables.

La question agraire est d'ailleurs traitée dans un certain n d'autres articles; on nous apprend même qu'il se forme une s de libre-échange et que la situation agricole n'y est pas étrangè a, somme toute, un mouvement économique plus vif en Italie q ne pourrait le croire. On s'occupe aussi beaucoup des théories p moins « sociologiques », non qu'il en résulte le moindre profi l'humanité ou pour la science, mais elles permettent à certains mistes de briller, soit par la beauté de leur phrase ou l'app profondeur de leur pensée, soit par le nombre de leurs citation choses-là ont peu d'utilité parce qu'il y a beaucoup plus loin généralité transcendentale à l'application pratique que de la aux lèvres, oh! beaucoup plus loin.

Le mouvement dont je viens de parler est attesté par le nombre de brochures qui voient le jour en Italie. Voici, par exe un très beau travail du professeur Luzzatti, intitulé : De la mo idéale dans ses rapports avec la monnaie réelle d'un pays. C' monnaie idéale qui est la vraie mesure de la valeur des chose mieux encore, qui sert à déterminer ou à formuler la place qu'o un objet, selon les idées d'un peuple, dans l'ensemble des choses une valeur. La monnaie réelle peut être identique à la monnaie et peut en différer. La monnaie idéale en France est une piè 5 grammes d'argent ou 9/10; la monnaie réelle a été modifiée certaine époque, mais nous avons toujours dans l'esprit le franc C'est en effet dans l'esprit qu'est l'idéal, et pour cette raison, : me disait que la monnaie idéale est une pièce en or, non fra équivalente à la vingtième partie d'une pièce de 20 francs, j'hési à le contredire. Ce n'est pas tout; je viens de parler de l'unité leur, mais combien d'unités vaut un objet? Le classement des selon leur valeur ne se fait pas dans la société selon le caprice individu, mais par une appréciation collective. Cook s'étonna voir que les sauvages ne voulaient pas conclure isolémen échanges avec lui, ils se consultaient pour établir d'abord une op commune sur la valeur des objets offerts; mais cela se fait to jours en Europe : on achète et on vend beaucoup de choses « au du marché » tout en ignorant au moment de la transaction le c réel de la valeur, ou plus exactement du prix : la valeur est pure abstraite, le prix est la valeur concrète, formulée, chiffrée, ou a une chose a de la valeur, quand *on peut* la vendre, elle a un quand elle a été réellement vendue.

M. A. J. de Johannis publie une brochure sur *le Leggi naturali e i fenomeni economici* (Turin et Milan, frères Dumolard). L'auteur défend avec courage contre les « économistes socialistes » l'existence des lois naturelles. Je ne puis que lui donner raison. Le même auteur publie, contre M. le professeur Loria, un petit travail, intitulé : *Évoluzione e socialismo* dans lequel on se bat sur le dos de Darwin, lequel n'en peut mais... ; il a déclaré ne s'être jamais occupé d'économie politique. Quant aux opinions émises par M. Loria sur l'application de la lutte pour l'existence à la science sociale, je m'en suis expliqué dans une revue antérieure.

M. Zorti, de son côté, répond à M. Loria qui a critiqué son travail sur *la legge fisica e la legge psico-fisica di popolazione;* et je suis disposé à donner raison à M. Zorti, tout en rappelant que Malthus n'a donné les deux célèbres progressions que comme une image, comme un moyen mnémonique, sans soutenir que les chiffres soient *absolument* exacts. Ce qui n'est d'ailleurs pas nécessaire, puisqu'il s'agit d'une tendance. L'emploi de l'expression « loi physique » me rappelle que certains auteurs, pour se débarrasser de la difficulté, disent : la loi de la multiplication de l'espèce humaine n'est pas une loi économique, mais une loi physiologique. C'est vrai, la loi de multiplication est physiologique, mais elle a des conséquences économiques et ce sont ces conséquences que nous étudions, et rien que ces conséquences économiques... ; on pourra cependant bientôt y ajouter les conséquences politiques.

Citons encore : le discours du député Peruzzi sur les conventions de chemins de fer; la conférence de M. Leone Wollemborg sur l'organisation d'une caisse de prêts dans le Frioul; la lettre de M. Bottai sur le travail manuel dans les écoles primaires, etc.

Journal de statistique suisse, deuxième semestre 1884 (Berne, Dalp). Des 20 articles dont se compose le recueil, un certain nombre n'intéressent encore que les statisticiens de profession : ils font connaître les relevés *qu'on se propose* de faire, ainsi que la méthode qu'on suivra. Quand la bonne intention sera devenue le fait, nous aurons le plaisir et l'avantage de nous en occuper. Voici en attendant un tableau très instructif, c'est le mouvement de la population de la Suisse en 1883, avec de curieux rapprochements. Ce tableau nous apprend, qu'il y a eu en Suisse, dans la période 1876-80, annuellement, 7.4 mariages par 1.000 habitants. En 1881, la moyenne est de 6.8. En 1882, 6.8. En 1883, 6.8. La moyenne reste donc stationnaire. J'ai sous les yeux les 25 cantons et demi-cantons, chacun avec ses

chiffres à part, les tendances des petits groupes cantonaux
d'une année à l'autre ; néanmoins, on trouve finalement le mê
sultat pour les trois années. Pour les naissances, nous noton
1.000 habitants, dans la période 1876-80, 31.3 naissances. En
29.8. En 1882, 28.8. En 1883, 28.4 ; si cette diminution cont
on arriverait à 0 ; heureusement la « *natalité* » a ses retou
mortalité par 1.000 habitants, a été : période 1876-80, 23.1. En
22,4. En 1882, 21-9. En 1883, 20.3. Je viens de constater
nombre proportionnel des naissances a diminué, mais comme
eu aussi moins de décès, voici le résultat final : Excédent de
sances sur les décès (nombre absolu) : En 1876-80, 22.970. En
21.163. En 1882, 19.840. En 1883, 23.241.

L'auteur du tableau, probablement M. Kummer, met en rega
chiffres suisses ceux de quelques autres pays. On aura remarq
le nombre des mariages a diminué en Suisse de 1876 à 1883 ; o
est plus ou moins de même en Prusse, Bavière, Saxe, Wurte
Allemagne, France, Suède ; il y a une légère augmentation
triche et en Italie ; l'Angleterre est restée stationnaire à 7.7 pour
(France, 1876-80, 7.6. En 1881, 7.5. En 1882, 7.4). On a vu plu
que la moyenne des naissances est descendue en Suisse de 31.3
par 1.000 habitants, ou plutôt, comme nous n'avons que 188
les autres pays, de 31.3 à 28.8. En Allemagne, la diminution
de 39.3 à 37.0. En France, de 25.4 à 24.8. En Angleterre, de
33.7. En Suède, de 30.5 à 29.4. En Autriche, les naissances o
menté : en 1876-80, 38.7 ; en 1882, 39.1. En Italie, elles sont
stationnaires à 36.5 pour 1.000 habitants. La proportion de
sances a été, pour 1876-80, 1881 et 1882, ainsi qu'il suit : Allem
26.2, 25.4, 25.6. — Autriche, 30.5, 30.5, 30.8. — Italie, 29.1
27.1. — France, 22.5, 20.0, 22.2. — Angleterre, 20.8, 18.9, 1
Suède, 18.2, 17.7, 17.4.

Parmi les autres tableaux, nous trouvons celui des décès pa
Or, tous les ans, l'âge d'un certain nombre de décédés reste in
et il s'est établi en Suisse la coutume d'*évaluer* l'âge des d
inconnus ; c'est un procédé défectueux, il vaut mieux ouvrir u
lonne pour les décédés d'*âge inconnu*. Ce procédé, du reste
pas très dangereux, lorsque les rubriques sont : 0 à 1 an, 1 à
15, 15 à 60, 60 et au-dessus. — Le nombre des Suisses qui ém
tous les ans est de 12 à 13 mille.

Passons à un autre tableau : il s'agit cette fois des mach
vapeur et autres moteurs (eau) utilisés en Suisse. La Suisse av
1877, 1031 machines à vapeur, dont 373 dans le canton de Z

90 dans St-Gall, 95 dans Argovie, 71 dans Thurgovie, 59 dans Bâle, 49 dans Glaris, 43 dans Berne, 43 dans Genève, etc.. Pour l'ensemble de la Suisse, il n'y a ainsi que 7.5 forces de cheval par 1.000 habitants, mais les moteurs naturels, les nombreuses chutes d'eau fournissent 18.75 chevaux par 1.000 habitants. En voici la distribution par cantons :

	Eau.	Chevaux vapeur.	Total.		Eau.	Chevaux vapeur.	Total.
Argovie.........	22.7	5.9	28.6	Schwyz.........	16.8	5.3	22.1
Appenzel.......	16.3	5.0	21.3	Soleure.........	18.9	8.0	26.9
Bâle............	11.2	16.7	27 9	Tessin..........	19 5	0.1	19.9
Berne..........	12.6	5.3	17.9	Thurgovie......	32.0	14 0	46.0
Fribourg.......	17.1	1.6	18.7	Underwald......	11.4	—	11.4
Genève.........	14.3	4.2	18.5	Uri..............	62 5	0.6	63.1
Glaris...........	77.1	34.1.	111.2	Valais..........	10.8	0.6	11.4
Grisons.........	27.8	0.1	27.9	Vaud...........	11.8	9.0	20.8
Lucerne........	12.5	2.4	14.9	Zurich..........	23.2	18.2	41.4
Neuchâtel......	8.8	4.6	13.4	Zug............	69.6	8.4	78 0
Saint-Gall......	26.9	6.3	33.2	Suisse...	18.75	7.5	26.5
Schaffhouse.....	33.5	8.0	41.5				

On n'a inscrit ici que les cantons ayant des moteurs à eau ou à vapeur.

Voici maintenant un tableau de la circulation des billets de banque, pendant les années 1871 à 1884. Le tableau donne la liste complète des banques et pour chacune d'elles la circulation des billets, année par année. Il y a aussi deux moyennes : 1° Circulation moyenne pour les dix années de la période 1871-80 ; 2° la moyenne de 1881-84. Quelques-unes de ces moyennes ont été faites d'une manière irréfléchie, probablement par un expéditionnaire imparfaitement initié aux arcanes de la statistique et son supérieur aura oublié de vérifier. Le supérieur aura dit : additionnez les chiffres des années et divisez par 10, et l'employé aura fidèlement exécuté sa consigne. Mais voici une banque (n° 28) qui n'a que deux années d'existence, dans la première année elle a émis pour 1,000 francs de billets, dans la deuxième pour 115.000 francs, total des deux années 116.000. Comme on a supprimé les trois derniers chiffres, cela fait 116 ; 10 dans 116 = 11.6 et en forçant on met 12. De même pour plusieurs autres banques l'employé a toujours divisé par 10, quel que fût le nombre d'années d'existence.

Nous négligerons ces moyennes, voilà tout, mais nous prendrons le total de la circulation pour les années suivantes en supprimant les trois derniers chiffres :

	Circulation.		Circulation.		Ci
1871.....	24.823	1876.....	80.594	1881.....	[illegible]
1872.....	34.613	1877.....	83.135	1882.....	[illegible]
1873.....	47.804	1878.....	82.580	1883.....	1(
1874.....	65.376	1879.....	83.664	1884.....	11
1875.....	77.290	1880.....	92.851		

Il existe encore 33 banques, mais il circule quelques bill 7 banques supprimées; ces billets sont annulés au fur et à r qu'ils rentrent. En 1871 la circulation totale (24.823.000 fr.) é lait à 9 fr. 25 par habitant; la moyenne s'est peu à peu élevée 1884 elle a été de 39 fr. 50.

Nous allons extraire maintenant quelques chiffres sur les *él en Suisse*. L'auteur commence par un rapprochement intér Voici quatre pays à suffrage universel; combien y a-t-il d'él par 100 habitants? — En France 27, en Suisse 22, en Allema en Prusse (seule) 19. — Que faut-il conclure de ces chiffres? la France a sensiblement plus d'adultes que les autres pay 1.000.000 d'âmes, hommes, femmes et enfants, il y a en 270.000 hommes majeurs et en Prusse 190.000 seulement, et e magne 200.000. Il en résulte que la population française, av chiffre de 37 millions, a 900.000 hommes de plus que l'Alle avec ses 45 millions d'habitants.

$$\text{France}\ldots\ldots \frac{27 \times 37.000.000}{100} \ldots\ldots\ldots 9.990.000$$

$$\text{Allemagne}\ldots \frac{20 \times 45\ 000.000}{100} \ldots\ldots\ldots 9.000.000$$

Du reste les chiffres réellement relevés sont, pour 1881 : 10.179.345 électeurs; Allemagne 9.090.381 électeurs. Il s'agi les deux cas du suffrage universel.

Des 640.895 électeurs inscrits en 1884, 384.735 ont voté 60 0/0; en 1881 58 0/0 des électeurs seulement avaient v renseignement ne nous fait pas entrer bien avant dans l'ét mouvement, mais l'auteur nous donne d'amples détails; il le sente par circonscriptions et montre que le nombre des votant plus ou moins influencé par l'ardeur de la lutte; lorsque le avait été très contesté, le nombre des votants s'en est resse Suisse, le statisticien avait une difficulté particulière à vain scrutin uninominal et le scrutin de liste se trouvent en prés fallait faire des réductions, et ainsi rectifié les procès-verbau nent les résultats suivants :

Vote des partis.

	Gauche.	Centre.	Droite.	Totaux.
Votes donnés aux élus.	154.050	46.202	74.027	274.279
Aux non élus.....	33.068	35.161	25.293	93.522
Ensemble...	187.118	81.363	99.320	367.801
Candidats.				
Élus....	88	22	35	145
Non élus........	34	47	22	103
	122	69	57	248

Nous arrêtons ici ces extraits, sans soutenir que la matière est épuisée. Nous ne pouvons que renvoyer au recueil que nous analysons.

Il ne sera pas sans intérêt de reproduire ici un des concours ouverts par l'Académie royale des sciences morales et politiques d'Espagne.

Concours pour 1886 (les manuscrits doivent être déposés en octobre).

I. Comparaison de la famille chrétienne et de la famille païenne : influence de leur organisation intérieure sur la morale et la civilisation des hommes, ainsi que sur la prospérité des États.

II. Convient-il d'encourager ou de combattre l'émigration ? Dans le premier cas, quelles sont les classes à encourager, pour quelle contrée donner des facilités de transport ? L'encouragement doit-il être officiel ou doit-on en abandonner le soin à l'initiative privée ? — Dans le second cas, quels sont les obstacles qu'on peut efficacement opposer à l'émigration et qui seraient compatibles avec la liberté des voyages ?

Concours pour l'année 1887 (octobre).

I. Conception du droit selon St-Thomas ; influence de cette doctrine sur la constitution et le développement de la science du droit.

II. Mémoire sur l'histoire du développement de la propriété territoriale et de ses diverses formes, depuis l'invasion de l'Espagne par les Sarrasins jusqu'à nos jours.

A Fazenda publica de Portugal (Les finances publiques du Portugal), par Miguel de Bulhões (Lisbonne, Imprimerie nationale 1884). Ce livre est un exposé des finances du Portugal qui m'a semblé assez complet et en somme fait dans un bon esprit, quoique je m'abstienne d'apprécier certains détails, le moyen de contrôle me manquant. Ce qui est évident, c'est que le déficit est une maladie chronique au Portugal. Le produit des impôts augmente, mais les dépenses vont encore plus vite. L'auteur croit facile de guérir le mal,

il ne demande que deux petites choses : *moralidade e bom*
j'espère bien que ces deux choses, la moralité et le bon sens
quent pas sur les bords du Tage. L'auteur paraît en doute
qu'il oppose aux *praticas vigentes*, aux pratiques en vigueu
ses *varias utopias*, ses diverses utopies ! L'une de ses uto
qu'on fasse moins de politique (intérieure) et plus d'admini
pareille utopie est assez souvent formulée sur les bords de
seulement, M. de Bulhões trouve que la confusion entre la
et l'administration est contraire à la constitution..... po
Quelle constitution pleine de *bom senso !* Tout le bon sens
DANS la constitution, de sorte qu'il n'en resterait plus une
dehors *ad usum populi* ou plutôt des classes dirigeantes ? J
fais pas juge. Ne jugeons pas les autres pour ne pas être ju
mêmes.

MAURICE BLO

UN ÉCONOMISTE INCONNU

HERMANN-HENRI GOSSEN

Ceux des lecteurs du *Journal des Économistes* qui s'intére
essais d'application des mathématiques à l'économie politique
croire que je ne me fais aucune illusion sur leur nombre) aur
être gardé le souvenir d'un mémoire intitulé : *Principe d'*
mathématique de l'échange, lu par moi à l'Académie des s
rales et politiques en août 1873, reproduit par le Journal en a
et dans lequel je donnais de la manière suivante la théorie
que de l'échange de deux marchandises entre elles. Partant d'
la demande effective de chacune des deux marchandises
des porteurs de l'autre, exprimée par des courbes décrois
fonction du prix, j'observais que *l'offre effective d'une*
contre une autre est égale à la demande effective de cette

---

[1] En publiant cet article d'un de nos anciens et savants collaborat
devons faire nos réserves d'abord sur l'utilité, selon nous fort exagé
attribue à l'application de la méthode mathématique à une science d'ob
telle que la nôtre, ensuite et surtout sur la reprise de la propriété
l'État, motivée par le fait au moins contestable de l'accroissement
value de la rente foncière dans une société progressive. En Anglet
exemple, la plus-value de la rente foncière a fait place depuis quelqu
à une moins-value, et cependant l'Angleterre n'a pas cessé d'être
progressive. *(Note du rédacteur en*

tipliée par son prix en la première. En conséquence, des courbes de demande effective, partielle et totale, je déduisais les courbes d'offre effective et, par l'intersection de ces dernières courbes avec les premières, je trouvais le prix courant qui est celui pour lequel la demande effective et l'offre effective totales sont égales. Partant ensuite de l'utilité de chacune des marchandises pour chacun des échangeurs, exprimée par des courbes décroissantes en fonction de la quantité consommée, je démontrais que, pour un homme qui échange une certaine quantité d'une marchandise dont il a contre une certaine quantité d'une autre marchandise dont il n'a pas, à un certain prix, *la condition de satisfaction maximum des besoins est que le rapport des intensités des derniers besoins satisfaits, ou des raretés, après l'échange soit égal au prix.* En conséquence, des courbes d'utilité, combinées avec la quantité possédée, je déduisais les courbes de demande effective, celle-ci étant la demande de la quantité qui procure la plus grande satisfaction possible des besoins. Ayant ainsi montré successivement : 1° comment les prix courants ou d'équilibre résultent des courbes de demande, et 2° comment les courbes de demande résultent elles-mêmes de l'utilité et de la quantité des marchandises, j'avais fait apparaître le rapport qui relie l'utilité et la quantité des marchandises à leur prix sur le marché [1].

---

[1] M. Joseph Bertrand, qui a consacré à ma *Théorie mathématique de la richesse sociale* un article important dans le *Journal des Savants* de septembre 1883, m'a fait, sur ces deux points fondamentaux, deux objections d'un caractère plutôt économique que mathématique et qui me semblent assez faciles à réfuter. En ce qui concerne l'intersection des courbes de demande et d'offre qui donne le prix courant, M. Bertrand m'objecte que le problème de l'échange n'est pas déterminé, par la raison qu'en cas d'excédent de la demande sur l'offre ou de l'offre sur la demande, selon qu'on satisfera en premier lieu tels ou tels des acheteurs et des vendeurs, il faudra faire ensuite plus ou moins de hausse ou de baisse pour satisfaire les autres. Je réponds à cela que, sur le marché théorique, en cas d'excédent de la demande sur l'offre ou de l'offre sur la demande, on ne satisfait personne, mais que l'échange demeure suspendu jusqu'à ce que la hausse ou la baisse ait amené l'égalité de l'offre et de la demande; après quoi on satisfait alors tout le monde. Le prix courant théorique est essentiellement un prix unique résultant, à un moment donné, d'un échange général. Dans ces conditions, le problème de l'échange est parfaitement déterminé. Quant à la condition de satisfaction maximum en vertu de laquelle les courbes de demande et d'offre résultent de l'utilité et de la quantité des marchandises, M. Bertrand m'objecte que cette considération de l'utilité des marchandises peut bien servir à expliquer la demande des produits ou des services par les consommateurs, mais non pas leur demande par les producteurs, industriels ou commerçants, qui n'en ont pas besoin pour eux-mêmes. A quoi je réponds que si, dans mon premier mé-

Il y a là, comme on voit, deux problèmes très distincts, aussi tiels l'un que l'autre à la solution de la question de l'échange de marchandises entre elles. Le premier aboutit au prix courant, le remonte aux éléments de ce prix. Celui-ci est donc la base de ce et le théorème qui s'y rapporte, et que j'appelle *théorème de la faction maximum*, est la pierre angulaire de l'application des ma tiques à l'économie politique. Aussi aurait-on tort de juger de s portance par l'usage pratique immédiat dont il serait ou non susce ce serait faire preuve d'une intelligence scientifique très médio statique nous apprend que *lorsqu'un corps s'appuie sur un horizontal par plusieurs points, il faut, pour l'équilibre, que la cale passant par le centre de gravité de ce corps tombe dans l'in du polygone formé par tous les points de contact.* Or, ce thé qui est fécond en conséquences de théorie ou d'application, n sert à rien pour ce qui est de nous tenir debout. En ce sens, l Philaminte et Bélise disent à Lépine qui s'est laissé tomber :

> Voyez l'impertinent ! Est-ce que l'on doit choir
> Après avoir appris l'équilibre des choses?
> — De ta chute, ignorant, ne vois-tu pas les causes,
> Et qu'elle vient d'avoir du point fixe écarté
> Ce que nous appelons centre de gravité?

celui-ci est fondé à répondre, avec une nuance marquée d'ironie

> Je m'en suis aperçu, Madame, étant par terre.

Mais si ce facétieux jeune homme, allant plus loin, entendai nuer que la connaissance des propriétés du centre de gravité conditions mathématiques de l'équilibre des corps est inutile, c de lui qu'il faudrait rire ; car c'est le propre de la science de cl

---

moire et dans le second qui l'a suivi, j'ai fait abstraction des phénom la production et de la capitalisation, j'ai écrit le troisième et le quatriè exprès pour faire intervenir ces phénomènes, ainsi que les entrep qui les exécutent, et pour tenir compte de la considération de perte gain d'entreprise qui régit la demande des services et l'offre des prod ces entrepreneurs. Comme je redoutais beaucoup plus la critique des ma ticiens que celle des économistes, j'avoue que ma théorie, après l' qu'elle a subi de la part de l'illustre secrétaire de l'Académie des scien paraît être assez solide et mériter quelque peu la peine que je me don tâcher d'en partager aussi équitablement que possible entre Gossen, et moi la propriété scientifique. J'ajoute qu'au moment où cet articl raître, M. W. Launhardt, directeur de l'École supérieure technique d vre, publie un ouvrage intitulé : *Mathematische Begründung der Vol schaftslehre*, dans lequel il a pris pour base de ses recherches les deux tions de l'utilité maxmum et du prix courant d'équilibre.

et de trouver le comment et le pourquoi de faits que le vulgaire accomplit ou subit tous les jours sans s'en rendre compte. Ainsi l'on comprendra, nous l'espérons, que la connaissance des conditions mathématiques de l'équilibre du marché puisse être une connaissance fondamentale en économie politique pure, encore que chacun de nous, lorsqu'il échange une marchandise contre une autre, obtienne la satisfaction maximum de ses besoins sans se préoccuper de savoir si le rapport des intensités de ses derniers besoins satisfaits est ou non égal au prix.

Cela étant, il n'est pas étonnant qu'après avoir lu mon mémoire, M. W. Stanley Jevons, alors professeur d'économie politique au Collège Owens, à Manchester, et qui avait déjà fourni en 1871, dans sa *Theory of Political Economy*, l'expression mathématique de l'utilité et la condition de satisfaction maximum, ait aussitôt revendiqué la priorité de cette théorie. On a pu lire, dans le numéro du *Journal des Économistes* de juin 1874, la *Correspondance* par laquelle il me réclamait cette priorité et par laquelle je la lui restituais. Pour la même raison, il est assez naturel que M. Jevons et moi, mis en éveil par cette coincidence singulière, nous ayons pris soin de nous enquérir des diverses tentatives qui avaient précédé les nôtres et que nous ayons été ainsi amenés à dresser de compte à demi la *Bibliographie* des ouvrages relatifs à l'application des mathématiques à l'économie politique qui a paru dans le numéro de décembre 1878 du *Journal des Économistes*. La présente notice, dont l'objet est de rendre à Gossen le théorème que j'avais déjà rendu à M. Jevons, est en quelque sorte le dernier acte de l'incident dont je viens de rappeler les phases successives. J'espère que la direction et mes quelques lecteurs de la Revue voudront bien me prêter encore l'une son hospitalité et les autres leur attention. Après m'avoir lu, ils reconnaîtront, je crois, que, parmi les exemples assez nombreux de rencontre entre savants, il en est peu d'aussi curieux que notre accord à Gossen, à M. Jevons et à moi sur le point de départ de l'économie politique mathématique. Pour ma part, j'irai plus loin et je dirai que, parmi les exemples également nombreux d'injustice scientifique, il n'y en a pas d'aussi criant que celui de l'ingratitude témoignée à Gossen. Il s'agit d'un homme qui a passé complètement inaperçu et qui est, à mon sens, un des plus remarquables économistes qui aient existé. Aussi n'ai-je pas la prétention d'épuiser ce qu'il y aurait à dire de son ouvrage et de sa carrière, mais seulement de faire connaître ce que j'en sais, de façon à mettre sur la voie ceux qui, plus tard, voudront rendre à ce grand homme méconnu un témoignage digne de lui.

Le 15 septembre 1878, au moment où je venais d'envoyer à Joseph

Garnier les épreuves corrigées de la bibliographie dont il a été tout à l'heure, M. Jevons m'écrivit : — « La question se complique la découverte d'un ouvrage, publié à Brunswick en 1854, qui plusieurs des points capitaux de notre théorie clairement élucidés de Hermann-Henri Gossen et est intitulé à peu près comme *Entwickelung der Gesetze des menschlichen Verkehrs*. Cet ouvrag rait être totalement inconnu même en Allemagne ; et, comme pas l'allemand, j'étais absolument ignorant de son existence. Mo cesseur au Collège Owens, le professeur Adamson, l'a trouvé dans une histoire de l'économie politique, mais non dans celle cher qui paraît l'ignorer... Adamson va me faire une analyse d'après un exemplaire qu'il a pu se procurer. » Un an après, dire dans l'été de 1879, M. Jevons publiait la seconde édition *Theory of Political Economy* et, dans une préface inédite, il des détails circonstanciés sur la manière dont l'ouvrage de Gossen été découvert et sur son contenu. M. Robert Adamson l'avait quelques années auparavant, mentionné dans la *Theorie und Gesc der National Œkonomik* de Kautz, ouvrage paru en 1858, comme tenant une théorie du plaisir et de la peine. Il l'avait v mandé par la publicité, et, en août 1878 seulement, l'ayant trou hasard dans le catalogue d'un libraire allemand, il avait réussi quérir. Il ignorait apparemment que le British Museum en posséd exemplaire acquis en 1865. Quoi qu'il en soit, voici comment, d lui, M. Jevons résume le livre :

« Gossen avait évidemment la plus haute opinion de l'importa sa théorie, car il commence par revendiquer dans la science éco que une place semblable à celle de Copernic en astronomie. Il é d'abord que la méthode mathématique, étant la seule rationnell être rigoureusement appliquée ; mais, par considération pour le le il n'introduira l'analyse que lorsqu'il y aura lieu de détermin maxima et des minima. Le traité lui-même s'ouvre par une défi de l'économique comme théorie du plaisir et de la peine, c'est comme théorie des procédés par lesquels l'individu et l'assemblag dividus constituant la société peuvent obtenir le maximum de avec le minimum d'efforts pénibles. La loi naturelle du plaisir e suite clairement énoncée à peu près dans les termes suivants : *croissement de la même espèce de consommation procure un qui diminue incessamment jusqu'au point de satiété.* L'auteur i cette loi par une figure géométrique, puis entre dans la recherc conditions auxquelles le plaisir total à tirer d'un ou de plusieurs peut être porté à son maximum.

« Il définit la *werth*, mot qui, dans l'opinion du professeur Ada peut être traduit très exactement par *utilité*, et il constate que la quantité d'utilité matérielle ou immatérielle d'un objet est mesurée par la quantité de plaisir que cet objet procure. Il distribue les objets utiles en trois classes : 1° ceux qui possèdent par eux-mêmes la faculté de procurer du plaisir ; 2° ceux qui ne possèdent cette faculté que réunis à d'autres objets ; 3° ceux qui servent seulement de moyens pour produire des objets donnant du plaisir. Il a soin de faire observer qu'il n'y a pas d'utilité absolue, l'utilité étant purement une relation entre une chose et une personne. Il déduit ensuite les lois de l'utilité à peu près comme suit. Il énonce que des portions successives du même objet utile ont des degrés d'utilité bien différents et qu'en général un nombre limité de telles portions sont utiles à chaque personne, toute portion supplémentaire au delà de cette limite étant inutile. Mais le point d'inutilité n'est atteint qu'après que l'utilité a traversé tous les degrés divers d'intensité. D'où se tire la conclusion pratique que chacun doit distribuer ses ressources de manière à ce que les derniers incréments de chaque marchandise soient pour lui de la même utilité.

« Gossen fait ensuite la théorie du travail en partant du principe que l'utilité d'un produit quelconque doit être estimée après déduction de la peine causée par le travail nécessaire à sa production. Il décrit la variation de la peine du travail sensiblement comme je l'ai fait moi-même, en rendant sa pensée sensible par des figures, et il conclut que nous devons soutenir le travail jusqu'au point où l'utilité du produit est égale à la peine de la production. Faisant alors la théorie de l'échange, il montre comment le troc donne lieu à un accroissement considérable d'utilité, et il conclut que l'échange doit être poussé jusqu'au point où les utilités des portions à donner et à recevoir sont égales. Il donne une représentation géométrique compliquée de cette théorie de l'échange. La théorie de la rente est étudiée d'une manière très générale, et l'ouvrage se termine par des spéculations sociales un peu vagues qui, dans l'opinion du professeur Adamson, ne valent pas le reste du traité [1]. »

Cette exposition ne dira probablement pas grand chose aux personnes qui n'auront aucune teinture du problème ; mais quant à celles qui auront lu mon premier mémoire et l'ouvrage de M. Jevons, elles reconnaîtront immédiatement, par l'analyse qui précède, qu'avant moi et avant M. Jevons, Gossen a exprimé mathématiquement l'utilité et a établi mathématiquement la condition de satisfaction maximum. Aussi M. Jevons s'exécute-t-il vis-à-vis de Gossen sans plus d'hésitation ni de façons que je n'en ai mis moi-même à m'exécuter vis-à-vis de lui. Il reproche à Gossen l'emploi de lignes droites au lieu de lignes courbes indétermi-

[1] *The Theory of Political Economy.* (Préface de la 2e édition, XXXVI.)

nées dans ses figures; il constate qu'il n'a pas posé les équations d
l'échange; mais, en somme, il reconnaît que, si sa théorie, à lui, de
meure toujours aussi importante, il s'en faut de beaucoup qu'elle so
aussi nouvelle qu'il l'avait crue, et il se borne à protester qu'au momer
où il écrivait, il ignorait l'existence de Gossen et de son ouvrage, exi
tence tellement inconnue alors de tout le monde qu'il était plus diff
cile de la découvrir que de découvrir la théorie du plaisir et de la pein

« Je ne sais, dit-il en terminant, presque rien de Gossen. On igno
s'il vit encore ou non. Au frontispice de son livre il s'intitule : *kæn
glich preussischem Regierungs-Assessor ausser Dienst*, ce qui peut
traduire par *ancien assesseur royal de gouvernement en Prusse.* Ma
le ton de ses remarques semble indiquer çà et là un homme déçu sinc
maltraité. L'accueil fait à son ouvrage ne saurait avoir adouci ses sen
ments. Ce livre paraît avoir contenu son unique pensée; du moins je
trouve aucune trace d'une autre publication ou mémoire scientifiq
quelconque sous le nom de Gossen. L'histoire de ces livres délaissés
réellement étrange et décourageante; mais le jour viendra où les ye
de ceux qui ne peuvent pas voir s'ouvriront. Alors un juste honne
sera rendu à tous ceux qui, comme Cournot et Gossen, ont fouillé qu
que partie ingrate dans le champ de la science et n'ont récolté que
dédain et l'oubli auxquels ils pouvaient bien s'attendre. Mais de t
hommes ne travaillent pas pour l'amour de la gloire; ils produisent le
idée comme l'arbre produit son fruit [1]. »

Il est bien certain que le vrai savant poursuit la vérité pour le s
plaisir de cette poursuite, comme le véritable amateur de whist joue
noble jeu pour le seul plaisir de le jouer. Et encore faut-il dire que
recherche et la découverte de théorèmes tels que ceux de l'applicat
des mathématiques aux sciences offrent un attrait auquel celui d'auc
jeu quel qu'il soit ne saurait se comparer. Mais, toutefois, de mê
qu'il n'est pas défendu d'intéresser le whist en jouant un peu d'arge
il est permis aussi d'emprunter, dans la poursuite de la vérité scient
que, un supplément de satisfaction à la pensée qu'on attachera son n
à quelque résultat important. Les plus grands hommes de science n'
pas dédaigné cette satisfaction; et la preuve, c'est que tels d'entre
qui ont eu assez de génie pour inventer le calcul infinitésimal n'ont
eu assez de détachement d'amour-propre pour se partager convenal
ment l'honneur de cette invention. Gossen non plus n'était pas au-des
de ce sentiment; M. Jevons avoue sincèrement qu'il l'éprouve; et n
qui n'ai nullement la prétention d'être supérieur aux faiblesses humair
et qui joue ordinairement le whist à deux sous la fiche, j'avouerai

[1] *The Theory of Political Economy.* (Préface de la 2e édition, XLI.)

même qu'au moment où je reçus la lettre de M. Jevons du 15 septembre 1878, c'est-à-dire un an avant le moment où je pus lire la préface de la seconde édition de sa *Theory of Political Economy*, je fus extrêmement intrigué et quelque peu inquiet de savoir ce qui me resterait en propre après qu'il aurait été satisfait à tous les droits de priorité qui se révélaient successivement.

Mon premier soin fut de chercher un exemplaire de l'ouvrage de Gossen; j'eus beaucoup de peine à me le procurer. MM. Vieweg et fils, éditeurs à Brunswick, me firent savoir que Gossen avait vécu vers 1850 à Cologne, et qu'ils lui avaient rendu dans le temps et sur sa demande tous les exemplaires encore existants de son ouvrage « qui n'était qu'un article de commission. » En même temps que je faisais chercher l'ouvrage en librairie, je m'adressais à diverses bibliothèques publiques. Enfin M. Halm, bibliothécaire à Munich, l'envoya à son beau-frère, mon collègue et ami M. Charles Secrétan, avec qui j'en pu faire, dans les premières semaines de 1879, une lecture attentive et une traduction complète.

L'ouvrage de Gossen est intitulé: *Entwickelung der Gesetze des menschlichen Verkehrs und der daraus fliessenden Regeln fur menschliches Handeln, von Hermann Heinrich Gossen, kœniglich preussischem Regierungs-Assessor ausser Dienst. Braunschweig, Druck und Verlag von Friedrich Vieweg und Sohn*, 1854; ce que je serais tenté de traduire un peu librement en ces termes: — *Exposition des lois de l'échange et des règles de l'industrie qui s'en déduisent, par Hermann-Henri Gossen, ancien assesseur royal de gouvernement en Prusse. Brunswick, imprimerie et librairie de Frédéric Vieweg et fils*, 1854. Il forme un volume de 277 pages de texte, précédées de quatre pages de préface, sans division en sections ni chapitres. Un simple tiret, sans titre, sépare les unes des autres les diverses parties du sujet successivement traitées par l'auteur; mais cette absence de division ne nuit pas, en somme, à la distribution du livre qui se partage naturellement en deux portions d'étendue à peu près égale: l'une de théorie pure comprenant les *Lois de la jouissance et du travail* (avec une discussion et des tableaux arithmétiques), les *Lois de l'échange* et la *Théorie des rentes*; l'autre de théorie d'application comprenant des *Règles de conduite relatives aux besoins et aux plaisirs* et la réfutation de certaines erreurs sociales concernant l'*Éducation*, la *Monnaie*, le *Crédit* et la *Propriété*. L'auteur fournit des plans d'organisation de chacune de ces catégories; il se montre très utilitaire et aussi très libéral, je veux dire très ennemi de l'intervention de l'État partout où l'initiative individuelle et la libre concurrence peuvent suffire à faire régner l'ordre économique. Le style est assez allemand, c'est-à-dire quelque peu diffus et redondant; mais l'enchaînement des idées n'en demeure pas moins toujours parfaitement logique et intelligible.

En ce qui concerne la première partie de l'ouvrage, le résumé et les critiques présentées par M. Jevons, d'après le professeur Ad me paraissent empreints d'exactitude et de justesse; mais j'ai, p part, quelque chose à ajouter par la raison que ma position vis-à Gossen n'est pas la même que celle de M. Jevons. « Il ressort d exposition, dit M. Jevons, que Gossen m'a complètement devanc aux principes généraux et à la méthode de la théorie économiqu tant que je puis l'entrevoir, sa manière de traiter la théorie fonc tale est même plus générale et va plus à fond que la mienne. » F plus heureux que M. Jevons, je crois avoir poussé les choses à u que Gossen n'a pas atteint, et ainsi je crois garder la priorité d'une partie de mes découvertes. C'est un point sur lequel je demande mission de m'expliquer en toute franchise.

Gossen et M. Jevons ont trouvé avant moi l'expression mathém de l'utilité et la condition du maximum d'utilité dans l'échange individu d'une marchandise contre une autre; c'est une chose in table. M. Jevons semble disposé à concéder à Gossen une certain riorité sur le premier point et à se l'attribuer à lui-même sur le Je ne me prononcerai point à cet égard; mais ce que je dirai qu'en tout cas, ils se sont arrêtés là tous les deux en ce qui co même le cas de l'échange de deux marchandises l'une contre l'a nature. Ni Gossen ni M. Jevons n'ont même abordé la question de termination du prix courant de chacune de ces deux marchandis en l'autre en supposant un nombre indéfini d'échangeurs en pr Or c'est là précisément l'une des deux questions par moi résolue mon mémoire intitulé: *Principe d'une théorie mathématique change* et d'où il résulte qu'on obtient le prix courant par la ha cas d'excédent de la demande effective sur l'offre effective el baisse dans le cas contraire. Ainsi se présente, à côté de la circon de la plus grande satisfaction possible des besoins, ou de la satis maximum, la circonstance de l'unité du rapport d'échange pour t échangeurs, ou de l'unité de prix sur le marché. La théorie de l'éc même dans le cas très restreint de l'échange de deux marchandis contre l'autre en nature, n'est complète qu'avec cette double c tance. L'échange suivant le mécanisme de la libre concurrence e opération par laquelle tous les échangeurs obtiennent la plus gra tisfaction de leurs besoins compatible avec la condition de donne marchandise qu'ils vendent et de recevoir de la marchandise qu'il tent dans une proportion commune et identique. En réunissant la s condition à la première, j'ai complété le principe de la théorie matique de l'échange. En poursuivant cette double condition dan de l'échange d'un nombre quelconque de marchandises entre ell

intervention de numéraire, comme je l'ai fait dans mon second mémoire intitulé : *Équations de l'échange*, j'ai complété la théorie mathématique de l'échange elle-même. J'ai énoncé, outre la loi d'établissement, la loi de variation des prix. Ce faisant, j'ai la conviction d'avoir non-seulement formulé mais démontré rigoureusement la loi de l'offre et de la demande.

Voilà pour ce qui est du problème de l'échange et de la détermination du prix des marchandises. Je dirai aussi sincèrement que je ne trouve pas que Gossen ni M. Jevons aient non plus traité aussi complètement que je l'ai fait le problème de la production et de la détermination du prix des services producteurs, le premier dans son étude des *Lois du travail* et dans sa *Théorie des rentes*, le second dans ses *Théorie du travail*, *Théorie de la rente* et *Théorie du capital*. A cet égard, et ramenée au point essentiel, la différence qui existe entre mes deux devanciers et moi est la suivante. Je la signale à l'attention du lecteur.

Gossen et M. Jevons supposent toujours plus ou moins un individu ou un groupe d'individus qui, tantôt avec du travail seul, tantôt avec du travail associé à de la terre, tantôt avec du travail associé à du capital, confectionnent des produits ; et ils recherchent, le plus souvent avec beaucoup d'ingéniosité et de bonheur, les conditions mathématiques de la production déterminées par l'obtention du maximum de plaisir avec le minimum de peine. Eh bien, je ne crois pas, pour ma part, que ces études, quelque ingénieuses et heureuses qu'elles soient, présentent un intérêt définitif et fécond parce que je considère l'hypothèse à laquelle elles se rapportent comme une hypothèse singulière, exceptionnelle, en dehors du cas général. Les choses se passent ainsi pour Robinson dans son île ; peut-être se passent-elles encore ainsi dans l'état isolé ou primitif ; elles ne se passent pas ainsi, je ne dirai pas dans notre état social économique, mais dans l'état social économique abstrait et idéal qui est celui dont l'économie politique fait la théorie. Dans cet état, on n'a pas toujours du travail, de la terre et du capital, et l'on n'a jamais toutes les espèces de travail, de terre et de capital nécessaires pour confectionner soi-même les divers produits dont on a besoin. Aussi, que fait-on ? On vend son *travail*, ou le service de ses facultés personnelles, contre un *salaire* ; on vend sa *rente*, ou le service de sa terre, contre un *fermage* ; on vend son *profit*, ou le service de son capital, contre un *intérêt* ; et, avec le salaire, le fermage et l'intérêt ainsi obtenus, on achète des produits. C'est à ce point de vue que je me suis attaché, quant à moi, dans mon troisième mémoire intitulé : *Équations de la production*, à définir le mécanisme de la production en libre concurrence comme j'avais défini, dans mon premier mémoire, le mécanisme de l'échange en libre concurrence. J'ai vu et montré dans l'*entrepreneur* un personnage abso-

lument distinct du *travailleur*, du *propriétaire* et du *capitaliste* et
la fonction propre est de transformer les services producteurs: tr
rente et profit, en produits. C'est cet entrepreneur qui, sur un pr
marché, appelé *marché des services producteurs*, demande à l'en
le travail, la rente et le profit offerts au rabais par le travaille
propriétaire foncier et le capitaliste; et c'est ainsi qu'il y a, pour to
genres de travail, de rente et de profit, sur le marché des services
ducteurs, une demande effective, une offre effective et des prix cou
qui sont les salaires, les fermages et les intérêts. C'est aussi cet
preneur qui, sur un second marché, appelé *marché des produits*,
au rabais les produits demandés à l'enchère par le travailleur, le
priétaire foncier et le capitaliste; et c'est ainsi qu'il y a, pour to
genres de produits, sur le marché des produits, une offre effective,
demande effective et des prix courants. Et, de même que l'équilib
l'échange a lieu par l'égalité de l'offre et de la demande effectives so
services producteurs, soit des produits, de même l'équilibre de la
duction a lieu par l'égalité du prix de vente des produits et de leu
de revient en services producteurs. C'est bien là, ce me semble, l
canisme entrevu par les économistes et au moyen duquel, en défi
les services s'échangent contre des services. Quant au cas, étudi
Gossen et M. Jevons, d'un individu confectionnant des produits po
propre usage, c'est un cas particulier qui rentre parfaitement dans
général: l'individu en question se fait alors entrepreneur et, théo
ment, il ne doit se livrer à la confection dont il s'agit que s'il retire
de son travail, de sa rente et de son profit, des produits au moins
en quantité à ceux qu'il aurait obtenus en passant par les deux
chés.

Dans un quatrième mémoire, intitulé : *Équations de la capitali
et du crédit*, j'ai considéré que, tandis que les facultés personne
les terres se louent en nature, les capitaux se louent en monnai
en introduisant cette circonstance sur le marché des services p
teurs, j'ai traité le problème de la capitalisation et du crédit aprè
de l'échange et de la production, et j'ai fait la théorie de la déte
tion du taux du revenu net et du prix des capitaux producteurs
celle de la détermination du prix des produits et du prix des se
producteurs. Dans toutes ces recherches, j'ai toujours soigneus
maintenu, sur le marché des produits, sur le marché des services
ducteurs, et sur le marché du capital-monnaie, la condition d
de prix à côté de la condition de satisfaction maximum. Et c'est
m'a permis d'atteindre le fond du fait de la valeur d'échange. Da
cas de l'échange de deux marchandises l'une contre l'autre en nat
arrive à la fois, d'une part, que chaque échangeur proportionne la

tensités de ses derniers besoins satisfaits, ou ses raretés, aux valeurs parce que c'est la condition du maximum de satisfaction et, d'autre part, que le rapport des valeurs est le même pour tous les échangeurs parce que c'est la condition de l'unité de prix. Donc le rapport des intensités des derniers besoins satisfaits est aussi le même pour tous les échangeurs et *les valeurs sont proportionnelles aux raretés*. J'ai prouvé que cette proportionnalité des valeurs aux raretés persistait dans l'échange de plusieurs marchandises entre elles avec intervention de numéraire, dans la production, dans la capitalisation et le crédit. Enfin, j'en ai déduit les lois de variation des valeurs. Je reprocherais donc à Gossen d'avoir laissé de côté toute cette série d'investigations si ce n'était là très mal parler. Ce ne sont pas des reproches, ce sont des remerciements, et de très vifs, que je dois et que je fais à Gossen et à M. Jevons qui, en me dérobant le point de départ de toute l'économie politique pure, ont eu la délicatesse de me laisser à peu près entièrement en possession de toutes les déductions ultérieures.

Je ne partage pas l'opinion du professeur Adamson sur la partie d'application qui est la seconde partie de l'ouvrage de Gossen. Aucune épithète ne me paraît moins convenir que celle de « vagues » aux *règles de l'industrie* fondées par Gossen sur les *lois de l'échange*. Sa théorie de la monnaie, sa théorie du crédit, sa théorie de la propriété sont d'une netteté et d'une précision parfaites. Et, à supposer que ces théories seraient inexactes, l'extrême détail avec lequel elles sont déduites leur donnerait encore une grande valeur. Mais elles ne sont pas inexactes; et, pour ne parler que d'une seule, la théorie de la propriété, dont j'ai fait une critique approfondie dans mon mémoire intitulé: *Théorie mathématique du prix des terres et de leur rachat par l'État*, c'est une des plus belles théories que j'aie jamais rencontrées en économie politique.

La théorie générale de la détermination des prix en libre concurrence qui forme, selon moi, l'objet propre de l'économie politique pure ou de l'économique comprend, comme on l'a vu, une théorie de la rente foncière. La théorie de Ricardo, qui suppose des produits obtenus avec l'intervention d'une seule espèce de terre, qui donne la valeur de la rente en unités de produit, qui n'explique la plus value de la rente dans une société progressive qu'à l'aide de l'hypothèse d'une hausse du prix des produits, est une théorie grossière et enfantine telle qu'on pouvait la donner sans le secours des mathématiques. Le fermage, ou le prix de la rente, se détermine comme je l'ai dit plus haut, sur le marché des services producteurs, en raison de l'offre des propriétaires fonciers et de la demande soit des entrepreneurs qui veulent s'en servir pour fabriquer des produits, soit des consommateurs qui veulent l'appliquer directement

à leur usage. D'ailleurs, les prix des produits, les intérêts, les s
les fermages sont toujours proportionnels aux intensités des
besoins satisfaits, ou aux raretés, des produits, des profits, des
et des rentes directement consommés. Or les intensités des der
soins satisfaits, ou les raretés, des rentes consommées directem
croissant dans une société au fur et à mesure que la population au
Les parcs et les jardins diminuent d'étendue, les maisons augm
hauteur, les appartements, les corridors, les escaliers se rétr
Donc *la valeur de la rente va croissant*, elle aussi, *dans un*
progressive; cela doit être et cela est. Ici, comme dans plusieu
cas, il suffit de substituer la considération de la rareté qui est un
absolu à la considération de la valeur qui est un élément relatif p
toute incertitude [1].

Le fait de la plus value de la rente foncière dans une société
sive étant une fois bien constaté par l'expérience et bien expli
le raisonnement, il en résulte qu'abandonner les terres aux i

---

[1] Ce n'est pas ici le lieu de soutenir la polémique qui s'est engagé
ment sur cette grosse question du rachat des terres par l'État. Cep
ne résiste pas au désir de réfuter en deux mots un argument qui
ruiner toute notre théorie dans sa base, je veux parler de cet a
prodigieux qui consiste à soutenir que les propriétaires fonciers,
de profiter d'une plus-value sociale de la rente, ne retrouvent pas, à l
près, dans la valeur de la terre celle des capitaux qu'ils y ont engag
l'origine de la société. Dans un travail sur *Le cadastre et l'impôt fonci*
dans la *Bibliothèque universelle et Revue suisse* en novembre et décem
j'ai fait observer à cet égard que, pour si peu qu'on soit économiste
admettre qu'un capital employé rationnellement dans l'agriculture d
intérêt et son amortissement dans le prix des produits agricoles,
conséquence, on a toujours la valeur de la terre brute en défalqu
valeur totale d'un bien-fonds la valeur des capitaux fixes et circulants
peut faire l'inventaire. Les économistes de l'école de Carey, disais-j
bien le capital entrer dans la terre sous forme de semences, façons,
ments, drainage, arrosage, etc., etc., mais ils ne l'en voient pas ressc
forme de blé, légumes et fruits de toute nature. Et telle est, en
toute petite méprise commise par ces messieurs : ils sont là quand l
teur irrigue, laboure, sème, fume, plante, bâtit ; ils sont absents ou
quand il fauche, moissonne, vendange. Et ce sont les mêmes économ
se repaissent de cette fantasmagorie d'une masse énorme de capi
sible et impalpable, enfoui dans la terre, qui nous accusent de vivre
abstractions et de prendre les chimères de notre imagination pour
nées de la réalité, parce que, après avoir constaté cent fois le fait de
value de la rente foncière dans une société progressive, nous l'expliq
le rattachant aux lois de la valeur d'échange.

au lieu de les réserver à l'État, c'est faire profiter à plaisir une classe parasite de l'enrichissement qui devrait satisfaire aux exigences toujours grandissantes des services publics. Je me souviens que M. Laboulaye me soutenant un soir, comme nous sortions ensemble d'une séance de la Société d'économie politique chez Douix, que toute valeur venait du travail, je lui montrais à deux pas de nous des terrains à bâtir auxquels il n'avait été ajouté aucun travail et qui avaient pourtant une valeur énorme. — « Cette valeur vient, me disait-il, du travail social environnant. » — « Eh ! bien, lui demandai-je, si leur valeur vient du travail de la société, pourquoi ne profite-t-elle pas à la société ? » Qu'on passe l'éponge sur le passé, soit ! Mais pourquoi ne pas réserver l'avenir? Peut-être qu'en expropriant les propriétaires, l'État pourrait arrêter la perte. Et si même, au lieu de profiter immédiatement de la plus value de la rente, l'État consacrait d'abord cette plus value au paiement de la terre, il aurait non seulement sauvé l'avenir, mais réparé le passé.

Une objection se présente ici que Gossen n'a pas aperçue. Si le fait de la plus value de la rente dans une société progressive est ainsi un fait économique à la fois expérimental et rationnel, le prix courant des terres doit s'établir en conséquence ; et si l'État paye aux propriétaires le prix courant, il pourra bien trouver dans le fermage croissant le revenu normal de son placement, mais non pas l'amortissement du capital d'acquisition. Il est évident que, pour obvier à cette difficulté, il faut introduire un élément nouveau de solution du problème ; j'ai tiré cet élément, dans mon mémoire sur la *Théorie mathématique du prix des terres et de leur rachat par l'État*, des considérations suivantes. Je crois, avec plusieurs économistes très autorisés, que l'humanité accomplit actuellement une évolution économique considérable en passant du régime agricole, où elle a vécu quelques milliers d'années, au régime industriel et commercial, lequel se caractérise essentiellement par le fait que l'agriculture doit s'y effectuer sur le pied d'un très large emploi de capital afin de nourrir une population beaucoup plus nombreuse. Je crois que cette évolution, qui aura pour résultat, après la crise actuelle de nivellement des fermages dans le monde entier, une plus value nouvelle de la rente, sans augmentation dans la rareté ni dans la valeur des produits agricoles, mais qui n'a été aperçue jusqu'ici que par quelques esprits ouverts et avancés, n'a pu encore être escomptée par les propriétaires. Je crois donc que si l'État rachetait les terres avant l'évolution dont il s'agit, puis faisait ensuite tout ce qui dépendrait de lui pour la favoriser (et le rachat agirait déjà dans ce sens), il trouverait amplement dans la plus value nouvelle le moyen d'amortir le prix d'achat. Je ne crois pas, il est vrai, que l'État démocratique et parlementaire dont nous jouissons soit à la hauteur d'une telle opération ; mais la valeur d'une théorie économique et sociale ne dépend pas nécessairement des chances qu'elle a ou non d'être immédiatement pratiquée. Si, au deuxième ou troisième siècle de notre ère, quelque philosophe stoïcien avait donné la formule exacte et précise d'un état social sans esclavage, avec des voies et moyens pour affranchir les esclaves, les gens à courte vue ayant des raisons pour être satisfaits de l'ordre de choses alors existant auraient eu beau jeu à lui démontrer que son plan était en contradiction avec toute l'organisation de la société romaine et à lui soutenir qu'en tout cas il ne serait jamais adopté, ce qui ne l'aurait pas empêché d'avoir pour lui la vérité et l'avenir. Ainsi en est-il de la théorie de Gossen sur le rachat des terres par l'État avec amortissement du prix d'achat au moyen du fermage. Aussi, à la gloire de Copernic qu'il réclame et qui lui est due pour sa conception de l'équilibre mathématique du monde économique, Gossen joint-il, selon moi, quelque chose de celle de Newton pour sa solution de la question sociale. Cela dit, je n'ai pas un mot à ajouter pour exprimer mon opinion sur son mérite.

Je fus singulièrement ému à la pensée qu'un livre comme celui que je viens d'analyser eût pu passer inaperçu dans un pays comme l'Allemagne où l'on a la prétention d'avoir organisé le travail scientifique de telle sorte qu'aucune idée ne se perde. Je savais bien que l'humanité, comme la nature, procède par d'effroyables gaspillages, et je m'étais dit souvent que des Copernic ou des Newton périssent en germe ou dans leur fleur; mais voir de mes yeux et toucher de mes mains un livre admirable qui avait coûté à son auteur des années de méditation et d'étude et qui avait failli tomber dans un éternel oubli, c'était à quoi je ne me serais jamais attendu. Je résolus d'avoir des renseignements sur la vie de Gossen et de mettre son nom en évidence. Avoir des renseignements sur un homme qui avait été fonctionnaire prussien ne paraissait pas une chose extrêmement difficile ; et cependant trois années devaient s'écouler depuis le moment où j'avais entendu parler pour la première fois de Gossen jusqu'à celui où je devais être en mesure de rédiger le présent travail et d'y joindre une notice biographique.

Lausanne étant un point ou séjournent beaucoup d'étrangers, parmi lesquels plusieurs de distinction, je n'eus pas grand peine à y trouver quelqu'un en position d'interroger l'administration prussienne. En février 1879, comme je venais d'achever, avec l'aide de M. Charles Secrétan, la traduction en français du livre de Gossen, je pouvais faire passer en bon lieu l'expression de mon désir d'avoir des renseignements détaillés sur la carrière administrative et scientifique de l'auteur, avec l'observation qu'un parent de Gossen, s'il en existait quelque part, pourrait sans duote me les fournir. Au bout d'une année seulement, je reçus une note me faisant savoir que Gossen était mort à quarante-sept ans, le 13 février 1858, à Cologne, et qu'il avait laissé une sœur, mère de M. le docteur Hermann Kortum, professeur de mathématiques à l'Université de Bonn. En possession du nom de M. le professeur Kortum, je lui écrivis à la date du 21 février 1880. Il me promit tout de suite de me donner satisfaction ; mais ce ne fut que le 29 juillet 1881, qu'après avoir pris le temps de faire les recherches nécessaires dans les papiers de son oncle, il m'envoya la notice qu'on va lire.

« Henri-Guillaume-Joseph-Hermann Gossen naquit le 7 septembre 1810 à Düren, ville située à moitié chemin entre Cologne et Aix-la-Chapelle, alors sous la domination française et appartenant au département de la Roër. Son père, allemand d'origine, était fonctionnaire français avec le titre de percepteur des contributions. Déjà son grand-père avait occupé à Düren un emploi analogue au service de l'Électeur. Hermann était un enfant d'un bon naturel, mais délicat de santé, qui se développa lentement. Jusque vers l'âge de seize ans, il ne donna aucune preuve frappante de talent, mais aussi avait-il à lutter contre des circonstances défavorables. Après le départ des Français, son père était entré au service du gouvernement prussien ; il abandonna son emploi au printemps de 1824 et se rendit à Cologne qu'il quitta au bout d'un an pour s'établir à Muffendorf, ancien domaine de l'Ordre teutonique situé au bord du Rhin, au-dessus de Bonn, et qu'il avait pris à ferme. Par suite de ce double changement de résidence, l'instruction du jeune garçon fut interrompue à diverses reprises et se trouva fort en retard. Mais cela changea tout d'un coup au commencement de sa dix-septième année. Il devint alors un bon écolier ; et la marche régulière de l'école étant trop lente à son gré, il la quitta au printemps de 1829 pour travailler chez lui et réussit, par ce moyen, à gagner un an en passant, dès l'automne suivant, son examen de maturité qui est, comme on sait, la condition de l'admission aux études universitaires.

« Dès l'école, il avait une prédilection marquée pour les sciences mathématiques. En entrant à l'Université, il se résolut, sur le pressant désir de son père, à embrasser la carrière de la haute administration et, pour cela, à étudier les sciences juridiques et administratives. Cette circonstance fut féconde en conséquences heureuses pour son développement ultérieur. Son inclination personnelle ne l'eût jamais conduit aux études économiques ; il fallait cette obligation où il se trouva d'étudier l'économie politique, jointe à son goût naturel pour les abstractions mathématiques, pour l'amener à fixer l'un des premiers, comme il l'a fait, dans la forme du calcul, les définitions et les principes économiques.

« Gossen étudia d'abord à Bonn, puis quelque temps à Berlin, nouveau à Bonn où ses parents l'avaient fait revenir en 1831, le clata le choléra. Il ne suivit guère que les cours prescrits spécialité. A Berlin, il suivit le cours de science politique d'Hoffn Bonn celui d'économie politique de Kaufmann, duquel il ne jamais parler sans rire. Quant aux mathématiques, ni Bonn n ne lui offraient à cette époque aucune ressource ; aussi, parmi tificats, n'en trouvé-je qu'un seul relatif à un cours de cette na se rapporte à une théorie des fonctions professée par Diesterwe sait ce que cela pouvait être! Il dut donc essentiellement sa mathématique à ses études privées. Il possédait les traités, al répandus, de Lacroix, avec le contenu desquels il devait s'être fami ses connaissances n'allaient pas plus loin. En revanche, il av grande habileté dans le maniement de la méthode mathémati sur ce point, il peut avoir été supérieur à bien des mathématic profession. Anticipant sur la suite de ce récit, je mentionnerai présent que, vers 1840, l'astronome Argelander étant venu à Gossen, qui s'y trouvait, suivit ses leçons sur l'astronomie mat que, qui est la meilleure école possible pour les mathématique quées. Gossen resta à l'Université jusqu'à l'automne de 1833 ; i avoir été, en somme, un étudiant assidu bien qu'il ne renonçât p part des plaisirs de la vie académique. Je dois noter qu'il sténogr ses cours, art très répandu de nos jours, mais alors très peu cul Allemagne. Il se servait du système usité dans ce temps-là au par anglais, système malheureusement d'une lecture très difficile et i ploya fréquemment plus tard pour ses travaux, circonstance q mainte partie de son héritage scientifique presque inaccessible.

« Les jeunes gens qui se destinaient à la carrière administrative d alors subir, après les études académiques d'une durée de quatre moins, un examen dit « de référendariat » portant, comme de sur les sujets théoriques qui faisaient l'objet des leçons de l'Un Puis ils étaient employés, pendant quatre autres années en les diverses branches de l'administration où ils s'initiaient à la pratique des affaires. Après quoi, ils fournissaient la preuve d capacité théorique et pratique dans le « grand examen ». En fa se passe encore ainsi, ou, du moins, cela se passe ainsi de nouve on a introduit puis aboli un changement qui portait le nombre d mens de deux à trois.

« Gossen reçut le 20 février 1834 les sujets des compositions exigées pour le référendariat. Des fragments des brouillons de ce positions, ainsi que la minute de sa lettre d'envoi, ont été conse jettent une certaine lumière sur sa façon de penser; c'est po je me figure que quelques détails sur ce point seront intéressants.

« La première de ces compositions, d'un caractere historique, se rapporte à la formation du territoire de l'État de Prusse; la seconde est purement juridique; les deux dernières sont des compositions de science politique. De celles-ci, l'une traite des attributions de la souveraineté dans l'État et de leur garantie; l'autre de l'influence des systèmes fiscaux sur le crédit de l'État et tout spécialement de la valeur comparée des impôts directs et des impôts indirects à ce point de vue. Je serais assez tenté de remarquer en passant que les exigences des examens à cette époque étaient bien élevées; je ne crois pas qu'on se hasarderait aujourd'hui à poser des questions d'une telle importance aux jeunes gens qui veulent devenir fonctionnaires, et le niveau me paraît avoir baissé. Quoi qu'il en soit, dans la minute de sa lettre d'envoi, Gossen croit devoir s'excuser sur ce que ses deux premières compositions ont d'incomplet; en revanche, il craint qu'on ne trouve peut-être les deux dernières trop approfondies; pour sa justification, il allègue que, les opinions par lui soutenues étant en contradiction avec celles des autorités les plus reconnues, il lui a paru nécessaire de les motiver avec le plus grand soin. Les fragments conservés permettent de reconnaître que les questions posées sont résolues tout à fait en dehors des points de vue historique et pratique, uniquement par une déduction logique fondée tout entière sur les qualités supposées ou abstraitement définies des hommes et de l'État. Gossen avait donc déjà la tendance intellectuelle qui caractérise tous ses travaux ultérieurs.

« Son examen subi, Gossen entra en 1834 dans l'administration provinciale; il débuta comme référendaire à Cologne. J'ai déjà dit que c'était seulement sur le désir pressant de son père, et contre son gré, qu'il s'était décidé à embrasser la carrière administrative. On peut voir une faute dans ce manque de fermeté contre le vouloir de son père; en tous cas en était-ce bien une de la part du père que de maintenir sa volonté en présence de l'aversion décidée de son fils. Sans doute les circonstances qui expliquent cette faute et qui l'excusent en partie sautent aux yeux; toujours est-il que les conséquences fâcheuses ne s'en produisirent pas moins. Gossen ne pouvait s'astreindre à expedier les affaires courantes qui lui étaient confiées; il se livrait à toutes sortes de spéculations, et il se peut que, tout bien compté, il ait fait alors fort peu de chose. Comme il était du plus aimable caractère, avec cela, homme de manières excellentes et très agréables et, de plus, homme d'un vrai talent, ses supérieurs avaient pour lui une indulgence inépuisable, et il semble qu'en dépit de son indolence, it ait toujours été avec eux sur le meilleur pied, au moins dans les relations privées. Mais il n'eut point d'avancement, et tandis que, dans la règle, les fonctionnaires débu-

tants restaient seulement trois ou quatre ans référendaires, il lui fall
à lui, jusqu'au commencement de 1841 pour avoir terminé le stage pr
tique dans les diverses branches de l'administration nécessaire po
pouvoir se présenter à son deuxième examen.

« A ce moment, Gossen demanda à son père de lui accorder enco
deux ans de séjour à l'Université pour qu'il pût se préparer à une carrié
plus conforme à ses goûts ; malheureusement, il essuya un refus posi
Je ne saurais dire quelle était son idée; peut-être voulait-il se tourn
vers l'enseignement. Après avoir reçu, au milieu de mai 1841, les suj
des travaux à exécuter pour son second examen, celui d'assesseur,
échangea le séjour de Cologne contre celui de Bonn où demeurait son pè
qui, entre temps, avait quitté sa ferme. C'est précisément alors qu'il sui
le cours d'astronomie mathématique d'Argelander qui, dans sa vieilless
se rappelait encore cet élève d'âge déjà mûr et en parlait volontier
Et finalement il interrompit, après quelques efforts, les travaux d'ex
men qu'il devait livrer dans un délai déterminé; conduite étrange,
que deux au moins des sujets proposés étaient de nature à exciter s
intérêt. De ces sujets, l'un était relatif à la législation sur la police d
constructions ; un autre avait trait à la nécessité d'une division du trav
intellectuel ; le troisième était une critique du système d'impôt alors
vigueur en Prusse. Il n'est rien resté des travaux de Gossen sur
sujets, et je le regrette d'autant plus que la composition sur les finan
eut un sort assez curieux : d'une part, elle fut déclarée manquée,
raison de son caractère peu pratique, par le membre de la commiss
d'examen chargé de l'apprécier et, d'autre part, il fut question au
nistère de l'Intérieur d'adopter les conclusions de Gossen comme b
d'une réforme dans l'assiette de l'impôt. Si ce travail eût été c
servé, il nous apprendrait à quel point Gossen en était alors arrivé d
le développement de ses idées économiques.

« Ce ne fut que le 6 juillet 1841 que Gossen fut nommé assesseur de g
vernement. Il fut employé en cette qualité d'abord à Magdebourg, pui
Erfurth ; et enfin, son père étant mort le 7 octobre 1847, il quitta le s
vice de l'État le 23 novembre de la même année. Il se rendit à Berlin
il vécut en simple particulier. Libéral en politique, il sympathisa vi
ment avec la révolution qui se préparait déjà et qui fit explosion
mars 1848. Il y prit même une certaine part qu'il me serait, du re
impossible de préciser : elle ne saurait avoir été considérable et s'
bornée apparemment à quelques discours prononcés dans les clu
Gossen était ennemi de toute violence et avait un sentiment très
et très délicat du droit et de la légalité ; en outre, les questions pol
ques étaient, à ce qu'il semble, primées à ses yeux par les questi
sociales.

« Pendant ce séjour à Berlin, il se lia avec un belge qui nourrissait de grands projets de création d'une société d'assurances générales embrassant l'assurance contre l'incendie, l'assurance contre la grêle, l'assurance contre la mortalité du bétail et toutes les opérations d'assurance sur la vie. Il semblerait que leur intention commune eût été d'entreprendre isolément chacune de ces branches pour les grouper ensuite. Ils commencèrent par l'assurance contre la grêle et par celle contre la mortalité du bétail qui fonctionnèrent dans le courant de 1849, à Cologne, sous la direction de Gossen. Pendant qu'il vaquait à ces occupations, il préparait avec le plus grand zèle le plan de l'assurance sur la vie qui devait se produire sous le nom de « Caisse générale d'épargne allemande ». Ce projet l'intéressait au plus haut point; je possède encore un grand nombre de papiers qui s'y rapportent : avant tout, des calculs, puis un projet de statuts modifié de bien des manières, un mémoire qui devait accompagner la demande de concession, etc. Cependant, pour des causes que j'ignore, les assurances contre la grêle et contre la mortalité du bétail ne réussirent pas, et Gossen dut se retirer de l'affaire, vers le milieu de 1850, pour ne pas perdre toute sa part du capital de garantie.

« Cependant, ses idées économiques s'étant mûries graduellement, il se décida à les exposer sous une forme systématique. Ce travail l'occupa jusqu'à la publication de son ouvrage, qui eut lieu à la fin de 1854. Pendant ce temps, il vécut très retiré, à Cologne, auprès de ma mère, qui était veuve depuis longtemps déjà, et d'une sœur aînée non mariée. Il avait fondé de grandes espérances sur l'apparition de son livre qui, vous le savez, ne fit aucune sensation. Cet insuccès n'est pas surprenant dans un pays où, malgré la série de grands mathématiciens dont il peut s'enorgueillir, depuis Euler jusqu'à Riemann et Weierstrass, la culture mathématique n'est nullement répandue en dehors des astronomes, des physiciens de profession et d'un petit nombre d'ingénieurs et où, aujourd'hui encore, la vue d'une formule mettrait en fuite la plupart de vos confrères, quoique à cet égard pourtant la situation commence à s'améliorer.

« L'écroulement de ses espérances n'aurait pas, à lui seul, découragé Gossen, mais une autre circonstance vint assombrir les dernières années de sa vie. Pendant l'année 1853, il fut atteint d'une fièvre typhoïde assez grave qui ruina sa santé jusque-là vigoureuse. Bientôt après, se manifestèrent les premiers symptômes d'une consomption pulmonaire dont la marche fut assez rapide. Dès lors, il ne put sortir de sa retraite et se créer une nouvelle position. Si l'on excepte deux mémoires qu'il a laissés en manuscrit, il ne s'occupa plus beaucoup d'économie politique, mais il s'appliqua à un travail commencé depuis des années, souvent

quitté, souvent repris, et qu'il n'a malheureusement pas achevé. C
le moment d'en dire un mot.

« Gossen avait toujours été grand amateur de musique; il jouait
même du violon. Préoccupé en toutes choses de remonter à un p
cipe fondamental dont on pût déduire en détail toutes les conséquen
il éprouva le besoin de renouveler la théorie de la musique qui lui
sait l'effet de n'avoir consisté jusqu'alors qu'en un ensemble de rè
sans liaison entre elles et d'apparence arbitraire. L'idée primord
dont il partit est la même qui sert aussi de point de départ à Euler d
son *Novum tentamen theoriæ musices*. Comme il ne lisait pas be
coup, peut-être même pas assez, il n'a certainement pas connu cet
vrage; mais je ne saurais décider la question de savoir s'il est arriv
la même idée qu'Euler d'une manière indépendante ou s'il l'a renc
trée quelque part ailleurs que dans l'ouvrage cité. J'avais l'intent
d'examiner les fragments étendus qui subsistent de son travail et
voir s'il serait possible d'en faire un tout; mais, après la publicat
d'un ouvrage tel que celui de Helmholtz, destiné à faire époque d
l'histoire de la science et dans lequel l'insuffisance du principe d'Eu
est démontrée et la théorie de la musique établie sur une base défi
tive, j'ai abandonné ce dessein. J'espère cependant trouver le temps
lire avec soin ces fragments; car, malgré l'erreur du principe, il n'
pas impossible qu'un penseur aussi original que l'était mon oncle
découvert dans le détail des choses neuves et exactes.

« Gossen succomba à la maladie dont j'ai parlé le 13 février 1858, s
gné jusqu'à la fin avec dévouement par ses deux sœurs.

« A l'occasion, j'ai déjà dit quelque chose du caractère et de la to
nure d'esprit de mon excellent oncle; j'y reviendrai en terminant. C
tait, à tous égards, un homme très bon et très aimable. Au reste,
plus d'un endroit de son livre se trahissent ses dispositions optimis
et idéalistes; et, de fait, ne manquait-il pas des nombreuses qualités
des quelques défauts qui accompagnent d'ordinaire le tempérament sa
guin? Il n'était pas un homme pratique; cela se montrait essentiell
ment en ceci qu'il négligeait entièrement son intérêt personnel. Il ét
absolument le contraire d'un égoïste. Il était plutôt insouciant, mais
cette insouciance qu'on pardonne aisément et qui contribue peut-être
rendre un homme plus séduisant. Ce qui est certain, c'est que sa fra
chise, sa rondeur, sa bonhomie et je ne sais quel tour naïf et comm
enfantin de l'esprit qu'il conserva jusque dans l'âge mûr lui gagnait
promptement l'affection de tous ceux avec lesquels il fut en rapport.

Telle fut la vie de cet homme en qui l'on reconnaît le type du cara
tère allemand d'autrefois, fait de génie et de naïveté, et qui mourut

quarante-sept ans, certainement sans avoir douté de la valeur de ses idées, mais probablement convaincu que l'honneur ne lui en reviendrait jamais. L'article par lequel j'ai tâché de le lui rendre aussi scrupuleusement que possible sans me dépouiller moi-même et la traduction de la notice biographique de M. le professeur Kortum, exactement tels qu'on vient de les lire et sous la seule réserve des deux notes que j'ai ajoutées au bas des pages, ont été rédigés par moi dans les premiers jours du mois d'août 1881. Je les avais alors mis de côté dans la crainte de donner une importance excessive et prématurée à des théories au succès desquelles je suis personnellement intéressé ; mais, à l'heure qu'il est, je ne crois pas pouvoir différer plus longtemps de les publier. Dans le courant de l'été de 1882, Jevons est mort et, tout aussitôt, la portée de son œuvre s'est révélée. Un groupe d'admirateurs, comprenant tout ce que l'Angleterre compte de plus considérable en fait d'hommes d'Etat et d'hommes de science, a entrepris de provoquer une fondation en l'honneur de sa mémoire. « Si grand logicien qu'il ait été, est-il dit dans l'appel fait aux souscripteurs et signé, entre autres, de MM. Foxwell et Adamson, successeurs de Jevons au Collège de l'Université de Londres et au Collège Owens, à Manchester, il fut encore plus grand économiste... De sa *Théorie de l'économie politique* ce n'est pas trop dire que d'affirmer qu'elle a été l'ouvrage économique le plus original de ce temps et que, par ce livre, aussi bien que par ses admirables recherches statistiques, il a marqué une époque distincte dans le développement de la théorie économique dont il a mis hors de toute contestation le caractère scientifique ». On ne saurait mieux dire ; mais l'occasion n'est-elle pas propice pour rappeler qu'avant Jevons, et aussi bien que Jevons (au dire de Jevons lui-même), Gossen a fondé l'économie politique pure dans la forme mathématique qui sera sa forme définitive ? Il y a plus. Tout le monde a lu dans le numéro de mai 1883 du *Journal des Économistes*, l'article de M. Charles Gide intitulé : *De quelques nouvelles doctrines sur la propriété foncière*, dans la seconde partie duquel l'auteur examinait la théorie du rachat des terres par l'État et, tout en repoussant ce rachat dans les pays vieux de l'Europe, souhaitait lui-même que l'expérience en fût faite dans les pays neufs tels que l'Amérique, l'Australie, l'Algérie. Cette étude a mis, on peut le dire, la question à l'ordre du jour. M. Paul Leroy-Beaulieu l'a abordée dans son troisième cours du Collège de France publié récemment sous ce titre : *le Collectivisme, examen critique du nouveau socialisme*. M. Alfred Fouillée lui a consacré, dans le numéro de la *Revue des Deux Mondes* du 15 juin 1884, un article intitulé : *les Études récentes sur la propriété*[1], et dans lequel on lit, comme

[1] Cet article forme le Livre premier de l'ouvrage sur *la Propriété sociale et la démocratie* paru tout dernièrement.

conclusions de l'auteur, des passages tels que celui-ci : — « En
tive, pourquoi la société renoncerait-elle à bénéficier pour sa pa
phénomène qui est éminemment social, la plus-value progressive, e
quoi abandonnerait-elle aux seuls individus tous les bénéfices légi
Aux économistes de chercher ici les meilleures voies à suivre ;
supprimer les impôts au moyen de profits faits par l'État, substi
rente spontanée, qui est un bénéfice social, aux charges pesant
contribuables, conséquemment, éteindre peu à peu la dette pu
voilà un assez beau résultat pour qu'on cherche sérieusement les n
de l'atteindre. » (p. 783, l. 9. Voyez aussi p. 790, ll. 13 et 39). M.
mentionné Gossen, mais MM. Leroy-Beaulieu et Fouillée ont omi
faire. Il semble pourtant qu'on pourrait faire à un homme l'honn
le nommer quand on lui fait l'honneur de le réfuter et, à plus fo
son quand on lui fait celui de prendre ses idées pour les répand
tous les points de l'Ancien et du Nouveau Monde. Le moment me
venu d'empêcher que, pour Gossen comme il est arrivé pour d'
l'injustice inaugurée par la négligence ne soit consacrée par l
pris. C'est pourquoi je me suis décidé à appeler avec quelque éc
son nom et ses travaux l'attention des économistes et à demand
science et la critique françaises de s'honorer elles-mêmes en t
avec les égards qui lui sont dûs un penseur original et profond q
pas été assez apprécié dans son propre pays.

LÉON WALRA

SUR LES PRIX DE TRANSPOR

Le bon marché et la rapidité des transports constituent un fact
portant dans l'industrie et le commerce ; ils ont en effet une act
recte sur le prix de revient des matières premières et des articles
facturés. Les chambres de commerce, interprètes des vœux d
mandants, ne se lassent pas de réclamer des réductions de tarifs

On peut diviser les transports en deux classes : ceux qui se
l'intérieur, et ceux qui ont pour objet le transit. Les tarifs qui le
sent présentent des différences considérables basées sur certain
les uns généraux, les autres spéciaux. Les charges acceptées en
par les compagnies concessionnaires, à une époque où l'expéri
l'exploitation était encore peu considérable, amenèrent une tari
élevée. L'accroissement du trafic obligea les compagnies à modi
tarifs généraux et à créer des tarifs spéciaux. Aujourd'hui les tari
ciaux réglementent 80 0/0 des tarifs par petite vitesse. En Alle

l'exploitation des voies ferrées, plus tardive qu'en France, a profité de l'expérience des nations plus avancées, et on a établi une tarification plus avantageuse dans son ensemble, mais moins élastique que la tarification française. Nous ne voulons pas comparer en détail les tarifs français et allemands; nous avons seulement l'intention de montrer que pour un centre industriel de premier ordre tel que Mulhouse, les tarifs allemands sont en général plus favorables à l'industrie que les tarifs français. Nous empruntons nos chiffres à une excellente étude publiée par M. Ch. Grosseteste-Thierry dans les *Bulletins de la Société industrielle de Mulhouse.*

La distance de Mulhouse à Berlin est de 864 kilomètres; le délai de livraison par petite vitesse, de cinq jours pour un wagon de 10.000 kil. de tissu, au prix de 6 fr. 625 les 100 kil.; le délai reste le même pour un wagon de 5.000 kil., au prix de 7.49.

La distance de Belfort à Paris est de 442 kilomètres; le délai de quatre jours pour 5 ou 10.000 kil., à 7 fr. 22 les 100 kil. Le prix par 100 kil. pour les tissus est bien moins élevé en Allemagne qu'en France. Grâce à des tarifs spéciaux, la houille, les matériaux et les grosses marchandises sont transportés aussi bon marché en France qu'en Allemagne.

De Mulhouse à Berlin, le tarif est de 12 fr. 125 par 100 kil.; par wagon de 5.000 kil., ce prix se réduit à 7 fr. 49 et à 6 fr. 625 par wagon de 10.000 kil. La différence est donc considérable, suivant qu'on fait de grandes ou de petites expéditions. En fait, le négociant profite toujours partiellement du tarif des wagons complets; il confie ses marchandises à un commissionnaire qui fait les expéditions par wagons complets et facture à ses clients le transport moins cher que l'administration des chemins de fer. En Allemagne, on groupe donc les marchandises par wagons complets, sans tenir compte de leur valeur; en France, le prix du transport est calculé d'après les séries. Un ballot de soie et un ballot de déchets supportent la même taxe de Mulhouse à Berlin; de Belfort à Paris, la soie paye le prix de la première série, les déchets celui de la troisième.

Les tarifs de transit offrent les différences les plus considérables. Examinons, ainsi que le fait M. Ch. Grosseteste-Thierry, les cotons. Les cotons débarqués dans un port étranger à destination de France payent un droit d'entrée de 3.12 par 100 kil.; l'intérêt de l'industrie exigerait un tarif intérieur tenant compte de cette surtaxe. Eh bien! un chargement de coton du Havre à Épinal revient à 48 francs la tonne, tandis que du Havre à Petit-Croix, frontière allemande, il ne paye que 39 fr. 60, grâce au tarif de transit. Le même chargement paye du Havre à Mulhouse, pour une distance de 714 kilomètres à parcourir en six jours, sur les lignes de l'Ouest, de l'Est et d'Alsace-Lorraine, 43 fr. 35; débarqué au

Havre, transporté par mer à Anvers, et d'Anvers à Mulhouse par la
gique, le Luxembourg et l'Alsace-Lorraine, il paye 38 fr. 68 (fre
Havre à Anvers, 10 fr.; frais de place, 2 fr.; assurance, 2 fr. 50; trans
d'Anvers à Mulhouse, 576 kilomètres, 24 fr. 18). Ainsi, du Havre à
house, la voie la moins dispendieuse passe par Anvers. Le fret de Li
pool au Havre est de 18 shellings, de Liverpool à Anvers, de 15 shell
la tonne. Mulhouse est donc intéressée à s'approvisionner à Liverp

D'Anvers à Mulhouse, les laines sont taxées 28 fr. 64 pour un déla
livraison de quatre jours.

Pour le transit, l'Allemagne et la France sont distancées par la
gique. Lorsqu'on voit l'écart qui existe entre la tarification belge e
tarifications française et allemande, on n'est pas tenté d'admettre qu
vers voie diminuer son commerce.

Les relations de Mulhouse avec Alexandrie ont provoqué une con
rence sérieuse entre Trieste et Marseille. Le transport de la tonn
coton via Marseille, par Messageries nationales, coûte 60 fr.; via Tri
par la compagnie Florio et Rubattino, 52 fr. 50. De ces 60 fr. via
seille, 40 reviennent au P.-L.-M., 2 à l'Est, 2 aux chemins d'Alsace-
raine. Le fret coûte 14 francs. En général, on préfère à Mulhouse la
de Marseille parce que le délai est moins long, le conditionnement à
des Messageries meilleur, la responsabilité des chemins français
grande que celle des chemins suisses et italiens.

Depuis dix ans le prix du transport du coton par voie ferrée a dim
de plus de 30 0/0. Le port d'une balle de coton de la Nouvelle-Orléa
Mulhouse a baissé de 50 0/0.

En résumé, les tarifs intérieurs sont plus élevés en France que
les pays voisins; il en est de même des tarifs de transit. Les plainte
commerce sont légitimes; un abaissement des tarifs intérieurs dimi
rait le prix de revient des matières premières importées et le pri
vente des produits fabriqués exportés; un abaissement des tarif
transit favorisant le commerce de transit rendrait à Marseille e
Havre la part d'activité qui a été enlevée aux ports français par Tri
Gênes et Anvers.

Paul Muller.

CORRESPONDANCE

L'UKASE DU 27 DÉCEMBRE 1884.

A M. LE RÉDACTEUR EN CHEF DU *Journal des Économistes*.

L'ukase du 10 décembre 1865, publié à l'instigation du général-gouverneur Mouraview, après la répression de l'insurrection polonaise de 1863, avait pour but de diminuer le nombre des propriétaires polonais des trois provinces de l'ancienne Pologne : la Lithuanie, la Ruthénie blanche et la petite Ruthénie, et de les remplacer par des propriétaires de nationalité russe. L'ukase interdisait à toute personne catholique et d'origine polonaise d'acheter des terres dans ces trois provinces, ou d'en devenir propriétaire par voie de donation ou de legs. Par contre, il facilitait aux Russes l'achat de propriétés, en les dispensant des droits de mutation, et en leur accordant, dans des établissements du gouvernement, des emprunts à un taux très bas et avec un amortissement très avantageux. Malgré ces avantages, les Russes achetaient fort peu. La cause s'en trouvait dans le manque de capitaux en Russie, dans la situation souvent difficile dans laquelle se trouvaient beaucoup de propriétaires russes depuis l'abolition du servage, et surtout dans la difficulté pour les Russes d'administrer des terres dans des conditions d'exploitation toutes différentes et au milieu d'une population hostile et mal disposée. Quel fut le résultat de cet état de choses? Le nombre des propriétaires polonais ruinés par les contributions augmentait chaque année et chaque année un plus grand nombre de terres devait être mis en vente ; leurs compatriotes n'avaient pas le droit d'acquérir et les Russes montraient fort peu d'empressement à profiter des avantages qui leur étaient créés par le gouvernement. La loi fut donc éludée. Pendant près de vingt ans les Polonais achetaient, soit en profitant de la vénalité des employés russes, soit en prenant des terres à bail avec de très longs termes, soit aussi en prenant possession de terres pour payement de dettes fictives, mais reconnues par le vendeur. Le but du gouvernement n'était donc pas atteint. Au contraire, il donnait lieu à beaucoup d'abus, et était une cause de démoralisation et de corruption. Aussi à maintes reprises, sous le règne de l'empereur Alexandre II, son entourage avait-il émis l'opinion qu'il fallait abolir l'ukase du 10 décembre 1865, qui du reste ne devait être que temporaire. Le fait que depuis 1865 l'ordre le plus parfait et la tranquillité règnent dans le pays, et surtout l'accueil plein de déférence et de courtoisie fait à l'Empereur lors de son voyage à Varsovie en automne dernier pouvaient faire espérer que cette question toujours débattue serait enfin résolue d'une façon équitable et avantageuse pour le pays. L'honnêteté de l'empereur Alexandre III, et son désir si souvent manifesté de réprimer les abus dans l'empire n'étaient-ils pas une raison suffisante pour abolir une loi faite pour faciliter la corruption? L'attente générale fut déçue. Au lieu d'abroger la loi de 1865, l'empereur Alexandre III signait le 8 janvier 1885 (27 décembre 1884 v. s.) un nouvel ukase qui non seulement maintenait celui du 10 décembre 1865, mais le complétait et l'aggravait encore. Le nouvel ukase interdit à toute personne catholique et d'origine polonaise non plus seulement d'acheter des terres dans les provinces mentionnées plus haut ou de les recevoir par donation ou par legs, mais encore de les prendre en ferme ou en bail, de recevoir une propriété comme garantie de dettes ou de se faire hypothéquer sur une terre; en outre, le nouvel ukase donne à la loi un effet rétroactif qui annule tous les contrats anciens et menace de la confiscation toute terre qui a été acquise par des Polonais depuis 1865, soit par contrat de fermage à longue échéance, soit pour dettes non acquittées.

Comme on le voit, c'est une profonde atteinte portée à la base de tout droit et de toute législation, le droit de propriété. La confiscation, malgré son horreur et sa violence qui la rend toujours répréhensible, n'atteint que certains individus isolés, pour un crime ou pour un fait envisagé comme criminel; la nouvelle loi atteint toute une population de quelques millions d'habitants, dans son propre pays, l'atteint en bloc, par le seul fait qu'elle est polonaise. On est coupable, en naissant, de devoir le jour à des parents polonais.

Nous voyons donc un pays entier dont les habitants ne peuvent ni acheter des terres, ni les prendre en ferme, ni les recevoir en payement de dettes, ni même prendre hypothèque sur elles! Qui ne voit les résultats économiques d'une pareille loi? La ruine de milliers de familles, l'appauvrissement du pays, l'abaissement énorme de la valeur de la terre, la suppression de tout crédit et, par là, l'anéantissement des forces productives de la population! Au point de vue économique, la nouvelle loi est un danger et une grave erreur, dont les suites funestes peuvent se faire sentir dans tout l'empire.

L'analyse des effets sociaux qui doivent inévitablement résulter de la nouvelle loi serait longue; comme au point de vue économique le gouvernement russe n'a pas songé au tort qu'il faisait matériellement au pays, de même le point de vue social n'a pas été mûrement approfondi. Au moment où tous les pays du monde promulguent des lois et font des traités pour combattre le socialisme et le communisme sous toutes ses formes, était-il prudent, sage, politique, en face du nihilisme si menaçant pourtant en Russie, de détruire la base même de tout ordre social, le droit de propriété ? Le gouvernement de l'empereur ne donne-t-il pas lui-même l'exemple du désordre et de la destruction de la propriété ? N'est-ce pas là aussi le but de toutes les révolutions sociales ?

Voilà pourquoi je crois devoir appeler l'attention particulière du *Journal des Économistes* sur les dangers de l'ukase du 27 décembre 1884.

X...

BULLETIN

PUBLICATIONS DU « JOURNAL OFFICIEL ».

1er mars. — **Lettre** adressée par le ministre du commerce aux chambres de commerce françaises établies à l'étranger.

2 mars. — **Annexes** du Rapport adressé par le ministre de l'intérieur au Président de la République, sur l'exécution de la loi du 23 décembre 1874, relative à la protection des enfants du premier âge.

3 mars. — **Arrêté** instituant une commission à l'effet d'examiner l'opportunité et les conséquences de l'extension du système décimal aux mesures de l'espace angulaire et du temps.

5 mars. — **Rapport** adressé au Président de la République sur les opérations des caisses d'épargne en 1881.

7 mars. — **Décret** relatif à la délimitation des territoires phylloxérés.

11 mars. — **Loi** portant ouverture de crédits extraordinaires pour l'exposition d'Anvers.

— **Loi** ayant pour objet d'autoriser l'exécution des travaux de prolongement, sur une longueur de 220 mètres, du nouveau bassin à flot du port de Dieppe.'

12 mars. — **Loi** ayant pour objet : 1° la déclaration d'utilité publique des travaux d'amélioration et d'extension du port de Rouen ; 2° l'acceptation des offres de la Chambre de commerce de Rouen, tendant à assurer la rapide exécution desdits travaux ; 3° l'autorisation à accorder à la Chambre de commerce de contracter un emprunt pour la réalisation de ses engagements.

14 mars. — **Circulaire** adressée par le ministre de l'instruction pu-

blique et des beaux-arts aux recteurs, sur les programmes des ét
de l'enseignement secondaire classique.

— **Rapport** adressé au ministre du commerce par M. Antonin Pr
président de la commission instituée en vue de l'organisation d'une
position universelle internationale en 1889.

15 mars. — **Loi** portant ouverture au ministre du commerce
crédit supplémentaire de 600.000 francs sur l'exercice 1885, pour
encouragements aux pêches maritimes.

16 mars. — **Rapport** présenté au nom de la commission de l'imag
scolaire à M. le ministre de l'instruction publique et des beaux-
par M. Henry Havard.

18 mars. — **Programme** des conditions d'admission à l'école des h
tes études commerciales.

21 mars. — **Décret** remplaçant par de nouvelles dispositions les
ticles 9, 10, 11, 12 et 13 du décret du 19 mai 1873 concernant les hu
de pétrole, essences, etc.

22 mars. — **Loi** portant fixation du budget des dépenses de l'exer
1885.

23 mars. — **Loi** concernant le budget des dépenses extraordina
de l'exercice 1885.

— **Compte rendu** des opérations des caisses d'amortissement et
dépôts et consignations.

24 mars. — **Rapport** présenté au Président de la République pa
ministre de la marine et des colonies, relatif à la création d'une suc
sale de la caisse d'épargne dans les divisions navales et à bord
chaque bâtiment.

28 mars. — **Loi** ayant pour objet d'ouvrir au ministre de l'instruc
publique et des beaux-arts, sur le budget extraordinaire de l'exer
1885, un crédit extraordinaire de 846.000 fr. pour l'outillage du no
hôtel des postes, à Paris.

— **Rapport** présenté au Président de la République par le ministre
la marine et des colonies, relatif à la réorganisation du corps de s
de la marine.

29 mars. — **Loi** portant modification du tarif général des douanes
ce qui concerne les céréales. (Voir ci-dessous).

30 mars. — **Récompenses** honorifiques décernées aux membres

commissions cantonales de statistique qui se sont le plus distingués dans l'établissement de la statistique décennale agricole de 1882.

— **Programme** des conditions d'admission à l'école supérieure des mines en 1885.

31 mars. — **Loi** portant modification au tarif général des douanes en ce qui concerne le bétail. (Voir ci-desous.)

— **Réunion** de la commission internationale du canal de Suez. Allocution de M. Jules Ferry, président du conseil, ministre des affaires étrangères.

Loi portant modification du tarif général des douanes en ce qui concerne les céréales.

Art. 1er. — A partir de la promulgation de la présente loi, le tableau A, tarif d'entrée, du tarif général des douanes, établi par la loi du 7 mai 1881, est modifié comme suit :

		Unités sur lesquelles portent les droits.	Produits d'origine européenne ou importés directement d'un pays hors d'Europe.	Produits d'origine extra-européenne importés des entrepôts d'Europe.
Froment, épeautre et méteil.	Grains..	100 kil.	3 »	6 60
	Farines.	—	6 »	9 60
Avoine, seigle et orge en grains........		—	1 50	5 10
Malt............................		—	1 90	5 50

Art. 2. — Les numéros 69 et 70 du tarif général des douanes sont modifiés de la manière suivante :

« Le biscuit de mer, les gruaux, semoules en gruau (grosse farine), les grains perlés ou mondés, payeront un droit de cinq francs cinquante centimes (5 fr. 50).

« La surtaxe d'entrepôt reste applicable à ces produits ».

Art. 3. — Les grains étrangers dont les importateurs justifieront, dans les quinze jours de la promulgation de la loi, qu'ils ont été embarqués, antérieurement au 30 novembre 1884, directement pour un port français, seront admis aux conditions de la législation en vigueur au jour de leur embarquement.

Fait à Paris, le 28 mars 1885.

JULES GRÉVY.

Par le Président de la République :

Le ministre de l'agriculture, J. MÉLINE.

Loi portant modification du tarif général des douanes en ce qui concerne le bétail.

Article unique. — Le tableau A, tarif d'entrée, du tarif général des douanes, établi par la loi des 7-8 mai 1881, est modifié comme suit :

MATIÈRES ANIMALES. — ANIMAUX VIVANTS.

Bestiaux.

Numéros.		Par tête.
4.	Bœufs	25
5.	Vaches	12
6.	Taureaux	12
7.	Bouvillons, taurillons et génisses	8
8.	Veaux	4
9.	Béliers, brebis, moutons	3
10.	Agneaux	1
11.	Boucs, chèvres et chevreaux	1
12.	Porcs	6
13.	Cochons de lait, autres que ceux pesant moins de 8 kilogrammes	»

Produits et dépouilles d'animaux.

Numéros.		Les 100 kil.
16.	Viandes fraîches de boucherie	7 »
18.	Viandes salées	8 50

Fait à Paris, le 28 mars 1885.

JULES GRÉVY.

Par le Président de la République :

Le ministre de l'agriculture, J. MÉLINE.

La taxe du pain. — Dans la même semaine, la taxe du pain a été rétablie officieusement à Paris et officiellement à Lyon. Ainsi, la loi de 1791, édictée à la suite de circonstances exceptionnelles et qui devait être essentiellement « provisoire », a reçu dans les deux plus grandes villes de France une nouvelle et éclatante application. Ce qui prouve une fois de plus que dans notre pays il n'y a que le provisoire qui dure.

Il y aurait beaucoup de choses à dire sur les dangers et les inconvénients de la taxe; mais nous laisserons de côté les questions générales pour aborder seulement certains points spéciaux qui n'ont jamais été mis assez en lumière. Pour aujourd'hui, nous ne nous occuperons que de Paris.

Ce qui frappe d'abord dans ce brusque retour en arrière, c'est sa parfaite inopportunité. Est-ce que le régime de demi-liberté dont jouissait la boulangerie à Paris depuis 1863 avait donné lieu à des abus ou provoqué une hausse exagérée des prix? Dans les années antérieures à la

l'administration, diminuée d'une somme convenue que le boulan réservait pour ses frais de cuisson. C'est ce qu'on appelait « les m à cuisson ». La meunerie plaçait ainsi au début de la campagne le quarts de la farine. C'est alors que le dernier quart resté disponib venait le régulateur de la taxe; en d'autres termes, l'administ établissait la taxe d'après la quantité de farine restée disponible. N sairement, la taxe était élevée puisque le stock de farine était rest

Si la taxe était élevée, le boulanger était-il atteint par cette tion? Non, parce que d'avance il s'était réservé une prime de c qui le garantissait contre les risques et lui assurait une rémuné suffisante. Exemple : le préfet fixe la taxe à 70 c., le boulanger p farine au meunier 70 fr. moins 20 fr., somme représentant ses fr cuisson et ses déboursés. Si la farine hausse, le boulanger ne sul cune perte, puisque sa prime l'assure contre la hausse; si au con la farine baisse, il peut regretter de ne pas gagner davantage, dans tous les cas, il reste indemne.

C'était donc la meunerie qui seule faisait la hausse ou la baiss là des hausses dont la population rendait les boulangers respon alors qu'ils n'en profitaient pas. De là encore cette contradiction é mique entre les prix du pain et ceux de la farine, qui ne sont pas rigoureusement connexes qu'ils devraient l'être.

Ce n'est pas tout. Une fois maîtresse du marché de toute une r la meunerie avait une tendance invincible à diminuer la qualité produits. Elle introduisait peu à peu dans les farines blanches d rines bises et arrivait ainsi à extraire 70 ou 75 0/0 de farine pan par 100 kilog. de froment, alors que le blutage n'aurait dû four moyenne que 65 à 66 0/0 de farine blanche. Les boulangers ne lais pas de réclamer quand le mélange était un peu trop accentué; n'étaient-ils pas liés par leur marché? Et d'ailleurs ces questions préciation sont à peu près impossibles à trancher par la voie ciaire. En résumé, c'était la consommation qui était lésée puisq payait le pain mélangé au prix du pain exclusivement composé rine blanche.

Grâce au régime de la liberté, ces pratiques ont disparu. N'étant paralysés par la taxe, les boulangers ont pu s'affranchir de « ces chés à cuisson » qui les préservaient, il est vrai, des baisses impré mais qui avaient sur la fabrication une influence déplorable et qu treignaient leurs bénéfices; bénéfices qui ne pouvaient être exagéré l'effet de la concurrence.

Les faits que nous venons d'exposer devraient faire réfléchir le co municipal sur les dangers de la politique antiéconomique qu'il e voie de faire triompher à Paris; mais il est douteux qu'ils aient qu influence sur ses déterminations, car son siège est fait. Sans être prophète, on peut dire que dans un temps donné l'exemple de Lyon sera suivi et qu'à la taxe officieuse succèdera la taxe officielle. Dans les quartiers ouvriers où le pain se paye 55 c., les prix hausseront certainement, la qualité du pain deviendra inférieure; seuls, les grands établissements de meunerie réaliseront d'énormes bénéfices. C'est une compensation qui nous paraît insuffisante. (*Journal des Débats.*)

Pourquoi la justice est si lente. — Un ouvrier est écrasé par un fiacre dans une rue de Paris. Il est marié, père de famille; sa femme et ses enfants n'ont pas d'autre soutien que lui. Le voilà infirme pour la vie.

Le blessé s'adresse à la Compagnie des voitures responsable de l'accident. La Compagnie lui offre une indemnité dérisoire, honteuse, ou, mieux encore, prétend que l'homme a été écrasé par sa faute et ne lui offre rien du tout. Le pauvre diable est forcé de plaider.

S'il n'est pas tout à fait misérable, s'il paye des impôts, il n'aura pas l'assistance judiciaire, réservée uniquement à ceux qui sont sans ressources. Il plaidera à ses frais. Il sera tenu de consigner chez l'avoué une certaine somme; j'admets que l'avocat ne lui demande rien.

Combien de temps durera le procès? *Quatre ans.*

C'est abominable, n'est-ce pas? C'est impossible! Fort bien, nous allons compter.

La cause est inscrite au rôle de la 4e chambre civile; l'avoué apprend à son client qu'il y en a 3.545 avant elle, et qu'elle ne pourra pas sortir du rôle, c'est-à-dire être appelée à l'audience, avant huit mois.

Huit mois. — La cause sort du rôle. On l'appelle à toutes les huitaines, mais on ne la plaide pas davantage pour cela. Il n'y a plus que 125 procès auparavant, c'est vrai, mais les avocats ne sont pas prêts, les avoués s'attendent, les vacances viennent et on anticipe sur les vacances. Les choses restent en l'état pendant encore six mois. Cela fait quatorze.

Quatorze mois. — L'affaire est enfin plaidée (je parle de celles qui ont marché rapidement). Le pauvre diable croit que c'est fini. Pas du tout. La Compagnie prétend qu'il a été écrasé par sa faute, elle demande à faire entendre des témoins et sollicite une enquête. Le tribunal ordonne l'enquête. En voilà pour dix mois. Cela fait deux ans.

Deux ans. — La Compagnie est condamnée; elle n'est pas contente et elle fait appel. L'affaire reprend la filière devant la Cour. Seulement, comme l'arriéré des procès est bien plus considérable encore à la Cour qu'au Tribunal, la cause, même sans nouveau jugement d'enquête, n'est pas tranchée avant dix-huit mois.

Cela fait *trois ans et six mois*. Les six autres mois nécessai
compléter nos quatre ans sont employés à la levée du jugeme
signification, à toute l'infâme paperasserie procédurière. Vo
que j'avais bien compté.

Les choses ne se passent pas toujours ainsi :

Quelquefois le malheureux demandeur est mort à la peine,
misère, sur un lit d'hôpital, son mobilier vendu, sa femme
fants dans la rue.

Quelquefois aussi, las de lutter, il a accepté l'indemnité de
plus misérable, le morceau de pain noir que l'opulente Compa
sent à lui jeter.

Il arrive également que le blessé plaide jusqu'au bout et,
quatre ans d'attente, il n'obtienne pas un centime. Il a été écr
certain. A qui la faute? A l'imprudence du cocher qui n'a
« gare » ! et qui galopait à fond de train ; voilà ce qu'il pré
Compagnie le nie. C'est à lui, demandeur, à faire sa preuve.

— Avez-vous des témoins ?

— Mais non, messieurs les juges, on m'a emporté évanoui...

— Il y a eu un procès-verbal dressé par la police ?

— Certainement, mais ce procès-verbal constate l'accident,
tout. Il ne nomme (comme cela arrive souvent) aucune des
qui y ont assisté.

— Eh bien ! mon bon ami, vous ne prouvez pas que le co
commis une faute, et que la Compagnie soit responsable. Le
ne peut rien vous accorder.

Dans ce dernier cas, le blessé est, par surcroît, condamné
pens de l'instance.

Si j'ai pris cet exemple d'un procès d'accident, c'est qu'il m
ment en relief la situation lamentable du pauvre en face du ri
puissant; c'est qu'il montre bien que la justice trop lente équ
déni de la justice.

D'où vient donc le mal, et qu'y aurait-il à faire? Il n'est pa
d'être grand clerc pour le dire.

La nonchalance des hommes de loi et l'insuffisance du pers
diciaire ont amené un encombrement formidable. A l'heure qu
nombre des procès en souffrance au tribunal civil et à la Cour
dépasse quatre ou cinq mille.

Les magistrats font l'impossible pour liquider cet arriéré :
des nouvelles chambres, on a décidé la suppression du congé
Tout cela est insuffisant ; à la Chambre des accidents, notam
tant de pauvres gens sont forcés de venir plaider, M. le présid
teloup, malgré toute son activité, ne pourra venir à bout, avan

modifier, c'est de le détruire. Adoptez la procédure si pratique de commerce : une assignation, et c'est tout.

Plus de paperasserie sur timbre ! Malheureusement l'État tire de fits si formidables du timbre et de l'enregistrement des actes judic que jamais on n'obtiendra de lui cette réforme-là.

Il faudrait, en outre, investir un juge de chaque chambre fonctions analogues à celles de juge d'instruction. Ce magistrat chargé d'élucider les affaires, de les mettre en état d'être jugées bien.

Dès le lendemain d'une assignation, il ferait comparaître de les parties et leurs conseils, et il leur dirait :

— Voilà, vous, ce que vous demandez ; et voici, vous autres, ce vous demande. Êtes-vous décidés à plaider sur le fond sans aucune exception dilatoire ? Oui ? C'est très bien, retirez-vous.

Ou bien voulez-vous une enquête ? Parfaitement, je l'ordonn expertise ? Je nomme un expert. Une vérification d'écriture ? Je un vérificateur.

De telle sorte que la cause arrive devant le tribunal dépouil toutes les obscurités, chaque partie étant armée de toutes pièces l'une ni l'autre ne pouvant plus reculer la solution par ces expé perpétuels qui rendent interminables les procès.

J'estime enfin qu'il faudrait enlever aux tribunaux la connai d'une foule de causes absolument indignes d'eux.

Je ne parle pas seulement de tous ces petits procès de loca qu'il faut renvoyer devant les juges de paix, à condition toutefois choisir parmi les jurisconsultes sérieux.

Mais les tribunaux perdent leur temps à des vétilles encore plu cules.

A quoi croyez-vous, par exemple, que s'occupent généralem quatre chambres correctionnelles de Paris ? A juger des escrocs, d leurs, des banquiers véreux ? Pas du tout. Les tribunaux correcti consacrent la majeure partie de leur journée à juger la grande qu de Mme Chapuzot et de Mme Gibou. Mme Gibou a traité Mme Ch de vieille guenon ; Mme Chapuzot a riposté par une claque. Les commères se sont assignées mutuellement : les voilà à l'audienc cune avec douze témoins et leur avocat.

Les vingt-quatre témoins défilent à la barre. Les deux avocats dent, et longuement, parce que la cliente veut de l'éloquence po argent. Le président fait des mots, le public se tord, le tribunal r les deux plaignantes dos à dos. Voilà une demi-journée perdue.

L'été passé, le flot de ces procès de concierges avait monté si que les magistrats en étaient submergés. Ils se dévouèrent, et sur

Société d'économie populaire fondée à Paris en décembre dont les travaux ont été souvent signalés à la Société d'é politique.

Cette société d'économie populaire a été créée, dit M. Brel les auspices de plusieurs chefs de syndicats ouvriers, réuni ques économistes.

On commença, dès 1884, à se réunir mensuellement dan modeste dîner où l'on prit l'habitude de discuter certaines q du plus haut intérêt pour les travailleurs manuels. Ceux-ci a naturellement un contingent de faits professionnels, soit g soit plus ou moins techniques, que leurs collègues examin eux à la lueur des principes scientifiques et, courtoiseme commun accord, on s'efforce de dissiper le funeste *malentend* qui, grâce aux préjugés accrédités par les pêcheurs en eau divise et irrite trop souvent, sous prétexte d'intérêts de cla hommes faits pour s'estimer et s'entr'aider.

La Société a déjà abordé les problèmes les plus importants époque, tels que l'association sous diverses formes, la libert vail et de l'échange, les banques nationales, l'impôt sur le la coopération, la production du pain, les crises commercial dustrielles, le chômage, les grèves, les bureaux de placem Grâce aux modestes cotisations spontanées d'une partie de s bres, elle a pu ouvrir des concours, et c'est ainsi qu'elle a un prix de 1.200 francs à M. Louis Chalain, ouvrier bronzi un travail fort intéressant, intitulé : *De l'influence des mon France sur l'intérêt des capitaux et le taux des salaires.* qui a fourni cette subvention s'alimentera désormais de tions minimes, mais régulières, d'amendes ou autres prod logues.

Parmi les fondateurs, on remarque donc des ouvriers, é mistes, des travailleurs manuels et des hommes d'étude, p quels MM. Alibert, Paul Bert, Ernest Brelay, Bunel, Auguste Louis Chalain, Adolphe Coste, Armand Donon, Anatole Gruhier, Marty, Achille Mercier, Bandeville, Frédéric Pas Poulot, Thévenet, Veyssier, Th. Villard, etc.

Ces membres zélés des nouvelles corporations montrent un assiduité aux séances; plusieurs d'entre eux sont éloqu savent écouter et montrent, avec un vif désir de s'instruire, réel d'exposition, en faisant connaître à leurs collègues éco les difficultés d'ordre théorique ou pratique qu'ils considère ou à raison, comme des obstacles au libre développement facultés. Tous paraissent être d'accord sur la nécessité d'évit

ɪifiquement toutes les réformes dési-

roduise en France un mouvement
ntres d'études de ce genre.

in de janvier, à Nimes par les asso-
ville, qui lui avaient demandé une
ne d'éveiller suffisamment l'intérêt
es dévouées pour que, sur sa sug-
on de fonder une Société d'écono-

noteurs de cette entreprise groupè-
t d'adhérents recrutés dans toutes
inion politique ni religieuse, ce qui
tour de force.

lu bureau, une question économique
de la *concurrence étrangère ;* des
relay, alors en Italie et, à la séance
e de lui où il traçait, d'après les
ommandait, au nom de la Société
adoption à la société naissante.

publié une esquisse du programme
, d'après le *Petit méridional*, com-

sur leurs actes et non sur leurs paroles, et les choses sur leurs ré tats et non sur leurs étiquettes.

« La Société d'économie populaire, partant de ce principe toutes les classes de la société ont leurs préjugés, juge qu'il peuvent disparaître que par la libre discussion des citoyens de t dénomination.

« Pour arriver à ce résultat, les sociétaires se réuniront tous mois pour étudier les questions les plus importantes, et chaque toyen pourra exprimer ses opinions avec toute la simplicité possi

« Il devra résulter de cet échange d'idées, de cette réunion citoyens de conditions diverses, désireux de chercher la vérité faire le bien, une fraternité de bon aloi qui devra réagir sur n cité.

« Le bureau, nommé par les membres des trois associations co ratives de Nîmes, a accepté la mission de diriger la Société d cette voie d'apaisement social en veillant à ce qu'aucune discus politique ou religieuse ne vienne troubler ses séances et à ce q ne puisse, sous prétexte d'études sociales, essayer de s'y faire popularité malsaine. Le bureau poursuivra cette tâche sans br mais avec énergie et persévérance, aussi longtemps qu'il aura confiance de ceux qui lui ont fait l'honneur de le nommer. »

M. Ernest Brelay a été témoin, à Nîmes, d'un développem ardent et intolérant de l'esprit protectionniste ; la fondation d' Société d'économie politique populaire arrive donc à point p aider aux efforts des amis de la liberté ; à ce titre, la réunion d Société d'économie politique envoie à cette Société ses encoura ments et l'expression de sa cordiale sympathie.

M. de Cocquiel, d'Anvers, a la parole pour donner à la Soc quelques détails sur la prochaine Exposition universelle d'Anv qui doit être inaugurée le 2 mai prochain. C'est là, dit M. de C quiel une entreprise privée. Elle n'a obtenu du gouvernement b qu'un appui moral et diplomatique, mais aucun subside.

Quelques négociants notables en ont eu l'idée qui, bientôt, a embrassée avec ardeur par toute la population de la cité. Une Soc anonyme a été formée au capital de 1.500.000 fr. souscrit en jour. Ce capital représente le prix de *location* des terrains et du timent de l Exposition, suivant contrat avec des entrepreneurs avaient acquis les matériaux de constructions de l'Exposition d'A terdam.

Le terrain couvert coûte à la Société 25 fr. par mètre carré. gouvernements étrangers ont pu acquérir à ce prix, pour leurs tionaux, l'espace qu'ils désiraient occuper. C'est ainsi que le gou nement belge a pris 35.000 mètres et le gouvernement français 20.000. Loin de donner un subside à la Société, le gouvernement belge a même retranché, de la somme qu'il avait à payer, 50.000 francs, sous prétexte de frais pour son concours diplomatique et son intervention auprès des puissances étrangères.

Les Gouvernements contractants avec la Société gardent à leur charge les frais d'installation et de décoration de leur compartiment.

Un certain nombre de Gouvernements n'ont pas cru devoir intervenir, et leurs nationaux ont dû traiter avec la Société, comme particuliers. Tel est le cas, notamment pour l'Allemagne. La Société a fait aux particuliers les conditions suivantes: elle prend à sa charge les frais d'installation et de décoration et cède le mètre *utile* (c'est-à-dire déduction faite de l'espace non occupé par les produits) à raison de 70 francs par mètre carré, prix un peu inférieur même au prix de revient du mètre pour la Société dans ces conditions.

Le capital social se retrouve donc tout entier dans les locations faites soit aux Gouvernements soit aux particuliers.

Mais la Société, qui travaille avec un nombreux personnel depuis plusieurs mois à l'organisation de l'entreprise, reste chargée des frais d'administration assez considérables, que l'on évalue à 1 million. Ces frais seront couverts par le produit des entrées et par celui des concessions de restaurants, cafés, brasseries, etc., dans l'enceinte de l'Exposition. Tout fait espérer que ces différentes recettes donneront plus d'un million et laissseront un boni qui permettra de distribuer un dividende aux actionnaires.

Outre la Belgique, qui occupera un espace de 35.000 mètres carrés, et la France qui vient ensuite en première ligne avec un espace de 20.000 mètres, voici quelques chiffres relatifs à l'étendue des expositions de quelques pays :

L'Allemagne, 9.700 m.; l'Angleterre, 3.000 m.; l'Autriche, 2.850 m.; la Hollande, 2.000 m.; la Russie également, 2.000 m.; les royaumes de Suède, Norvège et Danemark, 1.500 m.; le Luxembourg, 1.200 m.; l'Espagne, 600 m.; le Brésil, 550 m. ; le gouvernement de Bombay, 500; les États-Unis, 500 m.; puis viennent la Suisse avec 400 m.; le Congo, avec 200 m.; Monaco avec 125 m.; la Serbie et la Turquie, chacune avec 100 m.

En outre, le Portugal, Haïti, le Paraguay ont retenu des emplacements.

Le Portugal aura dans les jardins un pavillon de 250 m. Les colonies françaises occuperont un splendide pavillon. L'Exposition internationale de la Croix-Rouge occupera un espace de 2.500 m.

En résumé, l'enceinte de l'Exposition couvrira un espace de

25 hectares, de 30 hectares même, si l'on compte l'Exposit
griculture. Sur ces 25 hectares, 10 hectares, soit 100.000
seront couverts.

M. de Cocquiern assure que les étrangers trouveront dans l
cité flamande le même accueil qu'y trouvaient il y a trois si
négociants de Venise de la Ligue hanséatique et des autres
qui se donnaient rendez-vous dans ses murs, alors qu'elle
marché universel, l'intermédiaire reconnu du commerce du
La situation même de l'Exposition rappelle des souve
donneront à la France un droit de plus au bon accueil q
réserve à ses visiteurs. Elle est en effet placée sur l'empl
da la citadelle du Sud (aujourd'hui rasée) que le maréchal G
venu prendre en 1832 et d'où il a délogé les Hollandais,
ainsi aux Belges la preuve que la France entendait faire r
leur indépendance.

La réunion adopte comme sujet de discussion la questi
vante, proposée par M. G. Salomon.

LA DOMESTICITÉ AU POINT DE VUE ÉCONOMIQUE.

M. Salomon prend la parole pour exposer et développer l
tion.

Avant d'examiner la situation matérielle et morale de la
ticité, M. Salomon rappelle, après les économistes pour les
richesse ne réside pas uniquemment dans la matérialité,
domestique est un producteur. Armés de la judicieuse défini
Rossi a donnée de la production, nous pouvons dire : Le dom
qu'on engage, c'est précisément une force dont l'emploi pro
l'utilité comme de l'agrément : il a brossé les habits, il a
l'appartement; les traces de son travail ont disparu promp
mais il n'en a pas moins produit. — « Quand Adam Smit
qu'il ne restait rien du travail du domestique, il s'est trompé
de ce qu'il était permis à Adam Smith de se tromper », fait
Rossi; il reste tout ce que le maître a fait et qu'il n'eût pu f
n'avait été remplacé par le domestique dans le service de
sonne et de sa maison, etc., etc.

Le domestique n'est pas un vulgaire consommateur, un p
un oisif, ainsi qu'on se plait à le répéter de certains côtés,
consomme pas sans produire », il convient de le dire à tous c
méprisent à l'excès les travaux de la domesticité et notam
l'ouvrier de Paris qui éprouve pour la livrée la répulsion qu
mestique ressent pour la blouse.

Conspués par l'ouvrier des villes, méprisés par les maîtres, les domestiques vivent pour ainsi dire à part dans la nation, formant une *classe* qui a ses mœurs et ses habitudes distinctes. Il est bien difficile d'établir exactement l'importance numérique de cette classe, vu l'extrême mobilité de la profession; les chiffres fournis par les relevés statistiques sont assurément incomplets, mais néanmoins ils permettent d'établir que le nombre des domestiques n'a cessé d'augmenter en France.

Entre le dénombrement de 1866, « le premier dans lequel l'administration croit avoir réussi à donner une classification exacte et complète de la population de la France d'après les professions qu'elle exerce », et le dénombrement de 1881, on voit que la domesticité agricole, dont M. Salomon ne s'occupe pas ici, n'a augmenté que de 7,47 0/0, tandis que la domesticité attachée à l'ensemble des autres professions s'est accrue de 28.37 0/0. En 1881, on comptait en France 1.156.604 domestiques attachés à la personne ou au ménage du maître; la domesticité attachée aux professions libérales et aux personnes vivant de leurs revenus figure dans ce chiffre pour 547.465.

A Paris, où il n'y a guère que quelques centaines de domestiques attachés à l'agriculture, l'accroissement de la domesticité a été particulièrement rapide. Ainsi, alors qu'on y trouvait 112.031 domestiques des deux sexes en 1872, on en trouvait 178.532 en 1881, ce qui représente un accroissement de 59.35 0/0 pour cette période décennale. A Berlin, proportionnellement à la population, on occupe plus de domestiques qu'à Paris, parce qu'il y existe moins de prolétaires, parce que les gages y sont moins élevés et, aussi, parce qu'on y emploie beaucoup moins de domestiques hommes.

Alors qu'en 1875 on comptait à Berlin 14 domestiques hommes pour 100 femmes, à Paris, en 1876, on en comptait 36.43, chiffre qui établit à peu près la proportion des sexes de la domesticité française.

C'est au détriment de la femme qui n'a pas trop de professions rémunératrices lui appartenant particulièrement, c'est au préjudice de l'agriculture et de l'industrie que l'homme exerce les travaux de la domesticité. Si donc on tente de réduire le nombre trop élevé des domestiques de notre pays, il conviendra de faire porter les réductions sur la partie masculine de la domesticité, qui n'a cessé elle-même de trop s'accroître. Les chiffres de la domesticité fournis par les statistiques françaises, chiffres qui sont certes des *minimums*, infirment complètement ce qu'a dit Stuart Mill sur la tendance de la société à diminuer la condition de serviteur.

D'après M. Paul Leroy-Beaulieu (*Essai sur la répartition chesses*), la proportion de Stuart Mill serait au contraire co par les variations du nombre des domestiques mâles dans la (Bretagne. Ainsi M. P. Leroy-Beaulieu montre, d'après les ques fiscales, que le nombre des domestiques mâles imposés Royaume-Uni serait tombé de 223.143 en 1876 à 207.257 e Mais si l'on examine les chiffres des domestiques mâles i depuis l'époque vers laquelle on admet que la catégorie des tiques soumis à la taxe « comprend seulement les vrais d ques » (1854), on voit par la grande amplitude des variati sitives et négatives de ces chiffres dans des temps parfois trè qu'on n'a pas encore nettement établi dans la Grande-Breta est ou qui n'est pas domestique imposable, on voit que l'on rait étayer des raisonnements solides sur les documents angla

De plus, est-il vrai, ainsi que l'observe M. P. Leroy-Beauli « la tendance à une moindre inégalité des fortunes, les ha démocratiques, l'éloignement de la classe populaire pour le tions de domestique, le train de vie plus bourgeois, plus re même au milieu du plus grand luxe, ont singulièrement dim nombre des serviteurs permanents » ? M. Salomon ne le croit

Sur le domaine du seigneur qui entretenait une légion de teurs, on trouve aujourd'hui un certain nombre de bourge emploient ensemble plus de serviteurs que ce même seigneur. jour voit éclore un nouveau maître qui, si petit qu'il soit, trop au luxe de domesticité. J.-B. Say a fait observer qu'aujo on consommait mieux les services des domestiques; il n'a qu'on les consommait bien.

Et, en effet, par vanité ou par préjugés, pour ne pas alt pureté de leurs mains ou l'élégance de leurs formes, pour évi insomnies ou ne pas renoncer aux plaisirs mondains, les fem la classe moyenne abandonnent le soin de leur maison et d enfants à des mercenaires, alors que les ressources et les dev la famille leur imposeraient en tout ou en partie la condu ménage.

Dans ces conditions, il est tout naturel que le nombre des tiques ait augmenté. La fortune publique s'est accrue. L'acc ment de la domesticité est un fait normal dans un état prospè accroissement n'est dangereux que s'il n'est pas proportionnel croissement de la fortune publique. Or, en France et surtout à l'augmentation du nombre des domestiques n'est nullement p tionnée à l'augmentation du nombre de ceux qui peuvent em des domestiques. Dans le nombre toujours croissant des immi de la capitale il entre trop de domestiques et pas assez de maîtres; il nous vient à Paris trop de prolétaires, trop de dévoyés de toutes sortes et pas assez de personnes vivant de leurs revenus.

Les bureaux de placement sont remplis de domestiques en quête d'emplois, l'offre excède considérablement la demande.

Néanmoins, le taux des gages ne cesse lui-même d'augmenter; la coutume, l'habitude atténuent particulièrement les effets de la loi de l'offre et de la demande.

On change souvent de domestiques sans changer le prix des gages qu'on a l'habitude de donner. Et comme on ne le diminue pas devant l'abondance de l'offre, il se trouve entraîné par le mouvement de renchérissement de toutes choses.

Entre les années 1853 et 1878, les gages moyens des domestiques hommes se sont accrus de 68 0/0 et ceux des domestiques femmes de 69 0/0, ce qui dépasse considérablement l'accroissement proportionnel des salaires d'ouvriers non nourris. Bien que les gages moyens fournis par les relevés statistiques ne donnent nullement une idée exacte de la rémunération des domestiques, car ils ne comprennent pas les cadeaux et les profits plus ou moins licites, on peut voir, en rapprochant ces gages moyens des salaires moyens de l'ouvrier non nourri, combien la situation matérielle de l'ouvrier est plus précaire que celle du domestique.

La supériorité du prix des gages du domestique sur celui des salaires de l'ouvrier s'explique suffisamment par le mépris dont est généralement entachée la profession de domestique, par la situation dépendante du domestique, par la confiance qu'on doit pouvoir lui accorder et par ce que les économistes appellent l'usure rapide du travailleur. D'autre part, le prix des gages se trouve maintenu par le fait que le métier de domestique ne comporte pas un apprentissage long, difficile et coûteux et qu'il n'est généralement pas pénible, dangereux ou insalubre.

Malgré le taux élevé des gages, le nombre des domestiques qui épargnent n'est pas aussi élevé qu'on le pourrait croire. On crie beaucoup à l'imprévoyance de l'ouvrier et cependant, d'après la répartition suivant la profession des déposants auxquels des livrets ont été ouverts, pendant l'année 1881, à la caisse d'épargne de Paris, on voit que pour 1.000 habitants des deux sexes et de la même classe, il y a 59,2 ouvriers, journaliers et manœuvres et seulement 46 domestiques, En retour, ainsi qu'on pouvait le prévoir, la moyenne du premier versement des ouvriers était de 87 francs, alors que celle des domestiques atteignait le chiffre de 138 francs.

D'autre part, on ne compte guère de domestiques parmi les membres des nombreuses sociétés de Secours mutuels de notre pays. A Paris, où se trouve la majeure partie des domestiques, les deux sociétés de Secours mutuels pour domestiques qui y existent, la Société des gens de maison et la Société des cochers de maisons bourgeoises ne possèdent qu'environ 1.500 membres participants.

On ne saurait, d'ailleurs, s'édifier d'une façon positive sur la prévoyance de la domesticité en examinant les statistiques de l'épargne, car les domestiques ont assez souvent recours à des modes d'épargne qui échappent à toute observation. Mais, à défaut des statistiques de l'épargne, les statistiques de la misère établissent l'imprévoyance de la domesticité; dans les grandes villes, la domesticité est en majorité dans tous les lieux où échoue la misère.

Le domestique en place ne songe pas assez à ses vieux jours, aux jours de maladie ou de chômage.

Au sixième étage, sous les toits de nos maisons, hommes et femmes vivent dans une promiscuité honteuse; bien souvent, la nuit, on s'y livre à des scènes de débauche dont les maîtres font tous les frais et que leur exemple a parfois suscitées.

Ces relations aboutissent rarement au mariage, la pire des gênes pour la domesticité. En général, le maître veut un domestique n'ayant pas souci d'une femme ou d'un enfant; il doit pouvoir disposer de lui à toute heure du jour ou de la nuit. Aussi, à Paris, en 1881, sur mille individus du sexe masculin appartenant aux diverses professions salariées, on comptait respectivement 30 mariages d'ouvriers, journaliers ou manœuvres, 24 mariages d'employés ou commis et seulement 18 mariages de domestiques.

Le nombre des mariages des domestiques femmes excède sensiblement celui des mariages des domestiques hommes, tout en restant de beaucoup inférieur à celui des mariages d'ouvrières, parce qu'en se mariant, la femme peut, mieux que l'homme, quitter les travaux de la domesticité. Si les exigences de son métier empêchent la domestique d'être épouse, elles lui permettent encore bien moins d'être mère. On n'accepte plus ses services dès que sa grossesse est apparente, elle ne peut accoucher au domicile du maître, il ne saurait être question d'y élever ses enfants.

Sur le nombre des accouchements effectués en 1881 dans les hôpitaux de Paris par des femmes mariées, la domesticité figure pour environ 25 0/0, et sur celui des accouchements de célibataires, elle entre pour environ 40 0/0.

Dans ces conditions, le domestique devient malthusien, ou il abandonne ses enfants, ou bien il devient criminel envers l'enfant, ou bien, enfin, la domestique se lance dans la prostitution : la statistique montre le large contingent que la domesticité fournit au vice et au crime. Pour réagir contre cette situation on a proposé ou appliqué diverses mesures.

Tout d'abord, on s'est efforcé de réduire, avec le concours de l'État, le nombre trop élevé des domestiques.

Sous l'ancien régime et même au commencement de ce siècle on eut recours, à cet effet, à des mesures rigoureuses ou vexatoires: tantôt on enrégimentait de force les domestiques jugés inutiles, tantôt on chassait des villes et l'on punissait comme vagabonds ceux qui restaient sans emploi pendant un certain temps, tantôt, enfin, on imposait ou tentait d'imposer le domestique à tant par tête. De 1791 à la fin de la Révolution, les diverses lois relatives aux contributions personnelles et mobilières établirent des taxes portant tantôt sur les domestiques « mâles » seulement, tantôt sur les domestiques « mâles et femelles ».

De tels impôts ne feraient nullement refluer vers l'agriculture et l'industrie les solides gaillards que l'antichambre leur enlève ; ils aviliraient à l'excès en les ravalant au rang des chiens, des chevaux ou des divers objets de luxe, toute une classe de travailleurs utiles, aujourd'hui électeurs ; ils ne contribueraient guère à enrichir le trésor public, car on ne saurait les faire porter que sur la domesticité masculine ; enfin, comme tous les impôts somptuaires, ils ne réduiraient pas le luxe de domesticité.

Si l'on veut que l'État réagisse contre ce luxe, bien que ce ne soit pas son rôle, si l'on veut avec son appui réduire le nombre trop élevé des domestiques, il faut lui demander des mesures qui pour être moins directes ne seraient pas moins efficaces.

Par un solide enseignement économique qui ferait connaître l'emploi rationnel du capital aux jeunes générations de la classe moyenne, on diminuerait mieux le luxe immodéré de toutes choses que par des lois somptuaires. D'autre part, la majorité des domestiques des villes se recrutant parmi les gens des campagnes, on devra tenter de fixer le paysan au sol; les remèdes à la dépopulation des campagnes sont donc les remèdes à l'accroissement excessif de la domesticité.

La domesticité faisant encore assez de recrues parmi les anciens militaires, il conviendrait de réduire le plus possible la durée du service militaire. A séjourner trop longtemps sous les drapeaux, on perd l'habitude du travail manuel, on oublie les connaissances professionnelles acquises avant d'entrer au service, et, dans ces conditions, on s'enrégimente volontiers dans la domesticité au jour où l'on est libéré.

Enfin, en vue de réduire le nombre des domestiques, on a proposé d'expulser les domestiques étrangers, de protéger « la domesticité nationale ». M. Salomon ne s'attarde pas à combattre l'emploi d'u moyen... Mais, dit-il, prenons les choses en l'état, reconnaissons y a trop de domestiques dans notre pays, admettons qu'il exist fléau de la domesticité, pour nous servir d'une expression conse quels sont donc les moyens de remédier à ce fléau ? Ces moyen dehors de ceux qui précèdent, sont entre les mains du maître.

M. Salomon ne demande pas aux maîtres de modifier leurs de convertir leurs domestiques par de beaux sermons, mais seule de faire, pour leurs domestiques, ce que beaucoup de patrons aujourd'hui pour leurs ouvriers.

Ils devraient, dans la limite du possible, accorder gratuite les soins médicaux à leurs domestiques malades et assurer des sions de retraite à ceux qui les ont servis fidèlement pendant tain nombre d'années. Ou plutôt, ils devraient les encourager à gne, s'inscrire, par exemple, parmi les membres honoraires Sociétés spéciales de secours mutuels (les deux Sociétés parisie ne comptent guère que 600 de ces membres), et ne demander domestiques qu'à ces Sociétés au lieu de s'adresser à des bureau placement, dans lesquels on exploite, le plus souvent, maîtres mestiques, et qui contribuent, largement, à la démoralisation d mestique.

De plus, pour empêcher la démoralisation du domestique, le m devrait, davantage, s'occuper de la façon dont ses domestiques logés sous les toits, il devrait, au prix de quelques légers sacrif employer partout, où c'est possible, la femme au lieu de l'homm s'aidant de domestiques hommes à la tâche pour les travaux les pénibles, et, lorsqu'il se sert d'hommes et de femmes, il devrait sir des couples et leur faciliter l'accomplissement des devoirs famille au lieu de les contrarier par ses exigences.

Enfin, il conviendrait que les maîtres, que ceux qui possèd suscitassent la création ou favorisassent le développement de ces or linats dans lesquels on enseigne aux femmes la conduite du mén

M. C. Lavollée hésite à considérer comme étant d'ordre économ la question qui vient d'être développée. Il y a là plutôt, selon lui, question d'ordre moral et social. Tout d'abord, les chiffres stat ques qui ont été reproduits par M. Salomon peuvent être conte La catégorie des serviteurs à gages comprend, à la ville comme campagne, bon nombre d'individus qui n'accepteraient point d classés comme domestiques, les cochers, par exemple, et les gar de ferme. Il est très difficile d'établir une statistique exacte. Ad tons cependant que le nombre des domestiques tende à s'accr dans une proportion considérable. Cette augmentation est-elle à regretter? Elle atteste, au contraire, un progrès de l'aisance et de la richesse. Il y a plus de domestiques, parce qu'il y a un plus grand nombre de familles ayant besoin de serviteurs et possédant un revenu suffisant pour les rémunérer. La domesticité est, d'ailleurs, une condition nécessaire, qui réalise, au profit de la société, la division du travail. Et il n'y a pas à craindre l'accroissement excessif ou abusif du nombre des domestiques, ceux-ci ne trouvant d'emploi que dans la proportion des besoins de ceux qui les payent.

Quant à la situation actuelle des domestiques, à la qualité de leurs services, à leurs rapports avec les maitres, ce sont là des questions d'ordre moral et social, qui méritent assurément une sérieuse attention. Peut-être M. Salomon a-t-il trop assombri le tableau. Vu d'ensemble, l'état actuel de la domesticité, dans la société française, ne semble pas mériter les sévères critiques dont il vient d'être l'objet. Par exemple, de ce qu'il n'existe à Paris que deux sociétés de secours mutuels affectées spécialement aux domestiques, et de ce que le nombre des membres honoraires dans ces sociétés est assez restreint, faut-il conclure que les domestiques manquent du sentiment de prévoyance et d'assistance réciproque, et que leurs maitres ne sont pas disposés à leur venir en aide? Ne serait-il pas plus exact de dire que si les domestiques n'ont pas organisé, comme les ouvriers, de nombreuses sociétés mutuelles, c'est qu'ils n'en ont pas besoin, sachant que, selon la pratique la plus ordinaire, ils seront soignés aux frais des maitres, en cas de maladie, et qu'ils n'ont pas à se réserver une indemnité de chômage? Chacun de nous, ajoute M. Lavollée, peut observer ce qui se passe dans beaucoup de familles. En province surtout, et dans les campagnes, les relations entre les maitres et les domestiques sont ce qu'elles doivent être; on y voit bon nombre d'anciens serviteurs, et ceux-ci ne sont pas abandonnés par leurs maitres lorsque la vieillesse est venue. Il est, en outre, notoire que la plupart des domestiques font des épargnes. Certains désordres, justement signalés par M. Salomon, existent à Paris et dans les grandes villes; il ne semble pas équitable d'en tirer argument contre l'ensemble de la domesticité.

M. V. Brants voudrait rappeler un peu ce qui se passait anciennement au sujet de cette même question des domestiques. Selon lui, il y a lieu d'assimiler cette question à celle des ouvriers professionnels. L'antagonisme entre ouvriers et patrons, entre maitres et domestiques, est susceptible d'un même remède, que fournissait, sous l'ancien régime, l'existence du patronage, la constitution de ces vieilles familles où le serviteur naissait et mourait dans la maison maîtres; ceux-ci le considéraient plutôt comme un ami que un inférieur digne de mépris. En préparant, en favorisant le à ces mœurs, on remédierait certainement dans une large aux inconvénients de la multiplicité des domestiques et de ment de leur niveau moral.

M. Ch. Letort s'étonne de voir M. Salomon méconnaître des domestiques pour l'épargne. Il rappelle que cette classe de sants figure, dans les statistiques des caisses d'épargne, parmi qui apportent les plus forts dépôts, immédiatement après les vriers »; ceux-ci tiennent toujours le premier rang, ce qui s' par leur grand nombre, surtout par rapport à celui des gens vice. La statistique n'a pas cessé, dans tous les rapports officie le fonctionnement des caisses d'épargne ordinaires ou de la d'épargne postale, de constater le même fait. On a bien essayé ténuer le mérite de cette épargne, de la déclarer même quelqu immorale, en faisant remarquer que les économies des domest proviennent trop souvent de petits profits illicites. Mais il n pas moins notoire que cette classe économise beaucoup et animée, par conséquent, d'un esprit de prévoyance fort dévelo

Quant à la promiscuité des sexes parmi les serviteurs logés les étages supérieurs des maisons et livrés à eux-mêmes, c'est l cause de désordres malheureusement trop avérée. Certains pr taires, cependant, — bien peu, il est vrai, quand on songe à l'ét d'une ville comme Paris, — ont eu le soin de séparer, dans les bles, les logements destinés aux domestiques des deux sexes, ments munis d'escaliers tout à fait distincts. Le remède es efficace, certainement, mais enfin cette préoccupation morale quelques personnes éclairées vaut la peine d'être signalée.

Maintenant, M. Ch. Letort est d'avis que la question est une tion « économique », quoi qu'en aient dit quelques orateurs précé Le domestique remplit une fonction professionnelle qui rentre le chapitre de la division du travail; sauf dans les circonstanc il ne sert qu'à favoriser l'oisiveté complète de ses maîtres, il p aux travailleurs, aux producteurs dont l'activité est plus fruct au point de vue social, il leur permet de se livrer plus utile à des occupations supérieures, parce qu'il les débarrasse d'une de soins inférieurs et vulgaires de la vie pratique.

Quant à tenter de reconstituer, comme le conseille M. Bran patronage ou la famille sur le modèle du temps passé, M. l croit qu'il faut y renoncer, sinon pour des cas tout à fait particu

les domestiques permettent à leurs maîtresses de travailler p sionnellement, M. Coste voit dans leur concours un élément d duction; dans l'autre cas, où les domestiques ne font que pr aux ménagères la possibilité d'être oisives, il n'y a pas de le accroissement de production, mais seulement une augmentati une modification dans la consommation. Le premier cas rentr demment dans le cadre de l'économie politique, mais, sans loir jouer sur les mots, le second cas ne semble être que du r de l'économie domestique.

M. **Thierry-Mieg** est d'avis que la domesticité est un éléme cessaire dans la société et que, sans chercher à la restreindre c un mal, on peut s'attacher à améliorer la condition des domest En Alsace, pays qu'il connaît très bien, c'est ainsi que tout le n considère la question.

La promiscuité entre les deux sexes, parmi les domestiqu certainement une chose déplorable, et, spécialement en Alsac fait les plus grands efforts pour la réduire à son minimum. Pou on n'emploie guère que des servantes. Sur 100,000 habita Mulhouse, il n'y a peut-être pas dix domestiques mâles.

M. Thierry-Mieg signale aussi, au point de vue de la moralité des gens de service, ce détail de mœurs en Suisse : dans ce pa ne considère pas comme un déshonneur d'être domestique, et le viteurs se recrutent beaucoup dans des familles d'un ordre sup aux classes ouvrières.

M. **A. Courtois** considère la question comme d'intérêt économ à proprement parler. Y a-t-il lieu d'invoquer l'intervention de pour restreindre, par exemple, la multiplicité des domestiques, regarde comme un mal leur nombre croissant? Il fait remarqu M. Salomon n'a pas été jusqu'à demander cette intervention, t réclamant un développement plus accentué de l'éducation p sionnelle. C'est, en effet, fort souvent, faute de cette éducation, même d'une instruction primaire suffisante, que beaucoup d'i dus des deux sexes, dénués de moyens définis de gagner leu entrent en service, se livrant à une carrière pour laquelle on n' point de capacités spéciales.

Il y aurait lieu, enfin, ajoute M. Courtois, d'essayer de facilit domestiques les moyens de fonder des familles régulières.

M. **G. de Molinari**, sans vouloir résumer la question, est c dant d'avis que le sujet traité par M. Salomon est, en effet, un économique, car le domestique exerce une profession.

Il se borne à expliquer comment les gens livrés à cette profession présentent trop souvent un degré de moralité inférieur. Ces individus, qui viennent presque toujours de la campagne, se trouvent, à leur entrée en service, dans la condition des sauvages parvenus au contact d'une civilisation supérieure. Comme les sauvages, ils tendent fatalement à prendre plutôt les vices que les vertus des maîtres, et puisqu'on a parlé d'essayer d'améliorer les mœurs des domestiques, il semble à M. de Molinari que le plus sûr moyen d'y parvenir serait encore d'améliorer d'abord les mœurs des maîtres eux-mêmes.

La séance est levée à 11 heures 5.

Le Rédacteur du Compte rendu : CHARLES LETORT.

OUVRAGES PRÉSENTÉS.

Publications de la Société d'économie populaire. Première année. 1884. De l'influence des monopoles en France sur l'intérêt des capitaux et le taux des salaires, par M. LOUIS CHALAIN [1].

La vie de Richard Cobden, par JOHN MORLEY, traduit par SOPHIE RAFFALOVICH [2].

Progetto di risanamento dell' agro romano coll'esercito, per FRANCESCO VIGANÒ [3].

Giornale ed atti della Società siciliana di economia politica. Vol. IX, Anno IX, 1884 [4].

Ministère de l'Instruction publique et des Beaux-Arts. Comité des travaux historiques et scientifiques. Liste des membres [5].

Revue contemporaine [6]. T. I, n° 3.

Le socialisme de M. Schaeffle, par M. ARTHUR RAFFALOVICH [7].

Revue des sociétés [8]. 3e année. IV.

Bulletin de l'Association philotechnique [9]. Mars 1885.

Direction de estadistica general de la Republica oriental de l'Uruguay. Cuaderno n° XIII. Anno 1882 [10].

---

[1] *Paris*, Picard-Bernheim et Ce, 1885, in-8.
[2] *Paris*, Guillaumin et Ce, 1885, in-8.
[3] *Milano*, tip. Zanaboni e Gabuzzi, 1885, in-8.
[4] *Palermo*, tip. del *Giornale di Sicilia*, 1885, in-8.
[5] *Paris*, impr. Nationale, 1885, in-8.
[6] *Paris*, rue de Tournon, 2, 1885, in-8.
[7] *Paris*, Guillaumin et Ce, 1885, in-8.
[8] *Paris*, Marchal et Billard, 1885, in-8.
[9] *Paris*, rue Serpente, 24, 1885, in-8.
[10] *Montevideo*, impr. de *la Nacion*, 1884, in-4.

Sénat. Discours prononcés par M. LÉON SAY. Séances des 23 24 mars 1885. *Discussion de la proposition de loi relative réales* [1].

Chambre des députés. Discours prononcés par M. FRÉDÉRIC Séances des 14 et 16 mars 1885. *Discussion du projet de loi modification du tarif général des douanes en ce qui concerne tail* [2].

Banca nazionale del regno d'Italia. Adunanza generale degl nisti. Anno 35 [3].

Ministère de gouvernement. Bureau de statistique générale. A statistique de la province de Buénos-Ayres (République arg 1re année, 1881 [4].

Ministerul financelor. Tablou general indicând comerciul Ro cu terile straine in anul 1883 [5].

Buletinul ministerului agriculturei, industriei. Anul I, 1885.

SOCIÉTÉ DE STATISTIQUE DE PARI

RÉUNION DU 18 MARS 1885.

ADMISSION DE NOUVEAUX MEMBRES.

Le concours de statistique pour 1887.

COMMUNICATIONS : Un domaine rural de la Rochette (Côte-d'Or). — La tique des colonies anglaises et étrangères.

La réunion est présidée par M. Léon Say.

Après la lecture et l'adoption du procès-verbal de la préc séance, l'assemblée procède à l'élection de trois membres titu MM. E. Tallon, avocat général à la Cour de Lyon, le comte L Hugo, et Chevrey-Rameau, sous-directeur au ministère des étrangères.

M. A. Rouillet fait connaître par lettre qu'il est l'auteur d'un m auquel, à la suite d'un récent concours, la Société a décerné u compense de 1.000 francs.

---

[1] *Paris*, 1885, in-4

[2] *Paris*, 1885, in-4.

[3] *Roma*, stabilim. Bontempelli, 1885, in-fol.

[4] *Buénos-Ayres*, impr. de *la Republica*. 1884, in-4.

[5] *Bucuresci*, tip. Statului, 1884, in-4.

[6] *Bucuresci*, tip. St. Mihalescu, 1885, in-4.

M. T. Loua, secrétaire général, énumère les publications reçues par la Société depuis sa dernière réunion.

Après une courte discussion, la réunion adopte une résolution proposée par le Conseil, au sujet du projet de concours pour 1887. Cette résolution est ainsi formulée : « La Société de statistique institue un « prix international de 2.500 francs pour un concours dont le sujet sera « fixé et le jury nommé par l'assemblée réunie à l'occasion du vingt-« cinquième anniversaire. Les mémoires devront être déposés le 31 dé-« cembre 1887, terme de rigueur. »

M. *de Saint-Genis*, délégué de la Société au Congrès des Sociétés savantes qui doit se tenir, dans la semaine de Pâques, à la Sorbonne, obtient la parole pour la lecture d'une monographie qu'il a composée, pour ce Congrès, sur *Un Domaine rural de la Rochette (Côte-d'Or), de 1523 à 1885.*

Cette communication, qui s'appuie uniquement sur des titres originaux, contient des renseignements historiques et statistiques du plus haut intérêt.

La discussion sur la crise agricole pouvant être considérée comme épuisée, le président invite la réunion à aborder la question de la colonisation.

M. *T. Loua* demande à faire connaître quelques résultats généraux d'une étude à ce sujet, dont les éléments ont été empruntés à un important travail lu à la Société de statistique de Londres par M. W. Rawson, en inaugurant sa présidence.

Le travail de M. Rawson, qui ne renferme pas moins de 60 pages de texte, est l'exposé le plus complet qui ait été fait jusqu'à ce jour sur la statistique des colonies anglaises ou étrangères. — Ne pouvant songer à le reproduire *in extenso*, M. Loua s'est contenté d'étudier la partie relative aux colonies françaises, dont le territoire total au 31 décembre 1881 n'embrassait pas moins de 991.000 kilomètres carrés, c'est-à-dire presque le double de la superficie de la France continentale, avec une population de 8.722.857 habitants, ce qui porte la population dépendant directement de la France à 46.394.905 habitants. Chiffre respectable et qui nous maintient au niveau des plus grandes puissances.

Poussant plus loin ses investigations, M. Loua a entrepris, toujours en se servant des chiffres de M. Rawson, de comparer la superficie territoriale et la population des colonies des six grands pays colonisateurs : le Royaume-Uni, la France, les Pays-Bas, le Danemark, l'Espagne et le Portugal, au territoire et à la population de leur métropole respective.

Cette recherche l'a amené à conclure que toutes les métropoles réunies ayant 172 habitants par mille carré, l'ensemble des colonies, dont les unes sont relativement très peuplées, tandis que d'autres sont presque désertes, ne compte que 24 habitants par mille, de sorte qu les porter, si cela était possible, à la même densité que leur mère- leur population devrait s'accroître d'un milliard et demi d'habit qui est juste la population du monde entier.

Passant à un autre point de vue, l'orateur a relevé un tableau connaître par pays la part du commerce colonial dans le comme néral de chacun d'eux. Cette part n'est vraiment considérable q le Royaume-Uni, où le commerce colonial égale le quart env commerce total de l'Empire. Il indique que c'est dans cette voie autres peuples doivent marcher pour assurer l'avenir de leur co d'exportation.

M. *E. Levasseur* aurait voulu que l'on ne confondît pas, so même expression de densité, des pays tout différents, dont les petit nombre, sont relativement très peuplés, tandis que d'autr voués, par la nature même des choses, à une solitude presque co

Il ne lui paraît pas possible, en effet, de prendre un résultat par exemple, entre la Martinique, où la population est très dens Sénégal, où une très faible population se rapporte à d'immens toires. On peut en dire de même du Canada qui, à côté de pr suffisamment peuplées, possède, dans les régions polaires, d'inco surables étendues, qui certainement ne seront jamais peuplées.

M. *Loua* répond que c'est précisément pour faire saisir ces diff qu'il a rapporté le territoire total des colonies à la population q plus ou moins disséminée.

M. *E. Flechey*, faisant allusion au tableau du commerce colo mande s'il ne serait pas possible d'ajouter au commerce que l nies font avec leur métropole celui qu'elles font avec les autr étrangers.

M. *Vacher* regrette de n'avoir pas apporté avec lui un certain de documents qui seraient de nature à éclairer la question. Sans méconnaître les avantages qu'on espère pouvoir tirer du mou colonisateur aujourd'hui si accentué, il ne lui paraît pas possibl simuler que jusqu'à présent nos colonies nous rapportent b moins qu'elles ne coûtent et que, par leurs demandes réitérée contribuent à aggraver la situation financière de la France.

M. *le Président* pense, avec un grand nombre d'autres memb ce point de vue particulier du *doit* et de l'*avoir* ne suffit pas soudre la question de principe. Bien des raisons d'un ordre n politique peuvent, en effet, déterminer un État à conserver ou conquérir une colonie susceptible de ne rapporter que fort peu d ou même rien du tout à la métropole. Il convient donc de poser tion comme l'a posée M. Vacher.

de l'économie politique et à leur prouver que cette science « n
un instrument pour l'agrandissement du riche et l'appauvrissen
pauvre ; elle cherche à expliquer les lois suivant lesquelles la
est produite par les hommes et distribuée entre eux ; en t
science théorique, elle ne prononce pas de jugement sur ces
sur la conduite du travailleur et de l'employeur ; en tant que
pratique, elle formule des préceptes, non dans l'intérêt excl
employeurs, ni dans l'intérêt exclusif des ouvriers, mais dans
de la nation entière. »

Dans ces discours, on trouve des idées très justes; un exp
clair des causes, qui peuvent amener une hausse des salaires
sumé des progrès accomplis dans la situation de la classe ouvrièr
cinquante ans ; mais après avoir parlé en économiste, M. Toynb
sait trop souvent en socialiste. Ainsi à Newcastle, en 1882, il
question : les radicaux sont-ils socialistes ? et il répondait pa
mative, en établissant comme principe cette maxime dangereuse
que fois que le peuple ne peut se procurer par lui-même une c
que cette chose est d'une *importance sociale primaire*, alors l'É
intervenir pour la lui procurer ». C'est au nom de cet axiome,
clame l'intervention de la communauté, gouvernement ou muni
dans la question des logements ouvriers. Mais c'est peut-être là
ces opinions dont M. Toynbee serait revenu dans la suite, co
fait entendre M. Jowett. Dans tous les cas, il est assez curieux
crivain, qui montre avec tant de clairvoyance, dans *The Indust*
volution, les tristes effets produits par la loi des pauvres avant la
si nécessaire de 1834, soutienne à son tour une mesure, qui au
le sort de la population ouvrière des conséquences semblables
retrouve guère de trace de cet esprit socialiste dans la partie
sérieuse du volume, celle qui se rapporte à l'histoire écono
l'Angleterre de 1760 à 1840.

En racontant cette période, M. Toynbee se trouve amené à
les doctrines des premiers économistes anglais, et à considé
fluence que produisit sur leurs écrits le milieu où ils vivaient ; il
comment les circonstances attirèrent leur attention sur tel ense
phénomènes; il explique par les faits extérieurs certaines erreu
la cause devient facile à comprendre une fois que l'on connaît
tion, au milieu de laquelle ces théories furent conçues. Cette co
son entre les faits et les opinions est le côté le plus original du
M. Toynbee. Il faut dire cependant que les indications qu'il do
l'état de l'Angleterre sont incomplètes et offrent de nombreuses l
Sur ce sujet spécial, on trouve au contraire d'amples renseign
dans le livre de M. Thorold Rogers : *Six Centuries of Work and*

the History of English labour. Mais il serait injuste d'établir une comparaison expresse entre l'ébauche de M. Toynbee et le monument de M. Rogers. M. Thorold Rogers s'est occupé pendant des années du problème qu'il traite, il a fait des recherches minutieuses ; il possède des documents, qu'il recueille depuis plus de dix-huit ans et qui lui ont permis de jeter la lumière sur une question des plus obscures et des plus intéressantes. M. Toynbee faisait son cours à la hâte et pendant qu'il se préparait à un ouvrage plus considérable.

Dans le livre de M. Toynbee, comme dans celui de M. Thorold Rogers, on voit qu'à la fin du dix-huitième siècle et au commencement du dix-neuvième, le travailleur anglais était tombé au dernier degré de la misère et de l'avilissement.

Nombreuses sont les causes qui ont contribué à ce triste résultat. Toute une série de mesures légales favorisaient les employeurs aux dépens de leurs employés. Les salaires étaient fixés par les magistrats dans les *quarter sessions;* en vertu de la loi du *Settlement* (domicile légal) l'ouvrier était retenu dans sa paroisse ; en vertu de la loi d'apprentissage, nul ne pouvait exercer un métier, sans un apprentissage de sept ans. Les coalitions entre les travailleurs, pour relever leurs salaires, étaient interdites. Les châtiments les plus sévères attendaient les ouvriers, qui s'organisaient pour vendre leur travail d'une façon plus avantageuse. La loi des pauvres venait encore aggraver la situation. Les salaires, fixés par les magistrats, étaient insuffisants pour faire vivre le travailleur et sa famille ; les employeurs l'encourageaient à s'adresser à la paroisse, qui lui accordait des secours. Ils faisaient de la sorte payer à tout le monde ce qu'ils auraient dû payer eux-mêmes. Ainsi, pendant des siècles, la loi s'était interposée pour diminuer la part du travailleur ; pendant la sombre période de 1760 à 1840, le système légal en vigueur avait réduit l'ouvrier au plus strict nécessaire.

Or, c'est justement pendant cette période que s'accomplit le grand développement industriel, qui transforma les conditions de la vie générale en Angleterre. La population agricole se porta dans les villes, qui grâce aux découvertes d'Arkwright, de Watt, etc., devinrent de grands centres industriels. Cette révolution devait dans la suite amener les plus heureux résultats et relever la situation du travailleur. Mais tout d'abord elle entraîna les maux inséparables de toute époque de transition.

Le livre d'Adam Smith, la *Richesse des Nations*, parut au moment où allait s'accomplir la Révolution Industrielle (1776). Adam Smith attaqua le vieux système de restrictions féodales, auquel il chercha à substituer un régime de liberté individuelle.

Quand Adam Smith écrivait, le commerce intérieur était libre en

Angleterre, on n'y connaissait pas les barrières qui arrêtaient l
duits à la frontière de chaque province en France ou en Prusse;
si les marchandises pouvaient circuler sans obstacles, des e
nombreuses pesaient sur le capital et le travail. Outre que dans
corporation municipale, il fallait un apprentissage de sept an
exercer le métier, les corporations surveillaient les prix et les q
des marchandises. De plus, nous l'avons dit, depuis le règne
beth, les magistrats réglaient les salaires. M. Toynbee admet qu
organisation n'était pas intrinsèquement mauvaise, et qu'il n'ét
inévitable que les magistrats fussent toujours hostiles aux ouvr
est malheureusement certain que toutes les fois qu'une loi injuste
à une classe un pouvoir excessif, elle en abuse. Adam Smith
avec force contre cet abus, et contre toutes les entraves apporté
liberté du travail; il dénonça l'impossibilité où étaient les ouvriers
chercher du travail dans une autre paroisse, sans un certificat qui
dait du bon vouloir des magistrats. « Il est souvent plus difficile »,
« pour un homme pauvre de passer la barrière artificielle élevée
d'une paroisse, que de franchir une chaîne de montagnes ou
verser un bras de mer. Le peuple anglais, si jaloux de sa liberté
qui ne comprend pas bien en quoi elle consiste, a supporté penda
d'un siècle cette oppression, sans y chercher un remède. » Ce
pas en France seulement que régnaient à cette époque l'arbitr
l'oppression; des deux côtés de la Manche, il était nécessaire q
économistes élevassent la voix pour réclamer à l'égard des faibles
indigents, la liberté et la justice.

Adam Smith avait eu sous les yeux un exemple frappant des
cles que les vieux règlements industriels opposaient au développ
de l'industrie. Pendant qu'il était professeur à l'Université de Gl
James Watt, l'inventeur de la machine à condenser la vapeur, vi
cette ville pour s'y établir, comme fabricant d'instruments de pré
La corporation des gens de marteaux lui refusa l'autorisation
saire; il n'était pas bourgeois de Glasgow et il n'y avait pas f
apprentissage. Heureusement que Watt avait parmi les professe
ami, dont l'influence obtint pour lui la permission d'établir son m
dans l'enceinte de l'Université, où s'arrêtait le pouvoir de la corpo
Si l'on songe à ce qu'était Watt « il n'est pas étonnant que chaqu
de la *Richesse des Nations* soit illuminée par une passion indom
pour la liberté du commerce et de l'industrie. Dans l'esprit de c
plus encore que dans les faits qu'il contient, on peut voir l'aurore
nouvelle époque. La *Richesse des Nations* est la proclamation des
de l'industrie et du commerce. »

Le nom d'Adam Smith marque la première étape de la science

mique en Angleterre; la seconde se rattache à l'année 1798, quand parut l'*Essai sur la Population* de Malthus; en 1817, Ricardo publia les *Principes d'Économie Politique* et *d'Impôt;* enfin, en 1848, John Stuart Mill fit paraître ses *Principes d'Économie Politique*. Nous ne pouvons suivre M. Toynbee dans ses développements sur ces trois écrivains; il rend pleine justice à leur mérite, tout en faisant ses réserves sur ce que certaines de leurs théories peuvent avoir de trop absolu.

Il indique, en même temps, comment disparurent peu à peu les vieilles entraves, qui pesaient sur la liberté du travail et qui mettaient l'ouvrier dans une position d'infériorité. Les corporations perdirent leurs privilèges, la loi de l'apprentissage fut abolie en 1814, pas sur la demande des travailleurs il est vrai. Les disciples d'Adam Smith dans le Parlement cherchèrent à obtenir pour les ouvriers l'égalité devant la loi. En 1824, les lois sur les coalitions furent abolies; mais l'année suivante les employeurs eurent assez de crédit pour faire revenir la Chambre des communes sur sa décision et les ouvriers perdirent presque tout ce qu'ils avaient obtenu.

Cependant la concentration des ouvriers dans les villes accroissait leur influence; elle se fit sentir au moment du *Reform Bill* de 1832. Un amer désappointement suivit les espérances que cette réforme avait fait naître. La classe ouvrière s'aperçut que rien n'était changé à sa situation; elle se jeta dans l'agitation chartiste, qui prit de grandes proportions au moment de la terrible misère, qui précéda le rappel des lois céréales et qui s'éteignit quand cette sage mesure eut rendu la prospérité au pays. Dans la trêve qui suivit, les ouvriers cessèrent d'agiter, ils s'organisèrent. En 1867, ils obtinrent le droit de suffrage. En 1871, les *Trades'Unions* furent légalisées; en 1875, la loi contre les coalitions fut définitivement abolie; et la vieille loi du maître et du serviteur fut remplacée par une loi qui mettait le maître et le serviteur sur le même pied. « L'ouvrier avait atteint le sommet de la longue ascension, qu'il avait entreprise depuis les jours du servage; il était enfin l'égal de son maître ».

Comme toujours le progrès consista, ainsi que l'a établi Buckle, « non à faire quelque chose de nouveau, mais à défaire quelque chose de vieux. Les additions les plus précieuses faites à la législation ont été celles qui ont détruit l'œuvre des précédents législateurs; les meilleures lois sont celles qui ont aboli d'anciennes lois ».

SOPHIE RAFFALOVICH.

Société d'économie politique de Lyon. — Compte rendu analytique des séances de l'année 1883-1884, in-8°. 1884, Lyon, impr. A. Bonnaviat.

Les travaux de la Société d'économie politique de Lyon pour cette année peuvent, comme l'observe le président, M. Flotard, dans son discours de clôture, se grouper sous deux chefs principaux : *Le commerce extérieur et la question sociale*. Un seul rapport fait exception, c'est le premier de la série, celui de M. Rougier, secrétaire général, sur la *Question des théâtres*, — question plus sociale, ou pour mieux dire, plus antisociale qu'on ne s'en doute. — Ce dernier rapport paraît avoir été suscité par deux articles, exprimant des opinions très différentes et publiés, l'un dans la *Revue des Deux-Mondes* (1er février 1878), l'autre dans le *Journal des Économistes* (juin 1883).

Les bornes d'un compte rendu ne nous permettant pas d'analyser tous les rapports contenus dans le présent volume, ni même de nous étendre sur une seule question de manière à pouvoir tirer des conclusions, nous nous bornerons à dire quelques mots du rapport de M. Rougier sur la *Question des théâtres*. Deux motifs nous y engagent : cette question est des plus négligées et cependant des plus importantes, *Panem et circenses* ont été la principale cause de la décadence de Rome et de bien d'autres nations de l'antiquité ; en second lieu nous sommes personnellement intéressé dans la question : M. Rougier discute longuement l'article intitulé : *Artistes et subventions* que nous avons inséré dans le *Journal des Économistes* de juin 1883.

M. Rougier embrasse la question des rapports de l'État avec les théâtres dans toute son étendue : 1° droit des pauvres ; 2° censure ; 3° autorisation préalable ; 4° subventions.

Le rapporteur estime que le goût du théâtre n'est pas pour le public un objet de première nécessité, et que « si les spectateurs n'hésitent pas à faire une dépense pour un pur agrément, pourquoi ne les contraindrait-on pas à ajouter un léger sacrifice qui passerait inaperçu et dont profiterait l'indigence ? C'est sur cette considération qu'est fondé le droit des pauvres ». Puis, de raisonnements qu'il serait trop long d'exposer, et à plus forte raison de réfuter, il conclut que « le droit des pauvres est inattaquable dans son principe et dans ses effets ».

Dans ses effets, c'est au moins douteux, car, outre que le simple bon sens indique que la charité légale multiplie les pauvres, l'expérience est là pour prouver que le droit des pauvres n'a point fait diminuer le paupérisme. Il s'en manque.

Dans son principe, s'il suffit qu'un besoin ne soit pas de première nécessité pour *contraindre* ceux qui le satisfont à « ajouter un léger sacrifice », cela peut aller loin et, sans déroger au principe, le léger sacrifice peut devenir très lourd, surtout si les effets qu'on en obtient sont l'inverse de ceux qu'on espère.

Le théâtre n'est pas un besoin de première nécessité. — Soit. Mais alors ne le subventionnez pas. — Et le progrès de l'art ? — Alors ne le surtaxez pas. — Et les pauvres ? — Alors ne le subventionnez pas ; au moins établissez l'égalité devant la subvention et devant la taxe, et réunissez celle-ci à la patente, vous simplifierez ainsi les frais de perception. — Et les fonctionnaires ? — Ah voilà ! C'est toujours là qu'aboutissent toutes les questions. L'art de gouverner consiste à former des fonctionnaires pour des fonctions inutiles, puis créer des fonctions de plus en plus inutiles pour donner une apparence d'emploi aux fonctionnaires que l'on a tirés de leur place naturelle dans la société.

A l'appui de l'assertion que nous avons émise dans *Artistes et subventions*, que la protection de l'État nuit à l'art au lieu de lui profiter, nous avons comparé le XVIIe siècle, époque de non protection, au XVIIIe, époque de privilège. M. Rougier répond que la décadence du théâtre au XVIIIe siècle s'explique par ce fait que les idées étaient tournées d'autres côtés : vers la finance, les sciences philosophiques, économiques, etc., et que le courant fut assez puissant pour faire oublier au public l'Opéra, le Théâtre-Italien et le Théâtre-Français. M. Rougier aurait dû ajouter que, cependant, ce courant ne fut pas assez fort pour faire oublier les théâtres de la foire, auquels l'Opéra interdisait de chanter et la Comédie française de parler ; et qui, tout en payant de lourdes contributions aux théâtres privilégiés, faisaient leurs affaires et amusaient le public, pendant que l'État et la Ville comblaient les déficits toujours renaissants des théâtres privilégiés.

Mais il suffit de connaître très superficiellement l'histoire du XVIIIe siècle, pour reconnaître que le public ne se passionnait pas moins pour le théâtre qu'au XVIIe. Les nombreuses ordonnances de police, les cabales, la multitude de brochures publiées en ce siècle d'*escrivaillerie*, à propos de théâtre, les querelles des bouffons, des Ramistes, des Gluckistes, des Piccinistes sont là pour prouver que la cause de la décadence n'est pas où l'on veut nous la faire voir.

Voulez-vous une autre preuve des effets néfastes de la protection de l'État sur les arts ? Prenez la musique. Si nous remontions au moyen âge, nous verrions la France à la tête de l'Europe sans que l'État se mêlât de privilégier ni de subventionner ; nous verrions avec Fétis et de Coussemaker, les deux plus savants musicographes, que tous les traités de musique de cette époque que l'on trouve dans les diverses bibliothèques de l'Europe sont d'auteurs français ; nous entendrions les étrangers nous dire eux-mêmes que les cours des princes italiens de la

Renaissance étaient remplies de musiciens français, et que la musique s'était récemment introduite de France en Italie [1].

C'est le monopole de la corporation des ménétriers qui, peu à peu, éteignit la musique en France, chassa les vrais artistes et contribua progrès de l'art... à l'étranger.

'allons pas chercher nos exemples si loin. Il est académique-n ...venu que les Français du moyen âge étaient des barbares et ts acceptons-les pour tels, les académies sont infaillibles; au XVIIIe siècle.

ici la pratique musicale privilégiée en la personne mo- ... l'Opéra. La pratique, exécution et composition restent ...res; s'il se fait un progrès, c'est de l'étranger qu'il vient. D'un côté la théorie est libre : il n'y a pas encore de conservatoires. La théorie fait des progrès; c'est en France que paraissent la plupart d ... ories de la musique, si nombreuses au XVIIIe siècle; si les ...rs en publient quelques-unes, ils ne font guère qu'amplifier et ser les nôtres.

... un pas de plus, arrivons à la fin du siècle, conservons le mo- ... de l'Opéra, ou seulement les subventions, et protégeons en outre ...orie musicale, fondons le Conservatoire. Qu'est devenue depuis lors la théorie? Quel est l'émargeur de la maison de la rue Bergère qui lui a fait faire un pas en avant? Est-ce que par hasard tout serait dit en fait de théorie musicale? Sinon, d'où vient le mutisme? — Les idées et les goûts du public sont changés? — Supposons qu'ils ne le soient pas. Quel moyen reste-t-il à l'auteur d'une nouvelle théorie musicale pour la faire parvenir au jugement du public? Et si la protection tourne ainsi au détriment de l'art protégé, quelle est son utilité?

M. Rougier convient avec nous que les subventions ne profitent pas à la généralité des artistes, mais il croit qu'elles profitent aux *étoiles*. Je croyais avoir assez clairement indiqué, au commencement d'*Artistes et subventions*, que les subventions ne profitent réellement à aucun artiste. Il suffit, d'ailleurs, d'être un peu familier avec le monde théâtral, ou de suivre les étoiles dans leur évolution pour savoir à quoi s'en tenir à cet égard. On peut, au surplus, consulter les huissiers qui les traquent de gîte en gîte, même avant l'époque où elles cessent de briller, et l'on se convaincra que les subventions profitent encore moins aux étoiles qu'aux planètes.

Nous avons dit, dans *Artistes et subventions* : « Si les petits théâtres

---

[1] V. discours de Louis Zoccolo *sulle ragioni del numero del verso italiano*. « La musica piu molle, piu delicata chè non soleva costumarsi frà noi, Italiani, foce gli anni addietro passagio di Francia in Italia. »

sont immoraux, c'est à la censure, protectrice des mœurs, qu'il faut s'en prendre, car tout ce qui s'y représente passe par ses mains et reçoit son estampille ». M. Rougier en tire la conclusion suivante : « M. Rouxel voudrait donc que son action (de la censure) fût plus efficace ».

Il y a ici malentendu. J'ai voulu dire que la censure *se pose* en protectrice des mœurs, et non qu'elle l'est effectivement. Je pourrais même donner de très jolies preuves du contraire. Le titre que j'avais pris et les limites étroites d'un article de journal ne me permettaient pas de traiter de la censure. Si j'avais à traiter cette question, je montrerais que la censure n'a jamais été, n'est et ne pourra jamais être que politique, et par conséquent immorale, tant que les politiciens et les gouvernants ne seront pas infaillibles. Ce n'est pas par son mode, c'est par sa nature que la censure n'est pas efficace. Il lui est aussi impossible d'être morale qu'aux poisons d'être nutritifs.

Je n'insisterai pas davantage sur le Rapport de M. Rougier, ni sur les observations de MM. Flotard et Chavassieux, car j'écrirais une brochure et même un livre, c'est-à-dire quelque chose de parfaitement inutile, étant donné l'état où se trouve la question après tout ce qui a été écrit à son sujet.

Les conclusions de M. Rougier sont à peu près les mêmes qu'avait émises M. Albert Delpit dans l'article cité de la *Revue des Deux-Mondes*. Après avoir confondu la liberté avec la réglementation de 1864, qu'il appelle *liberté absolue*, M. Rougier opte pour le maintien du droit des pauvres, de la censure, des subventions et..... pour le rétablissement de l'autorisation préalable, c'est-à-dire du privilège, pour protéger la morale publique, la conscience des masses, etc. Décidément, le progrès n'est pas ce qu'un vain peuple pense. Puisque nous reculons vers 1864, pourquoi ne reculerions-nous pas jusqu'à 1795? Nous supprimerions le Conservatoire, qui conserve les traditions de l'art comme l'éteignoir conserve la bougie et par conséquent la lumière... en puissance, comme dirait Aristote.

Tant que nous sommes en train de rétrograder, si nous remontions jusqu'à 1672 et 1680, nous verrions les privilèges du théâtre renversés dans leur source. Encore un peu et nous arriverions au XIIe siècle, où il n'y avait presque aucun privilège et où rien n'en allait plus mal, du moins personne en France ne se plaignait, et les étrangers étaient les premiers à dire de nous ce que personne ne dirait aujourd'hui si nous ne le disions pas nous-mêmes, avec autant de modestie que de naïveté.

La Société d'économie politique de Lyon s'est souvent attachée aux questions de doctrine, mais aujourd'hui, dit son président, « nous évitons les sujets purement spéculatifs pour nous attacher à ceux qui offrent un intérêt immédiatement pratique, qui préoccupent l'opinion ou le gouvernement ». Et à propos d'une étude de la Société sur le ports du capital et du travail, il ajoute : « Si cette étude conscier ne peut pas faire du bien, elle ne peut pas faire du mal, et c'est coup. » C'est beaucoup, en effet, que de ne pas faire de mal, c' tout cas, la première chose à observer avant de se mêler de voulo du bien, car vouloir ne suffit pas.

M. Ribot, invité au banquet de clôture, a prononcé un discou constate la tendance de chacun à sortir de sa condition. « A mes les fortunes se font, dit-il, les générations se détachent peu à p industries qui les ont élevées, et il est rare de voir un père qui blement gagné sa fortune léguer à ses enfants, en même temps qu fortune, les habitudes de travail qui ont été l'honneur de son exist (Salve d'applaudissements.)

L'honorable député n'indique pas assez la cause de cette tenda semble que c'est précisément parce que le père a gagné *péniblem* fortune, qu'il cherche à éviter cette peine à ses enfants; et il l'a d'autant plus péniblement que les charges publiques sont plus lo et que les entraves mises par des fonctionnaires qui veulent s trer utiles sont plus nombreuses. Il est naturel que, dans l'alte de produire le budget ou de le consommer, on opte pour la seco

C'est donc avec beaucoup de raison que M. Ribot souhaite de minuer les dépenses publiques. « On dit aux industriels qu'il fa fectionner leur outillage. Est-ce qu'il n'y a pas dans la machine nistrative un outillage qu'il serait temps de simplifier et d'améli

Le difficile est de réduire les dépenses et de contenter les places et les gens sans places munis de leurs diplômes, c'est-à- droit, non pas à ne rien faire, ce ne serait que demi-mal, mais à cher les autres de faire ce qu'ils veulent.

ROUXEL.

L'EVOLUZIONE DEL LAVORO, saggio di sociologia economica, di Ug BENO. Un vol. in-8°, 1883. Torino, Unione tipografica-editric

Nous avons parlé, il y a quelque temps, du Livre de M. Co *les Formes primitives de l'évolution économique*, où l'auteu cueilli ce que les naturalistes ont écrit de plus intéressant sur la bilité parmi les animaux. *L'évolution du travail* de M. Ugo R pourrait être considérée comme faisant suite à l'ouvrage de M. Co et formant ensemble les deux premiers volumes d'une science q appellerait *sociontologie*, parce qu'elle embrasserait tous les êt ciables, tandis que la sociologie, qui n'en serait qu'une branche, nerait à l'étude des sociétés humaines.

M. Rabbeno est un disciple zélé de Darwin, de Spencer et des docteurs évolutionnistes. Quand je dis *zélé*, je ne dis pas servile, car l'auteur se sépare quelquefois de ses maîtres; il emploie pour cela beaucoup de précautions oratoires, mais enfin il s'en sépare, par exemple sur le concept des colonies et des sociétés animales.

Je manquerais à mon habitude de trouver à critiquer dans toutes les doctrines, si je ne profitais pas de l'occasion qui m'est présentée ici de dire un mot contre le *Darwinisme*, contre la fameuse hypothèse de la *lotta per l'esistenza*. Je dis bien *hypothèse*, et j'ajoute hypothèse dénuée de vraisemblance; car la lutte pour l'existence peut bien avoir lieu d'espèce à espèce, mais elle n'a ordinairement pas lieu entre individus de même espèce. Les loups ne se mangent pas entre eux. Les conséquences que l'on tire si complaisamment de cette hypothèse en l'appliquant aux sociétés humaines pèchent donc par la base. Ce qu'il y a de curieux, c'est que les hommes qui établissent de si drôles et de si tristes spéculations sur ce prétendu principe, et qui finissent par se demander si la vie vaut la peine d'être vécue, sont les gens qui prennent le moins de part au *struggle for life*, qui sont à l'abri, peut-être trop à l'abri de tout besoin. C'est sans doute leur désœuvrement qui les conduit à ces funèbres rêveries; s'ils avaient l'occasion d'occuper leur oisiveté à lutter pour la vie, ils lutteraient comme les autres et s'apitoieraient moins sur le sort de ceux-ci.

Je n'ignore pas que les transformistes échappent à l'objection que je viens de formuler, en étayant leur hypothèse de la lutte pour l'existence sur l'hypothèse de la non-existence des espèces; suivant eux, il n'y a pas d'espèces, il n'y a que des individus. Mais ce n'est encore là qu'une hypothèse, ou pour mieux dire, une question de mots, puisqu'ils admettent la *loi de variabilité*.

Quant aux conséquences que l'on tire des principes hypothétiques et invraisemblables de Darwin : survivance des plus forts ou plus intelligents, sélection naturelle, transmission héréditaire, évolution, progrès indéfini et définitivement acquis des individus et des sociétés; lorsqu'on regarde autour de soi, lorsqu'on ouvre l'histoire et qu'on lit dans les lignes et entre les lignes, lorsqu'on voit tant de peuples qui ont connu tous les raffinements de la civilisation, et qui sont disparus, eux et leur civilisation; lorsqu'aujourd'hui encore, on voit des peuples à peu près stationnaires depuis mille ans, et d'autres sur leur déclin, sans même qu'ils s'en doutent; quand on voit tout cela et le reste, il est difficile de croire que le progrès soit indéfiniment possible; que celui qui est actuellement réalisé ne puisse pas s'évanouir comme il est arrivé à tant d'autres; que la sélection naturelle produise nécessairement son effet; que les plus forts survivent à la lutte pour la vie; en un mot, que la lutte pour la vie ne soit pas une pure chimère.

Après une introduction où M. Rabbeno expose clairement, quoique brièvement, la doctrine de l'évolution universelle, l'auteur indique les rapports qui existent, et quelquefois même ceux qui n'existent pas, entre la biologie et la sociologie, entre l'économie animale et l'économie sociale. Il établit ensuite le concept du travail dans l'économie. Quoique les conclusions de ce chapitre II soient à discuter, elles n'en sont pas moins ingénieuses et dignes de fixer l'attention du lecteur.

L'auteur passe ensuite en revue : l'évolution du travail dans l'économie animale, puis dans les sociétés humaines. Le chapitre V : *Travail de l'homme préhistorique*, est composé de matériaux puisés aux meilleures sources en cette matière, ce qui ne veut pas dire que tout y soit vérité démontrée et au-dessus de toute contestation. Le chapitre VI : *Travail des sauvages actuels*, sera très sujet à caution pour les hommes qui, comme moi, croiront que la plupart des sauvages actuels ne sont pas des hommes primitifs, mais d'anciens civilisés retombés, par la loi de contre-évolution, dans la barbarie. On comprend que cette dernière hypothèse, à laquelle je donnerai peut-être un jour quelque vraisemblance, modifierait singulièrement les inductions que l'on peut tirer de leurs mœurs et usages, pour résoudre le problème sociologique.

Les faits exposés par M. Rabbeno n'en sont pas moins des faits, et par conséquent des matériaux utiles pour ceux qui s'occupent des questions sociales. Espérons que l'auteur nous donnera bientôt la suite de son travail, car ce volume n'est que la première partie d'un ouvrage qui doit en contenir trois. La première partie ne traite que du travail *eostorico*, hors de l'histoire ; la seconde traitera du travail dans l'histoire ; la troisième aura pour objet son état présent et futur.

Rouxel.

Una pagina de sociologia, por Ramon Lopez Lomba. Br. in-8°, 1883. Montevideo, impr. de la Nacion.

L'auteur ne se propose pas, comme on pourrait le croire par le titre, de faire de la sociologie transcendante, mais bien de faire descendre cette science des nuages de la généralisation, pour l'appliquer à son pays, l'Uruguay. C'est, dit M. Lomba, une grave et funeste erreur que de confondre le réel avec l'idéal. Dans la société comme dans les individus, il existe plusieurs vies superposées et distinctes : la vie organique, la vie animale et la vie mentale ; mais il faut observer que la vie organique est le solide fondement de la vie supérieure. Bonald a défini l'homme « une intelligence servie par des organes » ; M. Lomba incline beaucoup à renverser cette proposition avec A. Comte. C'est aussi mon avis, mais j'ajoute que ces pauvres organes sont aussi mal servis par l'intelligence que l'intelligence l'est par eux.

D'après l'auteur de la *Page de sociologie*, gouverner c'est peupler et éduquer. Il faut convenir qu'on ne s'en douterait pas. Depuis bientôt vingt ans, je suis à la recherche d'une institution qui n'aurait pas pour effet de nuire à la population et de contribuer à la propagation de l'erreur, maladie bien pire que l'ignorance, et je n'ai pas encore pu parvenir à mon but. S'il fallait un exemple à l'appui de cette assertion, je le trouverais sans quitter la brochure de M. Lomba, qui constate avec Herbert Spencer que l'on a renversé l'ordre naturel dans l'éducation. Ces deux auteurs ne font pas attention que ce renversement est le fait de l'État, que ce n'est que depuis qu'il a privilégié les universités et les académies, que ces corps savants se sont mis à s'occuper d'inutilités.

M. Lomba se propose de remédier au désordre de l'éducation, et il admet avec Spencer que le savoir le plus utile est la science, et parmi les sciences, les plus utiles sont celles qui se rapportent aux objets les plus nécessaires ; en conséquence, l'auteur demande l'établissement d'écoles d'agriculture, d'industrie et de commerce, de préférence aux écoles de bachellerie, de droit, de médecine, de fonctionnarisme. Il vaut mieux, dit-il, planter du maïs et des patates que passer son temps à solliciter des emplois officiels.

M. Lomba a parfaitement raison lorsqu'il s'élève contre les *universitades*, qui ne donnent l'éducation qu'à un nombre restreint de citoyens, éducation qui n'a pour effet que de les déclasser, de les déterminer à abandonner l'utile profession de leurs pères, de les mettre à charge au public et à eux-mêmes; c'est là évidemment la principale cause, — la première à mon avis, — de « l'horrible paupérisme » qui frappe à la porte du nouveau monde, après avoir envahi l'ancien. Mais c'est en vain que l'on pansera une blessure, tant qu'on laissera le poignard dans la plaie ; loin de se cicatriser, elle se gangrènera et finira par tuer le blessé.

Rouxel.

La situation monétaire des Pays-Bas en 1883, par MM. A. Vrolik et N. Pierson. S'Gravenhage, Martinus Nijhof, 1883.

Après l'adoption par l'Allemagne de l'étalon unique d'or, la Hollande, qui depuis vingt-cinq ans avait l'étalon unique d'argent, éprouva de grandes difficultés à la suite des ventes considérables de thalers démonétisés que fit son puissant voisin de 1871 à 1876. La baisse qui en résulta dans toute l'Europe fut telle que les payements à l'étranger ne purent plus être faits en argent, et qu'il devint embarrassant de fournir au commerce la monnaie d'or qui lui était nécessaire.

La Banque néerlandaise vit son encaisse d'or diminuer peu à peu de 49 millions de florins en 1875, jusqu'à 2.000 florins le 31 décembre 1882 pour se relever à 12 millions de florins vers le milieu d'août. La situa-

tion devenait intolérable. « Il s'agissait, comme le disent les aut
s'agissait surtout d'empêcher que l'or ne fît prime, car prime s
signifie dépression de l'argent. » Le stock de la Banque était tel
réduit qu'il fallait aviser. MM. Vrolik et Pierson délégués des Pays
la conférence monétaire et internationale de 1881, crurent dev
ler l'attention du gouvernement sur l'état de la circulation mo
aux Pays-Bas. Comment pourrait-on continuer à fournir au com
la monnaie dont il avait besoin sans laisser s'établir une prime su
Les anciens délégués à la conférence attachaient à ce double r
une importance exceptionnelle. Ils remirent dans ce but au m
des finances un projet de loi par lequel le gouvernement serait au
1° à faire fondre en lingots, au fur et à mesure que l'état de la c
tion en ferait sentir le besoin, une somme de florins d'argent ne
sant pas 20 millions de florins; 2° à mettre à la disposition du
merce, par l'entremise de la Banque néerlandaise, un certain n
de ces lingots aux prix du jour estimés en or; 3° à porter les f
cette opération à la charge de l'État néerlandais.

« La certitude de trouver à la Banque, quand tout l'or est
une certaine quantité de lingots en argent qui feront le même
cette certitude, disaient-ils, sera fortement appréciée par le comm
D'ailleurs on ne devait démonétiser et fondre qu'au fur et à mesu
besoins. Le ministère tomba et la loi ne fut pas votée. La situatio
donc pas modifiée.

Le mémoire des deux délégués, où est exposée cette question, i
qu elsseraient, selon eux, les remèdes à cette situation. Ils est
comme tous les bimétallistes, que le principal consiste dans la ré
tation de l'argent. Selon eux, cette réhabilitation est une questi
pendant purement des gouvernements. Un accord en ce sens
tout à fait efficace.

Je ne peux pas refaire pour ce travail la réfutation que j'ai fai
si souvent.

Toutefois, je dois mentionner un point particulièrement traité e
tant plus intéressant que les auteurs sont gens éminemment pra
C'est un plan assez longuement exposé d'extension à de nor
pays (Hollande, Allemagne, Grande-Bretagne) d'une union bimét
de l'union latine, par exemple. C'est la reprise d'un projet déjà
sur lequel j'aurai prochainement à revenir.

Je ne puis d'ailleurs que recommander tout particulièrement c
et substantiel mémoire, plein d'excellentes considérations sur t
tion monétaire. Pour notre pays, où cette question est si peu c
une analogue étude serait tout à fait souhaitable.

JOSEPH CHAILLEY.

THE LIMITS OF INDIVIDUAL LIBERTY. An Essay, by FRANCIS MONTAGUE. 1 volume, chez Rivington. 1885.

L'envahissement de l'Angleterre par les idées socialistes est certainement l'un des phénomènes les plus remarquables que nous connaissions. Le socialisme sous toutes ses formes et dans toutes ses nuances, depuis l'anarchie la plus crasse jusqu'au mode autoritaire le plus aristocratique, y recrute des adeptes de plus en plus nombreux. Le terrain, il nous semble, s'y prête malheureusement, et certains aspects de l'organisation de l'Angleterre expliquent cette infiltration d'idées fausses. Il est étrange qu'il en soit ainsi dans le pays qui a produit Locke, Bentham, John Stuart Mill et Herbert Spencer, — mais il n'est pas de vérités si solidement établies, qu'à un moment donné, on ne les combatte et ne les repousse. Cette tendance nouvelle de restreindre la liberté individuelle et d'agrandir la sphère d'action de l'État a fait des victimes parmi des esprits que leur éducation aurait dû mettre en garde contre de pareils errements. Oxford et Cambridge fournissent leur contingent de socialistes de la chaire, et l'auteur du volume que nous indiquons en tête de ce compte rendu, M. Montague, est tout spécialement infecté de préjugés antilibéraux. Ses allures sont modestes, il veut apporter sa contribution à la polémique qui se poursuit autour de la question des attributions de l'État. Il sacrifie l'individu à l'État et combat énergiquement les doctrines qui veulent réduire au strict nécessaire l'ingérence de la pesante machine gouvernementale. C'est à celle-ci qu'il remet le soin de concourir au bonheur de l'humanité, et malgré toutes ses précautions, toutes ses réserves, toutes ses distinctions, il roule loin sur la pente : subventions de toute sorte au clergé de toutes les confessions et de toutes les sectes, à un théâtre national, à des musées, à des sociétés de construction ; il fait bon marché de l'argent des contribuables et ne serait pas fâché de trouver dans l'impôt un moyen de combattre l'inégalité des conditions. Nous avons cru devoir signaler aux esprits curieux cet étrange essai sur les limites de la liberté individuelle.

A. RAFFALOVICH.

EIGHT CHAPTERS ON THE HISTORY OF WORK AND WAGES, by JAMES THOROLD ROGERS M. P. Chez Swan Sonnenschein, 8°. Londres, 1885.

M. Thorold Rogers a eu la bonne idée de détacher huit chapitres de son grand ouvrage sur *l'Histoire du travail et du salaire pendant six siècles en Angleterre*, et d'en rendre ainsi les parties les plus importantes accessibles à un grand nombre de lecteurs. Au moment où les questions qui touchent à l'industrie, au salaire, au travail, aux rapports

...et du patron, sont discutées avec un redoublement de vivacité ...me, une histoire du travail et du salaire a une valeur toute ...ue. Nous n'avons pas à faire l'éloge du professeur Thorold Rogers, ...est l'un des représentants les plus savants et les plus éclairés de ...école économique anglaise et qui a écrit un livre des plus remarquables sur les idées politiques de Cobden. M. Rogers appartient au groupe radical dont M. Bright est l'orateur éloquent. Dans la conclusion de son livre, il traite des remèdes aux maux présents, et ceux qu'il recommande sont les mêmes que le regretté Fawcett indiquait. Il apporte la preuve que la situation de l'ouvrier s'est considérablement améliorée, qu'on commet une erreur funeste en voulant étendre les attributions de l'État; il est loin de nier la misère ni les souffrances, il ne songe pas à en décréter l'abolition, mais il a confiance dans l'action simultanée d'une série de facteurs, comme l'association, l'instruction, l'épargne; qui sait si les socialistes ne le traiteront pas d'économiste et de statisticien salarié, comme ils viennent de le faire dans leur journal *To day* pour MM. Giffen et Leone Levi?

A. R.

L'Économiste pratique : Construction et organisation des crèches, salles d'asile, écoles, habitations ouvrières, etc., etc., par M. Émile Cacheux. 1 vol. gr. in-8° avec un atlas de 72 planches. Baudry, Paris, 1885.

M. Émile Cacheux, ingénieur des arts et manufactures, fait une très bonne figure parmi les hommes, de plus en plus nombreux, qui s'occupent des conditions morales et matérielles, si étroitement liées les unes aux autres, de l'existence des classes ouvrières et recherchent, avec une sollicitude constante, les moyens de les améliorer autant dans l'intérêt de la société elle-même que dans celui de ces classes.

Naguères, il publiait, en collaboration avec M. Muller, professeur à l'École centrale des arts et manufactures et à l'École spéciale d'architecture, un grand ouvrage sur les habitations ouvrières de tout pays et traitait à fond ce grave et si intéressant sujet, sous toutes ses faces et dans tous ses développements [1]. Maintenant il se présente au public avec un autre livre, aussi considérable de dimensions — quelque chose comme 800 pages d'un texte compact, en grand format, avec atlas — et où il traite cette fois surtout des crèches, des salles d'asile, des écoles, des bains publics et lavoirs, des maternités, des hospices et hôpitaux, des asiles de nuit, des postes de secours, etc., etc., etc.

---

[1] *Les habitations ouvrières en tous pays*, 1 vol gr. in-8, avec un atlas in-folio. (Paris, librairie Polytechnique de Baudry.)

Chacun de ces sujets est étudié, au point de vue tant de l'ingénieur qu'à celui de l'économiste : l'un indique quelles sont, dans sa pensée, les meilleures conditions de construction, d'aménagement, d'installation que ces divers établissements comportent, tandis que l'autre s'explique sur le degré d'utilité sociale qu'il leur attribue. A ce dernier point de vue, M. Cacheux n'a eu garde d'oublier les Sociétés de secours mutuels, les sociétés coopératives, les caisses d'épargne, les caisses de retraites pour la vieillesse, les caisses d'assurances en cas d'accidents, les sociétés protectrices de l'enfance, les orphelinats et les sociétés d'adoption pour les enfants trouvés, les secours, enfin, aux indigents capables de travailler.

Devenu, par suite de circonstances particulières, propriétaire d'une quinzaine de maisons, situées dans divers quartiers de Paris et renfermant environ cinq cents logements, M. Cacheux, fut frappé, dès la première visite qu'il fit à ses immeubles, des conditions d'insalubrité dans lesquelles vivaient leurs locataires. Ce n'était point là, d'ailleurs, un fait exceptionnel. Ayant visité depuis plusieurs milliers d'habitations ouvrières dans Paris, M. Cacheux constata que la plupart étaient dans un déplorable état et qu'en général, les travailleurs étaient logés d'une manière peu conforme aux lois de l'hygiène et de la morale. Tel fut le point initial de ses études sur les habitations ouvrières de Paris, études auxquelles il a consacré les premiers chapitres du livre dont nous parlons. Ne pouvant ici entrer dans leur détail, quelque intéressant qu'il soit, nous nous bornerons à en analyser *grosso modo* le contenu. M. Cacheux y fait l'historique des essais tentés à Paris pour doter les travailleurs de logements convenables ; il examine ce qui pourrait être fait par l'État dans ce sens, et il examine les résultats obtenus par l'emploi des 10.000.000 de francs que le Gouvernement impérial avait affectés à l'amélioration des logements insalubres. M. Cacheux estime que ces dix millions ont rendu d'immenses services à la population parisienne et beaucoup aidé à la solution de la question et, selon lui, si les résultats obtenus n'ont pas été beaucoup plus importants, c'est à nos habitudes routinières qu'il faut uniquement s'en prendre.

L'État n'avait alloué cette subvention qu'à titre d'encouragement aux efforts de l'industrie privée et de l'initiative personnelle. M. Cacheux ne cache point qu'il désirerait lui voir prendre en cette affaire une attitude plus décidée et s'occuper directement lui-même de la construction de logements ouvriers. Il se déclare « ennemi de l'intervention de l'État dans toutes les opérations qui peuvent rapporter un bénéfice certain » mais, dans le cas donné, elle lui paraît nécessaire, car les résultats provenant du mauvais état des logements d'ouvriers deviendront de plus en plus déplorables, si l'on n'y porte remède le plus tôt possible. les principaux effets des logements insalubres ne peuvent être pr par une loi. « L'État peut bien obliger les constructeurs à faire d sons saines et solides; mais il n'a aucunement le pouvoir de le à louer leurs immeubles à perte. D'un autre côté, l'argent dépe l'État pour améliorer les habitations ouvrières peut être regardé une dépense d'utilité publique très productive, puisque les imn sont une des sources les plus abondantes des revenus publics aussi utiles que celle qui est faite pour subventionner les théât sociétés de secours mutuels, les caisses de retraites. »

Nous citons sans apprécier et, renonçant à discuter ces idées d auteur, nous le suivons dans son exposé de ce qui s'est fait réce à Paris à cet endroit. L'État, sur la demande de la ville, a une commission d'étudier les meilleurs moyens de loger conv ment les ouvriers de la capitale. De nombreuses propositions lui présentées, parmi lesquelles une mention spéciale est due à c MM. Claude, Nicolas, Olivier, Minder, Amouroux. Ce dernier, par nom du comité socialiste du xxe arrondissement, demande la co tion par la ville de Paris, sur les terrains lui appartenant, de n ouvrières dont les locataires deviendraient propriétaires après l ment d'un certain nombre d'annuités de loyers. Le projet de M. consiste dans la formation d'une société dont le capital emplo construction ne dépasserait pas 20 0/0 de la valeur totale. Le s 80 0/0, devrait être fourni par la ville, ou moyennant sa garan des établissements de crédit. La ville, en temps et lieu, rembou aux actionnaires leurs vingt centièmes, et elle deviendrait ainsi p taire des immeubles bâtis. Quant au projet de M. Nicolas, il te création, dans divers quartiers de la capitale, d'un ensemble de constructions sur le modèle du familistère établi à Guise dans de M. Godin-Lemaire, lesquelles fourniraient aux ouvriers non seu des logements bien installés et peu chers, mais aussi, à des con toutes spéciales, ce qui est nécessaire à leur vie intellectuelle et et satisfait aux besoins de leurs familles, tels par exemple que trepôts, des crèches, des écoles, des bibliothèques.

Naturellement, nous n'avons pas la prétention d'avoir fait con dans ces quelques pages, un ouvrage aussi étendu et aussi consi que celui de M. Cacheux. Nous l'avons tout au plus signalé à l'at des personnes qui, par devoir ou par goût, se préoccupent des qu nombreuses, complexes, délicates qu'il envisage ou dont il prése solution. Mais, c'est justice seulement de constater qu'un pare implique de grandes recherches, ainsi qu'un vaste labeur de m œuvre, et de proclamer, qu'à notre sens, dans son ensemble, il fait vraiment honneur à son auteur.

AD. F. DE FONTPERTUIS.

CHOIX DE LECTURES GÉOGRAPHIQUES, par M. LANIER, professeur d'histoire et de géographie au lycée Condorcet (2e volume : l'*Afrique*). Eugène Belin, Paris, 1885.

« Le développement des études géographiques ne s'est pas ralenti en France depuis douze ans. En faut-il d'autres preuves que l'intérêt croissant provoqué par les questions coloniales et les voyages de découvertes ; le zèle patriotique de nos explorateurs que rien ne décourage ; la création de nombreuses sociétés de géographie dans toutes les régions du territoire et avant tout l'éclatant essor de la grande Société de Paris qui, dans les jours d'indifférence, gardait fidèlement le culte d'une science sans crédit et aujourd'hui par les explorations qu'elle suscite, les travaux qu'elle publie et les récompenses qu'elle décerne, jouit auprès des savants de tous les pays d'une autorité qui la met au premier rang ? »

Après avoir ainsi constaté la renaissance des études géographiques, dans un pays qui au XVIIIe siècle en tenait le sceptre, M. le professeur Lanier recherche la cause du profond discrédit où elles étaient tombées, et il n'a point eu de la peine à le trouver. La géographie, il y a une trentaine et même une vingtaine d'années semblait, suivant le mot d'un inspecteur général de l'Université, jouer dans nos écoles le rôle « d'un parvenu qui n'est que toléré ». Selon M. Lanier le mot toléré lui-même n'était qu'un euphémisme ; c'est proscrit qu'il eût fallu dire et l'on avait raison en ce sens qu'elle était alors enseignée d'une façon si fastidieuse, nous allions dire si barbare, qu'elle consistait seulement en arides nomenclatures et en statistiques fatigantes dont chacun croyait inutile de charger sa mémoire. Aujourd'hui tout cela est bien changé. L'enseignement géographique, dans la bouche d'une foule de maîtres aussi instruits que laborieux et dévoués, a pris de la couleur et de la vie : il a conquis la faveur publique ; les atlas, les manuels et les livres de géographie se multiplient et tous, depuis les plus érudits jusqu'aux plus élémentaires, témoignent visiblement d'une ardente préoccupation d'enseigner avec méthode et clarté une science dont l'utilité, à tant de points de vue, est désormais incontestable et incontestée.

Mais les livres classiques sont forcés d'être le plus souvent des *Mementos* et des abrégés. Lorsqu'ils ont couru au plus pressé, en fournissant des indications sommaires et en résumant les faits, il leur reste peu ou point de place pour décrire les divers aspects du sol et la beauté des sites, pour s'arrêter aux mœurs des peuples, à leurs institutions politiques, à leurs ressources naturelles, à leur commerce et à leur industrie. C'est cette lacune que M. Lanier a entrepris de combler dans une publication qui, une fois complète, ne comprendra pas moins de six gros volumes grand in-18, sans liens nécessaires d'ailleurs entre eux, formant isolément un ensemble complet et dont voici les titres: *Géographie générale et régions polaires*, *France*, *Europe*, *Amérique*, *Afrique*, *Asie et Océanie*. La masse de ces volumes se composera de citations empruntées aux voyageurs, aux géographes et aux publicistes les plus autorisés. A ces textes, M. Lanier s'est proposé d'ailleurs d'ajouter des notes explicatives et des analyses propres à les relier entre eux, comme à en compléter le sens. Il entend les faire précéder d'un résumé concernant la géographie politique des divers États, leur situation économique, leurs races et leur population, leurs produits naturels et manufacturés, leur agriculture, leur industrie et leur commerce, leurs lois, leurs coutumes et leurs mœurs, etc., etc. Des gravures choisies avec soin, des plans et des cartes seront en outre insérés dans le texte et contribueront à l'éclairer.

En un mot, c'est une anthologie géographique dont M. Lanier a conçu l'idée et s'est tracé le plan. L'idée, nous ne craignons pas de le dire, est excellente et excellente aussi la méthode qui doit présider à son exécution, à en juger par les deux volumes des *Lectures Géographiques*, qui ont paru jusqu'à cette heure et qui concernent l'un le nouveau continent, l'autre l'Afrique. Outre les résumés et les analyses dont nous parlions tout à l'heure, M. Lanier a placé à la fin de chaque chapitre une *bibliographie* par ordre alphabétique tant des meilleurs ouvrages que des meilleurs articles écrits en français, ou traduits dans cette langue ou publiés, depuis une trentaine d'années, dans nos recueils périodiques. Ce travail seul suppose d'immenses lectures et nous en croyons volontiers M. Lanier sur parole quand il nous dit que ce travail de pure compilation lui a pris bien des heures « quoiqu'il ne s'en dissimule pourtant ni les imperfections, ni les lacunes ». Toujours est-il que M. Lanier a fait et très bien fait ce qu'il se proposait précisément de faire, et que pour nous servir des expressions d'un de ses confrères, M. Drapeyron, le savant directeur de la *Revue de Géographie*, « il ne s'est pas contenté de lire beaucoup, il a fort bien agencé tous les matériaux amassés par lui ».

Dans le volume sur l'Amérique, M. Lanier avertissait ses lecteurs qu'il devait se montrer sobre en général de développements historiques, et il s'excusait d'avoir manqué à cette règle en ce qui concerne le Canada et les États-Unis. « Sans imiter, disait-il, la ridicule fanfaronnerie de certains livres classiques étrangers, il est bon de rappeler à la jeunesse de nos écoles que le rôle de la France dans le monde a été maintes fois héroïque et encore plus souvent généreux; elle puisera dans ces souve-

abusives, sauf à les remplacer par d'autres plus productives et plus rémunératrices.

Le tableau suivant résume, pour l'exercice de 1884-1885, l'état des finances portugaises :

Recettes présumées (évaluées en milreïs) [1].

1. Impôts directs..................	6.280.890
2. Enregistrement et timbre......	3.248.600
3. Impôts indirects..............	16.142.100
4. Impôt additionnel établi par la loi du 27 avril 1882...........	1.057.000
5. Biens nationaux et dépenses diverses.....................	3.603.520
6. Remboursements d'avances....	1.101.507
Total..................	31.436.717

Dépenses ordinaires.

1.	Intérêts de la dette extérieure.	6.254.888
2.	— — intérieure..	5.834.659
3.	Service des titres de la dette publ.	964.426
4.	Caisse générale des dépôts....	39.730
5.	Ministère des finances.........	6.587.796
6.	— de l'intérieur........	2.213.043
7.	— des cultes............	641.549
8.	— de la guerre.........	4.858.574
9.	— de la marine........	1.772.571
10.	— des affaires étrangères	329 971
11.	— des travaux publics, du comm. et de l'indust.	2.878.720

C'est un total de 32.405.878 milreïs de dépenses ordinaires, si on y ajoute 6.138.000 milreïs de dépenses extraordinaires, on arrive à un total de 38.543.738 milreïs, ce qui constitue un excédent de plus de 7 millions de milreïs — 39.200.000 francs — des dépenses sur les recettes. Quant à la dette consolidée, elle est représentée par 430.852.300 milreïs — 2 300 millions — dont 255.661,807 afférents à la dette extérieure. Ce n'est point là, force est bien d'en convenir, une situation financière très brillante, et M. Miguel de Bulhoës en est convaincu tout le premier ; cependant il se rassure en songeant que sa patrie possède de nombreux et de solides éléments financiers qu'il s'agit seulement de mettre en œuvre avec énergie et persévérance. Il y a selon lui de nombreux vices dans le système fiscal du royaume, dans la gestion des finances publiques. « Quand le patriotisme », dit-il en terminant, « se substituera résolument aux convenances et aux intérêts particuliers, la tâche du réforma-

[1] Le *milreïs* d'or vaut 5 fr. 60 de la monnaie française.

selon le type de la grande compagnie de 1664, et dont le rôle [illegible] rait de faire venir des travailleurs libres, à organiser l'émigration de nos nationaux, à leur répartir les terres disponibles, à exécuter [illegible] nes, à créer des débouchés ; en un mot, à mettre toute la grande île en valeur. » M. Pauliat est convaincu qu'un tel projet [illegible] beaucoup aux habitants de l'île Bourbon, non moins qu'aux [illegible] race française de l'île Maurice. « Dirigées par des hommes compé[tents] [illegible] cultures coloniales, ces compagnies ne pourraient [illegible] un degré de prospérité. L'histoire de Madagascar, avant la Révolution [illegible] d'ailleurs la preuve vivante qu'en usant de discernement, les [illegible] seraient aisément amenés à prêter tout leur concours à des [illegible] semblables. »

[illegible]

[illegible]

[illegible] tion, [illegible] de contenir [illegible] — [illegible] politique [illegible] Allemagne. — Les désastres de Lyon et les désastres de l'Égypte. — [illegible] graphe protectionniste. — Les subventions [illegible] à la navigation [illegible] — L'épidémie protectionniste [illegible] — [illegible] de M. Gladstone. — [illegible] développement de [illegible] [illegible]

On trouvera dans le Bulletin le texte des deux lois portant [illegible] des droits sur les céréales et le bétail, qui ont été [illegible] des Députés, avec une majorité de [illegible] voix contre [illegible] à une majorité de [illegible] [illegible] [illegible] [illegible] [illegible] des droits que [illegible] [illegible] [illegible] [illegible] [illegible] [illegible] [illegible] le discours du président de la Ligue [illegible] de la Ligue [illegible] M. Léon Say, qui [illegible] des sophismes protectionnistes

¹ Ce [illegible] vient de paraître à la librairie Guillaumin et Cie.

selon le type de la grande compagnie de 1863, et dont le rôle
rait « à faire venir des travailleurs jaunes, à organiser l'émigrati
nos nationaux, à leur répartir les terres disponibles, à exploiter
nes, à créer des échanges; en un mot à mettre toutes les part
l'île en valeur. » Et M. Pauliat est convaincu qu'un tel projet
beaucoup aux habitants de l'île Bourbon, non moins qu'aux
race française de l'île Maurice. « Dirigées par des hommes rompu
cultures coloniales, ces compagnies ne pourraient qu'arriver à un
degré de prospérité. L'histoire de Madagascar, avant la Révol
d'ailleurs la preuve vivante qu'en usant de diplomatie, les
seraient aisément amenés à prêter tout leur concours à des entre
semblables. »

Ad. F. de Fontpe

CHRONIQUE

Sommaire : Les lois portant augmentation des droits sur les céréales
bétail. — Le discours de M. Léon Say au Sénat. — La paix avec la
Les perspectives de guerre entre l'Angleterre et la Russie. — La
tion russe dans l'Asie centrale. — La réaction contre la politique
Allemagne. — Les tisserands de Lyon et les tisserands de Crefeld. — L
gique protectionniste. Les subventions allemandes à la navigation t
océanique. — L'épidémie protectionniste en Italie. — Le discours d'ina
ration de M. Cleveland. — La *Ligue contre le renchérissement du pain*
la viande.

On trouvera dans le Bulletin le texte des deux lois portant
mentation des droits sur les céréales et le bétail qui ont été v
par la Chambre des députés à une majorité de 264 voix contre
par le Sénat à une majorité de 179 voix contre 75. Nous avons rés
dans notre dernier numéro les principaux arguments dont les
tectionnistes se sont servis à la Chambre des députés pour provo
ce retour à un régime suranné : l'inondation des blés de l'Amériq
de l'Inde, la nécessité d'assurer à l'agriculture française des pri
munérateurs, etc., etc. Nous retrouvons les mêmes arguments
la discussion du Sénat. Nous nous bornerons à signaler, dans
discussion, un remarquable discours du président de la *Ligue co*
le renchérissement du pain et de la viande, M. Léon Say, qui
rien laissé debout des arguties et des sophismes protectionnist

---

[1] Ce discours vient de paraître à la librairie Guillaumin et Ce.

y remarquons notamment cette réfutation péremptoire du so-
[illegible]de l'égalité par voie de protection.

[illegible]emble croire que l'égalité dans le système de la protection est
[illegible]e chose de pratique, de possible.
[illegible]nt à moi, je considère qu'entre l'égalité et la protection, il y a
[illegible]solue impossibilité d'accord, c'est une contradiction, une utopie
[illegible]ais vous en donner les raisons.
[illegible]rotection est une faveur; or, la faveur donnée à tout le monde
[illegible]lus une faveur; si vous faites une faveur à l'un, une faveur à
, une faveur à tout le monde, vous avez dépensé beaucoup d'ar-
[illegible]n frais d'organisation de cette faveur, et vous n'avez rien fait pour
[illegible]ne; mais je dirai plus: Vous ne pouvez pas organiser cette faveur
[illegible]selle, cela vous est impossible; toute protection que vous accordez
[illegible]e diminution de la protection que, la veille, vous aviez accordée à
[illegible]re. Je vous en ai donné tout à l'heure une preuve par le fait de
[illegible]tion accordée à la marine marchande; cette protection est une
[illegible]tion de celle que vous voudriez donner à l'agriculture. Toutes les
[illegible]e vous protégez quelqu'un, c'est toujours au détriment d'un
si vous protégez telle industrie, c'est au détriment de telle
nous l'avons vu pour la fabrication lyonnaise: vous avez voulu
[illegible]er les fils de coton, cela a été aux dépens de l'industrie lyonnaise
[illegible] de coton recouverts de soie. La protection absolue est une chi-
[illegible]vous ne pourrez jamais y arriver.
[illegible] vous ne pouvez pas y réussir, si malgré vos efforts vous parvenez
[illegible]ent à augmenter constamment les frais de la vie en France: si
[illegible]ous enfermez de telle façon que nous soyons un territoire qui
[illegible]rtera plus parce que la production sera trop chère, loin de rien
[illegible]our la grandeur de la France, vous l'aurez, au contraire, réduite
[illegible]ang inférieur.
[illegible]peut, il est vrai, remplacer le système de l'égalité, qui me paraît
[illegible]ique, par un système de répartition entre les travailleurs que pro-
[illegible]nt les protégés, de telle sorte qu'il y aura en France une catégorie
[illegible]idus qui recevront des faveurs de l'État, mais qui les recevront à
[illegible]ition de les répartir entre ceux qui sont autour d'eux. Cette con-
[illegible] a pu être celle des temps passés; il a pu y avoir de grandes
[illegible]ons qui faisaient vivre leur clientèle, mais ce n'est pas une con-
[illegible]démocratique.
[illegible]a même parmi les conservateurs des personnes qui voudraient
[illegible]r jusqu'aux corporations du moyen âge en se disant que les
[illegible]s protégeront les ouvriers comme un père protège ses enfants.
[illegible]conceptions ne sont plus de notre temps. Vous voulez que les

propriétaires, que les fermiers ayant une situation toute pri fassent travailler ceux qui seront autour d'eux. Je vous assure q une conception qui est absolument contraire à l'idée démocratiq

Ce que vous demandent les gens qui travaillent en France, pas votre protection, c'est de pouvoir travailler comme ils l'en Ils désirent se protéger eux-mêmes et non pas être protégés p (Rumeurs à droite. — Très bien! à gauche.) Si vous arrivez à des classes privilégiées dans notre pays, vous aurez fait quelqu d'absolument contraire au sentiment de ce pays, et lorsque vo appuyez sur le sentiment de l'égalité pour demander l'applic système protecteur, vous vous appuyez sur un argument qui tourne contre vous.

***

Des négociations sont engagées en ce moment entre la F la Chine, pour le rétablissement de la paix sur la base du Tien-Tsin. Le Tonkin restera acquis à la France, mais rap t-il jamais ce qu'il aura coûté et ce qu'il coûtera encore?

***

La Sibérie et l'Asie centrale sont le déversoir naturel de lation de l'Europe orientale, comme le *Far-west* américain de l'Europe occidentale. Maîtresse de la Sibérie, dont quelqu turiers cosaques ont commencé la conquête, il y a trois sièc aucune subvention du gouvernement, la Russie a commen ment depuis trente ou quarante ans à occuper les vastes ré l'Asie centrale; mais ses progrès y ont été rapides et le j pas éloigné où sa frontière asiatique atteindra celle de l' glaise. Au point de vue du développement général de la ci et du commerce, on ne pourrait que s'en féliciter : quoique ses soient en retard sur les peuples du reste de l'Europe, il avance sur les Turcomans pillards, et les émigrants qui se en nombre croissant dans l'Asie centrale y créent des production et de civilisation qui pourraient bien un jour d'importance avec ceux du *Far-west*. Déjà il a été que établir un chemin de fer qui serait la voie la plus rap l'Europe et l'Inde. Ce projet était patroné par M. de Lessep des Russes les plus éclairés et les plus libéraux que n connus, le prince Orloff, mort récemment, était d'avis que sement de cette grande artère commerciale, en créant un nauté d'échanges et d'intérêts entre l'Inde anglaise et la Ru tique deviendrait un instrument de paix et d'alliance entre l'A et la Russie. Malheureusement, la Russie est en proie aujourd'hui à une réaction militaire et protectionniste : les états-majors de Saint-Pétersbourg dressent les plans de la future conquête de l'Inde, tandis que les fabricants de cotonnades et les marchands de Moscou rêvent de s'emparer du marché de l'Inde, en y étendant l'application du tarif prohibitif qui ferme actuellement la Russie au commerce du monde.

D'un autre côté, l'Angleterre a commis la faute grave de remplacer la compagnie des Indes dont les intérêts étaient essentiellement pacifiques par une régie militaire et bureaucratique dont la guerre augmente naturellement l'importance et les profits. La guerre, pour le haut personnel gouvernant l'Inde, ce sont des milliers d'hommes à commander moyennant de gros appointements sans parler des récompenses nationales, ce sont encore et surtout force millions à dépenser. On s'explique ainsi que l'Angleterre et la Russie soient sur le point d'engager une grande guerre, à propos de nous ne savons quelle insignifiante question de délimitation de frontières dans les déserts de l'Afghanistan. « Le ministère anglais remarque judicieusement le *Journal des Débats*, on en peut être assuré, ne désire point la guerre. Mais le gouverneur général de l'Inde lord Dufferin est placé sous l'influence directe de la société anglaise de Calcutta, société formée en totalité de fonctionnaires et d'officiers, et animée de sentiments très hostiles contre la Russie. Il reçoit ainsi l'impulsion d'une opinion publique un peu factice. Il est excité, en outre, par les démonstrations guerrières et les offres de service, très pompeuses et sans doute aussi très sincères, des princes indigènes vassaux de l' « impératrice » Victoria. On croit autour de lui, et on dit très haut, que l'occasion est excellente pour frapper un grand coup sur la Russie, pour arrêter la marche envahissante qu'elle suit impunément depuis douze ans. On assure que cette occasion ne se retrouvera pas ; que, si on hésite à la saisir, il sera trop tard pour tenter la résistance une autre fois ».

On peut encore espérer cependant que l'opinion publique interviendra en Angleterre pour empêcher cette guerre absurde, quoique l'extension du suffrage n'ait point contribué à y rendre l'opinion plus pacifique et plus libérale ; mais ce ne sera qu'un ajournement. Aussi longtemps que les influences bureaucratiques et militaires demeureront prépondérantes, comme elles le sont en Russie et dans l'Inde, comme elles tendent à le redevenir en Angleterre, on ne pourra avoir qu'une confiance limitée dans le maintien de la paix et, suivant l'expression pittoresque de M. de Bismarck, on devra s'attendre au duel de l'éléphant et de la baleine.

***

Voici quelques renseignements intéressants sur les progrès colonisation Russe dans l'Asie centrale.

Depuis leur entrée dans le Turkestan, c'est-à-dire depuis 1851- Russes ne cessent pas de coloniser ce pays. Partout où ils trouve oasis propre à la culture, ils s'empressent d'y fonder un village ou une ville. Comme les terres cultivables ne se trouvent dans l'Asi trale qu'au pied des montagnes, il en résulte que les colonies russ rangées le long de grandes chaînes. Le gouvernement favoris colonisation en cédant aux colons des terres disponibles conve sans aucun payement, mais à condition que le sol soit immédia cultivé. Après dix ans de culture, le colon devient propriétaire champ et de son jardin ; mais s'il les quitte avant ce terme, l revient à l'État, qui peut la céder immédiatement à un autre d'origine russe. On a établi de nombreuses colonies, non seuleme les steppes des Kirghizes nomades qui ne s'occupent pas d'agri mais aussi dans la partie du pays habitée par les Tadjiks et les C sédentaires et civilisés depuis des siècles.

C'est ainsi que dans la province de Syr-Daria, on trouve actuel une série de colonies qui donnent une base solide à la puissanc dans ce pays. La plus grande est naturellement celle de Tachk « la ville russe » contient plus de 12.000 habitants. Mais ce ne s des marchands, des fonctionnaires du gouvernement et leurs tiques qui l'habitent. Pour les agriculteurs, on a fondé, tout Tachkend, un village, Nikolaewka, sur le champ de bataille où naleff a vaincu en 1865.

Plus de 3.000 hectares de terre fertile, mais couverte de brou avant l'arrivée des Russes, ont été transformés en plantation santes qui appartiennent à 300 familles de paysans russes.

Une commission administrative, chargée de la recherche de propres à la culture et non occupées par les indigènes, en a trou la province de Syr-Daria plus de 130.000 hectares, et a décidé taller 6.500 familles. Les colons n'ont pas manqué d'arriver en considérable, et ils ont fondé, outre Nikolaewka, 7 autres colon ou moins prospères. Ce sont : 1° Sary-Comar, fondée en 1875 milles avec 2.300 hectares) ; 2° Tchaldavar (40 familles, 1.200 3° Aktchi, fondé en 1828 (50 fam., 1.200 hect.) ; 4° Pokrovsk, f 1881 (55 fam., 1,500 hect.) ; 5° 4 hameaux de Memnonites fond en 1881 (95 familles, 2.000 hect.) ; 6° et 7° deux villages de D (120 fam., 1,000 hect.). Ces derniers colons, d'origine chinoise, on

particulier de celle qui s'est rendue acquéreur de terres dans l'Ousagara, à l'ouest du sultanat de Zanzibar. Ces Sociétés ont fait appel au public, et le public paraît faire la sourde oreille. Tandis que le Reichstag a voté plus de 10 millions de marks pour les colonies, et que le gouvernement a été mis ainsi en mesure d'agir, les Compagnies privées paraissent en lutte avec l'indifférence des particuliers. La Compagnie de l'Afrique orientale cherche des fonds pour exploiter ses terres; celle du sud-ouest de l'Afrique, si protégée qu'elle soit par des grands seigneurs et des banquiers, en est encore aux tâtonnements; de celle du Benoué, il n'est presque plus question. Est-ce qu'on en resterait, chez nos voisins, aux discours et aux votes du Reichstag en matière de colonisation?

***

Les tisserands de Lyon ne sont pas seuls à réclamer l'entrée en franchise à charge de réexportation des fils de coton destinés à la fabrication des tissus mélangés. Les tisserands de Crefeld viennent d'adresser la même demande au gouvernement allemand :

« Le bureau de l'union des tisseurs de soie mélangée du rayon de Crefeld, dit la *Gazette de Voss*, vient d'adresser à l'empereur une pétition le priant de ne pas abandonner l'industrie du velours et des soies mêlés de coton dans « sa lutte ardente contre l'étranger ». Au dire des pétitionnaires la transition brusque du tissage à bras au tissage mécanique aurait pour effet d'exposer à la misère 100,000 personnes. Le moyen de remédier à cet état de choses serait d'accorder aux fabricants de Crefeld le bénéfice de l'admission en franchise des fils fins de coton, ou la diminution des droits sur les filés susdits. Le ministre du commerce a fait savoir officiellement à la chambre de commerce de Crefeld que le gouvernement ne peut accorder aux tisseurs de soie mélangée ni la réduction ni la franchise des droits. »

Si notre gouvernement avait le courage de se dérober aux influences protectionnistes, il s'empresserait d'accorder aux tisserands lyonnais l'exemption de droits que le ministre du commerce allemand a refusée aux tisserands de Crefeld. Ce serait un moyen infaillible de protéger sans bourse délier, aux dépens de l'industrie allemande, l'industrie lyonnaise, et nous ne trouverions rien à redire à cette protection-là.

***

Tout en s'appliquant à faire obstacle par l'augmentation des droits de douanes à l'accroissement de l'importation des produits étrangers, et par conséquent au développement de l'exportation des produits indigènes, le gouvernement allemand s'efforce, d'un autre côté, de faciliter l'une et l'autre par des subventions allouées aux services de navigation transocéanique. C'est de la logique protectionniste. Voici le texte de la loi concernant les services de navigation à vapeur, qui vient d'être votée par le Reichstag.

Art 1er. Le chancelier est autorisé à concéder à des entrepreneurs allemands solvables, par voie de soumission restreinte, pour une durée de quinze ans, l'établissement et l'entretien des communications postales régulières par vapeurs transatlantiques entre l'Allemagne d'un côté, l'Asie orientale et l'Australie de l'autre côté, soit isolément, soit les deux lignes ensemble, et à accorder dans les contrats conclus à cet effet une subvention annuelle, prise sur les fonds de l'empire et pouvant s'élever au maximum à 4 millions de marks.

Art. 1er *a*. Le chancelier est, en outre, autorisé à concéder à des entrepreneurs allemands solvables, par voie de soumission restreinte, pour une durée de quinze ans, la ligne secondaire de Trieste à Alexandrie par Brindisi, et à accorder dans les contrats conclus à cet effet une subvention annuelle, prise sur les fonds de l'empire et pouvant s'élever au maximum à 100,000 marks.

⁂

Le protectionnisme est une maladie épidémique qui se propage avec plus de rapidité encore que les autres pestilences. Elle parait devoir suivre en ce moment le même itinéraire que le choléra, qui a passé de France en Italie, en dépit des quarantaines. Une lettre adressée de Rome au *Journal des Débats* annonce ainsi l'apparition ou pour mieux dire la recrudescence de ce fléau de l'autre côté des Alpes :

Le nouveau droit sur les bestiaux émeut grandement les éleveurs italiens.

Sur cette question de bêtes à cornes, les Piémontais n'entendent pas raison ; ils entrent en fureur, comme le taureau qui figure dans les armoiries de Turin. Il va de soi qu'on demande des représailles, et, par le temps qui court, on est sûr d'être applaudi en réclamant un droit de douane.

S'il se trouvait un ministre assez hardi pour demander un droit de 1.000 pour 100 sur tout produit étranger, et la peine de mort contre les fraudeurs, on lui élèverait une statue. C'est la folie du jour.

C'est au moyen de la convention de navigation, qui est à terme le 30 juin, qu'ils vont exercer la vendetta douanière. Les Italiens croient que la convention douanière leur est très préjudiciable. Bien que ne l'ayant pas étudiée, j'incline à croire qu'ils se font illusion. D'ailleurs, les moyens de contre-représailles ne manquent pas. On peut s'en rapporter a nos prohibitionnistes et à nos docteurs ès douanes, dont l'imagination est aussi fertile que celle de leurs confrères italiens. Les pauvres pêcheurs de corail pourraient bien payer pour les bœufs, et je ne puis m'empêcher de m'intéresser à ces bonnes gens.

M. Mancini ne paraît pas très disposé à s'embarquer dans une de ces guerres de tarifs, où généralement en croyant offenser son voisin on se blesse soi-même. Il a fait sagement ajourner une interpellation des députés piémontais. Il a compris qu'une discussion sur ce sujet ne pourrait qu'irriter les esprits et rendre les accords plus difficiles. Néanmoins il faut s'attendre à des difficultés énormes, parce que les intéressés pousseront le ministère et qu'en ce moment l'opinion publique est favorable aux prohibitions quelles qu'elles soient.

*
* *

Le nouveau président des Etats-Unis, M. Cleveland est entré en fonctions le 4 mars. Son discours d'inauguration est aussi satisfaisant que possible. Quoique M. Cleveland ait à compter avec l'armée des politiciens démocrates qui l'ont porté au pouvoir, il annonce sa ferme intention de poursuivre la réforme du service civil, en attribuant les places aux gens les plus capables et les plus dignes de les occuper, sans avoir égard aux « services de parti ».

Le peuple réclame la réforme de l'administration, et l'application aux affaires publiques des règles usitées dans la gestion des affaires privées. Dans ce but, il faut que la loi portant réforme du service civil soit exécutée de bonne foi. Nos citoyens ont le droit d'être protégés contre l'incapacité des employés publics qui tiennent leurs places simplement comme récompenses de services de parti; de même que contre l'influence corruptrice de ceux qui promettent, et les procédés déshonnêtes de ceux qui attendent des récompenses de ce genre. J'ajoute que ceux qui recherchent honorablement des emplois publics ont le droit d'exiger que le mérite et la capacité reconnus aient la préséance sur l'intrigue de parti ou les capitulations de conscience.

D'un autre côté, sans se prononcer ouvertement en faveur de la réforme du tarif, le nouveau président est d'avis qu'il y a lieu d'exonérer le peuple de tout impôt inutile.

Une sage sollicitude pour les intérêts et la prospérité du peuple exige que nos finances soient établies sur une base qui inspire la confiance aux hommes d'affaires, et qui assure un salaire régulier aux ouvriers, et pour cela il importe que notre système de revenu soit ajusté de manière à exonérer le peuple de tout impôt inutile, en tenant compte des intérêts du capital engagé en même temps que de ceux des travailleurs employés dans les industries américaines; et aussi de manière à empêcher l'accumulation dans le Trésor public d'un surplus de nature à encourager l'extravagance et la dilapidation.

C'est fort bien dit et nous souhaitons que les bonnes intentions de M. Cleveland ne restent pas à l'état platonique ; mais les partisans de la réforme du service civil et de la réforme du tarif n'auront des chances quelque peu sérieuses de l'emporter sur les politiciens, qui visent au monopole du marché des places, et sur les protectionnistes, qui veulent conserver le monopole du marché de l'industrie, qu'à la condition d'unir leurs forces et de travailler de concert à soulever l'opinion contre les monopoleurs.

***

Nous sommes charmé de pouvoir annoncer que la *Ligue contre le renchérissement du pain et de la viande* restera constituée et qu'elle continuera son œuvre de propagande, en l'étendant même à l'ensemble du régime de la protection, jusqu'à ce qu'elle ait réussi à convertir l'opinion à la cause de la liberté commerciale et à provoquer la transformation de notre tarif protectionniste en un tarif purement fiscal. Tel était, on s'en souvient, le programme de l'*Association pour la liberté des échanges* fondée en 1846 par Bastiat et ses illustres collaborateurs, Charles Dunoyer, Blanqui, Wolowski, Michel Chevalier, Horace Say, Joseph Garnier, etc. Ce programme, la *Ligue* l'a repris à quarante ans de distance et si, comme nous l'espérons, elle réussit à grouper et à discipliner les intérêts libre-échangistes, devenus plus nombreux à mesure que nos échanges avec l'étranger se sont multipliés (et ils ont plus que quadruplé depuis 1846 [1]), elle le réalisera à l'avantage de toutes les branches du travail national, en y comprenant les industries protégées elles-mêmes.

G. DE M.

Paris, 14 avril 1885.

Les amis de la science économique doivent des remerciements particuliers à notre aimable collaborateur, Mlle Sophie Raffalovich, qui vient de traduire *la Vie de Richard Cobden par John Morley*, en enrichissant d'une excellente préface cette traduction d'un ouvrage justement populaire en Angleterre. *La Vie de Richard Cobden* fait partie de la *Bibliothèque des économistes et publicistes contemporains*. 1 beau vol. in-8 de 435 p.

---

[1] En 1846, le commerce extérieur de la France avec l'étranger (commerce spécial) ne s'élevait qu'à 1.772 millions ; il a été de 7.875 millions en 1884.

Bibliographie économique.

OUVRAGES ENREGISTRÉS AU DÉPÔT LÉGAL EN MARS 1885.

—

ABOUT (J.-B.). *La Crise agricole et les moyens de la combattre.* In-12 de 14 p. Paris, Robert.

ACLOCQUE. V. *Association.*

Almanach financier pour 1885 (18e année). Guide des rentiers et des capitalistes. In-32 de 376 p. Paris, Chaix et au « Journal financier ».

Annuaire des douanes pour 1885 (22e année). In-18 de XVIII-286 p. Paris, Dentu.

Annuaire de l'administration, de l'enregistrement, des domaines et du timbre pour 1885. In-8 de 218 p. Paris, P. Dupont.

Annuaire de l'exportation pour 1885 (13e année). In-18 de 270 p. Paris, Wattier et au « Courrier ».

Annuaire administratif, statistique et commercial d'Eure-et-Loir pour 1885, publié par A. Coudray. In-12 de 190 p. Chartres, Petrot-Garnier.

Annuaire statistique du département du Nord, rédigé par M. H. Lecocq. 1885 (57e année). In-8 de 510 pages. Lille, Quarré.

Annuaire administratif, historique et statistique du département du Vaucluse pour 1885. In-8 de 366 pages. Avignon, Chassaing.

Association de l'industrie française [illegible] pour la défense du travail national. Vœux émis par l'assemblée. Discours de MM. Aclocque, Féray, Pouyer-Quertier. In-8 de 28 pages. Paris, B[illegible].

B[illegible] (Alexandre). *La transportation [illegible] et les colonies [illegible]*, rapport lu à la Société [illegible] de Lyon [illegible] 1885. In-8 de 24 p. Lyon, [illegible].

B[illegible]. *[illegible] d'économie en France.* Aperçus historiques. In-8 de 16 p. Paris, Chaix.

BLANC (Louis). *Questions d'aujourd'hui et de demain.* 4e série. Socialisme. In-18 de 374 p. Paris, Dentu.

BONTOUX. *Discours* prononcé dans la discussion du tarif des douanes (19 février 1885). In-8 de 16 p. Paris, au « Journal officiel ».

BRENTANO (Lujo) *La question ouvrière.* Trad. de l'allemand par Léon Caubert. In-18 de XII-330 p. Paris, Jouaust.

BROCH (Dr O.). *La crise agricole en Europe.* Gr. in-8 de 28 p. Paris, Berger-Levrault. [Extrait du « Journal de la Société de statistique de Paris ».]

BURDEAU (A.). V. REVERDY.

CAUBERT (L.). V. BRENTANO.

CHALAIN (Louis). *De l'influence des monopoles en France sur l'intérêt des capitaux et le taux des salaires.* In-18 de 140 p. Paris, Picard-Bernheim et au « Globe ». [Publications de la Société d'économie populaire.]

— et GRUHIER (Charles). *Union des chambres syndicales ouvrières de France.* Délégation nationale ouvrière à l'Exposition d'Amsterdam en 1883. Rapport d'ensemble. 1er vol. In-8 de 666 p. Paris, Masquin.

Chambre de commerce d'Angoulême. Compte rendu de ses travaux en 1883. In-8 de 112 p. Angoulême, Lugeol.

— *de Cognac.* Compte rendu de ses travaux de 1878 au 31 décembre 1883. In-8 de 48 p. Cognac, Bérauld.

COUDRAY. V. *Annuaire... d'Eure-et-Loir.*

COURCY (Alfred DE). *Questions de droit maritime.* 3e série. In-8 de XXIV-445 p. Paris, Pichon.

DESAIVRE. V. *Tables*.

F. I. C. *Instruction morale et civique*. 2ᵉ partie. Notions sommaires de droit pratique et entretiens préparatoires à l'étude de l'économie politique. In-12 de 124 p. Paris, Poussielgue.

FONTAINE (N.-P.). *La chaire contemporaine et les questions sociales*. In-8 de 46 p. Paris. Palmé. [Extrait de la « Revue du monde catholique ».]

FERAY. V. *Association*.

FOURNIER DE FLAIX (E.). *L'impôt sur le pain ; la réaction protectionniste et les résultats des traités de commerce*. In-8 de 380 p. Paris, Guillaumin.

— *La réforme de l'impôt en France*. T. I. Les théories fiscales et les impôts en France et en Europe au XVIIᵉ et XVIIIᵉ siècles. In-8 de LIV-512 p. Paris, Guillaumin.

GANAULT. *Discours* prononcé dans la discussion du tarif des douanes (19 févr. 1885). In-4 de 8 p. à 3 col. Paris, au « Journal officiel » et à « la Tribune ».

GERSCHEL. V. SPENCER.

GRANDEAU (Louis). *La production agricole en France, son present et son avenir*. In-8 de VIII-128 p. avec 2 cartes et 2 diagrammes. Paris, Berger-Levrault. [Extrait des « Annales de la science agronomique française et étrangère ».]

GROUALLE (V.). *La crise agricole*, discours prononcé à la Société des agriculteurs de France (11 février 1885). In-8 de 28 p. Paris, Noizette et à la Société.

GRUYER (Ch.). V. CHALAIN.

HERVÉ-BAZIN (Fr.). *Traité élémentaire d'économie politique*, contenant l'étude de la législation économique et les statistiques officielles. 2ᵉ édit. In-8 de 524 p. Paris, Lecoffre.

JOIGNEAUX (P.). V. LAFARGUE.

LAFARGUÉ (Georges). *Relèvement de l'agriculture*. Étude et solutions pratiques des principales questions agricoles de notre temps, avec une préface de M. P. Joigneaux. In-16 de XVIII-516 p. Paris, Guillaumin.

LECLERC (Eugène). *Etudes diverses*. La concurrence étrangère et ses résultats, renseignements et considérations économiques. In-8 de 22 p. Rouen, Cagniard. [Extrait du « Bulletin de la Société libre d'émulation du commerce et de l'industrie de la Seine-Inférieure ».]

LECOCQ (H.). V. *Annuaire... du Nord*.

LE TRÉSOR DE LA ROQUE. *Les auteurs de la crise agricole*, discours à l'assemblée générale de la Société des agriculteurs de France (10 févr. 1885). In-8 de 32 p. Laon, Cortilliot.

— *Les souffrances de l'agriculture*, discours, etc. (10 févr. 1885). In-8 de p. Paris, Mouillot.

MARBOT. *Le socialiste Proudhon*, conférence à Marseille (12 mars 1884). In-8 de 12 p. Paris, libr. de la Prédication contemporaine.

MÉLINE. *Discours* prononcé dans la discussion du tarif des douanes et des droits sur les céréales (10 février 1885). In-8 de 72 p. Paris, au « Journal officiel ».

Mémorial administratif, statistique et commercial de l'Ain pour 1885. In-16 de IV-232 p. Bourg, Authier et au « Courrier de l'Ain ».

MORAND (Marius). *La crise agricole au point de vue économique ; les droits sur les blés* ; exposé à la Société d'économie politique de Lyon (15 déc. 1884). In-4 de 40 p. et pl. Lyon, Waltener.

PAINCHON (L.). *Supprimons la rente française*. Un milliard et demi de moins d'impôts par an. Travail, prospérité. In-8 de 14 p. Paris, impr. Dejey.

PASSY (Frédéric). *Discours* prononcé à la réunion publique de la Ligue de Bordeaux contre l'élévation sur les céréales. (Alhambra, 14 déc 1884). In-8 de 96 p. Bordeaux, Gounouilhou.

— *Discours* prononcé dans la discussion du tarif des douanes et des droits sur les céréales (9-23 févr. 1885). In-8 de 134 p. Paris, au « Journal officiel ».

PATON. *La fortune publique*, études populaires. IVᵉ. La dette égyptienne et la politique anglaise. In-8 de 68 p. Paris, Dentu.

PEYTRAL. *Discours* prononcé dans la discussion du tarif des douanes et des droits sur les céréales (28 janvier 1885). In-8 de 48 p. Paris, au « Journal officiel ».

Pierrard (Paul). *Comment résoudre les difficultés économiques actuelles?* Etude sur la situation agricole, industrielle et commerciale en France et les moyens proposés en 1885 pour l'améliorer. In-8 de 48 p. Paris, Ghio.

Pouyer - Quertier. *Conférence agricole de Gisors* (28 décembre 1884. In-16 de 64 p. Rouen, Lapierre. [Extrait du « Nouvelliste de Rouen ». — V. *Association*.

Quesnel (J.). *La question agricole*. In-8 de 30 p. Le Havre, Hustin.

Question (la) sociale, revue des idées socialistes et du mouvement révolutionnaire des deux mondes. Mensuel. N° 1 (10 février 1885). In-8 de 32 p. Paris, impr. Reiff.

Quivogne (Fr.). *Protection et libre-échange*, à propos des surtaxes à établir, sur nos frontières, sur les blés et les animaux de boucherie. In-8 de 24 p. Lyon, Schneider. [Extrait du « Bulletin municipal de Lyon ».]

Reverdy (Henry) et Burdeau (Auguste). *Le droit usuel, le droit commercial et l'économie politique à l'école*. 4e édition. In-12 de 244 p. Paris, Picard-Bernheim.

Société d'économie politique de Lyon. Compte rendu analytique des séances pour l'année 1882 de 562 p. et pl. Lyon, Mo saud.

Spencer (Herbert). *L'indi tre l'Etat*. Trad. de l'angl Gerschel. In-18 de II-170 Alcan.

Statistique du port de (13e année 1884. In-4 de 54 Marseille, Barlatier-Feissat

Tables générales des Mé Bulletins de la Société de que, sciences, lettres et Deux-Sèvres (1836-1882). aperçu sur les autres pul de la Société, par Léo Des de 250 p. avec tabl. Niort, ciéte.

Tablettes statistiques, ad tives et commerciales des Nord. Annuaire pour 1885. 166 p. Saint-Brieuc, Guyon

Viala (L.-Fernand). *Co tions économiques sur la française*. In-8 de 16 p. lier, Bœhm. (Extrait du « de la Société languedoci géographie », sept. 1884.)

Waddington (Richard). prononcés dans la discussi rif des douanes et des d les céréales (12-14 févrie In-8 de 84 p. Paris, au « officiel ».

Le Gérant : P. GUILLAUMIN.

Paris. — A. Parent, imprimeur de la Faculté de médecine, A. Davy, success 52, rue Madame et rue Monsieur-le-Prince, 14.

JOURNAL

DES

ÉCONOMISTES

LA QUESTION

DE LA

POPULATION EN FRANCE AU XVIIIᵉ SIÈCLE

AU POINT DE VUE DE L'HISTOIRE ET DE L'ÉCONOMIE POLITIQUE

La « science de la population », qui en comprend à la fois l'économie politique et la statistique, est née au XVIIIᵉ siècle, après avoir parcouru diverses périodes, depuis les essais hypothétiques jusqu'à sa formation définitive.

La première phase est presque entièrement historique et se renferme dans une question de fait : les diverses contrées, et notamment la France, ont-elles vu s'accroître ou décliner leur population ?

Malheureusement une telle question, modeste en apparence, en ce sens qu'elle restait étrangère à toute théorie, manquait de ses éléments de solution les plus nécessaires. Des calculs reposant sur des bases sérieuses pour le passé, des recensements exacts pour le présent faisaient également défaut. On ne pouvait établir une comparaison accomplie dans des conditions tant soit peu régulières entre deux termes, dont aucun n'était, même approximativement, déterminé.

Une seconde phase s'ouvre ensuite, particulièrement avec le marquis de Mirabeau, phase morale, politique, économique, où l'on remonte aux causes d'augmentation ou de diminution du nombre des hommes, et où l'on se préoccupe de leurs effets sur l'état plus ou moins florissant du pays. Elle a pour conséquence de ramener aux recherches positives par la conviction où l'on arrive de plus en plus que, pour raisonner d'une manière sûre et satisfaisante, il faut des faits recueillis avec méthode.

Dès qu'on en aura saisi un assez grand nombre qui présentent un degré d'exactitude suffisant pour permettre quelques généralisations et inductions, complément obligé de la méthode expérimentale, on ne se bornera plus à se demander si en fait la tendance est à l'augmentation ou à la diminution de la population dans tel État donné ou même dans les divers États ; la curiosité, d'historique qu'elle était, deviendra scientifique ; elle laissera un peu de côté les recherches sur le passé pour s'élancer du présent vers l'avenir, conjecturant après avoir observé, concluant après avoir classé, substituant à des recherches d'un intérêt circonscrit et passager des vérités durables et d'une portée utile ; c'est la troisième période.

Les travaux, parfois un peu oubliés, que nous allons faire passer sous les yeux par des analyses fidèles autant que possible, renferment des documents qui ne sont pas au point de vue statistique sans importance sur les diverses classes de la société française, à la veille et au moment de 1789.

Nous avons cru qu'il y avait quelque intérêt à consulter ces sources de la statistique en voie de formation. On y pourra voir comment, peu à peu, des faits mieux débrouillés et mieux compris sortent les *lois*, cette vraie matière de toute science, et comment, après des assertions d'un vague singulier et quelquefois d'une audace étrange, une méthode prudente arrive à dégager des vues hardies. Tout un monde de réalités, qu'on avait crues livrées à l'incertitude et au hasard, vient se placer ainsi sous l'empire définitif d'un ordre régulateur.

I.

La croyance au progrès est tellement passée dans nos habitudes intellectuelles que nous l'appliquons pour ainsi dire instinctivement à presque toutes les questions sociales. Il s'en fallait qu'il en fût ainsi dans la première période du XVIIIe siècle ; même dans la seconde moitié, l'idée de la perfectibilité est loin de rallier tous les esprits. Ceux-là même qui proclament avec orgueil la supériorité de leur époque sur le moyen âge sont loin d'étendre le même jugement aux temps modernes par rapport à l'antiquité, tant elle a conservé une sorte de prestige devant lequel pâlissent tous nos progrès ! La plupart des érudits et des historiens vont même jusqu'à regarder la décadence continue comme la loi des destinées historiques de l'humanité. Il est extraordinaire de voir avec quelle puissance cette idée agit sur la solution du problème de la population même à un point de vue souvent rétrospectif. On admet avec une étonnante facilité que cette population est allée, va et ira décroissant. Les plus petits faits, les exemples les plus menus sur un point du globe qui s'est dépeuplé, sont pour ces esprits prévenus autant d'arguments valables. Le moyen âge paraîtra même à beaucoup d'entre eux avoir présenté une population beaucoup plus considérable que les temps de Louis XIV et de Louis XV.

Cette dernière opinion n'a pas laissé de faire école et de trouver des partisans parmi les érudits de notre temps. Ils continuent la tradition et parfois ils empruntent les arguments du XVIIIe siècle. Ils s'inspirent d'une autorité illustre, mais nullement infaillible, celle de Montesquieu, qui a traité la question avec cet esprit de complet pessimisme, dans ses *Lettres persanes*, livre où il serait pourtant difficile de reconnaître l'expression d'une pensée mélancolique. La conclusion de Montesquieu sur la marche historique de la population et sur son avenir n'en est pas moins empreinte d'une philosophie fort sombre, quoique l'auteur semble la porter assez légèrement : « Après un calcul aussi exact qu'il peut l'être dans ces sortes de choses, j'ai trouvé qu'il y a à peine sur la terre la dixième partie des hommes qui y étaient dans les anciens temps. Ce qu'il y a d'étonnant, c'est qu'elle se dépeuple tous les jours, et, si cela continue, dans *dix siècles* elle ne sera plus qu'un désert ». Ce n'est pas là une simple boutade. L'auteur y revient avec insistance, et part de là pour prophétiser. Cette diminution « s'est faite et *se fera insensiblement, sans qu'on y pense*, ce qui marque un vice intérieur, un venin secret et caché, une maladie de langueur qui afflige la nature humaine ». Ainsi l'humanité risque de finir, ou peu s'en faut, par manque d'hommes, et cette fin probable, qui s'appuye sur la réduction déjà au dixième du nombre, aura aussi son « millénaire » comme la fin du monde.

Montesquieu arrivé à sa pleine et forte maturité ne fera que répéter ce qu'avait écrit le brillant débutant littéraire qui semblait inaugurer, par la hardiesse de sérieux aperçus mêlés aux légèretés de la galanterie, la philosophie mondaine d'un siècle nouveau. L'ère des préoccupations et des discussions sociales s'ouvre après l'âge des spéculations métaphysiques et des controverses religieuses. Mais quel spectacle singulier que celui d'un génie, dont la pénétration est une des qualités maîtresses, s'acharnant à soutenir avec des semblants de preuves que les peuples anciens regorgeaient d'hommes, que les Volsques (qu'on ne s'attendait pas à voir figurer dans cette affaire), avaient des armées *innombrables* et formaient un peuple *infini*, accumuler des exemples de même valeur, et affirmer du même ton tranchant que l'Europe était plus peuplée au moyen âge qu'au temps où il écrit! De ces conclusions le philosophe politique ne laissera pas de s'affliger dans son grave *Esprit des lois*. C'est avec regret qu'il voit peu à peu s'éteindre le genre humain; il regard vie comme un bien, la population comme une force; il va jus demander qu'on applique à son encouragement les lois d'Augu et ne trouve à reprendre, dans les ordonnances de Colbert, leur timidité qui les rend inefficaces.

Cette thèse d'une population plus grande chez les anciens que les modernes venait d'ailleurs d'être soutenue en Angleterre par bert Wallace dans son livre : *A dissertation on the number mankind in ancient and modern times*. L'autorité dont a joui érudit, le succès qu'a eu en particulier son opinion sur la populati nous oblige à résumer ses idées. L'ensemble de ses arguments t à mettre toutes les vraisemblances du côté du dépeuplement prog sif. Il signale, comme une des causes principales de diminution, la rilité des moines et des religieuses, avec la même exagération q mettront bientôt les encyclopédistes. Comme eux, l'auteur anglai doute pas que le catholicisme n'ait dépeuplé le monde par l'abus célibat. Le mahométisme a eu le même effet pour l'Asie et pour frique, par une cause fort différente, qui est la polygamie. Mont quieu a également développé ces deux affirmations dans les *Let persanes*. Ainsi on explique par des raisons religieuses un affaibli ment numérique dont il aurait fallu commencer par établir la réal Aujourd'hui, dans l'état des sciences historiques et sociales, n sentons les objections se presser au sujet de plusieurs de ces as tions adoptées de confiance. Ainsi l'esclavage antique, selon Walla était extrêmement prolifique. Rien n'est moins d'accord avec ce nous en savons. Le droit d'aînesse avait énormément appauvri amoindri les familles par la difficulté de vivre pour les cadets : af mation contestable, qui aurait demandé à être examinée de p près. Wallace s'en prend aussi au défaut d'encouragement pa législation, auquel il attribue la diminution des naissances. C'ét oublier le peu d'efficacité de ces moyens artificiels. Il ajoutait q l'agriculture était, par comparaison, très négligée chez les mod nes; les propriétés trop concentrées avaient mis de nouveaux insurmontables obstacles à la multiplication des hommes, à la pl des facilités qu'y apportait le morcellement dans l'antiquité romai Ne sont-ce pas là des assertions contraires à l'histoire et qui c fondent les époques les plus différentes ? Rome, partie en effet de petite propriété, était arrivée au dernier excès du latifundisme, à un état de l'agriculture des moins enviables. Parler de la simplic des habitudes, qui permettait aux anciens de nourrir plus d'homm n'était-ce pas aussi mêler en quelque sorte bien des mœurs différe tes et risquer de ne se souvenir que de Fabricius, en oubliant Apici et ses contemporains ? La critique de nos armées permanentes composées de célibataires portait plus juste, sans tenir toutefois assez de compte de ces guerres meurtrières qui firent de l'univers antique un champ de carnage presque toujours en permanence. A des raisonnements si discutables, se joignent chez Wallace et chez d'autres des évaluations numériques de pure fantaisie. Wallace évaluait en 1750 à un milliard le nombre des habitants qui peuplaient notre globe. Une pareille témérité pouvait sembler timide en comparaison de celle dont il faisait preuve en présentant, pour l'an 966 de la création, le chiffre de seize cent dix millions, auxquels il ajoutait les milliers, les centaines et les unités. Autant aurait-il valu entreprendre de supputer le nombre des habitants de la lune, et il eût été sage de laisser l'honneur d'entreprendre une pareille statistique à Cyrano de Bergerac.

Un peu de bon sens et de lumière avait pénétré pourtant avec David Hume, le philosophe sceptique et l'historien critique, dont l'*Essai sur la population des nations de l'antiquité* avait paru en 1752. Déjà trop imbu des idées progressives qui vont bientôt prévaloir pour accepter la théorie de la décadence continue, Hume proteste avec force contre la doctrine de la dégénérescence, commune aux théologiens et aux philosophes dans cette question de la population. Il note les perfectionnements de l'hygiène et de la médecine qui tendent à la conservation des individus, il nie que les raffinements modernes du bien-être soient une cause de dépopulation et leur attribue au contraire un caractère souvent aussi salutaire que les excès sensuels des anciens étaient malsains et destructifs. Nos divertissements ressemblent peu à leurs spectacles homicides. Si les vœux monastiques diminuent les naissances, les anciens avaient d'autres moyens d'empêcher les hommes de naître, et on ne saurait mettre en comparaison leur politique cruelle qui faisait parfois mourir les nouveau-nés avec l'humanité qui, chez nous, cherche à les faire vivre, et s'étend jusque sur les enfants naturels. Les guerres antiques étaient encore plus fréquentes et plus impitoyables que nos guerres modernes. Notre agriculture, et l'industrie qui a fait tant de progrès depuis l'antiquité, sont en état de nourrir et d'occuper plus d'hommes, et le commerce met à la disposition de chaque peuple les ressources de tous. Il est regrettable, à mon avis, que Montesquieu ne paraisse pas avoir eu connaissance de ce sage morceau de critique historique où l'inspiration de l'économie politique se fait sentir d'une manière si heureuse.

La même question qui était posée pour la terre entière l'était aussi pour la France en particulier. Était-elle plus ou moins peuplée que

l'ancienne Gaule? L'était-elle plus ou moins qu'au xiv[e]
La plupart soutiennent que l'ancienne Gaule était du moins
mement peuplée, sur la foi des affirmations un peu vagues d
au sujet des armées innombrables des Gaulois. On sait c
ces supputations d'armées, grossies par l'imagination des p
étaient naïvement adoptées par les historiens anciens. Tout
polémique sur le peuplement de la Gaule, et ensuite sur u
pulation réputée supérieure au xive siècle, à ce qu'elle é
xviiie siècle, a été reprise par Dureau de la Malle. Je crois
saire d'en dire quelques mots qui ne nous éloigneront pas de l
soutenue au xviiie siècle. Quant à la Gaule, Dureau pren
base l'impôt foncier [1] et prétend en déduire la quantité de
et celle des habitants qui y étaient établis. De l'impôt fo
croit pouvoir conclure à l'existence de dix millions d'hect
terres labourables, dont il détermine le rendement en blé se
calculs appliqués par Columelle à l'Italie, et il arrive ainsi à
liards, 834 millions, 867.906 livres de froment. Il tire le chiffre
bitants d'une consommation en moyenne qu'il prend soin de fix
taux variable pour les campagnards et pour les citadins. C'est p
voie détournée qu'il dégage le chiffre de 10.617.225 habitants
tel chiffre soit exact ou non, il repose sur des données fort
taines. Outre la difficulté d'établir parfaitement la relation
pôt avec la quantité des terres en hectares cultivés, c'est un
bien hypothétique que celui qui prétend connaître la consom
moyenne en froment. Mais c'est surtout à l'égard du peuplem
la France au xive siècle que Dureau poursuit ces hasardeux
nieux calculs, où il ne fait que suivre les indications de l'abbé
qui, dans son *Histoire critique de l'établissement de la Mo*
française, affirme ce peuplement extraordinaire [2]. Il s'inspir
des calculs de Villaret en les exagérant encore. Dureau de l
développe ces évaluations dans un *Mémoire* qui a été souve
et dont le succès, très grand auprès des érudits, fut peut-être
augmenté par le plaisir qu'éprouvaient les défenseurs du pass
rifier le moyen âge à ce point de vue comme à d'autres.
dement de ces raisonnements est le calcul des *feux*. On
quatre ou cinq habitants par feu, et on étend le calcul à des
entières du territoire, les unes citées dans les documents in
les autres auxquelles on l'applique par analogie. Or, les

---

[1] *Économie politique des Romains*, liv. II, ch. VIII.

[2] T. I, liv. I, ch. XIV, édit. 1742.

[3] Mémoires de l'Académie des inscriptions et belles-lettres, t. XIV.

ments étaient partiels et défectueux, et ne permettent pas, eussent-ils été plus exacts, l'extension qu'on en faisait à d'autres contrées. Mais, quant aux territoires dénombrés, comment ne pas supposer d'abord que beaucoup de ces maisons étaient désertées par la misère? On ne distinguait pas non plus la population valide véritablement en état de porter les armes des enfants et autres non valeurs, lorsqu'on annonçait qu'un territoire devait fournir un nombre déterminé de soldats. Il suffit, par exemple, pour constater la tendance à l'exagération, de voir ce qui se passe sous Charles V, au moment où l'impôt royal commence à s'organiser d'une manière fixe. Les réclamations se multiplient sur la manière arbitraire dont le nombre des fouages est établi en vue d'une augmentation d'impôt [1]. Parmi d'autres villes qui réclamèrent, Clermont put démontrer que la surélévation équivalait à près d'un cinquième du nombre des feux. Or, combien de localités ne durent pas réclamer ou virent leurs plaintes étouffées? Dureau s'appuyait sur le document de 1328, déjà invoqué par Villaret et combattu par Voltaire qui ne croit pas que le moyen âge ait été si peuplé. Rappelant les calculs qu'on faisait: « Cela ferait, écrivait Voltaire [2], à quatre personnes par feu, trente-deux millions d'habitants pour la France de Philippe de Valois. Le calcul de ces feux est fondé sur un *état de subsides imposé en* 1328. » C'est d'après ce document que Dureau concluait à cette date de 1328 à une évaluation de trente-quatre millions d'habitants. Or, ce qui achève de rendre une telle évaluation invraisemblable, c'est qu'elle s'applique à une étendue territoriale plus petite que la France du XVIIIe siècle et du nôtre et élimine des provinces annexées. On recule devant l'énormité que donnerait un tel calcul portant sur une telle étendue [3]. J'ajoute que nous avons des évaluations très précises faites au XVIIIe siècle pour certaines régions. Or, on peut voir

---

[1] V. l'*Histoire du régime financier de France*, par M. Vuitry, t. II.

[2] Art. Population, Dictionnaire philosophique et Remarque XIXe de l'*Essai sur les mœurs*.

[3] On a prétendu aussi, — Dureau de la Malle notamment, — tirer des conclusions d'un passage de Froissart pour évaluer la population du pays compris sous le nom de Langue-d'Oïl, en l'an 1356, passage où il est fait allusion à l'engagement pris par ces pays, après la bataille de Poitiers, d'entretenir une armée de 40.000 hommes, d'où l'on induit du nombre des feux qui devaient fournir le chiffre exorbitant de quinze millions d'habitants rien que pour les pays situés au nord de la Loire. On pourrait, parmi les éléments hypothétiques qui entrent dans une telle supputation, commencer par mettre en doute ces calculs sur lesquels on avait fait reposer l'engagement de fournir quarante mille hommes.

que si, pour les villes, le nombre des habitants pour chaque feu être de 6 dans une grande ville comme Rouen, par exempl moyenne des campagnes n'est guère au delà de 3 1/2; or, les campa figuraient dans le total des habitants pour une proportion éno

On doit se demander avant tout, pour juger ces fameux cal comment s'établissait la répartition du fouage. Elle se faisait co celle d'une taille ordinaire, en tenant compte de la fortune de ch chef de famille. « Cent feux, disent les Instructions de Philipp Valois aux commissaires royaux (1337), cent feux payeront le xxv livres, et sera levé par III mois et i payera chaseun selon facultés, et n'i seront en rien comptés ne compris povres mendian

La liste, une fois dressée pour le fouage, continuait à servir l temps, quelle que fût la diminution du nombre des habitants village réduit à 10 feux payait autant que lorsqu'il en comptait jusqu'à ce qu'il eût obtenu une réparation des feux; encore a tait-il cet acte de justice, souvent fort cher.

Aussi, dès le XIVe siècle, le nombre de feux donné pour une par est loin de représenter le chiffre réel de la population de cett roisse; plus on avance dans l'histoire, plus le caractère ficti cette supputation s'accentue. Le feu devient une pure unité a nistrative; un diocèse, une localité ont tant de feux, mais ce ch indique seulement la part contributive de ce diocèse, de cette l lité, dans les dépenses générales. Le fait est certain; M. de Boi a prouvé que, pour certains villages du Parisis, le chiffre d'Am le chiffre de feux ne concordaient pas au commencement du x siècle[1]. — Qu'on nous permette d'insister encore un peu.

Le document publié par M. Molinier[2], sur le Rouergue, se porte à l'année 1341. Il paraîtrait que cette année-là le dénom ment s'étendit à toute la France[3]. Dans ce manuscrit, le Roue figure pour 577 paroisses et 52.823 feux; dans la liste de M. l nier pour les chiffres approchants de 578 paroisses et 50.125 f Au coefficient 5 1/2 par feu, que M. Molinier croit au-dessous vérité (on en peut douter), cela donne 275.725 habitants, aux il convient d'ajouter 2.000 nobles, 3.000 prêtres ou clercs, 27 indigents (soit 1 pour 10 habit.), total : 308.600.

Le Rouergue, correspondant au département actuel de l'Ave

[1] *Mémoires des Intendants*, t. I, Introduction, p. XXVII et suiv.

[2] A. Molinier. Bibl. de l'École des Chartes, année 1883, 5e et 6e liv., p 453) : *la Sénéchaussée de Rouergue en* 1341.

[3] V. *Biblioth. nation.*, *ms. lat.* 12.184, qui donne les résultats pour tout circonscriptions administratives.

plus 3 communes du Lot et 7 communes du Tarn-et-Garonne, aurait eu, en 1876, 427.511 habitants, soit 119.000 de plus qu'en 1841.

L'augmentation est notable depuis le XIVe siècle. Mais elle fut suivie par une forte diminution au XVe, devenue encore sensible au XVIIe; l'accroissement est encore arrêté par les guerres de la Révolution et de l'Empire. L'Aveyron qui comptait (avec les paroisses du Lot et du Tarn-et-Garonne) 333.580 habitants en 1790, n'en comptait plus que 327.424 en 1800.

« Nos calculs semblent donc prouver, dit M. Molinier, qu'en 1790 la population de l'Aveyron était à peu près la même que sous Philippe de Valois ». Ce n'est pas la seule partie de la France pour laquelle on arrive à un résultat de ce genre. Mais le même érudit ne peut admettre les calculs de Dureau de la Malle, « calculs *hypothétiques* », qui donnaient pour la France le chiffre « *certainement exagéré* » de 34.625,000 habitants; et même, en 1356, après la grande peste et les invasions anglaises, 45.000.000 d'habitants. Au moyen âge, dans l'état précaire de l'agriculture, avec une semblable population, la famine aurait été permanente, et le nombre des habitants n'aurait pu rester longtemps aussi élevé.

Parmi nos historiens contemporains qui ont présenté un tableau d'ensemble de nos annales, cette question de la population est presque toujours éludée pour cette même époque. Pourtant M. Henri Martin la résout dans le même sens que nous venons de le faire, sauf un point sur lequel nous n'oserions pas être aussi affirmatif. Villaret ne compte que 3 personnes par feu. Il s'appuie sur le document de 1328 qui porte les paroisses comprises dans les provinces du domaine royal à plus de 24.000. et le nombre des feux à 2 millions et demi. Villaret en conclut qu'il y avait alors en France au moins 7 millions et demi de feux, les provinces comprises dans ce document ne formant pas, selon lui, le tiers de la France. De plus, le clergé n'était pas compris dans le dénombrement. Villaret en conclut que la France, à cette date, comptait environ 24.000.000 d'habitants. M. Henri Martin approuve Voltaire opposant le calcul de 4 1/2 individus par feu. Nous inclinerions à croire que si le calcul de Villaret n'estime chaque feu qu'à 3 personnes, il peut être au-dessous de la réalité; celui qui les évalue à 4 1/2, surtout à 5, nous semble souvent excessif. Il donnerait à la France d'alors le total de 36 à 40 millions contre lequel se récrient également Voltaire et M. H. Martin, qui signale d'ailleurs l'erreur de Villaret quant au chiffre de 7 millions et demi de feux, que la multiplication de M. Dureau de la Malle par le chiffre de 5 ne fait que rendre plus inacceptable. Or Dureau aggrave encore la même erreur en ajoutant les vilains, possédant moins de

10 livres parisis, et les serfs, qui seraient restés en dehors du d
brement, ainsi que le clergé et la noblesse. On comprend que l
s'écriât après cela : « On sera stupéfait de l'énorme popula
la France à cette époque. » Assurément; il s'agissait peut-
60 millions. Des objections non moins fortes s'élèvent con
conclusions du fait des États de 1356 votant le solde de
hommes d'armes à 1 homme d'armes par 100 feux, ce qu
3 millions de feux ou 15 millions d'âmes pour une partie seu
du Langue-d'oïl, pour moins du tiers de la France actuelle.

Comme le remarque M. Henri Martin, ce ne fut pas seu
le domaine royal, mais tout le Langue-d'oïl qui fut convoq
États généraux de 1356, et les États stipulèrent pour la Bour
la Bretagne, la Flandre, l'Artois, pour tous les grands fiefs
pour le domaine. De plus, le clergé et la noblesse s'obligèrent
l'aide, et le vote n'ayant point été précédé d'un dénombremen
qu'un caractère approximatif et vague; ainsi le dit expressé
procès-verbal des États. — Il n'y a rien à tirer du vote de 135
Le débat sérieux ne peut porter que sur le subside de 1328.
pour en finir sur ce point, — il y a lieu d'opérer une réduction
mement importante sur l'évaluation de M. Dureau de la Malle
vrai que les vilains ou serfs, n'ayant pas 10 livres de capi
payèrent pas le subside; mais est-il vrai qu'on les ait déd
nombre de feux de chaque bailliage? On a compté les paroi
chaque bailliage, puis les feux de chaque paroisse, et l'on a
gué ensuite les contribuables et les exempts. Ce chiffre fal
monstrueux, disparaît ainsi; il reste encore un chiffre exo
toutefois : la population du xive siècle serait supérieure à c
xixe! — Mais l'évaluation comprise dans le tribut à un tiers
ment de la France n'est pas exacte. Arriver à un chiffre qui le
peu est presque impossible; la réduction des bailliages et sén
sées en départements est une opération prodigieusement comp
néanmoins il paraît à l'historien que nous venons de nommer
liste du subside de 1328 équivaut à plus de 40 département
prenant plus de la moitié de la population de la France,
dire ayant aujourd'hui plus de 18 millions d'âmes là où
avait environ 13 millions en 1328. Le chiffre total de cette
ne pourrait donc guère dépasser 25 millions d'âmes : chiff
bable en acceptant l'exactitude du document de 1328.

Mais il faut se défier beaucoup de la statistique du xive siècl
des contrastes inexplicables dans le document de 1328 et dans
du même temps. Ainsi, le bailliage d'Amiens aurait dépassé l
lation actuelle du riche département de la Somme, plus éten

n'était ce bailliage, et par compensation, le pauvre Limousin, mal cultivé et assez peu en progrès, serait presque treize fois plus peuplé qu'en 1328.

Une autre pièce de 1393 donne à la Bretagne, si puissante, si redoutée au XIVe siècle, moins de 100.000 feux, c'est-à-dire moins de 500.000 âmes, beaucoup moins que le cinquième de sa population actuelle, qui dépasse 2.800,000 âmes.

Ces contradictions achèvent d'établir l'imperfection des calculs qui ont servi de base aux conclusions et aux théories sur la population.

Ce n'est pas qu'en combattant ces exagérations trop certaines sur la population de la France au XIVe siècle, nous prétendions nier qu'on ait tenté parfois d'un autre côté de la restreindre sans aucune mesure. Tout annonce aux XIIe et XIIIe siècles un développement de prospérité relative de population qui se continue durant la première moitié du XIVe avant les guerres anglaises. L'insuffisance des ressources n'empêche pas en certains cas la population de s'accroître dans un état de misère. Mais dans ces siècles, il est manifeste que les ressources se développèrent. Sur cette double augmentation, M. Léopold Delisle pour la Normandie, M. Siméon Luce pour la Bretagne dans son *Histoire de Du Guesclin*, ont donné des preuves difficiles à récuser, y eût-il encore à discuter sur le degré de ce progrès[1]. M. Henri Martin incline à un chiffre qui ne s'éloignerait pas extrêmement de 25 millions, chiffre que la monarchie ne retrouvera qu'au XVIIIe siècle. La guerre de Cent ans, et plus tard les guerres religieuses, ont porté au développement de notre pays des atteintes meurtrières. Il faut tenir compte des époques meilleures, sans rien enfler en un sens ni en un autre.

Ce qui n'est pas douteux, c'est que tout restait à faire pour le présent même, dans l'enfance des dénombrements, qui peuvent donner quelques résultats partiels intéressants, mais rien de général et de décisif. C'est le jugement qu'on peut porter des indications fournies par les *Mémoires* des intendants à la fin du règne de Louis XIV : ils n'avaient point reçu, pour faire un dénombrement, d'instructions précises, et ils étaient d'ailleurs trop mal secondés par leurs agents pour réussir dans une opération aussi difficile. Leurs comptes rendus, qui auraient pu fournir la matière d'une œuvre capitale, présentent trop de disparates et d'imperfections. On aurait beaucoup de peine à démontrer le chiffre total de la France, que Vauban, dans sa

[1] V. pour la Normandie mon volume : *La Normandie. Passé et présent*. Librairie Hachette.

Dîme royale, a assigné à 19.094.146 habitants, et son évalu
nombre des habitants de Paris, qu'il fixe, pour 1694, à 7
Ce calcul paraît fort exagéré, on l'établissait à 774.000 a
mencement de notre siècle, par des calculs sans doute asse
tueux aussi; en tout cas, il n'était pas possible que l'accrois
eût été si faible. On doit savoir gré à Vauban de ses recherch
tistiques et surtout de l'idée digne de ce grand homme d'un
brement tête par tête. Il proposait de diviser tout le peuple
curies, comme font, dit-il, les Chinois, ou par compagnies,
les régiments français, et de créer des capitaines de paroisse
vus du Roi, qui auraient eu sous leurs ordres autant de lieu
qu'il y aurait de fois 50 maisons ou environ. Boisguilleb
même moment, affirmait sans preuves, que la population
cessé de décroître en France depuis trois siècles. On pe
comme exemple de statistique ridicule, si le mot de statistiq
vait s'appliquer à de telles fantaisies, l'évaluation, souten
effronterie par Isaac Vossius, érudit célèbre pourtant et
Daunon [1], qui assignait, comme par gageure, à la France
de 5 millions d'habitants !

II

La question entre dans sa phase morale et économique
marquis de Mirabeau. Le fameux écrit : *l'Ami des hommes*
sous-titre : *Traité de la population*. Il est inutile de rappeler
prodigieux qu'il produisit, malgré ses défauts et quelquefois
défauts mêmes. M. Rouxel vient d'en donner une édition no
accompagnée d'une intéressante biographie et d'un comm
utile, quoique un peu trop apologétique selon nous. Mais sans
porter à l'Ami des hommes le titre de fondateur de l'économi
tique qui, du moins en France, reste acquis à Quesnay, Mi
peut revendiquer, relativement à la population, la supériorité
testable de l'initiative, à cette date de 1756. A ce moment, l
nomistes n'avaient encore produit aucun ouvrage consid
comme doctrine. Ils étaient en train de se constituer aut
fameux penseur de l'entresol. Le marquis de Mirabeau
pas encore enrôlé, et, à vrai dire, il ressemblait assez peu
mêmes économistes par son attachement aux traditions religie
par son éducation d'esprit. Le père du grand orateur était à la
décidé réformateur et le moins révolutionnaire des hommes,
observations sur la population nous montreront elles-même

[1] Bibliographie universelle de Michaud.

ment, chrétien sincère, sinon toujours dans sa vie, du moins dans ses opinions, ses idées novatrices se renfermaient dans un cercle qu'il ne se permettait pas de franchir. « J'aime le peuple », écrit-il. Oui, mais comme un bon monarchiste pouvait l'aimer. Par delà Louis XIV, qu'il juge sévèrement, l'Ami des hommes regarde vers une France antérieure plus simple et plus forte, où la noblesse était plus indépendante. C'est un trait de ressemblance avec Saint-Simon que nous offre ce gentilhomme resté provincial, très entiché de sa noblesse, mais se tenant debout, et qui garde en face de tous les pouvoirs son franc-parler, jusqu'à tâter pour son compte de cette Bastille, dont il a si peu ménagé les désagréments à son propre fils. En fait d'érudition, l'auteur n'est pas très fort. Il admet le dépeuplement sur la foi de ses devanciers. Il suppose à l'Espagne, du temps de César, 52.000.000 d'habitants. Il croit à la tendance actuelle de la France à aller se dépeuplant et s'en inquiète, mettant cette dépopulation supposée en ligne de compte parmi les causes de ce qu'il appelle avec tristesse « la décadence possible de la France ». C'était se tromper sur les faits, puisque l'augmentation avait lieu sous ses yeux, si on excepte des interruptions momentanées, et elle allait continuer dans des proportions assez considérables. Il était sans doute au-dessous du vrai en estimant, d'après un recensement de 1755, le nombre actuel à 18.107.000 habitants. Mais que ce chiffre s'éloignât ou se rapprochât de la réalité, le mérite de son œuvre gît tout entier dans la détermination des causes qui peuvent produire la dépopulation pour une société avancée, trop livrée au luxe et à la prodigalité, mal administrée et centralisée à l'excès ; car tous ces points sont touchés vivement ou traités par l'écrivain, à la fois sérieux et humoristique, avec une verve singulièrement originale. La supériorité du coup d'œil consiste ici à rejeter toutes les causes secondaires et souvent inexactes, données comme explication d'une diminution du nombre des habitants, par exemple le célibat ecclésiastique, les épidémies et les guerres.

Le marquis de Mirabeau défend le célibat ecclésiastique, et il ne lui reconnaît pas les effets funestes que supposaient les philosophes quant à l'amoindrissement de la population. Non qu'il méconnaisse les abus introduits dans les abbayes et les monastères, qu'il voudrait aussi réformer, mais « quant à couper, écrit-il, c'est le fait de chirurgiens ignorants ; supprimer et détruire est le contraire absolu de l'art de gouverner ». Peu s'en faut qu'il ne retourne du tout au tout la thèse des encyclopédistes et qu'il n'attribue aux ordres monastiques une augmentation de la population parce que, en défrichant et en ouvrant à la culture des espaces considérables, ils ont beaucoup plus

contribué, selon lui, au peuplement que s'ils s'étaient m
ajoute que, par leur tempérance, ils laissent plus de subs
disponibles pour les hommes nés ou à naître, tandis que
gens consomment par leurs excès la part des autres. A cette
qui ne manque pas de hardiesse, s'ajoute celle qu'il n'y a
catholicisme rien qui s'oppose au progrès économique. Il ne
que la Réforme ait pu communiquer aux peuples qui l'ont
une sorte d'impulsion; mais l'Angleterre, la Hollande, la
n'ont pas échappé aux vicissitudes d'une situation pros
malheureuse, et l'exemple de la France sous Henri IV att
les nations catholiques ne sont pas plus que d'autres exclues
grès, y compris celui de la population, si la politique marc
la bonne voie. Quelles sont donc les raisons décisives de la
lation? Les ravages des épidémies se réparent vite, les arm
manentes ne sont qu'un retard au mariage, qui n'entraine
plus à ses yeux de conséquences décisives. D'un autre côté il
bue pas à l'émigration une très grande portée dans le même

Restent donc les causes générales. Elles consistent dans l
vais régime économique et dans les causes morales qui a
spécialement la famille. Et le voilà qui, avec sa *furia*, signa
les monopoles et les prohibitions un obstacle à une populatio
breuse et aisée, qui reproche au même régime économique e
nistratif, plein de règlements abusifs, de s'opposer au suc
colonies, lesquelles offriraient une issue et dès lors un enc
ment au développement de la population française si elle v
s'étendre, mais dont il parait d'ailleurs se défier. On a re
mieux défini les côtés forts et les faiblesses du génie colonis
la France. A l'éloge de sa hardiesse d'initiative, de sa so
séduisante, de sa faculté d'assimilation se mêle la critique
régime maladroitement illibéral, tout hérissé de formalités e
pêchements, et d'un défaut de suite qui ne s'est que trop
manifesté. Le mordant censeur n'oublie pas cette préju
ignorance de la géographie, dont il était témoin au mon
nous perdions la Louisiane et qu'il ridiculise sans pitié. Il ne
à l'Angleterre, ni son admiration, ni les jugements les plus d
son égoïsme : il y signale un composé étrange de grandeur, d
de la liberté, d'âpreté pour le gain et de passion sans scrupule p
agrandissements. Il lui reproche de « ne rendre des servic
usure, de ne donner aucun sécours qu'elle ne fasse acheter, «
se venger qu'en sachant tirer parti de sa vengeance mêm
problème de l'accroissement de la population trouve sa soluti
Mirabeau non seulement dans une meilleure organisation, ma

l'agriculture et dans la morale. On ne lit pas aujourd'hui encore sans émotion ce tableau de la France agricole au point de vue des ressources qu'elle offre et que surtout elle pourrait offrir. Il est tracé avec une remarquable ampleur, avec une vivacité d'enthousiasme, qui devint bientôt contagieuse. L'imagination de l'économiste se complait dans la perspective du nombre d'hommes extraordinairement plus grand que cette France mieux cultivée pourrait contenir et nourrir. La critique du luxe et des prodigalités, comme cause de dépopulation, forme le côté moral le plus saillant peut-être de ce plaidoyer. Cette critique presque rigoriste offre pourtant des points de vue beaucoup plus pratiques que d'autres œuvres du même genre. Mirabeau n'est pas un ennemi des arts qui contribuent au beau et aux agréments de la vie, il n'a rien d'un iconoclaste. Il n'exile de sa république ni les peintres, ni les sculpteurs, mais il n'y fait pas grâce aux raffinements sensuels et coûteux et au goût croissant des « babioles ». Les domesticités nombreuses, les équipages fastueux et surabondants, les cuisines ruineuses n'ont pas beau jeu avec ce moraliste impitoyable. Il déploie sa verve satirique contre les excès nouveaux alors dans les provinces. Ses descriptions du bourgeois gentilhomme et du noble de province, imitant les riches et les courtisans, mériteraient d'être citées. Des usages trop dispendieux qui se rapportent au confortable sont eux-mêmes critiqués non sans quelque rigueur, comme l'excès du chauffage qui commençait à passer dans les habitudes à Paris et qui aurait en se généralisant pour effet de laisser moins de terrains disponibles à la culture des plantes alimentaires qui accroissent la population humaine. L'excessive centralisation, le *gonflement* de Paris, attribuable en partie à son luxe, a aussi cette conséquence d'épuiser la sève et la substance des provinces. Paris absorbe des forces productives qui viennent s'y employer moins utilement, outre que ces émigrants, cédant à des calculs créés par les exigences de cette vie nouvelle, mettent au monde moins d'enfants que dans les campagnes. La vie rurale, une aristocratie territoriale, une population agricole heureuse, voilà l'idéal auquel il en revient sans cesse, et il y voit le secret de la grandeur et de la force politique. Il aime ces antiques familles vivant loin de Paris, non pas dans l'oisiveté et ne connaissant d'autre plaisir que la chasse, mais actives, exploitant le sol, et dont les chefs sont environnés d'une postérité nombreuse, comme ces chênes qu'entourent de nombreux rejetons! Il reproche à la noblesse d'avoir cédé au goût des emplois qu'il faisait dater de Louis XIV, comme aux entraînements du luxe à l'époque du système de Law et à l'amour du gain qui avait survécu : « Vous perdez l'honneur, lui dit-il, par l'ambition des hon-

se fit disciple, et fut apôtre plus que jamais, mais avec moins de profit que s'il avait abondé dans le sens des vérités qu'il avait aperçues. Il commenta autant d'erreurs que de vérités dans des publications plus lourdes où son esprit, enveloppé des demi-ténèbres de la doctrine physiocratique, perd sa vivacité naturelle. Il avait pourtant jeté, pour ainsi dire, le plus sonore de tous les problèmes économiques aux échos du siècle qui s'en empara.

C'est à l'impulsion donnée par le marquis de Mirabeau qu'un des principaux fondateurs de la statistique de la population dans notre pays, Messance, rapporte ses études tout au début de son livre : les *Recherches*, qui portèrent d'abord sur la population de quelques provinces, puis s'étendirent dans un second ouvrage. Ces *Recherches* ouvrent la marche à d'autres investigations méthodiques propres à dissiper l'incertitude qui régnait en ces questions.

Les recherches sur la population de la France entreprises par Messance en 1766 ont une réelle importance dans cet ordre de travaux, à deux titres différents : l'observation des faits y repose sur des investigations personnelles, et on y trouve un classement raisonné de ces mêmes faits, interprétés avec une intelligence presque toujours absente dans ce genre d'études. L'auteur s'y engagea sur les conseils de l'habile intendant d'Auvergne, la Michodière. Il s'aida, sans trop s'y asservir, des sources officielles portant sur les naissances, mariages et morts entre 1691 et 1699, puis entre 1747 et 1756. Lui-même vit s'agrandir son champ d'expériences lorsqu'il put les appliquer aux intendances de Lyon et de Rouen, successivement, en 1747 et 1761.

Plusieurs dictionnaires biographiques considèrent Messance, ainsi que l'a fait Grimm, comme un simple prête-nom de la Michodière, d'autres ont eu l'idée d'attribuer l'ouvrage à un certain abbé Andra. Mais ces objections bibliographiques et biographiques semblent disparaître devant cette circonstance que, donnant lui-même une suite à ses recherches vingt années après, Messance prend soin de rattacher ces nouvelles études aux anciennes ; il montre comment il les a poursuivies, étant nommé receveur des tailles à Saint-Étienne, et revendique hautement l'honneur d'avoir, par de tels travaux, donné l'impulsion au gouvernement lui-même, qui mit en mouvement les intendants et enfin les curés pour obtenir d'une manière régulière l'état annuel des naissances, mariages et morts. « C'est, dit-il, aux recherches publiées en 1766 qu'on doit les connaissances acquises sur la population de la France. » Or, ces constatations n'étaient pas le dernier mot de l'auteur qui les complétait en 1788.

Aujourd'hui que nous sommes habitués à ces observatio
inductions statistiques, nous les accueillons sans étonnement.
quelle impression devaient produire des calculs si nouveau
les chances de la vie humaine ! Voltaire la ressentit viveme
il s'en explique avec le tour piquant qu'il donne à sa pensée,
une lettre à l'auteur lui-même ; il se console par des réfle
philosophiques de ces calculs peu rassurants : « J'ai reçu ma
damnation, lui écrit-il, par livres, sous et deniers, que vous
eu la patience de faire et la bonté de m'envoyer. J'admire
sagacité et je me soumets à mon arrêt sans aucun murmure. T
monde meurt au même âge, car il est absolument égal, quand
est là, d'avoir vécu vingt heures ou vingt mille siècles. Rien
plus propre à nous consoler des misères de cette vie que de s
continuellement que tout est zéro. Ce qui est réel, c'est l'exac
de votre travail, son utilité, etc... » L'éloge portait juste. Mes
est encore consulté. S'il n'a point précisément créé la méthode
tistique, son esprit sagace sait tirer parti des faits dont il dis
et marquer certains rapports de proportion entre les naissanc
les décès. La méthode avait été donnée déjà par des savants
intelligence plus profonde, qui n'en avaient pas fait des ap
tions aussi étendues et aussi précises.

Disons un mot de ces savants chercheurs. Tel avait été le
astronome anglais Halley. Cet esprit élevé et philanthropique fi
vir des investigations originales à des œuvres fécondes, insp
par le bien public. Halley est un des créateurs du calcul des p
bilités tourné vers les côtés utiles et pratiques. Il le manie
beaucoup plus de sûreté qu'on n'avait pu le faire dans des e
empiriques comme ceux qu'offraient les tontines et les rentes
gères créées par les villes. Ces institutions n'avaient réussi à d
à leurs calculs sur la vie humaine qu'un degré d'exactitude trè
fectueux. Les moins imparfaits étaient peut-être ceux de la vil
Breslau ; ils laissaient pourtant fort à désirer, et ce sont leurs
nes qui décidèrent l'illustre savant, en 1685, à porter dans ce
d'évaluation une rigueur encore inconnue.

On doit nommer aussi William Petty et ses *Essais d'arithm
politique*, mot qui devait faire fortune jusqu'à ce que le
de *statistique* l'eût remplacé avec Achenwall, professeur à
tingue. On rencontre encore plus d'une excentricité dans
statistique naissante. La manie anglaise de vouloir tout co
et tout mesurer par des chiffres se révèle déjà dans cette pr
tion de déterminer mathématiquement des valeurs difficiles à
surer. Ainsi on veut savoir combien un matelot vaut de labour

combien certains artisans plus relevés valent de matelots, et combien vaut, valeur moyenne, un homme en Angleterre, etc. Comment ne pas traiter comme un dessein par trop ambitieux pour une science à peine aux débuts la pensée de tirer des registres de Londres et de quelques autres grandes villes la loi de mortalité générale du genre humain (*of the mankind*), alors qu'on ne savait même pas bien distinguer à Londres et à Dublin la part de mortalité qui revenait aux indigènes et aux étrangers, et qu'on manquait de bases nécessaires pour fixer la relation entre les naissances et les décès?

Lorsque Messance faisait porter ses efforts plus modestes, mais plus certains sur un terrain mieux circonscrit, on doit toutefois reconnaître qu'il existait partout un mouvement de recherches inspiré par la théorie scientifique. Bernouilli proposait dans son *Art de conjecturer*, écrit en latin, de soumettre à l'application de la probabilité *les choses civiles, morales et économiques*. Ce genre de recherches était inauguré avec un rare mérite par le célèbre Déparcieux, de l'Académie des Sciences, l'auteur de l'*Essai sur la probabilité de la vie humaine*, qui renferme les fameuses *tables de mortalité*. L'esprit du réformateur et parfois du moraliste paraît à plusieurs reprises chez le mathématicien rigoureux. C'est ainsi qu'il signale une cause désastreuse de mortalité pour l'enfance, vingt ans avant Jean-Jacques Rousseau, dans l'habitude de confier les enfants à des nourrices étrangères. Il rattache à cette fâcheuse coutume une quantité de maladies ultérieures. Il est vrai qu'il fait quelquefois attendre bien longtemps leur développement, puisque, selon lui, tel a vécu soixante-dix ans qui aurait prolongé sa vie quinze ou vingt ans au delà, s'il avait tété tout le lait que la nature lui avait destiné. Il mesurait pour la première fois, — et ce procédé allait aussi guider Messance dans ses recherches de 1788 et ses successeurs dans la statistique de la population française — les chances de longévité selon les classes sociales. Les opérations d'emprunt, de rente viagère, de tontines s'étaient peu préoccupées de ces distinctions et avaient négligé également d'autres éléments nécessaires. Déparcieux les y fit entrer par les remarquables modèles qu'il prit soin de dresser. Les *paris* sur les probabilités d'existence datent de lui pour chaque profession et pour chaque âge. Il combat plus d'une erreur. C'est ainsi qu'il rectifie le préjugé qui faisait vivre les religieux et les religieuses plus que les gens du monde; il démontre qu'ils vivaient moins, au contraire, à partir de 45 ans. On ne calculait pas non plus que les rentiers appartenaient à une classe aisée et offrant des chances d'existence prolongée au-dessus de la moyenne. Deparcieux *pariait*

622 contre 112 qu'un individu pris dans cette catégorie, âg
ans, en vivrait encore quarante-cinq ; il y avait un contre
qu'il vivrait encore à soixante-sept ans. De tels calculs ne pe
sans doute rien de rassurant ni d'inquiétant pour les
mais ils permettent pour les opérations financières de d
moyennes d'une haute utilité. Ceux qui s'appliquaient
miciens offraient tout au moins un intérêt de curiosité. I
différents âges des membres de l'Académie des Sciences, l
conjecturait que le secrétaire perpétuel pouvait compte
éloges à faire par an. Il condamnait ainsi à mourir tous
ans cinq académiciens ou environ.

Le mérite de Messance est d'avoir fait d'une manière
cieuse ce que nous appelons aujourd'hui des *monograph*
ce sont des villes choisies dans toutes les parties du ro
des provinces comme l'Auvergne, la Bourgogne, la Pr
Franche-Comté. Ses recherches approfondies sur la gé
Rouen, outre les résultats particuliers, nous donnent des i
générales sur la France. L'évaluation pour la généralité
— sur laquelle je demande encore à citer quelques chiff
spécimen de ce genre de recherches — est portée, e
752.014 âmes, y compris les habitants du chef-lieu et
siastiques. L'auteur opérait pour le chapitre des
la base de 27 1/2 1/20. On trouve en outre le d
105 petites villes, bourgs et paroisses, où les habit
tingués par sexe et par âge, et tels qu'ils avaient été
tête en 1762 et 1763. Ainsi que le fait remarquer M. Ch
de Beaurepaire dans un récent travail sur la *Populatio*
généralité de Rouen, les familles étant composées, les
les autres, de 3 personnes 1/2, 1/7 1/20, 20 familles
présenté 76 habitants ; Rouen aurait eu une population
habitants, répartis entre 10.533 feux de familles com
unes dans les autres, de 6 personnes 1/30, de manière
auraient équivalu à 180 habitants. La même ville avec
aurait compté 82.347 habitants, le Havre, 14.794 ; Diepp
Yvetot, 5.069.

Enfin, pour terminer cette énumération de chiffres, les n
de 1752 à 1762, auraient été supérieures à celles de 1690
2.346 sur 120.691, ce qui faisait une augmentation en
population, en 1766, de 51 1/4 1/8 1/16, et donnait
de 823 à 839. De 1690 à 1700, 16 mariages auraient
fants 1/2 ; de 1752 à 1762, 16 mariages n'auraient
67 enfants 1/4. — Les morts, de 1752 à 1762,

celles de 1690 à 1700 de 33.497 sur 135.235, ce qui faisait une diminution dans la mortalité d'un peu moins du quart et donnait une proportion de 128 à 109. La différence d'une époque à l'autre, sous ce rapport, était attribuée avec beaucoup de vraisemblance par Messance à la mortalité de 1693 et 1697 qui affligea horriblement cette province. Les mariages, de 1690 à 1700, avaient produit 4 enfants 1/8 1/16; ceux de 1752 à 1762 avaient produit 3 enfants 1/2 1/8 1/32, d'où il résultait que les mariages de cette dernière époque avaient été moins féconds que ceux de la première d'environ un septième. En fin de compte on aurait compté dans la généralité, par lieue carrée, 1.258 habitants.

Tout cela était-il aussi rigoureusement vrai que sagement calculé? L'exactitude de ce dernier chiffre devient fort douteuse quand on réfléchit que Messance n'avait à sa disposition que des cartes très imparfaites, puisque celles de Cassini sont postérieures à cette époque. M. R. de Beaurepaire estime d'ailleurs avec raison qu'il ne faudrait pas conclure que la France ait diminué de population de 1766 à 1789 des différences entre Messance, qui établit en 1766 le chiffre au-dessus de celui de Necker en 1784, la différence tenant à ce que Messance multiplie le chiffre des naissances par 27 1/2 1/20, tandis que Necker ne le multiplie que par 25 3/4.

Paris devenait aussi l'objet d'une étude remarquable. Le travail de Messance sur cette grande capitale nous offre une énumération et un classement beaucoup plus complets que tout ce qui existait précédemment des professions, des distinctions par sexes, des célibataires et gens mariés, dans leur rapport avec la mortalité. Ce qui garde une certaine valeur pour l'histoire, c'est le calcul de la population parisienne avec la relation du nombre des naissances aux décès dans des périodes déterminées, comme celle qui s'étend de 1752 à 1761, et antérieurement de 1709 à 1719. Messance donne à la capitale, vers 1762, un nombre de 576.630 habitants. Il arrivait à ce résultat en multipliant ici par 30, nombre qui exprimait le rapport des naissances aux vivants dans les cas observés à Paris. Il réfutait par là, pour cette ville, l'idée d'un dépeuplement progressif. En effet, l'année commune des naissances avait été, de 1709 à 1719, de 16.988; elle avait été, de 1752 à 1762, de 19.221. Une progression analogue se faisait sentir pour les mariages. Bref, l'augmentation avait été de plus d'un huitième. On remarquera pourtant que l'auteur, dans ses calculs, se tenait au-dessous du chiffre accepté sans motif suffisant, qui portait à 700.000 le chiffre des habitants de Paris.

Quant à la France, prise dans son ensemble, l'auteur avait consulté tous les documents qu'on pouvait alors réunir en les contrôlant

sur les données que lui fournissait sa prop
de l'idée, encore trop peu précise, que les
contenir moins de 600 habitants; et de cett
chiffre de 23.909.400 âmes.

III

En 1772, l'abbé Terray, contrôleur génér
à tous les intendants que l'intention du roi
tous les ans aux ministres de ses finances un
du nombre des naissances, des mariages et
paroisses de leur généralité. Ces ordres fure
de ce temps, le ministre des finances prés
au roi, le tableau des naissances, des ma
toutes les généralités du royaume.

Ainsi le gouvernement et les écrivains do
cherches poursuivies avec plus d'assiduité
généralité et de précision. — C'est vers le
placent les recherches de l'abbé Expilly, qui
dans son *Dictionnaire des Gaules et de la*
et complétées dans un livre intitulé : *Recher*
de la France, publié en 1765; c'est de ce de
qu'il fit le *Tableau de la population de la*
dédicace au roi Louis XVI[1]. On peut par
connaître, dans une certaine mesure, quelle
nation française classée selon les âges, et, d'
proportionnelle des différents états et profes

L'abbé Expilly évalue à près de 5.000.000
20 à 50 ans; à un chiffre qui ne s'éloigne pas
celui des enfants de 10 ans et au-dessous, et
sonnes de 70 ans et au-dessous. Le reste de l
par les autres âges intermédiaires, le tout, à
un chiffre de 24.129.200 habitants. Il présen
le nombre des habitants par corps d'état en
— noblesse, chefs de famille, 18,200; femme
militaires de terre et de mer, non compris le
femmes et enfants, 50.000; — officiers de m
60.000; femmes et enfants, 240.000; — univ
cins, chirurgiens, apothicaires, 25.000; fem
— bourgeois, financiers, négociants, marchand

[1] L'exemplaire qu'en possède la Bibliothèque nati
de la main de l'auteur : « A Nice, le 8 de janvier 17

— matelots et autres gens de mer, 70.000; femmes et enfants, 210.000; — gens de rivières, 10.000; femmes et enfants, 30,000; — laboureurs ou chefs d'exploitation rurale, et cultivateurs avec des bestiaux, chefs de famille, 426.000; femmes et enfants, 1.704.000; — vignerons et cultivateurs à bras, chefs de famille, 1.000.000; femmes et enfants, 3.500.000; — manouvriers et journaliers, chefs de famille, 2.500.000; femmes et enfants, 7.500.000; domestiques, hommes et garçons, 1.026.000; femmes et filles, 928.000; enfants de 15 ans et au-dessous, 122.110. — Notons aussi le nombre des hommes et des femmes mariés (4.436.998 couples); celui des veufs (587.051); celui des veuves (1,085.139) (nous pourrions induire de ce chiffre qu'il mourait encore plus d'hommes relativement au nombre des femmes à cette époque qu'aujourd'hui); celui des célibataires garçons à 6.742.584, et celui des célibataires filles à 6.840.430. — On ne peut qu'être très frappé de la conclusion générale qui tend à établir le mouvement progressif du nombre des hommes, et qui repousse l'hypothèse d'une surabondance dangereuse de la population.

En prêcher le développement, combattre les causes qui l'arrêtent est le mot d'ordre général. Un abbé, Joubert, écrit sur les *Causes de la dépopulation* un livre où l'on trouve la trace de l'esprit réformateur qui avait pénétré jusque dans le clergé. L'auteur se trompait sans doute en supposant la dépopulation. Mais il était peut-être en droit d'accuser la lenteur de l'accroissement du nombre des habitants de la France et d'en signaler les causes comme il les comprenait. Ainsi que quelques autres membres du clergé, l'abbé Joubert demandait, au nom de l'esprit chrétien, les réformes que les disciples des philosophes réclamaient au nom des idées dominantes. Ce sentiment éclate lorsqu'il accuse la richesse des dots, les entraves aux mariages, la mauvaise tenue des hôpitaux, la funeste habitude de confier les enfants à des nourrices loin des familles, qu'avait signalée Deparcieux. Il critique au même point de vue des abus généraux comme l'assiette et la perception des impôts, les corvées, l'abandon des campagnes, etc. Le même fonds d'idées et de griefs se retrouve dans un mémoire d'un autre ecclésiastique, l'abbé Pichon, *Sur les abus du célibat;* il le condamne, ne faisant exception que pour le clergé, et en certains cas pour les militaires et les magistrats. Il propose un impôt sur les célibataires, gradué sur leurs revenus, divisés en six classes, dans une liste qui mériterait de servir de modèle à tels de nos législateurs. Cet ennemi acharné du célibat allait jusqu'à lui faire la guerre à l'aide de l'impôt progressif, et, dans son plan tracé avec une prévoyante symétrie,

les célibataires ne possédant qu'un revenu au-dessous de l
devaient payer 3 livres par tête ; ceux qui avaient un r
20.000 livres et au-dessus, payeraient un dixième de ce
L'abbé évaluait à 4.815.566 livres, 13 sols, 4 deniers, le m
cet impôt, que, par un aimable euphonisme, il appelait *tribu*
rance, voulant bien faire la grâce aux célibataires de leur
moyennant rançon.

(*La fin au prochain numéro.*) HENRI BAUDRILL

L'ENQUÊTE PARISIENN

DE LA COMMISSION DES 44

II

Nous avons, dans un article précédent [1], examiné, il y a
temps, les différentes opinions sur les causes de la crise, dé
par les délégués des groupes parisiens devant la commiss
quête; nous allons nous occuper aujourd'hui des opinio
mêmes délégués sur les remèdes et les palliatifs à apporter
frances — qu'ils ont souvent exagérées — du commerce
dustrie.

On ne demandait pas précisément leur avis aux dépo
cette question épineuse des moyens à employer pour enray
actuelle ou atténuer les effets de celles qui pourront, comm
s'y attendre, surgir dans l'avenir. La Commission devait s
d'après le programme officiel, chercher à connaître la situ
ouvriers de Paris, et n'avait à s'éclairer qu'incidemmen
mesures défensives prises par les intéressés. Elle était ens
ce point, dans les limites très étroites du questionnaire et, l
ne devait pas pousser sa curiosité plus loin que les caisses d
créées par les ouvriers. Mais chacun des délégués a été am
rellement à produire ses idées personnelles, et tous, ou pre
ont développé leurs théories et offert leurs conseils.

Ils sont nombreux et variés ces remèdes proposés à la co
d'enquête! Suivant le tempérament de leurs auteurs, tant
tantôt violents et énergiques, ils accusent en général l'e
de gens qui redoutent la responsabilité et n'attendent q

[1] V. *Journal des Économistes*, septembre 1884.

intervention supérieure la fin de maux dont quelques-uns sont, le plus souvent, imaginaires. Il serait assez difficile de présenter dans un cadre logique les spécifiques des déposants, car, quoique dérivant tous d'une même théorie, ils affectent des formes multiples. Nous prendrons donc, dans les dépositions, celles qui nous ont paru être les plus originales et offrir quelque intérêt.

Pour amener les propriétaires à capituler et à baisser le prix des logements, le délégué des ouvriers charpentiers demande qu'on mette un impôt de 40 0/0 sur les logements inhabités.

« On ne peut plus mettre un frein au renchérissement des loyers, ajoute le déposant, les propriétaires eux-mêmes font grève. »

C'est là une des grosses questions de la vie à Paris que cette question des loyers, et le sentiment presque général des ouvriers est qu'il faudrait faire intervenir l'autorité en cette matière. D'autres au contraire, des entrepreneurs ou des architectes, s'offrent à construire des logements à bon marché en créant des cités ouvrières ; mais le salarié, en général, ne se laisse pas entraîner vers ces sortes d'opérations, pour lesquelles il faut déjà une certaine somme de prévoyance. Il faut, en effet, payer les annuités, qui vous rendront un jour propriétaire.

« Or, il nous est impossible d'épargner, dit encore le délégué des ouvriers charpentiers. Ainsi, ma chambre syndicale a créé une association dans laquelle je cherche vainement à pénétrer, n'ayant pu parvenir encore à mettre de côté les 25 francs nécessaires pour y entrer ».

On comprend facilement, après ces explications, pourquoi ce délégué fait appel à l'État, le *deus ex machina* de toutes les revendications de cette nature.

Si l'on rencontre des difficultés assez grandes pour pousser à ce travail moral d'épargne les ouvriers, on en trouve de non moins ardues lorsqu'on veut les associer. De tout temps on a beaucoup parlé d'association. L'association, sans épithète, a été le cri de ralliement, et toute la théorie — très vague du reste — de bien des écoles socialistes. Pour combattre la crise, ou les crises, on devait donc s'attendre à voir offrir cette panacée. La commission des 44, toute pleine encore des souvenirs de l'enquête de la commission extra-parlementaire des associations ouvrières, nommée par le Ministre de l'intérieur, n'a pas manqué d'interroger les délégués des différents syndicats, touchant leur amour pour l'association en général, et l'association en participation, plus particulièrement vantée comme devant produire d'excellents effets. Quelques déposants ont répondu de façon telle qu'on s'aperçoit bien que la majorité des ouvriers ne s'intéresse pas à cette question. D'autres ont été plus catégoriques. Ainsi, les ou peintres sur porcelaine, qui se donnent comme ayant une ten socialiste révolutionnaire, ont franchement présenté leur op par la bouche de M. Muguet, sur la participation aux bénéfice

« Nous n'en sommes pas partisans. Si un ouvrier a un av aux bénéfices, il produira plus. Un ouvrier gagne 7 francs; vaille aux pièces, il gagne 10 francs; seulement, nous consi qu'il produit pour 14 francs. Nous sommes contre le trava pièces. Cela produit un bénéfice immédiat, mais fournit le dou dans la suite, on éprouve une perte ».

Les ouvriers peintres sur porcelaine ont une autre idée de ciation en participation. Pour eux, le patron idéal, c'est l'État facile de s'en apercevoir au programme des idées sur les compte leur chambre syndicale pour améliorer la situation de poration :

Voici ce programme :

« Nous avons demandé, dit M. Muguet : 1° Qu'une som 20 millions soit mise au service des chambres syndicales pou distribuée par elles aux ouvriers sans travail des différentes p sions;

« 2° Que les travaux votés par le Parlement, les conseils gé et les municipalités soient mis immédiatement en cours d'exé et que l'entreprise en soit donnée aux associations ouvrières ».

Puis :

« 1° Organisation d'ateliers publics, afin que, le plus tôt po chacun soit employé dans sa profession;

« 2° Ouverture, par les pouvoirs publics, de boulangeries, d cheries, construction de maisons ouvrières, afin que nourrit logement puissent être fournis aux ouvriers à prix de revient;

« 3° Réduction de la journée à huit heures, sans diminut salaires ».

C'est court, mais complet; dans ce peu de lignes sont mées les idées générales de la classe ouvrière de Paris sur les re à apporter, non pas aux souffrances de l'industrie en général, celles des salariés. Il n'y a pas lieu de s'étonner outre mesure d préoccupation de presque tous les déposants, puisque l'enquêt pour but de connaître la situation des ouvriers et non celle d dustrie.

A côté de cette demande énergique de protection, nous tro comme antithèse, la déposition de M. Finance, qui repouss espèce d'aide, aussi bien celle venant de l'État que celle p par une association privée. Pour le délégué des ouvriers pein bâtiments, les caisses de retraite elles-mêmes sont nuisibles; il en donne les raisons suivantes:

« M. Finance. — Je considère que même les caisses de retraites formées par des cotisations libres de membres adhérents sont nuisibles à la moralité des individus parce qu'elles ont pour résultat qu'on se dispense de toutes relations avec ses voisins, qu'on n'aide plus les vieillards, que l'unique préoccupation de l'existence est de s'assurer une retraite et qu'on se dispense de toute confraternité ».

Par ce moyen énergique, M. Finance compte ramener le salarié à la sociabilité. Les rudes conséquences de la lutte pour la vie doivent avoir pour effet de rendre plus actifs les faibles et les paresseux, d'entraîner les indifférents et, sous l'empire de la nécessité, de donner aux salariés l'éducation sociale indispensable pour comprendre et pratiquer cette sociabilité. C'est pourquoi le délégué de la chambre syndicale des ouvriers peintres en bâtiments pense que le remède à la crise n'est pas dans la création d'ateliers municipaux de chaque profession en état de chômage. « Du reste, ajoute-t-il, ce n'est pas combattre la crise que de créer des travaux trop abondants sur un marché où il y a déjà pléthore. »

M. Finance n'est point partisan non plus des associations telles qu'elles se sont pratiquées depuis 1848. L'association en participation elle-même ne trouve pas grâce devant lui; les ouvriers qui font partie de ces groupements et, en particulier, ceux de la maison Leclaire, ne s'occupent pas assez, au dire du déposant, des questions générales et tendent à s'isoler le plus possible, à devenir de petits patrons souvent plus âpres au gain que les grands. C'est là que serait le danger, suivant le délégué. Il y voit encore un inconvénient: c'est que les ouvriers, peu à peu, laisseraient tomber les salaires, comptant sur la participation: il faudrait alors en venir à la reconstitution de la chambre syndicale, afin d'agir contre les patrons.

« La participation, déclare enfin l'auteur de cette intéressante déposition, présente de grands avantages pour les entrepreneurs, et il est certain que si j'étais entrepreneur, je l'adopterais, parce que je serais assuré que mon personnel ne me quitterait pas en cas de grève. Tous les ouvriers de la corporation pourraient faire grève que ceux des maisons en participation ne broncheraient pas. » (Page 48.)

Beaucoup d'autres chambres syndicales professent la même aversion pour l'association en participation; nous citerons entre autres le syndicat des ouvriers plombiers, zingueurs et gaziers qui, par la bouche de M. Saint-Domingue, vient exprimer la même crainte que les délégués des peintres en bâtiments.

Par contre, l'association en participation est particulièrement dé-

fendue par M. le sénateur Corbon, qui ne parvient pas ce[
démontrer comment peut se régler la question des pertes.
n'ayant en général aucune responsabilité ou, tout au moins, q
ponsabilité très mince, il devient en effet difficile d'en faire
une partie par l'ouvrier, qui ne possède rien ou peu de ch
là le côté épineux du problème. M. Corbon a un peu esquiv
tion. A son avis : « Les associations sont plus prudentes
individus... Quand elles voient qu'elles se compromett
s'arrêtent ».

Cette prudence, conséquence nécessaire, ou présentée con
de ces sortes d'associations, ne peut-elle pas dégénérer en
excessive, voire en apathie ? La plupart des entreprises ind
demandent quelque peu d'audace, d'action et de volonté
établi que soit le diagnostic d'un entrepreneur qui appe
marché un nouveau produit, ou même seulement un produi
ce diagnostic n'est qu'une prévision dans laquelle il entre
rement quelques inconnues. Ainsi, ou ces associations au
certaine audace, une confiance dans l'avenir, et elles vi
elles n'en pourront point avoir, à cause même de leur con
et bien plus que les entreprises particulières elles sombr
ne comprend, en effet, que dans une association ouvrière,
tats doivent être rapides et se succéder parce que les bes
pressants ? On a laissé à peu près dans l'ombre ces parti
sur lesquelles il eût été intéressant d'appeler l'attention
sants.

M. Tolain n'est guère plus clair lorsqu'il dit, toujours à p
associations en participation :

« On parle souvent de participation aux bénéfices ; on pe
ter ce mot sous une forme générale, tout en se rendant bie
que la participation, telle que beaucoup la comprennent,
rapport à de nombreuses industries, une utopie sans ap
possible ».

« Mais je crois que, dans la plupart des industries, selon
dont le travail est organisé, il est possible de trouver des
différents. Et lorsque les chambres syndicales se seront dév
il est probable qu'elles imagineront des moyens à l'aide de
pourra donner à l'ouvrier une sorte de participation, un inté
conque et, en même temps, une certaine responsabilité qui
entre lui et le patron, plus de solidarité dans le travail. »

Mais ces moyens, M. Tolain ne nous les fait même pas c
et se contente de les attendre de l'avenir. Il compte beau
reste, comme M. Corbon, sur l'établissement des syndicat

sionnels. C'est pour ces messieurs un grand pas fait en avant, que l'adoption de cette loi qu'ils ont défendue au Sénat. Elle est un moyen de discipliner l'ouvrier et de l'amener à mettre en pratique la solidarité. Au sujet des craintes exprimées, relativement à la puissance de ces syndicats professionnels et à l'extension de cette solidarité dont parle M. Tolain, on a répondu que les syndicats, en concurrence les uns avec les autres, ne pourraient jamais être les forteresses féodales dont on craignait l'action autoritaire et restrictive sur l'industrie. Reste à savoir si cette concurrence ne se transformera pas, peu à peu, en une association du genre des Trades-Unions.

A cet égard, l'optimisme de M. le ministre de l'intérieur [1], qui, il y a quelque temps, dans un discours, appelait de tous ses vœux l'extension de la puissance des syndicats, semble être partagé par les personnages officiels qui ont déposé devant la Commission d'enquête.

Cette nouvelle arme, mise aux mains des ouvriers, les poussera-t-elle vers l'association en participation ? Ne serait-elle pas, au contraire, un obstacle à ce rapprochement qu'on veut opérer ? Comme nous l'avons constaté, dans notre premier travail, c'est le plus petit nombre des ouvriers qui compose les chambres syndicales. Sans répondre directement à ces objections, dont quelques-unes lui ont été présentées par les membres de la Commission, M. Tolain pense qu'il est bon, malgré les difficultés qu'il ne se dissimule pas, de pousser vers ce mouvement d'association.

Parmi ces difficultés, il faut d'abord indiquer la répugnance qu'ont les ouvriers à se syndiquer sous la haute direction d'un fonctionnaire du ministère de l'intérieur. M. André Lyonnais signale dans sa déposition (p. 109) les conflits permanents qui éclatent dans les réunions ouvrières à l'occasion du bureau des sociétés professionnelles :

« Je suis secrétaire de la chambre syndicale des employés de commerce, dit M. André Lyonnais. Eh! bien, lorsque j'y suis entré, la première question qui me fut posée a été celle-ci : Qu'est-ce que vous dites de ce bureau ? Êtes-vous partisan de ce qu'on y fait ? Et il fallait tout de suite discuter sur ce point ».

Il faut noter, en passant, que pour éviter au bureau des syndicats professionnels le voisinage de la Sûreté générale, M. Lyonnais propose la création d'un ministère de l'industrie ou du travail national... Quelques lignes plus haut cependant, le déposant s'écriait :

« Que l'État vienne au secours des infirmes, des malades, de ceux

---

1. M. Waldeck-Rousseau.

qui tombent vaincus dans le combat de la vie, rien de mie à ceux qui ont des bras, l'État ne doit que la liberté ».

On voit combien sont confuses même les idées générale posants relativement à cette arme à deux tranchants de l'as en participation. Elle est pourtant offerte comme une des m pour lutter contre la crise, pour améliorer les rapports entr et ouvriers. On a vu que ces derniers professaient à son ég d'indifférence que d'enthousiasme.

Voilà pour le grand remède. Les autres, quoique d'ordr daire, ont peut-être été déterminés de façon plus précise. mier rang, nous trouvons l'enseignement professionnel. plaint tout le long de l'enquête, et ces plaintes émanaient a des ouvriers que des patrons, que le savoir technique de baissait chaque jour. D'un autre côté, et dans le même ordr on trouve les doléances de ceux qui pensent que l'enseignem mercial est trop peu développé chez nous. Naturellement, et les autres réclament la création d'écoles spéciales. M. le Corbon résume ainsi ses idées à ce sujet :

« Oui, il y a certains syndicats ouvriers qui ne veulent p fasse d'apprentis, et beaucoup d'autres qui voudraient li nombre des apprentis à admettre dans les ateliers. De le les patrons n'en veulent pas faire non plus, à moins que ce pour les utiliser à une simple division du travail.

« Il faut donc, de toute nécessité, faire des écoles d'appren non en vue de former des contremaîtres, des sous-officiers dustrie, mais des vrais praticiens, de sérieux ouvriers. C Écoles d'arts et métiers d'Angers, d'Aix et de Châlons qu'il de faire des contremaîtres, et la Commission supérieure de gnement technique est bien résolue à exiger que les élève écoles deviennent des praticiens d'élite, afin de pouvoir exer bonne direction du travail ». (P. 95.)

L'honorable sénateur fait remarquer que la loi Nadaud s prentissage n'a pas porté tous les fruits qu'on en pouvait a et il est porté à croire que le remède est dans la création d'apprentissage et dans l'introduction des travaux manuels d écoles primaires. Son but est de réagir contre l'indifférence vrier et du patron pour ce qui regarde les intérêts de le fession.

M. Tolain dépose en ce sens et désire que l'État ne lais de côté cette importante réforme à introduire dans l'enseign Beaucoup d'autres délégués sont de cet avis ; nous ci entre autres, M. le président du syndicat général des ch syndicales. Le même délégué appelle aussi de tous ses vœux la création d'écoles commerciales. M. Dietz-Monin, président de la Chambre de commerce de Paris, n'est pas moins affirmatif touchant l'utilité des écoles commerciales. La Chambre de commerce de Paris a déjà fondé cinq écoles poursuivant chacune un but différent. La dernière créée, l'École des hautes études commerciales, a pour but de faire « des patrons, de bons représentants à l'étranger, des consuls ayant des connaissances pratiques ». Les étrangers, en effet, qui, avant la guerre de 1870, venaient s'approvisionner chez nous, privés de leurs fournisseurs pendant le blocus de Paris, ont pris le chemin des autres marchés. Il faut donc ramener l'acheteur étranger en France et pour cela organiser très sérieusement, chez les nations qui étaient nos clientes habituelles, la représentation commerciale. Il est urgent de défendre les intérêts de la France à l'étranger, car ce n'est pas la qualité des produits qui a baissé, mais la réputation qu'ils avaient sur le marché européen.

Ce n'est pas la seule carrière dans laquelle devront entrer les élèves sortant de cette école. M. Dietz-Monin pense que les consuls pourraient être choisis parmi les diplômés sortant de cet établissement. Néanmoins M. Dietz-Monin ajoute :

« Nous n'avons pas la prétention de faire nommer ces jeunes gens consuls d'emblée ; nous demandons seulement que les élèves diplômés de l'École des hautes études commerciales aient le droit de concourir à l'entrée dans la carrière, comme l'ont, du reste, les élèves de l'École centrale, de l'École forestière, etc. »

Le président de l'Union amicale des anciens élèves de l'École supérieure de commerce va plus loin. A son avis, les élèves diplômés des écoles supérieures de commerce doivent seuls, dans un avenir prochain, fournir le corps consulaire. Il émet le vœu que, pour l'avenir aussi, les élèves diplômés des mêmes écoles « soient désignés à remplir les fonctions de juges aux tribunaux de commerce, car, si la réussite dans les affaires, une bonne moralité et le bon vouloir permettent actuellement de se présenter aux électeurs commerciaux, il est à penser qu'à un moment donné, ces électeurs demanderont aux compétiteurs d'autres garanties. »

Tout le monde trouve les impôts trop lourds. Quel est le contribuable qui ne se plaint pas ? Dans l'enquête, les délégués ont donc unanimement demandé, les uns des dégrèvements, les autres une réforme radicale de l'assiette de l'impôt. Parmi ces derniers, M. Yves Guyot est venu, au nom de la Ligue permanente pour la défense des intérêts des contribuables et des consommateurs, présenter ses critiques. Il pense que l'octroi pèse « d'un poids considérable sur le contribuable parisien » et conclut en offrant, comme moyen d'att crise, la proposition votée par le Conseil municipal le 8 ju et tendant à supprimer les droits d'octroi en frappant d'un 2 pour 1.000 la valeur vénale des maisons et des terrains d établissements industriels ou d'habitation.

Les facteurs aux Halles, au nom du commerce d'appro ment, et M. Tolain accusent aussi l'octroi d'aggraver la cr cun à des points de vue différents, et désirent une réforme de ce genre d'impôts.

En général, les commerçants, ceux même qui se sont mo plus optimistes et les moins abattus, ont attaqué énergique impôts spéciaux qui entravent le commerce et l'industrie. P déposants, nous remarquons M. le président de la Chambre merce de Paris et le président de la Chambre de commerce tation.

Un autre genre d'impôt qui pèse aussi lourdement sur le co et l'industrie, ce sont les tarifs de chemins de fer. On n'a pas de leur faire la guerre, comme bien on pense, et d'en dem revision, dans le sens, naturellement, de l'abaissement des t même, presque tous les industriels ont réclamé une pr sérieuse des marques de fabrique.

Mais à côté de ces vœux accompagnés le plus souvent d'e tes raisons, que d'utopies ! Les ouvriers ne sont pas les seul mander aide et protection à l'État ; les patrons ne restent arrière non plus. Pour les premiers, la réduction des heures vail est la condition *sine qua non* de la fin de la crise ; p seconds, il en est qui se plaignent, comme les fabricants d'ol luxe, les pâtissiers, confiseurs et costumiers, que les fonctio de la République ne donnent pas assez de fêtes. Les entrep de démolitions trouvent aussi qu'on ne démolit pas assez ; un trouée dans quelque coin de Paris ferait bien leur affaire et trait tout en ordre. Les remèdes sont à la hauteur des Comme on s'est fait très malade, on a besoin d'énergiques ments.

Quelques déposants ont heureusement réagi contre cette tendance au pessimisme. Il était temps, car la commissi même semblait croire qu'elle assistait réellement à l'écrou commercial de la France.

M. Person, président de la Chambre de commerce d'expo appuie sur la nécessité qu'il y a à ne pas se laisser aller au d gement, d'autant plus, dit-il, que les Prussiens profitent de tou faiblesses et sont bien capables de traduire en plusieurs la comme l'a écrit le *Temps*, ces dépositions décourageantes, afin d'écarter la France des marchés étrangers.

« Quant à l'importance future de notre exportation, affirme « M. Person, gênée en ce moment par des impôts trop lourds, par « des mesures restrictives nuisibles à ses intérêts, par des grèves « aveugles, etc., elle conservera néanmoins sa position actuelle, « peut-être sans se développer beaucoup jusqu'à nouvel ordre.

« Mais je n'hésite pas à dire qu'avant d'être arrivés à perdre notre « exportation, comme quelques pessimistes le prétendent, il faudrait « d'autres causes que celles qui existent aujourd'hui ; une fois cette « crise passée, vous verrez les affaires reprendre et tout se détendra ; même en temps de crise, la consommation marche toujours « quoique réduite, et lorsque les détaillants auront écoulé l'excès « du stock, il faudra qu'ils fassent de nouveaux approvisionnements, « et alors les consommateurs reprendront un courant proportionné « aux besoins de la consommation. Les cours se relèveront et, au « lieu de subir des pertes pour écouler, les producteurs auront la « juste rémunération de leur travail ».

Quoique clairsemées dans l'enquête, les dépositions de ce genre, émanant de notabilités commerciales ont certainement eu le résultat avantageux de relever un peu les courages — tout au moins celui de la commission — et de rendre moins aigu le concert de plaintes, qui allaient *crescendo*. Les protectionnistes purs n'ont pas été arrêtés cependant par ces considérations et ces conseils invitant à la modération et à la prudence. M. Claude (des Vosges), tout comme M. Feray, croit que le meilleur moyen de rendre l'énergie qui lui manque, à l'industrie française, c'est de la protéger. Or, on ne protège pas l'industrie seulement avec de belles phrases ; le mot protection n'a rien de surnaturel et d'immatériel. Protéger veut dire lever un impôt sur le consommateur, afin d'enrichir le producteur négligent ou paresseux qui ne veut pas se donner la peine de prendre loyalement part à la lutte industrielle. Les protectionnistes ne se font pas faute de dire que la crise, si cruelle pour les ouvriers, cesserait, si la concurrence étrangère était écartée. Ce serait, à les entendre, un retour vers l'âge d'or pour l'ouvrier. Les producteurs *nationaux* voyant leurs affaires prospérer, emploieraient les ouvriers actuellement sans travail et pourraient les rétribuer sérieusement.

Cependant, lorsqu'on élève les tarifs d'entrée d'un produit, on voit bien clairement un bénéfice certain se créer déjà pour le fabricant indigène de ce produit : la loi est là pour assurer ce bénéfice, et le fabricant a, devant lui, un temps déterminé pendant lequel il est à l'abri d'un coup de concurrence. En est-il de même pour l'ouvrier ?

Possède-t-il les mêmes garanties? On a dit, il est vrai, qu
peut, aussi lui, tirer avantage d'un système dans lequel
tion paraît assurée pour un certain temps. Soit. Mais rie
l'ouvrier contre un renvoi, une baisse de salaires, etc., e
d'exception qui protège le patron, en faussant la loi scie
l'offre et de la demande, laisse l'ouvrier livré aux hasar
dernière. C'est d'un bon cœur de croire aux promesse
dustriel protégé; c'est bien plus prudent d'avoir son d
ment déterminé dans une loi, puisque loi il y a. Aussi, on l
déjà fait remarquer, et certains délégués ouvriers ont été
sur ce point : le droit à la protection appelle logiquemen
correspondant pour l'ouvrier : le droit au travail. On a p
voir que les ateliers nationaux étaient encore considér
l'idéal industriel dans certaines corporations. Les réclam
protectionnistes rendent naturelles, de la part de leurs a
revendications ouvrières.

Et puis, il y a là-dessous, paraît-il, non seulement une
d'humanité, mais de plus une question de patriotisme. Il
curieux d'entendre énoncer de pareilles propositions d
commission d'enquête chargée de porter ses investigation
dustrie de Paris, d'une ville qui fabrique surtout pour l'ex
Mais l'épidémie protectionniste se propageait déjà; on peu
jourd'hui, par les votes récents du Parlement, quel deg
sité elle a acquise. Il est probable qu'une fois terminée,
faite en province, nous apprendra tous les détails de ce
tion, destinée à nous conduire vers une réaction économi
point de vue, l'enquête sur la crise aura été un auxiliaire
pour les partisans de la prohibition.

Et si, laissant de côté ceux qui ont intérêt à deman
lèvement des droits d'entrée à la frontière, nous exan
vœux et les idées de ceux qui semblent placés avanta
pour défendre les véritables intérêts du commerce et de l'
nous les voyons eux-mêmes, tout en formulant des dem
raisonnables, hantés de ce détestable esprit de protection.

Cela est dans notre caractère national, cela fait partie
éducation. Nous en avons un exemple bien frappant dans
dont ont été traitées les questions se rattachant aux écoles
ciales. On a constaté d'abord, avec beaucoup de bon sens e
lentes raisons, la pénurie d'enseignement commercial en
puis, on a critiqué, avec de non moins excellentes raison
plorable habitude qu'on a, chez nous, de pousser les jeu
vers les arts libéraux. M. Siegfried lui-même a montré d

état d'infériorité morale on tenait, dans les lycées, l'enseignement spécial, puis il a demandé qu'on séparât les français des latins, qu'on fît des lycées d'enseignement spécial. Mais ce n'est pas tout, et, pour que la réforme soit complète, d'autres plus hardis, réclament, pour les élèves sortant des écoles commerciales, des diplômes, de vrais diplômes, ayant leurs avantages et traînant derrière eux quelque monopole. Les juges de commerce, par exemple, ne pourront être élus que s'ils possèdent le parchemin en question. Ce n'est qu'un commencement, une tentative qui peut paraître timide au premier abord, mais cette tentative en appelle d'autres, et lorsqu'on entre dans cette voie, on ne sait pas toujours où l'on s'arrêtera. Cette tendance à créer une sorte de baccalauréat commercial indique bien quel démon nous tourmente. L'épreuve de chaque jour, l'examen que nous soutenons à chaque instant dans la lutte pour la vie, nous fatigue. Il nous faut une estampille officielle pour nous éviter la responsabilité, la peine de nous faire valoir nous-mêmes. Nous ne voulons pas entrer trop avant dans la question, parce que nous sortirions du cadre de ce travail. Cependant, il nous sera bien permis de nous étonner de ces fâcheuses tendances. Ce n'est pas la peine, en vérité, de critiquer l'Université, son enseignement et ses parchemins, si l'on veut l'imiter. On ne confesse généralement pas ses fautes devant les commissions d'enquête, mais on y parle beaucoup de celles des autres.

Devant ces réclamations, M. le président de la Commission a cru ne pas devoir rester en arrière. Il a fait espérer aux déposants qu'un jour, ces écoles, libres aujourd'hui, créées et soutenues par l'initiative individuelle, tomberaient dans le giron de l'État. Pourquoi ? Serait-ce pour donner aux diplômes plus d'autorité ou pour commencer par là une prétendue réforme de l'enseignement ? Car la Commission tout entière a dû s'apercevoir combien les idées générales et les connaissances économiques étaient rares parmi les déposants. Si quelques-uns ont serré de près la question et ont réduit la crise à ce qu'elle est réellement, combien ont profité de cette occasion pour s'étendre sur des détails, pour chercher longuement la petite bête, alors que le phénomène — qu'on a déjà pu étudier puisqu'il est intermittent — s'expliquait assez facilement. Il est vrai que si l'on appelle crise les difficultés permanentes de la lutte pour la vie, cette crise-là durera autant que l'humanité.

André Liesse.

aux nouvelles venues; elles le méritent chacune en son genre.

— *La Revue des Deux-Mondes* (1er et 15 janvier) contient une importante étude de M. Ch. Grad, sur *la population de l'empire allemand*. « Depuis 1820, le nombre des Allemands en Europe a doublé, malgré l'intensité de l'émigration. Après la Russie, l'empire allemand est l'État européen le plus peuplé, et la nation allemande se trouve bien près d'arriver au premier rang occupé naguère par la France. Six fois plus considérable en Allemagne qu'en France, l'accroissement annuel de la population atteint 1.14 0/0 chez les Allemands contre une proportion de 0.29 seulement chez les Français. »

Aussi les Allemands sont-ils misérables comme des pierres et les Français riches et heureux comme des poissons dans l'eau? Pas du tout. « Jamais, dit M. Ch. Grad, le peuple allemand n'a été aussi riche qu'aujourd'hui, avec sa rapide augmentation numérique, avec la fécondité de ses familles ». Je n'y comprends plus rien. La population n'est donc pas la source de la misère? Pas toujours. Cela dépend de l'emploi qu'on en fait. Que l'Allemagne se mette seulement, comme la France, à fonder des colonies officielles et puis nous verrons. C'est, paraît-il, ce qu'elle se prépare à faire. Instinctivement, ses émigrants se portent vers les pays riches, s'y enrichissent et, développant le commerce de leur patrie, ils enrichissent celle-ci sans le faire exprès. Officiellement, on fait des acquisitions territoriales sur le côté sud-ouest de l'Afrique « un des pays les plus déshérités de la terre », dit M. Ch. Grad.

C'est un moyen comme un autre d'envoyer les gens à l'abattoir et de conjurer « le péril national qui menace la France ».

— Si la population n'augmente pas en France, en revanche, le budget va son train; on ne peut pas tout faire à la fois, des enfants et des fonctionnaires; or, les Français aiment beaucoup mieux avoir un État fort, riche, au moins en apparence, que d'avoir autour d'eux une femme et des enfants. Mais comme toute chose, même le budget, a des limites, il devient difficile de l'équilibrer, et M. Léon Say lui-même y perdra peut-être son latin, malgré les bons principes qu'il expose dans la *Revue* du 15 janvier. M. Léon Say trouve que la commission du budget de la Chambre empiète beaucoup trop sur les attributions du Sénat et surtout du ministère. Il faut rendre aux ministres cette justice qu'ils y mettent de la bonne volonté; ils se posent eux-mêmes en serviteurs de la majorité; on les prend au mot.

— Demandez à M. Risler ce qu'il en est. Il vous dira, *Revue* du 1er février, ce qui est vrai, que les droits protecteurs sur les blés et les bestiaux étrangers ne remédieront nullement à la crise agricole;

mais « le gouvernement est mis en demeure de proposer, et lement de voter ces droits, et s'ils ne le font pas, si la crise trouve l'agriculture de certains départements continue, on . l'on croira réellement que nos ministres et nos députés n'(voulu employer le seul, le véritable remède qui aurait pu cesser ».

Et comme charité bien ordonnée commence par soi, chacu lant conserver son portefeuille ou son siège, met son opinio sa poche, sa conscience sous son talon, et propose ou vote de illusoires; on appelle cela gouverner ! Mais si la crise conti s'aggrave, à qui cette palinodie profitera-t-elle?

— *Le Combat contre la misère* (*Revue* du 15 mars) est u cussion très mesurée des prétentions qu'ont les catholico-so de rétablir les corporations. L'auteur, M. d'Haussonville, mo tout n'était pas si noir qu'on le croit sous l'ancien régime, n tout n'était pas rose dans les corporations. Il ne faut pas, co qu'après avoir protesté contre le socialisme d'État, on veuill la place, ce qui serait plus dangereux encore, du socialisme (Car un jour on pourrait être mis en demeure de s'exécute jour-là comment ferait-on pour assurer à chaque ouvrier une qui lui appartînt en propre, un travail permanent et une pe retraite?

On ferait, ou plutôt on fera, — car ce jour-là viendra, — comme on a toujours fait. On augmentera le budget... si l'o

— Dans le même numéro, lisez *la Réforme de l'enseig supérieur*, par M. A. Duruy. Je n'en dis rien, car c'est tou même conclusion qui ressort des faits exposés. En Allemagn professeurs sont rétribués presque exclusivement par les (ils le sont mieux et, par-dessus le marché, plus honorés qu'er où ils sont pensionnaires de l'État. Les écoliers aussi sont pl rieux; cela se comprend : il y va de leur bourse et non de leurs voisins.

Nos boursiers ! Voilà des gaillards taillés pour la science !

« Quand ils entrent à la Faculté, écrivait récemment M. jeune, nous devons commencer par leur apprendre ce qu'ils d savoir depuis longtemps. Chaque faculté en vient forcémen qu'elle a conscience de ses propres besoins, à s'annexer une classe élémentaire. On la qualifie de conférence philologique chagriner personne; soit, le nom ne change rien à la chos une nécessité que nous subissons; mais, il faut le dire bien peur de nous y résigner, cela est mauvais de toute façon. d'abord parce que l'enseignement supérieur risque ainsi de connaître lui-même à la longue, mauvais aussi parce qu'on f diocrement à la faculté ce qui ailleurs serait fait beaucoup m

« Sur cinq de nos boursiers, dit M. Lebègue, il en est à pe dont l'instruction classique ne soit très médiocre. »

Et le nombre de ces utiles pensionnaires des contribuable mente chaque année, pour aller ensuite grossir le flot des déc

---

Le Vétéran, qui a publié un article sur l'armée dans *le Corr dant*, tout général qu'il est, n'est pas de l'avis de nos avocats nants au sujet du recrutement et de l'armée coloniale. Il pr qualité à la quantité, le courage à la science. « Aux avantag science, aux ressources mêmes de l'intelligence, je préfère l lités du cœur et la fermeté du caractère ». Nous gagnons p de fameuses et nombreuses victoires depuis que nous somm savants et tous soldats, des victoires électorales.

— Une dame aimable, mais un peu protectionniste, me den dernièrement pourquoi les libre-échangistes étaient plus v dans la polémique que les protectionnistes. J'ai eu envie de dre, en supposant le fait vrai : C'est par la même raison qu qu'il se commet un vol, le voleur fait le moins de bruit possib dis que le volé crie de toutes ses forces. Mais cette réponse n' été galante, ni même polie, et je me suis contenté de dire parce qu'ils sont moins nombreux ; il est dans la nature des que les plus faibles déploient d'autant plus d'énergie afin de tenir les forts en échec.

Ceux qui ont lu la prose des protectionnistes en ces dernier doivent savoir à quoi s'en tenir au sujet de leur aménité dans cussion. — Ce n'est pas un reproche que je leur fais, c'est que je constate et même que j'approuve. Il faut avoir le cou son opinion. Fi de ces bouches qui soufflent le froid et le qui ont le miel sur les lèvres et le fiel dans le cœur.

Autant qu'on en peut juger par un article de M. Raoul Lol *le Correspondant* (10 février), les protectionnistes anglais pas plus tendres que les libre-échangistes de tous pays. La lig tectionniste anglaise oppose l'équité de l'échange (*fair-trad* liberté de l'échange (*free-trade*). Ils supposent donc que la n'est pas équitable? Alors, qu'ils y renoncent eux-mêmes.

M. Loki est tout à fait de leur avis, et pour prouver, cor économistes que la protection peut être efficace, il cite le vieu de la sucrerie.

Les économistes n'ont jamais dit que la protection ne pro aucun effet, puisqu'ils l'accusent précisément de n'en produi de mauvais. A l'appui de leur assertion, ils ont donné et tous les jours pas mal d'exemples que les protectionnistes se bien de réfuter, et pour cause; ou s'ils le font, ils ont soin buer à la protection les effets de la liberté, et *vice versa*.

Quant à l'exemple invoqué par M. Loki, il est fort loin d bant. Il faudrait montrer que la chose était bonne à faire; qu'ont gagné quelques départements de la France n'a pas autres et aux colonies; que l'initiative privée n'aurait pas même chose, supposée bonne à faire, et avec plus d'économi mesure que la protection, etc.

— *La Doctrine de l'évolution et la nouvelle théorie de la* la même Revue), ne manque pas d'intérêt; on se lasse d' toujours la même cloche, fût-ce la cloche positiviste. Il est troduire quelques dissonances dans cette harmonie. C'est ce M. Cochin.

— *La loi du Divorce* fait l'objet d'une étude du premier Rigaud (numéro du 10 mars).

« En 1789, dit M. Rigaud, la France existait depuis 1, sans avoir jamais connu ni pratiqué le divorce ». Il fallait ni le mariage légal et même religieux; car, pendant tout le âge il n'existait que le mariage familial; le mariage religie tait que facultatif; il n'a été rendu obligatoire, et encore. par le Concile de Trente. Quant au mariage gouvernemental été inventé que par les légistes de la révolution et ne profi eux. Il en sera de même du divorce légal.

M. Rigaud soutient que la loi du divorce est contradictoir celle du mariage. C'est indubitable, et ce n'est pas la seule l ce cas; ce n'est pas non plus son plus grand inconvénien forme un encouragement à la stérilité des mariages et, par la dépopulation, que le mariage légal favorise déjà; elle sera, le montre d'ailleurs M. Rigaud, d'une application si difficile q faut pas désespérer de voir établir, pour plus de simplicité, un de *jubilé conjugal*, gratuit et obligatoire, bien entendu. Au b temps de mariage légalement déterminé, qu'ils se plaisent o les époux seront obligés de se séparer par devant M. le maire ils se seront unis.

— Excellent petit article (même numéro) de M. Ch. Gava les placements des bons pères de famille français dans l'e Orient; le flambeau de la civilisation porté (disent les Alle jusqu'aux antipodes par les Français; la tarentule coloni pique jusqu'à l'Italie, etc.

« L'Europe n'est plus en Europe, la place est nette sur le

nent, l'Allemagne seule y reste, armée jusqu'aux dents, libre d'y commander la manœuvre qui lui conviendra ».

La Loire est le plus considérable de nos fleuves, dit M. Fernand Maurice (*Nouvelle Revue*, 1er février), rien ne lui manque pour être une grande voie de circulation, un puissant moyen de transport. — La meilleure preuve que rien ne lui manque, c'est qu'elle l'a été jadis. Mais ce temps n'est plus. « La navigation fluviale y est réduite à un minime trafic local, alors que la batellerie devrait y être nombreuse et active; la navigation maritime y a presque disparu, alors que les navires de fort tonnage devraient remonter de la mer jusqu'à Nantes. De ses sources à son embouchure, la Loire n'est presque d'aucune utilité ».

Le gouvernement s'y prend pourtant bien pour développer la navigation fluviale et ce n'est pas sa faute si elle ne prospère pas davantage. « On a fait des dépenses considérables, nous dit M. Maurice, pour améliorer la Mayenne et la Sarthe, auxquelles on a donné une profondeur de 1m,60, et dont les bateaux ne trouvent, en débouchant dans la Loire par la Maine, qu'un tirant d'eau insuffisant, de 0m,40 parfois, en été ».

C'est-à-dire que les « dépenses considérables » sont en même temps improductives; ce sont des capitaux immobilisés, stérilisés. L'initiative privée aurait commencé par rendre la Loire navigable; mais si le gouvernement faisait comme elle, à quoi servirait-il?

M. Maurice voudrait que les grands travaux des ports, des fleuves, des canaux, fussent remis à des syndicats locaux composés de gens intéressés à la prospérité de leur ville et de leur région. — Et les intérêts électoraux, vous n'y songez pas? De quelle utilité pourraient être de pareils travaux pour les députés, les ministres? L'intérêt social, le leur, ne doit-il pas primer l'intérêt des particuliers, le vil égoïsme?

— La réforme des lycées ne va pas comme sur des roulettes; M. A. Burdeau nous apprend (numéro du 15 février) que la routine se défend victorieusement. « Sur beaucoup de points, les enfants sont encore exercés à apprendre par cœur de longues pages de grammaire; l'étude des nomenclatures de chimie et d'histoire naturelle s'est substituée à l'étude des dates ou des séries de rois, sans donner, cela se comprend, de meilleurs résultats. Des plaintes à peu près générales se font entendre contre le travail excessif imposé aux jeunes élèves pour satisfaire aux exigences des nouveaux programmes. Il leur reste bien peu de temps pour un repos indispensable et pour les exercices nécessaires au développement physique ».

Et, en sortant d'un pareil bagne, les boursiers mêmes s
pables de suivre les cours de l'enseignement supérieur. Cela
ou du moins m'étonnerait, si je ne savais pas que le dével
intellectuel est subordonné au développement physique, et
pêchant celui-ci, comme le fait la scolarisation à outranc
pèche celui-là.

Mais qu'importe, pourvu que le cléricalisme soit vaincu,
là la fin dernière des réformes. Or, il est mort, bien mc
— Pas du tout. « Depuis la funeste loi de 1850, dit M. Burd
seignement clérical s'est accru d'une soixantaine de mais
12.000 élèves; tandis que l'enseignement libre laïque, qui
42.000 élèves en 1850, en a perdu près de 11.000, et 340 é
blissements ont succombé ».

Décidément, l'État s'entend aussi bien à laïciser qu'à
Encore quelques années, il n'y aura plus d'enseignement l
le sien. M. Burdeau voudrait bien qu'il n'en fût pas ainsi e
les moyens propres à ranimer la pauvre victime de la lutt
cléricalisme et l'étatisme. Son article contient d'excellents r
ments sur la carte à payer par les contribuables pour les
les collèges. « En 1884, les dépenses des lycées et collèges,
naires qu'extraordinaires, auront monté à 87 millions au n
ce chiffre, les familles des élèves n'en payeront guère que
le peuple souverain payera le reste, sans oublier le budget

— L'article de M. de Ronchaud sur l'encouragement des b
par l'État est une réédition de l'opinion courante : les en
ments sont nécessaires aux progrès des arts et au bien-êt
tistes; ceux que l'État a donnés jusqu'ici ont été plus
qu'utiles.

Il y a des gens qui tireraient de ces prémisses la concl
vante : « Cela prouve que les encouragements ne sont p
saires. Donc il faut les supprimer ». Mais ce ne sont pas l
en général, ni M. de Ronchaud en particulier, qui tirent
clusion. Pour eux, au contraire, il faut que l'État encourag
et quand même; seulement, il faut changer de méthode
sorte que les encouragements, de nuisibles qu'ils sont à l'
artistes, deviennent profitables.

Toujours la même répétition. Tous les changements de
encouragements expérimentés depuis deux siècles ne suffise
core pour prouver aux artistes que c'est par sa nature et
forme que la protection est mauvaise. Et l'on dit que l'e
sert à quelque chose! On ne s'en douterait pas.

... congrégation laïque qui n'a pas l'habitude de ... en est un : M. Petau de Maulette est in... que le régime français de monopole appliqué ... pas le régime belge, plus libéral :

... entre mille autres, une preuve presque ac... qu'a eue sur l'industrie française la ... l'esprit de bureaucratie et l'esprit de ... qui en est la conséquence directe ? Il suffit ... parmi les motifs de la dernière grève d'Anzin, ... la cause la plus fondamentale.

... ces choses, on se rendra compte que, de toutes ... la seule fondamentale, c'est le colossal mo... Compagnie, par la possession exclusive d'un ...

... pas ses conclusions en l'air, mais qui les ... également que « la Compagnie d'Anzin ... le charbon que celle de Mariemont, par ... à la main-d'œuvre dépensée ».

... économistes, mes tendres amis, réfutez-le. ... même pas à l'industrie, comment profitera-...

... des *écoles moyennes de garçons*, troi... être un Pascal pour se l'approprier dans ... faudrait même être un agneau pascal, un ... l'enfant, « vous en faites un pur ré... possibilité de rien entreprendre et de ... étouffez la puissance de l'âme hu... économiste, un ignorant ? Pas du tout. ... enseignement officiel. Où allons-nous ? ... de dire qu'on fait de l'enfant un récep... percé qu'il faut dire. Remplissez un ... que vous y verserez sera lourd, moins il ... et alors vous perdrez votre temps à vou... pas de ce que l'on mange, mais de ce que ... est aussi vraie, peut-être plus, pour l'esprit ...

... est contente d'elle-même. M. le mar... janvier) nous apprend que les nations de ... gouvernements, mieux inspirés que le nôtre, donnent ... organisation corporative de toute la hiérarchie des travailleurs. L'auteur ne dit pas quels sont ces gouvernements, autres que celui de M. de Bismarck, de sorte qu'il n'est pas facile de réfuter son affirmation autrement que par une simple négation.

— M. Lœsevitz continue, dans la même *Revue*, à publier sa *Législation du travail*. Cette deuxième partie nous parait plus faible que la première, mais nous attendrons la fin pour nous prononcer.

— La question du salaire est traitée par M. de Pascal dans le numéro de février. L'auteur n'admet pas que le contrat qui lie l'ouvrier au patron soit un contrat de vente; « c'est un contrat de louage ». Question de mots. « Il est faux que l'homme, dit M. de Pascal, même au point de vue économique, soit une pure machine; il est faux que son travail, dans lequel il met, avec l'effort de ses bras, son intelligence, sa volonté, sa vie, sa personne enfin, soit une pure marchandise ». Le travailleur n'est pas forcé de vendre son travail, il peut le donner s'il veut et si on veut l'accepter; il peut ne rien faire; mais, dans ce dernier cas, c'est saint Paul qui l'a dit, celui qui ne travaille pas ne doit pas manger.

M. de Pascal, comme les catholiques modernes, et contrairement à saint Paul, me parait se placer à un point de vue faux et dangereux en considérant, comme il le dit, l'*être humain avec ses besoins*. Si l'ouvrier a des besoins, le patron en a aussi; si celui-ci doit se charger de satisfaire les besoins de celui-là, il aura fort à faire, car les désirs de l'homme sont infinis; il risquera beaucoup d'y perdre sa peine et ses capitaux; et quand il sera ruiné, qui fera travailler l'ouvrier, sans parler de pourvoir gratuitement à ses besoins?

— Dans le numéro de mars, M. Hip. Blanc nous présente un tableau florianesque de l'*atelier dans les anciens corps de métiers*. Mais, outre qu'il contient de belles contradictions, comme celle d'approuver le chef-d'œuvre et les exemptions du chef-d'œuvre, le tableau pèche par le fond : l'esprit chrétien n'était pour rien dans le régime des corporations; ce n'est plus seulement moi qui le dis, c'est M. d'Haussonville.

— Dans la *Réforme sociale* (1er janvier), M. Burger soutient, avec raison selon moi, que le pain de ménage est préférable au pain de boulanger, ou pour être plus explicite, que le pain bis est meilleur que le pain blanc. C'est un retour vers notre ancienne barbarie qui s'accentue depuis quelque temps. M. Burger donne beaucoup de faits

et de raisons à l'appui de sa thèse, il en laisse de côté un
nombre encore, et il conclut en engageant la population
hautes classes à donner l'exemple du retour à l'usage de
Malheureusement, cela n'est guère praticable qu'à la condi
fasse son pain soi-même, c'est-à-dire à la campagne. Or,
y aura des faveurs gouvernementales et municipales à
dans les villes, riches et pauvres seraient bien sots de s'ent
les campagnes pour non seulement ne pas y prendre part
payer.

— Nous avons déjà eu l'occasion, le trimestre dernier,
Réforme sociale au sujet des résultats de la nouvelle
Aujourd'hui, nouveaux faits signalés par M. Le Brument.
principe de l'obligation, les écoles sont moins fréquentées
partout les commissions scolaires ne fonctionnent déjà pl
pecteur, qui devrait visiter l'école au moins deux fois chaq
met souvent entre chacune de ses inspections un interval
18 mois ». Et il ferait aussi bien de rester au coin de
grignoter son morceau de budget, car « les instituteurs
restent rarement plus d'une année au même poste. L'insp
peut pas constater si ces jeunes maîtres ont tenu comp
servations qu'il leur a adressées lors de son passage, puisq
voit jamais deux fois dans la même école ».

M. Le Brument fait remarquer, avec Le Play, combien
surde et contraire au principe qui commande aux citoyens
voir par leur propre initiative aux besoins de la vie privée
loir établir la liberté des cultes et la gratuité de l'ensei
Toutefois, l'absurdité et le danger ne consistent pas,
croient Le Play et ses disciples, en ce que la religion est
pensable que l'instruction, mais en ce que l'enseignement
conduit à la religion de l'État, à l'infaillibilité gouvernem

— Quels ont été les résultats des mesures législatives et
tratives tendant à protéger les enfants employés dans l'i
C'est ce que le ministère du commerce et des travaux publi
savoir, en posant aux 13 inspecteurs (mauvais chiffre !) et a
pectrices (encore ?) du travail des enfants dans le départem
Seine, une série de questions que M. Leneveux reproduit
les réponses, dans la *Revue du mouvement social* (janvier).

Les réponses sont presque unanimes pour la fixation
(13 partout !) de l'âge auquel les enfants pourront être ad
les ateliers. — Et en attendant cet âge, que mangeront-ils ?
get ? C'est précisément pour le payer qu'on les fait travail
plus bas âge.

— La même Revue contient une *Critique de l'œuvre de Fourier et de sa première école*, par Victor Considérant. A suivre.

— Pour montrer l'utilité d'un gouvernement mondial, M. Limousin part d'une hypothèse (numéro de février). C'est rompre avec la méthode dite scientifique. Au moins faudrait-il, pour tant faire, que l'hypothèse eût quelque vraisemblance, or, non seulement il est invraisemblable, mais il est contre les lois naturelles de la météorologie que toutes les récoltes manquent à la fois en quelque pays que ce soit. Si à l'agriculture on joint l'industrie, l'invraisemblance augmentera d'autant. Il sera donc toujours facile, par la simple liberté de l'échange, que chaque individu ou chaque peuple se procure ce qui lui manque et se débarrasse de ce qu'il a de superflu; et réciproquement, il sera d'autant plus difficile de répartir également les produits entre tous les habitants du globe, que cette liberté sera plus entravée par les gouvernements locaux ou mondiaux.

— M. F. Pillon achève, dans la *Critique philosophique* (10 janvier), son étude sur les *chemins de fer et l'État*. Ce numéro contient l'exposition et la discussion des idées socialistes sur ce sujet et les conclusions de M. Pillon, qui se rapprochent beaucoup de celles de Proudhon.

La théorie des socialistes autoritaires, dit M. Pillon, suppose un antagonisme essentiel, permanent entre l'intérêt public et les intérêts particuliers ; celle de leurs adversaires que j'appellerai les libertaires, si l'on veut, et que M. Pillon appelle, je ne sais pas pourquoi, les partisans de la *propriété pure et absolue*, suppose une harmonie essentielle, constante des intérêts privés entre eux et avec l'intérêt public ; deux idées que la nature humaine ne permet pas d'accueillir.

Si M. Pillon veut parler, pour la seconde de ces théories, d'une harmonie sans dissonances, il est certain que les partisans de la *propriété pure* ont tort; le fond de la nature humaine étant la sensibilité, il est clair que plaisir et peine sont relatifs et ne peuvent exister l'un sans l'autre ; il est par conséquent évident que l'harmonie des intérêts privés entre eux et avec l'intérêt public contient des dissonances et doit en contenir, sans quoi elle serait bien fade.

Mais pas trop n'en faut. Or, autant que je puis être renseigné, les partisans de la propriété pure, dont M. de Molinari est le chef, ne nient pas qu'il existe des dissonances, ce serait nier l'essence de la nature humaine. Ils disent seulement que l'intervention de l'autorité dans les rapports sociaux multiplie à l'infini ces dissonances et fait de la musique sociale un charivari infernal. Ils ont même pris la

ler un nombre de faits assez respectable à l'appui de leur socialistes autoritaires ou autres, s'il peut y en avoir it oublié ou négligé jusqu'ici de contester ces faits, et nontrer le lien par lequel ils prétendent unir ensemble là *fraternité*, deux mots qui doivent être bien étonnés rouver ensemble, s'il est vrai, comme le dit le fabuliste, que re ennemi c'est notre maître ».

- Le n° 1 de la *nouvelle série* (même Revue) contient la déposi- le M. Toubeau devant la Commission d'enquête sur la question le, et le n° 2, une petite critique par M. Pillon de cette déposi- a place nous manque pour l'analyser, ainsi que les *Notes et ons* de M. Élie Pécaut (n° 2) *sur la méthode en pédagogie*, ue déductive, est devenue inductive, comme le corbeau des *norphoses* d'Ovide est devenu noir, de blanc qu'il était, pour vi trop parlé.

— A propos d'éducation, la *Revue politique et littéraire* (n° 9) ie une étude sur Mary Wollstonecraft, éducatrice trop oubliée. ressante à beaucoup d'égards, cette étude me semble pécher sur point capital. L'auteur, Mlle Chateauminois de la Forge, n'a pas suffisamment insisté, à mon avis, sur ce qui distingue la pédagogiste anglaise de tous les éducateurs et éducatrices de filles qui l'ont précédée ou suivie. Ce qui m'a le plus frappé en lisant le livre de Mary : *la Défense des droits des femmes*, 1° c'est son amour de l'indépendance, qu'elle regarde comme le plus grand bien de cette vie, et même comme la base de toute vertu; et qu'elle veut assurer « en resserrant mes besoins, dussé-je vivre sur des landes stériles »; 2° c'est ensuite d'avoir découvert que la protection dont éducateurs et législateurs prétendent entourer la femme tourne à son propre détriment, comme toutes les protections possibles, qui ne servent qu'à faire vivre les protecteurs aux dépens de ceux qu'ils protègent. Je crois bien que toutes les femmes ont été prises, et le sont encore, à ce piège, sans en excepter la forte Mme de Staël, panégyriste de J.-J. Rousseau[1], qui le méritait si peu à ce point de vue, comme l'a fort bien montré Mary Wollstonecraft.

— Les agriculteurs doivent être contents : les tant désirés droits destinés à les protéger contre la concurrence étrangère sont votés. Si j'étais libre-échangiste pour l'amour du mot et non de la chose, je m'en réjouirais, car, tant que les tonkinoiseries continueront (soit par guerre déclarée, soit par représailles, soit même par traités de

[1] Dans ses *Lettres sur le caractère et les ouvrages de Rousseau.*

paix, qui n'existent pour les Orientaux que sur le papier), la crise ne cessera pas, à moins que d'autres causes peu probables n'interviennent. Si donc les droits sur les blés et le bétail n'avaient pas été votés, on aurait accusé le libre-échange de la continuation de la crise, comme on l'a accusé de l'avoir provoquée, tandis que, munis de leurs droits, les protectionnistes ne pourront s'en prendre qu'à eux-mêmes de leur misère,

Les journaux d'agriculture vont donc enfin pouvoir se reposer sur leurs lauriers? Pas du tout. *Après la bataille*, M. Lecouteux s'empresse de dire : « De nombreuses inégalités subsistent encore, notamment dans notre système d'impôts. Il est à désirer que le centenaire de 1789 ne se célèbre pas sans que ces inégalités soient supprimées ».

La réforme de l'assiette des impôts est une utopie, M. Lecouteux le sait bien. Les inégalités qu'il s'agit maintenant de supprimer consistent à élever la protection agricole, qui n'atteint encore que 5 à 11 0/0, au même niveau que la protection industrielle, qui s'élève à 20, 25, 30 0/0 et au delà. C'est logique en son genre; si les industriels ne veulent pas renoncer à la protection, pourquoi les agriculteurs y renonceraient-ils?

— On lit dans le *Journal de l'Agriculture :* « La marine marchande jouit d'une subvention annuelle de 14 millions, sans compter l'allocation plus que triple accordée aux diverses compagnies de paquebots-poste. » — Et elle ne s'en porte que plus mal. — « Les chemins de fer français, qui sont subventionnés, puisqu'on leur assure un minimum d'intérêt, accordent des réductions kilométriques à l'importation des bestiaux de Hongrie, d'Allemagne, en raison des distances parcourues ». — Et malgré leur garantie d'intérêt, leurs recettes s'en vont déclinant. — « Payer afin d'assurer les succès d'un rival, n'est-ce pas le dernier degré de la bêtise humaine? » — C'est ce que nous, économistes, avons toujours dit. — « Il est regrettable que cette étrange situation n'ait pas été exposée à la Chambre des députés, en réponse à la phraséologie un peu creuse contre les justes revendications du cultivateur ».

Pardon, monsieur Vidalin, cette étrange situation, vous auriez pu dire contradiction, a été souvent exposée à la Chambre et ailleurs; mais ce n'est pas par ceux qui se posent en protecteurs de l'agriculture; et le fait est que c'eût été un étrange moyen d'obtenir la protection qu'ils sollicitaient, que de la combattre chez les autres.

— Dans le même journal, M. Leclainche soutient que « l'agriculture allemande n'est nullement supérieure à la nôtre; il suffit pour s'en convaincre de lire les derniers Rapports publiés. Nous n'avons envier non plus à l'élevage anglais : grâce à leur haute valeur, agnifiques races de boucherie conserveront toujours la pre- place sur nos marchés. Quant à la production américaine, s'il possible de nous faire la concurrence que l'on sait, il faut l'at- seulement aux conditions spéciales de l'exploitation ».

La concurrence étrangère n'est donc pas si à craindre qu'on le croyait, — pardon — qu'on le disait ? Cela ne fait rien ; le tour est joué.

— La question de la population occupe le monde médical. Le *Journal d'hygiène* donne le résumé des discussions qui ont eu lieu à l'Académie de médecine, ainsi que des articles pour et contre la doctrine de Malthus.

Le Dr Rochard s'élève avec énergie contre notre mode d'élevage — je demande pardon pour le mot, je n'en trouve pas d'équivalent, — des jeunes filles en serre chaude, contre les voyages de noces, et autres causes qui font les femmes valétudinaires et les mariages stériles.

D'autres se plaignent de ce qu'on ne se marie plus. Moi je m'étonne de ce qu'on se marie encore ; je me demande comment il peut se trouver des gens assez téméraires pour entreprendre d'entretenir une femme, au prix qu'elles coûtent, et d'élever des enfants au prix où sont les denrées.

M. le professeur Hardy, tout en admettant le principe de Malthus, ne veut pas qu'on le pousse trop loin, et qu'on arrive à une diminution trop grande de la population. Le Dr J.-M. C., qui analyse la leçon de M. Hardy dans le *Journal d'hygiène* (n° 440), croit avec M. Rouxel (même journal, n° 421), que la richesse est faite par la population et pour la population et que, par conséquent, ce n'est pas le nombre des hommes qui engendre la misère, pourvu qu'ils ne soient pas empêchés ou dispensés de pourvoir à leurs besoins par l'intervention gouvernementale, et qu'il sera assez temps de songer à la *contrainte morale* quand on y sera obligé.

Le Dr Grellety nous dit (n° 443) : « C'est l'aisance qui est stérile et c'est la misère qui est féconde. » S'il a voulu dire : c'est l'aisance blasée qui est stérile et la misère assistée qui est féconde, il a peut-être raison. — La conclusion du Dr Grellety c'est que la qualité de la population est préférable à la quantité. Mais il a oublié de prouver que les petites familles donnent une population plus laborieuse et plus économe que les grandes, et que dans les pays où les familles sont nombreuses la qualité ne progresse pas avec la quantité.

On voit que des opinions bien diverses sont exprimées dans le

Journal d'hygiène sur cette question de la population, et l'on nous en promet d'autres encore ; le dernier numéro annonce trois articles sur ce sujet devant paraître prochainement.

— Il y a plusieurs moyens d'empêcher la dépopulation : faire des enfants est le premier ; les élever sains et forts, capables de produire leur subsistance et d'engendrer des successeurs en est un autre. A cet effet, l'*Hygiène pratique* contient un grand nombre d'excellents articles sur les soins à donner aux enfants des deux sexes et de tous âges : *Conseils aux mères*, par E. Chenevière ; l'*Hygiène dans l'instruction des jeunes filles*, par Astié de Valsayre ; *Conseils élémentaires aux mères et aux nourrices*, par le Dr de Villiers : « C'est à l'alimentation prématurée qu'est dû le plus grand nombre de morts des jeunes enfants pendant la première année d'âge ». Ajoutons : surtout quand cette alimentation prématurée se compose de viande, de vin pur, de café même, comme j'ai vu des parents le faire en dépit de mes charitables avis et de ceux de plus compétents que moi.

Vient ensuite le *Guide des mères*, par le Dr Ch. Saffray. Ce guide prend la mère dès le moment de la conception, et lui donne ses conseils jusqu'au sevrage inclusivement. Le Dr Saffray recommande l'allaitement par la mère qui constitue « la seule manière naturelle d'élever un enfant ; toutes les autres annoncent la décadence du peuple où elles sont en usage, par la vanité, le luxe, l'abâtardissement de la race, l'affaiblissement du sentiment maternel ; point de réhabilitation d'un peuple déchu sans le retour à l'observance de cette loi de la nature qui protège en même temps l'enfant et la mère ».

Tout cela est beau, mais nos femmes sont trop civilisées pour nourrir leurs enfants. Elles préfèrent de beaucoup la danse, les visites, la toilette à la santé et à l'amour de leurs enfants. Il faut, d'ailleurs, leur rendre cette justice qu'elles sont très obéissantes : elles aiment ce qu'on leur enseigne à aimer.

— *L'Instruction publique* nous donne le cours de M. Pigeonneau sur les *Colonies françaises au* XVIe *et au* XVIIe *siècle*. Il y a là beaucoup de documents recueillis ; quant à la partie critique, nous attendrons que le cours soit achevé pour en dire notre opinion. M. Pigeonneau constate que la bureaucratie, qui a grandi au XVIIe siècle, est devenue la véritable souveraine au XVIIIe, plus souveraine que le roi, royauté impersonnelle, irresponsable, et qu'elle ne fut pas renversée par la Révolution. — Je crois bien ; c'est elle qui l'a faite, c'est elle qui a détrôné le roi, sous prétexte de donner au peuple la liberté, mais en réalité pour prendre la placede la royauté et faire pire.

— La *Revue contemporaine* est la plus importante des revues nouvelles dont nous avons annoncé l'avènement (160 pages in-8°, paraissant le 25 de chaque mois). Cette revue « s'efforcera, dit-elle, de n'être d'aucune école ; elle pratiquera l'indifférence à l'endroit des doctrines et le choix à l'endroit du talent ». C'est ce qu'il faut. La place nous manque pour analyser : *Le passé et l'avenir du Sénat*, par F. Joussemet : *Le théâtre en Allemagne*, par E. Engel ; *La physiologie du conservateur*, par F. de Pressensé ; *Les maîtres-chanteurs à Bruxelles*, par Camille Benoit, et d'autres articles qui s'écartent plus ou moins de notre programme. Nous nous bornerons à dire un mot de *la Crise économique en France*, par J. Chailley.

M. J. Chailley observe avec raison que « le même M. Pouyer-Quertier, qui conduit le cortège des plaintes, faisait, en 1866, les mêmes prophéties inspirées par les mêmes motifs ; nous avons connu dans l'intervalle des années d'admirable prospérité ».

Cette prospérité, au dire des protectionnistes, c'est à ce qui restait de leur système que nous la devons et non à la liberté. Maintenant, que leur système a reçu une nouvelle extension, nous allons bien voir si la prospérité augmente.

Pour M. Chailley, la concurrence étrangère n'est point la cause directe de la crise, elle n'est elle-même qu'un effet dont la cause première est que « nous sommes une nation de bacheliers et, qui pis est, de bacheliers ès-lettres. 75 0/0 des enfants de la bourgeoisie grande et petite vont au lycée ; l'élite se dirige, sauf de rares exceptions, vers les écoles du gouvernement, qui en rendent quelques-uns à l'industrie ; vers le barreau, la diplomatie, la littérature, le journalisme ; les médiocres font des fonctionnaires.... Celui qui possède quitte la lutte, chacun veut vivre de ce qu'il a. Chacun confie au gouvernement, le plus déplorable des administrateurs, la gestion de ses capitaux. Chacun veut entrer dans le fonctionnarisme, avec le traitement d'un petit employé pour appoint à ses petites rentes ».

Et comme cette tendance naturelle de chacun à s'élever au-dessus des autres, afin de vivre à leurs dépens, n'est pas suffisamment accentuée, paraît-il, le gouvernement et les villes fondent des bourses autant qu'ils peuvent. Excellent moyen pour remédier à la crise ! La fin de l'étude de M. Chailley paraîtra dans le prochain numéro. Nous y reviendrons.

— *La Revue socialiste* (mensuelle, 100 p. in-8) « ne sera, dit-elle, l'organe ni d'un homme ni d'une secte, ni même d'un parti, elle sera le foyer où convergeront toutes les idées de réforme et de transformation sociale qui, sous la pression des nécessités politiques et économiques, agitent si tragiquement notre époque ».

M. Benoît Malon, auteur de cet article-programme, ajoute : « Les économistes orthodoxes, ces théologiens du capitalisme, ont prétendu que l'inégalité et la misère résultent des lois naturelles ».

Hein ! Messieurs les théologiens du capitalisme ! Vous ne vous attendiez pas à cette botte-là ? Ni moi non plus. J'ai toujours cru que c'était exactement le contraire : que les économistes soutenaient que le bonheur résultait de l'observation des lois naturelles et la misère, de leur transgression. Messieurs les économistes, vous m'avez mis dedans. Je vous lâche et j'endosse la livrée socialiste. Jamais on ne me fera croire qu'un homme, mon semblable, est plus savant que celui que M. Spencer appelle l'Inconnaissable et que j'appelle l'Inévitable, car les plus positivistes mêmes ne peuvent lui échapper. Jamais on ne me fera renoncer aux lois naturelles pour me soumettre à celles qu'élucubreraient tous les bacheliers, licenciés et docteurs du monde réunis.

Il y a du pour et du contre dans les autres articles de cette revue. *La Crise économique*, par G. Rouanet; *Transformisme et socialisme*, par L. Dramard; *les Progrès de l'agiotage*, par B. Malon, etc., sont des études qui ont leur prix pour ceux qui, comme moi, aiment la variété, ou qui cherchent des opinions à adopter et des erreurs à réfuter.

— *La Question sociale* (mensuelle, 32 p. in-8) est plus rouge que la *Revue socialiste*; elle ne paraît pas si disposée à se soumettre aux lois naturelles : descendant du domaine de la théorie dans celui de la pratique, elle attaquera tous les abus dont fourmille notre société ». Comme il y a dans notre société des lois artificielles en nombre assez respectable, je ne sais pas si les abus que l'on attaquera proviennent de ces lois ou des lois naturelles. On ne le dit pas.

Collectivisme ou Communisme, par P. Argyriadès, semblerait indiquer que c'est aux lois artificielles qu'on en veut, car l'auteur dit que « la plupart des maux qui désolent l'humanité proviennent de la propriété individuelle, de l'antagonisme des intérêts privés et de la concurrence meurtrière ». Or, les lois humaines interviennent pour une bonne part dans ces prétendus maux ; il faudra donc commencer par les renverser avant d'établir le collectivisme scientifique, de même qu'on abat une forêt avant d'y semer du blé, sans quoi il serait étouffé par l'ombre des arbres.

Les Services publics, par Ch. Caron et P. Lafargue, sont une critique plus modérée qu'on ne s'y attendrait, dans cette *Revue*, desdits services ; j'ajouterai même que cette critique me paraît fondée presque de tous points. Mais ce qui me déroute, c'est la conclusion que voici : « Les services publics, tels qu'ils existent aujourd'hui, s'ils ne sont pas le but auquel doivent tendre les révolutionnaires, leur trent la marche évolutive que parcourt toute industrie. Tous c vices ont débuté comme industries privées et sont devenus dustries impersonnelles, administrées par l'État ».

Si elles y ont gagné, tout est pour le mieux, continuons; si non quoi accuser les capitalistes et leurs théologiens des fautes de qui marche dans une direction diamétralement opposée à la

---

— Comment faire pour se débarrasser des récidivistes? Gran la perplexité des législateurs, ordinairement si confiants en mêmes, et d'autant plus grande que ce sont eux-mêmes qui fo ce qu'il faut pour les multiplier et ils y réussissent parfaitement. en plutôt les preuves dans l'article de M. Yves Guyot: *Les visites devant le Parlement* (*Revue générale*, 1er février).

« Selon Malthus, la population d'un pays devrait doubler t 25 ans; en France cette fécondité ne s'applique qu'aux crimi Comme la progression ne se produirait pas d'elle-même, le l teur fait tous ses efforts pour accélérer le mouvement et il y pa « La douane donne une prime au contrebandier.... Le jour où l ne payera plus en France 156 francs de droits, deux fois plus valeur, un certain nombre de criminels disparaîtront. Quand brication des allumettes était libre, la police correctionnelle pas à envoyer tous les jours en prison des coupables de fabri clandestine d'allumettes ».

Où reléguer les récidivistes? A la Guyane? A la Nouvelle-C nie? Entre les deux le cœur des législateurs balance. M. Yves observe que les envoyer à la Guyane c'est les condamner à un certaine. Ils préféreront donc commettre un crime plutôt qu'u pour être condamnés au bagne et aller à la Nouvelle-Calédo ils mènent joyeuse vie.

Perplexité de plus en plus grande. Il y a un moyen bien d'en sortir: c'est de multiplier à l'infini les causes de délit, l inutiles. Quand tout le monde sera récidiviste, il n'y aura p danger de contagion ni de motif de transportation.

— Le Cercle des anciens étudiants de l'Institut supérieur d merce d'Anvers s'occupe dans ses réunions des questions co ciales et économiques et publie périodiquement ses travaux. I nier fascicule (janvier-février) traite des *droits d'entrée sur le rées alimentaires*.

« Pendant longtemps, dit M. Louis Strauss, les propriétai eu tout le bénéfice (du moins une bonne part) des progrès r par le commerce et l'industrie; les fermages haussèrent rég ment.... » Ils ne se plaignaient point alors du libre-échange. Ils s'en plaignent aujourd'hui ; mais M. Strauss leur fait observer qu'ils oublient « que la liberté complète est nécessaire pour permettre aux lois économiques de produire tous leurs effets » et qu'il ne faut pas rejeter sur le libre-échange la faute de l'État, le protecteur des protecteurs, qui maintient des rouages inutiles et ne fait pas à l'initiative de chacun la part qui lui revient.

« Soustraire l'agriculture au fardeau que notre régime fiscal lui impose et rejeter de notre législation civile les dispositions d'exception, voilà des mesures qui, plus que des droits protecteurs, peuvent améliorer la situation ». Oui, mais les protecteurs de l'agriculture ne veulent point de cela ; le fait est que ce n'est pas le moyen de vivre aux dépens de ceux qu'ils protègent.

Les autres fascicules des anciens étudiants d'Anvers contiennent des articles dans le même genre que le précédent, qu'on lira avec plaisir et avec fruit.

— *Turgot et ses doctrines*, par M. Alfred Neymarck, est l'étude la plus complète que nous ayons et sans doute que nous puissions avoir sur ce remarquable économiste et administrateur. Dans deux forts et beaux volumes in-8 formant 930 pages, M. Neymarck expose la vie entière de l'homme, les idées du savant et les actes de l'homme d'Etat. Que dire en quelques lignes d'un ouvrage de cette importance? Conseiller de le lire et voilà tout. Appelons toutefois l'attention du lecteur sur les considérations générales qui terminent l'œuvre de M. Neymarck et qui se rapportent au rôle historique de Turgot et à l'influence qu'il a eue sur l'évolution politique et économique du XVIIe au XIXe siècle. Le parallèle de Turgot et Colbert a le défaut, rare aujourd'hui, d'être trop court.

A l'adresse de nos endoctrineurs : « Colbert est sorti de la première jeunesse sans éducation, avec l'instruction la plus rudimentaire : ce qu'il lui faut savoir, il l'apprend au fur et à mesure.... Qui a pu apprendre à écrire à Colbert ces lettres où on sent que la plume brûle le papier? Qui a donné à Colbert, incorrect, précipité, une si pénétrante acuité de style? » Répondez, doctes universitaires, est-ce vous? Et Palissy, et tant d'autres?

M. Neymarck fait ressortir l'influence de la différence du temps et du milieu sur les idées et les actes de Colbert et de Turgot. C'est un facteur dont les socialistes tiennent trop peu de compte lorsqu'ils veulent juger Turgot ; c'est pourquoi il eût été bon d'y insister davantage, mais il faut aussi savoir se limiter, et l'on peut regretter que M. Neymarck ait été si sobre de détails à ce sujet, mais non le lui reprocher.

— *Les innovations du docteur Sélectin*, par MM. Girard-Go
un roman fouriero-spencériste dont le titre indique le sujet.
teur Sélectin est un médecin très savant, un réformateur au
un sélecteur déterminé qui veut appliquer sur sa propre pe
sur celle des habitants de la commune, dont il est maire, les
de ses maîtres sur l'union de l'homme et de la femme. Seco
son ami le docteur Cérière, casuiste consommé en sociolo
timoré que l'autre est téméraire, jamais à court de *si* et de
docteur Sélectin fonde un *féministère*, c'est la pièce de rés
du roman qui est rempli de science, mais science que l'on dig
cilement, grâce à la rapidité du style et à la singularité des
tions que les auteurs ont créées.

Dès le deuxième chapitre l'action se noue; Sélectin, maire,
de marier une jeune fille avec un homme vieux. Il a rudement
ne s'arrête pas en si bon chemin et, comme il n'est pas
vant les lois de la sélection, il change de femme... avec accom
ment d'orchestre. Il n'a peut-être pas tort.

Quant à l'entreprise du féministère, elle ne réussit pas
au point de vue financier, que Sélectin aurait pu le désirer,
aurait trop d'entrepreneurs si l'on réussissait toujours du p
coup. Le héros n'en meurt pas moins rempli de confiance da
idée et il est de fait qu'on voit des choses plus étranges, mais..
sont plus morales, paraît-il. Quand la boussole morale aura c
de direction, il ne faudra pas s'étonner, encore moins se désol
se scandaliser, de voir naître des féministères.

— *Le Plan de Paris*, par le docteur Goyard, est un proje
grandissement et d'assainissement de la capitale. On a bea
démoli et reconstruit, mais, dit M. Goyard, « on a créé du neu
sauf le renouvellement des matériaux, ne vaut pas plus que le vi
Ce qui ne l'empêche pas de coûter beaucoup plus cher. « Da
demi-reconstruction que Paris a subie depuis trente ans, l'o
n'a rien gagné, il a même perdu en ce sens que la vie lui est
nue plus difficile ». Voilà du moins un point sur lequel tout le n
est d'accord.

M. Goyard conseille de supprimer les fortifications et, pour
l'avenir les travaux d'assainissement soient mieux entendus,
dirigés, il propose de remplacer l'administration actuelle pa
congrès composé d'architectes, d'ingénieurs civils et militaires,
élus chacun par l'universalité des membres de leurs profession

— La librairie Guillaumin et Cie publie le discours de M.
Say, au Sénat, à propos des droits sur les blés. Après avoir di
les causes de la crise agricole, l'honorable sénateur montre les i

vénients des remèdes proposés par les protectionnistes et les contradictions que l'on remarque dans leurs actes : s'occupant, d'un côté, d'abaisser les revenus de la propriété bâtie qu'eux-mêmes ont fait monter par leurs « grands travaux officiels » ; et de l'autre, cherchant à élever les revenus des terres cultivées qu'eux-mêmes ont fait descendre par suite des mêmes grands travaux, des subventions à la marine marchande, etc.

M. Léon Say indique ensuite des remèdes qui seraient plus efficaces que les droits protecteurs et qui profiteraient aux propriétaires des terres sans nuire à personne. Mais les protecteurs ne veulent pas de ces remèdes : ils sont proposés par des théoriciens ; or, les protecteurs ne sont pas des théoriciens, eux !

Ils le prouvent surabondamment, et ce n'est pas la partie la moins intéressante du discours de M. Léon Say que celle où il passe au crible leur théorie sur le prix de revient normal et sur les droits protecteurs payés par l'étranger. C'est de la métapolitique pure que ces théories pures, mais non sans tache, car les anti-théoriciens sont en contradiction avec eux-mêmes (ils y sont toujours) en créant des écoles, en encourageant les sciences.

— Quoiqu'on ait beaucoup écrit sur la crise, voici deux brochures qui sont encore bonnes à consulter : 1° *la Crise économique*, par E. Van Elewyck, extrait de la *Revue de Belgique*, et 2° *la Crise agricole en Europe*, par le Dr A. Broch, extrait du *Journal de la Société de statistique de Paris*.

M. Van Elewyck dit que la substitution de la grande industrie à la petite, des grands magasins à la boutique, le rôle toujours croissant du capital dans la production et dans l'échange, ce phénomène que Karl Marx appelait « l'accumulation capitaliste », sont les principales causes des souffrances actuelles. Et comme il n'y a point d'effets sans causes, quelles sont les causes de ces phénomènes ? L'auteur ne le dit pas, mais il observe judicieusement que « l'action de l'État est impuissante à défendre l'atelier contre l'usine. » Ne serait-ce pas précisément cette action qui donnerait à la grande industrie une prépondérance excessive sur la petite, et qui serait ainsi la cause première des souffrances actuelles ?

Puisque l'on soutient que la grande industrie est plus productive que la petite, pourquoi la subventionner aux dépens de celle-ci ? Pourquoi décorer les directeurs de l'une plutôt que ceux de l'autre ? Pourquoi envoyer des troupes régler les différends qui s'élèvent entre le capital et le travail aux frais du reste de la société, qui n'a rien à y voir ?

— Le travail de M. Broch est surtout statistique et contient d'abon-

dants renseignements sur la production agricole dans tous
« Il ne faudrait pas croire, dit l'auteur, que la crise actuell
ciale à la France, elle est générale et sévit, à peu de cha
près, sur toute l'Europe occidentale... Elle n'est pas tout
elle date déjà de plus d'une dizaine d'années... » Quant à
et remèdes, M. Broch ne dit pas grand chose qui n'ait dé
bien des fois, mais il donne des chiffres à l'appui de son di

— Au même sujet de la crise agricole, M. Richard (d
publie une nouvelle édition de son *Rapport fait à l'Asseml*
tituante le 21 août 1848, tendant à montrer que la prod
notre sol peut être augmentée dans de grandes proportions.
qu'elle le serait inévitablement s'il n'y avait pas un bacl
rière chaque laboureur tout prêt à happer la moindre aug
de ses produits, et s'il n'y avait pas un Gouvernement, con
lement de bacheliers, qui met toute son ingéniosité à dét
capitaux de leur emploi le plus lucratif, qui est la terre,
croit les physiocrates et même Smith, Young et d'autres th
comme les appelle M. Méline[1].

Les *notes* que M. Richard a ajoutées à son Rapport co
des renseignements peu connus sur l'histoire de l'enseigne
cole dans tous les pays.

Le même auteur vient de publier une troisième édition d
tionnaire raisonné d'agriculture et d'économie du bétail s
principes élémentaires des sciences naturelles appliquées. I
ouvrage de cette importance (2 forts vol. in-8) en soit à sa
édition, il faut que les agriculteurs ne soient pas si rebelle
grès que veulent bien le dire ceux qui, pour esquiver le
qu'on leur fait d'avoir provoqué la crise en détournant les
de la terre et les faisant affluer dans les caisses du Trésor
les moyens possibles : impôts directs et indirects, emprunt
simulés, répondent que ce ne sont point les capitaux qui m
l'agriculture, mais que c'est la routine des agriculteurs qui
et les tient en état d'infériorité.

— M. E. de Laveleye a obéi à un sentiment très resp
publiant les lettres que Stuart Mill, son maître et ami,

[1] De toutes les manières d'employer le capital, la plus avant
société est de l'appliquer à l'agriculture. Cet emploi est celui qui
tivité le plus de travail productif ; l'emploi des manufactures n'est
et le commerce de transport ou d'exportation n'est que le troisièm
Les produits de l'agriculture en Angleterre sont beaucoup plus
bles qu'en France, et c'est de sa perfection que vient réellement
rité de la Grande-Bretagne. (A. Young.)

. Quelques-unes de ces lettres, dit M. de Laveleye, « méritent publiées parce qu'elles contiennent l'opinion de ce puissant et ux esprit sur des questions que nous discutons chaque jour: ion du suffrage, organisation de la propriété, avenir de l'Orient, s ».

s la première de ces lettres (17 novembre 1872), Stuart Mill nme M. de Laveleye aussi (dans son livre sur *la Propriété et mes primitives* et ailleurs), que « la propriété n'est pas chose ais une institution multiforme, qui a subi de grandes modifi- t et qui est susceptible d'en recevoir de nouvelles avec grand ge. » Si j'avais quelques pages de plus à ma disposition, j'es- is de montrer que la division qui règne entre les économistes socialistes sur ce sujet est une question de mots; que l'on con- fond avec la forme; que la propriété est antérieure aux formes i font prendre les institutions, comme le marbre est antérieur n, table ou cuvette qu'on en tire; et alors on finirait peut-être ntendre; et alors aussi on découvrirait peut-être que le sculp- veux dire le législateur, qui transforme la propriété, n'a pas n très heureuse. Un seul exemple :

travail engendre la propriété, s'écrient en chœur les écono- . D'où vient alors, objecte M. de Laveleye, que telle famille se, qui se pique de n'avoir jamais mis la main à la charrue la conquête des Normands, possède des milliers d'acres, que les descendants des Saxons travaillent de père en fils, mille ans, sans avoir à eux une pierre pour reposer leur tête? » ient précisément de la loi.

a question des propriétés primitives, par Léon Aucoc, extrait *Revue critique de législation et de jurisprudence*, est une e des ouvrages les plus récemment parus sur la matière, y is celui de M. de Laveleye. M. Aucoc ne se prononce pas posi- nt entre les deux systèmes opposés, l'un, qui fait descendre la été de la tribu à la famille, puis de la famille à l'individu; , qui lui fait opérer un mouvement inverse; mais il ne croit l'on doive en tirer la conclusion qu'on en tire, et qui consiste de la forme primitive, supposée collective, l'idéal de l'a-

Les savants sont divisés sur la question de savoir si la loi e a réellement existé à Sparte; si, supposant qu'elle ait existé, été établie par Lycurgue ou par d'autres; si, une fois établie, été observée, combien de temps, quels ont été ses effets, etc. Henry Houssaye discute cette question (brochure extraite de *uaire des études grecques pour* 1884) et, après avoir comparé lesdiverses conclusions, il termine en disant :« Pour conclu qu'une conclusion est permise en ces questions, il est trè qu'un partage des terres eut lieu dans des temps très anci être même à l'époque de la conquête de la Laconie ; et probable aussi que ce partage fut suivi d'une loi prohiban venir toute modification au lotissement primitif. Mais cett d'ailleurs fut souvent transgressée ou éludée, eut des résu contraires à ceux qu'en attendait le législateur ». C'est ce souvent.

— *L'exploitation du Tonkin*, par Georges Fillion, es chure qui donnera à réfléchir à ceux qui songeraient à s'ét ce pays. « Pas d'avenir pour les artisans et les petits comn Et pour les gros ? En supposant, comme le croit M. Fillio « articles de bazar, jouets, parapluies, parfumerie, quincail roterie, chapellerie, souliers, etc. », y pénètrent, ce ne ser l'intermédiaire des marchands chinois et en écartant, par protecteurs, les produits de nos voisins.

On voit que l'extrême Orient deviendra pour nous une c productive... quand il n'y aura plus de pirates, c'est-à-dir n'y aura plus de Chinois, puisqu'ils sont tous pirates. Ce un reproche que je leur fais, loin de là ; je fais même au l'honneur de croire que s'ils se trouvaient dans la même si une colonie chinoise venait s'installer sur les côtes de l'Oc le seul but de lever des impôts sur eux, sous le fallacieux p les civiliser et d'exécuter de grands travaux, je fais aux Fra je, l'honneur de croire qu'ils seraient aussi pirates que le Je puis me tromper, mais je n'y mets pas de malice.

— *La Chambre de commerce de Nancy*, après audit lecture faite par son président, M. Rogé, sur la *particip ouvriers aux bénéfices*, où la part de chacun des diver de la production est établie avec beaucoup de sagacité, la dis-je, approuve les appréciations de son président qui t disant : « Il me paraît dangereux, sinon coupable, de fair aux yeux des ouvriers des espérances qu'il est presque imp pouvoir réaliser. » Pas dangereux pour ceux qui le propos au contraire un excellent tremplin électoral... mais c'est t

ROUXEL.

LA UISSANCE COLONIALE DU ROYAUME-UNI [1]

Terre-Neuve fut découverte en 1497 par Jean Cabot et reçut de lui le om qu'elle porte en anglais (*Newfoundland*), c'est-à-dire terre nouvelle-ent découverte. Trois ans plus tard elle était déjà fréquentée, à cause e ses bancs de morues, par les pêcheurs portugais, espagnols et bre-ons. Sous le règne d'Élisabeth, le célèbre Walter Raleigh essaya, mais ainement, de la coloniser et en 1629, sir George Calvert, connu plus tard ous le nom de lord Baltimore, le premier fondateur de la colonie de Mary-and dans ce qu'on appelait alors les possessions britanniques de l'Améri-ue du Nord et ce qui a formé le noyau de l'immense Union américaine; sir eorge Calvert vint y créer un établissement dans sa partie septentrionale, ablissement auquel il laissa pour gouverneur son propre fils. En 1634, n nouveau groupe de colons arriva d'Islande; ils furent renforcés, vingt ns plus tard, par des Anglais auxquels le parlement avait concédé des rres dans l'île et à partir de ce moment, elle fit définitivement partie es possessions d'outre-mer de la Grande-Bretagne. Les Français y vaient fondé en 1620 le comptoir de Placontra, et ils étaient loin de ivre en bonne intelligence avec les colons anglais. Mais, en 1713, le raité d'Utrecht, confirmé par le traité de Paris, reconnut la souveraineté xclusive de l'Angleterre sur l'île de Terre-Neuve, sous la réserve de cer-ains droits à la France, droits qui font à cette heure l'objet de contes-ations entre les deux pays.

Ainsi Terre-Neuve est la plus ancienne colonie de nos voisins d'outre-Manche, comme les îles Fidji en sont la plus jeune. Mais qu'il y a peu e ressemblances entre les deux contrées, entre l'île du golfe Saint-Laurent et l'archipel de la mer du Sud ! Ici un soleil éclatant et une égétation luxuriante, des champs de cannes à sucre et des plantations

[1] Nous avons pris pour guide général dans cette étude *the Colonisation cir-ular*, recueil publié à intervales irréguliers par les soins du *Colonial Office*, et ont la dernière édition vient justement de paraître. Géographie, histoire, opulation, gouvernement, instruction publique, finances, commerce, indus-rie, agriculture, rien n'y est négligé, et sous tous ces rapports, chaque colo-ie possède une monographie complète. Avec cela aucune visée doctrinale, ucune apologie, aucune critique du système colonial de la Grande-Bretagne. *cribitur ad narrandum non ad probandum*. C'est ce que nous avons fait aussi ans notre article.

colonies Gibraltar, Héligoland, Malte, Aden, Périm, Sainte-Hélène, qui ne sont que des points stratégiques, des stations maritimes, des dépôts de vivres et de charbon. De ces possessions 3 sont en *Europe :* Gibraltar, Héligoland, Malte ; 9 en *Afrique* : Le Cap, la Côte-d'Or, la Gambie, la terre des Griquas, Lagos, Natal, Saint-Hélène, l'île Maurice, Sierra-Leone ; 27 en *Amérique* : Antigoa, les Bahama, la Barbade, les Bermudes, Saint-Christophe, la Colombie anglaise, la Dominique, les Falkland, la Grenade, la Guyane, le Honduras, la Jamaïque, le Manitoba, Montserrat, Nevis, la Nouvelle-Écosse, le Nouveau-Brunswick, la province d'Ontario, l'île du Prince Édouard, la province de Québec, Sainte-Lucie, Saint-Vincent, le territoire du Nord-Ouest, la Trinité, Tabago, Terre-Neuve, les îles Turques, les îles Vierges; 7 en *Asie :* Aden, Ceylan, Hong-Kong, Malacca, Penang, Périm, Singapour; 9 en *Océanie :* Australie méridionale, Australie occidentale, Fidji, Labuan, Nouvelle-Galles du Sud, Nouvelle-Zélande, Queensland, la Tasmanie, Victoria.

Au point de vue politique et administratif, elles se divisent en trois classes : 1° les colonies de la Couronne, dans lesquelles la Couronne exerce un plein contrôle sur la législation et où l'administration est confiée à des fonctionnaires publics qui dépendent directement du gouvernement métropolitain [1]; 2° les colonies dotées d'institutions réprésentatives, mais non d'un gouvernement responsable, où la Couronne n'a en matière législative qu'un droit de veto, les fonctionnaires étant encore placés sous le contrôle du gouvernement de la mère-patrie [2]; 3° les colonies qui jouissent d'une autonomie à peu près complète, qui possèdent un parlement élu, avec des ministres responsables, des fonctionnaires relevant du gouvernement local et ont à leur tête un gouverneur général jouant le rôle d'un roi constitutionnel ou d'un président de la république. Ces dernières se composent des provinces du Canada, de Terre-Neuve, du Cap de Bonne-Espérance, de la Nouvelle-Galles du Sud, de la Nouvelle-Zélande, de Queensland, de Victoria, de l'Austratie Méridionale, de la Tasmanie.

I.

Bien des événements se sont passés depuis l'époque où Jacques

---

[1] Ce sont Gibraltar, Héligoland, Malte, Sainte-Hélène, Ceylan, Aden, Périm, Maurice, Hong-Kong, Labouan, Honduras, îles Vierges, Montserrat, Sainte-Lucie, la Trinité, la Guyane, la Jamaïque, Australie occidentale, les Falkland. Établissements des Détroits, Sierra-Leone, la Gambie, Côte-d'Or, Lagos, les Fidji.

[2] La Barbade, Grenade, Tabago, les Bermudes, les Bahama, Antigoa, Saint-Christophe, Saint-Vincent, Nevis, la Dominique, les îles Turques, Natal et Griqua Land.

Cartier descendit le Saint-Laurent, jusqu'à nos jours, et le pl de ces événements a été la guerre de Sept ans qui fit p siècle dernier nos possessions canadiennes sous la domination Deux conditions seulement avaient été mises par le gouve français à l'abandon définitif de notre colonie : il obtint qu'u expresse garantit aux catholiques du Canada le libre exercic culte ; il fut stipulé aussi que les anciens sujets de la France pendant dix-huit mois, le droit de vendre leurs propriétés transporter où bon leur semblerait, sans que les autorités angla sent les gêner. C'est sans difficulté que l'Angleterre souscrivit à de conditions, dont la seconde favorisait ses desseins, en chassant toire conquis une élite de population susceptible de lui porter ou de gêner sa politique future. L'historien canadien Ribaud mille ou douze cents le chiffre des nobles, des fonctionnai marchands qui reprirent à ce moment le chemin de la France diminution dans la population canadienne était d'autant plus à r dit l'historien, qu'elle avait lieu dans la classe élevée, la seu d'exceptions près, où il y eût des talents développés et des sances acquises ; le changement alors opéré pour le pis, sous le des arts et des sciences, se fit longtemps sentir dans le pays. » Né le gros des colons et des artisans, trop pauvres pour revenir mère-patrie et d'ailleurs attachés au sol par tous les liens de l sion et de l'habitude, prit le parti de demeurer au Canada, gémissant du joug étranger sous lequel il allait désormais estime à un peu moins de 70.000 âmes la population d'origi langue française qui demeura ainsi fixée sur les deux rives Laurent.

Au point de vue politique, la Confédération ou, pour mieux Puissance du Canada — *Dominion of Canada* — se compose provinces d'importance fort inégale, à savoir : la province d (Bas-Canada), la province d'Ontario (Haut-Canada), la Nouvell le Nouveau-Brunswick, l'île du Prince-Édouard, le Manitoba, la Britannique et enfin le territoire du Nord-Ouest. La capitale nion est Ottawa, sur la rive droite de l'Outaouais, ville fondée il cinq ans et qui déjà compte 80.000 habitants. C'est pour coup aux disputes de préséance entre les anciennes cités canadiennes, Montréal et Toronto, et aussi par des considérations stratégique cabinet de Londres a fixé à Ottawa le siège du gouvernement L'Angleterre ne garde plus sur sa colonie qu'une suzeraineté que représente un gouverneur-général ou vice-roi délégué ronne. C'était naguère le marquis de Lorne, gendre de la reine, c'est aujourd'hui le marquis de Lansdowne. Le gouverneur est de monarque constitutionnel dont les fonctions sont d'ouvrir et de proroger les Chambres et de présider le conseil des ministres, choisis, selon la coutume des pays libres, dans les rangs de la majorité parlementaire qui a la réalité en même temps que la responsabilité du pouvoir. Cependant il possède un droit de veto, au nom de la Couronne britannique, contre les décisions de la législature canadienne; mais c'est un privilège dont il use rarement pour ne pas provoquer des conflits très capables de briser le lien extrêmement léger qui unit encore le Canada à l'Angleterre.

Le Parlement canadien est composé de deux Chambres : un Sénat comptant soixante-dix-sept membres à vie, et une Chambre des communes comptant deux cent dix députés élus, tous les cinq ans, par les habitants des diverses provinces de la Confédération, qui y sont représentés proportionnellement à l'importance numérique de leur population. L'Acte d'union a limité les attributions du gouvernement et du Parlement aux lois et aux services d'intérêt général, comme les lois criminelles, les naturalisations, la défense du territoire, la navigation, les monnaies, les poids et mesures, les pêcheries, la poste, etc. Les matières d'intérêt secondaire ou locales, les questions d'instruction publique, d'établissements hospitaliers, du domaine public, etc., rentrent dans les attributions des gouvernements et parlements provinciaux. Chacune des provinces possède, en effet, à l'exemple des États-Unis et des Cantons helvétiques, un gouvernement particulier qui exerce un pouvoir souverain et indépendant dans la sphère de ses attributions normales. Chacune des provinces à son tour est partagée en districts et en comtés. La province de Québec, par exemple, compte sept districts et soixante-cinq comtés, mais cette division n'a d'importance qu'au point de vue judiciaire ou électoral. Le vrai centre de la vie locale est pour les contrées de langue anglaise dans les *Townships*, et pour les contrées de langue française dans les paroisses, qui correspondent à nos communes, quoique généralement plus étendues et moins agglomérées. Chaque paroisse a son maire ou préfet, et son conseil de paroisse, nommé par l'ensemble des citoyens et chargé d'administrer les biens communaux, d'imposer les taxes locales, de pourvoir aux frais du culte, des écoles, de la voirie, etc.

Le Dominion est peuplé d'environ 4 millions 1/2 d'habitants [1], ce qui

---

[1] Ils se décomposent comme suit : Français et métis français, 1.300.000, soit les 32 centièmes de la population totale ; Irlandais, 846.000 ; Anglais, 706.000 ; Ecossais, 549.946 ; Gallois, 7.773 ; Allemands, 202.991 ; Néerlandais, 21.000 ; Suisse, 3.000 ; Italiens, 3.000 ; races diverses ; 42.006 ; Indiens et Esquimaux, 102.000.

est très peu, eu égard à son étendue superficielle, laquelle moindre de 8.301.506 kilomètres carrés, soit de 830 millions d' Mais il faut remarquer que cette aire comprend 24 millions d occupés par des lacs, et que les quatre cinquièmes du Nord-Ou dien, s'étendant sur 716 millions d'hectares, ne se composent q rains exclusivement propres à la chasse, à la pêche, à l'exploit nière, tandis que, par son aridité et son climat, la zone avoisina polaire se refuse absolument à toute colonisation. Cette immen ficie renferme de grandes richesses minérales : il y a du fer so ses formes dans le Bas-Canada : à Hull, près d'Ottawa, au Rivières, et au Labrador; du cuivre dans la région des grand dans le bassin de la Copper-mine; de l'or dans la vallée de la C et dans la Colombie; de l'argent au bord du Lac-Supérieur et monts colombiens; du plomb dans le Haut-Canada; de la tou l'île d'Anticosti, le Bas-Canada et la province d'Ontario; de la ho la Colombie, l'île Vancouver et l'archipel de la Reine-Charlot on a constaté çà et là l'existence de dépôts de cobalt, de manga mercure, de nickel, de titanium, de zinc. Ces richesses souterra à peine entamées aujourd'hui; elles le seront à coup sûr un jour o mais, en attendant, le labourage et le pâturage sont les deux du Canada, comme elles le sont de tout État, ainsi que le dis grand Sully, il y a près de trois cents ans.

A ce propos, la Providence, suivant le mot de M. Réveillaud, d'un livre excellent sur le Canada français, qui vient de paraît Providence a bien fait les choses pour nos arrière-neveux du C Sans doute, il y a dans l'ensemble du territoire qui leur est dépe tité de terres improductives, de terrains stériles et pierreux. M bien d'autres sont propres à l'agriculture! Dans toute la vallée Laurent jusqu'à la chaîne des Laurentides, le sol, à part quelque moins favorisés, est fait d'une couche de terre légère et noire mètre environ d'épaisseur, reposant sur un lit profond de glais se prête d'une admirable façon à la culture du blé et des autres l était, avant l'arrivée des premiers colons français, une imme vierge; mais cette forêt, peu à peu, est tombée sous la cogné cheron. Les deux rives du Saint-Laurent ont été les premi pouillées de ces orgueilleuses ramées qui se miraient dans ses tour est ensuite venu des bords des affluents et sous-affluents fleuve, et veut-on retrouver la forêt primitive, c'est dans l'inté terres qu'il faut maintenant se transporter.

[1] *Histoire du Canada et des Canadiens français, de la découverte ju jours* (Paris, 1884).

On rencontre aussi, dans la vallée de la Rivière-Rouge-du-Nord, quelques-unes des meilleures terres qui soient au monde; un sol alluvionnel d'une telle puissance qu'en certains endroits on a pu, dit-on, lever du froment pendant quarante ans consécutifs sans engrais et sans appauvrissement visible du sol; d'immenses prairies, où les bouquets d'arbres et les gazons se succèdent, où les monticules et les plaines alternent, et généralement sillonnées de cours d'eau sur les bords desquels des bois se dressent, tels sont les éléments de succès que présente la colonisation du Nord-Ouest, celle surtout de la province de Manitoba. Rien de plus libéral, d'ailleurs, que la législation agraire de cette province : son sol arable a été divisé en sections d'une contenance chacune de 256 hectares, et ces sections à leur tour se subdivisent en quatre lots de 64 hectares chaque. Sous la seule clause d'une résidence de trois ans, un de ces lots se concède gratuitement à tout colon, sujet britannique ou immigrant naturalisé, qui la sollicite. Au bout de ces trois ans, il peut acheter le lot contigu sur le pied de 12 fr. 50 l'hectare, et toutes facilités lui sont données pour s'acquitter du prix. Que, dans le délai de ces six années, le colon ait planté 4 hectares en bois, une troisième concession de 64 hectares l'attend pour peu qu'il la désire. Quant à la quatrième parcelle, elle reste à sa disposition toujours sur le pied de 12 fr. 50 l'hectare, de telle sorte que celui qui use de tous ses privilèges, finit par réunir dans ses mains la propriété de 256 hectares, obtenus moitié pour rien, moitié pour 1.600 francs.

L'immigration prend de plus en plus la route du Manitoba; les immigrants sont surtout des Écossais, des Irlandais, des Haut-Canadiens et un petit nombre de Bas-Canadiens. Dès à présent, la province peut renfermer de 40 à 50.000 habitants, dont Winnipeg, la capitale, revendique de 15 à 20.000. En 1873, lorsqu'elle reçut la visite de notre compatriote M. de Lamothe, ce n'était qu'un amas de constructions en bois ou en brique, éparpillées çà et là le long de larges avenues rectilignes, et ne comptait pas plus de 2.200 habitants. En face de Winnipeg, sur la rive droite de la Rivière-Rouge, s'élève Saint-Boniface, siège d'un archevêché catholique, et qui n'est, toutefois, encore qu'un gros bourg. Sa population est presque totalement composée de ces métis que les Anglais nomment *Half-Breeds* (demi-sang) et qui se désignent eux-mêmes par l'appellation de *Bois-Brûlés*. Ils proviennent du croisement avec les *squaws* indiennes de ces coureurs de bois, de ces chasseurs, de ces trappeurs qui, de bonne heure, se lancèrent dans les profondeurs de l'Ouest canadien. Partis de Montréal dans un canot rempli d'armes, de haches, de couteaux, de marmites, de couvertures, de liqueurs fortes, ils n'y rentraient d'ordinaire qu'après une absence de un à deux ans passés sous le wigwam des Indiens. De retour à Montréal avec des cargaisons de peaux de bisons,

de castors, de loutres, leur vie, tant que durait le débit de ces m
dises, n'était qu'une succession de plaisirs ou, pour mieux dire, c
jusqu'au moment où leur pacotille épuisée, leurs propres habits
et délestés de tout numéraire, ils lançaient de nouveau leurs ca
l'Ottawa et reprenaient le chemin des grands lacs.

Le budget de la Confédération pour l'exercice 1884-85 s'établit
suit : recettes, 160.000.000 de francs; dépenses, 153.000.000. Le n
des finances, sir Leonard Tilley, avait compté sur des recettes supé
de 8 millions environ, et l'année dernière on prédisait que le C
grâce au nouveau tarif protectionniste dont on l'a gratifié,
compter sur « ses sept vaches grasses ». Maintenant, il est bien f
raconter une toute autre histoire, d'avouer que l'industrie souffre
le revenu public décroît. Mais sir Leonard Tilley n'est pas le s
nistre qui ait fait le rêve d'Alnaschar, dans les Mille et une Nuits
Perrette, dans la fable de notre Lafontaine. Les faits n'ont guè
tifié jusqu'ici la confiance qu'il montre dans l'heureuse action du
protecteur sur l'essor économique du Dominion. Mais les prot
nistes ne s'émeuvent guère des démentis que leur infligent les c
quelque écrasants qu'ils puissent être. C'est ainsi du moins que les
se passent sur les bords de la Seine, et il n'existe aucune rai
croire qu'il en aille différemment sur ceux du Saint-Laurent. I
ment l'on serait tenté de croire que le Psalmiste avait en vue les
protectionnistes quand il écrivait ces deux célèbres versets : *Au
bent et non audient; Oculos habent et non videbunt.*

Le commerce extérieur du Canada, dont la valeur était, en 18
217.801.000 dollars, atteignait, onze ans plus tard, la som
230.339.000 dollars. A la fin de l'année 1884, le réseau de ses voi
rées embrassait 8.400 milles, soit environ 11.000 kilomètres, et l'o
cule qu'au commencement de 1887 il sera de 14.400 milles, soit
kilomètres. La dépense des lignes construites au 1er janvier de l'
dernière s'élevait à près de 2 milliards 1/2 de francs.

II.

L'honneur d'avoir le premier reconnu l'imposant promontoi
forme l'extrémité sud de l'Afrique appartient, on le sait, au por
Barthélemy Diaz. Cet illustre navigateur essaya de le doubler : se
seaux, assaillis de tempêtes furieuses, durent virer de bord et il
le nom de *Cabo Tormentoso* à sa découverte. Dom Jao III, qui r
alors sur le Portugal, rejeta, par un heureux pressentiment, ce v
de mauvais augure : « Ce promontoire, s'écria-t-il, n'est pas le C
Tempêtes ; c'est le premier jalon de la route des Indes, et il s'app
le Cap de Bonne-Espérance ».

Douze ans ne s'étaient pas écoulés, en effet; que Vasco de Gama, contournant le Cap, abordait à Calicut et y jetait les fondements de l'empire portugais de l'Inde, grandiose mais éphémère. Toutefois, les Portugais ne s'établirent point au Cap d'une façon permanente : il resta pour eux, comme pour les autres peuples navigateurs d'alors, une simple relâche sur la route des contrées de l'Extrême-Orient. En 1620, il est vrai, deux navires appartenant à la Compagnie anglaise des Indes orientales atterrirent au Cap et en prirent possession au nom de leur souverain; mais ce fut là un acte tout platonique, de telle sorte que c'est au hollandais Van Ricbeck qu'il faut reporter l'origine de la colonie du Cap (1652). Elle n'occupa tout d'abord qu'un petit espace de terrain entre la montagne de la Table et la rivière du Poisson; mais quand les Anglais s'en emparèrent pour la première fois, elle avait dépassé, à l'est, ce cours d'eau, et s'étendait, au nord, au delà de la chaîne des monts Roggeveldt. Les Anglais, en cette circonstance, avaient agi au nom du stathouder de Hollande, dépossédé de ses États par les armes françaises et alors réfugié à Londres. Lors de la paix d'Amiens, ils durent rendre le Cap à la République batave; mais, quand cette paix trop passagère eut été rompue, l'Angleterre le reprenait, et lors des traités de 1814-1815, elle sut s'arranger de façon à se faire concéder, à titre définitif, une position dont elle avait apprécié à merveille la valeur coloniale et l'importance stratégique.

La colonie du Cap — *Cape Colony* — embrasse une superficie d'environ 48 millions d'hectares et une population de 751.000 habitants. Cette population se compose de blancs et d'Européens pour environ 237.000 habitants, et, sur ce chiffre, on compte quelque chose comme 50 à 55.000 sujets anglais. Mais pour la plupart les blancs descendent des colons hollandais, français, allemands, qui ont formé le noyau primitif du peuplement de la colonie. Quant aux indigènes, ce sont surtout des Cafres et des Hottentots, le reste étant formé de nègres venus du Mozambique ou de Madagascar, de Malais, de ces métis qu'on appelle *Afrikanders*, et qui sont nés de mères noires et de pères hollandais. Les diverses classes se rapprochent peu les unes des autres; on peut même dire qu'elles se jalousent et se haïssent réciproquement. Les nègres forment la majorité des habitants de la ville du Cap, dont le nombre s'élève à près de 50,000; ils s'habillent avec plus de propreté et vivent en meilleure intelligence avec les blancs qu'ils n'en ont l'habitude ailleurs, tandis que les Cafres s'en isolent systématiquement. La connaissance qu'ont les Hottentots du pays et des mœurs de ses naturels, ainsi que leur aptitude à s'assimiler les habitudes de la vie civilisée rendent leurs services précieux dans maintes circonstances, mais on leur reproche de fortes habitudes d'ivrognerie avec un penchant marqué à la pa-

uoiqu'ils exigent des gages très élevés, ainsi qu'un ... volontiers, tourne à la désobéissance ouverte.

...mat est varié, quoique généralement chaud, mais il est salubre, ...que des brises fréquentes traversent le pays et lui épargnent ces ...s intermittentes qui affectent un caractère si pernicieux dans ces ...s zones où des miasmes paludéens se répandent dans une atmos... ...a à la fois embrasée et tranquille. Sur les bords de la mer, la cha... ...est excessive pendant le jour, tandis que sur les hauteurs de cein... il règne un froid vif et désagréable. La région du littoral est très aussi à de fréquents orages, à d'intenses brouillards et à des ...es torrentielles; mais les plateaux de l'intérieur, connus sous le nom de *Plaines du Karroo*, sont remarquablement secs. Cette variété de température explique celle des productions naturelles de la colonie du Cap. Les Hottentots possédaient de grands troupeaux de bêtes à cornes; mais les nouveaux occupants n'avaient pas paru, jusqu'à ces derniers temps, accorder une grande attention à cette branche de l'industrie agricole, tout favorables que lui fussent les riches pâturages du pays. Il en a été différemment pour les bêtes ovines, et le Cap compte maintenant parmi les grands producteurs de laine du globe. Partout où il est possible de se procurer de l'eau et où il y a une profondeur de sol suffisante, le froment, le seigle, l'avoine, l'orge, le maïs viennent à merveille. Les terrains d'alluvions de la rivière Oliphant sont comparables pour leur fertilité aux terres que fécondent les débordements du Nil, et les plaines du Karroo, toutes stériles qu'elles paraissent au premier coup d'œil, rendent au centuple, quand on leur donne un peu d'eau, la semence qui leur est confiée. On récolte dans certains districts un tabac de très bonne qualité; le café s'est acclimaté dans d'autres, et, sur le littoral, il existe des plantations de coton très florissantes. Aux environs du Cap, enfin, la vigne couvre de nombreux coteaux, et le vin, célèbre sous le nom de Constance, qu'ils produisent, évoque le nom de ces colons allemands qui transportèrent les vignobles des bords du Rhin sur les plages sud-africaines.

La terre de Natal, découverte en 1497 par Vasco de Gama, le jour de Noël, n'est devenue définitivement une colonie anglaise qu'en 1843. Elle fit partie de la colonie du Cap jusqu'en 1856, année où elle reçut une charte d'indépendance. Physiquement, elle se compose d'une région côtière, se développant sur une longueur de 240 kilomètres et d'un plateau intérieur dont l'altitude va de 1.500 à 1.800 mètres en de nombreux endroits. Ces deux zones diffèrent tant par leur climat et leur aspect que par leurs productions. Le froid est inconnu sur le littoral, sans qu'il y règne toutefois une chaleur excessive : le banane, l'ananas, la patate y viennent en plein champ; le café et le tabac y prospèrent, et jusqu'à une trentaine de kilomètres dans l'intérieur, on rencontre de belles plantations de cannes à sucre. Sur les plateaux la température est beaucoup plus âpre et exclut les produits intertropicaux ; mais elle convient fort bien à la culture de plusieurs céréales, comme à l'élève du bétail gros et petit.

20.000 blancs, 7 milliers de coolies importés de l'Inde et de 280 à 300.000 indigènes composent, d'après les dernières statistiques, la population de la colonie. Le fond des indigènes appartient à la race cafre dont le nom signifie mécréants — *Kafir* — pour les musulmans, et s'appliquait dans l'origine à tous ceux des habitants de l'Afrique occidentale qui n'avaient pas adopté la religion du Prophète. Depuis, on a fait une distinction entre les tribus de l'Ouest, qui appartiennent à la famille hottentote, et celles de l'Est classées dans la famille cafre. Naturellement, cette distinction est inconnue des populations auxquelles nous l'avons appliquée et, pour leur compte, elles n'ont point de nom générique pour se désigner. Leurs appellations distinctives sont des noms de tribus ; il y en a trois principales, les Amakocas, les Fingos, les Zoulous. Pour des causes inconnues, les Fingos sont tenus en grand mépris par les autres Cafres et à peu près regardés comme des esclaves. Ils prédominent dans la Cafrerie anglaise et les provinces annexées, et pour eux cette annexion a été comme une délivrance. Ils l'ont fort bien accueillie, tandis que les Zoulous n'ont pas définitivement accepté le joug des Anglais, comme le prouvent leurs luttes de cinq ans dans le Natal, la guerre de Cettiwayo et leurs frémissements actuels.

Entre le 27e et le 29e parallèles nord, au N. O. de la colonie du Cap, s'étend un territoire habité par des métis nommés Griquas qui le cédèrent aux Anglais vers la fin de 1871. Il a été érigé, deux ans plus tard, en colonie distincte sous le nom de *Griqualand West* et se déploie sur une superficie d'environ 56.000 kilomètres carrés ; mais sa population, qui occupe des fermes d'une contenance de 1.200 à 1.400 hectares, ne s'élève encore qu'à quelques milliers de colons. Ce territoire est cependant célèbre : c'est là qu'à la distance de 1.200 kilomètres du Cap, sur un plateau d'une altitude de 1.800 mètres, long de 240 kilomètres et large de 260, se trouve la région diamantifère de l'Afrique australe et que gisent les mines de Kimberley, décrites, il y a une dizaine d'années, par le géologue Hubner, le compagnon de voyage de l'infortuné Mohr et auxquelles un de nos compatriotes, M. l'ingénieur Maurice Chaper, a consacré plus récemment une étude magistrale[1]. La découverte en remonte à 1868, et fut l'œuvre inconsciente de quelques pauvres enfants Hollandais. La nouvelle que le bassin du Vaal et celui de l'Orange renfermaient des pierres précieuses se répandit avec la rapi-

[1] *Note sur la région diamantifère du Cap* (Paris, 1880).

ir. Au Cap, elle tourna toutes les têtes : les marchands
urs boutiques, les éleveurs de bestiaux leurs fermes, les offi
leurs troupes. Toutes les routes conduisant à la nouvelle
ient encombrées de chars pesamment chargés, et dans ces
que seuls l'antilope, l'autruche, le chacal, la gazelle parcou-
, des magasins et des tavernes s'ouvrirent, des milliers d'im-
enus non seulement du Cap, de Natal, de la République du
de l'État libre d'Orange, mais encore de l'Europe et des États-
oururent fonder la ville de New-Rush, aujourd'hui Kimberley.
t tout d'abord qu'une agglomération de baraques en bois et de
a toile ; mais, dès 1873, on y comptait six églises, deux salles
al, un cirque équestre, un hôtel-de-ville, une prison, une grande
pour les marchés et de larges rues que sillonnaient de nombreuses
es.

qui n'est pas le côté le moins curieux de la chose, c'est qu'elle
disait certaines données de la science, et le premier mouvement
ologues les plus autorisés de Londres fut de déclarer que le sol
de l'Afrique australe ne pouvant être diamantifère, il ne s'agissait là que de purs accidents. Force leur a bien été plus tard de se rendre à l'évidence ; les mines de pierres précieuses de l'Afrique australe existent ; elles sont riches, plus riches même que tous les gîtes semblables du reste du monde. Les fameuses mines de Golconde, dans l'Inde méridionale, desquelles la plupart des grands diamants historiques ont été extraits ne paient plus leurs frais d'exploitation. Des indications d'Alexandre de Humboldt firent découvrir, en 1828, des traces de diamants dans les alluvions du fleuve Oural; mais la production en est restée fort restreinte. Les célèbres mines de la province brésilienne de Minas-Geraës dans l'espace de cent cinquante ans, ont livré au commerce une quantité totale de pierres dont le poids a été estimé à 13 millions de carats, soit 2.860 kilogrammes. Mais, en 1880, la production du Brésil n'a guère dépassé 16 kilogrammes, tandis que celle de l'Afrique australe a été vingt-cinq fois plus forte. Ajoutons de suite que, sous le rapport de la beauté et de l'éclat, les diamants brésiliens ont une supériorité manifeste.

Un instant, les Anglais ont compté au moins d'une façon nominale parmi leurs possessions de l'Afrique australe l'un de ces deux États indépendants que les Boërs ou plutôt les *Buren* [1], Hollandais disséminés dans la colonie du Cap, fondèrent à la suite de leur exode de 1834. A cette époque, les Anglais venaient d'émanciper les esclaves, sans payer d'ailleurs aucune indemnité à leurs anciens propriétaires,

[1] Ce mot signifie paysan ou cultivateur, et dans la bouche des Anglais, il est devenu *Boër*.

à ce qu'assure M. de Weber, un allemand qui a résidé pendant quatre années consécutives dans l'Afrique méridionale [1]. Déjà ces Boërs n'aimaient guère les Anglais, dont ils affectaient de ne pas comprendre la langue et qu'ils désignaient par l'épithète énergique de *verdoemde Engelschman* (Anglais maudit). Cette mesure mit le comble à leur irritation et on les vit, amenant avec eux leurs bestiaux et leurs meubles, franchir le fleuve Orange et s'enfoncer dans le désert. Faisant sans cesse le coup de feu, tantôt contre les fauves, tantôt contre les sauvages, ils réussirent à se constituer une nouvelle patrie. Mais leur destin n'était pas d'y vivre paisibles, les Anglais les y poursuivirent avec leurs rancunes et leurs convoitises; ce sont les Boërs, qui, au prix de leur sang, enlevèrent Natal aux Zoulous, et ce sont les Anglais qui sont maîtres de cette colonie. *Sic vos non vobis mellificatis, apes*, et presque partout où ils avaient semé, d'autres ont récolté. Il y a quelque vingt ans le bruit courut dans le Natal que le naturaliste Carl Mauch avait découvert dans le Transwaal des gîtes aurifères : ce fut le signal parmi les journalistes de Durban, d'une explosion de haine contre les Boërs, qui continuaient de pratiquer l'esclavage. « Il faut détruire le Transwaal et la République d'Orange » s'écriaient-ils; « ainsi le veulent l'honneur et la morale ». Au *Colonial office*, on fit alors la sourde oreille; mais, en 1878, lord Beaconsfield annexait le Transwaal aux possessions britanniques, sous des motifs plus ou moins spécieux, parmi lesquels il se gardait bien d'expliquer le véritable, c'est-à-dire que le commerce des Portugais, qui converge vers la baie de Lagoa, empruntait de plus en plus son territoire. Cette grosse erreur, pour ne rien dire de plus de la politique *impériale*, a été depuis noblement réparée par M. Gladstone et le Transwaal a repris sa nationalité. Les Boërs sont ainsi rendus à leur mission, qui est d'être dans l'avenir, comme ils l'ont été dans le passé, les pionniers de la colonisation dans l'Afrique australe.

« En ce pays », nous dit un éminent publiciste d'outre-Manche, « les Anglais commercent et spéculent; mais, ils ne se soucient point de cultiver le sol... Ils y viennent presque tous pour s'enrichir, avec l'intention de repartir dès qu'ils ont fait fortune. Les Hollandais seuls s'attachent au sol et, à moins que nous ne changions de système, ce sont eux auxquels il appartient de dominer là bas [2]. Tel est aussi le sentiment de M. Alfred Ailward [3] qui n'a point passé moins de dix ans dans ces contrées. Le

[1] V. *Vier Iahre in Africa* (Quatre ans en Afrique), livre condensé et traduit par M. Gourdault sous ce titre : *le pays des Boërs* (Paris, 1882).

[2] V. Froude. *Leaves froma South African Diary* (Feuillets d'un journal de voyage dans l'Afrique du sud).

[3] Auteur d'un livre publié en 1881 sous le titre de *the Transwaal of to day* (le Transwaal d'aujourd'hui).

nombre des colons hollandais répandus
serait d'ailleurs très supérieur à celui de
contre 120.000 — si M. de Weber a été bier
geur indique pour le Transwaal, 45.000 blancs
60.000 blancs avec 25.000 hommes de coul
Griquas, autrement dit issus de Boërs et de
que soit au surplus le chiffre de leur populatic
les sentinelles avancées de la civilisation da
péninsule. Composé d'abord de quelques
le Transwaal a poussé jusqu'aux environs d
chefstrom, une de ses villes, n'est séparée
par 250 lieues. Il paraît donc le point de dé
reux d'entamer la zone équatoriale de l'Afi
leur servirait de refuge, quand les hasards d
ou l'inclémence du climat viendraient appo
à leur audacieuse marche en avant.

III

Nous ne dirons rien ici de l'Inde britanni
une colonie au vrai sens du mot. C'est un g
qui renferme 330 millions d'hectares et une
d'hommes que deux cent cinquante ou trois
d'une façon directe ou indirecte [1] et ont jus
l'obéissance.

Mais nous parlerons, brièvement d'aille
Taprobane des Grecs et des Romains et l'un
puissance coloniale de nos voisins. A vol
sud au nord, 360 kilomètres, sa superfici
carrés, soit de 6.400.000 hectares; et elle re
viron 2 millions 1/2 d'habitants. Elle ne po
villes; Pointe-de-Galles, la plus commerçan
de l'île : on n'y accède que par un étroit ch
trouvé fatal aux grands navires. En revanch
est splendide : ce rivage tout couvert de fo
blanches avec leurs toits en terrasse, ces b
la plage, au milieu de bosquets de cocotier
charme l'œil et le captive. Au nord de Po
Colombo qui était déjà sous les Hollandai
de Ceylan, la capitale de l'île comme elle l'

[1] On sait que l'empire Anglo-Indien ne comp
prement dite, mais aussi l'Assam, le Barmah
Chine ou Inde-transgangétique.

compte 100.000 habitants et ses constructions rappellent sa double origine. Quant à Kandy, l'antique capitale des conquérents indous, elle se cache, pour ainsi dire, au milieu du massif de hautes montagnes qui occupe le centre de Ceylan, ainsi que sa portion méridionale. Dans ce massif subsistent encore de nombreux vestiges de l'antique civilisation cinghalaise, tels que les édifices, les statues, les sculptures de Pollanaroua, la capitale du grand roi Prakama; Anouradpourza, avec son gigantesque figuier vieux de deux mille ans, avec son immense souterrain et les ruines de son *viharra* (monastère), inauguré en l'an 157 avant Jésus-Christ.

C'est aussi dans ce même massif de montagnes que l'on signale les traces de cette appropriation collective du sol que tant et de si beaux travaux forcent de regarder comme ayant certainement marqué une des étapes de l'humanité, dans sa longue marche de l'époque de la pierre éclatée à celle de la vapeur, du télégraphe et des voies ferrées, mais qui chez les peuples de souche aryane du moins, ne survit plus que dans le *Mir* russe et aussi, quoique atténuée, dans les *Village communities* — de l'Inde et de Ceylan. Ces communautés, sir A. Phear les a précisément décrites dans un livre — *le Village aryan de l'Inde et de Ceylan*, — qui a paru, il y a trois ans, et dont ce n'est pas faire un éloge banal de pouvoir dire qu'il est intéressant et instructif même après l'étude magistrale par laquelle sir Henry Summer Maine semblait, il y a quelques années, avoir épuisé le même sujet. Le trait carastéristique de ces villages, ou *Gamas*, ainsi qu'on les appelle en langage local, c'est la rizière qui les enveloppe et qu'ils possèdent en commun ; cette rizière est bordée d'habitude d'un étang ou réservoir qui sert à son irrigation et qui est comme l'appendice obligé du village. Celui-ci dresse en pleine jungle, au milieu des bouquets d'arbres, ses chaumières en pisé, couvertes de paille, avec leur vérandah en miniature, leur vaste courtil, leurs étables, leurs granges et leur verger, le tout, il faut bien le reconnaître, mal soigné, mal entretenu d'ordinaire. Le territoire commun est alloti entre les diverses familles de la manière suivante : chaque famille a droit à un lot, qui lui est attribué à titre permanent et sous forme héréditaire, mais dont elle ne peut disposer d'une façon vénale sans le consentement de la communauté. Le principal de ces lots revient de droit au *Muttettuva*, c'est-à-dire à l'ancien du village ou chef de la communauté, à qui chaque communiste est également tenu de fournir soit une contribution en nature, soit quelque prestation personnelle. C'est ainsi que les uns lui apportent du miel, de l'huile, des noix de bétel, du gibier, tandis que d'autres, tels que le charpentier, le forgeron, le menuisier du village font œuvre de leur profession en sa faveur, et le médecin lui donne gratuitement ses soins.

Cet appendice de l'Inde n'a point échappé au sort de la gra ninsule elle-même ; son histoire n'est qu'une suite de discordes nes, interrompues çà et là par des invasions étrangères. Après l vidiens et les Aryans vinrent les Maures et les Musulmans et, Vasco de Gama eut franchi le *Cabo Tormentoso*, les Portugais Hollandais y pénétrèrent à leur tour. Ceux-ci s'étaient solidemen lés à Ceylan, lorsque les Anglais s'en emparèrent pendant leurs avec notre premier Empire, et ils en sont les maîtres incontestés la convention de 1815 par laquelle ses habitants se sont donnés

Les Cinghalais, en général, sont aussi indifférents que les Indo mêmes au choix de leurs maîtres, et d'ailleurs le joug des Ho était dur à porter. Cette apathie n'est pas partagée toutefois pa digènes de la partie médionale de l'île qui descendent pour la des conquérants malabars et qui n'ont, peut-être, pas cessé d encore la résurrection de la monarchie indienne. En 1817, en 1 1834 les Kandyens se sont soulevés ; en 1848 ils se révoltaient en la rumeur que la guerre avait éclaté entre la France et l'Angleterr des régiments français allaient apparaître dans cette même baie d comalé, qui vit s'accomplir, il y aura bientôt un siècle, un des plu exploits de Suffren. Le gouverneur d'alors était le vicomte Tor administrateur éminent, de qui date la grande prospérité de réprima l'insurrection d'une main énergique, et persuadé que l boudhiste en était le principal instigateur, il n'hésita point à faire revêtu de tous ses insignes, un prêtre boudhiste qu'un conseil de avait condamné à mort avec dix-sept insurgés.

Depuis lors les Kandyens se sont tenus tranquilles; il n'ont pa bougé pendant la grande insurrection de 1859 et sous la direc ses gouverneurs anglais, assistés d'un double conseil l'un e l'autre administratif, l'île a vu ses ressources publiques s'accroîtr commerce se développer. Ses recettes budgétaires s'élèvent à lions de francs environ et dans l'espace de dix années la valeur commerce a monté de 197 millions à 277 millions. Comme expo le café est le principal aliment de ce trafic ; il y entre pour une m annuelle de 86 millions de francs. Viennent ensuite l'huile de coco, la cannelle, les perles. Celles ci se pêchent dans les par l'île de Manaar et ce sont, après les perles du golfe Persique, l belles du monde.

III.

Ce fut en 1770 que Cook atterrit à la pointe sud-occidentale d nent australien. Il consacra trois mois d'une navigation des plu leuses à en remonter toute la côte orientale jusqu'au détroit de

et prit possession au nom de son souverain George III de cette terre, qu'il baptisa du nom de *New-South Wales*, ou Nouvelle-Galles du Sud. Précisément en ce moment même, les hommes d'État anglais se montraient fort soucieux de la question pénitentiaire, et dix-huit ans ne devaient pas s'écouler avant que la Nouvelle-Galles du Sud fût choisie pour l'essai en grand de ce système de la transportation des criminels, qui a suscité tant de controverses et tant divisé d'opinion, les moralistes, les criminalistes et les économistes.

Sept cent soixante *convicts*, quelques colons et quelques militaires, que le capitaine Arthur Philip jetait le 26 janvier 1788 sur les plages de Botany-Bay, voilà l'origine de ces colonies australiennes, parvenues en moins de cent ans à un si rare degré de prospérité. Certes au commencement de ce siècle, il y aurait eu une grande témérité à prédire ce magnifique essor. Les progrès de la Nouvelle-Galles du Sud, qui comprenait primitivement toute la partie orientale de l'Australie, n'offrirent tout d'abord rien d'exceptionnel, ni même de remarquable. Jusqu'en 1813, la colonisation végéta dans l'angle sud-occidental et s'arrêta comme une barrière infranchissable au pied des Montagnes-Bleues. Vues de loin, ces montagnes ne semblent qu'une lisière d'humbles collines se distinguant à peine du sol ; mais en réalité elles atteignent une hauteur de 900 à 1.000 mètres et opposent au voyageur qui veut les franchir des roches abruptes, des coupures profondes, des passes inextricables, que les indigènes d'ailleurs refusaient d'indiquer. Lorsqu'un colon, M. Evans, eut franchi la passe Kanguroo, qui s'ouvre presque en ligne droite devant le port Jackson, les défrichements s'étendirent dans la plaine de Bathurst et plus tard se ramifièrent à l'est dans les vallées du Murumbidge, du Lachlan et du Darrling. L'opinion commune était alors que le centre de l'Australie était occupé par une mer intérieure. L'expédition de Sturt, qui remonte à 1829, la rendit peu vraisemblable en montrant que ces trois cours d'eau venaient grossir le Murray, fleuve tributaire lui-même de la baie Encounter et récipient, à part la Macquarie qui se perd dans de vastes marécages, des eaux du versant occidental des Montagnes-Bleues. Pendant trente-trois jours Sturt descendit le Murray et atteignit la lagune Alexandrina, qu'une barre de sable seule sépare de la mer, dont le voyageur entendait les vagues bruire dans le lointain. Les bords de cette lagune offraient de gras pâturages et des terres propres à la culture des céréales. Comme Sturt n'avait plus que de minces provisions, force lui fut de songer au retour, qu'il n'accomplit pas sans de grandes fatigues et de cruelles privations. Mais quelques années ne s'étaient pas écoulées que l'exploration de la vallée du Bas-Murray et des plaines qui s'étendent entre ce fleuve et le golfe Spencer donnait naissance à l'établissement d'Adélaïde, riche en vins et en céréales. Les Européens acco des stations pastorales, des villages, des villes même reliai velle-Galles du Sud à l'Australie-Méridionale.

En 1839, le comte de Strelzicki apportait à Melbourne un de minéraux qu'il avait recueillis dans les montagnes du Su il annonçait dans un rapport adressé au gouverneur de l Galles, qu'il avait rencontré un silicate renfermant de l'or. Se savant géologue n'ayant pas eu le temps d'examiner à loisir aurifères, il engageait le gouverneur à y envoyer un ingéni rapport devait, selon lui, révéler immanquablement l'exist chesses énormes dans le sous-sol australien. Mais la colonie alors 45.000 convicts, et le gouverneur fut bien plus effrayé d'une pareille découverte. Il pria M. de Strelzicki de la tenir il tint la même conduite lorsque, trois ans plus tard, le constata la présence d'un quartz aurifère dans les montag entre Bathurst et Paramatta. M. de Strelzicki et le rév. Clark en effet, sur leurs trouvailles ; mais, en 1844, M. Murchiso géologue, ayant annoncé devant la Société royale de Londres l'examen des roches rapportées de l'Australie l'or devait abondance dans cette région, l'attention des colons et des du précieux métal commença à se porter très sérieusement La presse coloniale surexcita le zèle des explorateurs ; ils se quête de gîtes aurifères, et ils finirent par les découvrir.

La première découverte en fut faite dans les environs de par un mineur californien et, à quelques mois d'intervalle, mettait la main sur une masse d'or natif du poids de 10 kil qui était enveloppée dans une gangue de quartz à demi ent le sol. Par une singulière coïncidence, ce fut le 2 mai 1851, au lendemain même de la première exposition universelle, q velle de ces trouvailles parvint en Europe et y détermina un va d'émigration vers les champs d'or — *Golden Fields* — d'Oph larat, de Bendigo. Tout le monde, dans l'Australie elle-même les habitants de Melbourne et de Sydney avaient quitté leurs leurs boutiques ; les magistrats avaient abandonné leurs prét fonctionnaires leurs bureaux. Les nouveaux venus suivirent ple, et se rendirent par grandes troupes aux mines d'or. Les dont le chiffre a été évalué au double et plus du chiffre de la coloniale d'alors, n'étaient pas, dans leur masse, il faut en c fleur des honnêtes gens. Ils commirent pendant plusieurs a les excès, et pendant ce même temps, l'exploitation des mi lieu à tous les scandales et à tous les abus. Des fortunes colo girent, pour ainsi dire, à la façon des champignons à la suite pluie d'été, et s'écroulèrent avec une égale rapidité. Avec le temps, l'ordre se rétablit toutefois tant parmi les choses que parmi les hommes. Ceux-ci se montrèrent moins rebelles aux nécessités de l'ordre social : de chercheurs d'or ils devinrent mineurs, et l'exploitation des *Golden Fields* s'organisa sur un pied scientifique et régulier.

Aujourd'hui, les six colonies australiennes proprement dites — Nouvelle-Galles du Sud, Victoria, Queensland, Australie méridionale, Australie occidentale, Tasmanie — sont peuplées d'environ 2 millions 1/2 d'habitants. Leurs revenus publics montent à environ 19 millions de livres sterling, soit 475 millions de francs, et elles font avec le monde un commerce qu'on évaluait, il y a huit ans, à près de 92 millions sterling, ou bien 2.300 millions de francs. Leurs deux grandes villes, peuplées l'une de 135.000 habitants, l'autre de 241.000, avec ses faubourgs qui l'entourent à une distance de 16 kilomètres, — Sydney et Melbourne, — sont des cités qui le disputent en élégance aux grands centres populeux de l'ancien ou du nouveau Continent et qui souvent l'emportent sous le rapport du confort et des installations que l'hygiène moderne impose.

Un des éléments de cette prospérité a été certainement la découverte de ces champs d'or dont nous faisions l'historique tout à l'heure, et à cette heure encore l'Australie est un des grands foyers de l'industrie minière dans le monde. Toutefois la culture pastorale et l'élève du bétail constituent la grande richesse du pays. Maintenant, comme il y a un demi-siècle, le jeune homme aventureux, libre de toute entrave et possesseur d'un petit capital, trouve en Australie l'air, l'espace, la liberté; il peut, en quelques années se créer une honnête aisance. « Ceux qui sont venus ici avec 10.000 livres de capital, répètent volontiers les Australiens, les ont toujours perdues ; ceux qui en avaient cinq en ont vu disparaître une partie ; ceux qui n'apportaient qu'une couple de mille livres ou qui n'apportaient rien du tout ont généralement prospéré ». Quoi qu'il en soit de la valeur de ce dicton, il est avéré que la plupart des squatters ont commencé et commencent encore avec une première mise de fonds variant de 50 à 75.000 francs. Ils élèvent des moutons, des bœufs et des chevaux et les succès qu'ils ont obtenus dans cette voie se caractérisent par les chiffres suivants : moutons, 55.000.000 de têtes ; taureaux, bœufs, génisses, 6.824.000 ; espèce chevaline, 1.000.000. Ces chiffres sont ceux du recensement de 1878, et ils doivent être beaucoup plus forts maintenant; cela est certain pour le cheval, puisque la seule Galles-du-Sud a vu, dans l'espace de deux ans (1878-1880), le nombre de ses chevaux croître de 24.000. Le cheval fut élevé tout d'abord pour le service local et chaque colonie y mit tous ses soins ; il est devenu un article d'exportation aux îles de la Sonde, à la Nouvelle-Calédonie et surtout dans l'Inde, où il alimente la remonte de l'armée.

Sous le rapport de la culture des céréales, l
aux plaines de notre Beauce, fait certainemen
ques-unes de ses parties, après avoir fourni leu
troupeaux de moutons, ont été livrées à la cu
succès; mais cette culture est généralement ré
pression. Le colon se borne à écorcher la sur
rue; il n'applique le système de l'assolement
tionnelle, et sur des terrains dont la couche v
sème du blé pendant des vingt-cinq années co
davantage ses terres, et il est facile de se re
reilles conditions, de l'appauvrissement prog
nous dit M. F. Journet, ingénieur des ponts et
excellente étude sur l'Australie [1], à ce que le
exploitées soit par de petits propriétaires, soit
les uns et les autres n'ont ni gros bétail, ni
les squatters, trouvant dans la vente de la lain
ne tiennent pas à se charger des soucis d'une
et s'ils acquièrent des terres arables, c'est bie
de voisins gênants que pour en user eux-mêm

On commence à cultiver sérieusement la ca
velle-Galles du Sud, et surtout dans Queenslan
l'Australie méridionale, et depuis quelque tem
rapides progrès. Ses débuts remontent à une qu
on n'a pu faire de vin potable qu'à une date
miers viticulteurs australiens tirèrent leurs
France, d'Allemagne, d'Espagne, du cap de
sirent pour les transplanter des sols particulièr
exemple, les collines de Lilydale, les rivage
Murray, les côteaux ferrugineux qui s'élèvent à
d'hui, la vigne se montre et prospère dans la N
Victoria, dans l'Australie méridionale, à Quee
la récolte du vin s'élevait à 71.000 hectolitres
plutôt qu'augmenté, le phylloxéra ayant envah
et beaucoup de vignobles ayant été détruits
mal.

Actuellement, la première préoccupation des
tants surtout de la Nouvelle-Galles et de Vict
peuple industriel. Pour mieux dire, ils prétenden
tions universelles de Melbourne et de Sydney

---

[1] F. Journet. *L'Australie* : description du pays,
travaux publics, mines (Paris, 1885).

dessein plutôt de montrer au vieux monde un jeune rival que de profiter des leçons de son expérience. Le colon de Victoria surtout possède une haute idée de sa capacité industrielle et s'enorgueillit fort de tout ce qu'il fait. « Ne lui dites pas qu'un objet fabriqué chez lui est inférieur au même produit venant de Londres ou de Paris; il l'avouera difficilement et peut-être même ne le pense-t-il pas. Du reste, il n'hésite pas à baptiser du nom de travail colonial un article dont tous les éléments sont importés : dans la construction d'une voiture, il emploiera des ressorts et des essieux qui viennent d'Angleterre, des cuirs français, des étoffes étrangères; il copiera les types de Londres et de Paris, ou les modèles des buggies américains. Ce n'est pas moins pour lui une œuvre essentiellement nationale, pour laquelle il éprouve un sentiment tout paternel[1] ».

L'avenir dira si cette confiance des Australiens dans leurs propres forces est justifiée et s'ils sauront se mettre en état de combattre, à armes égales, l'industrie européenne. En attendant, la difficulté était dans le prix de production, et la législature de Victoria a cru devoir la trancher en recourant au système protecteur le plus rigoureux : elle a frappé toutes les productions européennes de droits très élevés, parfois presque prohibitifs. Dans la Nouvelle-Galles du Sud, la législation douanière est fort libérale; elle tend même à devenir libre-échangiste et l'industrie ne laisse pas cependant de s'y développer sur une assez grande échelle. On y travaille le fer, la laine, et on y rencontre de nombreuses carrosseries; 13 moulins, 100 établissements pour la fabrication du vin, 43 fabriques d'instruments aratoires, 40 tanneries, etc., témoignent d'une véritable activité commerciale. M. Journet félicite la colonie de n'avoir pas voulu défendre à tout prix ses productions en frappant les objets importés de droits exorbitants et en imposant des charges nouvelles à tous les citoyens, souvent sans profit pour l'industrie elle-même. « La conséquence la plus notable de ce système, ajoute-t-il, est le haut prix de la main-d'œuvre par l'accroissement des salaires, et leur maintien à un taux très fort. Or, à des salaires trop forts correspond nécessairement une diminution de travail, l'ouvrier australien en majorité ne songeant pas à épargner, mais simplement à gagner de quoi vivre et de quoi boire. Si quatre journées de travail peuvent lui assurer la vie de la semaine, il consentira difficilement à travailler plus de trente-deux heures, et s'il peut obtenir une paye plus élevée, il en profitera pour réduire encore les heures de labeur. De là des pertes sèches et des charges énormes pour l'industrie, sans aucun profit pour les colonies ».

[1] Journet. *L'Australie*.

V.

...lle-Zélande est la plus jeune des colonies australasiennes[1], ... la moins intéressante : elle les dépasse toutes par la rapidité ... ogrès et leur importance. A tous égards, elle commande ... on qui lui a fait un peu défaut jusqu'ici, par suite de sa position ... ique, à 2.000 kilomètres plus loin que l'Australie, à l'extrémité ... rientale de l'Océan Austral. Mais le percement de l'isthme de P... fera de la Nouvelle-Zélande la première des îles polynésiennes ... navigateur, venant soit d'Europe, soit d'Amérique, rencontrera ... route, et les conséquences de cette position peuvent ... ...nes.

...ous les voyageurs sont d'accord sur le caractère, tantôt imposant ... ôt pittoresque, que la Nouvelle-Zélande offre dans ses contours et ... spect général, non moins que dans ses détails particuliers. C... ... auquel ses monts gigantesques et ses volcans éteints; ses ... ..., ...s glaciers, ses cataractes; ses rivières et ses lacs; ses vallées ... laines; ses rivages coupés d'une multitude de baies, d'anses, de ... ...; ses immenses forêts s'élevant, en gradins sur le flanc des pics, jusqu'à la limite des neiges perpétuelles, donnent une variété incomparable dans les paysages et qu'il est possible de comparer tour à tour à la Suisse, à l'Italie, à la Norvège, à l'Écosse, au pays de Galles, à la Normandie, quoiqu'il garde toujours une physionomie *sui generis*. Le climat est tout à fait tempéré : ni chaleurs excessives en été, ni froids rigoureux en hiver; dans le nord de l'île septentrionale, le myrte et le géranium fleurissent toute l'année à ciel ouvert. En Australie, il y a de longues alternatives de sécheresse et d'humidité : dans la Nouvelle-Zélande, ce sont des successions régulières de jours ensoleillés et de jours pluvieux, de telle sorte que la terre garde sa fraîcheur et les prairies leur manteau de verdure; les flancs des montagnes et les vallées leur luxuriante végétation ; l'atmosphère sa pureté et sa légèreté; les rivières et les ruisseaux leurs eaux bienfaisantes.

Lorsqu'en 1839, un groupe d'émigrants jeta les bases de la colonie actuelle de la Nouvelle-Zélande, il eut été impossible à quiconque d'y voyager autrement qu'à pied. Le Rév. James Buller[2], qui vint dans le pays deux ans plus tard et qui n'y a pas séjourné moins de quarante ans, nous apprend qu'il était alors dans un état tout à fait primitif. Pas

[1] On désigne sous le nom d'*Australasie*, de *Colonies Australasiennes*, qui n'a rien de géographique, un groupe formé des six colonies australiennes, de la Nouvelle-Zélande et des Fidji.

[2] V. *New-Zealand past and present* (Londres, 1880).

900 millions 1/2 de francs, soit une moyenne annuelle de 38 i de francs[1].

Quelques balles de lin, quelques cargaisons de bois, un pe de tonnes de pommes de terre, voilà tout ce qu'aux débuts (nisation la Nouvelle-Zélande expédiait en Angleterre. En 1882 vement commercial s'exprimait par les valeurs suivantes : 2 francs pour les importations, et 167.598.222 pour les ex c'est-à-dire un total de 384.316.040 francs. Les laines exporté elles seules de 75 à 100 millions par an. Vers 1850, on ne p 26.000 le nombre des colons; il dépasse aujourd'hui 500.000. core 44.000 Maoris, ou aborigènes. Ceux-ci ont été beaucoup breux, et Cook évaluait à 400.000 le total de cette populati vraisemblablement exagéré ; toutefois il paraît avéré que, de que de la première occupation anglaise, les Maoris ont diminu tiers. Ils se sont fondus dans leurs luttes intestines et dans tance à l'envahisseur. Actuellement, les Maoris ont reconnu i rité des Européens, et vivent en fort bonne intelligence ave se sont familiarisés avec leurs idées et leurs mœurs et ont partie adopté leur costume. Au parlement local, ils sont repré quelques-uns des leurs ; ils possèdent des écoles et des journa Au physique, ils forment une race admirablement bâtie, haute belle de visage, à la physionomie expressive et intelligente. liqueuse et fière comme elle l'était, elle a dû évidemment s brusque changement de ses conditions premières d'existence. I rit au contact des races européennes, et la disparition totale c est un fait à prévoir, dans un avenir plus ou moins prochain que leur vigoureuse constitution physique ne prenne le dessu tion meurtrière de leur nouveau milieu.

Un voyageur, que la frégate autrichienne *la Novara* déposa sur la presqu'île d'Auckland, y rencontra, au pied du mont dans une hutte à moitié enfouie sous des amas de laves, u femme devenue folle et bannie en conséquence de la société de blables, comme c'est l'usage de ces archipels. Cette malheur l'un des rares survivants de la puissante tribu des Ngativuas, qu l'isthme et qui au commencement du siècle comptait de 25 membres. Sur les flancs des cimes volcaniques, on voit encore ou villages fortifiés, où ils habitaient, véritables places d'armes, (d'un double rang de palissades et de profonds fossés garnis de

[1] Ces chiffres sont empruntés à la substantielle étude de M. Emile (— *La Nouvelle-Zélande ; histoire, géologie, climat, gouvernement, etc* publiée la Société royale de géographie d'Anvers.

et de roseaux. Mais les Ngalivuas eux-mêmes ont disparu. M. de Hochstetter eut l'occasion de visiter deux grands chefs, Te-Heuten et Pini-Te-Kore, véritables représentants de l'ancienne aristocratie maorienne. Celui-ci habitait les alentours du lac Taupo, mer intérieure, longue de 42 kilomètres, large de 20 et d'une profondeur encore inconnue; elle est sujette à d'assez violentes tempêtes que les naturels ne manquent pas d'attribuer à *Horo Montangi*, le mauvais esprit, à qui ils offrent incessamment des fruits et des légumes et paraissent avoir sacrifié autrefois des victimes humaines. L'hôte de M. de Hochstetter lui dépeignit la façon de combattre des Maoris d'autrefois. Les belligérants, disposés en lignes de cinq, de dix, de vingt, même de quarante hommes de profondeur, s'arrêtaient à une vingtaine de mètres les uns des autres. Ils tenaient leurs armes de la main droite, levant alternativement la jambe droite et la jambe gauche, poussant des hurlements qui finissaient en soupirs prolongés. En ce moment, les chefs sortaient des rangs pour échanger avec l'ennemi, comme le font les héros d'Homère, des invectives et des bravades. Puis l'action s'engageait, ou plutôt une série de duels. Quand elle était finie, les blessés du parti vainqueur étaient transportés sur des brancards hors du champ de bataille, les blessés de l'ennemi insultés et achevés à coups de casse-tête. Les chefs étaient momentanément gardés; mais ce n'était que pour être livrés plus tard aux plus affreuses tortures : on leur découpait les membres avec des scies faites de dents de requin ébréchées; on versait sur leurs blessures de la gomme bouillante; on les faisait cuire vivants. Et le vieux Pini-Te-Kore, que ces souvenirs reportaient à un demi-siècle en arrière, ne parlait qu'avec un profond dédain des mesquines fusillades qui avaient remplacé ces glorieux faits d'armes.

Pini-Te-Kore était un homme de taille moyenne, plutôt délicat que robuste, aux yeux étincelants et aux longs cheveux tombant en boucles sur des joues imberbes et tatouées du côté droit. Il entretenait cinq femmes et songeait à en prendre deux autres. A beaucoup de finesse, il joignait les idées superstitieuses de sa race sur la toute-puissance des génies et des mauvais esprits de la terre, de l'eau et de l'air. Il avait perdu, en 1846, son frère aîné Tukino, une sorte de géant, qui mourut écrasé avec sa famille et une partie de son village sous l'éboulement d'un pan de montagne. On résolut de lui faire des funérailles grandioses et de porter ses vêtements et ses armes sur le sommet du Tangariga, dont le profond cratère les aurait engloutis et dont les pyramides de scories volcaniques s'élevant vers le ciel lui auraient servi de sarcophage. Les porteurs se mirent en marche, mais au moment où ils approchaient de la partie supérieure du cône, toujours couronnée d'un panache de vapeurs sulfureuses, une détonation souterraine se fit

entendre. Ils prirent peur et s'enfuirent précipitamment, ab
leur fardeau sur une pierre isolée. Le cadavre de Tukino y
la montagne a été déclarée *tabou*, c'est-à-dire sacrée.

AD. F. DE FONTPERTU

DOUTES ET SOLUTION D'UN ANGL

I. M. Auberon Herbert. — II. Le dosage des attributions de l'État. -
des majorités. — L'industrie politique. — La force. — III. La
et les mœurs. — L'influence du milieu. — Le libre échange
IV. La propriété. — Le *Land Bill*. — V. Interventions légales à
— VI. Attributions de l'État. — La pénalité. — La force et la con
VII. L'impôt volontaire. — VIII. L'idéal du socialisme d'État :
les fourmis. — IX. La protection et la destruction des protégés. —
gers d'oppression. — XI. La concurrence vitale. — L'état de
— L'altruisme. Harvey et les économistes. — Utilité du parado

I.

Le 5 mars dernier, avant le meeting annuel de la *National Association for the Defence of the Personal Rights* (l'A
vigilance pour la défense des droits individuels), je fus pré
président, M. Auberon Herbert.

— Vous avez lu, me dit-il presque aussitôt, mon petit volum *tician in Trouble about his Soul* (Un homme politique dans le t son âme).

— Oui, et il m'a fait...

— Que pensez-vous de l'impôt volontaire ?

— J'avoue que tout d'abord l'idée m'a surpris.

— Oui, je suppose...

A ce moment, on vint nous annoncer qu'il était l'heure de no au *meeting*. La conversation fut interrompue, mais nous la re lendemain. M. Auberon Herbert a la passion de la propagande, France. Appartenant à la plus haute aristocratie anglaise, frèr Carnarvon, il a les aspirations les plus démocratiques. C'est vailleurs de la Grande-Bretagne qu'il s'adresse par des livres, cules, des articles de journaux et des lettres personnelles ; à d'elles il joint une petite carte, sur le recto de laquelle imprimé le programme *du Parti de la Liberté individuelle*.

Ancien membre du parlement pour Nottingham, ayant sa siège plutôt que de transiger avec sa conviction, il n'a qu'une a répandre les principes qu'il croit vrais.

II.

La question à laquelle s'est attaché M. Auberon Herbert est, de toutes les questions qui s'agitent à la fin du XIXe siècle, la plus haute, la plus grave, ou plutôt elle les résume toutes : c'est le dosage des attributions de l'État.

Elle domine de beaucoup les questions de forme de gouvernement. Elle se pose dans les républiques comme dans les monarchies. Partout se trouvent en présence deux écoles qui vous mettent dans l'alternative de répondre aux questions suivantes :

Êtes-vous pour le monde de la liberté ou pour le monde de l'autorité? Êtes-vous un socialiste d'État, croyant dans l'infaillibilité de la majorité et de la force, ou prenez-vous pour point d'appui les droits inaliénables de l'individu ?

Le dogme de la majorité a remplacé le dogme du droit divin. M. Auberon Herbert se demande, avec tous les scrupules d'une conscience délicate et timorée, s'il est plus solide que celui auquel il s'est substitué.

L'homme s'est créé beaucoup d'entités auxquelles il a sacrifié une réalité : — lui-même. M. Auberon Herbert part de cette certitude : — l'être humain, sans lequel l'existence des conventions sociales serait compromise, apparemment !

« Je prétends, dit-il, que l'individu est son propre maître et le maître de toutes ses facultés et de toutes ses forces. S'il ne l'est pas, qui l'est ? Supposons que A n'ayant pas de droits sur lui-même, B et C, étant en majorité, ont des droits sur lui. Mais nous devons établir l'égalité en ces matières, et si A n'a pas de droits sur lui-même, B et C n'ont pas de droits sur eux-mêmes. Nous arrivons donc à cette conclusion ridicule que B et C, n'ayant pas de droits sur eux-mêmes, auraient des droits absolus sur A, personne ne se possédant, mais tous possédant quelque autre et chacun possédé à son tour.

« Vous me dites que la majorité a le droit de décider comme elle l'entend pour ses concitoyens. Mais quelle majorité ? 21 contre 20 ? 20 contre 5 ? 20 contre 1 ? Mais pourquoi une majorité ? Voilà cinq hommes dans une chambre ; parce que trois partagent une opinion et que deux ont une opinion opposée, les trois ont-ils quelque droit à imposer leur opinion aux deux autres ? S'ils n'avaient été que quatre, chacun serait resté maître de son esprit et de son corps ; mais parceque le hasard a ajouté, soit à l'un des partis soit à l'autre, un nouveau venu, ce parti deviendrait le maître des âmes et des corps de l'autre ! N'est-ce pas là une dégradante superstition ? [1] »

---

[1] *The Right and Wrong, compulsion of the state*, p. 17.

« Vous niez les droits de l'individu à se diriger lui-même ; 1 exagérez ces droits et vous les lui donnez sur d'autres, aussitô partie d'une majorité [1].

« Il n'y a ni repos ni sécurité, tant que les grandes matières seront tenues en suspens, pour être taillées et retaillées au gr qui aujourd'hui sont au pouvoir ou de ceux qui y arriveront d

« Shüte ou Sunnite, Guelfe ou Gibelin, Tory ou Whig? Les p comme ces animaux, qu'on attachait l'un à l'autre pour se bat

« Alors une industrie domine toutes les autres : l'industrie au lieu de s'occuper de produire de la richesse, en utilisant en mieux, d'une manière de plus en plus intelligente, les age rels, l'homme actif ne s'occupe qu'à conquérir le pouvoir [3].

« Il n'en saurait être autrement : car tous les droits nous quand nous sommes forts, disparaissent quand nous sommes

« Dès qu'un homme a le pouvoir, il commence à confondre pres opinions et ses propres intérêts avec le droit [4]. A Westm morale est faite tous les jours pour nos besoins quotidiens [5]. n'y est qu'une Vénus fardée et crottée [7].

« Ceux-là, qui ne reconnaissent pas à l'homme le droit de s ner lui-même, mais qui s'attribuent le privilège de gouverner l ont chacun leur marotte : l'un veut régler la religion, un autre sophie ; celui-ci veut imposer un mode d'éducation ; celui-là v d'État ; un troisième entend régler le commerce, un quatrièm vail ; tu ne produiras que selon tel mode : tu ne t'amuseras la formule de l'autorité.

« Chacun dit : Il faut faire quelque chose. Bon ou mauvais ? secondaire [8]. Et comment une majorité, composée d'hommes serait-elle infaillible ? [9] »

« Le socialisme d'État est la tentative de supprimer les inég turelles au profit d'inégalités artificielles, d'empêcher l'ombre justice en organisant l'injustice. C'est la suppression et l'écras

---

[1] *The Right and Wrong, etc*, p. 19.

[2] *A politician*, p. 286.

[3] C'est la même idée que M. G. de Molinari a développée dans son *économique* et dans son *Évolution politique*.

[4] *A Politician*, p. 43.

[5] *A Politician*, p. 214.

[6] *A Politician*, p. 157.

[7] *A Politician*, p. 151.

[8] *A Politician*, p. 140.

[9] *A Politician*, p. 208.

la minorité, dans la mesure où on veut la supprimer et l'écraser, et où elle se laisse faire. Comment des conditions peuvent-elles être égales et universelles quand le système consiste essentiellement à faire restreindre, à chaque heure du jour, dans toutes les actions de la vie C par A et B. Ces restrictions, ces contraintes sont la nature même du socialisme d'État : car, il est fondé sur ce principe que les hommes ne peuvent trouver le bonheur que s'ils sont placés sous des séries de restrictions et de prohibitions, inventées par ceux qui détiennent le pouvoir.

M. Auberon Herbert n'accuse point les partisans du socialisme d'État de mauvaises intentions. Au contraire, ils sont animés des meilleures intentions : les nihilistes et les invincibles aussi. Tous veulent exercer, à l'égard « des autres » leur « mission civilisatrice », à l'intérieur et à l'extérieur, décider dans quelle voie et dans quelle mesure il sera permis à chacun d'user de ses facultés ; ils veulent augmenter la raison et le bien-être « des autres » par la force.

Ils n'oublient qu'une chose, c'est que l'emploi de la force détruit la raison. La coercition est la négation de l'action morale de l'homme sur l'homme. En employant une action mécanique contre un de mes semblables, pour le contraindre à obéir à mes volontés, je le déprime au lieu de le développer. J'affaiblis sa responsabilité ; je le jette dans une sorte d'inconscience.

« Ceux-mêmes qui s'arrogent ce droit perdent la notion de leurs actes. Est-ce que les membres du Parlement peuvent étudier toutes les affaires qu'ils tranchent ? Ils n'en savent pas même le nom. Sous prétexte de discipline, ils oublient la responsabilité qui pèse sur eux. Ils mènent les autres sans savoir où ils vont eux-mêmes, et ils essayent à peine de le savoir.

« La bureaucratie est si savamment agencée que personne ne peut se retrouver dans son labyrinthe. Elle subordonne à sa paresse toutes les activités indépendantes.

« On dit des gens qui ont appris cet art qu'ils sont versés dans la pratique des affaires, et on déclare que ce mode d'organisation sociale est le seul pratique [1], et si vous le critiquez, on vous demande avec défi : Que mettrez-vous à la place ? »

III.

M. Auberon Herbert a pris pour base de son système cette phrase de Turgot qu'il ignore probablement : « Les mœurs sont des lois intérieures plus fortes que tous les liens extérieurs des lois civiles. Les lois

---

[1] V. P. 290.

captivent : elles commandent. Les mœurs font mieux : elles pe elles engagent et rendent le commandement inutile [1] ».

Mais toute contrainte détruit l'action morale que seule peut la reconnaissance des droits de l'être humain. Le meilleur p faire un homme, est de penser qu'il l'est.

La contrainte est une action externe : les mœurs y substit action interne, autrement puissante.

Toute action législative est coercitive ; si elle s'exerce avec s transforme l'homme en une mécanique. Le grand ressort fait m montre : les rouages y obéissent, sans décision personnelle. tout gouvernement est de faire marcher la nation, qu'il dir manière uniforme et régulière. Dans cette conception, l'ind passif, il n'a besoin d'éprouver aucun sentiment ; le gouvern éprouve tous pour lui et oblige chaque individu à agir sans avo bérer avec soi-même sur la valeur de ses propres actes.

Si un homme me lie les mains, ou à l'aide de pénalités, m'obli mon gré à une action ou m'empêche d'agir, il emploie la for moi, car je ne puis pas choisir ; ma décision, mon intelligence à intervenir.

Au contraire, un employeur dit à un travailleur : — vous d telle et telle chose, si vous voulez recevoir un salaire de moi, vailleur lui répond : — vous devez payer tels et tels salaires, si vo obtenir mes services : les deux sont liés l'un à l'autre, à pa moment, mais conditionnellement, après débat, après l'interven acte mental.

L'association forcée, qui s'appelle l'État, doit être rempla liberté des conventions.

Mais qu'est-ce que la liberté des conventions ? Cette liberté elle pas être une forme d'oppression ?

Ainsi, un entrepreneur a loué, à un certain taux, tout le tr ponible dans une commune ? Vous êtes donc forcé de le louer haut prix, si vous voulez vous en procurer ; ou bien c'est le il y a abondance du travail sur le marché, vous êtes donc, vo leur, obligé de diminuer votre prix. Vous n'êtes pas libre d Votre décision mentale est soumise à des pressions extérieures

C'est vrai, comme il l'est que notre corps est soumis à la pressi phérique. Nous ne pouvons pas échapper aux conditions de l'exi nous font naître dans tel ou tel milieu et qui font réagir chaqu sur la masse et la masse sur chaque individu.

Ce sont là précisément les influences nécessaires, auxquell

---

[1] Turgot. *Premier discours en Sorbonne.*

peut se dérober. Il ne naît pas un enfant au monde, si infime qu'il soit, que cette naissance n'ait des répercussions de toutes sortes dont il est impossible de suivre tous les effets. Ces influences naturelles doivent remplacer les organisations factices.

La liberté de l'individu n'est donc pas la suppression de toute organisation. Y a-t-il quelque part un individu isolé ? S'il n'est pas isolé, il est donc attaché à d'autres par des liens : il ne peut pas s'abstraire de son milieu, il ne peut pas échapper à l'échange de services. Il en reçoit, il en rend. Il fait des contrats. Toute vie y est soumise. Le contrat est plus ou moins avantageux pour l'une des parties, bienveillant ou dur, mais il résulte d'une décision personnelle que n'a jamais l'esclave.

L'organisation, pour être volontaire, n'en est que plus puissante. La substitution du travail libre au travail servile a-t-elle donc détruit le travail ? L'abolition des corporations, maîtrises et jurandes, a-t-elle supprimé les ouvriers et les ateliers ? Le libre-échange a-t-il détruit le commerce ? Les organisations factices sont devenues des organisations libres.

Ses résultats donnés par la suppression de ces monopoles, de ces privilèges, de ces faveurs, prouvent qu'il faut étendre le libre-échange à tous les rapports de la vie. C'est le socialisme volontaire, fondé sur la solidarité des intérêts, au lieu du socialisme obligatoire impliquant des spoliations alternatives. L'accumulation des forces dans les grands corps administratifs, militaires, électifs, produit les perturbations les plus graves. En les supprimant, on rétablit le cours naturel des efforts humains.

Tous les services que les gens réclament doivent être faits par eux-mêmes, se groupant selon leurs besoins et leurs affinités en associations naturelles et agissant par le moyen d'associations librement consenties. Le système de M. Auberon Herbert se résume en un mot : le libre-échange pour toutes choses, dans toutes les directions de l'activité humaine.

IV.

Autrefois, il y a moins de quarante ans, en Angleterre, l'État croyait que l'agriculture, l'industrie ne pouvaient exister « s'il ne les protégeait » ; que les individus ne pouvaient pourvoir à leurs besoins sans son intervention à la frontière. Ces préjugés ont à peu près disparu en Angleterre, s'ils sont encore vivaces dans le reste du monde. Mais même là, sur la terre classique du libre-échange, quand il s'agit de l'introduire, pour la solution des difficultés intérieures, il se heurte à des préjugés invétérés, doublés d'intérêts. Étant la solution la plus simple, c'est à elle qu'on songe le moins.

Le tenancier, au lieu de s'occuper de faire du bétail ou du beurre, ne s'occupera que de cette question : — Qui aura le pouvoir ? »

La question de la propriété doit être résolue par la suppression des empêchements légaux qui s'opposent à son commerce. Des lois ont favorisé le régime de la grande propriété. Elles devraient être supprimées.

Quand il y a conflit entre deux droits, donnez à chacun la faculté de les acheter à leur pleine valeur. On s'occupe beaucoup du droit du fermier sur les améliorations qu'il a faites sur le sol. Rien de plus simple. Pourquoi ne pas en faire un objet de commerce [1] ?

Quand un gouvernement veut fixer artificiellement les relations des hommes, il crée, avec son imagination, certaines conditions sous lesquelles ils sont censés placés les uns à l'égard des autres ; et ces conditions peuvent ne pas exister : ces conditions peuvent être tout autres que celles qu'il se figure ; et les conditions qu'il crée peuvent être nuisibles aux intérêts mêmes qu'il prétend servir. Tel le *Land bill* de M. Gladstone.

M. Auberon Herbert indique la liberté comme la solution unique : il demande l'abolition des licences qui, en Angleterre, sont un monopole du commerce des liquides, la suppression des monopoles que confèrent les règlements de l'État aux gens de loi et aux médecins. Il demande même que les services de la poste et du télégraphe n'appartiennent plus à l'État.

Il demande que toutes les interventions légales, au point de vue des associations financières, soient remplacées par la liberté de la diffamation, la calomnie seule étant susceptible de pénalité [2].

Il continue en demandant la suppression de l'église établie, de la législation sur les pauvres, de l'éducation d'État, des inspections de l'État concernant les manufactures, les mines, les chemins de fer, les navires.

Il demande l'abrogation des lois sur l'observation du dimanche, sur la vaccination obligatoire ; sur les serments ; contre la vivisection ; des règlements de police sur les amusements publics ; de la loi empêchant le divorce au gré de l'une ou de l'autre partie ; de la loi sur l'expropriation pour cause d'utilité publique. Nous n'avons plus ou nous n'avons pas,

---

[1] V. *Journal des Économistes*, 15 octobre 1882, *L'Act Torrens*.

[2] *The Right and Wrong*, p. 46.

en France, un certain nombre de ces lois : cependant on se quels efforts ont été nécessaires pour abroger la loi sur l'obser dimanche.

VI.

L'État ne doit avoir que deux sortes d'attributions :

1° Défendre les hommes et les femmes dans leur personne propriété, à l'aide d'une législation qui serait simple, écon rapide et équitable. Dans notre état d'excès de législation su choses, l'opinion publique ne s'est pas concentrée sur ce suje l'état de barbarie et d'incohérence dans lequel se trouve l'org de la sécurité dans tous les pays.

2° Défendre la nation et ses annexes contre tous les ennem rieurs ; entretenir les relations diplomatiques avec les autres na

Au lieu de faire toutes choses plus ou moins mal, l'État ne chargé que de faire ces deux choses et de les faire bien.

Elles impliquent une contrainte ; comment cette contrainte se concilier avec les principes développés par M. Auberon Herbe

Voici sa réponse. — La base de toute moralité est le respect choix et de la libre action des autres. Celui-là commet une contre une personne ou sa propriété qui, par violence veut ou e cette personne d'agir selon sa volonté ou la forcer d'agir con lonté.

Un exemple : Je suppose que je cultive des laitues pour les au marché. Si un voisin, jaloux de mes succès, détruit mes abîme ma charrette et mon cheval dont je me sers pour aller au il exerce contre moi une violence, en m'empêchant de porter tues au marché, acte que matériellement et moralement j'avais de faire.

Autre hypothèse. Un autre voisin, voyant mon succès, cultive tues mieux que moi et, en les vendant au même prix ou m ché que moi, s'empare de mes clients. Peut-on dire qu'il a violence à mon égard, quoique je ne puisse pas plus vendre m dans ce cas que dans le premier ? Non. La vente des laitues n un acte de ma compétence exclusive. Elle dépendait de l' mes clients. Je puis pâtir de la concurrence de mon voisin, mais pas le droit de m'en plaindre.

Si je vends à quelqu'un du pain, en lui disant qu'il est fait ave farine, tandis que j'y ai mis des pommes de terre, je viole sa il a l'intention d'acheter du pain de froment et, contre son ment, je lui fais acheter du pain, dans lequel se trouvent, pour des pommes de terre. J'ai violé sa volonté.

Au point de vue de la morale (*ethical law*), on ne peut pas justifier la répression légale des attaques contre la propriété et les personnes. Mais le voleur, l'agresseur, celui qui emploie la force pour me contraindre, se met en dehors des relations morales. Il n'y a plus entre lui et les autres qu'un seul rapport : celui de la force. L'individu répond à la force par la force pour sa préservation personnelle, comme il se défendrait contre une bête sauvage. L'État, l'être collectif, doit avoir pour unique mission de garantir la liberté et la propriété de chacun des êtres qui le composent. Il doit donc employer la force contre ceux qui le menacent de la force. Telle est la base du droit pénal et de l'état de guerre.

Mais, par cela même, doivent être supprimées toutes les lois pénales qui ont pour prétexte de moraliser les individus. Si un ivrogne commet un délit, il peut être puni ; mais personne n'a le droit de le punir, parce qu'il s'est enivré.

En matière civile, la justice était autrefois et est encore considérée comme un droit régalien. L'arbitrage, c'est-à-dire le choix volontaire du juge, doit se substituer à la magistrature d'État. C'est la conséquence du développement des contrats privés, destinés à remplacer les règles générales de la législation.

VII.

Poussant son système jusqu'à ses dernières limites, M. Auberon Herbert déclare qu'il n'y a pas de base morale qui justifie les taxes obligatoires. Les dissidents étaient dans leur droit, quand ils refusaient de payer les taxes d'église. Six hommes sont dans une île : de quel droit quatre d'entre eux forceraient-ils les deux autres à mettre à un fonds commun dont la majorité ferait l'usage qu'il lui plairait [1] ?

Pratiquement, M. Auberon Herbert demande la suppression de tous les droits indirects; puis, chacun se taxerait au taux qu'il voudrait.

Les porteurs de titres de la dette doivent avoir hypothèque sur toute la propriété nationale existante. La dette doit être rachetée volontairement.

L'argument de droit de M. Auberon Herbert a une valeur indiscutable. En fait, cette idée de l'impôt volontaire est tellement en dehors de notre conception sociale actuelle, de nos habitudes, qu'elle paraît, tout d'abord, devoir être rangée parmi les utopies et les chimères d'un esprit trop absolu. Et pourquoi? Nous voyons nos énormes budgets, les attributions de l'État si multiples, exigeant chaque année des milliards. Mais en sera-t-il toujours de même? Quand l'État augmente ses attributions, aussitôt l'impôt s'accroît. La réciproque est également vraie. Moins

[1] *A Politician*, p. 270.

l'État a d'attributions, plus l'impôt est faible, plus il est, par c
facile à percevoir.

De ce fait incontestable, ne peut-on conclure que le jour où la volonté seule du contribuable aura à intervenir? Habit échange des services, il supputera les services qu'il reçoit de examinera pour quelle part il doit y participer.

Certes, nous sommes encore loin de cet idéal : mais, en A en 1776, quand parut l'ouvrage d'Adam Smith, qui donc aura trois quarts de siècles après, les principes du libre échange sera portés dans la pratique? En tout cas, il faut s'en rapprocher, des associations particulières faire librement ce que fait l'É que l'État ne se mêle plus de nous rendre sages, vertueux, te vouloir nous donner du confort et du bonheur, d'offrir des se uns aux dépens des autres.

VIII.

Le socialisme d'État existe et fonctionne avec une remarqu larité, où? Chez les abeilles et les fourmis. Les membres de munautés ont un minimum de facultés individuelles, mais d mécaniques très développées. Elles agissent peu par décisio nelle, mais très régulièrement par ces actions réflexes qu'o l'instinct. Est-ce là notre idéal?

Les reines des abeilles se détruisent réciproquement; les sont massacrés quand leur besogne est finie, comme les enfa étaient exposés à Sparte, comme dans certaines tribus sau vieux parents sont tués et même mangés. Ce sont les dévelo logiques de l'idée du salut public, toujours cruel et sans s l'égard de l'individu [1].

Certes, nous ne disons pas que les thuriféraires de l'actio veuillent avoir recours à des moyens empreints d'une férocité s Laissant de côté certaines déclamations, ne prenant que le philanthropiques des hommes bienveillants, nous n'en disons qu'elles sont empreintes, sous leur douceur apparente, de la n barie : la négation de l'être humain.

IX.

Non seulement la politique protectionniste écrase, tue ceux ment de qui elle s'exerce, mais elle voue à la destruction ceux de qui elle agit. Darwin l'a montré. Une plante ou un animal vi une île, à l'abri de toute compétition étrangère. Leur destructio

[1] *A Politician*, p. 288.

taine quand d'autres animaux ou d'autres plantes qui se sont développés sur de plus larges espaces et se sont mieux adaptés aux conditions de l'existence, entrent en compétition avec eux. Le fait s'est produit à Madagascar, à la Nouvelle-Zélande, en Australie [1].

Au fur et à mesure que le type s'élève, l'instrument de protection d'extérieur devient interne. Les armures, les carapaces, les pointes sont remplacées, dans les organisations plus perfectionnées, par de meilleures adaptations d'os et de muscles, des mouvements plus rapides, un cerveau mieux conformé. La variété des organes est une condition de supériorité dans l'individu, comme la variété des aptitudes est la caractéristique des civilisations développées. Ainsi que Herbert Spencer l'a démontré, elle est la condition essentielle du progrès : toutes les restrictions, tendant à l'uniformité aboutissent à la stagnation, sinon à une régression.

X.

On dit : Si les individus ont le droit de s'associer comme ils l'entendent, si les contrats privés ne sont plus réglementés par le pouvoir central, n'allez-vous pas voir s'élever des États dans l'État, qui écraseront les individus? M. Auberon Herbert répond que des hommes libres n'ont rien à craindre de l'oppression d'un corps associé, si des pouvoirs extraordinaires, des privilèges, ne lui ont pas été octroyés. Le danger ne commence que lorsqu'un corps de personnes est armé de pouvoirs qui dépassent ceux de l'individu [2].

XII.

Mais cette politique du *laissez-faire*, de la concurrence vitale, sans restrictions, ne serait-elle pas d'une dureté et d'une cruauté implacables? Beaucoup de personnes la repoussent parce que, sur l'apparence, ils la jugent trop rude.

Ce ne serait pas une raison : car ce n'est pas en évitant les difficultés, en se couchant sur le lit de roses du sybarite que les hommes font des progrès; c'est en développant, sous la pression des difficultés, de nouvelles ressources en eux-mêmes.

Autrefois, la douane faisait le contrebandier que pendait la loi : la concurrence entre les négociants n'est pas aussi féroce. Les corporations passaient leur existence en luttes, en procès et en batailles. La liberté du travail, malgré les restrictions qui l'entravent encore, n'a pas rendu la lutte plus violente. La liberté des *Trade's Unions* a supprimé

[1] *A Politician*, p. 252.
[2] *The Right and wrong*, p. 39 et 40.

les crimes de Sheffield. La liberté de conscience a supprimé religieuses. La violence appelle la violence ; l'intolérance pr tolérance. Toute contrainte provoque l'état de guerre. T substitue une solution pacifique aux solutions violentes.

Mais de plus, toutes les contraintes, imposées au nom d trophie, ont pour résultat une dépression du sentiment par des arrangements d'autorité, vous me forcez à des actes lance et de générosité, vous avez détruit en moi la possil éprouver, puisque je n'ai plus besoin de les éprouver pour le L'influence peut-être la plus dangereuse du socialisme d'I chaque perfectionnement de ce système est un arrêt de dév pour ces sentiments humains qui seuls peuvent affranchir A cet égard, le socialisme d'État est en complète contradicti intentions et nos désirs.

Au contraire, par la libre concurrence, ces sentiments se ront. Sont-ce les lois faites pour la protection de l'enfanc jusqu'à présent, appris aux mères à élever et à aimer leur L'humanité aurait disparu depuis longtemps si, pour se per eût dû les attendre. Aucune loi ne remplacera l'amour toute loi faite pour y suppléer aura pour résultat de le dimi de l'éteindre. Les mères nous donnent un exemple de la c vitale qui se développe sous la pression des besoins moraux; les animaux, même chez les peuples les plus primitifs, ce force seule qui l'emporte. On connait les associations d'anim les plus féroces carnivores, il y a toujours une associatio passagère de la mère et des petits. Chez les peuples avancé tion, les qualités qui sont destinées à prévaloir, c'est une plus puissante, plus étendue et plus nette, des habitudes une conduite plus loyale, un plus grand respect de la vérité, plus affectueuse. Par cette sélection, le meilleur type ira se jusqu'à ce que la souffrance mentale et morale devienne l'humanité que la souffrance physique chez les animaux

Les arrangements d'autorité ne peuvent avoir qu'un résulta rier l'adaptation et, par conséquent, provoquer des accès et

Elle se fera naturellement quand chaque homme saura qu' téger lui-même son propre bonheur. Il travaillera pour entrera pour la part qu'il voudra dans la communauté. toutes ses énergies individuelles à la tâche qui pourra lui lieu d'en employer une partie, soit à se débattre contre les qui lui sont imposées, soit à vouloir diriger ses concitoyens.

Le but utile de la politique actuelle est donc de supprim menses attributions du gouvernement, son administration et paresseuse, le lourd fardeau de l'impôt, les innombrables occasions de rivalité, d'ambition personnelle, de corruption que provoque cette organisation ; de ramener tout l'effort humain de ses fausses directions, en établissant que toute institution doit avoir pour point de départ ce principe: — chaque être humain, quel que soit son sexe, s'appartient à lui-même, est son propre directeur, le maître de ses facultés, et le résultat de l'emploi de ses facultés est sa propriété.

L'énergie de l'État doit être remplacée par l'énergie cérébrale de l'individu. Le levier qui doit soulever le monde de l'avenir est la conviction que les hommes n'ont pas le droit de se contraindre les uns les autres.

Elle implique pour chacun le sentiment de sa responsabilité, et qu'il ne doit attendre récompense que de l'exercice de ses propres facultés.

Si la richesse doit devenir plus égale, ce n'est point par les procédés de spoliation qu'indiquent dans des déclamations sonores contre la richesse, des exploiteurs de la naïveté publique, après un bon dîner : c'est par la suppression de toutes les entraves existant encore à l'activité de l'individu.

Jadis les médecins liaient les artères ou saignaient, tantôt du côté droit, tantôt du côté gauche, pour rétablir l'équilibre. Harvey parut et prouva que cette thérapeutique, en arrêtant ou en contrariant la circulation du sang, causait des maux pires que ceux qu'elle prétendait guérir. En physiologie sociale, les économistes ont montré aussi qu'au système qui, tantôt arrêtait la circulation « pour protéger l'industrie », et tantôt avait recours à d'épouvantables saignées « pour ouvrir des débouchés, » il fallait substituer le « laisser-faire. »

M. Auberon Herbert marque une nouvelle étape dans cette voie [1], en plantant peut-être ses jalons un peu loin dans l'avenir ; mais il n'est pas mauvais que quelqu'un montre de temps en temps des horizons profonds. On l'a dit : les paradoxes de la veille sont les vérités du lendemain.

YVES GUYOT.

---

[1] Pas si nouvelle que le croit notre excellent collaborateur. Il se peut que M. Auberon Herbert n'ait pas eu de devanciers en Angleterre, mais nous avons quelque raison d'affirmer qu'il en a eu au moins un en France. (*Note du Rédacteur en chef.*)

CORRESPONDANCE

La Haye, 25 avril 18

Cher directeur,

Dans la dernière livraison du *Journal des Économistes* p. 137), M. Joseph Chailley a donné un compte rendu du M MM. A. Vrolik et N.-G. Pierson ont adressé à notre gouver la situation monétaire des Pays-Bas en 1883.

L'auteur de cet article a rendu justice aux considérations positions développées dans ce Mémoire. Cependant il s'est son compte rendu une erreur de fait, qu'il paraît utile de re qu'elle pourrait faire croire, au détriment de notre crédit que la Hollande continue à vivre sous le péril d'une grave dans sa circulation monétaire par l'épuisement soudain de d'or sous l'influence d'un cours de change défavorable.

M. Joseph Chailley affirme que le projet de loi, présenté pa nement aux États généraux pour donner suite aux pro MM. Vrolik et Pierson, n'a pas abouti. « Le ministère, dit-il, loi ne fut pas votée ».

Or, le fait est que les nouveaux ministres, entrés en 22 avril 1883, se sont empressés de reprendre l'œuvre de l cesseurs, que la loi a été présentée de nouveau avec quel modifications, qu'elle a passé par les Chambres et qu'elle mulguée sous la date du 27 avril 1884.

Ainsi, grâce aux propositions ingénieuses de MM. Vrolik nous pouvons nous flatter d'être dorénavant à l'abri des re situation pareille à celle de décembre 1882, que M. Joseph Ch faitement raison de regarder comme « intolérable ».

Agréez, etc.

S. Visseri

A M. le Rédacteur en chef du *Journal des Économis*

Lausanne, 29 avril 1

En corrigeant les épreuves de mon article sur M. H. ajouté, à la page 81, entre ces mots : *Je crois que cette év aura pour résultat....* et ceux-ci : .... *une plus-value nou rente....*, la ligne suivante : *après la crise actuelle de nivel fermages dans le monde entier.* Je m'aperçois aujourd'hu addition a le double inconvénient de modifier un texte que cidé de laisser tel qu'il a été écrit en 1881 et de n'exprimer que très insuffisamment ce que j'ai voulu dire. J'aurais dû introduire ma réserve sous forme d'une note ainsi conçue : — « La plus-value nouvelle de la rente résultant de l'évolution économique dont il s'agit, ne se produira qu'après la crise actuelle de nivellement des fermages dans le monde entier, amenée par le développement des voies et moyens de transport et par la mise en communication des marchés et qui confirme, bien loin de l'infirmer, toute notre théorie de la rente et de la plus-value dans une société progressive. Cette théorie, en effet, se ramène toute entière à la détermination du prix des services fonciers conformément à la loi de l'offre et de la demande. Or, quand deux districts d'un même pays, ou deux pays différents, inégalement riches et peuplés, sont mis en communication l'un avec l'autre, les services fonciers s'exportent, sous forme de produits agricoles, du point où ils sont moins rares sur le point où ils le sont plus. Il y a donc augmentation de l'offre, par conséquent baisse du prix sur ce dernier point, et augmentation de la demande, par conséquent, hausse du prix sur le premier point. C'est là le phénomène qui se passe actuellement entre l'Angleterre et la France, d'une part, et les pays primitifs de l'Europe, de l'Amérique, de l'Océanie d'autre part, et qui, compliqué peut-être de celui d'une raréfaction de la monnaie, occasionne ce que l'on appelle « la crise agricole ».

Léon Walras.

SUR LE PRIX DES TRANSPORTS.

A M. le Rédacteur en chef du *Journal des Économistes*.

Je fais appel à votre loyauté bien connue pour vous demander la permission de discuter dans vos colonnes et de compléter en même temps les renseignements que M. Paul Muller vous a fournis sur les transports et que vous avez insérés dans votre numéro du 15 avril.

M. Paul Muller n'a été que l'interprète de M. Grosseteste Thierry, qui, le 26 novembre dernier, a présenté à la Société industrielle de Mulhouse un Rapport sur la question des transports. J'ai ce Rapport sous les yeux dans le « Bulletin de la Société industrielle de Mulhouse de novembre-décembre 1884 ». Votre analyse du Rapport est fort exacte, à un détail près, que voici : Le prix *via* Trieste pour Alexandrie est le même que *via* Marseille à même destination et départ Mulhouse, comme en fait foi le renvoi qui se trouve page 538 que votre correspondant n'a pas aperçu.

M. Grosseteste Thierry n'est pas bien au courant des charges qui pèsent en France sur nos transports, son correspondant d'ailleurs n'en dit pas mot, il se borne à citer les différences entre les prix de transport. Or, de Mulhouse à Berlin, les tissus payent 6 fr. 62 et 7 fr. 49 pour

864 kilomètres, par 100 kil
est, d'après le tarif allema
de 5 marks 30 pf. par charg
par charge de 5.000 kilogr.
fabricant n'a pas occasion d
et même destinataire, les
tous un chargement complet
le prix réduit afférent aux

En France, et même en
commerce et l'industrie de
ne s'acclimate pas facileme
transport. Les compagnies
arriver au bon marché.

En Allemagne, au contr
moyen de transport, mais s
du reste, leur vient en aide
chiffrent par un quart du
jours; un tiers pour tout ret
de transport pour tout reta
restreint la responsabilité
perte ou d'avarie, à 1 fr. 50
la responsabilité est entière
tard. L'expéditeur a acquitt
gée, en cas de perte ou de
Ce sont là des différences d
correspondants ont eu le to
trouvera pas son compte s
tourner la loi sur le timbre.
dant déjà pour de petits coli
même privilège; il lui faut a
et, suivant la récente décisi
1883, aux termes de la loi d
même le timbre de dimensio
le ministre confond avec les
d'abonnement.

Il y a donc du fait des ch
des impôts, une dissembl
n'existent pas en Allemagne
comparaison des tarifs.

Pour être exact, M. Gross
des envois partiels suivant l
d'envoi payent, de Mulhouse

à Paris, 443 kilomètres, 6 fr. 60 et non 7 fr. 22. En d'autres termes, même taxe si l'on tient compte de la distance plus grande qui sépare Mulhouse de Berlin et si l'on applique le tarif allemand à base décroissante. Il en est de même des prix pour Marseille.

Vos correspondants signalent également les prix du transit. Ici encore ils oublient que ces prix sont nécessités par la concurrence, et que cette concurrence existe avec des prix moindres par notre navigation intérieure. Anvers, par exemple, use de la voie la plus économique, le Rhin jusqu'à Mannheim, pour de là reprendre la voie ferrée. En Suisse, par la ligne du St-Gothard : pour Chiasso-Transit, dit le Rapport de Zurich, les envois étrangers n'ont à payer qu'une taxe de 4 cent. 28, tandis que l'industrie intérieure est taxée pour la même destination jusqu'à 7 cent. 8. La taxe moyenne kilométrique pour Zurich est de 55 0/0 plus élevée que celle de Dortmund à Chiasso. De Strasbourg à Chiasso, le transport pour les briques et les tuiles est de 119 fr. transit jusqu'à Chiasso ; à partir de Zurich, le prix s'élève à 170 fr. la tonne. Les Italiens payent, pour les produits argileux à destination de Schaffhouse, 141 fr.; de Schaffhouse à destination de Chiasso, c'est 187 fr. En Autriche-Hongrie, le blé russe paye, en transit pour l'Allemagne, 5 cent. la tonne ; pour l'intérieur, 6 cent. 3. En Allemagne, le tarif uniforme taxe l'alcool entre Berlin et Hambourg, pour la consommation, à 24 fr. 75 la tonne ; s'il s'agit de l'exportation maritime, le prix est réduit à 19 fr. la tonne, et personne dans ces pays ne songe à protester contre ces prix ; au contraire, on stimule les compagnies à solliciter ces transits qui soulagent les prix à l'intérieur.

Je m'arrête pour ne pas abuser de l'hospitalité bienveillante que vous m'accordez. Mais si parfois vous désiriez une confirmation plus détaillée de mes assertions, il ne me déplairait aucunement de répondre à mon honorable contradicteur par des faits authentiques; ce me serait un honneur de contribuer à détruire ces préjugés qui s'acharnent à discréditer nos tarifs français.

Max Hoffmann.

9 avril. — **Loi** portant ouverture au ministre de la guerre et au ministre de la marine et des colonies, sur l'exercice 1885, d'un crédit supplémentaire de 150 millions de francs pour le service du Tonkin.

11 avril. — **État** des contributions directes, des taxes assimilées et de l'impôt sur le revenu des valeurs mobilières.

— **Impôts** et revenus indirects en France. — Comparaison des recouvrements du mois de mars et des trois premiers mois de 1885 avec les évaluations budgétaires correspondantes.

— **Impôts** et revenus indirects en Algérie. — Comparaison des recouvrements du mois de février et des deux premiers mois de 1885 avec les évaluations budgétaires correspondantes.

12 avril. — **Décret** augmentant le nombre des inspecteurs du travail des enfants employés dans l'industrie et déterminant les circonscriptions territoriales dans lesquelles ils exerceront leurs fonctions.

13 avril. — **Annexes** au Rapport adressé par le ministre de l'intérieur au Président de la République, sur l'exécution de la loi du 23 décembre 1871, relative à la protection des enfants du premier âge. Continuées dans les numéros suivants.

15 avril. — **Loi** portant approbation des conventions provisoires passées pour régler les conditions financières relatives à l'établissement de secondes voies sur les réseaux des chemins de fer d'Orléans et de l'Ouest.

— portant ouverture au ministre du commerce, sur l'exercice 1884, au titre du budget ordinaire, d'un crédit supplémentaire de 3 millions de francs, pour subventions à la marine marchande.

16 avril. — **Loi** portant : 1° modification du paragraphe 2 de l'article 19 des lois des 11 et 18 avril 1831 sur les pensions des armées de terre et de mer; 2° application au département de la marine et des colonies des dispositions de l'article 6 de la loi du 17 avril 1833, concernant l'armée de terre, et relatives au délai pendant lequel une pension peut être réclamée.

20 avril. — **Loi** ayant pour objet : 1° la déclaration d'utilité publique du chemin de fer de Mostaganem à Tiaret; 2° l'approbation d'une convention passée entre le ministre des travaux publics et la compagnie franco-algérienne.

— Dates et règlements des concours agricoles spéciaux organisés à l'exposition universelle d'Anvers.

2 avril. — Décret portant règlement d'administration publique au sujet de l'exécution de la convention conclue, le 9 juillet 1884, entre la France et [illegible] pour la garantie réciproque de la propriété des œuvres de littérature, de science et d'art.

3 avril. — Décret déclarant exécutoire en Algérie la loi du 29 décembre 1884, relative au timbre des polices d'assurances contre l'incendie et sur la vie.

3 avril. — Commission extra-parlementaire des associations ouvrières. Compte rendu des séances. Continué dans les numéros suivants.

5 avril. — Opérations des caisses d'épargne en 1884 d'après les résumés sommaires produits par ces établissements.

[illegible] avril. — Décret portant établissement de droits de douane à la Martinique.

[illegible] avril. — Tableau résumant les résultats de l'exploitation des tramways pendant l'année 1884 comparés avec ceux de l'année 1883.

[illegible] avril. — Décret autorisant les caisses d'épargne postales à recevoir des versements inférieurs au minimum de 1 fr., au profit d'une certaine catégorie de titulaires de livrets.

Loi sur les marchés à terme.

Art. 1er. — Tous marchés à terme sur effets publics et autres; tous marchés à livrer sur denrées et marchandises sont reconnus légaux.

Nul ne peut, pour se soustraire aux obligations qui en résultent, se prévaloir de l'article 1965 du Code civil, lors même qu'ils se résoudraient par le payement d'une simple différence.

Art. 2. — Les articles 421 et 422 du Code pénal sont abrogés.

Art. 3. — Sont abrogées les dispositions des anciens arrêts du conseil des [illegible] septembre 1724, 7 août, 2 octobre 1785 et 22 septembre 1786, l'article 15, chapitre 1er, l'article 4, chapitre 2 de la loi du 28 vendémiaire an IV, les articles 85, paragraphe 3, et 86 du Code de commerce.

Art. 4. — L'article 13 de l'arrêté du 27 prairial an X est modifié ainsi qu'il suit:

Chaque agent de change est responsable de la livraison et du payement de ce qu'il aura vendu ou acheté. Son cautionnement sera affecté à cette garantie.

Art. 5. — Les conditions d'exécution des marchés à terme par les agents de change seront fixées par le règlement d'administration publique prévu par l'article 90 du Code de commerce.

Fait à Paris, le 28 mars 1885.

JULES GRÉVY.

Par le Président de la République :

Le garde des sceaux, ministre de la justice et des cultes,
MARTIN-FEUILLÉE.

Le ministre des finances, P. TIRARD.

Le ministre du commerce, MAURICE ROUVIER.

Statistique du Salon de 1885[1]. — La cinquième Exposition de la « Société des artistes français » s'est ouverte, comme d'habitude, le 1er mai. Le nombre des œuvres exposées est supérieur de 369, celui des artistes de 289 aux chiffres de 1884.

∴

Le salon actuel est le 14e de la troisième République, le 62e du siècle, le 67e depuis 1793, le 113e depuis 1673, bien que désigné comme le 103e.

Les six divisions du catalogue comprennent 5.034 numéros, ainsi répartis entre 3.851 artistes :

	Œuvres.	Artistes.
Tableaux	2.488	2.008
Dessins, pastels, aquarelles, porcelaines, etc.	783	495[2]
Sculpture	1.067	789
Gravure en médailles et sur pierres fines	51	45
Architecture	188	171
Gravures	457	343
	5.034	3.851

∴

Comparé numériquement aux Salons antérieurs, celui-ci représente une des fortes moyennes de ces quinze ou vingt dernières années, dont peu ont dépassé ou même atteint le chiffre de 5.000 ouvrages. En voici, du reste, la liste depuis 1868 :

Années.	Œuvres.	Années.	Œuvres.	Années.	Œuvres.
1868	4.213	1875	3.828	1882	5.612
1869	4.230	1876	4.033	1883	4.943
1870	5.434	1880	7.532	1884	4.665
1874	3.657	1881	4.932	1885	5.034

---

[1] Pour les statistiques précédentes, voir le *Journal des Économistes*, nos de mai 1874, mai 1875, mai 1876, mai 1877, juin 1878, juillet 1879, mai 1880, mai 1881, mai 1882, mai 1883, mai 1884. Voir particulièrement ceux de mai 1875 et de juillet 1879 pour des faits relatifs aux Salons antérieurs, et surtout pour le vrai nombre des Expositions.

[2] 536 dans le livret, mais 141 figurent déjà dans la section des tableaux.

...é aux cinq derniers, il présente avec eux les différences :

	1880	1881	1882	1883	1884	1885
... Dessins...	6.042	3.559	4.050	3.263	3.242	3.271
...re et médailles.	731	850	937	1.093	784	1.118
...ulpture.........	111	138	154	158	165	188
...es..........	355	385	471	429	474	457
	7.239	4.932	5.612	4.943	4.665	5.034

...érence en plus sur le salon de 1884 : 369.

...otal de ces six salons donne un total de 26.387 ouvrages, soit ...moyenne annuelle de 5.234.

***

Les 3.851 artistes de 1885 présentent les variétés suivantes, comme sexe et comme origine.

Pris en bloc :

Hommes..............	3.284	3.851
Femmes...............	567	
Français...............	3.249	3.851
Étrangers..............	602	

Pris en détail :

	Peinture.	Sculpture.	Architecture.	Gravure.	Total.
Hommes.........	1.588	573	170	311	3.284
Demoiselles......	265	64	1	30	360
Dames...........	150	50	»	7	207
Paris............	746	278	69	132	1.225
Départements....	1.267	445	88	157	2.757
Naturalisés.......	9	4	»	1	14
Étrangers........	434	99	13	56	602

***

Les 602 étrangers appartiennent à 20 nationalités, ainsi partagées :

Amérique du nord..	105	Suède............	28	Portugal	5
Suisse............	74	Hollande.........	23	Norvège..........	5
Belgique..........	72	Espagne.........	22	Grèce...........	3
Grande-Bretagne...	67	Russie............	18	Turquie....... ..	3
Italie........... ..	59	Pologne..........	17	Bulgarie........	1
Allemagne........	41	Amérique du sud..	14	Japon...........	1
Autriche..........	33	Danemark........	11		602

***

Les Alpes-Maritimes et la Savoie ont donné 12 exposants; l'Algérie et les Colonies 13; l'Alsace et la Lorraine 83.

EDMOND RENAUDIN.

La panique de l'Inde. — Le peuple anglais a une réputation bien établie de bon sens et de courage physique et moral. Ces qualités dont il est à bon droit fier ne l'empêchent pas d'être sujet aux paniques. Quand un accident lui arrive, sa raison l'abandonne avec son sang-froid ; il perd la juste notion des choses : ce n'est plus qu'un enfant effaré par la peur de Croque-mitaine. Jusqu'à présent, c'était la France qui jouait le rôle de ce terrible fantoche. Tous les quinze ans, plus ou moins, le peuple anglais s'imaginait qu'une armée française se préparait mystérieusement à franchir le Canal et à marcher sur Londres au pas gymnastique pour saccager et réduire en poudre ce foyer de la richesse et de la grandeur de l'Angleterre. Récemment encore, n'est-ce pas une panique de ce genre qui a empêché la construction du tunnel de la Manche? Aujourd'hui c'est la Russie qui a succédé à la France dans les *ægri somnia* de nos voisins. La Russie ne songe pas à brûler Londres, mais elle convoite le plus beau joyau de la couronne britannique ; elle nourrit le dessein pervers de s'emparer de l'Inde ; c'est pourquoi, à moins que l'Angleterre ne veuille se résigner à une ruine totale et sans remède, elle doit s'empresser de faire la guerre à la Russie.

Nous ne sommes pas dans les secrets de la politique russe. Nous ignorons si l'on caresse à Saint-Pétersbourg le projet encore plus insensé que pervers d'étendre la Russie jusqu'au détroit de Manaar, au risque d'affaiblir une domination déjà trop vaste. Il est possible que ce rêve hante l'imagination des militaires qui ont lu le récit des campagnes d'Alexandre dans Quinte-Curce, et peut-être aussi l'esprit plus positif des manufacturiers protectionnistes de Moscou, qui ne seraient pas fâchés, dans la crise au milieu de laquelle ils se débattent, d'annexer le monopole du marché de l'Inde au monopole devenu insuffisant du marché russe. Mais c'est un simple rêve! Seulement ce rêve, une guerre imprudemment provoquée pourrait bien en faire une réalité dangereuse, en y intéressant l'amour-propre, sinon l'honneur militaire d'un gouvernement autocratique qui dispose des forces d'une population de plus de cent millions d'hommes encore façonnés à l'obéissance passive, en dépit de tous les efforts du nihilisme.

Au moins la possession de l'Inde a-t-elle pour l'Angleterre une importance tellement capitale qu'il faille au besoin tout risquer pour la conserver? Que vaut l'Inde, au point de vue des intérêts britanniques? Sous le rapport financier, personne n'ignore qu'il n'entre pas un farthing des recettes de l'Inde dans le Trésor du Royaume-Uni. C'est tout au plus si cette vaste et populeuse possession réussit à se suffire à elle-même. Depuis que la Compagnie des Indes, dont la gestion était un modèle d'économie, a été remplacée par une régie, les budgets de l'Inde ont été constamment en déficit et sa dette, qui était insignifiante en 1858, époque de la dissolution de la Compagnie, s'élève aujourd'hui à ... lions de livres sterling (environ 4 milliards de francs). Au poi... commercial, à la vérité, l'Inde est un débouché important : ... merce avec l'Angleterre s'élève à près de 80 millions de livres... Mais si considérable que soit ce chiffre, il ne forme pas un hui... la totalité du commerce extérieur du Royaume-Uni (685 milli... ling en 1884). De plus, il faut remarquer que l'Angleterre est ... ment le pays dont le commerce avec l'Inde se développe le pl... ment. Nous voyons dans un article récent de M. Maurice Jam... l'exportation des produits anglais dans l'Inde ne s'est augme... de 28 0/0 de 1879 à 1884, tandis que celle des produits fran... accrue de 56 0/0, celle des produits allemands de 81 0/0, et ... produits autrichiens de 240 0/0. A l'importation, les différences ... core bien autrement sensibles. Tandis que l'importation des pro... l'Inde en Angleterre ne s'est augmentée que de 2 0/0 dans c... valle de cinq années, elle s'est accrue de 20 0/0 en Autriche, de ... France, de 126 0/0 en Allemagne, et du chiffre énorme de 1842 0/0 e... (de quelques centaines de mille francs à 30 millions). Bref, si l'A... n'est pas en train de perdre le marché de l'Inde, elle a du moi... sagrément d'y voir ses concurrents européens, sans oublier la R... réaliser des progrès plus rapides que les siens. Supposons ma... que l'Inde cesse d'appartenir à l'Angleterre, s'ensuivrait-il qu'el... rait plus aucun débouché aux produits anglais ? Nous lisons dan... de Richard Cobden », par M. Morley, dont Mlle Sophie Raffalovich ... nous donner une élégante traduction [2], que Cobden faisait bon ... des craintes que les manufacturiers témoignaient à ce sujet. « ... « parlez à nos amis du Lancashire, disait-il, ils affirment que ... « n'occupions pas l'Inde, nous n'aurions pas de trafic avec ce p... « oublient qu'ils se sont moqués autrefois de cette vieille doctri... « tectionniste. L'Inde était le centre et la source du commerce du... « civilisé, bien avant que les Anglais n'aient porté des culottes... grand apôtre du *free trade* ne croyait pas du tout que la posses... l'Inde fût commercialement indispensable à l'Angleterre, et il l... dérait à d'autres égards comme funeste. « Le peuple anglais, éc... « à son ami M. Hargreaves, a pris, dans le Parlement, la respon... « de gouverner despotiquement 150 millions d'hommes. Il a ad... « principe d'un despotisme militaire, et je suis convaincu qu'u... « entreprise ne peut être qu'une calamité et une malédiction pou...

[1] *L'Économiste français* du 11 avril.

[2] *La vie de Richard Cobden*, par John Morley, traduit par Mlle Sop... falovich, 1 vol. in-8, Guillaumin et Ce.

« patrie. A la fin, bien entendu, la nature affirmera la suprématie de ses « lois, les peaux blanches retourneront dans leurs latitudes, laissant les « Indous jouir du climat qui leur convient. Jusque-là, nous subirons « toute sorte d'ennuis, de pertes et de disgrâces. Chaque année nous « verra faire une plus grande dépense d'hommes et d'argent; une ex« pansion artificielle de nos exportations créée par nos frais de gouver« nement dans l'Inde nous induira en erreur sur la valeur de notre pos« session orientale, et l'orgueil territorial nous empêchera de relâcher « notre étreinte ».

Toutefois, la possession de l'Inde a pour l'Angleterre des avantages dont Cobden était incapable d'apprécier toute la valeur et qu'il regardait plutôt comme des causes d'affaiblissement et de corruption. C'est le grand débouché politique et administratif de l'Angleterre. Des milliers de familles de l'aristocratie et, depuis l'extension du suffrage, des différentes couches de la bourgeoisie, trouvent dans l'Inde un placement lucratif pour leurs enfants les moins bien doués et les moins capables de se créer une situation dans les industries de concurrence. Ce débouché est même beaucoup plus étendu que le nombre des emplois réservés aux Anglais dans l'Inde ne pourrait le faire supposer. Les fonctionnaires ne peuvent y faire souche, par suite de l'impossibilité d'y élever une famille de pur sang européen; ils n'y séjournent pas longtemps; encore en rapportent-ils communément des maladies de foie et des infirmités précoces. La moyenne de la durée des fonctions est aussi courte que celle des appointements est élevée; ce qui permet de satisfaire une foule d'ambitions, tout en raréfiant la concurrence pour les places dans la métropole. Enfin, et par-dessus tout, la possession de l'Inde augmente incomparablement le prestige de l'Angleterre dans le monde. On ne peut pas dire que le paon tire matériellement une grande utilité de sa queue étoilée. Mais que serait un paon dépourvu de ce brillant appendice? Un volatile vulgaire, à peine au-dessus du dindon. L'Inde, c'est la queue étoilée, c'est le panache de l'Angleterre; et le peuple anglais n'a jamais partagé le dédain de Cobden pour les panaches!

Mais, en supposant même que la possession de l'Inde soit indispensable à la prospérité et à la grandeur de l'Angleterre, il reste toujours à savoir si une guerre avec la Russie aurait pour résultat de la consolider. D'abord cette guerre pourrait bien coûter fort cher au commerce anglais. Supposons que la Russie renonce aux conventions du traité de Paris, relatives à l'abolition de la course, et qu'elle arme des corsaires, le commerce maritime de l'Angleterre ne sera-t-il pas exposé à des dommages incalculables? L'*Alabama* et deux ou trois autres corsaires de la Confédération du Sud n'ont-ils pas suffi pour ruiner le commerce maritime des États du Nord? Ensuite, l'Angleterre est-elle bien assurée de la fidélité inébranlable de ses sujets de l'Inde? Ne compte-t-on point, parmi eux 40 millions de mahométans, qui se souviennent d'avoir été les maîtres de ce vaste empire et qui ne sont peut-être point entièrement résignés à voir un lord anglais tenir la place du grand Mogol? D'un autre côté, il faut bien avouer que si les Anglais ont introduit dans l'Inde les progrès européens, les chemins de fer, le télégraphe, et malheureusement aussi les dettes publiques, s'ils y ont été des maîtres utiles, ils s'y montrent beaucoup moins des maîtres aimables. Tous les voyageurs témoignent de leur raideur méprisante à l'égard des indigènes, même des plus hautes castes. « Le hasard, écrivait encore Cobden, « m'a jeté dans la société de quelques dames qui reviennent de l'Inde, « où elles étaient habituées à la vie des camps; leurs maris étaient des « officiers dans des régiments indigènes. L'épithète appliquée à nos sujets « dans l'Indoustan est *noiraud*. Une de ces dames se vantait de sa con« descendance en permettant à un officier indigène de s'asseoir en sa « présence, quand il venait chercher les ordres de son mari. On aurait « pu, bien difficilement, il est vrai, supporter cette insolence si les An« glais avec qui les indigènes étaient en contact déployaient de nobles « vertus et une grande puissance intellectuelle. J'ai bien peur que les « traits caractéristiques de nos concitoyens aient été tout autres ». Que les Indiens des hautes castes soient sensibles à cette grossièreté dédaigneuse de leurs dominateurs et que les offenses faites à la dignité, ou, si l'on veut, à l'amour-propre des vaincus, soient celles qui se pardonnent le moins et qui provoquent les représailles les plus cruelles, les Anglais n'en ont-ils pas fait l'expérience à l'époque de la révolte des Cipayes? Les haines féroces qui se sont traduites à cette époque par d'épouvantables tueries se seraient-elles changées en des sentiments de tendresse et d'amour sans mélange? Serait-il prudent de s'y fier?

Admettons cependant que tout aille pour le mieux, que le commerce anglais ne soit pas exposé aux déprédations des corsaires, que l'Inde demeure fidèle et que la Russie soit battue, tout sera-t-il terminé? La possession de l'Inde se trouvera-t-elle à jamais assurée à l'Angleterre? Ne sera-ce pas, au contraire, le commencement d'une série de luttes dans lesquelles les Russes piqués au jeu et maîtres de l'Asie centrale finiront par avoir l'avantage? Même dans l'hypothèse la plus favorable à l'Angleterre, la guerre ne résoudra rien; elle n'aura d'autres résultats que d'aggraver et de perpétuer l'antagonisme des deux plus grands empires du globe. Cet antagonisme est-il fondé, du moins, sur une opposition naturelle d'intérêts? La puissance anglaise et la puissance russe ne peuvent-elles se rapprocher en Asie et devenir limitrophes sans se heurter? Telle n'était point l'opinion de cet esprit éclairé et bienveillant qui représentait naguère la Russie à Paris, feu le prince Orloff. A son avis, la solution des difficultés arrivées aujourd'hui à l'état aigu résidait dans le rapprochement des frontières des deux États et dans le développement de leurs relations commerciales, par l'établissement d'un chemin de fer transcontinental qui serait la voie la plus courte de Londres à Calcutta. Les progrès de la colonisation russe dans l'Asie centrale et l'essor extraordinaire qu'a pris dans ces derniers temps le commerce de la Russie avec l'Inde ne sont-ils pas un acheminement naturel à cette solution pacifique? Malheureusement, la peur ne raisonne point, et si Cobden était encore de ce monde, il pourrait ajouter à sa célèbre brochure des *Trois paniques* une grosse annexe sur la panique de l'Inde. (*Journal des Débats.*)

G. DE MOLINARI.

Adresse de la Société française des Amis de la Paix aux Gouvernements, aux Parlements, à la Presse et à l'opinion du Monde civilisé.

La guerre qui menace d'éclater entre la Grande Bretagne et la Russie serait, de l'aveu de tous, une calamité universelle.

Tous les hommes prévoyants, tous ceux qui ont le souci de la justice et de l'humanité, tous ceux que préoccupent à la fois leur propre sécurité et la prospérité de leur patrie, doivent unir leurs efforts pour en prévenir l'explosion.

Déjà de nombreux appels ont été faits, dans ce but, non seulement à la sagesse des deux grandes nations en cause, mais à celle des autres puissances, manifestement intéressées à ce que la tranquillité du monde ne soit pas de nouveau livrée aux déchaînements de la violence et aux désordres de toute nature qui en peuvent résulter.

La médiation à maintes reprises prévue et solennellement sanctionnée par l'accord unanime des gouvernements européens, l'arbitrage, dont la vertu a été éprouvée dans les circonstances les plus graves (notamment à l'honneur de la Grande-Bretagne, dans la célèbre affaire de l'Alabama), sont les moyens naturellement indiqués pour arriver à une solution satisfaisante.

La Société française des Amis de la paix, d'accord avec les diverses sociétés de la paix des deux mondes, croit de son devoir de les rappeler de nouveau, avec la plus vive insistance, à l'attention de tous les Gouvernements, et à celle des Parlements, de la Presse et de l'opinion.

Elle a décidé, en conséquence, que la présente adresse serait, par les soins de son bureau, envoyée sans retard à toutes les chancelleries, ainsi qu'aux présidents des diverses Assemblées législatives, et que rien ne serait négligé pour lui assurer la plus grande publicité possible.

Le président : Frédéric PASSY, député, membre de l'Institut.
Les vice-présidents : DE GASTÉ, ancien député; BEAUSSIRE, membre de l'Institut; Henri DUMESNIL; Henri GIRAUD, député.
Le secrétaire général : Jules LEVALLOIS.

SOCIÉTÉ D'ÉCONOMIE POLITIQ

RÉUNION DU 5 MAI 1885.

NÉCROLOGIE : MM. Du Mesnil-Marigny et Ch. Lan.
DISCUSSION : La France a-t-elle intérêt à prolonger l'Union mo
OUVRAGES PRÉSENTÉS.

La séance est présidée par M. Léon Say, sénateur, pr
A la réunion assistent, comme invités du bureau, MM.
sénateur italien, Ruau, directeur général des monnaies
M. le président annonce à la Société la perte qu'elle a
la dernière séance, en la personne de deux de ses meml
anciens, MM. Du Mesnil-Marigny et Charles Lan.

M. Du Mesnil-Marigny faisait partie de la Société d'éc
tique depuis 1857. Il assistait fréquemment à ses réunio
un constant intérêt à ses travaux. Il avait donné, du rest
sérieux à la science économique, et avait publié plusieu
qui, tout en soulevant plus d'une objection, n'en tém
moins de l'activité d'un esprit curieux et laborieux.

M. Ch. Lan était directeur de l'École nationale des
teur général des mines, il jouissait d'une haute estime
pacités techniques, et plusieurs grandes Compagnies m
en particulier celle de Commentry, avaient tenu à se l'
comme directeur, soit comme conseil. M. Lan n'était
Il était entré dans le sein de la Société d'économie politi
et, bien que beaucoup de ses collègues n'aient pas
bonne fortune de le rencontrer aux séances mensu
nombre le connaissaient, avaient été à même de l'ap
et n'ont pu apprendre sa mort sans les plus vifs et les
regrets.

M. A. Courtois, secrétaire perpétuel, énumère les
chures parvenus à la Société depuis la précédente réun
après la liste de ces publications.)

M. le président met aux voix le choix de la question
cette séance. La réunion adopte celle-ci, proposée par M
et Léon Say :

LA FRANCE A-T-ELLE INTÉRÊT A PROLONGER L'UNION MONÉTAIRE LATINE ?

M. **Léon Say** prend la parole pour exposer la question et indiquer les points spéciaux à étudier par l'assistance.

Mon confrère M. de Parieu et moi, dit-il, avons pensé que la question de l'argent et du double étalon était trop vaste pour pouvoir être commodément discutée dans une seule soirée ; mais nous avons cru qu'on pouvait en détacher utilement la question de l'Union latine, qui peut être avec beaucoup d'avantages traitée séparément.

C'est d'ailleurs une question pleine d'actualité, car il va s'ouvrir dans quelques semaines, à Paris, une conférence diplomatique, pour décider si l'Union latine doit être liquidée ou si elle doit être prorogée.

L'Union latine date de 1865 ; elle a eu pour but beaucoup plus l'uniformité des types monétaires que la circulation internationale des monnaies. Elle détermine, en effet, le type des monnaies d'or et d'argent qui seules peuvent être frappées ; ce sont les pièces de 5 francs en argent, les pièces de 20 francs, 10 francs et 5 francs en or ; mais elle n'oblige pas les particuliers à recevoir les pièces qui sont étrangères. Les Trésors publics des quatre États : France, Italie, Belgique et Suisse, sont tenus d'accepter, en payement des impôts, toutes les pièces de l'Union, mais l'obligation ne s'étend pas aux particuliers. La fabrication est libre et illimitée, sauf en ce qui concerne les monnaies d'appoint dont chaque État se réserve la fabrication et dont la quantité ne peut dépasser une somme déterminée en rapport avec le nombre des habitants. Plus tard la Grèce adhéra à l'Union et elle en fait aujourd'hui partie intégrante. On n'a prévu d'ailleurs aucun mode de liquidation pour le jour où l'Union viendrait à être dissoute. On ne s'est pas demandé comment les États retireraient des autres pays les pièces qui auraient été fabriquées à leur empreinte. En 1865 c'était l'argent qui baissait par rapport à l'or ; on aurait peut-être pu se demander s'il était nécessaire, de prévoir en cas de liquidation le remboursement de l'or par de l'argent ; mais l'hypothèse contraire, c'est-à-dire le rachat de l'argent, n'est venue à l'esprit d'aucun des négociateurs. C'est une lacune et une lacune très malheureuse. On n'a pas cru non plus, au moment où on a signé la première convention, qu'on dût se préoccuper de la législation intérieure des États contractants en matière de banques, de cours forcé et de papier-monnaie.

Comme le Trésor français était obligé de recevoir les écus italiens, la Banque de France a trouvé naturel de les accepter sans que la loi l'y obligeât, et comme la Banque de France les acceptait sans difficulté, les particuliers ne les refusèrent pas; de là leur circulation dans notre pays à l'égal des monnaies nationales.

En Italie les choses se passèrent autrement, car une loi intérieure avait décidé que les pièces françaises auraient cours légal dans le royaume entre particuliers.

Lorsque l'Italie fut obligée de recourir au papier-monnaie à cours forcé, tous les écus italiens furent naturellement exportés et leur masse vint augmenter l'encaisse de la Banque de France. Un événement monétaire encore plus grave se produisit d'ailleurs bientôt après; le prix de l'argent baissa dans des proportions considérables par rapport au prix de l'or et le rapport de valeur des deux étalons monta rapidement. On essaya de remédier au mal, d'abord en imposant à ceux qui voulaient faire transformer des lingots en pièces, des retards dans la fabrication, retards qui leur faisaient perdre des intérêts et rendaient la transformation onéreuse. Cette méthode se trouva bientôt, la baisse s'étant accentuée, sans aucune efficacité. On put alors diminuer la quantité des espèces frappées et les puissances faisant partie de l'Union fixèrent pour chacune d'entre elles des contingents de fabrication qu'elles s'engagèrent à ne pas dépasser.

On s'occupa alors, — c'était en 1878, — de réformer la convention et quoiqu'elle eût des années encore à durer, on se mit d'accord pour la renouveler à l'avance. C'est en 1878, par le nouveau traité, qu'on prit le parti de supprimer la frappe des écus de 5 francs.

Dans la première Union, celle de 1865, le principe était la liberté de la frappe des pièces de 5 francs d'argent. Il fallait un accord unanime pour restreindre cette liberté.

Dans la seconde Union, celle de 1878, c'est la suppression de la frappe qui est le principe, et c'est pour la reprendre dans telle proportion qu'on juge convenable, que l'accord unanime devient nécessaire. En même temps, comme les Banques de France et de Belgique n'étaient pas astreintes à recevoir les pièces étrangères auxquelles la législation intérieure de la France et de la Belgique n'avait pas donné cours légal, on demanda à ces deux établissements de prendre l'engagement de recevoir les pièces italiennes qui leur seraient présentées; l'engagement fut pris dans les termes dans lesquels il avait été demandé et on le consigna dans un protocole annexé à la nouvelle convention. La France essaya, dans la discussion de 1878, de faire introduire dans le contrat d'union une clause de liquidation, mais l'accord ne put pas s'établir et dans la convention renouvelée, la même lacune se trouva que dans la convention primitive. L'échéance de la nouvelle Union fut fixée au 31 décembre 1885, avec prorogation d'année en année si une des puissances ne la dénonçait pas six mois avant le terme.

La Suisse a dénoncé l'Union, il en résulte que si un nouvel accord n'intervient pas avant la fin de l'année, l'Union cessera de subsister le 1er janvier 1886. Dans ces conditions, il est urgent de se rendre compte de ce qu'il faut faire. L'intérêt de la France est-il de renouveler l'Union ou de la laisser périr?

On ne peut pas nier qu'il y ait un intérêt général pour la France au maintien de l'Union. C'est d'abord le système français qui a prévalu; c'est le franc et non pas la livre sterling ou le marck qui domine dans les quatre États. Si la Belgique adoptait le shilling et l'Italie le marck, ce serait une diminution de prestige politique et commercial. Le franc est un lien de famille entre les pays latins, qu'il faut essayer de ne pas briser. On doit reconnaître en outre que la France, située entre la Belgique, la Suisse et l'Italie, est, par le fait de l'Union monétaire constituée, le banquier intermédiaire obligatoire chargé de liquider toutes les affaires de ces trois pays avec le reste du monde. On se rappelle les discussions qui ont eu lieu à l'Assemblée nationale quand on a surélevé le droit de timbre sur les lettres de change. On craignait alors avec raison que cette mesure fiscale ne détruisît le commerce du change, qui était florissant à Paris. On disait à cette occasion que le marché de Paris était mieux approvisionné de devises étrangères que le marché de Londres lui-même, et on a rappelé qu'à une époque plus ancienne, alors que les négociations en change se faisaient tous les jours à Paris: on ne s'en occupait à Londres que deux ou trois jours par semaine. Les jours de négociations étaient autrefois, à Londres, les jours de l'arrivée et du départ des bateaux, et longtemps après que Londres avait été mis en rapports journaliers avec le continent par des services réguliers, on ne continuait encore à faire des affaires qu'aux dates auxquelles on avait été habitué. Il est donc certain qu'au point de vue des affaires de change et de toutes les opérations qui en sont la conséquence, la France a un intérêt sérieux à rester dans une Union dont elle est le banquier nécessaire. D'un autre côté, en jouant le rôle de banquier, la France s'expose à recevoir les pièces de 5 francs étrangères qui servent à solder la France, qui a soldé les affaires de l'Union, et ces pièces de 5 francs en argent encombrent la réserve de la Banque de France d'une masse d'argent inexportable.

Enfin, les Banques italiennes ne mettent pas, au point de vue de l'acceptation ou au point de vue de la formation de leur encaisse, l'or et l'argent sur un pied d'égalité. Les Banques italiennes reçoivent les pièces françaises de 5 francs en argent pour obéir à la loi qui donné le cours légal en Italie; mais elles ont interprété d' extrêmement subtile cette loi du cours légal. Elles prétendent ne sont obligées de recevoir les pièces françaises en vertu du légal, que si on les leur apporte en payement d'une dette. Elles vent ainsi les pièces de 5 francs françaises des mains débiteurs à l'échéance des effets souscrits par eux; mais tendent avoir le droit de refuser les pièces d'argent françaises elles sont versées à leur caisse en compte courant par quelqu'i ne leur doit rien.

C'est tout le contraire de la règle imposée à la Banque de car ce n'est pas en vertu d'une loi de cours légal, c'est en v engagement formel que la Banque de France reçoit les 5 francs italiennes, et cet engagement ne fait aucune entre les pièces versées en l'acquit de dettes et les pièces v compte courant. Les Banques italiennes sont d'ailleurs prendre des précautions spéciales au sujet des pièces d'argen qu'un décret leur prescrit de constituer leur encaisse de qu'il y ait une proportion d'or de deux tiers au moins, le vant être en argent. Il est certain que la Banque de France pas consentir à prendre vis-à-vis de l'Union renouvelée les engagements qu'autrefois, à moins que l'interprétation italie cours légal ne soit modifiée et à moins que l'obligation de tiers en or ne soit rapportée expressément.

La rupture de l'Union aurait des inconvénients, mais ces in nients seraient beaucoup moins graves pour la France qu l'Italie; cependant, le renouvellement aurait des avantage France pourrait y consentir si l'on insérait dans la nouvelle c tion, d'abord une clause de liquidation, ensuite une garantie le refus des pièces d'argent françaises par les Banques italien enfin une modification dans cette législation sur les Banqu refuse de mettre l'or et l'argent sur un pied d'égalité.

M. **de Parieu** croit que le maintien de l'Union monétaire souscrite sous sa présidence en 1865 ne répond pas seulemen convenances, mais aussi à de véritables nécessités.

Si, dit-il, l'interdiction de la frappe des pièces de 5 francs d a été jugée indispensable en France par l'honorable M. Léo ministre des finances en 1876, cette interdiction produirait-e effets utiles si elle n'était simultanée dans les différents É cette simultanéité peut-elle être assurée autrement que par cord réciproque ?

M. de Parieu pense donc que l'Union monétaire doit être maintenue, sauf à aplanir les petites causes de tiraillement qui ont pu se manifester dans la pratique d'une alliance salutaire.

M. Cernuschi tient à bien établir qu'il n'existe aucun lien entre la question de l'Union latine et la question du bimétallisme. J'ai été et je suis, dit-il, souvent accusé de pousser au mal (le mal ce serait la dissolution de l'Union latine) pour amener forcément le bien (le bimétallisme). Ces accusations n'ont aucun fondement. Quel que soit le sort de l'Union latine, l'avenir du bimétallisme international n'en sera ni rapproché, ni éloigné d'un jour. Que les écus belges et italiens continuent de rester en France, ou qu'ils rentrent chez eux, les bimétallistes n'ont rien à y gagner, rien à y perdre. Si je désire que l'Union latine ne soit pas maintenue, c'est uniquement par esprit de justice. Il n'est pas juste que la France continue à garder comme bonne monnaie la mauvaise monnaie fabriquée par ses voisins.

M. Cernuschi s'adresse ensuite aux monométallistes et leur dit : Vous êtes les ennemis du métal argent et je suis moi, l'ennemi des assignats métalliques, les écus. Nous pouvons donc nous joindre en une action commune pour diminuer le stock argent qui existe en France. La dissolution de l'Union latine délivrera la France de tout l'argent belge et italien (350 millions). Ce sera autant de gagné.

Répondant à M. de Parieu, M. Cernuschi nie que les bimétallistes français comptent sur la dissolution de l'Union latine pour faire retour au monnayage de l'argent en France. Non. Aucun écu ne doit être frappé en France tant que l'Allemagne et l'Angleterre, ou pour le moins l'une d'elles, ne s'entendront pas avec la France et les États-Unis pour l'établissement du bimétallisme international.

M. de Parieu craint à tort que la dissolution de l'Union latine n'expose la France à une invasion d'écus étrangers au cas où soit l'Italie, soit la Belgique, soit la Suisse voudraient fabriquer des écus à nouveau. Est-ce qu'actuellement l'Espagne ne frappe pas des écus? Oui, elle en frappe, mais ces écus, pas plus que les écus de Roumanie, du Vénézuéla, de Serbie, etc., n'ont cours en France. Les caisses publiques et la Banque les refusent; les particuliers le savent bien et les refusent aussi. S'ils en prennent quelques-uns, l'État n'en est pas responsable, comme il n'est pas responsable des quelques pièces d'appoint italiennes qui s'introduisent en France, malgré que ce numéraire ait été mis en 1880 hors de cours. Il n'y a pas à s'occuper de ces minuties.

Il est vrai, comme l'a dit M. Léon Say, que la place de Paris est un

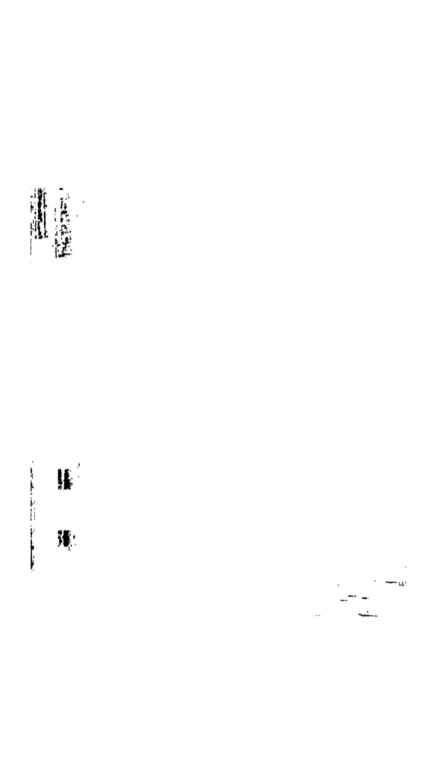

et l'Italie se refuseraient à les reprendre? C'est moralement impossible.

Au 31 décembre 1885, la Belgique et l'Italie se trouveront devoir à la France plus de 350 millions de francs payables en monnaie française ou en or, contre remise de leurs assignats métalliques. Qu'on leur accorde toutes les facilités de payement, l'orateur ne demande pas mieux. Mais qu'on vienne proposer, entre les débiteurs et le créancier, un contrat d'association, c'est inadmissible. On sait d'avance que les écus italiens et belges ne sortiraient jamais de la Banque de France, ne rentreraient jamais chez eux, et on stipulerait un nouveau pacte de soi-disant circulation réciproque? Où serait le bon sens? Où serait l'équité? Y a-t-il un banquier qui signerait un contrat semblable, y a-t-il un notaire qui en de circonstances pareilles oserait le rédiger?

L'État italien doit recevoir, des deux grandes compagnies de chemins de fer qui viennent de se constituer, 265 millions de francs pour prix du matériel roulant à elles cédé par le gouvernement. C'est en France qu'on viendra émettre des obligations pour réaliser cette somme. L'occasion arrive bien pour la liquidation des écus. On payera les obligations avec les écus italiens qu'on enverra en Italie. Mais il faudra fermer tout de suite la porte derrière eux; sans cela ils reviendraient immédiatement. Et pour que la porte reste fermée, il est indispensable que les écus étrangers ne soient plus reçus en France, ni par les caisses publiques, ni par la Banque, ce qui revient à dire qu'il ne faut pas renouveler la convention.

Quant à la Belgique, qui a toujours déclaré que l'Italie est tenue de reprendre ses écus, elle ne pourra pas se refuser elle-même à reprendre les siens, et sur ce point, M. Cernuschi s'en réfère à sa brochure : *le Monométallisme bossu*, qui vient d'être distribuée aux membres présents à la séance.

M. A. Pierantoni, membre du Sénat italien, invité par M. le président à donner son avis sur la question monétaire au point de vue de l'Italie, proteste de la bonne foi de son pays et du vif désir de sa patrie de payer ses dettes, quelles qu'elles soient. Il fait remarquer, du reste, que jusqu'à nouvel ordre, jusqu'à ce que la question de la liquidation monétaire ait été tranchée, l'Italie ne doit pas être mise en cause ni suspectée de mauvais vouloir. Mais, en attendant, il fait, lui personnellement, des vœux pour que l'Union soit maintenue, car il voit toujours là un mode de groupement des races latines qu'il désire beaucoup voir durer.

M. A. Monteaux estime que les pays engagés dans l'Union moné-

taire, et en particulier la France, ont fait preuve de la pl
rable imprévoyance en ne songeant pas à ce qui se passera
piration de la convention.

Il est vraiment regrettable que l'état de choses existant a
à encombrer la Banque de France de plus de 300 millions
en monnaies dépréciées belges et italiennes sur lesquelles i
une perte de 50 ou 60 millions, si les pays d'origine ne
obligés de reprendre ces pièces.

L'Union latine a été une chose fatale, une duperie pour la
et si l'on négocie de nouveau, ce ne doit être que pour régle
et les conditions de la liquidation à intervenir.

M. **de Gasté** est d'avis que le meilleur parti serait de re
l'Union monétaire en complétant à l'amiable les dispositio
nues insuffisantes. Chaque État doit être reconnu respons
pièces par lui frappées.

M. **Clément-Juglar** fait remarquer que, en indiquant le
du renouvellement de la convention de 1865, M. Cernuschi
aux monométallistes un appui sur lequel ils ne pouvaient pas
en effet, c'est déjà abandonner un commencement d'enten
culer le moment de l'application du 15 1/2 universel.

Pourquoi la circulation métallique ne se rencontre-t-elle
tous les peuples de l'univers ? Pourquoi ceux qui en jouissen
en petit nombre et forment-ils exception ?

Parce que tous les peuples ne sont pas assez riches pour
une monnaie métallique ; la plupart se contentent d'une ci
de papier, c'est-à dire de promesse de payer : c'est le crédit
que l'on met en circulation.

Dans ces cas, quelle que soit sa solvabilité probable, i
que le papier circule au pair avec les métaux précieux,
ceux-ci, trouvant un meilleur prix au dehors, sont exporté
pays où ils ne redoutent pas la concurrence du papier ; en
ce qui arrive pour le papier arrive aussi pour les métaux, i
jamais en circulation dans l'intérieur d'un pays que la monn
la moindre valeur, que ce soit du papier, de l'argent ou de l

Mais comment reconnaître chaque jour cette valeur du
du métal ? D'une manière bien simple : en consultant les
changes sur les divers pays.

Il y a donc des villes où les affaires se sont concentrées
ces places de change dont M. Léon Say a indiqué l'in
et les avantages pour la ville où elles attirent un grand nom

faires. Mais ces avantages ne sont pas sans entraîner bien des charges. Puisque les métaux précieux se déplacent selon le cours du change, il faut donc concentrer sur ces places de grands réservoirs où l'on peut puiser ou verser des métaux précieux selon les besoins. Ces réservoirs, ce sont les encaisses des banques dont le niveau varie sans cesse. En temps ordinaire, ces variations sont sans danger; mais aux époques de crise les espèces s'écoulent avec une telle rapidité pour compenser les opérations engagées sur les places étrangères, que la circulation fiduciaire serait compromise si on ne se hâtait d'arrêter le départ des espèces, de les rappeler même dans les encaisses des banques par la hausse du taux de l'escompte.

Il s'agit donc de maintenir cet encaisse qui est le pivot et la base de notre crédit. Or, par suite de la convention de 1865, si notre pays est devenu une plus grande place de change, tout le papier et tout le métal ont une tendance à y affluer. Malheureusement, depuis longtemps déjà, les deux métaux or et argent ne circulent plus au pair, et on oublie toujours qu'ils n'ont *jamais circulé* dans ces *conditions* que pendant de *courtes périodes*. Les nations faisant partie de l'Union se sont donc empressées de nous expédier tout l'argent qui n'était pas nécessaire pour les opérations au comptant de chaque jour et elles ont gardé l'or; bien plus, par des opérations de trésorerie, par des emprunts, elles nous en ont retiré.

Aujourd'hui, notre encaisse à la Banque de France, sur un total apparent de deux milliards, ne se compose plus que de un milliard d'or et un milliard d'argent déprécié de 20 0/0 !

L'Italie a été réduite à suspendre les payements en espèces, et pendant le cours forcé, tout ce qui restait d'argent est venu se réfugier en France; pendant cette période critique, les cours du change ont indiqué chaque jour quelle était la dépréciation du papier. Par une conduite prudente, l'Italie n'a pas abusé de l'émission des billets à cours forcé; ses principaux besoins satisfaits, elle s'est arrêtée; puis, peu à peu, avec le développement des affaires et la hausse des prix qu'amène toujours l'émission du papier, la dépréciation a diminué et on s'est rapproché du pair. Pour rétablir la circulation métallique, il fallait contracter un emprunt. On chercha d'abord à l'émettre en France; mais, montrant déjà sa préférence pour l'or, l'Italie avait introduit une clause par laquelle les payements devaient se faire les deux tiers en or et un tiers en argent.

Les banquiers français n'ayant pas accepté cette condition, la souscription fut portée à Londres, quoique ce fût le marché de Paris qui livrât la plus grande partie du métal. Cet or, produit de la souscription, fut soigneusement emmagasiné dans les encaisses des

cette question que tous les théoriciens, et sont naturellement bi-métallistes ou partisans du double étalon.

L'or et l'argent sont monnaie de droit naturel et éternels, comme l'a dit M. Cernuschi, par leurs qualités propres et exceptionnelles, et non parce que les hommes l'ont ainsi décrété; mais les hommes n'ont pas non plus le droit de fixer un rapport immuable de *quinze et demi universel*, entre la valeur de l'or et celle de l'argent. Ce rapport varie sans cesse, comme varie le prix de toute marchandise, et l'or et l'argent sont avant tout des marchandises. On le voit bien quand on exploite des mines d'argent. Aujourd'hui que l'argent a baissé de 20 0/0, parce que l'Union latine en a altéré l'alliage dans la monnaie divisionnaire; parce qu'elle l'a en quelque sorte démonétisé, et qu'on ne peut plus vendre de lingots d'argent comme naguère, et en tirer de la monnaie, bien des mines d'argent, en Italie, par exemple, ont été obligées de fermer.

On dit que l'or est la monnaie des pays riches, et l'argent celle des pays pauvres, et que nous devons donner la préférence à l'or; mais n'oublions pas que les pays pauvres sont en majorité, et que si les peuples qui préfèrent ou préféreraient l'or sont au nombre de 400 millions, ceux qui ne trafiquent encore qu'avec l'argent, et rien que l'argent, sont au nombre de plus de 800 millions. L'Inde a 255 millions d'habitants; la Chine, y compris la Corée et le Japon, 400 millions; l'Indo-Chine, l'Asie centrale, les républiques espagnoles de l'Amérique, l'Afrique, sauf celle du Sud, comptent pour plus de 50 millions, et tous ces pays ne connaissent que l'argent.

C'est pourquoi l'orateur est du même avis que M. de Soubeyran, dans le discours qu'il a prononcé dernièrement à la Chambre des députés, qu'il faut reprendre la frappe de l'argent et qu'on arrêtera ainsi la crise économique, qui provient en partie de la crise monétaire qu'a suscitée la suspension de la frappe de l'argent depuis 1878.

M. le Dr Broch pense que l'Union monétaire a produit beaucoup de conséquences utiles, quand ce ne serait qu'en réalisant entre les États contractants, entre les nations latines, l'unité de monnaie, l'unité de comptes pour le commerce. Les négociants n'ont pas besoin ainsi de se livrer à des calculs incessants pour traduire les mercuriales des divers pays et faire les supputations indispensables aux affaires.

Cette Union monétaire a offert aussi des avantages considérables au grand commerce, à la navigation internationale. Elle a favorisé le développement des opérations de banque, spécialement en France, la fondation d'entrepôts importants, etc.

Malheureusement, ces avantages ont été compensés par plus d'un inconvénient, et particulièrement par le cours forcé donné aux petites monnaies, même au regard du petit commerce, et les monnaies inférieures sont devenues de véritables assignats métalliques.

Quant à la question de la liquidation des espèces en argent à l' piration de la convention, M. Broch la tranche aisément en que, à son avis, c'est un devoir, un devoir d'honneur, un de pour chacun des pays contractants, de reprendre alors les frappées et mises par lui dans la circulation. Et il rappelle entre la Suède et la Norvège, d'une part, et le Danemark, d' part, s'est opérée naguère, sans difficulté aucune, une liquidation même genre, à laquelle ce dernier pays s'est loyalement résigné, bien que la mesure fût pour lui aussi désagréable qu'onéreuse. Voilà, ajoute M. Broch, un précédent, et l'on sait que les précédents, en droit international, ont encore une certaine valeur.

M. **Léon Say** fait remarquer que ce serait là une question à traiter par la diplomatie, au cas où nulle disposition positive, — ce qui est le cas actuellement, — ne règlerait ce point de la liquidation. Or, si l'on se trouve en présence d'une nation animée de mauvais vouloir, comment l'obliger à reconnaître son devoir et à le remplir. En pareilles matières, les précédents sont de bien peu de poids.

M. **Th. Ducrocq** se déclare partisan du principe des conventions monétaires comme des traités de commerce, et croit à l'utilité du renouvellement de l'Union monétaire dite latine. Il en donne trois motifs :

1° Les conventions monétaires de 1865 et 1878 lui apparaissent comme un premier pas, en ce qui concerne les monnaies, vers l'unification des poids, mesures et monnaies, qui est une grande idée économique et civilisatrice, que l'avenir, malgré les obstacles actuellement existants, verra se développer. Il en voit des applications, même en dehors des conventions, par la frappe qui s'est produite en Autriche-Hongrie et en Suède de pièces d'or au type français, portant l'indication de leur valeur en francs. Les conventions sont de nature à maintenir, encourager et fortifier d'aussi heureuses tendances.

2° Par les conventions monétaires, la France est mieux armée contre l'abus de la frappe des pièces d'argent similaires aux siennes : par la limitation à 6 francs par tête d'habitant pour les pièces divisionnaires, et par les limitations ou interdictions de frappe en ce qui concerne les pièces de 5 francs; c'est en outre la seule garantie contre le péril d'un abaissement de titre plus considérable en ce qui concerne les pièces divisionnaires par des États voisins ; il ne faut pas oublier qu'en 1865 c'est l'abaissement à 800 millièmes des pièces divisionnaires suisses et italiennes qui a forcé la France à traiter sur la base du titre de 835 millièmes pour toutes les pièces divisionnaires après un partiel et insuffisant essai en 1864.

3° M. Th. Ducrocq tient à l'union monétaire en raison de la clause qui donne à chacun des États de l'union le droit de s'opposer à la reprise de la frappe de pièces de 5 francs argent dans tous les autres. C'est, pour lui, la plus efficace des garanties contre le péril de la reprise de la fabrication de la monnaie d'argent, déjà demandée, et à laquelle les pouvoirs publics pourraient céder si la convention n'enchaînait pas à la fois leur liberté et celle des pouvoirs publics des autres États. Partisan avéré de l'unité d'étalon d'or, l'orateur voit dans la règle actuelle dont il sollicite le maintien une partie des avantages du système de l'unité d'étalon monétaire et un acheminement vers les autres; aussi n'est-il pas surpris de constater que ce sont surtout les partisans du double étalon qui attaquent le régime des conventions et en demandent la suppression.

Mais M. Th. Ducrocq ajoute que, tout en concluant pour ces trois causes dans le sens du renouvellement de la convention monétaire, il juge nécessaire d'y introduire trois sortes de stipulations nouvelles. La première est relative à la liquidation finale, en cas de non renouvellement futur, sur la base du principe d'équité que chaque État, en reprenant les pièces par lui émises, rendra les autres États complètement indemnes de tout préjudice provenant de l'admission de ses monnaies. Ce principe de haute justice s'impose et s'il n'a pas été formulé en 1865 et 1878, c'est qu'il a été considéré comme allant de soi par toutes les puissances contractantes ; il est utile désormais, puisqu'un doute sans fondement a pu être produit, d'insérer dans la convention nouvelle une clause formelle. La seconde stipulation désirable doit avoir pour résultat de sauvegarder les États contractants contre l'introduction dans l'un d'eux du papier-monnaie, absolument inconciliable avec le principe même de l'union monétaire. La troisième stipulation que M. Th. Ducrocq désirerait voir écrire dans la nouvelle convention est relative au cours international des monnaies d'or de l'Union dans tous les États qui la composent ; dès le mois d'août 1883, il a soulevé cette question à propos d'un arrêt de la Cour de cassation, et exprimé ce vœu dans le Recueil périodique de Dalloz, et au Congrès de Rouen de l'Association française pour l'avancement des sciences ; il maintient à cet égard toutes les conclusions qu'il a formulées dans ces deux publications.

M. E. **Levasseur**, qui n'a plus le temps de prendre cause de l'heure avancée, tient cependant à dire qu'il est maintien de l'Union monétaire latine. Il voudrait pourtan la nouvelle convention à intervenir, on introduisit certa de sauvegarde, de nature à empêcher que tel ou tel É dupe de la situation financière des autres contractants.

La séance est levée à onze heures trente-cinq.

Le Rédacteur du Compte rendu : CHARLE

OUVRAGES PRÉSENTÉS.

Le pacte de famine. L'administration du commerce, par LAY [1].

La production agricole en France, par LOUIS GRANDEAU [2].

Extrait du compte rendu sténographique du Congrès i pour l'unification des poids, mesures et monnaies, en 18 M. ALPH. COURTOIS fils [3].

Les conditions sociales du bonheur et de la force, par ADO 3e éd.

YVES GUYOT. *Lettres sur la politique coloniale* [5].

Discours prononcé par M. ÉDOUARD MILLAUD, au Sénat, 1885. *Discussion de la proposition de loi portant modificat général des douanes* [6].

L'interpellation monétaire du 7 mars 1885, par E. DE PAR

Le traité de commerce franco-américain. Campagnes Unis et en France, par LÉON CHOTTEAU, ex-délégué en 1878-1885 [8].

Le monométallisme bossu, faisant suite aux assignats par HENRI CERNUSCHI [9].

---

[1] *Paris*, Guillaumin et Ce, 1885, in-8.
[2] *Paris*, Berger-Levrault et Ce, 1885, in-8.
[3] *Paris*, impr. Nationale, 1885, in-8.
[4] *Paris*, F. Alcan, 1885, in-18.
[5] *Paris*, Reinwald, 1885, in-18.
[6] *Paris*, imp. du *Journal officiel*, 1885, in-8.
[7] *Paris*, Guillaumin et Ce, 1885, in-8.
[8] *Paris*, Guillaumin et Ce, avril 1885, in-4.
[9] *Paris*, Guillaumin et Ce, 1885, in-8.

SOCIÉTÉ DE STATISTIQUE DE PARIS

RÉUNION DU 15 AVRIL 1885.

ADMISSION DE NOUVEAUX MEMBRES.
COMMUNICATION : L'heure décimale au point de vue pratique.
DISCUSSION : Ce que les colonies coûtent et ce qu'elles rapportent à la métropole.

La réunion est présidée par M. de Foville, vice-président, en l'absence de M. Léon Say, président.

L'assemblée procède à l'admission de membres nouveaux.

Sont élus membres *titulaires*, MM. Michelot, chef de bureau au ministère des travaux publics; Fougerousse, publiciste.

Sont nommés membres *associés* à titre étranger, MM. le baron de Czœrnig, conseiller intime de S. M. l'Empereur d'Autriche; Nagayo-Sensai, directeur du Bureau sanitaire du Japon.

Est nommé membre *correspondant*, au titre français, M. E. de Chastellux, ancien sous-préfet.

S. M. Don Pedro, empereur du Brésil, est élu membre d'honneur et associé, à titre étranger, de la Société de statistique de Paris.

M. T. Loua, secrétaire général, fait un compte rendu sommaire des publications reçues par la Société depuis sa dernière réunion.

M. *Carl Busch* donne lecture d'une communication relative à l'*Heure décimale au point de vue pratique*. On sait que le ministre de l'instruction publique vient précisément de nommer une commission spéciale chargée d'étudier ce sujet.

L'ordre du jour appelle la discussion de la question coloniale telle qu'elle a été formulée en dernier lieu : *Ce que les colonies coûtent et ce qu'elles rapportent à la métropole*.

La parole est à M. *Yves Guyot*. Devant le mouvement qui se produit aujourd'hui et contre lequel il veut réagir, il craint, dit-il, de se trouver en contradiction avec bien des personnes, mais il ne s'appuiera que sur des faits.

Les partisans de la politique coloniale déclarent que son principal but est de multiplier les Français sur tous les points du globe et, avec eux, la langue, les idées, la civilisation françaises. Il s'agit de savoir si cette expansion est possible.

Que l'on consulte la carte des climats du Dr Rochard : c'est dans la zone torride que, à l'exception de la Nouvelle-Calédonie, de l'Algérie et d'au-

tres petites colonies sans importance, se trouvent la plupart
de la France.

Ce climat est funeste surtout aux Européens, et les malad
graves y règnent à l'état endémique; déjà graves pour les
elles déciment les étrangers. Partout, en effet, si l'on s'en ra
statistiques, la mortalité est effrayante, et les décès l'empor
naissances dans une forte proportion.

M. Guyot cite de nombreux exemples à cet égard et est an
prouver que le Français, pas plus du reste que l'Anglais, ne
climater sous ce soleil de feu.

Reste l'Algérie; elle est à quarante heures de Marseille, et
à l'origine que rien n'empêchait d'y déverser le surplus de n
lation. Or, les faits n'ont pas répondu à ces prévisions, et
des efforts, on n'a pu faire que la colonisation s'y établit soli
il y a de l'eau on meurt de la fièvre, où il n'y en a pas on m
sère. En définitive, après plus de cinquante ans de possession
sant la population indigène, les étrangers, l'armée coloniale
tionnaires, etc., les débitants de boissons et autres métiers
on a abouti à faire vivre en Algérie 100.000 Français, sur les
compte pas plus de 30.000 colons proprement dits. En divi
chiffre d'une famille peu prolifique, on aboutit à ce résultat
en Algérie que 25.000 Français producteurs. Or, comme l'arm
viron 50.000 hommes en moyenne, on a raison de dire que ch
est gardé par deux soldats. Il est vrai que le Français peut se
en Algérie, et que le chiffre des naissances y est proportio
plus élevé qu'en France, mais c'est au prix d'une grande mor
fants. Nos méridionaux peuvent y faire souche, ainsi que les
les Espagnols, et ceux-ci encore mieux. Aussi a-t-on pu dir
gérie est plutôt étrangère que française.

C'est que, comme l'a démontré le Dr Bertillon, l'homme n'e
cosmopolite qu'on l'imagine. Il peut s'acclimater sous les n
tudes, il ne le peut quand il descend dans des latitudes éloign

Voilà quelle a été l'influence de nos colonies sur l'expansion
Sont-elles plus favorables à nos débouchés?

Que l'on consulte le tableau général de notre commerce exté
1883. Sur un total d'exportation de 3.500 millions, — il s'ag
tendu ici du commerce spécial, — nos colonies figurent pou
lions; or, nous exportons en Suisse, dans ce petit pays, pou
lions, soit plus que dans toutes nos colonies ensemble. Et enc
grande partie de cette importation aux colonies est-elle dest
fonctionnaires, alimentés déjà sur les fonds du budget.

En résumé, dit M. Yves Guyot, au lieu d'essayer, comme

à force de sobriété, résistent à ce climat ; ceux-là font sou enfants finissent par s'acclimater, surtout si l'on a soin de vers l'âge de la puberté, reprendre pied au pays d'origine rents. Ils en reviennent alors plus forts et en état de rési que font les Anglais dans l'Inde, et c'est de la sorte que s'est peu à peu peuplée d'Européens.

On peut tirer des chiffres mêmes qu'a reproduits M. Guy de cette assertion. Il a dit que dans toutes nos colonies, il dent de décès sur les naissances, sauf à la Martinique où l sont en excédent et à la Réunion, où les naissances et les lancent. Qu'est-ce que cela prouve? C'est que ces colon situées au milieu de la zone torride, sont occupées par depuis deux siècles, de sorte que la race française a eu le acclimater et de faire souche, ce qu'elle ne saurait faire d nies plus récentes.

Est-il besoin de rappeler ici que toute la partie de l'Amé qui est comprise dans la zone torride, Équateur, Colombi Pérou, sont d'anciennes colonies espagnoles, aujourd'hui pe ropéens et de descendants d'Européens, dont les génération depuis plus de trois siècles se sont bien acclimatées et ont stituer des États indépendants dont la population augme proportions à peu près normales.

Il y a d'ailleurs un grand fait qui domine cette question ; rience séculaire des nations qui se sont succédé dans le peuple qui a une partie de son pays bordé par la mer a tou des colonies. Ainsi les Phéniciens, les Grecs, les Carthagin que par leurs colonies. C'était pour eux une question de vie Aujourd'hui, nous voyons l'Angleterre se vouer à la coloni conserver l'Inde, l'Angleterre, on n'en saurait douter, sacrif son dernier homme, jusqu'à son dernier canon.

Ce besoin s'impose à des degrés divers à tous les états C'est dans les colonies seules qu'on trouvera les matières pı la métropole ne produit pas, et de plus la main-d'œ marché.

M. le Dr *Lunier* croit, avec M. Desprès, que l'acclimata affaire de temps. Il fait observer ensuite que quand on mesu lité par l'excédent des naissances sur les décès, le rapport n à fait juste, car il résulte non moins de l'excédent des d déficits des naissances, et, dans les colonies la population m ralement très prépondérante, les femmes y sont rares, et mariages. D'où résulte une faible natalité.

Sans être partisan du système colonial à coups de canon

croit la colonisation nécessaire, et elle produira ses fruits lorsqu'on aura réorganisé sur de meilleures bases le choix de nos consuls.

M. *Yves Guyot* ne conteste pas que quelques créoles aient pu se maintenir aux colonies et y faire souche, à la condition d'envoyer leurs enfants se retremper en Europe; mais est-ce là de l'acclimatement? Quelques personnes ont pensé qu'on pourrait corriger le climat tropical en s'élevant à une grande altitude. C'est là un palliatif insuffisant et précaire qu'on ne peut prendre que comme pis-aller, mais qui ne remplace pas le séjour dans les régions tempérées.

Relativement à la proportion entre les deux sexes, il est bien vrai que dans certaines colonies où l'on a importé des coolies, comme à la Réunion, il y a plus d'hommes que de femmes ; mais c'est une preuve que dans ces pays il n'y a qu'une population factice.

Tandis que nous essayons de créer des courants d'émigration à grands frais, il y en a qui s'établissent spontanément. Les individus démontrent une fois encore qu'ils ont plus de sagesse que l'État. Ils ne vont pas dans le climat torride, ils vont au Canada, aux États-Unis, et les Français du Sud-Ouest vont retrouver leur climat dans la République Argentine, à laquelle nous vendons pour 105 millions, c'est-à-dire beaucoup plus que ne nous en prennent, Algérie à part, toutes nos colonies.

On parle d'avantages indirects. Il est vrai que l'Angleterre a un grand commerce avec ses colonies, mais c'est tout le contraire pour l'Espagne, dont le commerce avec ses colonies est insignifiant par rapport avec celui que l'Angleterre fait avec elles.

Il en est de même du commerce de nos propres colonies, et pourquoi? C'est que l'Angleterre vendant à meilleur marché, les fonctionnaires que nous y envoyons à grands frais deviennent ses clients.

La loi de 1861, le sénatus-consulte de 1866, avaient donné aux colonies leur autonomie douanière. Elles avaient supprimé leurs douanes et les avaient remplacées par un octroi de mer purement fiscal qui frappait également tous les produits. Voilà maintenant qu'on semble devoir rétablir le pacte colonial qui faisait des colonies un marché réservé exclusivement à la métropole. Ce système était leur ruine, dit en concluant M. Yves Guyot, et c'est leur ruine qu'on prépare de nouveau par ces mesures rétrogrades.

COMPTES RENDUS

WHARTON SCHOOL ANNALS OF POLITICAL SCIENCE (Annales de science politique de l'école Wharton), numéro de mars 1885. Philadelphie. Brochure in-8.

Cette brochure est le premier numéro d'une revue entreprise par les professeurs et les élèves de l'école Wharton, l'un des établissements d'instruction les plus remarquables de Philadelphie. On y rencontre des travaux qui méritent d'être signalés et le programme des cours de l'école.

Sur les cinq articles que contient ce recueil, quatre ont pour auteurs des professeurs et le cinquième (sur les impôts au Japon) a été fourni par un Japonais, élève de l'école. Il est difficile de juger exactement sur cet échantillon la valeur de l'enseignement donné aux étudiants sur la science politique.

Ce qui est surprenant pour nous, Français, c'est de voir qu'il existe aux États-Unis un enseignement positif de science politique. Quel éclat de rire n'accueillerait pas celui qui proposerait d'introduire chez nous un enseignement de ce genre! Quoi! la politique peut faire l'objet d'une science et cette science peut donner la matière de cours qui durent quatre ans!

Oui, tout cela est possible et existe aux États-Unis, à Philadelphie, dont les habitants ont la réputation de gens positifs et sensés. Cet enseignement, en effet, dans lequel la théorie trouve sa place, nous semble assez positif. On peut en juger par les articles que contient ce recueil, tous écrits simplement avec connaissance du sujet traité.

Le premier raconte les changements survenus dans l'habitation des gens du Nord, de l'ère chrétienne à nos jours. Nous y avons remarqué surtout l'exposition des changements causés par l'introduction de la cheminée, exposition qui témoigne d'une habitude de penser vraiment scientifique.

L'article sur l'origine et les causes des prix est moins heureux. L'auteur connaît bien son sujet, mais il a cédé à la mode du jour qui consiste à traiter avec dédain les formules de la science et à chercher à les éluder. Il rappelle, d'après Sumner Maine, que dans les communautés de village de l'Inde, il y a deux sortes de prix, et soutient que, dans nos pays mêmes, les opérations de la spéculation, marchés à livrer et accaparement, altèrent momentanément les prix. Il oublie que tous les phénomènes signalés par lui ont été relevés et constatés, et que, du reste, les marchés à livrer rentrent, tout aussi bien que les marchés au comptant et en même temps que ceux-ci, dans la formule de l'offre et de la demande. Il oublie enfin que la science tient compte de l'accaparement et de l'ignorance du marché, qu'elle classe au premier rang des causes perturbatrices.

Les trois autres articles sont des expositions de faits intéressants mais locaux, de bonnes pages d'histoire sur la législation économique de l'État de Pensylvanie, sur la première législation territoriale des colonies de l'Amérique du nord et sur les finances du Japon.

La lecture de cette brochure nous laisse une impression très nette. L'école qui la publie, fondée par un particulier, répand un enseignement à peu près ignoré en France et elle a réussi. Cet enseignement, établi sur une vue fort exacte des choses humaines, est très rationnel et n'aurait pas chez nous le moindre succès aujourd'hui.

COURCELLE-SENEUIL.

L'IMPÔT SUR LE PAIN. LA RÉACTION PROTECTIONNISTE ET LES RÉSULTATS DES TRAITÉS DE COMMERCE, par E. FOURNIER DE FLAIX. Paris, Guillaumin et Ce. Pedone-Lauriel, 1885.

M. Fournier de Flaix est un infatigable. Dans une note placée en tête du volume, il ne nous promet pas moins de cinq volumes pour la présente année 1885. Or, si nous comptons bien, celui-ci nous arrivant bon premier cela fera six. Une pareille fécondité pourrait être dangereuse, hâtons-nous de dire qu'avec lui elle l'est si peu qu'elle se change en bonne fortune. En parcourant son dernier né, en effet, on y trouve une foule d'aperçus nombreux et variés sur tout ce qui, de près ou de loin, peut servir à faire la lumière sur un sujet si brûlant, si passionnant. L'auteur est un convaincu, il emploie même parfois dans la discussion la phrase alerte et incisive du polémiste, ce qui n'a, ici, d'autre effet que d'en rendre la lecture moins aride et moins *ennuyeuse*, disons le mot, puisque telle paraît être la principale qualité de la littérature économique. Gageons que si M. Thiers pouvait lire ce livre il retirerait son mot méchant, bien qu'il s'y trouve assez malmené personnellement. Pourrait-on reprocher à l'auteur d'avoir trop étendu le cercle de ses investigations? d'être allé quérir ses preuves dans les domaines les plus étrangers en apparence à la calme étude de la crise agricole et des droits de douane? d'avoir trouvé à parler du socialisme, de la crise financière de 1882, d'avoir consacré un tiers du volume à nous détailler les différents éléments de la richesse publique en France et à l'étranger? et même d'avoir fait de la politique? Nous ne le pensons pas. La question des subsistances a acquis aujourd'hui une importance telle qu'on ne saurait négliger aucun élément d'information, quelque minime qu'il puisse être. D'ailleurs, tous les renseignements sont empruntés aux sources les plus irréfutables et aux meilleures statistiques françaises et

étrangères. Les citations, les tableaux de chiffres sont tellemer
pliés que l'auteur a l'air de nous dire : « Comparez et concl
même ». Nous aurions aimé cependant une critique plus pe
parfois; les tarifs de douanes, la crise agricole ne consistent p
ment dans une étude de chiffres, il y a aussi un élément mor
influence de milieu qui doivent être pris en sérieuse considérat
qu'il en soit, parmi les nombreux travaux qui ont été publiés
sion de la revision des droits sur les céréales et le bétail, ce
certainement l'un des plus attachants, et, ce qui vaut mieux,
plus probants. On ne peut regretter qu'une chose, c'est qu'il
un peu tard apporter sa part de résistance à l'irrésistible entr
qui a emporté nos chambres à voter des lois de réaction.

Voyons les faits, maintenant que nous avons jugé la méthod
« Pour certains intérêts privés, implacables dans leurs convo
questions économiques ne sont jamais résolues. Ils sont toujou
de pied en cap prêts à renouveler la lutte, car ils n'ont rien à
beaucoup à gagner. Sont-ils battus? ils n'en continuent pas
jouir des avantages d'une situation qui a le monopole pour fo
notamment les propriétaires de mines de houille, de terres à
terres à blé, de terres à colza, de terres à lin. Sont-ils vainq
décuplent ces fortunes gigantesques qu'ils sont aussi habiles à
qu'à accroître. » On devine aisément qu'il s'agit ici de nos pr
nistes du nord. C'est de cette donnée que peuvent se déduire
développements que l'auteur a fournis à son sujet. Après avoi
tice de ce sophisme si pernicieux et qui a été l'un des argume
ris des protectionnistes au cours des dernières discussions, qui
à dire que les droits de douane restent sans influence sur le
matières alimentaires, il établit que la hausse du prix du pai
fitera qu'à une infime minorité de producteurs, et qu'elle aura
d'aggraver considérablement les conditions d'existence de
28 millions de consommateurs français, parmi lesquels les d
de la fortune sont évidemment la grande majorité. Et cela n'e
ment désirable, car la richesse dans une nation « ne consiste n
dans quelques grosses fortunes ou dans le superflu de quelque
mais dans l'aisance de toutes. »

Par les arguments les plus divers, M. Fournier de Flaix prou
que l'accroissement du coût de la vie n'est pas nécessairement
par un accroissement de la rémunération du travail ainsi que
les physiocrates et quelques économistes, Ricardo et Malthus
ment. Par suite, l'impôt sur les subsistances ne paralyse pas s
les épargnes de l'ouvrier, il peut aussi, en amoindrissant la q
la qualité de son alimentation et celle de ses enfants, altérer se

diminuer son salaire, substituer dans son foyer la gêne à l'aisance, la maladie à la santé, la mauvaise conduite, fruit de la misère, à la vie régulière, résultat de l'aisance (p. 108). L'effet inverse est donc de toute logique, aussi trouvons-nous à la suite la démonstration des progrès de la richesse et spécialement de l'amélioration des classes laborieuses sous le régime de l'absence des droits à l'importation des subsistances, en Angleterre d'abord, — à tout seigneur tout honneur, — en France ensuite, et, sous l'influence de ces deux nations, dans les États voisins.

Abordant l'étude de la crise agricole, l'auteur conclut, comme l'ont fait, dans ces derniers temps, à peu près tous ceux qui s'en sont occupés, que les plaintes ont été plus grandes que le mal et surtout que la somnolence des agriculteurs, en face des progrès qui s'accomplissent autour d'eux, en est la première cause; mais il reconnaît l'existence d'une crise foncière, c'est-à-dire affectant la propriété rurale et non l'industrie agricole. « Une modification légitime d'impôt suffira pour celle-là. » Quelle est cette modification? « C'est de réduire à 2 0/0, sans décimes, les droits de mutation à titre onéreux de la propriété rurale non bâtie, y compris le droit de transcription, et de diminuer de moitié les tarifs des honoraires des notaires et des avoués pour ventes et adjudications. Les constitutions de crédit et d'hypothèque seraient faites au droit de 0 fr. 25 0/0, ainsi que les libérations. » Quant aux droits sur les blés, il ne saurait en être question évidemment.

Nous pensons avec M. Fournier de Flaix que la réduction dans une très forte proportion des droits de mutation apporterait une réelle amélioration à la situation de la propriété foncière. Mais à côté de la possession du sol, son exploitation exige un prompt et énergique renouvellement dans l'outillage et dans les méthodes que, suivant nous, il n'a pas assez mis en lumière.

Telles sont, sous bénéfice de ces réserves, rapidement résumées, les doctrines de *l'Impôt sur le pain* au cours desquelles l'auteur en arrive à se poser les plus graves problèmes concernant la propriété, spécialement au point de vue du monopole et de la plus-value dont jouissent les propriétaires, et à se demander si on ne pousse pas les classes pauvres au socialisme en aggravant leur condition. Alors même qu'on serait d'un avis différent du sien sur ces questions brûlantes, on n'en lirait pas moins avec un intérêt extrême tout ce qu'il écrit. Son livre se distingue d'autre part encore par une riche érudition et une connaissance approfondie des physiocrates, chose assez rare parmi les économistes modernes. Il ne nous reste qu'à souhaiter que tous ses autres ouvrages annoncés soient aussi bien faits que celui-ci.

François Bernard.

PRIMI ELEMENTI DI ECONOMIA POLITICA di Luigi Cossa, professore all'Università di Pavia. 7e édit. 1 vol. in-16. Milano, Ulrico Hoepli.

Voici un excellent petit traité d'économie politique. Depuis qu'il a paru pour la première fois, il a eu sept éditions, et je ne crois pas pourtant qu'il ait été l'objet d'aucun compte rendu en français. Du reste, on peut dire d'une façon générale que les économistes italiens ne sont pas suffisamment connus en France : ce n'est pas leur faute, mais la nôtre. Nous trouverions cependant beaucoup de profit à les mieux connaître, car l'Italie est peut-être de tous les pays d'Europe celui dans lequel les études économiques ont été le plus en honneur depuis une quinzaine d'années, et ces études n'ont certainement pas été étrangères à cette renaissance politique et financière dont l'Italie nous donne un si brillant exemple.

L'ouvrage de M. Louis Cossa est un tout petit volume de 20... pages, 150 seulement, si l'on déduit la partie bibliographique. L'auteur cependant a su y faire entrer un résumé très complet de toute la science économique.

Il y a deux façons d'écrire un traité élémentaire. La première consiste à faire choix d'un petit nombre de principes, le moins possible, ceux que l'on juge essentiels à l'intelligence de tous les autres, à les mettre au premier plan, à les développer à loisir et à sacrifier tout le reste. C'est la méthode dont Stanley Jevons, dans ses *Éléments d'économie politique* à l'usage des écoles primaires, nous a laissé un ... modèle. La seconde méthode, qui est précisément l'inverse de la première, consiste à présenter un tableau aussi complet que possible de la science, mais sur une échelle réduite, une vraie carte géographique où l'on s'efforce de ne rien laisser dans l'ombre. Nous avouons que nos préférences sont pour le premier système : il nous paraît plus conforme aux prescriptions de l'art, mieux fait pour captiver les jeunes esprits et de nature à exercer leur raison plutôt que leur mémoire. M. Cossa a choisi le second système. De là une quantité de divisions et de subdivisions, un fourmillement de mots en italique à chaque ligne, une sécheresse de style qui rendent la lecture peu attrayante à première vue; mais la méthode une fois admise, l'exécution nous paraît aussi voisine que possible de la perfection.

Le manuel du regretté Joseph Garnier est aussi conçu sur ce plan, mais tandis que Garnier expose à propos de chaque question toutes les idées et tous les systèmes, et s'efforce de les concilier, ou du moins de dégager la part de vérité que chacun renferme, M. Louis Cossa n'expose presque jamais qu'une seule idée, la sienne; et comme elle est en général la bonne, à notre avis du moins, le livre y gagne si...

d'action, qui a été en contact direct avec les ouvriers, qui a dirigé des fabriques. Il apporte le résultat d'une grande expérience. M. Block a signalé à nos lecteurs l'un des essais contenus dans le volume, essai qui avait paru dans le *Journal de la Science sociale* (voir le numéro du *Journal des Économistes* du 15 avril 1885).

M. Atkinson refait avec des chiffres et des détails empruntés à la vie américaine, la démonstration de M. Giffen et de M. Léone Lévi sur le progrès continu des classes ouvrières depuis 50 ans. Tandis que la rémunération du capital a la tendance de diminuer, la part du travail augmente, et ce n'est qu'en améliorant les procédés de production, l'outillage, en faisant une place plus grande à l'application des données de la science, que l'entrepreneur peut réaliser des bénéfices. M. Atkinson nous présente un tableau fort original emprunté à l'histoire de deux filatures de la Nouvelle-Angleterre, de 1840 à 1883. Les profits ont diminué, les salaires sont allés en augmentant.

	Salaires annuels par ouvrier.	Profit par yard nécessaire pour payer 10 0/0.	Yards par ouvrier et par an.	Coût du travail par yard.
1830.....	164 doll. or.	2.400	4.321	1.900
1840.....	175 »	1.181	9.607	1.832
1850.....	190 »	1.110	12.164	1.536
1860	197 »	0.688	21.760	905
1870.....	275 papier.	0.760	19.923	1.425
1880.....	259 or.	0 481	28.000	930
1884.....	290 »	0.408	28.032	1.070

Il faut se garder de l'erreur de croire qu'il y ait corrélation entre des salaires élevés et la cherté du travail ; loin de là, avec des salaires élevés, qui accompagnent l'emploi des procédés perfectionnés, la production est plus abondante, de meilleure qualité et finit par revenir moins cher. Des salaires peu élevés ne sont pas une condition de production à bon compte.

A. R.

LA DÉMOCRATIE ET SES CONDITIONS MORALES, par le vicomte PHILIBERT D'USSEL, in-8. Paris, Plon, 1884.

L'Académie des sciences morales et politiques avait mis au concours le sujet suivant : « Quels sont les éléments moraux nécessaires au développement régulier de la démocratie dans les sociétés modernes. » M. P. d'Ussel a concouru, il a eu le prix, et l'ouvrage qu'il nous donne aujourd'hui n'est que son mémoire légèrement remanié.

Voici sur quel terrain il s'est placé : « Nous avons pris, dit-il, pour base d'étude l'hypothèse d'un peuple où la démocratie ne serait plus mise en question, dépourvu ou dégagé de traditions qui le gênent, irrévocable-

ment lié à cette forme sociale par une alliance indissoluble et
vorce possible. » En déterminant ainsi, selon le vœu de l'Acad
peut-être plus strictement que lui-même n'eût souhaité, les li
son travail, M. d'Ussel en a, je le crains, diminué la portée. Et
qu'il en ait eu conscience. Donner des règles théoriques à la
tie en général, sans application particulière, c'était s'exposer au
ches ordinaires qu'on adresse aux réformateurs. On pourrait
à M. d'Ussel sa question aux démocrates contemporains, et lu
der si oui ou non la démocratie est faite pour les peuples ou
ples pour *sa* démocratie. Il n'y aurait pas là, à vrai dire, une
insurmontable. Mais ce n'est pas le seul et le plus grave inconv
son procédé. Après tout, être traité d'utopiste en compagnie d
de Morus, de Campanella, etc., ne serait pas chose si déplaisa
ce reproche, dont il est mal aisé de se tirer, n'est pas sans enle
que autorité à l'écrivain, et qui s'y expose peut craindre de
le but si justement proposé par M. d'Ussel : « Dans l'ordre des
sociales surtout, où le mérite des ouvrages se traduit par le bi
peuvent faire, l'écrivain doit avoir souci de son public, l'étudier
naître, et l'obliger à se connaître lui-même. »

Mais rien d'injuste et de vide comme de chicaner un auteur
point de départ. Il faut le juger sur ce qu'il promet et ce qu'il

J'ai dit que le livre de M. d'Ussel n'était guère qu'un remanie
son mémoire, précédé d'une longue introduction entièrement
Ayant à remplir le cadre que lui traçait l'Académie, il l'a fort bi
pli. Son ouvrage se divise en sept livres qu'on peut ranger sous
suivantes : caractères de la démocratie, bienfaits et dangers de
cratie, moyens de prévenir les uns et de développer les autres,
des sociétés à la démocratie suivant les âges et les races. Auto
idées principales, M. d'Ussel a groupé ingénieusement l'étude de
paux problèmes de sociologie : la religion, la propriété, la famill
politique : l'instruction publique, la force publique, les fonctio
ques. Il ne s'est pas contenté de formuler des théories : il les a
sur des exemples judicieusement choisis. Les notes indiquant les
la partie de l'introduction consacrée à une revue bibliographique
vanciers témoignent de la conscience et du savoir de M. d'U
style, pour mesuré et sage, va d'un pas très suffisamment alert
et c'est un éloge dont il peut, pour plus d'une raison, être fier,
désir d'impartialité qui, affirmé au début même, se manifeste
endroit.

Mais l'intention ne suffit pas pour assurer le succès. La dé
est chose actuelle. En dépit de son aspiration à s'élever et à res
l'exacte et austère théorie, à écrire en vue d'un peuple abstrait, M

a été parfois envahi par des préoccupations d'ordre pratique et concret. Toute son introduction est pleine de considérations basées sur l'histoire de notre pays, et la plupart sur l'histoire contemporaine.

Or, M. d'Ussel a en histoire un système qu'on peut contester. « Après Chateaubriand, dit-il, après Chateaubriand, qui avait été le fondateur de l'édifice historique contemporain, après Guizot, A. Thierry, Thiers, Mignet, qui en avaient été les architectes..., les historiens décorateurs (Michelet) nous montrent dans le passé un régime d'oppression impitoyable, d'antagonisme latent entre les classes..... Ils grossissent tous les conflits, accusent toutes les autorités, glorifient toutes les révoltes. L'effet de cette histoire est d'exciter au plus haut degré les imaginations populaires, en leur représentant, sous des formes saisissantes plus ou moins éloignées de la vérité, les péripéties de la lutte..... Une popularité réelle, un véritable prestige même sont restés attachés au souvenir de ces assauts. On les a considérés comme des exploits. Beaucoup d'hommes se sont mis à croire qu'il y avait toujours quelque chose de salutaire et même de glorieux à faire une révolution. *Le pouvoir tenu en suspicion, accusé de produire tous les maux et de commettre toutes les fautes, a revêtu une apparence tyrannique* ».

J'arrête ici la citation. J'ai dû mutiler le passage un peu long où est enfermée cette théorie. Mais je n'en ai point altéré le sens. Je ne prétends pas le réfuter : il y faudrait un volume. Je me contenterai de mettre en regard le passage suivant d'un historien considérable : « Toutes les écoles, doctrinaires, libérales, et même républicaines, dit M. Edgar Quinet, toutes se sont fait à peu près la même philosophie de l'Histoire de France, et je crois cette philosophie fausse..... Plus un homme avait été franchement despote, mieux ils (les historiens) reconnaissaient en lui l'un des précurseurs du libéralisme démocratique..... Louis XI, Richelieu, Louis XIV, Napoléon avaient opprimé, mais c'était pour le plus grand bien de toutes les libertés, et ils résumaient en eux cette loi singulière que tous nos écrivains exposaient l'un après l'autre, depuis M. Guizot jusqu'à Louis Blanc, à savoir : que c'est par la tyrannie que se produit la liberté, et que la servitude est mère de l'émancipation. Cette Histoire fausse engendre à son tour une politique fausse. *De là cette complaisance dans l'opinion publique pour tous les genres de despotes.* On est toujours disposé à louer les tyrans, à leur attribuer, dès qu'ils ont la force et les places en mains, une mission providentielle. Chacun, en devenant esclave, se vante de se conformer au grand plan sur lequel se construit l'édifice démocratique. Les plus vils obéissent à ce qu'ils appellent la loi de l'Histoire ; *quant au peuple, voyant que personne ne lui conteste sa foi antique dans les despotes*, il se contente des premiers qu'il rencontre ».

Voilà une conclusion bien différente, malgré quelques points communs, de la conclusion de M. d'Ussel. J'ajoute, pour arrive grief de M. d'Ussel contre la démocratie, que ce jugement, vère, porté sur les éducateurs du peuple, tombe d'une bouch ment autorisée. E. Quinet est, en France et davantage enco ger, considéré comme un des plus profonds penseurs de n Ce qui ne l'a pas empêché d'être, à deux reprises, l'élu de la M. d'Ussel prétend « que les hommes de talent sont en géné pathiques au régime démocratique, quand ils en éprouvent l D'autres posent la question inversement. Ils disent et prét exact de dire que la démocratie, au contact de certains hon lent, a éprouvé pour eux peu de sympathie. Peu importe de répulsion. En ces termes, la thèse est trop absolue. La démocr l'entend M. d'Ussel, a, depuis soixante ans, pris pour cham comme porte-parole des hommes dont la gloire va de pair av de plus illustre les autres partis. Quant à ceux, nombreux, j' qu'elle a écartés, j'entreprendrais volontiers d'expliquer le par beaucoup de très bons arguments, s'il n'en était un qui de tous les autres. C'est que la démocratie, en vertu d'une générale, aime qui l'aime. Or, pour des raisons qui leur sem décisives et à moi peu pertinentes, c'est un sentiment assez l'amour que lui portent les « hommes de talent » dont parle Sans doute ils font pour elle, en certaines occasions, généralen but de leur carrière, et même pendant leur vie, professi fait M. d'Ussel, de respect et de considération. Ils lui tiren leur chapeau et lui accordent les menus suffrages. Cela ne su

Pascal, dans ses *Provinciales*, conte qu'un bon père lui livre intitulé : « *le Paradis ouvert a Philagie par cent dév mère de Dieu, aisées à pratiquer.* » — Apprenez-m'en don quelques-unes des plus faciles, mon père. — Elles le sont pondit-il : par exemple, saluer la sainte Vierge au rencon images ; dire le petit chapelet des dix plaisirs de la Vierge ; souvent le nom de Marie ; donner commission aux anges de révérence de notre part ; souhaiter de lui bâtir plus d'églises fait tous les monarques ensemble ; lui donner tous les matins et, sur le tard, le bonsoir ; dire tous les jours l'*Ave Maria*, e du cœur de Marie. Et il dit, continue Pascal, que cette dévotion de plus, d'obtenir le cœur de la Vierge. — Mais, mon père, c'est pourvu qu'on lui donne aussi le sien ? Le bon père dit q point nécessaire.

Les « hommes de talent » le disent aussi de la démocratie; son tour, leur prouve qu'ils se trompent.

DANGER ET NÉCESSITÉ DU SOCIALISME, par ISID. MASSERON. Paris, Félix Alcan. In-8, 1883.

Il semble que le titre de ce livre n'est pas bien exact. Si j'ai bien compris l'auteur, il a voulu prouver le danger du *socialisme* et la nécessité de l'*association*. La distinction entre ces deux mots est réelle et importante à établir. Si M. Masseron ne les avait pas confondus ensemble, dans son livre comme dans le titre, il n'aurait pas regardé (p. 331) le principe de l'association comme récemment admis par les économistes. Les économistes, en effet, n'ont jamais, que je sache, prohibé l'association libre, mais seulement l'association protégée par l'État, la *corporation*, ce qui est bien différent.

Le titre ainsi rectifié, on devine d'avance quel est le but du livre et son contenu : montrer que les diverses doctrines socialistes ne résolvent pas la question sociale et qu'elles sont *dangereuses*; prouver que l'association est la vraie solution et que, par conséquent, elle est *nécessaire*. Nous ne nous lancerons pas dans une discussion, qui deviendrait nécessairement métaphysique, sur ce *danger* et cette *nécessité*, cela nous mènerait trop loin; nous nous bornerons à résumer l'opinion de l'auteur sur l'association.

M. Masseron est partisan de l'Association des ouvriers, soit entre eux, soit avec leurs patrons; c'est surtout cette dernière forme qui obtient sa préférence. Il est évident, dit-il, que, si l'ouvrier était associé, il déploierait plus d'activité, se montrerait plus économe de la matière première, plus appliqué à son bon emploi et au perfectionnement des produits. De sorte que cette association profiterait aux patrons aussi bien qu'aux ouvriers.

S'il en est ainsi, il est non moins évident que le patron s'associera l'ouvrier et *vice versa*. Il est permis de croire que les patrons et les ouvriers entendent leurs intérêts au moins aussi bien que l'État, personnifié par un bureaucrate qui ne connaît de la société moderne que ce qu'il a appris dans ses classiques : Horace, Virgile, Cicéron. La solution de la question sociale se réduirait ainsi à laisser les patrons et les ouvriers s'associer entre eux comme bon leur semblerait.

Il n'y a donc qu'à « laisser faire » pour une fois !

Mais ce n'est pas là l'avis de M. Masseron. Tout en reconnaissant qu'il est « aussi téméraire de forcer le progrès que de chercher à l'arrêter dans son cours naturel » et que « l'histoire nous enseigne que dans le premier cas on est toujours ramené en arrière, et dans le second, exposé à de périlleuses explosions », il croit que l'on peut et doit le stimuler, l'exciter, et les moyens qu'il indique sont « des agitations fécondes », et des encouragements de l'État, soit pécuniaires, soit honorifiques.

Ne désespérons donc pas de voir un de ces jours éclore mérite industriel, du mérite commercial, du mérite colonia participatif, du mérite coopératif, et surtout du mérite adm réglementatif. A quel degré d'enfantillage, de gâtisme s arrivés s'il nous faut de pareils colifichets! Décidément la officielle produit ses effets. Elle perpétue l'enfance. : Il ne oublier de joindre aux précédentes décorations la croix d dagogique.

L'association entre ouvriers et patrons fait des progrès, di gime de la participation gagne chaque jour du terrain. E ces assertions, ces progrès se sont réalisés d'eux-mêmes, sa sans excitation de l'État, et surtout sans encouragements p honorifiques. Pourquoi ne pas laisser les choses suivre leur c quoi exciter, stimuler, c'est-à-dire « forcer », ne fût-ce que pa moraux, sorte de contrainte qui n'est pas moins dangereu qui emploie ouvertement les moyens matériels? L'histoire n nit-elle pas assez d'exemples d'encouragements de l'État qu au détriment des encouragés?

Quant à l'association entre ouvriers, la coopération sous formes, M. Masseron n'y a pas autant de confiance que da pation. Il y a, en effet, beaucoup de raisons contre son effica dans l'état actuel de la société.

La participation, ses partisans mêmes en conviennent, se lement à l'écrasement des faibles par les forts. Les patrons à participer aux bénéfices que les ouvriers les plus capab habiles, les plus réguliers dans leur conduite, ce qui rend d la condition des plus faibles physiquement et moralement ainsi le résultat opposé au but que l'on se propose.

La coopération, elle, produit l'effet inverse; elle abaisse la niveau de l'incapacité. Le mauvais ouvrier est rétribué con C'est un encouragement pour le mauvais à ne pas devenir quoi bon? et pour le bon à imiter le mauvais.

Il ne faut pas conclure de là que l'association soit ess mauvaise et que l'inévitable État doive l'interdire. L'associat toute chose ici-bas, a ses avantages et ses inconvénients. E *nécessaire*, comme le croit M. Masseron, mais elle peut nuisible suivant des circonstances dont les intéressés et n tionnaires sont seuls bons juges. Des « agitations féconde couragements pécuniaires ou honorifiques ne peuvent avoi que de diminuer les avantages et d'augmenter les inconvéni

Avant de demander des encouragements à l'État, il faudr supprimer les obstacles que lui-même oppose à l'association ensuite. Si la pompe aspirante de l'impôt et de l'emprunt ne soutirait pas continuellement les capitaux, on serait bien obligé de les employer dans l'industrie ou l'agriculture, et le peuple participerait, par ses salaires, aux bénéfices qu'ils produiraient, et l'on ne verrait plus de gens réclamer le crédit agricole, le crédit industriel, alors qu'ils ont leurs portefeuilles bourrés de titres de rente sur l'État.

La question sociale n'est donc pas encore résolue par l'association encouragée pécuniairement et honorifiquement. Du moins le livre de M. Masseron, écrit clairement et avec beaucoup d'indépendance d'esprit, a-t-il l'avantage de montrer, non pas le danger de doctrines qui se détruisent les unes les autres à mesure qu'elles naissent, mais leur inanité. C'est, à mon avis, tout ce qu'il y a à faire.

ROUXEL.

I NUOVI ORIZZONTI DEL DIRITTO E DELLA PROCEDURA PENALE, di ENRICO FERRI, professore di diritto e procedura penale nell' università di Siena; seconda edizione interamente rifatta con una tavola grafica sulla criminalità in Italia. In-8°, Bologna, Nicola Zanichelli, 1884.

Nous avons rendu compte dernièrement d'un autre livre du même auteur : *Socialisme et criminalité*. Dans *les Nouveaux horizons du droit et de la procédure pénale*, M. Ferri se propose d'appliquer la méthode positiviste à la science criminelle et de transformer cette science qui, tout en restant « une discipline juridique dans les résultats et dans le but, doit devenir, dans sa base et dans ses moyens de recherche, une branche de la sociologie, ayant, par conséquent, pour fondement les sciences préliminaires de la psychologie, l'anthropologie, la statistique, dans les parties de ces sciences qui se rapportent à l'homme délinquant et à son activité *crimineuse*. Et comme dans le domaine organique, la science générale de la biologie se divise en physiologie et pathologie ; de même, dans le champ superorganique de la sociologie on distinguera les sciences de l'activité humaine normale ou juridique, telles que l'économie politique, le droit civil et commercial, de la science de l'activité humaine anormale ou antijuridique, tel que le droit criminel, qui serait mieux nommée sociologie criminelle. »

Le projet est grandiose, mais il n'est peut-être pas aussi facile à mettre à exécution qu'on pourrait le croire au premier abord ; car les « sciences préliminaires, la psychologie, l'anthropologie, sont loin d'être établies elles-mêmes sur des bases assez solides, assez positives, pour servir de fondement, sans recourir à des *a priori*, à la sociologie en général et à la sociologie pathologique en particulier.

Pour arriver à sa fin, M. Ferri nous donne, dans son *introduction*, une critique de la science criminelle classique et lui oppose les tendances les aspirations du positivisme, plutôt que ses découvertes défi acquises. Car la nouvelle école des criminalistes n'en est *l'étude* des délits et des peines. Il est vrai qu'elle prétend cette étude la méthode purement expérimentale, mais, outr méthode n'est pas des plus expéditives, il ne faut pas s'en rap affirmations.

Les positivistes accusent les anciens criminalistes de partir cipe *a priori :* que l'homme tend naturellement au bien, et q le mal que par ignorance ou par méchanceté, c'est-à-dire pa vais usage de son libre arbitre. La nouvelle école nie le lib « la psychologie positive a démontré que c'est une pure illusi tive » ; et elle affirme que l'homme est déterminé dans ses des influences intérieures ou extérieures indépendantes de sa de son choix. Pour elle, le délinquant est un malade ou une milieu physique ou social.

En supposant que toutes les psychologies soient d'accord av chologie positive ; en accordant que l'*a priori* de la science cl faux, ou, considéré comme vrai, ne puisse servir de base à de pénalités, on ne voit pas comment la doctrine positive pou de fondement au droit criminel. Si l'homme n'est pas libre, s'il par la nécessité à lutter pour la vie, comme on l'affirme, contre tous ; s'il fait le mal par nature et non par choix, par constitution anormale, maladive, et non par acte de sa pro de quel droit la société le punirait-elle ?

M. Ferri emploie son premier chapitre à discuter cette tion du libre arbitre et à réfuter les objections qui lui ont été sujet, dès la première édition de son livre. Je lui accorderai que le libre arbitre n'est qu'une illusion ; on peut aussi bien négative que l'affirmative, et, quelque parti que l'on tirer de ce principe des conséquences très différentes ; mais la vieille école est dans l'erreur, il ne s'en suit pas que la n dans le vrai, et j'avoue que toute la dialectique de M. Ferri pour me convaincre que l'homme agissant nécessairement sable de ses actes envers la société ; et encore moins que n'ayant pas de liberté, et par conséquent ni droits ni devoirs, qui est composée d'hommes, ait, elle, le droit, non seulement mais de prendre des mesures préventives contre des criminel taires ; car le nouveau droit pénal admet toute une série prises par la société contre les individus : préventives, répar pressives, éliminatrices.

On voit que les *nouveaux horizons du droit pénal* sont d'être positivement déterminés. Mais la partie philosophique, métaphysique, quoique occupant une place importante dans l'ouvrage de M. Ferri, ne tient que la moindre. Après avoir nié le libre arbitre et la responsabilité individuelle, après avoir confié à la société, c'est-à-dire à l'État, c'est-à-dire à un certain nombre de membres de cette société, le droit de juger l'autre partie qui n'est pas coupable et de prendre les mesures de conservation sociale que nous avons vues; l'auteur expose les données de l'anthropologie criminelle; les données de la statistique criminelle, des vues sur la procédure pénale et le régime des prisons. Ici nous sommes dans le domaine des faits, tout le monde peut y puiser et avec d'autant plus de fruit que M: Ferri a mis à contribution une multitude d'auteurs des plus autorisés et de tous les pays où la criminalité a fait le plus de progrès, sans doute parce que le milieu s'est modifié, et où la société confie de plus en plus à l'État le soin de la défendre contre des gens qui ne font de mal que par la nécessité où ils sont de soutenir la lutte pour la vie.

Rouxel.

CHRONIQUE

Sommaire : La panique de l'Inde. — Le déficit du budget anglais et le plan financier de M. Childers. — La diminution du commerce extérieur de l'Angleterre. — L'épidémie protectionniste en Suisse. — La protection des jouets d'enfants en France. — L'exhaussement du tarif de la République argentine. — La protestation de la *Gazette de Turin* contre la politique coloniale. — La conférence sanitaire internationale de Rome. — La conférence internationale du canal de Suez. — La grève des ouvriers tailleurs. — Le programme de la fédération des travailleurs socialistes.

La panique de l'Inde, suscitée en Angleterre par les hommes de guerre de l'armée de terre et de la marine, unis aux politiciens du Parlement et de la presse, tous gens intéressés à provoquer des luttes internationales qui rapportent aux militaires de l'avancement et des récompenses pécuniaires ou honorifiques, qui augmentent l'importance des hommes politiques et le tirage des journaux, la panique de l'Inde, disons-nous, est heureusement en voie de s'apaiser. Le gouvernement russe s'est montré conciliant et l'opinion publique de l'Angleterre, un moment surchauffée, est revenue à une appréciation plus saine de la situation : elle a compris que le passif d'une guerre avec la Russie l'emporterait singulièrement sur l'actif, même dans l'hypothèse la plus favorable ; une détente s'est produite, et l'on s'est décidé des deux parts à recourir à un arrangement à l'amiable. Si l'on avait commencé par là, on aurait épargné les quelques centaines

de millions qu'ont coûtés les préparatifs de guerre et évité
bations financières et commerciales, que la seule appréhensi
guerre a causées et qui ont agi comme une « nuisance »
lement en Angleterre et en Russie, mais dans le reste du
lisé. C'est qu'au temps où nous sommes, la guerre a beau
lisée, elle n'est plus et ne peut plus être un fait local ; elle
dommage général, — lequel va croissant à mesure que les
commerciaux et financiers vont se multipliant entre les nati
point de vue du voisinage, la guerre acquiert de plus en plus
tère d'une industrie dangereuse et insalubre. C'est pourquoi
seraient parfaitement fondés à intervenir pour l'interdire en
le droit de la paix au droit de la guerre.

***

En attendant, les dépenses de la guerre du Soudan, et l
ratifs nécessités par l'éventualité d'une guerre avec la Ru
creusé dans le budget anglais, il y a peu d'années encore si
un déficit d'environ 14 millions sterl. Dans la séance de la
des communes du 30 avril, le chancelier de l'Échiquier, M.
a examiné les moyens de parer au déficit. Il a proposé : 1°
l'impôt sur le revenu à 8 pence par livre sterling ; 2° de
impôts sur les legs et héritages en imposant des droits sur l
priétés des corporations ainsi que sur les héritages pour les pr
situées à l'étranger et appartenant à des personnes deme
Angleterre ; 3° d'imposer un droit de timbre de 10 sh. 0/0 su
les valeurs payables au porteur ; 4° d'élever le droit sur les
anglais de 10 à 12 sh. et sur les esprits étrangers de 10 sh.
à 12 sh. 4 pence par gallon ; d'élever le droit sur la bière
3 pence à 7 sh. 3 pence par 36 gallons ; 5° de modifier le
d'entrée sur les vins conformément au *modus vivendi* avec l'E
6° d'imposer une taxe sur les produits médicinaux étrang
seront dorénavant traités administrativement et spécifiq
comme les produits médicinaux anglais ; 7° de suspendre l'a
sement des annuités créées en 1883.

A la suite de toutes ces modifications, le déficit se trouvera
à 2.812.000 liv. st. M. Childers propose d'y faire face par un
tion analogue sur l'amortissement de l'année prochaine.

A propos de cette suspension de l'amortissement, qui est l
sition la plus grave du plan de M. Childers, le *Journal des*
fait ces réflexions judicieuses :

Il y a déjà bien longtemps que le gouvernement libéral faisai
très haut la situation merveilleuse dans laquelle devait se tro

budget anglais en 1885. M. Gladstone avait converti en annuités terminables une grande quantité de rentes perpétuelles qui étaient entre les mains des Caisses d'épargne. Ces annuités devaient prendre fin en 1885, et le budget devait se trouver déchargé d'un payement annuel de 100 millions de francs. Depuis quelques années on se demandait si ce serait les contribuables ou le fonds d'amortissement qui profiteraient de cet allègement.

M. Childers avait, enfin, l'année dernière, demandé au Parlement de prendre un parti à ce sujet, et il avait imaginé un plan nouveau d'amortissement qui devait avoir pour effet de diminuer, en vingt ans ou trente ans, le capital de la dette nationale de 4 milliards de francs.

On devait, pour y arriver, convertir en nouvelles annuités terminables les rentes restant dans le portefeuille des Caisses d'épargne et une partie de celles qui étaient dans le portefeuille d'une institution analogue à notre Caisse des dépôts et consignations. On avait même prévu à l'avance que tous les cinq ans on ferait une conversion semblable, pour les nouvelles rentes qui auraient été, dans l'intervalle, acquises par les Caisses d'épargne ou la haute chancellerie, et on avait combiné les conversions actuelles et à venir avec beaucoup d'art pour employer comme dotation les fameux 100 millions d'allègement, à partir de 1885, et certains autres allègements à prévoir ultérieurement. C'est ce beau plan qui est renversé. On en ajourne la reconstruction à l'année prochaine, et l'année prochaine on le réédifiera sur des bases nouvelles en rapport avec la situation que les événements auront faite à l'Angleterre.

Toutes les combinaisons d'amortissement ont dans tous les pays le même sort. On fait des plans; ces plans s'exécutent quand il y a de l'argent; mais ils restent en plan quand il n'y en a pas.

Le pauvre M. Gladstone était l'apôtre de la paix, l'apôtre des annuités terminables et de l'amortissement; l'apôtre de la formule : payez votre voie, c'est-à-dire supportez, vous génération présente, les dépenses que vous trouvez bon de faire. Il faut espérer qu'il ne fera pas la guerre, mais il faut craindre qu'il ne puisse conserver le système d'amortissement ingénieux et puissant qu'il avait introduit dans les finances de la Grande-Bretagne.

Ajoutons que les velléités belliqueuses des politiciens anglais et les paniques qu'elles provoquent, en attendant l'augmentation des impôts et des dettes, ne contribuent pas précisément à favoriser le développement de l'industrie et du commerce. Dans le premier trimestre de cette année l'importation est descendue à 97.997.714 livr. sterl. contre 107.130.675 dans la période correspondante de 1884, l'exportation à 53.141.470 contre 58.365.148 et la réexportation à

14.454.907 contre 15.861,798. C'est une perte de près de 400 millions de francs en trois mois. Que serait-ce si une grande guerre obligeait l'Angleterre à rétablir la plupart des anciens impôts que la politique de paix et de liberté commerciale lui a permis de supprimer ou de diminuer; si ses industries, qui supportent déjà avec peine la concurrence croissante des industries continentales et américaines, venaient à être grevées d'un supplément de charges, qui exhausseraient leurs prix de revient ? Les victoires que les armées et les flottes de l'Angleterre pourraient remporter compenseraient-elles cette décadence industrielle et commerciale? N'approchons-nous pas d'un temps où les nations civilisées seront obligées, sous peine de déchéance et de ruine, de choisir entre la politique de paix et la politique de guerre ?

***

Il est fort heureux pour l'Angleterre que ses concurrentes industrielles les plus redoutables, notamment l'Allemagne et la France, soient embourbées dans la protection et s'y embourbent tous les jours davantage. Si les fabricants de tissus, les confectionneurs, les fabricants de machines, etc., allemands et français n'avaient, comme leurs concurrents anglais, aucun droit à payer sur les matériaux de leur industrie ; si leurs prix de revient n'étaient pas artificiellement exhaussés par les taxes protectionnistes, ils pourraient réduire l'industrie britannique à une situation des plus critiques. C'est ce que prévoyait Cobden lorsque, dans une brochure, publiée il y a un demi-siècle (*England, Ireland and America*), il engageait ses compatriotes à recourir à la politique de liberté, d'économie et de paix, comme au seul moyen efficace de se préserver de la concurrence américaine. L'Angleterre n'a adopté qu'une moitié du programme de Cobden, celle qui concernait la liberté commerciale, et elle a pu ainsi conserver son avance sur les autres nations; il faudra bien qu'elle adopte l'autre moitié — celle qui concerne l'économie des dépenses et la paix, si elle ne veut point s'exposer à voir les autres nations la supplanter sur le vaste marché du monde.

***

L'industrie anglaise parait toutefois devoir conserver longtemps l'avantage que lui assure le quasi monopole de la liberté commerciale. L'épidémie protectionniste sévit plus que jamais parmi les nations continentales. La Suisse elle-même qui est redevable des progrès de son industrie à la politique de liberté commerciale qu'elle avait le bon sens de pratiquer à l'époque où les produits de toutes les autres nations étaient artificiellement renchéris par les taxes protectionnistes, la Suisse qui avait réussi grâce à cette politique intelligente à compenser les désavantages de sa situation et à vendre ses cotonnades imprimées jusque dans l'Inde et en Océanie, la Suisse est sur le point de se laisser engager dans une politique de représailles. Son traité de commerce avec l'Allemagne expire dans le courant de l'été 1885.

Il s'agirait, à son expiration, lisons-nous dans le *Journal de Genève*, de n'en pas chercher le renouvellement, et d'autoriser au contraire l'emploi contre l'Allemagne du dernier tarif voté par les Chambres fédérales. Lorsqu'on en est arrivé là, il n'en coûte rien de demander plus encore, par exemple la mise en vigueur d'un tarif prohibitif assurant aux industries suisses le marché incontesté de leur propre pays. Aussi n'y a-t-on pas manqué : l'*Argauer Zeitung*, dont les articles sont reproduits par plusieurs journaux de la Suisse, demande très positivement que le Conseil fédéral fasse usage de la liberté qui lui est concédée par la loi dans ce domaine, et qu'il ouvre une guerre de représailles si l'Allemagne se montre inflexible et refuse d'accorder à nos justes réclamations un abaissement raisonnable des tarifs principaux.

Il est fort possible que la politique de renchérissement des prix de revient que préconise l'*Argauer Zeitung* assure aux fabricants Suisses le marché national, mais elle pourrait bien leur fermer le marché international.

***

On ne revient pas seulement au protectionnisme, par des lois, comme on l'a fait en exhaussant les droits sur les denrées alimentaires et par des décrets, comme la chose s'est pratiquée pour le rétablissement de la protection coloniale, mais encore par de simples décisions ministérielles. C'est par ce procédé sommaire que les départements du commerce et des finances viennent de protéger les soldats de plomb et les polichinelles nationaux contre leurs concurrents d'Allemagne et d'ailleurs.

On sait, dit *l'Intransigeant*, que, depuis un certain temps, nos fabricants de jouets se plaignaient de la concurrence croissante que leur fait l'étranger.

Une décision ministérielle, rendue par les départements du commerce et des finances, vient d'être prise pour leur donner satisfaction.

Les tolérances en vertu desquelles les jouets étrangers, notamment ceux en plomb, en bois, en porcelaine, étaient admis à un droit inférieur, à celui de la bimbeloterie, sont supprimées. Ces objets acquitteront désormais la taxe de 60 francs par 100 kilogrammes, loi du 7 mai 1881.

Quant aux jouets qui, en raison de la matière qui les con susceptibles d'un droit supérieur à celui de 60 fr., ils aurc le droit afférent à cette matière : tel est le cas pour les jo l'argent, l'aluminium, le platine et d'autres métaux préci base, ou encore pour les jouets en métaux dorés, argent les jouets en nacre, en écaille, en os, en corne, en ivoire que pour les jouets confectionnés avec des tissus dont le d serait sensiblement supérieur à 60 fr. par 100 kilogramm

En prévision des tentatives qui pourraient être faites p nouveau droit, au moyen d'une importation des jouets pa chées, présentées sous la dénomination d'ouvrages en mé en porcelaine, etc., la même décision ministérielle porte détachées devront être imposées comme jouets.

Les jouets coûteront plus cher, on en achètera moins des pauvres gens seront réduits à regarder jouer les riches, et le mauvais levain de l'envie se lèvera plus dans leurs jeunes cœurs. On protège les jouets, qui enfants ?

***

Le protectionnisme est en voie de recrudescence dan monde comme dans l'ancien. Le gouvernement de l Argentine vient d'augmenter de 15 0/0 tous les droits et d'exportation, en rendant cette mesure applicable dises en entrepôt et en rade. Le gouvernement Argen vue à la vérité qu'un but fiscal : après avoir eu recou monnaie pour combler les déficits croissants de ses b adressé à la protection. C'est une politique financière q nir de celle des sauvages de la Louisiane, dont parle couper l'arbre pour avoir le fruit.

***

L'opinion publique de l'Italie ne se laisse pas entraîn tance dans la voie coûteuse et stérile de la colonisat aux frais et dépens des contribuables. Témoin, cett pleine de bon sens que nous trouvons dans la *Gazet* contre les entraînements de la politique dite coloniale :

« Avant que ces entreprises donnent de bons résultats e ruineuses, il faudra de longues années et des avances de nous, peuvent passer pour fabuleuses. Ensuite, par les t

enlèvent à nos cadres ainsi que le matériel de guerre qu'elles nous prennent, elles pourraient nous lier les mains, juste au moment peut-être où nos intérêts véritables demanderaient le concours de toutes nos forces dans la métropole, afin de nous permettre de choisir le moment opportun pour les jeter de tout leur poids dans la balance européenne. Répétons-le donc, quel que soit le sentiment patriotique qui nous anime, gardons-nous d'entreprises qui ne compensent pas suffisamment les énormes sacrifices qu'elles imposent; rappelons que, sortant à peine d'une crise financière dont nous avons triomphé, nous ne pouvons nous permettre aucun luxe, quel qu'il soit ; réfléchissons aussi qu'il n'est pas prudent d'envoyer au loin l'élite de nos troupes et la meilleure partie de notre matériel de guerre. »

***

Une conférence sanitaire internationale se réunira à Rome le 15 mai. Voici un résumé d'une circulaire de M. Mancini au sujet du programme de cette conférence :

D'après cette circulaire, la conférence devait avoir un double but, à savoir : un but technique et scientifique, un but diplomatique et administratif.

La conférence de Rome pourrait, en ce qui concerne la partie technique et scientifique, examiner les résolutions des conférences sanitaires précédentes et notamment de celle de Vienne, afin de savoir qu'elles sont celles qu'il faut maintenir, modifier ou annuler.

Quant à la partie politique et administrative, la conférence, étudiant les moyens préventifs que l'on peut adopter, tout en tenant dûment compte des intérêts du commerce, devrait fixer les bases d'un accord international qui fût acceptable pour tous les gouvernements, en vue de faire cesser autant que possible les maladies contagieuses, en établissant des règlements basés sur des principes uniformes, soit pour les quarantaines, soit pour tout autre système préventif.

Il est bien entendu que les négociations déjà en cours, relativement à la composition et aux attributions du conseil sanitaire d'Egypte, resteront réservées ou séparées, mais que la conférence pourra profiter en temps opportun des conclusions adoptées dans ces négociations.

Enfin, la conférence pourrait fixer des règles pratiques et concrètes pour l'application immédiate d'un système international d'informations sanitaires, système recommandé par la conférence de Washington, et elle pourrait aussi établir dans une localité convenable une agence officielle pour recueillir des renseignements sanitaires certains et les transmettre aux gouvernements faisant partie d'une union sanitaire internationale qui serait constituée avec les attributions fixées par la conférence.

Cette union aurait toutefois une liberté absolue en ce qui concerne les propositions et les délibérations, c'est-à-dire une pleine liberté d'action.

*
* *

Une autre conférence internationale s'est réunie à Paris pour discuter et imposer le régime de neutralité qui devra être appliqué au canal de Suez en temps de guerre. Nous ne saisissons pas bien l'utilité de cette conférence, et nous apercevons encore moins le droit en vertu duquel elle a pu être réunie. La compagnie de Suez est propriétaire de son canal, et il lui appartient à ce titre d'établir les règlements relatifs au passage de l'isthme en temps de guerre comme en temps de paix. Les puissances seraient fondées à demander que ces règlements fussent soumis à leur approbation, dans le cas seulement où elle réclamerait leur concours pour en assurer l'observation. Mais il s'agit d'instituer une « commission permanente » pour surveiller la neutralité du canal, commission dont les membres recevront naturellement de beaux appointements, comme leurs confrères de la commission internationale du Danube, ou de la commission non moins internationale du mètre, et cela suffit pour motiver la réunion d'une « conférence internationale ». Mais qui payera les frais de la conférence et les appointements de la commission ?

*
* *

Les ouvriers tailleurs de Paris se sont mis en grève, et les maîtres-tailleurs de leur côté ont opposé, à la manière anglaise, un *lock out* (fermeture générale des ateliers) à la grève. Nous n'avons pas à prendre parti dans cette querelle. Nous nous bornerons à rappeler, comme nous l'avons fait maintes fois, que les coalitions et les grèves proviennent de ce qu'il n'existe point de marché régulateur pour le travail comme il en existe pour les autres marchandises. Mais, pour créer un marché régulateur, il faut des « intermédiaires », et chacun sait que l'intermédiaire, placeur ou marchandeur, est la bête noire de l'ouvrier.

*
* *

Le « Congrès régional du centre » de la « Fédération des travailleurs socialistes de France » a eu lieu à Paris dans la première semaine de ce mois. Voici, d'après le journal le *Prolétariat*, le texte de la partie économique du programme qui a été soumis à ses délibérations (les premiers articles concernent la partie politique) :

Partie économique.

Art. 9. — Instruction intégrale de tous les enfants mis pour leur entretien à la charge de la société représentée par la commune ou par l'État.

Art. 10. — Repos d'un jour par semaine ou interdiction, pour les employeurs, de faire travailler plus de six jours sur sept.

Art. 11. — Réduction de la journée de travail pour les adultes à 8 heures au maximum. En cas de force majeure, il pourra être dérogé à cette prescription, mais à la charge pour les employeurs de payer double les heures supplémentaires.

De 14 à 18 ans, fixation de la durée de la journée à 6 heures jusqu'au jour où, tout en restant productif, le travail des jeunes gens et des jeunes filles aura le caractère qu'il doit avoir d'enseignement professionnel.

Interdiction absolue du travail de nuit pour les enfants. Pour les adultes, durée de ce travail fixée à 6 heures, les heures en sus devant être payées double.

Art. 12. — Commission élue par les ouvriers pour imposer dans l'atelier les conditions nécessaires d'hygiène, de dignité, de sécurité.

Art. 13. — Responsabilité des patrons en matière d'accident, réalisée par une indemnité, conformément aux articles 1382 et 1383 du Code civil, et par une pénalité, conformément aux articles 319 et 320 du Code pénal.

Art. 14. — A travail égal, égalité de salaire pour les travailleurs des deux sexes.

Art. 15. — Interdiction pour les employeurs d'occuper les ouvriers étrangers à des conditions autres que les ouvriers français.

Art. 16. — Interdiction du travail dans les prisons au-dessous des tarifs élaborés par les Syndicats ouvriers et Groupes ouvriers corporatifs. Suppression absolue du travail dans les couvents, ouvroirs et établissements religieux.

Art. 17. — Suppression de toute immixtion des employeurs dans l'administration des caisses ouvrières de secours mutuels, de prévoyance, etc., et leur gestion restituée aux ouvriers

Art. 18. — Intervention des ouvriers dans les Règlements des ateliers ; suppression du droit pour les employeurs de frapper d'une amende ou d'une retenue de salaire des ouvriers (*Décret de la commune du 27 avril* 1871). Nul ouvrier ne pourra être puni ou chassé d'un atelier particulier ou d'État, hors un jugement rendu par ses camarades de travail.

Art. 19. — Intervention résolue de l'État dans les branches diverses du travail privé, ateliers, compagnies, banques, entreprises agricoles, industrielles, commerciales, — d'*abord* pour imposer aux employeurs des cahiers des charges garantissant les intérêts des travailleurs et les intérêts collectifs, *ensuite* pour transformer progressivement toutes ces industries bourgeoises en services publics socialistes, dans lesquels les conditions du travail seront réglées par les travailleurs eux-mêmes. Annulation de tous les contrats ayant aliéné la propriété publique.

Art. 20. — La surveillance des ateliers, fabriques, usines, mines, services publics, sera exercée par des inspecteurs élus par les ouvriers, et les infractions aux cahiers des charges, aux lois et aux règlements seront jugées sans appel par les tribunaux réorganisés de conseillers prud'hommes.

Art. 21. — Mise à la charge de la société des vieillards et des invalides du travail.

Art. 22. — Abolition de tous les impôts indirects et transformation de tous les impôts directs en impôt progressif sur les revenus dépassant 3.000 francs. Suppression de l'héritage en ligne collatérale et en ligne directe de tout héritage dépassant 20,000 francs.

Le Congrès a, en outre, décidé l'adjonction d'un article demandant, soit par une nouvelle loi, soit par l'application de la loi de 1848, la suppression du marchandage.

Intervention, interdiction, voilà les mots qui se retrouvent le plus souvent dans ce programme. En revanche, on y chercherait en vain le mot liberté. Jadis les ouvriers étaient asservis aux patrons, il s'agit aujourd'hui d'asservir les patrons aux ouvriers. Les travailleurs socialistes ne comprennent pas le progrès autrement. C'est la servitude retournée, mais toujours la servitude. On nous pardonnera de continuer à préférer la liberté.

G. DE M.

Paris, 14 mai 1885.

Bibliographie économique.

OUVRAGES ENREGISTRÉS AU DÉPÔT LÉGAL EN AVRIL 1885.

Almanach des contributions indirectes. Année 1885. In-16 de 64 p. Paris Oudin.

Annuaire administratif, statistique et commercial du département du Gers pour l'année 1885 (65e année). In-16 de 376 p. Auch, Cocheraux.

Annuaire administratif, historique, statistique, commercial de l'Hérault, pour 1885 (68e année). In-8 de xx-972 p. Montpellier, Firmin et Cabirou.

Annuaire administratif, statistique et commercial du département du Tarn. Année 1885. In-16 de 326 p. Albi, Nouguiès.

AUCOC (Paul). *La caisse nationale des retraites pour la vieillesse* et les opérations individuelles à faire par l'intermédiaire des sociétés de secours mutuels pour le compte de leurs sociétaires. In-18 de 16 p. Paris, Chaix.

BORDAS (A. DE). *Des échanges entre les nations*; situation industrielle et agricole de la France. In-18 de x-288 p. Paris, libr. de la Société bibliographique.

BOUSQUET (Georges). *La Banque de France et les institutions de crédit*. Les banques, historique, législation comparée, organisation et fonctionnement. In-8 de 424 p. Paris, P. Dupont. [Extrait du « Répertoire du droit administratif ».]

CERISIER (Charles). *Les colonies françaises*, conférence faite à Paris (3 déc. 1884). Paris, Berger-Levrault. [Extrait du « Journal de la Société de statistique de Paris ».]

Crise (la) de l'agriculture. In-8 de 16 p. Paris, Plon.

DAIREAUX (Emile). *Étude sur les principes de droit international privé dans la République argentine*, à propos d'une réforme des lois qui y régissent la constitution de la famille. In-8 de 32 p. Paris, Pichon. [Extrait du « Bulletin de la Société de législation comparée ».]

DARRAS (Alcide). *De la représentation judiciaire* (dr. romain); *Des marques de fabrique et de commerce* (dr. français). In-8 de 334 p. Arras, Maréchal.

DELAMOTTE. *Aperçu sur les épizooties de l'Algérie et sur la production animale de la colonie*. In-8 de xxvi-130 p. Alger, Fontana.

Desideratum (Le) universel, organe illustré des trois vertus sociologales : Consommation, Dissipation, Dilapidation. N° 1 (21 mars 1885). Petit in-f° de 4 p. à 3 col. Paris, impr. Perreau.

DU BLED (Victor). *Réflexions et propos d'un conservateur sur les budgets de la République*. In-16 de 32 p. Paris, Oudin.

Études économiques, dictées reçues dans un groupe bisontin. In-8 de 56 p. Paris, libr. Spirite.

GALTIERUS, le paysan. *Comme la richesse nuit aux travailleurs*; l'Utilité d'une loi agraire dans l'intérêt de l'agriculture; le Droit et le Travail obligatoire. In-32 de 18 p. Nancy, Garot.

GOURD (Alphonse). *Les chartes coloniales et les constitutions des Etats-Unis de l'Amérique du Nord*. II. Ancien droit; les Principes du droit. In-8 de II-404 p. Paris, Pichon. [Collection des « principaux codes étrangers ».]

HERVÉ (Edouard). *La crise irlandaise depuis la fin du XVIIIe siècle jusqu'à nos jours*. In-8 de 384 p. Paris, Hachette.

JORET (Charles). *La crise agricole en Normandie*, conférence faite au cercle Saint-Simon (25 oct. 1884). In-8 de 32 p. Paris, Cerf.

MAUDUIT (Léon). *La crise de l'agriculture et les moyens de l'atténuer*. In-8 de 32 p. et pl. Paris, Michelet.

PAPONOT (Félix). *L'Egypte, son avenir agricole et financier*; notes et documents sur la richesse et la fécondité du sol, suivis d'une nouvelle étude sur les irrigations, avec description des travaux à faire et indication des moyens d'y parvenir, complétée par l'exposé du projet de canal d'Ismaïlia à Port-Saïd-le-Tewfikieh. In-8 de VI-240 p. et 19 pl. Paris, Baudry.

PASSY (Paul). *L'instruction primaire aux États-Unis*, rapport présenté au ministère de l'instruction publique. In-18 de 224 p. Paris, Delagrave. [Bibliothèque pédagogique.]

Petit Réveil (le) du Midi, journal de la classe ouvrière. N° 1 (31 janvier 1885). Petit in-f° de 4 p. à 4 col. Marseille, 11, rue de la Paix.

SAINT-QUENTIN (L. DE). *Questions du jour*: 1 Crédit agricole; 2 la Vie à bon marché; 3 Impôts, Protection. In-8 de 20 p. Nantes, Forest et Grimaud.

SAULNIER (Eugène). *De la nécessité de la probité commerciale*. Révélations sur les fonds de commerce d'alimentation, etc. In-8 de 48 p. Paris, impr. Duval.

SCHŒNBERGER (Louis). *Les compagnies américaines d'assurances sur la vie en Europe*; une étude. In-8 de 72 p. Paris, Masquin.

Statistique de l'industrie minérale et des appareils à vapeur en France et en Algérie pour l'année 1883. Résumé des travaux statistiques de l'administration des mines en 1884, avec un Appendice concernant la statistique minérale internationale. In-4 de 213 p. avec diagrammes et carte Paris, Dunod.

Tableau général au 30 septembre 1884 des communes de plein exercice mixtes et indigènes des trois départements de l'Algérie (territoire civil et territoire de commandement), avec indication du chiffre de la population municipale européenne et indigène et de la superficie du territoire de chaque commune. In-8 de 98 p. Alger, Fontana. [Gouvernement général de l'Algérie.]

TAILLIS (Marcel). *M. Viette et le budget des forêts pour l'année* 1885. In-8 de 20 p. Toulouse, Douladoure-Privat.

TOCHON (Pierre). *La crise agricole à la réunion départementale de Chambéry* (13 déc. 1884). In-8 de 16 p. Chambéry, Ménard.

TOUZAUD (Daniel). *L'organisation sociale des papeteries d'Angoulême*. In-8 de 48 p. Angoulême, Roussaud.

Une question d'octroi. Moyen de régulariser l'entrée du vin d'après sa valeur. (Écriture sténographique française.) In-8 de 16 p. Paris, Lafaille.

VELTEN. *Discours* prononcé à la séance du Sénat (26 mars 1885) dans la discussion de la proposition de loi relative aux céréales. In-8 de 22 p. Paris, au « Journal officiel ».

VILLEY (Edmond). *La question sociale et l'enquête sur la crise industrielle*. In-8 de 38 p. Caen, Le Blanc-Hardel. [Extrait des « Mémoires de l'Académie de Caen ».]

Le Gérant : P. GUILLAUMIN.

Paris. — A. PARENT, imprimeur de la Faculté de médecine, A. DAVY, successeur, 52, rue Madame et rue Monsieur-le-Prince, 14.

JOURNAL

DES

ÉCONOMISTES

LES LOIS NATURELLES DE L'ÉCONOMIE POLITIQUE

LES OBSTACLES A LA DISTRIBUTION UTILE DE LA RICHESSE [1].

Ce qui caractérise uniformément toutes les conceptions du socialisme, c'est qu'elles reposent sur une analyse incomplète des éléments et des opérations de la production, et surtout qu'elles méconnaissent la nature et le rôle du capital. Les socialistes ne tiennent compte que du travail, c'est-à-dire du personnel employé à la production. Associer les travailleurs dans de certaines conditions et par de certains procédés, et répartir entre eux, en vertu d'une règle qui est encore à trouver, les résultats de la production, voilà en quoi se résume à leurs yeux l'œuvre qu'il s'agit d'accomplir pour résoudre la « question sociale ». Ils ne s'occupent guère du capital que pour chercher les moyens les plus expéditifs et les plus efficaces d'enlever à ce « tyran » la dîme usuraire qu'il prélève sur le travail, en restituant aux travailleurs « l'intégralité du produit ». Ils ne paraissent pas se douter que le travail ne peut produire sans l'assistance d'un matériel de plus en plus considérable, lequel doit être incessamment entretenu, renouvelé et augmenté. Ils ne paraissent pas savoir davantage que toute opération productive s'accomplit dans le temps aussi bien que dans l'espace ; qu'un intervalle parfois très court, mais aussi parfois très long, s'écoule avant que le produit puisse être achevé et réalisé, et que dans toute la durée de cet intervalle la production exige une « avance de capital ». Enfin, les socialistes paraissent ignorer que les agents productifs, personnel et matériel, sont

[1] Voir le numéro de mars du *Journal des Economistes*.

combinés dans des proportions déterminées par la nature ses et l'état d'avancement de l'outillage.

pendant d'examiner, dans un moment donné, une branque de la production pour y trouver : 1° l'avance d'une me de valeur, autrement dit d'un capital, investi sous ...re, de bâtiments d'exploitation, de machines, d'outils, de es premières, de monnaie ou d'articles nécessaires à l'entre... personnel jusqu'à ce que le produit soit réalisé, et au renou...ent du matériel dans le cas d'une insuffisance de réalisation; vance d'une autre somme de valeur, investie dans un personnel ailleurs de tout ordre, pourvus, les uns d'aptitudes et de con...nces techniques, les autres simplement de force physique. Cela il est nécessaire que le matériel et le personnel, le capital et ... travail soient produits et, de plus, qu'ils le soient dans des proportions déterminées par la nature des entreprises et l'état d'avancement de l'outillage.

Voyons donc comment se créent le capital et le travail et à quelles conditions ils peuvent être mis au service de la production. Nous verrons ensuite en vertu de quelle loi les produits se répartis... entre eux et quels obstacles viennent troubler cette distribution naturelle de la richesse.

I.

Nous avons constaté que l'universalité des produits et des services nécessaires à la satisfaction des besoins de l'homme, autrement dit à sa consommation, sont créés au moyen d'entreprises et constituent, quelle que soit leur nature, des valeurs. Toute entreprise a pour objet la création d'une certaine somme de valeurs. Cette somme se distribue entre les pourvoyeurs des agents productifs engagés dans l'entreprise et elle forme leur revenu. Chaque homme, riche ou pauvre, possède un revenu aléatoire ou assuré, mais dérivé, directement ou indirectement, d'une ou de plusieurs entreprises, et c'est au moyen de ce revenu qu'il pourvoit, bien ou mal, à sa consommation.

Considérez la population d'un pays tel que la France et examinez en quoi consistent ses moyens d'existence. Vous trouverez qu'elle les tire d'une multitude d'entreprises de toute sorte, agricoles, industrielles, commerciales, littéraires, artistiques, sans oublier l'entreprise politique de l'État, dans lesquelles est investie une quantité énorme de capital sous forme de matériel et auxquelles coopère un personnel qui se dénombre par millions. Capitalistes et travailleurs (et presque tous sont, quoique dans des proportions inégales, à la fois l'un et l'autre) se partagent le produit des entreprises et ces parts

doit pourvoir, sous peine de souffrir et de périr avant le t
qué par la nature.

Le revenu que l'individu recueille dans sa période pro
utilisant les forces et les matériaux dont il dispose, q
investis en lui sous forme de valeurs personnelles, ou er
lui, sous forme de valeurs immobilières et mobilières, c
doit l'appliquer à différentes destinations, nécessaires, qu
degrés divers, à sa conservation et à celle de sa prog
premier lieu, il doit l'employer à l'entretien et à la rép
forces productives ou des valeurs investies dans sa person
réparation est plus ou moins étendue et coûteuse, selon
et la qualité des forces qu'il applique à la production;
lieu, il doit en réserver ou en épargner une partie, afin
aux accidents, maladies et autres risques de nature à i
son activité productive; en troisième lieu, il doit en ép
autre partie, en vue de subvenir à ses besoins pendant sa
en quatrième lieu, il doit appliquer une portion et non la
son revenu à élever et à former, en lui faisant les avance
sables, la génération destinée à remplacer la sienne; en
point à prendre sur son revenu la somme nécessaire à l'
au renouvellement du capital, investi en dehors de sa per
forme de terres, d'instruments, de matériaux, de monna
composé de valeurs immobilières et mobilières, ce capit
communément, quand il demeure inactif, être investi sous
et dans des conditions qui en garantissent la conservatic
rée, et, quand il est en activité, — ce qui est le cas génér
vant une rétribution dans laquelle se trouve comprise la
quise pour le reconstituer d'une manière indéfinie, en reve
sur son revenu qu'il doit prendre et épargner la somme
pour accroître sa puissance productive, s'il veut augm
puissance et son revenu avec elle. Tel est l'aménageme
revenu ou de la consommation; l'aménagement utile, d
c'est-à-dire celui qui, en le supposant généralisé, procure
pèce et, par conséquent, aux individus qui la compose
grande somme de jouissances, en leur épargnant la p
somme de peines ou de souffrances.

Supposons, en effet, que l'aménagement du revenu, te
venons de l'esquisser, et tel que le prescrit la morale ou
du gouvernement de l'homme par lui-même, soit le fait
supposons que tous les hommes possèdent assez d'intellig
force morale pour faire cet emploi utile de leur revenu,
sant, dans la mesure requise, à toutes les obligations que

sent leur nature et les conditions de leur existence, quel serait le résultat? C'est que les hommes, non seulement entretiendraient en bon état leurs forces productives tout en s'assurant une vieillesse exempte de soucis, mais encore ils élèveraient une nouvelle génération de tous points apte à remplacer la génération existante, et ils augmenteraient, en même temps, d'une manière progressive, le capital nécessaire à l'accroissement de l'espèce et à l'amélioration de ses moyens d'existence.

Ce supplément de capital, ajouté par la génération présente à l'héritage des générations antérieures, devrait être partagé, dans la proportion déterminée par la nature des entreprises de production, entre le personnel et le matériel d'accroissement. Mais, dans un tel état de choses, la loi de la concurrence des valeurs agirait, sans rencontrer d'obstacles provenant du fait de l'homme lui-même, pour maintenir cette proportion. Quand, par exemple, la quantité de capital investie dans le personnel tendrait à devenir surabondante, la concurrence agissant aussitôt avec une impulsion progressive, diminuerait sa rétribution pour augmenter celle du matériel, l'équilibre ne tarderait pas à se rétablir et chacun des agents productifs recevrait de nouveau sa rétribution utile, c'est-à-dire la somme nécessaire pour l'entretenir et l'augmenter dans la proportion déterminée par la nature des entreprises. La production atteindrait alors le maximum que comporterait l'état d'avancement de l'industrie humaine et la distribution de ses fruits serait aussi utile, partant aussi équitable que possible.

II.

Malheureusement, la distance est grande entre la réalité et l'hypothèse que nous venons de formuler. Des obstacles de toute sorte, provenant principalement de l'infériorité de notre nature, vicient l'emploi du revenu, troublent l'aménagement utile de la consommation, entravent la création du capital et son investissement proportionnel dans le personnel et le matériel de la production, le plus souvent au détriment du personnel. La loi de la concurrence des valeurs n'agit pas moins au milieu de ce désordre pour rétablir l'équilibre entre les agents productifs, en faisant tomber au-dessous du nécessaire la rétribution de ceux qui surabondent, en élevant au-dessus la rétribution de ceux qui sont en déficit. Mais cette police de la consommation, la nature ne la fait point sans infliger aux uns des pénalités cruelles et sans accorder aux autres des récompenses exagérées; comme elle ne se préoccupe point des individus, comme elle rend l'innocent solidaire du coupable dans l'application de ses pénalités, comme ses récompenses tombent, en vertu de solidarité, indifféremment sur ceux qui les mérit qui en sont indignes, l'instrument dont elle se sert tre l'ordre, la concurrence, soulève un concert de pendant, au lieu de la maudire, ne serait-il pas plus cher pourquoi elle écrase ceux-ci, pourquoi elle élève s'appliquer à remédier aux maux qu'elle corrige en malade ?

C'est à ces causes que nous allons remonter, en obstacles que nos vices et notre ignorance opposent à utile de la consommation.

Si nous considérons, en premier lieu, les obstacles tien des forces productives et à la conservation de vidu, que trouverons-nous ? D'abord, que l'immense hommes accordent à leur consommation actuelle une en disproportion avec les nécessités de la consommati ouvriers, par exemple, ne réservent rien ou réservent même dans les périodes de prospérité et de hauts salai venir aux cas de maladie, d'accidents ou de chômages pour pourvoir à l'entretien de leur vieillesse. De plus, proportionnée, accordée à la consommation actuelle, ment viciée dans son emploi ; au lieu d'être consacrée forces et à conserver la vie de l'individu, elle sert affaiblir les unes et à abréger l'autre. Les consommati l'abus des liqueurs fortes, du tabac, le jeu, la débauche portion considérable du revenu qui devrait être affecté à la consommation utile du présent ou réservé à cell Quelles sont les conséquences naturelles et inévitables *sances?* C'est que l'individu, ne réparant point suff forces, devient un coopérateur moins efficace de la pro peut plus prétendre qu'à une moindre part de ses résul core que sa période de validité et d'activité producti abrégée et qu'il est voué à une incurable misère dan d'invalidité et de vieillesse.

Si nous considérons, en second lieu, les obstacles le renouvellement utile du personnel de la production, n pas moins frappés de leur multiplicité et des maux qu'ils leur suite. Chaque génération est obligée d'avancer les et d'éducation de celle qui lui succède jusqu'à ce que c état de pourvoir elle-même à sa subsistance, et cette a pital est d'autant plus considérable que l'outillage de l est plus perfectionné, qu'il exige par conséquent un p intelligent, attentif et consciencieux pour le desservir. Elle s'élève de nos jours à une somme énorme et toujours croissante, et elle absorbe une portion notable du revenu de chaque famille. Mais comment est-elle aménagée et distribuée? Comment la nouvelle génération est-elle mise au monde, élevée et rendue apte aux fonctions productives qu'elle est destinée à remplir? Les mobiles qui poussent les hommes à la reproduction de leur espèce sont de diverse nature : physiques, moraux et économiques. C'est l'attrait des sexes ou l'appétit sexuel, l'amour des enfants et du foyer; c'est encore, pour la grande majorité, l'intérêt à se créer des auxiliaires productifs. Ces mobiles sont plus ou moins actifs d'individu à individu, ils se combinent à des degrés très différents, et ils sont influencés par les circonstances ambiantes; mais l'expérience atteste qu'ils ont agi jusqu'à présent avec une énergie plus que suffisante pour assurer la reproduction croissante de l'espèce. Seulement, malgré les mesures qui ont été prises de tout temps pour contraindre ceux qui, obéissant à l'appétit sexuel, mettent un enfant au monde, à s'acquitter de l'obligation née de cet acte, c'est-à-dire à subvenir aux frais d'élève, d'éducation et d'apprentissage de l'enfant jusqu'à ce qu'il soit en état de pourvoir lui-même à sa subsistance, et sans escompter à leur profit ses forces naissantes, cette obligation, la plus importante de toutes, n'a été jamais et nulle part généralement et complètement remplie. Même dans les sociétés les plus civilisées, bien des gens ne paraissent pas se douter que l'action de donner le jour à un enfant implique une responsabilité dont ils ne peuvent s'affranchir sans commettre un assassinat ou un vol, — un assassinat s'ils ne fournissent pas les soins et la subsistance nécessaires à l'être qu'ils ont appelé à la vie, un vol s'ils rejettent ce fardeau sur autrui. On peut constater même un affaiblissement de ce sentiment de responsabilité depuis que les garanties préventives que les anciennes législations ou les coutumes établissaient pour assurer la reproduction utile de l'espèce ont en partie disparu avec la réprobation qui frappait les délinquants et qui s'étendait jusqu'aux fruits innocents de leur faute. Dans les classes inférieures, on s'unit devant la loi ou en dehors de la loi et on pullule, sans se demander si l'on possède les moyens d'élever ses enfants; encore moins se demande-t-on s'ils pourront trouver une place dans l'atelier de la production. On compte sur la charité publique et privée; on compte aussi sur l'exploitation de l'enfant, que l'on se hâte d'assujettir au travail avant que ses forces soient développées. Dans les classes supérieures, on est plus prévoyant; si l'on se préoccupe peu du nombre et de la destinée des enfants naturels, on s'abstient de mettre au monde plus d'enfants légitimes qu'on n'en peut élever

int au rang que l'on occupe dans la société; quelquefois
ousse à cet égard la prévoyance à l'excès. A quoi il faut
les convenances de fortune décident le plus souvent des
n dehors des convenances physiques et morales, quand ce
opposition avec elles. Quel est le résultat de cet aménage-
eux de la reproduction de l'espèce? C'est, dans les régions
es de la société, une mortalité excessive des enfants, multi-
t sans prévoyance, tantôt sous l'impulsion d'un calcul
l nourris et soignés, et la perte du capital que leur entre-
rbé depuis leur naissance jusqu'à leur mort; c'est encore
ement des survivants, que leurs parents exploitent avant
comme s'il s'agissait de bêtes de somme dont la propriété ces-
de leur appartenir dès qu'elles auraient acquis toute leur crois-
ance. Dans les classes supérieures, c'est la formation d'une géné-
insuffisante et chétive, qu'une instruction prétendue classique
nsuite impropre à exercer utilement les fonctions dirigeantes
production. Bref, tandis que les éleveurs d'animaux domesti-
s'appliquent non seulement à en proportionner aussi exacte-
t que possible le nombre au débouché qui leur est ouvert, mais
re à en conserver et en améliorer les races, l'immense majorité
des hommes vaque à la reproduction de l'espèce sans aucune préoccupation de ce genre. C'est à la providence qu'on laisse le soin de la
conservation et de l'amélioration des races humaines; c'est à la providence encore qu'on se fie pour trouver un débouché et des moyens
d'existence à toutes les créatures que l'on met au monde.

Voilà comment se produit et se multiplie la population qui fournit le travail physique et intellectuel nécessaire à la production, et qui n'est autre chose, au point de vue économique, qu'un capital composé de valeurs investies dans les personnes, autrement dit, de « valeurs personnelles ». Voyons maintenant comment se constitue cette autre portion du capital d'une nation qui s'investit dans le matériel des entreprises et qui se compose de valeurs immobilières et mobilières.

Si, comme nous l'avons démontré, toutes les entreprises qui fournissent aux hommes leurs moyens d'existence exigent la coopération dans des proportions déterminées par la nature de chaque production, d'un « personnel » et d'un « matériel », c'est-à-dire d'une accumulation de pouvoirs productifs, ou, ce qui est synonyme, de valeurs investies les unes dans l'homme, les autres hors de l'homme, la formation du capital mobilier et immobilier, son renouvellement et son accroissement ne sont pas moins nécessaires que ceux du capital personnel. Si l'on ne peut produire sans un personnel pourvu des aptitudes et des connaissances techniques exigées par l'entreprise, on ne le peut pas davantage sans un matériel composé dans des proportions diverses, selon la nature de l'entreprise, de terre, de bâtiments d'exploitation, de machines, d'outils, de matières premières, de monnaie et d'articles destinés à la subsistance du personnel jusqu'à ce que le produit soit réalisé, en admettant, ce qui est le cas général, que le personnel ne possède point cette avance de subsistance ou préfère l'appliquer à une autre destination. Il faut donc incessamment produire du capital pour renouveler et accroître le matériel des entreprises, de même qu'il faut en produire pour renouveler et accroître le personnel. Et cette double production s'opère par le même procédé, quoique avec des différences dans la forme, savoir par l'épargne d'une portion des valeurs réalisées et distribuées aux coopérateurs des entreprises, dont elles constituent le revenu. La différence essentielle à signaler, au moins sous le régime de la liberté du travail (car cette différence n'existe pas lorsque le travail est esclave), c'est que la part afférente au personnel qui fournit le travail lui est entièrement distribuée, à charge par lui de pourvoir à son entretien et à son renouvellement, tandis que l'on compte dans les frais de l'entreprise l'entretien et la reproduction du matériel dont une partie est plus ou moins usée et dont une autre partie est entièrement détruite par l'opération productive. Sous forme de salaire, les travailleurs reçoivent donc une somme destinée à couvrir leurs frais d'entretien et de renouvellement, à laquelle peut s'ajouter aussi une autre somme destinée à les déterminer à coopérer à la production plutôt qu'à laisser improductif leur capital de « valeurs personnelles ». Les pourvoyeurs du matériel, au contraire, ne reçoivent sous forme de profits, d'intérêts ou de rentes, qu'un simple excédent destiné à couvrir les risques de l'emploi de leur capital mobilier ou immobilier, avec un bénéfice suffisant pour les déterminer à s'en dessaisir et à l'engager dans une entreprise au lieu de le conserver inactif. C'est en soustrayant, par l'opération de l'épargne, une partie de cet excédent à leur consommation actuelle et à celle de leur famille que les « capitalistes » contribuent à l'augmentation du capital. Les « travailleurs » y contribuent de leur côté, quoique dans une mesure ordinairement moindre, par la même opération.

Cependant, il faut bien remarquer qu'aucun des mobiles qui excitent l'homme à s'imposer les privations et les sacrifices qu'impliquent l'épargne et l'investissement des valeurs épargnées sous la forme du matériel mobilier ou immobilier, n'est comparable en véhémence à l'appétit sexuel, qui est le premier agent de la production du personnel. Quoique cet appétit ne suffise pas seul à la création du rsonnel », il constitue une amorce qui n'existe pas pour ppliquée à la capitalisation mobilière et immobilière. r celle-ci, il faut sacrifier des jouissances présentes et es privations souvent fort dures en vue d'éviter des maux eurer des biens futurs, toujours plus ou moins incertains, se de pourvoir aux maladies, aux chômages, à la vieil- l'augmenter son revenu, en appliquant un supplément de es affaires ou en le prêtant à autrui. On conçoit que ces argne, malgré la supériorité des jouissances ultérieures promettent en comparaison des jouissances actuelles d'une mation imprévoyante, ne suffisent pas toujours pour déter- l'individu à refréner ses appétits; que l'absence de prévoyance, t du luxe, l'ivrognerie, la débauche, opposent un obstacle na- à l'épargne et à ses applications utiles. Toutefois, l'action per- matrice de ces défectuosités et de ces vices est combattue par celle rtus qui poussent l'homme à remplir ses obligations et à amé- rer son sort. Si la production du capital est loin d'atteindre le dé- mpement auquel elle ne manquerait pas d'arriver, en admettant l'étalon de la prévoyance et de la moralité fût plus élevé, elle va moins en augmentant toujours. Ce qui l'atteste, c'est la quan- ité visiblement croissante des capitaux qui sont mis, sous toutes les formes, au service de la production dans les pays civilisés ou qui servent à agrandir le domaine de la civilisation.

III.

Dans toutes les entreprises, les résultats de la production ou les valeurs produites se distribuent sous forme de revenus entre les coopérateurs de l'entreprise, capitalistes et travailleurs. Cette distribution s'opère en raison des quantités de capital et de travail offertes au marché, et celles-ci sont toujours dans quelque mesure inférieures aux quantités existantes. S'agit-il du personnel? Il faut en déduire: 1° les individus impropres, par leurs défectuosités physiques et mentales, à toute espèce de travail, qui sont à la charge d'autrui et constituent les non-valeurs de la population; 2° ceux qui possédant des agents productifs qui leur ont été légués par les générations précédentes, sous forme de valeurs mobilières et immobilières, s'abstiennent d'offrir au marché leurs valeurs personnelles. Ces deux fractions de la population ne constituent, toutefois, en comparaison du personnel engagé dans la production ou disposé à s'y engager, qu'une quantité assez faible. S'agit-il du capital investi dans le matériel mobilier et immobilier? Une partie en est conservée inactive sous la forme de métaux précieux ou sous toute autre forme durable et facile à garder; une autre partie sous la forme de terres non exploitées ou d'immeubles affectés à la jouissance de ceux qui les possèdent, mais ces agents productifs inactifs ou appliqués à la consommation actuelle ne constituent de même qu'une fraction peu importante en comparaison des valeurs mobilières et immobilières mises au marché de la production, soit qu'elles se trouvent investies dans les anciennes entreprises, soit qu'elles s'offrent aux nouvelles.

C'est, disons-nous, entre les coopérateurs des entreprises que se distribuent les valeurs produites. Ces coopérateurs forment des catégories distinctes, selon la position qu'ils occupent et la nature des agents qu'ils fournissent. Analysons le mécanisme d'une entreprise quelconque et nous y trouverons : 1° Un entrepreneur ou une association d'entrepreneurs qui y ont engagé d'abord des forces productives investies en eux-mêmes et représentant une somme plus ou moins considérable de valeurs personnelles, ensuite des forces productives investies dans le matériel et représentant des valeurs mobilières et immobilières. Ces entrepreneurs réalisent ordinairement par voie d'échange leurs produits ou leurs services et ils opèrent la distribution de la somme de valeur ainsi obtenue. Quand ils ont fourni à leurs coopérateurs la part qui leur revient, ils s'adjugent le reste, si reste il y a; c'est le profit. 2° Des capitalistes et des propriétaires qui ont prêté ou loué aux entrepreneurs un complément de matériel mobilier et immobilier, et qui reçoivent leur part sous la forme anticipative et assurée d'un intérêt ou d'un loyer. 3° Des ouvriers qui ont loué aux mêmes entrepreneurs l'usage de leurs forces productives, et qui reçoivent également leur part sous la forme anticipative et assurée d'un salaire, auquel s'adjoint parfois une part éventuelle, mais toujours restreinte, dans les bénéfices, les pertes demeurant à la charge des entrepreneurs.

Remarquons d'abord que ces parts sont naturellement inégales; qu'il est nécessaire que les entrepreneurs et les capitalistes qui leur prêtent le complément de capital mobilier dont ils ont besoin reçoivent dans les résultats de la production une part proportionnellement plus forte que les propriétaires du complément de capital immobilier et les travailleurs. Cette inégalité dans les parts est motivée par celle des risques auxquels sont exposées ces différentes catégories de coopérateurs de la production.

Quelle est la situation de l'entrepreneur? Il engage dans son entreprise les agents productifs qu'il possède, il emprunte ou il loue les autres, matériel et personnel, capital et travail, moyennant une rétribution anticipative et assurée, intérêt, loyer, fermage ou salaire. Sa rétribution à lui est aléatoire. Elle consiste dans l'excédent de la

i procure la réalisation de ses produits sur celle qu'il a
ɔour les confectionner, en rétablissant le capital qu'il y
n payant l'intérêt ou le loyer de ce capital et le salaire
ais combien de circonstances contribuent à rendre cette
ıcertaine! Dans un grand nombre d'industries, il n'est
ir de l'entrepreneur de régler sa production conformé-
..oins du marché; il est exposé à dépasser ces besoins et,
ent, à voir son prix de vente tomber au-dessous de ses
ıction; il est exposé encore à la concurrence d'entre-
iissent leurs prix au-dessous du niveau où il peut faire
les siens; il est exposé enfin à ce que son marché soit ré-
ıême fermé par une guerre, un changement dans les tarifs
..ne ou une crise, parfois lointaine, qui se répercute sur ce
en diminuant la puissance d'achat de ses consomma-
c., etc.; bref, il n'est jamais assuré de son prix de vente. Il
s davantage de son prix de revient. Le prix des matériaux
... .n œuvre, le taux de l'intérêt des capitaux qu'il emprunte,
du salaire du travail qu'il loue peuvent s'élever pendant la
l'opération productive et porter son prix de revient au-
, ae son prix de vente, de manière à lui laisser un déficit au
d'un excédent, une perte au lieu d'un bénéfice. Il faut donc, pour
, l'entrepreneur puisse continuer son industrie, que l'ensemble des
..sques auxquels il est exposé soit couvert par une prime, laquelle
élève plus ou moins, selon l'importance des risques, le taux nécessaire de sa rétribution, en comparaison de celle des autres coopérateurs de la production.

Ces derniers sont exposés de même à des risques inégaux, selon la nature des agents qu'ils fournissent à la production. Le capital emprunté sous forme de monnaie et investi ensuite sous forme d'outils, de machines, de matières premières, ou conservé en caisse pour le payement des salaires, quoique garanti par le capital d'entreprise, n'est point et ne peut être complètement assuré contre les risques de la production. Si celle-ci ne couvre point ses frais, non seulement le capital de l'entrepreneur, mais encore le capital mobilier qu'il a emprunté peut être absorbé en partie ou même en totalité par la perte qu'il subit. Il faut donc que dans la rétribution du capital mobilier prêté à l'industrie soit comprise une prime destinée à compenser ce risque. Les capitaux investis en immeubles et en forces ouvrières et composés de valeurs immobilières et personnelles sont dans une situation différente. Ces deux sortes de capitaux ne participent point ou ne participent que dans une faible mesure aux risques de la production. Si l'entreprise vient, par suite de pertes successives, à tomber en faillite, le propriétaire qui a loué un immeuble urbain ou rural en reprend possession et sa perte se réduit, tout au plus, au montant d'un ou deux termes de loyer. L'ouvrier n'est, de même, exposé à perdre que le salaire de quelques jours ou de quelques semaines de travail. Sous l'influence de cette inégalité naturelle des risques, le taux nécessaire de la rétribution du propriétaire foncier et de l'ouvrier est proportionnellement inférieur à celui de la rétribution de l'entrepreneur et du capitaliste proprement dits. Il suit de là que, parmi ces coopérateurs de la production, les uns peuvent faire fortune plus rapidement que les autres, mais sont, en revanche, exposés davantage à se ruiner.

Cependant, le « taux nécessaire » de la rétribution des différents coopérateurs de la production n'est qu'un point ou un centre idéal vers lequel gravite la rétribution effective. Celle-ci est déterminée par les quantités des agents productifs respectivement offertes dans un moment et sur un point donnés. En supposant que rien ne vînt troubler le libre jeu de la loi de la concurrence des valeurs, l'équilibre s'établirait entre les rétributions des agents productifs au niveau du « taux nécessaire », aussi bien qu'entre les prix des produits au niveau des frais de production, et la distribution de la richesse s'opérerait de la manière la plus utile. Malheureusement, nous avons vu que des obstacles de tous genres provenant de l'imperfection de l'homme et du milieu où il vit viennent se mettre en travers. A ceux dont nous avons signalé l'action perturbatrice, il faut joindre la propension naturelle et universelle de l'homme à s'emparer par violence ou par ruse des valeurs possédées par autrui. Il nous reste à examiner les effets de cette propension vicieuse, qui a été de tous temps la source principale des maux de l'humanité.

G. DE MOLINARI.

LA QUESTION

DE LA

POPULATION EN FRANCE AU XVIIIe

AU POINT DE VUE DE L'HISTOIRE ET DE L'ÉCONOMIE POI

(*Suite et fin*)

Nous touchons à la dernière période de ces travaux, présenter à la fois plus exacts et plus complets pour comme pour les faits. Nous attribuons plus de valeur qu tume de le faire, bien qu'elles aient été plus d'une fois aux *Recherches et considérations sur la population de* publiées en 1778, par Moheau, avec une dédicace au rc 1774. De même que pour Messance, la paternité de M contestée; et comme l'auteur était secrétaire de M. de que l'ouvrage porte l'empreinte des idées du célèbre pl c'est à celui-ci qu'il a été attribué, notamment dans ur Lalande (*Journal des Savants*, mai 1779). En revanche, Saint-Fargeau, dans sa Bibliographie de la France, ma Moheau est l'auteur du livre. M. Fernand Labour, c cente *Vie de Montyon d'après des documents inédits*, également cet ouvrage pour le fondateur des prix de ver comme raison qu'il a retrouvé, aux Archives nationales, bons, quittances et papiers de toutes sortes, des feuillet verts de chiffres se rapportant à la population de la Fran cherches prouveraient tout au plus une collaboration qu révoquer en doute d'ailleurs. M. F. Labour attache, au d'importance à l'ouvrage; il rappelle pourtant que le con faisait cas, et que, dans un discours prononcé au Sénat mier empire, il avait reproché aux commissaires, no estimer la population, de ne s'être pas conformés au établis dans cet ouvrage pour les évaluations et les c L'auteur consciencieux de la *Vie de Montyon* aurait pu Daru, le témoignage de tous les personnages les plus co Arthur Young, Lavoisier, et tant d'autres qui ont invoqu de Moheau en matière de population.

La vérité est que l'ouvrage est d'un homme d'un réel n tout à la fois un traité et un ensemble de renseignemen

[1] Voir le *Journal des Économistes*, numéro de mai.

avec ordre, et toujours en vue de démontrer une vérité. On n'avait pas encore à ce point affirmé l'avenir de la statistique et les profits que la société pouvait en espérer. Seulement — et ceci est un titre de plus — l'auteur ne croyait pas que les efforts individuels pussent suffire, il invoquait le concours des pouvoirs publics, qui ont depuis lors largement répondu à l'appel par la création de nombreux bureaux et services statistiques en tous les genres dans les administrations. On peut dire qu'à cet égard le vœu de Moheau a été amplement exaucé.

L'auteur ne doute pas que la France ne soit plus peuplée qu'autrefois et n'ait encore récemment gagné en nombre d'habitants. Les raisons qu'il en donne sont présentées avec intérêt, mais on n'y peut voir qu'une application particulière à notre pays de celles qu'avait développées D. Hume à propos de l'Europe entière. Arrivons donc aux indications qui sont de nature à nous apprendre quelque chose sur la France du XVIIIe siècle.

Moheau semble continuer à bien des égards le livre de son prédécesseur Messance, mais il complète aussi ses renseignements sur nombre de points. C'est ainsi — et nous invoquons encore la patience du lecteur pour quelques chiffres avant d'entrer dans les considérations — qu'il évalue à cette date, 1778, à un septième l'excédent de naissances sur les décès pour tout le royaume, déduction faite d'environ vingt mille naissances, pour compenser le vide résultant des émigrations. Le dénombrement antérieur, quoique imparfait, permettait de constater approximativement l'augmentation des naissances et des mariages. Les registres pouvaient aussi aider, dans des localités déterminées, à comparer l'état des choses pour des temps différents ; par exemple, que les habitants de plusieurs communautés prises au hasard dans la généralité de Riom, ayant été, en 1756, l'objet d'un dénombrement qui se renouvelait quinze ans après, quelques communautés avaient gagné, d'autres perdu ; mais la totalité présentait une augmentation, progrès constaté d'ailleurs avec certitude dans les régions où l'agriculture et le commerce avaient prospéré. Lyon donnait un nombre de naissances croissant. En Touraine, la plupart des villes avaient perdu, mais les campagnes avaient gagné. Quant à Paris, Moheau signale l'infériorité qui s'accusait depuis quelques années dans le nombre des naissances. Il l'attribue au goût qui entraînait de plus en plus les habitants de la campagne vers la ville ; explication sans doute insuffisante ; ces habitudes de vie rurale n'avaient pu avoir qu'une portée restreinte à un certain nombre de familles. — En somme, entre 1688 et 1755, l'auteur trouvait un accroissement d'un neuvième environ pour la France, malgré les désastres de la guerre de 1701, l'hiver de 1709 et plusieurs années de cherté des grains.

On s'acheminait alors vers cette détermination des périodes de doublement que Malthus devait mettre en formules mathématiques. « Nous croyons avec M. Franklin, écrivait Moheau, que les limites de la population ne sont fixées que par la quantité d'hommes que la terre peut nourrir et vêtir ; ces bornes mêmes, qui sont réelles pour la totalité de l'univers, n'existent pas pour un pays en particulier, et sa population peut être supérieure à sa fécondité, si l'habitant trouve dans son industrie les moyens de subvenir à ses besoins et de rendre tributaire le sol étranger ». Aussi n'hésite-t-il pas à condamner les calculs de prévoyance égoïste, dont il est un des premiers à signaler le développement, même parfois chez les habitants des campagnes. Il invoque les principes d'une moralité supérieure, car l'intérêt réduit à des vues trop courtes tendrait à montrer pour presque toutes les classes dans le nombre des enfants plutôt une charge qu'un accroissement d'avantages.

Nous n'en avons pas fini avec cet ouvrage qui n'a été, à notre connaissance, apprécié nulle part avec l'étendue et le soin qu'il mérite au point de vue des progrès de la statistique et des renseignements historiques qu'il renferme. Pour évaluer la population française, Moheau emploie tous les modes usités par ses prédécesseurs, en cherchant seulement à donner plus de certitude à chacun d'eux. Au sujet du rapport de la population avec le revenu territorial qu'on peut déterminer d'après l'impôt du vingtième, il estime sous certaines réserves que la population et les produits du vingtième sont dans une proportion assez constante pour la plupart des provinces de la France. Celles qui étaient le plus peuplées en raison de leur étendue étaient, à ce moment, les quatre généralités de Rouen, Caen, Alençon et Ancenis. Or, le vingtième qu'elles supportaient était plus fort que dans aucune autre province. Mêmes résultats si, dans une généralité, on opposait les élections les moins peuplées à celles qui l'étaient le plus ; et c'est ainsi que, dans les généralités de Tours, en mettant d'un côté les élections d'Angers, Saumur et Château-Gontier, qui étaient les plus peuplées, et celles de Beaugé, Loudun et Loches qui l'étaient le moins, on trouvait la confirmation de cette sorte de criterium. Mais il n'entend donner à ce genre d'évaluation toute la précision désirable, quant à la comparaison des naissances avec les vingtièmes, que pour les généralités d'Alençon, de Poitiers et de la Rochelle, divisées par élections, lesquelles répondaient à peu près à nos arrondissements.

Nous voyons aussi l'idée de tenir compte de la densité entrer dans l'appréciation de la population. L'auteur proclame que la population n'a jamais plus de puissance pour l'enrichissement d'un pays que lorsqu'elle permet le rapprochement des besoins, l'heureuse combinaison des efforts, la division des tâches qui augmentent la quantité et la qualité des produits avec une économie considérable de main-d'œuvre et de capitaux. — Le calcul de la contenance des maisons habitées est fait de même avec un soin particulier pour certains centres. Les maisons, d'après Moheau, renfermaient, à Paris, près de vingt-cinq habitants, celles de Rouen six seulement (c'est le chiffre que nous avons déjà vu). Les villes de Provence, en y comprenant leur terroir, c'est-à-dire les hameaux qui faisaient partie de la ville, donnaient près de six habitants par maison; dans les villages on ne comptait guère que quatre habitants deux tiers; tels villages en France n'en donnaient pas quatre. Cinq habitants par maison formaient l'estimation moyenne pour les villes et les campagnes réunies. — Autre moyen d'estimation. Moheau reproduit le mode d'évaluation qui résulte des divers impôts établis par tête ou par chefs de famille, le minot de sel, par exemple, dans les pays de gabelle. Le minot est censé correspondre à la consommation de sept ou quatorze personnes. Il prend encore pour mesure la capitation des taillables.

Toutefois l'auteur voulait qu'on fît entrer dans ces calculs l'émigration et l'immigration, les inégalités dans les chances de prolonger la vie au delà des limites de l'enfance et de la durée de l'existence moyenne. Or, ces quantités, selon sa juste remarque, ne pouvaient être évaluées qu'en opérant sur des nombres et des périodes d'une assez grande étendue. Une période décennale lui paraît offrir une assez bonne mesure. Tout cela est resté acquis à la méthode statistique. — D'après des calculs établis sur plusieurs points, les uns choisis, les autres pris au hasard, il arrive à un multiplicateur, représenté par 26 1/2, moyenne qui compense les différences sensibles entre les villes et les villages. Or, ces différences sont telles que pour la Touraine on trouvait dans les campagnes 1 naissance par 23 habitants 1/2, tandis que les chefs-lieux d'élections n'en donnaient que 1 sur 33; dans la généralité de Rouen, on trouvait une naissance tantôt sur 29 habitants, tantôt sur 26 [1]. Les autres pro-

1 La statistique donne ou donnait, il y a une quinzaine d'années, un rapport de naissance au nombre d'habitants de 1 à 38 ou 39 en chiffres ronds.

Ce chiffre de 1 à 39 est donné par M. Maurice Block pour l'année 1868; l'écart est rarement aussi grand pour les années précédentes. (*Statistique de la France*, t. I, p. 61.)

vinces offrent de même d'assez grandes variations expliquées par le climat, le sol, l'état des cultures, les conditions de diverse nature.

Rien, dans ce tableau, ne nous a paru plus curieux, pour nous contemporains, que ce qui regarde l'émigration et l'immigration. On est loin alors de cette *infiltration* des étrangers qui a pris de si extraordinaires proportions, et on pourrait presque croire que les mots suivants s'appliquent à une autre France: « Il semble que l'expatriation soit une maladie nationale ». Cette émigration paraissait à l'auteur préjudiciable à la richesse publique, parce qu'elle enlevait au pays les bras qui travaillent et les ressources de l'épargne. Pourtant elle éliminait aussi beaucoup de misérables et de gens sans domicile; or, ceux-ci ne manquaient pas; on comptait à Lyon quatre mille personnes qui ne couchaient que dans des lits de louage. L'émigration était au reste, disons-le, fort imparfaitement évaluée. On ne se formait aucune idée exacte de celle qui se faisait par terre. Les états d'émigration par mer laissaient eux-mêmes beaucoup à désirer. Moheau fait entrer dans ses calculs de perte par l'émigration maritime les personnes qui meurent en mer, évaluées annuellement à 1.100, celles qui passent dans les colonies à 2.500, celles qui gagnent par mer les pays étrangers à 1.000. Quelle que soit la valeur des chiffres avancés, toujours est-il que nous allions chez les autres beaucoup plus qu'ils ne venaient chez nous. En 1760, David Hume évaluait à 30.000 le nombre des Français établis à Londres, et le déclarait supérieur au nombre total des Anglais établis en France. On croyait pouvoir compter 8.000 Français établis en Espagne et il n'y avait peut-être pas 800 Espagnols établis en France. Mêmes résultats pour les Hollandais et aussi pour les Italiens et les Allemands. Cette dernière immigration, qui depuis a pris des proportions si étendues, était presque nulle. On croyait qu'il n'y avait pas deux mille Italiens établis en France, et on estimait à quinze mille le nombre des résidents français en Italie. On trouvait à Berlin des quartiers composés de Français.

Nous voudrions être plus complètement renseignés sur le nombre et sur la fécondité relative des mariages à la même époque. Malheureusement, l'expérience ne porte pour le nombre des mariages que sur une quantité bien insuffisante de 164.000 individus. Elle donnait un mariage sur 114 habitants. On n'avait pas compris les grandes villes dans ces essais statistiques. Moheau croit l'écart fort supérieur pour ces villes en raison du nombre des célibataires qu'il estime, un peu hypothétiquement, pour Paris à un rapport de 1 à 160, et pour la France de 1 à 121 ou 122. Ces calculs ne devaient pas pourtant s'éloigner extrêmement de la réalité; ils présentent une moyenne supé-

et de tout sexe, recevaient constamment par jour une li
de pain, 433 livres par an, environ un setier 4/5. On doit r
quer qu'en ce moment le blé froment, en comptant le c
éprouvait par la mouture et l'augmentation qu'il rece
mélange de l'eau, ainsi que le second déchet résultant de
rendait un peu plus d'une livre de pain pour une livre de
mouture économique, quoiqu'elle ne fût pas aussi répan
l'est aujourd'hui, il pouvait rendre un vingtième de plus,
l'usage journalier, on pouvait établir le calcul à peu près
ment sur la livre de blé ou sur la livre de pain.

C'est en combinant tous ces résultats que Moheau arri
le chiffre de la population française. En prenant po
naissances, il trouve près de vingt-quatre millions; le
environ 23 millions; le nombre des décès, près de 24 mil
ment. C'est ce dernier chiffre qu'il adopte, le mode d'éva
les mariages lui paraissant moins certain. Il dresse, sur
données, le classement des diverses provinces selon le chif
de leur population. La Bretagne, le Languedoc, la Toura
delais, la généralité de Paris, ouvrent la marche, en pas
Normandie, le Limousin, le Berry; elle est fermée par les
de la Rochelle, Soissons, Metz, Valenciennes, le Roussill
et la principauté de Dombes. — On trouve, jetés çà et là,
aperçus sur les causes qui peuvent modifier le développe
lèle des subsistances et de la population. Telles sont les i
la fécondité du sol dans l'intérieur et, sur les côtes, la
poisson qui explique en partie le nombre élevé des hab
la Bretagne, dont l'intérieur était alors souvent incult
désert. Après les pays poissonneux, les pays vignobles s
fournissent la plus forte population (Bourgogne, Champa
lais, etc). Les pays à blé viennent ensuite à une longue d
trouve au dernier rang les pays de pâture, puis de forêts e
Quant aux villes, leur population les classait ainsi : P
Marseille, Bordeaux, Rouen. Tous les modes d'évaluatio
à peu près pour Paris à cette date, qui correspond à cell
tère Turgot, à six cent soixante-dix mille habitants, chi
dessous de l'évaluation mensongère de 1694.

Nous n'aurions pas tiré du livre de Moheau tout ce qu'
ner d'instruction utile sur l'état de la population avant 17
ne signalions encore quelques faits dont les uns nous éc
France, tandis que les autres ont une portée plus généra
constate 16 ou 17 naissances masculines contre 33 naissa
malgré cette supériorité de naissances du sexe masculin,

ve mêlés, à partir de ce moment, à cette question de la iée de plus en plus à la réforme de l'agriculture, de la morale, et au perfectionnement social. Necker y manière générale avant d'en faire l'objet de recherches us lisons dans son ouvrage sur la *Législation et le com-ains* (1775), que « l'économie politique fondera la puis-tat sur la grandeur des richesses, mais plus encore sur des habitants [1] ». Malheureusement cette thèse est faible-enue. Nous devons dire même que la question paraît aussi que mal résolue. Les partisans les plus éclairés du déve-nt de la population ne le séparent pas du problème des sub-ces, et ont soin de déclarer qu'il ne s'agit pas seulement de r les hommes, mais de proportionner leurs forces produc-intellectuelles et physiques à leurs facultés de consommation. ation et l'agriculture forment par là, ainsi que nous l'avons ané à propos du marquis de Mirabeau, une partie inté-u problème de la population. La quantité respective des vidus qui représentent ce qu'on appelle les bouches inutiles et ux qui représentent des forces en état de laisser un excédent, une importance décisive. Necker ne nie pas qu'une population ssante, si elle n'a pas les qualités nécessaires pour tirer parti du de l'industrie, ne puisse créer des indigents. Mais le sentimen-al écrivain tient à leur disposition cette maxime que « la fortune ne fait pas le bonheur ». On peut trouver du moins, comme on l'a dit, qu'elle y contribue, surtout pour des gens exposés à mourir de faim. Necker s'en tire d'ailleurs par des conceptions empreintes plus d'une fois de socialisme. Néanmoins, il prélude aux calculs souvent utiles qui allaient recommander son important et prochain ouvrage sur l'*Administration des finances*. La base de ces calculs se trouvait dans les renseignements demandés aux intendants par tout le royaume en 1770, 1771 et 1772, qui paraissaient donner pour l'année commune 780.040 décès, d'où l'on essayait d'inférer le chiffre total de la population par le rapport du nombre des morts à celui des vivants. L'estimation fut faite sur ce principe qu'il y avait 1 mort sur 33 vivants. Il redressait pourtant le chiffre de 33 à 31, à cause des omissions commises par les registres mortuaires et, sur ce chiffre trop élevé encore, il trouvait 24.184.383 habitants qu'il modifiait plus tard, lorsqu'en 1787 il devait évaluer la population par le chiffre des naissances des cinq années 1776-1780, qui avait paru donner un rapport de

[1] V. chap. IV, V et VI. *Collection des principaux économistes* (Guillaumin), t. XV, 216-221.

1 naissance sur 25 3/4 personnes, et trouvait cette fois 21.802.580 habitants. Il opposait ce chiffre à ceux qui s'obstinaient encore à soutenir que la France n'avait que 15 millions d'habitants, selon la vieille tradition qui voulait qu'elle allât se dépeuplant.

Un chiffre mitoyen entre celui de Necker en 1775 et celui de Messance fut pris pour établir la population de la France dans un Mémoire présenté, mais non écrit, par MM. du Séjour, Condorcet et Laplace, à l'Académie des sciences en 1783. Le système consistait à placer sur chaque nom marqué dans les cartes de Cassini l'année commune des naissances et à la multiplier par 26 quand il s'agissait de la population rurale. On attribuait à « un magistrat respectable, ancien intendant », que tout désigne pour être M. de la Michodière, ces nouvelles recherches inscrites dans les Mémoires de l'Académie des sciences de 1783 à 1786.

En même temps, la question était posée devant une réunion administrative et savante dont les procès-verbaux inédits d'un très réel intérêt ont été publiés récemment par MM. Pigeonneau et de Foville. Parmi d'autres problèmes économiques, la population tient sa place pour la France et pour Paris dans les séances du *Comité de l'administration de l'agriculture au contrôle général des Finances* (1785-1787). Tout n'y est pas également approfondi, et nous y trouvons une affirmation énoncée par un des membres, sans être examinée par ses collègues, qui évalue à 8 millions la population de l'Angleterre. Le mouvement qui porte vers Paris les campagnes est traité à propos d'un Mémoire adressé par un sieur Mongeot sur *le trop grand nombre de journaliers à Paris qu'il conviendrait de faire refluer sur les campagnes*. Le comité, qui comptait des savants comme Lavoisier, des économistes comme Dupont de Nemours, se montra moins défavorable à cette immigration. Le rapporteur affirmait qu'il n'y avait pas de journalier à Paris qui ne fût utile ; qu'il s'établissait nécessairement dans les salaires un niveau qui ne permettait pas qu'il y eût dans la capitale plus de gagne-deniers que le besoin ne l'exigeait ; qu'on ne pourrait en éloigner les gagne-deniers sans y renchérir la main-d'œuvre, et que ce renchérissement même deviendrait un appât qui en attirerait de nouveaux.

— « On a conclu, ajoute le procès-verbal, que tout ce que l'administration pouvait faire était de veiller par ses officiers de police à ce que les vagabonds, les gens oisifs et sans aveu ne séjournassent pas dans la capitale ; qu'on pourrait les enrégimenter pendant la guerre, en faire des matelots, mais qu'il serait dangereux qu'elle portât plus loin sa surveillance, et qu'il y avait une infinité d'objets qui n'allaient jamais mieux que quand on s'en mêlait peu[1] ». C'était parler d'or, bien que les besoins factices et même vicieux agissent toujours dans une certaine mesure pour attirer les campagnards vers les villes. Le comité n'allait pas pourtant jusqu'à adopter la thèse soutenue par Arthur Young, à savoir : que *les campagnes de France restent trop peuplées, qu'on n'émigre pas assez vers les villes*. L'auteur anglais ajoute qu'*il est d'observation générale et sans doute fondé sur des lois certaines que dans les pays florissants la moitié des habitants vive à la ville*, témoins l'Angleterre, la Hollande. En France, à l'en croire, la cause de l'extrême population des campagnes était dans l'agriculture routinière qui veut beaucoup de bras, et dans la situation non moins arriérée de la plupart des villes auxquelles l'industrie, le commerce ne donnaient pas assez de vie et de ressources. La part de vérité dans ces remarques ne saurait plus être contestée, mais nous croyons que le savant agronome en abusait et ne se rendait pas suffisamment compte des motifs qui faisaient et font que l'agriculture française emploie plus de travail humain que l'agriculture britannique.

Le comité fut particulièrement mis en demeure de s'occuper de la population par l'habile administrateur dont j'ai déjà prononcé le nom, M. de la Michodière, devenu conseiller d'Etat ordinaire depuis 1768, conseiller d'honneur au Parlement et membre du conseil de commerce. La Michodière demanda dans une lettre au comité de faire constater exactement « dans quelques endroits », le rapport du nombre des naissances et des morts à la population, et rappelant que le nombre 26 avait été adopté pour les grandes villes, il estimait qu'en multipliant le nombre des naissances par ce facteur, on avait assez exactement la population ; mais ces mêmes bases ne donnaient pas un exact résultat pour les campagnes, et la Michodière proposait de faire un grand nombre d'expériences pour arriver à plus de certitude ; il joignait à sa lettre un modèle d'état à remplir, et il offrait au comité la carte générale de la France, « divisée par carreaux » avec la population pour chaque carreau. Le comité « pensa, dit le procès-verbal (séance du 3 mars 1787), qu'il ne pouvait s'occuper d'un objet plus intéressant », et en conséquence, les états furent remis à cet abbé Lefebvre qui joue alors au comité dans toutes ces affaires un rôle très actif, et qui devait les faire passer aux correspondants du comité. L'abbé Lefebvre s'adressait en pareille

---

[1] Séance du 3 mars 1786. *L'administration de l'agriculture au contrôle général des finances*, par MM. Pigeonneau et de Foville, 1 vol. in-8, p. 188.

occurrence, d'abord aux 110 maisons de son ordre, celui des Génovéfains, pour arriver ensuite aux 610 prieurs curés qui en dépendaient. Des séculiers et des laïques s'y adjoignirent, et le nombre des correspondants dépassait 900 en 1787. Les procès-verbaux du comité montrent la préoccupation subsistante chez certains correspondants que la population, si elle ne décroît, n'augmente pas assez vite. Il en est même qui persistent à provoquer pour l'encourager des mesures légales. On y voit par exemple le « bureau d'agriculture » de Laon demander qu'on fasse revivre la déclaration de 1666 qui affranchissait de la taille les père et mère ayant dix enfants vivants, et qui avait été abrogée en 1683. Je m'étonne de ne rencontrer aucune protestation contre cet abus des règlements inutiles et surannés. Loin de là ; M. de Vergennes nous apprend (séance du 16 mars) que l'objet de cette loi, quoiqu'elle fût abrogée, n'en était pas moins rempli ; sur les demandes qui étaient présentées à l'administration par les intendants on était dans l'usage d'accorder aux pères de nombreux enfants des gratifications sur les fonds libres de la capitation, moins encore à titre de secours que dans une pensée d'encouragement à la propagation.

Le gouvernement faisait de son côté quelques utiles efforts pour donner à ses recensements plus d'exactitude. M. de Calonne s'adressait en 1787 aux receveurs particuliers des finances. On obtenait ainsi un état des chefs de famille taillables de chaque paroisse, divisés en treize classes suivant la taxe de la taille et de la capitation, et d'autres états des ecclésiastiques, nobles et privilégiés de chaque paroisse, avec le nombre des personnes dont leurs maisons étaient composées [1].

Ce genre de recherches était alors partout, et on peut citer un travail important, à la date de 1789, dû à un officier de l'armée, le chevalier des Pommelles. Ses *Notes et observations sur la population de la France* ont pour fondement les registres de chaque généralité dans la dernière période décennale et un travail

---

[1] M. Ch. Robillard de Beaurepaire, que nous avons eu déjà occasion de citer plus haut, emprunte un curieux spécimen de ce travail aux Archives de la Seine-Inférieure pour diverses élections. Dans l'élection de Caudebec, on trouvait 580 maisons ou familles privilégiées, comprenant 1613 personnes ; dans l'élection d'Evreux, 686 maisons de privilégiés, comprenant 1256 personnes ; dans l'élection de Montevilliers, 807 maisons de privilégiés, comprenant 2.068 personnes ; dans l'élection de Pont-de-l'Arche, 294 maisons de privilégiés, comprenant 924 personnes ; dans celle d'Arques, 770 maisons, comprenant 2.390 personnes. Le nombre de tous les taillables de cette dernière élection était de 26.410. (*Recherches sur la population de la généralité du diocèse de Rouen avant* 1789. Mémoire in 4, Evreux, Pierre Huet, libraire, 1872.

considérable de rectifications opéré par l'auteur lui-
un assez grand nombre de cantons. Le rapport variable
des naissances à celui des vivants est fixé par des
à 1 sur 29 dans certaines provinces, à 1 sur 22 dans d
supériorité des naissances sur les morts était, depuis dix
onzième pour les hommes et d'un douzième pour les femm
compte de ces résultats et recourant aux divers procédés
en usage, des Pommelles s'arrête au nombre de 25.065,88
rent de celui de Necker. Ce rapprochement des chiffres,
de plus en plus complet, devient un assez heureux sign

L'illustre Lavoisier, en 1790, se mettait de la partie. P
cédé statistique assez étrange, il induisait du nombre de
évaluées à 920,000 l'étendue des terres en culture, la
et la consommation de la France, dans l'ouvrage, malhe
inachevé, sur la *Richesse territoriale de la France*, imprim
de l'Assemblée nationale en 1791. L'auteur déclare y suiv
de Moheau et de Messance pour la population ; mais un t
pouvait manquer d'y mettre du sien. Voici comment il li
aux autres les questions qu'il se proposait de résoudre. « I
au moins pour la majeure partie des productions territo
France, une équation, une égalité entre ce qui se produ
se consomme ; ainsi, pour connaître ce qui se produit,
connaitre ce qui se consomme, et réciproquement. Un s
cipe, également évident, c'est que la consommation total
dans un royaume est égale à la consommation moyenn
vidus, multipliée par leur nombre. Et en supposant qu'o
les individus en différentes classes, la consommation total
à la consommation moyenne de chaque classe, multip
nombre d'individus dont chaque classe est composée [1] »
tion de ces principes exigeait des recherches préalables su
tion avec distinction de classes, d'états et de professions.
Lavoisier en a présenté quelques spécimens qui mérite
cueillis. Il évalue le nombre des nobles au 300e de la po
leur nombre, femmes et enfants compris, à 83,000 dont
lement en état de porter les armes. Les classes réunies s
de tiers-état formaient une masse de 5.500.000 hommes
service militaire.

Ce qui donne à ce travail un prix particulier, c'est qu
comprend dans ses calculs sur la population les éléments

---

[1] Discours préliminaire. *Collect. des principaux économistes.* M
p. 587.

portent au degré de bien-être estimé en blé, viande, revenu total, etc. Il ouvrait par là largement la voie suivie par les recherches modernes appliquées à la condition des ouvriers et des paysans, et où l'on s'efforce toujours et non sans difficulté d'obtenir d'exactes moyennes pour chaque catégorie. Dans des calculs spéciaux, Lavoisier évalue à 14 milliards de livres pesant la quantité de blé consommée par un nombre d'habitants qu'il évalue à 25.000.998 ; il indique le nombre d'onces de viande consommées dans diverses conditions urbaines ou rurales. Il trouve que dans les familles indigentes chaque individu n'avait que 60 à 70 livres en moyenne à consommer par an. A prendre la consommation moyenne des hommes adultes, elle était à peu prés égale à la paie du soldat c'est-à-dire de 250 livres environ par an ; la dépense des femmes était au plus des deux tiers. Dans un ménage de campagne, il fixe la dépense pour le mari à 251 livres, celle de la mère à 167 l. 6 s. 8. d., celle des trois enfants en bas âge au même taux que la mère : total, 583 l. 13 s. 6 d. Il obtient en grand ces résultats par la voie de l'induction, mais à l'aide de faits nombreux, de renseignements demandés à diverses sources, aux curés de campagne notamment ; il les compare aux résultats partiels qu'avaient fournis M. de la Michodière, Turgot, etc., et leur presque identité lui inspire confiance dans ces calculs, base éventuelle d'un projet d'imposition foncière pour l'Assemblée nationale. Un véritable intérêt s'attache à cette sorte d'inventaire du nombre des anciennes classes au moment où la nation va les absorber dans son unité. L'histoire peut mettre à profit cette évaluation que nous nous bornons à résumer. Lavoisier estime à 8 millions la population des villes et gros bourgs ; le personnel des laboureurs, fermiers, avec la domesticité, à 6 millions ; les journaliers agricoles à 4 millions, les vignerons et leurs familles, à 1,750,000, et leurs salariés à 800.000 ; les familles de fournisseurs et fabricants vivant aux dépens de l'agriculture à 1.800.000 ; les petits propriétaires vivant de leurs fonds à 450.000 ; le reste des professions à tous les degrés à 1.950.000 ; enfin, l'armée à 250.000. La part de tout ce monde est, selon Lavoisier, réglée ainsi qu'il suit : sur le produit total du territoire estimé en argent à 2 milliards 750 millions, l'agriculture et les agriculteurs absorbaient plus de la moitié ; 1.200 millions étaient partagés à peu près par égales parties entre le trésor public et les propriétaires. Suit une étude spéciale sur la population et la consommation à Paris. Il multiplie par 30 le nombre des naissances équivalant à 10.769 et obtient un chiffre d'habitants égal à 593.070, en nombre rond 600.000, qui nous ramène par les voies si différentes suivies par l'auteur à un total non très différent de celui qu'on a indiqué précédemment. L'illustre savant

fixe la consommation moyenne du pain à 15 onces
celle de la viande à un peu plus de 150 livres par an
par jour 6 onces 4 gros 2/3. Les consommations étaient
pour le vin et pour les autres denrées de toute matière

Lagrange continuait, en les étendant, à quelques au
évaluations de Lavoisier, dans l'*Essai*, trop court, où il
cien nom d'*Arithmétique politique* pour en faire l'ap
besoins intérieurs de la République. Il calculait la
alimentaire en admettant que le cinquième des habitan
ans d'âge, et que deux enfants et une femme consommen
homme fait.

Tous les philosophes en possession de la renommée
leur mot sur la population. Condorcet en devait parler
néraux dans son *Esquisse* et, en attendant, présentait s
la question. Dans la *Bibliothèque de l'homme public*, p
auspices, Peyssonnel et le Chapelier, évaluaient en l'
lions 1/2 d'habitants la population française, sur lesqu
partenant au clergé, 110.000 à la noblesse. Le recense
avait donné un chiffre de 26.463.074. C'est un chiffre a
à ceux de Lavoisier et de des Pommelles. Mais, si ces
peut-être un peu au-dessous de la réalité, ils s'en éloign
ceux de Beauvallet des Brosses qui atteignent presque
du comité d'imposition sur les taxes, qui en 1791, croi
30 suffit comme proportion des naissances à la popul
villes, mais qu'il est trop fort pour les campagnes, et qu
donnerait 28.896.210 (M. Raudot adopte avec exagérat
millions dans ses *Etudes sur la France avant* 1789).
rédigé par M. de Calonne avait donné seulement 23.0
Encore une fois, un chiffre flottant entre 26 et 27 millio
pour la France avant 1789 parait fort approcher de la

V

La Révolution allait-elle diminuer le nombre des ha
troubles intérieurs et ses guerres étrangères? Ce fut le
près les recensements de 1801 et de 1805. Des causes i
fortes que l'action même de ces obstacles avaient sans
qu'en compenser l'effet en dix ou quinze ans. Le chev
melles avait exalté dans ses observations l'influence
ments libres sur l'accroissement de la population, pe

---

[1] Conservé aux Archives (carton H, 1444) cité par MM. Pi
ville. (*L'administration de l'agriculture*, 1785-1787, p. 140.)

à celle qu'exprimait Machiavel plus de deux siècles auparavant : « Sous les gouvernements doux et modérés, la population est toujours plus grande, les mariages étant plus libres et plus désirables ; chacun souhaite volontiers le nombre d'enfants qu'il peut nourrir, quand il ne craint pas que son patrimoine puisse lui être ravi, et lorsqu'il sait que ces enfants naissent libres et non esclaves et qu'ils peuvent s'élever par les services rendus » (*le Prince*, ch. x). Mais on n'avait guère connu encore ces gouvernements modérés et surtout libres. M. Paul Boiteau, dans son savant livre : *Etat de la France avant* 1789, soutient que la révolution française eut une influence favorable à la population. « Chose très remarquable, dit-il, et qu'il faut signaler quand on parle de l'influence morale de la Révolution, les naissances et les mariages augmentent dès que l'enthousiasme a saisi les cœurs, et les décès diminuent. Quelque temps avant 1789, le mouvement de vie se fait sentir. De 1785 à 1791, l'année moyenne donne, en accroissement des périodes antérieures, 495 naissances, 2.176 mariages, elle donne 2.413 morts de moins. » L'auteur ajoute : « L'étendue de la vie moyenne, d'après Duvillard, était avant 1789 de 28 ans, 9 mois. Elle n'a cessé depuis ce temps de s'accroître. Elle était en 1817, de 31 ans 8/10 ; en 1820, de 32 ans ; en 1837, de 34 ans 6/10. Elle touche aujourd'hui, selon Bouvard et l'*Almanach du bureau des Longitudes*, au chiffre de 40 années. En 70 ans, la Révolution a donc conquis plus de 11 ans d'existence pour chacun des enfants qui naît sur la terre de France. » C'est attribuer un peu trop exclusivement, selon moi, à la Révolution un résultat que le mouvement civilisateur aurait amené au moins dans une mesure considérable. Il n'est pas moins certain que, peu après 1789, les amis de la Révolution française pouvaient rapporter à ses bienfaits civils le mouvement ascendant qui se fit sentir. J'en trouve la preuve dans un écrit de circonstance signé d'un nom obscur, mais qui exprime les sentiments de toute une classe ; c'est un petit volume paru en l'an XI, ayant pour titre : « *De l'influence de la Révolution française sur la population*, ouvrage où l'on prouve qu'elle a augmenté depuis dix ans et où l'on en donne les causes morales et politiques, avec des tableaux à l'appui ». L'auteur, un médecin nommé Robert, s'intitule en outre ancien correspondant du gouvernement pour l'agriculture. On a là une vive image des sentiments généreux et aussi des illusions d'une partie de la bourgeoisie qui s'exagérait la facilité d'un perfectionnement social continu. Le livre expose d'abord les causes de la dépopulation avant 1789, puis celles qui ont amené l'accroissement numérique, c'est-à-dire l'influence de la Révolution sur le « moral du peuple, le défrichement des landes, le dessèchement des marais, le partage et la vente des biens communaux, les améliorations agricoles, les progrès de la nourriture, du vêtement, des secours donnés par l'art de guérir, l'ensemble des libertés civiles et industrielles, la suppression des impôts féodaux, la diminution du célibat, etc. » Suit tout un programme de moyens moraux, économiques, politiques, hygiéniques et médicaux qui peuvent conserver et développer la population en France, « sans qu'elle dépasse les moyens d'existence ». C'est sur ce dernier point de vue que l'attention est fortement ramenée, et c'est par là que va se clore tout le mouvement d'idées et de recherches dont j'ai essayé de présenter le développement.

Il y avait bien du chemin parcouru depuis les premières années du siècle. On commençait à voir clairement dans la population un de ces faits qui ont leur développement et leurs lois indépendantes de l'État. J'ai cité Montesquieu au début de cette étude. Heureusement, à l'exception de l'école de Mably, personne n'aurait adhéré en 1789 à la solution singulière qu'il offrait dans l'*Esprit des Lois* au problème de la population lorsque les individus ne peuvent se suffire, et qui mérite d'être rappelée pour marquer les progrès accomplis par l'économie politique. On trouve au chapitre XIX du livre XXIII la proposition d'un partage de terres appuyé sur cet aphorisme, qui classerait aujourd'hui au premier chef son auteur parmi les écrivains socialistes d'État : « *L'État doit à tous les citoyens une subsistance assurée, un vêtement convenable, et un genre de vie qui ne soit pas contraire à la santé.* » Si réellement l'État *doit* et *peut* donner tout cela, on n'a point, en effet, à s'embarrasser du nombre des hommes, et l'on en peut faire naître à volonté. Mais c'était une solution bien hasardée de la part d'un publiciste de génie et d'un écrivain, comme on dit en langage actuel, « conservateur ». Une population très nombreuse, voilà l'idéal qu'il traçait ; une population dont l'excédent serait entretenu par l'État, voilà la solution qu'il indiquait dans la pratique.

Les systèmes plus ou moins favorables à une population nombreuse allaient se développer, et on se divisait là-dessus même pour la France. *La France est trop peuplée !* Qui dit cela ? C'est encore Arthur Young[1]. On sent la même crainte dans le *Rapport du Comité de mendicité* de l'Assemblée nationale : « C'est ainsi que, malgré les assertions répétées depuis vingt ans par tous les écrivains politiques, qui placent la prospérité d'un empire dans sa plus grande population, une population excessive sans un grand travail et sans des productions abondantes serait au contraire une dévorante surcharge pour un État. Car il faudrait alors que cette excessive population

[1] *Voyages en France*, t. II, ch. XVI ; écrit pendant la Révolution.

partageât les bénéfices de celle qui sans elle eût trouvé une subsistance suffisante; il faudrait que la même somme de travail fût abondante à une plus grande quantité de bras; il faudrait enfin, nécessairement, *que le prix de ce travail baissât par la plus grande concurrence des travailleurs, d'où résulterait une indigence complète pour ceux qui ne trouveraient pas de travail et une subsistance incomplète pour ceux mêmes auxquels il ne serait pas refusé* »[1]. C'était la baisse du salaire, conséquence d'une offre plus grande du travail, à laquelle Ricardo ajoutait plus tard la hausse non moins nécessaire des denrées résultant d'une *demande* croissante, c'était la fameuse *loi d'airain* dont les socialistes feront plus tard un argument contre le fatalisme sans entrailles des économistes. Les physiocrates avaient déjà commencé à la formuler, quoique moins durement : « En tout genre de travail, avait dit Turgot, il doit arriver et il arrive que le salaire de l'ouvrier se borne à ce qui est nécessaire à sa subsistance. » Mais la question se posait-elle réellement ainsi? Arthur Young va jusqu'à avancer que « la France serait plus puissante et infiniment plus prospère avec 5 millions de moins d'habitants ». Il rapporte à cette cause nos misères, dont il avait trouvé pourtant des explications plus fondées dans un mauvais régime économique, administratif et politique. Un esprit aussi éclairé n'aurait pu oublier, s'il n'eût été sous le joug d'un système, qu'il y a toujours trop d'hommes quand ils sont peu capables de produire par leurs facultés appliquées au sol et à l'industrie. Ce ne sont pas les éléments du travail qui font défaut à une population de mendiants dans un pays où la main-d'œuvre fait appel à des bras étrangers, et où il y aurait encore bien des ressources à créer. Le trop d'hommes ignorants, fainéants et vicieux ne prouve pas d'une manière générale contre le nombre excessif des hommes. L'agronome anglais soutient que l'Espagne est trop peuplée, comme si le manque de population n'y était pas au contraire l'effet de la misère, car celle-ci n'a pas toujours la possibilité de pulluler comme en Irlande. Il accuse la petite propriété de pousser aux mariages et à la fécondité, et il en fait des peintures lamentables. Ainsi, en 1780, la France risquait de périr par l'excès de population et de petite propriété ! L'esprit d'Arthur Young est tellement obsédé de ce fantôme qu'il propose à notre pays de mettre des interdictions légales au mariage pour tous ceux qui ne prouveront pas qu'ils possèdent des moyens d'existence assurées pour élever une famille, en même temps qu'il réclame des

---

[1] Plan de travail du comité pour l'extinction de la mendicité, présenté par M. de Liancourt In-8. 1790, p. 6.

mesures légales contre le morcellement des terres. (
même sentiment qu'il propose d'envoyer les députés
en Angleterre pour y contempler « des paysans bien
nourris, ayant même assez de superflu pour le cabaret,
leur aise ; cependant il n'y en a pas un sur mille qui a
ou une tête de bétail ». Ces mêmes députés auraient pu
à côté de la grande propriété, le paupérisme agricole, c
du grand capital dans les villes, le paupérisme manu
reste, Young inclinait à penser que son pays n'était pas
peu d'excès de population, démontré par la taxe des pa
toujours la même façon de raisonner qui conclut de
misérables à un trop plein d'habitants. Ce trop plein
semblable alors en Angleterre; car ce pays, autant
juger d'ailleurs par des statistiques encore moins avanc
les nôtres, avait une population peu nombreuse. Nous
quelques-uns ne l'évaluaient qu'à 8 millions d'habitants
faible ; mais en eût-elle eu plus de 10 et même 15, com
l'agronome anglais, parlant sans doute de la totalité
Bretagne, ce chiffre n'aurait rien d'effrayant dans un pa
bientôt en nourrir bien davantage. En somme, les idée
tendaient à l'emporter [1], au risque d'arrêter par des cra
cas prématurées la force expansive qui pousse certain
le dehors. Il était à redouter que la nôtre, entreprenant
trice dans le passé, au moment où elle allait s'attacher
petite propriété, ne s'y rivât en quelque sorte, et qu'un
trop timorée, s'exerçant à courte échéance, ne découra
individus les hardies initiatives et ne raccourcit égale
nation les vastes et lointains horizons. Bientôt on n'émi
la ville et on ne songea plus à s'approprier la terre
achats faits sur place. Nous sommes loin de contester
qui en résultèrent et qui en sont encore aujourd'hui
l'excessive prudence inspirée aux individus pourrait
une imprudence nationale; nous n'avons pas ici à en
raisons qui ont été dans ces derniers temps développée
fois avec force.

Après tant d'essais successifs dont sortaient les progr

---

[1] On peut en juger par le caractère systématique que Young
nait à ses défiances à l'égard de la population dans son *Arithmét*
publiée dès 1774 et dont il répète les assertions en 1789. Il s'au
nions conformes de Steuart et de Herrenschwand dans son *É*
que moderne (1786).

de la statistique, la formule plus générale de la *loi de la population* et de ses périodes d'accroissement restait à dégager. Nous n'avons pas à signaler les nombreux travaux qui y conduisirent en France, en Allemagne, en Italie, en Angleterre [1].

Nous signalerons du moins le nom et le livre du pasteur J.-P. Sussmilch. Ce livre, plein de recherches exactes, et d'une portée générale et philosophique, a pour titre : *L'ordre divin dans les variations du genre humain prouvé par les naissances, les décès et la reproduction des hommes.* L'auteur y développe cette pensée que la population a augmenté dans le monde depuis le christianisme et tend à s'y accroître sous l'empire des mêmes causes morales comme des divers perfectionnements sociaux et d'ordre matériel. C'était là un idéal élevé et pratique qui pouvait être proposé aux nations modernes. On sait surtout quel rôle supérieur a joué Malthus dans la détermination de la loi de la population au commencement de ce siècle. Nous ne pensons pas qu'il ait fixé définitivement le rapport des subsistances a la population dans sa fameuse proportion arithmétique pour les premieres ; il éliminait ou amoindrissait trop de facteurs intellectuels, moraux et matériels, qui peuvent augmenter les moyens d'existence et la puissance productive de l'homme. Mais l'expérience américaine et les faits recueillis dans d'autres contrées donnent pleinement raison à ses calculs sur le doublement numérique en vingt-cinq ans. — D'autres observations comme celles qui établissent une relation entre le prix des grains et les naissances, les mariages, les décès, étaient autant de pas faits dans cette détermination des *lois* ou vérités générales qui constituent seules l'essence d'une science véritable. Nous sommes engagés de plus en plus dans cette voie où le terrain a cessé de se dérober sous nos pas.

Historiquement, les étranges calculs que nous avons vus se produire au début de cette étude ne seront plus possibles désormais. Les termes de comparaison seront faciles d'un siècle à un autre, d'un peuple à un autre peuple. La fantaisie cessera de se déployer dans un domaine devenu positif, après avoir été rempli au delà de toute attente par tant de créations romanesques. On ne pourra plus, selon ses opinions ou son humeur, déclarer au hasard sur cette donnée son temps en progrès ou en décadence. La connaissance exacte des faits est, en somme, le moyen le plus sûr de rectifier le jugement et de donner de la consistance aux opinions. Nous n'avons pas à montrer les différents genres d'utilité pratique qui devaient être présentés par les résultats économiques et statistiques qu'offre la

[1] M. Maurice Block a résumé ce mouvement dans son *Traité de statistique.*

science de la population inaugurée au XVIIIe siècle. Elle r moralité et sur l'hygiène, sur la marche de la société, su sur les moyens d'y remédier et d'accroître ses forces, d dont manquaient les générations précédentes. Le siè parler plus exactement, la seconde moitié du siècle qui l'économie politique nous a légué, outre la constatation portants, ce qui vaut mieux encore, une méthode. Il nous le spectacle de ce qu'il y a eu de progressif dans les ef les recherches dont nous avons suivi le développeme plus haut degré instructif à tous ces points de vue.

HENRI BAUDR

LA MISÈRE EN ANGLETER

LA CONDITION DU PAUVRE A BRISTOL

I.

Nous avons tenté, dans un article qui a paru l'an de quisser rapidement la condition du pauvre à Londres point de vue du logement. Nous voudrions aujourd'h cette étude sur *la Misère en Angleterre*, en prenant c sujet de nos observations une grande ville de province, retrouverons là, dans un cadre plus étroit, tous les c quels nous habitue le spectacle de la vie anglaise : la non loin de l'extrême indigence, les habitations sompt gociants et des industriels, construites dans des quarti vieille ville de plus en plus transformée en résidence de hommes d'affaires et abandonnée aux ouvriers, aux peti aux prolétaires. Ce qui nous a déterminé à choisir Bris nous avons en mains un document très remarquable vir de guide : nous voulons parler d'un « blue book »[2] œuvre de l'initiative privée, qui a été publié à la fin de nière. C'est le rapport d'une enquête sur la condition Bristol; cette enquête a été conduite sans l'interv On sait qu'il y a eu en Angleterre un sentiment de malai qué dans la conscience publique, malaise provoqué

[1] V. *La misère à Londres*, février 1884.

[2] *Report of the Committee (appointed february* 1884) *to inqu dition of the Bristol poor.* A Bristol, chez Lewis and Sons ; à P. S. King and Son. 1884. 1 vol.

effrayant des habitations des classes ouvrières et indigentes; la politique et la philanthropie ont amené un mouvement d'opinion qui n'est pas encore assoupi. Dans cet ordre d'idées, le clergé de Bristol s'est adressé à l'évêque de Bristol et Glocester, en le priant d'organiser une enquête locale. L'évêque s'est rendu à cet appel, il a présidé une réunion publique à laquelle assistèrent les habitants les plus influents de la ville, ainsi que les membres du clergé : on résolut de former une commission de quarante personnes, au nombre desquelles figurait M. S. Morley, le représentant de Bristol au Parlement.

Le comité a indiqué clairement l'objet de la mission toute volontaire qu'il avait acceptée. « Le comité que l'évêque de Bristol a prié « de coopérer avec lui dans l'enquête sur les conditions d'existence « des pauvres de Bristol, fait appel à ses concitoyens pour l'aider « dans une tâche ardue. Il espère que le résultat de l'enquête sera un « rapport exposant avec clarté et précision la situation actuelle et « contenant des recommandations qui pourraient servir à l'amé- « liorer..... Le problème devant nous, c'est de rechercher comment « on peut le mieux élever et soulager sans paupériser, comment aug- « menter l'indépendance, le respect de soi-même, les vertus sociales « et domestiques, le bonheur des plus pauvres, et comment leur per- « mettre par là d'atteindre un niveau supérieur de moralité et de « religion ».

Cette citation est précieuse, parce qu'elle montre l'esprit qui animait les hommes de bien formant le comité. Il ne s'agit pas de découvrir des panacées infaillibles, il ne s'agit pas d'arriver à des conclusions préconçues, telles que l'assistance de l'État; bien que le clergé ait eu l'idée première et qu'il ait fourni son contingent de membres du comité, il n'y a pas l'ombre de préjugés ni de fanatisme. L'Angleterre, aujourd'hui, renferme des adeptes plus ou moins nombreux du socialisme, et l'intervention gouvernementale, parlementaire, est fort à la mode parmi les socialistes anglais de toute nuance. Dans le Rapport de Bristol, ils ne trouveront guère d'encouragement; loin de là, ce document se distingue par la sagesse et la modération. Nous croyons qu'on a abusé, dans les dernières années, des enquêtes à grand orchestre et à grand fracas, enquêtes embrassant la surface d'un pays tout entier. Les résultats qu'elles ont produits n'ont pas été de nature à nous satisfaire, pas plus que la manière dont elles ont été conduites. Si l'on veut qu'une enquête ait une valeur durable, tangible, il faut qu'elle soit spéciale, restreinte, qu'elle ne soit pas ambitieuse. C'est pour cela que l'enquête toute locale de Bristol a si bien réussi : le terrain et l'objet étaient strictement limités. La manière de procéder du comité a été aussi fort raisonnal divisé en sections composées des personnes les plus des sujets donnés, il a dressé sur chaque partie u assez court et très précis, qu'il à envoyé à tous ce capables et désireux de répondre en connaissance d recours à des interrogations orales qui ont été faites comité ou sur place, dans des visites de maison à pas prétendu épuiser la question de la condition du p a pris successivement en main quelques-unes des circ rieures et quelques-unes des influences morales qui l les différents objets dont le comité s'est occupé : 1° pauvre; 2° l'instruction et le pauvre; 3° l'intempéra ralité; 5° distractions, clubs, écoles du soir et du sique, bains; 6° visiteurs, maîtres, ceux qui travai pauvres; 7° aumône, charité; 8° fondations charitable

II.

Bristol, dans le comté de Glocester, est une ville fo compte aujourd'hui 206.000 habitants, contre 182.(137.000 en 1851. Elle est située au confluent de l'Avo à 13 kilomètres de l'endroit où l'Avon se jette dans l sur sept collines, la vieille ville est sur la rive droite; bitent les ouvriers; les rues sont étroites et sombr légèrement construites. Le faubourg de Redcliff est s tandis que Clifton, où résident les négociants, s'élève Bristol est un centre de commerce maritime et flu temps que de manufactures. Si, par l'importance de elle ne peut prétendre qu'au second rang, elle n'en remarquable par la diversité de ses manufactures : cuirs tannés, chaussures, ateliers de construction de neries de sucres, fabriques de savons, manufactures cigares, ce sont là les branches principales d'industr contre. Le port de Bristol offre le spectacle d'une g c'est de là qu'en 1497, le navigateur Cabot est parti pou découverte, de même que Bristol a été la première paquebot faisant le service entre les États-Unis et *Great-Western*), 1838. Le principal article d'importa 30 millions de francs). En 1878, la valeur totale du estimée à 188 millions de francs; les droits de doua 17 millions de francs.

Comme population, Bristol est la septième ville d' densité y est la même qu'à Londres, 49 habitants p

d'une immense capitale, d'une ville de second ordre
gade rurale. Les circonstances extérieures les modifi
et en changent quelque peu la nature. Nous retrouvon
des observations, bien des traits que nous avons con
La question du logement se représente à nous avec s
tège, l'encombrement, l'insalubrité physique et mor
pendant une différence notable entre Bristol et Londre
il y a trop peu d'habitations à la disposition de l'ou
manque, il est obligé de s'entasser avec sa famille d
infects, ou bien d'aller s'installer à une grande distan
lier ou de son chantier; il n'obtient qu'avec peine, po
un logement convenable. Il n'en est pas de même à Bri
combrement persiste, ce n'est pas faute de maisons; c
nombre suffisant pour abriter la population actuelle
population plus considérable. On bâtit encore chaq
loyers sont assez bas pour être à portée du salaire d
ce moment, un ouvrier, ayant régulièrement de l'ouvr
nir un logement approprié à ses besoins pour un pri
ce n'est pas comme à Londres, où il doit payer une
tante. La difficulté véritable, c'est le logement des in
tenant à la classe inférieure, de ceux qui travaillent ir
le logement de l'ivrogne, du fainéant, du mendiant, d
ment, en un mot, le plus fort contingent de la vraie m

Remarquons, en passant, que le garni (*common*
tend de plus en plus à devenir le foyer du pauvre. Le
coutume chaque jour davantage à cette vie en commu
précie l'indépendance. La question du logement semb
à Bristol qu'ailleurs. Là où l'on rencontre de l'encom
faute de ressources et quelquefois aussi par goût,
d'un confort supérieur. L'entassement est grand dan
habitées jadis par la classe aisée et qu'elle a aband
déplaçant vers les nouveaux quartiers. Construites p
famille, ces maisons se prêtent mal à leur destinatio
autant de ménages que de pièces. Le loyer est de 1 fr
pour une chambre par semaine, de 2 fr. 50 à 5 fr.
chambres par semaine, c'est environ le sixième du
Une particularité de Bristol, ce sont les cours, sort
étroits; les maisons sont adossées les unes aux autre
puisse y circuler. On en compte 600 à Bristol. Les m
ment de deux à neuf pièces, habitées d'ordinaire pa
sonnes. Le loyer minimum est de 1 fr. 25. Les mais
six chambres se louent de 3 fr. 75 par semaine à 62

L'encombrement est intense dans les quartiers de Saint-James, Saint-Jude, Saint-Paul, Saint-Pierre, etc.

Les maisons ouvrières modèles (*model industrial dwellings*) n'ont, pour ainsi dire, pas réussi à Bristol. Quelques-unes, contenant 33 logements, sont fermées; celles de Hotwell Road ont passé dans d'autres mains, et ne sont occupées ni en entier ni d'une manière satisfaisante; celles de Brandon buildings ne donnent pas de revenu rémunérateur et ne sont pas appréciées du pauvre. Elles constituent au point de vue sanitaire un progrès, mais les objections du pauvre sont ici les mêmes que nous avons rencontrées à Londres. Il faut un contrôle, une surveillance qu'il trouve excessifs, il se plaint du bruit dans les couloirs et sur l'escalier. Le loyer varie de 1 fr. 25 par semaine, pour une chambre jusqu'à 600 fr. l'an, pour six pièces. Les classes les plus pauvres ne s'en servent pas d'une façon appréciable. Les logements sont recherchés par les petits commis, les petits rentiers.

On croit qu'il convient mieux à Bristol de reconstruire à peu de frais les anciennes maisons de la classe aisée et de les aménager pour plusieurs familles. Le mouvement philanthropique, inauguré par Miss Octavia Hill à Londres et qui a produit de bons résultats sur une échelle restreinte, a des imitateurs à Bristol.

Pour finir, je relèverai la conclusion du comité d'enquête; il ne réclame pas de législation nouvelle. Il suffit qu'on fasse exécuter les lois existantes, mais ce qui est nécessaire avant tout, c'est une opinion publique éclairée, qui puisse exercer une pression bienfaisante sur l'autorité locale. Une commission sanitaire volontaire, dans le genre de celle qui fonctionne à Londres, et qui s'intéresserait à la santé de la classe ouvrière, rendrait d'incontestables services; elle recueillerait des faits, qui pourraient autrement échapper à l'attention, et exprimerait officieusement des avis sur des sujets importants. Les commissions organisées à Londres et dans quelques autres villes agissent de concert et avec la plus entière harmonie avec les *Medical Officers of Health*.

III

L'enquête de Bristol s'est occupée longuement de l'intempérance et de l'immoralité dans leurs rapports avec la classe pauvre. Ce sont, en effet, deux des grands dangers qui menacent celle-ci et qui sont intimement unis à la misère. Il y a malheureusement corrélation entre de mauvais logements insalubres et sales, la promiscuité des sexes, l'absence de tout confort, et l'immoralité et l'intempérance. L'ouvrier, à la fin d'une journée de travail, trouve au cabaret de la

lumière, de la chaleur, la compagnie de ses égaux. Sa
n'est pas bien reconfortante, un verre ou deux de gin, de
procurent un bien-être physique. Les tentations abondent
pauvre. Bien des routes mènent vers l'ivrognerie, et celle
bue à rendre la misère plus inguérissable. Elle ne détruit
ment au physique, elle brise le ressort au moral et rend se
moins capables d'un bon effort. Presque toujours, l'intem
eu pour conséquence la pauvreté, l'immoralité et le crime
part des pauvres de profession boivent ; la charité fait
flexion y entre pour une part.

Il existe à Bristol un débit de boisson par 170 habitants
pool par 239[1]. Le nombre des ivrognes arrêtés le diman
44 en moyenne à Bristol, de 2.256 à Liverpool.

On croit que l'ouvrier, qui boit modérément, dépens
sixième et le quart de son salaire au cabaret. C'est une
partie de ses ressources, qui s'en va là.

Dans le cours de son étude si consciencieuse, le comité
a recueilli bien des faits intéressants et entendu bien des s
relativement à ce qu'il conviendrait de faire. On a attiré so
sur les progrès de l'intempérance parmi les femmes, e
donné des explications plausibles : il y a augmentation dan
branches du travail des femmes, qui épuise leurs forces e
à user de stimulants, de plus la négligence de faire la c
pain, du fromage et de la bière constituent l'alimentati
commode. C'est une plainte que l'on entend souvent faire
terre, que la femme de l'ouvrier anglais n'a pas les tale
nagère possédés par la femme du peuple française.

Les avocats de la tempérance à outrance sont venus er
porter leurs remèdes : réduction du nombre des cabarets,
de bonne heure dans la semaine, fermeture complète le
système de Gothembourg, plus de sévérité dans la distri
patentes aux débitants. Nous ne citons que les plus raison
a fait observer au comité que la profession de débitant n
n'est plus aussi lucrative que par le passé ni autant c
figure, ce qui aura pour effet d'en diminuer le nombre. O
en outre, sur l'absence d'endroits où le pauvre peut aller, l
baret, s'il veut se distraire un peu.

Le blue book, que nous avons sous les yeux, est plein d
pratique sur cette terrible question de l'intempérance.
croyons pas à l'efficacité de moyens violents ; au lieu de

---

[1] Condamnations pour ivresse à Bristol en 1883 : 1074, dont 292

amélioration, des mesures radicales la retarderaient. Il y a des indices que, même parmi les plus pauvres, il y a un progrès dans les habitudes sociales ». Le comité insiste sur ce qu'il faut tenir compte des droits acquis des débitants, qu'il serait injuste de leur faire la guerre à tous et sans distinction et qu'en restreignant brusquement le débit public des boissons, on ne manquera pas d'encourager le commerce illicite, la consommation clandestine et d'aggraver le mal. Il serait utile de prendre en considération, autant que possible, les besoins de la localité, avant d'accorder de nouvelles patentes, d'exiger plus de sévérité de la part de la police contre les gens en état d'ivresse, d'interdire la vente de boissons à de jeunes enfants. Il conviendrait peut-être de demander quelques mesures législatives, afin de protéger les enfants abandonnés et négligés de parents se livrant à l'ivrognerie habituelle, et imiter ce qui a été fait dans cette direction aux États-Unis. Ce serait un moyen de diminuer l'intempérance héréditaire. Des efforts qui tendraient à accroître le nombre des locaux, tels que clubs, coffee houses, appropriés à la récréation du pauvre, auraient d'excellents résultats et devraient être encouragés par tous les moyens possibles. Enfin, il est indispensable de poursuivre rigoureusement les falsifications de boissons et autres articles de consommation [1].

Il y a à Bristol 40,000 personnes, affiliées au mouvement de tempérance sous une forme ou sous une autre, et il n'y a pas lieu de créer de nouvelle organisation.

Ces recommandations nous ont semblé fort sages et fort modérées.

Bristol, comme la plupart des ports maritimes et des villes manufacturières, ne brille pas sous le rapport de la moralité. La prostitution y fait de nombreuses victimes. On trouve à Bristol le même fait qu'à Hambourg, Marseille, Anvers : les maisons de débauche sont massées dans deux ou trois quartiers; cette localisation est de date fort ancienne, elle remonte au temps où chaque métier était groupé ensemble dans une ou deux rues. A Bristol, 110 à 120 maisons sont habitées exclusivement par des prostituées, soit qu'elles soient de simples locataires ou qu'elles soient aux gages d'un exploitateur. Ces maisons sont situées dans trois paroisses contiguës; elles abritent 400 à 450 malheureuses, dont il est difficile de fixer l'âge; on croit que la moitié n'ont pas vingt ans. Leur clientèle se recrute, pour les maisons de Saint-James et de Saint-Augustin, parmi les matelots et les ouvriers, — dans Saint-Michel, parmi les gens d'une classe

[1] On a proposé, comme remède à l'intempérance, d'interdire le travail des femmes, de ne pas permettre qu'un débit ait deux sorties, etc.

supérieure, le jeudi notamment parmi les fermiers des envi
trait commun à Londres et à Bristol, c'est le progrès de la pr
juvénile, qui s'offre dans les rues sous le couvert du colp
fleurs, de journaux, d'allumettes ou même ouvertement. L
ment dans les relations entre enfants de la classe pauvr
grand et explique bien des maternités à quatorze ans. Les
âgées font la guerre aux toutes jeunes, dont elles redoute
currence. Les parents sont rarement complices de la premi
mais, plus tard, beaucoup profitent de cet abominable tra
les bonnes, dans les maisons mal famées, étaient des en
School-Board a été pourvu de pouvoirs lui permettant d'i
pour l'empêcher, ainsi que pour enlever les enfants aux mè
habituellement de la prostitution. Les ouvriers se plaignen
fluence pernicieuse que les maisons mal famées exercer
pauvre. Tout le voisinage en souffre. Les maisons qui sont
rues dégradées se louent fort mal, à l'exception des bord
curieux de relever que ceux-ci sont à la même place depui
nérations; on en connaît qui remontent à 1480. Les proprié
maisons sont le plus souvent de petits boutiquiers qui ch
faire de gros intérêts avec leur argent. Les landlords (pro
du sol) sont impuissants et ne peuvent que protester contre
nation donnée à l'immeuble; ils n'ont pas le droit de rompr
La prostituée de profession se recrute surtout parmi les dom
les enfants des classes les plus pauvres, les filles venues d
pagne, les filles de magasin tentées par le loisir de leurs so
barmaids, etc. Les restaurants de bas étage (près de la
théâtres), et à la devanture desquels on lit *beds*, servent d
rendez-vous. Bristol renferme aussi des prostituées vivan
ment en ville, d'autres qui combinent ce trafic avec quelqu
Certains bureaux de placement passent pour très suspec
semble pas que la pauvreté soit une cause directe d'immora
un certain âge (30 ans), ou excepté dans le cas de femn
appartenu à une classe un peu plus élevée. L'influence de
exemples, le spectacle du luxe, des tentations de toute
soirées inoccupées, l'intempérance, sont des agents tout au
sinon davantage.

Quels remèdes préconiser? Une fois de plus la répons
même. Il ne faut pas compter sur des mesures radicales et
qui n'aboutiraient à rien. L'immoralité diminuera au fur et
que la condition du pauvre deviendra meilleure, que son h
sera plus saine et plus confortable, que les notions moral
gées par l'instruction, par l'aide de soi, prendront plus d

qu'on offrira davantage de distractions et d'occupations inoffensives le soir aux jeunes filles et aux jeunes femmes. Bristol compte un grand nombre d'institutions philanthropiques qui travaillent dans cette direction, qui s'attachent à prévenir et à relever. La cruauté avec laquelle on traite en général une première faute, contribue à l'endurcissement des malheureuses et entrave le retour au bien. La législation anglaise est dans un état peu satisfaisant contre les *brothel-keepers* et au sujet de la protection de l'enfance. Sur ce point, le comité fait quelques recommandations ; il réclame que la pénalité encourue soit toujours la prison et jamais l'amende. Mais il fait surtout appel à l'opinion publique, qui ferme les yeux et préfère se détourner de cette plaie sociale.

Faute d'espace, nous passons, sans nous arrêter, sur les tentatives faites à Bristol en vue de procurer des distractions au pauvre, de lui offrir le moyen de compléter son instruction par des cours du soir ou du dimanche. Il y a là un champ de noble et bienfaisante activité pour les classes plus aisées. Malheureusement, le succès ne répond pas toujours aux efforts. Le pauvre qui flâne le soir dans la rue ou entre au cabaret, aime des plaisirs un peu épicés ; il est friand d'*excitement* et il trouve les clubs, les coffee-houses bien fades. Il faut lui offrir de la musique, des concerts pour l'attirer ; il est dans son élément lorsqu'il assiste aux services bruyants de la Salvation-Army. Il faut craindre d'autre part qu'en mettant des amusements à la portée des classes ouvrières ou indigentes, on ne les encourage à délaisser le foyer domestique. Et avec tout cela il est bien difficile d'atteindre les malheureux placés tout au bas de l'échelle, les *very-poor*, de modifier leurs habitudes sociales, leurs idées. Les pauvres s'entre-aident, et le *blue-book* sur Bristol constate que les ouvriers le disputent en générosité aux personnes plus riches. Le comité d'enquête signale un moyen de faire du bien sans paupériser, c'est de contribuer à construire des lieux de réunion pour les pauvres : clubs, gymnases, lavoirs, ou bien de faire cadeau de sommes qu'on emploierait à ouvrir des squares, plantés d'arbres, dans les quartiers populeux, afin d'y faire circuler l'air ou d'offrir des emplacements pour les jeux des enfants. L'initiative privée a un emploi de ses capitaux dans cet ordre d'idées [1].

IV

On a fait bien souvent le procès de la charité privée et de l'assistance publique ; on leur a reproché de n'apporter qu'un soulagement

[1] On remarque que les ouvriers s'intéressent de plus en plus aux affaires politiques et les discutent dans les heures de liberté.

temporaire, superficiel, de rendre la misère e
lourde, plus inguérissable, de ne pas venir e
efficace et surtout de profiter aux moins méri
péché par omission à l'égard de leurs concito
n'ont pas tourné leur attention vers des questi
logement, de l'instruction publique, où il y a
spontané de l'initiative privée, de la véritabl
ils ont commis d'autre part des fautes positiv
intervenir et porter secours, ils ont été plus
vité mal ordonnée qu'ils ne l'avaient été par l
Je n'ai pas à insister ici sur les conséquences
tance publique mal organisée, relâchée dans
quant de suite dans l'application, — sur les
déplorables d'une absence de coopération et d'
éléments charitables. Savoir faire la charité,
apprendre et à pratiquer, qui s'appuie sur de
rigides. On ne peut rendre la société respon
partie des maux, des souffrances, des mi
membres: on ne peut lui demander de rend
individu heureuse ou confortable; on ne peut
à tous de bons logements, des vêtements cha
suffisante. Le jour où elle le tenterait, où elle
et le salaire suivant la pharmacopée socialiste,
intolérable, et tous les ressorts qui assurent le
du même coup. Mais ce qu'on est en droit d'e
nous vivons, c'est qu'elle n'augmente pas la
l'insouciance, l'inexpérience, l'indolence de s
et de sa charité privée. Faite sans discernem
charité n'est qu'un acte tout instinctif [1].

L'assistance publique en Angleterre est
pauvres, cette mesure si profondément entach
les socialistes anglais se prévalent aujourd'hui
du meilleur argument en faveur de leurs thès

La loi des pauvres est la conséquence des f
par l'autorité royale, lorsqu'elle a voulu déte
laires et empêcher la libre circulation du tr
réformes effectuées, elle a donné au paupérisı

---

[1] « To help distress by a ready gift of money ma
« perament which seeks to put out of sight and n
« sion. »

[2] V. *Historical basis of socialism in England*, by F

nomie toute spéciale. On sait que le principe de l'assistance en Angleterre, c'est que la condition du pauvre secouru par la communauté ne doit pas être meilleure que celle du travailleur libre. Il ne faut pas qu'elle soit plus attrayante. C'est pour cela que le workhouse devrait faire la règle et l'assistance à domicile l'exception. Le plus ou moins grand nombre de pauvres assistés à domicile est un signe de prudente administration ou d'application désordonnée de la loi. Le secours à domicile est plus économique, mais il démoralise et paupérise davantage. Bristol fait une triste figure dans les statistiques des pauvres : c'est la ville d'Angleterre où relativement à la population (206.000 habitants), il y a la plus forte dose d'assistance publique, surtout d'assistance à domicile (au 1er juin 1884, 2.086 personnes étaient dans le workhouse, 6,192 étaient assistées à domicile, ensemble 8,278). Un habitant sur vingt-cinq était un « *pauper* », c'est un chiffre plus considérable que celui des quartiers les plus misérables de Londres, où la proportion est bien moindre. A Whitechapel et à Saint-Georges in the East, les autorités n'ont pas fait de réforme radicale, mais peu à peu ils ont restreint l'assistance au dehors, offrant le workhouse à ceux qui venaient s'adresser à elles, et elles ont obtenu d'excellents résultats. Il y a bien des objections à faire contre la manière dont le workhouse fonctionne à Bristol ; on n'y établit pas de catégories de pauvres et l'on enferme dans les mêmes salles les mères de famille, les jeunes filles et les prostituées. Sur les enfants surtout l'atmosphère du workhouse est mauvaise ; elle est tout imbue d'un paupérisme héréditaire. A tout workhouse est attaché une école, mais on préfère avec raison le *boarding out system* pour les enfants, on les met en pension à la campagne. De cette manière on les soustrait au contact de l'extrême pauvreté et on combat les tendances de l'hérédité. On recommande l'émigration, le placement au Canada pour cette jeune catégorie des habitants du workhouse.

L'assistance publique dépense en moyenne par an à Bristol 55.000 liv. st. (1.375.000 fr.). Les fondations charitables disposent de 50.000 liv. st. (1.250.000 fr.), on obtient par souscription 38.000 liv. st. (950.000 fr.), les dons recueillis par les sociétés créées en souvenir de Colston, 3.000 liv. st. (75.000 fr.), enfin on évalue les aumônes à 50.000 liv. st. (1.250.000 fr.). On arrive à un total de 196.500 liv. st., près de cinq millions de francs. Une grande partie de cet argent est bien employée, mais le reste sert à entretenir des existences dégradées, des mendiants de profession. Cette engeance fleurit à Bristol comme dans toutes les grandes villes, et elle se distingue par les mêmes caractères, se recrute dans les mêmes sphères que sur le continent. Il y a toutefois en Angleterre plus de mendicité héréditaire, et en outre bien des soldats licenciés après leurs trois ans de service viennent grossir l'armée des mendiants. Les mendiants vivent d'ordinaire en commun dans des garnis, d'où ils matin pour faire des tournées, prenant le tramway ou le fer, dès qu'il s'agit d'aller un peu loin. Ils fréquentent surt bourgs riches de Clifton, Redland, etc. Il existe des cartes et des environs, qui indiquent les maisons auxquelles il sonner; ces cartes se transmettent de l'un à l'autre; les arrivés doivent payer une certaine taxe pour se servir des i géographiques. Le soir, tout ce monde rentre au logis e bance; il se passe de véritables orgies, et l'argent gagné e dant s'en va en boisson, en jeu et autrement encore. La par lettre, qui sévit si fortement en Angleterre, n'épargne tol. Dans certains cabarets, on rencontre des écrivains q nant rétribution, composent des épîtres aussi touchantes tément mensongères.

Le *blue book* sur les pauvres de Bristol renferme cin conduite que nous traduisons, en les recommandant à no et qui seront la conclusion de notre étude :

1° *Ne donnez jamais à un mendiant, sans enquête su de l'histoire qu'il vous débite.* C'est un acte de cruel égoïs le faire. La pièce de monnaie enverra l'ivrogne au cabaret rait pu aller sans cela. C'est encourager le mensonge et

2° *Si vous donnez, donnez par sommes qui puissent êt cours efficace.* Souvenez-vous que le but de la Charité, c' dre un bienfait d'une espèce permanente. Des sixpence et lings sont presque sans valeur, si on les prodigue sur be personnes; accumulés, ils auraient été un véritable sec personne.

3° *Donnez lorsque vous donnez personnellement, en connaissance intelligente des circonstances et de l'existen gés, donnez avec une véritable sympathie pour les mal dans un esprit de confiance et d'espoir.* Le pauvre est pr couvrir la méfiance à son égard. Si vous avez de la mé donnez pas du tout. Vous n'avez pas le droit de donner, si des suspicions.

4° *Si faute de temps ou autrement, vous ne pouvez entre tion personnelle avec le pauvre, ne donnez pas person envoyez votre argent à ceux qui peuvent le faire et pri distribuer pour vous.*

5° *Ne donnez jamais en réponse à des lettres de mendi la forme de mendicité la plus entachée de fraude et celle q ralise le plus le caractère du mendiant.*

ARTHUR RAFFALOVI

REVUE DE L'ACADÉMIE

DES

SCIENCES MORALES ET POLITIQUES

(Du 21 février au 23 mai 1885).

SOMMAIRE : La propriété primitive dans les townships écossais.— La définition de la science sociale. — Les habitations ouvrières. — Travaux de législation. — Beccaria et le droit pénal. — L'extradition en matière politique. — La collection des ordonnances des rois de France. — Travaux de philosophie et d'histoire. — La condition des classes agricoles en Touraine. — Travaux des savants étrangers. — Le célibat en France. — Décès. — Nominations.

I.

L'important débat qui s'est élevé au sein de l'Académie des sciences morales et politiques à la fin de l'année dernière et dans les premières séances de 1885 sur les formes primitives de la propriété, et dont il a été parlé ici même, s'est continué, dans la séance du 18 avril, par une intéressante communication due à l'un des correspondants étrangers de l'Académie, dont les travaux ont en cette matière un intérêt tout particulier : M. Émile de Laveleye. L'étude dont il a entretenu l'Académie se rapporte à *la propriété dans les townships écossais*.

Jusqu'ici on a paru admettre que partout, au début de la civilisation, la propriété individuelle s'est établie sous la forme collective, avec des partages périodiques et une jouissance individuelle de quelque durée. Les observations présentées de divers côtés n'ont point entamé la valeur de ce système : on peut de nouveau maintenir que chez les peuples primitifs la propriété collective a toujours précédé la propriété individuelle, et que celle-ci n'a paru que lorsque la tribu passe de l'état pastoral à l'état agricole, sans que pourtant la propriété collective disparaisse complètement, puisqu'elle se maintient sur une partie du territoire occupé. L'exemple que fournissent les townships du nord de l'Écosse et des îles du nord-ouest le prouve. On y rencontre des vestiges du régime agraire primitif et du partage périodique des terres cultivées tel que César nous le fait connaître et tel qu'il est pratiqué encore à Nantucket et dans plusieurs localités des Ardennes belges. Dans les îles du nord-ouest

de l'Écosse, ce régime agraire revêt diverses formes qui r
contraires aux principes économiques : la propriété collec
à la commune, offre de réels avantages en empêchant à la
cellement excessif et la concentration de la propriété p
fundia, en opposant un obstacle au développement du
rural, en permettant au village d'exécuter des travaux
sur le domaine, etc. Bien mieux, ce système réalise, en
sure, l'idéal de la démocratie et apporte au travail et à
stimulant au moins aussi fort que le bail à ferme de ne
même de dix-huit années, sans compensation pour le
tant.

M. Courcelle-Seneuil a lu un important mémoire sur
de la science sociale.

Le savant auteur démontre la réalité de cette science
rition est considérée comme récente ; on en a contesté la
par le motif qu'une science proprement dite suppose l'
lois nécessaires présidant à des phénomènes constants
telles lois sont incompatibles avec le libre arbitre h
qu'avec la complexité et la variabilité des phénomène
est facile de répondre que tous les actes humains, et par
nomènes sociaux, procèdent de causes constantes, d'inel
besoins inhérents à la nature humaine et qui agissent
vant les mêmes règles.

La seconde partie du travail débute par une étude
sous les formes qu'elle a successivement revêtues : fa
nation ; M. Courcelle-Seneuil indique la naissance du p
ou spirituel, du pouvoir politique ou temporel, les mode
ment qui, dès les premiers âges, se sont établis entre le
qui sont de deux sortes : rapports pacifiques et de collab
l'intérieur du groupe ; rapports hostiles avec les indivi
nant à d'autres groupes. L'auteur parle ensuite du pro
fait connaître les causes : la multiplication des hommes
toujours croissants des individus et des groupes, l'inéga
ditions. Après s'être arrêté successivement à la civil
formes diverses de la concurrence vitale soit entre les in
entre les groupes, à l'art social, qui comprend la polit
rale, la pédagogie et le droit, M. Courcelle-Seneuil c
prononçant pour la perpétuité du progrès, c'est-à-dire
fectibilité indéfinie de l'homme et des sociétés humain
tion même de la concurrence vitale.

M. G. Picot a communiqué une étude sur *les habitatio*
écrite à la suite d'un voyage effectué en Angleterre dans

miner de près la manière dont cette grave question des logements ouvriers a été tranchée de l'autre côté de la Manche.

Ce qui résulte de l'enquête, c'est que le problème paraît avoir été résolu chez nos voisins par l'initiative individuelle secondée, il est vrai, par certains actes législatifs et administratifs et encouragée aussi à son origine par le concours du prince Albert.

Au début, les efforts des hommes de cœur et de bonne volonté, pour créer en faveur des ouvriers des logements répondant aux règles de l'hygiène et aux conditions économiques désirables, ont été accueillis par l'incrédulité des uns, la défiance des autres : il a fallu de longues années pour recueillir les premiers capitaux et grouper les premiers fondateurs. Deux sociétés construisirent d'abord, de 1847 à 1851, dans le centre de Londres, plusieurs maisons-casernes à cinq étages, pouvant loger cinquante ou soixante familles pour un prix variant entre 200 et 300 francs. Les répugnances des ouvriers, qui craignaient de perdre leur indépendance ou de se voir mis sous la main de la police, se manifestèrent si vivement qu'elles manquèrent de faire échouer l'entreprise. La persévérance des fondateurs toutefois n'en fut pas troublée; peu à peu les préjugés s'évanouirent. En 1866, deux sociétés nouvelles avaient été créées, et 843 logements étaient habités par 4.500 personnes. En 1876, 6.300 logements étaient occupés par 24.000 personnes; en 1885, on trouve 20.000 familles logées dans ces conditions : elles représentent une centaine de mille âmes.

En outre de cet effort considérable fait pour assurer un logement au travailleur à proximité de son travail, diverses *building societies* de Londres (parmi lesquelles on compte maintenant des sociétés coopératives très prospères) ont entrepris d'élever aux environs de Londres des groupes de maisons se rapprochant du système de celles de Mulhouse; depuis dix ans, quatre groupes, comprenant au total 6.000 petites maisons, ont été construits à 14 ou 16 kilomètres de Londres. Chaque maison a trois pièces et un jardinet. Rien de plus curieux que le soin donné à ces intérieurs. Le salaire moyen de ceux qui les occupent est de 7 à 10 francs par jour. Le prix du loyer est de 300 à 600 francs. Au centre du groupe se trouve une salle publique où, le dimanche, est célébré le service religieux, où, dans la semaine, se réunissent les sociétés chorales, où sont installées les bibliothèques destinées aux prêts de livres. Les loyers, à Londres ou aux environs, sont perçus chaque semaine le lundi matin.

Ce qui doit surtout attirer l'attention, c'est le dividende donné aux actionnaires par les quatre sociétés les plus considérables. Depuis dix ans, non seulement 5 0/0 ont été distribués annuellement aux ac-

tionnaires, mais encore une réserve a pu être constitu
lateurs, alléchés par un tel revenu dans un pays où le
donnent que 2 1/2, se sont empressés d'imiter l'exemp
philanthropiques : ils ont couvert les plaines qui ento
de petites maisons dans lesquelles, cependant, les co
giène ont été moins bien observées. Depuis dix ans le
été très considérable. Un riche américain, M. Peabo
d'autre part, 12 millions à la création, au centre de Lo
sons où les logements sont loués à un taux inférieur de
du quartier; dix-huit groupes de maisons Peabody ont
et sont occupés, et l'intérêt de 4 0/0 que produit enco
doit être affecté intégralement à la construction de n
sons.

L'œuvre des habitations ouvrières a été, en Anglet
par des actes de l'autorité, mais dans un sens pure
c'est-à-dire que l'on s'est borné à faire disparaître ce
de maisons condamnées comme notoirement insalubre
l'emplacement laissé vide par ces destructions qu'ont é
nouvelles maisons ouvrières; on est arrivé aujourd'h
struire de telle façon que les meilleures conditions d'
sécurité, en même temps que l'indépendance récipro
tants, y sont réalisées de la manière la plus satisfai
ciétés, d'ailleurs, ont établi dans ces maisons une disci
à beaucoup d'égards, mais excessive aussi à plusieurs

En résumé, en Angleterre, le problème des habitatio
été résolu pour l'élite de la population laborieuse ; mais l
toujours entière pour les indigents; néanmoins, l'exem
sins mérite d'être suivi.

II.

Il a été fait un certain nombre de communications
aux sciences juridiques.

M. Dareste a lu une notice sur une inscription trou
de Crète et qui fait connaître les *institutions de la ville*
on y apprend que la constitution était aristocratique, q
était exercé par un archonte et des cosmes dont les fon
annuelles, que la population de cette ville, 6.000 ans
composait d'hommes libres, d'affranchis, de colons,
que les lois civiles et criminelles ressemblaient en bi
aux lois de Rome ou aux lois des barbares du Nord de l

M. A. Desjardins a communiqué quelques observat
sion du *Traité des délits et des peines* de Beccaria.

publiciste milanais sur le fondement du droit de punir est incomplète : il a le tort de remonter à un contrat social imaginaire et d'enseigner que la justice est simplement le point de vue sous lequel les hommes envisagent les choses morales pour le bien-être de chacun. La gloire de Beccaria est d'avoir montré que les peines doivent pourvoir uniquement aux nécessités sociales, et séparé par là même du for intérieur le champ de la justice sociale. Mais si le délit ne résidait que dans le dommage éprouvé par la société, l'acte d'un fou serait punissable. Beccaria a combattu la peine de mort en avouant qu'il faudrait l'appliquer si elle était utile ou nécessaire, mais qu'on ne doit pas l'infliger, parce qu'elle n'est ni nécessaire, ni utile. Il a annoncé comme un axiome une vérité de l'ordre expérimental, et l'expérience semble lui avoir donné tort au moins dans la plupart des États. Dans un certain nombre de pays, il a fallu rétablir la peine de mort après l'avoir supprimée. Beccaria se prononce contre le droit de grâce : c'est à tort. Sans doute il n'est pas bon que le pouvoir exécutif réforme arbitrairement les décisions du pouvoir judiciaire, mais la grâce est un rouage obligé de tout système pénitentiaire qui repose à la fois sur l'idée de répression et sur l'idée de correction ; le corps social ne doit pas s'enlever la faculté d'abréger les peines en faveur des condamnés qui se sont amendés.

En présentant la traduction française d'un ouvrage de M. Lammasch, professeur à l'Université de Vienne, M. A. Desjardins a fourni de curieux renseignements sur *l'extradition pour les infractions de l'ordre politique* ; il a montré que l'extradition fut précisément inventée jadis pour les délits politiques, que de nombreux traités conclus vers la fin du XVIIIe siècle autorisaient l'extradition des délinquants politiques dans certains États de l'Europe, et que même de nos jours il est bon nombre d'États qui ont refusé de se lier les mains en introduisant un principe précis dans leur droit public interne. A une observation de M. Geffroy, M. Desjardins a répondu que sous l'ancien régime il n'existait dans le droit public français aucun texte empêchant le gouvernement d'accorder l'extradition des délinquants politiques, que les Pays-Bas se montrèrent généralement réfractaires à cette sorte d'extradition, que le gouvernement français ne se borna pas à présenter de temps à autre la remise des délinquants politiques comme une faveur accordée à titre exceptionnel, mais qu'il refusa parfois d'extrader. En terminant, M. A. Desjardins fait voir que l'extradition appliquée aux délinquants politiques n'est nullement contraire à notre droit politique, comme on l'a soutenu.

A la suite d'une communication de M. Aucoc, l'Académie des sciences morales et politiques a décidé de continuer la publication

des actes législatifs depuis la fin du règne de Louis XII j
Révolution de 1789 (V. *Journal des Économistes*, septem
p. 380) ; un des membres de la commission chargée d
M. G. Picot, dans la séance du 18 avril, a indiqué ce qui
fait depuis ce moment.

La commission a concentré tous ses efforts sur le règne
çois Ier, et elle a décidé la publication immédiate d'un catal
actes du pouvoir souverain sous ce règne : des recherches
ont été faites aux Archives nationales, à la Bibliothèque n
aux Dépôts des parlements de Rouen, Dijon, Bordeaux, Ai
noble ; plus de 6.000 fiches ont été recueillies ; les épreuve
communiquées aux savants capables de fournir des renseig
et elles ont permis de découvrir plus de 500 ordonnance
commission n'avait pas trouvé trace ; vers la fin de l'année
commission espère achever l'impression d'un catalogue qui
préparation sûre et utile à la publication du texte complet
législatifs de François Ier.

Mentionnons enfin le travail de M. Glasson sur *le juri*
Salvius Julianus et l'édit perpétuel d'Hadrien, la lecture de
sur *l'empereur Frédéric II et Innocent IV*, le mémoire de
thélemy Saint-Hilaire sur *le traité de la marche des animau*
tote, la notice de M. Kervyn de Lettenhove, correspondant [illegible]
démie, sur *la cour du duc d'Alençon à Anvers*, et l'[illegible]
étude de M. Himly sur *les grandes époques de l'histoire* [illegible]
vertes du globe.

III

M. Baudrillart a continué et achevé la lecture de son [illegible]
la condition des classes agricoles en Touraine, rédigé à la
l'enquête entreprise sous les auspices de l'Académie.

Depuis un certain nombre d'années, la situation matériell
pulations rurales de la Touraine s'est améliorée. Sans [illegible]
plaintes se sont produites et se produisent encore, mais, dès [illegible]
de l'enquête qui eut lieu alors, on annonçait une ruine imm
ne s'est pas réalisée. Les fermages baissent, cela est incont
et il en est de même du prix des terres, mais c'est parce [illegible]
a été trop exagéré. Avant 1789, la Touraine se dépeuplait [illegible]
nument, par la volonté arrêtée de ne pas procréer de [illegible]
rables ; depuis lors, la population augmente ; l'accroissem
pas considérable, il est vrai, mais la cause en est dans [illegible]
bien-être, au contraire. En quarante années, 4.000 hecta
la Vienne, la Manse et la forêt de Chinon ont été défrichés

rains marécageux ont été desséchés; les terres argileuses et tourbeuses du nord de la Loire ont été ensemencées de pins et de châtaigniers ; les sables gras, connus sous le nom de varennes, ont été livrés à la culture maraîchère. Ailleurs c'est le blé, les arbres fruitiers, la vigne qui ont pris possession de terres longtemps réputées impropres à toute culture, et c'est au sol indigène qu'on a emprunté les principaux amendements que réclame la terre. Tel est, notamment, le falun, sable calcaire, qui est une des curiosités géologiques de la contrée, où il ne couvre pas moins de 15.000 hectares. Les productions anciennes doublées, d'autres créées de toutes pièces ; tel est le résultat obtenu.

Si en Touraine il existe des terres à blé qui ne donnent que 9 ou 10 hectolitres à l'hectare, il en est d'autres qui donnent de 20 à 25 hectolitres ; on recueille en outre chaque année de 300.000 à 400.000 hectolitres de pommes de terre et 225.000 hect. de betteraves. Le département d'Indre-et-Loire, à lui seul, a vu porter à 31.000 le nombre de ses chevaux, à 38.000 celui de ses bêtes à corne, à 188.000 celui de ses moutons; ce qui a diminué c'est le nombre des porcs; les éleveurs ont eu peur du prix plus bas des porcs américains. Mais le principal progrès est celui de la vigne, qui couvre aujourd'hui dans le département d'Indre-et-Loire 15.000 hectares produisant, dans la bonne année, environ un million d'hectolitres. Comme partout le développement des voies de communication a beaucoup aidé le progrès agricole; on compte dans la Touraine 7.800 kilomètres de routes, dont 355 de voie ferrée, 306 de routes nationales, 1.210 de routes départementales et 2.658 de chemins vicinaux.

La grande culture comprend seulement une vingtième des terres ; la moyenne, six vingtièmes ; le reste appartient à la petite culture. Sur la surface totale du département d'Indre-et-Loire, 300.000 hectares sont affermés, savoir : 200.000 à prix d'argent, 35.000 à redevances fixes, 65.000 à portions de fruits; les 276.000 autres sont cultivés par les propriétaires eux-mêmes.

Le morcellement extrême des terres plantées en vignes influe à la fois sur le sort du petit cultivateur et sur la variabilité incroyable du prix des terres. La petite ferme du vigneron parcellaire présente fréquemment d'une année à l'autre le spectacle de l'aisance ou celui de la gène. Atteint par deux ou trois années de mauvaise récolte, le petit vigneron, qui manque de capital, se hâte de vendre et cette surabondance de ventes avilit les prix sans aucune mesure. Mais la culture même ne souffre point du morcellement; la vigne se prête très bien à cette subdivision du sol. La dette usuraire a beaucoup

pour les terres à chanvre, de 150 à 180 pour les prés, de 120 à 150 pour les vignes. Les terres à blé rapportent environ 23 0/0. Certaines communes possèdent des communaux d'une étendue considérable. La plupart des municipalités laissent ces biens à l'état de vaine pâture, mais il en est d'autres qui préfèrent les affermer en détail et en tirent de très bons revenus.

Les fermiers de la Touraine se plaignent, mais la situation défavorable qu'ils invoquent tient en grande partie au manque général de capitaux qui ne leur permet pas de supporter les mauvaises années, à la faveur excessive qui règne pour les baux à court terme, trois ou six ans, sans dédommagement pour les avances, ce qui encourage à ne point faire de dépenses, aux salaires élevés qu'exigent les ouvriers. Les propriétés de 60 à 80 hectares et au-dessus sont actuellement exposées à demeurer vacantes ; en ce cas la tentation de morceler les locations est bien naturelle pour le propriétaire. De son côté le petit fermier obtient un supplément de ressources par la vente du beurre, des œufs et de la volaille qui trouvent aisément des débouchés. Ce commerce spécial est exercé par un individu qui va de ferme en ferme et qui porte le nom de cocotier ou coquetier.

Si le métayage tient une place assez considérable dans une partie du département, il faut reconnaître qu'il a perdu du terrain dans les arrondissements de Tours et de Chinon : le fermage domine au nord de la Loire, le métayage sur la rive gauche de la Loire. Au nord, dans le pays vignoble les métairies sont de 5 à 15 hectares; au sud, c'est-à-dire dans une contrée où les cultures sont variées, elles sont de 40 à 50. C'est dans le territoire de Loches que le métayage a son principal foyer, avec ses usages traditionnels et ses caractères locaux, modifié partiellement depuis 20 ans autour de la ville, dans le sens d'un certain prélèvement fait au profit du propriétaire.

Les salaires des ouvriers agricoles ont subi dans la Touraine une augmentation très forte : ce résultat est dû en grande partie à l'émigration des ouvriers vers les villes, et aussi au développement des grands travaux publics. Mais la rareté de la main-d'œuvre a entraîné l'emploi d'un certain nombre de travailleurs étrangers non pas seulement à la localité et au département, mais même à la France; dans une mesure trop faible encore elle a contribué à étendre l'usage des machines et instruments agricoles et à faire attribuer en dernier lieu une part plus grande au travail à la tâche.

IV

Pendant les trois mois qu'embrasse ce compte rendu, plusieurs savants étrangers à l'Académie ont été autorisés à lire des mémoires

tardifs en Bretagne, dans les Pyrénées, dans la Savoie. A Paris, proportionnellement aux nombreux adultes mariables, les mariages sont peu nombreux. Sur 1.000 hommes de 18 à 66 ans, il y a par an 59 mariages à Paris, au lieu de 69 en France. Dans les arrondissements riches les personnes se livrant aux professions libérales se marient tard.

La religion motive le célibat de 129.369 personnes du clergé régulier ou séculier; le service militaire astreint au célibat 385.000 jeunes garçons de 20 à 25 ans; l'immigration si considérable des ruraux dans les villes favorise le célibat, d'une part, en rendant moins nécessaire la vie intérieure, d'autre part, en déterminant un excédent notable des filles restées dans les départements, où elles trouvent difficilement à se marier. La préférence accordée par les chefs d'administration, par les maîtres de maison aux employés et domestiques non mariés favorise le célibat. L'inscription maritime et les voyages au long cours retardent les mariages, particulièrement en Bretagne; comme autres causes, il faut citer l'émigration lointaine (surtout dans les Pyrénées) qui sépare les célibataires des deux sexes, les longs apprentissages, les nombreux examens, les longs stages ou surnumérariats qui empêchent d'obtenir promptement une position sociale, les nombreuses formalités, les délais exigés pour le mariage, les dépenses motivées par la noce.

Le célibat prolongé a de fâcheuses conséquences : à partir de 22 ans environ le célibataire est plus exposé à la mortalité que l'homme marié; la proportion est à peu près de 3 à 2; le suicide est plus fréquent chez les non mariés; il est surtout fréquent chez la jeune fille par suite de séduction et de délaissement; le célibataire est plus exposé à la folie et même à la criminalité, car sur 100.000 garçons on trouve 38 criminels, tandis que pour 100.000 mariés on en compte 18 seulement. La plupart des séductions, des adultères, des avortements, des infanticides, des abandons d'enfants sont les conséquences de relations coupables ou irrégulières avec des célibataires. Au compte de ces derniers on peut porter pour 1881 la naissance de 70.079 enfants illégitimes. A 21 ans, âge de l'appel sous les drapeaux, sur 1.000 garçons légitimes il en survit 658, tandis que sur 1.000 illégitimes, il n'en survit que 260. Pour les premiers, dans cet intervalle, la mortalité est donc de 342 sur 1.000; pour les seconds, de 740. Il convient en outre de faire remarquer que le célibat est la principale cause de la prostitution et de la propagation des maladies vénériennes, très fréquentes et trop souvent transmissibles directement et par hérédité.

Néanmoins on peut songer à atténuer ces conséquences désas-

lecteurs du *Journal des Économistes* connaissent bien les travaux ; en 2e ligne, MM. Charles Gide, à Montpellier et Lescarret, à Bordeaux. M. du Puynode a été élu.

Annonçons enfin que l'Académie a été autorisée à accepter la donation faite par Mme veuve Toussaint d'une somme dont le montant est destiné à la fondation d'un prix qui pourra être décerné, soit annuellement, soit tous les deux ou trois ans, à l'auteur du meilleur ouvrage pour l'éducation du peuple.

JOSEPH LEFORT.

LA POLITIQUE COMMERCIALE
ET LA POLITIQUE COLONIALE

LE PACTE DE FAMINE, L'ADMINISTRATION DU COMMERCE. *Études économiques sur le* XVIIIe *siècle*, par LÉON BIOLLAY. In-8°. Paris, Guillaumin et Ce, 1885. — LETTRES SUR LA POLITIQUE COLONIALE, *avec une carte et deux graphiques*, par YVES GUYOT. In-16. Paris, C. Reinwald, 1885.

Lorsque, au XVIIe siècle, la France, assistée des théologiens et des légistes que lui fabriquait son Université, eut enfin accouché d'un gouvernement digne de ce nom et définitivement organisé, il fallut pourvoir à deux choses : lui fournir de la nourriture et lui procurer de l'exercice ; car il en est des gouvernements comme de tous les organismes, la vie ne peut être entretenue en eux qu'autant que ces deux conditions sont remplies.

De même aussi que les autres organismes, les gouvernements ne peuvent se nourrir que de ce qui les entoure et qui est approprié à leur constitution, et ils ne peuvent exercer leurs facultés actives que sur les mêmes objets, c'est-à-dire sur les peuples. De là des impôts sous diverses formes : capitations, tailles et retailles, ventes d'offices, depuis ceux de judicature jusqu'à ceux de jurés des métiers inclusivement ; de là, d'autre part, des attributions, des fonctions qui varient en nature et en étendue, suivant les temps, les lieux et les personnes.

Nous laisserons de côté ce qui concerne les impôts, la nourriture du gouvernement, pour nous occuper un moment des deux principales fonctions qu'il s'est attribuées ou qu'on lui a confiées en France depuis le « grand règne » pour satisfaire le besoin d'agir qui tourmente tout être vivant, surtout quand il est jeune. Ces deux fonctions sont la politique commerciale et sa sœur la politique coloniale. Les deux livres qui viennent d'être publiés, l'un par M. Léon Biollay, l'autre par M. Yv nous en offrent l'occasion et nous présentent les documents complets réunis sous le plus petit volume.

La politique commerciale, tout le monde le devine, est cell propose de protéger le commerce, de favoriser son développ ses progrès. Ce fut Colbert, comme on sait, qui fut chargé gurer. Jusqu'alors, le commerce, comme toute chose en ce mo eu ses hauts et ses bas; mais, somme toute, il y a de bonne pour croire qu'il n'allait pas trop mal, puisqu'il ne se plaign puisque les rois, qui n'avaient pas de marine, pouvaient obten quand il voulait, un assez grand nombre de navires, sans parle nitions, pour transporter des armées en Angleterre ou ailleurs.

Depuis le commencement du XVIIe siècle en particulier, grâce tique économique prudente, c'est-à-dire négative, de Sully, d lieu et surtout de Louis XIII, le plus mal apprécié peut-être de rois de France, le commerce jouissait d'une prospérité, si nuages, du moins sans souffrances; quoique les guerres ent liques et huguenots eussent fait émigrer beaucoup d'hommes et taux français, la France exportait des produits de toutes sortes, seulement des produits de luxe, tels que les *pandores* (poupée des), mais des denrées mêmes; c'était au point que les Anglais gnaient d'être inondés par les blés français, comme aujourd'hui n plaignons de l'être par ceux des Russes, des Américains, des I avait-il autant d'exagération dans les plaintes des Anglais du XV que dans celles des Français du XIXe? Je veux bien le croire; conviendra du moins que le besoin de favoriser le commerce n sait pas vivement sentir, et que Colbert aurait pu sans danger conseil d'un négociant de Paris qui, consulté par lui, répondit : vous pouvez faire de mieux pour le commerce, monseigneur, ne vous en mêler jamais, et de le laisser en liberté. » Ce cons pas suivi : à quoi servirait le gouvernement s'il ne se mêlait de quoi vivrait-il?

Quelles devaient être les conséquences de la protection de l cordée au commerce? *A priori*, on peut affirmer qu'il devait to détriment des autres industries nationales, puisque l'État, ne rien, ne peut protéger les uns qu'aux dépens des autres; il de core tourner au détriment du commerce lui-même, par la double 1° que l'État est un protecteur très sûr, j'aime à le croire, mais t et 2° que la matière première du commerce est l'industrie, tant tive que manufacturière, et que nuire à l'industrie, c'est retire de la lampe qui alimente le commerce.

Mais la science moderne n'admet pas les *a priori*, elle est

elle, il lui faut des faits. Elle suppose modestement qu'avant elle on n'a jamais interrogé les faits; qu'Aristote, Xénophon, Sully, les physiocrates et tant d'autres penseurs qui ont adopté les principes précédents, les ont tirés de leur propre cerveau comme Jupiter tira Minerve du sien. Ce serait vraiment un prodige que de tirer ainsi des principes tout faits, fussent-ils faux, de la substance blanche et cendrée qui remplit le globe qui surmonte nos épaules, et ce n'est pas une des moindres contradictions des positivistes de croire que toutes nos idées nous viennent par les sens, et de croire en même temps qu'il puisse exister des principes indépendants de l'expérience dans les cerveaux de ceux qui ne sont pas de leur confrérie. Mais n'insistons pas, et, puisqu'ils demandent des faits, renvoyons-les aux deux livres sus-indiqués; ils en sont remplis et, justement, M. Yves Guyot prend pour devise du sien : *Au lieu de mots, des faits!* Et il tient parole.

Il est un fait certain, puisqu'il s'agit de faits, c'est que l'agriculture, l'industrie, le commerce ne se plaignaient pas de leur sort avant l'avènement de la protection (car il ne faut pas prendre pour un malaise social la turbulence des frondeurs, les politiciens de l'époque). S'ils continuent à ne pas se plaindre, après la promulgation des règlements colbertins destinés à favoriser le commerce, on ne pourra pas dire que ces règlements ont été utiles, mais on ne sera pas plus autorisé à soutenir qu'ils ont été nuisibles; la méthode expérimentale elle-même doit seulement conclure qu'ils ont été indifférents, qu'ils n'ont produit aucun effet.

Si les plaintes qui se produisent émanent de quelques particuliers comme Boisguillebert, Vauban, Fénelon, Boulainvilliers et tant d'autres, on pourra dire que ces particuliers étaient zélés pour le bien public, mais que leur zèle les aveuglait, et que les courtisans n'ont pas mal fait de les mettre à l'index. Mais si ces plaintes émanent des intendants de toutes les provinces, des contrôleurs généraux, de tous les fonctionnaires, que répondra-t-on?

C'est pourtant ce dernier *fait* qui s'est produit. On sait que la *Correspondance des contrôleurs généraux* a été publiée par M. de Boislisle et largement mise à contribution depuis par un grand nombre de publicistes. M. Biollay y puise, ainsi que dans les *Archives* et dans toutes les bonnes sources, une foule de documents qui prouvent ce fait que les règlements protecteurs du commerce ont été la véritable cause de la décadence de l'industrie, de l'agriculture et du commerce même ; en un mot, de la misère qui a sévi sur la France à la fin du XVIIe siècle. C'est dans l'intention de remédier à cette misère, après l'avoir créée, que le gouvernement, pas chanceux pour le premier exercice qu'il a fait de ses facultés protectrices pourtant, s'est mêlé de régler le commerce des grains, qui n'avait point eu besoin de règlements jusqu'alors, car, à part une ordonnance éphémère de 1567, on n'en trouve aucune notre histoire.

Je ne prétends pas dire qu'il n'y eût pas quelques abus d merce en général, et dans celui des grains en particulier, ment aux règlements de Colbert; on trouve même dans cistes, notamment dans Montchrétien, des tableaux très pitto quoique entachés d'exagération, reposent évidemment sur contestables, où sont exposés « les désordres de ceux qui se du Mammon de l'iniquité »; mais, si l'on va au fond des chose que ces abus se produisent précisément sous le couvert des « les visitations ne se faisant par les gardes des métiers qu « par faveur ou par corruption », d'où il est naturel de concl de multiplier ces règlements, pour le moins inutiles, il fall supprimer [1].

M. Biollay n'est pas prodigue de conclusions, il expose l porte des documents, dont beaucoup sont inédits, en si g dance qu'il craint d'effaroucher ses lecteurs et s'excuse de d'érudition (qui n'est pas vaine, puisqu'on veut des faits) « L'histoire n'est qu'un tribunal où chaque génération juge mières, ses préjugés et même ses partis-pris, les grandes causes du passé. Tous ceux qui veulent y plaider doivent p témoins et, suivant l'usage du palais, communiquer le M. Biollay, dis-je, tire des témoins qu'il a interrogés et du dossier qu'il nous communique sur cette question du comm dirigé par l'État, la conclusion suivante :

---

[1] Je me rapporte aux rubaniers, passementiers, veloutiers, soie, teinturiers, drapiers, filatiers, tisserands s'ils travaillent loy ne sait comme aucuns d'eux mettent leur soie en lieux relent pour lui donner plus de poids.... comme mettant les toiles ils changent un fil pour l'autre? Et toutefois, quoique ces soient altérées de leur naïve façon, on ne laisse pas de les aussi chèrement que si elles étaient les mieux faites et les p monde. C'est la cause qui fait que toutes sortes de manufactur de si bonne durée, et qu'il faut être à toute heure à la bouti chands pour en acheter de nouvelles, où il s'en va une infinit cela proprement est la cherté : car on n'a jamais bon marché marchandise. (Montchrétien. *Traité de l'économie politique.*) Inu que tous ces métiers et les autres qu'il ne traite pas mieux étaie et réglementés, et qu'avant l'établissement du régime des cor cielles personne n'a élevé de pareilles plaintes. Ce n'est pourtan plaindre que les hommes en général et les Français en particulie la besogne.

« Le gouvernement de l'ancien régime voulait paraître paternel. A l'égard des subsistances, sa sollicitude pour « ses peuples » le portait à faire du socialisme par tradition et plus encore par nécessité. Les opérations sur les grains qu'il a entreprises sont peut-être l'une des applications les plus concluantes du socialisme d'État que l'on s'efforce de réhabiliter aujourd'hui et qui, même en Angleterre, a de si nombreux partisans ».

Avec cette réserve, qu'admettra certainement M. Biollay, que la « tradition » ne remontait pas bien loin, que l'ancien régime ainsi entendu ne remonte qu'à Louis XIV et sa cour, que par le mot « tradition », il faut entendre qu'une fois pris dans l'engrenage de la protection, il n'est pas facile de s'en dépêtrer, et que l'on se trouve obligé de faire par nécessité ce que l'on a d'abord fait de propos délibéré; avec cette réserve, tous ceux qui liront *le Pacte de famine*, qui verront avec quel calme, quelle impartialité l'auteur « produit ses témoins », comme il le dit, tous ceux-là adopteront certainement, comme nous, sa conclusion.

Si le socialisme d'État de l'ancien régime, qui se bornait à régler la distribution des produits, — peut-on appeler cela régler? — n'a abouti qu'à créer la famine en permanence sur un point ou sur l'autre du territoire, souvent sur tous à la fois, que serait-ce du socialisme moderne, qui prétend régler la production même, en se basant sur les statistiques? Ce serait curieux! Voyez-vous d'ici MM. Pierre, Paul, Jacques, Philippe, après s'être emparés de la terre et des autres instruments de travail, distribuer à chacun son lopin de champ avec une charrue et une bêche et lui dire :

« Toi, tu mettras tant d'hectares en blé, pas davantage, car une surabondance ferait baisser les prix; pas moins non plus, car il n'y aurait pas de subsistances pour tout le monde. Par la même occasion, tu feras un pacte avec le soleil et la lune, la pluie, le vent, la grêle, la gelée, afin que la terre que tu as labourée et semée rapporte tant d'hectolitres, pas un grain de plus, pas un grain de moins, pour les mêmes raisons que ci-dessus. Tu veilleras aussi à faire tel nombre d'enfants, tant de garçons, tant de filles, ni plus, ni moins, et aies bien soin de n'en pas laisser mourir un, car, en attendant qu'il soit remplacé, sa ration resterait disponible et ferait fléchir le fameux prix normal, tout l'équilibre si sagement combiné de Pierre, Paul, Jacques, Philippe se trouverait rompu. Ce que je dis pour tes enfants, je le dis également pour tes animaux : augmentation ou diminution de leur nombre, ou seulement de leur poids, dérangerait tous nos plans. Je n'ai pas besoin, je suppose, de te recommander de n'être jamais malade : pendant ta maladie tu ne travaillerais pas; or, nous avons recueilli tous les renseignements statistiques, nous avons fait nos calculs, ils sont justes, je t'en réponds; mais

sois seulement deux ou trois jours au lit, voilà ton travail su
notre savante organisation sociale disloquée. Tu ne seras
malade, n'est-ce pas, mon mignon? Ou bien tu nous pré
ou quatre ans d'avance, afin que nous établissions nos st
conséquence. C'est convenu. Ne va pourtant pas t'aviser
bien portant : bonne santé et bon appétit vont souvent de
or, si tu manges plus que ta part, l'ordre magnifique que
scientifiquement établi se trouvera encore ébranlé, sinon re

Voilà un régime qui serait encore plus paternel que l'anci
sollicitude pour « son peuple », il pourvoirait à tout; ce se
l'âge d'or; mais comme cette savante organisation est fragile
équilibre est instable! Et comme il serait inutile, puisque
prétend faire, la nature le fait d'elle-même. Elle règle la p
une récolte manque, une autre est plus abondante, et il sem
pour nous inviter, nous forcer au besoin, à varier notre
qu'elle a mis à notre disposition des produits de nature c
sorte que toutes les récoltes ne peuvent manquer dans un
à moins que, guidé par un gouvernement qui se croit plus
nature, les habitants ne cultivent qu'une espèce de denrée.

Ce qui résulte de plus clair des documents accumulés p
sur les règlements concernant le commerce des grains et
tion du commerce général : conseils et bureau du comm
du commerce, inspecteurs des manufactures, caisse du co
reau de la balance du commerce, c'est qu'aucune de ces in
servi à développer le commerce, ni à empêcher les fraude
tions, mais bien souvent, au contraire, à les favoriser et à
commerce les gens honnêtes et capables.

« Toutes menaçantes qu'elles fussent, ces prohibitions é
violées, avec fort peu d'argent, les préposés étant faciles à
« Le commerce des grains, disaient les députés du commerce
un de ceux dont la science est le plus difficile à acquérir. Il
de le pratiquer, il faut des correspondants dans l'intérieur..
acheté d'avance, ce qui demande de gros fonds.. Le com
time est encore plus difficile, plus compliqué et plus casuel
sentirait donc à s'y hasarder sous l'empire de l'arbitrai
mental? Évidemment les seuls gens disposés à gagner l
que l'on gagne avec fort peu d'argent, et ceux qui n'ont
point de capitaux à risquer, de sorte que les règlements
mêmes la disette.

Inutile d'ajouter qu'ils détournent les hommes de la cultu
pour les jeter dans les villes et préparer ainsi les révolu
gênes que l'on met sur le commerce du blé, disait Truda

cherches que l'on fait chez le laboureur, le risque qu'il court d'être puni et de passer pour un mauvais citoyon si on lui en trouve en réserve, l'obligation qu'on lui impose d'en porter tant de sacs au marché, tendent à détourner les sujets du roi de la culture du blé ». — « On est surpris, disait de Machault, qu'il se trouve encore des laboureurs en France et que les disettes de blé ne se fassent pas sentir plus vivement et plus fréquemment ».

Notez bien que ce sont des contrôleurs généraux et des intendants qui parlent ainsi ; M. Biollay ne prend, la plupart du temps, que la peine de citer leurs propres paroles, et cela devrait suffire si les faits avaient quelque efficacité. Cela suffira-t-il ? C'est au moins douteux. Les hommes pratiques ne manqueront pas de dire que tout cela ce n'est que de la théorie.

Ces règlements ont-ils au moins profité à ceux qui les ont appliqués ? Un fait assez curieux, qui ressort du livre de M. Biollay, c'est que certains d'entre eux qui s'y sont ruinés, Malisset par exemple (p. 157), ont été honnis, conspués, sont morts dans la misère ou à peu près ; tandis que d'autres, qui s'y sont enrichis, ont conservé tranquillement leurs lucratifs emplois, sont devenus d'excellents républicains, quand il l'a fallu, et ont même été élus à la Constituante par ceux qu'ils avaient affamés et ruinés.

En résumé, des sinécures pour les employés supérieurs dans l'administration du commerce ; des petits traitements pour les petits employés à des petits travaux, plus nuisibles qu'utiles ; des encouragements à quelques manufacturiers, artistes, ouvriers (étrangers de préférence) qui en avaient moins besoin que tous autres ; des subventions à quelques prétendus savants pour faire quelques prétendues découvertes tendant à améliorer les manufactures, mais dont il n'est rien sorti de remarquable ; finalement le renversement d'un régime absurde, pour le relever bientôt après. Tel est le bilan de la politique commerciale de l'ancien régime.

Les nouveaux régimes ont suivi plus ou moins fidèlement les errements de l'ancien sur cette matière ; mais tous ont adopté le principe ; tous ont cru que le commerce avait plus d'importance que l'agriculture et qu'il devait faire un objet particulier de leur sollicitude. Il ne paraît pas que cela leur ait mieux réussi que l'ancien, puisque, tous les quinze ou vingt ans au maximum, on les renverse dans la douce espérance d'être protégé plus efficacement par un autre. C'est encore sur ce principe que sont établis nos traités de commerce.

Un autre objet des soins du Gouvernement, depuis que gouvernement il y a, c'est de coloniser. Notons en passant que le Gouvernement est tout à fait dans le rôle que lui assigne sa nature. Tout organisme vivant commence, pour se nourrir et exercer ses organes, par les objets les plus voisins; pour l'organisme « État », les objets immédiats, peuple ». Lorsque celui-ci est épuisé, il faut bien chercher loin ; c'est pourquoi l'État, arrivé à un certain degré de dé se trouve dans la nécessité de se livrer au commerce ext plus en plus extérieur, suivant qu'il rencontre plus ou mo tance et plus ou moins de ressources. C'est ainsi que la po merciale ne tarde pas à devenir politique coloniale. »

L'État a-t-il mieux réussi dans ses entreprises coloniales réglementations commerciales ? On pourrait encore répon que ce n'est pas probable ; mais laissons de côté le raiso lisons les *Lettres sur la politique coloniale*. Ce volume d'une série de lettres publiées dans *la Lanterne*, complété niées par l'auteur, tellement complétées qu'elles forment u 440 pages. C'est dire que la question est envisagée sous tout retournée en tous les sens et traitée avec une concision et u ne laissent pas le temps de respirer.

Des faits ! Des faits ! disent les hommes pratiques. En vo et ils sont probants, ils sont même brutaux, on dirait des co de breton. Il y en a qui concernent l'ancien régime ; il y en cernent le nouveau, le plus nouveau principalement, car c'e non pas le plus fait, mais le plus essayé de faire. M. Yves Guy revue tous les motifs sur lesquels les partisans de la colon cielle fondent leur politique, politique qui s'applique aux pour la plupart d'entre eux, ils consentent volontiers à reste à faire de la politique coloniale au coin de leur feu et dans de quelque revue ; à la rigueur, ils se résoudront même à budget, afin que rien ne se perde ; mais pour ce qui est d'a notre « empire colonial », ne leur en parlez pas.

Il faut d'ailleurs convenir qu'ils ont grandement raison, répréhensibles ce n'est pas pour ce motif : « toutes nos co l'Algérie et la Nouvelle-Calédonie, sont situées dans le clima Or, dans le climat torride, le Français ne peut vivre, quan vivre, que deux ou trois ans au bout desquels, quand il n'es il est du moins plus ou moins affecté de quelque maladie et, à y demeurer, il y reste, en effet, mais pour toujours ; l'emp devient pour lui le royaume des taupes. En tout cas, il ne p reproduire, ou du moins sa progéniture ne survit pas. L'emp ne peut donc exister et n'existe en effet que dans l'imagina poétiques bacheliers, qui ont appris à l'école que les Grecs et l avaient colonisé, et qui, plus singes que les singes (car les sin ne vont pas s'établir dans des pays où ils ne peuvent vivre), imiter.

Dans les climats chauds, le Français ne colonise pas beaucoup plus que dans la zone torride, et il n'a pas tort : pourquoi quitterait-il sa place en France ? pour la céder à un étranger ? Grotius disait que la France était le plus beau royaume après celui du ciel. Je conviens qu'elle a bien changé depuis, elle n'est même plus un royaume : mais telle qu'elle est, elle vaut encore bien l'Algérie et la Tunisie. Pas de raison de la quitter, surtout pour aller dans un pays où, comme le montre M. Yves Guyot, chaque laboureur est gardé par deux soldats et administré... je ne vous dis que ça.

Les colonisateurs ont plusieurs cordes à leur arc, ils en ont même un grand nombre, autant que de ficelles électorales. Combattez-vous leur système ? Ils vous disent : « La thèse que vous soutenez, c'est la politique de la lâcheté... Si nous nous amollissons dans le repos, si nous ne faisons pas d'énergiques efforts, nous sommes condamnés à la destruction, à la désagrégation, à la décomposition, à la pourriture. Voulez-vous donc faire de nous une nation de sybarites ? »

Ce *nous* n'est-il pas un comble ? Ne dirait-on pas qu'on les retient de partir ? Si le repos leur est si contraire, il y a le tiers de la France en friche, ils ont là de quoi s'occuper. Si la terre de France est trop vile pour être l'objet de leurs énergiques efforts, pour être cultivée par leurs nobles mains, qu'ils aillent en chercher ailleurs, mais à leurs frais et non à ceux des contribuables qui, pour la grande majorité, ne sont pas précisément des sybarites.

M. Yves Guyot leur répond : « De deux choses l'une : si les colonies doivent nous empêcher de nous endormir dans la mollesse, elles ne sont donc pas destinées à nous enrichir ? autrement elles augmenteraient nos causes de corruption. Si, au contraire, les colonies doivent nous appauvrir, alors il ne faut pas faire miroiter à nos yeux leurs avantages économiques. » Le dilemme est un peu embarrassant, mais c'est là de la théorie ; les colonisateurs sont des hommes pratiques, cela ne les arrête pas. Au besoin ils se tireront d'affaire en disant que leur intention n'est ni de nous appauvrir ni de nous enrichir, mais de protéger les sauvages, la protection de leurs compatriotes ne suffit plus à leur activité.

« Nous ne venons pas vous conquérir, disait le maréchal Clausel aux Arabes, nous venons vous délivrer des tyrans qui vous oppriment. Nous ne venons pas occuper votre sol, nous venons vous défendre et vous protéger contre ceux qui vous ont asservis[1] ». « Tout le monde sait, ajoute

[1] « Il est assez étrange qu'il faille employer le canon contre les opprimés pour les délivrer de leurs tyrans.... Partout où je vois une grande effusion de sang, je reconnais qu'il y a un but faux ou de fausses mesures. » Cette assertion de Bacon ne s'adresserait peut-être pas trop mal aux politiciens coloniaux.

M. Yves Guyot, que notre expédition de Madagascar n'a pou de protéger les Sakalaves contre les Howas ». Au Tonkin, c' histoire. Ces libérateurs des opprimés sans le savoir, ces pro asservis sans s'en douter sont insatiables de protection. P pour eux, des efforts énergiques et incessants. Ce ne sont pa barites comme nous autres anti-colonisateurs. En se donn mouvement, ils ne sont pas près, eux, de tomber en décom pourriture.

Mais s'ils protègent aussi soigneusement les sauvages, ils tomber en pourriture, ils en feront des sybarites. Heureusem nisateurs y mettent bon ordre; demandez à la *Société pro indigènes* ou, pour aller au plus court, lisez les *Lettres sur coloniale*, vous verrez comment les opprimés sont libérés, protégés.

Une des plus singulières raisons qu'on ait données pou politique coloniale est celle que nous avons relevée dans le *Économistes* (février 1884, p. 226), et qui consiste à oppos dissolvante du radicalisme, l'action fécondante de la politiq afin de faire cesser « le malaise dont nous souffrons ». Cette plus d'influence qu'on ne le pense sur le développement de coloniale ; c'est elle qui a entraîné ou du moins fait taire les co jusqu'alors hésitants ou même adversaires de cette politiq Guyot ne mentionne pas cette étrange opinion, mais, ce qui montre que les collectivistes n'ont pas de meilleurs disciples lonisateurs. C'est là certainement le couronnement de la po niale ; après cela, il n'y a plus qu'à tirer l'échelle. Tirons-la, c finirions pas avec le livre de M Yves Guyot : il faut donner l'envie de le lire, mais il est inutile de le copier, puisqu'il e

Que faut-il conclure des deux livres dont nous venons de aperçu? Au fait, est-il besoin de conclure? La conclusion ne pas d'elle-même pour tous ceux qui les liront sans parti-p aux autres, « la trompette même du Jugement dernier, co l'*Ami des hommes*, en les effrayant ne les persuadera pas ». raison la faible voix de quelques sybarites, qui préfèrent rest que de se livrer à d'énergiques efforts pour martyriser, pa civiliser leurs semblables, pardon ! les sauvages, les races in

Terminons donc cette petite étude en posant une petite q politique commerciale, sa cadette la politique coloniale et d père, ce merveilleux organisme qu'on appelle l'État, qui a développement depuis deux siècles, ne sont point des effets Quelle est la cause de leur naissance, de leurs progrès? Co bévues aussi grossières que celles dont M. Léon Biollay et M.

nous ont tracé le tableau ont-elles pu être commises par ceux-là mêmes qui étaient intéressés à les éviter, puisque au bout du compte c'est sur eux-mêmes qu'elles retombent? Autant qu'il m'en souvient, Bodin avait déjà montré que les revenus réels de l'État et de ses collaborateurs étaient déjà moindres de son temps qu'au temps de saint Louis. D'autres ont prouvé qu'au XVIIIe siècle ils avaient encore diminué. Et enfin, si l'on compare les traitements des employés à tous les degrés de l'administration du commerce au siècle dernier (consignés dans le livre de M. Biollay) à ceux des employés des administrations officielles de nos jours, il y a encore diminution très sensible. De sorte qu'on peut mettre en fait que plus les attributions de l'État augmentent, plus la part des membres qui participent à ses revenus diminue. A qui donc profite ce système? Pas aux contribuables, sans doute, puisque c'est eux qui en paient les frais.

ROUXEL.

LA PROTECTION AUX ÉTATS-UNIS

JUGÉE PAR UN AMÉRICAIN [1]

Un Américain, M. David A. Wells, un des avocats les plus capables et les plus respectés de la liberté du commerce, a récemment composé, sous le titre : *A Primer of tarif Reform*, un catéchisme libre-échangiste, qui contient en quelques pages une réponse des plus convaincantes aux prétentions des protectionnistes. Non seulement ce petit livre a eu beaucoup de succès en Amérique, mais le *Cobden Club*, à Londres, vient d'en publier à ses frais une édition populaire. Que vont dire les protectionnistes, qui sont toujours prêts à voir en tout effort des libre-échangistes les plus noirs complots?

Dans un article, paru en 1882, dans les *Jahrbücher für national Œkonomie und Statistik*, M. Erwin Nasse nous apprend qu'à cette époque certains patriotes allemands étaient en proie à une vive inquiétude. Ils voyaient leur patrie menacée par une association formée dans un but sinistre, qui répandait à profusion l'or et les brochures, pour gagner un peuple sans défiance à ses vues néfastes, pour acheter et corrompre ses écrivains. C'était la légende de la perfide Albion sous une autre forme, car cette association dangereuse — on ne s'en doute peut-être pas — c'était le *Cobden Club;* comme les ressources connues

[1] *A primer of tarif reform*, par David A. Wells. United States. Cassell et Co limited. London, Paris, New-York and Melbourne, 1885.

de tous dont dispose le *Cobden Club* sont assez modeste ciateurs avaient supposé un système de fonds secrets, c manœuvres qui ne pouvaient être avouées ouvertement. M. un soin peut-être excessif à démolir cette fantasmagorie ri allé jusqu'à solliciter et à citer une lettre du secrétaire du C M. Potter, affirmant que le *Cobden Club* n'a pas de reven les comptes publiés chaque année indiquent toutes les so ment reçues et dépensées et que le *Club* n'a jamais fourni aux journaux ou aux écrivains allemands, favorables au li M. Potter ajoutait même que des rumeurs semblables av aux États-Unis et que, pour lui, il les avait toujours traitée pris qu'elles méritent.

Qu'une telle accusation ait été formulée, cela n'a rien que n'inventent pas la malveillance et l'ignorance ? — On la voir réfutée avec tant de sérieux dans une publication par un économiste de mérite. Les adversaires de M. Nasse blement pas accepté sa réponse. Aujourd'hui quelle interprét ne peuvent-ils pas tirer de la publication par le *Cobden* brochure américaine sur la protection ? De la part de l'Améri à l'Angleterre un pamphlet sur le libre-échange, c'est envoye à Newcastle. Un tel acte doit cacher de dangereux projets ; trop simple d'expliquer l'intervention du *Cobden Club* en d Anglais ne sont pas fâchés de voir les inconvénients du sys teur mis en lumière par un citoyen du pays où ce régime a avec le plus de rigueur. Et si l'on acceptait les solutions deviendraient les fauteurs d'alarmes ? Mais laissons à leur in soin d'imaginer un mystère bien sombre, et occupons-nous brochure de M. Wells. Elle en vaut bien la peine.

Le fait que l'Amérique a été pour les protectionnistes, p d'années, un encouragement et un exemple, prête au *Pr Reform* son intérêt le plus vif ; on est charmé d'une réfuta doctrines faite par un habitant des États-Unis, qui se plac de vue purement national et emploie les arguments les pl émouvoir ses concitoyens.

L'auteur prend comme point de départ la *platform* de *l'État de New-York pour la réforme du revenu* (*New-revenue reform League*). Voici le manifeste de cette *Ligue* taxe sur les importations, qui puisse être tolérée par un p est un tarif qui n'a en vue que le revenu. Le plus grand f porté par le peuple américain est le système injuste et inég tion, appelé tarif protecteur. Ce tarif, qui impose près de est un chef-d'œuvre d'injustice, d'inégalité, de duperie. Il façon sérieuse à plusieurs industries, il a diminué les salaires du travail et augmenté sans profit le prix des objets nécessaires à la vie. Il a fait presque disparaître de l'Océan le drapeau de la marine commerciale américaine. Il a réduit le marché des manufactures américaines à l'intérieur et au dehors; il a privé d'une partie de ses bénéfices l'agriculture américaine, une industrie qui occupe la moitié de notre pays. Il coûte au peuple cinq fois plus qu'il ne produit au Trésor, il entrave la production, il gaspille les fruits du travail, il encourage la fraude et développe le monopole. »

Les différents points de ce programme sont repris avec beaucoup d'habileté par l'auteur du *Primer*. Il expose d'abord les principes qui servent de fondement à la politique du libre-échange et à celle de la protection; la première de ces deux politiques suppose « qu'un peuple comme celui des États-Unis peut être laissé à lui-même pour décider ce qui lui est le plus avantageux »; la seconde « que le Congrès peut mieux décider quelles seront les occupations du peuple que le peuple lui-même ». M. Wells explique ensuite quelle est la différence entre un tarif qui n'a en vue que le revenu et un tarif avec protection incidente; l'un est réglé de telle façon que le gouvernement reçoive en effet tout ce que le peuple paye; l'autre, suppose que si l'on établit une échelle de droits assez modérés pour restreindre, sans les arrêter, les importations, il est possible d'obtenir un revenu suffisant pour l'État, et en même temps de stimuler l'industrie nationale, en élevant le prix des produits des concurrents étrangers. Cette dernière méthode constitue la façon la plus coûteuse d'obtenir un revenu. « Car tandis que le revenu de l'État s'accroît seulement de la taxe imposée sur les produits importés, la nation paye une autre taxe sur les objets de même nature, fabriqués dans le pays. Un tarif, disposé de manière à engendrer une protection incidente, est un système qui exige que les consommateurs — c'est-à-dire la nation — payent beaucoup, pour que l'État reçoive peu ».

On ne sait peut-être pas que la constitution des États-Unis s'oppose à tout tarif, qui ne serait pas exclusivement un tarif de revenu. Voici un exemple que nous donne M. Wells:

« La ville de Topaka, au Kansas, en vertu d'un acte de la législature de cet État, voté en 1872, décida de donner et donna à une compagnie métallurgique, vingt mille livres, pour établir des usines sur son territoire. Quand on voulut créer les ressources destinées à subvenir à cette dépense, il se trouva que ni la ville, ni aucun organisme politique des États-Unis n'avait autorité pour imposer des taxes dans le but d'encourager des entreprises manufacturières. La question fut portée devant la Cour suprême. La Cour, à l'unanimité moins une voix, se déclara contre la taxe et elle appuya son jugement sur ce considérant : Mettre la main, grâce à l'influence du gouvernement, sur le bien d'un citoyen et l'accorder à des individus favorisés, pour les aider dans des entreprises privées et leur permettre de se faire des fortunes particulières, n'en est pas moins un vol, parce que cela se fait sous les formes légales et s'appelle impôt. Ce n'est pas là un acte législatif, c'est un simple décret sous forme de loi. Sans aucun doute, il n'y a d'impôt légal que celui qui est imposé dans un but public ».

Malheureusement, quand il s'agit d'un droit sur un groupe de produits, il est impossible de prouver que le Congrès l'a établi en vue de la protection, plutôt que pour le revenu ; il en résulte que la décision ci-dessus de la Cour suprême, qui vise certainement le système protecteur, ne lui a pas été appliquée.

Un autre point que M. Wells traite *ex professo*, c'est que « la protection implique le principe de l'esclavage. » — « Le droit suprême de la propriété », dit-il, « consiste à échanger librement une chose contre une autre. Si tout échange était défendu, chaque individu serait comme Robinson Crusoé sur son île déserte. Dans l'absence de toute liberté d'échange entre les hommes, la civilisation serait impossible ; et dans le degré où nous entravons la liberté de l'échange, dans ce degré nous nous opposons au développement de la civilisation.

« Le tarif protecteur a pour résultat infaillible de restreindre les échanges ; c'est un seul et même fait si nous séparons producteurs et consommateurs par des déserts, des marais, des fleuves sans ponts, des mauvaises routes, des bandes de voleurs, ou si pour favoriser quelques intérêts privés, qui ne le méritent en aucune façon, nous imposons un droit sur les produits transportés. Dans les deux cas, il y a un plus grand effort et une augmentation de dépenses pour produire un résultat donné ; il y a une diminution de l'abondance des choses qui répondent aux besoins, au confort, au bonheur de chacun. Un droit de 20 0/0 équivaut à une mauvaise route, un droit de 50 0/0 à un fleuve large et profond, sans les moyens nécessaires de le traverser ; un droit de 70 0/0, c'est un vaste marais, qui s'étend des deux côtés du fleuve ; un droit de 100 0/0 comme on en impose un sur les rails d'acier, les couvertures de laine, les vitres, c'est une bande de voleurs qui dépouillent le marchand de presque tout ce qu'il a, et l'obligent encore à se sentir heureux d'échapper avec la vie sauve.

« Tout système de loi, qui refuse a un individu le droit d'échanger librement les produits de son travail — en déclarant qu'un citoyen A peut trafiquer à termes égaux avec B, un autre citoyen, mais qu'il ne trafiquera pas dans des conditions aussi favorables avec C, un individu vivant dans un autre pays — tout système de ce genre suppose le principe de l'esclavage. Car le caractère commun de l'esclavage et de la restriction artificielle des échanges, c'est d'ôter à l'homme le droit d'user du produit de son travail, comme il lui plaît et pour son plus grand avantage ». Ce rapport entre les effets du protectionnisme et ceux de l'esclavage, Bastiat l'avait déjà indiqué dans ses *Sophismes économiques*. Mais en fait de théorie du libre-échange, qui pourrait prétendre aujourd'hui à l'originalité complète ? Seulement M. Wells insiste plus longuement et avec raison sur des analogies particulièrement propres à frapper les esprits, chez le peuple qui s'est battu avec tant d'ardeur pour l'émancipation des noirs.

Parmi les chiffres instructifs que M. Wells s'attache à mettre en lumière, en voici quelques-uns qui n'ont pas besoin de commentaire:

Les droits levés sur les produits étrangers aux États-Unis, pendant les années 1883-84, ont été de 42 0/0, soit près de la moitié de la valeur des produits. Ces droits équivalent à une somme de 42.127.000 livres, payés par le peuple américain. La somme totale des impôts s'étant élevée à 145.000.000 livres, il résulte de tous ces chiffres que les impôts absorbent plus de 7 livres par chaque 100 livres de produits.

M. Wells recherche le rapport qui existe entre la valeur de la terre et la richesse totale des États-Unis. Ce rapport est d'une bonne moitié. Il énumère les causes qui ont amené la hausse de la terre, causes sur lesquelles le tarif n'a eu aucune influence, car il n'a rien à faire « avec les conditions naturelles du pays, par rapport au sol, au climat, à l'abondance des métaux et du bois, aux communications faciles ; il n'a rien à faire avec l'établissement d'institutions libres, avec les facilités accordées à l'éducation, ou avec la capacité naturelle du peuple américain de tirer le meilleur profit de ces avantages ». Au contraire, comme M. Wels le fait très bien comprendre, le tarif a arrêté la hausse de la terre « en augmentant le prix de tous les articles, de toutes les machines, en réduisant les marchés ouverts à notre pays ».

M. Wells cite un exemple frappant à l'appui de ces affirmations. « Le système des chemins de fer des États-Unis, tel qu'il existe aujourd'hui, a coûté 1.400.000.000 livres ; un cinquième de la dépense, ou plus de 200 millions de livres, représente le résultat de la taxation en faveur d'intérêts spéciaux. »

Autre fait caractéristique. « La somme annuelle d'épargne individuelle, de 1860 à 1880, a été évalué à 37 dollars 50, ou 7 liv. 5 sh.. Et pendant cette même époque, chaque année, la politique de la protection a pris à chaque homme, femme, enfant, de 10 à 15 dollars par tête ; 8 dollars sont allés dans le trésor national et le reste est allé dans la poche des propriétaires de mines de fer, de cuivre, de charbon, de fabricants d'acier, de fil de fer et d'autres personnes privilégiées.

« Quand les circonstances sont favorables et les impôts peu élevés, le peuple des États-Unis peut épargner 10 ou 15 dollars pou 100 dollars de produits annuels ; quand les impôts sont lourd à présent, et que les prix sont d'autant plus élevés, il est pr possible pour ceux qui vivent de faibles salaires de rien éparg

M. Wells fait ensuite justice de l'affirmation, que si le syst tecteur n'était pas maintenu, les États-Unis seraient exposés à de produits étrangers ; et de plus que les travailleurs amé pouvant rivaliser avec les populations paupérisées de l'Europ privés de toute occupation et réduits à la détresse et à la M. Wells répond que les *paupers* ne sont pas des concurren reux ; leur travail est inhabile, fait négligemment, il revient

M. Wells n'a pas non plus de peine à prouver que les neuf de l'industrie américaine existent pour des raisons naturelles. ration des denrées, qui n'ont rien à gagner au système prot des plus concluantes. Ce sont d'abord les produits agricoles : bœuf, le lard, le coton, le fromage, etc., puis une immense produits industriels, le pétrole, la résine, la térébenthine ; les de construction, les bois ; les produits de l'or, de l'argent, d les machines agricoles, etc., etc..

« Les personnes engagées dans l'industrie du fer en 1884, dit atteignaient à peine le chiffre de 100.000. Leur salaire moye 61 livres. L'industrie du fer et celle de la laine forment 2 0/0 de annuelle de la richesse nationale, et cependant les représenta deux intérêts voudraient dicter au pays sa politique comme *valeur du produit annuel du fer, en* 1884, *dans les États-U vait à* 18.000.000 *livres, celle de la laine à* 12.800.000 *livres total* 30.800.000 *livres; pendant la même année le produit de cour, volailles et œufs, était de* 36.000.000 *livres.*

« Ainsi les neuf dixièmes de l'industrie américaine existe force des choses et un dixième vit en imposant les neuf autres

« Le plus grand tort causé par cette iniquité, c'est que tou montent de telle façon, que l'Amérique ne peut plus exporte duits manufacturés et étendre ses marchés, excepté dans les avantages naturels sont si énormes, qu'ils compensent l'aug artificielle de tous les produits. C'est la cause du désarroi des marchés et de l'arrêt du travail. De là les maux de la s tion, qui est tout simplement une production mal dirigée ».

Des personnes employées dans l'agriculture, au nombre de il n'y en a pas cinq sur cent qui aient à redouter la compétit gère. Des personnes employées dans l'industrie, le tiers, o 837.112, serait soumis à la concurrence du dehors, et encor grand nombre la concurrence ne serait que partielle.

En 1880, 6.983.000 personnes qui n'appartenaient ni à l'agriculture, ni à l'industrie, remplissaient les fonctions d'avocats, de docteurs, d'instituteurs, de pasteurs, de domestiques, etc.; ou environ 40 0/0 du nombre total des travailleurs. Pour que ces catégories fussent protégées, il faudrait étendre le domaine du tarif et défendre l'immigration d'avocats, de docteurs, d'instituteurs, d'employés de chemins de fer, etc.

Ainsi, une domestique n'est pas protégée contre la compétition étrangère, mais elle paye un droit sur chaque mètre d'étoffe, sur chaque ruban, en un mot sur tout ce qu'elle achète. Nous pourrions multiplier ces exemples d'injustice, mais nous devons nous borner.

Il y a toutefois une bizarrerie que nous tenons à noter. Le salaire moyen des employés de chemin de fer, non protégés, était en 1880, de 90 livres; le salaire des travailleurs du fer, protégés et bien moins nombreux, était de 62 livres. De quoi servait la protection aux protégés?

« Enfin, ajoute M. Wells, il serait difficile de prouver que plus de cinq personnes sur cent auraient à craindre la concurrence des travailleurs étrangers une fois que les droits sur l'importation seraient abolis; si ce grand changement s'opérait d'une façon judicieuse, de nouvelles occupations s'ouvriraient à ces individus plus vite que leurs anciennes ne seraient atteintes ».

M. Wells se moque des protectionnistes, qui soutiennent qu'un droit sur l'importation « oblige l'étranger à solder une partie du budget des Etats-Unis. C'est là une absurdité, dit-il, s'il existait un moyen par lequel une nation pût rejeter d'une façon quelconque le poids de ses impôts sur une autre nation, ce procédé aurait été universellement appliqué depuis longtemps et les effets en auraient été ainsi neutralisés. Les droits sur l'importation sont payés par les consommateurs, et ceux-ci ne sont pas les étrangers, mais les habitants du pays où les denrées sont importées. »

Un autre inconvénient du protectionnisme, relevé par M. Wells, c'est de favoriser le monopole; les grands industriels du fer, protégés contre la concurrence étrangère par des droits de 30 à 100 0/0, imposent leur prix aux consommateurs indigènes; il s'est créé aux Etats-Unis un monopole non seulement sur le fer, mais encore sur la quinine, la potasse, les rails d'acier, etc..

M. Wells, pour terminer, rappelle les prédictions des protectionnistes anglais, en 1846, qui voyaient dans la réduction des droits la ruine de l'industrie britannique. Le temps a démontré l'inanité de leurs alarmes. Après avoir énuméré les heureux résultats que le libre-échange a produits en Angleterre, M. Wells conclut et peut conclure avec raison « que les mêmes résultats seraient obtenus en Amérique, si l'Amérique éten-

dan ses rapports avec le .... le principe amér
liberté ».

Voici un bien long résumé d'un bien petit livre, mais q
volumes ne contiennent pas autant de renseignements utile
sonnement exact ! Avant de quitter le *Primer of tarif Re*
impossible de ne pas exprimer le vœu qu'un économiste fa
France, au point de vue français, ce que M. Wells a si bie
l'Amérique et les américains.

SOPHIE RAFFALO

LES ADMINISTRATIONS DES F(

La discussion du budget de 1885 a donné lieu, dans la Cl
députés, à de très vives critiques dirigées par le rapporteur,
contre notre administration des forêts. L'aménagement et
le personnel et les résultats, il n'a rien épargné; la majorit
plus souvent, donné raison et, d'après ce qui me revient,
croire que, dans le pays, les gens compétents sont du sentir
majorité. Tout présage que les attaques se renouvelleront a
budget, et que l'escarmouche de 1885 se changera en bataill
d'un récent document publié par le gouvernement anglais [1],
vue de ces éventualités, fournir aux combattants futurs qu
seignements comparatifs empruntés aux administrations fo
divers pays d'Europe.

Je rappelle d'abord les chiffres relatifs à la France ; je donn
les chiffres, autant que possible correspondants, des adm
d'Allemagne, de Russie et de Suède.

I. — FRANCE.

L'administration des forêts dépend du ministère de l'agric
gère le domaine forestier de l'État, des communes et des étal
publics. En 1884, les forêts de l'État avaient, en France, et in
ment de l'Algérie, une superficie de 997.768 hectares; celle
munes et des établissements publics, de 1.959.747, total: 2.9
Les particuliers, d'autre part, possédaient 6.227.795 hect

[1] *Report of her Majesty's representatives abroad on the cultivatio and Forests, commercial*, n° 31 (1884), C. 4048.

semble de la superficie boisée était donc de 9.185.310 hectares, soit 17.3 0/0 de la superficie totale du territoire. Cette proportion place, dans cet ordre d'idées, la France au huitième rang, après la Russie, la Suède, l'Autriche, l'Allemagne, la Turquie, l'Italie, la Suisse, qui ont en bois respectivement 40, 34.1, 29.4, 26.1, 22.2, 22, 18 0/0 de leur territoire, et avant la Grèce, l'Espagne, la Belgique, la Hollande, le Portugal, l'Angleterre et le Danemark, où les mêmes proportions sont respectivement de 14.3, 7.3, 7, 7, 5.1, 4.1 et 3.4 0/0.

On a prétendu dans la discussion que la proportion française de 17.3 0/0 était trop faible, et que la faute en remontait à l'administration des forêts; que les particuliers avaient su, depuis soixante ans, augmenter leurs bois de près de 3.000.000 d'hectares. Rien de tout cela, ni en fait ni en théorie, n'a été positivement établi. Il semblerait, au contraire, d'après les dires du ministre de l'agriculture, que, malgré les aliénations successives de 350.000 hectares ordonnées par les divers gouvernements antérieurs à 1870, l'administration eût augmenté le domaine forestier de l'État de 30.000 hectares par le reboisement des terrains en montagne.

Ceci m'amène à parler de ses fonctions. Elle doit, sur cette superficie de 2.957.515 hectares, assurer des services de deux ordres : les uns, que je qualifierai de permanents, services d'aménagement et d'exploitation, et, quant aux forêts domaniales, d'entretien et d'amélioration; les autres, en quelque sorte spéciaux et temporaires, qui ont pris, en ces derniers temps, une activité inusitée, et qui se rapportent à la conservation et à la restauration des terrains en montagne et à la fixation des dunes.

Un nombreux personnel est attaché à ces divers services. Depuis quelques années il est allé toujours en s'augmentant et comptait, en 1884, 45 inspecteurs généraux et conservateurs, 237 inspecteurs, 193 inspecteurs-adjoints, 270 gardes généraux, 3.560 brigadiers, gardes domaniaux, etc., au total 4.300 agents de tous grades.

Aux services spéciaux, le budget de 1884 affectait 4.356.700 francs, qui se décomposent ainsi : reboisement, 3.404.000 francs; traitements des 516 agents de tous grades qui composent le personnel spécial, 552.700 francs; fixation des dunes, 400.000 francs.

Aux services que j'ai qualifiés de permanents, il consacrait 8 millions 919.135 francs, qui se décomposent ainsi : traitements, indemnités et autres dépenses du personnel, 5.888.750 francs; amélioration et entretien des forêts domaniales, 2.825.000 francs; enseignement destiné à assurer le recrutement du personnel, 195.385 francs.

Pour sa portion contributive dans la réparation des chemins vicinaux, ainsi que dans l'acquittement des centimes additionnels affectés aux dépenses communales et départementales, l'État verse encore 1.722.000 fr.

De sorte qu'en négligeant les services *spéciaux* du reboise
en comprenant les frais de gestion des forêts des communes
blissements publics qui remboursent de ce chef à l'État une
1.071.800 francs, laquelle figure plus loin aux recettes, la dé
manente de l'administration forestière s'élevait, en 1884, à 10

En regard de ce chiffre, il faut mettre celui des recettes, d
recettes permanentes, et non pas seulement, comme on l'a
discussion du budget, de celles qui proviennent des coupe
Elles s'élevaient, en 1884, à 35.085 600 francs, qui se décompos
il suit : produit des coupes de bois, 29.757.900 francs; prod
soires (recépages, élagages, droits de chasse, etc.), 4.039.100
tion des communes et établissements publics, 1.071.800;
boursement par le ministre de la guerre, 216.800 francs.

Ce chiffre de 35.085.600 est inférieur de plusieurs millions
certaines années antérieures. La diminution a porté seulem
produit des coupes qui, de 36 millions, en 1876, est descendu
dernières années, à une moyenne de 29 millions. Cela tient à
ment des prix qui, sous l'effet de la concurrence étrangère, s
de 18 francs, en 1876, à 14.82, en 1883, par mètre cube.

L'excès des recettes sur les dépenses, pour les services pe
est ainsi de 24.344.565 francs. Ce revenu provient de 997.768 h
qui donne par hectare un revenu net de 24 fr. 38. Ce n'est là
de 12 francs, donné par M. Lelièvre, ni celui de 30 francs,
M. Méline; mais les éléments de recettes et de dépenses que
tés me paraissent plus justes que les leurs; ils fournissent ai
sure exacte par hectare de toute l'utilité que retire l'État des
rêts dont il est propriétaire.

II. — Allemagne.

1° *Prusse* (*année* 1880). L'administration des forêts ressorti
tère de l'agriculture.

La superficie boisée est de 2.665.410 hectares dont, à vrai d
lions 394.000 seulement sont effectivement en bois; le reste ét
des prés et des landes. Depuis 1876, la partie effectivement bo
menté de 41.876 hectares; celle des prés et des landes *inte*
n'a varié, dans le même laps de temps, que de 409 hectares.

Les fonctions de l'administration sont à peu près les mêm
France : entretien, aménagement, exploitation des forêts, con
routes, etc..., et enseignement technique. Pour y satisfaire, el
4.617 agents dont 122 forestiers en chef, 690 forestiers
3.714 gardes surveillants, etc.; ce qui fait en moyenne 1 che
par 21.800 hectares, 1 forestier par 3.800, 1 garde par 718.

Ce personnel était, en 1876, de 4.543 agents.

Le traitement de ces divers agents était, en 1880, de 11.062.150 fr.; les indemnités de toutes sortes, les gratifications extraordinaires, les pensions, etc., ce que le budget allemand appelle « frais d'administration », ont élevé cette somme à 15.026.250 francs.

Pour connaître toute la dépense, il faut ajouter les frais d'exploitation qui se sont montés à 20.195.975 francs; soit, pour l'administration et l'exploitation, 35.222.235 francs.

En 1876, la dépense était : pour l'administration, de 15.544.850 ; les diminutions ont porté sur les comptables — 273.100 francs — et sur les indemnités de logement — 316.850 francs; pour l'exploitation, de 21.808.625; les diminutions ont porté sur les salaires des ouvriers et manœuvres — 932.775 francs — et sur les frais de tournée et d'impression — 235.350 francs, etc. La dépense totale, administration et exploitation, avait été de 37.353.475 francs; la diminution totale a été de 1.631.865 francs.

Les recettes, en regard, ont suivi aussi une marche décroissante. Elles ont été, en 1880, de 67.249.825 francs, se décomposant comme il suit : vente de bois, 57.234.850 francs; fourrages, pâturages, etc., 5.045.225; gibier, rétributions scolaires, produits divers, 950.350 francs; bois donné gratuitement, 2.701.775.

Déduction faite des dépenses, il reste une somme de 32.027.590 francs, qui représente le revenu forestier de la Prusse; ce revenu provient de 2.665.410 hactares; soit un revenu moyen de 12 fr. 02 par hectare.

En 1876, les recettes avaient été de 76.934.600 francs, ce qui donnait un revenu moyen de 15 fr. 08 par hectare.

Cette diminution dans le revenu forestier de 1876 à 1880 s'explique par plusieurs causes. L'année 1876 avait été une année de production tout à fait extraordinaire; depuis cette année le personnel, mieux recruté, et l'aménagement tout à fait perfectionné, ont eu beau assurer un produit moyen supérieur à toutes les anciennes moyennes, l'avilissement des prix des bois et des fourrages ont rendu vains tous leurs efforts. Cet avilissement des prix pour les bois est dû surtout, assure-t-on, à la concurrence étrangère[1].

---

[1] Cette concurrence qu'on invoque avec raison presque partout pour expliquer la diminution des prix, vient spécialement de Suède, de Norvège et de Russie.

Voici le chiffre de l'exportation des bois de Suède et la proportion qu'en importent les divers pays. Les proportions sont à peu de chose près les mêmes pour les importations de bois de Russie et de Norvège. La quan-

Si l'on pousse les recherches plus loin que l'année 1880, on voit que les bénéfices vont encore en diminuant; la cause en est double: les recettes, à raison de l'avilissement des prix, et malgré un rendement de plus en plus considérable, restent stationnaires; d'autre part les dépenses augmentent. Cette augmentation s'explique par la nécessité d'un personnel plus nombreux pour exploiter de nouvelles provinces, dont l'aménagement a été confié à l'administration.

Le tableau suivant rend compte du produit, des dépenses et des bénéfices nets de 1876 à 1883[1]:

Années.	Produits.	Dépenses.	Bénéfices.
1876.....	73.948.775[1]	36.853.500	37.095.275
1877.....	63.338.525	37.319 085	26.019 440
1878.....	61.080.575	36.256.050	24.724.525
1879.....	59.323.550	34.550.550	24.373.000
1880.....	64.547.950	35.222.250	29·325.700
1881.....	63.125.000	37.782.725	25.342.275
1882.....	64.483.750	40.093.750	24.390.000
1883......	65.464.375	40.543.125	25.921.250

2° *Duché de Gotha.*

La superficie boisée s'élève à 44,140 hectares, dont 32.102 sont des forêts domaniales; 11.038 appartiennent à des communes, à des particuliers ou sont la propriété de l'Église. Parmi les forêts de l'État, 31.054 hectares sont effectivement en bois; le reste, 1.048 hectares, sont en prairies, terres arables, mares, etc.

L'administration des forêts a la direction et l'exploitation des forêts de l'État, et aussi la surveillance des forêts privées pour y empêcher le gaspillage de bois qui tendrait à la destruction des forêts.

Le chef suprême de l'administration est le ministre d'État, département n° 4. Au-dessous de lui sont 4 inspecteurs et 14 sous-inspecteurs.

---

tité totale annuelle exportée de Suède est de 17.784.000 mille mètres cubes. De cette quantité,

l'Angleterre	importe.....	58 %
la France	—	16
l'Allemagne	—	8
les États-Unis	—	5
la Hollande	—	4
la Belgique	—	3.5
le Danemark	—	2.5
l'Espagne	—	2
l'Australie	—	1

(*Report of Mr D. Howitz, forest conservator*, 19 février 1884.)

[1] Ces chiffres ne comprennent pas la valeur du bois cédé gratuitement.

Depuis le 1er juillet 1883, ces 4 inspecteurs ont été supprimés, et leurs fonctions ont été remises au ministre d'État, qui les a remplacés par 12 verdiers chefs.

Les dépenses moyennes se répartissent ainsi : traitement du personnel, 217.250 francs; frais généraux d'aministration et d'exploitation, 483.311 francs.

Les recettes brutes ont été de 1.892.025 francs.

Les bénéfices ont été de 1.191.464 francs, soit en moyenne de 34 francs par hectare. Dans les années antérieures, les bénéfices ont été plus considérables. La concurrence étrangère a amené l'avilissement des prix. Les bois de Suède, de Norvège, de Gallicie, de Frise, inondent le marché allemand. Une autre cause est la substitution au bois de la pierre, de la brique et du fer dans la construction des maisons, même des plus petites villes.

3° *Duché de Cobourg.*

Le duché de Cobourg comprend 15.718 hectares de forêts, dont 5.453 sont des forêts domaniales, 2.600 des forêts communales, et 7.626 la propriété de corporations ou de personnes privées.

L'administration des forêts a la direction des forêts domaniales et communales, et, depuis un décret de 1860 (20 février), la surveillance des forêts privées dans des conditions analogues à ce qui se passe dans le duché de Gotha. Aucune désaffectation des forêts communales ou même privées ne peut se faire sans l'autorisation préalable des autorités administratives supérieures.

Les recettes, dues surtout à la vente du bois, sont, en moyenne, de 326.000 francs; les dépenses, de 97.375 francs, dont 43.125 pour le traitement du personnel. Les bénéfices nets sont de 228.625 francs, soit de 42 francs par hectare.

Depuis quelques années, bien que la superficie ait augmenté de près de 100 hectares, les bénéfices nets ont diminué lentement pour les causes assignées aux mêmes effets dans le duché de Gotha.

III. — Russie.

Année 1880. — La Russie a une superficie boisée de 197.661.200 hectares, dont 157.590.960 seulement sont effectivement plantés en forêts; soit, en fait, 33 0/0 (et non 43 0/0) de sa superficie totale.

Les forêts domaniales [1] ont une étendue de 132.283.440 hectares, dont 106.324.000 seulement sont en rapport.

L'administration des forêts dépend du département des domaines.

[1] Une loi du 24 novembre 1865 a organisé d'une façon toute particulière l'administration des forêts communales et même privées.

Elle a la direction de toutes les forêts de la Couronne, sauf celles du Caucase, des Cosaques, de Finlande, de la Direction des mines et de la Liste civile.

Elle se compose de : 1 directeur, 1 vice-directeur, 8 chefs de section, 192 inspecteurs, contrôleurs et experts, qui forment l'administration centrale; de 738 administrateurs et surveillants et 705 conducteurs qui sont répartis dans les gouvernements. Ce personnel touche une somme de 7.447.876 francs. Enfin, l'administration emploie un personnel de 21.536 agents, soit un agent par 6.127 hectares. Ces agents, gardes à pied et à cheval, sont payés sur le pied de 60 et 150 roubles (240 et 600 francs, en roubles argent), au moyen d'une affectation de terres d'un produit annuel de 705.660 francs. Ils reçoivent de plus une petite maison et un champ. Ce personnel coûte donc, en somme, 8.153.536 fr.

Les autres dépenses s'élèvent à 26.243.480 francs, qui se décomposent ainsi : entretien et exploitation des forêts, 14.124.188 francs; amélioration, 3.009.336 francs ; taxes provinciales, 8.109.892 francs.

Les dépenses totales, personnel et exploitation, s'élèvent donc à 34.397.016 francs.

Les recettes ont été, en 1880, de 52.407.844 francs, dont 46.762.500 francs provenant de la vente des bois. A cela il faut joindre 5.559.342 francs, valeur du bois délivré gratuitement. Les recettes totales ont donc été de 57.957.196 francs.

Le revenu net est de 23.560.180 francs.

Le chiffre indiqué par l'administration russe est bien plus élevé; il est de 39 855 668 francs. Cette différence provient de ce que, dans les recettes, elle fait figurer pour 2.197.640 francs d'arriéré, et, dans les dépenses, elle omet les frais du personnel et les taxes provinciales.

Au chiffre que j'ai fixé de 23.560.180 francs, même en ne tenant compte que des 106.324.000 hectares productifs, le revenu moyen, par hectare, est de 0,22 centimes.

Ce revenu ridicule est dû à l'impossibilité d'exploiter et de surveiller efficacement une si grande étendue de forêts, et à une effroyable déprédation qui se révèle par plus de 70.000 poursuites annuelles contre les délinquants.

Au reste, d'après les statistiques sérieuses, cette difficulté s'affaiblira de jour en jour. Les forêts sont en effet partout dévastées : l'industrie, les chemins de fer, la consommation particulière, le pillage et les incendies ont, depuis le commencement du siècle, diminué la superficie boisée, dans les 11 gouvernements les plus importants, d'au moins 27 0/0. En Pologne, au contraire, où l'administration peut surveiller les forêts plus efficacement (1.663 agents pour 857.830 hectares en régie), la destruction n'a été que de 11 0/0.

IV. — Suède.

Année 1881. — La superficie boisée de la Suède est de 35.771.779 hectares, dont 5.745.788 sont des forêts domaniales et communales, et 30.025.996 sont des forêts privées. De ce dernier chiffre, il faut déduire environ 10 millions d'hectares qui sont des landes, des pâturages, etc.

L'administration a la direction des forêts de l'État et des communes et d'environ 700.000 hectares de forêts privées. Et des réglementations ont été prises en vue de déterminer quelle quantité annuelle de bois les forêts privées peuvent et devraient abattre. Cette surveillance des forêts privées et communales, sans aucune rétribution correspondante, est une source de dépenses considérables.

Le traitement du personnel, les frais d'enseignement technique, les frais d'administration et d'exploitation des forêts *domaniales et communales* se sont élevés, en 1881, a 921 570 francs; les recettes des *forêts domaniales*, comprenant le produit des coupes, le prix des baux, la valeur du bois travaillé et le montant des charges très variées qui pèsent sur les forêts de l'État (dîmes ecclésiastiques, indemnités militaires), ont monté à 3.793.390 francs, ce qui laisse un bénéfice net de 2.871.820 francs, dont 2.090.560 provenant des coupes.

Malheureusement, le document auquel j'emprunte ces chiffres ne distingue pas, dans les forêts publiques, les forêts domaniales, productives de revenus pour l'État. Cette lacune ne permet pas d'établir le revenu moyen par hectare.

Quoi qu'il en soit, le rendement de ces forêts a été, chaque année, en croissant, sauf en l'année 1879 qui fut désastreuse. C'est ce qui ressort du tableau suivant :

Années.	Produits des coupes.	Dépenses.	Bénéfices.
1877........	1.500.800 fr.	968.800 fr.	532.000 fr.
1878........	1.154.600	999.600	455.000
1879.....	769.600	954.800	— 158.200
1880........	1.862.000	982.800	879.200
1881........	2.105 600	1.184.030	921.570

— Tels sont les résultats de la gestion de ces diverses administrations, d'après le document que j'ai cité plus haut. J'ai dû alléger les chiffres qu'il donne, les convertir en mesures et monnaies françaises, les grouper, les mettre en corrélation les uns avec les autres et introduire dans mes calculs, autant que possible, les mêmes éléments. Ces éléments ne sont pas toutefois assez nombreux pour me permettre de tirer une conclusion. L'administration forestière française semble tirer des bois qu'elle gère un revenu supérieur a ce qu'obtiennent les autres administrations des grands pays. Mais ce revenu est très loin de celui qu'on obtient dans les petits duchés de Cobourg et de Gotha; puis il manque d'autres chiffres très importants pour la comparaison, notamment ceux de l'administration saxonne, qu'on proclame la plus habile et la plus économe de l'Europe. Enfin, la conclusion fût-elle qu'une administration quelconque, la nôtre, par exemple, est heureuse par-dessus toutes, la discussion ne serait pas complète si elle ne tenait compte de cette objection : Un État doit-il faire ou posséder ce que peuvent posséder ou faire les particuliers? La plus avisée des administrations publiques vaut-elle le plus simple des propriétaires privés?

J. Chailley.

LE VIGNOBLE FRANÇAIS

Qui ne se rappelle l'époque, relativement peu éloignée, où le vignoble était la partie la plus riche du territoire français? Le temps de la vendange était une période de joie, et c'est au milieu de chants d'allégresse qu'on rentrait la récolte. La viticulture méridionale avait été particulièrement heureuse. Le Languedoc et la Provence s'étaient couverts d'immenses étendues de vignes: dans beaucoup d'endroits la valeur du sol avait décuplé. Maintenant, au lieu de la richesse nous ne voyons plus que la misère. Des villages ruinés et des vignes improductives, tel est le spectacle qui se présente dans tout le Midi. Le phylloxéra est un fléau sans précédents.

En 1865 une première tache apparaît dans le Gard, en face d'Orange, à Roquemaure. En 1866 on en comptait déjà six. En 1867 les taches se sont développées et embrassent de grandes surfaces. En 1870 presque toutes les vignes de la Provence et une partie de celles du Languedoc sont atteintes. Le fléau a marché rapidement vers le nord dans la vallée du Rhône; à l'ouest, il s'avance vers Montpellier. A cette époque la situation de la viticulture était encore tellement brillante dans l'Hérault que la plupart des propriétaires espéraient ne pas devenir victimes de l'invasion. En 1873 Montpellier est gravement menacé. En même temps Toulon est frappé, et au nord le vignoble est atteint jusqu'au-dessus de Valence. En 1876 Montpellier est dépassé; le fléau menace Béziers; à l'est, il a gagné la frontière et atteint les Alpes; il se montre dans les hautes vallées; au nord, il est monté bien au delà de Valence. Nous avons suivi la marche dans le sud-est; nous allons maintenant la montrer dans le sud-ouest. Dès 1867, on voit une tache sur les bords de la Garonne et une autre à Cognac. Le Bordelais et les Charentes sont simultanément menacés. En 1876, ces taches ont considérablement grandi. On trouve des vignes atteintes dans les Basses-Pyrénées, le Lot-et-Garonne, la Dordogne et la Gironde. Quant aux Charentes, Cognac, Saintes, etc., sont attaqués, et leurs vignobles, dont les produits distillés enrichissaient la culture, disparaissent les premiers. Dans ces dernières années les ravages n'ont fait que s'étendre ; c'est une ruine générale. Aujourd'hui l'espoir commence à luire à l'horizon ; les insecticides, les questions d'adaptation des cépages exotiques sont étudiés et connus ; la défense et la reconstitution du vignoble marchent bon train. Donnons les chiffres exacts pour 1884. Nous les empruntons à un rapport présenté par M. Tisserand, directeur de l'agriculture, à la Commission supérieure du phylloxéra.

Les traités de rhétorique ont oublié jusqu'ici d'indiquer les règles du style officiel. Au milieu du développement de la bureaucratie qui caractérise la fin du XIXe siècle, il serait utile d'apprendre aux jeunes fonctionnaires les préceptes de l'art d'écrire. Si la pratique vaut mieux que la théorie, nous ne pouvons mieux faire que de signaler le dernier rapport de M. Tisserand, véritable modèle d'éloquence administrative. Tantôt c'est Victor Hugo qui embouche sa trompette sonore et lance dans les airs une fanfare retentissante ; tantôt c'est Lamartine qui pince sa lyre d'une main languissante et exhale un chant plaintif. Le rapport du directeur de l'agriculture vante l'administration, le gouvernement, la commission supérieure, les fonctionnaires et les professeurs, et gémit sur les ruines produites par le phylloxéra. Bien que nous soyons un médiocre admirateur du ministère de l'agriculture et que nous contestions même son utilité, nous reconnaissons qu'aujourd'hui les fonctionnaires supérieurs peuvent parler du savoir du ministre sans exciter l'hilarité générale. L'arrivée au pouvoir des avocats de Quimperlé et de Bourganeuf n'a pas précisément rehaussé le prestige ministériel. M. Hervé-Mangon n'a rien de commun avec ces ministres qui prenaient le maïs pour du houblon et ne savaient pas distinguer un Durham d'un Simmenthal. Membre de l'Académie des sciences et de la Société nationale d'agriculture, ingénieur et agronome éminent, il est *the right man in the right place.* Malgré sa compétence, il ne fera cependant pas plus que n'ont fait ses prédécesseurs, et cela par une raison bien simple : l'administration ne peut rien faire. C'est à nous, agriculteurs, qu'il appartient d'améliorer nos cultures et d'augmenter la production nationale. Quant à l'intervention de l'Etat, nous n'en avons cure. Le service du phylloxéra coûte annuellement 1.200.000 francs à l'État et rapporte surtout des décorations aux fonctionnaires. La crise agricole et le phylloxéra sont une bonne aubaine pour l'administration. L'inutilité du ministère de l'agriculture crèverait les yeux de chacun si le ministre et ses représentants ne profitaient pas de ce prétexte pour s(sauveurs de la propriété rurale.

En 1884 le phylloxéra a fait son apparition dans les arron d'Ancenis, Nantes, Romorantin, La-Roche-sur-Yon, les Sable Dôle, Charolles, Albertville. La perte totale du vignoble des ments actuellement attaqués par le phylloxéra est de 429.00 La surface des vignes existant dans ces départements avant l était de 2.485 829 hectares ; elle est maintenant de 2.056.71 La différence est donc de 429.116 hectares.

La surface des vignes malades, mais résistant encore, a au 22.000 hectares en 1884: elle atteint 664.511 hectares. L'au porte, pour la presque totalité, sur les vignes des départemen anciennement attaqués.

Le déficit de 429.116 hectares ne donne pas la mesure de l bie par le vignoble; le mal est plus considérable. En même les anciennes vignes étaient détruites, on en plantait de nouv veloppement de ces nouvelles plantations qui occupent envir hectares réduit le déficit à 429.116 hectares. La perte réel un million d'hectares: 993.104 hectares dans les 28 départen risés à cultiver les vignes américaines, et 7.515 dans les 26 dé envahis pendant les six dernières années. N'avons-nous pa dire que le phylloxéra a produit une ruine générale? En 188 des vignes détruites a encore augmenté de 141.267 hectares. immense.

Les syndicats de lutte se sont heureusement développés. vention administrative a produit quelques résultats. L'État création des syndicats et les subventionne. La Commission su phylloxéra a exclu de la liste des associés qu'elle subventi personne voulant mettre dans le syndicat une superficie de périeure à 5 hectares. Nous ne pouvons qu'approuver une sure. Ceux qui syndiquent des surfaces de plus de 5 hecta sent par cela même la présomption qu'ils ont des ressource pour traiter leurs vignes sans l'assistance de l'État. Il convie courir que les vignerons qui paraissent les plus intéressants Commission supérieure a examiné les demandes de 716 syn prenant 18.628 membres pour 43.177 hectares. Dépouiller d telle est la principale mission de cette illustrissime comm l'administration chante les exploits! Ne ferait-on pas mieu M. Pasteur dans son laboratoire que de lui donner une be d'un clerc d'avoué?

L'emploi des cépages américains, auxquels savants et fo étaient d'abord hostiles, se répand tous les jours. Le greffa che résistante se propage et assure la conservation de nos vieux cépages. Comme porte-greffe, dit un éminent viticulteur M. Marès, les Riparia, les York-Madeira, les Rupestris continuent à tenir le premier rang et donnent avec nos cépages languedociens, Aramon, Carignane, Grenache, Espar, Morastel, Clairette, hybrides de Bouschet, de magnifiques produits. Ces espèces de vignes ne sont pas attaquées sur leurs racines par le phylloxéra ou très faiblement ; elles sont indemnes, végètent vigoureusement et se greffent bien avec les cépages français. Leur découverte constitue pour la viticulture un progrès très important ; les vignobles plantés en cépages américains porte-greffe se retrouvent dans les mêmes conditions qu'avant l'invasion du phylloxéra.

L'étendue replantée avec les cépages américains, qui était en 1883 de 28.000 hectares, atteint en 1884, 52.777 hectares. Admirez l'assurance des statisticiens officiels ! C'est 52.777 exactement, et non pas 52.700 ou 52.800. Dans ce chiffre l'Hérault figure pour près de 30.000 hectares. L'augmentation de 1884 par rapport à 1883 est de 70 0/0. La Gironde possède plus de 8.000 hectares en cépages américains, le Gard 5.000, le Var 3.000, l'Aude 1.400, la Drôme 800. L'administration est revenue de ses erreurs premières ; elle propage aujourd'hui les cépages exotiques ; elle facilite, dans les départements qui ont constitué des pépinières, par des subventions et des envois de plants, les moyens de mettre les boutures à la portée des populations. Les départements autorisés à cultiver les vignes exotiques comptent maintenant 680.000 hectares de vignes saines et 635.000 hectares de vignes plus ou moins atteintes.

L'usage des insecticides donne de bons résultats. Les vignerons sont bien initiés au traitement et l'appliquent sans mécompte. En même temps la submersion se répand. Malheureusement son emploi est limité.

Proportionnellement au nombre d'hectares de vignes envahies, mais résistant encore, la superficie des vignes défendues ou reconstituées qui était en 1878 de 3 0/0 s'est élevée à 11.23 0/0 en 1883 et 17.42 0/0 en 1884. Voyez plutôt le tableau suivant. L'unité est l'hectare.

Années.	Hectares attaqués par le phylloxéra et résistant encore.	Moyens de défense ou de reconstitution. Submersion.	Sulfure de carbone.	Sulfo-carbonate.	Vignes améric.	Totaux des hectares défendus ou reconstitués.	Pourcentage.
1878	248.048	2.837	2.512	845	1.356	7.550	3.40
1879	319.730	5.114	3.122	627	3.830	12.693	3.94
1880	454.254	8.093	5.543	1.472	6.441	21.553	4.74
1881	582.604	8.195	15 933	2,800	8 904	35.841	6.15
1882	642.978	12.544	17.121	3.033	17 096	39.793	7 74
1883	642.363	17.792	23.226	3.097	28.012	72.137	11.23
1884	664.511	23.303	33.446	6.286	52.777	115.812	17.42

Ces résultats sont assurément remarquables; le progrès e depuis 1878. On entrevoit aujourd'hui un avenir meilleur. No tageons cependant pas l'enthousiasme de M. Tisserand, lorsq rable directeur de l'agriculture déclare qu'on pourrait fixer tiquement l'époque où la crise supportée par la viticulture ne qu'un douloureux souvenir. Ce jour n'est pas si proche. Ce souhaiter principalement, c'est qu'on ne voie plus s'agrandir détruite. A ce point de vue, les résultats ne sont pas sants. De 1882 à 1883 l'étendue des vignes détruites s'est 95.552 hectares, de 1883 à 1884 de 141.267 hectares. Les su dans la défense et la reconstitution sont le meilleur des Une plantation de 24.000 hectares de cépages américains et de 19.000 hectares par la submersion, le sulfure de carbone e carbonate en une seule année dénotent une remarquable act nos viticulteurs; il s'agit de continuer dans cette voie. Aux diqués vient de s'ajouter un nouveau procédé, celui de M. fesseur au Collège de France, relatif à la destruction de l' Des essais satisfaisants ont été faits en 1884. Les badigeonna sur les ceps n'ont porté aucune atteinte à la végétation de l' coût du traitement est évalué au chiffre très peu élevé de par hectare. Des instructions pratiques pour l'application de Balbiani ont été imprimées et distribuées. Les expériences nant tentées sur une superficie considérable. Puissions-nous un an ou deux que M. Balbiani a été plus heureux que les aut dats au fameux prix de trois cent mille francs!

L'Algérie est toujours indemne du phylloxéra; une surveil vere est exercée à la douane pour empêcher l'introduction des suspects. L'avenir viticole de notre colonie méditerranéenne avantageusement. L'Algérie produit déjà un million d'hectolit

Quoique réduite à peu près de moitié en France, la produc cole est encore d'environ 35 millions d'hectolitres sur une su 2.200.000 hectares. La France est restée le plus grand prod vin du globe. L'Italie est en première ligne derrière nous ave lions et demi d'hectolitres. Viennent ensuite l'Espagne avec 2 d'hectolitres, l'Autriche-Hongrie avec 10 millions, le Port 4 millions. L'importation française insignifiante, il y a dix an venue importante. Le consommateur, ne trouvant plus en vins ordinaires en quantité suffisante, en tire de l'étranger; aussi aux boissons artificielles, vins de raisins secs et vins d' ou de seconde cuvée. Le tableau suivant résume la product portation et l'exportation dans les onze dernières années.

VINS DE TOUTES SORTES.

Années.	Production. Hectolitres.	Importation. Hectolitres.	Exportation. Hectolitres.
1874......	63.146.000	681.000	3.232.000
1875......	83.836.000	292.000	3.731.000
1876......	41.847.000	676.000	3.331 000
1877......	56.405.000	707.000	3.102.000
1878......	48.729.000	1.603.000	2.795.000
1879......	25.770.000	2 938.000	3.047.000
1880......	29.667 000	7.219.000	2.488.000
1881......	34.139.000	7.839.000	2.572.000
1882......	30.886.000	7.537.000	2.618.000
1883......	36.029.000	8.981.000	3.085.000
1884......	34.781.000	8.118.000	2.470.000

L'Espagne nous a fourni 5.094.699 hectolitres en 1884, et l'Italie 2.136.017 hectolitres. L'exportation porte principalement sur les vins fins. En 1884 la France a exporté 2 113.048 hectolitres de vins en fûts, 321.684 hectolitres de vins en bouteilles, non compris 35.642 hectolitres de vins de liqueur. Nos principaux acheteurs sont l'Angleterre, la République Argentine, l'Allemagne, la Suisse et la Belgique.

PAUL MULLER.

CORRESPONDANCE

LA POLITIQUE FINANCIÈRE DE LA RÉPUBLIQUE ARGENTINE.

A M. LE RÉDACTEUR EN CHEF DU *Journal des Économistes*.

Très honoré Confrère,

C'est avec la plus pénible surprise que je viens de lire dans la chronique du numéro d'hier de votre publication l'entrefilet suivant :

« Le protectionnisme est en voie de recrudescence dans le Nouveau-Monde comme dans l'ancien. Le gouvernement de la République Argentine vient d'augmenter de 15 0/0 tous les droits d'importation et d'exportation, en rendant cette mesure applicable aux marchandises en entrepôt et en rade. Le gouvernement argentin n'a en vue, en vérité, qu'un but fiscal : après avoir eu recours au papier-monnaie pour combler les déficits croissants de ses budgets, il s'est adressé à la protection. C'est une politique financière qui fait souvenir de celle des sauvages de la Louisiane dont parle Montesquieu : Couper l'arbre pour avoir le fruit. »

Nous sommes habitués à lire avec la plus respectueuse attention vos appréciations économiques, généralement empreintes de ce vous est personnel, qu'on admire, mais qu'on n'imite point.

Vous vous renseignez bien, habituellement, vous étudiez pr jours les questions que vous abordez, sur lesquelles vous ête émettre une opinion.

Cette fois-ci, malheureusement, vous avez fait une except règle; l'entrefilet que je viens de reproduire contient plusieurs toutes également fausses et inexactes.

Je tiens à vous le démontrer, car, esprit supérieur, attacl vous l'êtes, aux principes de l'équité et de la justice, vous r pas de convenir, après lecture de la présente, qu'il y a eu erre part.

Il n'est pas exact que le gouvernement argentin ait eu papier-monnaie pour combler ses déficits budgétaires, touj sants, d'après votre entrefilet.

Il est également faux que le même gouvernement se soit vant des déficits budgétaires à combler. Les budgets de la Argentine se soldent plutôt par des excédents que par d depuis plusieurs années; je parle, bien entendu, du budget quant aux budgets extraordinaires ou des travaux publics nels, construction de chemins de fer, etc., ils se balancent ment, c'est-à-dire que les capitaux empruntés dans ce but employés exactement à la prolongation des voies ferrées de le produit net de l'exploitation suffit à faire face au service contractées.

La République Argentine n'a pas eu recours au papier- n'avait, en outre, à combler aucun déficit budgétaire. Les r tionales, pendant les cinq dernières années, 1880 à 1884, se s à $ 133.243.773 et les dépenses, pendant cette même pér atteint que le chiffre de $ 133.965.201.

Voici la progression des recettes des principaux chapitres

	1880	1881	[illegible]
Droits de douanes...	16.095.429 $	19.039.996 $	20.717.559 $
Papier timbré........	592.501	701.842	1.838.967
Postes................	348.495	386.146	439.576
Télégraphes..........	117.508	122.497	218.629
Chemins de fer.......	—	213.158	1.272.983

La République Argentine n'a pas eu besoin d'avoir recours monnaie, par la simple raison que ses recettes ordinaires santes pour faire face à tous ses engagements administratif capital emprunté à l'étranger, il est représenté et garanti priétés de l'État, chemins de fer et autres travaux publics, vice des dettes publiques n'a jamais été en souffrance un seul moment depuis que la République s'est définitivement constituée.

*
* *

Quant au papier-monnaie : l'État n'a pas émis et n'émet pas de papier ; les émissions sont faites par la Banque nationale, propriété de ses actionnaires, constituée sur la base d'une concession de l'État qui, néanmoins, n'établit aucun monopole, et par les banques provinciales.

Il y a quelques mois, comme je l'ai d'ailleurs expliqué longuement dans la *Revue Sud-Américaine*, le gouvernement, devant un drainage d'or considérable pour l'étranger, dut autoriser toutes les banques d'émission à suspendre, pendant deux ans, la conversion de leurs billets.

L'État n'a pas bénéficié d'un centime par cette autorisation ; il n'a exigé des établissements auxquels il a accordé le bénéfice temporaire de l'inconvertibilité, aucune ouverture de crédits ; et s'il ne l'a pas fait, c'est qu'il n'avait besoin de recourir ni à cet expédient, ni à aucun autre pour faire face aux frais administratifs.

Le cours forcé des billets émis par les banques a donné lieu, comme de raison, à l'agio, à une dépréciation, — qui est aujourd'hui de 20 0/0, — du papier par rapport à l'or.

Tous les articles d'importation et d'exportation ont augmenté, simultanément, sur le marché, de 20 à 30 0/0 ; l'équilibre s'est fait logiquement, naturellement, entre les prix réels de vente et les prix réels d'achat.

L'État, néanmoins, continuait à percevoir les droits de douane en papier, pour sa valeur nominale.

Pour les négociants, importateurs et exportateurs, il en résultait une diminution de 20 à 30 0/0 sur les droits de douane à payer.

Le gouvernement ordonna donc une augmentation de 15 0/0, en papier, sur toutes les liquidations de douane ; il résulte encore, pour les négociants, après cette augmentation, qu'ils payent moins de droits aujourd'hui, par rapport aux prix de vente de leurs produits et de leurs marchandises, qu'avant le décret d'inconvertibilité des billets de banque.

A la rigueur, le gouvernement aurait pu, *sans augmenter réellement les droits de douane*, exiger le payement de cet impôt en papier, et en plus la différence, d'après la moyenne du marché, entre la cote du papier et de l'or ; et les négociants n'auraient cependant pas subi une augmentation dans les droits à payer, puisqu'ils vendent leurs produits et leurs marchandises en papier, en calculant tout au moins la moyenne du marché.

Il résulte donc de ce qui précède :

1° Que le gouvernement argentin n'a pas de déficits b
combler;

2° Qu'il n'a pas eu recours à des émissions de papier-mo

3° Que loin d'augmenter les droits de douane, il les a
réalité, car, tandis que les négociants ont augmenté de 20 à 3
de vente de leurs articles, l'État s'est contenté d'un boni d
les droits fixés pour l'importation et l'exportation, sans aug
centime les autres impôts.

Voilà donc, très honoré Confrère, la vérité sur ce qui se p
République Argentine; il y a loin, comme vous voyez, de
économique au procédé des sauvages de la Louisiane, cit
tesquieu.

C'est à la France, plutôt, où le protectionnisme vient d
en frappant quelques produits de la Plata, les céréales et
pied, que vous devriez prêter la doctrine dont parle Monte
tique qui est à la veille d'entraîner, logiquement, de la part
blique Argentine, des représailles justifiées, d'autant plus
les importations excessives par rapport aux exportations q
miné le drainage de l'or.

Agréez, etc.

PEDRO S.

Paris, le 16 mai 1885.

Nous recevons de M. Pedro Lamas une seconde lettre
7 juin 1885 :

En confirmation de ma lettre du 16 mai dernier, je suis
vous communiquer l'extrait suivant du Message adressé p
dent Roca, le 7 du mois passé, au Congrès national, dont
l'instant la première copie qui soit parvenue à Paris.

Quant aux finances : prévisions budgétaires de 1884, 3
recettes de l'année, 37.328.000 $; dépenses autorisées, 34.05
pensé, 32.154.715 $; excédent, 5.173.285 $.

Les banques furent autorisées, à la fin de l'année 1884, à
pendant deux ans, la conversion de leurs billets; le drain
rable de l'or conseilla cette mesure temporaire; à son t
nage s'explique par l'excédent de l'importation sur l'exp
importa, en 1884, pour 94.000.000 $ de marchandises, tandis
porta que 68.000.000 $ de produits, chiffres officiels; en 18
tion ne s'était élevée qu'à 61.000.000 $. L'importation extr
1884 s'explique : 1° par le développement des travaux pu
riaux de chemins de fer, etc., et par l'outillage nécessaire

lation de 120.000 immigrants, etc., et 2° par l'approvisionnement anticipé du commerce en vue du relèvement de certains droits de douane, à partir du 1er janvier 1885. Le pays n'ayant jamais été si prospère, les récoltes ayant été très favorables, la paix étant inébranlable, l'équilibre ne peut tarder à se rétablir, et c'est ainsi que dans le 1er trimestre de 1885, l'exportation s'est élevée à 23.000 000 $, tandis qu'on n'a importé que 19.000.000 $ de marchandises.

Quant à la politique : le président Roca est convaincu que l'élection de son successeur, auquel il remettra les rênes du gouvernement le 12 octobre 1886, aura lieu *en paix et en liberté*.

Agréez, etc.

Pedro S. Lamas.

CHINOISERIE ADMINISTRATIVE.

C'est vexation administrative qu'il faudrait dire ; voici le fait.

Je connais une succession dans laquelle se trouvait un titre de rente immatriculé au nom de plusieurs personnes dont la moitié étaient décédées. La succession du dernier mourant dut être partagée par voie judiciaire, parce qu'il y avait des mineurs. Le tribunal de la Seine rendit donc un jugement chargeant un notaire de liquider la succession et de faire le partage, et en même temps il ordonna de vendre ce titre et de faire une répartition du prix, parce que s'il avait fallu diviser le titre lui-même, il aurait fini par donner à certains héritiers des parcelles infiniment petites. Or, pour qu'un titre nominatif puisse être vendu, il faut l'autorisation du bureau des transferts. Ce bureau est au ministère des finances et est chargé de défendre les droits des propriétaires de rente, c'est-à-dire de n'autoriser une vente que si toutes les conditions légalement requises sont bien remplies. Sa mission est donc très utile, mais voici comme certains employés l'entendent.

Le notaire produisit à ce bureau des transferts l'exemplaire grossoyé, c'est-à-dire original du jugement qui ordonnait la vente du titre et l'avait commis, lui notaire, pour liquider la succession. — Oh ! bien, dit le transfert, cela ne nous suffit pas. Le tribunal a bien dit que le titre serait vendu, mais il n'a pas dit qui serait chargé de faire la vente et de toucher les fonds. — Évidemment, répond le clerc du notaire qui suppléait son patron, le titre sera vendu par ministère d'agent de change, puisqu'eux seuls peuvent vendre en bourse ; quant aux fonds, ils seront touchés par le notaire que le Tribunal a commis. N'est-ce pas suffisant ?

Non, dit le transfert ; il faut que le Tribunal désigne un mandataire chargé de vendre le titre et d'en recevoir le prix. — Alors, qui voulez-vous que nous fassions commettre pour l'opération? — Un agent de change, évidemment! — Ainsi, lorsque le Tribunal aura commis un agent de change, vous serez satisfait et ferez l'opération? — Sans doute!

On retourne donc devant le Tribunal, aux frais de la succession, pour le prier de vouloir bien commettre un agent de change qui vendra le titre, et en percevra le prix qu'il remettra au notaire. Le Tribunal désigne X..., agent de change et on rapporte au transfert sa nouvelle décision. – Cette fois, lui dit le clerc de notaire, vous êtes satisfait? — Du tout, dit le transfert. — Eh! pourquoi donc? — Pourquoi? Parce que le Tribunal a désigné un agent de change et que nous ne voulons pas d'un agent de change; faites désigner qui vous voudrez, Pierre, Jacques, Ernest, le notaire liquidateur, si cela vous convient, pourvu que ce ne soit pas un agent de change. — Comment! vous même avez demandé un agent de change à l'exclusion de tout autre et maintenant vous voulez un mandataire autre qu'un agent de change; quel est donc le motif de ce changement? — Le motif? voilà un administré fort audacieux! il prétend obliger l'administration à rendre raison de la manière dont elle agit :

Sic volo, sic jubeo; sit pro ratione voluntas

Et si cela ne vous satisfait point, sachez que votre titre ne sera pas vendu avant que vous ayez fait désigner un autre mandataire.

Le clerc voulut insister. — Puisque vous admettez un mandataire quelconque, voulez-vous que M. X... fasse l'opération comme simple particulier, il fera vendre par un de ses confrères. — Du tout, nous ne voulons pas de cela! – Mais enfin, M. X... pour être agent de change, n'a point perdu ses droits civils, il peut être mandataire. — Dans l'occasion actuelle il ne le peut pas; il est pour nous sans droit.

Il fallut en passer par la volonté de l'administration et retourner une troisième fois devant le Tribunal (toujours aux dépens de la succession) pour lui demander de désigner un mandataire qui ne fût pas agent de change. Le Tribunal commit un des clercs du notaire auquel le transfert voulut bien accorder une confiance qu'il n'avait pas consenti à donner à son patron.

Enfin, tout est bien qui finit bien! — C'est, qu'au contraire, l'affaire finit fort mal pour la succession. La permission de vendre arriva en même temps que le télégramme de Lang-Son qui fit, on s'en souvient, baisser la rente de 2 francs. En cas pareil, on aurait actionné une compagnie privée, un particulier pour lui réclamer des dommages, mais l'administration est irresponsable. Elle peut faire faire toutes démarches, causer tous retards et toutes pertes aux administrés; ceux-ci ne peuvent rien contre elle.

On lit dans les *Manuels civiques*, écrits par ordre du Gouvernement pour l'instruction de la jeunesse, que la France jadis a été soumise à un pouvoir tout arbitraire et despotique ; et l'on montre combien odieuses, combien insupportables sont de pareilles pratiques. Vraiment, il serait fort à souhaiter qu'au lieu de mettre ces *Manuels* aux mains des enfants on en imposât la lecture au transfert. Peut-être cela le déciderait-il à changer sa manière d'agir ; le public ne pourrait qu'y gagner.

HUBERT-VALLEROUX.

BULLETIN

PUBLICATIONS DU « JOURNAL OFFICIEL ».

(*Mai* 1885)

3 mai. — **Décret** exonérant les communes du versement des sommes restant dues pour solde de leurs contingents applicables aux traitements obligatoires des instituteurs et institutrices, pour 1883 et les exercices antérieurs.

4 mai. — **Rapport** adressé au Président de la République par le garde des sceaux, ministre de la justice, sur l'administration de la justice criminelle en France et en Algérie pendant l'année 1883.

5 mai. — **Tableau** des recettes de l'exploitation des chemins de fer français d'intérêt général pendant les quatre trimestres des années 1884 et 1883.

6 mai. — **Décret** qui prescrit la promulgation de la convention relative à l'échange des mandats de poste, signée entre la France et la Perse, le 9 avril 1884.

— **Décision** fixant l'intérêt attaché aux bons du Trésor dont l'échéance ne dépasse pas une année.

7 mai. — **Arrêté** instituant une commission spéciale en vue d'étudier les dispositions générales et les mesures à prendre pour l'établissement des nouveaux inventaires du mobilier national.

8 mai. — **Arrêté** fixant la date du tirage au sort des bons de liquidation et nommant la commission chargée de procéder à cette opération.

— **Arrêté** fixant la date du tirage au sort des obligations du Trésor à long terme et nommant la commission chargée de procéder a cette opération.

10 mai. — **Rapport** adressé au Président de la République par le garde des sceaux, ministre de la justice, sur l'administration de la justice civile et commerciale en France et en Algérie.

11 mai. — **État** des contributions directes et taxes assimilées et de l'impôt sur le revenu des valeurs mobilières.

— **Impôts** et revenus indirects en France. — Comparaison des recouvrements du mois d'avril et des quatre premiers mois de 1885 avec les évaluations budgétaires correspondantes et avec les recouvrements des quatre premiers mois de 1884.

— **Impôts** et revenus indirects en Algérie. — Comparaison des recouvrements du mois de mars et des trois premiers mois de 1885 avec les évaluations budgétaires correspondantes et avec les recouvrements des trois premiers mois de 1884.

21 mai. — **Décret** portant suppression de la chambre consultative des arts et manufactures établie à Loudéac (Côtes-du-Nord).

25-26 mai. — **Relevé** des quantités de froment (grains et farines) importées et exportées du 1er août 1884 au 30 avril 1885.

28 mai. — **Loi** sur les récidivistes. (V. ci-après.)

— **Décret** portant suppression de la chambre consultative des arts et manufactures de Limoux (Aude).

29 mai. — **Décret** autorisant l'importation temporaire en franchise de droit du coprah et des graines de palmiste.

30 mai. — **Rapport** adressé au Président de la République, par le ministre de l'instruction publique, des beaux-arts et des cultes, relatif aux agrégés des facultés de médecine. — Décret et arrêté conformes y annexés.

31 mai. — **Rapport** adressé au Président de la République par le ministre de la marine et des colonies, modifiant des dispositions du décret du 9 juillet 1874 sur le cabotage algérien. — Décret y annexé.

Loi sur les récidivistes.

Art. 1er. — La relégation consistera dans l'internement perpétuel sur le territoire des colonies ou possessions françaises des condamnés que la présente loi a pour objet d'éloigner de France.

Seront déterminés, par décrets rendus en forme de règlement d'administration publique, les lieux dans lesquels pourra s'effectuer la relégation, les mesures d'ordre et de surveillance auxquelles les relégués pourront être soumis par nécessité de sécurité publique, et les conditions dans lesquelles il sera pourvu à leur subsistance, avec obligation du travail à défaut de moyens d'existence dûment constatés.

Art. 2. — La relégation ne sera prononcée que par les cours et tribunaux ordinaires comme conséquence des condamnations encourues devant eux, à l'exclusion de toutes juridictions spéciales et exceptionnelles.

Ces cours et tribunaux pourront toutefois tenir compte des condamnations prononcées par les tribunaux militaires et maritimes en dehors de l'état de siège ou de guerre, pour les crimes ou délits de droit commun spécifiés à la présente loi.

Art. 3. — Les condamnations pour crimes ou délits politiques ou pour crimes ou délits qui leur sont connexes ne seront, en aucun cas, comptées pour la relégation.

Art. 4. Seront relégués les récidivistes qui, dans quelque ordre que ce soit et dans un intervalle de dix ans, non compris la durée de toute peine subie, auront encouru les condamnations énumérées à l'un des paragraphes suivants :

1° Deux condamnations aux travaux forcés ou à la réclusion, sans qu'il soit dérogé aux dispositions des paragraphes 1 et 2 de l'article 6 de la loi du 30 mai 1854 ;

2° Une des condamnations énoncées au paragraphe précédent et deux condamnations, soit à l'emprisonnement pour faits qualifiés crimes, soit à plus de trois mois d'emprisonnement pour :

Vol ;

Escroquerie ;

Abus de confiance ;

Outrage public à la pudeur ;

Excitation habituelle des mineurs à la débauche ;

Vagabondage ou mendicité par application des articles 277 et 279 du Code pénal ;

3° Quatre condamnations, soit à l'emprisonnement pour faits qualifiés crimes, soit à plus de trois mois d'emprisonnement pour les délits spécifiés au paragraphe 2 ci-dessus ;

4° Sept condamnations, dont deux au moins prévues par les deux paragraphes précédents, et les autres, soit pour vagabondage, soit pour infraction à l'interdiction de résidence signifiée par application de l'article 19 de la présente loi, à la condition que deux de ces autres condamnations soient à plus de trois mois d'emprisonnement.

Sont considérés comme gens sans aveu et seront punis des peines édictées contre le vagabondage, tous individus qui, soit qu'ils aient ou non un domicile certain, ne tirent habituellement leur subsistance que du fait de pratiquer ou faciliter sur la voie publique l'exercice de jeux illicites, ou la prostitution d'autrui sur la voie publique.

Art. 5. — Les condamnations qui auront fait l'objet de grâce, commutation ou réduction de peine, seront néanmoins comptées en vue de la relégation. Ne le seront pas celles qui auront été effacées par la réhabilitation.

Art. 6. — La relégation n'est pas applicable aux individus qui seront âgés de plus de 60 ans ou de moins de 21 ans à l'expiration de leur peine.

Toutefois, les condamnations encourues par le mineur de 21 ans compteront en vue de la relégation, s'il est, après avoir atteint cet âge, de nouveau condamné dans les conditions prévues par la présente loi.

Art. 7. — Les condamnés qui auront encouru la relégation resteront soumis à toutes les obligations qui pourraient leur incomber en vertu des lois sur le recrutement de l'armée.

Un règlement d'administration publique déterminera dans quelles conditions ils accompliront ces obligations.

Art. 8. — Celui qui aurait encouru la relégation par application de l'article 4 de la présente loi, s'il n'avait pas dépassé 60 ans, sera, après l'expiration de sa peine, soumis à perpétuité à l'interdiction de séjour édictée par l'article 19 ci-après.

S'il est mineur de 21 ans, il sera, après l'expiration de sa peine, retenu dans une maison de correction jusqu'à sa majorité.

Art. 9. — Les condamnations encourues antérieurement à la promulgation de la présente loi seront comptées en vue de la relégation, conformément aux précédentes dispositions. Néanmoins, tout individu qui aura encouru avant cette époque des condamnations pouvant entraîner dès maintenant la relégation, n'y sera soumis qu'en cas de condamnation nouvelle dans les conditions ci-dessus prescrites.

Art. 10. — Le jugement ou l'arrêt prononcera la relégation en même temps que la peine principale; il visera expressément les condamnations antérieures par suite desquelles elle sera applicable.

Art. 11. — Lorsqu'une poursuite devant un tribunal correctionnel sera de nature à entraîner l'application de la relégation, il ne pourra jamais être procédé dans les formes édictées par la loi du 20 mai 1863 sur les flagrants délits.

Un défenseur sera nommé d'office au prévenu, à peine de nullité.

Art. 12. — La relégation ne sera appliquée qu'à l'expiration de la dernière peine à subir par le condamné. Toutefois, faculté est laissée au gouvernement de devancer cette époque pour opérer le transfèrement du relégué.

Il pourra également lui faire subir tout ou partie de la dernière peine dans un pénitencier.

Ces pénitenciers pourront servir de dépôt pour les libérés qui y seront maintenus jusqu'au plus prochain départ pour le lieu de relégation.

Art. 13. — Le relégué pourra momentanément sortir du territoire de relégation en vertu d'une autorisation spéciale de l'autorité supérieure locale.

Le ministre seul pourra donner cette autorisation pour plus de six mois ou la retirer.

Il pourra seul aussi autoriser, à titre exceptionnel et pour six mois au plus, le relégué à rentrer en France.

Art. 14. — Le relégué qui, a partir de l'expiration de sa peine, se sera rendu coupable d'évasion ou de tentative d'évasion, celui qui, sans autorisation, sera rentré en France ou aura quitté le territoire de relégation, celui qui aura outrepassé le temps fixé par l'autorisation, sera traduit devant le tribunal correctionnel du lieu de son arrestation ou devant celui du lieu de relégation et, après connaissance de son identité, sera puni d'un emprisonnement de deux ans au plus.

En cas de récidive, cette peine pourra être portée à cinq ans.

Elle sera subie sur le territoire des lieux de relégation.

Art. 15. — En cas de grâce, le condamné à la relégation ne pourra en être dispensé que par une disposition spéciale des lettres de grâce.

Cette dispense par voie de grâce pourra d'ailleurs intervenir après l'expiration de la peine principale.

Art. 16. — Le relégué pourra, à partir de la sixième année de sa libération, introduire devant le tribunal de la localité une demande tendant à se faire relever de la relégation, en justifiant de sa bonne conduite, des services rendus à la colonisation et de moyens d'existence.

Les formes et conditions de cette demande seront déterminées par le règlement d'administration publique prévu par l'article 18 ci-après.

Art. 17. — Le Gouvernement pourra accorder aux relégués l'exercice, sur les territoires de relégation, de tout ou partie des droits civils dont ils auraient été privés par l'effet des condamnations encourues.

Art. 18. — Des règlements d'administration publique détermineront :

Les conditions dans lesquelles les relégués accompliront les obligations militaires auxquelles ils pourraient être soumis par les lois sur le recrutement de l'armée ;

L'organisation des pénitenciers mentionnés en l'article 12 ;

Les conditions dans lesquelles le condamné pourra être dispensé provisoirement ou définitivement de la relégation pour cause d'infirmité ou de maladie, les mesures d'aide et d'assistance en faveur des relégués ou de leur famille, les conditions auxquelles des concessions de terrains provisoires ou définitives pourront leur être accordées, les avances à faire, s'il y a lieu, pour premier établissement, le mode de remboursement de ces avantages, l'étendue des droits de l'époux survivant, des héritiers ou des tiers intéressés sur les terrains concédés et les facilités qui pourraient être données à la famille des relégués pour les rejoindre;

Les conditions des engagements de travail à exiger des relégués;

Le régime et la discipline des établissements ou chantiers où ceux qui n'auraient ni moyens d'existence ni engagement seront astreints au travail;

Et en général toutes les mesures nécessaires à assurer l'exécution de la présente loi.

Le premier règlement destiné à organiser l'application de la présente loi sera promulgué dans un délai de six mois au plus à dater de sa promulgation.

Art. 19. — Est abrogée la loi du 9 juillet 1852, concernant l'interdiction, par voie administrative, du séjour du département de la Seine et des communes formant l'agglomération lyonnaise.

La peine de la surveillance de la haute police est supprimée. Elle est remplacée par la défense faite au condamné de paraître dans les lieux dont l'interdiction lui sera signifiée par le Gouvernement avant sa libération.

Toutes les autres obligations et formalités imposées par l'article 44 du code pénal sont supprimées à partir de la promulgation de la présente loi, sans qu'il soit toutefois dérogé aux dispositions de l'article 635 du code d'instruction criminelle.

Restent en conséquence applicables pour cette interdiction les dispositions antérieures qui réglaient l'application ou la durée, ainsi que la remise ou la suppression de la surveillance de la haute police et les peines encourues par les contrevenants, conformément à l'article 45 du code pénal.

Dans les trois mois qui suivront la promulgation de la présente loi, le Gouvernement signifiera aux condamnés actuellement soumis à la surveillance de la haute police les lieux dans lesquels il leur sera interdit de paraître pendant le temps qui restait à courir de cette peine.

Art. 20. — La présente loi est applicable à l'Algérie et aux colonies.

En Algérie, par dérogation à l'article 2, les conseils de guerre prononceront la relégation contre les indigènes des territoires de commandement qui auront encouru, pour crimes ou délits de droit commun, les condamnations prévues par l'article 4 ci-dessus.

Art. 21. — La présente loi sera exécutoire à partir de la promulgation du règlement d'administration publique mentionné au dernier paragraphe de l'article 18.

Art. 22. — Un Rapport sur l'exécution de la présente loi sera présenté chaque année, par le ministre compétent, à M. le président de la République.

Art. 23. — Toutes dispositions antérieures sont abrogées en ce qu'elles ont de contraire à la présente loi.

Fait à Paris, le 27 mai 1885. JULES GRÉVY.

Par le président de la République :

Le ministre de l'Intérieur, H. ALLAIN-TARGÉ.

Le Manitoba. — Nous recevons de Winnipeg l'aperçu intéressant qu'on va lire de la situation économique et des progrès de la province de Manitoba, la Californie agricole du grand ouest canadien.

La province de Manitoba est de création récente. Le Canada, avant le 15 juillet 1870, se composait des cinq provinces suivantes, à savoir : Québec, Ontario, Nouveau-Brunswick, Nouvelle-Ecosse et l'île du Prince Edouard.

Manitoba fut érigée en province en 1870, et la Colombie en 1871, ce qui porta à sept le chiffre des membres de la confédération canadienne Le reste de l'Amérique britannique du nord formait à cette époque ce que l'on désignait sur les cartes du temps sous le nom de territoires du Nord-Ouest.

Ces territoires, aujourd'hui traversés de l'est à l'ouest par le chemin de fer transcontinental *Pacifique canadien*, furent divisés en 1882 en quatre districts administrés par un lieutenant-gouverneur et régis par une constitution rudimentaire. Ces districts, appelés respectivement Assiniboïa, Alberta, Saskatchewan et Athabaska, sont relativement peu habités et destinés à faire plus tard autant de provinces.

La population du Canada, lors du dernier recensement de 1881, s'élevait à 4.324.810 individus dont 108.547 indiens. Les descendants de race française comptaient sur ce chiffre pour 1.073.820 dans la province de Québec; 102.743 dans l'Ontario; 56.635 dans le Nouveau-Brunswick; 41.219 dans la Nouvelle-Ecosse; 10.751 dans l'île du Prince Edouard; 11.000 dans Manitoba;.5.010 dans les territoires du Nord-Ouest, et 916 dans la Colombie. Ce même recensement porte le chiffre de la population totale de Manitoba à 65.954; on l'évalue aujourd'hui à plus de 100.000. On peut estimer à ce chiffre les habitants des territoires où la population indienne compte pour 54.446.

Avant le 15 juillet 1870, la tenure de la propriété dans Manitoba reposait uniquement sur des permis d'occupation délivrés par la compagnie d'Hudson, puissante compagnie de traite organisée vers le milieu du XVIe siècle. Ces permis étaient inscrits sur un cahier tenu et appelé Livre terrier ou *Land Register*. La province était espèce de colonie composée d'une quinzaine de paroisses f anciens employés et engagés libérés de la compagnie, mar plupart à des sauvagesses. La nation métisse est sortie de ce Cette colonie, appelée Assiniboia, couvrait les bords de la Riv et remontait sur une courte distance la rivière Assiniboine son embouchure dans la Rivière Rouge. Le Port-Garry, qui plus tard à la florissante ville de Winnipeg, était bâti au co ces deux rivières. La nation métisse était aux deux tiers d'orig canadienne; le fameux agitateur Louis Riel est un enfant de lation.

En devenant une province du Canada, Manitoba vit sa ten mir et se régulariser. Il fut stipulé dans la constitution que occupants serait reconnu par l'État et confirmé par lettres pa lettres patentes, émanées au nom de Sa Majesté Britanniqu par conséquent la base et comme le premier chaînon des tit province de même que dans les districts.

La cadastration de la province, commencée dès 1870, est Elle a été faite par le gouvernement du Canada. Sauf pour le paroisses formées le long des rivières, le système d'arpent a été celui de la république voisine des États-Unis. D'après la terre est divisée en lopins quadrangulaires appelés *town* pownships ont six milles carrés et sont subdivisés en trente- d'un mille carré chacune; ces sections sont à leur tour sul quatre parties égales appelées *quarts de section*. Un quart contient une superficie de 160 acres (un hectare vaut environ Le *homestead*, ou terre donnée gratis par l'État à l'immigran un quart de section.

Ainsi que nous l'avons remarqué plus haut, la province d renferme une ancienne et une nouvelle tenure, celle de la pa cien régime, et celle du *township*, nouveau régime.

On acquiert de deux manières la propriété dans les *town* achat pur et simple de l'État, ou par voie de concession *homestead* donné au colon par le gouvernement. Dans ce le colon ou immigrant est tenu à remplir certaines conditi ture, d'améliorationse t de domicile continu sans lesquelles obtenir son titre du gouvernement. Ce titre s'accorde au bout d

Par suite de l'époque assez récente où se sont opérés ments dans la province de Manitoba, l'examen des titres souffre en général assez peu de difficultés.

La législature a d'ailleurs établi un système d'enregistremen partie sur celui des autres provinces, afin de rendre plus faciles la garde et la filiation des titres de chaque propriété. D'après cette loi, tout propriétaire est tenu, dans son propre intérêt, de déposer au bureau d'enregistrement de sa localité l'original de son titre ou lettres patentes. L'acheteur subséquent y dépose son contrat en duplicata de même que le créancier hypothécaire, et ainsi de suite. D'où il suit que le sommaire d'enregistrement sur tel numéro de propriété donne les moyens d'apercevoir en un seul coup d'œil toutes les mutations qu'a subies cette propriété et de constater si la chaîne des titres est complète. Afin de parer à toute éventualité, la loi oblige le régistrateur, en retournant à l'intéressé l'un des doubles du titre déposé, de délivrer sur l'endos du titre même son certificat du dépôt et de l'enregistrement de l'original demeuré dans ses archives.

Il est cependant question de changer ce mode d'enregistrement et de le remplacer par le système Torrens inauguré pour la première fois en Australie il y a quelques années. Le principe du système Torrens est la négation absolue de l'antique division des biens en biens meubles et en biens immeubles. Tout bien est meuble, et possession vaut titre et le confère. La législature de Manitoba a mis cette grave question à l'étude en 1884, et il se peut qu'elle finisse par l'adopter. Le résultat de ce système serait de rendre impossibles ou à peu près la discussion et la confusion des titres, ce qui assurerait un grand avantage au prêteur hypothécaire et faciliterait singulièrement sa besogne. Aussi, toutes les sociétés de prêts hypothécaires favorisent-elles le plus qu'elles peuvent l'adoption de ce système.

L'hypothèque anglaise, car la province de Manitoba est régie par le droit anglais (*common law of England*) diffère grandement de l'hypothèque française; elle porte un nom différent et s'appelle *mortgage*. Le mortgage est une espèce de *vente à réméré* faite par l'emprunteur à son créancier hypothécaire, le prix de vente étant la somme prêtée. Cependant, comme le mortgage ne peut constituer un gage satisfaisant, le créancier hypothécaire, le cas échéant, s'adresse généralement aux tribunaux pour en obtenir un plus parfait. De là l'absolue nécessité pour le créancier hypothécaire d'être le premier inscrit sur les cahiers de l'enregistrement.

Le mortgage a, du reste, tous les effets que donne l'hypothèque dans la province de Québec, régie comme on sait par la coutume de Paris.

Telles sont en peu de mots l'histoire et la constitution actuelle de la propriété immobilière dans la province de Manitoba.

La population rurale de Manitoba figure pour les deux tiers du chiffre total. On ne compte qu'une seule ville, Winnipeg, d'une population, 25.000 âmes environ. Les autres endroits qui portent ce titre sont tout au plus des villages ou des stations de chemins de fer dont on [redacted] tance future.

L'immigration dans la province de Manitoba se recrute [redacted] les anciennes provinces du Canada, et plus particulièr Québec et Ontario. La population métisse franco-canad beaucoup diminué depuis six à sept ans, mais elle s'est [redacted] presque tous les cas remplacée par des familles canadienn de Québec. Ce changement a marqué un véritable progr points de vue. Les métis, se sentant mal à l'aise au milieu [redacted] venus, ont pris le chemin des grandes prairies de [redacted] formé trois ou quatre groupes assez importants : le [redacted] Qu'Appelle à 400 milles [1] de Winnipeg ; le groupe du lac [redacted] la Saskatchewan nord à 500 milles, et le groupe de [redacted] 900 milles.

La moyenne de l'immigration dans la province de Mani née, depuis 1879, a été d'environ 10.000 individus. J'indique parce que c'est l'époque de l'ouverture des commu [redacted] ferrée entre Manitoba et le réseau américain. Jusque-là [redacted] s'était faite au moyen de transports longs, coûteux et [redacted] donnait tous les ans qu'un mince résultat.

La très grande majorité des immigrants se compose de [redacted]

En général, l'immigrant de Manitoba possède assez de L'éloignement des ports de mer et la brièveté de la belle font un devoir essentiel. Un certain nombre arrivent porteu considérables qu'ils destinent à fonder de grandes explo de culture, soit d'élevage.

Tout le monde réussit ; la mendicité est inconnue. L'arg dant par suite de l'immigration et des grands travaux de c qui se sont exécutés dans cette région depuis six ans. La est chère, soit à la ville, soit à la campagne. Il y a du trav

Il suit de cet état de choses que la propriété immobilière peu de temps une valeur considérable à partir du jour où elle

L'écoulement des produits agricoles, surtout du blé, vers mer atlantiques, est aujourd'hui assuré par l'achèvement d fer transcontinental, le *Pacifique canadien*. Ce chemin reli de Manitoba et tout l'Ouest canadien avec les ports de Mont St-John et Halifax. Le cultivateur est certain désormais q de sa production ne sera plus soumis aux risques ni aux cha portation par voie mixte de chemins de fer et de canaux.

L'exportation du blé de Manitoba s'est élevée, en 18

---

[1] Un mille = 1.610 mètres.

un million de minots [1] (*bushels*); elle a été d'un million et demi en 1884, et sera de plus de trois millions en 1885, surplus de la récolte de 1884.

La province de Manitoba est un pays essentiellement agricole. A part les grandes industries de l'exploitation des bois et de la mouture du blé qui accompagnent presque toujours une semblable condition économique, on n'y voit point de manufactures.

La propriété immobilière augmente de valeur graduellement tous les ans; cette marche ascensionnelle ne s'est pas ralentie un seul instant depuis 1870; alors que la terre était presque sans valeur aucune. L'importance croissante du marché local, la facilité d'exportation, l'excellence toute spéciale des blés mûris sous le climat du pays, le flot incessant de l'immigration provinciale et européenne sont autant de causes qui assurent à la propriété immobilière de Manitoba une condition permanente de prospérité.

Winnipeg, 4 mai 1885.

L'ordre des avocats. — Les avocats, la chose est sûre, ne sont pas très populaires. La masse du public, fort injustement, confond sous l'appellation générique d'avocats tous les bavards politiques qui mènent la France. Mais cette cause d'impopularité n'est pas la seule : pour le peuple, l'avocat porte aussi la peine de tous les vices de notre organisation judiciaire. L'avocat, c'est la chicane, ce sont les procès qui coûtent cher et n'en finissent pas; ce sont les attaques et parfois les violences de la plaidoirie.

Cependant, aux yeux des théoriciens de l'Ordre, le barreau est un sacerdoce, l'avocat un pur esprit, un paladin de l'innocence qui doit vivre de l'air du temps, plaider pour les beaux yeux de la vérité et jeter à la porte quiconque lui offrira des honoraires.

Tout cela est excessif. L'avocat est généralement un galant homme qui vit bien ou mal, plutôt mal, d'une profession aussi honorable, ni plus ni moins que toutes les autres. Nos mœurs veulent que tout accusé ait un défenseur ; l'avocat assume la tâche ingrate et souvent gratuite d'expliquer à messieurs les jurés les causes d'absolution ou d'indulgence. Voilà pour le criminel. Au civil, l'avocat est le porte-paroles d'un particulier qui a un procès, bon ou mauvais, et qui a bien le droit de faire raconter son affaire par un plus éloquent que lui.

L'avocat touche ses honoraires d'avance parce que certains barreaux défendent de les réclamer après. Il ne prend pas toujours cher, même s'il est célèbre, mais il plaide facilement gratis pour les pauvres; remplissant en ceci le même devoir social que le médecin qui soigne les in-

[1] Un minot = 39 litres.

digents pour rien, que le journaliste qui met sa plume au ser
bonne œuvre.

Donc, pas de piédestal, mais pas d'injustice.

L'avocat vaut le marchand de drap, le fermier, le sous-préfe
naliste ou l'apothicaire. Il a droit, exactement, à la même cons
dération.

Quiconque a un procès devrait pouvoir plaider pour lui-mêm
Cette faculté existe bien en justice de paix, en police correc
au tribunal de commerce et même aux assises. Par contre, le
de l'avocat est obligatoire au civil[1]. Pourquoi?

Pourquoi tout citoyen n'a-t-il pas le droit de venir devant u
expliquer son procès? Il sera trop passionné? Mais le pr
contiendra. Il sera mal défendu? Cela le regarde.

J'irai plus loin. Certains citoyens sont les tuteurs, les rep
naturels des autres. Pourquoi empêcher un parent instruit
pour un parent illettré, un père pour son fils, un chef d'indu
ses ouvriers?

Il y a quelques mois, un président parisien qui comprenait
donna l'exemple. Une dizaine de grévistes comparaissaient
tous sans instruction et incapables de se défendre. Ils dema
être représentés à la barre par un membre de leur syndicat ha
parole. Le magistrat y consentit. Voilà de la justice démocra
vant les conseils de guerre, l'officier, le sous-officier ne déf
pas leur camarade?

Élargissez donc le chemin qui mène à la barre. Ne supprim
avocats, ouvrez une route à côté d'eux. Tant que celui qui s
pour un autre devant un tribunal justifiera d'un lien de p
clientèle (dans le sens latin du mot), d'une attache intime et p
avec celui qui l'a choisi pour mandataire, écoutez-le ; l'in
agents d'affaires ne sera pas à craindre.

Voilà, je crois, la limite, assurément fort large, dans laque
abolir le monopole de l'avocat, tout en laissant subsister l'O
ce n'est pas tout : l'Ordre doit être, en outre, une profession
Vous sortez de l'école centrale avec le diplôme d'ingénieur,
ingénieur; vous sortez de Saint-Cyr avec l'épaulette, vous

[1] A la vérité, l'article 85 du code de procédure civile donne aux
le droit de plaider leur propre cause, même au civil, sans le mir
avocats; mais c'est là une faculté purement illusoire, la loi per
président d'interdire la barre au plaideur qui lui paraîtrait devoi
mettre sa cause par sa passion ou son *inexpérience*. C'est cet arbi
faut supprimer.

lieutenant; vous sortez de l'école de médecine avec le diplôme de docteur, vous êtes docteur en médecine.

Vous sortez de l'école de droit avec le diplôme de licencié, la Cour d'appel vous admet à prêter le serment d'avocat : vous n'êtes pas avocat!

Un conseil de l'Ordre, supérieur à l'État, prend le droit de vous refuser ou de vous admettre, ou de vous faire attendre à sa porte sans vous donner de motifs ni même de prétextes. Plusieurs conseils, — ils ont tous une jurisprudence différente, — sont arrivés sur ce point à des théories fantastiques.

Un conseiller général de la Seine racontait qu'on n'avait pas voulu l'inscrire sous prétexte qu'il avait été chef d'institution. Je crois bien! Certains conseils de l'Ordre n'inscrivent même pas les anciens agréés au tribunal de commerce, ce qui est un comble!

La vieille école sacerdotale du barreau émet, en effet, cette prétention singulière de n'ouvrir la profession qu'à qui bon lui semble. L'Ordre, c'est un salon; on ferme la porte au nez de ceux qui déplaisent. C'est en vain que la Cour de cassation, par plusieurs arrêts solennels, a rappelé à ces intransigeants que l'ère des corporations fermées est close et que l'Ordre n'est pas maître de son tableau. Les abus persistent.

Un seul motif d'exclusion doit subsister : l'indignité. Et cette indignité ne doit être prononcée qu'après un débat en règle, en vertu d'un jugement motivé, et toujours avec appel devant la Cour.

Cette exception légitime et nécessaire une fois admise, il faut inscrire dans la loi une disposition formelle :

« Tout licencié en droit est avocat, après serment prêté; l'exercice de la profession d'avocat n'est incompatible avec aucune autre. »

Comment! Vous aurez achevé votre droit, vous vous serez fait ensuite agriculteur, ou commerçant, ou homme de lettres, et le jour où vous voudrez plaider pour un parent, pour un ami, vous n'aurez pas le droit de vous présenter à la barre? Le titre que l'État vous a donné restera stérile! Et pourquoi donc? Si vous étiez médecin, est-ce que le fait de cultiver vos terres vous empêcherait d'exercer la médecine le jour où cela vous ferait plaisir? Vous n'auriez pas de clientèle, c'est vrai. Tant mieux pour les autres! Mais de quel droit l'Ordre des avocats prétend-il exclure ceux qui exercent un autre état? Comme si le barreau suffisait pour nourrir son homme!

Enfin, les plaideurs devraient être protégés d'une façon plus efficace contre les excès de parole des avocats, excès d'ailleurs beaucoup plus rares qu'on ne croit.

Le public ignore, en effet, que les avocats peuvent être poursuivis pour diffamation, ce qui est, du reste, impraticable, pour cette bonne raison qu'il faut en ce cas faire prendre acte de leurs par avoué, à l'audience même et sur l'heure. On n'a pas toujour sous la main, et si c'est le diffamé qui se lève pour protester, tra à la porte comme perturbateur.

Ne serait-il pas juste, au contraire, que sa protestation f enregistrée par le greffier et que l'immunité de la robe couvr moins les avocats que, habitués à parler en public, ils on plus impérieux que tous autres de surveiller leur langue?

J'ai répondu, il me semble, aux principaux griefs qui o d'ennemis à l'Ordre des avocats.

Le remède n'est pas dans la suppression de l'Ordre. Ce re pire que le mal.

Mais le monopole doit être aboli dans une certaine mesure ouverte à tous les plaideurs pour soutenir leur propre cause tous les protecteurs et les représentants naturels ou sociaux et des petits.

L'Ordre doit subsister à côté, mais comme une corporati à tous les honnêtes gens pourvus de leur diplôme, quels d'ailleurs leur état dans le monde ou leur profession; le con dre doit se renfermer uniquement dans la répression des fessionnelles; les immunités de la robe doivent être consid amoindries.

Ces réformes-là s'imposent.

Quant à la vieille école qui voudrait maintenir le barreau corporation fermée, pourvue d'un monopole sacré, ayant tout dire et de se recruter elle-même selon son goût, plaise à ne fasse pas triompher ces idées de l'ancien temps! Le jour où les adversaires de l'Ordre jetteraient bas l'arche sainte; tant pis pour l'honorabilité de la justice. (*Figaro*.)

ALBERT BA

Le soulèvement des gondoliers de Venise. — Les gond cité des lagunes sont en pleine révolution. Quand on introd veau service des bateaux-mouches sur les principaux cana doliers, se voyant menacés dans leurs intérêts, se mirent en l'autorité tint bon, et force fut à tout ce monde de l'aviron et de reprendre le service. Mais les mécontents n'étaient pa et la corporation des gondoliers, après maintes réunions, a r clarer la guerre aux hôtels; des pétitions ont été adressées palité contre la concurrence faite à la confrérie par les hôt prendre leur clientèle à la gare avec leurs gondoles-omnibus

La municipalité de Venise a eu la faiblesse et le grand tort d'accueillir ces requêtes et d'édicter diverses mesures de police contraires aux principes constitutionnels. Défense est faite aux maîtres d'hôtel de transporter des voyageurs autrement qu'à titre gratuit et, en outre, d'avoir plus d'une gondole à leur service ; de plus, une autorisation municipale leur est nécessaire pour aller prendre les voyageurs à la gare.

En présence de ce règlement, les maîtres d'hôtel ont fait afficher un placard, dans lequel ils annoncent qu'ils transportent les voyageurs *pro Deo*. Mais l'autorité municipale a fait arrêter leurs embarcations, qui ont été amenées à quai et enchaînées près du palais municipal. Enhardis par ce premier succès, les gondoliers, armés de haches et autres instruments de destruction, ont fait une tournée dans la ville, débarquant devant chaque hôtel et mettant en pièces la gondole amarrée devant l'établissement.

C'est ainsi que la magnifique embarcation du Britannia hôtel, qui avait amené le grand-duc Constantin de Russie, et qui valait bien 10.000 fr., a été mise en pièces. Les étrangers, très nombreux dans cette saison, ont eu grand'peur. La reine de Saxe, qui se trouve à Venise, a cru un moment à une révolution.

Après avoir accompli ces hauts faits, sans avoir été le moins du monde dérangés par la police, les émeutiers sont allés manifester devant le palais municipal où, cette fois, ils ont été reçus et très mal par les carabiniers. Un grand nombre d'entre eux ont été arrêtés et maintenus en prison malgré les protestations de leurs femmes.

La population de Venise proteste énergiquement contre les mesures prises par la municipalité, qui protège une classe de la population contre toutes les autres. (*Journal des Débats.*)

SOCIÉTÉ D'ÉCONOMIE POLITIQUE

RÉUNION DU 5 JUIN 1885.

Admission de nouveaux membres.
Communications : Le Congrès des Sociétés savantes à la Sorbonne en 1886. — La médaille commémorative de 1776.
Discussion : De l'enseignement agricole au point de vue économique.
Ouvrages présentés.

La séance est présidée par M. Léon Say, président.

M. le Président informe l'assemblée que le bureau de la Société, dans sa dernière réunion, a prononcé l'admission de cinq nouveaux membres, dont les noms suivent :

MM. Émile Berr, publiciste; Auguste Burdeau, professeur de philosophie au Lycée Louis-le-Grand, secrétaire général de la Société d'économie populaire; le marquis Hachisuka, envoyé extraordinaire et ministre plénipotentiaire du Japon à Paris; Claudio Jannet, professeur d'économie politique à la Faculté catholique de droit de Paris; Louis Lépine, préfet de l'Indre.

A la séance assiste, comme invité du bureau, M. Coint-Bavarot, ancien vice-président de la Société d'économie politique de Lyon.

M. A. Courtois, secrétaire perpétuel, communique à la Société une lettre du ministre de l'instruction publique par laquelle M. R. Goblet invite les économistes à préparer les questions devant figurer au programme du prochain Congrès des Sociétés savantes, en 1886.

Il énumère ensuite les ouvrages et brochures parvenus à la Société depuis sa précédente réunion. (Voir la liste ci-après.)

Enfin, il fait savoir aux assistants que la médaille frappée, aux frais de la Société, à la suite d'une décision prise en 1876, en commémoration de l'année 1776 et à l'effigie de Turgot et Adam Smith, est à la disposition des membres de la Société d'économie politique qui désireront en faire l'acquisition.

La réunion adopte, comme sujet de discussion, la question que voici, proposée par MM. Richard (du Cantal) et Bérard-Varagnac.

DE L'ENSEIGNEMENT AGRICOLE AU POINT DE VUE ÉCONOMIQUE.

M. Richard (du Cantal) fait remarquer combien l'enseignement agricole a été négligé chez nous, tandis que tant de succès ont été obtenus dans tant d'autres professions, depuis la fin du dernier siècle surtout. Lorsqu'on observe, dit-il, la marche des progrès de l'esprit humain, on a le droit d'être surpris de voir que, souvent, on va jusqu'à l'exaltation pour soutenir des questions relativement secondaires, et l'on reste indifférent pour des sujets de la plus haute importance. L'agriculture ne nous fournit-elle pas un exemple à cet égard? N'a-t-elle pas toujours été considérée, dans l'antiquité comme de nos jours, et chez tous les peuples, quel qu'ait été leur degré de civilisation, comme étant la base fondamentale de leur richesse et du bien-être des populations qui les composent; et cependant qu'a-t-on fait de sérieux pour instruire sur leur métier les cultivateurs, les ouvriers qui exploitent le sol? Et ce n'est pas seulement chez les peuples modernes que cette indifférence pour les paysans, comme on les nomme, a été observée. Le peuple de l'antiquité qui honora le plus l'agriculture et ceux qui l'exerçaient fut le peuple romain. Chez lui, les hommes d'État, les littérateurs de toute nature : poètes, historiens, orateurs, etc., tous en faisaient un éloge d'ailleurs mérité. On sait que le cultivateur Cincinnatus quittait tout, après avoir vaincu les ennemis, après avoir exercé les plus hautes fonctions de l'État, pour revenir à sa charrue; et cependant à Rome, où se trouvaient des hommes si éminents dans tant de professions, il n'y avait pas d'enseignement professionnel pour les cultivateurs. Toutefois, des auteurs romains ont écrit sur l'agriculture, et nous lisons avec intérêt leurs ouvrages. Mais l'un d'eux, Columelle, se plaignait de ce qu'à Rome *il y avait des maîtres pour tout enseigner, pour faire des rhéteurs, des philosophes, des poètes, des orateurs, des musiciens, des coiffeurs, des cuisiniers, etc., il n'y avait pas un professeur d'agriculture, pas un élève pour écouter ses leçons.*

C'était au commencement de l'ère chrétienne que Columelle, cultivateur, écrivait ces protestations; et depuis cette époque, les siècles se sont écoulés, sans enseignement spécial de l'agriculture. Cependant, toujours et partout, la culture du sol a été considérée, avec raison d'ailleurs, comme étant la profession la plus indispensable, la plus importante, la plus répandue. Que deviendrait un peuple sans elle? Sully disait, sous Henri IV : « *Labourage et pastourage sont les deux mamelles de l'État* ». Mais on ne faisait rien pour féconder ces deux puissantes mamelles. Le roi lui-même affirmait *qu'il voudrait voir chaque paysan mettre la poule au pot chaque dimanche;* mais les moyens de se procurer, pour chaque dimanche, la poule au pot, n'étaient pas enseignés au paysan.

Toutefois, ce déficit de l'enseignement agricole peut s'expliquer jusqu'à un certain point. Sous les Romains, pas plus que du temps de Henri IV, les sciences, sans lesquelles il ne peut pas y avoir d'enseignement agricole sérieux à organiser, n'existaient pas telles que nous les voyons aujourd'hui. Où en étaient ces sciences avant le XVIIIe siècle, avant les Buffon, les Daubenton, les Haüy, les Fourcroy, les Jussieu, les Thouin, les Desfontaines, les Geoffroy Saint-Hilaire, les Cuvier et leurs disciples, qui furent professeurs au Museum d'histoire naturelle de Paris? Ce ne fut que lorsque ces naturalistes célèbres enseignèrent les sciences naturelles que l'enseignement de l'agriculture, tel qu'il doit avoir lieu, fut bien compris. Buffon commença par dire que *l'homme ne savait pas assez ce que la nature peut et ce qu'il peut sur elle*, et il ajoutait : *Nous n'avons pas à beaucoup près toutes les ressources qu'elle nous offre, le fonds en est bien plus immense que nous ne l'imaginons.*

Et son contemporain, le grand naturaliste suédois Linné, affirma avec raison *que l'agriculture n'est que la connaissance des trois règnes de la nature appliquée à l'art de rendre la vie humaine plus heureuse à traverser.*

La question de l'enseignement agricole, tel qu'il doit être organisé, fut judicieusement posée par les grands naturalistes qui enseignèrent la science de l'histoire naturelle au Museum d'histoire naturelle de Paris, comme le font aujourd'hui les savants professeurs qui continuent leur œuvre dans cet établissement, qui est le plus grand foyer scientifique du monde entier. Il ne s'agissait plus maintenant que de résoudre cette question si importante.

Un prêtre, l'abbé Rozier, s'emparant des idées des grands naturalistes ci-dessus, formula, vers 1770, un programme d'enseignement agricole qu'il soumit au célèbre économiste Turgot. Il ne pouvait mieux s'adresser. L'École d'agriculture devait être organisée au parc de Chambord, où se trouvaient toutes les ressources matérielles pour fonder l'établissement projeté. Turgot en avait parfaitement compris l'importance, mais il quitta le pouvoir, on sait comment, et l'enseignement agricole, tel que l'avait compris Rozier, fut ajourné. Cependant le savant agronome fut loin de se décourager. La Révolution française éclata. Le moment d'agir avec succès était enfin arrivé. Rozier envoya son projet à l'Assemblée nationale constituante. Or, voici quel en fut le résultat.

Le comité de constitution de la Constituante fut chargé d'étudier un projet de réorganisation de l'instruction publique en France. La grande assemblée avait compris que ce n'était que par la vulgarisation de la lumière sous toutes les formes que la Révolution française pouvait faire triompher les principes démocratiques [illegible] avait proclamés. Le projet de réorganisation de l'instr[illegible] fut étudié avec le plus grand soin par le co

Talleyrand-Périgord, qui en faisait partie, fut nommé rapporteur. Il présenta son rapport à l'assemblée en septembre 1791 ; il fut discuté et les conclusions en furent adoptées. L'enseignement agricole n'y fut point oublié, il fut classé dans le programme de l'Université au même titre que tout autre enseignement, n'était-ce pas naturel? Peut-il y avoir un enseignement plus utile que celui qui apprend à l'homme ce qu'il importe qu'il sache pour se procurer, dans les meilleures conditions possibles, tout ce qui est indispensable à son existence pendant tout le cours de sa vie ?

Malheureusement avant 1789, le personnel capable d'enseigner la profession du cultivateur, suivant les prescriptions de la science de la nature, n'avait pas été formé ; ce personnel fit défaut, et l'enseignement agricole ne put être généralisé en France.

Mais l'idée de faire enseigner l'agriculture ne fut pas abandonnée ; elle fut reprise par la Convention, qui voulut que cette idée fût appliquée d'abord au plus grand établissement d'enseignement de la science de la nature que nous avions en France, au Jardin des plantes, en voici la preuve.

Parmi les décrets rendus par la Convention nationale en 1793, nous trouvons celui-ci :

Décret du 10 *juin* 1793.

La Convention nationale, ouï le rapport de son comité d'instruction publique sur l'organisation générale du Jardin national des plantes et du Cabinet d'histoire naturelle, décrète ce qui suit :

TITRE I. — ORGANISATION DE L'ENSEIGNEMENT.

Art. 1er. — L'établissement sera nommé à l'avenir Muséum d'histoire naturelle.

Art. 2. — Le but principal de cet établissement sera l'enseignement public de l'histoire naturelle prise dans toute son étendue et appliquée particulièrement à l'avancement de l'agriculture, du commerce et des arts.

Ainsi donc, la Constituante de 1789 et la Convention nationale, adoptant les idées des grands naturalistes du XVIIIe siècle sur l'enseignement de l'agriculture en France, voulurent les faire appliquer ; mais la République cessa d'être, et les gouvernements qui lui succédèrent ne songèrent pas à faire instruire *les paysans* sur leur métier de cultivateurs, et leur routine séculaire fut continuée. A qui la faute ?

Mais l'industrie privée avait compris l'importance de l'instruction agricole. Un cultivateur lorrain, secondé par des actionnaires, Mathieu de Dombasle, fonda, en 1822, l'École d'agriculture de Roville. En 1826, Bella fonda l'École de Grignon.

Après la Révolution de 1830, quelques fermes-écoles furent isolément organisées par des arrêtés ministériels. Un élève de l'École de Roville, M. Jules Rieffel, fonda, dans les landes de Bretagne, l'École d'agriculture de Grand-Jouan; toutefois, pour organiser l'enseignement professionnel des cultivateurs dans le pays, il n'y avait pas de loi pour l'exiger.

Mais advint la Révolution de 1848. L'Assemblée nationale constituante, à peine installée à Paris, s'organisa en comités. Le comité d'agriculture, reprenant immédiatement les idées de la Constituante de 1789 et de la Convention sur l'instruction agricole à tous les degrés dans les départements, fit la loi du 3 octobre 1848. Ce fut M. Richard (du Cantal) qui fut rapporteur de cette loi. Pour démontrer en fait l'efficacité de son application, le rapporteur fonda, à son domaine de Souliard, dans le Cantal, une ferme-école. Environ 70 fermes-écoles furent organisées dans les départements, avec l'Institut national agronomique de Versailles. Tout commençait donc à aller pour le mieux, lorsqu'advint le 2 décembre. Alors les établissements fondés en vertu de la loi du 3 octobre 1848 furent détruits, et l'agriculture en a subi les tristes conséquences que nous voyons partout aujourd'hui.

La République du 4 septembre a réorganisé l'Institut national agronomique; elle a fait la loi du 16 juin 1879 sur l'enseignement élémentaire de l'agriculture dans l'instruction primaire.

Toutefois, l'application de la loi du 3 octobre n'a pas été reprise dans les proportions qu'elle avait commencé à avoir après sa promulgation et avant le 2 décembre; mais, sous la République, cette loi ne saurait continuer à rester en souffrance et, en terminant son allocution, M. Richard (du Cantal) dit qu'il avait la certitude que, par son patriotisme et son dévouement à la cause de l'exploitation du sol, source de la richesse du pays, la Société d'économie politique, en attirant l'attention du pays sur cette source puissante de sa prospérité, pourra lui rendre un grand service.

M. **Bérard-Varagnac.** — Lorsque j'ai eu l'honneur de saisir M. le secrétaire perpétuel de cette question plus que jamais importante, je ne pensais pas avoir l'heureuse fortune de voir mon nom, ce soir, associé à celui de M. Richard (du Cantal), l'homme de France qui, dans cet ordre spécial d'idées et d'études, a la plus ancienne, la plus illustre autorité. Je ne suis pas, dit-il, un agronome. Je n'ai ni la compétence technique, ni l'expérience professionnelle. Si je m'intéresse, et passionnément, aux choses de l'agriculture, c'est au point de vue de l'économiste, du publiciste, un peu de l'administrateur, ou simplement au point de vue de quiconque se préoccupe du sort de l'agriculture nationale et des moyens de remédier à la crise qu'elle traverse.

Je crois qu'un de ces moyens, on peut le chercher, on doit le trouver dans l'organisation et le développement de l'enseignement agricole.

Je ne m'exagère rien, dit-il. Je n'ai pas la témérité de m'imaginer qu'il suffise au Parlement de voter des crédits et à l'administration d'organiser des cours, de construire des écoles, d'aménager des laboratoires et des champs de recherches pour que notre agriculture se transforme et se relève comme par enchantement. Cela se pourrait, oui! Mais à une condition, ce serait que l'on n'eût pas à compter avec cet élément dont il faut tenir toujours le plus grand compte dans le calcul des affaires humaines, je veux dire l'esprit de routine, et cet esprit de routine, nulle part il n'est plus tenace, plus enraciné au sol, que chez bon nombre de nos braves agriculteurs. Voici, par exemple, un département essentiellement agricole, le dédépartement d'Eure-et-Loir. L'orateur demandait à l'un de ses représentants où en était chez eux l'enseignement agricole, et celui-ci disait : « Nous avons bien une chaire d'agriculture, en conformité de la loi du 16 juin 1879, et dans cette chaire, un maître excellent; mais nous n'avons pas l'auditoire, nous n'avons pas la foule empressée et convaincue. Notre département n'a pas une de ces écoles pratiques instituées en exécution de la loi du 30 juillet 1875; mais il s'est entendu, dans les conditions prévues par l'article 2 de cette loi, avec un département voisin qui a une de ces écoles; notre département y entretient une ou plusieurs bourses. Seulement les candidats à ces bourses manquent! »

Et l'on observe un contraste saisissant. C'est que, tels départements qui sont ou se disent les plus éprouvés par la crise, et qui se plaignent le plus haut, sont précisément ceux-là même qui ont été naguère, à l'endroit de l'enseignement agricole, les plus récalcitrants, les plus dédaigneux. Voici le département de l'Aisne, celui qui a fait l'objet de l'enquête si instructive de M. Risler, le directeur de l'Institut agronomique. Eh bien, assure le ministère de l'agriculture, « nous avons offert au département de l'Aisne une chaire d'agriculture, ils n'en ont pas voulu, — une école pratique; ils l'ont refusée de même ». Et aujourd'hui on voit leur état, on entend leurs plaintes.

M. Bérard-Varagnac ne s'attarde pas à prouver l'utilité de la science appliquée au travail agricole. Ce serait développer là ce que les Anglais nomment *a truism*, une vérité par trop vraie. Les faits probants abondent, et à cet égard on peut demande aux hommes du métier : Pouvez-vous nier qu'un même hectare, emblavé de la même espèce de céréales, peut donner un rendement qui varie dans des proportions étonnantes, même du simple au double, même audelà, selon que le producteur suit une routine ignorante, ou use des méthodes scientifiques et des engins perfectionnés, selon qu'il emploie tels engrais, choisit telles semences au lieu de telles autres, et les sème non à la volée, mais en ligne? Il y a là, certainement, des résultats qui ne peuvent être contestés. M. le ministre de l'agriculture constatait dernièrement, au Concours régional de Toulouse, qu'un élevage bien entendu produit des animaux qui peuvent être livrés à la boucherie et plus gros et plus jeunes. On se rappelle enfin ce que M. Léon Say, dans son grand discours du 23 mars dernier au Sénat, disait des *économies sur les fausses manœuvres* que les agriculteurs pourraient réaliser, à l'exemple des industriels.

Prenez garde! dira-t-on. L'agriculture n'est pas comme l'industrie. Elle n'a pas, comme elle, le pouvoir de multiplier indéfiniment ses produits, de renouveler presque incessamment une opération lucrative. Les lois immuables de la nature s'y opposent. Un industriel qui vient de fabriquer, au moyen des machines, en quelques heures, une catégorie de produits qu'il n'obtenait, par le travail des bras, qu'en plusieurs jours, peut aussitôt après en fabriquer une seconde série, puis une troisième, sans laisser reposer ses machines. L'agriculteur, lui, ne le peut pas. Quand il a obtenu une récolte, il ne peut pas immédiatement se remettre à l'œuvre et en obtenir deux, trois, quatre dans une même année. La nature des choses lui est un obstacle absolu. La vérité est que le savant ne peut pas être, dans l'agriculture, le magicien prodigieux qu'il est dans l'industrie. Mais, quand l'application de la science aurait pour effet, sinon de décupler et de centupler, au moins de doubler les produits, ou de les accroître seulement d'un tiers ou même d'un quart, le résultat serait-il à dédaigner? Et ne vaudrait-il pas tous les tarifs de douane?

On dira encore : Mais n'avez-vous pas déjà ces centres de science et de propagande utile, les associations agricoles, comices, sociétés d'agriculture ou d'horticulture? Assurément ces établissements rendent de très utiles, de très grands services. On pourrait citer des sociétés départementales, telles que la Société d'horticulture et de petite culture de Soissons, qui encourage de la façon la plus méritante les instituteurs dans leur œuvre de l'enseignement primaire de l'agriculture. Mais, à côté de ces associations, il faut les cadres solides d'un enseignement organisé. Cet enseignement, chez nous, quel est-il?

A cet égard, il faut bien le dire, nous devons craindre d'avoir été distancés par d'autres pays, témoin l'Allemagne. Les Allemands, qui ne sont pourtant pas des idéologues, ont de toutes parts multiplié les écoles d'agriculture. Et nous, nous sommes demeurés en deçà du programme qu'avait tracé la grande loi du 3 octobre 1848, dont M. Richard (du Cantal) a été l'éminent rapporteur. Ce programme était-il trop large? En tout cas, on ne l'a jamais rempli. Après une interruption qui a duré tout le second Empire, on a rétabli l'Institut agronomique, mais dans quelles conditions différentes de ce qu'il était en 1848! Que l'on fût allé peut-être trop loin alors, c'est possible. Mais en 1876, en vérité, je dis que l'on a rétabli au rabais l'enseignement supérieur de l'agriculture. On a installé le nouvel Institut dans une dépendance du Conservatoire des arts et métiers, où l'espace lui manque. Sans doute il va être transféré décidément dans les bâtiments qu'occupait l'École de pharmacie. Mais ce n'est pas fait, et, en attendant, on est bien près de refuser les élèves, car depuis 1876 le contingent des promotions annuelles a plus que doublé.

Et les écoles régionales! La loi de 1848 n'en avait pas fixé le nombre. Il était question d'instituer vingt circonscriptions régionales, ce qui était beaucoup; on en n'a voulu distinguer que trois, ce qui est bien peu! Admettons que Grignon suffise pour la région du Nord, Grand-Jouan pour l'Ouest, Montpellier pour le Sud-Est, — Montpellier qui, à raison du phylloxéra, rend de très grands services. — Mais il reste toute cette vaste région qui s'étend de la Loire aux Pyrénées, de l'Océan au plateau central, la région du Sud-Ouest, et cette région, si distincte des autres, quand aura-t-elle son école régionale?

Et les fermes-écoles! Il y en avait 70 en 1848. Il y en a 19 aujourd'hui. Il est vrai que c'est un type qui a fait son temps et que l'on abandonne. Au système de la ferme-école, on préfère celui de l'école-pratique. Mais il n'y a encore que 14 écoles-pratiques, et il n'y en a qu'une pour toute l'Algérie.

Enfin, la loi du 16 juin 1879, en instituant un enseignement départemental et communal de l'agriculture, a décidé que tous les départements seraient pourvus de chaires dans le délai de six ans. Ce délai va expirer dans quelques jours, et tous les départements ne sont pas pourvus. L'orateur n'ignore pas qu'il y a là bien des difficultés. Mais d'une façon générale, voici un fait certain : c'est l'esprit de parcimonie singulière avec lequel on a traité et traite encore l'enseignement de l'agriculture.

Cet esprit de parcimonie est comme un legs de l'Assemblée nationale de 1871. Elle se trouvait en présence de charges écrasantes. Elle avait le devoir de ménager infiniment les finances. En sorte que, tout en organisant les branches diverses de cet enseignement dont elle sentait bien la nécessité, elle le faisait parcimonieusement. Mais depuis! Que de dépenses pour l'instruction publique! C'est par des centaines de millions qu'on les chiffre. L'orateur ne s'en plaint pas, il ne le critique pas. Seulement il note le contraste. Voici une nouvelle branche de l'enseignement public, l'enseignement secondaire des jeunes filles. M. Bérard-Varagnac ne conteste ni le bienfait ni 'importance d'un enseignement qui intéresse toute une moitié et, à vrai dire, les deux moitiés de la population! Mais enfin l'on n'y épargne rien, non plus que pour les écoles primaires et pour les lycées de garçons. Et quand il voit ces écoles que l'on bâtit comme des palais, quand il voit ces collèges que l'on transforme en lycées dans de petites villes de province, et dont la transformation coûte plusieurs millions pour un seul lycée, il ne peut s'empêcher de se dire : Quel dommage que l'on ne traite pas aussi généreusement l'enseignement agricole!

La vérité est qu'il y a beaucoup à faire, et qu'on a trop peu fait. On l'a répandu jusqu'à ce jour, cet enseignement, d'une main avare, hésitante. Il faut le répandre désormais d'une main ferme et généreuse. Et, termine l'orateur, par allusion à ces méthodes d'ensemencement qui doublent le rendement des cultures : « Messieurs, cet enseignement, on l'a semé jusqu'à ce jour à la volée, un peu au hasard; il faut maintenant semer en ligne, et nous doublerons nos récoltes. »

M. **Léon Say**, à propos de l'Institut agronomique, annonce que cet établissement se trouvera avant longtemps installé dans les bâtiments de l'ancienne École de pharmacie de la rue de l'Arbalète. C'est dans la cour de l'Institut agronomique que s'élèvera une statue à Léonce de Lavergne, à qui le Conseil municipal de Guéret a récemment refusé d'en laisser consacrer une. Une entente assurée avec le ministre de l'agriculture garantit l'accomplissement de cette glorification d'un homme à qui la France agricole doit tant de reconnaissance.

M. **Paul Muller** examine la question en praticien. Suivant lui, l'instruction en général doit répondre à la situation sociale des personnes à qui elle est donnée. Aujourd'hui on vante outre mesure les bienfaits de l'instruction. L'enseignement primaire ne donnera pas les résultats auxquels on s'attend. Un enfant reste à l'école jusqu'à 13 ou 14 ans; il y apprend un peu d'orthographe et de grammaire, les quatre règles; sorti de l'école, il est absorbé par les soucis de la vie et ne s'occupe plus que de son métier. Ce qu'il y a de plus clair aujourd'hui en matière d'enseignement primaire, c'est que la manie de l'instruction coûte fort cher. On dit que l'école remplace le château au village, et on dépense des sommes folles pour bâtir des écoles somptueuses. A force d'entendre dire depuis 1866 que l'école a remporté la victoire de Sadowa, et depuis 1870 qu'elle est la pierre fondamentale de la démocratie, l'instituteur se prend trop au sérieux; il est aujourd'hui un type presque aussi ridicule que le pharmacien Homais d'un romancier célèbre.

Ces considérations s'appliquent parfaitement à l'enseignement agricole. Il faut examiner, en matière agricole, l'enseignement primaire, secondaire et supérieur. On a organisé depuis quelques années l'enseignement primaire. M. Muller ne connaît pas le programme officiel, mais il a lu les excellents traités rédigés conformément à ce programme par feu J.-A. Barral, secrétaire perpétuel de la Société nationale d'agriculture, et son collaborateur M. Sagnier. MM. Barral et Sagnier, esprits éclairés et judicieux, ont rédigé de petits volumes très simples, mettant la science à la portée d'enfants. Ce qu'ils disent peut être compris des élèves d'écoles primaires. S'ils avaient voulu faire de la vraie science, ils auraient manqué leur but. L'agriculture scientifique exige des connaissances multiples peu en rapport avec la capacité intellectuelle d'un enfant. Il faut des mathématiques, de la physique, de la chimie, de la zoologie, de la botanique, de la minéralogie, de la géologie, etc. On ne peut apprendre à l'école primaire que les matières les plus élémentaires. Mais, dira-t-on, l'enseignement des professeurs d'agriculture? Tous les départements doivent être dotés d'une chaire d'agriculture. Le professeur, outre le cours de l'École normale, est chargé de conférences dans les principales communes. Il fait ses leçons au village le dimanche. En admettant vingt-six chefs-lieux de canton, il donne annuellement deux leçons par chef-lieu de canton. Que résultera-t-il de cet enseignement? A peu près rien. Notez que le professeur peut être entraîné à parler de science; s'il développe à son auditoire illettré des théories sur l'équivalent nutritif, la relation nutritive, l'acide phosphorique assimilable, etc., il ne sera pas compris. Ajoutez que le paysan aime les gens cossus. Il se défie d'un professeur qui ne pratique pas l'agriculture, le dédaigne comme un petit employé.

Ici M. **Léon Say** fait remarquer que dans son département le professeur est très estimé.

M. **Paul Muller** passe à l'enseignement secondaire pour lequel il n'a que des éloges. Grand-Jouan, Grignon et Montpellier ont rendu d'incontestables services. Ces écoles ont fait les meilleurs praticiens. Le directeur de Grand-Jouan, M. Rieffel, a enrichi la Bretagne en recommandant le noir animal comme engrais. L'École de Montpellier est à la tête de la lutte contre le phylloxéra. Grignon a donné une instruction très solide à ses élèves. M. Bella était tellement [illegible]

vère qu'on ne voyait à Grignon, sous sa direction, que d
gens doués du feu sacré; il les faisait lever toute l'anné
heures du matin pour le travail de l'écurie et de l'étable.

L'orateur arrive à l'enseignement supérieur; il n'attend
bon de l'Institut agronomique tel qu'il le voit fonctionner. Si
sulte la liste des élèves, on y trouve des étrangers, des Pa
des citadins. Il n'y a rien à dire contre la présence d'étrang
prouve la supériorité du corps enseignant. Mais que
Parisiens et ces citadins qui suivent les cours? Sont-ils
famille? Non, souvent ce sont des bacheliers qui entrent à
comme dans une carrière bureaucratique et sollicitent
d'étude. Que deviendront ces jeunes gens à la sortie?
propriétaires les prendront-ils comme régisseurs? C'est
D'abord, peu de propriétaires sont à même de donner une
convenable à un jeune homme diplômé qui a certaines pré
ensuite, ils veulent des praticiens, et tandis qu'un élève
centrale peut donner au bout de quelques mois un excellent
telier, un élève de l'Institut agronomique, au bout de trois
ans, ne sera peut-être pas un bon *négociant et industriel*
tant les opérations d'une ferme sont compliquées. Notez
tier de régisseur n'est pas estimé. Dans une exploitation
régisseur ordonnance et paye; il agit sans contrôle; il est
d'introduire le coulage dans la ferme. Les régisseurs qui s'
sent aux dépens des propriétaires sont nombreux. Ces jeu
deviendront-ils fermiers? Où prendront-ils, pour une ferme de
tares, qui exige un capital d'exploitation de 100.000 francs
nécessaire? Ils ne pourront pas davantage se faire métayers.
errements actuels, l'Institut recrutera les fonctionnaires du n
A ce point de vue, il coûte bien cher. En résumé, M. Mulle
drait voir à l'Institut que des fils de famille, destinés à explo
terres ou à surveiller l'exploitation de leurs terres par fe
métayers. Il craint que, de même que l'École de droit jet
pavé des jeunes gens réduits à se faire politiciens, l'Institut
mique ne nous fournisse des agriculteurs en chambre.

Le progrès agricole doit être effectué par le propriétaire
nant aux classes élevées. Le paysan défiant ne peut expé
au hasard, il doit faire du nouveau après avoir vu prospérer
sin. Il a du reste d'excellentes raisons de se défier des savar
novateurs; il a assisté à de nombreuses catastrophes a
M. Boussingault, le véritable créateur de l'agronomie, a di
même une ferme lui appartenant; il a publié ses comptes v
Son domaine, évalué avec le capital d'exploitation à 350.00

procurait un bénéfice net de 3.000 fr. par an. Il est évident que M. Boussingault, tout membre de l'Institut qu'il était, ne savait pas diriger son personnel aussi bien qu'un vulgaire paysan, et payait sa main-d'œuvre trop cher. Depuis cette époque, M. Boussingault a affermé ses terres ; fermiers et propriétaires s'en trouvent bien.

Le paysan ne voit le progrès que dans le succès, c'est-à-dire dans l'argent gagné. Il suivra l'exemple du propriétaire instruit qui prospère. M. Muller cite son propre cas. Rentré dans son village après avoir fait ses études à Paris, il a été raillé comme Parisien et comme mathématicien ; il n'a été pris au sérieux qu'après le succès de ses innovations. Il fait de l'agriculture commerciale, et s'est établi marchand d'engrais et de certaines spécialités. Ses voisins imitent ses innovations après l'avoir vu réussir. Tous les propriétaires instruits devraient agir ainsi ; on fait ses affaires en même temps que celles du voisin. Quant aux propriétaires appartenant aux classes aisées, qui ne veulent pas avoir l'ennui du faire-valoir direct ou qui n'ont pas l'aptitude commerciale nécessaire, il doivent surveiller leurs fermiers et métayers, les suivre de près. Il serait utile que tous ces propriétaires eussent l'instruction d'un élève de l'Institut agronomique. Le grand mal, c'est l'absentéisme. Le propriétaire doit vivre dans son domaine, qu'il l'exploite lui-même ou par autrui. Le propriétaire riche et éclairé est le seul instrument du progrès agricole.

M. **Richard** (du Cantal) s'associe de grand cœur aux opinions de M. Paul Muller, pour soutenir l'alliance nécessaire de la pratique à la théorie dans l'enseignement agricole. Il insiste sur l'utilité de cet enseignement à l'école primaire.

M. **Ameline de la Briselainne** rend hommage aux efforts qu'on a faits, en 1848 notamment, pour fonder et développer l'enseignement agricole. Mais, depuis cette époque, la question a grandi, et elle ne se pose plus aujourd'hui comme elle se posait alors.

Jusqu'à présent, l'enseignement agricole semblait s'incarner dans trois séries d'institutions superposées. En haut, l'Institut agronomique. Dans une sphère intermédiaire, les écoles régionales ; en bas, les fermes-écoles ou écoles-pratiques d'agriculture. C'est ce qu'on appelait, c'est ce qu'on appelle encore la pyramide classique de l'enseignement agricole.

Toutes ces institutions ont été excellentes dans le passé et elles sont encore excellentes aujourd'hui.

L'orateur n'admet pas, notamment, les critiques qui viennent d'être émises relativement à l'*Institut agronomique*. Il considère que c'est le pivot fécond de l'enseignement agricole. La lumière vient d'en haut, elle descend, elle ne monte pas. La première chose à faire est donc de développer sans cesse l'école supérieure dont l'enseignement formera les maîtres qui sèmeront partout la bonne semence, et ce sera un des honneurs de l'Assemblée nationale d'avoir rétabli l'Institut agronomique, que l'Empire avait si malencontreusement détruit Puisse-t-il former des hommes aussi éminents que le regretté Léonce de Lavergne, qui a été, dans le passé, le plus brillant élève de l'Institut agronomique !

Quant aux écoles régionales, c'est un rouage indispensable ; mais n'est-on pas en droit de dire, lorsqu'on voit qu'il n'y en a que trois en France, que ce nombre est absolument insuffisant ? Si l'on considère que l'enseignement agricole intéresse directement 20 millions de Français, il est impossible même de ne pas regarder ce nombre de trois écoles régionales comme dérisoire.

Restent donc, au bas de l'échelle, les fermes-écoles. La ferme-école, qu'on appelle assez volontiers aujourd'hui l'école pratique de l'agriculture, réalise une alliance heureuse entre la théorie de la science et l'application de la pratique. C'est une « école spéciale ». On y donne « l'enseignement professionnel ».

Eh ! bien, le fond du sujet, le voici. Cet échelon, qui était le dernier jusqu'à ce jour, dans la création de l'enseignement agricole, ne descend pas assez bas. Il faut que l'enseignement agricole pénètre plus avant dans les couches agricoles. Le petit agriculteur, le paysan, ne peuvent pas aller si facilement qu'on le pense s'instruire à une ferme-école qui n'est pas à leur porte, qui nécessite un déplacement onéreux, qui coûte une pension relativement élevée. Il faut que l'enseignement agricole descende jusqu'au village. Il faut que là où il y a école primaire, instituteur de village ou de hameau, il y ait, en même temps, enseignement de l'agriculture. La concordance, la simultanéité entre l'enseignement primaire et l'enseignement agricole, voilà bien la moelle du problème à résoudre.

Que manque-t-il donc pour arriver à ce résultat heureux ?

L'idée n'est pas nouvelle, car déjà notre législation l'a mise en relief. Il est vrai qu'elle l'a fait d'une manière timide, hésitante : on dirait qu'on a eu peur d'aller trop vite et trop loin. Sur ce terrain, cependant, il n'y a que du bien à faire et que de fertiles conséquences à recueillir.

La loi du 16 juin 1879 a dit que, dans un délai de six ans, tous les départements verront leur École normale primaire dotée d'une chaire d'agriculture, et le professeur ne sera pas seulement professeur au chef-lieu de département. Il se fera professeur ambulant et répandra la science agricole en faisant des conférences partout où il le pourra.

Mais cette loi de 1879 a été plus loin encore, et c'est le germe de l'idée pratique qu'il faut développer de plus en plus. Elle a dit que dans les départements où l'enseignement de l'agriculture sera organisé à l'École normale primaire depuis plus de trois ans, le conseil départemental de l'instruction publique pourra décider l'obligation de ce même enseignement dans toutes les écoles primaires du département.

Voilà l'objectif, voilà le but, voilà le *desideratum*. C'est si vrai que, sous l'influence d'un invincible courant d'idées, la loi de 1882 sur l'enseignement primaire obligatoire a rangé au nombre des matières de cet enseignement les éléments de la science agricole.

L'orateur insiste, en terminant, sur les mille et une raisons qui commandent de développer au plus vite une solution aussi rationnelle.

Ce n'est pas qu'il soit d'avis de surcharger l'enseignement de l'enfant, qui lui paraît plutôt exagéré. Il ne croit pas que ce soit jamais une bonne chose de bourrer de trop de détails les cerveaux qui doivent être d'autant plus ménagés qu'ils sont plus jeunes. Mais il estime que cet enseignement agricole, s'il est donné d'une façon intelligente en même temps que fructueuse, doit être une distraction, un soulagement, une véritable récréation pour l'enfant. Il s'agit ici d'enfants qui ont de 9 à 12 ou 13 ans. Eh! bien, les leçons un peu arides, un peu monotones de l'enseignement primaire, doivent trouver une diversion, et une diversion heureuse, dans cette leçon de choses qui se donnera sur le terrain, qui sera pratique, qui intéressera l'enfant, parce qu'on s'intéresse naturellement à comprendre ce qu'on doit faire plus tard. On lui expliquera comment on doit semer, comment on doit labourer, comment on doit récolter. On lui dira comment la terre absorbe l'engrais. Il comprendra tout cela. Il apprendra son métier sans s'en douter. Il en remontrera peut-être, si enfant qu'il soit, à son père trop routinier qui n'a pas, dans sa jeunesse, reçu les mêmes bienfaits d'explications si simples et si savantes. Cet enfant s'attachera au sol. Sa petite intelligence aimera les choses agricoles. Son imagination rêvera des récoltes plus abondantes et des moissons encore plus dorées. Agriculteur par destinée, il deviendra agriculteur par goût. Et que de conséquences! Au lieu de fuir la campagne, il y restera et il produira mieux, et il produira plus... et tout cela, sans peine, sans fatigue, sans effort.

La conclusion est donc celle-ci : Il faut, à tout prix, entrer et entrer vite dans la voie qui réalise l'enseignement agricole pratique. La clef de tout, c'est l'instituteur agricole. Il nous manque. Il faut le créer, et c'est pour accomplir ce programme plein d'es| l'État doit exiger des instituteurs des connaissances ε mentaires. C'est là la part de l'État. C'est son devoir. clare d'ailleurs qu'il croit qu'on ferait fausse route, s une sorte d'enseignement primaire supérieur pour ens culture, enseignement qu'on établirait, par exemple, au canton ou dans une commune du canton. Non. Cette in latérale serait onéreuse ; elle échouerait. L'enseignemer culture doit faire partie de l'enseignement primaire or deux enseignements doivent s'identifier et ne faire qu' de nos campagnes et de nos richesses économiques ag tout entier avec une foule de conséquences heureuses monde entrevoit facilement.

La séance est levée à onze heures.

Le Rédacteur du Compte rendu : CHARL

OUVRAGES PRÉSENTÉS.

Les monnaies d'Europe et l'union monétaire universelle, BAVAROT [1].

Société d'économie politique de Lyon. De la création de commerce françaises à l'étranger, par M. COINT-BAVAROT [2]

Étude sur le crédit personnel, par AUGUSTE LARUE [3].

Les étrangers employés de commerce en France, par M. |

Mémoire historique sur le tulle et les dentelles mécan lais (Saint-Pierre), par M. REBOUL. Préface de M. F. PASSY, ‹

Patronato d'assicurazione e soccorso per gli infortun Gli infortuni del lavoro nel 1883 e 1884 e la responsabil prenditori. Relazioni della commissione d'inchiesta [6].

Ministero di agricoltura, industria e commercio. Anna e della previdenza. Anno 1885. L'ordinamento delle cas mio in Germania e specialmente in Prussia. Relazione di DACCI-PISANELLI [7].

La panacée, par M. EUGÈNE BAILLY [8].

---

[1] *Lyon*, impr. de Pitrat aîné, 1885, in-4.
[2] *Lyon*, impr. de Mougin-Rusand, 1877, in-8.
[3] *Genève*, impr. de Tremblay, (s. d.), in-32.
[4] *Charleville*, impr. Nouvelle, 1885, in-8.
[5] *Calais*, impr. de Fleury, 1885, in-8.
[6] *Milano*, tip. di Bellini, 1885, in-8.
[7] *Roma*, tip. di Botta, 1885, in-8.
[8] *Fourmies*, impr. de Bachy, 1884, in-8.

Comment résoudre les difficultés économiques actuelles? par M. PAUL PIERRARD [1]. 2e éd.

L'Angleterre, l'agriculture anglaise et le libre-échange, par M. A. LALANDE [2].

Buletinul ministerului agriculturei, industriei, comerciului si domeniilor. Anul I, 1885, no 2 [3].

Industries et richesses du Bugey [4], par M. J. CORCELLE.

Bulletin de la participation aux bénéfices. 7e année, liv. I [5].

Ministero di agricoltura, industria e commercio. Introduzione alla statistica delle banche popolari italiane (1881-83), *con una relazione di* LUIGI LUZZATTI [6].

Discours prononcé par M. RENÉ GOBLET, ministre de l'instruction publique, le 11 avril 1885, à la séance de clôture du Congrès des sociétés savantes à la Sorbonne [7].

Diario oficial del supremo gobierno de los Estados-Unidos Mexicanos. Nos 81-84, 86 [8].

Notes et tableaux pour servir à l'étude de la question monétaire, par M. H. COSTES [9].

LA QUESTION MONÉTAIRE

M. Pierantoni, sénateur du royaume d'Italie, qui assistait à la séance de mai de la Société d'économie politique, nous demande l'insertion des observations suivantes, relatives à la question monétaire, discutées à cette même séance, au cours de laquelle il avait pris la parole :

M. Pierantoni rappelle d'abord qu'en 1873, invité pour la première fois à une réunion de la Société, il prit part à la discussion des économistes avec une entière franchise. Cette fois, sur la question monétaire, il aurait voulu garder le silence, tant en raison de l'intérêt tout français de la discussion, que par respect du mandat confié par l'Italie à ses éminents amis MM. Ellena, Luzzatti, Simo-

---

1 *Paris*, Guillaumin, 1885, in-8.

2 *Paris*, Guillaumin, 1885, in-8.

3 *Bucuresci*, tip. Mihalescu, 1885, in-4.

4 *Bourg*, impr. de Authier, 1885, in-8.

5 *Paris*, Chaix, 1885, in-8.

6 *Roma*, stabil. tipogr. dell' *Opinione*, 1885, in-4.

7 *Paris*, impr. du *Journal officiel*, 1885, in-4.

8 *Mexico*, 1885.

9 *Paris*, Guillaumin, 1885, in-8.

nelli, délégués à la prochaine conférence monétaire à Paris. Il voulait se taire encore en raison de la mission diplomatique qu'il remplit lui-même à Paris. Il n'ignore pas que le silence, en diplomatie, donne souvent de l'importance, plus souvent encore dissimule l'absence d'idées. Mais le discours de M. Cernuschi l'oblige à parler, au moins pour faire des réserves et des protestations à l'égard des accusations portées contre l'Italie.

M. Pierantoni ne connaissait pas M. Cernuschi, l'énergique triumvir qui prit une part considérable à la défense de Rome. Il est heureux d'apprendre que M. Cernuschi a un cœur assez grand pour contenir un même amour pour deux patries.

M. Pierantoni appartient à la nouvelle génération qui, sans s'attacher à des questions de forme, a travaillé à l'œuvre grandiose de l'unification nationale. Il ne s'attendait pas à entendre des accusations dont le sujet n'existe pas encore. Le devoir de procéder à la liquidation dont il est question ne se trouve pas compris dans le droit conventionnel de l'Union monétaire latine. La liquidation est exclue par le fait qu'on l'a prévue pour la seule monnaie d'appoint. Les parties contractantes n'y pensèrent pas parce que l'on croyait que l'argent aurait vu l'or avili. Mais de 1867 à 1872 il arriva le contraire.

L'Italie n'a pas violé la convention, sans quoi la France l'aurait dénoncée. Elle a, en outre, fait pour les écus de l'Union plus que la France n'a fait pour les écus italiens. En France, les écus italiens ne sont obligatoirement reçus que par la Banque et les caisses de l'État. En Italie, la monnaie d'argent de l'Union est admise au cours légal : personne ne peut la refuser. Les provisions sur les Banques et les autres mesures d'ordre financier n'étant pas prohibées par la convention, l'Italie n'avait pas aliéné sa souveraineté.

Il n'y a pas de responsabilité à invoquer dans les rapports internationaux pour ce fait que la Banque de France a dans ses caisses des millions d'écus en argent, lesquels sont entrés par ordre du gouvernement français. Du reste, il peut rassurer M. Cernuschi en lui disant que l'Italie a fait d'énormes sacrifices pour le payement de sa dette nationale, et qu'il n'y pas d'autre peuple qui, plus qu'elle, ait mis son honneur à accomplir ce devoir. L'Italie payerait de nouveau si elle était responsable.

M. Pierantoni émet le vœu que la conférence monétaire puisse trouver les bases d'une conciliation pour faire durer les avantages, résultant pour tout le monde, du maintien de l'Union. Il voit dans l'Union un rapprochement des intérêts des peuples latins sur le marché monétaire.

SOCIÉTÉ DE STATISTIQUE DE PARIS

RÉUNION DU 20 MAI 1885.

ADMISSION DE NOUVEAUX MEMBRES.
Célébration du 25e anniversaire de la Société. Programme des réunions. — Le Congrès des Sociétés savantes en 1886.
COMMUNICATIONS : La population des États-Unis et ses divers éléments. — L'heure décimale considérée au point de vue pratique.

La séance est présidée par M. Léon Say, président.

Sont élus membres titulaires : MM. A. Lodin de l'Épinay, professeur adjoint à l'École des mines ; A. Vannacque, chef de division au Ministère du commerce ; F. Hennequin, sous-chef de bureau au Ministère de l'intérieur : Goffinon ; Jos. Reynaud, chef de bureau au Ministère de l'intérieur.

M. T. Loua, secrétaire général, donne lecture d'une note sur la prochaine célébration du 25e anniversaire de la Société, ainsi que du programme des réunions qui doivent avoir lieu à cette occasion.

Par décision du Conseil, ces réunions, qui devaient primitivement se tenir dans la première semaine de juin, ont été reportées au 15 juin et jours suivants dans l'ordre que voici :

1er jour. Lundi, 15 juin. Réunion à 2 heures. — Discours d'inauguration, par M. Léon Say, président de la Société. — Histoire de la Société de statistique, par M. de Malarce. — Éloge des anciens présidents de la Société (Villermé, Michel Chevalier, Hipp. Passy, Ern. Bertrand, Wolowski, Léonce de Lavergne, Bertillon), par M. Antony Roulliet. — Histoire du mouvement de la population française, par M. E. Levasseur.

2e jour. Mardi, 16 juin. Réunion en comité à 1 heure. Délibération concernant la fondation d'un prix de statistique international à distribuer en 1887. — Réunion générale à 2 heures. — Communication de M. Mouat (Angleterre) sur le projet de création d'une commission permanente de statistique internationale. Discussion. — Communications sur l'état de la statistique en France et dans les différents pays. — La Statistique pénitentiaire, par M. Beltrani-Scalia (Italie).

3e jour. Mercredi, 17 juin. Réunion à 2 heures. Un Statisticien néerlandais au XVIIIe siècle, par M. Beaujon (Pays-Bas). — La Statistique des sociétés de prévoyance, par M. Luzzatti (Italie). — L'Instruction publique en Belgique, d'après M. Sauveur, par M. Leemans (Belgique).

— Considérations sur les chemins de fer, par M. Fassia
— Communications diverses.

4e jour. Jeudi, 18 juin. Réunion à 2 heures. Études g
divers problèmes économiques, par M. E. Cheysson. — L
riodiques des crises, par M. Cl. Juglar. — Les Progrès
publique depuis 1789, par M. Fournier de Flaix. — D
l'homme en France et dans quelques pays étrangers, p
Bertillon. — La Densité comparative des communes, pa
— La Division de la propriété, par M. Gimel. — Le soir
dîner d'adieu.

M. le Président offre à la Société, de la part du Ministre
tion publique, un exemplaire du discours prononcé par M
à la séance de clôture du Congrès des Sociétés savantes d
En adressant son discours, M. le Ministre appelle l'attentio
sur l'utilité qu'il y aurait à préparer dès à présent le p
Congrès des Sociétés savantes en 1886.

M. le Président invite en conséquence les membres de
auraient des questions à proposer à les faire parvenir a
les soumettra au Conseil chargé d'en faire le classement.

Après l'énumération des publications adressées à la So
crétaire général analyse rapidement une lettre adressée à
M. Cerisier, aujourd'hui secrétaire du gouverneur de la G
la question de la colonisation. M. Cerisier est partisan de l
et si cette question ne se résout pas encore par des av
ciers pour la métropole, il montre que d'autres considér
térêt plus général, comme la grandeur de la patrie, l'ex
idées, l'amélioration morale et matérielle des peuples an
entrer en ligne de compte et l'emporter même sur la qu
restreinte du *doit* et de l'*avoir*.

La parole est à M. Simonin, pour une communication
points spéciaux du Census des États-Unis.

M. Simonin s'attache à démontrer, en s'appuyant sur l
des divers Census : 1° Que contrairement à ce qu'on pou
race noire est en progrès constant, et que son augmen
dépasse celle de la race blanche, malgré le concours qu
prête à cette dernière; 2° que la race autochtone diminue,
considérablement et tend à disparaître devant l'envahisse
colons.

M. Simonin donne ensuite la définition de ce qu'on doit
centre de population. Ce centre, qui dans les pays europ
près stationnaire, se déplace de plus en plus aux États
confiné sur la côte, il marche progressivement vers l'Oue

puisse affirmer cependant que ce mouvement devra se poursuivre à l'avenir dans la même direction. Déjà bien des circonstances tendent à lui imposer une déviation qui aura lieu très probablement vers le Sud.

L'ordre du jour appelle les communications de M. Duhamel, sur les institutions de prévoyance des mineurs en Belgique, mais l'heure avancée ne permet pas d'ouvrir la discussion sur ce sujet important. M. le président propose de le renvoyer à la prochaine séance ordinaire, qui aura lieu le 15 juillet prochain, et donne la parole à M. Carl *Busch*, qui demande à ajouter quelques mots aux considérations qu'il a présentées, dans la précédente séance, sur l'*heure décimale* considérée au point de vue pratique.

Il met sous les yeux de l'assemblée un appareil qu'il a fait construire dans le but d'indiquer la supériorité du système proposé. On sait que le pendule actuel a une longueur de 998 millimètres, ce qui le rend d'un usage peu commode dans les applications journalières. Le nouveau pendule, fondé sur l'heure décimale, n'a que 180 millimètres de longueur; pour la demi-seconde correspondant à une journée de 20 heures, une heure de 200 minutes. C'est un précieux avantage qui permet de l'appliquer aux instruments chronométriques usuels, et de mesurer des phénomènes à peu près instantanés comme les éclairs, par exemple.

M. *Simonin* ne partage pas l'opinion de M. Busch en ce qui concerne le système décimal servant à la mesure du temps. Sans recourir au pendule, on n'en possède pas moins, sur la base du système actuel, des chronomètres parfaitement exacts, quoique de dimensions très réduites. Quand le système décimal a été inauguré par nos pères de la Révolution, nul n'a songé à l'employer à la mesure de l'heure et du jour. Dans le cercle, c'est le système duodécimal qui se prête le mieux aux subdivisions du cadran, en ce qu'il offre les diviseurs les plus nombreux. Cela a été compris de toute antiquité.

M. *Busch* répond que ce n'est pas lui qui a posé la question, mais le ministère de l'instruction publique. Il a voulu, seulement pour le cas où l'on adopterait le système décimal, montrer quelle pourrait être la solution pratique du problème.

M. *Cernuschi* est, comme M. Simonin, partisan du système duodécimal qui permet la division par les facteurs 2, 3, 4, 5, 6. Pour ceux qui préféreront comme type de numération les nombres 10, 100, 1.000, etc., il donne quelques indications sur la manière de ramener ces types au système duodécimal ou à une variante de ce système. Il conclut en reconnaissant que la réforme dont a parlé M. Busch ne lui paraît sur aucun point nécessaire.

Avant de lever la séance, M. le président fait remarquer que la séance ordinaire du mois de juin se trouvera confondue dans les fêtes du 25e anniversaire de la fondation de la Société. Il fixe donc à la séance ordinaire du 15 juillet la lecture du travail de M. Duhamel sur les institutions de prévoyance des ouvriers mineurs, ainsi que la discussion que cette communication doit entraîner.

COMPTES RENDUS

Du principe de population, par Joseph Garnier, membre de l'Institut, etc.; 2e édition, précédée d'une Introduction et d'une Notice par M. G. de Molinari, augmentée de nouvelles notes contenant les faits statistiques les plus récents et les débats relatifs à la question de la population, avec un portrait de l'auteur (*Économistes et publicistes contemporains*). Un vol. in-8. Paris, Guillaumin, 1885.

De tous les ouvrages de Joseph Garnier, celui-ci est peut-être le meilleur. Vulgarisateur toujours en haleine, par la parole et par l'écrit, il a creusé jusqu'au fond quelques-unes des questions les plus difficiles de la science, et celle du principe de population avec plus de soin, de persévérance et d'habilité que personne.

Il en est trois ou quatre de ce genre qui sont la véritable pierre de touche des économistes. Quand vous équivoquez avec Malthus, vous n'êtes qu'un amateur en économie politique, et nul n'a de la civilisation même une idée assez haute, s'il hésite à dire avec lui que le nombre des hommes importe moins que leur qualité, et que la durée et la maturité de la vie l'emportent sur la vanité de sa dissémination. Il y a plus, on n'est sentimental et charitable qu'à la condition d'avoir plus de pitié et de tendresse pour l'humanité vivante, et mise aux prises avec les difficultés de la vie pour les vaincre, que pour un épanchement d'existence qui ne sera jamais la vie et encore moins l'humanité.

Mais le temps est aux concessions et aux compromis avec l'ignorance et la popularité, fille de l'ignorance. Les mathématiciens seuls ont cette chance heureuse qu'il leur est impossible, pour plaire à la foule, d'accorder que les angles d'un triangle n'équivalent pas à deux angles droits. Les sciences morales et politiques, — et il paraît que l'économie politique en est une, — moins bien défendues par la rigidité de leurs lois, vont à la dérive des circonstances et elles expliquent leurs variations par la nécessité de ne pas méconnaître ce qu'il y a d'utilité dans la méthode historique. On en veut presque à Malthus d'avoir été si absolu sur un point et à Ricardo de l'avoir été sur un autre; ils sont trop gênants et le fait est qu'ils le sont.

Le mérite de Joseph Garnier a été, justement, d'enseigner la vérité et la science pour elles-mêmes, sans examiner si elles sont agréables et applaudies. Il croyait que la somme économique des angles d'un triangle économique équivaut à deux angles droits économiques; il avait raison de le croire, et il ne s'est pas dérobé à la démonstration en nous racontant les bonheurs et les malheurs de l'union de l'économie politique avec la morale, la philosophie, la législation, l'histoire, quoi encore ? Il a été géomètre en économie politique, et l'économie politique n'est pas une science, si elle n'est pas géométrique à sa façon.

Je laisse au livre de Joseph Garnier et à l'introduction de M. de Molinari la peine ou le plaisir de démontrer comment les honnêtes gens, même de nos meilleurs amis, qui ont médit de Malthus ou se sont permis de l'excuser, ne l'ont jamais lu, ou, s'ils l'ont lu, ne l'ont pas compris, ou, s'ils l'ont compris, ont reculé devant la crainte d'avouer qu'ils l'ont lu et compris et qu'ils l'approuvent. J'ai lu, pour ma part, à peu près tout ce qui a été écrit sur Malthus et sur le principe de population, y compris l'ouvrage de Malthus lui-même, et spécialement les sept ou huit discussions, sur le sujet, de la Société d'économie politique et de l'Institut. Rien d'étonnant comme la manière dont ont été travesties les idées du maître, et le petit nombre, en somme, des esprits libres qui ont déclaré qu'il avait aperçu la vérité et qu'il l'avait rendue visible. La plupart savaient bien qu'il avait fait un acte d'homme et un bon livre, bien qu'assez mal écrit et assez mal composé, mais ils ont préféré de disserter sur le plus ou le moins d'exactitude de la formule dans laquelle il a résumé les mouvements de la population et des subsistances, ou de se réfugier dans l'explication des moyens qu'aurait l'homme, en travaillant, de sustenter sa progéniture.

Ceux-ci sont les plus habiles dans l'art de chercher un refuge. Ils ont même pour eux d'avoir presque raison eux-mêmes, car il est certain que les hommes, qui se décernent des quantités d'honneurs, de titres, de rangs, de décorations, de médailles pour les travaux qu'ils accomplissent, et qui redoublent de stupéfaction pour les miracles des travaux humains quand il s'agit d'agriculture, ne sont, en réalité, qu'une grande agglomération d'êtres à qui le travail, et surtout le progrès dans le travail et les méthodes du travail répugnent, et qui, malgré toutes les Géorgiques, sont restés, agriculturalement, de la dernière médiocrité.

N'oublions pas un élément puissant du trouble de nos jugements, et dont nous sommes loin, quant à nous, de ne pas sentir la puissance. Lorsque, en 1860 et dans les années suivantes, nous avons vu venir ce que nous appellions l'ère des traités de commerce, — qui n'était pas du tout l'ère du libre-échange, mais qui l'annonçait, — nous avons cru trop naïvement que la question du principe de population et de la civilisation se pourrait désormais juger sans préjugés. Une sorte d'aurore de

subsistances et d'objets indispensables ou
qu'en même temps vous voulez travaill
approvisionnements de l'étranger vous d
deux moyens : 1° Nous allons organiser la
des vivres. Les étoffes et le reste coûteron
la viande seront consignés aux fronti
feu M. Laroche-Joubert proposait de d
pères de famille étaient insuffisant
France où il y a 60.000 membres de
lés militaires, on ne sait combien de
ordres, et on sait encore moins con
académiques pour des services n'a
mies, il y a de vieilles lois à réveille
de novembre 1666, malheureusem
vier 1683, et la loi du 29 nivose a
les ministres de l'intérieur et de l
gée. Que l'on ait au moins sept e
soit un garçon et qu'il ait été en
trois mois de sa naissance, sera
un lycée ou dans une école de

Nous aurons ainsi deux chose
et quelques bacheliers de plus
quelque part, car les pères d
plutôt que l'École des arts e

Pour nous, nous estime
l'humanité que nos gen
mencé par ne faire de
article de dictionnaire :
mémoire, un livre, déj
vaillé, pendant que la
fait ouvrage, escorté
d'étude réclame, et
sans inquiétude p
jours a s'échapper
les circonstances.
en a, et enfin p
sens ». Or, le b
thus et Joseph

Œuvres posthumes d'ALFRED BUSQUET (*Poésies*, 2 vol. in-16; *le Triomphe de l'Amour*, drame en vers, un vol. in-16; *Comédies en prose, Mélanges*, un vol. in-16); Paris, Hachette et Cᵉ.

Il ne serait pas malaisé de montrer, par des extraits authentiques et limpides, que La Fontaine fut un économiste du plus grand mérite, et peut-être les hugolâtres, si la chose était moins en défaveur parmi la démocratie, arriveraient-ils à soutirer de l'abondante et écumeuse vendange du maître trois ou quatre maximes et apophtegmes sur les bienfaits des échanges et de la liberté du travail; mais, après avoir fait quelques efforts pour en découvrir un seul, nous devons avouer qu'Alfred Busquet, ni de son vivant, dans le *poème des Heures* et *les Représailles*, ni tel que le ressuscite une main pieuse dans ses *Œuvres posthumes*, ne nous aura pas laissé le moindre hémistiche où nous puissions trouver le moindre prétexte pour glisser son nom parmi ceux des écrivains et des publicistes dont la bibliographie du *Journal des Économistes* entretient ses lecteurs.

Et cependant nous demandons la permission de l'y inscrire. Il a été un poète élégant, un esprit libéral, un honnête homme, un ami sûr; si cela n'est rien, il a été aussi un économiste, et il y en a deux preuves au moins pour nous : la première, toute générale, est qu'il aimait les économistes, tant les vivants que les morts; la seconde, plus particulière, que, vers l'époque du célèbre plébiscite de mai 1870, lorsque nous eûmes l'idée de fonder ensemble une revue, sur un plan nouveau, — et qui le serait encore, — il admit sans difficulté que l'économie politique y aurait sa large place, et que ce serait de la vraie économie politique que nous y ferions.

Voilà pourquoi Busquet a le droit, simple poète de loisir et de famille et n'ayant de sa vie parlé de Malthus ou de Ricardo, de recevoir de nous un souvenir pour son nom et une marque d'estime et de sympathie pour ses vers, qui ne sont pas, d'ailleurs, du premier venu et que Mᵐᵉ Busquet-Pagnerre est si louable d'avoir recueillis.

On est encombré d'économistes, par le temps qui court, mais d'économistes qui n'en sont pas et qui sont même tout le contraire. Ce sont les ennemis intimes de la science; la majeure partie de simples protectionnistes, et les autres des socialistes sans aucun voile. Ils font partie de nos cercles et de nos sociétés, et ils y parlent même, le verbe assez haut. Nous les donnerions tous pour un seul de ces amis extérieurs de la science qui, s'ils ne l'ont jamais servie publiquement, ne l'ont du moins desservie jamais, qui étaient prêts à la bien servir, et qui, heureusement pour elle, sont encore plus nombreux qu'on ne croit.

PAUL BOITEAU.

LA PATRIE HONGROISE, souvenirs personnels, par Mme ADAM. Un vol. in-8. Paris, Nouvelle Revue, 23, boulevard Poissonnière. 1884.

Nous venons un peu tard pour signaler ces souvenirs de voyage que plus d'un lecteur aura déjà lus, soit dans la *Nouvelle Revue*, où ils avaient paru d'abord, soit dans le présent volume, où Mme Adam a recueilli cette série d'études. Je dis études, et peut-être le mot n'est-il pas bien exact. En réalité, ce que l'auteur nous offre sous ce titre : *la Patrie hongroise*, c'est cet ensemble de descriptions et de réflexions, d'anecdotes particulières et de considérations générales, — jugements et récits, aperçus et esquisses, — où se complaisent si volontiers les touristes de notre temps. Remarquez-vous comme elle va croissant, d'année en année, cette mode ou cette coutume d'écrire son livre de voyage ? J'entrevois l'époque prochaine où tout homme bien né aura composé le sien, comme il eût fait jadis sa tragédie en cinq actes. Vous apprenez que M. un tel est en voyage, et à quelques mois de là vous le voyez reparaître, un joli volume à la main. Voici, par exemple, M. de Blowitz, qui allait, en 1884, avec M. Edmond About, hier encore, hélas ! si vivant, si brillant, si étincelant d'esprit et de grâce aimable, célébrer à Constantinople l'inauguration de l'*Orient express*. Course vertigineuse, course à toute vapeur ! Que peut-on voir, à courir ainsi? pensiez-vous, et à quelque temps de là M. Edmond About et M. de Blowitz nous donnaient leurs deux livres frères, nés de la même occasion, et nous prouvaient, chacun à sa manière, qu'il faut bien peu de jours maintenant à un homme d'esprit pour faire un beau voyage et un charmant livre[1]. Et que dire des touristes qui nous mènent, comme M. Alexandre Lambert de Sainte-Croix, *De Paris à San-Francisco*, ou jusqu'à Pékin, et *Autour du monde*, comme M. Georges Kohn[2] ! Notez que ceux-là ne font pas métier d'écrire. Le hasard d'un voyage leur a mis la plume à la main, et, ma foi ! ils s'en servent comme s'ils n'avaient jamais fait autre chose. — Mais revenons au livre de Mme Adam.

L'auteur n'est pas, on le sait de reste, un économiste de profession. Mais le moyen, je vous prie, pour un publiciste contemporain, — et Mme Adam entend bien, dans ce livre, faire œuvre de publiciste, — le moyen de ne pas prêter quelque attention aux phénomènes et aux problèmes économiques qui tiennent une place si grande dans l'existence des nations? Voilà comment Mme Adam a écrit plusieurs chapitres qui sont au nombre des meilleurs de son livre, et qui intéressent spéciale-

[1] *De Pontoise à Stamboul*, par Edmond About. Un vol. in-12. Paris, Hachette. 1884. — *Une course à Constantinople*, par M. de Blowitz. Un vol. in-12, 3e édition. Paris, Plon. 1884.

[2] Deux volumes in-12, qui ont paru, le premier, il y a quelques mois, le second, en 1884. (Chez Calmann Lévy.)

ment nos lecteurs. Ce sont les chapitres dans lesquels notre compatriote, quittant Buda-Pesth, nous conduit à travers la *puszta* hongroise et ses solitudes infinies. Je signale la description, d'ailleurs très pittoresque et poétique, qu'elle en a tracée, et les détails topiques qu'elle nous donne. Au fait, n'est-ce pas là, pour l'économiste, qu'est la vraie Hongrie? Ne la cherchez point dans les villes! La grande industrie et ses aspects partout semblables, le murmure intense des manufactures et le tourbillonnement des machines, le fourmillement des agglomérations ouvrières, les fumées noires, les reflets ardents des forges et le fracas rythmé des cyclopes qui retentit au loin du fond des usines, tout cela n'existe guère, ou commence à peine de naître en Hongrie. C'est dans les campagnes que vous rencontrez les sources diverses de la richesse nationale. Elle est dans ces cultures de colza et de tabac qui se partagent les champs humides et féconds de l'Allförd avec les céréales, lesquelles font du pays transleithan l'un des greniers du monde. Elle est dans ces vignes précieuses qui festonnent aux côteaux danubiens. Elle est dans les forêts profondes et dans les mines profondes des Carpathes. Elle est enfin dans les pâturages qui s'étendent à perte de vue, où les chevaux et les moutons errent par milliers. Voilà les industries caractéristiques de la Hongrie, industries extractives et primitives, rurales et patriarcales. Je me souviens toujours du frappant contraste que présentait, dans les galeries de l'exposition universelle de 1878, la Hongrie auprès de l'Autriche. Vous veniez d'admirer, dans la section autrichienne, les riches produits de l'*article Vienne*, et toutes les puissances, toutes les merveilles, tous les raffinements de la grande industrie, si ingénieuse à se plier sans cesse au goût du luxe changeant des grandes villes; puis, passant dans la section hongroise, il vous semblait entrer dans un monde et dans un âge de l'humanité différents : de tous côtés des échantillons de minerais, de laines brutes, de blés en grains ou en farines, des cuirs, des bois, — les produits simples et sévères d'un pays essentiellement agricole.

Ce trait saillant et prédominant de la Hongrie, Mme Adam l'a observé et, je crois, bien observé. On lira de même avec intérêt les pages qu'elle a consacrées au régime de la propriété foncière. Ce régime est surtout celui des grands domaines. A la vérité, la révolution de 1848 a fait disparaître les privilèges de la féodalité et les entraves de la vieille législation; mais le morcellement de la terre ne s'opère que lentement. Les *latifundia* subsistent, avec les modes de culture qui en sont la conséquence, et notamment, si je ne me trompe, dans la Puszta. Cette persistance de l'état de choses ancien tient à des causes différentes, et d'abord à l'humeur du paysan hongrois, qui est attaché, comme tous les paysans, aux traditions et aux routines que ses pères lui ont léguées.

Mais, tandis que le paysan français avait reçu des âges toint
midable et tragique héritage de souffrances et de haines et l
ineffaçable de la dure servitude qui l'accabla durant tant d
semble qu'il n'en ait pas été tout à fait de même pour le p
grois. Il semble que le poids du joug féodal lui fut bien moin
sorte qu'il garde pieusement la fidélité à ses anciens maîtres.
cite à cet égard des exemples touchants. Mais on conçoit au
braves gens, si respectueux du passé, n'admettent pas sans q
pugnance les innovations et les métamorphoses que nous n
progrès. Il paraît que, un jour, le comte Széchenyi, ayant e
réunir ses tenanciers et de leur faire une conférence sur l
découvertes de la science et sur les bienfaits que les peupl
rent, un des auditeurs, lorsque le comte eut parlé, se leva
mant l'impression générale : « Pauvres gens, dit-il, comme
être malheureux ! »

Mais ce n'est là sans doute qu'une des causes qui peuvent e
mode de tenure et de culture du sol, qui domine dans la Puszta
cause, celle-là purement matérielle, géologique et météorol
fois, est l'ensemble des conditions que présentent le climat e
Dans ces terres plates les eaux ne s'écoulent pas ou s'écoul
il suffit de quelques pluies pour transformer les landes en
Or les pluies sont fort abondantes et de plus irrégulières. Le
non seulement extrême, mais sujet aux brusques changem
des mécomptes incessants pour le cultivateur qui est là-bas,
leurs peut-être, le jouet des caprices du ciel. « On p
Mme Adam, que les terres des magnats sont mal administr
leurs domaines pourraient produire le double de ce qu'ils en
climat de la Hongrie est d'une variabilité qui fait de chaque n
véritable loterie. Dans les vallées adjacentes au Danube, l
sont assez régulières ; mais elles le sont beaucoup moins da
trées plus fertiles de la Tisza et du Bansag. Les cultivateurs
comptent une bonne récolte tous les sept ans ; mais alors l
la production devient supérieure à celle du terrain lui-mêm
avec les récoltes de colza, qui donnaient autrefois des rend
traordinaires. » Comment se défendre contre les surprises d
si incertain ? contre ces pluies diluviennes qui font des ro
champs comme un immense lac de boue ? Enfin comment
contre le fléau des inondations ? Et ici nous touchons à l'un d
les plus terribles et les plus désespérants que rencontre tou
mélioration agricole. On sait quels ravages produisent les dé
de la Tisza qui est, par excellence, avec le Danube, le fleuv
Paris a retenti, il y a peu d'années, d'une de ces catastrophe

détruit une ville entière, la ville de Szegedin. Mme Adam et M. de Blowitz ont vu Szegedin rebâtie, comme par enchantement. Mais, chaque année, sur quelque point de la plaine immense, la Tisza rompt ses digues, envahit les villages et met en fuite les paysans. Mme Adam rapporte à ce sujet une parole qui est tout au moins caractéristique. On demandait à un magnat, possesseur de vastes domaines, pourquoi les fermes y étaient si rares. « J'en avais fait, répondit-il, construire un grand nombre; mais il me fallait trop de barques pour sauver mes fermiers réfugiés sur les toits au moment des inondations. » Le fait est que la Hongrie, dans son développement économique, se trouve en présence d'un colossal problème d'hydraulique agricole; elle n'a pas de plus cruel ennemi que la configuration de ses plaines, l'irrégularité de son climat, et le régime capricieux et pernicieux de ses cours d'eau.

Bérard-Varagnac.

Note sur l'organisation et le fonctionnement des Bibliothèques municipales de Paris. In-4° de 36 pages. Paris, Imprimerie Nouvelle (Préfecture de la Seine).

A l'appui du projet de budget présenté au Conseil municipal, l'administration préfectorale a rédigé une Note intéressante sur les Bibliothèques municipales de Paris en 1885; elle indique, en effet, en moins de 40 pages, le nombre de ces bibliothèques, — leur fonctionnement, — le nombre des ouvrages lus, — le nombre des volumes, — les commissions, — le catalogue, — le mobilier, — le personnel, etc.

Des tableaux donnent, en outre : la statistique des ouvrages lus, de 1878 à 1884, — le classement des bibliothèques et des arrondissements par nombre de lecteurs, — la nature des ouvrages possédés par chaque bibliothèque, — celle des ouvrages le plus demandés, etc.

De ces documents ressortent les faits suivants :

De 24 en 1883, le chiffre des bibliothèques sera doublé avant la fin de 1885, en attendant que chacun des 80 quartiers de Paris ait la sienne.

Sur 700.000 ouvrages demandés, 117.046 ont été lus sur place, les autres à domicile.

Le 11e arrondissement tient le premier rang pour ce prêt à domicile (39.085 vol.); le 8e le second (29.817 vol.); le 10e et le 1er les deux derniers (3.625 et 2.815 vol.).

Dans l'année 1883-84, le nombre des volumes communiqués a presque atteint 700.000 (699.762) contre 514.287 pour la période précédente;

En 1878, le nombre des ouvrages lus était de 28.938; à six ans de distance, il est de 699.762, soit plus que vingtuplé;

Pour la statistique morale, les 700.000 volumes se décomposent ainsi :

...Amazone

...explicat

...plus gra

...897 020 kilo

lativement à une faible distance de l'ancien continent, et qui peut devenir l'entrepôt de la majeure partie du commerce des Républiques limitrophes et des trois Guyanes, pour la riche Amazonie, on ne tente rien, on ne fait aucun projet de colonisation ! »

Il est vrai que dans le bassin de l'Amazone il n'y a ni coups de canon, ni coups de fusil à tirer, partant pas de lauriers de Bellone à cueillir, comme l'on disait aux beaux temps de la littérature académique, à l'époque des Baour-Lormian, des Briffault, des Luce de Lancival ; il s'agit uniquement d'exproprier des bêtes fauves et d'éclaircir des forêts. M. de Santa-Anna Néry n'est pas éloigné cependant de trouver une excuse d'une autre sorte à l'indifférence de l'Europe : c'est qu'elle ignore les ressources de cette région privilégiée. Elle ne sait pas que l'Amazonie peut offrir au commerce du monde toutes les matières premières les plus précieuses : les denrées alimentaires, les épices et les aromates, les fibres textiles, les matières tinctoriales et tannantes, les gommes, les résines, les baumes, les essences, les huiles, les substances médicinales, les bois de construction et d'ébénisterie, les pelleteries, les plumes, l'ivoire végétal. En échange, l'Amazonie recevrait de l'Europe le blé, le beurre, la bière, le vin, le cognac, les conserves alimentaires, les draperies, le linge, les armes, le sel, les instruments agricoles, les meubles, les machines, les objets de luxe, bref tous les articles d'Europe qui ne trouvent plus ailleurs de débouchés suffisants.

Ce qui avait le plus étonné Agassiz dans son exploration de la vallée amazonienne, c'était de voir qu'une grande étendue de cette région se prêtait admirablement à l'élève du bétail. De beaux moutons paissent dans les herbages des plaines ou sur les collines qui s'étendent entre Obydos et Almerym, et le voyageur avait rarement mangé de meilleure viande qu'à Ereré, au milieu de ces sierras. Mais, pour le moment, la grande industrie du pays, celle qui a tué pour ainsi dire toutes les autres, comme dit M. de Santa-Anna, et qui fournit largement à tous les besoins de ses habitants est l'industrie du caoutchouc. Le caoutchouc ou gomme élastique fut appelé *borracha* ou *seringa* par les Portugais ; ce fut, dit-on, le père Manoel da Esperança qui le découvrit parmi les Indiens Cambebas et le baptisa de ce nom, parce qu'il avait remarqué que ces sauvages s'en servaient pour confectionner des outils et des bouteilles en forme de seringues. Quant au nom de caoutchouc, sous lequel ce produit est connu en France, il y fut apporté en 1736 par La Condamine, au retour de son voyage scientifique dans l'Amérique du Sud, entrepris par ordre de l'Académie des sciences. L'illustre savant apprit à l'Académie que les Indiens Mainas, au sud-est de Quito, appelaient de cette façon une substance blanchâtre, tirée de l'arbre *Hyevé*, dont les naturalistes ont fait l'*Hevea guyanensis*. La Condamine doit donc être considéré

les opérations de la ferme et se multiplie au centuple ; personne ne contredira cette affirmation.

S'il fallait citer les preuves que nous fournit M. Grandeau, tout son livre y passerait. Bornons-nous à dire qu'il fait un large et judicieux emploi des travaux des éminents agronomes de Rothamsted, Lawes et Gilbert, lesquels poursuivent depuis 1843 une série d'expériences non interrompues de la plus haute valeur. Il est malheureusement vrai de dire avec le savant professeur de Nancy que, en dehors d'une petite élite d'hommes intelligents, ces expériences n'ont eu chez nous presque aucun écho.

La vieille routine est encore trop souveraine maîtresse dans nos classes agricoles, c'est elle qu'il faut secouer et faire disparaître ; aussi la diffusion de l'enseignement professionnel et la propagation de stations agronomiques pourvues de moyens suffisants pour renseigner ceux qui y ont recours, s'imposent-elles impérieusement. Les modifications culturales suivront naturellement : adoption d'assolements mieux compris, propagation des machines perfectionnées, vulgarisation de l'usage des engrais chimiques, enfin, diminution du morcellement par des réunions parcellaires dont l'Allemagne et l'Est de la France ont déjà fourni tant d'exemples.

Quant aux réformes législatives que propose l'auteur, nous croyons qu'elles ne pourront avoir qu'une influence bien secondaire ; nous ne saurions qu'approuver, cependant, des mesures qui fixeraient le mode de règlement des améliorations culturales en fin de bail, comme aussi celles qui étendraient aux opérations d'abornement général la loi du 21 juin 1865 sur les associations syndicales.

Une étude géologique, par M. Ronna, sur les terres à blé en France et en Angleterre complète utilement le volume en montrant dans quels milieux on se meut et quelles difficultés pratiques sont à vaincre.

Cette œuvre substantielle arrive par des voies un peu différentes aux mêmes conclusions que celles qui ont été formulées dans cette Revue, il y a quelques mois à peine : réduction de la culture du blé, extension des prairies, augmentation du bétail et caractère industriel à donner à l'agriculture. Là est en effet la loi d'évolution de l'exploitation du sol à notre époque et toute notre vieille Europe, qui dispose de populations très denses et de terres trop limitées en quantité, est tenue de s'y conformer.

François Bernard.

Années.	Kilogrammes.	Valeur officielle.
1876—77......	1.712.230	5.740.000 francs.
1877—78......	2.385.193	7.436.000 —
1878—79......	2.490.244	9.089.000 —
1879—80......	2.804.425	16.453.800 —
1880—81......	2.286.440	16.216.000 —
1881—82......	3.802.848	29.864.000 —
1882 (2e sem.).	2.028.070	17.421.000 —

AD. F. DE FONTPERTUIS.

LA PRODUCTION AGRICOLE EN FRANCE. SON PRÉSENT ET SON AVENIR, par LOUIS GRANDEAU, avec deux cartes et deux diagrammes hors texte. Paris, Berger-Levrault et Ce, 1885.

Le but de ce livre, utile s'il en fut, est de prouver que la solution radicale de la crise dont se plaint l'agriculture française se trouve, non dans les maladroites mesures fiscales prises récemment par les Chambres, mais dans une exploitation plus rationnelle de notre sol, dans une augmentation des rendements. Ce progrès n'est pas impossible, il est même aisé à réaliser et la démonstration en est faite de la manière la plus éclatante. Nous nous trouvons en présence d'un savant agronome, d'un expérimentateur qui apres de sérieuses études vient nous dire que son esprit se refuse à considérer les droits de douane comme un remède de quelque efficacité. Quel utile auxiliaire pour l'économie politique que cette affirmation autorisée et quelle condamnation sévère des procédés auxquels on a eu recours !

La France récolte en moyenne 15 hectolitres 4 de blé par hectare. Si l'on considère que ce chiffre pourrait être aisément porté à 20 et même à 27 hectolitres (chiffre de l'Angleterre), la question douanière tombe tout à fait au second plan. Pour la viande, il en va de même. La consommation en est très restreinte parce qu'elle est chère, et elle est chère parce qu'elle ne se présente pas en assez grande abondance sur les marchés, malgré les importations grandissantes de bestiaux étrangers. Il faut donc encourager la consommation de la viande, aliment sain et nutritif par excellence. Assurément ce n'est encore pas par des droits de douane qu'on y arrivera. Il serait bien plus avantageux et bien plus logique pour nos agriculteurs qu'ils entrassent sérieusement dans la voie des réformes et des améliorations que réclament leurs méthodes attardées. D'une part les rendements accrus feraient baisser les prix de revient et de l'autre une plus grande production de la viande laisserait à nos nationaux les bénéfices que l'on accuse aujourd'hui les éleveurs étrangers de venir réaliser sur notre propre marché. Tout se tient et s'enchaîne en agriculture, un progrès se répercute dans toutes

guerre. Même en Angleterre, où cependant la classe qui vit du budget est relativement moins nombreuse que sur le continent, le socialisme d'État et la politique annexionniste et militaire sont en hausse. C'est l'opinion de la classe intéressée à cette politique qui a poussé l'Angleterre à occuper l'Égypte et qui a été sur le point de l'engager dans une grande guerre avec la Russie, sous le prétexte presque ridicule de préserver la sécurité de l'Inde, menacée par l'ambition moscovite. Heureusement, les intérêts de la masse laborieuse qui alimente le budget ont réussi cette fois encore à opposer un contrepoids suffisant à ceux des « mangeurs de taxes ». Le gouvernement anglais s'est décidé à retirer son armée du Soudan en attendant d'évacuer l'Égypte et il est en voie de conclure un arrangement pacifique avec la Russie. Mais il ne faut pas se le dissimuler : la paix du monde, en cette circonstance, n'a tenu qu'à un fil, et si l'on considère l'accroissement visible du volume et de l'influence des intérêts budgétivores, il est à craindre qu'elle ne devienne de plus en plus précaire.

***

Que l'opinion soit déterminée, partout et toujours, par des intérêts réels ou supposés ; que l'on soit partisan de la guerre et des colonies parce qu'on exerce une profession à laquelle la guerre et la politique coloniale procurent de l'avancement, des honneurs et des places, cela n'est que trop conforme à la nature humaine. Dans toutes les situations, les hommes se préoccupent avant tout de leur intérêt personnel, bien ou mal entendu. Seulement, comme ce mobile égoïste manque de noblesse, on le dissimule avec soin. A entendre les promoteurs de la politique des grandes entreprises et des grosses dépenses d'État, ils n'ont en vue que l'intérêt national, la grandeur nationale, l'honneur national ; ils sont, avant tout, des patriotes, et ils passent même leur vie à immoler leurs intérêts particuliers à leur patriotisme. C'est leur spécialité ! Ils font mieux encore : ils s'appliquent à persuader à la masse laborieuse et paisible que c'est dans son intérêt qu'ils poussent à la dépense ; que s'ils lui demandent son sang et son argent, c'est uniquement en vue de faire fleurir son industrie et son commerce. Si, en Angleterre, ils ont cherché noise à la Russie, c'était uniquement pour sauvegarder le débouché commercial de l'Inde ; si, en France, ils ont poussé à la conquête du Tonkin, c'était pour procurer à l'industrie et au commerce français un marché avantageux. Il y a près d'un demi-siècle déjà que Cobden perçait à jour cette tartuferie politicienne, en démontrant à ses compatriotes que les dépenses de leur énorme établissement colonial retardaient le développement de leur industrie et de leur commerce ; que l'Angleterre, en la supposant débarrassée de ce fardeau écrasant, produirait à meilleur marché et pourrait, par conséquent, vendre davantage. La démonstration ne serait-elle pas plus facile à faire encore pour la France? Lisez plutôt cette correspondance adressée du Tonkin à *l'Intransigeant:*

Qu'est-ce que la France va faire de ce pays? Il est difficile de le savoir; vraisemblablement, elle y va organiser, sous le nom de protectorat, la tyrannie la plus despotique qu'on puisse rêver, ce qui, tous les deux ou trois ans, amènera des insurrections qu'il faudra réprimer par les armes. A moins qu'elle n'en fasse une colonie; si une pareille calamité fondait sur le pays, la France serait obligée d'entretenir une armée d'occupation de 25 à 30.000 hommes pour empêcher que son autorité ne soit méconnue, et, le jour où la mère patrie, ayant besoin de se protéger elle-même, ferait rentrer l'armée d'occupation, l'édifice colonial ne subsisterait pas vingt-quatre heures.

A mon avis, le Tonkin est appelé à donner une seconde édition de l'Algérie; seulement, au lieu de coûter 70 millions par an, il faudra 150 millions pour faire face aux frais d'occupation, car nous sommes à trois mille huit cent lieues de Toulon....

Le Tonkin ne me paraît offrir de ressources qu'aux commercants, car les Annamites fournissent les bras pour exécuter toutes les industries; l'agriculture ne peut sortir de leurs mains; d'ailleurs, les Européens n'ont rien à leur enseigner ni à leur apprendre.

Les Annamites ont des chantiers et des ateliers où ils travaillent le bois, la poterie, le fer, le bronze, les métaux précieux et les tissus de toutes sortes; ils font aussi de très jolis ouvrages d'incrustation. Vous voyez par là que la main-d'œuvre européenne, qui est beaucoup plus chère, ne trouvera pas d'emploi ici.

Le commerce pourra acquérir un grand développement, eu égard à la population qui est très nombreuse; mais sauf les liquides qui proviendront en grande partie de France, les objets manufacturés sortiront d'Angleterre et d'Allemagne, car là on se conforme aux goûts des consommateurs, tandis qu'en France les fabricants ont la prétention d'obliger les consommateurs à conformer leurs goûts au goût français. Je crains bien que les fabricants français ne trouvent dans le Tonkin d'autres ressources que la fabrication d'habits de deuil à l'usage des Français qui auront perdu des parents dans la malencontreuse expédition tonkinoise.

*
* *

La recrudescence de protectionnisme dont nous sommes témoins aujourd'hui est, à la bien considérer, une conséquence naturelle et inévitable de la politique des grosses dépenses budgétaires. L'agriculture et l'industrie, qui payent les frais de cette politique, sont surchargées d'impôts et d'entraves nécessitées par la multiplicité des impôts. Ces charges augmentent d'autant leurs prix de revient, tandis que le développement des moyens de communication rend le marché national plus aisément accessible à la concurrence étrangère. De là le malaise dont elles souffrent et les demandes de plus en plus pressantes de protection qu'elles adressent au gouvernement. Celui-ci n'aurait qu'un moyen vraiment efficace de leur venir en aide : ce serait de réduire ses effectifs militaires et administratifs, et de pratiquer une politique d'économie et de paix. Mais comment pourrait-il s'y résoudre, en présence des appétits influents qui le poussent au contraire à augmenter ses dépenses? Que fait-il? Il accorde à l'agriculture et à l'industrie un supplément de droits protecteurs, destinés à « compenser » les charges de l'impôt. Seulement, il ne vient à l'esprit de personne, sauf peut-être à celui de quelques « théoriciens » malavisés, que l'on ne peut compenser les charges des uns qu'en augmentant d'autant celles des autres ; que les compensations accordées à l'agriculture élèvent les prix de revient de l'industrie ; qu'en protégeant la fabrication des fils on augmente les frais de production des tissus, etc.; que l'on rétrécit par conséquent les débouchés de toutes les branches de la production, et que l'on aggrave ainsi les souffrances qu'il s'agit de soulager. On ne manquera pas de s'en apercevoir à mesure que les « droits compensateurs » produiront leurs effets, et on renoncera à cet expédient illusoire et malfaisant; peut-être aussi apercevra-t-on alors la véritable cause du mal, et une réaction universelle et formidable des intérêts pacifiques et économiques s'opérera-t-elle contre la politique militaire et coloniale, le socialisme d'État et tout ce qui s'ensuit. Mais ce sera long.

***

En attendant, nous sommes obligés de constater, dans toute l'Europe, les progrès de la marée montante du protectionnisme.

En Allemagne, le Reichstag a adopté, à la faible majorité de 119 voix contre 108, le nouveau tarif sur les blés et le bétail. En vertu de ce tarif, les droits sur les froments et les seigles sont élevés de 1 mark à 3 marks, les droits sur les bœufs sont portés à 30 marks, etc. Comme un traité conclu avec l'Espagne faisait obstacle à l'augmentation du tarif des seigles, M. de Bismarck a négocié secrètement et obtenu à Madrid la revision de ce traité, qui réduisait les droits sur les seigles d'Espagne et, en vertu de la clause de la nation la plus favorisée, sur les seigles de la Roumanie et de la Hongrie. Pour ceux-ci, le nouveau droit est à peu près prohibitif.

Cependant, les industries auxquelles le néo-protectionnisme de M. de Bismarck inflige une aggravation de frais de production font entendre des plaintes de plus en plus vives. Elles ne réclament point sans doute l'abaissement des droits. Non ! Elles trouvent bon qu'on empêche les produits étrangers de venir leur faire concurrence sur le marché allemand, mais elles demandent qu'on leur rembourse au moins une partie des droits compensateurs qu'elles payent aux autres industries sur les produits qu'elles exportent, autrement dit, elles demandent à être autorisées à importer en franchise, les fers bruts, les fils de coton, les cuirs, et qu'elles transforment en machines, en tissus, en maroquinerie pour l'exportation.

Les fabricants de machines réclament la diminution ou la suppression des droits sur le fer brut, lisons-nous dans une correspondance adressée de Francfort-sur-Mein au *Journal des Débats*; les fabricants de portefeuilles, des droits sur le cuir; les parfumeurs des droits sur les suifs et les graisses. Les maisons de fleurs artificielles et de confections sont toujours obligées de faire venir de France bon nombre des matières dont elles se servent, et l'exportation de la marchandise achevée s'en ressent. Les chocolatiers se plaignent du droit de 34 marks les 100 kilog. qui pèse sur le cacao, et qui paralyse leurs efforts pour lutter contre la France, la Hollande et la Suisse. Les fabricants d'ouvrages en cheveux, de chapeaux de paille, de tissus pour corsage et pour canevas font entendre des plaintes analogues.

Toutes ces industries croient voir leur salut dans le remboursement des droits d'entrée qu'elles acquittent pour les matières brutes. La chambre de commerce de Francfort appuie leurs réclamations en faveur des admissions temporaires, tout en reconnaissant les difficultés que présente, dans la plupart des cas, la constatation de l'identité de la marchandise.

Le gouvernement se refuse absolument à faire ces concessions au libre-échange; il l'a déclaré récemment aux fabricants de tissus de Crefeld, qui réclamaient l'admission temporaire en franchise des fils de coton. Nous ne nous en plaignons pas trop. Il est possible que les industriels auxquels ce refus ferme leurs débouchés extérieurs finissent par s'apercevoir que la protection les sert moins au dedans qu'elle ne leur nuit au dehors, et qu'ils se rallient, en désespoir de cause, à la politique du libre-échange.

***

Le courant protectionniste venu de France et d'Allemagne a gagné l'Autriche-Hongrie, où la presse est presque unanime à réclamer des mesures de représailles. En Suisse, l'opinion se montre plus éclairée et plus raisonnable. Voici ce que nous lisons dans un Rapport de la Commission du Conseil des États au sujet des mesures à prendre pour résister à la politique protectionniste des grandes puissances.

Si les grandes puissances d'Europe et d'Amérique ferment leurs marchés à la Suisse, et cela n'est même plus une supposition, nos industriels se verront obligés ou de cesser leurs affaires ou de s'expatrier; notre territoire est trop petit pour fournir un débouché suffisant à une industrie prospère.

A elle seule, la Suisse ne peut changer cet état de choses, mais elle peut chercher des alliés, et elle les trouvera sans doute dans les pays neutres et surtout dans l'opinion publique. Celle-ci est devenue une puissance redoutable avec laquelle les gouvernements, même omnipotents, ont appris à compter. Puis des événements imprévus peuvent amener les États européens à une politique douanière plus raisonnable.

La Commission termine son rapport en exprimant un vœu en faveur de l'*Union douanière de l'Europe centrale*, proposée par l'auteur de cette chronique [1]. « A vrai dire, conclut-elle, cette idée n'a pas trouvé d'écho dans les sphères officielles du continent; mais elle gagne du terrain même en Suisse, où il est utile d'agiter cette question si grosse d'avenir. »

***

En sa qualité de protectionniste, M. de Bismarck ne pouvait manquer d'incliner vers le bi-métallisme. Dans une lettre adressée, le 30 mai, au président de l'Union des agriculteurs de Kosteritz, il annonce que « la question de l'établissement du double étalon est en ce moment à l'étude de la part des autorités compétentes ».

N'en déplaise, en effet, au grand apôtre du bi-métallisme, notre spirituel confrère M. Cernuschi, le bi-métallisme n'est autre chose qu'une branche cadette du protectionnisme. Si le Gouvernement accorde au propriétaire de 15 1/2 kilogrammes d'argent le droit de les échanger contre 1 kilogramme d'or, tandis qu'au cours actuel du marché des métaux précieux, il ne faut pas moins de 18 ou 19 kilogrammes d'argent pour acheter 1 kilogramme d'or; s'il consacre ce droit en recevant dans ses caisses 15 1/2 kilogrammes de monnaie d'argent comme l'équivalent de 1 kilogramme de monnaie d'or, et en

[1] Dans le *Journal des Débats* du 15 janvier 1879, reproduit dans le *Journal des Économistes* du mois suivant

obligeant les particuliers à les recevoir dans les leurs, n'est-ce pas comme s'il allouait aux producteurs et aux marchands d'argent une protection d'environ 20 0/0 ? Et, en admettant que ces industriels s'empressent de mettre cette protection à profit en apportant leur métal dans les pays soumis à la domination des gouvernements bimétallistes, le résultat ne sera-t-il pas de chasser l'or de la circulation au profit de l'argent, d'y remplacer artificiellement le métal jaune par son lourd et incommode concurrent le métal blanc ? Ne sera-ce pas un progrès analogue à celui que la protection agricole réalise en remplaçant dans la consommation le pain blanc par le grossier et indigeste pain noir?

***

Le tarif russe vient de subir une nouvelle augmentation. Le *Messager du Gouvernement* énumère une longue série d'articles dont les droits sont élevés de 20 0/0. Cette aggravation d'un tarif déjà excessif n'a pas eu seulement pour objet de satisfaire des appétits protectionnistes, mais encore de pourvoir à des nécessités fiscales. La politique annexionniste de la Russie dans l'Asie ne couvre pas ses frais.

Jusqu'ici, lisons-nous dans la *Gazette de Moscou*, traduite par le *Journal de Saint-Pétersbourg*, nos possessions de l'Asie centrale nous ont coûté cher. D'après le général Kouropatkine, le déficit du Turkestan avait monté de 1868 à 1878 à 67 millions de roubles. Des 99 millions de la dépense générale, 24 millions seulement étaient employés à l'administration civile, le restant de la somme était absorbé par les besoins militaires. Quant aux revenus du pays lui-même, ils n'ont été, pendant cette période de dix ans, que de 32 millions de roubles. N'est-ce pas là une preuve que nous nous y sommes peu occupés jusqu'ici du développement des forces naturelles et des voies de communication? Dorénavant il faudra tendre à diminuer les déficits et à augmenter les recettes au point que celles-ci suffisent pour faire face aux dépenses.

Ce conseil est bon, mais terriblement naïf; la *Gazette de Moscou* a négligé d'y joindre l'exposé des moyens de diminuer les dépenses et d'augmenter les recettes dans les steppes de l'Asie centrale.

***

Que le protectionnisme n'ait pas la vertu de développer la production et d'augmenter la richesse; qu'il ait simplement le pouvoir de détourner les intelligences, les capitaux et les bras des industries où ils se portent naturellement pour les faire affluer, grâce à la prime

de la protection, dans d'autres branches moins producti
nuise à la masse des consommateurs par le renchérisse
vie, à l'ensemble des producteurs en augmentant leurs p
vient et en les mettant ainsi hors d'état de supporter la co
des pays de libre-échange en dehors du marché protégé,
des vérités que l'expérience vient confirmer tous les jours
pui desquelles le grand organe du protectionnisme russe, l
de Moscou, se charge de nous apporter un nouvel ex
Gazette constate avec douleur la décadence du comme
Russie avec la Chine, où les draps russes, sans parler de
d'autres articles, trouvaient jadis un débouché fructueu
commerce de Kiakhta, dit-elle, naguère florissant, a co
faiblir au point qu'il est devenu dans ces derniers temps
insignifiant. » Cette décadence, la *Gazette* l'attribue d'a
cherté des transports, ensuite « aux offres avantageuses
chandises étrangères ». Mais les transports étaient tout a
à l'époque où le commerce de Kiakhta était florissant, e
chandises étrangères n'étaient pas moins offertes. Seulem
duction ne se trouvait point renchérie en Russie par des dr
sants, ce qui permettait aux marchands russes de faire,
des offres avantageuses aux Chinois.

***

Le nouveau ministère brésilien vient de présenter un p
mancipation destiné à abolir l'esclavage dans une périod
ans. Outre une indemnité, calculée d'après la valeur des
selon l'âge et le sexe (le sexe féminin est évalué à 25 0/0
que le masculin; ce qui résout décidément la question de l
rité de l'homme sur la femme) les propriétaires auront droi
cinq ans aux services des affranchis. Mais auront-ils intér
ger leurs forces et la condition des affranchis ne sera-t-ell
que celle des esclaves ? D'un autre côté, les propriétaires, i
aux dépens du Trésor, n'aimeront-ils pas mieux vivre de le
que de se donner les peines et de faire les avances nécess
remplacer le travail esclave par le travail libre ? Au surpl
sil a copié purement et simplement le plan d'émancipatio
thropique, mais peu économique que l'Angleterre a impo
un demi-siècle, à ses colonies, lesquelles ne s'en sont pas
levées. Il y avait certainement mieux à faire.

***

Nous avons reproché au gouvernement argentin (voir n

nique de mai) d'avoir eu recours au papier-monnaie et à l'augmentation des droits de douane, pour combler le déficit de ses budgets. Notre excellent confrère, M. Pedro Lamas, directeur de la *Revue sud-américaine*, nous adresse à ce sujet deux lettres rectificatives que nous publions avec plaisir (Voir le Bulletin). La République argentine contient une population nombreuse et toujours croissante d'émigrants français ; nos produits et même nos livres y sont fort goûtés. Voilà des raisons suffisantes pour nous la rendre particulièrement sympathique ; c'est pourquoi nous l'avons engagée et nous l'engageons encore, malgré les explications et justifications ingénieuses de M. Pedro Lamas à se méfier du papier-monnaie, et à s'abstenir d'augmenter ses tarifs de douane, même pour compenser la dépréciation du papier.

*
* *

Par 281 voix contre 99, la Chambre des communes a pour la troisième fois repoussé le projet d'établissement d'un tunnel sous-marin entre la France et l'Angleterre. En vain M. Watkin, un des zélés promoteurs de l'entreprise, a essayé de faire revenir la Chambre sur ses précédentes décisions ; M. Chamberlain, un ministre progressiste, ou soi-disant tel, a déclaré que le tunnel constituerait un « danger national », et il est bien clair qu'on ne peut exposer sans imprudence, voire même sans trahison, l'Angleterre à un danger national. Les travaux du tunnel ont en conséquence été interrompus et l'entrée de la galerie de 200 mètres a été murée. Voilà où nous en sommes à la fin du XIXe siècle, le siècle du progrès !

G. DE M.

Paris, 14 juin 1885.

L'*Annuaire de la marine de commerce française*, guide du commerce d'importation et d'exportation pour 1885, vient de paraître. C'est un magnifique volume grand in-8 de près de 1.200 pages, publié sous le patronage du ministère de la marine et des colonies. Il comprend, outre les ministères et les représentants français à l'étranger, ainsi que ceux de l'étranger en France, tout ce qui concerne les carrières maritimes, la police de la navigation, les droits internationaux avec leurs règlements. Il expose tout ce qui regarde les tarifs, les lois relatives aux naufrages, aux pêches et toutes les ordonnances utiles au commerce. — Au Havre, 3, rue de la Bourse ; à Paris, 12, boulevard des Italiens.

La *Nouvelle Revue* vient de faire paraître à ses bureaux, 23, boulevard Poissonnière, **la Société de Londres**, par le comte Paul VASILI. (1 vol. grand in-8 ; prix, 6 francs.)

Bibliographie économique.

OUVRAGES ENREGISTRÉS AU DÉPÔT LÉGAL EN MAI

Algérie (l') en 1885. Autonomie; assimilation. In-8 de 112 p. Alger, Giralt.

Annuaire administratif et statistique du département des Bouches-du-Rhône pour 1885, par Th. Delassault (26e année). In-8 de 240 pages. Marseille, Blanc et Bernard.

Annuaire historique, statistique, administratif et commercial de la ville et de l'arrondissement de Brest. 1885 (21e année). In-16 de 498 p. Brest, Lefournier.

Annuaire administratif, statistique, historique et commercial du département de la Lozère pour 1885 (54e année). In-8 de VI-238 p. Mende, Ve Ignon.

Annuaire administratif, statistique, historique et commercial de la Marne. 1855. (85e année). In-12 de 678 p. Paris, Menu.

Annuaire administratif, statistique et commercial de la Mayenne (4e série, 15e année), 1885. In-16 de 536 p. Laval, Moreau.

Annuaire statistique, historique et administratif du département du Morbihan pour 1885, par Alfred Lallemand (32e année). In-18 de 228 p. Vannes, Galles.

Annuaire de la marine de commerce française, guide du commerce d'importation et d'exportation. 1885. Gr. in-8 de 1.130 p. Paris, 12, boulevard des Italiens.

BABEAU (Albert). *La vie rurale dans l'ancienne France*. 2e édition. In-18 de 386 p. Paris, Perrin.

BAILLE (J.-F.). V. SEELEY.

BEAUREPAIRE (Eugène DE). *Rapport sur la situation agricole en Normandie*. In-8 de 20 p. Caen, Le Blanc-Hardel. [Extrait de l'« Annuaire normand pour 1885 ».]

BIANCONI. V. *Cartes*.

BIOLLAY (Léon). ... *que sur le* XVIIIe ... famine; l'Administra... merce. In-8 de 551 p. ... laumin.

BLUNTSCHLI. *Le d... néral*. Trad. de l'alle... cédé d'une Préface ... de Riedmatten. 2e ... XII-426 p. Paris, Guil...

BOCHER. *La questio... leurs de cru*, discours ... l'Assemblée nationale ... 1875). In-8 de XII-36 ... Blanc-Hardel. [... nal officiel ».]

BOTTARD (Ernest). ... *ciale*; Salaire; Idées ... leur. In-8 de 52 p. ... Majesté.

BRUNAT (Paul). *Exp... merciale du Tonkin*, ... senté à la Chambre d... de Lyon (séance du 18 ... In-8 de VIII-62 p. avec ... Pitrat aîné.

Bulletin de la Soci... mulation du commerc... dustrie de la Seine-In... de 216 p. Rouen, Cag...

CERNUSCHI (Henri). ... *tallisme bossu faisan... assignats métalliques* ... pages. Paris, Quantin. ... rés du *Siècle*.]

Cartes commerciales ... les productions industri... coles, les centres com... chiffre de la populati... mins de fer, les routes, ... de poste et de télégrap... pagnies maritimes de ... ports, etc., avec texte ... taire explicatif sur la ... ment, les mœurs et ... des populations, ...

commerciales, etc. Publiées sous la direction de F. Bianconi. N° 1. Turquie d'Europe; province de Macédoine. In-4 de 17 p. à 2 col. et carte. Paris, Chaix.

Challier de Grandchamps (P.). *Exposé sommaire de l'organisation militaire et de la situation financière des divers États de l'Europe au 31 décembre* 1883. Amiens, impr. de l'« Union militaire ».

Chambre de commerce de l'arrondissement d'Abbeville. Exposé de ses travaux pendant les années 1883-84. In-8 de 228 p. avec tableaux. Abbeville, Paillart.

Chambre de commerce de Morlaix. Compte rendu de ses travaux pour les années 1883-84. In-8 de 176 p. Morlaix, Chevalier.

Chardon (Henri). *Du rôle et des attributions de la Cour des comptes en ce qui concerne la gestion des deniers de l'État.* In-8 de 122 p. Paris, Picard.

Chauffon (Albert). *Les assurances, leur passé, leur présent, leur avenir, au point de vue rationnel, technique et pratique, etc., en France et à l'étranger;* études théoriques et pratiques sur l'assurance sur la vie, l'assurance contre les accidents, l'assurance contre l'incendie. T. I. In-8 de xxv-818 p. avec tableaux. Paris, Chevalier-Marescq.

Cottignies. *Le socialisme d'État devant le Reichstadt allemand,* discours prononcé à l'audience de rentrée de la Cour d'appel de Nîmes (4 nov. 1884). In-8 de 60 p. Nîmes, Clavel et Chastanier.

Delassault. V. *Annuaire*... des Bouches-du-Rhône.

Desgrand (Louis). *Le progrès économique dans l'Extrême-Orient;* Expansion internationale, système colonial, libre-échange, protection, conférence de la Société géographie de Lyon (28 déc. 1884). In-8 de 32 pages. Lyon, Paris. [Extrait du « Bulletin de la Société de géographie de Lyon ».]

Droits de douane inversement proportionnels à appliquer à l'entrée des blés étrangers préférablement à un droit fixe, par « un membre du comice agricole de la Loire-Inférieure ». In-8 de 12 p. Nantes, Forest et Grimaud.

Dumont (Aristide). *Avant-projet d'un canal d'assainissement de Paris à la mer,* mémoire. In-8 de 32 pages et 2 pl. Paris, libr. des auteurs modernes.

Gallet (Charles). *De l'assistance publique à Rome* (dr. romain). *Des établissements hospitaliers en France* (dr. français). In-8 de 166 pages. Poitiers, Tolmer.

Haut (Marc de). *Division de la propriété en France avant et après* 1791. In-8 de 12 p. Paris, Impr. nationale. [Extrait du « Bulletin du Comité des sciences économiques et sociales ».]

Hippeau (C.). *L'éducation et l'instruction considérées dans leurs rapports avec le bien-être social et le perfectionnement de l'esprit humain.* In-12 de xxvIII-348 p. Paris, Delalain.

Josseau (J.-B.). *Rapport sur le crédit agricole,* au nom d'une commission spéciale, sur la demande de M. le ministre de l'agriculture (25 mars 1885). In-8 de 56 p. Paris, Vᵉ Tremblay. [Société nationale d'agriculture de Fance.]

Krauss-Tassius (J.). *Table de parités de la rente* 3 0/0 *amortissable au pair et de l'obligation* 500 *fr.* 3 0/0 *avec une rente perpétuelle quelconque;* Taux réel du placement que l'on fait en achetant une obligation 3 0/0 à un cours quelconque. In-8 de xxxII-70 p. Paris, Bernard.

Laas d'Aguen. V. Violeine.

Ladureau (A.). *L'agriculture dans l'Italie septentrionale,* notes de voyage. In-8 de 12 p. Lille, Danel. [Publication de la Société industrielle du Nord de la France.]

Laferrière (F.). *Essai sur l'histoire du droit français depuis les temps anciens jusqu'à nos jours,* y compris le droit public et privé de la Révolution française. Nouv. édition, publiée par M. Ed. Laferrière. 2 vol. in-8 de xII-416-418 p. Paris, Guillaumin.

Lallemand. V. *Annuaire*... du Morbihan.

Luçay (comte de). *Un essai de statistique rétrospective;* l'assemblée d'élection de Clermont-en-Beauvoisis et le plumitif de l'intendant de Soissons en 1787. In-8 de 64 p. Paris, Impr. nationale. [« Bulletin du Comité des sciences économiques et sociales ».]

Mauduit (Léon). *La crise de l'agriculture*, et des moyens de l'atténuer. 2e édition. In-8 de 36 p. et pl. Paris, Michelet

Miron de l'Espinay (A.). *François Miron et l'administration municipale de Paris sous Henri IV*, de 1604 à 1606. In-8 de IV-442 p. et portr. Paris, Plon.

Montreil (Edgar). *Etudes humaines*. Le grand village. In-18 de 400 pages. Paris, Charpentier.

Ollivier (Emile). *Le concordat et la séparation de l'Eglise et de l'Etat*, discours prononcé à la salle Albert-le-Grand (27 mars 1855). In-18 de 64 p. Paris, Garnier.

Ouverleaux (Emile) *Notes et documents sur les juifs de Belgique sous l'ancien régime*. In-8 de 102 p. Paris, Durlacher. [« Revue des études juives », juillet-sept 1883]

Pouyer-Quertier. *La crise agricole et industrielle*, discours prononcé le 21 nov. 1884 devant les délégués des sociétés et comices agricoles. In-8 de 22 p. Saint-Etienne, Théolier.

Prieur du Perray (Th.). *Origine des droits et devoirs de l'homme dans tout corps social bien organisé*. In-8 de 11-54 p. Saumur, Godet.

Prolétaire (le) hebdomadaire. No 1 (1er avr. 1855). In-fo de 4 p. à 5 col. Paraît le mardi. Paris, impr. Brousse.

Rambaud (A.) V. Seeley.

Réforme (la) cadastrale, revue mensuelle des questions économiques et topographiques relatives à l'institution d'un grand-livre de la propriété foncière, publiée sous la direction de J.-L. Sanguet. No 1 (février 1885). In-8 de 16 p. Saint-Mandé, 6, rue Allard.

Réveil (le) tunisien, journal politique, commercial, industriel, maritime et financier, organe français pour la défense des intérêts commerciaux européens en Tunisie. No 1 (8 avril 1885). Paraît tous les mercredis. In-fo de 4 p. à 4 col. Tunis, rue de la Commission.

Riedmatten (A. de). V. Bluntschli.

Sanguet (J.-L.). V. *Réforme*.

Sans (Louis). *L'article 145 du nouveau code de commerce italien et les compagnies d'assurances sur la vie*. In-8 de 12 p. Marseille, Bartatier-Feissat.

Say (Léon). *Droits sur les blés*, discours prononcé au Sénat (séances des 23 et 24 mars 1855). In-8 de 104 p. Paris, Guillaumin.

Science, travail, épargne; étude sur la forme exacte et d'attribution du concours de la science, du travail et de l'épargne pour l'obtention économique des produits de l'industrie nationale. In-8 de 76 p. Paris, impr. Mercadier.

Seeley (J.-R.), *L'expansion de l'Angleterre*; deux séries de lectures. Trad. de l'Anglais, par J.-F. Baille et Alfred Rambaud. Avec préfaces et notes par Alfred Rambaud. In-18 de LVI-374 p. Paris Colin.

Septième et huitième Rapports du Comité international des poids et mesures aux gouvernements signataires de la convention du mètre, sur les exercices de 1883, et de 1884. 2 vol. in-4 de 58-75 p. Paris, Gauthier-Villars.

Statistique du port de Marseille. 1884 (13e année). In-8 de 50 p. avec tableaux et plan. Marseille, Barlatier-Feissat.

Tamisier (Raymond). *Projet de mobilisation partielle de la propriété foncière par la création de billets hypothécaires ayant cours et amortissables*. In-18 de 34 p. Paris, Guillaumin.

Valfrey (C.). *La civilisation*. In-8 de 108 p.

Violeine (P.-A.). *Nouvelles tables pour les calculs d'intérêts composés, d'annuités et d'amortissement*. 4e édit., revue par M. Laas d'Aguen. In-4 de IV-156 p. Paris, Gauthier-Villars.

Zacher (Dr). *L'Internationale rouge*. Trad. de l'allemand. In-18 de VIII-250 p. Paris, Hinrichsen.

TABLE

DES MATIÈRES DU TOME TRENTIÈME

QUATRIÈME SÉRIE

N° 4. — *Avril* 1885.

N° 5. — *Mai* 1885.

FIN DE LA TABLE DES MATIÈRES DU TOME XXX, 4e SÉRIE.

Le Gérant : P. GUILLAUMIN.

Paris. — A. PARENT, imprimeur de la Faculté de médecine, A. DAVY, successeur, 52, rue Madame et rue Monsieur-le-Prince, 14.

Lightning Source UK Ltd.
Milton Keynes UK
UKHW010928261118
332983UK00012B/1427/P

9 781528 355452